柳州经济统计年鉴

ECONOMIC AND STATISTICAL YEARBOOK OF LIUZHOU

1994

柳州经济统计年鉴　　编

中国统计出版社

（京）新登字041号

图书在版编目(CIP)数据

柳州社会经济统计年鉴 1994/柳州市统计局编. —北京：中国统计出版社，1994.6
ISBN 7－5037－1611－8

Ⅰ.柳… Ⅱ.柳… Ⅲ.社会经济统计—柳州—1994—年鉴
Ⅳ.C832.673－54

中国统计出版社出版
（北京复外三里河月坛南街38号）
国营江西宜春资料印刷厂印刷

*

787×1092毫米 16开本 38印张 77彩页 118万字
1994年10月第一版 1994年10月宜春第一次印刷
印数：1—3000册

*

ISBN 7－5037－1611－8/C.952
定价：60元

《柳州经济统计年鉴》序言

柳州市市长 刘知炳

《柳州经济统计年鉴》(1994 年版)由中国统计出版社出版,面向国内外公开发行,这是我市统计工作乃至经济生活中可喜可贺的事件。在此,谨向中国统计出版社及关心支持这项工作的有关领导和有关专家、学者,表示衷心的感谢!

对国民经济和社会发展情况进行统计调查、统计分析是统计工作的基本任务。随着建立社会主义市场经济体制改革深化经济建设蓬勃发展,统计工作面临新的机遇和挑战,经济社会发展对信息这样的重要战略资源需求空前增长,在社会信息化趋势不可逆转。统计部门要按照"准确、及时、方便、全面"的要求搞好统计工作,发挥自身数据密集网络庞大、经济丰富、资信度高、权威性强的功能,改变统计信息锁在"深闺无人识"的现象,充分开发利用宝贵的统计信息资源,为改革开放、经济建设和社会发展服务。经济统计年鉴是统计信息的主要载体,《柳州经济统计年鉴》的公开出版发行,无疑是对柳州市的建设、发展具有重要的现实作用和深远的意义。

柳州市是一个有 2100 多年历史的国家历史文化名城。这里自然环境优美,人们誉为"天然盆景",是国家甲类旅游城市。柳州市交通便利,是我国中西南的交通枢纽、素有"桂中商埠"之称,历来是湘、粤、桂、黔、滇、川商品集散和物资交流的重要通道。现在湘桂、黔桂、枝柳铁路在此交汇,公路四通八达,水路直通港澳,空运日益发展。已经建成的白莲机场、壶西大桥、文惠桥、集装箱水陆联运码头,在建的城市基础设施、公用事业和桂柳一级公路等重点建设工程,将为柳州的改革开放、经济发展提供更加良好的条件和环境。

改革开放以来,特别是在邓小平同志南巡重要谈话精神、党的十四大、十四届三中全会指引下,柳州市的经济建设、社会事业快速发展,经济实力大大增强。据全国城市经济社会发展水平评价中心测定,1991 年柳州市综合经济实力名列全国 50 强第 27 位,经济发展水平名列全国 187 个城市第 18 位。1992 年,全市工业总产值突破百亿大关,成为全国五个少数民族自治区中第一个产值超百亿元城市。1993 年,全市国民生产总值达 85.73 亿元,提前七年实现了比 1980 年翻两番的战略目标。国有大中型企业发展迅速,在国民经济中的主导作用十分突出,106 家大中型企业年度主要指标均占全市的 80%以上,有 6 家企业进入全国 500 强,有亿元企业 35 家,形成了有较强经济实力的大中型企业群体,柳州市现已成为广西重要的工业基地和区域经济中心。改革开放的历史机遇给柳州这座美丽的城市带来了前所未有的生机和活力。

《柳州经济统计年鉴》是一部系统、全面记载和反映柳州市经济、科技、教育、文化、社会发展成就、资料信息密集的工具书。它的出版发行,为人们了解柳州、研究柳州、建设柳州提供了丰富、翔实、准确的信息资料。它标志着我市统计工作发展到一个新的水平,在发挥信息、咨询、监督三大功能的作用方面,迈出了可喜的步子。

《柳州经济统计年鉴》将按年度向社会公开出版发行。改革开放、经济建设的宏伟蓝图和辉煌成果是搞好统计工作的根本,柳州人民将在邓小平同志建设有中国特色社会主义理论和党的十四大路线方针指引下,抓住机遇,深化改革,扩大开放,奋发图强,紧紧抓住经济建设这个中心,促进各项事业的全面发展,建设柳州更加美好的明天。

充分发挥统计的
监督导向作用

卓凡题
一九九四年八月

广西壮族自治区统计局党组书记、局长覃卓凡题词

中共柳州市委书记陈雷卿

陈胜利摄

中共柳州市委书记陈雷卿(左一)与柳州市市长刘知炳(左二)共商柳州发展大计。

陈胜利摄

中共中央政治局常委、国务院副总经理朱镕基(右一)来柳视察工作。

(陈胜利)

中共柳州市委常委、常务副市长徐步基(右　一)陪同国务委员兼国家科委主任宋健(右二)视察柳州工业企业。

(陈胜利)

柳州市统计局党组书记、局长周树民

陈胜利摄

团结的柳州市统计局领导班子 左起：张柳霞（副局长）、周树民（党组书记、局长）、黄炳燊（副局长）、旷青春（副局长）。

陈胜利摄

柳州市统计局领导审核年鉴资料 左起：张柳霞、周树民、黄炳燊、旷青春。

王鸿鹄摄

年鉴编辑部同志在工作 左起：刘秋文、刘进、戚家楼、王树林（主任）、曾庆涛、王鸿鹄（副主任）。

廖慧铭摄

柳州市园林建设工程公司

园林局办公大楼

柳侯公园大门

柳州市园林建设工程公司是专门从事各类公园及风景区开发建设、街道绿化、园林古建、城市雕塑、庭院绿化的国营施工企业。本公司规划设计和施工技术力量雄厚，经验丰富、技术精湛、机械设备齐全。下设基建、绿化、雕塑广告三家分公司，并拥有八桂奇石苑、河东苗辅以及园林用品、建材经营部。

本公司自七十年代创建以来，先后承建了本市的柳侯、鱼峰、雀儿山、龙潭、江宾、马鞍山和蟠龙山等大型公园和风景区的扩建、改建、新建工程，还为许我厂矿企业的庭院绿化美好做出了贡献。

本公司全体员工竭诚为柳州市及区内外的公园、风景区建设、各类宾馆、饭店、厂矿企业、机关学校等庭院绿化美化以及工业与民用建筑施工提供优质上乘服务。

总经理：刘开建

副经理：刘德田　张荣康

总工程师：张世良

地址：柳州市桂柳路

电话：9005482　325244　325243　333896

邮编：545005

雀儿山公园景点之一

龙潭公园景点之一

柳州市开关厂

厂长韶能武

柳州市开关厂创建于 1958 年，是广西生产电器和开关柜历史最早、规模最大的厂家，也是机械工业部高、低压电器及其成套配电装置的定点生产厂，国家大二型企业，一级计量先进单位。工厂现有职工 2600 余人，工程技术人员占 12%，厂区占地 32 万平方米。厂内建有设备完善的高、低电器试验站，办有机电职工大学及技工学校。

该厂以生产高、低压电器及成套配电装置为主。主要产品有 220KV 以下户内(外)少油、多油断路器、真空断路器、SF6 断路器、空气断路器、漏电断路器、交流接触器，35KV 以及下各种固定式、手车式、抽屉式开关柜、各种照明箱、控制箱，保护、控制屏、台。还生产电工仪表、电风扇、电热炊具、空调器等家用电器。

三十多年来，该厂先后有十多种产品获得各级质量奖，产品行销全国各地并出口东南亚地区及国家。

厂址：广西柳州市柳石路 338 号
邮编：545005
电话：333054　电挂：7030
电传：48572　GXLZK CN

35KV 手车式高压开关柜总装车间一角

SW6－110 型户外高压少油断路器

DW1S 系列空气断路器及各种低压电器

企业法人：刘军

柳州卷烟厂

柳州卷烟厂是全国卷烟工业大型企业，现有职工 2221 人，拥有各种专用设备 109 台（套），至 1993 年底止固定资产原值 14,888 万元，年生产能力 40 万大箱卷烟。

本厂一贯坚持“质量第一，用户至上”的经营宗旨，视市场信誉和产品质量为企业生命。经过多年的技术改造。本厂先后从英、德、意等国引进全套制丝线和卷接包联合机组，建立有完备的质量检测化验中心，为本厂创名牌提供了可靠的保证。

本厂骨干产品主要有：84′S 硬盒翻盖特醇“甲天下”，84′S 硬盒翻盖特醇“都乐”84′S 全包装“甲天下”、“田七花”等。上述产品品质超群，包装精美，能满足各层次消费者需要。特别是 84′S 硬盒翻盖特醇“甲天下”和“都乐”，采用进口天然优质香精，严格挑选成熟度高，并经过一年以上自然醇化的优质烟叶，通过聘请美、德、日等国的高级工艺配方师、调香师与厂方经过两年多时间近 200 多次的反复试验，精心调配而成。该产品投产以来，以外观精美，香气浓馥，丰满醇和，余味纯净而深受国内外行家的赞誉和消费者的青睐，具有“高浓度、高纯度、高品味”的特点。

本厂产品由柳州卷烟调拨站经销，欢迎来人来函到厂洽谈业务，本厂将为您提供优质服务。

厂址：广西柳州市屏山大道 185 号

企业法人：刘军

电话：336854（总机） 邮编：545005

传真：331049 电挂：3352

崛起中的柳州汽车厂

厂长：蒋纯基

柳州汽车厂是中国最早开发和生产五吨柴油汽车的厂家，是国家中、轻型汽车定点生产厂，大批生产长头、平头驾驶室的各型柴油载货汽车、自卸汽车和引进技术的八座轻型乘用车。

1993年该厂生产汽车26178辆，销售26038辆，产值23.45亿元，销售收入23.81亿元，利税1.45亿元。是中国第三大中型汽车厂，连年蝉联中国500家最大工业企业之一。产品销售收入和产值名列广西壮族自治区和柳州市之首。几种主要车型在国产车质量和可靠性评选中多次获奖。

该厂1993年底有职工3986人，其中：科技人员881人中，工程技术人员442人；工厂占地77.87万平方米，建筑面积25.92万平方米，资产2.40亿元。汽车生产工艺达到国内同类企业先进水平，每三分钟下线一辆汽车。并有与之相适应的成套汽车生产设施。CAD和CAM正在普及，计算机管理系统在生产经营中发挥日益重要的作用。

该厂生产的柴油车有20多个品种，其中：标准车、加长轴距、特长轴距带卧铺长头、平头载重汽车、举升角度最大的单缸自卸汽车、豪华八座乘用汽车等产品畅销全国28个省、市自治区，产销率达到99.46%。“八五”期末将生产汽车五万辆以上，到2000年建成13－15万辆汽车生产能力，形成大规模经济批量。

崛起中的柳州汽车厂，成如镶嵌在柳江南岸的明珠，闪耀着夺目的光彩，正为中国汽车工业的振兴和滕飞贡献力量。

厂址：柳州市屏山大道286号
电话：(0772)336990
邮编：545005　电挂：4767
传真：(0772)331059
厂长：蒋纯基

年产三万辆东风系列中型载货汽车的总装配线

柳州市糖果一厂

厂长：张金平

工厂大门

柳州市糖果一厂是中国规模最大的万吨级大型糖果企业，拥有年产20000吨糖果的生产规模和雄厚实力，持续十三年实现产销糖果超万吨，荣获中国500家最大食品工业制造企业金匾。该厂是广西第一家创中国名牌糖果的企业，鱼峰山牌桂圆软糖荣获中国优质名牌糖果称号，高级果酱夹心糖、椰油酥等近百种产品分别荣获中国轻工业优秀新产品奖和省、市优质奖、百花奖；巧克力系列产品等数十种糖果先后参加意大利、北京国际博览会和东南亚、苏联、东欧、非洲等国家展出，饮誉海外。在改革大潮的推动下，1993年该厂在实施企业“二次创业”的战略方针中，与外商合资兴办了柳州鑫汇糖果食品有限公司、柳州伟锹士塑料制品有限公司和柳州振鑫糖果食品有限公司，各类产品在国内外市场已显示出强大的竞争力，柳州市糖果一厂鱼峰山牌糖果风靡全国香遍五洲。

厂长：张金平

厂址：柳州市柳石路37号　　**电话：**333162　　**电挂：**0388　　**传真：**331047

车间一角

部分产品和奖杯

柳州市商標印刷廠

厂长、总经理：郑艳民

广西柳州市商标印刷厂是广西最大的商标印刷专业厂家之一，是省级定点书刊印刷厂，国家中型一档企业，拥有当今世界最先进的连诺海尔桌面整页拼版系统和德国海德堡速霸102F型五色胶印机，以及众多的胶印、凸印、覆膜、烫金、不干胶、模切、细瓦楞等全套印刷设备，承印各种画册、挂历年画、商标广告、细瓦楞盒、包装装潢等中、高档产品。该厂以“客户至上，质量第一”为宗旨，所印刷的包装产品多次荣获中南、西南地区及区(省)、市优秀产品奖。该厂1993年与外商成立了中外合资“柳州金辉制袋有限公司”并引进了现代化的高级礼品纸袋制袋生产线，专门生产和销售各种规格的新型高级礼品包装系列纸袋，此乃国际流行的绿色包装，发展潜力颇大，产品达到国际先进水平，畅销自治区内外，并有大量出口，创广西印刷行业产品直接出口创汇之先例。该厂是自治区“重合同、守信用单位”，经济效益连年大幅度增长，连续三年荣获柳州市委、市政府奖励、并被评为柳州市先进单位，93年荣获自治区经济效益先进企业光荣称号。

地址：柳州市白沙路6号　电话：(0772)2515978 2515654 2512604　电挂：7912
传真：(0772)2515978　邮编：545001

世界最先进的连诺海尔桌面整页拼版系统

德国海德堡四色胶印机

德国海得堡五色胶印机

柳州长虹机器制造公司

柳州长虹机器制造公司是中国航天工业总公司下属的大型企业，拥有固定资产原值七千多万元，员工 2300 人，高、中级职称技术人员五百多名。是八十年代建成的现代化企业。公司拥有光学、精密机械加工、热表铸处理以及全套环境试验等方面的专业人才和多专业的设计制造能力。擅长于光、机、电综合产品的设计和制造、装配调试。

公司已建成制药、医疗设备生产线、汽车底盘零部件生产线。生产出填补国内空白 柳虹牌 ZTJ—800 型全自动胶囊充填机；MAV—1 型全能麻醉机；YAG—80 型激光医疗机；以柳虹牌真空助力器为代表的微型汽车底盘零部件系列产品，并投放国内外市场。

工厂办公大楼

厂长：周国华

地址：柳州市石碑坪

电话：212132

电挂：5725　邮编：545012

通讯地址：广西柳州 115 信箱

工厂生活区一角

工厂文化宫

柳城凤山糖厂

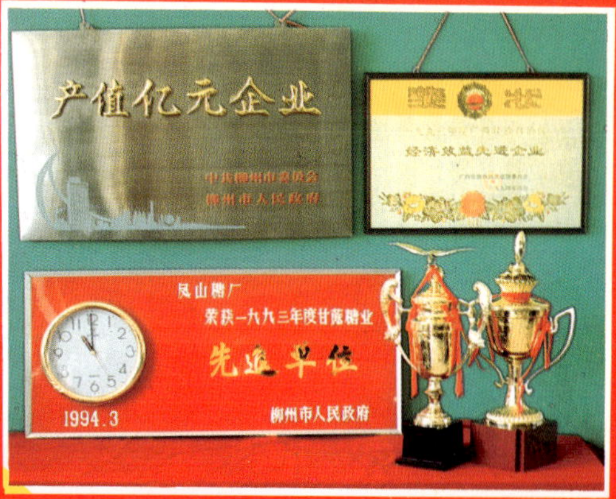

工厂大门

该厂1958年始建，1964年投产，至1992年，生产能力达到日榨甘蔗3000吨，日产机制糖350吨，产酒精20吨，现有正式职工561人，工程技术人员32人，固定资产5980万元，是国有中型一档糖厂。

该厂以团结奋斗、求实开拓为企业精神，以“质量第一、用户至上”为经营宗旨，经过不断地进行技术改造，加强企业全面管理，确保产品质量。多年来被评为全区及全国本行业最佳经济效益企业，区、市、县社会主义建设先进单位。1993年工业总产值、销售收入均突破亿元大关，被评为1993年度柳州市甘蔗糖业先进单位、自治区经济效益先进企业，获柳州市和柳城县“质量、品种、效益杯”竞赛金杯奖。

该厂主要产品有白砂糖、食用酒精。生产工艺、设备先进，产品出厂采用微机计量，各种检测器具齐全，产品合格率100%，生产的网山牌一级白砂糖被评为区优、部优产品，远销国内外，网山牌普通食用酒精获全国甘蔗质量监督检验《产品质量优良奖》，畅销区内外。该厂将继续以“质量第一、用户至上”为经营宗旨，竭诚欢迎国内外客商光临洽谈业务。

厂长：张修连（工程师）
党委书记：朱云华（经济师）
厂址：广西柳城县凤山镇
电话：753121　电挂：1356
邮编：545208

化验室人员正在细心工作

白砂糖自动包装间

英国外商来厂考察

广西 柳州市汽车改制厂 柳州挂车厂 简介

厂长、法人代表　潘兴

该厂始建于1958年，原名柳州汽车大修厂。1989年改名为柳州市汽车改制厂和柳州挂车厂，并加入中国车辆机械集团和东风汽车联营公司车厢公司。该厂占地面积21万m^2，拥有固定资产1754万元，各种冲、剪、压、焊、铆等主要设备150多台。全厂员工近500人，各类专业技术人员82人，其中工程技术人员49人，中级以上技术职称的18人。

该厂主要产品有：东风汽车系列货车厢、东风汽车LG142A、LG142AN车架、JT851全挂车、LG9150半挂车、EQ型汽车厢式运输车、保温车、冷藏车和各种变型车改装业务等，是柳州市汽车工业主导厂家之一。

该厂依靠科技进步，恪守质量第一、信誉至尊、用户至上的原则，使企业经济得到迅速发展。1989年到1992年，工业产值、销售收入、实现税利每年翻一番。目前，该厂按照企业发展规划，正在进行东风系列车厢、东风系列车架、各种变型车等三项技改扩建工程。预计到1995年可形成年产车厢3万个，车架2万台，改装变型车1千辆的生产能力，实现年工业总产值2亿元。

多年来，承蒙各界人士的关心与厚爱，使企业经济飞煌腾达，在此，厂长潘兴率领全体员工向大家鞠躬致谢。并真诚渴望各界人士及新老客户对企业的发展给予支持。该厂距离市中心五公里，地域宽阔，有广阔的合作前景和良好的投资环境。欢迎国内外有识之士前来进行项目、技术等方面的投资与合作。

东风 LG5100XLD 型（汽柴油）厢式零担车

东风 LG^{142A}_{142AN} 型货车厢

LG9150 型半挂列车

柳州市
汽车发动机厂

厂长 薛明辉

广西柳州汽车发动机厂具有近40年的历史，是国家指定生产的内燃机的重点厂，1993年步入中国最大500家机械工业企业行列，广西优秀科技型企业。

中国第一台中吨位车用柴油机6105Q型高速低污染柴油机于1979年在本厂诞生。

在国内同类产品中，唯一荣获国家专利的是本厂主导产品的6105QB型直喷式柴油机。该机是在消化、吸收具有八十年代中后期国际先进水平的德国MWM公司技术基础上开发成功的。现已发展成18种变型的系列产品，先后荣获区(省)、市科技成果奖和新产品百花奖，在历次国检中，均列为一等品，投放市场以来广受用户欢迎，产销量连年翻高。该产品广泛适用于与货车、中型客车、后置客车、工程机械、移动式空压机、船舶、柴油发电机组等相匹配。

工厂现正在开发的三种更先进的柴油机产品，已列入国家科技攻关项目计划，1994年底开始陆续投放市场。

新厂区一角

6105ZQ 型增压柴油机

国家专利产品 6105QB 型直喷式柴油机

厂长：王文堂

广西柳江县拉堡糖厂

柳江县拉堡糖厂位于柳州市郊拉堡镇（柳江县城），距柳州市中心 10 公里。322 国道从厂门前经过，交通便利，位置优越。

该厂属国有中型企业，技术力量雄厚，工艺设备先进，日榨量 1500 吨，年产“双柳牌”白砂糖 2 万吨，食用酒精 1500 吨。该厂产品远销华北、华东、中南各省市，深受广大用户的好评。91 年以来该厂连续被评为区市“重合同、守信用企业”、“最佳经济效益先进单位”，“思想政治工作优秀单位”，还被国家统计局列为“全国 500 家最大食品制造企业”。

拉堡糖厂厂区绿树成荫，鸟语花香。厂内安装程控电话，通讯便利。目前，全厂职工 427 人，其中大中专毕业生 50 人，高级职称 2 人。

93 年该厂工业总产值为 6127 万元，税利 1104 万元，人均 2.6万元。远景规划，“九五计划”期间将扩建到日榨 2000 吨规模，工业总值将达 9000 万元税利 1500 万元。

拉堡糖厂竭诚希望有志于“甜蜜事业”建设的大学生到本厂工作。

厂长：王文堂

电话：07834—2521　直通市话：325640

邮编：545100

到一九九二年我厂获的奖杯、奖状

拉堡糖厂全景

该厂主要产品

柳州市床单厂

邓于仁厂长在专心致志地工作

柳州市床单厂大门

邓于仁厂长(右)为自治区党委书记赵富林(中)、柳州市委书记陈雷卿(左)介绍新引进的意大利园网印花机。

柳州市床单厂是国家定点发展家用纺织品生产的骨干企业,亦是华南最大的床上用品生产厂家。全厂占地面积56000平方米,职工人数1800人,拥有国产及日本、意大利、瑞士等国引进的热定型机、平网印花机、园网印花机、电脑分色激光制网系统等具有世界一流水平的印整设备60多台(套),固定资产3700万元。年产各式床上用品400万条(套),涤棉宽幅印花装饰布1000万米。1993年,完成工业总产值10088万元,出口创汇316万美元,以较好的经济效益和较强的经济实力,跻身中国500家最大纺织企业行列,荣获广西优秀科技型企业称号,综合经济效益位居全国同行前四强。

"灯花"牌产品门类多、规格全,目前已形成纯棉中式床单、涤棉西式床单、珩缝床上套件、宾馆旅游用品、宽幅印花装饰布五大系列100多个品种。广泛采用新技术、新工艺、新材料开发、研制的新一代"灯花"产品,具有涂层、阻燃、抑菌等功能,已达到国际名牌——美国"大炮"牌产品之水准。产品多次荣获自治区优质产品奖、纺织部优质产品奖,北京第二届国际博览会银奖、第二届中国青年科技博览会金奖,'93全国畅销国产商品展销月评比活动金牌——金桥奖。行销美国、日本、新加坡、印尼等国和港澳台地区,在国内外市场享有广泛的知名度。

"灯花"牌系列产品——珩缝床上套件

厂长:邓于仁
厂址:柳州市跃进路88号
电话:(总机)221202　电挂:5926
传真:(0772)221469　邮编:545001

铁道部柳州木材防腐厂

厂长兼党委书记：胡滨

铁道部柳州木材防腐厂是具有40多年木材防腐加工历史的部属企业。厂区面积38万m^2，拥有约8公里长的8条铁路专用线。该厂设备精良，工艺先进，技术力量雄厚，产品质量符合国家标准，可对各种木材进行油剂和水剂防腐处理。为满足市场需求，铁道部投资1000万元，新建成年产5000m^3竹材人造板的生产线，可生产各种规格的竹材胶合板、竹材层压板、竹编板、竹刨花板，可广泛用作建筑水泥模板，汽车、火车车厢地板、家俱及室内装修，性能优于木材及木质胶合板，是以竹代木最理想的材料。

该厂的铁路专用线：开展对外延伸服务，可为客户代储、代运、代装、代卸。

主要产品

一、铁路专用的防腐普枕、岔枕、桥枕。

二、防腐加工木电杆及建筑用材。

三、水溶性防腐加工坑木、桩木等其他防腐木材。

四、水溶性CCA、ACA、BBP、FCAP木材防腐剂。

五、各种规格的竹材胶合板、竹材层压板、竹编板、竹刨花板。

六、高档聚脂漆家俱及办公桌椅

同时，长期大量收购毛竹、竹蔑、竹席。

本厂坚持质量第一，用户至上，信守合同，竭诚服务，欢迎来人来函洽谈业务。

地址：铁道部柳州木材防腐厂（柳州市河西路一号）
联系人：供销科（范绍佑、黄志荣、郭衡宾）
邮编：545007　**电话：**(0772)338189　336642　336643

竹材人造板生产线

刚生产出罐的油枕

堆放整齐的素枕现场

广西柳州市标准件总厂

广西柳州市标准件总厂是1966年从上海由二个厂支援柳州组建而成，现有职工600余人，主导产品除普通标准件六角螺栓、螺母外，尚生产内六角螺钉、膨胀螺栓、地脚螺栓、双头、单头焊接螺柱、轴销和为石化、汽车、装载机等配套的8.8级以上高强度螺栓、螺母以及美制、德制、英制多种国际标准紧固件。此外，还生产元钉、非标异型标准紧固件、材料改制等多种经营，是国家机械工业部在广西定点生产标准紧固件的综合性国营企业。

该厂生产设备先进，检测手段齐全（国家二级计量企业），生产《柳标牌》产品，质量可靠，获国家商检局《出口机电产品质量许可证》，被区工商管理局连续五年授予《重合同守信用企业》，从79年起产品进入国际市场，以其产品质量上乘，价格合理，遵守信用及良好的服务赢得了国内外客商的高度信赖和赞誉。

厂长：白松杰

厂址：柳州市屏山大道294号
电话：331640
电挂：2871

冷镦螺栓

冷镦螺母

产 品

國營興南機械工程集團公司柳州公司

法人代表、总经理：刘明辉

兴南机械工程集团由十六家全民所有制大、中型企业和科研院所组成。集聚了多专长的技术优势、多专业的装备优势、多功能的综合服务优势和出口创汇优势。“兴南集团”宗旨是：面向用户、面向群体、面向世界、面向未来。“兴南集团”发展方向是：以开发为主，面向全国，走向世界，为国内外能源、交通、冶金、矿山、港口、建筑、化工等领域服务。

“兴南集团”经营范围是：联合经营成套的冶金、矿山机械、建筑工程机械、化工机械、起重运输机械、特种车辆、水力发电设备、电机电器、压力容器等产品的设计、安装、维修服务与零配件制造及各种来料来样加工，承接整体工程配套承包，并根据工艺相似性，重点抓住冶金、矿山、建筑工程、化工机械的配套开发与生产，特别是大型非标及成套冶金烧结系统的承包。

“兴南集团”热忱欢迎国内外各界人士 光临惠顾，洽谈指导。

地址：广西柳州市鱼峰路 28 号机电中心八楼805/807室

电话：333398　电挂：1094　邮编：545005

ZX—35　ZX—50　插入式振动器

QY20 型最大额定起重量—20 吨

ZIC_2—27 电锤

中华床王——柳州睡宝

在'93 中国国际抗衰老科学技术研讨会上该厂"睡宝"牌床垫荣获金奖

广西壮族自治区主席成克杰亲切接见现代优秀企业家，柳州市床垫厂厂长：覃仕平

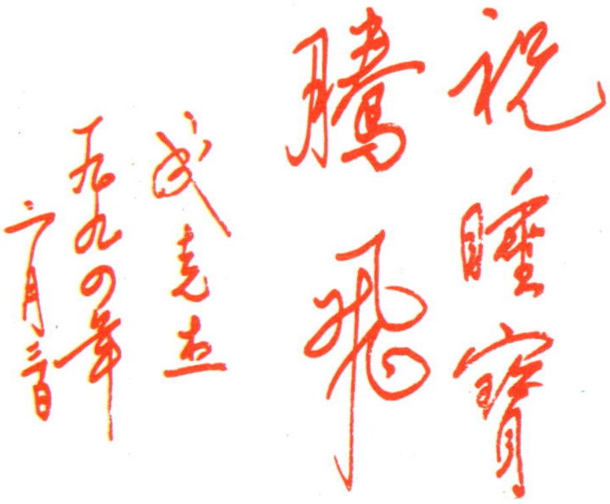

柳州市床垫厂生产的"睡宝"牌床垫是全国独家生产的专利产品，自投放市场以来 以其独特的抗衰老保健功效和豪 华、高雅、实用创新的舒适感受，倍受人们的青睐，轰动八桂，迅猛占领了区内外城乡市场，累获殊荣：'93 中国国际抗衰老保健精品金奖；'93 最受消费者欢迎的地方产品金奖；第二届国际专利及新技术新产品展览会铜奖；全国专利新技术交易会银奖；第四届民运会商品交易会优秀奖；'93 国际民歌节名优产品销售雄居首位奖；'94 柳州通名优产品称号。该产品已列入国家星火计划项目，被国家科委、卫生部指定为抗衰老保健精品。柳州市床垫厂生产的"睡宝"牌床垫是全国独家生产的专利产品。"睡宝"牌产品 包括床垫、套床和医用保健床、沙发，其中分竹席、藤席、纺席等系列。

本厂宗旨：质量第一、用户至上、实行三包。

厂长：覃仕平
地址：柳州市东环路 16 号
电话：(0772)338072
电挂：1543
邮编：545005

广西壮族自治区政府主席成克杰为该厂题词"祝睡宝腾飞！"

该厂荣誉产品"睡宝"牌床垫

广西眼科学会副主任委员
柳州市眼科学会主任委员
柳州市红十字会医院院长
柳州市眼科医院院长
吴联元

柳州市红十字会医院

红十字会医院大楼

该院成立于1954年4月，为市属的以眼科及老年病防治见长的综合性医院，设2个分部及一个眼科医院。现有病床151张，职工245人，其中副主任医师以上职称12人。拥有500毫安X光机、纤维胃镜、动态心电图、肺功能测定仪、高频呼吸机、眼科显微手术器械、全套RK手术器械、裂隙显微镜、染料激光机等诊疗设备。已经开展的人工晶体植入术、角膜移植术、玻璃体切割术、激光内眼手术、放射状角膜切开术矫治近视眼、肺功能测定、光量子血疗等均达到或接近区(市)先进水平，其中人工晶体植入术获市科技进步三等奖。所属的眼科医院是唯一的眼科专科医院，为全国残联、广西卫生厅指定为柳州及周围地区的低视力防治中心，柳州市白内障复明手术指导中心。已接待了30多万人次， 使200多盲人患者重见光明。今后，该院的职工将以更优异的质量及良好的态度为病友们提供医疗服务。

北京友谊医院专家来院指导工作

院长：吴联元

院部：柳州市中山东路　电话：225195　邮编：545001

二部：柳州市驾鹤东路101号　电话：333839　邮编：545005

眼科医院：柳州市映山街2号　电话：222838　邮编：545001

柳州柳怡毛巾有限公司

厂长：许强

书记：彭善强

厂领导班子

本公司本厂属广西最大的国营生产巾类产品的生产专业公司(厂)，是广西纺织先进企业及广西最佳企业明星和一级信用企业。

公司(厂)有年产 2400 万条毛巾、浴巾、50 万床提花毛巾被的生产能力，有生产出口新产品许可证和国家商检局颁发的质量许可证，公司(厂)有生产主机 250 多台(套)，前后加工整理设备 50 多台(套)，拥有 2.9M 幅宽意大利剑杆提花织机 16 台、2.2M 幅宽日本剑杆提花织机 12 台及英国高温高压筒子染色机、高频烘干机、法国割绒机、日本百灵达电脑绣花机等一批先进设备，可生产各种规格的中、高档毛巾、浴巾、提花巾、割绒、缎挡螺旋及绣花类产品。产品风格多样，畅销国内外各省市、远销港澳、东南亚、中东欧美国家和地区，产品外销量达 50%以上。希望贵我双方能在今后加强合作，利用双方各自优势，共同发展。

法国割绒机

地址：中国广西柳州市跃进路 86 号
电话：212258　223147
电报：1577　**传真**：0772－225839

厂车间一角

松式平洗生产机

柳州市啤酒总厂

图为厂长、高级经济师：黄宝兴同志

图为区、市领导接见，颁奖时与我厂黄宝兴厂长亲切握手祝贺现场。

国营柳州市啤酒总厂始建于 1954 年 6 月 28 日，是轻工部广西壮族自治区轻工厅重点骨干企业。

工厂座落在风景秀丽、山环水抱的“刘三姐”的故乡、广西最大的工业城市——柳州市。

经过三十多年的风雨历程，现有职工 1500 余人，各类科技人员 150 人，固定资产 3500 万元，年生产啤酒能力达 3 万吨以上，并拥有世界著名啤酒——欧洲丹麦嘉士伦 Garisbeg 酿造技术，也是广西第一家采用国际饮料技术(BTL)和使用丹麦高浓度啤酒装置(HGB)以及荷兰二氧化碳含量全自动监测、微机控制设备，同时还采用—西德近代糖化先进湿法粉碎设备和西德 Schenk　式硅　土过滤机等新工艺，配精制的 90 年代各国流行的清爽型(Lighe—beer)鱼峰啤酒口味轻快纯正，色泽清亮透明，泡沫洁白细腻、挂杯持久、CO_2 充足，杀口力强，从而深受国内外各界消费者的欢迎。

工厂以市场为导向、以科技进步为依托，以企业管理为基础，重质量、守信用、精选料、而赢得了赞誉，为达更多境界，更好的服务，欢迎各界人士光临我厂指导，洽谈贸易。

图为厂科技人员管理进口设备

图为厂生产罐装线

广西第五建筑工程公司建筑防水材料厂

广西第五建筑工程公司建筑防水材料厂于1993年建成一条年产100万平方米的SBS改性沥青防水卷材生产线，生产的产品经自治区法定检测部门测试，产品质量符合国家标准《屋面工程技术规范》(GBSO207－94)规定的各项指标要求，达到国内同类产品的先进水平。填实际了我区的空白，已通过省级鉴定，为区屋面防水工程提供了一种性能可靠，价格适宜的新产品。

SBS改性沥青防水卷材，是建设部1993年和1994年科技成果重点推广项目。是传统的纸胎油毡的替换材料。它以石油沥青为基料，以黄麻布为基胎，以SBS橡胶为主要改性剂。该产品具有强度好、弹性大，粘结力强，防水效果可靠，采用热熔法施工，操作方便、文明、无污染，施工一次成活。适用于工业与民用建筑、高层建筑、公用建筑、地下工程及冷库的防水、防潮和隔气工程。是当前最为流行的优质防水材料。

厂　址：广西柳州市雀儿山马厂路1号
邮　编：545002
联系人：刘海　陈玉书　罗明耀

柳州市经编针织厂

我厂建于一九五八年(前身是针织总厂)，一九八四年十月从针织总厂分离成柳州市经编针织厂。现有主机百台，生产能力8000吨/年，固定资产原值4062.1万元，是全国经编行列排列第二的国有大型企业，被列为纺织工业部大中型骨干企业。

我厂拥有联邦德国卡尔迈耶公司，利巴公司的双针床经编机；提花窗帘机，高速经编机、经编地毯生产线，并配套引进后整理定型机；绒类织物梳、剪、烫生产线，起绒、圈机、刷花机；以及香港染色机，美国年产4000吨化纤涤纶生产线，生产设备精良，技术力量雄厚，生产环境良好，是一个集织、染、后整理，深加工为一体的经编专业厂家。

“白天鹅”牌高级涤纶蚊帐；丰泽丝绒、春秋绒产品分别为我厂部优、区优产品，涤纶面料、席梦思面料、鞋材(复合鞋材)面料；3.3米阔幅珠，绒面地毯均为我厂优质产品。

衷心感谢广大客户对我厂产品的厚爱！

地址：柳州市跃进路80号
邮编：545001　电挂：8842
电话：223573　225576　221516
传真：(0772)225761

厂长高级经济师　何伟

柳州市第二棉纺织厂

广西柳州市第二棉纺织厂，现有职工5200人，固定资产原值66483万元，是一家拥有60000纱锭，1000台布机，10500锭苎麻纺的国有大型二档企业。

去年，在企业深化改革中，柳二棉以《全民所有制工业企业转换经营机制条例》为依据，主动走向市场，并确立了"经营—科研—生产"三位一体的生产模式，使企业在困境中获得较好的发展。全年实现产值、销售双过亿，各项经济技术指标均跨入全国同行业先进行列。在激烈的市场竞争中，柳二棉先后开发生产出纯棉、涤棉、化纤、麻棉、中长等各类高、中、低档混纺纱线、原色坯布和开司米系列产品120多个，产品质量棉纱上等一级品率保持在99.80%以上，布入库一等一级品率达到部颁一档水平。并有12个品种先后获区优和厅优质产品荣誉称号。其中：11×76、磨米布等10个产品远销美国、香港、东南亚等地，年平均出口创汇达500万美元以上。

1992年，柳二棉被国务院发展研究中心、《管理世界》中国企业评价中心、国家统计局工业交通司列入"全国500家最大工业及行业50家排序"，并被自治区人民政府授予广西百强企业荣誉称号。

厂长：王铮贵
厂址：柳州市胜利路四号
邮编：545002　传真：211840

厂长：王铮贵

工厂大门

织布车间一角

细纱车间一角

柳州华侨化纤纺织厂

厂长:彭俊恒

工厂大门

柳州华侨化纤纺织厂，位于柳州市河东大桥西岸南端，水陆交通极为方便。该厂始建于一九七九年，是安置东南亚归侨的中型华侨企业，是广西纺织行业骨干企业之一。现有环纺三万多锭，75“自动和色织自动布机 288 台，日产 150 公分国际先进的喷气织机 62 台，职工 3000 人。年生产能力：纱 5500 吨，布 800 万米，生产总值亿元以上。可生产各种精梳、普梳、纯棉、纯化纤及混纺纱和面料布等织物。其设备齐全，工艺先进，测试仪器完善，产品质量稳定可靠，各项技术指标均达到国家标准，可供出口及内销。该厂产品睛编 18TEX 针织用纱自一九八四年以来连续获区（省）名牌产品称号，其它纯棉、涤棉纱和布都分别获厅优以及“百花奖”、新产品奖。其中有色睛编纱填补了广西纺织行业的空白。竭诚欢迎国内外客商光临洽谈业务。

厂长：彭俊恒

厂址：柳州市胜利路 3 号　　电话：227652　　电挂：0294

织布车间

纺布车间

天成金芝

晚情有限情无限，报与金芝又着春

天成金芝面市才一年，已荣获"中国十强品牌"等九项大奖。它从柳州起步， 如今足迹已遍布大江南北、长城内外、家喻户晓。

依山傍水，曲径通幽，花木飘香，好一座花园式工厂。图为天成金芝生产大楼。

九二年初，在有关专家的帮助下，采用现代生物工程技术和中医调养理论，开发民间醋蛋，生产出中老年口服液——天成金芝。

"天成金芝"含有丰富的蛋白质、氨基酸、微量元素、维生素和矿物质，对中老年衰老综合症，如虚症、高血压、高血脂、偏头痛、肩周炎、心率不齐、肿瘤、肠胃炎、痔疮、神经衰弱、骨质增生、白发等有奇特的疗效。投放市场一年多以来，连获"全国消费者信得过产品"等八个金奖。

最近，"天成金芝"经临床验证表明：对虚症、高血压病、高血脂症，总有效率分别为95.6%、96.5%、79.1%。为此，荣获自治区卫生厅颁发"桂卫药健字(93)2－26号"批文。"天成金芝"具有益气补血、补肾益精、健脾和胃、消积导滞之功效，是中老年人理想的保健佳品。

厂长：廖建山

厂址：柳州市羊角山路2号　**电话：**321054　**电挂：**3389　**邮编：**545005

1993年8月，天成金芝进京展销，得到中央首长的首肯。全国人大副主席程思远手捧天成金芝赞不绝口。

"灿灿黄花引蝶来"，天成金芝以其卓越的功效得到海内外人士的青睐。图为美国PPil公司到厂洽谈业务。

中房集團柳州公司

总经理：梁波

柳州公司是在改革开放的经济大潮中，在建设业走向商品化的形势下诞生并崛起的。现已发展成经营多元化、多种经济体制并存的集团化企业。1994年1月经国家建委、工商局批准改名为柳州市房地产开发总公司

历经十年艰苦创业，公司业务不断向新领域拓展。除以原有的房地产开发、销售、经营管理为核心外，还从事土地综合开发、城市基础设施建设、建筑工程设计和技术咨询、工程承包施工及监理、建材的经营、销售和进出口业务。

历年来，响应国家建设部关于"房地产开发应以住宅建设为主"的指示，柳州公司一贯坚持以开发建设适合一般市民生活水平的住宅小区为的方针，累计完成开发房屋面积65万平方米，向社会提供商品住宅9134套，累计完成投资3.34亿元。先后建成胜利小区、白云小区、屏山小区、龙潭小区、红光小区、河西小区等，为柳州市民居住环境的改善作出了积极的贡献。

1993年，柳州公司完成开发工作量1.43亿元；施工面积25.47万平方米；竣工面积14.18万平方米；商品房经营收入达7000万元；税利上交695万元。分别相当于1992年的304.9%；121.7%；167.8% 140.9%；185.8%，成就十分显著。公司现有资产总额2.3亿元，已具备年竣工20万平方米面积商品房的能力。

为迎接新时代的挑战，增强竞争能力，柳州公司积极转移经营机制，推行总经理负责的"一长三师制"（总工程师、总会计师、总经济师），并改干部委任制为聘任制，极大地简化了工作程序，提高了工作效率。

改革大潮风卷云涌，时不我待。柳州公司正以百倍的信心的努力，时刻准备，冲出亚洲，走向世界。

由该公司建成的江滨住宅楼群

由该公司建成的胜利住宅小区

广西柳州市柳新饲料厂

广西柳州市柳新饲料厂是广西柳州市粮食系统与广东省新会市粮食系统合资经营的国家中型二档企业。

该厂引进美国先进饲料生产主要设备，具有年生产配合饲料和浓缩饲料 18 万吨的能力，成为广西最大的饲料厂家之一，拥有固定资产 1000 多万元。

在生产过程中采用科学的检测手段和现代化的管理方法，实行微机处理配方，电脑计量自运控制。产品采用荣获国家商业部、广东省优质产品的“永丰牌”配方。目前生产鸡、鸭、猪三大系列 30 多个品种的配合颗粒饲料、浓缩饲料，都是有关科研单位的科研成果，质量达到国内外同类产品先进水平，产品经全国统一抽检、广西质检所多次抽检，合格率均达 100%。产品畅销广西和湖南、贵州、广东等地。几年来产品产销量都居广西同行第一。1993 年生产“永丰牌”配合饲料 13.7 万吨，实现工业总产值 1.5 亿元，销售收入 2.07 亿元。

柳新饲料厂将继续以“质量第一、信誉第一”为经营宗旨，竭诚为广大用戶服务。

地址：广西柳州市庆丰路 6 号

厂长：赵仕宁

电挂：0921

电话：2516463　2511450

邮编：545002

柳州机车车辆厂

厂长:张多根

柳州机车车辆厂为铁道部直属企业。工厂创建于1965年,现有职工6000多人,其中各类专业工程技术人员1500多人,全厂占地面积160万平方米,拥有各种设备2500多台,固定资产总值两亿多元。备有热加工、机加工、冷作、冲压等大型设备,工厂已由单一产品型企业逐步发展成为一个机、客车生产,市场产品开发铁路专用线、铸造、锻造、电镀、柳焊、冲压、计量理化实验等门类齐全配套的大型 企业,担负着柳州、上海、广州、成都、郑州等铁路局的蒸汽机车和铁路客车、货车的修造任务,年修蒸汽机车350台(前进型、解放型、上游型),年修铁路客车500辆(硬座车、硬卧车、软座车、软卧车和餐车)。年制造铁路轻油罐车300辆,集装箱半挂车300辆,以及承担各类大型架桥机、辅轨机机动平车、球磨机、碎石机和大型工装设备的设计制造任务。

厂长:张多根
地址:广西柳州市小鹅山
电话:335048
邮编:545007

前进型机车

JA9500JG 型半挂车

诚实合作　共谋发展

广西南宁中天房地产开发公司

中天公司是资质叁级的集体所有制企业，总部设在南宁，内辖属柳州公司和桂林公司。

“以诚相待、取信于友、合作共荣”是公司创建一年来获得成功的首要因素。首次合作开发项目“丽江新村”住宅小区，以现房价优和细腻的售后服务在柳州的房地产市场首战告捷。继而柳州的“中天花园”大厦，在南宁教育路与轻工业厅合作开发的“综合商住大厦”，在桂林中山中路与日杂公司兴建的现代商贸楼“八桂大厦”也在有序地运作中。

我公司继续本着“公正、诚实、互利”的原则，愿与更多的海外人士携手共建繁荣。“中天花园”是我公司的重点投资项目，位于柳州最繁华的商业地段“五角星”，地处风景优美的柳堤。该项目占地 4.1 亩，总投资 3000 万元，建筑面积 27000 平方米，是集商场、写字楼、住宅为一体的 28 层高层综合性大厦。

公司法人代表、总经理：黄东宁

经理：鲁茂林、陈革、林韵强

地址：广西南宁市民族大道 57 号七楼

TEL：(0772)555218　555280

广西柳州市文惠路 68 号

TEL：(0772)213288　213880

广西桂林市龙隐路六段

TEL：(0773)512265　515843

舒适的办公场所

总投资 3000 万元，建筑面积 27000m² 的中天花园。

已交付使用的丽江新村

柳州农垦房地产开发公司

柳州农垦房地产开发公司是柳州市人民政府批准成立，区建委核准的国家三级城市综合开发公司。资金充裕，技术力量雄厚，公司员工具备相应的专业技能，其中高中级职称人员约占总数的50%。

首期投资：4000万元。

总经理：荣培坚

服务宗旨：
开拓创新
信誉第一

依山花园占地13805平方米，建宅11栋，座落在柳石路中段，交通便利。附近学校、市场、医院、公园一应俱全，居家方便。小区布局合理、环境优雅，内设综合管理楼及完备的管理机构，为居民提供专门服务。依山花园是您居家置业的理想选择。

商品房卧室一角

美丽的依山花园

经理：荣培坚

地址：柳州市柳石路139—1号

电话：320650

邮编：545005

柳州市牙膏厂

厂长：王多闻

柳州市牙膏厂是国营企业，国家二级企业，广西七家一类企业之一。建于 1980 年元月，到 93 年底已发展成为一个拥有职工 1200 多名、三个厂区、齐全的一流生产设备及配套设施和一座仪器先进的科研所、固定资产 6400 万元，具有年产牙膏 6 亿标准支生产能力的大型二档企业。

该厂主要生产各种规格的两面针系列牙膏，其中仙葫牌两面针中药牙膏是全国名牌产品，获部优产品称号，从 85 年起连续 9 年被评为全国最受消费者欢迎的轻工产品之一。该厂产品销往全国 31 个省市自治区，并出口到 8 个国家和地区，自 83 年以来连续 11 年牙膏产销量居全国同类产品首位。

该厂 92 年各项主要经济指标均居全国同行业首位，经济效益综合得分排全国化学工业第一位，被评为全国先进集体，获全国“五一”劳动奖状。93 年各项经济指标仍在全国同行业和广西轻工系统中处于领先地位。

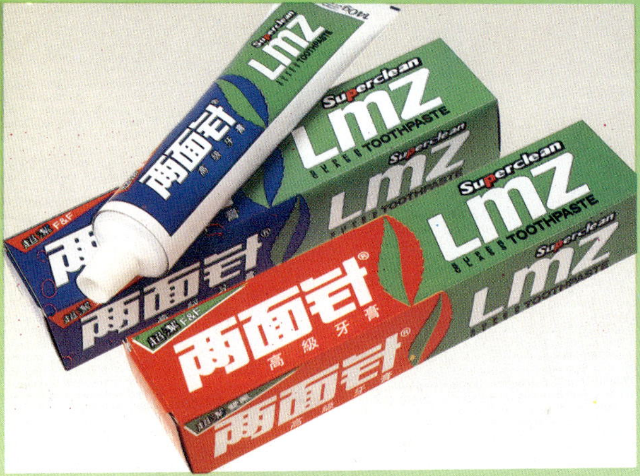

该厂系列产品

厂长：王多闻
厂址：广西柳州市长风路 2 号
邮政编码：545001
电话：223750
传真：223419
电报挂号：3660

引进瑞典先进的全自动牙膏包装机

引进瑞士 AISA 公司先进的复合软管生产线

广西柳州五金交电化工公司

图为公司总经理：谭志忠

广西柳州五交化总公司(原柳州五交化批发站)是有40多年经营历史的国有大型商业批发企业。固定资产2498万元，现有职工600多人。下设五金机械、交电器材、化工原料、装潢建材、机动车辆、石材装潢、柳北经营、经营公司等九大专业批零公司及家用电器维修中心。年销售额4亿多元，实现税利1000多万元，销售、税利均居广西同行业之前列。近年来先后被广西区、柳州市评为经济效益显著先进企业，广西区流通领域最大销售规模、最佳经济效益五十强企业。

随着市场经济的发展，企业规模不断扩大，1992年与柳州市建设银行共同投资，改建柳州市商业重点项目工程——东风商场，建筑总面积54800平方米，是一座集购物、餐饮、娱乐、办公、服务为一体的现代化综合商厦，预计1995年下半年装饰完毕投人使用，届时企业将以崭新面貌迈上新台阶。

我们诚挚欢迎海内外朋友来人、来函洽谈业务，以信誉第一，友谊第一的宗旨，坚持开拓、求实、高效、奉献的企业精神，竭诚提供优质服务，与广大用户同舟共济。

总经理：谭志忠
地　址：广西柳州市北站路18号
电　话：224603　221428
电　挂：0063　邮　编：545001

五交化商场大楼

商场一角

柳州市鑫泰房地产开发公司

柳州市鑫泰房地产开发公司（原市住宅改造开发公司），成立于一九八五年二月，隶属于市房产管理局、系全民所有制城市综合开发三级公司。公司拥有一批基础理论扎实、实践经验丰富的高中级工程技术人员，各类专业技术人才占公司职工人数的85%。具有雄厚的城市综合开发实力和经验，是柳州实施旧城改造的主要力量。

历年来公司投资数亿元，对柳江路、文惠路、箭盘村等旧城老街进行了全面改造、新建房屋十八万平方米，拆除危旧房屋八万平方米，取得了较好的社会、环境和经济效益。目前公司已在市郊进行成片开发，为对旧城区的解放路、鱼峰路、中山西路等实施全面改造创造良好条件，积极引进外资为尽快实施城市总体规划作出更大贡献。

经理：张情俭

地址：柳州市公园路　电话：223941

被誉为「柳江明珠」的二十一层滨江大厦是目前广西最高的集商场、住宅、办公为一体的综合大楼建筑

该路的改造工程于一九八九年元月动工，一九九0年十二月完成，总建筑面积为2.2万平方米。

耸立在文惠路的文惠大厦于一九八九年七月交付使用，是柳州当时第二商楼，面积为5600平方米。

与市二运公司合建的通宝大厦建成于一九九一年，总建筑面积为8400平方米。

图为公司经理:毛邵华

图为公司大楼、公司商场

柳州地区糖业烟酒公司

广西柳州地区糖业烟酒公司为自治区级先进企业,广西经济效益百强企业,属国营二级批发企业,拥有职工 124 人,固定资产 443 万元,自有流动资金 380 万元,营业面积 31000 平方米。

以经营食糖为主,同时经营全国名优酒、糖果、奶粉、罐头乳制品、饮料、农副土特产品、粮油制品、日用百货等 1000 多个品种。年商品吞吐量十多万吨,年购销二亿多元。

公司实力雄厚,经营灵活,奉行质量第一的宗旨,竭诚为广大顾客开展批零兼营、经销、联销、代购、代销、代储、代运业务。售八方之精品,保万户之需求,以崭新的姿态为各方客户提供一流服务,热忱欢迎光临洽谈业务。

图为公司名优商品专柜

经　理:毛邵华
副经理:黄岐伙、覃金芳、钟晓光
地址:柳州市三中路 25 号
电挂:0102　邮编:545001
电话:经理室－225528　行政科－224758
食糖经营部－221567　储存部－224706
副食品经营部－211902
第二副食品经营部－336247
商场－228524
采购供应经营部－213038

图为公司仓库

广西柳州中百股份有限公司

图为广西 1992 和 1993 年度优秀经理、公司董事长、总经理、党委书记高志峰同志。

该公司由柳州百货批发站改组而成，现有员工 659 人，营业场所 20,680m²，仓库 54,700m²，铁路专用线 2,129m，整个企业占地 18 万 m²，净资产达 14,861 万元。经营百货、文化、五金、交电、家电、糖烟酒、黄金首饰、仓储运输、饮食服务等业务，经营品种 32,000 余种，购销网络辐射全国，商品供应遍及广西和云、贵、川、湘、粤等省的毗邻县市。近几年来，企业大胆改革，锐意进取，经济效益一直雄居广西同行业前茅，先后荣获国家二级企业、全国商业先进企业、自治区先进单位、企业管理优秀单位、经济效益先进单位、广西流通五十强企业等殊荣。1993 年，该司商品销售实绩达 20,648 万元，比上年增长 34.36%，实现税利达 871 万元，比上年增长 64.34%。企业连续两年获柳州市委、市政府重奖。眼下，企业将抓住改革的有利时机，加速经营机制的转换，筹建一座集购物、餐饮、娱乐、宾馆、旅游、招商中心为一体的柳州中百商城，把公司发展成为一个大批发、大零售、大储运、多功能、高层次的大型综合企业。

地　址：广西柳州市北站路 14 号
邮　编：545001
电　话：224359
电　传：0772－221447
电　挂：4102

图为公司营业大楼——中百大厦

图为公司领导班子在研究企业发展蓝图

柳州建築設計科學研究院

办公楼（八一路 77—1 号）

柳州市建筑设计科学研究院是建筑设计国家综合甲级及建筑工程总承包综合甲级单位。历经 20 多年耕耘，目前已发展成为以建筑设计为主导，同时具有科研、勘察、施工、安装、装潢、建材、检测、监理及房地产开发实体的新型单位，逐步向跨行业、跨地区、集团化股份化方向迈进。

该院技术力量雄厚，各类专业人才齐全。并拥有相当数量高档微机和各专业优秀软件，具备了甲级院 CAD 工作条件。20 多年来完成工业与民用建筑设计 4000 多项，荣获国家专利 1 项、科技进步三等奖 1 项、自治区、市优秀设计项目奖 40 多项。多年获市先进单位并已获文明单位称号，1993 年为市守法纳税单位。

全院推行全面质量管理，实行院长负责制，贯彻技术经济责任制，深化勘察设计改革，依靠科技进步，不断提高勘察设计、施工水平。坚持恪守信誉、创优质量、竭诚服务宗旨，奉献最佳设计。

柳州市建筑设计科学研究院全体同仁热忱与国内外致力于建筑事业的各界人士携手共进，繁荣建筑事业，建设美好世界！

由我院设计的柳州图书馆

由我院设计的柳江路高层公寓

建科综合楼（文惠路 82 号）

院长：史黎明

地址：广西柳州市八一路 77—1 号

文惠路 82 号

电话：224949　224987

传真号：0772—224987

电挂：0371　　邮编：545001

柳州市顺风寻呼台

柳州市顺风寻呼台是为市党政军机关、部门、社会各界服务的。她设置的软件系统容量大、项目全。可实现单个用戶常规信息寻呼服务，以及天气预报、股市行情，国内外重大新闻等公共信息的发布。此外，还可为党政军机关、部门、社会各界发布诸如会议通知、指挥调度等信息。

该寻呼系统具备数、英、汉字兼容，其汉字 BP 机输入了单、组、群呼功能，便利了机关、部门、单位和个人以各种信息的传呼。用戶 BP 机接收信息半径 50KM，至 94 年 8 月始，顺风台 BP 机接收半径可达 100 公里。目前该台可实现与南宁、梧州、北海等市的联网漫游，便利了各界人士的信息交流。

本台全体员工以热情、周到、快捷、准确的服务宗旨，接受广大用戶的监督和批评，采纳广大用戶的合理建议和意见。欢迎龙城父老乡亲加入 218218 顺风大家庭。

联系电话：220221

联系人：唐新慧　罗丽丽

主管单位：

柳州市移动通信发展总公司

服务中心地址：市中山东路 52—3 号（公园路小学对面）

位于公园路的移动通讯服务部

顺风寻呼台服务中心

顺风寻呼台服务中心

广西柳州市柳南城市信用社

本社是一九八七年八月经中国人民银行广西区分行批准建立的集体金融机构，下属有双马、文笔、南站、革新四个营业处和一个营业部，现有职工 90 余人。

建社七年来坚持按照国家金融方针政策，实行企业化管理，贯彻自主经营、自负盈亏、自担风险、自求平衡和自我发展的原则。坚持为“两小”经济服务为主的方针，秉承“客户第一、信誉第一、质量第一、效益第一”的宗旨，办理各项业务，深受社会各界人士的支持和信赖。存贷业务得以迅速发展，截至 1994 年 6 月底，各项存款余额达 1.52 亿元，比 1993 年末增加 4342 万元，增长 39.9%，完成年度增长计划的 199.9%；各项贷款余额 8953 万元，比 1993 年末增加 3005 万元，增长 50.5%；1－6 月份发放贷款累计 1.36 亿元，七年累计发放各项贷款 5.27 亿元；上半年实现税利 330.1 万元，为 1993 年全年税利总额的 146%，完成 1994 年税利计划的 114.1%；七年累计实现税利 1198 万元，为支持柳州市经济发展，搞活流通，繁荣市场以及自身的积累作出了积极的贡献。

本社新建落成的四千平方米九层综合楼地处红光路繁华中心区，是目前柳州市城市信用社中最大的综合楼，交通十分方便。本社已与全国19个省(区)的44个城市信用社建立通汇网络，直接通汇，办理电、信、票汇及托收划款，代理解付各地汇入汇款，手续简便，传递快捷，安全保密。本社已建立比较切实可行的管理制度，实行全员聘用制，岗位责任制，实施按劳分配原则，充分调动全社职工积极性。

总经理：叶琼英
地址：广西柳州市红光路
电话：326964

总经理：叶琼英

营业大厅一角

办公大楼

营业大厅一角

柳州市海員大厦

海员大厦总经理:王超武

柳州海员大厦位于市驾鹤路80号(文惠桥南端),是柳州航运公司投资兴建的综合性大楼。

柳州海员大厦是一座轮船式的独特建筑,海蓝色调、设计新颖、装饰豪华、设备齐全。主楼高十二层,总建筑面积一万平方米,集旅业、饮食、娱乐于一体,拥有雅致舒适的套房和标准中、高档客房及宽敞明亮的写字楼出租。还有适合举办各类会议活动的大、中、小会议室和豪华舞厅、卡拉OK厅、美容厅等。

大厦二楼为海员酒楼,拥有600个餐位,包厢内设有卡拉OK带小舞池。酒楼特聘名师主勺,管理人员及服务员经广州名师培训。服务热情周到。

大厦坚持"宾客至上、服务第一"的宗旨,安全卫生、环境优雅、服务周到、交通便捷,是社团公务、商务、情侣、朋友住、食、玩、雅聚的地方。

总经理:王超武　　副总经理:陆荣钊

电话:323399　333794

订餐电话:320346　邮编:545005

海员大厦副总经理:陆荣钊

大厦大楼

客房

餐厅一角

柳州市铝型材厂

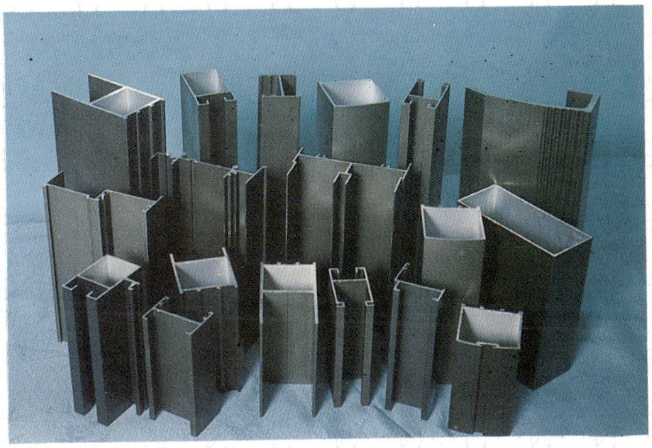

“我们也要干亿元厂!”这是仅有200多人的柳州市铝型材厂全体职工的誓言。柳州市领导对此十分赞赏。

柳州市铝型材厂是广西专业生产铝型材料的大型企业。专业的技术队伍,先进的工艺设备,年产型材1800吨,型材表面处理2000吨,铝棒2500吨。

要找优质铝型材　请到广西柳州来

厂长陈昌雪衷心感谢四面八方的支持

热忱欢迎五湖四海做生意

厂址:柳州市荣新路3号

邮编:545005

直拨:0772—333996　333761

334919

本厂主要生产的70、90系列拖拉窗,以及用于货柜,装饰的方管、槽料、角料、天花、扣板、镜框等型材,规格配套齐全,并可根据客户需要加工,生产其它系列型材和各种用途的异型材

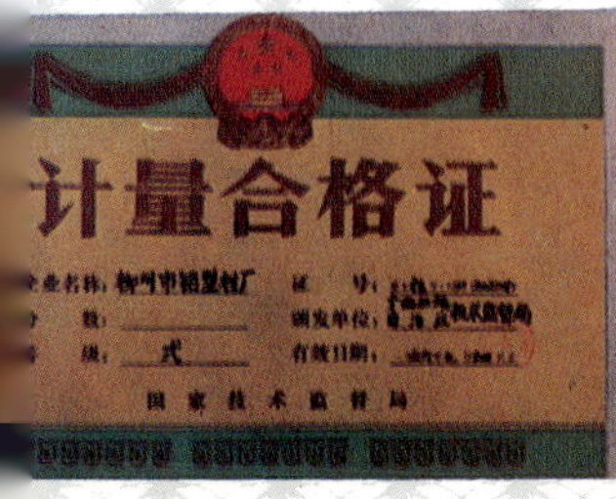

中国银行
柳州分行

位于柳州市屏山大道 178 号的银行大楼

中国银行柳州分行位于柳州市屏山大道 178 号。近年来，经过不断的改革开拓，该行已逐步由国家外汇、外贸专业银行发展成为多功能、综合性银行。业务种类和服务质量不断提高。目前该行共有业务网点 33 个(包括象州、来宾、融水三个县支行)，主要经营和办理的业务有：贸易和非贸易国际结算；国内人民币储蓄存款、贷款、信用卡(包括提款卡)、外汇(包括外币)买卖；信托咨询、信托投资；根据国家授权，发行债券和其他有价证券，办理国家许可和委托办理的其他银行业务。其中：长城卡业务在柳州已做到“三先一优”；发卡领先、使用 24 小时服务自动存取款机(ATM)领先、发行提款卡领先，服务优质高效。国际结算在人才、资金、信息、海外代理行建设网络等方面具有独特的优势，一直保持着柳州出口创汇的主要渠道地位。

中国银行柳州分行愿竭诚为广大客户提供各种优质服务，欢迎广大客户到柳州中行办理各项金融业务。

地址：屏山大道 178 号
电话：339245　338002

国际结算人员正在操作电脑

下企业了解生产情况

向群众宣传储蓄等金融业务

柳州市商业建筑装潢工程公司

柳州工贸商场内景

1992 年建设的优良工程——广西林校宿舍

柳州市商业建筑装潢工程公司集建筑、装潢施工、房屋开发建设等项目于一体的综合型施工企业，下设：建筑分公司电话：219516，装潢分公司电话：223640，壶东房屋开发公司电话：223400，施工机具和金属模具租赁分公司电话：225890，北海市分公司，装饰材料公司电话：223640，服鑫建筑公司电话：212354，综合加工厂电话：225890，家俱厂电话：220303 等生产经营实体。年总产值约四千万元；有职称人员占员工总数四分之一。各类固定资产五百余万元，拥有生产车间（仓库）和办公用房四千多平方米、场地 2 万多平方米。近年来创造了柳州市皮革厂制革车间、广西林校学生宿舍、市食品公司城站住宅等一批优良工程，完成了包括柳州工贸中心商场等一批较大型的装潢工程，建成了三中路、雅儒路等地段商品住宅。

总经理：叶天白　电话：212620　地址：跃进路 92 号

1993 年开发建设的三中路商店房

位于潭中大道的市第二糖烟公司综合楼（1993 年承建）

国民生产总值（现行价）

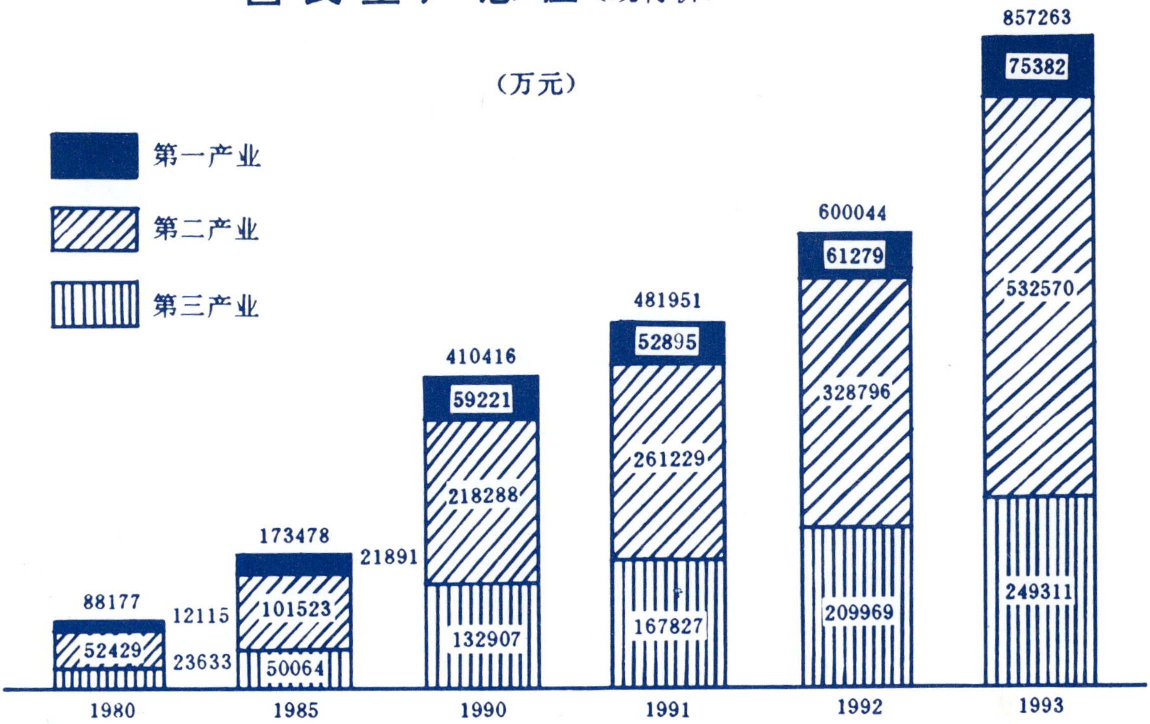

全社会劳动者人数（万人）

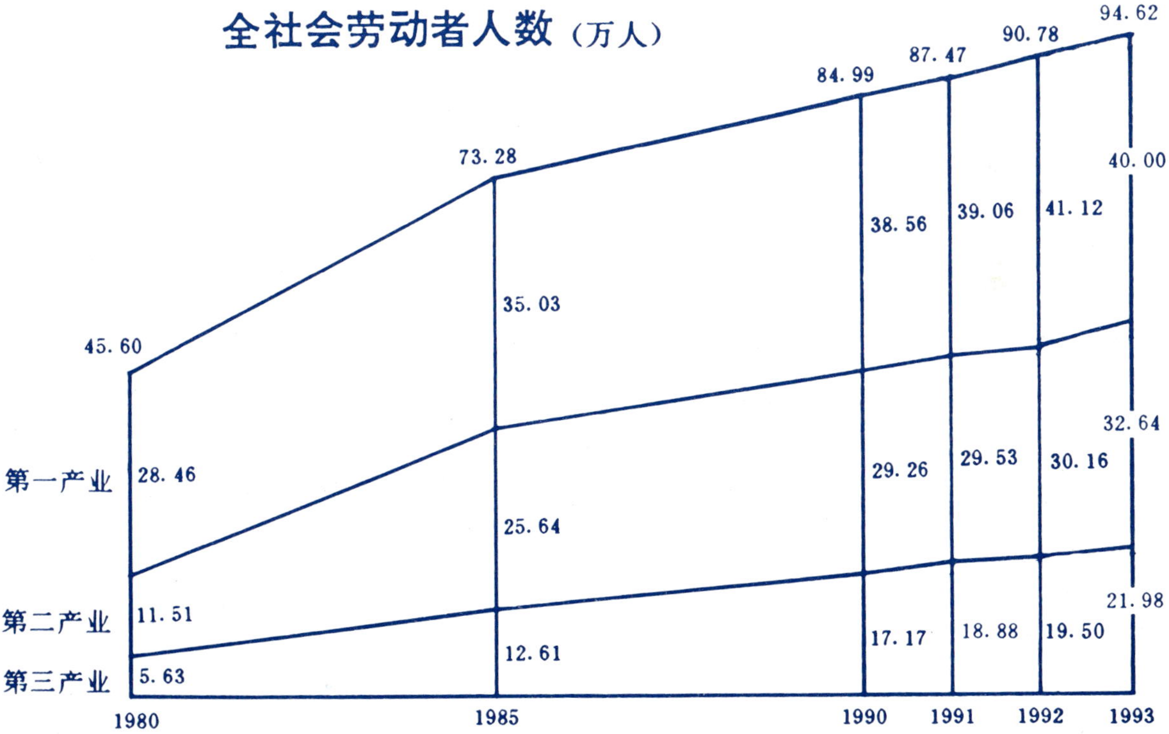

人　口（万人）

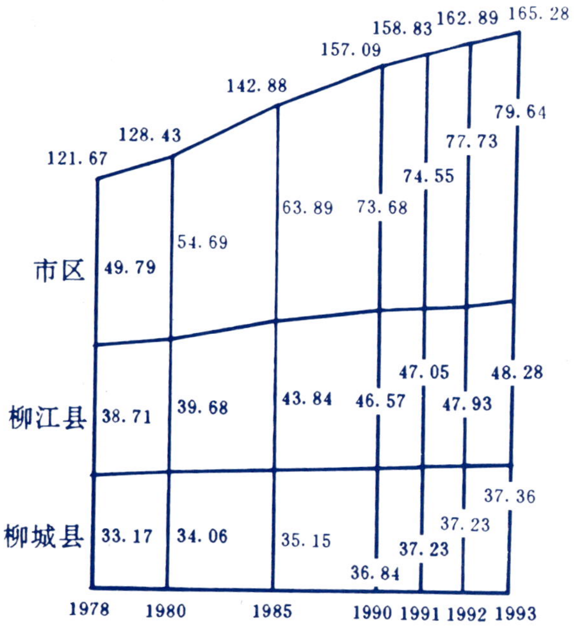

农业总产值（可比价）

（亿元）

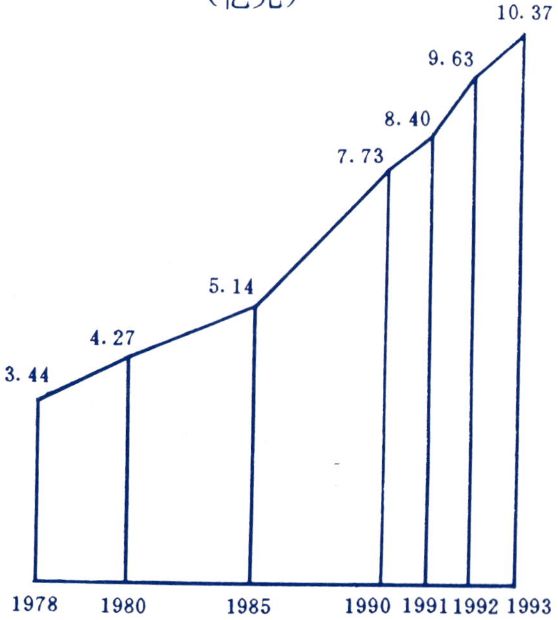

工业总产值（可比价）

（亿元）

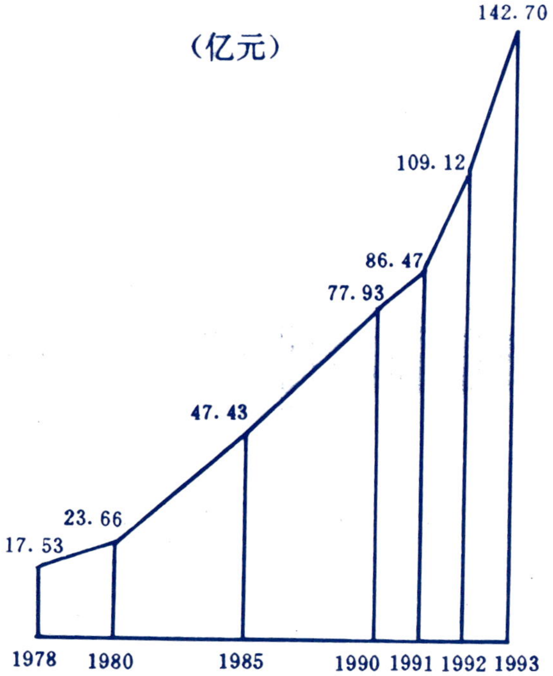

独立核算工业利税总额

（亿元）

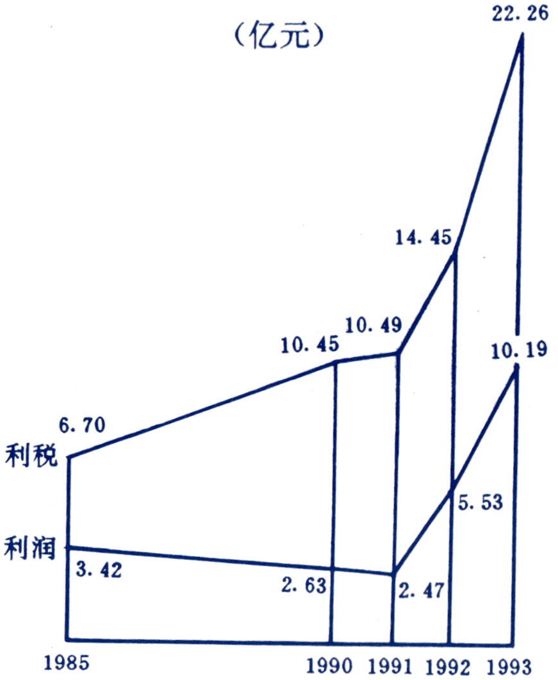

固定资产投资完成额

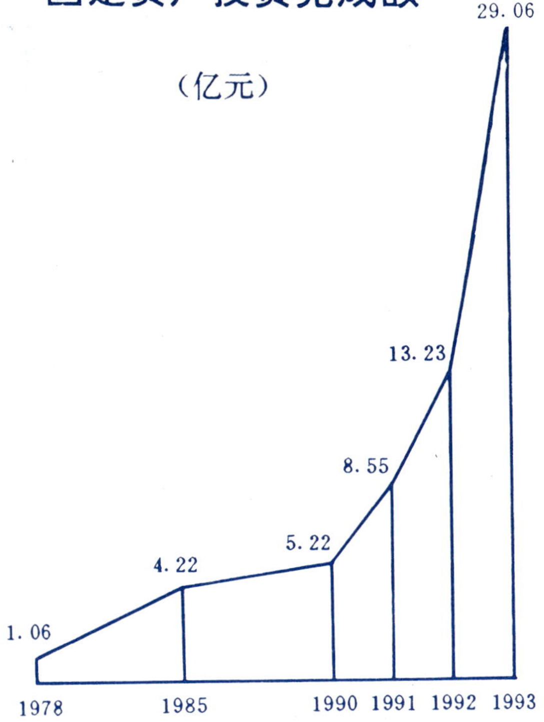

社会商品零售总额

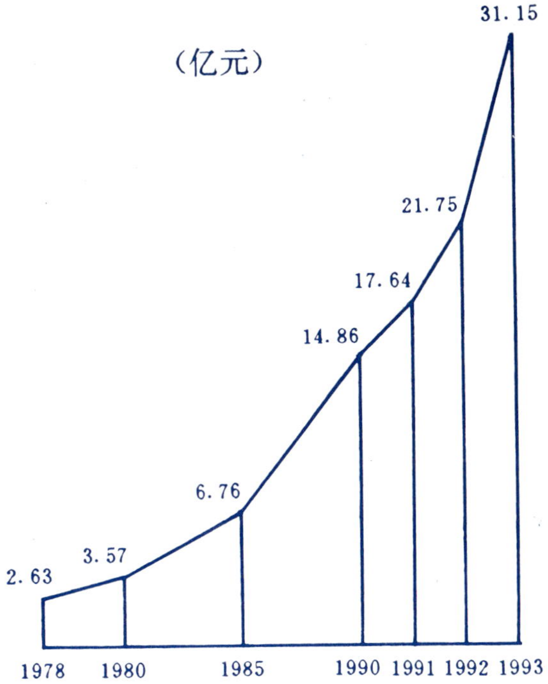

地方财政收支（亿元）

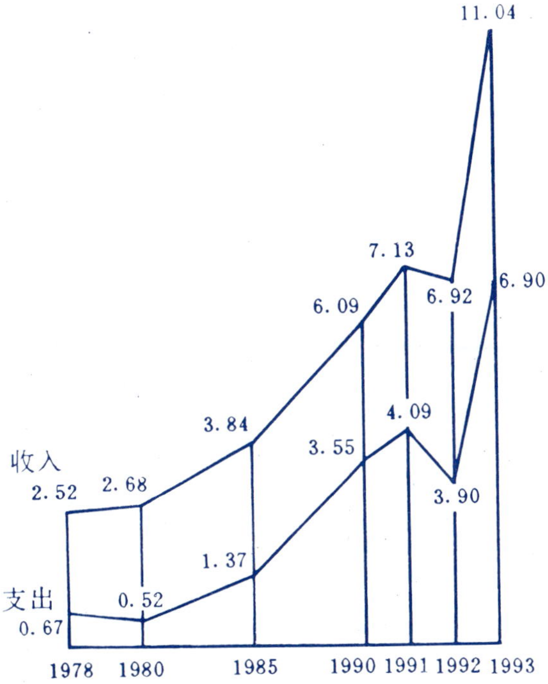

城乡居民储蓄存款余额

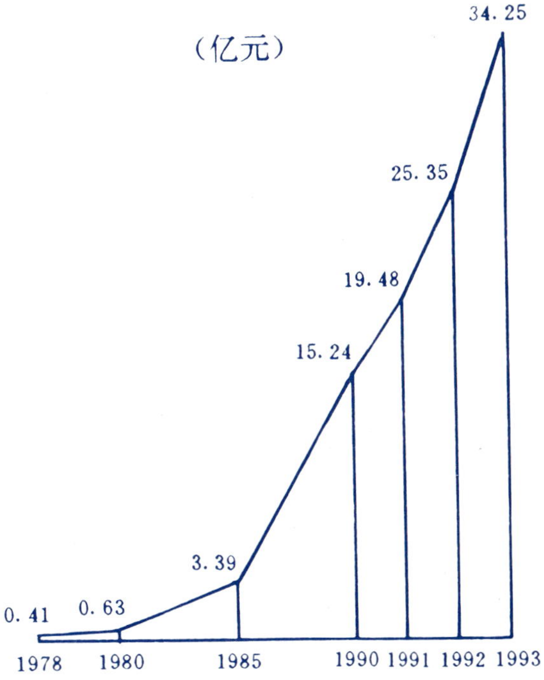

城市居民人均生活费收入

（元）

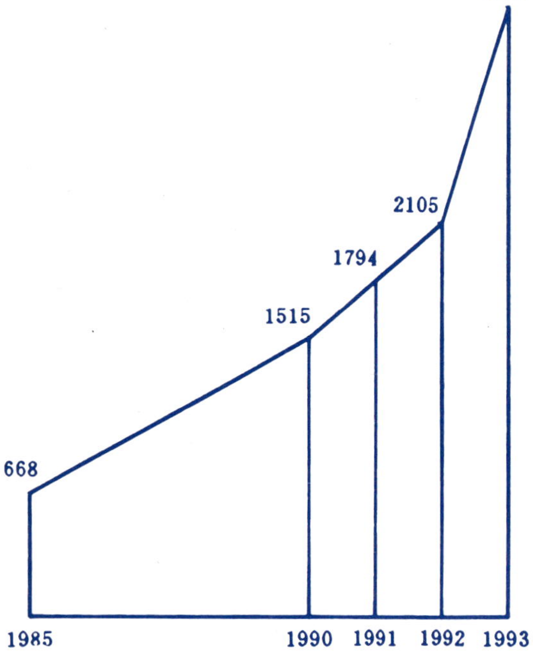

农民人均纯收入（元）

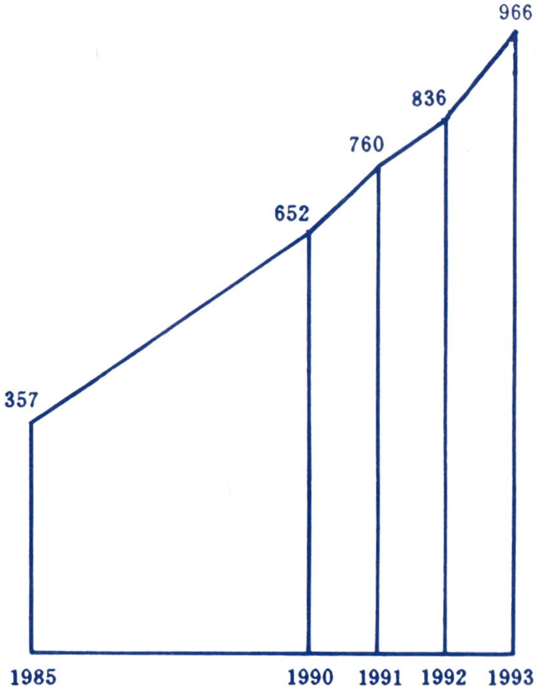

城市住宅居住面积

（万平方米）

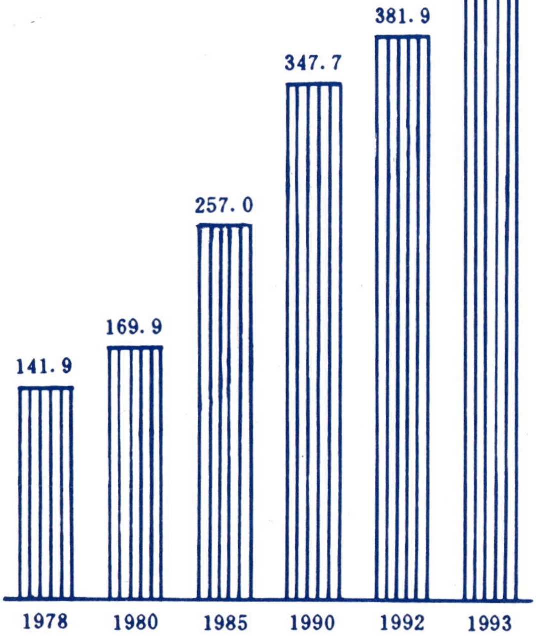

城市人均住宅居住面积

（平方米/人）

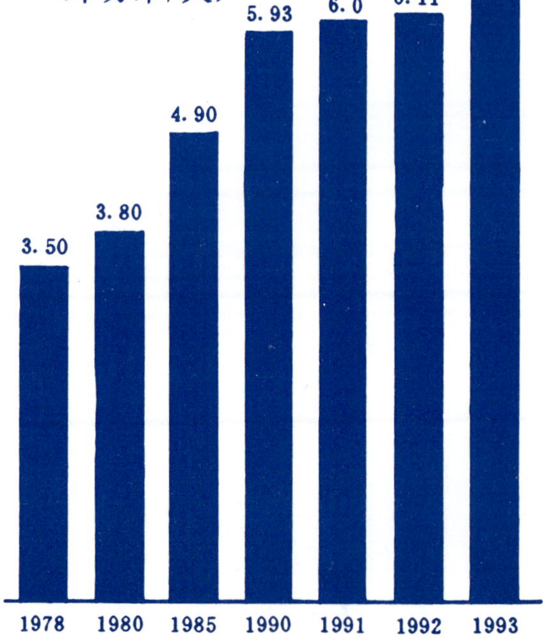

城市道路面积（万平方米）

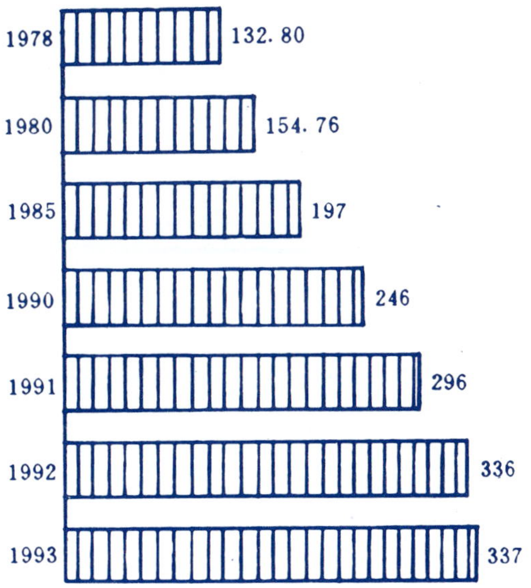

城市道路长度（公里）

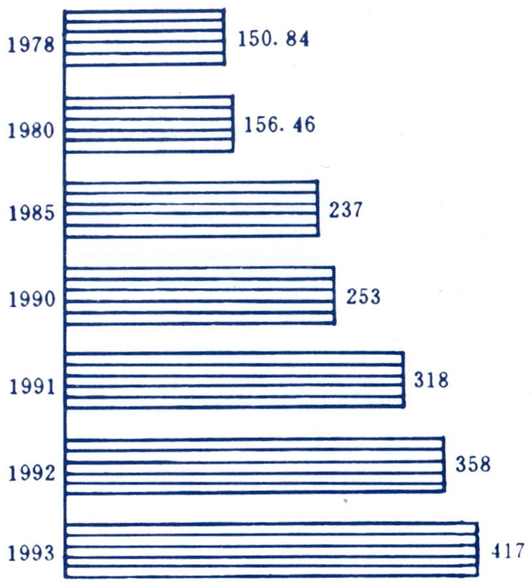

城市供水总量（万吨）

（系统内）

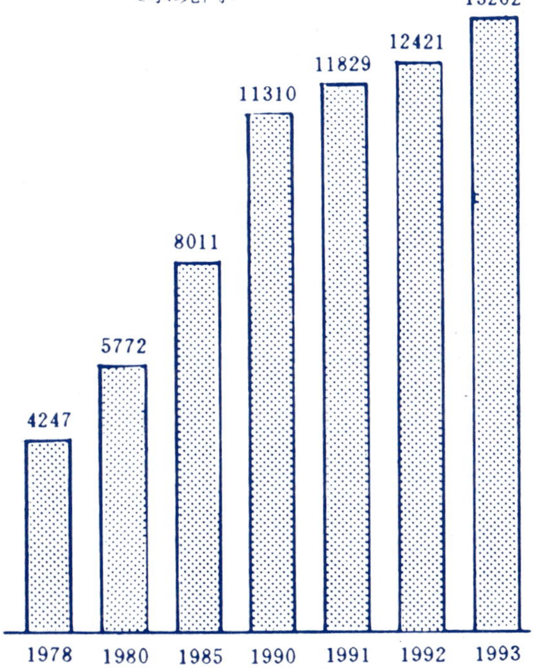

用　电　量（亿千瓦小时）

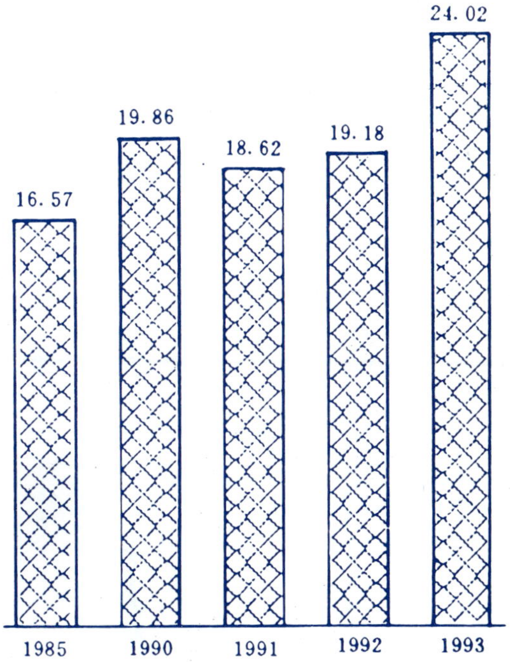

在 校 学 生 数

小 学（万人）

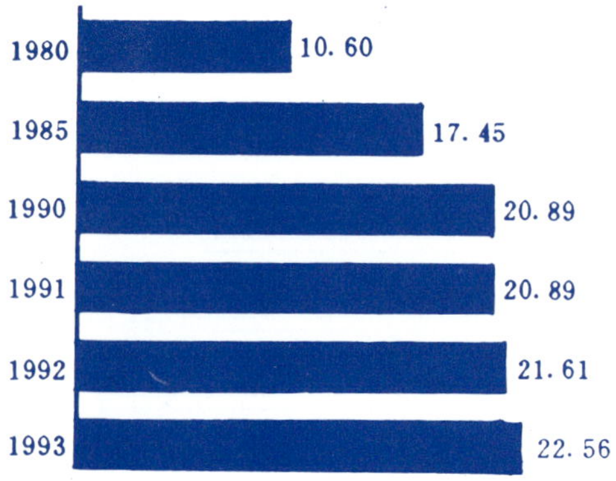

普通中学（万人）

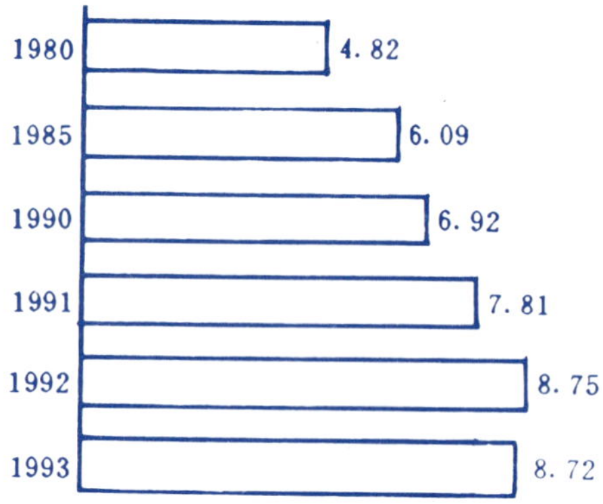

中 专（人）

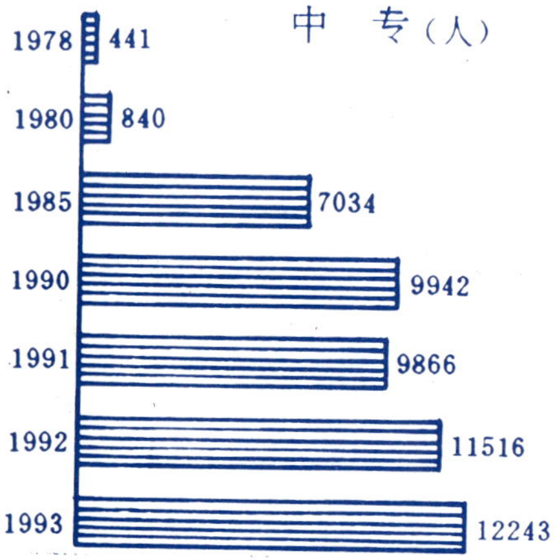

高等学校（人）

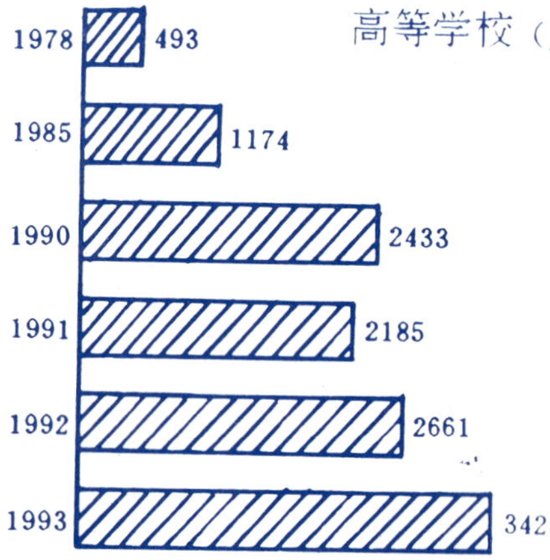

卫生技术人员（人）

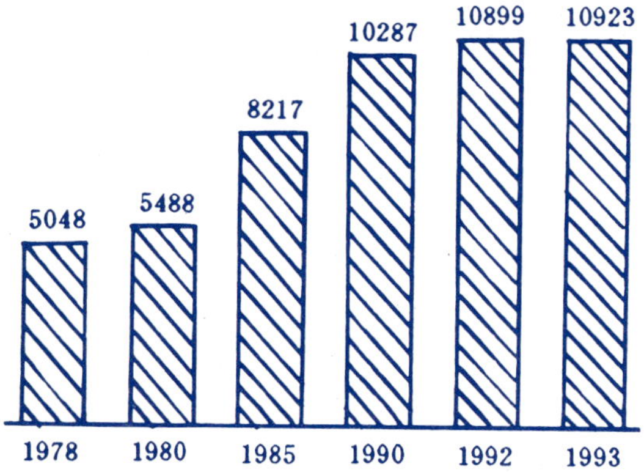

床 位 数（张）

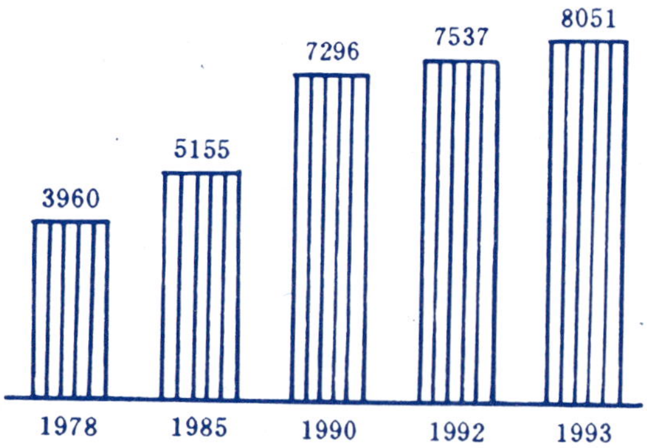

主要工业产品产量

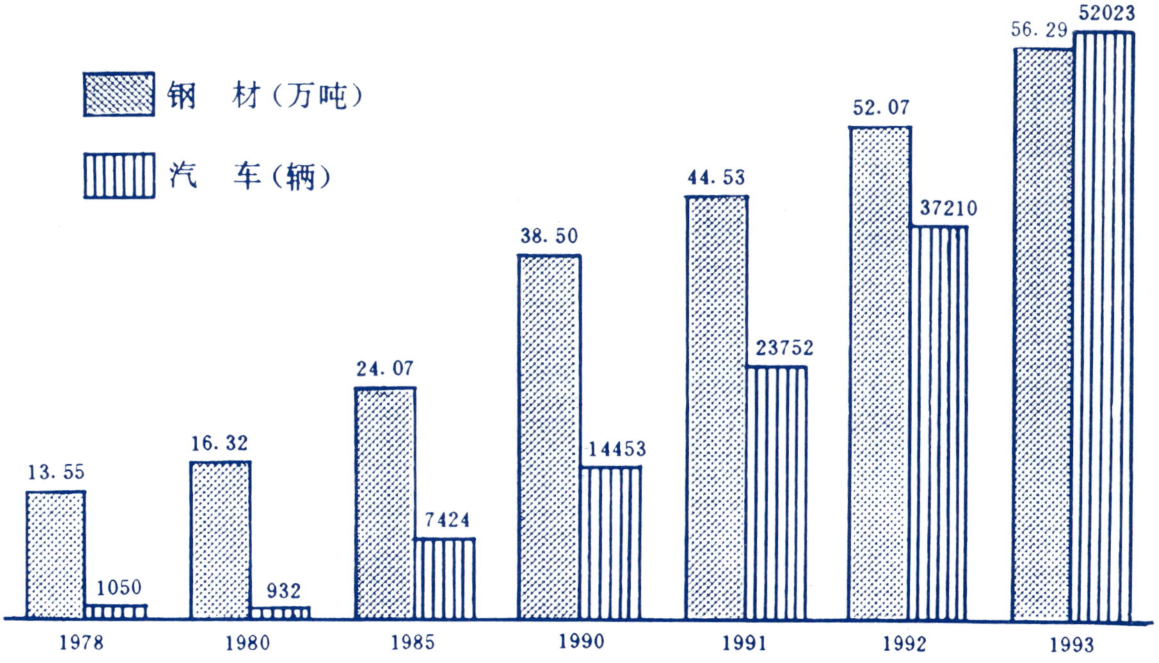

钢　材（万吨）
汽　车（辆）
13.55
1050
16.32
932
24.07
7424
38.50
14453
44.53
23752
52.07
37210
56.29
52023
1978
1980
1985
1990
1991
1992
1993

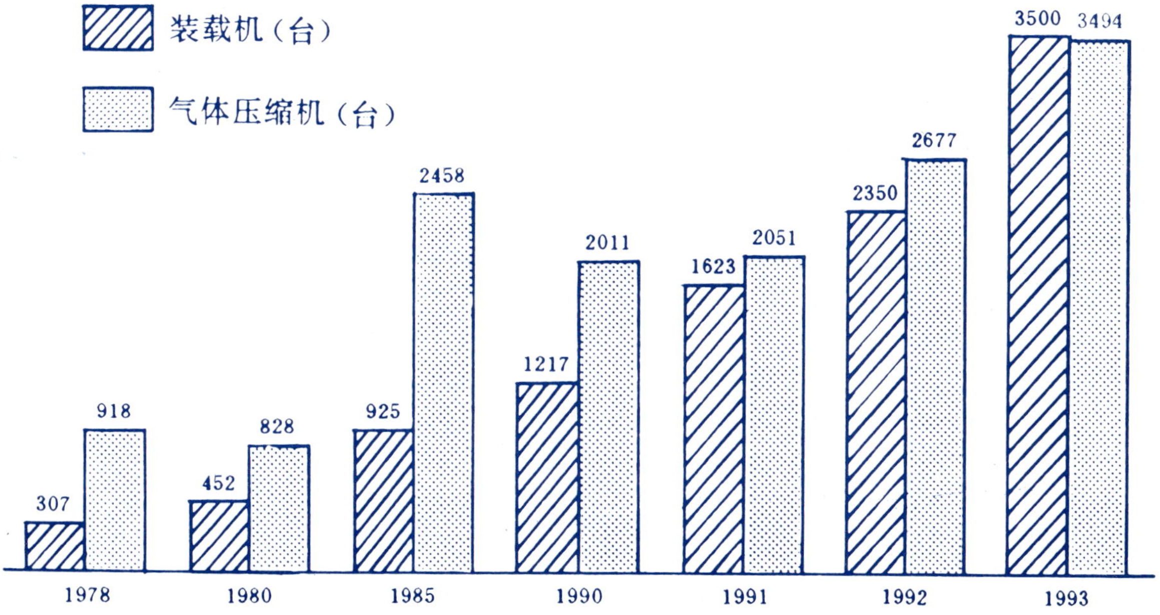

装载机（台）
气体压缩机（台）
307
918
452
828
925
2458
1217
2011
1623
2051
2350
2677
3500
3494
1978
1980
1985
1990
1991
1992
1993

主要工业产品产量

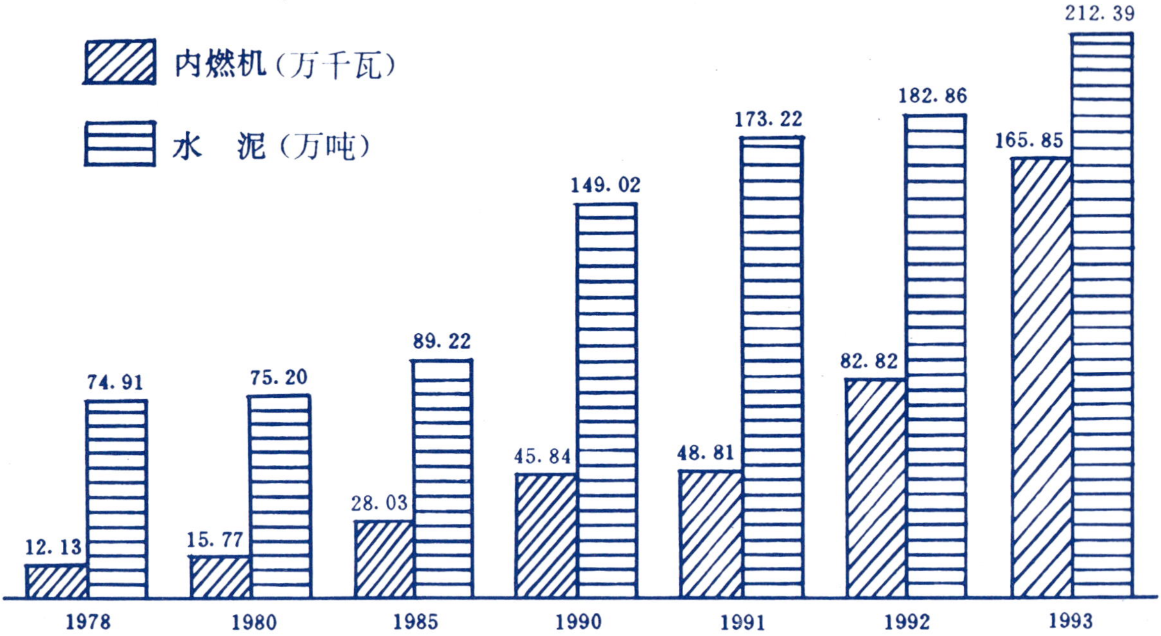

内燃机（万千瓦）
水　泥（万吨）
12.13
74.91
15.77
75.20
28.03
89.22
45.84
149.02
48.81
173.22
82.82
182.86
165.85
212.39
1978
1980
1985
1990
1991
1992
1993

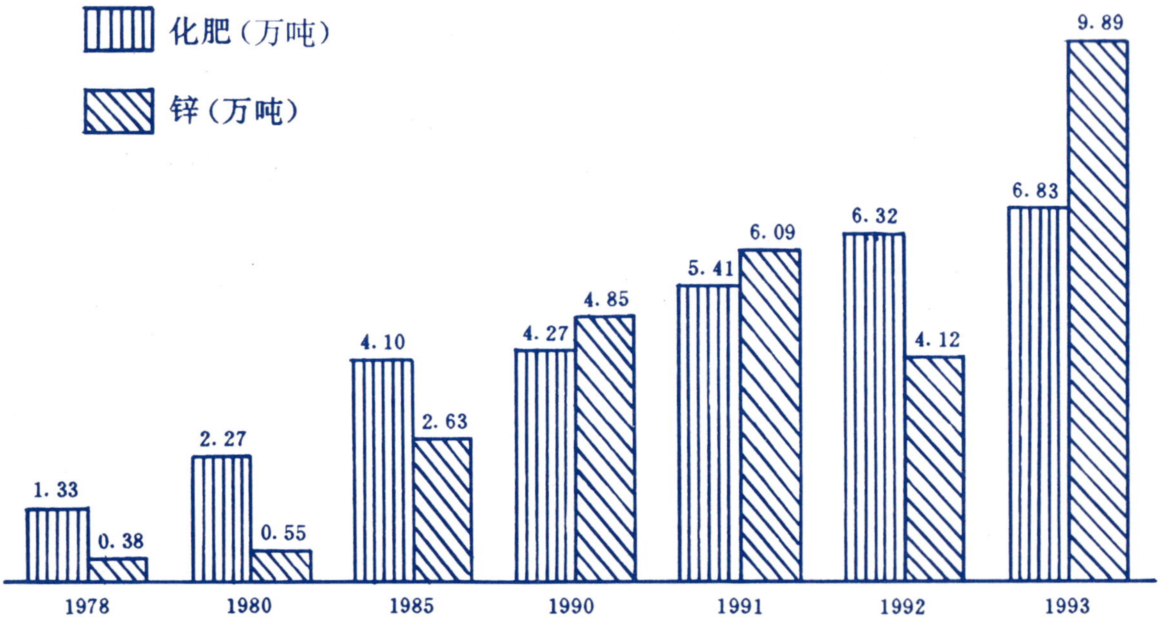

化肥（万吨）
锌（万吨）
1.33
0.38
2.27
0.55
4.10
2.63
4.27
4.85
5.41
6.09
6.32
4.12
6.83
9.89
1978
1980
1985
1990
1991
1992
1993

主要工业产品产量

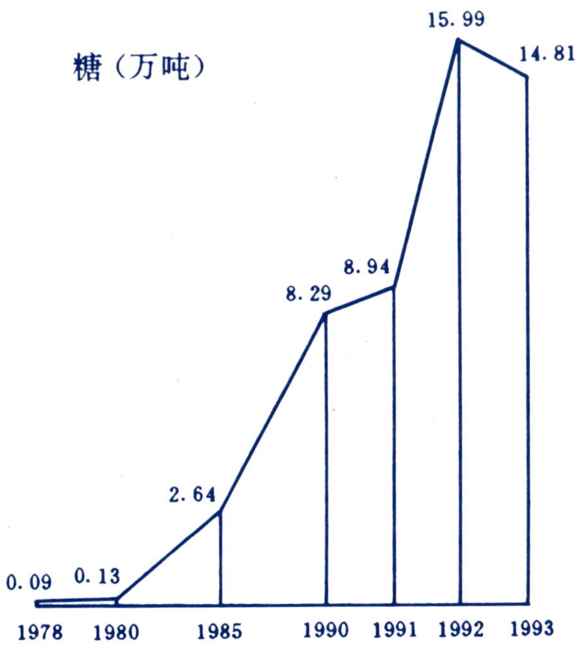
糖（万吨）
0.09
0.13
2.64
8.29
8.94
15.99
14.81
1978
1980
1985
1990
1991
1992
1993

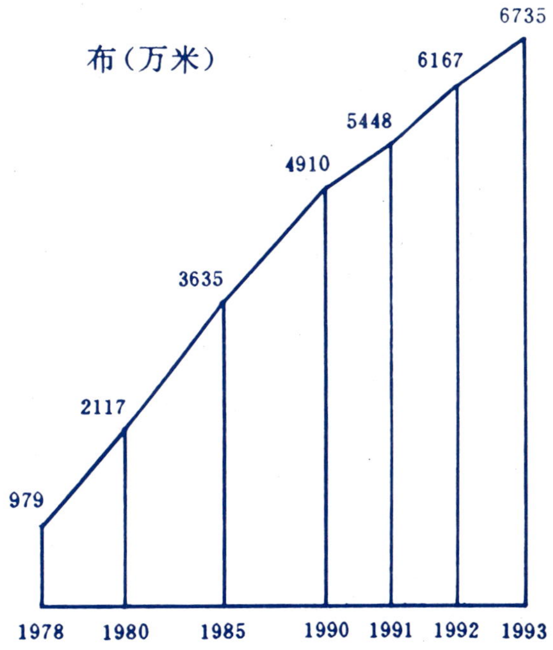
布（万米）
979
2117
3635
4910
5448
6167
6735
1978
1980
1985
1990
1991
1992
1993

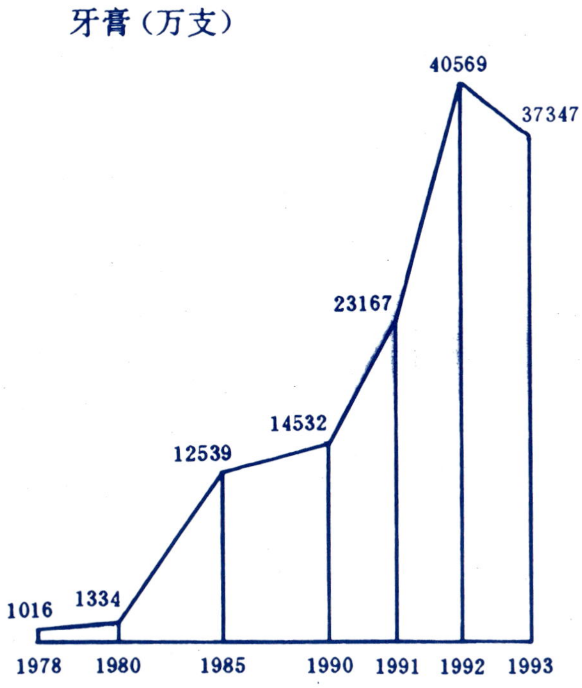
牙膏（万支）
1016
1334
12539
14532
23167
40569
37347
1978
1980
1985
1990
1991
1992
1993

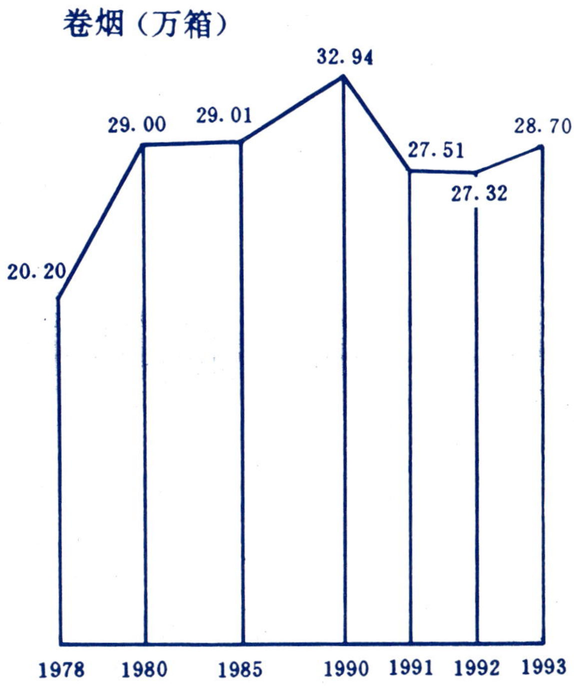
卷烟（万箱）
20.20
29.00
29.01
32.94
27.51
27.32
28.70
1978
1980
1985
1990
1991
1992
1993

粮食产量（万吨）

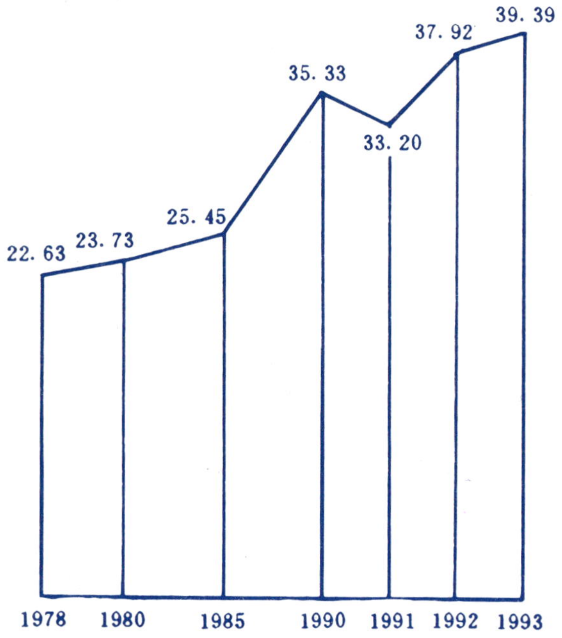

甘蔗产量（万吨）

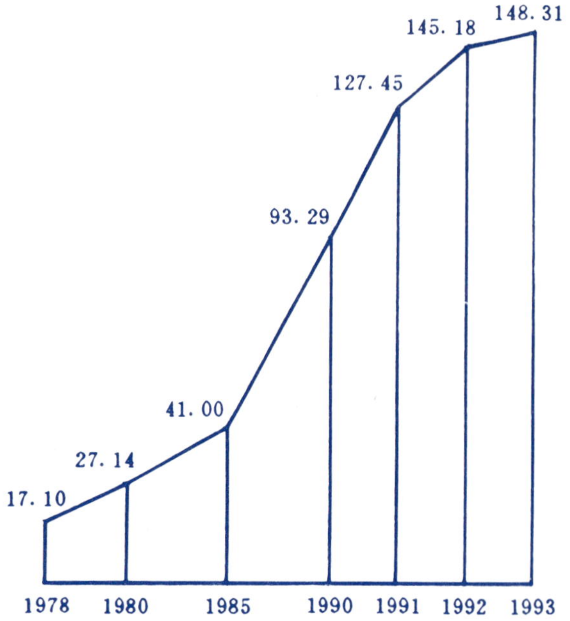

水果产量（吨）

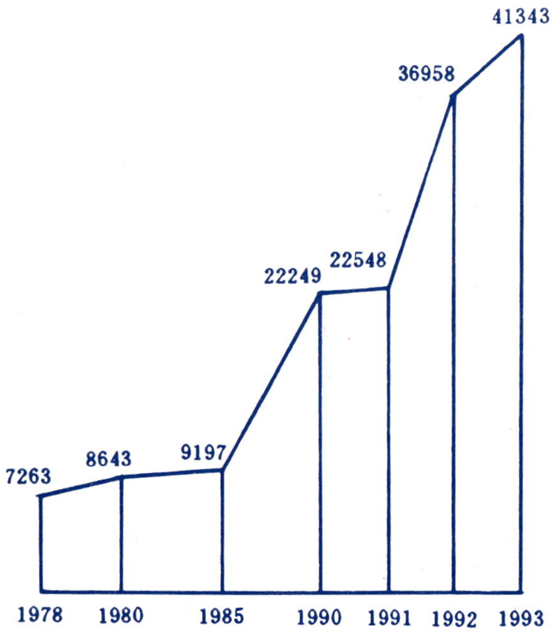

生猪出栏头数（万头）

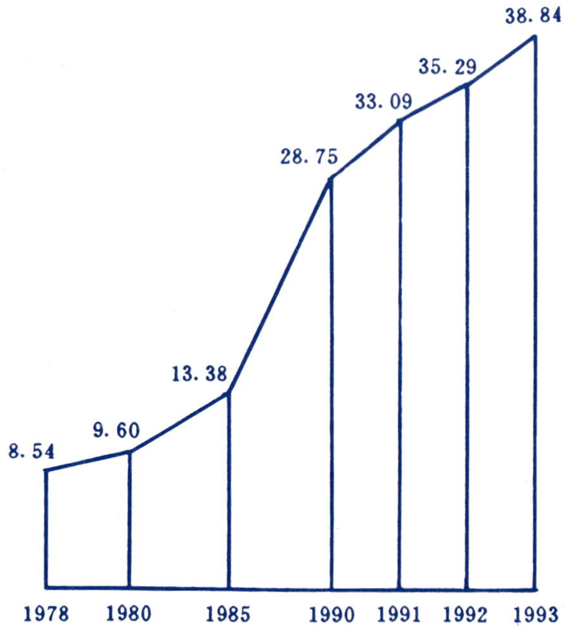

《柳州经济统计年鉴—1994》编辑委员会

《柳州经济统计年鉴—1994》编辑部

编 辑 说 明

柳州市自1990年编辑出版《柳州市统计年鉴》，现经中国统计出版社同意，柳州市人民政府批准，从1994年起正式改名为《柳州经济统计年鉴》，向国内外公开发行，并由原32开本改名为16开本。

（一）《柳州经济统计年鉴—1994》（1994刊）是一本反映1993年柳州市国民经济和社会发展等方面的活动情况及基本概貌的资料性年刊。本《年鉴》资料翔实，内容丰富。供海内外有关机关、团体、学校、研究部门、企事业单位及各界人士了解和研究柳州参考使用，为柳州经济发展再上新台阶服务。

（二）本《年鉴》内容有文字和统计资料两部分。文字部分内容包括：1、统计公报；2、柳州概貌；3、社会、经济及科技发展概况；4、县、区社会经济发展概况；5、部分企业概况。统计资料内容包括：1、统计图表；2、综合统计资料；3、经济统计资料。

三、本年鉴所用文字稿件均由各有关部门、单位提供，并经供稿单位领导和年鉴编辑部编审。由于计算口径不同，个别数量指标可能不一致，使用时应以该年鉴统计指标为准。

四、本《年鉴》中“全市”包括市区、柳江县、柳城县。“市区”包括柳南区、鱼峰区、城中区、柳北区及郊区。计量单位均采用法定计量单位。表中符号使用说明：“空格”表示该项无指标数据；“…”表示数据不足指标最小单位；“#”表示其中的主要项。

五、在本年鉴的编辑出版过程中，得到了柳州市人民政府及有关部门、单位的大力支持，对此我们深表谢意。不足之处，欢迎指正。

《柳州经济统计年鉴》编辑部

目　录

第一部分　统计公报

第二部分　柳州概貌

第三部分 社会、经济及科技发展概况

CONTENTS

第一部分 统计公报

柳州市统计局关于1993年国民经济和社会发展的统计公报

（1994年3月26日）

1993年，我市认真贯彻邓小平同志南巡讲话和党的十四大精神，上下团结一致，居安思危，进一步解放思想，更新观念，奋发图强，抓住机遇，不断深化改革，扩大对外开放，有力地推动了国民经济的快速增长。据初步统计，全市国内生产总值达83.44亿元，比上年增长23.07%，提前七年实现了比1980年翻两番的战略目标，其中第三产业增加值24.33亿元，增长12.38%，占国内生产总值的29.16%。经济运行中存在的主要问题是：市场价格涨幅高，第一产业基础仍然薄弱，第三产业所占比重仍然较低。

一、第一产业

第一产业（即农业）持续发展，粮食生产再创历史最高水平。1993年我市认真贯彻落实党中央、国务院关于加强农业和农村工作的一系列重要指示，进一步深化农村改革，积极调整农业生产结构，增加农业投入，大搞农业综合开发，走高产优质高效的路子，促进了城郊型农业的发展，实现了农业全面丰收。初步统计，全年农业增加值6.74亿元，比上年增长7.99%，占国内生产总值8.08%。

种植业有较大发展，主要农产品产量如下：

	1993年	比上年增长%
粮　食	39.39万吨	3.85
油　料	1.99万吨	11.80
甘　蔗	148.31万吨	2.15
蔬　菜	27.18万吨	26.15
水　果	4.13万吨	11.86

植树造林取得新成就。全年人工植树造林面积11295公顷，增长161.16%，市郊区实现了灭荒达标。

畜牧业、渔业的主要产品产量大多数比上年有不同程度的增长，具体情况如下：

	1993年	比上年增长%
猪牛羊肉产量	3.13万吨	10.64
牛奶产量	1463吨	13.85
生猪出栏数	38.84万头	10.06
生猪年末存栏数	41.81万头	6.22
家禽出栏数	654万只	2.67
水产品产量	6 344吨	22.52

农业投入增加，生产条件改善。全年财政用于农业生产支出3 587万元，金融部门农业贷款余额19 307万元，年末实有农业机械总动力32.36万千瓦，增长5.48%，各种拖 拉机6 623台，增长5.39%，农用载重汽车1 040辆，增长0.48%，农用排灌动力机械总动力4.23万千瓦，增长1.75%，化肥施用量（按折纯法计算）4.02万吨，增长16.18%，农村用电量6 962万千瓦小时，增长1.21%。

二、第二产业（工业和建筑业）

由于改革的深入，对外开放的扩大，工业特别是乡镇工业和固定资产投资大幅度增长，第二产业在国民经济中的主导地位进一步提高，对经济的拉动力明显增强。初步统计，1993年第二产业增加值达52.37亿元，增长32.37%，占国内生产总值的比重由上年54.80%上升到62.76%，第二产业增幅高于国内生产总值增幅9.3个百分点，增量占国内生产总值增量的75.92%。

工业：实现快速高效增长。1993年全市工业总产值突破140亿元大关，实现142.21亿元，增长30.31%，工业增加值达49.16亿元，比上年增加18.49亿元，增长32.64%，高于国内生产总值增幅9.57个百分点，与全部工业总产值增长30.31%基本同步，全部工业增加值占国内生产总值的比重由上年的50.61%上升到58.92%，工业增加值的增量占国内生产总值总增量的75.00%，是经济快速增长的主要拉动力。

销售快于产值增长，利税快于销售增长。全年完成工业总产值(90不变价)142.21亿元,增长30.31%,现价工业总产值180.29亿元,工业销售产值(90不变价)137.20亿元,增长30.71%,现价工业销售产值174.85亿元,产销率为96.98%,比上年上升0.28个百分点。全市乡及乡以上独立核算工业企业总产值增长25.83%,销售收入增长55.91%,利税总额为22.9亿元,增长58.43%,其中利润总额9.97亿元,增长97.03%;亏损企业亏损额比上年减少0.47亿元,资本利税率为17.47%,成本费用利润率6.83%,资金周转次数为2.05次,工业全员劳动生产率(按增加值计算)为20 909元/人,经济效益综合指数124.98%。

乡镇工业高速发展。1993年市政府出台了一系列发展乡镇企业的政策和措施,促进了乡镇企业的发展,并且走出一条依靠国有企业的力量,促进乡镇企业发展的具有柳州特色的新路子,乡镇工业呈现超常规、高速度发展。乡办工业总产值(现价)9.18亿元,增长364%(按可比价格计算)。

主要产品产量稳步增长:

品　种	单　位	1993年	比上年增长%
布	万米	6 692	8.50
化学纤维	吨	6 351	22.13
机制纸及纸板	万吨	8.03	15.54
卷　烟	万箱	28.71	5.09
啤　酒	万吨	2.80	15.39
配、混合饲料	万吨	16.84	21.73
录音机	万部	3.28	35.43
生　铁	万吨	56.56	5.92
有色金属	万吨	8.90	95.07
钢	万吨	64.11	16.56
钢　材	万吨	56.33	8.18
汽　车	辆	52 023	39.81
气体压缩机	台	3 547	32.50
装载机	台	3 500	48.94
内燃机(商品量)	万千瓦	165.85	100.25
水　泥	万吨	212.14	16.01
硫　酸	万吨	11.84	32.44
化　肥	万吨	6.83	7.90

建筑业:1993年由于固定资产投资规模的迅速扩大,建筑业也以空前的速度增长。全年建筑业增加值为3.20亿元,增长17.00%;建筑施工面积,竣工面积均有较大幅度增加,建设速度加快,全年房屋建筑施工面积313万平方米,增长24.21%,房屋建筑竣工面积98万平方米,增长10.11%,竣工率38.82%,施工企业经济效益提高,全员劳动生产率增长63.18%,实现利润总额0.30亿元,增长53.84%。

三、第三产业

1993年,市委、市政府高度重视和加快第三产业的发展,据初步统计,全市第三产业增加值达24.33亿元,增长12.38%,增幅仍高于第一产业,占国内生产总值比重为29.16%,其中,第一层次流通领域中的运输邮电业增加值4.84亿元,增长5.07%,批发零售贸易餐饮业增加值为6.93亿元,增长15.21%;非物质生产部门(包括第二层次为生产、生活服务的部门;第三层次为提高人口素质服务部门;第四层次为社会公用事业服务的部门)的增加值12.56亿元,增长13.43%。

运输邮电业:1993年,随着生产的加快发展,全市客货运输量均有增长,邮电事业有新的突破。

全年各种交通工具共完成客货运输量及邮电完成情况:

项　目	单位	1993年	比上年±%
货物运输量(发送量)			
铁　路	万吨	433	4.59
公　路	万吨	2 312	3.31
水　运	万吨	105	0.96
旅客运输量(发送量)			
铁　路	万人	541	1.69
公　路	万人	1 899	4.92
水　运	万人	128	−3.03
邮电业务总量	万元	7 285	84.71

电话机用户年末达54 840户,比年初净增16 333户。

国内商业:1993年,我市着力抓转换商业、物资企业经营机制,坚持多种经济形式和经营方式并存,共同发展的方针,大力发展各类商品市场,积极参与全国大流通、大市场、大商业的循环,整个商业市场出现购销两旺的好势头。全年社会消费品零售总额实现31.15亿元,增长43.26%,其中售给居民消费品零售额27.59亿元,增长48.07%,售给社会集团零售额2.35亿元,增长42.16%,售给农民的生产资料1.21亿元。

国有经济零售额完成18.04亿元,增长58.26%,集体经济零售额完成4.21亿元,增长5.41%;个体经济零售额为6.62亿元，增长38.00%。

市场商品货源充裕供应状况良好，各类商品销售均比上年有不同程度的增长：

品　　种	1993年	比上年增长%
食品植物油	13 856吨	21.82
鲜蛋	2 707吨	41.73
卷烟	32 936箱	63.2
酒	13 012吨	17.04
棉布	493万米	38.48
呢绒	1 680百米	10.31
自行车	95 374辆	17.88
彩色电视机	26 188部	18.45
录像机	3 113部	62.81
电风扇	74 851台	31.19
洗衣机	22 229台	53.2
电冰箱	12 879台	25.18

城乡集贸市场成交额持续增长。全年集贸成交额为10.17亿元，增长20.06%，其中市区集贸市场成交额7.48亿元，增长11.21%，全市集贸市场已发展到106个，其中各类专业批发市场20个。

经济的快速增长和投资的强力拉动，使生产资料市场购销兴旺。全市物资供销机构全年物资总购进24.74亿元，总销售25.01亿元，分别增长37.67%和31.36%。

对外贸易：1993年市政府出台了一系列发展对外经济的政策，推动了外向型经济的发展。对外贸易大幅度增长，全年出口创汇12 948万美元，增长32.03%，其中自营出口达4 253.35万美元，增长24.26%，边贸进出口总额4.89亿元，其中出口2.63亿元，增长169%，海关进出口物资总值1.4亿美元，增长97.95%。

金融业：金融事业加快，证券市场方兴未艾。全市金融系统年末各项存款（不含信用社）余额62.26亿元，比年初增加14.47亿元，其中：城乡居民储蓄存款34.25亿元，增加8.90亿元，各项贷款余额57.22亿元，比年初增加9.84亿元。金融市场活跃，年末拥有证券转让机构16个，证券成交额5.39亿元，其中股票成交额4.68亿元。

保险：保险业继续发展，为适应经济发展和人民生命财产安全的需要迈出新的步伐。1993年承保社会财产金额160.77亿元，国内各类保险业务收入1.19亿元，增长69.09%；支付各单位和个人各种灾害赔款0.40亿元。

房地产：房地产业得到较大发展，全年完成开发投资3.2亿元，商品房竣工面积24.6万平方米，增长147%。

国际旅游：全年共接待参观访问、旅游观光、探亲访友、洽谈贸易和从事各项活动的外国、港澳台同胞20 465人，旅游外汇券收入349万元。

科学技术：1993年我市大力推进“科技兴市”战略，不断增加科技投入，并且出台重奖有突出贡献科技人才的政策，调动了广大科技人员的积极性、创造性，推动了科技事业的蓬勃发展。全市完成科技投入17 761万元，开发工业新产品241个，实现产值近30亿元，有83项科技成果获得科技进步奖，其中16项获自治区级科技进步奖。全年专利申请125件，当年实施专利技术31件。高新技术发展迅速，高新技术开发区基建工作进展顺利，已有9家企业进入高新技术开发区。科技机构增加，全市共有独立科研机构20个，民营科技企业达120多家。科技队伍壮大，全市共有各类科技人员8.24万人，其中取得中级以上职称的有2.51万人。

教育：我市把发展教育事业作为市政府的重要工作来抓，组建了教委，多方面筹集资金支持教育事业，完成教育投资7 445.91万元，改善了办学条件，促进了教育事业的发展。全市普通高校在校学生0.34万人，增长36.02%，普通中等专业学校在校学生1.23万人，增长16.23%，技工学校在校学生0.84万人，增长27.51%，普通（高初中）中学在校学生7.78万人，增长1.04%，职业中学在校学生1.05万人，增长11.03%，小学在校学生21.48万人，增长4.78%。全市小学入学率99.16%，巩固率99.28%，毕业率99.01%，普及率98.67%；市区小学入学率99.99%，初中入学率98%；高中入学率95%，职业学校就业率95%，大专院校录取率创历史最高水平，达64%。

文化：全市共有文化艺术事业机构30个，其中艺术表演团体5个，群众文化事业机构1个，年末公共图书馆藏书量85万册，增长7.59%，全年出版各类报纸杂志5 584万份，全市共有广播电台1个，电视台2个，广播覆盖率73.15%，电视覆盖率75%。

卫生：卫生事业健康发展。1993年全市拥有卫生机构499个，其中医院81个。病床8 543张，增长9.50%，其中医院病床8 253张，增长13.87%，卫生技术人员11 863人，增加964人，其中医师5 423人。

体育：体育事业成绩斐然。1993年全市各类体育项目在全国、全区的比赛中夺得金牌120枚，银牌88

枚，铜牌186枚，全市组织进行各类运动会48次，其中：国际1次，全区1次。参加运动员5 924人，业余体校向上级体育部门输送运动员27名。

四、固定资产投资

固定资产投资大幅度增长，投资方向和投资结构进一步优化。1993年，完成固定资产投资29.48亿元，增长119.35%，其中基本建设投资10.55亿元，增长132.89%，更改投资10.17亿元，增长39.12%，其他投资3.83亿元，增长397.4%，房地产开发4.51亿元，增长615.87%，城镇居民建房投资0.42亿元，增长110%；在投资总额中，国有经济单位投资22.46亿元，集体经济2.04亿元，增长164.94%，其他经济类型4.56亿元；按产业划分，第一产业0.26亿元，第二产业16.33亿元，第三产业6.85亿元。

能源、原材料工业及交通运输邮电业投资得到加强。全年原材料工业完成投资7.54亿元，增长107.14%，交通运输邮电业完成投资1.76亿元，增长77.78%。

重点项目建设取得明显成效。

柳钢50万吨钢技改项目完成5 523万元；

柳江造纸厂日产100吨全漂化学浆系统技改项目完成10 662万元；

柳州白莲机场完成11 049万元；

柳州电厂扩建工程25 504万元；

柳州文化艺术中心完成3 876万元；

柳州体育中心完成3 876万元；

柳州广播电视中心完成1 748万元；

文惠桥完成1 175万元；

四桥完成1 012万元；

市鹧鸪江码头工程完成1 022万元；

柳州机车车辆厂扩建工程完成1 823万元；

柳城大埔电站工程完成3 965万元；

柳江露塘造纸厂工程完成5 287万元；

全年新增固定资产11.92亿元，增长34.39%，固定资产交付使用率为41%，新增的主要生产能力和效益有：铜冶炼3 000吨/年，锌冶炼12 380吨/年，铅加工1 000吨/年，柴油机制造5 000台/年，年生产糖9 000吨，城市自来水供水能力3万吨/日，中学生席位2 350个，小学生席位3 920个。

五、城市建设与环境保护

年末城市道路长度达417公里，增长16.48%，道路面积337万平方米，增长0.30%，排水管道长度达512公里，增长0.99%；市区投入营运公交车辆271台，营运线路长度360公里，全年客运量10 308万人次，出租汽车709辆；全年供水量39 157万吨，其中生活用水量8 977万吨，增长3.73%，用水普及率达100%；生活垃圾做到日产日清，日处理300吨的垃圾处理场已经定点。全年煤气供应总量56 376万立方米，增长1.56%，其中家庭用气量1 614万立方米，增长16.12%，液化石油气供应总量15 473吨，增长38.90%。使用煤气液化石油气人口达41.3万人。年末拥有环卫机械106辆；市区园林绿地面积7 145公顷，市区公园8个，全年游人量578万人次。

全年治理污染项目124个，其中废水治理29个，废气治理72个，治理资金使用1 940万元；全年工业废水排放量19 681万吨，工业废气排放量3 032 164万标立方米。

六、财　　政

财政收入持续增加。全市财政收入11.04亿元，增长59.54%，其中工商税收9.75亿元，增长52.11%，财政支出6.90亿元，增长76.92%，其中文教卫经费支出1.08亿元，增长17.39%。

七、物　　价

市场物价涨幅高，全年城市零售物价上涨幅度为23.8%，城市居民生活费用价格上升24.6个百分点。

主要消费品和服务项目价格变动情况如下：

项　　目	比上年上涨%
1.消费品价格	23.8
食品类	27.2
粮　食	63.3
副食品	26.5
其中：蔬　菜	44.4
肉禽蛋	20.6
衣着类	16.1
日用品类	15.0
文化娱乐用品类	1.1
书报杂志类	3.0
医药类	18.6
燃料类	53.4
建筑材料类	71.7
2、服务性价格	31.0

八、人口与人民生活

1993年全市人口出生率为9.62‰，死亡率为4.16‰，人口自然增长率为5.47‰；年末全市总人口为165.28万人，净增2.38万人。

居民收入继续增加，生活水平不断提高。据抽样调查，1993年城市住户人均实际收入达到3 545元，增长53.73%，人均生活费收入3 267元，增长55.2%，扣除物价上涨因素，实际增长24.5%；人均实际支出3 873元，增长82.60%，人均消费性支出2 915元，增长50.57%，人均实际支出高出实际收入328元。

年末职工人数39.93万人，增长0.8%。其中国有单位职工30.59万人，集体所有制职工7.83万人，其他所有制职工1.51万人，增长12.8倍；职工工资总额14.32亿元，增长33.33%。

随着经济的发展，收入的增加，居民储蓄大幅度增长。年末城乡居民储蓄存款余额达34.25亿元，增加8.90亿元，人均储蓄存款余额达2 087元，增长32.42%。

居民居住条件日益改善。年末市区人均居住面积达6.3平方米，增加0.2平方米。

社会福利事业继续发展。年末社会福利院床位达402张，收养人员280人，全年社会福利事业费用支出210万元，全市福利企业23个，安排残疾人就业517人。

注：

1.为便于直接反映三次产业情况，利于各级领导及广大读者了解三次产业的划分，更利于从单纯追求产值转到更重视效益方面来，本年公报首次按三次产业顺序排列，但第三产业还包括其他为生产和生产服务、为社会公共需要的部门，如地质、国家机关、政党团体、军队警察等部门，这里不一一列出。

2.国内生产总值及各产业增加值均按现价计算，增长速度按可比价计算。

3.国内生产总值及各产业增加值主要包括劳动者报酬、利润、税收、折旧等价值，不包括物耗等中间消耗价值。

第二部分 柳州概貌

柳州概貌

【行政区划】 截止1993年末，柳州市下设柳北区、城中区、鱼峰区、柳南区和郊区共五个辖区及柳江县、柳城县两个县。全市共有19个街道办事处，165个居委会。两县一郊辖8个镇、29个乡；有村公所313个，村委会2 103个。

柳北区面积共计18.99平方公里，全辖区人口总数为19.19万人。该城区设四个街道办事处。它们是解放街道办事处、黄村街道办事处、胜利街道办事处及雀儿山街道办事处。该城区共有居民委员会29个。

城中区位于市区中心位置，城区面积为2.05平方公里，人口为8.07万人。全区共设街道办事处四个，分别是：公园街道办事处、中南街道办事处、城中街道办事处及水上街道办事处。全城区共有居民委员会38个，是辖区内数目最多的一个。

鱼峰区面积20.44平方公里，人口17.06万人，下设五个街道办事处，分别是：驾鹤街道办事处、天马街道办事处、箭盘山街道办事处、五里亭街道办事处和荣军街道办事处。该区有32个居民委员会。

柳南区面积22.7平方公里，人口19.84万人，有五个街道办事处：柳南街道办事处、柳石街道办事处、南站街道办事处、鹅山街道办事处及河西街道办事处。管辖33个居民委员会。

市郊区人口15.48万人，共有3个镇、7个乡。它们分别是：太阳村镇、沙塘镇、洛埠镇、羊角山乡、长塘乡、柳东乡、西鹅乡、白露乡、石碑坪乡和黄村乡。镇、乡、区下设4个居民委员会、68个村公所、68个村民委员会。

柳江县县城所在地为拉堡镇，全县面积2 508平方公里，人口48.29万人，辖1个镇、12个乡。分别为：拉堡镇、穿山乡、进德乡、百朋乡、里高乡、成团乡、福塘乡、洛满乡、流山乡、白沙乡、里雍乡、三都乡和土博乡。镇、乡下设5个居民委员会、124个村公所、1 137个村民委员会。

柳城县县城所在地是大埔镇，全县土地面积为2 124公里，人口37.35万人，共辖4个镇、10个乡还有一个街道办事处。分别是：太平街道办事处、大埔镇、六塘镇、凤山镇、东泉镇、冲脉乡、西安乡、洛崖乡、太平乡、古砦乡、龙头乡、马山乡、沙埔乡、社冲乡寨隆乡。乡、镇及街道办事处下设24个居民委员会、121个村公所、898个村民委员会。

（刘秋文）

【气象】 1993年，柳州市年平均气温19.7～20.5℃，与常年相比，市区较正常，郊区及郊县偏低0.3～0.4℃。年平均最高气温比常年低0.2～0.3℃，年平均最低气温与常年相比，市区偏高0.2℃，郊区及郊县低0.3～0.5℃。年极端最高气温均发生在6月27日，市区36.7℃、柳江县36.0℃、柳城县36.2℃。年极端最低气温：市区1.5℃（1月16日）、柳江县0.8℃（1月17、24日）柳城县－0.5℃（1月24日）。郊县有霜日为7～8天，有雪日为2～3天；市区有霜日为6天，有雪日为4～5天。年日照1241～1344小时，比常年偏少，市区4～6月日照比常年少40%。

1993年，柳州市降雨量及降雨天数比常年偏多，降雨季节分布不均，主要集中在六、七月份，出现两次洪涝灾害。春播春插期多阴雨天气、降雨量小，部分地区出现春旱现象。秋冬季节降雨量比常年偏少4～5成，旱情较为严重。年总降雨量：市区1 682毫米；柳江县1 741毫米，居历史记录第三个多雨年；柳城县1 798毫米，为历史最高记录。日最大降雨量：市区138.7毫米（6月14日）、柳江县89.9毫米（7月27日）、柳城县92.2毫米（6月4日）。

秋季寒露风比常年早15～17天，影响次数多，强度偏重。

（韦修雪）

【人口与民族】 1993年年末，柳州市户籍总人口为1 652 766人，比1992年净增加人口23 817人。全年出生人口15 790人，出生率为9.62‰。死亡人口6 819人，死亡率为4.16‰。人口自然增长率为5.47‰。全年迁入人口41 164人，迁入率为25.09‰，迁出人口26 385人，迁出率为16.08‰。全年净迁入人口14 779人，占全年净增加人口的62.05%，人口净迁移率为9.01‰。在人口总数中，男性86 1942人，占人口总数的52.15%，男女性别比为1.09：1。在人口总数中，非农业人口有780 929人，占人口总数的47.25%。

柳州市区总人口为796 390人，其中四个城区有人口641 590人，郊区人口154 800人。全年净增加人口19 043人。全年出生人口5 973人，出生率为7.59‰，死亡人口2 842人，死亡率为3.61‰，人口自然增长率为3.98‰。全年净迁入人口 15 918 人，占全年净增加人口的83.59%，人口净迁移率为20.23‰。在人口总数中，男性417 513人，占人口总数的52.43%。

柳江县年末人口总数为482 865人，净增加3 511人。全年出生人口5 836人，出生率为12.13‰，死亡人口2 364人，死亡率为4.91‰，人口自然增长率为7.22‰。在总人口中，男性250 243人，占总人口数的51.82%，男、女性别比为1.08：1。

柳城县年末人口总数373 511人，净增加1 263人。全年出生人口3 981人，出生率为10.68‰，死亡人口1 613人，死亡率为4.33‰，人口自然增长率为6.35‰。在总人口数中，男性194 186人，占总人口的51.99%，男、女性别比为 1.08：1。

城乡人口密度继续加大。全市每平方公里为 311 人，比上年增加 7 人/平方公里；市区高达 1 209 人/平方公里，增加 40 人；柳江县为 192 人/平方公里，柳城县为 176 人/平方公里，分别增加 3 人和 1 人。

据第四次全国人口普查（普查标准时间为 1990 年 7 月 1 日零时）资料：柳州市总人口为1 668 032人。在总人口中：

(1) 平均每个家庭人口为 4.17 人；

(2) 性别比为 109.18：100

(3) 民族人口占全市人口的比重是：汉族占57.92%，壮族占39.98%，其他民族占2.10%；

(4) 每 10 万人口中具有大学本科文化程度 881 人、大学专科 1 563 人，中专 2 976 人，高中 10 207 人，初中 26 866 人，小学 34 712 人。

(5) 15 岁及 15 岁以上文盲、半文盲人口占总人口的8.57%，占 15 岁以上人口的12.00%。

柳州市是一个多民族聚居的城市，有汉、壮、瑶、苗、侗、仫佬、毛南、回、京、彝、水、仡佬、满、蒙古、高山、土家、朝鲜等 20 多个民族成份。1993 年末，全市除汉族人口945 418人外，有少数民族人口707 348人，占总人口的42.80%。少数民族人口超过万人以上的有壮族、仫佬族。达到 1000 人以上的少数民族有瑶族、苗族、回族、满族、侗族。壮族人口680 439人，其中柳江县就有370 031人；仫佬族人口11 120人，其中有4 923人分布在柳城县；瑶城人口5 457人，有4 272人分布在市区。1993 年末，各少数民族净增加人口11 087人，占全市净增加人口的46.55%。

（刘　进）

第三部分
社会经济及科技发展概况

农村经济

【农村经济概述】 1993年，柳州市农业战线各部门认真贯彻和落实党的十四大精神，按照市委七届七次全委（扩大）会议和全区、全市农村工作会议的部署，坚持以社会主义市场经济为导向，优化调整产业结构，增加农业投入，改变过去只追求产量，单一经营，既抓常规农业，又抓开发性、创汇性农业，走注重效益，发展“高产、优质、高效”农业的路子，加快了优质稻谷、名、特、优、稀农副产品的种植、开发和加工，使农业生产取得全面增长。全年农业增加值达6.74亿元，比上年增长7.99%，粮食产量在去年创历史最高水平的基础上，再次获得丰收，总产量39.39万吨，增长3.85%，主要农产品中油料、甘蔗产量均创历史最高水平。其中油料1.99万吨，甘蔗148.31万吨，分别增长11.48%和2.15%。“菜蓝子工程”成效显著，全年蔬菜产量27.18万吨，比上年增长26.15%，连续七年实现春秋供应无淡季；猪、牛、家禽、水产品等主要副食品生产突破历史水平，全年出栏肉猪38.84万头，家禽654万只，水产品6 344吨，肉类4.08万吨，分别比上年增长10.06%、2.67%、22.52%和9.35%。水果生产实现连片开发种植，沙田柚、优质龙眼、桃形李等一批名特优品种发展加快，全市水果面积3 142公顷，年产量4.13万吨，水果生产已成为柳州市农村第二大经济支柱产业；造林绿化进度加快，植树造林11 173公顷，郊区实现灭荒；农村产业结构调整步伐加快，第二、三产业得到重视和发展，乡镇企业实现总产值20.61亿元，总收入20.29亿元，分别比上年增长164%和163%，农民人均年纯收入966元，比上年增加130元。

农场工作围绕转换企业经营机制，发展市场经济，进行全方位开发，取得建场以来最好效益。全年完成工农业总产值5 726万元（90年不变价），比上年增长3.4%，职工年均人收入首次突破3 000元大关。大桥、洛维两个园艺场兴办的民俗度假村和观光农业吸引了大批国内外游客，提高了企业知名度，也取得一定经济效益。

外向型、创汇型农业开发和市场建设取得初步成果。大桥园艺场出口创汇工厂化的万头猪场正在筹建，注册资金1 128万元，以农副产品加工为主的中外合资企业——柳州龙峰置业发展有限公司已挂牌开业；市农贸中心、河西农副产品交易批发市场、东环路蔬菜批发市场等骨干农贸市场部分建成投入使用或正在紧张筹建和施工。

社会化服务体系日臻完善，促进农村经济顺利发展。全市已建起农村社会化服务组织376个，其中乡村合作基金会125个，累计融资4 986.8万元，为促进农村生产力的发展作出了贡献。

（王歌琅　计文苗）

【种植业】 （一）粮食总产再创历史水平。1993年，全市种植业总产值6.94亿元，比上年增长7.1%，其中稻谷总产值2亿元，占种植业的28.8%。粮食种植面积和总产量得到稳定提高，种植业结构趋向合理。全市农作物总播种面18.1万公顷，比上年增1.7%，而粮食播种面积达9.8万公顷，比上年增长4.3%，占农作物总播种面积的54%。全年粮食总产量达39.4万吨，比上年增4%。其中：稻谷播种面积为6.7万公倾，比上年增0.8%，总产量为34.5万吨，比上年增0.73%；玉米种植面积为0.94万公顷，比上年增加529公顷，增5.9%，总产2.2万吨，比上年增22%；大豆种植面积为1.4万公顷，总产1.8万吨，比上年增46.5%；红薯种植面积为0.8万公顷，比上年增7.9%，总产量0.8万吨，比上年增48.5%。

（二）经济作物喜获丰收。全年各种经济作物播种面积51 081公顷，占农作物总播种面积的28.16%。其中：甘蔗种植面积2.5万公顷，比上年减少6.9%，总产量148.3万吨，比上年增2.2%，木薯种植面积为4 590公顷，比上年减少7.1%，总产量1.3万吨，较上年增7%；油料作物（花生、油菜籽、芝麻），种植面积为1.4万公顷，比上年增10.8%，总产量为2万吨，比上年增11.5%；烟草（烤烟和晒烟）种植面积1 952公顷，产量为3 205吨。

（三）水果、茶叶持续稳产。全市茶叶面积1 231公顷，茶叶总产1 790吨，较上年增3.9%；各类水果种植面积3 142公顷，比上年增7%，水果总产量41 343吨，较上年增11.9%。

（四）积极推广实施科技成果。大力推广水稻防寒育秧，早育稀植、冬种绿肥高产栽培，改造中低产田及作物病虫害综合防治等技术措施；引进推广枝优 36 辐，博优 49，汕优桂 99 等杂交稻优质高产组合；农辐 11 号，桂豆 3 号等大豆新品种；中油"821"油菜新品种；草绝、虱螟丹、杀虫单、阿特位津等新品种农药。

（柳州市农业局）

【畜牧业】 1993 年全市畜牧业总产值 90 年不变价计为2.44亿元，占农业总产值23.51%，比上年增长4.27%。（一）总产量：(1) 肉类总产量4.08万吨，比上年增长9.35%。其中：猪肉产量2.88万吨，比上年增长10.07%。牛肉产量0.24万吨，比上年增长15.85%。羊肉产量130吨，比上年增长66.67%。禽肉产量0.95万吨，比上年增长4.82%。(2) 牛奶总产量1 463吨，比上年增长13.85%。(3) 禽蛋总产量3 079吨，比上年增长4.67%。(二) 出栏数：肉牛2.56万头，比上年增长15.63%。肉猪38.84万头，比上年增长10.06%。肉羊1.05万只，比上年增长70.95%。肉禽654万羽，比上年增长2.67%。(三) 存栏数：大牲畜24.78万头，比上年增长3.85%。其中：牛24.38万头，比上年增长3.85%。其中：奶牛 927 头，比上年增长1.2%。马3 987匹，比上年增长4.18%。猪41.81万头，比上年增长6.22%。其中：能繁殖母猪3.94万头，占存栏数的9.42%，比上年增长9.46%。山羊3.5万只，比上年增长 46.29%。禽 325.87 万羽，比上年增长5.8%。

1993 年全市畜牧业依靠科技进步，以科技兴牧为龙头，组织科技培训，科技普及，科技推广以及疫病综合防治技术服务。一年来，组织实施科技项目 12 个。其中：《柳州科技兴牧"2915 工程"》获市级科技进步一等奖。《引进技术生产高锌、高碘蛋》获第二届中国青年科技博览会金奖。《千头母猪年产两胎高产示范》、《建设瘦肉型商品猪生产基地》等获自治区农业厅科技进步奖。《鸡场净化综合技术的研究》等获市级科技进步奖。《用二氢吡啶提高肉种鸡产蛋后期生产力试验》《四种予混料对肉鸡生产性能影响试验》《4 万头猪/年综合饲养技术开发》等获市农委科技进步奖。

通过科技试验、示范，促进了畜牧业持续、快速、健康发展。牛、猪、羊、禽四大主要生产指标全面增产，均创历史最高记录。全市畜牧业增长，对稳定市场，平抑物价、改善市民"菜篮子"，乃至稳定社会，都发挥了积极作用。

【水产业】 1993 年全市渔业总产值按 1990 年不变价计为2 615万元，占农业总产值2.52%，比上年增长24.94%。全市养殖面积5 000公顷，比上年增长2.56%，淡水鱼类总产量6 344吨，比上年增长22.52%。其中：淡水养殖产量6 272吨，比上年增长22.72%。淡水鱼天然捕捞产量72吨，比上年增长7.46%，全年投放鱼苗6 800万尾，比上年增长4.62%。

1993 年全市渔业依靠科学技术进步，以科技兴渔为龙头，组织科技培训、科技普及、科技推广以及综合防治技术服务。一年来组织实施科技项目《奥尼鱼的引进及养殖试验》、《垄稻沟养鱼试验示范》获市级科技进步奖，《用配合颗粒料在大水面池塘养鱼高产示范》等获市农委科技进步奖。

全市在保持"四大家鱼"生产供应外，成功地在柳州市进行"白鲳"优质鱼的孵化。另外还引进了优质鱼"斑点叉尾"2 000尾，为改变柳州市鱼种结构，提高水产品档次打下初步基础。

柳州市水产养殖场在大龙潭 1、3 号塘投资 22 万元购置豪华游船 46 艘，修建了水上游乐园。市大桥园艺场花了一千余万元开挖一个1 080亩的"千亩鱼塘"集水产养殖和旅游为一体，积极发展观光渔业。

通过科技试验、示范，促进了渔业持续、快速、健康发展。全市鱼总产量指标创历史最高水平。生产发展了，为丰富市民"菜篮子"将起着重要的作用。

（韦世华）

【林业】 （一）1993 年全市林业部门社会总产值4 564.8万元（现行价）

其　中：林业：1 979.6 万元

工　业：2 556.2 万元

运输业：12 万元

商业、饮食业：17 万元

（二）1993 年林业生产情况

(1) 人工造林面积：11 173.7 公顷

(2) 育苗面积：204.5 公顷，其中：本年新育120.2公顷

(3) 林产品产量

油桐籽：115.6 吨；油茶籽：1806.5 吨；松脂：139 吨；竹笋干：125.2 吨；板栗：56.4 吨；木本水果（国营林业）：1.2 吨

(4) 木材采伐量：20 551 立方米

（三）森林资源管理工作

(1) 1993 年区计委下达我市商品材采伐指标为20 700立方米，实际采伐21 551立方米。

(2)签发区内木材运输13 320立方米，区外木材运输15 315立方米，未突破自治区下达的51 400立方米的外销控制指标。

(3) 全市已办理木材经营（加工）许可证的单位和个体户共 598 户，举办木材经营（加工）单位法人

代表法律法规培训班四期，参加培训人员286人。

（4）全市查处林政案件199起，依法没收木材326.2立方米，罚款76 096元。查处野生动物行政案件75件，罚款1万多元，没收放生了一批国家和区重点保护的野生动物。

（5）全市发生病虫害面积539.5公顷，占有林面积的0.54%，实际防治面积486.5公顷，防治率为90.2%。

（6）全市发生森林火警4起，过火面积7.5公顷，受害森林面积0.13公顷，损失幼树1.44万株，森林受害率0.0032‰，比去年同期下降了98.8%。

（四）森林工业发展情况

我市森林工业起步晚，底子薄弱，现仅有柳城县凉水山林场一条年产1 500吨松香生产线。

（五）林业多种经营情况

我市林业系统（不含区属、地区属在我市的企业）多种经营销售收入1 516万元，税利75万多元。多种经营项目有市林业木材公司、市林业物资公司、市林业实业开发公司、市兴林贸易公司、市林苑酱料厂、柳江县木材公司、柳江县惠通公司、柳城县木材公司，此外，市苗圃林场、市林木组培训研究中心生产销售多种名特优花卉10万盒（株）以上。

全市有林地面积：73 531.37公顷，其中：

效区：17 323.67公顷

柳江县：36 744.2公顷

柳城县：19 463.5公顷

【水利业】 1993年末，全市有水库及各类蓄水工程688处，总库容3.58亿立方米，有效库容2.38亿立方米。其中中型水库6座，小（一）型水库43座，小（二）型水库103座，塘坝485处，其他水柜水井51处。引水工程772处，正常引水流量28.42立方米/秒；有机电排灌工程2 315处，2 363台，31 852千瓦。全年水利工程供水量5.35亿立方米，其中农业用水5.19亿立方米，工业用水600万立方米，城乡生活用水991万立方米。本年度解决人畜饮水困难1 900人，2.22万头牲畜。

1993年全市水利水电基建投资8 200.54万元，其中水利投资2 885.4万元，水电5 315万元。完成实物工程量：土石方304.86万立方米。浆砌石8.11万立方米，砼10 288立方米，耗用水泥7318吨，钢材497吨，木材925立方，炸药13 086吨，劳动工日508.13万个。

1993年全市有效灌溉面积4.27万公顷；旱涝保收3.47万公顷；水浇地0.33万公顷。九三年度新增灌溉0.52万公顷，恢复灌溉310公顷。

水政执法已全面展开，完成全市取水许可登记及部分许可证发证，4月份完成柳江柳城两县水资源开发利用现状分析及水资源管理研究报告，柳江、柳城两县开始征收水资源费。河道管理开始走上正轨，共发放采砂许可证76本。

（吴秋成）

【农业机械】 1993年柳州市农业机械化仍然持续稳定地发展：

全市农机作业值达15 947.32万元，比上年增长32.2%；农业机械总值1 402 342万元，增长20%；农机总动力323 628千瓦，增长5.49%；拥有拖拉机6 623台，增长5.39%，其中，小型拖拉机5 968台，增长7.3%；农田排灌机械4 732台，增长5%；小型机引农具4 879台，增长3.85%；农付产品加工机械4 667台，比上年减少3%；农用运输车360台，增长42.3%；全年共完成机耕面积达32 453公顷，占全市耕地面积32.42%；机械脱粒面积3 100公顷，占水稻种植面积4.63%；农机运输作业量1.65亿吨公里，增长17.8%。

在农机机械总动力中：耕耙机械占23.6%；运输机械占36.2%；排灌机械占13.08%；农付产品加工机械占18.5%，拖拉机各种经营形式占拥有量的情况：全民所有占10.84%；集体所有占0.14%；个体所有占89.02%。

全市乡、镇农机站已达32个97人，占全市乡、镇数的86.5%；农村机械维修网点135个，从业人员212人；农机户14 991户18 114人；村农机队118个1 380人；村民小组农机队31个112人；农机专业户268户295人。耕作季节投入农业生产的拖拉机占拥有量85%，实际下田作业的拖拉机占拥有量50%。

推广农机化新技术6项，其中：水稻工厂化育秧203公顷；鱼塘机械增氧25公顷；谷种催芽机应用1 500公斤；低温起动剂2瓶；柴油增效剂1 554公斤；节油器22套。农机培训人数2 812人，其中：拖拉机手1 122人、汽车司机1 690人。市、县农机供应部门完成农机销售额3 664.5万元。农机安全监理部门年检审拖拉机3 887台，全市拖拉机无重伤死亡事故。

工业经济

【工业经济综述】 1993年，在柳州市委、市政府的正确领导下，柳州工业继1992年工业总产值突破百亿元后，经济又上新台阶，全市完成工业总产值142.7亿元，比1992年增长30.79%，销售收入177.13亿元，增长65.06%，实现利税22.26亿元，增长54.05%，其中利润总额10.18亿元，增长56.86%，生产、销售、产值、利税同步增长，是有效益的增长速度。国民生产总值在上年增速26.8%的基础上，1993年增速达23.07%，提前七年实现了比1980年翻两番的战略目标，经济持续、稳定、健康发展。

目前，柳州市已形成了以汽车、工程机械为主的机械工业、钢铁和有色金属为主的冶金工业、出口为导向的纺织工业及糖、烟、纸为主的轻工业和建材化工等支柱行业，拥有东风汽车、五菱微型汽车、装载机、塑料机械、空压机、预应力锚具、发动机、牵引机、钢圈、机制纸及纸板、糖果、卷烟、牙膏、棉纱、化纤、床单、冷柜、钢材、有色产品、水泥二十个拳头产品，构成了柳州市特色的工业体系。由于不断加大、加快技改投入，推进企业技术进步，合理调整产业、产品结构，具有产业结构、产品配套较好的优势。1993年完成技改投资9.05亿元，重点支持了支柱产业和拳头产品技术改造，拳头产品生产能力得到提高，如：汽车63 000辆、水泥180万吨、装载机4 000台、牙膏6亿支（标准支）、烟32万大箱、发动机45 000台，同时，提高了国有大中型企业生产品的档次和质量，增强其市场竞争力，技改投入效果较好，为生产提供了后劲。全市新增产值和效益的60%以上是靠技改得到的。工业布局、产业结构日趋合理。1993年，柳州市六十个主要产品在工业经济发展中发挥着举足轻重的作用，主要产品年产量，如：汽车5万多辆，装载机3 500台，钢材56万吨，电解锌6万吨，氧化锌5万吨，水泥212万吨，卷烟28万大箱，牙膏4亿支，糖16万吨，等等，生产产值（现价）、销售产值（现价）分别占全市的59.6%和62.2%，全市4 000多种产品，有556种获国家、部和省（区）名优产品称号。获国家金、银奖的“东风”汽车、“五菱”微型汽车产销量分别居全国同类产品第三和第二；“柳工”装载机产销量、出口创汇居全国同类产品第一；“两面针”牙膏产销量居全国同类产品第一。

1993年，柳州市为加快企业经营机制的转换，除认真贯彻1992年出台的13项有效政策外，又制定了企业行政无主管试点（30家），政府部门转变职能试点（15家）、股份制企业试点（32家）、鼓励发展外向型经济若干规定、发展乡镇企业奖励办法、对贡献突出的科技人员重奖、“一厂多制”等措施，调动了企业生产经营的积极性，为企业创造一个良好的外部环境，促进了工业的发展。

（艾佩玲）

【大中型工业企业概况】柳州是以工业经济为主体的城市，大中型工业企业是这座工业城市的经济支柱。1993年全市拥有大中型工业企业106家，其中：大型工业企业30家，中型工业企业76家，国有大中型工业企业为94家。目前，全市大中型工业企业已形成了以东风汽车和五菱汽车为主的交通运输制造业；以装载机、内燃机、空压机为主的机械工业；以钢铁和有色金属为主的冶金工业；以水泥为主的建材工业；以“两面针”牙膏、卷烟等为主的轻纺工业等支柱产业，有汽车、装载机、预应力锚具、发动机、棉纱、牙膏等二十个拳头产品，这些已基本构成了柳州特色的工业体系。

柳州市在搞活大中型工业企业中采取了一系列的措施。首先是解放思想，转变观念，深化改革，转机建制，为大中型工业企业提供一个良好的外部环境。在贯彻落实《转机条例》，加速国有企业经营机制转换、增强企业活力的同时，柳州市委、市政府先后制定出台并完善了转变政府职能，加快金融体制改革；鼓励外商投资；高新技术开发；对企业实行八种经营方式试点；企业分配、用工制度改革；奖励税利大幅度增长企业的领导班子；亏损企业实行扭亏责任制；重奖有贡献的科技人员等十八项措施，为搞活大中型企业创造了宽松的环境。第二是加快大中型企业技术改造、技术引进和新产品开发工作，增强企业的实力和竞争力。注重支柱产业，拳头产品效应作用，脱离单打一，形成大气候、产品上档次、上规模，扩大主导产品的影响力。

一年来，柳州市充分发挥大中型工业企业的主导作用，坚持以市场为导向，以经济效益为中心，努力增强企业的实力和竞争力，使大中型工业企业这支柳州市经济支柱变得更加富有朝气。1993年全市大中型工业企业完成工业增加值376 569万元。按可比口径计算比上年同期增长26.51%，占全市的83.66%；完成产品销售收入1 453 471万元，占全市的82.05%；实现利税196 439万元，占全市的88.26%；全员劳动生产率（按增加值计算）24 419元，高于全市5 057元。1993年全市有35家工业企业产值超亿元，其中大中型工业企业占34家，实现利税过亿元有6家企业。在广西93经济效益百强企业评比中，大中型工业企业按综合经济效益指数百强企业，柳州占13家，按利税总额百强工业企业，柳州占15家，按产品销售收入百强工业企业，柳州占29家，柳州汽车厂产品销售收入为全广西之冠。

（唐　耿）

【汽车工业】1993年，柳州市汽车工业在全国大气候影响下，经历了由高速增长到迅速回落的严峻考验。市汽车工业在市委、市府的正确领导下，依靠自身的应变能力，及时调整产品结构，使汽车工业在1993的“多事之秋”中继续保持发展的良好势头，实现了产销同步，同时带动市相关行业的发展。柳汽在全国500家大中型骨干企业中从221位上升为138位，产量居全国中吨位车第三位；柳微由487位上升到363位，产量居全国微型车第二位。与往年相比，1993年柳州市汽车工业是取得巨大成就的一年，各项经济技术指标都创新纪录。

一、生产完成情况

1993年市汽车工业共生产各种汽车55 579辆，比1992年增长36.5%，净增14 558辆；完成工业总产值300 830万元，占全市工业总产值的21.2%，比1992年增长50.9%；实现销售收入426 448.4万元，比1992年增长84.65%；实现税利33 337.9万元，比92年增长75.44%。

二、加快技改步伐，增强企业实力

早投入，早得益，市汽车工业企业在抓好生产的同时，大力推进企业技术进步和技术改造，抓紧技改项目前期工作，想方设法筹集资金，加大技改力度，确保重点项目工程的正常运行。

1993年开发新产品28项，投资4 039万元。重点企业新产品产值率达18.2%，产品质量稳定提高率95%，比1992年年初计划提高6个百分点，高于1992年2个百分点。

技术改造立项46项，总投资44 123万元，已完成投资28 115万元，分别比1992年增长205%和136%。

1993年投产达产考核项目实现新增产值190 000万元，比1992年增长160%，新增税利15 000万元，比1992年增67%。

三、主导产品、新产品获奖产品

市汽车工业主导产品是柳州汽车厂东风牌柴油车(LZ1090DJ、LZ1090DK、LZ1090FJ、LZ1090FK、、LZ3090D)和柳州微型汽车厂五菱牌微型汽车(LZW1010、LZW1010SD、LZW1010D、LZW1010P、LZW1010VH、LZW6320)，以上产品均投入批量生产。

新产品获奖产品有：柳州汽车厂LZ1090FK长头带卧车为1993年自治区重奖产品；柳州农用运输车厂的新产品（柳州SY2815、柳州SY2815P、柳州SY2815W、柳州SY2815D）获1993年区百花奖；柳州特种汽车厂LZT463、YJ—5获1993年区科技进步三等奖，CA1091K8获1993年部级科技进步三等奖。

（市汽车办）

【冶金工业】柳州市冶金工业经过40多年的建设和发展，现已初具规模，成为柳州市工业经济的支柱产业之一。主要产品有钢材、生铁、氧化锌等。全行业共有企业19家，其中国有企业7家，集体企业9家，中外合资企业3家，在7家国有企业中有3家大中型企业。在广西1992年工业经济效益百强企业中有3家，在全国500家最大的工业企业中，柳州钢铁厂榜上有名。1993年获市委、市府重奖企业有5家。1993年完成工业总产值超亿元企业共有5家，利税超亿元企业有1家。

1993年全行业职工人数共有3.3万人，拥有固定资产原值12亿元，完成工业总产值25.10亿元（现行价），比上年同期增长15.4%；实现销售收入24亿元，比上年同期增长56.3%；实现利税4亿元，比上年同期增长37.4%；全员劳动生产率为54 588元/人，增长5.6%。

完成主要产品产量：钢60.79万吨，生铁56.57万吨，钢材54.36万吨，焦炭42.67万吨，锌锭2.7万吨，锡锭2 072吨，铝压延产品5 010吨，氯化锌5.02万吨，立德粉2.38万吨，硫酸（100%）9.47万吨。以上主要产品产量完成数都是冶金工业有史以来的最高水平。

1993年是冶金行业技术改造项目和完成技改投资最多的一年，共计31项（其中钢铁工业21项，有色金属工业10项），完成总投资2.88亿元。

1993年来不断研究，试制开发黑色，有色新产品，如汽车用的轮胎钢、14#槽钢、16锰锅炉钢板、热轧园钢。这些新产品全部达到国内和区内先进水平和填补了区内空白。为在冶金行业加快实现“八·五”发展计划，加快冶金产品上规模上档次，必须抓住有利时机调整产品结构，积极筹措资金，加快技改步伐，争取全行业有一个较强的发展后劲。

（柳州市经委冶金办）

【机械电子工业】1993年，柳州市机械电子工业局系统共有企业45户，其中大中型企业23户，主要分布于汽车、工矿车辆、内燃机、建筑机械、通用设备、通用零部件、工业专用设备、金属加工机械、船舶、电机、输配电及控制设备、通信设备、电子元器件、电工仪器仪表等二十个制造业。在党的基本路线指引下，柳州机电系统坚持改革开放的方针，积极转换企业经营机制，勇于开拓国内外市场，工业生产高速增长，经济效益显著提高。

1993年，完成工业总产值（90价）475 577万元，比1992年增长49.6%。完成现价工业总产值629 828万元，比1992年增长88.4%。完成工业销售产值（现价）664 292万元，比1992年增长86.1%，产品产销率达105.4%。完成产品销售收入673 143万元，比1992年增长86.3%。实现利税总额75 859万元，比1992年增长114.4%。完成工业增加值167 578万元，按增加值计算，全员劳动生产率为31 295元/人，比1992年增长183.3%。主要产品汽车、装载机、空压机、内燃发动机、变压器、电动机、发电机组、船舶产销均比1992年大幅度增长。

为加强工业生产发展后劲，柳州机电系统狠抓技术改造。1993年，下达技改投资项目55项，计划投资总额5.29亿元，实际完成投资3.22亿元，为计划总投资60.8%，比1992年增长59%。其中，5万辆中吨位载货汽车、5万辆微型汽车、1万台装载机、500台挖掘装载机等重点技改引进项目进展迅速。

为促进产品更新换代，1993年全系统提取新产品开发基金5 100万元。完成新产品开发鉴定32项，其中达国际八十年代水平3项，达国内先进水平8项，填补广西空白18项。完成新产品产值8.5亿元，占全部工业总产值20%。

为提高产品市场竞争能力，广泛开展全面质量管理活动。1993年，全系统获先进QC小组65个，其中获部、区级优秀QC小组11个。在国家规定考核的39个产品中，一次抽查合格率为92.3%，比1992年上升2.3%。主要品种抽查合格率为100%，比1992年上升3.28%；电子产品技术稳定提高率为95.65%，比1992年上升1%。

（陈超强　罗艳新）

【轻工业】1993年，轻工业局所属企业28户（不含厂办集体和三资企业），其中直属企业27户，代管中央1户；按企业性质分：国有企业19户，集体企业8户，股份制企业1户；按统计口径分：大型企业7户，中型企业12户，小型企业9户。列入自治区轻工厅重点骨干企业17户；轻工业局所属行业包括有日用化学、日用硅酸盐、电光源、日用机械、轻工机械、糖果及凉果、乳制品及儿童食品、酿酒及非酒精饮料、味精及调味、造纸、包装印刷、卷烟和木材加工行业等13类。年末拥有固定资产原值6.67亿元，净值4.89亿元，职工总数21 829人。年累计完成工业总产值16.24亿元，比上年增长7.4%；销售收入17亿元，比上年增长16.3%；税利总额4.13亿元，比上年增长18%，其中利润6 033万元，比上年增长97%。

1993年，柳州市一轻在全区17个地市一轻主管部门中，税利总额排名第一，人均税利排名第二。全局（系统）考核：50种主要产品中，比去年增长的产品有14种，其中增长幅度较大的有：啤酒增长15.53%，搪瓷制品增长14.92%，其中面盆增长25.18%，木钟增长21.08%，印刷品增长28.53%，香烟滤咀棒增长19.46%，卷烟增长5.06%。

1993年出口主要产品有：机制纸及纸板、自行车、家用缝纫机、日用搪瓷制品、灯泡、肥皂、牙膏、电池、糖果、轻工机械。按现行价格计算出口交货值（人民币）5 912万元，占现价工业总产值3.41%。出口创汇852万美元。

为增强企业发展后劲，提高技术装备水平和产品竞争能力，以适应市场经济需要，1993年技术改造和技术引进列入年度计划23项，计划总投资19 515万元，年度计划完成投资13 000万元，实际完成14 666万元，超额完成12.8%。已峻工验收的项目累计8项，占全市验收项目的40%。技术开发项目总计44项，已通过鉴定投产16项。已发展新产品，形成经济批量及产生效益的有：精装“都乐”香烟、各型山地车、健身运动器材、麦杆钟、罐装饮料、镀膜玻璃等。

（韦秀群）

【二轻工业】柳州市二轻工业局下属有53个企业，具有“工业门类小而全”的特点，即大中小型企业都有，以集体居多。主要产品为：塑料机械电风扇、洗衣机、吸排油烟机、电冰箱、冷柜、空调、消毒柜、胶木电器、塑料及塑料制品、皮革及革制品、帆布制品等。从某种意义上说，她是柳州“企业巨子”的母体；或者说，是柳州市工业经济的一张缩影。

1993年，全系统在职职工13 494人。实现工业总产值68 030万元，比上年增长12.09%；实现销售收入60 057万元，比上年增长23.14%；税利3 567.39万元，比上年增长6.24%。其主要做法是：

一、狠抓销售，促进发展

将产品挤进市场，销售是至关重要的环节。对此，制定出一套行之有效的促销方法：1、销售大承包。销售人员的工资、奖金、差旅费等都按实际销售额提成，促使销售人员勤动脑勤动腿，有效地调动了销售人员的积极性。2、把销售工作重心放到延伸网点上，注意信息追踪，及时向在外的销售人员传递信息，在发挥中间环节作用上采取让利办法，对参与销售的公司实行价格下浮，调动了中间环节的积极性，效果明显。

二、狠抓产品结构调整，加强技术改造和新产品开发工作。

1、树立“科技兴企”思想。局领导带队深入企业了解检查技改和新产品开发情况，并作出决定：把抓技改和开发新产品作为企业领导班子年度工作考核的主要内容之一，加以检查考核。

2、组织企业参加区、市召开的技术引进洽谈会，在香港洽谈会上签订了五个合资项目。

3、协助企业制订产品结构调整规划，帮助企业进行改造项目可行性研究，落实改造项目可行性研究，落实改造项目和新产品开发所需资金等。当年，技改项目87项，总投资4 709万元，开发新产品35项，总投资1 000万元。

4、奖励了一批在技术改造、技术引进和新产品开发中做出突出贡献或取得一定成绩的科技人员。

由于注重抓技改、新产品开发和技术引进，一些企业开始走出困境，一些企业的产品上了一定档次。从而增强了产品的市场竞争能力和企业发展后劲。

（赵甫荣　覃序芬　韦柳盛）

【纺织工业】 1993年柳州市纺织行业，首先认真搞好企业经营机制的转换，用好用活《全民所有制工业企业转换经营机制条例》所赋予企业的14种权利。把竞争机制引入企业的用工、工资和人事管理中，做到竞争上岗，工资、奖金与岗位挂钩，有效促进了企业的发展。其次，注意抓好技术改造和产品结构调整。1993年下达投产达标考核完工项目30个，年末完成考核产值3.97亿元，超计划20.51%，完成利税3 138.5万元，超计划31.48%。全年重点立项开发新产品46个，通过省级鉴定16项，市级鉴定5项，取得了较好的经济效益。再次，狠抓销售工作。全面落实市政府以销促产的有关规定，销售工作做到目标、队伍、责任、政策四落实；销售部门实行承包任务和承包经费挂钩；巩固市场、科技、生产、销售的良性循环体系；参加自治区和市组织的大型展销活动；以各种形式处理库存积压产品。从而，全市纺织系统主要经济指标的增长高于全国、全区同行业的平均增长水平。工业总产值完成13.29亿元，比上年增长9.88%，净增1.19亿元；销售收入完成11.1亿元，比上年增长18.7%，净增1.75亿元；税利完成3 725.62万元，比上年增长37.46%，净增1 015.36万元；全员劳动生产率4.7万元，人均创税利1 288元。

由于纺织原材料价格上涨幅度大，水、电、煤等价格又不同程度上涨，因而企业扭亏任务十分艰巨。主要措施是：1、抓好各亏损企业扭亏责任状的签订，做到目标明确，指标层层落实，经常督促实施。2、群策群力，开源节流。3、及时召开系统有关会议，互相交流扭亏增盈的成功经验，推动经济效益的提高。全行业1993年亏损企业7户，亏损面为26.97%，低于全国、全区纺织行业平均水平；亏损企业亏损总额1 024万元，比上年减亏12.51%

（韦光俊）

【医药工业】 1993年，医药工业完成工业总产值7 417万元，下降4.8%；实现销售收入5 808万元，增长1.4%；实现利税366.6万元，下降47.1%；全员劳动生产率达到57 363元/人·年，提高2.8%。

主要产品产量：片剂7.36亿片，胶类3.86亿粒、冲剂1 018吨、糖浆593吨、化学原料药18.25吨。

1993年，是医药工业极为艰难的一年，各种原辅料价格居高不下，产品一度积压，货款回笼艰难，资金极度紧缺。为此，各企业进一步加强销售工作，组织力量抓紧货款回笼，开展节能降耗，调整产品结构，对部分效益差的产品实行限产压库，努力把亏损降低。

制药厂根据目前市场保健品口服液较畅销情况，投资10多万元，开发了盖世力口服液，并通过区卫生厅组织的鉴定。中药总厂认真抓好新产品葛根芩连微丸的促销工作。全年共开发新产品16项，完成投资20万元。进行技术改造3项，其中，制药厂的软膏车间改造项目已完成，完成投资136万元。

参加全国厂QC基本知识统考38人，及格率100%，平均分为85.84分。制药厂一QC小组获区医药管理局优秀QC小组奖，制药厂和中药总厂各一个QC小组获区医药管理局先进QC小组奖。主要产品质量稳定提高率为100%。

（化药办）

【化学工业】 1993年，化工行业完成工业总产值57 015万元，增长19.4%；实现销售收入61 987万元，增长36.1%；实现利税5 664万元，下降10.6%；全员劳动生产率达到50 788元/人·年，提高20.2%。

主要产品产量：合成氨10.8万吨、硝铵11.7万吨、尿素6.6万吨、磷酸2.1万吨、五钠1.8万吨、饲钙6 936吨、铵锑炸药1.1万吨、烧碱1.1万吨、聚氯乙烯4 167吨、氧化铁红882吨、氧化铁茧1 637吨、Y101磁铁粉2 980吨，运输带47.6万平方米、传动带56.5万平方米、三角带401万Am、油漆5 026吨、搪瓷反应罐673吨、三醋酸甘油醋173吨。

1993年，化工行业克服水、电、煤以及各种原材料的大幅度涨价，资金短缺等困难，采取进一步落实承包、强化销售、加快货款回笼、开展“双增双节”活动，挖潜降耗，调整产品结构，实现减亏一户，扭亏四户。

全年进行技术开发22项，计划投资1 340万元，完成投资1 238万元，比上年增长36.9%。先后开发了涤沦骨絮V带、三元乙丙一金属复合车辆门窗胶条、甲醇、“小超人”口服液等产品，有四个产品通过区级鉴定，五个产品获区新产品百花奖。

进行技术改造（含利用外资）12项，其中，广磷的CO_2回收装置，东化的1000万平方米/年人造革生产线等7个项目均已完成。完成投资6 490万元，比上年增长80.4%，完成计划投资92.97%。

参加全国厂QC基本知识统考159人，及格率100%，平均分为87.4分。举办厂QC学习班114期，受教育达8 154人次。获化工部QC小组一等奖1个，二等奖2个；获区优秀QC小组1个，先进QC小组4

个。主要产品质量稳定提高率达到100%，提高4.55%。主要设备完好率达到97.7%，提高0.22%。

（化药办）

【建材工业】 1993年，柳州市建材企业共23家。一年来，建材企业在深化改革，转换经营机制，建立现代企业制度，推进技术进步，开发新产品方面做了大量的工作，完善和提高了企业的管理水平和整体素质。同时狠抓生产管理，加强生产调度，努力提高主机设备的运转率和台时产量，降低消耗、降低成本；抓市场销售，制定适时的销售策略，在进一步做好产品宣传和售后服务的同时，根据市场行情，适时调整产品结构和产品价格，促进产品销售；抓技术进步，做好技改项目的立项、评估和实施，在资金短缺的情况下，着重做好资金的到位工作，从而使全年的生产、效益同步提高，增强了发展后劲，进一步壮大了建材工业实力。全年各项经济指标完成情况如下：

生产水泥197.92万吨，水泥管（含预应力管、自应力管和排水管）75.66公里，水泥瓦35万张，水泥预制构件3.60万立方米，石棉水泥瓦198.16万平方米，粘土砖36 658.63万块，瓦128.5万片，建筑砌块1.87万平方米，石灰7.96万吨，玻璃马赛克19.06万平方米，平面钢化玻璃5.09万平方米，弯面钢化玻璃5.35万平方米，夹层玻璃0.05万平方米，卫生陶瓷3.04万件，劈离砖45.11万平方米，耐火材料1 798.81吨，建材机械440台。

实现工业总产值44 161万元，销售收入71 930万元，利税20 670万元，分别比上年净增6 424万元、25 035万元和9 742万元，增长17%、53.4%和89.1%。

（利建明）

【粮油工业】 1993年，柳州市粮食局粮油食品工业生产成绩显著，形势喜人，年产粮食、米面制品1.99万吨，各类优质食用植物油0.19万吨，颗粒配合饲料14.03万吨，超额完成全年生产任务。

粮油食品生产在粮食系统内原属附属加工业，随着粮食经济体制的改革，粮油食品工业迅速崛起。改革给粮油食品工业带来了生机和活力，他们转换经营机制，走进市场，搞活流通，变附属为主导，在起步晚，资金缺，厂房设备落后的情况下，挖掘潜力，开拓进取，大胆利用外资，办合资企业，有效地改变了粮油工业落后面貌，“柳新速度”就是一个成功典型；他们大搞“科技兴企”，采用先进技术发展企业，柳新厂引进美国CPM公司年产16万吨先进颗粒饲料生产线，市油脂厂引进比利时DEXMET公司1万吨物理/化学油脂精炼生产线，利用外资进行扩大再生产；他们实行全面优化管理企业，提高全员劳动生产率，开源节能，提高班产量，降低生产成本；他们抓质量，促销售，创名牌，争市场，“永丰牌”饲料和“吉乐牌”花生油，畅销全国各地，在市场上享有很高的信誉，深受顾客欢迎。按1990年不变价格计算，粮油食品、饲料生产完成工业总产值1.67亿元，与去年相比，增加1 875.6万元，增长12.62%，销售收入2.57亿元，与去年相比，增加8 033.9万元，增长45.38%，税利497.44万元，与去年相比，增加220.2万元，增长79.44%。

1993年，粮油食品工业公司超额完成各项经济指标和生产任务，被自治区评为最佳经济效益企业，柳州市先进单位。柳州市粮油食品工业为繁荣全区粮食经济起了积极推动作用。

（柳州市粮食局）

【供电业】 1993年，供电局系统在上级部门的支持与指导下，把生产摆在第一位，围绕企业的“双达标”和“两个文明”建设，狠抓经营管理工作，各项工作都取得了显著的成绩。全年完成工业总产值（90价）9 815.8万元，与上年相比增长13.62%，供电量34.56亿Kwh，比上年增长13.28%，售电量33.27亿Kwh，比上年增长13.62%。全年完成技改项目11项，重点考核项目2项，完成自安排的大修，更改、业扩项目131项，全年全局完成技改、大修、更新改造、业务扩充等项目合计投资1 631.13万元，完成反事故措施项目32项。为了保证和扩大对全市生产用电，居民生活用电，完成了拉堡110KV变电站的建设和投产运行，完成了鸡喇、武宣两变电站的增容改造，完成了65千米的市区城网改造。新建和扩建增容改造新增主变容量53MVA，每年多供电250Mwh，有力地支持了全市工农业的生产。

本年度该局继续走在改革的最前列，成为广西电力系统继三项制度改革试点单位之后第一家改革成功单位；通过了区电力局安全文明“双达标”考核验收工作，成为广西电力系统第一家供电企业“双达标”单位，连续保持“柳州市文明单位”称号；荣获柳州市委、市政府颁发1993年度“经济效益优秀单位”荣誉称号。

随着改革的进一步深化，该局多种经营也取得了较好的效益：总产值达7 197.47万元，比上年增长111.67%，实现利润673.97万元。

依靠全局职工的积极进取、锐意改革的精神，不仅提高了企业的经济效益，也提高了社会效益，为柳州市经济建设走上新台阶做出了贡献。

（谭健进）

【乡镇企业】 1993年，柳州市乡镇企业实现了跨跃式发展：全市乡镇企业营业收入20.33亿元，比上年增长1.63倍；乡镇企业总产值20.66亿元，比上年增长1.64倍，占农村社会总产值比重由上年的42.2%上升到60%；其中乡办工业总产值8.2亿元，比上年增长3.64倍；实现利润1.20亿元，比上年增长1.25倍；上交税金6 300万元，比上年增长1.07倍。主要经济指标的增长速度均高于全国全区平均水平。

1993年，柳州市委、市政府把乡镇企业作为我市经济工作的“短腿”之一重点予以发展，先后出台了《1993年度乡镇企业的奖励办法》、《关于加快发展乡镇企业的补充规定》和一系列促进城乡经济联合推动乡镇企业发展的政策、措施，为快速发展乡镇企业提供了重要保证。

同时，十分重视调动城乡两方面的积极性和发挥“官方搭桥”、“民间引线”的积极作用，把城市工业的优势与农村劳力及资源优势有机地结合起来，形成新的生产要素，实现“你中有我，我中有你，互为依托，互为市场，互补互促，共同发展”。

此外，重视发挥政府主管部门的作用。一是加强市乡镇企业领导小组的工作，领导小组成员由市政府分管领导以及市税务局、市计委、乡镇企业局、土地、规划、工商、供电、银行等部门领导组成，定期召开会议，对重要问题进行决策，研究发展存在的问题，协调各部门的关系；二是充分发挥主管局的作用。1993年初，市委、市政府选派市计委副主任陈福庆兼任市乡镇企业局党组书记、局长。市乡镇企业局在新的领导班子带领下，坚持把“间接管理，直接服务”作为立局之本，上下一心，创造性地开展工作，有效地促进了全市乡镇企业的快速发展。

市、县、郊各部门及各有关单位为发展乡镇企业做了大量卓有成效的工作：税务部门在按政策给予乡镇企业优惠的同时，还深入乡村宣传发动，积极筹措资金近千万元扶持乡镇骨干企业，为我市乡镇企业发展立下了头功；金融部门为乡镇企业筹集贷款资金上亿元，保证了乡镇企业的正常生产；市计委抓好宏观管理，协调城乡关系工作；市乡镇企业领导小组组织工商、土地、规划、供电、环保等部门实行优质全面服务，为乡镇企业发展排忧解难；宣传、新闻部门为乡镇企业发展大造声势；政法部门为乡镇企业发展清障护航。各个部门和单位都为我市乡镇企业的快速发展创造了良好的外部环境。

发展乡镇企业，人才是关键。市委、市政府大胆启用能人，用好能人，鼓励能人大力兴办农村股份制和股份合作制企业，发展能人经济。这些能人在基层，充分发挥了他们的聪明才智，成为推动我市乡镇企业快速发展的内在动力。

1993年，全市乡镇企业发展到24 549家（其中乡村两级集体企业881家），从业人员71 522人，比上年净增14 578人，占全市农村总劳力比重由上年的12.5%上升到16.7%，全年支付职工工资16 887万元，比上年增长45.1%，占农民人均收入的27.4%；产值超百万元企业由上年的70个增加到180个，超千万元企业由上年的4个增加到16个；乡镇企业营业收入超千万元行政村由上年的5个增加到16个，市郊区黄村乡黄村村进入自治区百强村先进行列，超五千万元乡（镇）由上年的4个增加到15个，其中首次涌现了8个超亿元乡（镇），且羊角山乡、黄村乡进入自治区百强乡先进行列；市郊区进入自治区乡镇企业营业收入超十亿元县（郊）先进行列，柳州市乡镇企业管理局获自治区发展乡镇企业先进单位称号。全市乡镇企业的产业结构在发展中不断调整，在调整中获得发展：第一产业产值比上年增长59%，占乡镇企业总产值的0.5%；第二产业产值比上年增长175%，占乡镇企业总产值的67.5%，其中乡办工业总产值比上年增长364%，占乡镇企业总产值比重由上年的22.92%上升到42.42%，占全市工业总产值比重由上年的1.62%上升到5.76%，乡办工业新增产值占全市工业总产值新增部分比重由上年的3.93%上升到19.41%；第三产业产值比上年增长147%，占乡镇企业总产值的32%。乡村两级的一些主要骨干行业得到较快发展，全市建材工业企业127家，职工5 660人，产值11 933万元，分别比上年增长43%、44%和228%；机电企业158家，职工6 416人，产值34 238万元，分别比上年增长163%、80%和345%；轻纺工业企业172家，职工6 351人，产值19 824万元，分别比上年增长43%、46%和124%；此外，占有一定比重的造纸、塑料制品等行业亦发展较快。

（柳州市乡镇企业管理局）

交通运输、邮电

【公路交通】 1993年柳州市公路交通事业在市委、市政府及上级业务部门的正确领导下、紧紧围绕建立社会主义市场经济体制和服务于全市经济发展这一重大目标，抓住机遇，加快发展，较好地适应了社会生产和人民生活的需要。

1993年，柳州市交通系统全年公路客运量1 119万人，客运周转量72 595万人公里，公路货运量169万吨，货运周转量4 007万吨公里，分别比1992年下降

25.02%、9.08%、21.40%和12.30%。

1993年柳州市交通系统认真贯彻自治区交通工作会议精神，坚持“安全第一、预防为主”的方针，加强安全宣传教育、认真落实责任制，抓好监督检查，公路安全运输工作取得成效。1993年交通系统行车安全考核除直接经济损失率略高于控制值外，责任事故率、责任受伤率、责任死亡率分别低于控制值的45%、69%、44%。

随着柳州市工业规模的扩大，大物件运输和特种件运输不断增多。为提高运输能力，1993年，柳州市交通系统新购各种特种运输车辆24辆。柳州市联运总公司购进两台“欧霸”大型集装箱拖车和17个20英呎国际标准箱，开始了柳州有史以来首次国际标准集装箱运输。

为加强公路运输行业管理，柳州市各级运输管理部门在继续执行过去行之有效的管理办法基础上，不断强化行业管理手段。1993年，针对柳州市摩托车和残疾人车非法营运问题，柳州市公路运输管理部门在有关部门配合下，采取联合整治办法，重点查处了摩托车、残疾人车无证搭客的违章行为。柳州市公路运管部门还与公安交警部门成立了运输市场整治办公室，并向市政府提出了以中巴为重点的九条整治措施，有效地维护了运输市场秩序。此外，1993年柳州市公路运管部门还开展了公路客运班线议标工作和开办危险品货物运输业务，并进行了机动车辆二保维护卡的组织、签约、发卡等工作，不断地丰富了行业管理的内容。

1993年，柳州市基础设施建设完成总投资2 493万元。全市地方公路建设完成总投资172.08万元，完成水毁工程13.5万元，新修道路27.7公里。联运总公司集装箱中转站建设已进入组建机构和具体工作实施阶段，柳州汽车运输总公司零担站二期工程完成总投资215万元。此外，广西“八五”重点工程项目、广西第一条高速公路——柳桂汽车一级专用线于1993年破土动工，该公路南起柳州市静兰大桥东端，北上桂林永福县及临桂县境，全长140公里，总投资17.8亿元。

【水路运输】 1993年柳州市交通系统水路运输全年完成货运量34万吨、货运周转量25 632万吨公里，水路客运量18万人，旅客周转量10 267万人公里，分别比去年下降8.11%、9.54%、18.18%、15.73%。

1993年柳州市辖区范围航道通航里程为290公里。近年来开通的柳州至香港、柳州至广州航线，里程分别为1 001公里和973公里。几年来，柳州航道经过不断地挖疏，并对个别严重碍航的浅滩进行整治，其通航条件不断改善。

1993年柳州市水路运输部门认真贯彻落实上级有关安全运输的精神，抓好水路运输安全工作。为了抓好1993年春运安全工作，市交通局成立了春运领导小组，并组成4个检查组出动186人分别到各港口、码头检查安全执行情况，保证了春运工作安全顺利完成。同年5月，市交通系统还组织了港监、航运总公司等单位负责人，由局领导带队检查了沿江到广州的客轮，抓好客轮船防抗雷雨大风工作，确保雷雨大风期间水路运输安全。此外，水路运输各部门认真抓好教育和培训工作，抓好各项安全制度和安全管理基础工作。

1993年柳州市水路基础设施建设工作进展顺利。全年建成货运码头七座、年吞吐能力达134万吨、在建的柳州鹧鸪江码头一期工程两个泊位码头部分及机械部分共完成投资1 385万元。1993年11月投资368万元的柳江航道蓑衣滩整治工程开工，预计1994年4月完工。该工程的完成，将使柳江航道通航条件得到进一步改善。

(刘建严)

【邮电通讯】 1993年，柳州市邮电局在市委、市府、区邮电管理局的领导下，坚持“把握机遇，加快发展、转换机制、艰苦奋斗、创效建功”的方针，邮电通信事业飞速发展，取得了令人鼓舞的成绩，提前60天完成了区邮电管理局下达的经营计划指标，全年完成邮电业务总量6 732.8万元，比上年增长89.39%；其中：邮政完成1 336.3万元，占邮电业务总量19.85%，电信完成5 396.5万元，占邮电业务总量的80.15%。邮电业务收入完成6 869.08万元，比上年增长90.67%，其中邮政完成1 155.28万元，占邮电业务收入16.82%；电信完成5 713.8万元，占邮电业务收入83.18%。邮电业务总量和业务收入增长率均高于全国、全区平均水平，经济效益创历史最好水平，邮电通信质量指标均全面完成。被柳州市委、市府授予“经济效益优秀单位”和确认继续保持“文明单位”称号。1993年度全国邮电企业经济效益百强市评比中，柳州跻身于百强行列居28位。

为适应市场经济需要，满足龙城人民日益增长的通信需求、进一步改善柳州市的投资环境、为创170亿工业总产值提供优质、快捷服务，柳州市邮电系统采取以“发展为主线、市话为龙头、无线通信和邮政所、轻型业务为重点”的经营策略，自筹资金1 650万元，完成了二万门程控电话扩容工程；建成开通了万门移动通信交换局及基站扩容工程；建成开通中文无线寻呼台和柳州至鹿寨、柳江光缆工程；邮运中心生产楼竣工在即；壶东、二桥市话分局正在加紧建设。它标志着柳州市邮电通信事业已实现了质的飞跃，将为柳州的社会进步、经济腾飞作出更大的贡献。

（姜永福）

【公共汽车运输】 柳州市公共汽车公司1993年运营收入3 307.44万元，比上年增长61.34%；运营里程1 173.95万公里，比上年增长16.91%；客运量10 057.82万人次，比上年增长11.24%。年末实有大、小公共汽车255辆（折合300个标准台），运营主线路18条，支线路4条，总长205.36公里（其中1993年内新开雀儿山公园至东园的17路支线一条，线长2.7公里）。至1993年末拥有固定资产原值4 561.11万元，净值3 602.5万元。

服务质量、能源消耗、经济效益和社会效益三大系列指标的完成情况：

项　目	指　标　名　称	单　位	国家二级标准	1993年实际完成
服务质量	1、车厢服务合格率	%	90	98.5
	2、车辆整洁合格率	%	90	99.77
	3、行车责任事故间隔里程	万公里/次	60	83.85
能源消耗（基值）	公共汽车油耗	升/百公里	单机车26	23.66
			绞接车34	32.56
经济效益、社会效益	1、工作车率	%	92	94.86
	2、人均营运公里	公里/人	5 500	6 246
	3、全员劳动生产率	元/人	4 000	14 848

为使公共交通能够与“大柳州”的经济发展和城市建设相适应，柳州市公共汽车公司将加速《柳州市公共汽车线路、场站规划》近期目标的全面实施列为1993年度的管理方针之一，年内实现净增公共汽车41辆，使本市每万人公共汽车拥有率从上年的3.38辆提高至3.7辆。

为提高社会效益和经济效益，供助社会力量纠正行业不正之风，柳州市公共汽车公司从1993年10月起采用“有奖乘坐公共汽车”的共交经营辅助办法，每月开奖一次，凭中奖车票兑现。

（覃国忠）

城市建设及环境保护

【城市规划】 （一）概　　况

柳州位于广西壮族自治区中部偏北，地处西江水系的柳江河畔，湘桂、黔桂、枝柳三条铁路交汇于此。是广西重要的经济中心和我国西南重要的交通枢纽之一，又是国家一类口岸城市和甲级旅游城市。

柳州具有两千多年的历史。全市辖两县五区，总人口167万多人。目前建成区82.9平方公里，市区人口77.73万人。1992年工业总产值达109.13亿元，成为我国五个少数民族自治区第一个突破百亿的城市，1993年工业总产值142.70亿元。

柳州市的城市规划始于1956年。1959正式编制城市规划方案。1964年、1974年、1980年分别作过不同程度的修改和调整。1986年，为适应改革开放新形势的需要，在1980年编制的基础上又进行了修订，1988年6月报经广西壮族自治区人民政府批准并付储实施。

（二）规划编制

1993年，在着手进行城市总体规划调整修编的同时，进一步完善了分区规划和详细规划。市规划设计研究院与上海同济大学合作，首次完成了柳州市交通规划。编制了桃花片、香兰片、茅洲片等4个分区规划，规划面积36.1平方公里，完成了白沙居住区、白云西居住区、河东南片A、B、C、F地段和广场等8个详细规划，规划面积398.95公顷。全年共完成各项规划编制和规划设计83项。

（三）规划管理

年内，城市规划管理得到了进一步加强。完成了4万门程控电话、十大市场、文化中心、柳州电厂扩建、柳钢技改等重点工程和15座公厕、150套解困房、南站小学、白云中学、第四、五职业高中、南站路、飞鹅路、旧机场开发、6个工业开发区，高新技术开发区等建设项目定点310项。核发建设用地面积1 924.76万平方米；审批公房报建898项，建筑面积299.53万平方米；审批私房报建831房，建筑面积6.67万平方米；审批工程管线138项。处理违章建筑986起，其中发出拆除决定475起，申请法院强制执行27起，结案15起，应诉、复议案件6起，处理纠纷案件400起，保证了城市规划的顺利实施。

（李元秀）

【土地管理】 *土地使用制度改革* 1993年，柳州市积极推进土地使用制度改革，探索了适合本市特点的土地有偿出让方式，城镇国有土地使用权有偿出让工作已经启动，地产市场初步形成并向健康方向发展，逐步为政府开辟新财源，增加财政积累略见成效。至12月底止，共出让土地23幅，面积458 596.8平方米，其中存量土地10宗，增量土地13宗，收取土地出让金172.1万元。另外，全年收取土地使用费205万元，其中，收取个人用地土地使用费117万元，收取单位用地土地使用费88万元。

土地定级估价 为了适应建立土地市场的需要，柳州市从3月份起，与中国人民大学的有关部门及专家合作，开展了柳州市土地定级估价工作。市政府于6月份组建了“柳州市土地定级估价工作领导小组”。经有关人员的努力，该项工作已完成了各种估价资料的调查、收集，采集样点资料14 629个，设计各类样点图及专业图纸总计37张，定级估价范围共为96.5平方公里。此项目采用了先进的计算机软件系统，对各因素进行科学的分析与操作，于10月底全面完成。11月中旬，该项目通过了由自治区组成的鉴定委员会的验收和鉴定，并获高度评价。柳州市土地定级估价项目成果填补了广西城市土地定级估价空白，在国内同类科研成果中居于领先地位。这是我市首次完成的科学、合理、完整的地价体系成果。

地籍管理 地籍调查工作已进入收尾阶段。1993年城镇地籍调查共完成调查任务2 560宗，其中私房2 462宗，单位88宗；发放《国有土地使用证》3 062宗，其中私房2 781宗、单位281宗；完成了城中区、柳北区共20平方公里的面积量汇总工作。该土地调查成果今年被自治区土地调查成果评审委员会和自治区土地局评定为广西地籍调查优秀成果一等奖。

郊区土地资源调查工作已完成我市郊区650.38平方公里土地资源数据汇集、编图工作。

建设用地征拨 1993年，我市严格执行用地计划，在正确处理好建设用地与合理用地、节约用地、保护耕地的关系基础上，按照确保重点，兼顾一般的原则，积极投入人力开展桂柳一级公路、白莲机场等重点建设项目征地工作。全年办理征地50宗，面积590 986.1平方米，办理拨用土地6宗，面积91 944.1平方米（上述征、拨地不含单列项目），办理乡、镇企业用地170 701.1平方米，审批郊区农民建房用地404户。三项建设用地均没有突破自治区下达的年度用地指标，确保了土地供需基本平衡。

土地法规宣传、监察

土地法规宣传围绕“土地与经济”的主题展开，大力宣传土地使用制度改革和土地依法进入市场。6月21—27日，在市广播电台联合举办了《土地法》特别节目宣传周。6月25日，配合全国第三个“土地日”举办了土地法律、法规咨询、为民释疑解难活动。土地监察工作严格依照有关法律开展。1至12月，共强制拆除违法、违章占地建房30户，收回土地2 256.3平方米，处理土地权属争议案18件。

土地档案馆建设 土地档案馆建设继续朝着规范化、制度化及档案管理升级方向努力。现已基本建立健全各项规章制度。至12月底止，已按国家规范完成了38 284卷（份）档案的分类、组卷、排列、编目、修裱、装订工作，其中，土地登记档案9 629卷，建设用地档案592卷，测绘档案688卷，地籍图和地形图9 698张，房屋产权普查资料17 218份。

（周　龙）

【市政建设】 *概况* 至1993年末，全市共有道路长度417公里，道路面积337万平方米，其中高级路面长度372公里，面积314万平方米。全市排水管道长度512公里。全市城市路灯共计9 418盏。全市共有桥梁27座，其中跨柳江的公路桥梁4座。城市公交拥有营运车辆271辆，车场4个，营运线路18条，支线4条，线路总长度360公里。城市供水拥有水厂5座，自来水管道长度316公里，综合生产能力37万吨/日。城市煤气年末供应管道煤气用户32 272户，供应液化石油气用户82 529户。

市政建设 1993年新建、改造飞鹅路、北鹊路、锦绣路、蝴蝶山东路、潭中西路、西环路、龙潭路、迎宾路等九条路。其中飞鹅路改造工程，从车站广场至市电机厂之间全长1 440米，路宽34米，机动车道为砼路面，供电、邮电及上下水、煤气等各种管线全部转入地下。同时结合改造飞鹅桥将原宽18米的旧石桥拓宽至40米的预应力砼T梁桥。该工程1992年10月7日动工，1993年4月30日通过验收交付使用。全市1993年新建改建路面28.6万平方米，其中新增加道路面积18 355平方米。新装路灯868盏，修复8 579盏

次，灯亮率97%以上。年内开工建设箭盘山、竹鹅溪、潭中西路等地段排水干渠，长度14.5公里，其中新增下水道长度4.8公里。壶西大桥、文惠大桥进入实施性施工阶段，全年两桥完成施工产值2 305万元。

市政维护　1993年，全年完成市政基础设施维护项目33项，维护产值771.5万元。全年维护市区道路73 404平方米，人行道45 442平方米，疏通下水道58 282米，新装路灯868盏，维修路灯8 579盏次，全市路灯灯亮率在97%以上。

市政设施普查　由柳州市市政设施维护管理处等单位承担的柳州市市政基础设施普查工作，经过有关人员近两年的努力，于1993年5月基本结束。城市道路、路灯、排水及有关地下管线的普查资料已经主管部门验收，为城市的各项建设事业提供了完成、准确的档案资料。

公用事业　1993年，城市公共交通（见公共交通运输）。城市供水主要对原有五个水厂进行挖潜改造，其中柳东、柳南、柳北水厂改造共完成投资713万元，新增加供水能力3万立方米/日。柳西水厂10万立方米/日扩建工程，年内完成投资2 200万元，厂内取水泵房等主要建(构)筑物已全面开工。全年供水量1.326亿立方米，比上年增长6.7%，售水量1.22亿立方米，比上年增长6.8%，水质综合合格率达99.8%。

城市供气，1993年度主要进行输配、储配工程。管道气全部完善一、二期供气工程的配套项目，至1993年底，全市拥有管道气中压管线长度22公里，低压管线长度83.4公里，区域调压站21座，2万立方米和5.4万立方米焦炉煤气储配站各一座。供气能力每小时2 500立方米。全年供气730.9万立方米。液化气供应进一步完善河西板粟园液化气储配站和各供气站点的建设，至1993年底，市煤气公司拥有储气罐10个，总容量为1 400立方米，全年供气1 755.7吨，全市气化率61.19%。

环境卫生　1993年新建、改建公厕12座，新建、改建的公厕着重在多功能和外观美化上有所突破，做到“一厕一图一造型”，公厕保洁及粪便无害化处理水平有所提高。加强市区道路和公共场所的清扫，日清扫保洁面积265万平方米。垃圾处理场建设，1993年主要建设和完善张公岭垃圾场和欧阳岭垃圾场，并对至市垃圾进行高温堆放和无害化处理。全年清运垃圾17.8万吨，清运粪便1.5万吨，筛选销售垃圾肥料1.5万立方米。新增加日处理能力150—200吨的垃圾筛选机三台，各种环卫专用车辆44辆。

（梁新义）

【园林绿化】　1993年，柳州市的绿化工作仍然是以城市绿化为中心，以街道绿化为重点，加强石山沿河、近郊防护绿化，推动庭院的绿化种植。当年全市发动的28万人次参加城镇全民义务植树及有关劳动，共种植各种乔木、灌木、竹子和藤本植物157.66万株，铺植和改造草坪7.45公顷。其中：园林部门所辖的公共绿地、石山、街道、沿河等种植55.1万株，改造和新植草坪2.01公顷；另外，还完成了飞鹅路拓宽和西江路改造的绿化配套工程。

1993年有14个单位签订了石山绿化承包合，承包石山16座，总面积为110.8公顷，种植了小叶榕、夹竹桃等各种乔、灌木3.3万株，成活率平均达80%以上。

1993年全市完成园林育苗面积97.21公顷，拥有苗量约350万株，苗木自给率达80%；全市生产各种盆花63万盆，其中园林部门生产各种盆花32.59万盆。当年5月份在柳侯公园举办了市花月季花评比展览，共展出盆花14 001盆，其中月季花10595盆；11月份又在马鞍山公园举办菊花展览，共展出各种菊花13 300盆。全年园林部门在各公共场所和主要街道展摆盆花共22.14万盆。

1993年6月，组织开展了柳州市第五次城市绿化普查，经过7个多月的工作，普查初步结果是：（一）全市市区（含城区及郊区）园林绿化覆盖总面积7 751.43公顷，绿地面积7 145.44公顷，本市人均园林绿地面积为104.47平方米；全市市区尚有宜林空地934公顷。（二）全市建成区绿化覆盖总面积2 594.95公顷（全市建成区总面积为8 202公顷），绿化覆盖率为31.64%；建成区的绿地总面积为2 032.49公顷，绿地率为24.78%。（三）全市公共绿地总面积是384.21公顷，全市人均公共绿地为5.62平方米。

1993年园林部门完成园林基建投资1 143万元，建成40 000元以上的项目24个，其中较大的项目是雀儿山水上世界游乐中心及蟠龙双塔。

1993年柳侯公园，龙潭公园、鱼峰公园、都乐公园、雀儿山公园、马鞍山公园等共接待游客约550万人次，其中外宾4万人次，内宾545万人次。

【公园概况】　（一）柳侯公园

柳侯公园位于柳州市文惠路中段，始建于1906年，为纪念唐代政治家、思想家、文学家柳宗元所建。公园占地面积为15.5公顷，是市级综合性公园。公园的南部为文化古迹区，有纪念柳宗元的柳侯祠（有韩愈文、苏轼书，记柳宗元事的“三绝碑”）及其衣冠墓、罗池、柑香亭等文物古迹。是广西的重点文物；中部有人工湖、动物园、儿童乐园及亭、桥、榭等园林设施；北部的“山水来归”盆景园是个园中园，玲珑雅致，曲终通幽，别有一番情趣，园中陈列有近1 000盆（件）山水，树桩盆景，根雕和著称海内外的石玩艺术作品。

（二）鱼峰公园

鱼峰公园是柳州的游览胜地，位于柳江南市区中心。园内平地崛起的一座孤峰，山形奇异，相对高度68米，环麓500米，唐代文学家柳宗元称“山小而高，其形如立鱼”故名之鱼峰，习称鱼峰山，公园以此而得名。沿石级登山顶，乃可鸟瞰全城风貌。

山东麓有小龙潭，波平如镜，于潭畔俯览仰观，如巨鱼跃立潭面，人称“南潭鱼跃”，为柳州旧八景之一。

相传壮族歌手刘三姐在此传歌成仙，至今山上尚有“三姐岩、磨篮石、对歌坪”等遗址，山腰东北角塑有一尊高3.1米的刘三姐汉白玉雕像，岩内塑有对歌情形的群像，造形栩栩如生。山歌遗风，至今尚盛，每日崖下，众男众女，高歌互答，极富浓厚的民族特色。

（三）龙潭公园

龙潭公园位于柳州市区南部，距市中心3公里，是一个以喀斯特自然山水景色为主的，富有南方少数民族特色的省（自治区）级风景名胜区。公园规划分为9个景区，面积约544公顷，现建成可游览面积120公顷。东北部的民族风情区建成龙潭风雨桥、侗寨鼓楼、壮寨居民、苗族芦笙坪、瑶寨火堂、傣族餐厅等极富民族特色的建设；西部的龙潭胜迹区恢复了唐、明、清历史文化古迹，楼阁台榭，碑亭庙宇，殊擅古典园林之胜。其余景区和以整个公园为范围的专类植物园正在建设之中，龙潭公园成为国内外旅游观光者到柳州必游之外。

（四）都乐公园

都乐公园位于柳州市南郊12公里的都乐村旁，是一个以山青、水秀、洞奇、石美和现代碑林、摩岩石刻著称的省（自治区）级风景名胜区。公园面积为140公顷，园内有46个岩洞，目前开放的有盘龙、通天、水云、乐寿、梵音等5个岩洞，一线相通，洞内总游程约800米，洞中钟乳石形成石幔、石笋、石柱、石花、石果、奇特多姿，瑰丽多彩，被誉为“大自然的奇幻艺术之宫”。著名洞景“山村晨曦”、“柳江放排”、“三姐对歌”、“南海风光”，50多处。洞外，群山环抱，清溪蜿蜒，在龙珠山下建成一座依山勒石而成的现代书法碑林。

（柳州市园林局）

【旧城改造】 为繁荣市场，改善市容，满足人民群众日益增长的物质文化需求，市政府鼓励进行旧城成片改造，各房地产开发公司积极投入，使柳州市旧城改造迈出了新的步子。1993年拆迁办管理的房屋拆迁工程55个，应拆迁面积20.7万平方米，实拆面积17.03万平方米，拆迁总户数1 922户，5 760人，安置房源1 083套，7.9万平方米，拆迁面积比1992年增加2倍多。

1993年柳州市拆迁重点工程有银兴商业城、银都大世界、江滨公园一期改造、西江路、西环路、南站路的扩建、柳石干渠改建、小南路A区、五星购物中心等10个工程。其中拆迁面积5 000平方米到一万平方米的工程有西江路、南站路扩建、江滨公园一期工程、五金大厦、东风商场等工程。一万平方米以上至二万七千万平方米的工程有五星购物中心、小南路A区、银兴商业城、银都大世界。现江滨公园正进行二期拆迁前期工作，同时进行园林设施施工；南站路拓宽改造工作正在进行管线设计，待柳铁建设资金到位即可进场施工；五星购物中心其地下层工程已完成70%的工作量，东风商场地下层工程已完工，正在施工群楼主体，银都大世界已进入挖孔桩施工阶段；银兴商业城A区10万平方米的底层车库已完成工程量的20%，C区3万平方米的挖孔桩已完成工程量的80%。

（柳州市房屋拆迁办公室）

【环境保护】 综述　1993年，柳州市环境保护工作紧密围绕经济建设这个中心深入开展城市环境综合整治，进一步强化环境监督管理，促进了环境保护与经济协调发展。在我市国民生产总值提前七年翻两番，工业实现快速高效增长的形势下，我市环境质量的整体水平基本得到保持和控制，没有随之恶化。柳江河柳州市段水质良好，除有个别断面的总镉、总汞两种污染物超过Ⅱ类水质标准以外，其余指标持续达到国家地面水环境Ⅱ类水质标准；自然降尘量比1992年增长20%，SO_2年日平均值，与上年基本持平，其余大气污染物、指标均有不同程度的好转；区域环境噪声67.2分贝，城市交通干线噪声平均值72.5分贝。

环境统计　1993年在全市全面实行环境统计台帐登记制度。召开全市重点污染单位的环境统计人员学习班。按照国家统一填报标准进行年终环境统计工作，并组织人员对报表进行严格审查、核实，保证质量。在全自治区统计报表评比中获一等奖。

1993年柳州市主要环境指标统计（不含郊县）

	单　　位	数　　量
工业废水		
排放量	亿吨	2.19
处理量	亿吨	1.51
达标排放量	亿吨	1.47
工业废气		
排放量	亿标立方米	308.56
处理量	亿标立方米	271.70
废气中二氧化硫排放量	万吨	8.19
烟尘排放量	万吨	4.09
工业固体废物		
产生量	万吨	141
综合利用量	万吨	117
处理量	万吨	8

城市环境综合整治定量考核　1993年城市环境综合整治定量考核14项指标总分69.62分，与1992年相比稍有增加。其中有3项指标的得分达到满分。

城市环境综合整治定量考核结果汇总表

考核项目	单位	1992年情况			1993年情况			增长百分率（%）	
		指标植	评分	总得分	指标值	评分	总得分	指标值	总得分
大气总悬浮微粒年日平均值	毫克/立方米	0.238	8.96		0.227	9.09		-4.62	1.45
二氧化硫年日均值	毫克/立方米	0.218			0.217			-0.46	
饮用水源水质达标率	%	95.98	7.99		95.51	7.76		-0.47	-2.88
城市地面水COD平均值	毫升/升	1.92	6.00		2.13	6.00		10.94	
万元产值工业废水排放量	吨/万元	210.31	4.35		195.14	4.57		-7.21	5.06
工业废水处理率	%	83.64	6.00	69.47	81.61	6.00	69.62	-2.03	
重点企业工业废水排放达标率	%	78.85	5.16		79.77	5.23		0.92	1.36
城市交通干线噪声平均值	分贝	72.1	3.38		72.5	2.92		0.55	-13.61
区域环境噪声平均值	分贝	70.9			67.2			-5.22	
烟尘控制区覆盖率	%	80.02	5.25		84.40	5.64		5.47	7.43
汽车尾气达标率	%	87.63	5.29		87.02	5.11		-0.61	-3.40
工业固体废物综合利用率	%	75.56	7.00		79.59	7.00		4.03	
城市建成区绿化覆盖率	%	31.45	5.01		31.64	5.05		0.19	0.79
环境噪声达标区覆盖率	%	20.31	5.08		21.00	5.25		3.40	3.35

酸雨综合治理 柳州市以SO_2为主要污染物的煤烟型大气污染和酸雨比较严重。SO_2年日均值为每立方米0.217毫克，降水PH年均值为4.41，酸雨频率为92.1%，已成为全国四大酸雨区之一。市环保局为了治理酸雨和大气污染，积极开展环境外交，寻求国际环境领域合作，已争取到中日环境合作项目《柳州市大气污染综合对策调查的区域性酸雨沉降物监测调查》，同年编制完成了《柳州市酸雨的环境污染综合治理工程》的13个工程建设书，并且已呈报国家计委。这些项目都是争取外援项目，实施后可使我市每年节约用煤炭21.69万吨，年增加外供发电量111 000万千瓦时，年减少SO_2排放量6.96万吨，年减少烟尘排放量0.84万吨。将从根本上改善柳州市的大气环境质量和酸雨的污染问题。

工业污染防治 1993年，柳州市用于污染源治理投入资金总额为1 755.9万元，当年完成污染源治理项目86项，竣工项目累计完成投资额为1 170.4万元。经处理后全市工业废水处理率达到81.6%，排放达标率67.3%，工业废气处理率88.1%，工业固体废物综合治理率88.7%。

严格建设项目的环保审查，1993年全市就执行“三同时”的建设项目151项，“三同时”执行为97%，应编报环境影响报告书（表）的建设项目154项，编报率为100%。

环境监测与科研 1993年，柳州市环保监测站，共完成监测数据1.57万个，本年度环境监测的重点是提高监测的质量，继续开展对柳江河水质、大气、噪声常规监测和对治理污染源监督性监测，委托性监测，事故性监测、环评、科研等等工作。在参加全区监测站项目认证考核中，合格率达100%，参加全国网络站业务质量考核，合格率也达100%。在全区13个地市站环境监测报告质量评比中柳州市环境监测站荣获二等奖。

1993年，全市共开展《柳州市大气环境监测点位优化》、《柳州市噪声功能分区规划》等七项课题的研究工作，其中以上两项已分别通过自治区环保局和市科委的评审验收鉴定。

环境监督管理 为治理污染筹集资金，依法开展排污收费工作。1993年调整了18家企业的排污费、新增排污费达88万余元。本年度全市排污费收入总额1 370.5万元，较1992年增加14.2%，处理污染事故、污染纠纷28起，促成事故责任单位赔偿经济损失6.9万元，处理人民来信66件，接待人民来访596人次，基本做到件件有着落，事事有答复。

全市医院和电镀两行业已办理排污水申报登记的单位共81个，同年均全部发放临时许可证。

环境宣传教育 1993年以“保护蓝天碧水、促进改革开放”为宣传主题，通过电视、广播、报纸等多种形式宣传。与此同时，举办“柳州环境美”摄影展，组织20多个工业企业的环境板报比赛；与有关部门联合组织了“环境与绿色植物知识竞赛”；对工业企业和中小学校开展系统的环保普及教育，共举办各类环保培训班27个，参加培训班学习的已达到3千多人次。

注：以上统计数据均是市区全社会范围

（梁丽明）

【建筑业】 *企业概况* 1993年，柳州市共有独立核算的建筑业企业33家。其中国有企业15家，城镇集体企业18家。33家企业中，大中型企业10家。在国有企业中，一级企业9家，二级企业4家，三级企业1家。1993年末拥有建筑施工职工5.30万人，其中国有企业职工4.47万人，城镇集体企业职工0.83万人。自有机械设备总台数8 433台，自有机械设备总功率20.2万千瓦，其中施工机械功率13万千瓦，自有机械设备净值14 843万元。

柳州市大中型建筑企业多数成立于五十年代，具有较强的施工能力，为柳州市的建设作出了巨大的贡献。完成过柳州钢铁厂、柳州工程机械厂、柳州电厂、柳州空压机厂等一批较大的工业项目工程，也完成过数百万平方米的住宅和单体建筑面积在1万平方米以上的公共设施。还完成了柳州市东环路、西环路、柳邕路、蝴蝶山路等几十条城市道路工程。广西壮族自治区第三建筑工程公司建成了广西第一楼——柳州宾馆三十层大楼，为柳州建筑业写下了光辉的一页，也为建筑高层楼房积累了建设经验。

企业经济效益 1993年完成建筑业总产值146 684万元，比上年增长61.5%，利润总额3 052万元，比上年增长54.3%，全员劳动生产率27 676元/人，比上年提高54.2%，取得了较好的经济效益。其主要原因是：

1、各施工企业紧紧抓住当前建筑业生产的有利时机，以项目施工法为主线，推动企业经营机制的转换和完善。柳州市建筑总公司在栋号承包的基础上逐步推行项目经理制，职工劳动积极性得到了进一步的提高，出现了施工企业完成生产任务剧增和企业经济效益剧增的可喜局面。产值增长率62.9%，利润增长率46.8%。

2、各施工企业深化企业内部的管理，普遍实现了工资奖金与经济效益挂钩，促进了企业经济效益的提高。中国有色金属工业第十一冶金建设公司一举走出了前几年经济效益跌入低谷的境地，经济效益有了明显的好转，企业总产值突破了两亿元大关，利润上了一个新台阶，摘掉了近几年企业亏损的帽子。

3、各施工企业在转换经营机制，完善内部承包制的同时，狠抓了工程质量、施工安全和施工速度，使建安产值和竣工面积有很大提高。

企业发展规划　柳州市建筑业企业的近期发展主要从下面三方面着手：

1、推广普及栋号承包法。市建筑总公司将现场施工管理组——栋号，作为实施承包经营的基层核算单位，确立了“包死基数、确保上缴、超收分成、欠收自补”原则，理顺了企业内部分配关系，取得了“六增三降”的好成绩。即利润增多、上缴国家税金增多、企业奖金增多、生产有了大发展、职工平均年收入增加、专业技术人才增多和银行贷款额下降、竣工工程成本亏损下降、工程成本降低。栋号承包法得到了国家建设部的充分肯定，今后要进一步向全市建筑业企业推广普及。

2、加强建筑市场管理。从1992年以来，柳州市建筑施工任务日益繁重，市建委注重了建筑市场管理。一是制订出《柳州市建筑市场管理暂行规定》，二是加强建筑工程质量管理。其特点：一是完善质量保证体系，明确质量目标和要求；二是深入开展工程质量“龙城杯”活动，并抓出成效；三是防治工程质量通病，对竣工工程及时进行验收；四是放开建筑施工市场，引进外来施工队伍，充实施工力量。

3、开拓国内国际建筑市场。1993年以来，柳州市建筑施工企业在拓展深圳、珠海、海南岛、青海、兰州、江苏、武汉等国内建筑市场的基础上，努力开拓国际建筑市场。自治区第二安装工程公司和第五建筑工程公司先后在索马里、乍得等国家建设了一批工程。其中完成了索马里的政治学院、乍得的国家人民宫。乍得的国家人民宫工程质量获得该国国家总统签署颁发的最高荣誉奖。

（傅本赤）

批发零售餐饮服务业

【国内贸易综述】　（一）基本情况　1993年末，全市国内贸易共有批发业机构204个，网点1 090个，人员13 236人，零售业机构1 290个，网点4 251个，人员28 901人。其中：批发、零售贸易业国有经济机构37个，网点1 827个，人员19 941人；集体经济机构1 111个，网点3 436个，人员18 060人；股份制经济机构4个，网点70个，人员4 089人。全市个体商业户2.02万户（占个体户总数57.2%），从业人员2.71万人（占总数54.3%），分别比去年增长12.5%、16.9%。

全市城乡集市贸易市场106个，比上年增长24.7%，其中市区集市贸易市场56个，比上年增长33.3%，全市市场面积64.29万平方米，其中市区市场面积39.23万平方米，两县一郊市场面积25.06万平方米；按市场经营商品分类，综合集贸市场87个，工业品专业市场10个，农副产品专业批发市场3个，废旧品专业市场1个，其他专业市场5个。

商品购销、经济效益大幅度增长　1993年，流通行业紧紧围绕柳州市的经济发展目标，抓住机遇，深化改革，积极参与全国大流通、大市场、大商业的循环，充分发挥国有商业的主渠道作用，商品购销，经济效益大幅度增长。全年商品总购进81.05亿元，比上年增长48.71%；商品总销售85.13亿元，增长43.4%；商品零售14.17亿元，增长12.55%；实现税利1.5亿元，全年城乡集贸市场成交额为10.17亿元，增长20.6%，其中市区集贸市场成交额为7.48亿元，增长11.21%。

全年社会消费品零售总额实现32.67%亿元，增长61.07%。国有经济消费品零售额15.45亿元、集体经济消费品零售额3.58亿元、股份制经济消费品零售额为4.32亿元、其他经济为2.30亿元、个体经济消费品零售额为7.01亿元。市场商品货源充足，供应状况良好，大多数商品销售均比上年有不同程度的增长。主要商品销售情况：粮食481 014吨，比1992年下降19.93%；食用植物油16 915吨，增长30.29%；蔬菜103 500吨，增长2.9%；卷烟269 833箱，下降16.7%；电视机147 779台，增长37.33%；其中：彩电57 854台，增长47.21%；自行车386 249辆，增长47.38%；录像机3 659台，增长61.76%；电风扇224 889台，增长19.06%；洗衣机49 076台，增长57.38%；电冰箱31 100台，增长47.62%，汽车13 362台，增长47.3%；钢材320 087吨，增长6.23%；水泥181 355吨，增长3.94%。

流通体制改革　1993年，柳州市在流通行业选择商业系统进行股份制试点，“无主管企业”试点，国有商业企业推行“一司多制，国有民营”。通过这些改革，增强了企业的活力，搞活了流通，优化了资产配置，提高了经济效益。年内，参加股份制试点的企业6家，其中有3家同时进行“无主管企业”试点；实行“一司多制，国有民营”的企业，商业局系统有100多家门店，供销系统有30多家门店。6家股份制试点企业年末实现税利占整个商业局系统税利的71.4%，其中柳州市南疆宾馆比上年增长110.7%，柳州中百股份有限公司增长66.5%，柳州市百货股份有限公司增长

74.2%，柳州工贸大厦股份有限公司增长395.7%，柳州五交化总公司增长275%，柳州市中糖股份有限公司增长76.1%。

粮油价格全面放开 1993年，柳州市粮油购销价格全面放开经营。粮油价格放开后，全市约有150多家个体私营粮店，加上各菜市场上的米贩摊点参与竞争，使国有粮店销量下降，经营艰难，全年粮食总销售481 014吨，比上年下降28.1%，为适应市场运转机制，粮食部门及时转换经营机制，更新观念，把企业全面推向市场，积极发展多种经营，既确保了粮油供应，又搞活了经营，国有粮食企业在平衡余缺、平抑粮价方面始终发挥主渠道作用，粮食市场总的说是平稳的。但由于购粮资金不足，粮食库存薄弱，一季度受外地抢购影响价格不断上涨，二季度后，采取限价抛售，价格回落下跌，进入十一月后，全市粮价再次回涨，并引起全市物价联动。

市场网点建设 1993年，柳州市商业网点、市场建设办公室组织评审、立项新开市场建设和商业网点设施装修改造项目共48项，建筑面积23.17万平方米，计划投资2.05亿元。全年累计完成投资6 286万元，占计划总投资30.65%，其中竣工项目38项，完成投资3 826.5万元，完成建筑面积7.66万平方米，营业面积均比原有市场的总和增加2倍以上，经济效益增长5倍以上，解决几万人的就业。已竣工的飞鹅、红庙等12个市场，全年成交额达7.5亿元。年内，市财贸办公室注意协调好各方面关系，促进重点工程建设。先后为五星购物中心、东风商场、银都大世界等投资近亿元的大项目，解决了征地、拆迁、安置、招标设计、资金等问题，使工程建设能顺利的进行。

【国有商业市场】 *概况* 1993年末，柳州市国有商业机构334个，经营网点1 706个，人员21 675人。全市商品购进总额39.78亿元，比1992年增长38.16%；销售总额42.87亿元，比1992年增长38.16%；消费品零售额10.2亿元，增长30.42%，实现利润总额8 397万元，销售税金5 685万元。

深化改革、充分发挥主渠道作用 1993年，国有商业积极推进企业股份制改造，先后有南疆宾馆、百货站、百货公司、工贸大厦、糖烟公司、五金站六家企业获准改组为股份有限公司或有限责任公司。这些股份制公司成立后，很快就显示了强大的活力和广阔的发展前景，去年六家公司商品销售总额达10.39亿元，实现税利5 501万元，其中：利润2 496万元，分别比上年增长28.4%、64.4%、58.64%。同时，还进行“无主管企业”试点，推行“一司多制、国有民营”等一系列改革。从而大大增强了国有商业的竞争力，搞活了流通。1993年，国有商业购进总额、销售总额、零售额、实现税利分别占全市国内商业的78.27%、77.81%、74.02%和93.15%。

抓住市场机遇、拓宽经营领域、促进销售 1993年春节过后，市场即出现销售势头高涨、社会购买力高涨、商品价格居高不下的“三高”现象，柳州市国有商业根据市场需要及时调整、扩大经营门类和品种，积极拓宽经营领域，实行多种经营，全力促进销售，表现在：1.市中糖股份有限公司大胆涉足矿产品，销售锡矿砂32.4吨，锌精矿62.68吨，该公司泰丰支公司除出口白糖创汇343万美元之外，还与外商签订了33.63万吨白糖期货合同，并涉足房地产经营，兴办月亮湾酒店。纺织站开拓皮鞋、空调、摩托、钢材及房地产经营。2.狠抓名优商品货源，掌握市场竞争主动权。全年仅商业局系统新增品种8 400余种，其中名优新产品占八成以上。3.围绕市场热点，全力促进销售。上半年商品销售热点主要是高值耐用品和床上用品，黄金首饰也因需求旺盛价格连续上涨。企业则重点经营这些商品。仅商业局系统1—6月就销售黄金首饰2 407万元，增长1.76倍。销售20—28寸大中屏幕国产彩电占总销量75%。4.经营上勤进快销、加强应变。虽然市场需求强劲，但各企业保持冷静，做到购销小批量、多批次，快进快出，以防销势陡降、造成压库损失。主要措施为：一是对换季商品不留库存；二是到期商品和残次商品及时处理；三是对名优商品争取大进大出；四是对日用品保证供应。

强化经营管理、文明经商、优质服务 1993年，柳州市国有商业认真强化经营管理，文明经商，优质服务又有新的进展。具体表现在：一是投诉减少，表扬增多。1993年全市投诉227件，商业仅67件，批评意见54条，同比减少79条。获表扬意见9 355条，增加1 133条。二是服务态度，售后服务得到加强。93年仅商业局系统送货上门106 621人次，上门维修5 349人次，方便顾客退换货14 549次、金额27 863万元。三是继续进行门面装修改造，店容店貌进一步改善。全年仅商业局系统投资812万元，装修门面71个，增长4倍多，装修面积27 825平方米，增长647倍。四是在精神文明建设中，也获得多项奖励，为我市再夺卫生城称号做出应有的贡献。

（王　翔）

［供销合作社商业］ *概况* 1993年，柳州市供销合作社所属企业12家，商办工业4家，中外合资企业1家，营业网点398个，面积2.5万平方米，仓库23栋，面积8.4万平方米，职工2 090人，固定资产5 436万元，流动资产14 470万元，实现商品购销8.78亿元，

实现税利400多万元。

加大改革力度 在1993年中，柳州市供销社加大改革力度，不断探索发展新路子，在坚持完善多种形式经营责任制的同时，积极引入个体经营机制，全系统实行“社有民营”包干上缴等为主要承包形式的门店已达865个，占总数的43.3%。市供销社机关转变职能，精简机构，科室由8个压缩到4个，并成立了综合服务公司。下属公司的科室也精简了200多人充实到第一线。

继续搞好农业综合服务 一是增强服务观点，积极开展科技兴农、科技服务工作。全系统建立庄稼医院、咨询服务站11个，到田间、菜地诊断咨询共3 196人次，指导农民科学种田、合理施肥，安全用肥，取得了很好的效果。二是千方百计搞好农业生产资料供应工作。全年供应各种化肥16.56万吨，农药981吨，农膜107吨，基本上做到了数量保证，品种及时，价格平稳，服务周到，政府满意，农民满意。三是努力搞活农副产品流通。全系统从有限的流动资金中拿出358万元。因地制宜地引导农民种植烤烟、桑蚕、茶叶等。桑蚕树种植面积比上年增加5 000亩，茶叶种植面积比上年增加450亩。全年收购农副产品3 897万元，比上年增长27%，其中烤烟399吨、茶叶39吨、桑蚕茧31吨、木茹干片5 268吨、木茹淀粉10 629吨，分别比上年增长108%、64.8%、10.2%、475%和8.2%。

加快市场建设和网点改造 市供销合作社进一步发展商品市场，1993年对水果交易市场继续增加投资，使交易面积达到8 898平方米，增设了仓库、停车场、银行办事处、水果交易行情等服务项目，全年水果总成交量3.5万吨，成交金额8 908万元。对红庙布行追加投资50万元扩建改造，总面积达1.55万平方米，库房面积4 600平方米，有门面78间，摊位396个，全年总成交额1.2亿元，还投资120万元建设羊角山百货市场，占地6 689平方米，内设交易大厅1个，摊位298个，门面48间。据统计，全系统全年共投入400多万元装修改造门店98个，面积4 800平方米，其中，土产公司的华宝商行，果品公司的南站商店、日杂公司的五一商店等都具有较高的档次，经济效益明显提高。

（蒋新思）

【石油供应】 1993年石油市场处于全面放开经营状态，但国有石油公司仍处于主导地位。柳州市场以柳州石油分公司为主，该公司系区属企业，在职职工460人，拥有全区最大的、储油量达60 000多吨的油库两座，在市内设有加油站9座，固定资产2 000万元，自有资金2 000万元。公司下设两个股份合作制企业，一个油品化工厂，一个油品运输汽车队，一个石油液化气公司，同时负责管理柳州市石油燃化公司和柳州地区11个县（市）石油公司（站）。

1993年，柳州石油分公司在成品油市场放开，各行各业纷纷参与石油经营，竞争十分激烈的情况下，积极转变思想观念和内部经营机制，努力提高管理水平和服务质量。同时从内部实际出发，逐步推进企业干部、用工、分配制度三项改革，并实行一企多制、多种经营的管理体制，使企业在各项管理上逐步适应了市场经济形势发展要求，增强了竞争力。在购销策略上，坚持以扩大销售，提高经济效益为中心，加强市场调查，充分利用信息开展经营并根据市场变化情况调整购销及价格策略，灵活经营，从而扩大了石油销量并取得了较好的经济效益和社会效益。全年石油购进量122 642吨（含直属企业，下同），比上年增长4%；购进总值26 882万元，比上年增长53.6%；销售总量108 248吨，比上年下降15.5%；销售总值26 560万元，比上年增长24.1%，实现利润921.8万元，比上年下降37.1%。全年安排了19 351吨平价油用于支持农业和救灾。柳州地区11个县（市）国有石油公司石油销售总量56 754吨，实现利税329.4万元。1993年柳州国有石油公司所销售的油料中国家计划分配的油料仅占20%，其余为企业自采油料。

由于放开经营，1993年柳州石油市场货源比较充足，属买方市场，但价格偏高，按国有石油公司价格，70#汽油最高价3 600元/吨，90#汽油最高价3 700元/吨，0#柴油最高价2 650元/吨。因此，各级领导应加强对石油行业的管理工作，为各企业提供更多价格适中的动力燃料，为柳州市的经济腾飞作出更大的贡献。

（梁保　邓康宏）

【粮油购销商业】 1993年，是柳州市粮价放开的第一年，粮食商业的社会职责没有减弱，担负着创造经济效益，调控粮食市场的双重责任。一年来，粮油商业全体干部职工，同心协力，冲破计划经济形式的传统观念，进行改革尝试，取得了较好的成效。

粮油购销情况：1993年，全市粮油商业商品购进总额达28 173万元，比1992年增长23.8%，商品销售总额达25 472万元，比1992年下降6.8%，其中对居民和社会集团商品零售额达14 191万元，比上年下降28.1%，全年销售粮食481 014吨，比上年增长19.93%，其中粮食零售达181 922吨，比上年下降12.9%，销售食用植物油16 915吨，比上年增长30.29%，其中零售9 733吨，比上年增长1.3%。从购销情况看，在粮食市场上，国有粮食企业在平衡余缺，平抑粮价方面始终发挥主渠道和主导地位的作用。

改革开放见成效。1993年粮油价格放开后，全市

150多家个体私营粮店和各菜市场许多米贩摊点参与竞争，使国有粮店销量下降，经营艰难为适应市场经济，粮食部门更新观念，把企业全面推向市场，积极发展多种经营，主要措施有：

1. 转变政府职能。对粮价放开部分，由企业自主经营，对国家储备、军供和粮食收购、生活救灾、粮食关系管理等实施行政管理。粮食供给、资金使用保证总量平衡。具体品种的数量则由企业具体负责。

2. 转变企业经营机制，实现五个转变。即从经营者是“皇帝女”到顾客是“上帝”的经营观点转变；从“坐商”到“行商”的经营方式的转变；从单一经营到多种经营的经营结构转变；从行政命令到市场导向的经营管理的转变；从“大锅饭”到分灶开饭的经营成果分配的转变。同时认真落实经营承包制。

3. 实行经济效益与奖励挂钩，对超额完成年经济承包任务的企业领导班子按比例给予奖励。

1993年，全市粮油商业实现利润总额达1 225万元。实现其他业务利润为456万元，仅市粮食局系统实现利润548万元，比上年增加102万元，增长22.86%，实现附营利润134万元。

（柳州市粮食局）

【蔬菜供应】 1993年，柳州市播种蔬菜面积1.67万公顷，比上年增长22.79%，生产总量22.27万吨，比上年增长26.15%。年产值1.8亿元。其中专业蔬菜基地播种面积0.613万公顷，比上年增长4.2%，上市总量12.2万吨。比上年增长4.7%。全年市内蔬菜供应量10.35万吨，比上年增长3%。平均每月供应量0.86万吨，日均量283.6吨。城市人均年消费量152.2公斤，日均量417克。按国务院“九十年代中国食物结构改革与发展纲要”中规定指标即到本世纪末城镇人口年均消费蔬菜140公斤的要求，柳州市已率先达到2000年的消费水平。全年上市各类蔬菜品种七十多个，月均45—50个。其中如菜花、大白菜、小白菜、芥菜、黄瓜、莲藕和各种香配菜等，已基本实现了周年供应。除满足本地群众需要外，1993年还向贵州、湖南、湖北、广东、深圳和东北等省、市及区内各地销售辣椒、黄瓜、茨茄、四季豆、芹菜、萝卜、大白菜和莲藕等各种蔬菜1.8万吨，外销量比上年增长20%以上。1993年尽管自然灾害比较频繁，生产难度较大，但是，市内蔬菜供应始终保持菜源充足，品种丰富，价格基本平稳等好势头，取得了连续第七年蔬菜供应无淡期。

蔬菜局下属有豆制品公司和蔬菜副食品公司两个经营企业。1993年供应各种豆腐制品5 000吨，鲜菜23 000吨。完成销售收入5 033万元，完成年计划148%，比上年同期增长73.6%，完成了上级下达各项经营任务。

（谭汉平）

【饮食业】 1993年，柳州市饮食业得到了飞速的发展，各饭店、酒家及饮食摊点就象雨后春笋般的迅猛增加，使饮食业之间的竞争更加激烈。1993年，全市共有饮食摊、点、店3 600多个，从业人员1.7万人。这给柳州市的第三产业注入了活力，但也大大冲击了国有饮食业。

1993年，柳州市饮食公司共有饮食营业网点10个，从业人员320人，分别只占全市饮食网点和人员的0.27%和1.8%。在饭店林立、竞争激烈的情况下，柳州市饮食公司适时调整经营结构，转换经营机制，不断深化企业改革，加强内部管理，挖掘内部潜力，降低生产成本，提高产品质量和服务质量，取得了显著的经济效益。1993年，全公司营业收入和税利分别比1992年增长29%和22%，成为全市77个“经济效益优秀单位”之一。

柳州市饮食公司为提高经营效果，打破行业的种种限制，制定“一个主体，两张翅膀”的经营策略。“一个主体”是以餐饮业为主，进一步提高菜肴质量和服务质量，稳定自己的特色菜。去年，代表柳州市参加第四届全国烹饪大赛的两名选手分获银牌和铜牌奖。“两张翅膀”就是积极扶持商办工业和大力发展商品贸易。去年公司为商办工业投资80多万元用于更新设备和改造老产品，开发新产品。另外，将两个亏损或微利的酒家改建成商场，开拓新的经营领域。1993年，公司的餐饮业、商办工业和商品贸易的营业收入分别占全公司营业收入的32%、21.4%、46.6%，形成了三驾马车并驾齐驱的局面。

（莫建斌）

【服务业】 柳州市服务总公司所属14个独立核算单位，员工959人，分为旅馆业、照相业、餐饮业和理发业。拥有固定资产净值754万元。1993年营业收入5 142万元，比上年增长56.4%，实现税利375万元，比上年增长42%。

在计划经济与市场经济的转轨变革中，市服务总公司围绕市场经济的主旋律，及时转换经营机制，加快改革步伐，实现了用工制度、分配形式和经营方式的“三大突破”，在经营上跨越了行业的界线，充分用好每一寸空间，建立了五大公司，开发了五家商场和一个购物中心，全公司的面貌发生了很大的变化，主要体现在四个方面：一是在用工制度上实行干部聘任制和职工全员劳动合同制，员工的利益和企业的经济效益紧密相连，员工的责任感增强。二是在分配上对提高经济效益的有功人员实行重奖，改变了分配上的平均主义。三是开拓市场，拓宽经营，大力发展多种经营，成立了销售饮料的服达贸易公司和销售摩托车的龙达贸易公司、操办婚姻喜事的婚庆公司、金河贸易公司和服鑫建筑公司。开发了天鹅商场、金山商场、建新商场、红光商场、洪流商场和金鹊购物中心。采取自主经营和联营并存的方式，搞活了经营。四是增加服务投入，提高服务质量。投入对设施设备的更新改造的资金达到 150 万元，在旅店客房安装了 600 门电话，增加空调间等。在服务经营中实施规范化服务管理。深化改革，转换经营机制使柳州市服务总公司的经济得到高速的向前发展。

（韦惠明）

【物资供销业】 1993 年，我市物资流通企业坚持以经济建设为中心，解放思想、大胆改革，在社会主义经济的大潮中开拓经营、奋力拼搏、加快物资流通市场的发展，各项工作都取得了明显的成效。

商品购销大幅度增长。全行业 1993 年物资购进总额302 281万元，比 1992 年增长68.25%；销售总额300 270万元，比 1992 年增长57.73%，销售各种钢材304 465吨，比上年增长1.04%；销售各种汽车12 735辆，比上年增长40.39%；水泥176 876吨，增长1.4%；煤炭266 106吨，增长10.11%。全市物资供销业实现利润总额 702 万元，销售税金1 298万元。

抓住市场机遇，深化改革，主要措施有：1.转变思想观念，适应市场经济发展需要。通过社会主义市场经济大讨论，物资流通企业职工的思想观念有了进一步的转变，他们立足本市，面向大市场，按市场经济规律，大力拓展市场，树立靠市场，凭竞争观念，努力开展物资工作新局面。

2.抓住机遇，充分发挥优势。物资企业充分发挥柳州市的汽车、钢材、水泥、装载机等资源优势，抓住机遇、面向全国、广交朋友，开辟新的经营渠道，建立新的经营关系，为销售柳州市的工业产品牵线搭桥，努力为柳州市完成 130 亿工业产值当好后勤，提高经济效益和社会效益。

3.深化改革，转换经营机制。全市物资流通企业按照转换经营机制的要求，调整了企业内部结构，充实了一线业务人员并进行三项制度改革，进一步调动了职工的积极性，增强了企业活力。

4.抓好网点建设，发展市场经济。据统计，目前全行业有销售网点 251 个，为企业全面走向市场发挥了积极的作用。

5.发展联营，走物工商贸一体化的发展路子。全市物资流通行业积极改变过去单一经营的做法，加强了与工业企业，商业贸易的联营联销工作，大力发展第三产业，积极向商业、房地产、饮食业、文化娱乐等一切有利于自身发展的行业渗透。提高市场占有率，促进了物资流通的发展。

6.加强人才培养工作，提高职工队伍素质。全市物资企业为培养人才，采取了代培、委培、自办中专、大专班、岗位倍训以及引进等各种办法，培养物资流通人才，提高了职工队伍素质。

（刘能界）

对外经济贸易及旅游业

【旅游业】 *旅游接待人数和收入* 1993 年，由于受 1992 年桂林市“11.24”空难的影响，柳州市旅游业全年仅接待境外旅游者20 465人次，较 1992 年下降了41.4%。针对国际旅游业不景气的状况，柳州市各二类社大力抓本国公民赴境外旅游，全年共组织1 261人次赴港、澳及东南亚三国旅游。同时，柳州市各旅行社共组织本地居民5 911人次到外地旅游，接待国内游客17 549人次。

1993 年，全年旅游业营业收入5 195.63万元，利润553.78万元，税金211.9万元，分别比 1992 年增长6.7%、634.4%、22.9%，全年创汇达 349 万元；全年人均创收48 108元，人均利润5 128元。

行业管理及优质服务 1993 年，根据加快市场化进程过程中伴生的新情况，旅游行业管理工作重点放在规范旅游企业经营行为工作上，从加强行业宏观管理和促进企业内部运行机制适应市场需求两方面入手。一、针对年初国内居民自费赴境外旅游出现的一些新情况，为禁止三类社代办出境旅游的超范围经营行为的发生，市旅游主管部门深入调查了解，写出意见上报市政府，并于 3 月由市政府下文《柳州市人民政府关于加强对我市居民赴东南亚三国旅游管理的通知》。及时维护了我市的旅游市场秩序。二、市旅游主管部门对各旅行社进行年度审核，帮助它们完善其内部制度，加强其财务管理，促进其经营机制的转换，使其管理进一步科学化、规范化。

1993 年，继续抓好优质服务工作，全年共有 9 人取得了导游培训合格证书。同时，为进一步做好柳州市导游员的管理工作，让游客对导游服务质量进行监督，由市旅游局统一换制的新的导游胸卡牌，强调“佩卡带团”，增设投诉电话。这样，导游服务质量明显提高，全年未接到旅游投诉电话。

1993 年，根据自治区旅游局的文件精神，对旅游涉外饭店（宾馆）进行星级管理。首先，对已获得星级的饭店采取明察暗访的方式，于6月、12月进行了两次复查，督促其保持较高的服务水平；其次，对申请评星的饭店（宾馆）进行技术指导，实事求是地指出其软件、硬件上存在的问题，帮助其提高服务质量和管理水平。12月，对柳州宾馆进行了一次试评分。

旅游总体规划　1993年，在市政府的组织协调下，市旅游总体规划办公室工作人员继续完成对《柳州市旅游发展总体规划》（讨论稿）的修订工作，并于11月20日由市政府主持召开的旅游规划专题审议会得到了原则通过，预计1994年第二季度《柳州市旅游发展总体规划》将正式出版。《总体规划》的成稿出版，将能科学地指导柳州市旅游业的开展。

旅游行业机构　全市旅游业的主管部门是柳州市旅游局。到1993年底，全市的旅游行业共有企事业单位11家。其中旅行社7家；二类旅行社3家（国旅、中旅、青旅）；三类旅行社4家（柳州宾馆旅行社、柳州旅游社、柳州铁路局旅游社、柳州车站旅行社）；旅游涉外饭店两家：柳州饭店（二星级）和柳州宾馆（临时涉外饭店）；外事旅游车队和旅游服务公司各一家。

（曾宪忠）

【外事工作】　*概况*　柳州市外事办公室作为政府职能部门，负责归口管理全市涉外工作。负责指导、协调涉外工作的开展。

来访与出访　1993年接待来自21个国家和地区的外宾48批338人次。主要的外宾有：英国驻华大使麦若彬、波兰驻华大使兹·邓鲍夫斯基、印尼驻华大使古纳迪尔査、埃及驻华公使塔拉特·雅库特、美国驻广州总领馆商务领事马宗荣、越南历史学家黄日新先生（黄文欢之子）。

1993年，通过友协与友城渠道组团出访的有：金仁寿副市长率领的经济友好访问团访问日本熊本县；陈明贵副市长率领的柳州市政府友好代表团访问乍得，并顺访荷兰、比利时；陈明贵副市长为团长的友好代表团访问了德、法两国；市畜牧局局长叶宝生为团长的柳州市农业考察团赴法国南特市、法勒隆市考察农业合作项目。市人大副主任高税、副市长宋继东参加全国友协代表团出访丹麦、比利时、荷兰。

外专管理工作　今年来柳州工作的外国专家、外国教师共48批，207人次，分别在我市22个厂矿、企业、学校工作。外办主动帮助市内各有关单位做好外专、外教的管理、服务工作，同时注意抓外专、外教的安全保卫工作。一年来没有发生重大涉外安全事故。

友协、友城工作　柳州市外事办公室、柳州市人民对外友好协会，通过友协、友城渠道，加强对外交流与合作，积极开展民间外交，促进对外友好。柳州市与美国辛辛那提市的友好城市关系进一步发展，今年三月，辛——柳姐妹城市委员会主席杜建真女士一行访柳，双方就友好交流与合作项目进行商谈并达成协议。

积极物色新的友好城市对象。由陈明贵副市长率领的柳州市政府友好代表团访问了非洲乍得，就我市与恩贾梅纳市结好事宜交换意见，并签署了友好关系意向书和备忘录。

外事为经济建设服务　市外办利用外事工作优势，为我市对外交流与合作、引进外资铺路搭桥，提供渠道和政策指导，并参与一些重要经贸洽谈活动，为柳州经济建设服务。例如，以外办名义邀请了三批外国驻华使节团来柳州参观访问，收到良好效果。英国驻华大使麦若彬表示，要组织一些英国企业界人士来柳州看看；印尼驻华大使古纳迪尔査回京后不久就派其使馆一秘和他的儿子来柳，与柳州市对外贸易总公司商谈关于我市在印尼建立经贸办事处事宜达成协议。波兰驻华使馆商务参赞波斯坦夫斯基回京后发来传真提出要进口三个集装箱（约20万件）柳产T恤和一万二千吨白糖（此事正在联系商谈中）。外办为新加坡利达企业有限公司独资在柳州建企业生产山梨醇（正在建设中），日本考察柳州大气环境污染（日方已同意合作投资，治理柳州酸雨），外国与西江造船厂的订货贸易洽谈活动提供了翻译人员。并为柳州机械厂、柳州印染厂等单位翻译了约30万字的资料。

内宾　外办负责来柳的副部级以上内宾接待任务。

1993年来柳视察、指导工作的副部级以上内宾151人次，随员929人次。其中，副总理级以上的党和国家领导人有：国务院副总理朱镕基、国务委员、国家科委主任宋键、全国政协副主席钱伟长，中央军委原总参谋长杨成武。

做好来柳视察、指导工作的领导同志的接待、服务工作，给他们生活、工作提供方便，这也是我们为经济建设贡献力量。

（农　耘）

【对外经济贸易】　柳州市对外经济贸易工作，在市委市政府的高度重视下，在激烈的国际国内市场竞争中积极进取。对外，努力开拓国际市场，广泛招商；对内，强化内部管理，积极组织货源。1993年全市外贸工作登上新台阶。

出口贸易。全年出口创汇12 948.03万美元，完成年计划10 800万美元的119.89%，比去年增长

32.03%，其中：自营出口4 253.35万美元，完成自治区下达年计划100.08%，比去年增长24.26%。在全市出口创汇总额中，地方外贸出口和三资企业出口合计7 965.81万美元，占61.52%。出口商品包括粮油土产，纺织服装，轻工工艺，化工医药，五矿有色金属，机电产品等门类。主要品种有：砂糖、中式糖果、医药、化纤纱、服装、自行车、电风扇、钢材、铸铁管、锡、锑、锌、水泥、汽车零件、内燃发电机组、工业锅炉、门式起重机及其他电子设备等。其中属五矿有色金属类4 186.27万美元，占52.55%，轻工工艺类1 723.70万美元，占21.64%，纺织服装类812.14万美元，占10.20%，机电产品类625.95万美元，占7.86%，粮油土产和化工医药类分别占5.21%和2.54%。出口国外为：港澳地区4 601.60万美元，占57.77%，美国544.09万美元，日本519.29万美元，俄罗斯联邦470.77万美元，文莱465.41万美元。一百万美元至三百万美元的国家或地区为：台湾省、泰国、新加坡、匈牙利、罗马尼亚。一百万美元以下的国家有：越南、菲律宾、马来西亚、印度尼西亚、伊朗、沙特阿拉伯、南朝鲜、德国、法国、意大利、加拿大等。

进口贸易。1993年经柳州海关监管的进口物资共20 606吨，8 890万美元。其中：纺织、钢材、纸张等原材料2 590万美元，化学品1 973万美元，机械设备1 209万美元，食品150万美元，木材47万美元，矿产品6万美元。正常贸易进口的商品为：压缩机、轴承、胶合板、装载机配件、动力设备、薄钢板、抽纱原料、聚丙烯、聚氯乙烯、化工原料、挖掘机配件、空调机、光谱仪、优质钢材、铁路车辆设备、纺织设备、通讯设备、电工设备、电子仪器、塑料机械、西药原料等共2 806万美元。

利用外资。截至1993年底，柳州市实际利用外资12 726万美元，其中："三资"企业实际利用外资5 876万美元；补偿贸易6 527万美元，外国政府贷款323万美元。1993年实际利用外资3 617万美元，比1992年增长207.6%。其中："三资"企业实际利用外资2 973万美元，超过1993年前12年的总和；补偿贸易为621万美元；外国政府贷款23万美元。

【三资企业一览】 1993年批准"三资"企业108家，投资总额26 128万美元，注册资金13 406万美元，合同外资额为11 495万美元，分别比去年增长59%、46%、88%、125%。分布在全市26个行业。按合资、合作、独资性质划分，合资企业占76%；合作企业占5.5%；独资企业占18.5%。按行业性质划分，生产性项目83家，是外商投资的主要行业；房地产项目11家；其它第三产业14家。1993年底开业投产的76家，总产值33 409万元，出口创汇1 301.58万美元，比去年增长120.5%。盈利企业19家，盈利1 479万元。创汇能力超100万美元有"柳州柳合搪瓷不锈钢制品有限公司"等七家。主要出口产品：服装、搪瓷制品、扬声器、软箱、电度表和万用表、铸铁管、电机、电位器和炭膜片、针织大园机、针织坯布、镍隔电池、棺材、竹制品、注塑机、棉纱、锚具等。

为加快改革开放步伐，大力发展三资企业，柳州市委市政府新出台"柳州市奖励引荐外商投资的暂行规定"和"关于鼓励发展外向型经济的若干规定"等两文件，并采取以下措施：(1) 进一步改善投资环境，建立健全法制，完善市场机制，简化手续，提高办事效率和外经贸人员素质。(2) 依靠我们具有劳动力价格便宜，技术人才数量多，具有广阔市场的优势，吸引外资，广泛进行招商。注意吸引更多的实力雄厚的财团，跨国公司来柳投资。让外商在中国市场上获得合法的利润。(3) 制定完善的产业政策，用产业政策引导外资投向于发展基础产业、能源、交通及第三产业，在对一般外资项目进行指导的同时，重大利用外资项目要统筹规划，使吸引外资避免盲目性与重复引进。(4) 在兴办合资企业时，加强国有资产评估及加强外商投资财产鉴定，防止国有资产低估，造成国有资产流失。(5) 保护外资企业职工合法权益，将加强外资企业劳动安全工作提到议事日程上来。(6) 积极利用国外政府贷款，国际商业贷款和出口信贷，尤其是国际金融组织和外国政府贷款。

随着柳州投资环境的不断改善，工业实力雄厚，在今后的三年里三资企业将会得到更大的发展，利用外资将有新的突破。1994年计划实际利用外资4 500万美元，其中直接利用外资4 000万美元，间接利用外资500万美元。1995年计划实际利用外资5 000万美元，其中直接利用外资4 250万美元，间接利用外资750万美元。1996年计划实际利用外资7 200万美元，其中直接利用外资5 300万美元，间接利用外资1 900万美元。

（农福廷）

【海关】 1993年，柳州海关坚持"促进为主"和"从严治关"两个方针，跻身柳州经济发展浪潮，各项工作取得了较好的成绩。1993年共监管进出口货物68 720多吨，比1992年增长66%；监管进出境运输工具813艘（辆），比1992年增长37.56%，进出口货物总值15 100多万美元，比1992年增长81.4%，征收关税6 500万元，比增1.6倍；代地方征税3 160万元，比增80%；征收附加费1 480万元，为地方审批减免税13 720多万元，比1992年增长3.18倍；审批并已备案的外商投资投资企业105家，比1992年增长2.5倍；

协议利用外资24 800万美元，比1992年增长2.79倍，现有外商投资企业191家，年比增2.08倍，今年共办理“三来一补”贸易合同164份，审批保税仓库一家，保税工厂一家；办事捐赠物资10批（次），进口捐赠物资价值140万元；查处走私违规案件21起，上缴国家财政和地方财政的罚没收入各550万元，共1 100万元。

为了促进柳州海关业务辖区外向型经济的发展，柳州海关向社会推出了十条新举措：一是试行预申报制度，加速货物通关。二是把优惠政策和促进手段向国营大中型企业和外商投资企业倾斜。对取得“信得过企业”称号的企业，进出口货物优先办理通关手续。三是进一步推广“保税工厂”、“保税仓库”的监管制度，免除了企业进口生产原料因缴纳部分关税造成的负担，加快企业资金周转，增强企业出口创汇能力。四是实行电脑打单，提高报关质量。五是筹办了“境外售券、境内取货”业务。六是改革转关运输货物的监管方法。今年柳州海关派出80多人次到区海关及广东方面的兄弟海关理顺关系，疏通渠道，以求得简化手续，促进转关运输业务的开展，加快内陆地区的开放。11月份，柳州海关与蛇口海关达成了《柳州与蛇口进出口货物二程船舶转关运输关际协助监管办法》，并于12月20日在柳蛇两地同时开通这一航线。这一航线的开通，是柳州海关促进地方外向型经济发展的又一壮举。七是拉长监管线。针对柳江河沽水期长，影响货物进出口的特点，他们克服人少事多、监管人员高度紧张的情况下，70多次派员到监管区外的武宣、象州、石龙就地办理验放手续，为有关企业节省运费、装卸费500多万元。八是扩大“放水养鱼”范围，对确有困难的重点税源企业给予帮助和扶持，既促进了企业本身效率的提高，又能保证国家税收的足额入库。九是试行海关稽查制度，今年该关拟定了以关税、保税为重点的稽查工作措施，促使企业自觉遵守海关法律法规，有效的加强了企业的内部管理，促使企业沿着健康的生产经营方向发展。十是定期举办报关员培训班。今年该关为适应当前外向型企业不断增多和方便企业自行报关，举办了三期报关培训班，为企业培训了报关业务骨干250多名，满足了企业的需要。

文化艺术、新闻出版及档案

【文化艺术】 与经济发展相适应，文化艺术也取得了显著的成绩。

艺术创作、艺术生产呈现良好势头。为庆祝1992年柳州市成为全国五个少数民族自治区第一个突破工业总产值100亿元大关的城市，柳州市文艺工作者经过半年多的准备，于春节前夕创作演出了一台大型歌舞晚会《再度辉煌》，并配合柳州电视台和市经委参与1993年春节电视晚会和企业界庆百亿晚会的创作演出。市歌舞团等四个专业剧团除积极配合全市中心工作，接待进行宣传演出外，还主动寻找演出市场，到区内各地以及区外广东、湖南等地演出，圆满完成了演出场次任务，并增加了收入。在戏剧创作方面，通过举办创作笔会、剧本讨论会、创作、修改了大型音乐舞蹈《柳宗元》等20多个剧本。各剧团创作、演出了30多个小品，是历年创作、演出小品最多的一年。其中，《丈夫的秘密》、《表错情》获区、市反腐倡廉小品比赛一、二等奖。为庆祝毛泽东诞辰一百周年举办了“柳州书画展”，参展作品575件，在所展作品中，杨大仟的国画作品被选入天安门纪念馆收藏；韦建华墨彩画《呼拉圈余韵》入选全国第三届体育美展，荣获自治区创作一等奖，梁应池的书法作品获中国“精英杯”邀请赛三等奖和国际书画大赛“金鹅奖”。

市歌舞团扬名土耳其。文化部授权，柳州市歌舞团以中国民族民间舞蹈团的名义参加在土耳其萨姆松市举办的国际民间舞蹈节，演出14场，获得了土耳其观众的好评。

税官艺术团成立为柳州市艺术表演团体改革走出了一条新路。三月，在市委、市人民政府的关怀支持下，经市税务局、文化局及歌舞团协商，本着互助互利的原则，决定市歌舞团在宣传税法的各种演出中，以税官艺术团的名义出现，税务局每年给予一定的经费支持。

成功地开展柳州市申报全国历史文化名城的宣传月活动，掀起学习、宣传柳州历史文化的群众性热潮。从8月初至9月底，市文化局与市委宣传部、市建委联合开展了柳州市历史文化名城讲座，近万人参与的柳州历史文化知识竞赛以及有四十多家单位选手参加的柳州历史文化知识竞赛等一系列文化艺术活动，进一步激发全市人民爱柳州、爱祖国的热情。

社会文化有了新发展，文化市场繁荣。一年来，四个文物单位在文物整理收集及注目档案工作方面，卓有成效，共收集各种文物120件，发掘古墓一座，获文物43件，文物建档注目682件，举办各种展览12个，观众9万人次，图书馆购书入库11 501种27 315册，收集地方报纸1 381份，地方杂志199册，地方图书388册，著录线装书613种，3 700册，接纳读者253 780人次。协助乡镇建立村级图书室160个，组织35个单位为农村图书室捐书78 322册。新华书店圆满完成了《邓小平文选》第三卷的发行任务。文化市场在空前繁荣的同时，注意抓好净化工作，开展了日常检查800多次，联合大检查79次，出动检查人员2 000多人次，对各种非法书刊、图片画册、无证摊点、封建迷信点、制黄贩黄人员进行查处。群众文化活动十分活跃，组织了花灯展、群众文艺汇演、少儿书画比赛、展览、培训等各种群众文化活动。微汽“五菱”工人业余艺术团赴京参加“九三中国企业文化节”，舞蹈《五菱风采》、《预备役炮兵显神威》均获演出奖、创作奖和组织奖。经过深入调查研究，撰写了一份与柳州文化长廊对接的《柳州市社会文化事业发展系统工程》，对1995年至2000年柳州市的社会文化事业发展作了规划。

（段缘福）

【广播电视】 柳州市广播电视系统共有职工365名，各类专业技术人员219名，其中具有高级职称8人，中级职称85人，初级职称101人。

柳州人民广播电台新增一台一千瓦调频发射机和一台广播报时器，改造了部分录制设备，保证了24小时全天播音的正常运转；柳州电视台购置一台10千瓦发射机取代原来1千瓦发射机，从而扩大了柳州市广播电视的覆盖率；有线电视台联网达到10.2万户，还自行设计安装现场直播系统；柳州广播电视报使用新建的电脑激光照排，提高了编排质量。

被列为柳州市重点工程之一的柳州广播电视中心于1992年12月破土动工，主楼于1991年12月封顶，整个中心占地60亩，总建筑面积24000平方米，其中主楼面积10890平方米，共十八层。

为发挥广播电视的“喉舌”作用，于四月份先后成立了编辑委员会和技术委员会。全年的宣传工作紧紧围绕市委、市政府提出的工业总产值实现130亿这一奋斗目标，电台、电视台、有线电视台先后开办了《为了130亿》、《扬鞭策马再建功》、《企业风采》栏目，同时还加大了改革开放的宣传力度，三台先后开设了《开放潮》、《开放话题》、《对外开放热点追踪》等栏目。

由柳州市委宣传部和柳州电视台联合拍摄的电视专题片《柳州》(93版)，于当年八月摄制完成，该片全长23分钟，全面介绍了柳州的地理环境、经济发展、风土人情、旅游风光等情况，该片在中央电视台、柳州电视台、北京展销会和香港招商会上播放后受到好评；《今日柳州》是柳州电视台于四月完成的一部对外宣传专题片，全长55分钟，该片根据美国人的电视欣赏习惯和我国电视专题片的传统制作特点拍摄，这两部专题片于当年九月在美国通过卫星播出。

柳州音像市场十分活跃，管理工作也走上了正轨，到1993年底音像经营单位已发展到220家，其中录像放映80家，录像带出租点12个，录音带二级批发10个，录音带零售点118个。

广开门路，兴办第三产业，1993年8月广播电台“空中卡拉OK视听城”、有线电视台“月圆OK厅”、柳州广播电视报“登月OK娱乐城”等经济实体相继开业，对加快广播电视事业发展，丰富职工业余文化生活起到了一定的作用。

【柳州日报】 1993年，柳州日报社积极配合市委、市政府中心工作开展宣传报道，用大量篇幅宣传争创工业总产值130亿元，搞活大、中型企业，加强农村工作，加强精神文明建设，保持全国卫生城市，创广西文明城市，得到市领导和上级的高度评价，被区党委宣传部、广西新闻工作者协会评为1990－1993年先进新闻单位。

为配合宣传、学习十四大精神，1993年柳州日报积极参加区党委宣传部、区新闻出版局组织的社会主义市场经济大讨论，4－8月在柳州日报上发表有关市场经济的新闻、言论1 538篇，对推动我市的社会主义市场经济大讨论，推动龙城经济建设的发展作出了贡献，获区党委宣传部、区新闻出版局授予社会主义市场经济大讨论“组织奖”。

柳州日报社为了适应改革开放的需要，从1993年元旦开始，从4K4版小报改为对开4版大报，改版后的柳州日报版面美观活泼，图文并茂，内容丰富多彩，时效性强，获得众多读者的好评。

改对开4版大报后，虽然报价提高了，但发行量仍和小报持平，没有下降。柳州日报社在1993年里被评为全市先进单位。

1993年柳州日报社的经济工作也有很大进展，广告收入比上年提高1倍多，为1994年不要财政补贴、实行自收自支、减轻市财政负担打下了基础。

（季繁荪）

【档案】 1993年柳州市有档案行政管理部门3个，综合档案馆3个，专门档案馆1个。其余各级各类档案工作机构517个。全市经档案系列职称评委评定的高级职称3人。中级职称200人，初级职称622人。3家综合档案馆及一家专门档案馆总建筑面积2 294平方米，库房面积1 169平方米。复印机3台、空调机12台（窗式），去湿机7台。22家大型企业的档案室总建筑面积6 076平方米，库房面积4 111平方米，微机13台、复印机22台、空调机20台、去湿机21台。

1993年底止4家档案馆馆藏档案306个全宗，76 276卷，录音、录像、影片档案349盘，照片档案5 764张。馆藏资料24 090册、案卷目录161本、全引目录441本，分类目录2 527本。市内22家大型企业档案室存档139 622卷，录音、录像、影片档案378盘、照片档案15 940张、底图467 662张、缩微胶片6 480张。

年内4家档案馆共接收档案1 627卷，录音、录像、影片档案53盘，照片档案448张。22家大型企业档案室共接收档案11 510卷，录音、录像、影片档案101盘，照片档案3 496张，底图96 216张。

1993年4家档案馆及22家大型企业档案室，共接待档案利用者22 306人次，调阅档案45 323卷次。其中用于编史修志1 691卷次，工作查考10 180卷次，学术研究3 329卷次，经济建设27 586卷次，其他2 637卷次，利用资料14 644人次，16 742册次。

1993年柳州市共培训档案人员538人次，其中参加岗位培训83人，专题培训455人。

教育、卫生及体育

【基础教育、职业教育及成人教育】 （一）*基础教育* 全市中学115所，其中市属高中3所，完中18所、初中94所，厂、场、部队办中学44所。全市在校高中生7 962人，应届毕业生3 194人，招收新生3 461人；初中在校生70 420人，应届毕业生18 939人，招收新生25 065人，全市中学教职工6 123人，专任教师4 443人。小学442所，教学点365个，在校生214 800人，应届毕业生29 355人，招收新生43 294人。教职工3 354人。幼儿园192所，在园幼儿33 434人，教职工3 428人。特殊学校1所，在校生222人，培智班10个，教职工105人。新建了市二十一中、白云中学和白云小学，白云小学于1993年秋季开始招生，按国家规定，全市中小学启始年级从1993年秋季开始全部使用人民教育出版社编写的“九年义务教育”新教材，为此组织中小学教师参加国家级重点骨干教师培训，而后在暑假期间又组织了学校领导、教导主任和上岗教师的全员培训，为“九年义务教育”新教材的铺开做好了工作。

高中

重点高中 柳高是自治区十六所重点中学之一，1993年又被自治区教委批准为自治区示范性学校。柳州高中坚持教学与德育并重；一是始终坚持把正确的政治方向放在首位，改革传统的班会课，采取演讲、辩论、知识竞赛、参观访问等形式，将娱乐性、知识性和教育性融为一体进行爱国主义、集体主义教育；二是长期坚持不断地开展学雷锋做好事活动，在学生中开展“忠心献祖国、爱心献社会、热心献他人、孝心献父母、信心留自己”的“五心”活动；三是教育学生严格执行校规校纪，树立良好的校风、学风，坚持“六项”达标活动，即升旗仪式达标、清洁卫生达标、课间操和眼保健操达标、宿舍纪律及卫生达标的活动；四是狠抓教师队伍建设，组织教职工学习、贯彻《教师法》，加强职工道德教育，使教师热爱教育事业；五是狠抓党风和廉政建设，坚持民主评议学校领导制度。由于措施得力，该校的精神文明建设取得了显著成绩：1993年已是第10年被评为市先进单位，自治区、市的文明单位。校党支部被评为市教育系统、市、自治区先进党支部。校团委连续五年被评为市级先进团委，经达标验收评为一级团委。教学成绩也非常喜人，1986年以来每年高考升学率在92%以上，高考、毕业会考成绩都名列全区重点中学前茅。在1993年的高考中，该校学生获全区理科“状元”。3名学生进入全区前10名，学生会主席被国家教委、团中央授予“优秀学生干部”称号，一教师获区“优秀班主任”称号，一青年教师被评为1993年柳州市十杰青年。柳州市一中、二中也是柳州市重点中学。

一般高中 柳州市三中、六中、龙中、八中、九中是市属一般中学，市教委加强了对一般中学的视导，一般中学成绩有了提高，市六中、八中、九中都有了上本科线、专科线的考生。柳江中学、柳钢一中高考成绩仍保持较好水平。

初中

全市初中使用新教材 1990年国家教委在全国实验推行九年义务教育课程方案，柳州市开始在龙中、十二中进行试验，1993年柳州市对该项实验进行了总结，交流了经验。自治区教委、国家人民教育出版社对柳州市“九年义务教育”课程教材的试验给予充分肯定并获自治区教委表彰。为了适应从1993年秋开始在全区铺开使用新教材的需要。柳州市受区教委的委托举办了全区各科“九义”教材的师资培训班。柳州市也为此举办了各科使用“九义”新教材的师资培训班。

初中教学质量稳步提高 1993年市教委狠抓教学目标管理和贯彻自治区教委《教学常规管理三十条》，市教委教科所的同志深入薄弱初中加强视导和检查，帮助学校总结经验教训，促进薄弱初中的转化，大大缩小了薄弱初中的比例，使全市初中教学质量稳步提高，应届初中毕业生有95%的学生升入了高中段教育。

举办青年教师汇报课 1993年举办了第五届青年教师汇报课，各校推荐优秀青年教师参加比赛，比赛方式采取参赛教师不在本校原班级上课，参赛课题

采取抽签办法决定。经角逐6名教师获一等奖，后选送一名教师参加自治区赛教课，获'93广西首届青年历史教师优质课比赛一等奖。

小学

全市已普及初等教育　1993年12月市政府普及初等教育检查验收组对柳江县普及初等教育情况进行了验收，检查验收组一致认为柳江县普及初等教育的基础工作做得较扎实，"四率"已达国家要求，宣布该县已普及初等教育。至此，柳州市区、两县一郊已全部普及初等教育。

取消小学毕业会考实验　市教育局对小学毕业考进行了改革探索，取消毕业会考。采取由初教科与教科所联合命题，各校自行组织考试和评卷，考后教育局再对各校的试卷进行抽查。取消小学毕业会考在一定程度上缓解了小学备考的紧张状态和减轻了师生负担。这是应试教育向素质教育转变的一次有益尝试。

积极参加三优工程活动　柳州市是全国首批"三优工程"试点市，市教委积极参加"三优"工程活动，优教工作取得了明显成绩：一是学前教育稳步发展。幼儿园形成了以公办为示范、厂矿单位办为主体、个体办为补充的新格局，学前受教育超过了全国85%的定值；二是义务教育有了新进展；三是特殊教育有了较大发展；四是中小学德育工作进一步加强；五是柳州市被评为全国、全区"九义"课程教材改革先进单位；六是体卫工作进一步加强，1993年全市中小学体育达标率为88.6%。

幼儿教育

1993年柳州市有幼儿园192所，教职工3 428人，在园幼儿33 434人；学前班717个，学前班儿童32 000人。1993年幼儿教育工作主要抓了《幼儿园管理条例》和《幼儿园工作规程》的落实；以及幼儿教师的继续教育和专业合格证书培训；进行幼儿教育"三三三"教研实验；狠抓幼教的常规管理，为开展好幼儿教育工作，市教委聘请北京市幼教专家来柳讲学，组织教职工学习北京市第五幼儿园的经验，与自治区十二所开放幼儿园进行探讨、交流教学经验。开展学前班青年教师赛教课。市公园路幼儿园、第二机关幼儿园、车辆厂幼儿园、柳江县机关保育院获自治区教委贯彻两个幼教法规先进集体。六位教师获先进个人称号。

（二）职业教育

概况　柳州市有职业技术学校42所，其中政府办6所，企业办15所，另有17所中专、技校兼办职业技术学校，社会力量办4所。全市共有231个教学班，开设有85个专业，在校学生8 804人，其中职业中专生占39%，职业高中生占61%，职高在校生与普高在校生之比为1.46∶1。1993年职高招生93个班、4 060人，比1992年增长了58.6%，1993年毕业生2 724人，在坚持有偿录用的前提下，95%的毕业生走上工作岗位。

职教质量　1993年组织编写了全市机械类专业数学教学纲要，开展全市职教研讨课和市职教中青年教师赛教；评出一等奖四名，二等奖六名，三等奖十名，组织"珠算与心算相结合"、"职业体育"、"文化课为专业课服务"等教学科研活动，取得良好效果。如"珠算与心算相结合"试验班大面积提高了学生的珠算成绩，经市珠算协会测定，市二职校财会八班42名学生中，珠算能力达到一级水平的有31人，二级5人，三级5人，四级1人，远远超过国家规定的中专毕业生财会专业课珠算达到四级的要求。参加广西第八届大中专院校珠算比赛获得职高团体第一名，参加全国少数民族珠算比赛获全能银牌，参加广西职高微机比赛获财会组四项第一名；参加柳州市中学生信息学（计算机）竞赛获高中组团体第一名；参加广西职校中学生计算机竞赛获二等奖，在全国中学生信息学（计算机）奥林匹克竞赛中获三等奖，代表广西队参加全国青少年计算机知识大赛获二等奖；在全国部分职教协作烹饪技术表演交流会获第二名；广西职业高中第二届烹饪邀请赛获团体第一名；教师作品国画《军魂》在第二届"红军杯"全国书画大奖赛中获一等奖，作品已送中国红军纪念馆永久珍藏。

专业师资队伍建设　柳州市十分重视职教师资队伍的建设，通过专业教师进修等渠道更新教师的知识。1993年参加脱产、业余进修学习的专业教师50人次。到1993年全市共有专业教师578人，其中本科251人，专科347人，高级职称47人，中级职称225人，可担任250多个专业课的教学，现已有一批年富力强的骨干被充实到校级和中层领导班子。如市二职校四名校级领导中有三名分别荣获全国优秀教师，柳州市优秀教育工作者，柳州市帼国建功能手，"三八"红旗手的光荣称号。

【医疗卫生】　医疗卫生部门紧紧围绕卫生改革与发展要主动适应和服务社会主义市场需要这个中心，进一步解放思想，积极探索，拓宽卫生改革新路子。

全面推行院长负责制及机关试行聘任制。于3月份在市属13个医疗单位全部实行院（站、校、所）长负责制。卫生局机关4月份开始试行聘任制。

实行跨行业、跨地区联合办医，突出专科特色，扩大业务范围。成立了各种医疗中心9个，专科医院2个，如市卫校与李宁集团租赁公司香港振华设备公司签订合资开办《南方肿瘤医院》，投资共计2 500万元；市中医院的《中西医结合眼病治疗中心》开展RH近视矫正手术300多例；市工人医院心胸科成功地做了心脏换瓣手术19例，球囊扩张心瓣手术13例。

增强竞争意识，加快农村卫生改革步伐。市郊区10所乡（镇）卫生院的做法：一是走出家门增设医疗点，二是24小时应诊制，三是广泛联合办医，四是大开临街圩场门面，扩大收入来源，五是办好病房，增加病床40多张。1993年诊疗病人31万人次，经济收入357万元，人均业务收入超2万元，还增加扩建、维修、更新医疗器械等40多万元。

预防保健抓“三优”工程，使9项防治率已提前达到1995年的指标。在全市开展妇女病普查，对14 854名妇女进行体检，普查率94%。四苗（卡介苗、脊灰糖丸、百白破、麻疹）接种监测率分别为100%、98%、98%、96.6%，四苗覆盖率94.6%。在全国强化免疫日由市四套领导班子领导带领354人亲自喂服糖丸，建卡109 798人，是近年预防工作声势最大的一次行动。1993年全市未发生甲类传染病。乙类传染病共发生7 202例，与去年相比，伤寒、麻疹等疾病有不同程度下降，肝炎、痢疾有所上升，全年无狂犬病例发生。

获得全区第一个“灭蟑达标城市”称号，为向国家级卫生城迈进，开展灭蟑达标活动，于七月份经自治区爱卫办的考核验收，实现国家规定的“双五”、“双二”标准，成为广西第一个灭蟑达标城市。

【卫生防疫】 市卫生防疫站坚持“预防为主”的方针，认真执行“两法五条例”，积极开展传染病防治和卫生监督监测，为保障市民健康促进经济发展作出了新的贡献。

一年来，柳州市无传染病暴发和流行；全面落实计划免疫各项措施，为1995年消灭小儿麻痹症打好基础；加强疟疾联防，实现了1993年基本消灭疟疾的目标；食品卫生质量及生活饮用水监测合格率符合国家标准要求，无大宗食物或饮水引起的中毒事例发生；职业中毒和职业病的发生也得到了有效的控制；放射卫生全国综合监督管理示范点的工作正加紧进行，监督管理网络已基本形成，为全国验收工作做好准备；开展了灭蟑达标方案的论证，做好技术培训和指导，使柳州市成为全区第一个通过省级鉴定的灭蟑达标先进城市；建立健全卫生宣教网络，柳州市在全区健康教育评比中获第一名；为配合视力保健工作，成立了青少年视力保健中心和美国博士伦眼镜配戴中心，以优质服务得到群众好评。

该站积极推行科技兴站策略，不断提高工作质量，计量认证工作通过自治区初审；两项科研成果已通过评审鉴定；42篇论文在市级以上刊物发表。因该站工作成绩显著，卫生部授予“全国卫生防疫防治先进集体”称号。

（陈　斌）

【计划生育】 柳州市1993年计划生育工作，在市委、市政府领导下，进一步贯彻中央（1991）9号文件和中央计划生育工作座谈会精神，坚持党政一把手亲自抓、负总责和既要抓紧又要抓好的方针，下发了柳发（1993）21号文件《关于进一步加强计划生育工作，努力完成人口计划的通知》，要求各级党政领导要切实加强对计划生育工作的领导，由于各级领导高度重视并亲自抓计划生育工作，各部门各单位密切配合，齐抓共管，使我市的计划生育工作取得好成绩，完成了自治区下达的人口计划。

1993年，区党委、区人民政府下达柳州市人口计划为：出生控制数29 300人，出生率17.52‰；多孩控制数为2 300人，多孩率7.85%。经自治区人口核查验收组对柳州市七个县（区）人口计划执行情况核查验收，出生数为21 548人，出生率13.25‰；多孩出生数799人，多孩率3.71%；计划生育率为75.92%。以出生数、出生率、多孩数、多孩率、计划生育率、环扎率、统计误差率七项指标综合核查评估，柳州市在十四个地市中排位第四，获自治区一等奖。四个城区均获自治区奖励，郊区获自治区1993年度计划生育达标奖。在开展计划生育工作过程中，全市1993年度一共完成四种手术86 399例，其中结扎（皮埋）27 804例，放环22 529例，补救措施27 481例。

一年来，柳州市加强了计划生育基层网络建设，全市两县一郊327个村公所和四城区的居委会已全部选配了计生副村长（副主任），郊区668个村民委已全部配齐人口管理员；加强了计生干部培训，全市共办班14期，培训794人，计生干部岗位培训四期，共386人；完成了自治区下达的柳州市已婚育龄妇女抽样调查的任务；计生协会开展“三优”系列服务，1993年共办新婚夫妇学习班72期，共有6 782对新婚夫妇参加学习，有1 100名孕妇接受了胎教，200人参加早期班学习，同时还为部分育龄妇女开展最佳受孕时间的测算工作。

【体育】 *成功召开了全市体育工作会议，成立了柳州市体育总会* 在市委和市政府的重视关怀下，柳州市体育部门成功地召开了全市体育工作会议。代表们集思广益，研究探索柳州市体育改革的思路，提出了迎战区八运会奋斗目标，表彰了一批近年来柳州市各条战线涌现出来的体育先进单位、先进集体和先进工作者（其中先进单位47个，先进集体9个，先进工作者58人）。

会议期间，成立了柳州市体育总会，选举产生了柳州市第一届体总组织机构成员。

调整、充实内部机构和人员，完成第二周期聘任制 1993年上半年，已完成对机关、所属事业单位中层正、副职的调整、充实和聘任，1993年底已完成了对机关的一般干部及事业单位教职员工的聘任。定岗位、定目标，出台了一些新的规章制度，为迎接区八运会在柳州市举行，在组织建设上做好准备。

群众体育活动蓬勃发展，形势喜人 在市教委、市总工会的积极配合下，因地制宜地开展、组织各种群体活动。据统计，全市经常参加各种体育活动、锻炼的群众达134 527人，占全市总人数44.5%，市属中小学校推行《国家体育锻炼标准》167所，推标面占95.42%，比上年增加了2.32%，达标人数82 820人，占全市适龄推标人数的86.79%，比上年增加1.94%。

克服困难，坚持业余训练 由于体育场搬迁，给业余训练带来很大的困难和压力，但教练员们都能迎难而上，克服现有训练场地狭小、不规范、训练拥挤铺展不开，训练经费来源短缺等等困难，八运会的奋斗目标激励着他们，危机感和紧迫感使他们抓紧抓好业余训练工作，使1993年的各项比赛成绩又上了新台阶。一、二业余体校、体操学校组队参加全区、全国青少年比赛共获奖牌291枚，其中金牌122枚、银牌88枚，铜牌81枚。全年向上级体育部门输送优秀运动员27名。获奖牌数和金牌数分别比上年增加13.7%和31.18%。

发挥体育比赛杠杆作用，促进社会办体育和两个文明建设 全年承办和主办了各种体育比赛48次（其中国际友谊赛1次、全区比赛1次）参赛人数5 924人。在举办各种体育竞赛中，社会出资办体育231 000元，占全年体育比赛经费的72%，社会企业出资办体育竞赛，为国家分担了因经费不足的困难，通过体育竞赛活动，宣传了企业的产品和市场竞争力度，提高了企业知名度，促进了生产发展，收到了良好的社会效益和经济效益。

科学技术

【科学技术】 党的十一届三中全会以来，面临世界新技术革命的挑战，时逢改革开放的良机，结合市情要充分发挥科技第一生产力的作用，促进经济高速高效发展的需求，柳州市委、市政府高瞻远瞩，于1989年正式提出实施科技兴市发展战略。1990年10月编制完成《柳州市1989—2000年科技兴市总体实施方案》，1991年7月完成《柳州市1991—1995年科技兴市实施计划》。1991年10月市九届人大常委会第七次会议审议通过、批准《柳州市1989—2000年科技兴市总体实施方案》和《柳州市1991—1995年科技兴市实施计划》，并决定由市政府组织实施。1992年1月，国家科委批准将柳州市列为全国科技兴市试点城市之一；1992年12月，国家科委和国家体改委将柳州市列为全国科技经济综合配套改革试点城市。

科技兴市是一项复杂的社会系统工程，核心是依靠科技进步，振兴经济，加速经济、科技、社会协调发展。根据市情的特点，柳州市实施科技兴市重点是科技兴工、科技兴农、加速发展高新技术及其产业，同时，抓好发展教育，培养和引进人才，治理环境，发展科技第三产业。

加速工业产品升级换代、发展一批先导产品，加速高新技术产品开发及其产业化，为搞好大中型企业注入新的科技活力是科技兴工的主要内容。自1988年以来，每年组织开发新产品200项以上，新产品产值率均超过15%；近年来发展了一批技术含量高、效益好，对柳州经济发展具有带动作用的先导产品共29种，1993年先导产品的产值占全市工业总产值5%。科技兴工造就了一批竞争力强的科技型企业，其中，柳工股份公司等21家大中型企业在1993年被自治区人民政府授予“优秀科技型企业”光荣称号，他们为1993年全市完成工业总产值142.2亿元、国民生产总值83.4亿元、经济发展上一个新台阶作出了新贡献。

科技兴农，以组织推广、应用先进适用农业科技成果的“星火”项目为重要手段，以50万亩粮食综合技术开发，5万亩高产、优质高效农业技术开发为示范工程，促进农业的全面发展。粮食生产在种植面积大幅度减少的情况下仍能实现超历史水平，市民的菜蓝子淡季不淡，为农村培养“星火”人才，为农业发展提供产前、产中、产后服务的体系正在逐步建立。

加速高新技术及其产业的发展，是我市实施科技兴市的重点之一。主要是发展信息技术及其产品、新材料、新能源及节能技术产品、计算机技术及其配套产品、自动化技术、现代化通讯技术及其产品等。柳州高新技术产业开发区于1992年动工以来，“五通一平”及基础设施建设进展顺利，进区企业发展迅速，1993年经自治区认定的高新技术企业已达15家，全市高新技术企业工业产值达4亿元。

根据柳州市大多数的科技力量分布在工业企业的市情特点，我们把构建企业主导型技术开发体系作为实施科技兴市的基础工程建设来抓。经过几年来的努力，这项基础建设在加快新产品开发，强化企业的技术吸收与开发能力，推动企业技术进步和创新、提高经济效益等已发挥作用，取得成效。一个在市政府宏观调控下，以企业技术开发机构为主体，以市属独立科研开发机构和行业技术开发机构为前导，以民营科技服务机构为辅助，以国内外大专院校和科研所为技术依托，以科技信息，人才培养、资金、政策等系统为支撑的开放的有效的技术开发体系已建立起来。近年来，数百项科技新成果和专利技术的诞生以及包括“966E装载机技术消化吸收”、“三原色叠印颜料、色浆的研制及应用技术研究”等一批国家重点科技项目完成，标志着柳州市技术开发能力的增强。

开拓技术市场，加速先进、适用的科技成果在柳州转化为现实生产力，是实施科技兴市中一项重要工作。目前开辟了科技服务一条街，建立了专利、科技信息、技术成果三个可与国内北京、上海等地联网的微机检索系统，发展了技术中介和技术贸易机构。从1991—1993年三次技术引进洽谈会不完全统计：为柳州市引进新技术、新产品开发项目实施共67项；投入资金1.3752亿元，新增产值3.1071亿元，新增税利7 746.86万元。

科技兴市，关键是人才。通过柳州市人才市场的开辟和1991—1993年人才引进洽谈会，已为柳州市引进各类高、中、初级专业人才数百名，他们为柳州市的现代化建设已经并继续作出有效的贡献。

实施科技兴市是一项长期战略。九十年代，柳州市科技兴市将按照党的十四大精神，为适应社会主义市场经济发展，为柳州市经济发展和社会进步再作新的贡献。

（廖寿民　邹胜祥）

【科技情报】　柳州市的科技情报事业，在开展信息收集、传递、资询、复制、查询、代译等正常业务的基础上，1993年取得的新进展是：

进一步深化科技情报体制改革。1993年，柳州市科技情报系统认真贯彻1992年全国科技情报工作会议提出的“稳住一头，放开一片”的情报工作方针，安排一部分人员从事公益性工作，另一部分人员分流为经济建设主战场服务。同时改革了分配制度，克服过去吃“大锅饭”的弊端。通过上述改革，调动了大家的积极性，既完成工作任务，又使职工的收入有所提高。

研究工作取得了可喜的成绩。1993年柳州市科技情报系统共有4项研究项目通过了市级以上的鉴定或验收。其中：柳州市科技情报研究所的《柳州市城郊型农村经济发展研究》大型软科学研究项目通过了省级鉴定，鉴定认为该项目达到了国内同类项目的先进水平，荣获广西科技成果二等奖。柳江县科技情报所的《大豆、花生基因工程菌试验示范》研究项目，推广示范结果，大豆平均亩产比对照亩增产25—28公斤，增幅达20%；花生平均亩产比对照亩增产30—35公斤，增幅达23—28%；柳州市科技情报研究所的《科技情报微机终端检索及联机系统》研究项目已进入实用阶段，与中国科技信息研究所的数据库联网，可迅速地为用户提供国内外科技信息。柳州市医药情报所的《广西医药卫生科技成果检索与管理系统》研究项目已投入运行，可为用户迅速提供广西医药卫生方面的科技成果信息检索服务。

（黄广明）

【科技成果】

柳州市一九九三年科技成果统计表

序号	成果名称	完成单位	主要完成人员
1	柳州市基本消灭疟疾的现场研究	柳州市卫生防疫站	刘庆林、陈斌、蒋光华等
2	数字集成电路动态测试仪	柳州市计算机技术研究所	
3	IWG—92—I智能型无功功辅器	柳州市自动化研究所	
4	回弹法测试砖砌体中砂浆强度的应用研究	柳州市建筑设计院	
5	水稻主要病虫综合防治规范技术试验示范推广	柳州市植保植检站 柳江县植保站 柳城县病虫测报站 市郊区农技推广站	黎坤、覃文显、李永松等

序号	成　果　名　称	完成单位	主要完成人员
6	GHS（F）—10000系列电解电化用变流器	柳州市整流器厂	徐福仲、魏华燕、覃启光等
7	氩氧焊割机	柳州市半导体材料厂	魏建学、刘建一、王柏明等
8	莲藕一年两熟栽培示范推广	柳州市郊区农技推广站 柳江县蔬菜局	陈修坤、黄林、简卫华等
9	微喷灌技术在蔬菜上的试验示范	柳州市农科所 柳州市引进智力办公室	秦毅郎、王敏
10	△型葫芦门式起重机	柳州市起重机厂	邓豪亮、梁家强、梅宪等
11	高级珠光二合一香波	柳州市日用化工厂	李红、蔡柳峰
12	天然茶籽高级洗发香波	柳州市日用化工厂	蔡柳峰、李红
13	千里光清爽调理香波	柳州市日用化工厂	蔡柳峰、李红
14	阴离子型沥青乳化剂	柳州市日用化工厂	覃祥乐、冯军
15	可折叠织物增强塑料软管（维塑平型管）	柳州市橡胶厂	李旭、陈元、罗志和等
16	烤烟试验示范	柳江县烟办	杨达富、韦斌、黄情芳等
17	石山地区春烤烟开发	柳江县烟办	杨达富、韦斌、梁汉思等
18	柳州地区不同人群771例血清抗—HCV的调查	柳州市人民医院	周聚德、茹海匀、麦海等
19	IGF1型汽油发电机组	柳州机械厂 长虹机器制造公司	左鼎勋、金仕民、唐喜度等
20	IE50FD1型汽油机	柳州市机械厂	金仕民、梁桂清、梁志华
21	后鼓室进路感应式单导电子耳蜗植入术	柳州市人民医院	冼奕然
22	分马力电机微机CAPP/CAM	广西计算中心 柳州市微电机总厂	刘韶军、李小清、许桂民等
23	脱水菠萝片	柳州市方便食品厂	刘建庭、江淮泉、傅文焕等
24	“鼻腔电疗术”治疗慢性鼻炎、鼻窦炎及过敏性鼻炎	柳州市人民医院	龚本雄
25	柳州市城郊型农村经济研究	柳州市科技情报所	王林森、黄晋豪、杨元森等
26	PVG弹性体粒料	柳州市塑料二厂	陈福庆、陶兴、黄其明等
27	BTJ—250型软糖连续成型包装机	柳州市糖果一厂	黄恩证、汤雁生、符寅初等
28	冬闲田的综合利用	柳州市蔬菜技术推广站	覃孟春、黄林、张征等
29	100000立方米干式煤气柜主柱加工工艺装备研制	广西冶建公司压力容器制造厂	刘凯蓉、徐国生、王文建等
30	水稻工厂化育秧设备改进及综合利用研究	柳州市农机研究所	罗锋、李少雄、郑崇宁等
31	自控电热煎药灶的中试	柳州市自动化研究所	刘瑞华、黄伟中、岑杰源等

序号	成　果　名　称	完成单位	主要完成人员
32	大面积科学灌溉技术推广应用	柳州市水电局	张覆德、宋炤、龚正华等
33	科技兴牧“29152工程”	柳州市畜牧水产局	梁裕宁、叶宝生、徐芷苓等
34	科学养猪12万头综合技术开发	柳州市畜牧站	
35	良种兔的引种繁育技术开发	柳州市动物饲养所 柳州市农技推广中心	
36	无水酒精瘤腔浸泡治疗下颌骨造釉细胞瘤	柳州市人民医院	江镒基
37	ZX5系列晶闸管（可控硅）弧焊整流器	柳州市焊接设备厂	骆业章、玉龙威、王耀忠等
38	汽车液压制动橡胶皮碗	柳州市橡胶制品厂	杨明雄、郑忠
39	“天成金芝”中老年营养液	柳州市登峰生物工程研究所	莫柳书、羊春雄、覃小军等
40	钢制图书装具	柳州市铁木制品总厂	申西光、柯家杨、文启贤
41	2000年的柳州市农业	柳州市农委农业科	黄绪益、黄绫、刘学义等
42	LLT168型两用透明冷柜	柳州市冷柜厂	谢嘉汉、梁阳光、胡蓉
43	LST170型双温透明冷柜	柳州市冷柜厂	谢瑞芳、周业枢、梁策
44	LLT185型两用透明冷炬	柳州市冷柜厂	谢嘉汉、梁阳光、胡蓉
45	LLT200型两用透明冷柜	柳州市冷柜厂	黄粤省、高亦冰、郭柳源等
46	LLT215型两用透明冷柜	柳州市冷柜厂	黄粤省、高亦冰、郭柳源等
47	绒毛组织提取液的研究及皮内反应对恶性肿瘤诊断的应用	柳州市卫生学校附院	逯华、邓凤娇、陈日新
48	优质纺纱专用器材及技术的应用	柳州市第二棉纺厂 柳州市纺织工业设计所	杜明东、王俊华、潘静如等
49	柳州市万亩蔬菜大面积丰产栽培综合技术推广应用	柳州市蔬菜局	梁裕宁、黄绪益、蓝忠臣等
50	饲料机微机配料控制系统	柳州市禽工商实业公司	李宁华、黄伟中、乔平等
51	国旗拨梁印技术研究及制作	柳州市亚信服装厂 柳州市纺织工程学会	李国华、邱景荣、王健敏等
52	柳州市高新技术产业发展预测及开发区政策研究	柳州市高新技术办	姜新进、李志华、李伟权等
53	柳州市大面积灭蟑达标方法研究	柳州市爱国卫生运动委员会办公室	韦菊月、龙恒闯、沈孟庄等
54	低铬合金耐磨铸球	柳州市铁锅厂	
55	TFDW1单相无刷同步发电机	长虹机器制造公司	柏文锦、戴德怀、王国德等

序号	成果名称	完成单位	主要完成人员
56	大面积春烤烟“三化”生产开发	柳城县烟草生产办	张群星、周宗广、徐元初等
57	粗粒径（0.8—1.5MM）石英砂滤料过滤技术	柳州市自来水公司	黄京敏、黄永强、蔡振刚等
58	优质高效高产农田模式技术试验示范	柳州市农业技术推广站、柳江、柳城、郊区农技推广站	王毓、张业劳、黄甫兴等
59	新光白代替进口钛白粉研制 9402 涂料白	柳州市化工研究所	韦筠寰、周彦国
60	围产期窒息儿缺氧缺血性脑病的颅脑 B 超诊断	柳州市人民医院	林希平、麦辛慈、何冰玲等
61	11.00—20 车轮研制	柳州市钢圈厂	黄元洲、刘毅、彭海涛等
62	两轮摩托车驾驶员考验场	柳州市公安局交警支队	孟庆福、刘晓东、王忠德等
63	柳城县水资源开发利用现状分析及水资源管理研究报告	柳城县水电局	陈作华、覃春亮、罗立涛等
64	开发涤棉仿丝绸生产新工艺技术	柳州市印染厂	赵书成、卢文达、于祖斌等
65	高温切削 HRC45—65 淬火钢	广西工学院、四三四厂	丁黎光、梁道源、黄英发
66	百亩烤烟高产优质生产技术开发	柳城县烤烟生产办 柳城县六塘镇烟办	张群星、黄梦强、周宗广等
67	KGCFA—320A/250V 蓄电池充放电用晶闸整流器	柳州市整流器厂	秦邦杰、李克俭
68	鸡场净化综合技术的研究	柳州市禽工商实业公司	李宁华、罗汉祥、劳忠贤等
69	甘蔗高产高糖高效益综合技术试验示范	柳江县糖业办 柳江县拉堡糖厂	吴乾、曾昭座、许明朗等
70	柳州市强化企业技术吸收与开发能力的研究与实践	柳州市科委	廖寿民、张少化、潘振荣等
71	柳州市 1989—2000 年“科技兴市”总体实施方案	柳州市科委、市委政研室、市体改委、市政府政研科	张云生、廖寿民、邱启明等
72	草本咖啡粉	柳州市糖果二厂	吴为民、江佩珍、李瑞珍等
73	激光刻陶	柳州市美术陶瓷厂 柳州市工艺美术研究所	宁象宏、罗永强、刘东华等
74	CO_3—1＃各色醇酸调合漆	柳州市造漆厂	梁建新、陈建峰
75	精甲醇	柳州市化肥厂	
76	W—1/7、W—2/5、W—3/5 型空压机	柳州市微型空压机厂	黄方林、林培强、莫武章等
77	YJ250 交流调速曳引机	柳州市电梯厂	唐瑞南、刘宇峰、蒋承杰等

序号	成果名称	完成单位	主要完成人员
78	CIBA—CORNING238 型血气分析仪试剂研制	柳州市工人医院	陈彦华、赵金玲
79	微机四合一集控台（BWK—1 型 35KV 度电站微机控制装置）	柳州市自控设备厂	夏子英、张超琨、曾裴等
80	DP625A 型卸料泵	广西通用机械研究所	
81	大豆花生基因工程菌试验示范	柳江县科技情报所	韦成生、韦完赛、梅盛林等
82	神力酒的研究与开发	柳江酒厂 广西化工生物技术研究所	练贵荣、林树登、陈荣辉等
83	柳州市“四低”、“四荒”资源调查研究	柳州市农业区划办公室	莫一林、余锦伟、罗坚等
84	涤棉（轻型）交织输送带	柳州市橡胶厂	柯建、林极雄、陈元等
85	开发激光技术在工业生产中的应用	柳铁铁达激光加工服务中心	初福连、王宝林、丁克华等
86	反粒度过滤技术在大型生产滤池的试验研究	柳州市自来水公司	黄京敏、黄永强、邓才宇等
87	棉麻棉涤宽幅高档纺织装饰新产品试制	柳州市床单厂	邓于仁、汪碧云、王健敏等
88	涤棉/涤纶丝空气夹层织物试制	柳州市第三针织厂	
89	发色网印粘合剂	柳州市印染厂	
90	涤长丝、混纺纱、仿棉、砂洗仿真丝绸	柳州市丝绸厂	刘铁、周福生、赖建成等
91	杂交稻制种田水稻细菌性条斑病防治试验	柳州市植保植检站 柳江县植检站 柳江县种子公司	欧木生、覃文显、韦广能等
92	CJ20 系列交流接触器	柳州市电器厂	聂安云、陈观成、兰峰等
93	汽车发动机激光热处理	柳州市汽运公司 广西工学院激光研究所	刘东华、龙强、黄连钊等
94	煤炉切粉机	柳州市方便食品厂	刘建庭、付文焕、蔡桂金等
95	分散松香乳胶	柳州市东风化工厂 广西工学院	吕军、黄激扬
96	沸腾炉计算机测控系统	柳州市自动化研究所	刘瑞华、涂毅、王彤彤等
97	学生学习辅导系统	柳州高级中学	
98	汽车钢圈无触点微机自动检测机	柳州市钢圈厂	廖达铨、黄元莲、程云戊等
99	多功能涂层整理织物及产品的研制	柳州市床单厂 广西工学院	邓于仁、李端胜、吕军等
100	强磁医用片促进骨折愈合的临床及动物试验研究	柳州市中医院、天津中西医结合骨伤科研究所	刘兆宁、常万云、蒙旭光等
101	AD—100 型冷冻式压缩空气干燥器	柳州第二空压机总厂	
102	GW3—40/0.7 型无热再生压缩空气干燥器	柳州第二空压机总厂	

序号	成果名称	完成单位	主要完成人员
103	空腹钢窗料试制生产线	区建总公司建安科技咨询部 区建五公司	陆景麟、刘运佑、吴建仁等
104	彩色牛仔布及水洗服饰新产品试制	区绢麻研究所 柳州市第三棉纺织厂	朱悦明、王燕、张丽云等
105	涤麻棉高档衬衫面料新产品试制	区绢麻研究所 柳州市第三棉纺织厂	
106	宽幅“三防”涂层蓬布新产品试制	区绢麻研究所 柳州市第三棉纺织厂	朱悦明、张丽云、周岩等
107	黄麻与棉麻涤交织旅游箱包及装饰用布新产品试制	区绢麻研究所 柳州市第三棉纺织厂	
108	腕部离断再植临床研究	柳州市工人医院	丁爱国、杨小辉、唐哲明等
109	GGD 型交流低压配电柜	柳州市电器厂	陈观成、李伟源、黄捷等
110	塑钢门窗型材	鱼峰区塑料异型材料厂	
111	大口径（∅100—∅300MM）改性 HDPE 压力管试制	柳州市塑料制品厂	杨顺冬、尹光华、曾小敬等
112	夹层玻璃生产技术开发	柳州钢化玻璃厂	刘克宜、梁政、李居义等
113	三原色叠印颜料、色浆的研制及应用技术研究	柳州市化工研究所	
114	热反射及仿金属镀膜玻璃	柳州市缝纫机台板家具总厂	郑南洲、许凤远、周时春等
115	粘纤仿绸织物	柳州市印染厂	赵书成、韦耀钊、邱景荣等
116	粘胶针织品	柳州市第三针织厂 柳州市纺织产品开发研究所	戴作武、黄伯诗、甘务勤等
117	广西医药卫生科技成果检索与管理系统	柳州市医药情报所	别剑子、余纯琳、周民等
118	彩色琉璃型复合瓦	柳州市电化厂	
119	YCW900 型千斤顶	柳州市建筑机械总厂	黄是勇、王心芳、陈振荣等
120	巴厘纱纺织印染工艺路线研究	柳州市纺织印染总厂	谭立平、黎意文、吴亨等
121	热防护织物的开发与研究	柳州市纺织印染总厂	谭立平、李鋆、沈兰萍等
122	杂交水稻新组合香优 58 引进试验示范	柳江县种子公司 柳江县农技推广站	凌远生、覃海斌等
123	旱稻旱育苗稀植栽培技术试验示范	柳江县农技推广站	韦素菊、韦永办、郭锦耀等
124	35KV 变电站微机综合控制台	柳州市电器盛大设备厂	刘期春、郭青、黄钢宁等
125	ZN28—10/$_{1250-20}$型户内高压真空断路器	柳州市电器设备厂	黄世雄、凌育之、朱嘉臣等
126	GGK1（1A）系列电动机控制中心	柳州市电器设备厂	黄世雄、唐保泰、吴蓉霞等

序号	成果名称	完成单位	主要完成人员
127	柳州市纺织品生产销售的分析咨询服务系统	柳州市纺织工业局	
128	柳州市大气环境监测点位优化研究	柳州市环保监测站	白志中、蒋为民、秦丽萍等

【高新技术开发】 *建立机构* 自1992年9月10日，柳州高新技术产业开发区正式成立后，1993年5月，柳州市人民政府批准，成立了柳州高新技术创业服务中心，开发区划拨了400平方米孵化用房。正在孵化2个高新技术企业，并为进区企业提供工商及税务登记、融资、办公等综合服务。

投资环境 柳州高新技术产业开发区起步较晚，全国从1988年开始建立高新技术产业开发区。因此，我们借鉴了其它开发区成功经验和教训，并结合柳州的实际情况，在开发区内，除设管理办公室外，不设其它管理、监督部门，紧紧依靠政府各职能部门为开发区服务、办事，把开发区建成大开发区，不搞小而全。为了更好地发展高新技术产业、我们先后拟定了《柳州高新技术产业开发区若干政策规定实施办法》、《柳州高新技术产业开发区高新技术产品的认定原则和细目》、《关于申报高新技术企业工作程序的规定》、《柳州高新技术产业开发区办事程序的规定》等，与市体改委联合拟定了《柳州高新技术产业开发区高新技术企业经营机制暂行规定》等，并已由市人民政府批准执行。与市土地局联合下发了《关于办理柳州高新技术产业开发区土地使用权出让手续的程序》。这些文件结合了柳州市的特点，在政策配套、简化办事程序、企业管理方面有一定新意，改善了投资环境。

招商宣传活动 1993年开发区分别派人员参加了两次香港投资项目介绍会及成都、北京全国高新技术产品展销会、北京招商洽谈会，广西’93科技活动周，随自治区科技代表团到日本考察、招商等活动，介绍了开发区投资环境，洽谈了一批合作项目。在市内，还利用各种会议宣传开发区的优惠政策和投资环境，动员全市大中型企业结合自身的发展到开发区创办高新技术企业，并充分利用电视、报纸、路牌及开发区的宣传简报等媒介介绍开发区的开发动态、产业方向、产业政策等，提高了开发区的知名度。

经济建设 1993年，柳州高新技术产业开发区成立才一年，在这一年中，狠抓了开发区软硬环境建设，大力招商引资，兴办企业，使各项工作走上了正轨、经济建设发展迅速。

产业发展迅速 1993年完成工业总产值3.7亿元，技工贸总收入3.6亿元，实现税利8 604万元，现有产品49项，开发区认定及创办各类科技开发型企业24家，其中认定了15家高新技术企业，三资企业4家，出口创汇企业2家，出口总额223万美元；总收入超亿元企业2家；开发区企业从业人数3 650人。其中大中专毕业生以及科技人员1 229人，占职工总数的33.7%。

1993年，开发区基本建设开工面积为17 166平方米，铺设了由2条总长为3 996米主管和七条总长4 360米支管组成的给 排水系统。两条路面为60米宽、2 400米长的路基基本完成。开工建设了2栋标准厂房及1栋科技一条街楼房，台湾独资企业柳州雅丽化工有限公司也开工建设。

加强为加快开发区建设速度，采取了多种办法、多种渠道筹集资金。1993年共完成投资4 882.2万元，其中自治区科委贷款23万元，金融部门贷款4 237.6万元，引进外资77.7万美元。为了解决开发区建设资金问题，市人民政府召开了专题会议，决定把高新开发区中心区750亩土地无偿地移交高新技术产业开发区管理办公室经营，土地出让金由高新开发区管理办公室收取作为高新开发区建设流动发展资金。这个决定给开发区建设创造了极为有利的条件，极大加快了开发区建设的步伐。

高新技术企业 1993年，经柳州高新技术产业开发区管理办公室审查核实，自治区高新技术产业发展领导小组办公室批准，柳州市现代科技开发公司等15家企业为高新技术企业。名单如下：

柳州市现代科技开发公司

柳州市通讯设备厂

柳州太平洋自动化控制工程有限公司

柳州三华现代机电技术有限公司

柳州金声电子有限公司

柳州市新科数字工程研究所

柳州市焊接设备厂

柳州市微机控制设备厂

柳州市华航电器厂

柳州挖掘装载机厂

柳州市建筑机械总厂

柳州市汽车发动机厂
柳州市整流器厂
柳州东亚通风技术开发公司
柳州铁路冷轧变形钢筋厂

体制改革

【经济体制改革】 作为广西城市综合改革试验区的柳州市，1993年的经济体制改革主要围绕建立社会主义市场经济体系进行。市委、市政府先后出台了《关于股份制企业试点的意见》、《柳州市城乡集体企业股份合作制试行办法》、《关于企业无主管局试点的意见》、《关于选择一批政府职能部门进行加快转变职能试点的意见》、《关于搞好我市第三轮承包经营责任制的工作意见》、《鼓励发展外向型经济的若干规定》、《柳州高新技术产业开发区高新技术企业经营机制的暂行规定》等一系列加快改革开放的政策文件，在转换企业经营机制、探索企业制度创新、推进产权制度改革、培育发展各类市场、转变政府职能、建立宏观调控体系等各个方面进行了卓有成效的试验，推动和促进了全市改革开放的深入和国民经济的持续、稳定、健康发展。

转换企业经营机制方面：全市有29家国有企业分别实行依照乡镇企业经营方式、引进“三资”企业经营机制、投入产出总承包、进档达标承包经营责任制等八种经营方式（俗称“八条船”）试点；有9家国有企业分别实行岗位技能工资和全员劳动合同制；在30家企业实行“企业无主管局、依法自主经营”试点；部分企业试行了以主导产品为纽带，发展规划、技改投入、资金使用等均由母体厂统一安排的多种形式的“一厂多制”。

股份制改造和产权制度改革方面：按照建立产权明晰，职责明确，政企分开，管理科学的现代企业制度要求，通过“改、租、并、卖”几个方面推进产权制度改革，探索企业制度创新。改：对效益好的企业进行股份制改造，全市经批准组建了19家股份制试点企业，其中上市股份公司1家，定向募集股份公司16家，有限责任公司2家，总股本12.92亿元，其中新募集股金3.5亿元；全市经批准成立城镇股份合作制试点企业25家（不含郊县自批），注册股金总额1.58亿元，其中新增股金1.08亿元。租：对中小型企业和商业企业实行出租经营，全市商业流通口有98家国有商业网点实行租赁经营，试行“国有民营”。并：对效益差的企业实行兼并或合并，完成了两个企业的兼并和代管操作。卖：对长期亏损资不抵债的企业实行破产、拍卖，还组建了3个以骨干企业为龙头的企业集团，使全市企业集团由13个增加到16个。

建设和培育市场，完善市场体系方面：一是按照“谁投资、谁经营、谁受益”原则鼓励建市场。二是积极培育发展要素市场。信息市场、技术市场、人才市场、劳动力市场、房地产市场、金融市场等各类要素市场逐步形成，整个市场体系逐步形成并不断完善。

社会保障制度和住房制度改革方面：市、县（区）职工养老保险机构基本形成网络，实行了养老保险和失业保险一体化。住房制度改革进展顺利，一个以售房为主、租建管并举、综合配套的住房制度改革取得了实质性突破。

转换政府职能、建立宏观调控体系方面：15个政府职能局率先进行了转换职能试点。逐步建立起适应社会主义市场经济运行机制的宏观调控体系。

（黄忆画）

人民生活

【城市人民生活】 1993年是我国实施“八五”计划和十年规划的第三年，是深化改革开放的关键性的一年。一年来柳州市呈现出市场繁荣、物资供应充裕、人民生活丰富多彩、安居乐业、齐心建设社会主义柳州的新景象。

负担系数降低，居民收入突破历史纪录。劳动体制改革继续深化，劳动就业服务体系正逐步建立。据抽样调查，1993年柳州市平均每一就业者所负担的人口数为1.64人，比上年下降2.38个百分点。1993年居民收入大幅度增长，是柳州市历年来收入最高的一年，全年居民人均生活费收入为3 267.46元，比上年增长55.22%，扣除物价上涨因素，实际增长24.57%，比上年的增幅高出14个百分点。

占收入结构变化明显。1993年柳州市居民收入结构变化比较明显，由单一的标准工资形式向标准工资、奖金、津贴、补贴和实物收入等多元化形式倾斜。其特点是工资性收入仍占主导地位，人均收入为2 820.48元，比上年增长52.60%，工资收入占居民生活费收入的比重由上年的87.81%下降到86.32%，下降1.49个百分点；二是职工从单位得到的其他收入人均为200.81元，比上年增长52.73%，个体劳动者净收益增长49.90%；三是随着银行存款利率提高，全年财产性收入明显增大，比上年增长1.4倍，其他人均利息收入增长2.3倍，人均红利收入增长1.8倍。

消费结构的多化样。1993年柳州市居民人均消费性支出为2 915.79元，比上年增长50.58%，扣除物价因素，实增20.85%。其中：食品消费支出继续增长，人均为1 407.08元，比上年增长32.53%，扣除物价因素，实际消费水平提高6.36%，食品支出占消费性支出的比重为48.26%，比上年下降了6.57个百分点；随着居民生活水平的提高及消费观念的转变，衣着消费保持强劲增长势头，人均消费比上年增长46.52%，扣除物价因素实增17.59%；家庭设备、用品及文娱消费投向加大，购买耐用消费品增多，人均设备用品及服务支出比上年增长65.28%，居民在改善吃穿用的基础上，消费逐步投向精神娱乐，文化娱乐的档次不断提高，全年人均文化娱乐费比上年增长40.82%。

居民远期消费心理加深，金融意识增强。随着市场经济的发展，居民收入提高，理财观念更新，家庭资金消费和积累形式呈现多元、多渠道投向，银行储蓄存款、购买股票、债券等有价证券数量不断增加，金融增值意识逐渐增强。1993年人均银行存入款、购买有价证券、储蓄性保险支出分别比上年增长32.3%、10.1倍和1.35倍。

（苏庆辉）

金融、保险

【金融业务综述】

金融机构概况 1993年末柳州市共有各类金融机构487个，比年初增加85个，职工人数5 869人。

货币回笼创历史最好水平 1993年在全国、全区货币投放比年初有较大幅度增长的情况下，柳州市货币回笼创历史最好水平。全年累计现金收入174.19亿元，现金支出158.67亿元，收支相抵，货币净回笼15.52亿元，比年初多回7.92亿元，增长1.04倍。从各月看，全年除元月和12月投放外，其余均为回笼月，其中10月份一个月净回笼2.78亿元，比上年同期多回1.82亿元，增长1.93倍。全年货币回笼的主要渠道仍然是商品回笼和储蓄信用回笼。其中商品销售收入回笼比上年增加21.84亿元，储蓄净回笼比上年增加2.21亿元。

积极筹措信贷资金 1993年，为有效地支持柳州市经济的快速健康发展，各金融机构积极筹措信贷资金。至年末止，柳州市全社会各项存款余额72.38亿元，比年初增加16.46亿元，增长29.34%，其中银行各项存款余额62.26亿元，比年初增加14.47亿元，增长30.28%。

从银行系统看，存款的增加仍然主要表现有储蓄存款、企业存款和其他存款三大块上。

储蓄存款年末余额34.25亿元，比年初增加8.90亿元，增长35.11%，其增量占各项存款增量的比重为61.51%。1993年，银行储蓄存款一改过去一、四季增储较大，二、三季增长平缓的局面，呈二、三季大幅增长且稳定率较高，一、四季增长平稳的特点。四个季度的增储量分别为：一季1.77亿元，二季2.19亿元，三季3.28亿元，四季1.66亿元；定期储蓄占储蓄增量的比重分别为：一季14.72%，二季40.64%，三季93.29%，四季43.98%。形成上述特点的主要原因是国家分别于5月、7月两度调整存、贷款利率，储蓄存款利率有较大幅度增长，且恢复了保值储蓄。而四季度储蓄增长相对平缓，主要受股票市场、住房商品化以及闻传税制改革，物价要上涨而引起的短期家电抢购等因素波及而至。与此同时，人们收入增加，银行改善存款环境，提高服务质量，延长办公时间，加强储蓄宣传等也为全年增储量多于上年3.03亿元提供了客观条件。

企业存款年末余额20.47亿元，比年初增加3.16亿元，增长18.26%，其增量占总增量的比重为21.48%。从全年看，一、四季增存较大，其中3月、11月分别增存4.44亿元和2.70亿元。二、三季存款回落，主要表现在四至七月，其中4月、5月、7月分别下降2.48亿元，1.21亿元和1.68亿元。1993年，柳州市工业经济效益明显提高，部分大中型企业产销两旺，汽车、装载机、钢材等产品上半年出现供不应求局面，一季度仅市机械冶金行业回笼款、预收款增存3.5亿元，二季度，因企业购买原材料和直接参与融资、房地产投资等因素，导至存款回落。6月底开始，国家加强宏观调控，控制基建上马，抑制了过热的投资，使部分产品销势由高热逐步转向平稳，经过整顿，抑制了违章拆借和乱集资行为，汇率稳定、金融秩序稳定，经济保持良好增长势头，产销持续增长，企业存款逐月回升，八月至十二月共增存3.29亿元。至年末，工业存款增加1.74亿元，占企业存款增量的55.06%，商业存款增加1.12亿元，占企业存款增量的35.44%。

其他存款年末余额4.17亿元，比年初增加1.68亿元，增长67.47%，其增量占总增量的比重为11.61%，增存的主要因素是公有住房售房款的回流。

控制贷款总量，优化贷款增量 1993年根据“从严控制总量，优化结构，面向市场，转换机制，提高效益”的货币信贷总方针，各行（社、司）在信贷规模的管理上实行“按季监控，按月考核”的管理办法，一方面严格控制信贷总量，另一方面积极向上争取新增规模，并注重盘活存量，优化增量结构。至年末止，

柳州市全社会各项贷款余额67.52亿元，比上年增加12.89亿元，增长23.60%，其中银行系统贷款余额57.22亿元，比上年增加9.84亿元，增长20.77%。各机构贷款总量严格控制在规模之内，新增则重点支持大中型企业和农业生产，保证了外贸和农副产品收购以及重点工程建设。

从银行系统看，新增贷款中，流动资金贷款增加6.14亿元，占62.40%，农业贷款增加3 574万元，占3.66%，固定资产贷款增加3.05亿元，占31.00%。

流动资金贷款年末余额41.63亿元，比年初增加6.14亿元，增长17.30%，其中对工业企业增贷3.29亿元，占53.58%，对商业企业增贷2.56亿元，占41.69%，对乡镇企业增贷1 739万元，占5.29%。工商企业贷款中，仅市工商银行对柳江纸厂、柳州钢铁厂、锌品厂、柳州汽车厂、柳州空压机厂、第二空压机厂、柳州工程机械厂、建筑机械厂等12户重点企业增贷1.9亿元；中国银行支持柳州水泥厂进出口公司、市外贸各公司出口收购增贷1.02亿元，全市外贸企业贷款比上年增长66.09%，大大高于外贸出口增长33%的水平。农业银行对农副产品收购增贷2 371万元，为保证农副产品收购的顺利进行，全年累计发放农副产品收购贷款1.5亿元，一市两县在农副产品收购中均未出现打“白条”现象。另为支持柳州市的短腿乡镇企业的发展增贷1 739万元。

固定资产贷款年末余额12.12亿元，比年初增加3.05亿元，增长33.63%。其中技改及地方开发贷款增加1.58亿元，占51.80%，主要为柳江造纸厂、塑料机械厂、柳州钢铁厂、广西磷肥厂、柳州汽车厂、柳州空压机厂、锌品厂、自来水厂、建筑机械厂、印染厂、东风化工厂、微型空压机厂、动力机械总厂等企业几十个技改项目注入资金，增加了企业的发展后劲。基建贷款增加1.47亿元，占48.20%，主要是建设银行对柳州电厂、白莲机场、大埔电站三个重点工程增贷1.35亿元。

农业贷款年末余额1.93亿元，比年初增加3 574万元，增长22.93%，新增贷款支持了农业生产的发展，全年农业总产值10.30亿元，增长6.96%，粮食产量3.87亿公斤，增产800万公斤。

与此同时，针对社会资金的供求变化情况，人民银行柳州分行及时有效地增加贷款的投入，灵活调剂调度资金。全年对专业银行累计发放贷款59.81亿元，年末再贷款余额达15.97亿元，比年初增加4 074万元。这对解决专业银行头寸不足，调整信贷结构、保证重点资金需要，缓解企业资金困难，保证柳州市经济健康发展，避免经济大起大落起了积极作用。

非银行金融机构信用扩大，金融市场活跃 1993年，全市新增非银行金融机构网点5个，非银行金融机构各项业务较上年都有较大发展，在全社会信用总量中所占比重不断上升。至年末止，全市非银行金融机构存款余额13.57亿元，比年初增加3.41亿元，增长33.56%；贷款余额10.41亿元，比年初增加3.07亿元，增长41.83%。其新增存、贷款占全社会存、贷款增量的比重分别为20.77%和23.82%，存贷款总额占全社会存、贷款总量的比重也分别由上年的18.16%和13.44%上升到18.75%和15.41%。

1993年，除金融机构提供的信用外，其他融资渠道有所扩展，金融市场较为活跃，通过市场融资的比重不断上升。全年柳州市共发行有价证券7.62亿元，其中短期融资券0.9亿元。1993年，柳州有17家企业改组为股份制公司，其中柳州工程机械股份有限公司在深股票交易所挂牌上市。1993年9家证券交易点全年交易量达4.69亿元，金融市场融资额达13亿元，外汇调剂成交额1 368.6万美元。

（六）整顿金融秩序，加强金融监管 中央6号文件下发和7月全国金融工作会议后，柳州市各金融机构认真贯彻落实党中央、国务院的要求，坚决整顿金融秩序，严肃金融纪律，加强金融监管，采取有力措施，落实朱镕基副总理和总行提出的“约法三章”，很快扭转了金融秩序一度较为混乱的局面。初步统计，全年共清理收回违章拆借资6.2亿元，通过利率检查，擅自提高利率的行为基本被制止，并加强了社会集资的管理，开展了结算纪律大检查，对检查中发现的压票、压单等违反结算纪律的问题及时进行了处理，严肃了结算纪律，保证了正常、稳定的金融秩序。

金融体制改革 1993年，柳州金融系统认真贯彻落实党的十四大和十四届三中全会精神，根据中国人民银行总行的布置，在金融体制改革上也迈出了重要的一步。一方面，人民银行分（支）行职能转换工作正在逐步进行，另一方面加快了专业银行向商业银行的过渡进程。1993年，按照总行精神，改革了人民银行再贷款管理办法，明确了人民银行分行头寸调剂职能，全年发行中央银行融资券6 550万元，两次调高存、贷款利率，银行会计实行了借贷记帐法等。根据《国务院关于金融体制版、改革的决定》，随着中国人民银行总行所提出的一系列改革措施和办法的实施，1994年将是金融体制改革的关键性的一年。

【工商银行业务】 1993年，工商银行柳州市分行（以下简称市工行）共有职工1 462人；下属支行3个，办事处6个，分理处8个，储蓄所91个，各项存款余额287218万元，比增26.6%；各项贷款余额317594

万元，比增14.5%；外汇营运资金折合人民币达5233万元，比增50%。

1993年2月，市工行在全行开展社会主义市场经济大讲座的基础上，出台了《柳州市工商银行关于转换经营机制的决定》，将过去重管理的营运机制转变为重经营的营运机制。在经营体制、财会核算模式、资金管理办法和人事劳资制度等方面进行了改革。

在稳定增加存款方面，一是坚持"存款立行"的方针，强化"存款基础论"的再认识，把全行的增存任务具体落实到每个干部职工，人人"言必及存，行必揽存"。二是"发挥优势，扬长避短，以实力争存"的揽存方法。通过抓网点、抓重点、抓源头，以贷引存等方式，开创了具有工行特色的存款工作新局面。全年新增网点13个，代发工资130户，金额5862万元。开通上海证券异地交易业务，开户1 228户，日成交额200多万元，吸收存款921万元。发放"以贷引存"贷款10802万元，引回、稳住存款11748万元。牡丹卡发卡9 408张，个人卡存款额达1099万元。三是增强服务手段，以优质服务取胜。年内新增"个人通知存款"、"家庭财产保险"和"吉利"储蓄等储种，恢复了定活两便储蓄。所有储蓄所都延长了营业时间，其中解北、中山中和鱼峰二所从8月8日起实行昼夜服务。装修、改建了24个主要营业网点，给储户创造了舒适的环境。在全行范围内开展多种形式劳动竞赛，大大地调动了干部职工争先创优积极性。中山中、鱼峰二和龙城所分别荣获柳州市政府授予的"十佳储蓄所"前三名。赖文雄等60名储蓄员荣获"优秀储蓄员"称号。柳州市青工状元技术大赛，9名参赛选手夺得团体总分第一名。赖文雄、冯梅和王萌分别荣获会计、出纳和储蓄专业的状元。

在提高信贷质量上，一是管好用足规模，优化贷款投向。全年共争取到规模40134万元，比增55.1%，创历史最好水平。对80户大中型企业累放贷款168300万元，占比85%，其中全年对柳州市龙头企业柳州汽车厂共放贷16488万元，促其产值、销售、利润分别比1992年增长57.12%、107.8%和48.8%，创历史产销最高水平。同时，发放6200多万元支持柳州市文化艺术中心、广播电视中心、白莲机场、五星购物中心、龙城五金商场、文惠桥、蝴蝶山市场、飞鹅市场等市重点工程建设。二是加强风险防范，缩小存贷借差。认真贯彻中央加强宏观调控、稳定金融秩序指示精神，按时超额完成清理拆借任务，按资产负债管理要求，缩小存贷借差，使贷款增额仅占存款增加额的66.4%，信贷资金自给率达90.43%，比1992年提高了86.8个百分点。三是探索信贷资产管理的新路子。制定和试行流动资金贷款风险管理办法，制定贷款正常率、风险率、逾期清收率等13项考核信贷资产质量指标体系，完善"三查分离"的贷款管理框架。四是大力担保、抵押贷款制度。五是加强风险代款的转化清收工作。

在加强内部管理方面贯彻预防为主的方针，建立"两防一保"工作领导机构，实行"行长特派检查员"工作制，特派员行使行长检查、督促业务工作的权力。加强存款部对营业网点的管理力度，签订安全承包协议书，逐级交纳风险抵押金，全行无经济案件和重大责任事故。

（刘洪占、郝建珍）

【建设银行业务】 概况　1993年末，中国人民建设银行柳州分行市内一般性存款比年初新增12734万元，其中，储蓄存款新增14 114万元，完成全年任务的117%，外汇存款90万美元，港币355万元，各类贷款比上年末增加15 689万元，增长20%，贷款余额控制在国计划的盘子内，其中：信贷计划内各类贷款比年初新增16 474万元，全年经办国家基建计划投资51 372万元，财务支出37 531万元，占计划的73%，现金净投放3 833万元，收付差错率为0，审查工程预（结）算原值16 099.25万元，其中：代编工程预（结）算182.62万元，核增139.28万元。核减961.16万元，净核减821.88万元，核减率5.11%，全年利润完成计划100%。

1993年是柳州建行团结奋进的一年，是加快金融改革步伐的一年，也是各项工作硕果累累的一年，先后被评为柳州市"文明单位"，柳州地区"双文明单位"、"先进单位"称号，柳州市"质量、效益"杯银杯奖。

开拓新业务状况　为适应改革开放及金融体制改革的需要，柳州建行还积极拓展各项新业务，大力筹措资金支援柳州经济建设。

1、信托业务：1993年建设银行柳州分行信托投资公司委托及信托存款比上年增长86.94%，开办了柳州——上海股票异地交易所，总成交量达1 348万元，代理国营大中型企业发行企业融资债券1 921万元，证券交易量达3 393万元。

2、电脑业务：1993年末建设银行柳州分行的电脑业务有了长足的发展。年末，电子化营业网点已达92个，占营业网点的50%，并拥有一支年轻化、专业化、政治思想过硬的技术队伍。

3、开办万事达、维萨信用卡业务。为方便顾客，增加服务手段，1993年下半年建设银行柳州分行正式发行"万事达"、"维萨"信用卡达1 756张，完成区分行下达任务的100%，发展特约商户166个，取现网点

50个。 （建行柳州分行）

【中国银行业务】 1993年1月1日，中国银行柳州支行经中国银行总行和中国人民银行广西区分行批准，正式更名为中国银行柳州分行，原隶属中国银行广西区分行关系以及各项业务范围不变。办公地址在屏山大道178号（中国银行大楼）。

1993年，柳州中行以“存款立行”为工作重点，加强存款管理工作，抓金融现代化工作，人民币各项存款余额达6.1亿元，各项外币存款余额4 000多万美元，长城卡业务在柳州保持三个领先：发卡领先；使用24小时服务自动存取款机（ATM）领先；开办提款卡领先。目前已安装使用10台自动柜员机，至12月底共发放有效卡2 400多张，比上年增加1 400多张，拥有特约商户90多家，消费总金额94万多元人民币。贸易和非贸易国际结算业务则采取扩大业务种类，改善服务，坚持快节奏、高效率工作作风和科学的结算方法，保持了国际结算主渠道作用，于12月底统计，出口收汇累计金额8 400多万美元，进口业务累计金额17 000多万美元。

在经济发展步子加快，资金需求日益增大的新形势下，柳州中行从挖掘资金潜力，盘活资金存量，合理运用资金的角度试行资产负债比例管理，取得明显效果，资金的流转性、收益性、安全性指标大大提高。至年末，共累计发放各类贷款13亿元人民币，比上年增加近4亿元人民币，全年累计发放外汇固定资产贷款1 000多万美元，支持了微汽、电子管厂、融水银河人造板有限公司等一批企业的技术改造，支持了饼干厂、三针织厂等“三贷”项目，支持了水泥厂、灯泡厂、跃进化工厂、地市外贸等一批出口创汇企业。

（中国银行柳州分行办公室）

【保险业务】 1993年是柳州保险分公司业务发展史上取得最好成绩的全年。全年国内外业务收入17630万元，其中储金7660万元，比上年增长40.1%。其中，城市业务收入8 477万元，完成年计划的129.7%，增长82%；农村业务收入1 972万元，完成年计划的77.8%，下降13.3%；人身险业务收入6 603万元，完成年计划的106.3%，增长27.3%；涉外业务收入577万元，完成年计划的100.4%，增长24.6%。全公司人均保费收入37万多元。1993年开办险种153个，其中新险种13个。1993年企业财产保险承保1 268户，保额55.78亿元；货物运输保险承保32 370笔，保额19.87亿元；机动车辆保险承保4.88万辆，保额22.88亿元；家庭财产保险承保136 203户，保险额8.07亿元，柳州地市共有300万人参加了各种人身保险。

1993年，柳州保险分公司共发放贷款136笔，金额7 402万元，其中柳州地区3 202万元，柳州市4 200万元。

1993年柳州保险分公司共处理各种保险赔案和人身险给付共15万件赔款和给付6 012万元，综合赔付率52.9%。

1993年，柳州保险分公司对业务发展重心进行了调整，使柳州市业务收入占全公司业务收入的48.5%，比1992年上升了6个百分[illegible]险业务收入占国民生产总值的2.1%，比1992年增加了0.8个百分点。

1993年柳州保险分公司的一个重要特点是：根据市场经济规律及内部经营现状，在分公司内部继续全面推行内部经营承包责任制，采取层层承包的方式，把业务任务分解到每一个人，有效地调动了全体员工的工作积极性。为了保证全年任务完成，落实承包方案，分公司各基层单位先后制订了一系列措施，计有“三定一包”、“利润指标”实施办法、“业务管理暂行办法”、“效益分配法”等。

一年来，保险公司与柳州市消防安全委员会、地区公安消防支队联合对辖区内300多家大中型企业和其他单位进行3次安全大检查，查出事故隐患300起，促进了安全生产，减少了事故的发生，避免了经济损失。还与消防部门联合开展“119”消防安全宣传月活动，收到很好的社会效果。

第四部分：县、区社会经济发展概况

【城中区】（一）真抓实干加快经济建设步伐 1993年，城中区政府紧紧围绕经济建设这个中心，大力发展经济，根据本区的具体情况制定和实施了一系列方针和政策，取得了明显的成效，促使经济工作跃上了一个新台阶。全年完成工业总产值7 383.89万元，工业销售收入14 634.68万元，工商税利926.93万元，财政税收1 994万元，分别比上年增长29.77%、88.46%、20.14%、32%。主要做法是：

一是加强对经济工作的领导。年初，区政府将区属企业和四个办事处、劳动服务公司的企业分为两大块，采取抓好区属骨干企业、大力发展合作企业的办法，重点指导和支持效益好、产品竞争力强的企业。二是制定出对区属企业的承包方案，发布《关于对城中区劳动服务公司，街道办事处发展经济奖励的暂行办法》的政策性文件，建立企业激励机制，鼓励企业大力发展生产。三是走内引外联道路，积极依托大中型企业，引进项目、引进资金，走联合生产和配套生产之路，为加快城中区的经济发展奠定了良好基础。加强科技兴企意识，注重抓技术进步、新产品开发、人才引进。1993年全年完成技改项目4项，投入技改资金160万元，开发新产品10项。

城中区在重点抓好骨干企业、大力发展合作企业的同时大力发展第三产业。1993年全区新办理工商企业358家，比上年增长306%。四个办事处和劳动服务公司的工业产值达3 474万元。松化饼厂、城中印刷厂、纸袋厂等厂家，利用地处市中心商业繁华地段的优势，依照一业为主、多种经营的方针，兴办商业、服务业或出租门面，取得了较好的经济效益和社会效益。

（二）巩固文明城区成果 城中区在全市四个城区中率先建成柳州市“文明城区”的基础上，全区进一步加强政治思想教育，组织全区干部、群众反复学习邓小平关于建设有中国特色的社会主义理论，坚持两个文明一起抓，广泛开展群众性精神文明建设活动。全区全年有9个单位被评为自治区级文明单位，市级文明单位92个，城中区级文明单位72个。评出五好家庭9 043户。加强“双拥共建”工作。至年底止，军（警）民共建文明点72个，为部队培训军地两用人才157名。

经常开展群众性文化活动，健全区、街道办事处、居委会文化工作三级网络，建立家庭文化户39户，组办元霄花灯展、文艺汇演、卡拉OK大奖赛等活动，丰富了群众的业余文化生活。举办中小学校“学雷锋读书竞赛活动”，培养青少年爱读书、爱劳动、助人为乐的风尚。

为了加强城市管理、美化市容区貌，城中区政府经常开展以市容卫生、交通秩序为重点的整顿工作。全年共出动车辆2 476次，教育纠正违章34 985起，查处无证跨坎经营8 300摊。保证了龙城路、五一路主干道的秩序和整洁。开展爱国卫生运动，严格卫生管理制度，落实“门前三包、门内达标”责任制。灭鼠、灭蟑“双灭”达标。被市政府评为市容卫生管理先进单位、绿化先进单位、爱国卫生运动先进单位。在全市“三优一学”竞赛中，城中区在四个城区中再获总分第一。

（三）加强计划生育工作管理 1993年，城中区继续实行计划生育目标管理责任制，加强对区、街道办事处、居委会计生网络的管理，加强计生队伍建设，重点抓流动人口的计生管理工作。使全区计生工作走上了经常化、法制化、科学化的轨道。1993年全区计划生育率保持在98%以上。完成了与市政府签订的人口责任承包任务。在全自治区人口计划执行情况核实中，总分在全自治区18个城区名列第四名。

（四）狠抓社会治安综合治理 1993年，城中区继续推行社会治安综合治理目标管理责任制。建立了130多人的夜巡队伍，加强夜间巡逻。38个居委会建立了治保、调解、帮教机构。健全了区、街道办事处、居委会三级综合治理网络。做到专项打击与群防群治两手抓、两手硬，取得了显著成效，维护了社会的安定。全年共查处各类刑事案件1 255起。在社会治安综合治理和调解工作中，涌现了施家荣、黄秋明等全国社会治安综合治理先进个人、调解工作先进个人。

（柳州市城中区政府办公室）

【鱼峰区】（一）基本情况 该区辖5个街道办事处，共39个居民委员会。行政区域面积20.1平方公里，总人口18.7万人（第四次人口普查统计数）。有区属企业21家（其中公司7家），职工人数1 522人，工业总产值7 010万元，财政收入477万元，财政支出504万元。

（二）城区企业经济效益提高　1993年，鱼峰区工业总产值比上年增长43.8%；销售收入8 278万元，比上年增长60.8%，税利750万元，增长67%，其中利润完成327.6万元。出现税利增长速度高于工业总产值和销售收入增长速度的好势头。年内，区属工业企业突出抓好技术改造和开发新产品。竣工上年结转技改项目4个，完成投资700万元。还完成了7个新建、技改项目的立项评审。天马街道办事处开发的塑钢异型材料新产品通过自治区级鉴定，并获得市新产品开发奖。

（三）创建文明城区活动蓬勃开展　加强各行业职业道德教育，开展"学雷锋、树新风"活动，创建文明城区活动扎扎实实开展。仅3月的4个周日，全区共有80多个单位开展社会公益活动，活动项目达24个，参加人员2 500余人。市容卫生管理进一步加强。在认真落实"门前三包，门内达标"责任制的同时，对燎原路等11条路段进行了多次治理，先后出动4万余人，动用装载机、汽车88台次，清除垃圾上万吨，疏通水沟4 150米。年内，新创市级文明单位7个，城区级文明单位8个，推荐自治区级文明单位4个。该城区获柳州市1993年度文明城区称号。

（四）社会治安综合治理取得实效　年内，除进一步落实社会治安综合治理责任制外，重点抓了宣传教育和专项斗争。城区政府拨出专款6万余元，组织辖区单位开展社会治安综合治理一条街宣传活动，散发宣传资料，在街头巷尾设立法律咨询点，接受群众咨询。有关单位积极配合公安部门开展专项斗争，打击各种违法犯罪活动。全年，整个辖区的破案率比上年提高10个百分点，民间纠纷调解成功率达88.8%，辖区内治安秩序好转。

（五）计生工作取得成绩　全年扎扎实实地开展计生宣传和节育技术服务；在全市率先设立法庭计划生育管理执行室，依法开展各项工作。全年计划生育率达99.53%，该区被评为柳州市计划生育先进单位。

（六）拥军优属工作落到实处　年内，成立了鱼峰区军地两用人才培训中心，设立10个专业培训基地，为部队培训烹调、财会、电工、水电等专业人才420多名。空军某部停机坪施工期间，有关单位先后派出装载机、翻斗车等10余台，挖运土方7 000多立方米，平整地面4 000平方米。春节和"八一"建军节，辖区内64个单位，共捐款1.6万元，购置文体器械及其他慰问品送到军营，并与部队官兵共度佳节。全区77名义务兵优待金共1.4万元全部按时兑现。

（七）群众性文体活动日趋活跃　年内，先后举办了第四届"鱼峰之声"艺术节和全区体育运动会，组织柳石、龙泉、驾鹤、河东等四个片的职工体育比赛和文艺汇演。此外，还首次举办了军民摄影书画展，展出作品200多幅。区内的文化馆（站）经常举行桌球、乒乓球及棋类比赛，促进了群众文体活动的开展。全年共评出"文化户"733户。辖区有8个馆、站、室受表彰，区体委荣获柳州市群众体育先进单位。

（龙凤斌）

【柳北区】（一）概况　柳北区位于市区北部，南临城中区，北至郊区长塘、白露乡、东西滨柳江，总面积48.46平方公里。该区辖4个街道办事处和柳州钢铁厂居民办事处，共有47个街道居民委员会。该区有17条街道，19条巷子，辖区内交通便利。辖区内有29个民族，总人口23万人。辖区内有地、市党政军机关和企事业单位423个。1993年该区经济获得了较快的发展，实现工业总产值7 146万元，工业销售收入6723万元，第三产业收入8176.89万元，固定资产投资完成463万元，社会商品零售总额1.42328亿元，完成税收2 091万元，财政收入522.8万元，财政支出474万元，信用社年末总存款余额9 974.2万元。精神文明建设也取得了显著成绩。

（二）经济持续发展　1993年，该区首先加强对区属、街道企业、个体企业的协调、指导和服务工作。制订了《关于搞活经济，加快发展的若干办法》、《关于小集体企业用工放开的通知》、《柳北区机关各部门申办企业管理的暂行规定》等措施。其次，注重技术改造、增加企业发展后劲，把车架厂、弹簧厂、穗柳饼家等企业列为技改的重点。1993年区政府累计投入资金112.5万元，企业自筹资金81.5万元进行技术改造。在重点扶持的同时，还对原有老企业进行小型技改、扩厂、引进先进技术，开发了高温粘合剂、木地板、皮革制品、食品点心等一批新产品，大大提高了市场竞争能力。第三，抓好调整产品结构，加强基础管理，抓好扭亏增盈，对长期亏损企业实行关停并转。在大力发展有销路、效益好的企业的同时又大力兴办、联办投资少、见效快的各类小集体企业299家；在发展生产的同时，强化税收管理，制订目标责任制，搞好协税、护税、涵养税源、促产增收工作。该区1993年工业产值、销售收入、实现税利分别比上年增长52.88%、44.5%和49.46%。

（三）"双拥共建"成效显著　1993年该区认真组织辖区军警民开展争优创先活动，拓宽双拥领域，丰富双拥内容，"走访慰问、登门认亲"，经常到部队通报情况，征求意见。先后拿出几十万元购买了彩电、卡拉OK机、录像机、洗衣机、衣物、食品慰问军警部队。在优抚工作方面，优待面达100%，优待统筹金征收数额居各城区之首。该区为部队和军烈属做好事办实事670多件，安排了30多名部队干部家属的工作，解决了7户军烈属、军人子女入学的学费问题。抓好军警民共建精神文明活动，一是坚持双向交流，共育“四有”新人。二是坚持共建互助，共促“两力”（社会生产力和部队战斗力）提高。如柳北区一度脏乱问题突出，各部队为此先后出动61 000多人次、车辆230多台，帮助治理卫生死角。三是坚持相互支持，共育“两用”人才。三年来该区共为部队培训各类专业人才344名；开办家电维修、园林艺术、电脑打字、烹调技术等培训班22期，共培训指战员1 100多人次。该区1993年又涌现出自治区级文明单位8个，市级、城区级文明单位220个，75个军民共建点95%成了文明单位．为创柳州市“双拥”模范城作出了应有的贡献。

（四）计划生育成绩显著　该区在计划生育工作中，坚持各级党政一把手抓、负总责，推行人口承包责任制，强化基础管理，形成条抓块管综合治理计划生育的运行机制。在网络建设方面，配有计划生育专职干部和管理员，做到人员、职责、报酬三落实，有计划地抓好计生干部培训，提高政策业务水平。对育龄妇女实行分类管理，建立表、卡、证制度，做到凭证生育。增设避孕药具发放点，定期回访，定点孕检。制定计划生育目标管理考核方案，开展达标升级活动。对流动人口的计生工作实行综合治理，协调落实公安、工商、卫生、劳动等有关部门齐抓共管，在用工、经商暂住方面严格管好计划生育凭证。把经常性管理与抓好集中清理结合起来。1993年该区计划生育率为99.88%，晚婚率为96%，落实各种节育手术9 720例，在自治区18个城区的人口计划生育核查评比中取得了总分排名第一的好成绩。

（黄夏惠）

【柳南区】　柳州市柳南区人民政府辖5个街道办事处，38个居委会。行政区域面积22.7平方公里。总人口23万。区属街道企业全年实现工业总产值6 749万元，财政收入660万元，财政收支平衡。柳南城市信用社年末存款余额10 861万元。

区属街道企业稳步发展。1993年完成销售收入4 036万元，比上年增长43%；商业及其它销售收入5 203万元，比上年增长52%；实现税利645万元，比上年增长79%，取得了较好的经济效益。柳州市铁木制品总厂、柳州市耐火材料厂、柳州市树脂砂轮厂等企业是该区的骨干企业。这些企业分别生产的铁制图书档案装具、卫生洁具、树脂砂轮等产品在区内外享有较高的知名度，占有一定的市场，取得了较好的经济效益。

外引内联取得成效。1993年，柳州市树脂砂轮厂投资135万元，引进机电部广州电器科研所技术，生产塑料粉末喷涂材料，填补柳州市空白，发展前景看好。

第三产业发展迅速。该区利用交通便利、地理位置优越以及柳州市全方位改革开放、全市商业网点南移的优势，积极发展商业、服务业、交通运输业、房地产业、科技、法律和会计咨询等第三产业。制订了一系列加快发展第三产业的政策，鼓励区内外客商和居民群众兴办各类经济实体。该区在继续办好谷埠二街市场的基础上，投资360万元，兴建了柳州市建筑装璜材料市场。该市场占地面积10 000多平方米，建筑面积5 300平方米，集贸易、信息、综合服务于一体，为柳州市的经济繁荣、国家税收作出了积极的贡献。辖区有关单位也利用各种形式，开办了10多个专业市场，搞活了流通，繁荣了市场，方便了群众，增加了收入。柳州市物资供销总公司和柳南区劳动服务公司是该区第三产业的排头兵。这两个公司，1993年分别取得了销售收入4 600万元、税利100万元和管理费收入285万元、税利152万元的好成绩，创历史最好水平。1993年全辖区新增各类经济实体668个，安排就业4 600多人，总产值达4 566万元，比上年增长37%，成为该区经济的一个支柱。

城市信用社存款增加。1993年底，柳南城市信用社存款户数发展到14 632户，比上年增长2.8倍；各项存款余额10 861万元，比上年增加3 844.7万元，增长54.8%，其中，个人存款余额3 664万元，比上年增加1 208万元，增长49.1%；各项贷款余额5 948万元，比上年增加2 025万元，增长51.6%；全年实现利润200万元，比上年增加29.9万元。创历史最好水平。

计划生育工作成绩显著。坚持“三个为主”的方针，实行计划生育目标管理责任制，建立和健全计划生育网络。辖区各单位党政一把手负总责，分管领导具体抓，严格实行计划生育工作“一票否决”制。计划生育工作朝着制度化、规范化、科学化方向发展。全区计划生育率达99.85%，晚婚率达96.52%，多孩率控制为零，凭证生育率达99.85%。全面完成了市委、市政府下达给该区的各项计划生育任务，在自治区计划生育工作抽样检查评比中，荣获第二名的好成绩。

民政工作获自治区“民政工作先进城区”称号。

精神文明建设取得新成绩。继续开展了“岗位学雷锋、行业树新风”为主题的学雷锋活动。狠抓了文明单位的巩固、提高和发展工作。1993年发展了城区级文明单位11个，市级文明单位2个，自治区级文明单位3个。在全市“三优一学”活动评比中，各项成绩被评为优胜。军（警）民共建点，在巩固的基础上，由原来的54个增加到58个。1993年度，该区精神文明建设委员会办公室被自治区精神文明建设委员会评为先进集体。

（柴增华）

【郊区】 柳州市郊区辖石碑坪、长塘、白露、黄村、柳东、羊角山、西鹅7个乡，沙塘、洛埠、太阳村3个镇。行政区域总面积535平方公里，耕地面积8 062.4公顷。总人口10.85万人，其中农业人口10.6万人，有壮、回、苗、毛难、仫佬等少数民族。

1993年，郊区实现社会总产值13.38亿元，国民生产总值实破4亿元，乡镇企业总产值114 865万元，农业总产值19 917万元，粮食总产量28 004吨，蔬菜总产量10.8万吨，全年出栏肉猪59 384头，出栏家禽171.19万只，淡水鱼产量2 041吨，农民人均纯收入1 056元。

乡镇企业总收入突破10亿元。柳州市郊区利用背靠工业城市的区位优势，进一步解放思想、更新观念，制定发展乡镇企业激励政策，多层次、全方位、多轮驱动发展乡镇企业。充分利用地利和乡镇企业优惠政策“筑巢引凤”，与大中型企业结缘，主动接受城市大工业的幅射。积极引进技术、引进项目、引进技术人才、增加投入，为城市大工业提供配套产品。已形成汽车配件、化工、建材、纺织、食品、机械加工等产业结构。现有乡镇集体企业1 089家，1993年新办集体企业486家，注册资金2.23亿元，总收入超亿元的乡镇有6个，占乡镇总数的60%，产值达千万元的大中型企业有14家。1993年乡镇企业超常规突破性发展，乡镇企业总产值11 4865万元，总收入109 108万元，双双提前一个月超额完成柳州市人民政府下达的10亿元任务，成为柳州市第一个突破10亿元产值的县（区）。乡镇企业人均收入名列自治区县（区）榜首，被自治区党委、自治区人民政府授予1993年度发展乡镇企业人均奖第一名。

副食品生产有较大发展。积极调整产业结构，形成近、中、远郊长短菜互补的蔬菜基地格局。1993年，新建蔬菜基地2 019亩，开发冬闲田31 800亩，以沙塘镇、黄村乡、羊角山乡为主种甜竹笋1 682亩，逐步形成甜竹笋基地。1993年蔬菜总产量达10.8万吨。生猪、家禽、渔业生产都比1992年有不同幅度的增长。生猪饲养量由8.71万头增加到9.63万头，家禽饲养量由121.38万只增加到175万只，鱼产量由985吨增加到1 800吨。

消灭宜林荒山达标郊区掀起植树造林高潮，投入造林经费57万元，完成人工造林33 576亩。现郊区林业用地栽植率达98.96%，居民点绿化率达96.58%，河岸绿化率98.3%。森林消防工作成绩显著，配备了一支21人的专职森林防火队，建造了44.4公里长的县界森林防火隔离带，全年无森林火灾事故。1993年经自治区验收小组验收，郊区消灭宜林荒山达标，被自治区党委和自治区人民政府授予广西消灭宜林荒山先进县（区）称号。

计划生育工作成绩显著。1993年，柳州市郊区被列为自治区41个县（区）创建计划生育工作达标县（区）之一。为确保达标任务完成，各级党政一把手负总责，层层签订目标责任制，制定切实可行的达标方案，增加经费投入，抓达标工作计划的落实和检查。通过全郊区共同努力，1993年人口出生率为13.19‰，计划生育率为80.23%，多胎率降至1.16%，郊区71个村公所、居委会、668个村民小组都配备了人口管理人员，区、乡、村、屯四级计划生育管理网络齐全。1993年全面完成中共柳州市委、市人民政府规定的计划生育指标。1993年经自治区检查验收，柳州市郊区荣获广西计划生育达标县（区）称号。

（李忠霖）

【柳江县】 柳江县为举世闻名的“柳江人”所在地。解放前县城一直设在柳州，解放后迁至拉堡，距离柳州11公里。公路：柳邕线至南宁，柳桂线直通桂林，柳梧线达梧州、广州。铁路：湘桂、黔桂、枝柳三条铁路过境，设车站9个。水路：柳江河航运直达广州。民航：白莲机场位于该县境内，距离县城10公里。

全县共有16个民族，壮族占76%，汉族占23%，其他民族占1%。1993年末人口483 996人，人口出生率12.43‰。计划生育推行层层承包责任制，主要领导亲自抓、负总责，专职干部具体抓和依靠社会力量齐抓共管相结合，以教育为主、避孕为主，适时开展大清理活动，有效地控制人口过快增长。

国内生产总值60 722万元，比上年增长20%，高于全国、全区的增长速度。第一产业增长7.21%；第二产业增长41.36%，其中建筑业增长91%，主要是固定资产投资增长1倍多；第三产业增长19.88%，其中房地产业增长3倍多，主要开发了基隆、塘头共467公顷土地。

农业总产值40 433万元，比上年增长10.22%，农业增加值23 798万元，增长7.21%。取得农林牧渔业增产增收。1993年，本县既无旱灾又无涝灾，对农业生产极为有利。生产者商品经济意识增强，依靠科技推动城郊型经济的发展。种植业产值29 362万元，增长10%。其中蔬菜产值4 024万元，增长63%；林业增长

55%，牧业增长6.5%，渔业增长45%。种植业的蔬菜作物已从自然经济逐步走向商品经济。八十年代的柳州，蔬菜的供应主要依靠郊区和北方。随着柳州工业的迅速发展，蔬菜基地越来越少。进入九十年代，改变了“北菜南运”的局面，柳江县成为蔬菜供应的重要渠道，每年约有一亿公斤新鲜蔬菜源源不断地运进柳州。主要农产量：粮食20 210万公斤，人均产粮419公斤。糖蔗54万吨，木薯8 240吨(干薯)，花生8 720吨，蔬菜123 800吨。大牲畜存栏123 353头。生猪存栏178 360头，出栏127 460头。猪牛羊肉11 190吨。

工业企业137个，其中国营企业36个，二轻企业10个，乡镇企业89个，其他企业2个。工业总产值48 893万元，增长10%。国有工业产值33 415万元，集体工业产值14 814万元，其中乡镇工业产值13 462万元，其他工业产值664万元。工业主要产品产量：糖81 853吨，水泥165 096吨。工业经济效益综合指数由上年的94.86%提高到132.1%。增加值率32.86%，资金利税率20.76%，产品销售率98.63%，全员劳动生产率19 521元/人，流动资金周转2.5次。固定资产投资完成12 004万元，国有10 278万元，城乡集体1 726万元。其中新增年产机制纸1.2万吨。

消费品零售总额22 623万元，零售贸易机构5 604个，8 189人，饮食业机构1 746个，1 988人。国有、集体流动资产9 154万元，固定资产3 334万元，税金179万元，商品销售利润449万元。

小学167所，中学26所。在校学生数：小学82 300人，中学19 600人。学龄儿童入学率98.5%。国有单位科技人员3 918人。医院16所，床位551张，医生317人。应届中学毕业生录取大中专院校337人，录取率49.85%。花炮队比赛获自治区六连冠。获区级以上金牌10枚，银牌8枚。首次与日本熊本市中学生女子手球队进行友谊赛。

地方财政收入6 382万元，城乡储蓄存款余额16 463万元，保险业收入874万元。国有单位职工人数22 210人，工资总额6 763万元，平均工资3 254元；集体单位1 808人，工资总额475万元。

农民人均纯收入十多年来均在全国平均水平左右摆动。1980年该县农民人均纯收入低于全国平均数10元，低5.2%，经十三年的发展，达到934元，高于全国平均数13元，高1.4%。膳食结构为温饱型，恩格尔系数55.7%，日摄取热能2 300千卡，蛋白质45克。

(覃学信)

【柳城县】 1993年，全县国内生产总值60 547万元，比上年增长26.18%，其中第三产业增加值10 498万元，比上年增长19.43%。

(一)农业　1993年农业增加值32 684万元，增长9%；总产值完成56832万元，增长8.89%。粮食总产量16.34万吨，增长4.74%，再创历史新纪录；糖蔗产量81.45万吨，增长8.82%，油料产量0.76万吨，增长14.05%；水果产量1.88万吨，增长24.5%；肉类产量1.54万吨，增长11.59%；蔬菜产量3.54万吨，增长4.31%。

(二)工业　开发了蛇胆川贝液等10个新产品；完成了柳城糖厂等4个企业的技改项目。全县工业增加值17 194万元，增长70.76%；总产值62 749万元，增长41.24%，增加值增幅高于总产值增幅29.52个百分点。乡及乡以上独立核算工业企业产品销售收入53445万元，增长103.53%；实现税利增长8.08倍。

(三)交通、邮电　交通运输邮电业全年增加值2 017万元，增长1.29倍。县境内公路总长350公里；民用汽车707辆；民用机动船387艘，增长17.27%。全年邮电业务量267万元，增长50.1%；自动电话机1 962部，增长50%；县城无线寻呼台7月28日投入使用。

(四)商业、财政　全县共有农贸市场21个，新增3个；总面积7.7万平方米；社会商品零售总额26 119万元，增长14.6%；农副产品收购额20 500万元，增长23.7%。全年地方财政收入6 450万元，增长79.5%；财政支出6 904万元，增长54.3%。

(五)科技、教育、卫生、文体　科技：实施“星火计划”，推广科技成果42项，有25项获区市奖励。教育：适龄儿童入学率98%；中学教师学历合格率提高6.6个百分点，小学教师提高了22.2个百分点。卫生：全县卫生系统拥有病床512张；卫生技术人员547人，已建立卫生医疗点225个，解决6个乡镇卫生院危房。文体：全县14个乡镇已建立图书馆，共藏书22万册，名列全区榜首，广播、电视人口覆盖率分别达95%和80%；全年共有36人次运动员获市级以上奖励，获金牌37枚。

(六)人民生活　全年职工人均工资2 732元，增长18.4%；全县农民人均年纯收入882元，增长25.5%，农村人均有粮509公斤，增长4.29%，全县人均年末存款增长31.17%。

(七)加强基础设施和城镇建设，改善投资环境　完成固定资产投资1.05亿元，增长1.03倍。交通：大埔到凉水山公路改造工程提前完成；龙头码头修建工程即将竣工；社冲民建路建设速度加快；大埔至沙埔标准二级公路已完成勘测及设计工作，凤山公路大桥河中6个桥墩已有4个露出水面。通信：县城无线寻呼台已投入使用；2 000门程控电话交换机改制扩容为4 000门数字程控电话交换机工程已完成设备订货及开始电信大楼设计。微波大楼、柳城宾馆、农行大楼等已相继封顶或进入装修阶段。

（八）大埔水电站正式立项和引资成功　1993年9月国家计委正式批准大埔水电站立项和引资。9月27日大埔水电站利用奥地利政府长期低息贷款3.6亿奥先令（折合人民币1.76亿元）购置伊林公司发电机组及相应设备的合同在维也纳正式签字。这是广西目前利用外国政府贷款单项资金最大的项目。

（九）乡镇企业成绩斐然　1993年全县乡镇企业总收入35 732万元，增长1.01倍；完成总产值33 359万元，增长60%；实现利润2 342万元，增长50%；上交税金1 564万元，增长82%。柳城丝绸厂和五个砖厂相继建成投产。

（十）社会稳定　切实加强社会治安综合治理。各种刑事案件发案率下降了34.33%，破案率提高了13.62%，“三大”纠纷明显减少。全县社会治安形势不断好转，群众的安全感明显增强。

（十一）计划生育　计划生育完成上级下达的人口控制计划，人口出生率为12.4‰，下降2.63个千分点，自然增长率为8.22‰，计划生育率达75.38‰。

（罗树才）

锡粉

锡锭

柳州冶煉廠

柳州冶炼厂位于广西工业、交通中心——柳州市区。是中国有色金属工业总公司大厂局直属企业。

本厂技术力量雄厚、工艺先进、设备齐全、检测手段完善，集四十年经验。严格按国际先进标准生产的（精）锡锭、（锡基）轴承合金、锡铅焊料（条），曾多次荣获省、部级优质产品称号。其中锡锭1979年评为广西名牌产品。1980年、1987年评为冶金部和中国有色金属工业总公司优质产品，1989年荣获国家产品质量金奖。产品畅销全国，远销欧、美、亚洲、大洋洲市场。

“质量第一，用户至上”是本厂一贯宗旨，生产过程严格实施全面质量管理。曾被授予广西质量管理奖企业，荣获广西先进企业和国家二级企业称号。

作为锡深度加工的主要基地，我厂带生产各种型号、规格的锡工艺品、硫酸亚锡、锡粉、焊锡丝、焊膏及硫酸锌多种产品。其中锡工艺品获90年北京博览会金奖，银寿盒获国家专利产品。本厂热忱欢迎国内外客商惠顾。

锡制工艺品

轴承合金

欣欣向荣的柳州市飞鹅市场

由柳州市粮食局主办的飞鹅市场，地处闹市区飞鹅路226号。该市场紧靠火车客运南站，汽车总站。占地2万平方米，有盖使用面积1.4万平方米，设有一个交易大楼，4个交易大棚，2千多个固定摊位，3百多间门面，安排国营、集体、个体从业人员上万人。经营服装、针毛织品、日用百货、布匹等四大门类，上万种商品。

市场开业后，成立了以粮食、工商、税务、物价、财政、公安等部门组成的市场管理委员会和飞鹅实业开发公司，并在市场内设置工商所、税务所、邮电所、银行储蓄所、公安治安大队等管理机构及酒楼、餐馆、仓储等综合服务设施。为广大经营者和顾客提供了良好经营秩序和安全舒适的经营环境。

如今的飞鹅市场，以其便捷的交通，充足的货源，优质的服务，良好的信誉，吸引着八方客商，商品幅射到湘、黔、贵等省市，每天客流量上万人次，日均商品成交额百余万元，成为桂中南地区规模最大的日用工业品批发市场。

热闹非凡的飞鹅市场

市场负责人：覃宝春
地址：广西柳州市飞鹅路226号
电话：335488　334461
邮政编码：545005

飞鹅市场

飞鹅市场

柳州市银柳房地产合作开发公司

总经理：贝清德

白沙商厦

柳州市银柳房地产合作开发公司成立于1993年3月，是经广西壮族自治区建设委员会、柳州市人民政府审批的具有独立法人资格，专营房地产、物业管理的三级开发公司。

公司具有雄厚的经济实力和房地产开发技术力量。自开业以来，得到社会各界的大力支持和关怀，成功地开发建设了柳州市"黄龙屋村"商品楼住宅小区，获得了同行一致好评。1994年度公司将投资4800万元人民币，于白沙路口建设集商、贸、办公、住宅、娱乐于一体的柳北区最大的20层综合性大楼"白沙商厦"。预计1995年底完工交付使用。

公司全体员工决心以优质的工程，完善的服务，树立起现代企业的良好形象，为柳州人民安居乐业贡献自己的力量。

公司经理：贝清德
公司地址：柳州市三中路88号
桂新饭店一层
电　话：228879
邮政编码：545001

南方豪华家俱城

总经理：陈丽明

由家俱城产品装饰的会议室

南方豪华家俱城位于柳州市东环路绿化工程处左侧，有1200平方米花园式的营业面积，下属两个生产厂用地6328平方米，员工120人，主要生产销售各种式样的豪华聚脂倒磨家俱，生产工艺先进、产品和服务质量都赢得了客戶的信赖。兼营各种规格型号的皮沙发。在柳州家俱行中是有影响的生产销售单位。

总经理：陈丽明
地址：柳州市东环路绿化工程处旁

电话：334509
邮编：545005

展销厅一角

柳州市塑料制品总厂

该厂各类产品

高强度塑料硬管(材)

高强度柔性集装袋

柳州市塑料制品总厂建于1974年，是轻工部在广西定点生产农地膜的厂家，现有各类专业技术人员138人，全厂占地56520平方米，是国家二级计量合格企业，自治区先进企业，连续六年获自治区“重合同守信用”企业称号。

该厂在改革开放的新形势下，动用各种现代化科学手段，不断强化内部管理，工艺纪律严明，检测手段完善，先后从日本、德国、意大利、香港地区引进数百万美元的先进技术和设备，为规模化生产，保证产品质量，赶超国内外先进水平打下了较为坚实的经济技术基础。主要产品有高强度塑料硬管、波纹软管、涤塑管；高強度柔性集装袋、编织袋、防水蓬布系列；塑料周转箱；塑料薄膜系列等等。近年来，全厂主要经济指标和主要产品质量均名列广西同行业前茅。其中网眼袋、编织袋获区优产品称号。目前该厂已正式投产的奥地利柔性集装袋生产线及合资生产的大口径塑料管材，将以崭新的姿态，参与市场竞争，以满足国内市场的需要。

柳州市百朋水泥厂

厂长：覃俊善

百朋水泥厂获得的部分荣誉

柳州市百朋水泥厂位于柳州市柳江县百朋乡境内，北距百朋街约一公里，拉堡镇18公里，柳州市29公里，东邻湘桂铁路线百朋火车站，西有柳（柳州）来（来宾）公路经过，百朋街口常有客车候客，可直达拉堡、柳州等地，交通非常便利。该厂是百朋乡企办同区公路管理局合资兴建的年产6万吨水泥的一家乡镇集体企业，拥有固定资产1090万元，职工总数305人，其中有大专生3人，中专生8人。1993年该厂生产了5.17万吨525#标号普通硅酸盐水泥，创利税647.77万元，人均利税2.12万元，被柳州市市委、政府评为效益优秀企业；创产值1998万元，全员劳动生产率达6万余元，该厂产品有较强的竞争能力和较好的信誉，主要销往柳州、南梧公路、广东等地。

由于该厂具有丰富而优质的原材料资源，产品具有较强的创利能力，为了扩大生产规模，于1993年投资2400万元兴建第2条，年产14万吨水泥生产线，计划于94年8月建成投产。届时，该厂将成为年产20万吨水泥、拥有固定资产3500万元，职工总数一千余人的中型企业，按照现在的市场行情，该厂年创利税将达2233万元。

厂长：覃俊善　地址：柳州市柳江县百朋乡内

该厂主要产品

百朋水泥厂外貌

柳江制药厂在改革中奋进

厂长：董敏庆

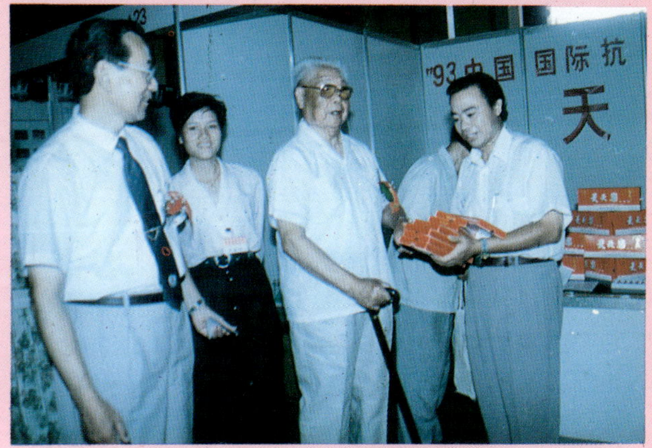

在北京"天天乐口服液"科技成果汇报会，厂长董敏庆（右一）向原国务院副总理陈锡联（前右二）赠送"天天乐"。

柳江制药厂始建于1970年，拥有较雄厚的技术力量，先进的生产设备及检测仪器，主要产品有维C银翘片、牛黄解毒片、蛇胆川贝液、乙肝宁冲剂，优质产品板蓝根冲剂等110多个品种。名牌产品"天天乐口服液"系以人体胎盘、珍珠为主的纯天然中药制剂，具有镇静安神、健脑益智、抗衰美容的作用，适合男女老少不同层次的人服用，疗效显著深得广大消费者的厚爱。

该厂注重信誉，讲求质量，严格按GMP（药品生产管理规范）标准生产，连年获得"重合同、守信用企业"称号，先后荣获自治区"无假冒伪劣产品销售企业"和"质量、品种、效益杯"达标奖等荣誉称号。

该厂竭诚寻求国内外代理商，热忱欢迎国内外客商惠顾。

厂长：董敏庆
电话：0772－74－2265
地址：柳州市柳江拉堡西路91号

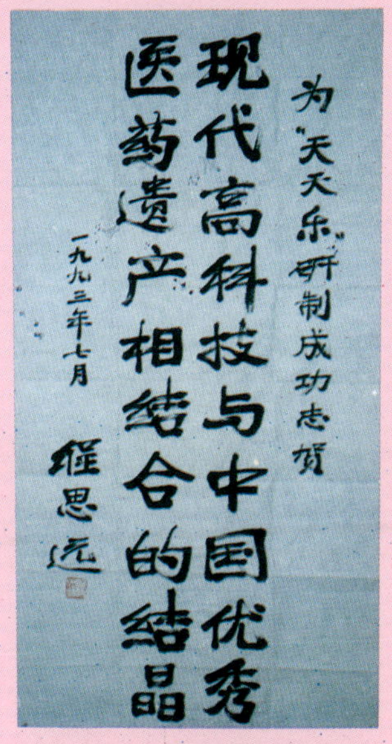

全国人大副委员长程思远题词

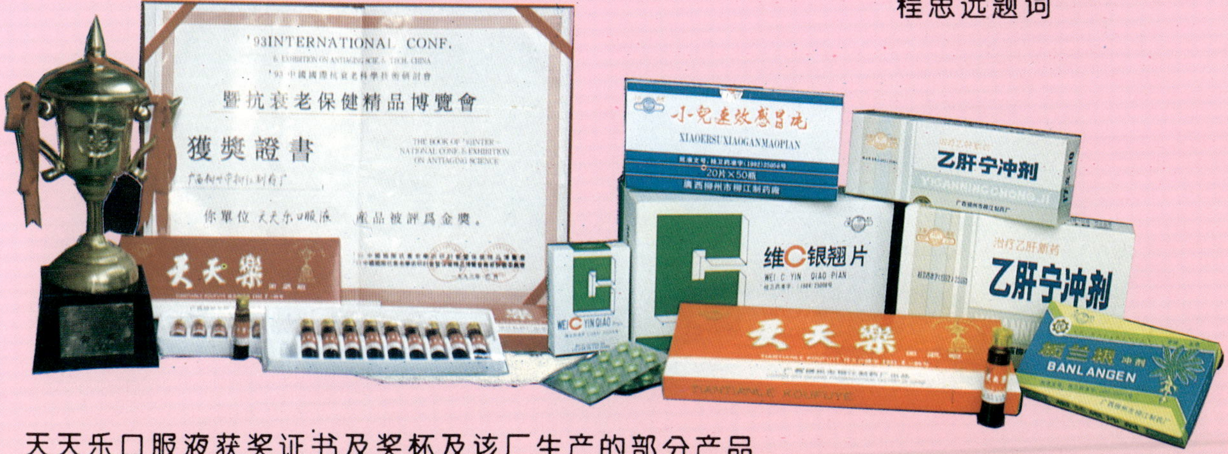

天天乐口服液获奖证书及奖杯及该厂生产的部分产品

广西柳州市第二建筑工程公司

公司经理：李和彬

公司办公大楼

广西柳州市第二建筑工程公司于1964年组建，经过30年的艰苦奋斗，现有职工1600多人，初、中、高级各类技术人员177人，固定资产1.5亿元以上，施工机械设备先进齐全，如40T进口覆带吊车，16T、8T、5T汽车吊，天平塔吊、装载机、大小汽车等共有100多台(套)，是一个技术力量雄厚，设备先进齐全施工经验丰富的国家二级企业。

公司历年来，完成了一大批优良工程，在柳州市享有很高的声誉。公司下设房地产开发、建筑设计事务所、综合构件加工、水电设备安装、金属模具、基础施工、材料供应、车队、酒店、宾馆等14个单位。

为了适应市场经济的需要，公司迅速转移企业经营机制，采取以土建为主，多种经营并进的措施，成立"建工房地产开发公司"、"二建建筑设计事务所"和经营"宝山宾馆"的业务活动。1992年，房地产开发公司建起了商品房42349平方米，为公司筹集了资金，增强了后盾，公司再投入6000万元兴建一座22层的天龙大酒店，这座建筑面积13000平方米，500个高级床位的三星级酒店，与"宝山宾馆"形成姐妹馆，她们要为二建及柳州的经济腾飞作出更大的贡献。

公司承建龙泉医院职工住宅(优良工程)

公司承建柳州市皮件公司宿舍综合楼(优良工程)

经理：佘宪辉

广西柳州市摩托车经营公司

我公司坚持"用户至上，服务第一"的经营宗旨，积极为工厂搭桥，为用户排忧，并竭诚欢迎各界朋友光临惠顾。

下属单位：屏山商店　电　话：333978

公司地址：天山路 5 号

跃进商店　电话：224982
　　　　　邮编：545005

批发部　电话：332689
　　　　电挂：0985

修配厂　电话：335914
　　　　传真：336789

开户：市工行鱼办　帐号：712455014772　税号：45020020028023

柳州市鱼峰第一城市信用社

总经理:邱铁成

东环营业处

柳州市鱼峰第一城市信用社是经人民银行广西分行批准,在市工商行政管理局注册登记,具有法人地位的集体金融机构,业务上接受人民银行柳州分行领导、管理、协调、监督和稽核,行政上隶属鱼峰区领导。自一九八七年十一月二日成立以来,在上级的正确领导和社会各界朋友的大力支持下,我社在改革的浪潮中不断发展壮大,现已从建社初期的一个营业点,十三名职工发展到有四个营业点,八十四名职工的集体金融单位。开业七年来,我社积极支持"两小"企业的经济发展,为广大新老客户提供全方位、高效率、高质量的金融服务,深受广大顾客的信赖,各项业务发展迅速,资金实力不断增强,职工思想素质和业务素质不断提高,取得了显著的社会效益和经济效益。至九四年七月底,我社各项存款额达 11672 万元,发放各种贷款 5991.2 万元,为城区和柳州市的经济发展作出了应有贡献。今后我社将继续把扶持区属企业和集体经济、个体工商户的发展作为首要任务,竭诚为广大新老客户提供一流的服务。

我社主要业务范围:办理各种存、贷款、结算、汇兑、储蓄 业务及经中国人民银行批准的其它金融业务。

屏山大道营业处

经理:邱铁成

办公地址:金利达大厦 314 房	电话:332456
总社营业厅:驾鹤路 149 号	电话:336951
屏山营业处:屏山大道 204 号	电话:331957
箭盘营业处:屏山大道 339 号	电话:338841
东环营业处:东环路 23 号	电话:331743

箭盘营业处

总社营业处

中国人民建设银行柳州铁道分行

团结、奋进、廉政、勤政的领导班子

营业大厅

建行柳铁分行办公大楼外景

建设银行柳州铁道分行是一家以向铁路建设提供优质金融服务为己任、以支持地方经济建设为义务的银行。其主要业务有：人民币储蓄、存款、贷款、财务结算、建筑工程预算、财务决算审查及投资财务咨询业务，办理房地产及房改金融、国际金融业务，代理发行兑付债券等。为支持铁路和地方的经济建设，该行正逐步向多功能、综合性、现代化、国际化的国有商业银行过渡，为客户提供舒适、快捷、优质、高效的金融服务。

地址：柳州市鹅山路菜市区 23 号
电话：332827　3314352
　　　331436　331440
邮编：545007

柳州市信托投资公司

公司总经理：麦在基

公司部分中层干部

柳州市信托投资公司是经中国人民银行广西区分行批准的全民所有制的非银行金融机构，于 1987 年元月正式成立。公司实行事业编制、企业管理，目前下设办公室、信贷部、投资部、计划融资部、证券业务部、财务部、营业部、柳城办事处八个部门，全司共有职工 69 人。

信托投资公司经营范围：信托存贷款、投资业务；委托存贷款、投资业务；金融租赁业务；房地产投资业务；有价证券业务；代理财产保管与处理业务；代理收付业务；经济担保与信用见证业务；经济咨询业务及中国人民银行批准经营的其他金融业务。多年来，为柳州市经济建设积极筹集和融通资金，全力支持了地方经济建设的发展。

1993 年末，该公司实有资本金 8087 万元，资产总额 23961 万元。各项存款 5886.1 万元，其中信托存款 680.1 万元，委托存款 5205.2 万元；各项贷款 14066.1 万元，其中技改贷款 5734.8 万元，流动资金贷款 6413 万元；投资 1918.2 万元；代理其他各种贷款 4136 万元，当年实现利润 149.7 万元。

公司黄克已书记（右三）和投资部的同志一起研究问题。

该图为公司证券部营业部

柳北城市信用社

柳北城市信用社是在改革中发展和壮大起来的一家新型城市金融企业，于一九八七年九月成立。该社是柳州市实行银税一体化征收工作最早的一家城市信用社。柳北信用社下设八一路营业部、北站路营业处、北雀路营业处、海员大厦营业处，全社现有干部职工 87 人，开业经营七年多来，在中国人民银行柳州分行、柳北区委、区政府的正确领导下，以“严守信誉”、“竭诚服务”为宗旨，以灵活经营，大力扶持区属企业和集体经济，个体工商户发展为己任，为客户提供存、贷、汇等各项优质服务，取得了显著的社会效益和经济效益，至一九九四年六月底止，各项存款余额达 10874 万元，累计发放贷款 53474 万元，创税利 957 万元，为集聚社会闲散资金，支持社会主义经济持续、稳定、协调发展作出了积极的贡献。

柳北城市信用社是受中国人民银行柳州分行领导、管理、协调、监督和稽核、具有法人资格，实行独立核算、自主经营、自负盈亏、自担风险、自求平衡、依法纳税、民主管理的金融企业。其主要经营范围：

一、办理城市工商企业和个体工商户的存款、贷款、结算和委托贷款业务。

二、办理城市个人储蓄存款业务。

三、代理经中国人民银行批准的证券业务。

四、代办保险及其它代付业务。

五、办理经中国人民银行批准的其它金融业务。

“信誉第一，顾客至上”是我们信用社的服务宗旨。

柳北城市信用社和全国 26 个大城市实现直接通汇业务，方便顾客。

欢迎广大工商企业和市民前来办理业务。

柳北城市信用社自成立那一天起就显示了它的活泼生机和强大的生命力，我社全体员工愿和各界朋友为柳州市经济发展再度辉煌做出更大的贡献。

社址　总社：斜阳路西城巷 36 号　　电话：212976　215619
营业部：八一路 92 号　　电话：222310
北站营业处：北站路 49 号　　电话：220937
海员大厦营业处：驾鹤路 80 号电话：336059
北鹊营业处：北鹊路 81 号　　电话：226929
经理：柴志远

北站营业处

银税一体化——微机处理业务

贷款促产企业——柳北区属车架厂产值大效益好

八一营业部

柳州市城市信用社

总经理：莫佩琼

柳州市城中信用社本着理财、聚财为人民的宗旨，以方便灵活、多样的经营特色为集体、个体企业提供金融服务，起到了遗拾补缺的作用。七年来，信用社领导和职工同心同德，奋于开拓，他们从创业之初白手起家，不花国家一分钱，创造了良好的经济效益，成为柳州市集体企业中一颗耀眼新星，到 1994 年 8 月，该社各项存款 2.2 亿元，实现税金 45 万元，利润 316 万元，名列柳州市各信用社之首，该社现有职工 98 人，获技术职称 31 人，形成高级、中级、初级技术人才的结构，并实现了操作、管理电脑一体化。该社还首先发起筹建自治区信用社联行通汇网络，与国内北京、上海等 30 多个城市 40 多家信用社建立通汇业务，树立了良好的信誉，赢得了广大客户的信赖。

舒适的办公场所

大楼夜景

柳州市医药总公司

总公司有一个团结、开拓、改革、奋进的领导班子。

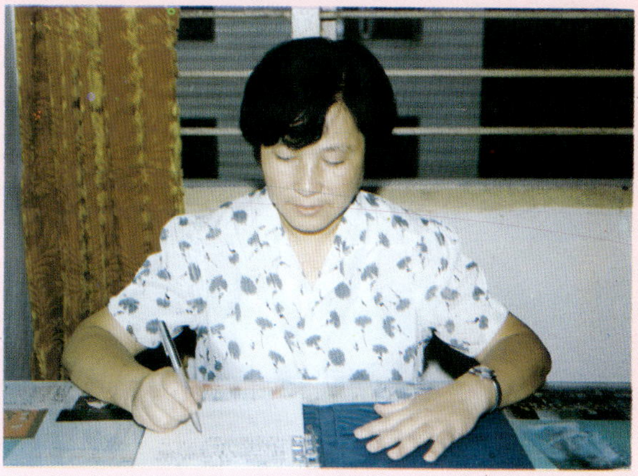

柳州市医药总公司系国有中型医药商业企业，创建于 1953 年 9 月。现有职工 421 人，营业面积 $5374m^2$，仓库面积 $8600m^2$，下设 3 个专业批发公司，2 个批发部，1 个领先生产厂，22 个零售药店。经营品种 5000 余种。

公司以“爱国爱司，尽责奉献，弘扬商德，振兴药业”的企业精神为支柱，在社会主义市场经济大潮中，转换企业经营机制，逐步调整经营方式和经营策略，企业经营规模逐年迈上新台阶，1993 年商品销售总额达 7600 万元。

公司有严密完善的企业管理制度，有先进的药品质量检测设施，严禁伪劣药品在司内流通，保证人民群众用药安全有效。

近几年来，总公司先后荣获“自治区级先进企业”、“广西壮族自治区经济效益单位”，自治区“重合同、守信用企业”、“全国医药职工教育先进集体”及 1984、1986、1988、1991、1992 年柳州市“社会主义建设先进单位”称号。

经营方式：批发零售、领先生产、药材收购、代购代销、联营联销、总代理总经销。

经营范围：药品、新特药、中成药、药材、医疗器材、玻璃仪器、化学试剂、滋补保健品等。

总经理：李端玉
地址：柳州市八一路 23 号
电话：221537
邮编：545001

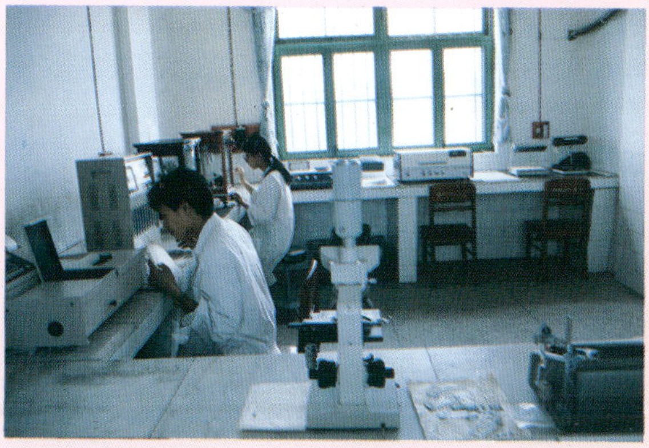

质管人员正在使用精密仪器对药品质量进行检测

广西最大零售药店之一——龙城药店一角——滋补保健品专柜

柳州市针织总厂

1993 年 4 月，厂长梁友鸿（左一）陪同全国政协副主席钱伟长（右一）在该厂视察。

从德国引进的具有 90 年代国际先进水平的电脑四色调线单面大园机。

产品展室一角

厂长：梁友鸿

地址：广西柳州市跃进路 80 号

电话：(0772)225401

电报：3355

传真：225401

邮编：545001

柳州三友置業有限公司

D 型别墅透视图

青帝花园别墅区座落于碧绿秀美的柳江之滨，东望马鹿山，南与壶东大桥为邻，捷足先登，占尽河东居住区的天时地利，是龙城第一座全别墅设计的居住小区。

小区内培植大面积绿化地，配设商业综合楼、社区服务楼、幼儿园、网球场、公共停车场、公共娱乐地、煤气站等，整个小区采用封闭式管理，即小区外围由一堵防护墙包围，24 小时保安人员轮值，另外，每户均建有防护栏，既美化了住宅楼，又加强了安全防卫能力。每户外大门安装韩国进口的防盗门。层层防护，令您高枕无忧。整个小区保安措施严密，服务设施合理，是一所新型多功能的“市区桃源”。

开发商柳州三友置业有限公司由实力雄厚的柳州市房地产开发总公司，中房集团桂林公司，博茨瓦纳私人有限公司合资组建而成。三家公司本着友好合作，共同发展的宗旨，为龙城的显耀献一份不凡之力。

地址：柳州市公园路 47 号
电话：210827　227869

C 型别墅透视图

柳州三友置业有限公司

A. A′B. B′型别墅透视图

柳州市华力电器厂

“华力牌”电蚊香——默默无“蚊”的奉献

柳州市华力电器厂是专业生产卫生杀虫药械和小型家用电器的国营企业，是全国四大电蚊香生产厂之一，成立于 1987 年。工厂占地面积 14448 平方米，职工百余人，其中工程技术人员占职工人数的 33%，固定资产达 1062 万元。技术力量雄厚，生产设备先进，检测手段完备齐全，产品质量可靠稳定。

主要产品有：电蚊香系列、杀虫剂、除臭剂、电暖器、家用冰花机、卡式炉、自动喷雾器等。产品畅销全国各地，远销东南亚国家，并有多项产品荣获部、区优质奖和第五届亚太地区国际贸易博览会、银奖。“华力”牌商标被评为广西著名商标，工厂跻身于全国轻工知名企业之列。

“华力牌”电热储能取暖器——“冬天的太阳”

企业法人代表：韦嵩蕃　　电话：337733　传真：(0772)336888
厂址：柳州市东环路　　电报：1312　邮编：545005

柳州市东风化工厂

厂长、东荣人造革公司总经理兼副董事长黄高鹏

柳州市东风化工厂是广西石化系统重点企业之一，工厂占地 22 万平方米，职工 1400 人，有各类专业技术人员 410 人，年产值超 1 亿元，税利超 1000 万元，是我国 5000 家大型化工企业之一。

产品有：2 万吨/年产烧碱；8000 吨/年产 P.V.C 树脂；与香港荣荣公司合作，引进意大利全套先进设备生产 1000 万平方米/年产中、高档人造革；7000 吨/年产电石；50 万立方米/年产溶解乙炔【产品合符 GB6819－86 及日本工业 JISK1902－80 标准】，该产品获广西科学技术进步三等奖；国家环保示范工程 3 万吨/年产烟道气脱硫剂，属国内首创；2000 吨/年产次氯酸钠；1 万吨/年产液氯；1.5 万吨/年产工业盐酸；130万立方米/年产工业氧气；20万立方米/年产医用氧气【产品合符GB8982－88，获1992年广西新产品优秀成果三等奖及 1993 年柳州市科学技术进步三等奖】；2500 吨/年产环氧氯烃。

该厂重质量，讲信誉，以竭诚为用户服务为宗旨。1987 年以后烧碱 PVC、氧气等产品连年被市、自治区评为优质产品，企业连年被市、石化厅评为先进单位，经济效益显著单位，优秀科技型企业，多次获市重奖，企业厂长黄高鹏还被化工部授予全国化工系统劳动模范荣誉称号。

1000 万米²/年人造革植绒生产线

厂长、东荣人造革公司总经理兼副董事长：黄高鹏
厂址：广西柳州市箭盘路 36 号　电话：335242　3333314
传真：333302．邮编：545005　电挂：2639

广西柳工机械股份有限公司

董事长：张沛

广西柳工机械股份有限公司是广西第一家上市股份公司，是我国目前生产轮式装载机系列产品规模最大的工程机械企业，也是国家大型一类企业。

公司现有职工人数4871人，生产占地面积67万平方米，净资产5.96亿元。主要产品有1～5立方米各型轮式装载机、WY40A、WY20挖掘机、TY220履带式推土机、WZ25－20挖掘装载机等，其中ZL50C、ZL40B产品水平已达到国际80年代末的先进水平，引进美国卡特彼勒公司技术生产的ZL68E、ZL100B国产化率已分别达到85%和50%，产品出口量增加，远销世界20多个国家和地区。1993年完成工业总产值（不变价）6.03亿元，产量3500台，实现销售收入10.86亿元，实现税利3.01亿元，继续保持行业排头兵地位。1993年荣获全国优秀企业"金马"奖。

国务院副总理朱镕基在柳工视察

公司今后的发展目标是：通过"八五"、"九五"期的技术改造，到2000年实现各类工程机械产品年产1万台的生产能力，逐步发展为外引内联，集科、工、贸为一体的综合性企业。

董事长：张沛
公司地址：广西柳州市柳太路1号
邮政编码：545007　电挂：0022
电话：388884　传真：（0772）331147

柳工主要产品

柳工主要产品

柳州市乳制品厂

益尔康

集动植物之精华，
营养、天然保健于一体

主要产品

厂大门

我厂是生产奶制品营养饮料的专业厂家，年生产能力1万吨。其产品选用鲜奶、南方天然水果、名贵红茶、进口优质咖啡为原料，科学精制而成。有袋装消毒牛奶、花式牛奶、杯装酸奶、瓶装含奶饮料，听装奶茶、牛奶咖啡、香蕉牛奶、马蹄爽等二十多个品种，是集动植物之精华、营养、保健、纯天然风味于一体的新一代高级饮品，是居家旅游、待客、馈赠之佳品。

广西柳州市柳石路169号　电话：332179　邮编：545005

厂长：梁水保

经营厂长：邹玉梅

瓷漆腻子是我厂研制和生产的，是全区唯一通过省级质量检测和鉴定的新型的内外墙体装饰材料。各项指标均超过 Q/PUBA001－92 标准，其总体性能处于国内领先地位，并在全国“家庭装饰”大赛中荣获一等奖。

其特点是光亮细腻、防水隔热、洗刷不脱、钉打不碎、不龟裂、不粘尘、不泛黄、无毒、无放射物、经久耐用。产品即是汽车修理的防锈腻子，又可作家具喷塑的最佳底料。是档次高、成本低的最新建筑装饰材料。目前已被广西、广东、云南、海南等省建筑设计院推荐和建筑工程采用，产品远销北京、江浙、昆明、武汉、广州、南宁、海南、四川、贵州等地。

目前国内市场供不应求，现有的生产设备远远满足不了市场的需求。竭诚欢迎国内外企业、各界人士前来投资联营、经销，同时我厂也开展技术转让业务，并长期承接瓷漆腻子装饰工程，有兴趣者请来电、来信、或来人联系洽谈。

广西柳州市光明瓷漆涂料厂

厂长：梁水保　BP 机：127－90360

经营厂长：邹玉梅

厂址：静兰大桥左侧　电话：0772－335835

经营部：屏山大道 389 号，荣军路 119 号　电话：338367，

市内各化工建材涂料公司及商店均有销售，并请认准“腻子王”商标，谨防假冒。

高科技的结晶——金嗓子喉宝

柳州市糖果二厂

审时度势，革故鼎新，不失时机地转化科研成果，把高科技新产品推向市场——这是企业家在市场竞争中稳操胜券之关键所在，作为商场的老将、企业明星、市糖果二厂的厂长江佩珍深谙此道，继去年研制成功新西兰奇异果汁饮料等产品之后，又投注全部心力走工厂与院校结合，科研与生产实践结合的路子，一举亮出了集保健与糖果于一体的“金嗓子喉宝”，深受各界人士青睐，各地客商和需求者纷至沓来，争先订购。

金嗓子喉宝是由柳州市科学技术协会中介，上海华东师范大学细胞生物学专家王耀发教授主持研究，柳州市糖果二厂营养保健品公司生产的高科技产品，应用国际最新的自由基理论，从罗汉果、青果等多种中药提取其天然活性成分来清除咽喉上的皮细胞内过剩的超氧阴离子及羟自由基，能有效地消除炎症，保护咽喉健康。经许多患者试用并经国家著名医药、卫生、营养专家评审，确认它具有消除声音嘶哑，止咽部发痒，去咽喉肿痛，除口臭等保健作用。被誉为“全国食品行业中一朵金花”，获 94 年全国食品行业优秀产品和“首届中华东南亚医药卫生保健品、保健食品博览会”金奖等殊荣。

应该说，把我国糖果生产的传统产品转换为高科技的保健型糖果产品，这无疑是一场“糖果革命”，这种变革不仅会引起糖果产品的变革和更替，而且将引导主导技术和主导技术群及其相关的系列变革和更替，促进糖果业向高科技型发展。江佩珍，亮出你的“金嗓子”吧，人们期待你唱出更加美妙动听的新曲。

国务院副总理朱镕基(左二)到该厂视察工作与厂长江佩珍(左一)合影。

柳州市英利化工机械厂

英利化工机械厂地处山青水秀，风景迷人的广西柳州市柳太路。设备先进，技术精良，是一个为各汽车厂焊装线生产气动焊钳、电缆的专业厂。主要产品 LHQC 型、LHQX 型两大系列共 100 多个品种规格的气动焊钳、各种规格的冷挤压电极头、YHS－Ⅰ、YHS－Ⅱ型低阻抗双线组合电缆，是焊接各种汽车、拖拉机、电冰箱、洗衣机等外壳及各种薄板理想的焊接工具。尤其是 YHS－Ⅱ型低阻抗双线组合电缆是我厂专利产品，该电缆综合有感与无感的优点和普通双线通水电缆比较，使用寿命延长四倍以上，在一汽、二汽、东风、上海大众汽车厂使用，每天频繁焊接 1.5 万个焊点，连续使用三个多月还未更换，节电指数 8%－15%，另该电缆柔软性特好，倍受操作者青睐，在国内同类产品一直处于领导地位 YHS－Ⅰ、YHS－Ⅱ型电缆已在全国八十余个汽车生产厂推广使用。热情欢迎国内外朋友、企业家来厂进行业务联系或进行技贸合作，开发产品，联合兴办企业，促进发展。

厂长：黄民英

厂址：中国广西柳州市柳太路 9－1 号

电话：(0772)337500

电挂：0581

邮编：545007

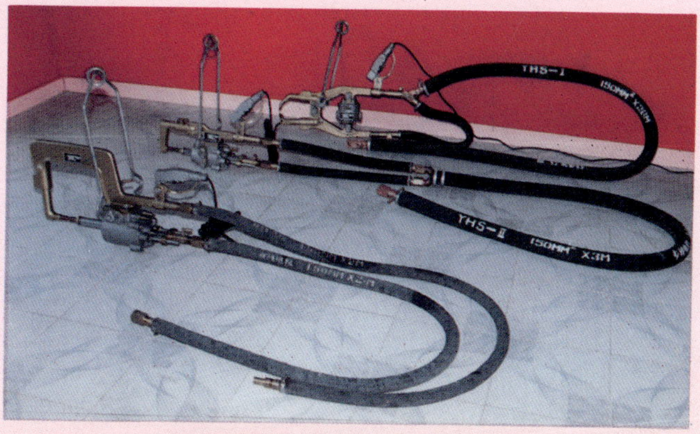

该厂主要产品

柳州市第三建筑工程公司

我司是市属集体建筑施工企业，资质等级二级。积三十多年建筑业之经验，主营建筑施工、水电安装和室内装潢等。下属有设计室、电算科、机具站、试验室和九个分公司，其中在对外开放的钦州、防城各有一个分公司。实施设计、预算、机械、施工一条龙服务。技术力量雄厚，有各类高、中、初级技术人员140余名，占管理人员总数52%以上。拥有各种施工机械设备及常规设施。年建安产值达6000余万元。九三年成立的柳州市宝通房屋开发公司，现有不同规格、不同档次的商品房出售。

本公司信守合同，保证质量，享有良好的社会信誉。曾有两次被全国建筑业联合授予先进企业。连续五年被自治区授予重合同守信用企业，多次荣获区、市先进单位称号。九一年竣工的柳州盐站宿舍荣获国家建设部部优工程和柳州市龙城杯竞赛金杯奖。九二年、九三年先后竣工的柳钢44号住宅楼、市卫生局住宅楼及盐站第三栋住宅楼被评为市优工程，九四年上半年旗开得胜，竣工的柳州市汽修厂进口汽车维修车间再获柳州市优良工程。

经理：岳学文
地址：柳州市屏山大道182号
电话：333581
邮编：545005

图为该公司获奖奖杯

柳州市汽修厂进口汽车维修车间一九九四年五月二十三日竣工，建筑面积3130平方米，造价210万元，获柳州市优良工程，

柳州市建築工程總公司

总公司经理：邓天鹏

广西柳州市建筑工程总公司成立于一九五一年十月，是广西最早组建的国营建筑施工企业之一，是经国家建设部核准的一级建筑施工企业。总公司下属二十九个单位，承担了从建筑工程施工、安装到房地产开发、消防工程一条龙服务，是一个初具规模的大型综合性施工企业。

总公司拥有一支实力较强的专业队伍，还配备有齐全的各类施工机械及测量仪器。四十多年来，总公司承担的各种类型工业与民用建筑工程，在质量上多次荣获区、市各种大奖及两次建设部嘉奖。总公司加强内部管理，九三年被评为“中国500家最大建筑企业”第327名和“中国500家最佳经济效益建筑企业162”，柳州市“重合同守信用企业”。

总公司将继续加强管理，深化企业内部改革，进一步完善各种规章制度，争取取得更辉煌的成绩。

总公司所建柳州市化冶公司综合楼，获市优良工程，获93年龙城杯质量竞赛铜杯奖。

拥有金穗　事半功倍

农行柳州分行

金穗信用卡融消费、储蓄、结算、信贷多功能于一体，具有安全可靠、使用方便、服务周到，免除携带现金的烦恼等优点，可在全国上百个发卡城市通用。

申请金穗卡的单位或个人，请到柳州农行信用卡部或农行所属各储蓄所、信用社领取申请表格。

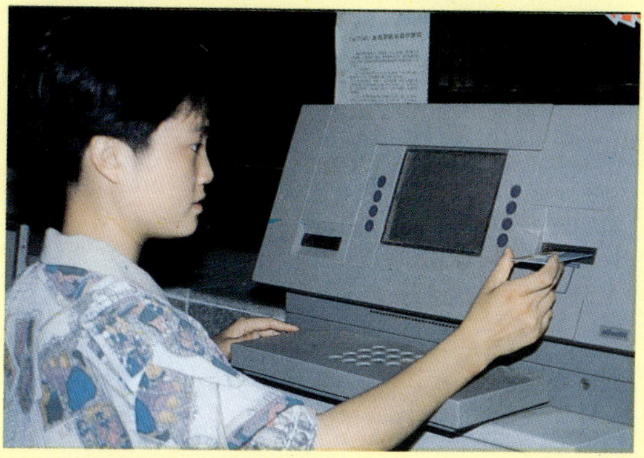

金穗卡自动取款机

中国农业银行柳州分行信用卡业务部

地址：立新路 33 号四楼

电话：220075

广西柳州市外事旅游车队

柳州外事旅游车队是柳州唯一负责接待来柳外宾、港、澳、台旅游团及国内副省、部以上领导的专业性车队，同时兼营柳州至广州、柳州至梧州、柳州至北海长途客运班线，并可提供会议，旅游、婚宴等长短途包车，乘座柳州外事旅游车队车辆，您将会感到安全、舒适和快捷。欢迎各位新老客户乘座柳州外事旅游车队豪华空调大巴！

书记、队长：彭建宏

地址：柳州市友谊路 1 号

电话：223295　227158

广西柳州市外事游游车队

柳州市对外经济贸易公司
纸张工业支公司

图为公司经理：申长胜

该公司是一家综合性地方外贸企业，主要经营纸张、纸浆、日用百货、轻工产品、化工产品、文体用品、家用电器、五金矿产、工艺品等进出口贸易和“三来一补”业务。该公司遵循自愿、平等、互利的原则进行贸易，在国内外有较好的信誉。多年来获得自治区级重合同、守信用荣誉称号。收购产品，销往美国、法国、荷兰、巴基斯坦、斯里兰卡、马来西亚、新加坡、泰国等国家和港澳地区。

经理：申长胜
地址：柳州市滨江西路十九栋
电话：223168　226861
传真：86—772—226900
电传：48552

柳州市化輕建材總公司

柳州市化轻建材总公司是以经营化工、轻工原料、建筑材料、日用玻璃、民爆产品为主，兼营汽车、钢材、有色金属、生铁、木材及木材制品、机械、电器设备、橡胶及橡胶制品、纸张的中型国营物资供销企业。总公司将一如既往为社会各界及新老客户提供更优质的服务。为柳州市工业生产和经济腾飞作出我们的贡献。

总公司经营宗旨：以信誉为本，诚招天下客

图为公司总经理：查柳全

总公司企业法人代表、总经理：查柳全
总公司副总经理：杨福民、刘世庆、吴又化、卢植
总公司总经理助理：张衡卿
总公司地址：广西柳州市湾塘路 60 号
电挂：0553　电传：212412
邮编：545001

图为公司领导一起研究公司经营情况

柳州市对外经济贸易公司

A BRIEF INTRODUCTION OF GUANGXI LIUZHOU FOREING RELATIONS & TRADE CORP

广西柳州市对外经济贸易公司

Add：130 Beizhan Road，Liuzhou，Guangxi，China
地址：中国广西柳州市北站路130号
Tel：(0772)211955　224399　Fax：(0772)223406
Telex：48516 LXFET CN Postcode：545001
电话：(0772)211955　224399　传真：(0772)223406
电传：48516 LZEFT CN 邮政编码：545001
General Manager：Zhu Chunghe
总经理：朱春鹤
Vice General Manager：Lu Yao Hou Delin
副总经理：路遥　侯德麟

柳州市外贸总公司办公大楼

广西柳州市对外经济贸易公司是经国家经贸批准成立的具有进出口经营权的综合性对外贸易企业，承办各类进出口业务，主要经营粮油、食品、土畜产、山货、机械及设备、黑色金属、有色金属、非金属矿产品、轻工业品、纺织品、丝绸、服装、化工产品、工艺品、煤炭、医药、陶瓷品、运输工具、仪器仪表、电子产品、工农具、包装、橡胶制品木材、建材、饲料等产品的进出口。

承办中外合资企业 合作生产，国外来料加工，来样加工，来件装配业务及进料加工业务，代理进出口，租凭。

经营补偿贸易，对销贸易、边境贸易、易货贸易、技术贸易、转口贸易、货物代售、进口酒、饮料的寄售。

本公司属守信誉第一、质量第一、效率第一的精神，热忱欢迎世界各国和地区的各界人士与本公司合作和洽谈贸易。

图为柳州烟草专卖局局长、公司经理：彭小生

图为柳州烟草专卖局、柳州烟草公司办公大楼。

柳州市烟草专卖局

柳州烟草专卖局、柳州烟草分公司成立于1984年4月，实行产供销、内外贸、人财物集中统一管理。下辖12个县(市)公司，一个烟叶复烤厂，四个卷烟批发部，员工近350人。

公司从成立之初10万元资金起步，至今已发展成为拥有自有资金3000万以上的中型企业，1990年1991年连续二年被评为自治区经济效益先进企业。目前我司主要与区内柳州、南宁、钟山、富川等烟厂联销卷烟，主要产品有龙城、银锷、风雨桥、杜鹃、金帆等五个牌号共九个品种，上述卷烟为烤烟型，由我司提供配方生产，装潢美观，包装有全包装和硬盒翻盖，香型各异、吃味充足、余味舒适、能满足不同层次消费需求，公司始终以“质量、信誉、服务”为宗旨，努力与全国同行共同发展烟草事业。

局长、经理：彭小生
副局长：黄丽源
副经理：孙章源
地址：广西柳州市三中路74号
电话：223012　电挂：0705
传真：222240　邮编：545001

柳州市紡織房屋開發公司

柳州市纺织房屋开发公司是经柳州市人民政府批准的城市综合开发公司，隶属柳州市纺织局领导，本公司具有独立法人资格，技术力量强大，资金雄厚。主要经营房地产开发，商品房出售，建筑材料、钢材、建筑五金、纺织品及原材料等业务，是房地产开发与贸易合一的综合经济实体。

图为该公司正在兴建的商品房

柳州市纺织局下属三十多个企业大多数位于柳州市中心区，都拥有部分富余土地。本公司根据这一特点，利用各企业富余土地进行商品房开发、建设、销售，既为旧城改造做出贡献，又为企业筹集技改资金并解决职工住房困难。首期推出商品房位于市跃进路东三巷8号，1994年9月交付使用，售价起点1298元/平方米，欢迎各界朋友参观选购。

公司地址：柳州市北站路5号
电　　话：(0772)223803

公司简介

柳州市中龍房地産開發公司

LIUZHOU ZHONGLONG REAL ESTATE-DEVELOPMENT CO

中龙房产
诚信为本

柳州市中龙房地产开发公司是柳州市鱼峰区人民政府组建的，是1993年10月经国家批准，工商行政管理注册登记，取得法人资格的经济实体。公司拥有一支富有朝气和创业精神的职工队伍，具有较强专业技术、施工管理和设计能力的开发公司，是鱼峰区发展第三产业的龙头企业。

中龙公司充分发挥鱼峰区的区位优势，抓住柳州市经济和城市建设大发展的机遇，积极开展房地产和旅游商贸服务等业务，恪守求实守信的公司作风，追求社会效益和经济效益相统一的宗旨。公司全体员工将尽心尽职，以为民造福、为社会服务为己任致力于柳州城区建设。

中龙公司自开业以来，得到各级领导、各界人士和港澳台客商的大力支持，现在投入鱼峰区人民政府第一批旧城改造项目的建设时期。主要项目有：东环商厦、中龙大厦、红锋金都、南方商场和龙城黄金湾大厦。总建筑面积10万平方米，总投资约1.5亿元，地点均在繁荣的商贸黄金地段，是集商贸、旅游娱乐、办公、饮食、和住宅为一体的综合大厦。

中龙公司为柳州市的经济发展和市民居住的需要，立足柳州、引进资金、平等互利、合作开发，为民造福，为把柳州建设得更新更美而贡献自己的力量。

中龙大厦

总经理：武军念　　副总经理：刘　新
公司地址：柳州市屏山大道339号8楼　电话：333814　邮编：545005

广西桂中日报社

《桂中日报》是中共柳州地委机关报，创刊于1988年5月1日，四开四版。她立足桂中，面向八桂，幅射全国。从1994年1月1日起，由周三刊改为周六刊。

她作为一张扎根于桂中大地的报纸，浓郁的桂中风味，是其一大特色；她及时、准确、权威地反映党和政府的重大决策，报道国内外大事，言人民大众之心声，绘五彩社会画卷；集思想性、知识性、趣味性于一体。一张报在手，可尽知天下大事。因此，她不仅是370多万桂中各族人民的知音，也是更多读者的益友。

《桂中日报》实行自办发行。报社下设广告装潢公司，经营广告、装潢、复印打字等业务。

本报国内统一刊号CN45－0017　售价：每份0.15元　月价：3.90元

欢迎订阅　欢迎惠登广告　欢迎办理室内外装潢

社址：广西柳州市友谊路5号

电话：总编办226242　新闻部220184　经济部、副刊部333696

广告装潢公司214536　发行部226253　邮编：545001

桂中日报社广告装潢公司
地址：柳州市友谊路5号

报社领导班子在研究报纸出版工作

编辑人员在组织报纸版面编排

广西壮族自治区化轻建材柳州公司

广西化轻建材柳州公司成立于一九七九年，是广西物资厅直属的国营中型企业，下属有6个专业贸易部、5家专业经营公司、1家中外合资企业，投资参股联营企业3家。本公司经过多年的开拓，已打开了广阔的经营局面，资产拥有量5000万元。仓库面积71万平方米，均有铁路专用线。本公司拥有辐射能力较强的销售网络和稳固的资源基地，年物资销售达两个亿。

- 直属部门
  - 化工贸易部
  - 轻工贸易部
  - 轮胎贸易部
  - 橡塑贸易部
  - 建材贸易部
  - 综合贸易部
  - 经理办公室
  - 财务部
  - 政工保卫部
  - 一○一火工仓库
  - 幼儿园
  - 明月酒店
- 下辖分公司
  - 硝酸供销公司
  - 化轻建材物资公司
  - 中外合资 柳州华夏企业形象设计制作有限公司
  - 防城港分公司
  - 光明玻璃公司

经理：黄伟民

柳州市城站路96－2号

电话：331257　传真：331153　邮编：545001　电挂：2504

广西柳江县进德乡

进德乡乡境围绕县城拉堡镇，大部分在县城南面，东北面接柳州市区。清朝为一都，由于远久以来盛产优质米，因而至今仍有“一都米”之美称。境内地势平坦，交通便利，湘桂铁路从北向南贯穿全境，主要公路有进德至县城的柏油公路及连接柳州白莲机场的门头、高隆两水泥路均穿越该乡中部地带。是柳州市的商品粮和蔬菜基地，九0年以来盛产的武汉双季莲藕及湘研二号青椒，每年均大批量销往广东、湖南、湖北等省。

乡办企业迅速发展，乡办有汽车配件厂、红砖厂、化工原料厂、石灰厂、农具厂等企业。由于地理位置的得天独厚，今柳江县的第一、二、三工业开发区和基隆综合开发区均在该乡进行并已初具规模。

进德街，为乡政府所在地，距县城5公里，紧靠进德火车站。现有三所中学，设有卫生院、邮电支局、银行等配套机构。圩镇已安装闭路电视全乡程控电话也已开通。欢迎各界人士前来投资。

进德乡人民政府

乡党委书记：覃安喜

乡政府乡长：钟冠强

电话：“61”转 8266

邮政编码：545106

进德乡乡长：钟冠强

进德乡书记：覃安喜

柳州市禽工商实业公司

柳州市禽工商实业公司是目前广西最大的集养禽、饲料加工、食品加工、饲料原料、兽药及商业贸易于一体的、全方位发展的新兴农口企业之一。

公司运用科技成果开发出的“高锌蛋”、“高碘蛋”，具有很好的食疗保健作用，荣获中国青年科技博览会金奖。公司其它主要产品有：鲜鸡蛋、鹌鹑皮蛋、五香鹌鹑蛋罐头、“人参八宝”罐头、鸡肉香肠、肉鸡、优良鸡苗、各种全价饲料、花肥等。

总经理：李宁华

地址：广西柳州市河西四桥头　电话：(0772)335423　336027　邮编：545007

该公司的拳头产品——高锌蛋、高碘蛋荣获中国青年科技博览会金奖

花园、庭院式的公司环境

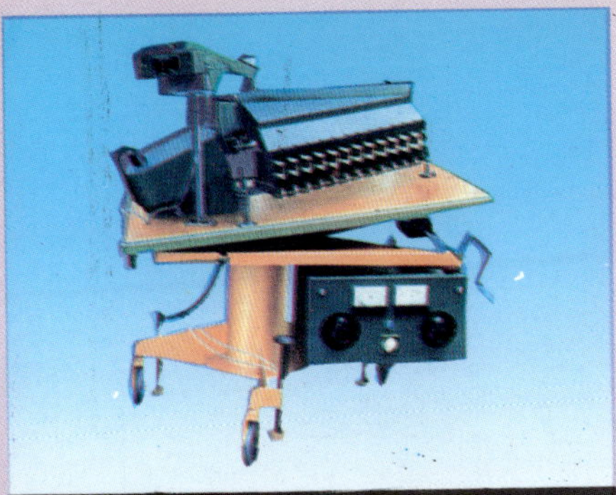

柳州地质探矿机械厂是地矿部定点生产选矿、实验筛分设备和人造金刚石分选设备的全民所有制企业。始建于1957年，技术力量雄厚，生产设备精良，可向社会提供各类实验筛分设备和日处理量为20～300吨的破碎、磨矿、分解、搅拌、浮选、重选、过滤全套选矿设备。并热忱为用户提供优良的选矿工艺选程设计和售后服务保证。

该厂生产的SDB－X200顶击式振筛机和SPB－X200拍击式振筛机曾分别荣获国家银质奖和部优质品奖，PE400×600腭式破碎机和XXⅡ－92型造金刚石选形机获国家专利。产品远销国内30个省（自治区）、直辖市并出口东南亚和非、欧国家。

该厂地处柳州市黄金路段、注重第三产业的发展，辟地15000余平方米建设了以服装、百货为主的批发市场和“机电产品一条街”。为流通领域的客商们提供了一良好的经营环境。

厂长：赵木长
地址：柳州市飞鹅路55号
电话：总　机（0772）336320
销售部（0772）337437
传真：（0772）323294
电挂：2232　邮编：545005

国家二级企业

柳州地质探矿机械厂

UZHOU GEOLOGICAL PROSPECTING EQUIPMENT PLANT

PE系列 腭式破碎机

柳州市雅乐饼干总厂

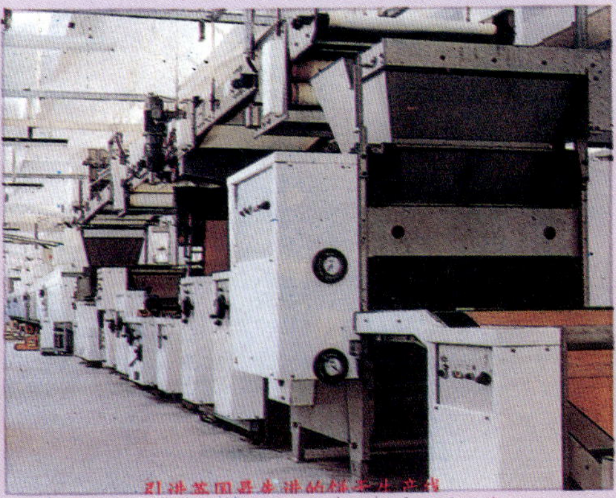

引进英国最先进的饼干生产线

国营广西柳州市雅乐饼干总厂是广西生产饼干最大的专业厂家，也是中南地区生产饼干的大厂之一。我厂实力雄厚，技术力量全面，拥有国内最先进的饼干设备。

为了进一步扩大生产，满足市场及消费者需求，在原有产品的基础上，我厂于1990年从英国APV贝克公司引进一条具有80年代末世界最先进的多功能饼干生产线。可生产高、中、低三个类别的饼干。根据不同地区、不同层次消费者的需求，我厂均能生产。我厂的饼干生产工艺配方由英国联合饼干公司专家与中国预防医学营养及食品卫生研究所共同研制提供。

我厂注重产品质量，产品不断调整更新，产品形成系列化，现有生产能力为年产量8000吨，诚恳欢迎广大顾客踊跃选购，业务洽谈和签订合同。

厂址：广西柳州市柳石路368号
电话：333018　331025
电挂：6794　邮编：545005

系列产品

公司外景

保險事業　利國利民

柳州保险分公司是隶属于中国人民保险公司的一个分支机构，是国家金融企业。实行市管县的体制，辖设十二个县支公司和市内五个办事处。

柳州保险分公司自1981年恢复办理国内业务以来，开办的国内保险业务和各种国外保险业务共113种。国内业务主要险种有：企业财产保险、家庭财产及两全保险、货物运输保险、机动车船及第三者责任保险、各种产品质量和产品责任保险、承运人责任保险、团体人身保险、各种意外伤害保险、简易人身保险、国内旅游保险、各种养老金保险、各种种植、养殖业保险、各种农林业保险等。国外业务主要险种有：海、陆、空货物运输保险、中外合资企业保险、工程保险、产品责任保险、人身保险等。

柳州保险分公司目前为柳州地、市共承担社会财产保险金额达183亿元。十多年来，共处理索赔案件30多万起，支付赔款近4亿元，仅去年就结案64,552起，支付赔款6,858万元。这些巨额赔款使参加保险的受灾企业和灾民能及时恢复生产和重建家园，从而稳定了社会，安定了人民生活，支持了改革。

近年来，柳州保险分公司积极运用保险资金支持地方经济建设。先后向工业企业、农业企业、乡镇企业、商业和外贸提供贷款和拆借资金2亿元。仅去年就发放贷款130笔，金额为7,171万元，为柳州地、市经济建设作出了贡献。

中国人民保险公司柳州分公司办公大楼

柳州市龍華龍晶房地産開發公司

柳州市龙华、龙晶房地产开发公司是经柳州市人民政府及区建委批准成立的城市综合开发公司。主营房地产开发、经营、土木建筑工程、旧房改造、成片土地开发建筑设计、装潢和施工。

公司拥有一批经验丰富的专业工程技术人员和管理人员，创业以来公司即以雄厚的经济、技术力量，不凡的魄力在风云多变，市场竞争剧烈的房地产行业开创了新局面。公司现已开发了柳石路"龙晶花苑"、"卧龙花苑"30多亩，西江路"双龙花苑"80多亩。"龙晶花苑"一期工程200多套房屋在短时间内全部售讫。公司的务实、守信精神已赢得了广大用户的信任。一九九四年柳州《经济时报》把我公司在柳州近百家房地产开发公司中名为前十名。

目前，公司还将陆续开发矛山、龙华花苑50多亩，西江路买酒岭50多亩。公司正以务实、守信的精神本着"质量第一，信誉第一"的服务宗旨服务于广大市民，为广大市民构筑安居乐业之所。

董事长：李立强

公司地址：柳州市屏山大道341号

电话：322140　331887　332511转267　　邮编：545005

双龙花苑别墅住宅

龙晶花苑

双龙花苑

柳州市天海隔热保温涂料厂

厂长：葛永军

发明专利技术产品简介

节约能源举世瞩目。研究应用节能经济高效的隔热保温涂料是当今重要研究课题之一。成都天海科技应用开发有限公司与广西柳州郊区合作，采用高级工程师王吉宇发明的国内国际专利技术——复合硅酸盐隔热保温涂料及其生产方法，兴建广西首家、国内生产规模最大的隔热保温涂料厂，生产出当今最理想的节能经济高效的“天海”牌隔热保温膏体涂料及系列干固制品。

产品生产技术，应用了静电原理、湿法生产工艺，选用国内最新发现的“714”矿物纤维材料，复合其它轻体材料和多种有机无机粘结材料而制成一种带负静电的微孔纲状结构的膏体涂料和系列干固制品，具有优良的隔热、保温、吸音、防火、防腐性能，广泛应用于化工、轻工、石油、电力、冶金、交通、建筑等行业作为低温、热工设备及管道的隔热保温材料。近年来，采用这项专利技术率先建成的示范厂生产出的产品已深受用户的青睐，被誉为“第四代节能新产品”。

该专利技术成果荣获一九九二年北京国际发明展铜奖；一九九三年首届大西南高新技术高新产品展销会金奖；一九九三年中国专利技术博览会金奖等国内国外十余枚金、银、铜奖。已列为向全国重点推广应用的重大项目和中国技术出口项目，该专利在国外的技术转让费高达150万美元。

广西柳州市天海隔热保温料厂，以一流的技术，一流的管理，一流的产品，竭诚为广大用户提供一流的服务。

厂长葛永军(左二)考察美国时与美国公司签订意向合同。

市委书记陈雷卿(左一)视察该厂

厂长葛永军(左二)在美国考察时与美国朋友合影。

柳州銀凌電力空調中心

总经理：郭新玲

柳州银凌电力空调中心是柳州市规模较大的一家空调专营公司，是柳州供电局第三产业单位，年销售量超千万元，是春兰空调、格力空调、迎燕空调等厂家在柳州的总经销点，并代理批发业务，品种齐全（含各种进口空调）、规格任选、厂价直销。

我中心还配有制冷专业高级工程师及空调专业技术人员，承接大型中央空调设计、安装、调试等业务，为方便广大空调用户在河北八一路、河南飞鹅路各设有经销点及维修点。

我中心将保持最优惠的价格让利于民，最精湛的技术服务于民。

总经理：郭新玲

地址：柳州市八一路13—1号　电话：218351

柳州飞鹅路135号二楼商场　电话：323626

中心经营部

中心经营部一角

第五部分　部分企业概况

部分企业概况

【广西柳州市橡胶厂】　该厂是一个具有 35 年历史的化工部重点橡胶管带骨干企业，也是广西重点大中型骨干企业。工厂占地面积 8.5万平方米，厂房建筑面积 3.6万平方米，拥有固定资产 2 217万元，现有职工1 170人，各类专业技术人员 120 人。

厂长：柯　建

改革开放以来，工厂已发展到拥有 8 个生产车间、两个分厂、一个以生产精密汽车橡胶配件的中外合作企业和一个橡胶制品研究所，形成了具有一定规模的，产品种类比较齐全的，技术力量较强的各类橡胶制品生产能力。1993 年，工业总产值完成5 800万元，销售收入5 146万元，实现税利 628 万元，其中利润 75 万元，出口创汇 92 万美元，工厂的产值、销售收入、经济效益都以 20%的幅度稳定增长。誉定为柳州市 77 家重奖企业之一，同时被授于重合同守信用企业、银行评估一类信贷企业、国家海关保税工厂。

1993 年，在市场的激烈竞争中，工厂完成的主要产品产量有：吸引胶管 74 万标米，夹布胶管 124 万标米，编织管 23 万标米，三角带 401 万 A 米，汽车风扇带 4 万条，输送带 55 万平方米，机械传动带 57 万平方米，其中出口 35 万平方米，各类汽车配件、工农配件 360 吨，橡胶辊筒 1 650 万立方厘米，维塑管 30 万米，同时，还生产有各类耐油、耐酸碱产品、各类异型胶管和高强力输送带。部份产品打入国际市场，销往东南亚和越南边贸市场。

在改革开放的浪潮中，柳州市橡胶厂加快企业发展的步伐，“七五”期间，工厂注入了1 000多万元技术改造资金，“八五”期间又投入2 000多万元资金进行技术改造和发展以汽车橡胶配件生产为主的投资项目，引进具有世界先进水平的汽车门窗胶条微波硫化生产线，现已投入正式生产。另外还兴办了中外合作久田橡胶制品有限公司，形成了一个以高新技术为起点的精密汽车橡胶制品件的生产态势。工厂将在“八五”期末达到工业总产值超亿元，经济效益翻一番的国有大中型企业。

厂长：柯建

工厂地址：广西柳州市柳石路 342 号

电话：334972 电挂：2895

邮政编码：545005

【柳州市拉闸厂】　该厂是东风汽车集团柳州汽车厂的直属分厂，成立于 1988 年，当时只是一个生产简易铁门的集体小厂，经过短短 5 年的发展，迅速崛起，产值以年均 150%的速度增长，成为广西乃至整个中南地区最大的防盗门生产厂家。

该厂十分注重新技术的引进与新产品的开发。1989 年，厂领导预测我国将兴起房地产开发热，防盗门将具有广阔的市场前景，于是果断以重金从香港引进了惰钳式拉闸门（又称豪华拉闸门）的发明专利。以拉闸门为拳头产品，先后开发出平开门、防火卷门、铸铁花门、隔音防盗 门等八大类三十多个品种，形成“风神”牌系列产品。1992 年初研制成的隔音防盗门和铸铁花门，于 1993 年 9 月份通过了省级鉴定，它们采用优质钢材制成，安装了三保险十字锁匙，模拟实验表明：“窃贼”用普通机械手工工具，连续作案 15 分钟仍不能破门入室，防盗性能特别强，隔音防盗门同时还具有隔音、防火功能，满足了现代人求安全、求美观、求实用的购买心理，投放市场后很受欢迎。在 1993 年由共青团中央、国家经贸委、国家科委等 6 个单位联合举办的第二届青年科技博览会上，该产品受到与会专家及代表的高度评价，送展的隔音防盗门获金奖。“风神”系列防盗门获新星奖。

该厂拥有一支经验丰富、开拓进取的销售队伍，他们先后在四川、湖南、江西等 20 多个省市设立了 80 多个经销服务网点，形成发达的全国性销售网。同时建立了海南、湛江、南宁等驻外机构，为开拓市场打下了坚实基础。为了把产品打出国门，该厂还准备在越南联营办厂，让“风神”系列防盗门在东南亚立足、发展。

“质量是企业的生命”这一点已为柳州市拉闸厂全体职工所共识。他们建立了完整的质量管理体系，严格按照国家公安部 GA25－92《防盗安全门通用技术条件》进行生产，企业管理采用二汽的先进模式，同时不断强化售后服务工作，从而树立良好的企业形象。

“没有最好，只有更好！”这是柳州市拉闸厂的信条。为了让社会更安宁、让世界更太平，他们将不断努力，向社会、向人民奉献更多更好的“风神”产品。

厂址：广西柳州市屏山大道337号

电话：334624 331055

电挂：2494 邮编：545005

【柳州商业机械厂（柳州南方汽车缸套厂）】 该厂有职工人数400余人，其中高级工程师5人，工程师12人，助理工程师10人，技师6人。

该企业有金属加工机床72台，理化、计量检测设备22台，铸造可生产黑色、有色及不锈钢铸件。设有11个科室，5个生产车间3个经营部。生产产品有：米粉生产线、300型立式磨浆机、系列多用磨浆分离机，其中：MF250型磨浆分离机自1983年以来已出口12个国家和地区。

厂长：许祥熙

1991年为了发展汽车配件投入大型技术改造，由国务院有关部门直接下达国家专贷技改项目，从国外引进关键设备生产汽车缸套，比计划提前7个月，于1993年6月全面投产，现已向玉林柴油机厂、柳州汽车发动机厂提供主机用6 105系列气缸套，另外还可生产干式薄壁缸套及各种进口车缸套。

现该企业具有生产能力：汽车缸套40万只，各类食品机械600台套，并积极参与柳州市重点高新技术——数控机床的开发。

企业环境十分优美，发展前景灿烂。

法人代表：许祥熙（高级工程师）

厂址：柳州市柳石路响水

邮编：545005

电话：（0772）334314 335723

【西江造船厂】 该厂是中国船舶工业总公司下属的军工企业，是我国唯一保留的导弹快艇生产厂家，是广西最大的军工造船生产厂，也是广西最大的冷轧带钢生产基地。能建造300吨级左右的各种钢质、铝质或钢铝混合结构的内河及沿海军用、民用高速快艇、巡逻艇、交通艇、气垫艇及特殊用途的高速船舶。设计、建造总长50米以内各种客船、货轮、工作船、拖轮、游艇与各种专用船舶及2 000吨级驳船。也生产运输、交通、旅游、工程等船舶以及一、二类压力容器、石油液化气钢瓶、冷轧带钢、钢结构件、水泥纸袋机、起重机械、矿山机械、糖业机械、等离子切割机、低压开关设备、水泥包装纸袋、防撬自行车锁、烟厂中央真空站、除尘装置等非船产品。其中液化石油气钢瓶具有年产5万个的生产能力，冷轧带钢年产万吨光亮带、黑带的生产能力。此外，集吃、住、玩、乐于一身的多功能的西江宾馆即将建成在市区交通咽喉地带，它按星级旅游饭店标准建造，可接待230人住宿，可供250人的会议使用，并有相应的餐厅和停车场。

【广西柳州市跃进化工厂】 该厂是广西唯一生产颜料产品的专业性厂家，该厂始建于1966年，位于广西柳州市区内，占地面积5.6万平方米，全厂拥有固定资产809万元。现有职工400人，工程技术人员32人，目前拥有三大系列产品，其中，氧化铁系列有：H101、Y101、110、120、130、140、190、129铁红，313氧化铁黄，722、9391、9452氧化铁黑，841氧化铁棕，5605复合铁绿等产品，铬系列有：1725中铬黄，1706柠檬铬黄、T204涂料黄，复合铬绿。无机盐系列有氧化亚铜、硫酸铜及有机颜料钛菁绿产品，目前年生产能力已达到8 000吨左右。其中190氧化铁红1980年获全国颜料质量评比第一名，1990年获化工部优质产品奖和广西优质名牌产品奖，313氧化铁黄获广西新产品百花奖，722氧化铁黑获新产品优秀成果奖，Y101磁铁粉获新产品百花奖及广西科学技术进步奖。产品质量均执行中华人民共和国国家标准，符合国际出口标准，产品远销全国各地和日本、法国、泰国、英国、新加坡、澳大利亚、德国、南朝鲜、越南、印尼、西班牙等国家和地区。

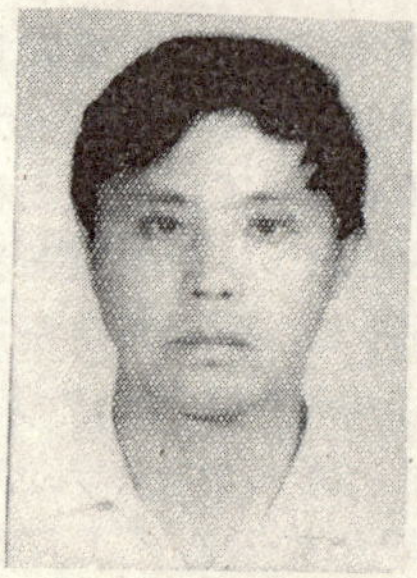

厂长：陈飞腾

该厂以齐全的产品，优良的品质，完备的检测手段，科学的管理，赢得了国内外用户的信赖和珍爱，今后将奉行以“客户为上帝”广结天下朋友，以用户需要为宗旨的经营方针。热忱欢迎海内外朋友来函、来电、来人洽谈业务并欢迎到该厂进行投资、合资、补偿贸易等合作。

厂长：陈飞腾

厂址：广西柳州市跃进路120号

电话：225323 227484 211410

电挂：6651

图文传真：（0772）220319

邮政编码：545002

【柳州市搪瓷厂】 该厂是原国家轻工部在广西定点生产搪瓷制品的国营大中型企业，1992年与香港合和贸易公司合资成立“柳州柳合搪瓷不锈钢制品有限公司”，现有员工1 300人，具备年产5 000吨钣皮的搪瓷制品生产能力。生产“桂花牌”、“花桥牌”日用搪瓷制品（面盆、口杯、杂件）、保温桶、炒锅、贮藏盒、调拌碗、不锈钢制品（烧锅、盖杯、圆碟、餐具）、家用电器（电饭锅、电火锅、电炒锅、电煮杯、电暖器）仿瓷制品俗称密胺餐具（方盘、园碟、饭碗、汤勺）等200多个品种。产品远销西欧、美洲、中东及东南亚等国家地区，深受客户的好评和赞誉。

自1988年以来，历年荣获广西区级先进企业称号，1993年杂件产量居全国搪瓷行业第一名，各项经济指标跃居第五名，近年被国家定为“保税工厂”和“全国民族用品定点生产厂”。

【广西柳州市儿童食品总厂】 该厂位于桂柳高速公路旁，1981年开始生产儿童食品，是国家轻工部定点生产儿童食品的专业厂家，该厂下属有三个分厂和一专业儿童食品研究所，拥有引进意大利、日本等五条国内外现代化生产设备。主要产品“金童”牌果冻系列、冰淇淋系列、奶宝和乳制品系列等，产品多次获得国家、省、市颁发的优秀产品奖、儿童生活用品优秀产品“金鹿”奖、优质保健食品奖、新产品优质百花奖，并连续五年获得区（省）企业级“重合同、守信用”单位。

多年以来该厂注重发挥各方优势，大胆引进国内外先进的生产设备、工艺及其资金，不断开发优质新产品，目前该厂同时与“香港坚盈发展有限公司”、“广东健力宝集团公司”合资兴办“东方食品有限公司”、“柳州健力宝食品有限公司”其主要生产各类活性乳酸菌系列饮料（东方力多酸奶）麦牙精、膨化食品、饮用蒸馏水、冰淇淋系列食品，具有营养丰富、质量上乘、风味独特、包装精美、价格适宜等特点，在全国同类产品中雄居领先地位。

今天，广西柳州市儿童食品总厂，将以更崭新的姿态和强劲的力量投入，各种系列产品遍迹全国，走向世界。

厂址：柳州市西江路44号

电话：334773

电挂：0334

厂长：姚峰

【柳州特种汽车厂】 中国第一汽车集团柳州特种汽车厂原是有色冶金系统的中直企业，在走向市场经济的改革大潮中，近十年来逐渐形成了以汽车产品为主的生产能力和市场，主要产品有解放牌CA1092K8型载货汽车，CA1092K8L4R5型长轴距载货汽车和L2T3091K8型自卸汽车。为利于工厂的发展，国家国有资产管理局“国资企函发【1994】47号”文决定，该厂自1994年起并入中国第一汽车集团公司，从而成为中国第一汽车集团公司在华南的卡车生产基地，规划在1996年产量增至一万辆，1998年将形成年产三万辆中型卡车的生产能力。

厂长：陈郁良

厂址：柳州市社湾路26号

电话：335479 331243

传真：335476

邮编：545005

电挂：6855

【广西柳州市建筑工业二厂】 该厂是国营中型企业，柳州市建材系统的骨干厂家，下属五个分厂。生产工艺、设备达国内先进水平。主要产品产量有年产页岩砖五千万块，建材机械设备二千多万元，劈离砖七十万平方米，玻化砖一百四十万平方米。产品质量达到甚至超过欧共体标准，在国内居领先地位。产品远销全国各地。

该厂从1992年开始对外转让劈离砖生产技术，并为需方提供全套设备，代培人员，指导安装调试。

“对用户负责始终”是该厂的经营宗旨“以优质产品和优质服务占领市场”是该厂的经营策略，与该厂合作的用户将会从周全的服务中得到更大的满足。

厂址：柳州市柳太路15号

电话：335452 电挂：0491

邮编：545005

厂长：李维邦

【柳州市有色冶炼总厂】 该厂位于柳州市南郊白云路，始建于1965年，是广西第一家湿法炼锌厂，现已形成以电锌为主的，其次有冶炼、化工、有色金属压延加工等门类多品种的综合性企业，产品行销全国并大量出口。

工厂占地面积24万平方米，现拥有固定资产13 000万元，职工1 380人，其中，工程技术人员111人。主要产品品种及规模为：特锌2.2万吨/年、电锌50吨/年，直接法等级氧化锌8 000吨/年，低度氧化锌2 000吨/年；电炉锌粉2 000吨/年；硫酸5万吨/年；硫酸锌2 500吨/年、硫酸铜1 500吨/年；硫酸锰500吨/年；铝元片4 000吨/年；铝型材4 000吨/年；锌基合金（电池锌饼）7 000吨/年；精铟3吨/年。

该厂注重技术改造，生产发展迅猛、新产品开发和产品产量不断增加、质量不断提高。主产品电锌获部优、铝元片获区（省）优。至1993年末，该厂已经形成了大型工业企业框架。

厂址：柳州市白云路17号

电话：336809 电挂：0396

厂长：张思难

生产厂长：翁西玲

供销副厂长：黄镇南

【柳州市缝纫机总厂】 该厂系轻工业部定点生产家用缝纫机的专业厂，属国家中型企业。该厂生产家用缝纫机已有十多年的历史，产品质量一直保持在国家A级水平，并获得轻工业部家用缝纫机出口产品生产许可证书，是自治区区级先进企业。

该厂现有四个独立核算分厂，有铸工、机壳加工、油漆、电镀、总装、工具维修六个车间，具有年生产三十万台家用缝纫机的生产能力，主要产品为JA型系列家用缝纫机。该厂产品百分之九十五出口，远销东南亚、中东、非洲、南非等十多个国家和地区，年出口家用缝纫机二十四万台，创汇四百万美元。

根据市场需要，该厂及时调整产品结构，相继开发了JSL系列体育运动健身器材；JZC350型及JZC200型混泥土搅拌机等系列建筑机械及LBF150/100型渣浆泵。产品投放市场后，深受客户欢迎青睐。

厂址：柳州市荣军路东三巷34号

电话：333928

电挂：1090

传真：0772－331245

厂长：司徒亮

【力风机械股份有限公司】 该公司由原柳州第二空气压缩机总厂改组设立的股份制企业，座落在柳州市美丽的鱼峰山下，是机械工业部大型骨干企业，柳州市亿元集团军成员。公司拥有雄厚的技术、资金力量与精良的设备，具有强有力的产品设计制造能力。能为社会各界提供无油润滑空气压缩机、塑料包装机械、空气干燥净化设备、医用高压氧舱、高效节能冷却器、电器控制装置等几大类国优、部优、省优、市优产品。以优质产品、优良的服务与信誉赢得用户信赖，产品覆盖全国，远销国外。现已着手与国外合资开发生产具有国际当代先进水平的螺杆压缩机、空调用致冷涡卷式压缩机等。并积极开拓第三产业，公司正在逐步形成集科、工、贸为一体的现代化大企业。

公司董事长田锡柱是全国五一劳动奖章获得者，国家有突出贡献的中青年专家。并已形成一个以总经理黄志诚为首具有较高素质的企业高级经营管理层。在市场经济的大潮中，力风机械股份有限公司必将取得更大的发展。谨此，感谢广大用户、社会各界的大力支持。

公司地址：广西柳州市城站路94号

邮码：545005

电话：337342

【柳州市标牌厂】 该厂是全国丝印协会标牌专业委员会在广西的唯一会员厂家和广西同行业中最大厂家。是国家公安部在广西定点生产灭火剂的唯一厂家。该厂连续五年被广西工商局评为“重合同、守信用”企业。

该厂主要产品有：机电家电标牌、胶印丝印标牌、PVC、PC标牌，仪器仪表面版，平面喷沙氧化、有机灯箱招牌、不干胶商标、铜字、铜匾、不锈钢匾、干粉灭火剂、泡沫灭火剂、复合防火装饰板、瓦楞纸箱。该厂宗旨：“用户的需要就是我们的目标”。

热诚欢迎新老用户光临惠顾

厂址：广西柳州市雅儒路235号

厂长：黄鑫泉

电话：222374 224886

【柳州市化学纤维厂】 该厂是广西最大的差别化纤维生产厂，是集德国、意大利、美国和国内先进技术于一体的国有企业，工厂位于柳州市柳北区北鹊路、交通十分便利，全厂占地面积共19.5万平方米。现有职工185人，其中各类技术人员112人，技术人员占全厂职工人数15%。属技术密集型企业。具有年产5 000吨涤沦长丝（POY），1 000吨丙纶高速纺有色低弹丝（DTY），1 000吨丙纶膨体丝（BCF），1 000吨烟用聚丙烯丝束，2 000吨涤纶低弹丝（DTY）的生产能力。其中丙纶高速纺有色低弹丝、烟用聚丙烯丝束和丙纶膨体丝均获得广西壮族自治区新产品证书，填补广西三项空白。目前，该厂又研制、生产出市场上紧俏的涤沦有色丝，受到用户的亲睐。为增强企业后劲，属高科技技术项目的超细复合纤维等工程正在兴建。

厂址：广西柳州市北鹊路71号

电话：（0772）222265

传真：（0772）222268

电挂：6808 邮编：545002

法定代表人：王汉强

【柳州市制帽厂】 该厂创办于1965年，地处柳州市一桥河北桥头旁，地理位置优越，交通方便，该厂拥有缝纫生产设备120台，年生产帽子能力达60万顶。

该厂生产的不脱圈和可脱圈洗涤并能折叠便于携带的各种面料太阳帽、鸭舌帽、工作帽、空顶旅游帽及各式针棉织服装，款式美观、大方、选料考究、质量上乘。

该厂是全区劳保用品定点生产销售厂家，“双环牌”劳保用品各式安全工作帽荣获全区第一，“天使牌”系列针织服装、各式文胸、背带披风等小商品、规格齐全、品种多样、设计新颖价宜，优质服务，欢迎新老用户光临订货。

厂长：韦新琼

经营厂长：李智

厂址：柳州市小南路39号

电话：225183

电挂：0069

邮编：545001

【柳州微型汽车第三配件厂】 该厂建于1966年，现有职工127人，固定资产原值126万元，厂区占地面积0.5万平方米。该厂位于柳州市河西路旁、交通十分方便，是柳州五菱系列微型汽车的主要配套厂之一。其主要产品有4大系列汽车制动缸、汽车操纵线索、汽车装饰及汽车转向球头肖等30多个品种，可向市场提供高质量的微型汽车配件。该厂至1989年连续被评为市纳税先进单位和专用发票管理先进户。该厂具有相当的机械加工和部件装配能力，具有精良的工艺装备和雄厚的技术力量，以高质量、品种多、守信用及灵活的经营方式服务于各用户，目前正在进行的第一期技改工程将使该厂在“八五”期末年配套生产能力达到5万辆年总产值达1 500万元，固定资产达450万元，职工总数达250人。

具有强大发展后劲的柳州微型汽车第三配件厂将为振兴我国的汽车工业做出更大的贡献，为各用户提供更满意的服务。

厂长：谭照亨

地址：柳州市河西路18号

邮编：545007 电话：339230转2402

电挂：0520

【柳州五菱第一汽车配件厂】 该厂是柳州微型汽车厂直属领导的企业，是柳州五菱汽车企业集团公司的成员厂家，是柳州市一类汽车配件生产厂家及自治区机械工业厅计划内汽车配件生产厂家之一。

工厂专业生产柳州五菱汽车LZ1010系列产品中的门锁、玻璃升降器、制动管路、燃油管路、上下悬臂总成、汽车驾驶室座六种部件十八个产品。其中LZ1010汽车门锁、玻璃升降器通过省级技术鉴定，LZ1010P汽车门锁及玻璃升降器及制动燃油管路1992年中汽公司在海南全国微型汽车25 000公里路试中，无任何故障。工厂在总厂领导下，不断开发新产品及应用新技术、新材料，使产品品种不断更新、产品质量不断提高。尤其把近年来国际上广泛流行的双层镀铜卷焊管运用到汽车的制动管路和燃油管路中，使该产品的耐压性、清洁度、防锈、防污等技术标准达到国内先进水平。工厂生产的产品不仅满足柳州微型汽车厂五菱汽车配套，同时还为湛江三星汽车厂、柳州农用汽车厂、柳州汽车厂轻型汽车、湖南、江西等汽车厂家配套，成为其定点部件供应厂家。

工厂座落在雄姿耸立的鹅山脚下，紧依柳州微型汽车厂，工厂占地面积2万平方米，全厂职工365人，工程技术人员18人，管理人员42人，工厂总资产1 000万元，主要设备89台。近年来，通过技术改造和引进国外技术，已形成年产5万台微型汽车部件的生产能力，1994年工业总产值可达2 300万元，销售收入可达2 500万元。

厂长：黄桂林

厂址：广西柳州市河西路19号

电话：337405 339230转2915

电挂：0520 邮编：545007

【广西柳州市汽车钢板弹簧厂】 该厂是1988年建立的企业，是生产各种汽车钢板弹簧和各类圆柱弹簧的专业厂。目前，该厂生产主要产品有东风系列，LZ110微型系列、北京BJ—130和手扶拖卡等各种板簧，分别与柳州汽车厂、柳州农用运输车总厂和微型汽车厂等厂家配套。同时，该厂还生产有东风、微型、农用车等车型非标加厚型板簧，以兼顾供应市场的需求。近两年来，该厂出现了超常规跳跃式的发展，1992年首期技改的顺利完成后，紧接着1993年，投入700多万元，又新建了一条年产5 000—10 000吨板簧的先进流水生产线。目前，工厂固定资产达1 000多万元，年生产能力产值达8 000万元—10 000万元。由于产品供不应求，1994年该厂经市场调查研究，决定再投入1 500万元，建一条规模更大更先进的板簧生产线，以满足用户的需求。

让用户和该厂携手共进，共同兴旺发达。

厂长：黄况

厂址：广西柳州柳江县城柳堡路265号

邮编：545001 电挂：4679

电话：(0772) 74—2569

【广西柳州钢铁（集团）公司】 （原柳州钢铁厂）是广西最大的钢铁生产基地。始建于1958年，占地面积552万平方米，现有职工2万人，其中各类专业技术人员4 000多人。经过36年建设，已发展成为具有炼焦、炼铁、炼钢和相应辅助设施组成的国家大型二类钢铁联合企业，并具备70万吨钢综合生产能力。到1993年底，已形成固定资产原值8亿元，资产总值19亿元。

公司拥有先进的生产设备和雄厚的技术力量，产品种类多，有中厚板、中型、小型材、无缝管、线材等近20个品种系列，240多个规格。其中14个系列78

个品种规格的钢材获部优、省优产品称号。公司生产的产品除行销全国27个省、市、自治区外，部份产品还远销日本、菲律宾等10多个国家和地区，在国际上享有一定声誉。

总经理：褚朝元

电话：(0772) 292651

传真：(0772) 222416

邮编：545002

地址：广西柳州市北雀路117号

【柳州市消防器材厂】 柳州市消防器材厂地处广西柳州市桂柳公路七公里处，工厂面积130 000平方米，职工3 000多人，固定资产3 000万元，有先进的生产设备和生产工艺，生产的消防器材产品通过省级鉴定、国家检测、各项性能均能达到国家标准，获公安部颁发生产许可证，是广西定点生产消防器材的骨干企业。

产品有：

1、消防器材

MF2手提式干粉灭火器

MF4手提式干粉灭火器

MF8手提式干粉灭火器

MF35手提式干粉灭火器

MF乙0.35微型干粉灭火器

2、东风牌汽车配件

东风牌系列汽车贮气筒

东风牌系列自卸车车厢

该厂正逐步完善全面科学管理、为社会开拓更多、更新、更完美的产品而努力奋斗。

厂长：彭钊

电话：(0772) 336815

电挂：1743 邮编：545005

【柳州市电化厂】 该厂始建于1970年，拥有固定资产880万元，职工2 360人；现有1KVA电石炉两台，溶解乙炔生产线一条，彩色玻璃型复合瓦生产线一条，全厂厂房建筑面积2万平方米。生产规模为年产国家标准电石4 000吨，国家标准溶解乙炔50万立方米，彩色琉璃型复合瓦60多万张，本产品系填补区内空白，达到国家质量标准。以上产品销往广西、广东、海南、东南亚各国及地区。

该厂倡导“求实、开拓、拼搏、进取”的企业精神，在经营管理中一贯以“用户第一，顾客至上”为宗旨，贯彻“以质量求生存，以技术求发展，以管理求效益，全面提高企业素质”的治厂方针，企业经济效益逐年提高，1993年创产值1 200万元，销售收入1 652万元，税利208万元，荣获市府重奖。

该厂位于柳州市东郊，全厂占地面积40万平方米，尚有空地20万平方米待开发，三通一平，有着广泛的开发前景。厂长莫文星偕全体职工热诚欢迎国内外各界人士前来投资，共展鸿图。

厂址：柳州市桂柳路7公里

厂长：莫文星

邮政编码：545005

电话：331184

电挂：0227

【柳州钢化玻璃厂】 该厂是生产经营汽车、船舶、铁路机车车辆、建筑装饰用钢化和区域钢化玻璃、夹层玻璃、镭射玻璃的专业厂家。现有职工140人，其中大中专毕业生和专业技术干部26人，经国家级培训合格的产品检验员8人，工厂固定资产500万元。

产品已经过国家安全玻璃质量检测中心检测，各项指标完全符合GB9656—88标准。1989年获柳州市科学进步奖，从1990年开始连续四年获自治区“重合同，守信用”企业称号，1993年经柳州市全面检查，评为柳州市汽车配套生产厂家一类企业，确认为市汽车配套定点厂。

1992年3月获得了国家级安全认证证书。证书号为（02）汽安认（D12）号，工厂代号024。

厂址：柳州市西环路九号

厂长：李至华

电话：335215 336632

电挂：0555

邮码：545007

【柳州皮革企业集团公司】 该公司是一个生产各类猪、牛皮革、各式皮鞋、皮革服装、手提箱包、手套等制品的工业企业。下属制革、皮鞋、皮件等6个工厂，鞋业及制革两家中外合资公司，具有年产猪皮革50万张；牛皮革15万张；皮鞋50万双；皮革服装3万件；皮手套10万打的能力。产品销往全国，出口港澳、欧美、中东等国家和地区，享有一定的声誉，受到国内外消费者的青睐。

柳州皮革企业集团公司技术力量雄厚，工艺设备精良，产品质量可靠，经营方式灵活。热忱欢迎国内外客商洽谈业务及投资合作。

地址：中国广西柳州市龙城路13号

电话：225889 222650 电挂：4122

邮政编码：545001

【柳州机车车辆工业公司】 柳州机车车辆工业公司是铁路集体企业，现有厂房6 000平方米，拥有机械设备120台，工业用缝纫机31台，印刷设备9台，注塑机20台。产品畅销全国各地，本公司经营方针是质量第一，顾客至上，信守合同，竭诚服务。

公司下设：通用机械厂、机车车辆福利厂、机车车辆座垫厂、印刷厂、塑料瓶厂、制衣厂。

主要产品：除生产机车、客车配件外，还具有生产：

1、QT 型蒸汽机车汽阀体，煤水车制动梁1—6位；

2、造纸机圆网笼系；

3、矿山建材机械系列；

4、各类非标工装、模具、夹具；

5、各类注塑吹塑制品；

6、各类童装、运动衫、时装、工作服、帆布制品；

7、各类皮革制品、豪华沙发；

8、岩棉保温制品；

9、各类印刷品、书籍杂志、报纸表册、商标信封、印刷名片、锌版业务、软片制作、胶印铅印。

本公司竭诚与各界合作，欢迎来我公司联系、洽谈、订货。

法人代表：经理孙富华

地址：广西柳州市红岩路 46 号

电话：(0772) 332537 (市电) 35240 (路电)

电挂：0665 邮编：545007

【柳州市香料厂】 该厂是以生产天然香料为主的专业工厂，是国营企业，年产各种香精香料近 150 吨。工厂拥有目前国内同类最大设备 3 立方米转鼓式全不锈钢浸提机二台（磁）。各种先进分馏设备 3 台（套）。拥有全磁先进产品检测设备，保证本厂产品高质量、高标准，质优价廉满足客户要求。该厂现有近 20 种天然香料香精产品供选择，其中桂花浸膏以其净油含量高出国家标准 20%以上的优良品质而饮誉国内外，多年来出口美国、英国、日本、香港等国家和地区，深受国内外客商和外贸部门的赞誉。香茅系统产品——羟基香草醛、香叶醇十多年来因其质优价廉畅销国内外。使用本厂产品会使您达到满意的效果。使用本厂产品一律实行三包，代办托运，欢迎国内外客商惠顾！

联系人：副厂长：何金发

供销科：杨维年（科长）陈家松 刘佩媛 何金寿 韦美良

地址：柳州市沙塘（乘车：3 路广雅路——沙塘新果园）

电话：224134 转 5106 厂长住宅电话：（0772）330638

电挂：2674

开户：柳州市中行 帐号：0181002118

柳州市农行沙塘所 帐号：035—801307

【广西柳州面粉实业总公司】 广西柳州面粉实业总公司（原广西柳州面粉厂）是目前广西粮食系统最大的特制面粉加工生产和粮食储藏、工商合一的综合性企业之一，下设中外合资柳强面粉有限公司、中外合资岑溪三维石材有限公司、柳面粮油贸易公司、柳面劳动服务公司、柳面饲料厂、柳州天力食品股份公司、柳面修配厂、柳石投资发展公司以及柳州国家粮食储备库，以寻求多层的发展目标。

公司占地 21 万平方米，固定资产总值7 000多万元，年产面粉能力 7 万吨，粮油经营量 50 万吨。目前，从意大利引进具有国际先进水平的制粉设备，生产高精面粉、糕点粉、面包粉、饼干粉等各种专用粉和等级粉，深受用户欢迎，并多次荣获部优产品、区优产品称号。公司各项经济技术指标均居全区同行前茅，1992 年跻身于广西百强企业行列，并获“广西流通领域先进单位”光荣称号。

公司产品：特制一等面粉，各种专用面粉系列（高筋粉、中筋粉、低筋粉、次面粉、麦粉）；力牌挂面系列：飞鱼牌猪、鸡、鱼全价颗粒料饲料系列；岑溪红花岗岩石材系列产品。

总经理：卢道龙

副总经理：叶岭西 李荣华

地址：广西柳州市柳太路 11—1 号

邮编：545007

电话：(0772) 334420 (总机)

电挂：0121

传真：331058

【广西柳州市中糖股份有限公司】 广西柳州市中糖股份有限公司，是由原国有企业柳州市糖业烟酒公司作为发起人，采取定向募集方式于 1993 年 7 月 28 日创立的股份制企业。公司拥有总资产19 776万元，净资产7 744万元。注册资本3 056万元，注册地址：柳州市八一路 7 号（建筑面积2 954.84平方米）董事长兼总经理：张端秀

董事长兼总经理：张端秀

公司主营：食糖、糖果、烟、酒、饮料、罐头、茶叶、其它副食品、水产品、饲料、粮油及制品、针纺织品、日用百货、糕点、肉制品、禽蛋制品、调味品；兼营：钢材、建材、五金交电产品、普通机械、电器机械、橡胶制品、石油制品批发、煤炭矿产品、化工产品、汽车及配件、摩托车、计算机及软件开发。

公司下属企业有：食糖经营公司，糖储经营公司、泰丰进出口公司；有9家商场：柳州自选商场、南站商场、人民商场、龙城自选商场、屏山商场、新化商场、南方商场、红光商场、东风商场，均为批发兼零售，有14家商店：丰民商店、北站商店、雀儿山商店、罗池商店、东风西商店、鱼峰山商店、农械商店、箭盘商店、西江商店、五三八商店、大鹅山商店、小鹅山商店、柳拖商店、工程商店；有4家糕点加工厂：龙城糕点厂、鱼峰糕点厂、香乐园糕点厂、食品三厂；并有大型仓库3处；工程仓库（建筑面积21 478平方米）、必江仓（建筑面积175.7平方米）、跃进仓（建筑面积5 442平方米）及铁路专线一条。

公司现有员工1 104人，大中专毕业及获得各类技术职称的436人。

承蒙各级领导的鼎力支持和国内外各界同仁的精诚合作，公司业务取得较大的发展。1991年总销售3.61亿元，实现税利521.6万元；1992年总销售3.71亿元，实现税利693.1万元；1993年总销售5.49亿元（其中外贸经营8 164万元），实现利税1 105.5万元（其中利润545.5万元）。与上年对比，分别增长59.52%和71.54%。另外，出口创汇540万美元。全面超额完成全年承包任务，被评为“柳州市经济效益优秀单位”获得柳州市委、市政府重奖。

公司董事长：张端秀 副董事长：何文吾 宋建民 董事：彭德胜、刘洪生、谢广兴、刘梅琼 监督主席：郁进娣

总经理：张端秀 副总经理：宋建民 彭德胜 刘洪生

公司党委书记：何文吾 党委副书记：郁进娣

公司地址：柳州市八一路7—1号

电话：221557 邮编：545001

电挂：7177 传真：0772—224826

【柳州桂新供销公司】 该公司主要经营钢材、水泥、柴油机等生产资料，供货及时、信守合同，以最佳的服务质量为顾客服务是该公司的宗旨。公司下设有桂新饭店，该店地处柳江河畔北端，第三公路大桥的南头，与市委、地区公安处、地区法院等单位相邻。该店环境十分幽静，客房清洁卫生，是出差、旅游食宿的好地方。

该店共六层楼，客房78间，212个床位，设有高级空调单人房和空调双人房、3人房及普通5人房。高级单人、双人房内设有彩电、电话、闭路电视、办公桌椅、两用沙发、电扇、茶具等。房内有卫生间、花喷，白天有冷水，晚上有热水，不出门可以看到闭路电视节目。客人住下后可免费使用卫生纸、小香皂、茶和报纸等。

该店实行一客一换卧具制度。原住的旅客走后服务员立即去查房换出卧具，等下一个旅客来住即拿出，让旅客亲眼看见换的卧具，心里非常舒服。该饭店白天、晚上都有专人值班安排住宿，安全可靠。这里交通十分方便，在饭店的大门口可乘9路、12路和5路公共汽车到市内和各娱乐场所去娱乐，就餐也很方便，有异国情调的东南亚大酒店，设有卡拉OK厅小包厢，任您选用。还有专门为旅客进简易餐的饭店快餐部，备有经济实惠的小炒、火锅等。

该饭店大院内还设有大型停车场1 000平方米，可停放各类大小汽车50余部，有专人看管，收费合理、安全可靠。

桂新饭店于1986年1月16日正式开业以来，得到各界的大力支持及热情帮助，使饭店营业额逐年上升，每年都超额完成上级下达的经济指标任务。特别是1993年创造了历史最高水平的经济效益。

公司总经理：蔡彩良；副经理：黄智、刘绍文及全体员工恭侯大家光临。

地址：柳州市三中路88号

电话：（总机）229703 229704

邮编：545001

【柳州市食品总公司】 柳州市食品总公司自1954年建司以来，现有固定资产2 068万元，职工1 600多人，总公司下属有17个具有法人资格的企业，有遍布全市的大小商店、厂场仓40多个，营业面积有6 918平方米，是一个初具现代规模的国有食品企业。

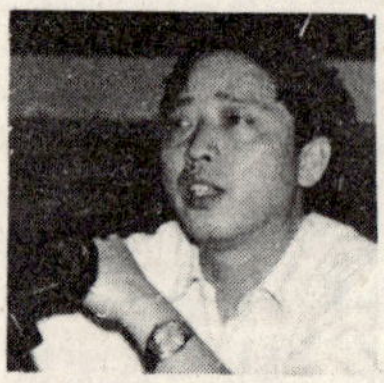
总经理：李解生

从1985年生猪购销政策放开以来，食品总公司抓住改革开放的机遇，奋力开拓经营领域、经营范围，从肉禽蛋及其制品，发展到饲料、猪、牛皮收购，加工销售以及糖、烟酒、百货、餐饮、旅社等业务，年商品销售额以14.4%的速度递增。1993年商品销售额达1.54亿元，销售居广西食品行业前列，近年来先后被广西区经委评为经济效益先进企业，柳州市评为社会主义建设先进单位。随着市场经济的发展，该食品总公司积极推行的对外批发带动总体销售的经营举措，1993年对商业批发销售6 514万元，批发额的比率由原有的36%上升到42.3%。目前该食品总公司与四川、贵州、湖南、山东、吉林、辽宁、广东、海南等省份及各地、市县178个兄弟单位建立起固定的业务往来关系，形成了较为广阔的购销网络。1993年销售冻猪肉4 723吨，广式香肠817吨，冻鸡系列商品1 084吨。在1993年购进的11.42万头活猪中，由区外

调入占63.2%。所属的经营分公司开拓广东、海南等区外市场，商品外销规模达1 000多万元，下属的饲料禽蛋经营公司成为正大集团在柳州地、市的代理商，年销饲料突破10 000吨大关。随着经济改革的发展，企业规模不断扩大，1992年耗资1 000万元新建的鱼峰大厦（集商场、舞厅、餐饮、旅店于一体），象一块改革的丰碑拨地而起，象征着柳州市食品总公司的兴旺发达。改革开放也给职工带来了实惠，增加了收入，近年来公司新建职工住宅楼8 000平方米，基本解决了职工的住房问题。

该公司实力雄厚，经营灵活，诚志欢迎区内外各界朋友来人、来函洽谈业务。以信誉第一，质量第一的宗旨，坚持开拓，求实高效、奉献的企业精神，竭诚提供优质服务。

总经理：李解生

党委书记兼副总经理：宋晓晏

地址：柳州市驾鹤路276号

电话：337493

电报：5131

邮编：545005

【柳州市果品食杂公司】 柳州市果品食杂公司在转换企业经营机制、调整经营结构中，采取了经营承包责任制，根据行业特点与企业优势，确定了骨干品种，以适应市场竞争。

经营机制的转换与租赁承包是同步进行的，以部门网点为基础、自立帐户、独立核算、自主经营、宏观管理、统一汇总。批发部门根据桂中的地理环境与农作物的分布，经营结构调整的重点是木薯淀粉，由被动地适应市场转为主动地出击市场。

为发挥果品公司主渠道的作用，柳州市水果交易市场是顺应市场经济，利用多渠道的特点而建立发展的，在广西是第一家，也是柳州最早的专业市场之一。遵循了集中——分散——集中的市场给合规律，充分发挥了多种经济成份的作用。

零售是企业利润增长的一条稳定渠道，1993年的利润收入批发占16.43%，水果市场占19.18%，零售却占64.38%，其主要因素（1）零售部门经营机制转换快，承包责任制明确，分配基本合理，能充分挖掘职工潜力；（2）在市场多变、竞争激烈的情况下，零售适应能力强，资金占用小，风险系数相应减少；（3）能解决大部分劳动力，利用优化组合与自谋出路减轻企业及社会负担。实行“国有民营”，既柜台租赁，不提供资金，宏观管理，放开经营，并让利优惠承租人，以保证税源与租赁费的稳定上缴。

企业经营结构的调整，使果品公司由管理型转为经营型，又由经营型转为经营管理型。

【柳州市机电设备总公司】 柳州市机电设备总公司是以经营进口及国产小轿车、改装车、汽车、旧汽车、摩托车、汽车及摩托车配件，以及机电设备产品为主，兼营金属、化工、建材等其它生产资料的中型国有物资流通专业公司，注册资金398万元，固定资产达800万元，在职职工150人，其中大中专学历的68人。总公司下设三个分公司，六个业务经营部，十个供应站及一座配有行吊、叉车、大小货车近20台、占地5 133平方米的综合仓库，一个占地5 500平方米可存展汽车400多辆的中型汽车交易市场（含旧汽车交易市场）。

总公司积极促销，提高市场占有率，强化企业内部管理，在经营中开发了微机管理，使企业管理逐步走向制度化、科学化和规范化，通过多种培训手段，不断提高职工的文化素质和经营水平，形成一支懂经营，会管理的队伍。1991年销售首次突破亿元，1992年获柳州市人民政府重奖，1993年销售达2.5亿元，税利突破500万元，再上新台阶。总公司自1988年以来，连续六年评为自治区和柳州市物资系统、柳州市“先进单位”，连续三年评为自治区“重合同守信用”单位。1990年首次被评为广西区物资系统“自治区级先进企业”。总公司将一如既往热忱为用户服务。

【柳州市建筑装璜材料市场】 柳州市建筑装璜材料市场是广西最大的专业批发交易市场。市场位于柳州市荣军路与五里亭相交接处的公路边，与柳邕、柳梧、柳桂、柳穗公路相连；与柳州火车东站（货运站）、汽车总站、鸡喇航运码头相距约二公里；与新建的柳州白莲机场距离十多公里；交通运输十分便利。

市场占地二万多平方米，分建筑装璜材料主市场、办公写字楼、仓库、停车场、饭店服务楼、银行分理处等几个部分。水电、电话等各种设施配套齐全。各种货车、吊车可在市场内各门面贯通。

市场经营范围以建材、钢材、装饰材料为主，兼营其它商品。市场设立管理和服务机构，统一负责场内一切事务，为进场经营的客户办理营业执照及种种经营手续，市场实行各项优惠的税收政策，门面税金偏低，每平方米10－20元。各地客商纷纷进场经营，各类商品品种齐全，批发零售价格便宜，是各建筑施工单位和居民群众美化装修居室最便利的购物场所。

竭诚欢迎各地客商前来联系租赁经营或代销、联营等事宜。

【柳州纺织品批发站】 该站位于广西柳州市北站路27号。该站始建于1950年，是全国200多个大中型国营纺织品二级批发企业之一，1989年被评为广

经理：李汉奇

西壮族自治区先进企业。该站在全国享有较好的信誉。1988年以来连续五年被广西区工商局授予“重合同、守信用企业”光荣称号。现有职工314人。该站主要经营针纺织品、丝绸呢绒、服装鞋帽、百货日化、钢材、交电、化工和摩托车等商品。

1993年随着经济体制改革的深入，个体经济和集体经济的发展，该站广大干部职工解放思想、更新观念、转换机制、抓住机遇、团结奋斗，主动抢占市场，积极参与市场竞争。在全国纺织品工商企业大都陷入困境、出现亏损的情况下，该站仍然取得明显的经济效益。全年商品总购进逾亿元，比去年增长12.86%；销售总额12000万元，比去年增长7.18%；实现税利204.18万元（其中：利润94.18万元）。主要做法是：

一、进一步完善承包经营责任制，调动职工的积极性。首先是全站各业务部门实行包死基数，超基数分成，奖金上不封顶，下不保底。其次是引入竞争机制，建立风险保证体系。根据承包人责、权、利大小交纳一定的风险金，实行风险抵押承包。第三是改革分配制度，职工个人的劳动报酬引入竞争机制，多劳多得，合理拉开差距，激发广大干部职工的市场经济意识，人人关心企业的效益，个个为扩销增盈、开拓经营献计献策。

二、转换经营机制，调整经营结构，积极开展促销活动。一是合并部分职能科室、精简人员，把经营权、物价权和财会核算管理权下放到业务部门，充分调动经营者的积极性。二是调整结构、扩大经营范围，增加名、优、新商品的比重。一年来他们从全国各地组织名、优、新品种3 000多种，金额达9 000多万元，适销率95%。三是在经营策略上实行“双管”齐下，“请上来”与“走下去”并举，坐商与行商相结合。全年召开各种供（补）货会12次，请代表到会上看样选购，成交金额2 241.70万元。此外，一年来，先后组织60人次带样品深入到广西区内各县、市公司访问推销，推销商品金额900多万元。

三、改善经营作风，提高服务质量。该站树立顾客至上、信誉第一的思想，主动为销售单位排忧解难。凡是向该站购进的商品，三个月之内不适销的可以退换货。全年为客户退换货80多次，金额60多万元，深受客户的好评。

厂址：柳州市北站路27号

电话：225461

邮编：545001

【柳州市现代厨具餐具自选商场】 柳州市现代厨具餐具自选商场地处柳州市河北桥头商业旺地，下设一个分店四个经营部（东风厨具餐具商店、饮食原材料经营部、香山茶庄茶叶经营部、依山村日杂经营部、景行化工建材经营部），经营厨房用具、餐具、食品机械、饮食原材料、调味料、饮料、茶叶、日用百货、日用化工建材等八大类近5 000个品种。

总经理：王新章

地址：柳州市龙城路

电话：0772－211494 227987

【柳州李宁运动器材有限公司】 该公司是专业生产经营李宁牌运动器材、运动车系列产品的现代化中外合资企业。公司从国外引进世界健协指定先进机型，按照国际标准研制生产李宁牌健身、保健、康乐器材。产品具有90年代国际先进技术水平。目前已开发出包含家庭及健身场馆用的八十多个品种的健身器材，以及球类、水上、冰雪、技击等运动器材，并形成年产运动器材4.5万台套，运动车10万辆的批量生产能力。

公司主导产品有：

LSE－1105型十人联合训练器；LSE－1110型四人联合训练器；

LSE－1108型坐式扩胸机；LSE－1115型大飞鸟机；

LSE－1102型组合杠铃；LSE－1103型组合哑铃；

LSE－1125型安全举重架。

以上均为专用健身房主要配套运动器材，可分别进行腿、胸、肩部推举，引体向上，仰卧推、蹬、蹲举，起坐、负重上拉下拉、交叉上拉下拉，踢拉等运动，增加股、臀、胸、腹、上臂及肩部肌肉之机能，力量及耐力。还有LSE－各类型家庭用单功能、12功能、13功能、16功能、31功能跑步机，以及健身车、运动车等系列产品。

【广西柳州市德兴股份有限公司】 广西柳州市德兴股份有限公司（原柳州市第二百货公司），是一家有三十多年历史的商业企业，公司下设二个专业批发部，一家以生产出口服装为主的制衣厂，十六家分布于市内主要街道兼营批发的零售商场、商店。

公司具有良好的职工素质，中层以上干部都具有专业技术职称，全部营业员、业务员都实行业务培训，考核上岗制度。公司具有经营范围广范，以百货为主，点多面广，多种经营，商品进销渠道遍及全国，现经营的商品种类达12 000余种。

公司坚持“顾客至上、服务第一”的经营宗旨，经全体职工的共同努力，取得了明显的社会效益和经济效益，1993年完成销售2 200万元，实现税利111.11万元，分别比上年增长65%和102%，进入全市77家税利大幅度增长的先进行列，荣获广西壮族自治区经济效益先进单位，纳税先进单位，重合同守信用单位，荣获柳州市“质量、品种、效益”和“文明服务杯”先进单位，及市商业系统“明星企业”等称号，成为柳州市商业系统的一颗新星。

地址：广西柳州市莲塘路92号

电话：224975 224983 电挂：8863 邮编：545001

【广西物资储运贸易柳州公司】 该公司系广西物资厅直属管辖，位于广西柳州市北端，占地面积约31万平方米。拥有库房8万平方米，货场12万平方米，起重设备18台，货车11台，铁路专用线3条，总长度2 064米，是目前广西同行业中仓储设备实力最强的专业公司。

改革开放以来，公司敞开大门，全面对社会开放，仓储业务有了迅猛发展。先后与区内及部分省市的近百家企业建立了密切的业务关系，年物资吞吐量由改革前的15万吨增至50万吨，机械起重设备覆盖率从30%提高到90%，人均创利增长近7倍。如今，公司勇踏改革的潮头，于1993年4月，办起了红卫生产资料市场，储运业如虎添翼，利用仓储与经销互促互补的优势，在加强和完善为各企业的物资代收发、代保管、代运输、代购代销一条龙服务体系的基础上，全面开展物资经销业务。已融储运和贸易为一体的柳州物资储运贸易公司，正以崭新的面貌和敢于开拓的自信心，为广西的经济腾飞作出应有的贡献。

【柳州市汉字电脑开发公司】 柳州市汉字电脑开发公司是广东省科委、京粤（广东）汉字电脑技术研究开发中心在柳州主办的集体所有制技贸商业企业，拥有一支力量雄厚、经验丰富、德才兼备的精干技术队伍，主要从事计算机经营业务、软件开发、技术咨询、培训维修及计算机系统的引进、安装等服务。为用户提供性能好，价格佳的计算机系统设备及科学器材。

公司开发并研制出八个档次，二十多种机型的京粤电脑系列产品及大量丰富的软件，广泛应用于税务、财务、医疗、物资、邮电、金融、公安、政府等行业，京粤电脑曾被国务院电振办评为国有优选机型，被国家计委定为国家级新产品。“税务通用处理软件”曾荣获全国计算机应用展览一等奖。新型京粤486H微机是全国财税系统首选机。

“广州价格、柳州服务”是公司经营的一大特点。以低于计算机市场价格为用户提供价格优、性能好的名牌电脑产品。并与美国DEC电脑公司签订了DEC微机柳州特约经销权，以便更好的服务于大众。公司完善的售前和售后服务，免费调试安装，培训操作人员，电脑消耗品的供应等一条龙服务。深得用户的好评。特别是公司的质量跟踪快速反应小组，能在极短的时间内，为用户排除各种故障。

公司的宗旨是“研以致用，以用立业”。

柳州市中山东路29号，电话：212948

【柳州市柳锌银海实业公司】 柳州市柳锌银海实业公司创建于1984年，现有职工130人，企业注册资金213.8万元，厂房建筑面积3.50万平方米，年生产“蓝宝牌”硫酸铜1 000吨，电解锌600吨，铅锌选矿生产能力5 000吨金属，塑料膜加工100吨，氧化锌3 000吨，机制渣砖100万块以及仿瓷餐具等产品。此外，该公司还经营立德粉、硫酸和硫酸锌等化工产品，该公司1993年完成工业总产值1 000多万元，实现销售收入1 500多万元，产品主要销往区内外20多个省区。

目前公司有各类专业技术人员15人，其中，高级工程师3名，工程师5名，经济师3名，会计师1名，公司现拥有先进的生产设备，产品质量达到国家或行业标准。

该公司依靠科学管理，致力于完善生产工艺，把好产品质量关，以市场经济为导向，采取灵活多样的生产经营方式，竭诚为社会各界服务。

地址：广西柳州市白沙路2号

电话：224735转307 邮编：545001

电挂：6884 经理：丁昌林

【柳州市建筑材料工业总公司】 该公司是广西柳州市最大的建材产品经销单位之一，拥有固定资产500万元，流动资金980万元。公司下设三个分公司，一个纸箱厂、一个区级砖瓦质量监督检验站。主要经营各种建筑材料、钢材、建材产品、建筑机械设备及配件，国产汽车、装载机、农用运输车、摩托车及配件、五金交电产品、矿产品等；生产各种规格、型号的纸箱；下设的柳州砖瓦质量监督检验站，系广西区技术监督局备案、批准，认可的检验机构，拥有先进的检测仪器，技术精湛的检测人员。该站主要负责检验柳州地、市企业生产的砖瓦建材产品质量、出具的检验报告具有权威性。该公司与全国众多的生产厂家建立了友好合作的经销关系，生产、经营的产品（商品），质量保证，价格适当，供货及时，服务周到，在区内外享有较高的声誉，是柳州市文明单位之一。

公司总经理（法人代表）：陈干中

邮政编码：545001

公司地址：柳州市中山东路52号

电话：213854 225200 225980

【广西柳州市建筑工程总公司施工机械金属模具租赁公司】 该公司主要从事建筑施工机械金属模具租赁业务，面向广大建筑安装施工用户服务，目前是

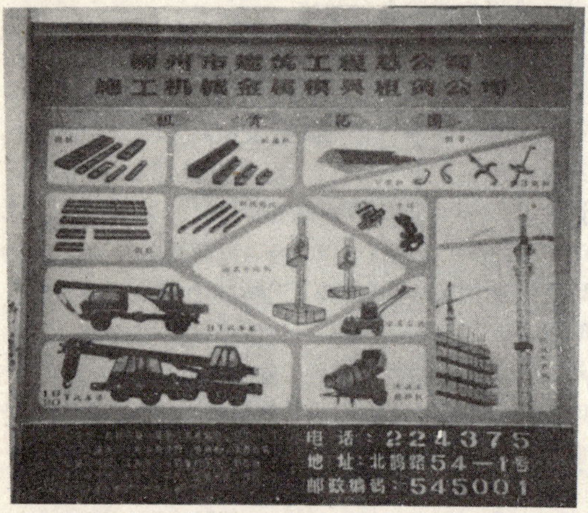

公司租赁范围

广西区内规模最大的租赁公司之一。现拥有施工机械设备：8吨、16吨、20吨汽车吊；高层塔吊（有效吊装高度105米）；高层外用施工电梯（高度100米）；中小型塔吊（有效吊装高度26—40米）；各种类型混凝土搅拌机。还拥有金属模具：钢管3 500吨（约875.00米）；钢模2000吨（约56 000平方米）以及各种配件出售。

“信誉第一，用户至上”是该公司一贯奉行的宗旨。上述施工机械设备及金属模具配套齐全，实行租赁、销售、修理一条龙服务，租金价格优惠，手续简便，欢迎新老用户惠顾。

地址：广西柳州市北鹊路54—1号

联系人：沈世兴、何尚才、蒋振昆、魏柱庆

电话：(0772) 221750 224375 210787

邮编：545001

开户：柳州市建行 帐号：233406239

【中国有色金属工业第十一冶建设公司】 该公司隶属中国有色金属工业总公司，经国家审定为一级资质大型建筑安装施工企业，是中国最大500家企业之一，被自治区命名为“重合同守信用企业”。能承担工业、民用建筑、机电安装、预制构件、金属结构制、大型土石方和铁路、公路施工、非标制作、建材生产、勘察设计等综合性建设公司。

该公司先后参加了鞍钢、武钢、郑铝、贵铝、广西大厂锡矿选厂、青铝、平果铝、海口印染厂、柳州水泥厂、柳钢、来冶、防城港、南昆铁路、珠海、海南多处高层建筑，在施工中赢得信誉，西南铝压延车间获国家样板工程，受到好评。

该公司施工经验丰富，技术力量雄厚，施工设备精良，管理水平上乘，工种配套齐全。具有先进的施工工艺和技术，取得一、二类压力容器制安和锅炉安装许可证。液压滑模工艺在全国享有名气。电器计调技术水平较高，完成了西德西门子公司、瑞典亚细亚公司及美国、丹麦公司的电气及计算机控制系统的安装和调试。

【柳州曜兴房地产开发有限公司】 于1992年9月26日正式开业的柳州曜兴房地产开发有限公司是香港燊晖国际有限公司与中房集团柳州公司共同投资的中外合资企业，资金雄厚，采用先进而适用的技术和科学的经营管理方法，引进先进的建筑安装设备和建筑装饰材料进行房地产开发建设，繁荣房地产市场。

该公司主要经营范围：商品房开发、土地开发、基础设施开发、建筑安装、工程承包、物业管理；兼营建筑机电产品、设备；建筑材料和建筑装饰等业务。

计划总投资10 770万元开发建设的地处市中心，占地总面积8.09公顷，建筑总面积为13万平方米的“白云花园”集完善的购物中心、康乐设施、休息庭园、学校、幼儿园、公园为一体，花园内的住宅商品房设计独特、新颖，受到各界人士的好评和欢迎。

【广西冶金建设公司】 该公司成立于1958年8月，1990年经国家建设部审定资质为冶金建筑安装、化工建筑安装，送变电工程一级、公路工程施工二级，是综合性施工企业，具有对外承包工程资质。是全国500家最大建筑业和全国最佳经济效益建筑企业之一，连续三年被自治区授予“重合同守信用企业”称号。

公司现有职工5 600余人，下设九个工程公司、三个厂、一个试验研究所，各类专业技术人员1 100多名，获中级职称282名，高级职称55名。固定资产4 230万元，各类施工机械、加工机械及精密仪器1 300多台，年完成总产值4亿元以上。

该公司奉行“用户至上，信誉第一”的宗旨，竭诚为广大用户提供优质的产品和满意的服务。

总经理：柴万发（高级工程师）

地址：广西柳州市北鹊路115号

邮编：545002

电挂：2692 电话：226281（总机）

传真：226295 电传：48559GXMCC CN

【中外合资柳州新柳建机械施工有限公司】 新柳建机械施工有限公司是柳州市建筑工程总公司与香港新力重型机械有限公司合资创办的机械化施工企

业。

该公司技术力量雄厚，检测手段齐全，施工设备先进，由一批高薪聘请的专业高级工程师、工程师、经济师、会计师形成的多功能的技术经济管理中枢，监控公司的一切经营生产活动。良好的质检仪器，使建设单位得到可靠的质量保证。拥有分别由日本小松制作所和美国卡特比劳动力公司制造的挖掘机、推土机、装载机、震动式压路机更显示了强大的机械化施工能力。承揽公路、桥梁、隧道、铁道、水库、水电站、码头、机场、房建、平整场地以及其他大型土石方工程。

实践证明，该公司所施工的所有工程都得到建设单位的赞扬和肯定，因为他们得到所有建设单位都迫切企望的满足：讲信誉、重质量、保工期，提供最优质服务。

董事长兼总经理：邓天鹏 副总经理：陈世汉、蒋文凡偕全体员工向各界同仁致敬

地址：广西柳州市东环路二桥头（南）

电话：（0772）228844 215885

电挂：1295 传真（0772）215805 邮编：545005

【柳州市政工程总公司】 该公司为国有中型施工企业，资质二级。现有固定职工505人，合同工800人，拥有工程及各类专业技术职称180人，其中，高中级专业技术职称60人，拥有固定资产原值2 500万元，各种配套施工机械设备284台（套），总功率1.3万千瓦，年可完成总产值1亿元的生产施工能力。

总公司下属北海公司、四个工程处、水泥压力管厂、水泥厂、建材厂、房建处、机修厂、物资供销公司、劳动服务公司等12个单位。经营范围：城市道路与公路、桥梁、排水、工民建工程设计与施工；水泥、水泥压力管、排水管、砼预制构件、石料等建材产品生产与销售；供应筑路工程机械及配件等业务。

总公司的宗旨“以质量求信誉”，有完整的质量管理体系，拥有自治区一级的试验所，设备先进，技术力量雄厚，检测手段完善。几十年来所承建的工程合格率达100%，优良品率40%以上，多项市政工程获区、市优秀工程质量奖，区建委授予“工程质量管理优秀单位”，1989年获部优工程一个，水泥和压力管以优良质量畅销区内外。

自改革开放以来，公司勇于开拓进取，不断深化改革，管理严实，企业素质迅速提高，取得了较好的社会效益和经济效益，经济建设一年上一个新台阶。1990年荣获自治区级先进企业，公司连续五年获自治区授予经济效益先进单位、重合同守信用企业。

总公司经理：吴润富

地址：广西柳州市荣军路158号

邮编：545005

电话：332221 331267

【柳州迎宾馆】 柳州迎宾馆又称柳州市人民政府招待所，位于市中心黄金地段——广场路6号。她面对广场音乐喷泉和文化艺术中心，傍依闻名中外的柳侯祠公园，有2、4、5、8、9、10、12、19路等公交汽车和中巴、的士过往，交通十分便利。

宾馆环境优雅，有十四层综合服务大楼和客房楼各一座，有设备先进的舞厅、卡拉OK厅和音乐茶座。高、中、低档客房224间，518张床位，大楼内设备完善，空调、彩电、电话、电梯配套，规格多样的会议室、宴会厅和别致包厢可同时供700余位客人开会、用膳。由名厨主理的中西餐、粤川菜和具有民族风味特色的佳肴屡获全国及地、市烹饪大赛优胜奖。

宾馆设有可同时停放50辆大小汽车的停车场，并有专人看守。宾馆商场可为客人提供各种物资的批发、储运服务，服务台还可替客人代购车、船、飞机票。训练有素的员工以优质的服务态度迎接四方佳宾。

地址：广西柳州市广场路6号

电话：229340

邮编：545001

柳州迎宾馆

【交通大饭店】 柳州交通大饭店地处柳州市第二公路桥头胜利路，是柳州环城公路的必经要道，店前有广阔的停车场，最宜外来汽车司机泊车休息。

交通大饭店毗邻市纺织区，区内有市第一、二棉纺厂、化纤厂、华桥化纤厂、针织总厂、毛巾厂、床单厂、袜厂。饭店东去即达柳州船厂，过二桥便是鹿山花苑新区及体育中心；西往依次可达皮件厂、区三建、火电厂、钢铁厂；北上不远通塑料水泥袋厂、化肥厂；南下沿跃进大道、牙膏厂、二安公司、搪瓷厂、

工具厂、第二造船厂、商标印刷厂、锌品厂片刻可到。商务出差人员下榻交通大饭店，业务联系十分方便。

交通大饭店设有住宿部、餐厅部、小卖部、娱乐厅、停车场，正以不断提高的服务质量欢迎嘉宾的到来！

饭店经理值班室电话：223954

总服务台电话：223010

【柳州航运总公司、柳州港澳轮船公司】 柳州航运总公司、柳州港澳轮船公司为二个名称一套机构的国有航运骨干企业，具有年货运量60万吨、客运量40万人的运输能力。内河航线客运经营柳州至广州直达定期航班及包船旅游业务；内河航线货运经营柳江、黔江、西江、红水河等沿线和珠江三角洲各埠货物往返运输业务；港澳航线货运经营至香港、澳门直达货物运输业务。同时代办发往广东及港澳方向货物运输的中转业务。

该公司将充分发挥“储运一条龙”的优势，竭诚为客商提供优质、安全、快捷的运输服务。

目前公司下属机构有：柳州市客轮公司、柳州市船厂、柳州市港埠公司、柳州市内河货运公司、柳州港澳货运分公司、象州港运输公司、武宣港运输公司、来宾港运输公司、桂平北江港务站、驻梧州办事处、广州营业部以及柳州海员大厦，柳州红华贸易商行。

柳州市船厂承接设计、修造各类船舶。

柳州海员大厦集客运、旅业、餐饮、娱乐、购物为一体，欢迎光临。

公司位于柳州市北雀路21号，电话：225920 邮编：545001

【柳州市科技信用社】 1991年3月，在市委、市政府的关怀下，在人民银行的大力支持下，市科委筹建成立了市科技信用社。短短三年时间，这支队伍由小到大，发展壮大起来了，如今已是一支素质高、业务水平精湛、经济效益显著的“胜利军”。1993年全年实现税利167.55万元，人均实现税利5万元。到1994年6月底止，该社的40名职工中大中专毕业生占总人数的90%，存款余额达5741万元，贷款余额3740万元，支持科技项目99项，累计发放科技贷款6930万元。市科技信用社将在人民银行、市科委的正确领导下，迈开大步，继续努力，为柳州市经济辉煌作出更大的贡献。

【中国人民保险公司柳州分公司】 柳州是广西的工业基地，是全国五个少数民族自治区中第一个工业总产值超百亿元的城市，1993年工业总产值达142亿元。中国人民保险公司柳州分公司为支持柳州经济的发展一直在作不懈的努力，不断拓宽服务领域，竭诚为城乡人民提供各种服务，社会效益和自身经济效益成绩显著。至目前为止，开办险种113个，承保社会财产183亿元，1993年保费收入1.7亿元，成了参加保险的受灾企业和灾民的保护神。1993年全年上交利润854万元，同时社会效益很好，全年处理各种赔案64 552件，支付赔款6858万元。特别是6月14日的暴雨、7月的洪灾、10月的纺织印染总厂和来宾电厂火灾，柳州分公司都及时给予了赔偿，在全市产生轰动效应，一些企业领导感激地说：“我们遭灾而不受损，生产仍然腾飞，保险公司功不可没”。

【柳州铁路局勘测设计院】 该院组建于1953年，是一个综合性勘察设计单位。现有职工258人，其中有高级工程师53人，工程师61人，助工、技术员62人，技术工人60余人。

该院勘察测量设备齐全，技术先进。主要有红外线测距仪2台，全站仪1台，各型经纬仪、水平仪31台，大小钻探机具10台，电子自动补偿仪2台；在电算技术方面，有电子计算机31台，CAD微机工作站5套，数字化仪2台。

经建设部、铁道部批准，该院具有《铁路工程设计甲级》、《建筑工程设计甲级》、《规划测量与工程测量乙级》、《岩土工程与工程地质甲级》、《公路桥涵、隧道及配套设计乙级》综合工程设计资质。1992年经广西壮族自治区人民政府批准，同意该院为以设计为主体，设计施工一条龙工程总承包的试点单位。

四十多年来，该院先后获国家优秀设计奖1项，国家质量银质奖两项；有十七项勘测设计项目获省、部级优秀设计，科技进步22项。

该院70年代设计的桂林火车站是全国最早获得国家优秀设计奖的项目，80年代完成勘察设计的30层柳州工业品贸易中心工程，是我区一座大型综合性建筑。

近年来，该院进一步拓宽对外服务，实行一业为主，两头延抻，相继成立了梧州设计分院和珠海设计分院，与外资合作成立了“中外合资广西柳州稼达装饰有限公司”。社会效益与经济效益有了显著提高。

地址：柳州市鹅山路41号

电话：333816

邮编：545007

【广西钢铁设计院】 广西钢铁设计院成立于1978年，隶属广西冶金厅，同时也是广西柳州钢铁集团紧密层成员之一，县处级建制，定员编制200人，设计等级为：冶金行业乙级、工业设计乙级、建筑工程乙级、市政燃气、热力工程乙级。

广西钢铁设计院现有职工160人，其中有高级工程师 39 人，工程师 58 人，在专业设置上配备有炼钢、炼铁、轧钢、工业炉、机械设备、机修、铸造、电力传输与发配电、工业自动化、仪器仪表、工业与民用建筑、热力、采暖通风、给排水、总图运输、技术经济、工程经济等二十余人，配备有微机制图设备。

该院自成立以来，在区内外的冶金、电力、市政及工业与民用建筑设计方面完成几百个项目，其中较大的设计项目有：柳钢 650 轧钢车间、柳钢 2×24 米^{2}烧结车间、柳钢新二号高炉、柳钢烧结料场 1 期工程、雅脉钢铁厂 45 米^{3}高炉、八一锰矿 2×12500 千伏安铁合金电炉、2×100 米^{3}锰铁高炉、龙头锰矿、上思县、昭平县 1800、3600 千伏安铁合金电炉、雅脉钢铁厂 3.2 万吨水泥车间、灵川铁合金厂水泥车间扩建、云南峨山钢铁厂高炉煤气发电、八一锰矿 110 千伏高压输电线路、柳州市民用煤气、柳州市计量所恒温楼、柳州市质检楼、柳北影剧院、柳州市糖果一厂多层仓库楼、柳州印染厂 20 吨/时、2×10 吨/时锅炉房、广西冶金厅综合楼、柳州市粮油加工厂等。其中柳钢烧结料场 1 期工程、柳钢 650 轧钢车间、八一变电站、灵川水泥厂、雅钢二号高炉等项目分别获广西优秀设计一等、二等、三等奖。

近年来，随着改革开放事业的发展，该院建立了适应社会主义市场发展的竞争机制，并取得可喜成绩，增强了该院的整体素质和设计竞争能力。今后该院坚持顾客至上，质量第一的服务方针，为我市我区及至全国的钢铁事业和其他方面的工业与民用建筑事业的发展提供更加优质高效的设计服务。

地址：柳州市北雀路

邮编：545002

电话：212584

电挂：7108

【柳州日报社】 柳州日报是中共柳州市委机关，创刊于 1949 年 12 月 28 日，1951 年 10 月改名为《柳州工人报》。1956 年 5 月 1 日，恢复为柳州日报。本报为周 7 刊，天天出报，是继洛阳日报之后全国第二批自办发行的。自办发行以后，离开市区 50 公里的一些县城及一些乡镇，和市委机关一样，每天上午上班以前，能看到当天的柳州日报。零售部分占总发行量的 48%，这是国内同类报纸上零售量比率最高的。1992 年元月起，适星期五增出 4 版（共 8 版）。1993 年元旦起，由 4 开 4 版小报改为对开 4 版大报。

报社现有在编人员 267 人，其中编辑部 99 人，印刷厂 168 人。新闻系列的副高级职称 7 人，中级职称 46 人，初级职称 20 人。报社设有总编办公室、党委办公室、报社办公室、要闻部、经济部、社会群众工作部、副刊部、时事体育部、美术摄影部、新闻研究室、广告部、发行部、财务部、印刷厂、柳报房开公司经营服务公司、图片社、广迅广告公司、新闻信息公司。现任社长兼总编辑黄志诚、党委书记林玉。

报社在 1986 年告别铅印，采用胶印。1989 年 8 月 1 日应用卫星技术接收新华社电讯。1991 年 1 月 14 日，在广西报纸中首家告别铅排，全面采用电脑照排。1992 年 12 月，购置了电视图像采集系统，能够在几秒钟内从电视采集比较清晰的照片，大大提高了图片新闻的时效和质量。

《柳州日报》坚持正确的舆论导向，汇纳时代信息，地方色彩浓郁，素以文章短小精干条数多信息量大见长，曾受到人民日报社领导赞赏。两次评为广西先进新闻集体，1991 年被评为全国先进新闻集体。为全国地市报研究会理事单位、中等城市党报研究会理事单位。1993 年 11 月平均每天发行81 565份，最高一天为 178 975份。

第六部分　统计资料

一、综　　合

1—1　社会经济主要综合指标

	单　位	1992年	市　区	1993年	市　区	柳江县	柳城县
一、人口、劳动力、土地							
年末总人口	万人	162.89	77.73	165.28	79.64	48.28	37.36
# 非农业人口	万人	75.59	65.35	78.09	67.57	5.26	5.26
年平均人口	万人	160.86	76.14	164.09	78.69	48.12	37.28
出　生　率	‰	12.25	8.66	9.62	7.59	12.13	10.68
自然增长率	‰	8.14	4.77	5.47	3.98	7.22	6.35
土 地 面 积	km	5 283	651	5 283	651	2 508	2 124
人 口 密 度	人/km	304	1 169	311	1 209	192	176
社会劳动者人数	万人	90.78	48.00	94.62	49.05	25.50	20.07
第 一 产 业	万人	41.12	4.95	40.00	4.73	17.80	17.47
第 二 产 业	万人	30.16	28.27	32.64	28.93	2.99	0.72
第 三 产 业	万人	19.50	14.78	21.98	15.39	4.71	1.88
二、国内生产总值（现行价）	**万元**	**600 044**	**504 453**	**857 263**	**724 831**	**71 885**	**60 547**
第 一 产 业	万元	61 279	12 594	75 382	12 667	30 031	32 684
第 二 产 业	万元	328 796	306 060	532 570	495 182	20 023	17 365
第 三 产 业	万元	209 969	185 799	249 311	216 982	21 831	10 498
人均国内生产总值	元/人	3 730	6 625	5 224	9 221	1 491	1 624
三、工农业总产值（1990年价）	**万元**	**1 187 629**	**1 027 168**	**1 530 812**	**1 343 009**	**89 326**	**98 477**
工农业总产值（现行价）	万元	1 249 099	1 097 649	1 949 750	1 738 500	102 014	109 236
四、农　　业							
农业总产值（现行价）	万元	104 943	22 344	135 347	27 493	51 002	56 832
农业总产值（1990年价）	万元	96 342	19 386	103 774	19 486	40 433	43 855
农业商业产值（现行价）	万元	63 382	17 645	81 096	19 752	27 677	33 667
年末实有耕地面积	公顷	100 296	10 554	100 088	10 332	51 255	38 501
粮 食 产 量	万吨	37.92	2.65	39.39	2.84	20.21	16.34
油 料 产 量	吨	17 815	2 216	19 860	3 343	8 906	7 611
糖料产量（甘蔗）	吨	1 451 866	156 061	1 483 126	115 364	542 997	824 765
猪牛羊肉产量	吨	28 304	6 847	31 316	7 121	11 190	13 005
蔬 菜 产 量	万吨	21.55	10.71	27.18	11.55	12.38	3.25
水 果 产 量	吨	36 959	15 238	41 343	14 997	7 558	18 788
水产品产量	吨	5 178	2 361	6 344	2 551	1 748	2 045
五、工　　业							
全部企业单位数	个	851	613	1 139	847	137	155
全部工业总产值（1990年价）	万元	1 091 287	1 007 728	1 427 038	1 323 523	48 893	54 622
按轻重工业分	万元						
轻　工　业	万元	456 119	397 477	518 791	455 270	34 110	29 411
重　工　业	万元	635 168	610 305	908 247	868 253	14 783	25 211
按经济类型分	万元						
# 国 有 经 济	万元	918 968	847 055	1 032 591	960 001	33 415	39 175
集 体 经 济	万元	168 487	157 203	272 217	243 134	13 635	15 448
在总计中：							
大 型 企 业	万元	489 246	479 072	685 486	674 033		11 453
中 型 企 业	万元	372 013	328 900	414 831	374 038	22 717	18 036
小 型 企 业	万元	230 029	199 810	326 721	275 452	26 176	25 093
全部工业总产值（现行价）	万元	1 144 156	1 075 305	1 814 403	1 711 007	50 992	52 404
按轻重工业分							

1—1 续表1

	单位	1992年	市区	1993年	市区	柳江县	柳城县
轻工业	万元	424 664	381 051	519 919	462 336	30 764	26 819
重工业	万元	719 492	694 254	1 294 484	1 248 671	20 228	25 585
按经济类型分							
# 国有经济	万元	979 261	921 195	1 348 098	1 274 666	33 500	39 932
集体经济	万元	161 301	150 804	290 090	262 041	15 577	12 472
在总计中:							
大型企业	万元	551 631	543 436	974 603	963 002		11 601
中型企业	万元	359 687	330 134	474 254	438 816	19 088	16 349
小型企业	万元	190 914	164 496	365 546	309 188	31 904	24 454
独立核算工业总产值(1990年价)	万元	1 049 724	970 691	1 384 342	1 285 017	48 521	50 804
独立核算工业总产值(现行价)	万元	1 102 231	1 038 065	1 763 624	1 665 658	50 517	47 449
独立核算工业企业财务指标							
工业增加值	万元	286 901	272 114	450 095	411 994	15 068	23 033
# 国有经济	万元	245 482	233 217	335 155	306 236	9 585	19 334
集体经济	万元	40 287	37 813	59 434	50 779	4 956	3 699
# 轻工业	万元	104 076	96 394	150 995	132 458	8 936	9 601
重工业	万元	182 825	175 720	299 100	279 536	6 132	13 432
利税总额	万元	144 540	139 749	222 558	206 299	8 164	8 095
# 国有经济	万元	130 563	126 921	162 229	148 459	6 497	7 273
集体经济	万元	13 754	12 658	24 099	21 625	1 652	822
# 轻工业	万元	51 121	49 982	63 011	52 622	5 263	5 125
重工业	万元	93 419	89 766	159 547	153 677	2 901	2 970
人均税利	元	6 688	6 998	9 574	9 594	11 425	7 860
# 国有经济	元	7 788	8 128	10 327	10 082	17 588	11 839
集体经济	元	2 866	2 940	3 687	3 724	5 248	1 978
# 轻工业	元	5 631	6 078	7 195	6 656	13 720	10 944
重工业	元	7 454	7 644	11 012	11 303	8 764	5 288
全员劳动生产率(按增加值计算)	元	13 276	13 628	19 362	19 161	21 086	22 364
# 国有经济	元	14 643	14 936	21 336	20 797	25 947	31 473
集体经济	元	8 399	8 211	9 092	8 745	15 743	8 900
# 轻工业	元	11 464	11 721	23 099	22 812	28 386	21 415
重工业	元	14 588	14 963	20 644	20 559	18 526	23 917
职工年平均人数	人	216 108	199 671	232 464	215 019	7 146	10 299
# 国有经济	人	167 640	156 148	157 087	147 250	3 694	6 143
集体经济	人	47 962	43 054	65 370	58 066	3 148	4 156
# 轻工业	人	90 787	82 237	87 576	79 057	3 836	4 683
重工业	人	125 321	117 434	144 888	135 962	3 310	5 616
六、交通运输、邮电							
全社会货运量	万吨	2 756	1 948	2 850	2 022	313	515
全社会客运量	万人	2 473	1 931	2 568	2 001	246	321
邮电业务总量(1990年价)	万元	3 944	3 555	7 285	6 733	285	267
七、固定资产投资	万元	132 362	123 812	290 553	269 909	9 930	10 714
# 国有经济基本建设投资	万元	45 264	38 396	105 529	89 784	7 913	7 832
国有经济更新改造措施投资	万元	73 064	71 765	101 720	98 679	1 259	1 782
# 国有经济固定资产投资	万元	124 614	116 202	224 643	204 870	9 873	9 900

1—1 续表 2

	单位	1992 年	市区	1993 年	市区	柳江县	柳城县
城镇集体固定资产投资	万元	7 748	7 610	20 435	19 564	57	814
房地产开发投资额	万元	6 286	6 041	45 054	44 614	154	286
新增固定资产	万元	88 680	83 604	119 241	107 526	6 394	5 321
商品房销售额	万元	2 608	2 317	13 076	12 676	400	
施工住宅建筑面积	万平方米	81.90	72.81	153.23	140.33	5.65	7.25
竣工住宅建筑面积	万平方米	35.09	30.48	54.16	47.22	3.38	3.56
八、批发零售贸易与外经、旅游							
批发零售贸易业商品销售总额	万元			984 469	850 150	27 889	16 430
社会消费品零售总额	万元			326 733	281 473	22 623	22 637
外贸收购总额(按实际价格计算)	万元	59 124	58 607	113 563	113 238	280	45
外贸口岸进口总额(海关数)	万美元	4 015	4 015	8 890	8 890		
外贸口岸出口总额(海关数)	万美元	4 306	4 306	6 211	6 211		
实际利用外资金额	万美元	1 175	1 175	3 640	3 640		
旅游者人数	人	34 913	34 913	20 465	20 465		
旅游外汇收入	外汇券万元	472	472	349	349		
零售物价总指数	%	105.8	105.8	123.8	123.8		
九、财政、金融、保险							
地方财政收入	亿元	7.64	6.87	11.04	9.75	0.66	0.63
地方财政支出	亿元	4.85	3.90	6.90	5.55	0.68	0.67
城乡居民储蓄年末余额	亿元	27.15	24.81	37.10	33.79	1.65	1.66
年末银行各项贷款余额	亿元	47.38	43.66	57.22	52.09	2.30	2.23
承保额	亿元	349.28	336.83	159.60	142.27	12.29	5.05
十、劳动工资(含柳铁)							
年末全部职工人数	万人	45.60	40.88	45.94	41.29	2.29	2.36
# 国有经济	万人	36.77	32.49	36.03	31.78	2.12	2.13
集体经济	万人	8.72	8.28	8.41	8.01	0.17	0.23
全部职工年平均人数	万人	44.53	39.88	44.95	40.51	2.16	2.28
# 国有经济	万人	35.88	31.64	35.42	31.37	1.98	2.07
集体经济	万人	8.53	8.12	8.02	7.63	0.18	0.21
全部职工工资总额	万元	128 950	117 918	176 866	163 224	7 060	6 582
# 国有经济	万元	108 923	98 698	145 084	132 325	6 593	6 166
集体经济	万元	19 763	18 956	24 389	23 506	467	416
全部职工年平均工资	元/人	2 896	2 957	3 935	4 029	3 268	2 887
# 国有经济	元/人	3 036	3 119	4 096	4 218	3 330	2 978
集体经济	元/人	2 317	2 334	3 041	3 081	2 594	1 981
十一、教育(含柳地、柳铁)							
高等学校在校学生数	人	2 661	2 661	3 421	3 421		
中等专业学校在校学生数	人	11 516	11 516	12 243	12 243		
技工学校在校学生数	人	6 885	6 108	8 361	6 894	1 467	
普通中学在校学生数	万人	8.75	5.26	8.72	5.16	1.96	1.60
小学在校学生数	万人	21.61	8.33	22.56	8.42	8.23	5.91
十二、卫生(含柳地、柳铁)							
卫生机构数	个	496	405	480	391	36	53
床位数	张	7 537	6 541	8 051	6 998	551	502
卫生技术人员数	人	10 899	9 482	10 923	9 546	730	647

二、人口与计划生育

2—1 人口情况

(1993年)

	单位	全市	市区	柳江县	柳城县
总户数	户	403 705	221 530	100 644	81 531
年末总人口	人	1 652 766	796 390	482 865	373 511
男性	人	861 942	417 513	250 243	194 186
女性	人	790 824	378 877	232 622	179 325
总人口数中：	人				
非农业人口	人	780 929	675 658	52 619	52 652
农业人口	人	871 837	120 732	430 246	630 859
年平均人口数	人	1 640 858	786 869	481 110	372 880
出生人口数	人	15 790	5 973	5 836	3 981
死亡人口数	人	6 819	2 842	2 364	1 613
出生率	‰	9.62	7.59	12.13	10.68
死亡率	‰	4.16	3.61	4.91	4.33
自然增长率	‰	5.47	3.98	7.22	6.35

2—1 续表1

(1992年)

	单位	全市	市区	柳江县	柳城县
总户数	户	391 182	214 711	96 471	80 054
年末总人口	人	1 628 949	777 347	479 354	372 248
男性	人	850 584	407 747	248 873	193 964
女性	人	778 365	369 600	230 481	178 284
总人口数中：	人				
非农业人口	人	755 888	653 522	50 623	51 743
农业人口	人	738 061	123 825	428 731	320 505
年平均人口数	人	1 608 656	761 425	474 945	372 286
出生人口数	人	19 705	6 596	8 557	4 552
死亡人口数	人	6 609	2 965	2 288	1 356
出生率	‰	12.25	8.66	18.02	12.23
死亡率	‰	4.11	3.89	4.82	3.64
自然增长率	‰	8.14	4.77	13.20	8.58

2—2 市 区 人 口 情 况

（1993年） 单位：人

	总户数（户）	年末总人口（人）	男性	女性
市区合计	221 530	796 390	417 513	378 877
城中区	23 134	80 689	40 583	40 106
城中派出所	3 584	12 147	5 910	6 237
公园派出所	12 665	44 831	22 291	22 540
中南派出所	6 480	20 969	10 372	10 597
水上派出所	405	2 742	2 010	732
鱼峰区	47 467	170 620	89 809	80 811
天马派出所	9 431	32 767	16 698	16 069
驾鹤派出所	16 055	57 425	30 193	27 232
箭盘派出所	10 859	38 545	21 559	16 986
鸡喇派出所	11 122	41 883	21 359	20 524
柳南区	56 271	198 358	105 610	92 748
柳南派出所	9 630	31 801	16 400	15 401
柳石派出所	7 309	25 681	13 472	12 209
南站派出所	11 838	41 602	20 848	20 754
鹅山派出所	12 348	43 175	23 176	19 999
河西派出所	15 148	56 099	31 714	24 385
柳北区	55 313	191 923	102 188	89 735
解放派出所	13 680	46 528	23 851	22 677
雀儿山派出所	7 411	28 095	15 754	12 341
胜利派出所	14 011	46 129	22 939	23 190
黄村派出所	9 772	32 333	17 234	15 099
柳钢派出所	10 439	38 838	22 410	16 428
郊区	39 345	154 800	79 323	75 477
长塘派出所	6 924	27 764	13 915	13 849
沙塘派出所	4 389	18 278	9 217	9 061
柳东派出所	6 208	23 551	11 923	11 628
机场派出所	4 854	19 055	10 240	8 815
长虹派出所	1 214	4 081	2 164	1 917
柳江纸厂派出所	1 170	3 969	2 131	1 837
石碑坪派出所	4 372	18 525	9 336	9 189
太阳村派出所	4 322	16 120	8 234	7 886
西鹅派出所	5 892	23 458	12 163	11 295

2—2 续表1 (1993年) 单位:人

	总人口中非农业人口	出生人口	死亡人口	迁入人口	迁出人口
市区合计	675 658	5 973	2 842	27 034	11 116
城中区	80 142	473	362	1 559	717
城中派出所	12 106	73	49	188	83
公园派出所	44 743	218	175	748	443
中南派出所	20 630	179	124	556	165
水上派出所	2 663	3	14	67	26
鱼峰区	154 486	1 177	664	7 820	2 795
天马派出所	32 543	279	143	695	258
驾鹤派出所	54 521	359	233	2 441	842
箭盘派出所	37 794	209	138	2 400	1 013
鸡喇派出所	29 628	330	150	2 304	682
柳南区	194 457	1 294	760	5 408	2 386
柳南派出所	31 317	228	152	660	164
柳石派出所	25 081	144	101	666	288
南站派出所	41 181	282	152	698	517
鹅山派出所	43 110	304	180	963	405
河西派出所	53 668	336	175	2 421	1 012
柳北区	188 715	1 298	573	6 961	2 111
解放派出所	46 438	338	194	1 022	216
雀儿山派出所	27 875	158	72	1 335	418
胜利派出所	44 903	387	107	2 326	1 011
黄村派出所	30 977	186	123	1 064	161
柳钢派出所	38 522	229	77	1 214	305
郊区	57 958	1 731	483	5 286	3 107
长塘派出所	5 830	378	89	551	194
沙塘派出所	4 715	260	95	288	87
柳东派出所	9 251	277	55	1 089	392
机场派出所	14 413	195	48	1 273	891
长虹派出所	4 081	25	10	74	73
柳江纸厂派出所	3 968	20	5	93	54
石碑坪派出所	1 419	214	71	258	332
太阳村派出所	7 063	176	52	230	83
西鹅派出所	7 218	136	58	1 430	1 001

2—3 民 族 人 口 情 况

(1993 年)　　　　单位:人

	全　市	市　区	柳 江 县	柳 城 县
年末人口数	1 652 766	796 390	482 865	373 511
壮　　族	680 439	120 524	370 031	189 884
汉　　族	945 418	658 491	110 177	176 750
瑶　　族	5 457	4 274	447	736
苗　　族	3 286	2 123	223	940
仫 佬 族	11 120	4 480	1 717	4 923
毛 南 族	540	453	44	43
回　　族	3 912	3 780	90	42
京　　族	128	60	36	32
彝　　族	52	45	1	6
水　　族	225	190	24	11
仡 佬 族	57	53		4
满　　族	1 336	1 283	26	27
蒙 古 族	119	112	4	3
高 山 族	19	8	1	10
土 家 族	239	208	15	16
朝 鲜 族	75	74	1	
白　　族	64	59	5	
藏　　族	29	23	3	3
黎　　族	151	95	8	48
其他民族	100	55	12	33

2—4 计 划 生 育 情 况

(1993 年末)　　　　单位:人

	全　市	城　区	郊　区	柳 江 县	柳 城 县
出生人口构成(%)	100	100	100	100	100
一　　孩	71.74	94.33	70.29	59.10	67.05
二　　孩	25.45	5.58	27.97	36.31	29.49
多　　孩	2.81	0.09	1.74	4.59	3.46
已婚育龄妇女人数	298 165	137 241	24 649	72 568	63 707
领取独生子女证人数	72 845	66 841	1 788	1 291	2 925
历年累计采取各种节育措施人数	261 865	122 039	21 517	63 994	54 315
男性绝育	3 539	1 246	390	1 592	311
女性绝育	88 312	22 990	10 781	25 957	28 584
放置宫内节育器	147 692	87 461	8 245	29 802	22 184
口服及注射避孕药	9 065	2 523	1 121	3 326	2 095
避 孕 套	4 481	3 441	351	363	326
外 用 药	1 284	732	176	153	223
其　　他	7 492	3 646	453	2 801	592

三、总产出、国内生产总值

3—1 总产出、国内生产总值

（按当年价格计算） 单位：万元

	1993年	市区	柳江县	柳城县
一、总产出	2 293 957	1 996 889	163 016	134 052
第一产业	132 566	24 712	51 022	56 832
第二产业	1 804 728	1 655 866	84 692	64 170
第三产业	356 663	316 311	27 302	13 050
二、国内生产总值	857 263	724 831	71 885	60 547
第一产业	75 382	12 667	30 031	32 684
第二产业	532 570	495 182	20 023	17 365
第三产业	249 311	216 982	21 831	10 498
三、国内生产总值构成（%）	100	100	100	100
第一产业	8.79	1.75	41.78	53.98
第二产业	62.13	68.31	27.85	28.68
第三产业	29.08	29.94	30.37	17.34

3—1 续表1 （按当年价格计算） 单位：万元

	1992年	市区	柳江县	柳城县
一、总产出	1 641 625	1 433 012	113 089	95 524
第一产业	104 943	22 344	40 111	42 488
第二产业	1 251 648	1 153 222	52 513	45 913
第三产业	285 034	257 446	20 465	7 123
二、国内生产总值	600 044	504 453	53 041	42 550
第一产业	61 279	12 594	24 272	24 413
第二产业	328 796	306 060	13 027	9 709
第三产业	209 969	185 799	15 742	8 428
三、国内生产总值构成（%）	100	100	100	100
第一产业	10.21	2.50	45.76	57.37
第二产业	54.80	60.67	24.55	22.82
第三产业	34.99	36.83	29.69	19.81

四、工　　业

4—1 全部乡及乡以上工业企业的生产单位数及工业总产值

(1993年)　　　　单位:万元

指标	柳州市			市区		
	企业及单位数(个)	工业总产值		企业及单位数(个)	工业总产值	
		按1990年不变价格计算	按当年价格计算		按1990年不变价格计算	按当年价格计算
总计	1 139	1 427 038.4	1 814 403.0	847	1 323 523.1	1 711 006.7
在总计中:						
国有经济	281	1 032 591.7	1 348 098.0	217	960 001.8	1 274 665.7
中央企业	24	199 381.6	319 244.9	23	198 839.5	317 988.1
地方企业	257	833 210.1	1 028 853.1	194	761 162.3	956 677.6
#县属企业	35	33 123.5	33 816.1			
集体经济	813	272 217.1	290 090.2	593	243 134.2	262 040.7
#县属企业	38	14 337.9	14 275.4	12	11 159.0	11 138.1
私营经济	22	3 670.7	3 636.3	15	2 160.3	2 053.9
联营经济	3	18 169.5	23 913.1	3	18 169.5	23 913.1
股份制经济	7	91 648.1	139 728.8	7	91 648.1	139 728.8
外商投资经济	3	789.3	801.4	3	789.3	801.4
中外合资经营企业	3	789.3	801.4	3	789.3	801.4
港、澳、台投资经济	7	5 056.8	5 008.8	6	4 724.7	4 676.7
与大陆合资经营企业	4	4 198.2	4 146.1	4	4 198.2	4 146.1
与大陆合作经营企业	3	858.6	862.7	2	526.5	530.6
其他经济	3	2 895.2	3 126.4	3	2 895.2	3 126.4
在总计中:						
乡属工业	426	71 764.1	81 135.2	243	47 125.6	57 508.3
在总计中:						
轻工业	526	518 791.2	519 918.7	394	455 269.9	462 335.6
以农产品为原料	324	373 601.7	369 938.7	229	313 805.6	316 052.8
以非农产品为原料	202	145 189.5	149 980.0	165	141 464.3	146 282.8
重工业	613	908 247.2	1 294 484.3	453	868 253.2	1 248 671.1
采掘工业	59	6 035.1	7 145.7	21	2 945.0	3 698.8
原料工业	99	263 356.9	413 034.4	61	241 458.6	384 674.2
加工工业	455	638 855.2	874 304.2	371	623 849.6	860 298.1
在总计中:						
大型企业	30	685 486.3	974 603.0	29	674 033.4	963 002.3
中型企业	76	414 831.4	474 254.0	71	374 038.4	438 816.6
小型企业	1 033	326 720.7	365 546.0	747	275 451.3	309 187.8
在总计中:						
采掘业	58	6 080.6	6 954.7	19	2 524.7	3 143.3
煤炭采选业	4	251.5	231.7	2	63.7	64.7
煤炭开采业	3	243.5	222.7	1	55.7	55.7
煤炭洗选业	1	8.0	9.0	1	8.0	9.0
黑色金属矿采选业	9	1 898.4	2 228.8	3	1 026.2	1 236.7
铁矿采选业	2	31.0	31.5			
其他黑色金属矿采选业	7	1 867.4	2 197.3	3	1 026.2	1 236.7
有色金属矿采选业	3	735.8	630.5	1	156.0	156.0
重有色金属矿采选业	2	621.8	520.5	1	156.0	156.0
贵金属矿采选业	1	114.0	110.0			

4—1 续表 1　　　　　　　　(1993 年)　　　　　　　　单位:万元

指标	柳州市			市区		
	企业及单位数(个)	工业总产值		企业及单位数(个)	工业总产值	
		按1990年不变价格计算	按当年价格计算		按1990年不变价格计算	按当年价格计算
非金属矿采选业	34	2 436.1	2 578.1	11	1 020.5	1 071.9
土沙石开采业	34	2 436.1	2 578.1	11	1 020.5	1 071.9
其他矿采选业	2	258.3	614.0	2	258.3	614.0
木材及竹材采运业	6	500.5	671.6			
木材采运业	6	500.5	671.6			
制造业	1 060	1 405 604.0	1 790 314.3	822	1 306 599.0	1 692 717.9
食品加工业	37	73 824.2	82 712.8	24	31 074.9	45 277.0
粮食及饲料加工业	21	25 546.2	35 552.2	17	24 431.7	34 421.5
植物油加工业	4	2 476.4	6 249.6	2	2 438.6	6 216.0
制糖业	6	41 579.5	36 227.7			
屠宰及肉类蛋类加工业	6	4 222.1	4 683.3	5	4 204.6	4 639.5
食品制造业	36	22 614.0	22 693.8	28	21 739.6	21 619.7
糕点、糖果制造业	18	14 521.6	14 842.0	13	14 070.9	14 171.4
罐头食品制造业	1	92.3	92.8	1	92.3	92.8
发酵制品业	1	5 201.4	3 970.2	1	5 201.4	3 970.2
调味品制造业	4	854.8	1 048.2	4	854.8	1 048.2
其他食品制造业	12	1 943.9	2 740.6	9	1 520.2	2 337.1
饮料制造业	20	11 174.3	14 335.5	8	8 976.5	11 901.7
酒精及饮料酒制造业	4	4 466.5	6 857.4	2	4 291.3	6 614.5
软饮料制造业	7	710.4	789.6	4	686.3	765.2
制茶业	8	2 004.7	2 172.8	1	6.2	6.3
其他饮料制造业	1	3 992.7	4 515.7	1	3 992.7	4 515.7
烟草加工业	1	55 311.0	56 169.0	1	55 311.0	56 169.0
卷烟制造业	1	55 311.0	56 169.0	1	55 311.0	56 169.0
纺织业	70	130 972.8	120 167.4	62	128 026.0	117 354.7
棉纺织业	26	95 833.1	87 339.0	21	94 363.6	85 877.8
毛纺织业	2	22.6	22.6	2	22.6	22.6
麻纺织业	2	1 826.3	1 819.5	1	393.0	516.0
丝绢纺织业	4	1 945.8	1 715.8	3	1 945.8	1 715.8
针织品业	36	31 345.0	29 270.5	35	31 301.0	29 222.5
服装及其他纤维制品制造业	36	8 168.1	6 964.6	30	7 659.5	6 415.7
服装制造业	30	5 156.6	4 955.1	25	4 648.0	4 406.2
制帽业	1	50.5	53.4	1	50.5	53.4
制鞋业	3	1 771.5	1 445.0	2	1 771.5	1 445.0
其他纤维制品制造业	2	1 189.5	511.1	2	1 189.5	511.1
皮革、毛皮、羽绒及其制品业	13	5 083.3	4 407.1	9	4 840.9	4 109.9
制革业	5	325.0	352.5	3	144.0	150.5
皮革制品制造业	7	4 758.3	4 054.6	5	4 696.9	3 959.4
羽毛(绒)及制品业	1			1		
木材加工及竹、藤、棕、草制品业	39	19 237.0	27 134.1	15	17 545.6	25 533.5
锯材、木片加工业	9	10 038.4	13 562.6	5	9 763.9	13 280.5
人造板制造业	3	6 880.0	11 351.3	3	6 880.0	11 351.3

4—1 续表 2　　(1993年)　　单位:万元

指标	柳州市			市区		
	企业及单位数(个)	工业总产值		企业及单位数(个)	工业总产值	
		按1990年不变价格计算	按当年价格计算		按1990年不变价格计算	按当年价格计算
木制品业	24	1 890.0	1 791.5	6	498.2	498.2
竹、藤、棕、草制品业	3	428.6	428.7	1	403.5	403.5
家具制造业	16	3 513.7	3 704.2	13	3 405.1	3 590.9
木制家具制造业	13	3 211.2	3 273.0	10	3 102.6	3 159.7
竹、藤家具制造业	1	53.4	53.4	1	53.4	53.4
金属家具制造业	1	199.1	327.8	1	199.1	327.8
其他家具制造业	1	50.0	50.0	1	50.0	50.0
造纸及纸制品业	43	37 164.3	34 567.3	29	34 344.2	32 459.0
造纸业	19	30 949.3	29 420.3	11	28 486.3	27 658.4
纸制品业	24	6 215.0	5 147.0	18	5 857.9	4 800.6
印刷业、记录媒介的复制	29	5 960.0	6 392.9	25	5 778.8	6 219.8
印刷业	29	5 960.0	6 392.9	25	5 778.8	6 219.8
文教体育用品制造业	2	590.0	590.0	2	590.0	590.0
体育用品制造业	2	590.0	590.0	2	590.0	590.0
石油加工及炼焦业	3	78.4	81.6	3	78.4	81.6
原油加工业	2	46.4	46.4	2	46.4	46.4
石油制品业	1	32.0	35.2	1	32.0	35.2
化学原料及化学制品制造业	59	85 711.0	103 039.0	40	70 922.1	88 301.5
基本化学原料制造业	19	23 774.4	25 275.1	7	11 270.0	12 529.7
化学肥料制造业	7	17 815.8	23 815.5	3	17 238.6	23 255.9
化学农药制造业	2	50.0	50.0	2	50.0	50.0
有机化学产品制造业	15	9 529.0	9 004.1	14	7 873.7	7 647.3
合成材料制造业	1	613.9	594.4	1	613.9	594.4
专用化学产品制造业	5	4 200.6	6 148.0	4	4 169.6	6 093.0
日用化学产品制造业	10	29 727.3	38 151.9	9	29 706.3	38 131.2
医药制造业	9	14 022.7	12 806.9	6	8 272.7	7 236.7
化学药品制剂制造业	4	5 816.8	5 153.0	4	5 816.8	5 153.0
中药材及中成药加工业	4	7 405.9	6 853.9	1	1 655.9	1 283.7
生物制品业	1	800.0	800.0	1	800.0	800.0
化学纤维制造业	2	8 258.0	6 786.0	2	8 258.0	6 786.0
人造纤维(纤维素纤维)制造业	1	12.0	12.0	1	12.0	12.0
合成纤维制造业	1	8 246.0	6 774.0	1	8 246.0	6 774.0
橡胶制品业	8	6 819.9	5 824.9	8	6 819.9	5 824.9
橡胶板、管、带制造业	2	6 121.6	5 210.0	2	6 121.6	5 210.0
橡胶零件制品业	4	326.2	308.0	4	326.2	308.0
橡胶制品翻修业	1	67.0	65.0	1	67.0	65.0
其他橡胶制品业	1	305.1	241.9	1	305.1	241.9
塑料制品业	52	24 812.0	21 438.5	45	23 622.2	20 258.5
塑料薄膜制造业	8	3 752.4	3 628.9	8	3 752.4	3 628.9
塑料板、管、棒材制造业	1	20.5	20.5	1	20.5	20.5
塑料丝、绳及编织品制造业	13	15 421.4	12 011.1	10	15 171.3	11 851.6
泡沫塑料及人造革、合成革制造业	5	1 755.3	1 783.4	4	1 349.0	1 324.4

4—1 续表 3　　　　(1993年)　　　　单位:万元

指标	柳州市			市区		
	企业及单位数(个)	工业总产值 按1990年不变价格计算	工业总产值 按当年价格计算	企业及单位数(个)	工业总产值 按1990年不变价格计算	工业总产值 按当年价格计算
塑料包装箱及容器制造业	5	1 323.5	1 366.5	4	1 302.5	1 351.5
日用塑料杂品制造业	5	637.6	666.2	3	125.2	119.7
塑料零件制造业	5	792.5	792.5	5	792.5	792.5
其他塑料制品业	10	1 108.8	1 169.4	10	1 108.8	1 169.4
非金属矿物制品业	142	60 620.3	93 874.6	89	52 542.8	80 052.1
水泥制造业	8	35 129.6	60 143.6	2	30 960.3	50 921.1
水泥制品和石棉水泥制品业	19	6 615.1	8 926.4	14	6 321.1	8 609.3
砖瓦、石灰和轻质建筑材料制造业	97	10 197.2	14 875.0	60	7 241.9	11 287.9
玻璃及玻璃制品业	6	4 253.8	4 702.9	5	4 140.4	4 550.3
陶瓷制品业	4	1 450.3	1 657.2	3	1 448.3	1 655.3
耐火材料制品业	3	292.0	360.4	2	288.9	353.6
矿物纤维及其制品业	3	1 966.8	2 526.6	2	1 963.0	2 522.8
其他类未包括的非金属矿物制品业	2	715.5	682.5	1	178.9	151.8
黑色金属冶炼及压延加工业	19	82 428.6	187 406.3	11	80 785.8	185 482.1
炼钢业	6	75 880.0	174 069.5	2	75 489.6	173 412.1
钢压延加工业	11	6 009.9	12 854.1	8	5 163.5	11 937.3
铁合金冶炼业	2	538.7	482.7	1	132.7	132.7
有色金属冶炼及压延加工业	22	89 507.4	98 868.5	18	86 654.2	96 051.0
重有色金属冶炼业	20	89 252.0	98 613.4	16	86 398.8	95 795.9
轻有色金属冶炼业	1	189.8	185.9	1	189.8	185.9
有色金属合金业	1	65.6	69.2	1	65.6	69.2
金属制品业	71	39 590.3	43 822.3	63	39 261.9	43 298.3
金属结构制造业	12	9 980.4	11 181.3	12	9 980.4	11 181.3
铸铁管制造业	2	282.0	399.8	2	282.0	399.8
工具制造业	11	11 159.0	11 138.1	11	11 159.0	11 138.1
集装箱和金属包装物品制造业	3	1 171.2	1 172.4	3	1 171.2	1 172.4
金属丝绳及其制品业	4	2 451.2	4 332.7	4	2 451.2	4 332.7
建筑用金属制品业	10	3 556.5	3 982.3	9	3 552.5	3 978.3
金属表面处理及热处理业	10	3 792.6	3 980.2	9	3 543.3	3 543.7
日用金属制品业	9	6 650.9	7 035.6	8	6 641.9	7 026.6
其他金属制品业	10	546.5	599.9	5	480.4	525.4
普通机构制造业	94	167 733.9	243 170.5	89	167 179.9	242 539.5
锅炉及原动机制造业	8	40 430.6	52 528.9	7	40 408.1	52 506.9
金属加工机械制造业	10	11 167.0	13 189.8	10	11 167.0	13 189.8
通用设备制造业	14	95 512.3	150 612.6	13	95 438.9	150 522.2
其他通用零部件制造业	21	10 452.7	12 880.2	20	10 072.9	12 458.1
铸锻件制造业	34	8 850.7	12 638.4	32	8 772.4	12 541.9
普通机械修理业	2	313.7	313.7	2	313.7	313.7
其他普通机械制造业	5	1 006.9	1 006.9	5	1 006.9	1 006.9
专用设备制造业	44	57 691.1	65 029.0	38	57 141.0	64 270.4
机电工业专用设备制造业	3	959.6	1 234.2	3	959.6	1 234.2
石化及其他工业专用设备制造业	8	12 480.1	13 504.1	8	12 480.1	13 504.1

4—1 续表 4 (1993 年) 单位:万元

指标	柳州市			市区		
	企业及单位数(个)	工业总产值		企业及单位数(个)	工业总产值	
		按1990年不变价格计算	按当年价格计算		按1990年不变价格计算	按当年价格计算
轻纺工业专用设备制造业	7	10 067.7	9 474.5	7	10 067.7	9 474.5
农、林、牧、渔、水利业机械制造业	8	10 589.6	13 118.7	4	10 128.4	12 446.0
医疗器械制造业	4	238.8	279.4	4	238.8	279.4
其他专用设备制造业	10	20 226.4	23 641.1	9	20 185.4	23 601.1
专用机械设备修理业	4	3 128.9	3 777.0	3	3 081.0	3 731.1
交通运输设备制造业	81	296 581.0	425 830.6	68	288 567.1	419 769.4
铁路运输设备制造业	3	998.5	1 064.5	3	998.5	1 064.5
汽车制造业	38	246 812.0	370 436.2	35	245 403.1	368 799.3
摩托车制造业	2	1 541.8	1 780.8	2	1 541.8	1 780.8
自行车制造业	2	2 419.2	3 073.3	2	2 419.2	3 073.3
船舶制造业	11	34 520.9	33 174.1	6	28 441.9	29 406.0
交通运输设备修理业	25	10 288.6	16 301.7	20	9 762.6	15 645.5
电气机械及器材制造业	60	73 706.3	75 735.4	57	73 227.5	75 236.6
电机制造业	7	16 637.0	17 684.2	7	16 637.0	17 684.2
输配电及控制设备制造业	25	25 716.8	28 246.6	23	25 570.1	28 079.9
电工器材制造业	7	8 443.4	8 168.4	7	8 443.4	8 168.4
日用电器制造业	16	19 694.3	18 231.4	15	19 362.2	17 899.3
照明器具制造业	4	3 214.8	3 404.8	4	3 214.8	3 404.8
电气机械修理业	1			1		
电子及通信设备制造业	13	9 418.9	9 565.8	13	9 418.9	9 565.8
通信设备制造业	4	881.5	1 894.4	4	881.5	1 894.4
电子器件制造业	1	370.6	370.6	1	370.6	370.6
电子元件制造业	6	6 615.2	5 655.2	6	6 615.2	5 655.2
日用电子器具制造业	1	1 520.0	1 614.0	1	1 520.0	1 614.0
电子设备及通信设备修理业	1	31.6	31.6	1	31.6	31.6
仪器仪表及文化、办公用机械制造业	12	11 274.7	12 573.2	12	11 274.7	12 573.2
通用仪器仪表制造业	6	9 002.9	9 923.8	6	9 002.9	9 923.8
电子测量仪器制造业	1	373.7	337.5	1	373.7	337.5
计量器具制造业	2	495.4	815.5	2	495.4	815.5
钟表制造业	1	1 301.9	1 393.1	1	1 301.9	1 393.1
其他仪器仪表制造业	2	100.8	103.3	2	100.8	103.3
其他制造业	27	3 736.8	4 622.5	14	3 279.8	4 149.4
工艺美术品制造业	13	867.8	879.4	5	495.0	495.0
日用杂品制造业	1	28.0	28.0	1	28.0	28.0
其他生产、生活用品制造业	13	2 841.0	3 715.1	8	2 756.8	3 626.4
电力、煤气及水的生产和供应业	21	15 353.8	17 134.0	6	14 399.4	15 145.5
电力、蒸汽、热水的生产和供应业	9	11 702.6	12 935.0	3	10 900.6	11 191.0
电力生产业	5	1 543.5	4 430.5	2	1 084.8	3 837.5
电力供应业	4	10 159.1	8 504.5	1	9 815.8	7 353.5
煤气生产和供应业	2	313.3	434.3	2	313.3	434.3
煤气供应业	2	313.3	434.3	2	313.3	434.3
自来水的生产和供应业	10	3 337.9	3 764.7	1	3 185.5	3 520.2

4—1 续表 5　　(1993 年)　　单位:万元

指　标	柳江县			柳城县		
	企业及单位数(个)	工业总产值		企业及单位数(个)	工业总产值	
		按1990年不变价格计算	按当年价格计算		按1990年不变价格计算	按当年价格计算
总　计	137	48 892.6	50 992.2	155	54 622.7	52 404.1
在总计中:						
国有经济	36	33 414.8	33 500.1	28	39 175.1	39 932.2
中央企业	1	542.1	1 256.8			
地方企业	35	32 872.7	32 243.3	28	39 175.1	39 932.2
#县属企业	20	11 872.1	12 908.1	15	21 251.4	20 908.0
集体经济	93	13 635.3	15 577.6	127	15 447.6	12 471.9
#县属企业	11	1 347.8	1 447.7	15	1 831.1	1 689.6
私营经济	7	1 510.4	1 582.4			
港、澳、台投资经济	1	332.1	332.1			
与大陆合作经营企业	1	332.1	332.1			
在总计中:						
乡属工业	73	11 753.5	13 598.3	110	12 885.0	10 028.6
在总计中:						
轻工业	60	34 110.1	30 764.3	72	29 411.2	26 818.8
以农产品为原料	44	32 517.7	28 856.9	51	27 278.4	25 029.0
以非农产品为原料	16	1 592.4	1 907.4	21	2 132.8	1 789.8
重工业	77	14 782.5	20 227.9	83	25 211.5	25 585.3
采掘工业	16	1 742.4	2 142.8	22	1 347.7	1 304.1
原料工业	20	5 586.8	9 471.2	18	16 311.5	18 889.0
加工工业	41	7 453.3	8 613.9	43	7 552.3	5 392.2
在总计中:						
大型企业				1	11 452.9	11 600.7
中型企业	3	22 716.6	19 088.4	2	18 076.4	16 349.0
小型企业	134	26 176.0	31 903.8	152	25 093.4	24 454.4
在总计中:						
采掘业	17	2 208.2	2 507.3	22	1 347.7	1 304.1
煤炭采选业				2	187.8	167.0
煤炭开采业				2	187.8	167.0
黑色金属矿采选业	4	835.0	958.6	2	37.2	33.5
铁矿采选业	1	12.8	16.0	1	18.2	15.5
其他黑色金属矿采选业	3	822.2	942.6	1	19.0	18.0
有色金属矿采选业	1	465.8	364.5	1	114.0	110.0
重有色金属矿采选业	1	465.8	364.5			
贵金属矿采选业				1	114.0	110.0
非金属矿采选业	7	626.3	738.4	16	789.3	767.8
土沙石开采业	7	626.3	738.4	16	789.3	767.8
木材及竹材采运业	5	281.1	445.8	1	219.4	225.8
木材采运业	5	281.1	445.8	1	219.4	225.8
制造业	111	46 295.6	47 977.8	127	52 709.4	49 618.6
食品加工业	8	24 492.3	20 948.7	5	18 257.0	16 487.1
粮食及饲料加工业	2	963.9	1 018.6	2	150.6	112.1
植物油加工业	1	7.8	7.6	1	30.0	26.0
制糖业	4	23 503.1	19 878.7	2	18 076.4	16 349.0
屠宰及肉类蛋类加工业	1	17.5	43.8			

4—1 续表 6　　(1993 年)　　单位:万元

指标	柳江县			柳城县		
	企业及单位数(个)	工业总产值		企业及单位数(个)	工业总产值	
		按1990年不变价格计算	按当年价格计算		按1990年不变价格计算	按当年价格计算
食品制造业	4	547.9	770.5	4	326.5	303.6
糕点、糖果制造业	3	347.5	575.0	2	103.2	95.6
其他食品制造业	1	200.4	195.5	2	223.3	208.0
饮料制造业	5	208.5	360.0	7	1 989.3	2 073.8
酒精及饮料酒制造业	2	175.2	242.9			
软饮料制造业	2	7.7	7.7	1	16.4	16.7
制茶业	1	25.6	109.4	6	1 972.9	2 057.1
纺织业	3	1 123.7	1 163.7	5	1 823.1	1 649.0
棉纺织业	3	1 123.7	1 163.7	2	345.8	297.5
麻纺织业				1	1 433.3	1 303.5
丝绢纺织业				1		
针织品业				1	44.0	48.0
服装及其他纤维制品制造业	4	480.0	518.9	2	28.6	30.0
服装制造业	4	480.0	518.9	1	28.6	30.0
制鞋业				1		
皮革、毛皮、羽绒及其制品业	2	189.4	236.0	2	53.0	61.2
制革业	1	151.0	176.0	1	30.0	26.0
皮革制品制造业	1	38.4	60.0	1	23.0	35.2
木材加工及竹、藤、棕、草制品业	11	448.0	459.3	13	1 243.4	1 141.3
锯材、木片加工业	3	240.1	247.1	1	34.4	35.0
木制品业	6	182.8	187.0	12	1 209.0	1 106.3
竹、藤、棕、草制品业	2	25.1	25.2			
家具制造业				3	108.6	113.3
木制家具制造业				3	108.6	113.3
造纸及纸制品业	8	2 557.0	1 864.6	6	263.1	243.7
造纸业	4	2 307.5	1 627.6	4	155.5	134.3
纸制品业	4	249.5	237.0	2	107.6	109.4
印刷业、记录媒介的复制	1	103.4	94.3	3	77.8	78.8
印刷业	1	103.4	94.3	3	77.8	78.8
化学原料及化学制品制造业	7	837.5	877.3	12	13 951.4	13 860.2
基本化学原料制造业	5	490.8	534.4	7	12 013.6	12 211.0
化学肥料制造业	2	346.7	342.9	2	230.5	216.7
有机化学产品制造业				1	1 655.3	1 356.8
专用化学产品制造业				1	31.0	55.0
日用化学产品制造业				1	21.0	20.7
医药制造业	1	2 607.6	2 688.0	2	3 142.4	2 882.2
中药材及中成药加工业	1	2 607.6	2 688.0	2	3 142.4	2 882.2
人造纤维(纤维素纤维)制造						
塑料制品业	3	918.7	1 005.5	4	271.1	174.5
塑料丝、绳及编织品制造业				3	250.1	159.5
泡沫塑料及人造革、合成革制造业	1	406.3	459.0			
塑料包装箱及容器制造业				1	21.0	15.0
日用塑料杂品制造业	2	512.4	546.5			
非金属矿物制品业	27	5 402.3	9 303.8	26	2 675.2	4 518.7

4—1 续表 7 (1993年) 单位:万元

指标	柳江县			柳城县		
	企业及单位数(个)	工业总产值 按1990年不变价格计算	工业总产值 按当年价格计算	企业及单位数(个)	工业总产值 按1990年不变价格计算	工业总产值 按当年价格计算
水泥制造业	4	2 552.2	5 913.1	2	1 617.1	3 309.4
水泥制品和石棉水泥制品业	3	239.5	256.1	2	54.5	61.0
砖瓦、石灰和轻质建筑材料制造业	18	1 960.6	2 451.3	19	994.7	1 135.8
玻璃及玻璃制品业	1	113.4	152.6			
陶瓷制品业				1	2.0	1.9
耐火材料制品业				1	3.1	6.8
矿物纤维及其制品业				1	3.8	3.8
其他类未包括的非金属矿物制品业	1	536.6	530.7			
黑色金属冶炼及压延加工业	5	792.8	1 082.2	3	850.0	842.0
炼钢业	4	390.4	657.4			
钢压延加工业	1	402.4	424.8	2	444.0	492.0
铁合金冶炼业				1	406.0	350.0
有色金属冶炼及压延加工业	3	1 591.9	1 750.6	1	1 261.3	1 066.9
重有色金属冶炼业	3	1 591.9	1 750.6	1	1 261.3	1 066.9
金属制品业	3	286.6	478.0	5	41.8	46.0
建筑用金属制品业				1	4.0	4.0
金属表面处理及热处理业	1	249.3	436.5			
日用金属制品业				1	9.0	9.0
其他金属制品业	2	37.3	41.5	3	28.8	33.0
普通机械制造业	1	379.8	422.1	4	174.2	208.9
锅炉及原动机制造业				1	22.5	22.0
通用设备制造业				1	73.4	90.4
其他通用零部件制造业	1	379.8	422.1			
铸锻件制造业				2	78.3	96.5
专用设备制造业	2	360.3	575.5	4	189.8	183.1
石化及其他工业专用设备制造						
农、林、牧、渔、水利业机械制造业	2	360.3	575.5	2	100.9	97.2
其他专用设备制造业				1	41.0	40.0
专用机械设备修理业				1	47.9	45.9
交通运输设备制造业	6	2 282.2	2 679.3	7	5 731.7	3 381.9
汽车制造业	3	1 408.9	1 636.9			
船舶制造业	1	464.0	499.9	4	5 615.0	3268.2
交通运输设备修理业	2	409.3	542.5	3	116.7	113.7
电气机械及器材制造业	1	332.1	332.1	2	146.7	166.7
输配电及控制设备制造业				2	146.7	166.7
日用电器制造业	1	332.1	332.1			
仪器仪表及文化、办公用机械制造业						
其他制造业	6	353.6	367.4	7	103.4	105.7
工艺美术品制造业	3	273.8	283.3	5	99.0	101.1
其他生产、生活用品制造业	3	79.8	84.1	2	4.4	4.6
电力、煤气及水的生产和供应业	9	388.8	507.1	6	565.6	1 481.4
电力、蒸汽、热水的生产和供应业	4	301.7	378.1	2	500.3	1 365.9
电力生产业	2	81.4	36.1	1	377.3	556.9
电力供应业	2	220.3	342.0	1	123.0	809.0
自来水的生产和供应业	5	87.1	129.0	4	65.3	115.5

4—2 全部独立核算工业企业主要经济指标

(1993年)

单位:万元

指标	企业单位数(个)	亏损企业	工业总产值(当年价)	工业总产值(1990年不变价)	工业增加值(生产法)	成品产销存 年初库存价值
总计	1 027	146	1 763 623.7	1 384 341.9	450 094.7	95 554.8
市区	760	115	1 665 657.5	1 285 017.3	411 993.8	85 067:3
柳江	131	12	50 517.0	48 520.8	15 067.9	4 949.0
柳城	136	19	47 449.2	50 803.8	23 033.0	5 538.5
在总计中:						
国有经济	215	38	1 319 222.3	1 009 742.5	335 154.8	66 772.8
中央企业	17		316 530.1	197 841.9	41 736.9	4 813.6
地方企业	198	38	1 002 692.2	811 900.6	293 417.9	61 959.2
#县属企业	28	5	33 091.8	32 528.5	12 352.3	4 992.1
集体经济	767	98	268 186.6	252 369.8	59 434.1	23 651.2
#县属企业	17	8	2 614.0	2 693.1	569.9	540.1
私营经济	22	4	3 636.3	6 670.7	1 730.6	75.3
联营经济	3		23 913.1	18 169.5	1 316.1	1 027.5
股份制经济	7	1	139 728.8	91 648.1	49 050.5	3 202.6
外商投资经济	3	1	801.4	789.3	370.8	163.7
中外合资经营企业	3	1	801.4	789.3	370.8	163.7
港、澳、台投资经济	7	3	5 008.8	5 056.8	2 677.4	604.4
与大陆合资经营企业	4	1	4 146.1	4 198.2	2 598.4	513.6
与大陆合作经营企业	3	2	862.7	858.6	79.0	90.8
其他经济	3	1	3 126.4	2 895.2	360.3	57.3
在总计中:						
乡属工业	426	41	81 135.2	71 764.1	18 417.2	1 650.6
在总计中:						
轻工业	475	99	498 208.3	497 904.6	150 994.9	45 813.2
以农产品为原料	293	64	364 268.5	368 400.7	107 364.5	28 818.2
以非农产品为原料	182	35	133 939.8	129 503.9	43 630.4	16 995.0
重工业	552	47	1 265 415.4	886 437.3	299 099.7	49 741.5
采掘工业	53	5	6 493.7	5 547.7	2 249.3	795.7
原料工业	92	13	408 350.9	260 840.8	108 024.3	12 905.2
加工工业	407	29	850 570.8	620 048.8	188 826.0	36 040.5
在总计中:						
大型企业	30	6	974 603.0	685 486.3	283 427.5	39 817.7
中型企业	76	7	474 254.0	414 831.4	93 142.0	32 797.2
小型企业	921	133	314 766.7	284 024.2	73 525.1	22 939.8
采掘业	52	5	6 302.7	5 593.2	2 071.9	789.9
煤炭采选业	4	1	231.7	251.5	90.1	12.2
煤炭开采业	3		222.7	243.5	73.7	12.2
煤炭洗选业	1	1	9.0	8.0	16.4	
黑色金属矿采选业	9	1	2 228.8	1 898.4	898.7	744.0
铁矿采选业	2		31.5	31.0	-3.8	29.5
其他黑色金属矿采选业	7	1	2 197.3	1 867.4	902.5	714.5
有色金属矿采选业	3	1	630.5	735.8	53.1	9.9

4—2 续表 1 (1993 年) 单位:万元

指标	企业单位数(个)	亏损企业	工业总产值(当年价)	工业总产值(1990 年不变价)	工业增加值(生产法)	成品产销存 年初库存价值
重有色金属矿采选业	2	1	520.5	621.8	20.1	9.9
贵金属矿采选业	1		110.0	114.0	33.0	
非金属矿采选业	33	1	2 578.1	2 436.1	837.6	5.8
土沙石开采业	33	1	2 578.1	2 436.1	837.6	5.8
其他矿采选业	2		614.0	258.3	175.8	
木材及竹材采运业	1	1	19.6	13.1	16.6	18.0
木材采运业	1	1	19.6	13.1	16.6	18.0
制 造 业	956	140	1 741 311.1	1 363 597.3	439 561.7	94 760.8
食品加工业	35	6	81 181.4	72 592.6	16 386.9	7 304.9
粮食及饲料加工业	19	6	34 020.8	24 314.6	2 902.3	438.2
植物油加工业	4		6 249.6	2 476.4	1 979.1	1 030.1
制 糖 业	6		36 227.7	41 579.5	11 677.0	5 751.1
屠宰及肉类蛋类加工业	6		4 683.3	4 222.1	-171.5	85.5
食品制造业	32	9	22 326.2	22 283.0	3 883.1	2 056.3
糕点、糖果制造业	18	3	14 842.0	14 521.6	2 699.6	1 585.9
发酵制品业	1	1	3 970.2	5 201.4	1 054.9	299.4
调味品制造业	3	2	1 048.2	854.8	172.1	21.9
其他食品制造业	10	3	2 465.8	1 705.2	-43.4	149.1
饮料制造业	13	4	12 253.0	9 171.1	2 905.1	472.9
酒精及饮料酒制造业	4	1	6 857.4	4 466.5	1 844.8	409.5
软饮料制造业	6	3	764.2	680.1	-45.5	21.6
制 茶 业	2		115.7	31.8	105.4	2.3
其他饮料制造业	1		4 515.7	3 992.7	1 000.4	39.5
烟草加工业	1		56 169.0	55 311.0	30 732.5	465.5
卷烟制造业	1		56 169.0	55 311.0	30 732.5	465.5
纺 织 业	70	21	120 167.4	130 972.8	34 673.1	13 052.3
棉 纺 织 业	26	6	87 339.0	95 833.1	27 450.5	8 144.9
毛 纺 织 业	2		22.6	22.6	11.5	
麻 纺 织 业	2	2	1 819.5	1 826.3	490.6	473.9
丝绢纺织业	4	1	1 715.8	1 945.8	132.6	217.7
针 织 品 业	36	12	29 270.5	31 345.0	6 587.9	4 215.8
服装及其他纤维制品制造业	33	5	6 943.8	8 147.3	2 711.5	1 442.7
服装制造业	27	4	4 934.3	5 135.8	1 959.6	1 153.0
制 帽 业	1	1	53.4	50.5	15.1	30.5
制 鞋 业	3		1 445.0	1 771.5	629.0	180.4
其他纤维制品制造业	2		511.1	1 189.5	107.8	78.8
皮革、毛皮、羽绒及其制品业	12	4	4 341.3	5 017.5	2 050.2	939.9
制 革 业	5	1	352.5	325.0	75.7	19.9
皮革制品制造业	6	2	3 988.8	4 692.5	1 974.5	861.5
羽毛(绒)及制品业	1	1				58.5
木材加工及竹、藤、棕、草制品业	32	1	24 932.7	17 277.1	-182.1	2 285.9
锯材、木片加工业	7		12 081.4	8 798.7	-3 104.1	1 711.6

4—2 续表 2　　(1993 年)　　单位:万元

指标	企业单位数(个)	亏损企业	工业总产值(当年价)	工业总产值(1990年不变价)	工业增加值(生产法)	成品产销存 年初库存价值
人造板制造业	3	1	11 351.3	6 880.0	2 516.5	499.0
木制品业	20		1 474.8	1 573.3	404.1	73.2
竹、藤、棕、草制品业	2		25.2	25.1	1.3	2.1
家具制造业	13	3	3 353.4	3 162.9	1 302.9	331.7
木制家具制造业	10	2	2 922.2	2 860.4	1 261.4	313.8
竹、藤家具制造业	1	1	53.4	53.4	10.1	
金属家具制造业	1		327.8	199.1	-63.8	17.9
其他家具制造业	1		50.0	50.0	95.2	
造纸及纸制品业	39	8	34 067.2	36 709.7	11 334.6	2 033.8
造纸业	18	2	29 416.1	30 945.1	9 568.5	1 592.3
纸制品业	21	6	4 651.1	5 764.6	1 766.1	441.5
印刷业、记录媒介的复制	27	5	6 361.9	5 937.0	1 750.6	280.0
印刷业	27	5	6 361.9	5 937.0	1 750.6	280.0
文教体育用品制造业	2		590.0	590.0	318.3	102.7
体育用品制造业	2		590.0	590.0	318.3	102.7
石油加工及炼焦业	2		46.4	46.4	15.7	5.0
原油加工业	2		46.4	46.4	15.7	5.0
化学原料及化学制品制造业	56	15	102 424.5	85 120.5	38 086.6	5 284.7
基本化学原料制造业	19	4	25 275.1	23 774.4	10 916.3	2 324.9
化学肥料制造业	7	5	23 815.5	17 815.8	5 435.0	1 307.6
化学农药制造业	1		50.0	50.0	11.5	
有机化学产品制造业	14	2	8 444.6	8 969.5	2 103.6	461.8
合成材料制造业	1		594.4	613.9	-79.0	54.0
专用化学产品制造业	4	1	6 093.0	4 169.6	1 313.9	87.4
日用化学产品制造业	10	3	38 151.9	29 727.3	18 385.2	1 048.9
医药制造业	9	1	12 806.9	14 022.7	4 029.8	1 372.8
化学药品制剂制造业	4		5 153.0	5 816.8	1 100.5	701.4
中药材及中成药加工业	4	1	6 853.9	7 405.9	2 841.2	671.4
生物制品业	1		800.0	800.0	88.1	
化学纤维制造业	2		6 786.0	8 258.0	-4 183.8	16.5
人造纤维(纤维素纤维)制造业	1		12.0	12.0	1.0	
橡胶制品业	8	2	5 824.9	6 819.9	1 617.5	634.7
橡胶板、管、带制造业	2	1	5 210.0	6 121.6	1 453.7	483.7
橡胶零件制品业	4	1	308.0	326.2	43.0	98.3
橡胶制品翻修业	1		65.0	67.0	29.7	15.6
其他橡胶制品业	1		241.9	305.1	91.1	37.1
塑料制品业	51	6	21 264.9	24 578.5	6 111.6	2 015.2
塑料薄膜制造业	8		3 628.9	3 752.4	1 418.6	648.1
塑料板、管、棒材制造业	1		20.5	20.5	3.7	23.6
塑料丝、绳及编织品制造业	12	2	11 837.5	15 187.9	2 422.2	758.9
泡沫塑料及人造革、合成革制造业	5		1 783.4	1 755.3	341.5	142.0
塑料包装箱及容器制造业	5	1	1 366.5	1 323.5	351.8	217.7

4—2 续表 3 (1993 年) 单位:万元

指标	企业单位数(个)	亏损企业	工业总产值(当年价)	工业总产值(1990年不变价)	工业增加值(生产法)	成品产销存 年初库存价值
日用塑料杂品制造业	5	1	666.2	637.6	547.3	123.4
塑料零件制造业	5	2	792.5	792.5	400.3	94.9
其他塑料制品业	10		1 169.4	1 108.8	626.2	6.6
非金属矿物制品业	122	8	86 330.0	55 417.8	29 266.3	3 741.0
水泥制造业	7		58 155.6	34 118.6	20 364.8	1 941.7
水泥制品和石棉水泥制品业	9		4 697.9	3 297.2	2 492.6	352.4
砖瓦、石灰和轻质建筑材料制造业	89	5	13 764.2	9 552.2	4 340.9	373.8
玻璃及玻璃制品业	5	1	4 485.6	4 025.2	681.9	336.6
陶瓷制品业	4		1 657.2	1 450.3	767.6	383.2
耐火材料制品业	3		360.4	292.0	69.2	71.6
矿物纤维及其制品业	3	1	2 526.6	1 966.8	371.0	161.7
其他类未包括的非金属矿物制品业	2	1	682.5	715.5	178.2	120.0
黑色金属冶炼及压延加工业	19	5	187 406.3	92 428.6	62 115.5	938.5
炼钢业	6	1	174 069.5	75 880.0	58 630.2	777.4
钢压延加工业	11	3	12 854.1	6 009.9	3 394.8	136.1
铁合金冶炼业	2	1	482.7	538.7	90.5	25.0
有色金属冶炼及压延加工业	22	2	98 868.5	89 507.4	9 035.8	4 822.8
重有色金属冶炼业	20	1	98 613.4	89 252.0	8 986.5	4 813.9
轻有色金属冶炼业	1	1	185.9	189.8	48.2	
有色金属合金业	1		69.2	65.6	1.1	8.9
金属制品业	55	7	23 390.8	21 730.9	7 451.7	1 717.9
金属结构制造业	9		3 784.0	4 761.8	2 608.5	521.0
铸铁管制造业	2		399.8	282.0	178.9	70.5
集装箱和金属包装物品制造业	2		478.5	477.3	194.8	49.3
金属丝绳及其制品业	4		4 332.7	2 451.2	78.1	136.6
建筑用金属制品业	9	3	2 780.1	2 768.6	983.5	472.7
金属表面处理及热处理业	10	3	3 980.2	3 792.6	698.2	13.3
日用金属制品业	9	1	7 035.6	6 650.9	2 519.4	663.6
其他金属制品业	10		599.9	546.5	190.3	60.9
普通机械制造业	91	5	242 742.0	167 487.8	78 641.2	11 390.6
锅炉及原动机制造业	8	1	52 528.9	40 430.6	19 409.8	3 025.7
金属加工机械制造业	8		13 132.8	11 133.7	5 139.5	1 733.8
通用设备制造业	13	2	150 241.1	95 299.5	52 291.6	5 083.2
其他通用零部件制造业	21	1	12 880.2	10 452.7	-842.8	1 022.6
铸锻件制造业	34		12 638.4	8 850.7	2 149.9	446.6
普通机械修理业	2	1	313.7	313.7	46.0	76.7
其他普通机械制造业	5		1 006.9	1 006.9	447.3	2.0
专用设备制造业	39	3	60 453.6	53 966.9	17 897.4	4 518.4
机电工业专用设备制造业	2		981.6	652.6	206.1	3.8
石化及其他工业专用设备制造业	8		13 504.1	12 480.1	4 447.3	2 360.6
轻纺工业专用设备制造业	7	1	9 474.5	10 067.7	3 629.2	825.9

4—2 续表 4　　(1993年)　　单位:万元

指标	企业单位数(个)	亏损企业	工业总产值(当年价)	工业总产值(1990年不变价)	工业增加值(生产法)	成品产销存 年初库存价值
农、林、牧、渔、水利业机械制造业	8		13 118.7	10 589.6	3 099.9	298.5
医疗器械制造业	4	1	279.4	238.8	97.9	36.4
其他专用设备制造业	7	1	19 474.9	16 965.7	5 372.7	993.2
专用机械设备修理业	3		3 620.4	2 972.4	1 044.3	
交通运输设备制造业	66	4	420 110.0	291 210.0	58 337.0	11 159.5
铁路运输设备制造业	3		1 064.5	998.5	569.0	129.2
汽车制造业	36		369 051.9	244 967.0	59 827.4	8 384.2
摩托车制造业	2	2	1 780.8	1 541.8	561.4	2 065.2
自行车制造业	2	1	3 073.3	2 419.2	562.3	526.0
船舶制造业	10		32 155.1	33 447.0	-5 815.1	
交通运输设备修理业	13	1	12 984.4	7 836.5	2 631.9	54.9
电气机械及器材制造业	57	7	75 515.4	73 507.4	15 108.3	13 761.2
电机制造业	5		17 629.2	16 582.0	2 537.4	2 242.3
输配电及控制设备制造业	25	1	28 246.6	25 716.8	7 134.0	2 920.1
电工器材制造业	7	2	8 168.4	8 443.4	2 478.0	751.0
日用电器制造业	15	3	18 066.4	19 550.4	2 453.0	7 432.1
照明器具制造业	4	1	3 404.8	3 214.8	505.8	415.6
电气机械修理业	1					
电子及通信设备制造业	13	1	9 565.8	9 418.9	3 576.5	1 622.5
通信设备制造业	4		1 894.4	881.5	1 462.8	115.2
电子器件制造业	1		370.6	370.6	151.0	
电子元件制造业	6	1	5 655.2	6 615.2	1 555.4	1 367.4
日用电子器具制造业	1		1 614.0	1 520.0	390.0	139.9
电子设备及通信设备修理业	1		31.6	31.6	17.3	
仪器仪表及文化、办公用机械制造业	12	2	12 573.2	11 274.7	3 751.7	872.2
通用仪器仪表制造业	6		9 923.8	9 002.9	3 409.3	255.1
电子测量仪器制造业	1	1	337.5	373.7	63.4	106.7
计量器具制造业	2	1	815.5	495.4	105.4	87.3
钟表制造业	1		1 393.1	1 301.9	160.0	423.1
其他仪器仪表制造业	2		103.3	100.8	13.6	
其他制造业	23	6	2 514.6	1 628.9	835.7	117.9
工艺美术品制造业	12	4	879.4	867.8	597.6	56.0
日用杂品制造业	1		28.0	28.0	15.0	
其他生产、生活用品制造业	10	2	1 607.2	733.1	223.1	61.9
电力、煤气及水的生产和供应业	19	1	16 009.9	15 151.4	8 461.2	4.1
电力、蒸汽、热水的生产和供应业	7		11 810.9	11 500.2	6 939.4	
电力生产业	3		3 306.4	1 341.1	1 605.3	
电力供应业	4		8 504.5	10 159.1	5 334.1	
煤气生产和供应业	2	1	434.3	313.3	-375.3	4.1
煤气供应业	2	1	434.3	313.3	-375.3	4.1
自来水的生产和供应业	10		3 764.7	3 337.9	1 897.1	

指标	成品产销存 生产价值	销售价值	年末库存价值	工业总产出	工业中间投入合计	本年应付工资
总计	1 660 076.1	1 672 525.1	118 082.8	1 709 617.7	1 259 523.0	79 548.8
市区	1 563 988.2	1 571 381.5	110 572.3	1 613 340.9	1 201 347.1	73 089.9
柳江	48 687.5	50 246.9	5 050.4	48 827.6	33 759.7	3 034.2
柳城	47 400.4	50 896.7	2 460.1	47 449.2	24 416.2	3 424.7
在总计中:						
国有经济	1 252 933.2	1 271 790.1	76 512.6	1 291 447.3	956 292.5	59 127.8
中央企业	290 914.9	292 482.9	6 999.4	304 760.9	263 024.0	8 265.7
地方企业	962 018.3	979 307.2	69 513.2	986 686.4	693 268.5	50 862.1
#县属企业	32 515.8	36 676.8	1 478.9	32 578.0	20 225.7	1 713.8
集体经济	236 402.1	239 180.5	28 272.5	241 918.2	182 484.1	14 873.0
#县属企业	2 367.3	2 696.1	415.0	2 399.8	1 829.9	186.0
私营经济	3 626.7	3 332.6	263.4	3 682.3	1 951.7	194.4
联营经济	23 903.0	24 837.1	93.5	23 903.0	22 586.9	116.4
股份制经济	137 349.2	129 477.2	10 792.5	142 474.0	93 423.5	4 909.7
外商投资经济	801.4	486.4	230.4	804.5	433.7	50.2
中外合资经营企业	801.4	486.4	230.4	804.5	433.7	50.2
港、澳、台投资经济	4 541.8	2 980.8	1 782.2	4 583.9	1 906.5	130.2
与大陆合资经营企业	3 705.5	2 113.3	1 726.8	3 728.8	1 130.4	58.4
与大陆合作经营企业	836.3	867.5	55.4	855.1	776.1	71.8
其他经济	518.6	440.3	135.6	804.4	444.1	147.1
在总计中:						
乡属工业	75 056.8	72 340.0	4 004.0	75 150.7	56 733.5	3 798.2
在总计中:						
轻工业	468 694.6	475 597.2	40 402.8	477 050.8	326 055.9	23 882.8
以农产品为原料	342 551.1	346 679.1	24 132.9	348 300.4	240 935.9	17 149.7
以非农产品为原料	126 143.5	128 918.0	16 269.9	128 750.4	85 120.0	6 733.1
重工业	1 191 381.4	1 196 927.9	77 679.9	1 232 566.8	933 467.1	55 666.0
采掘工业	6 417.3	6 669.3	623.5	6 430.4	4 181.1	480.2
原料工业	382 974.1	391 598.3	19 892.3	395 010.2	286 985.9	18 951.7
加工工业	801 989.9	798 660.2	57 164.0	831 126.1	642 300.1	36 234.1
在总计中:						
大型企业	954 907.0	952 778.8	53 658.3	989 576.1	706 148.6	37 138.7
中型企业	430 660.4	438 800.8	33 337.4	437 708.2	344 566.2	23 323.7
小型企业	274 508.6	280 945.4	31 087.0	282 333.3	208 808.2	19 086.4
采掘业	6 216.8	6 481.3	605.3	6 229.9	4 158.0	446.9
煤炭采选业	231.7	233.0	1.0	240.7	150.6	26.0
煤炭开采业	222.7	224.0	1.0	222.7	149.0	22.3
煤炭洗选业	9.0	9.0		18.0	1.6	3.7
黑色金属矿采选业	2 181.3	2 489.0	517.1	2 181.3	1 282.6	112.8
铁矿采选业	23.2	49.7	3.0	23.2	27.0	5.7
其他黑色金属矿采选业	2 158.1	2 439.3	514.1	2 158.1	1 255.6	107.1
有色金属矿采选业	621.0	630.0	9.9	621.0	567.9	44.9

4—2 续表 6　　　　(1993 年)　　　　单位:万元

指标	成品产销存			工业总产出	工业中间投入合计	本年应付工资
	生产价值	销售价值	年末库存价值			
重有色金属矿采选业	511.0	520.0	9.9	511.0	490.9	28.9
贵金属矿采选业	110.0	110.0		110.0	77.0	16.0
非金属矿采选业	2 533.2	2 482.0	57.0	2 537.3	1 699.7	237.6
土沙石开采业	2 533.2	2 482.0	57.0	2 537.3	1 699.7	237.6
其他矿采选业	614.0	614.0		614.0	438.2	21.5
木材及竹材采运业	35.6	33.3	20.3	35.6	19.0	4.1
木材采运业	35.6	33.3	20.3	35.6	19.0	4.1
制造业	1 638 066.4	1 648 720.6	117 272.7	1 687 594.9	1 248 033.2	77 918.5
食品加工业	79 365.1	84 152.5	2 988.9	79 456.5	63 069.6	2 424.9
粮食及饲料加工业	33 769.0	34 171.0	376.6	33 806.4	30 904.1	366.5
植物油加工业	6 250.4	6 711.7	568.8	6 261.3	4 282.2	100.3
制糖业	35 601.4	39 793.4	1 682.3	35 644.5	23 967.5	1 687.9
屠宰及肉类蛋类加工业	3 744.3	3 476.4	361.2	3 744.3	3 915.8	270.2
食品制造业	20 586.9	21 211.0	1 415.0	20 727.2	16 844.1	1 362.6
糕点、糖果制造业	13 930.6	14 213.2	1 235.6	13 957.1	11 257.5	809.1
发酵制品业	3 760.5	3 985.4	74.5	3 874.3	2 819.4	211.2
调味品制造业	886.9	870.7	39.5	886.9	714.8	128.1
其他食品制造业	2 008.9	2 141.7	65.4	2 008.9	2 052.4	214.2
饮料制造业	11 814.3	10 878.7	869.9	11 841.2	8 936.1	318.5
酒精及饮料酒制造业	6 784.7	6 361.7	605.0	6 792.9	4 948.1	281.5
软饮料制造业	486.8	448.0	60.3	491.8	537.3	28.1
制茶业	112.8	108.7	6.5	112.8	7.4	8.5
其他饮料制造业	4 430.0	3 960.3	198.1	4 443.7	3 443.3	0.4
烟草加工业	56 169.0	54 718.0	445.6	56 169.0	25 436.5	441.7
卷烟制造业	56 169.0	54 718.0	445.6	56 169.0	25 436.5	441.7
纺织业	112 718.4	113 059.2	10 095.0	115 097.0	80 423.9	8 057.4
棉纺织业	84 171.1	84 153.9	5 269.0	85 368.3	57 917.8	5 000.2
毛纺织业	22.6	22.6		22.6	11.1	
麻纺织业	1 702.1	1 683.1	333.1	1 747.0	1 256.4	291.1
丝绢纺织业	1 476.8	1 568.9	125.6	1 498.5	1 365.9	274.8
针织品业	25 345.8	25 630.7	4 367.3	26 460.6	19 872.7	2 491.3
服装及其他纤维制品制造业	5 029.2	8 006.8	3 454.5	6 204.3	3 492.8	515.0
服装制造业	4 506.2	6 753.6	3 197.4	4 569.7	2 610.1	439.0
制帽业	46.3	51.9	16.3	46.3	31.2	11.3
制鞋业	259.7	962.0	184.3	1 088.0	459.0	23.7
其他纤维制品制造业	217.0	239.3	56.5	500.3	392.5	41.0
皮革、毛皮、羽绒及其制品业	4 284.6	3 948.0	1 205.5	4 650.8	2 600.6	340.4
制革业	332.6	308.0	44.5	332.6	256.9	24.2
皮革制品制造业	3 952.0	3 607.5	1 135.0	4 318.2	2 343.7	309.0
羽毛(绒)及制品业		32.5	26.0			7.2
木材加工及竹、藤、棕、草制品业	19 907.1	30 932.3	2 751.3	20 154.7	20 336.9	1 334.5
锯材、木片加工业	7 200.4	7 694.3	1 217.6	7 379.7	10 483.8	306.6

指标	成品产销存 生产价值	销售价值	年末库存价值	工业总产出	工业中间投入合计	本年应付工资
人造板制造业	11 351.3	11 923.4	1 421.2	11 409.0	8 892.5	919.3
木制品业	1 332.4	1 291.9	110.1	1 343.0	938.9	105.0
竹、藤、棕、草制品业	23.0	22.7	2.4	23.0	21.7	3.6
家具制造业	2 626.8	2 473.5	542.4	2 734.5	1 431.6	398.6
木制家具制造业	2 361.8	2 219.9	512.3	2 382.5	1 121.1	366.9
竹、藤家具制造业	53.4	53.4		53.8	43.7	2.5
金属家具制造业	166.4	176.4	8.7	203.0	266.8	29.2
其他家具制造业	45.2	23.8	21.4	95.2		
造纸及纸制品业	33 387.0	32 364.7	1 866.6	34 183.7	22 849.1	2 237.8
造纸业	28 670.0	27 436.0	1 593.1	29 363.5	19 795.0	1 891.5
纸制品业	4 717.0	4 928.7	273.5	4 820.2	3 054.1	346.3
印刷业、记录媒介的复制	5 161.2	4 966.3	434.1	5 945.9	4 195.3	499.7
印刷业	5 161.2	4 966.3	434.1	5 945.9	4 195.3	499.7
文教体育用品制造业	590.0	293.0	151.5	590.0	271.7	53.5
体育用品制造业	590.0	293.0	151.5	590.0	271.7	53.5
石油加工及炼焦业	46.4	34.1	5.0	46.4	30.7	1.4
原油加工业	46.4	34.1	5.0	46.4	30.7	1.4
化学原料及化学制品制造业	98 717.1	101 494.4	3 191.1	100 193.1	62 106.5	5 104.6
基本化学原料制造业	23 557.4	24 801.0	1 149.3	23 561.8	12 645.5	1 539.0
化学肥料制造业	22 770.7	23 713.3	334.4	23 599.4	18 164.4	1 522.6
化学农药制造业	50.0	50.0		50.0	38.5	5.0
有机化学产品制造业	7 880.7	8 353.1	529.1	8 223.3	6 119.7	343.3
合成材料制造业	387.4	388.7	52.7	387.4	466.5	24.0
专用化学产品制造业	6 048.2	6 007.6	116.4	6 049.1	4 735.2	598.0
日用化学产品制造业	38 022.5	38 180.6	1009.0	38 321.9	19 936.7	1 072.7
医药制造业	12 601.4	11 905.7	1 925.2	12 791.6	8 761.8	670.6
化学药品制剂制造业	4 947.5	4 782.9	866.0	5 149.0	4 048.5	266.0
中药材及中成药加工业	6 853.9	6 322.8	1 059.2	6 842.6	4 001.4	382.6
生物制品业	800.0	800.0		800.0	711.9	22.0
化学纤维制造业	847.3	624.2	53.3	915.1	5 098.9	89.3
人造纤维(纤维素纤维)制造业	12.0	12.0		12.0	11.0	0.7
橡胶制品业	5 601.8	5 589.7	566.9	5 604.6	3 987.1	133.5
橡胶板、管、带制造业	5 026.5	4 972.2	424.1	5 026.5	3 572.8	59.4
橡胶零件制品业	267.7	267.1	98.8	270.5	227.5	28.9
橡胶制品翻修业	65.7	75.3	11.8	65.7	36.0	12.3
其他橡胶制品业	241.9	275.1	32.2	241.9	150.8	32.9
塑料制品业	18 385.4	18 500.8	2 175.0	18 691.2	12 579.6	1 279.8
塑料薄膜制造业	3 597.0	3 499.7	771.9	3 611.5	2 192.9	173.0
塑料板、管、棒材制造业	20.5	20.5	23.6	20.5	16.8	6.1
塑料丝、绳及编织品制造业	9 296.2	9 997.1	1 334.8	9 587.5	7 165.3	708.9
泡沫塑料及人造革、合成革制造业	1 694.9	1 694.9	141.0	1 694.9	1 353.4	116.1
塑料包装箱及容器制造业	1 235.0	1 223.6	223.1	1 235.0	883.2	134.1

4—2 续表 8　　(1993年)　　单位:万元

指标	成品产销存 生产价值	销售价值	年末库存价值	工业总产出	工业中间投入合计	本年应付工资
日用塑料杂品制造业	666.2	245.7	569.9	666.2	118.9	50.8
塑料零件制造业	792.2	817.2	98.4	792.2	391.9	22.4
其他塑料制品业	1 083.4	1 002.0	12.3	1 083.4	457.2	68.4
非金属矿物制品业	82 329.8	82 785.9	5 200.6	82 510.8	53 244.5	6 646.3
水泥制造业	57 632.5	57 690.6	2 108.9	57 690.7	37 325.9	4 184.4
水泥制品和石棉水泥制品业	4 564.0	4 056.8	943.6	4 588.6	2 096.0	358.2
砖瓦、石灰和轻质建筑材料制造业	11 416.6	11 199.5	979.4	11 465.1	7 124.2	1 554.3
玻璃及玻璃制品业	4 464.9	4 653.2	248.5	4 464.9	3 783.0	297.7
陶瓷制品业	1 643.8	1 809.5	220.1	1 659.8	892.2	113.0
耐火材料制品业	359.5	409.1	55.1	362.6	293.4	52.8
矿物纤维及其制品业	1 588.5	2 346.7	485.4	1 597.3	1 226.3	32.2
其他类未包括的非金属矿物制品业	659.9	620.4	159.5	681.7	503.5	53.7
黑色金属冶炼及压延加工业	187 058.2	187 631.9	6 641.7	195 528.0	133 412.5	6 933.8
炼　钢　业	174 075.7	175 599.0	5 712.7	182 492.9	123 862.7	6 288.5
钢压延加工业	12 499.8	11 550.2	903.9	12 552.4	9 157.6	614.3
铁合金冶炼业	482.7	482.7	25.1	482.7	392.2	31.0
有色金属冶炼及压延加工业	83 668.5	87 425.6	6 234.7	86 845.4	77 809.6	4 441.5
重有色金属冶炼业	83 417.3	87 165.5	6 234.7	86 594.2	77 607.7	4 431.8
轻有色金属冶炼业	182.0	182.0		182.0	133.8	4.9
有色金属合金业	69.2	78.1		69.2	68.1	4.8
金属制品业	21 665.0	21 133.2	2 793.3	22 862.2	15 410.5	960.3
金属结构制造业	2 684.3	2 682.3	441.5	3 541.0	932.5	112.9
铸铁管制造业	286.5	199.7	179.7	392.5	213.6	60.5
集装箱和金属包装物品制造业	328.8	318.3	25.5	348.0	153.2	38.6
金属丝绳及其制品业	4 094.1	4 249.2	284.1	4 112.4	4 034.3	186.5
建筑用金属制品业	2 776.4	2 455.6	597.6	2 734.3	1 750.8	175.4
金属表面处理及热处理业	3 954.3	3 946.4	67.5	4 046.0	3 347.8	103.0
日用金属制品业	6 985.7	6 726.8	1 136.5	7 133.1	4 613.7	205.9
其他金属制品业	554.9	554.9	60.9	554.9	364.6	77.5
普通机械制造业	232 102.1	222 904.1	24 717.7	240 343.2	161 702.0	13 600.4
锅炉及原动机制造业	50 573.8	51 318.2	5 203.9	51 627.7	32 217.9	3 681.7
金属加工机械制造业	11 963.3	8 023.8	2 399.4	13 583.2	8 443.7	1 804.7
通用设备制造业	148 422.0	142 164.1	15 209.8	153 075.6	100 784.0	6 186.7
其他通用零部件制造业	8 518.5	9 393.6	814.5	9 160.0	10 002.9	1 091.7
铸锻件制造业	11 311.1	10 900.9	1 007.2	11 583.3	9 433.4	776.4
普通机械修理业	307.9	304.2	80.4	307.9	261.9	12.0
其他普通机械制造业	1 005.5	799.3	2.5	1 005.5	558.2	47.2
专用设备制造业	55 792.7	53 307.9	6 745.7	57 188.2	39 290.8	3 257.4
机电工业专用设备制造业	981.6	957.0	28.4	983.1	770.0	89.8
石化及其他工业专用设备制造业	11 395.1	9 599.8	3 898.9	11 774.7	7 327.4	736.2
轻纺工业专用设备制造业	9 474.5	9 349.5	991.3	9 550.9	5 921.7	700.0

4—2　续表 9　　(1993 年)　　单位:万元

指标	成品产销存			工业总产出	工业中间投入合计	本年应付工资
	生产价值	销售价值	年末库存价值			
农、林、牧、渔、水利业机械制造业	11 742.5	11 753.4	279.5	11 748.7	8 648.8	831.3
医疗器械制造业	252.5	254.5	27.0	252.5	154.6	4.0
其他专用设备制造业	18 326.1	17 787.3	1 506.6	19 243.9	13 871.2	852.7
专用机械设备修理业	3 620.4	3 606.4	14.0	3 634.4	2 590.1	43.4
交通运输设备制造业	393 416.6	103 161.0	11 501.4	408 794.0	350 457.0	11 946.3
铁路运输设备制造业	935.8	989.6	75.4	952.2	383.2	233.2
汽车制造业	365 945.4	375 898.2	8 466.5	371 337.6	311 510.2	7 254.6
摩托车制造业	1 780.8	1 129.8	2 716.0	1 899.2	1 337.8	7.1
自行车制造业	3 048.0	3 478.1	145.8	2 753.9	2 191.6	177.8
船舶制造业	18 756.0	18 598.9	97.7	19 026.1	24 841.2	1 428.5
交通运输设备修理业	2 950.5	3 066.4		12 824.9	10 193.0	2 845.1
电气机械及器材制造业	70 587.2	72 197.6	14 993.0	72 655.8	57 547.5	3 253.9
电机制造业	16 448.7	16 772.8	3 850.3	16 650.9	14 113.5	323.0
输配电及控制设备制造业	27 173.0	25 808.8	5 078.9	28 511.4	21 377.4	1 065.1
电工器材制造业	7 247.0	6 682.2	1 149.1	7 390.7	4 912.7	571.9
日用电器制造业	16 557.8	19 673.5	4 615.4	16 896.4	14 443.4	784.1
照明器具制造业	3 160.6	3 260.3	299.3	3 206.3	2 700.5	509.8
电气机械修理业						
电子及通信设备制造业	9 347.5	9 425.9	1 641.8	9 583.2	6 006.7	609.1
通信设备制造业	1 953.9	1 726.6	384.3	1 957.0	494.2	116.0
电子器件制造业	370.6	370.6		370.6	219.6	21.7
电子元件制造业	5 586.7	5 826.4	1 127.7	5 714.0	4 158.6	397.9
日用电子器具制造业	1 404.7	1 480.6	129.8	1 510.0	1 120.0	66.9
电子设备及通信设备修理业	31.6	21.7		31.6	14.3	6.6
仪器仪表及文化、办公用机械制造业	11 816.3	11 266.7	1 390.3	12 835.5	9 083.8	817.9
通用仪器仪表制造业	9 883.5	9 111.0	883.2	10 894.3	7 485.0	576.7
电子测量仪器制造业	229.8	197.8	138.7	229.8	166.4	95.5
计量器具制造业	776.9	855.0	122.1	778.9	675.3	14.1
钟表制造业	828.0	1 004.8	246.3	834.4	674.4	121.2
其他仪器仪表制造业	98.1	98.1		98.1	84.5	10.4
其他制造业	2 442.9	2 327.4	275.1	2 451.2	1 615.5	187.8
工艺美术品制造业	861.8	754.1	164.4	865.9	268.3	60.1
日用杂品制造业	28.0	17.9		28.0	13.0	2.2
其他生产、生活用品制造业	1 553.1	1 555.3	110.7	1 557.3	1 334.2	125.5
电力、煤气及水的生产和供应业	15 793.0	17 323.3	204.8	15 793.0	7 331.8	1 183.4
电力、蒸汽、热水的生产和供应业	11 990.9	12 670.8		11 990.9	5 051.5	476.5
电力生产业	3 486.4	3 292.8		3 486.4	1 881.1	283.8
电力供应业	8 504.5	9 378.0		8 504.5	3 170.4	192.7
煤气生产和供应业	36.1	886.5	204.8	36.1	411.4	143.8
煤气供应业	36.1	886.5	204.8	36.1	411.4	143.8
自来水的生产和供应业	3 766.0	3 766.0		3 766.0	1 868.9	563.1

指　　标	本年应付福利费	全部职工年平均人数(人)	资本金合计	国家	法人	个人
总　　计	11 774.0	232 464.0	472 094.2	378 385.1	57 009.4	13 615.2
市　　区	10 779.4	215 019.0	438 107.9	349 459.1	53 126.3	12 459.6
柳　　江	360.2	7 146.0	15 295.5	11 192.4	3 296.8	806.3
柳　　城	634.4	10 299.0	18 690.8	17 733.6	586.3	349.3
在总计中:						
国有经济	8 843.6	157 087.0	348 002.2	320 766.6	14 428.7	346.1
中央企业	1 135.0	15 890.0	63 955.5	60 629.5	2 901.7	
地方企业	7 708.6	141 197.0	284 046.7	260 137.1	11 527.0	346.1
#县属企业	510.3	4 652.0	12 170.5	11 887.4	283.1	
集体经济	2 213.0	65 370.0	81 687.6	33 074.3	37 381.5	2 256.5
#县属企业	25.5	757.0	663.7	126.6	516.4	16.5
私营经济	8.2	719.0	1 076.2		372.9	703.3
联营经济	8.6	113.0	2 111.7	13.0	2 053.4	
股份制经济	670.3	7 947.0	36 551.5	24 512.0	1 119.2	10 309.3
外商投资经济	1.2	34.0	627.7	12.8	592.3	
中外合资经营企业	1.2	34.0	627.7	12.8	592.3	
港、澳、台投资经济	7.1	163.0	1 633.3		1 044.8	
与大陆合资经营企业	5.1	137.0	1 068.5		730.0	
与大陆合作经营企业	2.0	26.0	564.8		314.8	
其他经济	22.0	1 031.0	404.0	6.4	16.6	
在总计中:						
乡属工业	208.4	27 112.0	28 140.8	14 822.6	9 264.1	1 528.2
在总计中:						
轻工业	4 791.9	87 576.0	138 806.9	105 400.0	23 257.7	1 945.0
以农产品为原料	2 448.9	63 666.0	94 374.4	74 047.6	14 282.4	1 273.1
以非农产品为原料	2 343.0	23 910.0	44 432.5	31 352.4	8 975.3	671.9
重工业	6 982.1	144 888.0	333 287.3	272 985.1	33 751.7	11 670.2
采掘工业	50.1	1 850.0	1 670.3	848.3	629.7	140.5
原料工业	2 245.8	47 577.0	139 502.3	119 521.5	13 765.9	2 820.7
加工工业	4 686.2	95 461.0	192 114.7	152 615.3	19 356.1	8 709.0
在总计中:						
大型企业	6 047.2	90 100.0	247 028.8	231 567.2	5 380.3	9 523.3
中型企业	3 097.9	64 108.0	112 935.7	83 888.7	16 843.6	1 067.3
小型企业	2 628.9	78 256.0	112 129.7	62 929.2	34 785.5	3 024.6
采掘业	48.3	1 839.0	1 604.9	869.1	543.5	140.5
煤炭采选业	4.6	134.0	85.4	56.0	29.4	
煤炭开采业	4.6	134.0	65.4	56.0	9.4	
煤炭洗选业			20.0		20.0	
黑色金属矿采选业	34.4	457.0	642.6	607.6	25.8	9.2
铁矿采选业		42.0	12.0		2.8	9.2
其他黑色金属矿采选业	34.4	415.0	630.6	607.6	23.0	
有色金属矿采选业	0.5	147.0	127.6	78.0		25.2

4—2 续表 11　　(1993 年)　　单位:万元

指标	本年应付福利费	全部职工年平均人数(人)	资本金合计	国家	法人	个人
重有色金属矿采选业	0.5	77.0	97.6	48.0		25.2
贵金属矿采选业		70.0	30.0	30.0		
非金属矿采选业	8.0	871.0	697.4	82.5	484.8	106.1
土沙石开采业	8.0	871.0	697.4	82.5	484.8	106.1
其他矿采选业		217.0	6.9		3.5	
木材及竹材采运业	0.8	13.0	45.0	45.0		
木材采运业	0.8	13.0	45.0	45.0		
制造业	11 551.9	227 869.0	442 116.3	349 251.2	56 370.7	13 461.7
食品加工业	601.3	5 820.0	15 858.1	13 913.1	1 762.9	60.2
粮食及饲料加工业	43.4	1 523.0	4 471.8	3 106.2	1 227.0	60.2
植物油加工业	29.2	299.0	841.1	580.7	241.5	
制糖业	463.6	3 255.0	8 719.1	8 441.8	277.3	
屠宰及肉类蛋类加工业	65.1	743.0	1 826.1	1 784.4	17.1	
食品制造业	175.6	4 633.0	9 715.3	6 680.4	1 967.1	845.4
糕点、糖果制造业	143.0	2 789.0	5 264.7	4 380.5	624.9	61.1
发酵制品业	13.8	601.0	3 338.5	1 450.0	1 104.2	784.3
调味品制造业	4.9	458.0	278.0	215.1	44.9	
其他食品制造业	13.9	785.0	834.1	634.8	193.1	
饮料制造业	50.8	1 307.0	2 081.0	2 029.4	43.2	7.4
酒精及饮料酒制造业	40.0	881.0	1 485.8	1 456.6	29.2	
软饮料制造业	1.4	114.0	259.1	236.7	14.0	7.4
制茶业	1.2	6.0	194.4	194.4		
其他饮料制造业	8.2	306.0	141.7	141.7		
烟草加工业	-13.7	2 224.0	6 458.7	6 322.0	136.7	
卷烟制造业	-13.7	2 224.0	6 458.7	6 322.0	136.7	
纺织业	1 205.6	32 618.0	31 720.8	25 486.6	4 878.7	207.8
棉纺织业	972.6	20 114.0	20 488.6	16 725.7	2 839.4	
毛纺织业		22.0	6.8			6.8
麻纺织业	-40.0	1 626.0	1 475.4	1 475.4		
丝绢纺织业		1 073.0	183.0	113.0	70.0	
针织品业	273.0	9 783.0	9 567.0	7 172.5	1 969.3	201.0
服装及其他纤维制品制造业	38.7	2 778.0	3 364.4	520.7	731.2	22.0
服装制造业	26.8	2 171.0	3 056.3	334.1	635.5	22.0
制帽业	2.1	84.0	28.3	28.3		
制鞋业	2.5	330.0	183.1	158.3		
其他纤维制品制造业	7.3	193.0	96.7		95.7	
皮革、毛皮、羽绒及其制品业	-110.3	1 903.0	2 079.1	931.4	929.5	23.5
制革业	0.9	99.0	139.6	50.0	81.5	8.0
皮革制品制造业	-111.8	1 804.0	1 490.5	881.4	399.0	15.5
羽毛(绒)及制品业	0.6		449.0		449.0	
木材加工及竹、藤、棕、草制品业	119.8	2 513.0	4 929.2	4 622.2	212.4	81.4
锯材、木片加工业	69.6	515.0	2 255.1	2 174.5	67.6	13.0

指　　标	本年应付福利费	全部职工年平均人数(人)	资本金合计	国家	法人	个人
人造板制造业	42.8	1 574.0	2 379.4	2 359.4	20.0	
木制品业	7.1	397.0	278.5	88.3	115.2	61.8
竹、藤、棕、草制品业	0.3	27.0	16.2		9.6	6.6
家具制造业	61.8	1 514.0	980.7	244.4	586.8	5.8
木制家具制造业	55.5	1 349.0	888.9	167.9	571.5	5.8
竹、藤家具制造业		25.0	15.3		15.3	
金属家具制造业	6.3	130.0	76.5	76.5		
其他家具制造业		10.0				
造纸及纸制品业	322.6	6 718.0	16 374.7	13 252.0	2 472.3	39.8
造纸业	282.1	5 416.0	14 783.8	12 901.3	1 843.5	39.0
纸制品业	40.5	1 302.0	1 590.9	350.7	628.8	0.8
印刷业、记录媒介的复制	45.7	1 770.0	2 150.1	1 623.7	114.7	46.1
印刷业	45.7	1 770.0	2 150.1	1 623.7	114.7	46.1
文教体育用品制造业	2.4	356.0	623.0		582.3	
体育用品制造业	2.4	356.0	623.0		582.3	
石油加工及炼焦业		25.0	12.0			12.0
原油加工业		25.0	12.0			12.0
化学原料及化学制品制造业	2 167.5	13 158.0	34 639.8	29 447.8	1 667.2	313.9
基本化学原料制造业	87.0	4 807.0	11 545.3	7 621.2	1 164.4	188.6
化学肥料制造业	233.7	3 727.0	10 903.1	10 867.6	30.7	4.8
化学农药制造业	0.6	45.0	35.4		35.4	
有机化学产品制造业	29.7	1 202.0	2 164.3	1 382.1	136.2	6.2
合成材料制造业	1.1	114.0	95.3		95.3	
专用化学产品制造业	71.0	1 147.0	3 185.7	3 169.4		16.3
日用化学产品制造业	1 744.4	2 116.0	6 710.7	6 407.5	205.2	98.0
医药制造业	34.0	2 221.0	3 379.9	3 134.0	50.0	8.8
化学药品制剂制造业	-10.2	856.0	905.9	710.0		8.8
中药材及中成药加工业	42.1	1 255.0	2 424.0	2 424.0		
生物制品业	2.1	110.0	50.0		50.0	
化学纤维制造业	56.2	758.0	258.1	2.6	255.5	
人造纤维(纤维素纤维)制造业		7.0	9.0		9.0	
橡胶制品业	-2.7	1 259.0	1 723.8	1 459.7	251.5	
橡胶板、管、带制造业	-8.5	951.0	1 482.0	1 289.8	192.2	
橡胶零件制品业	3.7	157.0	174.9	103.0	59.3	
橡胶制品翻修业	1.5		26.5	26.5		
其他橡胶制品业	0.6	151.0	40.4	40.4		
塑料制品业	161.8	4 362.0	6 727.9	1 492.6	3 430.8	367.2
塑料薄膜制造业	21.7	608.0	1 674.4	1 249.5	347.2	48.0
塑料板、管、棒材制造业		38.0	112.0	84.2	27.8	
塑料丝、绳及编织品制造业	77.8	2 332.0	2 727.3	36.3	1 857.5	7.6
泡沫塑料及人造革、合成革制造业	28.5	424.0	214.5		214.5	
塑料包装箱及容器制造业	21.0	536.0	933.7	3.8	679.9	

4—2 续表 13 (1993 年) 单位:万元

指标	本年应付福利费	全部职工年平均人数(人)	资本金			
			合计	国家	法人	个人
日用塑料杂品制造业	-0.2	159.0	353.4	34.1	61.0	258.3
塑料零件制造业	3.0	98.0	240.8	43.7	171.7	25.4
其他塑料制品业	10.0	167.0	471.8	41.0	71.2	27.9
非金属矿物制品业	768.8	13 245.0	20 836.1	15 625.6	4 208.6	310.5
水泥制造业	388.4	5 578.0	13 358.7	12 733.9	545.0	79.8
水泥制品和石棉水泥制品业	114.2	486.0	1 124.0	368.9	750.5	1.5
砖瓦、石灰和轻质建筑材料制造业	129.2	4 903.0	3 989.3	1 651.0	1 740.5	228.7
玻璃及玻璃制品业	76.1	1 024.0	720.5	380.5	338.4	
陶瓷制品业	16.9	642.0	535.5	0.5	534.5	0.5
耐火材料制品业	4.5	181.0	453.8	447.9	5.9	
矿物纤维及其制品业	22.3	249.0	310.5	42.9	2.5	
其他类未包括的非金属矿物制品业	17.2	182.0	343.8		291.3	
黑色金属冶炼及压延加工业	817.8	22 455.01	60 043.9	59 003.0	850.5	190.4
炼钢业	752.0	19 059.0	48 324.7	48 042.0	92.3	190.4
钢压延加工业	63.0	3 210.0	11 316.2	10 558.0	758.2	
铁合金冶炼业	2.6	186.0	403.0	403.0		
有色金属冶炼及压延加工业	686.0	9 467.0	26 744.0	12 837.7	10 971.0	2 336.6
重有色金属冶炼业	685.4	9 352.0	26 661.7	12 837.7	10 888.7	2 336.6
轻有色金属冶炼业	0.1	94.0	73.7		73.7	
有色金属合金业	0.5	21.0	8.6		8.6	
金属制品业	77.7	4 071.0	5 566.0	1 731.9	2 583.8	93.2
金属结构制造业	48.9	367.0	1 963.2	181.2	1 748.7	33.3
铸铁管制造业	6.2	25.0	298.5	0.4		20.3
集装箱和金属包装物品制造业	4.4	115.0	109.4	109.4		
金属丝绳及其制品业	28.3	681.0	642.0	41.9	65.4	
建筑用金属制品业	8.2	624.0	488.3	159.3	315.5	13.5
金属表面处理及热处理业	2.7	300.0	407.5	253.6	128.8	8.1
日用金属制品业	-29.8	1 647.0	1 551.7	965.2	245.7	13.1
其他金属制品业	8.8	312.0	105.5	20.9	79.7	4.9
普通机械制造业	1 870.5	34 275.0	65 982.8	43 606.4	7 432.8	7 634.2
锅炉及原动机制造业	532.1	6 697.0	13 938.3	13 536.7	401.6	
金属加工机械制造业	153.8	3 681.0	9 169.8	5 371.5	3 739.2	6.1
通用设备制造业	605.7	19 718.0	36 197.9	20 748.9	1 158.2	7 505.0
其他通用零部件制造业	491.4	2 250.0	4 312.5	2 720.6	1 439.2	3.1
铸锻件制造业	86.4	1 762.0	2 096.1	1 225.7	442.4	107.0
普通机械修理业	0.7	9.0	50.8		50.8	
其他普通机械制造业	0.4	158.0	217.4	3.0	201.4	13.0
专用设备制造业	303.5	9 636.0	19 949.3	16 539.1	2 657.3	109.3
机电工业专用设备制造业	4.9	53.0	517.2	53.5		
石化及其他工业专用设备制造业	93.6	1 726.0	7 198.0	6 740.3	338.6	
轻纺工业专用设备制造业	101.3	2 441.0	6 063.4	4 830.2	1 213.2	10.0

指　　标	本年应付福利费	全部职工年平均人数(人)	资本金合计	国家	法人	个人
农、林、牧、渔、水利业机械制造业	50.6	2 009.0	1 911.8	1 788.5	20.2	93.3
医疗器械制造业	0.7	211.0	195.7	146.6	49.1	
其他专用设备制造业	47.4	2 795.0	3 253.6	2 967.8	285.8	
专用机械设备修理业	5.0	401.0	809.6	12.2	750.6	6.0
交通运输设备制造业	1 422.8	27 455.0	70 085.0	64 594.4	4 175.7	543.4
铁路运输设备制造业	75.0	729.0	267.2	78.0		
汽车制造业	1 065.1	15 455.0	42 214.5	37 426.2	3 875.7	445.7
摩托车制造业	-55.5	1 683.0	1 946.0	1 925.0		21.0
自行车制造业	-78.0	865.0	717.8	717.8		
船舶制造业	99.3	2 565.0	4 687.6	4 240.5	279.4	76.7
交通运输设备修理业	316.9	6 158.0	2 0251.9	20 206.9	20.6	
电气机械及器材制造业	461.4	15 759.0	23 462.6	20 979.4	1 430.2	97.0
电机制造业	20.0	3 304.0	2 096.4	2 086.4	10.0	
输配电及控制设备制造业	117.0	5 880.0	8 202.7	7 757.4	237.6	41.6
电工器材制造业	198.9	2 097.0	4 130.4	3 374.9	66.8	
日用电器制造业	71.9	2 720.0	7 826.4	6 903.6	833.2	55.4
照明器具制造业	53.6	1 758.0	1 206.7	857.1	282.6	
电气机械修理业						
电子及通信设备制造业	107.7	2 215.0	3 394.1	1 296.1	1 108.9	
通信设备制造业	29.6	250.0	381.2	291.3	89.9	
电子器件制造业		63.0	50.0		50.0	
电子元件制造业	52.8	1 438.0	2 452.0	1 004.8	959.0	
日用电子器具制造业	25.3	446.0	500.9			
电子设备及通信设备修理业		18.0	10.0		10.0	
仪器仪表及文化、办公用机械制造业	102.5	2 692.0	2 396.1	1 552.0	728.1	
通用仪器仪表制造业	44.7	1 388.0	1 350.5	646.7	587.8	
电子测量仪器制造业	-2.1	390.0	250.4	250.4		
计量器具制造业	9.9	307.0	127.4		127.4	
钟表制造业	48.8	560.0	650.2	650.2		
其他仪器仪表制造业	1.2	47.0	17.6	4.7	12.9	
其他制造业	16.1	662.0	579.8	323.0	151.0	105.8
工艺美术品制造业	0.7	426.0	173.4	114.4	24.5	34.5
日用杂品制造业	0.3	8.0	10.0	5.0	5.0	
其他生产、生活用品制造业	15.1	228.0	396.4	203.6	121.5	71.3
电力、煤气及水的生产和供应业	173.8	2 756.0	28 373.0	28 264.8	95.2	13.0
电力、蒸汽、热水的生产和供应业	111.0	1 579.0	17 475.3	17 443.4	31.9	
电力生产业	55.7	138.0	1 126.7	1 097.3	29.4	
电力供应业	55.3	1 441.0	16 348.6	16 346.1	2.5	
煤气生产和供应业	19.5	349.0	5 124.6	5 060.9	50.7	13.0
煤气供应业	19.5	349.0	2 124.6	5 060.9	50.7	13.0
自来水的生产和供应业	43.3	828.0	5 773.1	5 760.5	12.6	

指标	资本金合计	年末资产负债及所有者权益				流动资产
	外商	流动资产合计	货币资金	存货	产成品	年平均余额
总计	3 063.3	1 056 820.2	89 713.1	495 473.5	110 805.4	859 562.6
市区	3 063.3	1 009 010.8	81 806.8	478 980.2	105 803.7	815 626.2
柳江		21 985.3	4 354.7	8 631.0	2 831.6	20 968.5
柳城		25 824.1	3 551.6	7 862.3	2 170.1	22 967.9
在总计中:						
国有经济	2 273.6	763 308.9	66 967.6	379 880.4	76 438.8	644 688.1
中央企业		113 360.1	12 693.8	77 058.1	7 032.2	95 952.2
地方企业	2 273.6	649 948.8	54 273.8	302 822.3	69 406.6	548 735.9
#县属企业		16 644.7	3 671.9	3 604.0	1 212.3	14 148.5
集体经济	178.6	195 562.8	17 004.7	74 312.7	22 505.8	131 079.2
#县属企业		1 658.5	55.8	832.4	404.3	1 264.4
私营经济		1 635.2	253.6	545.9	146.9	1 023.2
联营经济		3 469.4	451.4	2 080.9	83.0	3 986.4
股份制经济		89 048.6	4 843.1	36 705.7	10 759.5	75 721.8
外商投资经济	22.6	619.0	25.8	328.8	190.4	149.7
中外合资经营企业	22.6	619.0	25.8	328.8	190.4	149.7
港、澳、台投资经济	588.5	2 275.2	57.2	1 131.8	451.4	2 102.1
与大陆合资经营企业	338.5	1 447.9	39.6	928.4	401.7	1 187.5
与大陆合作经营企业	250.0	827.3	17.6	203.4	49.7	914.6
其他经济		901.1	109.7	487.3	229.6	812.1
在总计中:						
乡属工业		57 124.9	6 307.0	12 003.7	2 349.7	23 968.3
在总计中:						
轻工业	2 160.7	305 091.3	25 662.9	125 656.7	32 871.1	266 737.4
以农产品为原料	1 130.0	206 801.2	17 946.2	80 108.0	19 540.0	184 037.9
以非农产品为原料	1 030.9	98 290.1	7 716.7	45 548.7	13 331.1	82 699.5
重工业	902.4	751 728.9	64 050.2	369 816.8	77 934.3	592 825.2
采掘工业		3 536.1	441.7	930.2	817.2	3 359.6
原料工业		283 803.5	30 264.1	115 003.6	24 025.9	203 519.6
加工工业	902.4	464 389.3	33 344.4	253 883.0	53 091.2	385 946.0
在总计中:						
大型企业		556 700.0	39 444.3	284 493.3	50 831.6	444 437.8
中型企业	1 849.9	290 753.4	31 044.9	132 052.2	37 056.8	263 604.3
小型企业	1 213.4	209 366.8	19 223.9	78 928.0	22 917.0	151 520.5
采掘业		3 598.2	287.7	960.6	813.8	3 273.6
煤炭采选业		41.3	33.1	8.2	8.2	65.9
煤炭开采业		21.3	13.1	8.2	8.2	46.9
煤炭洗选业		20.0	20.0			19.0
黑色金属矿采选业		2 747.5	107.4	826.8	774.5	2 656.0
铁矿采选业		9.4	5.6	3.6	3.6	10.5
其他黑色金属矿采选业		2 738.1	101.8	823.2	770.9	2 645.5
有色金属矿采选业		308.3	19.4	41.9	0.8	100.2

4—2 续表 16 (1993年) 单位:万元

指标	资本金合计	年末资产负债及所有者权益				流动资产年平均余额
	外商	流动资产合计	货币资金	存货	产成品	
重有色金属矿采选业		304.3	17.4	39.9	0.8	96.2
贵金属矿采选业		4.0	2.0	2.0		4.0
非金属矿采选业		428.5	119.0	80.1	26.7	383.0
土沙石开采业		428.5	119.0	80.1	26.7	383.0
其他矿采选业		52.0	2.0			47.0
木材及竹材采运业		20.6	6.8	3.6	3.6	21.5
木材采运业		20.6	6.8	3.6	3.6	21.5
制造业	3 063.3	1 034 464.4	84 570.7	493 174.5	109 991.6	839 690.0
食品加工业		27 977.9	5 775.2	8 810.0	2 547.1	26 524.3
粮食及饲料加工业		9 492.2	934.6	3 591.7	300.9	9 648.1
植物油加工业		2 027.7	159.9	1 170.6	602.2	2 159.8
制糖业		13 336.6	4 420.2	2 846.8	1 278.4	11 916.5
屠宰及肉类蛋类加工业		3 121.4	260.5	1 200.9	365.6	2 799.9
食品制造业	198.2	12 382.0	960.6	8 378.6	1 136.0	11 853.9
糕点、糖果制造业	198.2	8 379.2	648.9	6 155.4	952.8	7 632.4
发酵制品业		1 943.4	140.6	1 269.4	69.4	2 227.9
调味品制造业		564.1	44.9	179.6	13.6	492.4
其他食品制造业		1 495.3	126.2	774.2	100.2	1 501.2
饮料制造业		3 567.0	411.5	1 615.5	311.3	3 452.4
酒精及饮料酒制造业		2 199.2	280.1	1 108.7	92.4	2 221.2
软饮料制造业		330.1	38.1	185.3	32.2	290.8
制茶业		33.6	5.3	28.3	6.4	34.5
其他饮料制造业		1 004.1	88.0	293.2	180.3	905.9
烟草加工业		19 051.5	2 242.7	10 370.3	312.8	25 988.1
卷烟制造业		19 051.5	2 242.7	10 370.3	312.8	25 988.1
纺织业	830.1	91 572.4	4 322.3	28 761.3	10 046.6	74 409.8
棉纺织业	754.9	65 966.8	2 916.7	16 624.8	5 072.0	50 147.7
毛纺织业		5.5	0.3	2.5		
麻纺织业		1 976.3	76.9	631.6	285.9	2 089.4
丝绢纺织业		1 269.7	137.3	489.0	149.9	819.5
针织品业	75.2	22 354.1	1 191.1	11 013.4	4 538.8	21 353.2
服装及其他纤维制品制造业	91.7	5 065.2	327.6	2 228.7	1 075.0	2 586.2
服装制造业	91.7	3 931.2	226.5	1 875.7	929.9	1 928.4
制帽业		57.9	0.6	29.0	16.3	57.2
制鞋业		438.5	13.2	200.9	72.3	408.9
其他纤维制品制造业		637.6	87.3	123.1	56.5	191.7
皮革、毛皮、羽绒及其制品业		4 865.1	322.2	2 003.8	547.1	3 698.6
制革业		153.5	13.1	48.0	30.0	149.7
皮革制品制造业		4 622.7	295.6	1 880.4	491.6	3 460.9
羽毛(绒)及制品业		88.9	13.5	75.4	25.5	88.0
木材加工及竹、藤、棕、草制品业	10.0	15 047.3	1 143.4	9 787.7	3 707.9	10 083.2
锯材、木片加工业		8 554.8	238.3	6 474.7	2434.2	4 621.1

4—2 续表 17　　(1993年)　　单位:万元

指标	资本金合计	年末资产负债及所有者权益				
	外商	流动资产合计	货币资金	存货	产成品	流动资产年平均余额
人造板制造业		5 880.7	818.7	2 905.8	1 164.7	4 992.2
木制品业	10.0	598.8	82.0	401.3	107.9	456.7
竹、藤、棕、草制品业		13.0	4.4	5.9	1.1	13.2
家具制造业		3 193.4	155.0	1 529.9	533.4	1 896.1
木制家具制造业		2 884.4	146.7	1 435.9	521.9	1 589.1
竹、藤家具制造业		12.5	2.4	10.1	7.5	12.5
金属家具制造业		296.5	5.9	83.9	4.0	294.5
其他家具制造业						
造纸及纸制品业		24 893.8	1 867.8	9 317.7	1 461.8	21 234.0
造纸业		21 676.4	1 654.1	8 504.1	1 179.1	18 299.0
纸制品业		3 217.4	213.7	813.6	282.7	2 935.0
印刷业、记录媒介的复制		4 898.8	961.1	1 862.8	705.9	3 729.2
印刷业		4 898.8	961.1	1 862.8	705.9	3 729.2
文教体育用品制造业		545.8	36.7	212.1	119.1	160.7
体育用品制造业		545.8	36.7	212.1	119.1	160.7
石油加工及炼焦业		17.0				
原油加工业		17.0				
化学原料及化学制品制造业	602.3	47 904.4	5 748.3	18 443.3	3 828.6	42 429.6
基本化学原料制造业		15 910.3	1 085.0	6 361.8	1 559.4	12 587.3
化学肥料制造业		8 686.0	1 603.7	3 059.1	342.6	8 211.4
化学农药制造业		43.3	1.2	9.5		41.0
有机化学产品制造业	602.3	3 629.7	355.0	1 973.5	499.0	4 295.3
合成材料制造业		209.2	14.5	15.5	12.9	21.0
专用化学产品制造业		2 075.3	438.4	812.4	570.1	2 220.9
日用化学产品制造业		17 350.6	2 250.5	6 211.5	844.6	15 052.7
医药制造业		10 534.2	253.0	5 418.3	1 784.0	8 924.6
化学药品制剂制造业		4 181.5	143.1	2 499.3	1 264.5	4 036.0
中药材及中成药加工业		5 570.4	92.6	2 913.0	514.0	4 842.8
生物制品业		782.3	17.3	6.0	5.5	45.8
化学纤维制造业		3 160.6	169.2	2 326.2	662.2	3 605.3
人造纤维(纤维素纤维)制造业		5.0	2.0			4.1
橡胶制品业	12.6	3 362.6	182.4	2 097.4	768.3	3 070.1
橡胶板、管、带制造业		2 956.7	162.4	1 873.9	636.6	2 710.0
橡胶零件制品业	12.6	253.4	11.8	144.7	99.8	235.7
橡胶制品翻修业		21.3	3.0	11.8	0.7	29.4
其他橡胶制品业		131.2	5.2	67.0	31.2	95.0
塑料制品业	428.6	17 030.7	1 368.6	6 198.1	2 821.5	12 215.8
塑料薄膜制造业		2 748.0	153.1	1 246.8	702.7	2 348.5
塑料板、管、棒材制造业		309.2	63.7	245.5	236.7	65.9
塑料丝、绳及编织品制造业	178.6	9 444.9	777.5	2 925.3	1 271.8	5 555.2
泡沫塑料及人造革、合成革制造业		1 132.9	97.9	416.3	88.3	1 198.9
塑料包装箱及容器制造业	250.0	1 927.7	46.2	512.0	331.4	1 491.9

4—2 续表 18　　　　　　　　　　(1993 年)　　　　　　　　　　单位:万元

指标	资本金合计	年末资产负债及所有者权益				
	外商	流动资产合计	货币资金	存货	产成品	流动资产年平均余额
日用塑料杂品制造业		597.0	127.2	295.0	24.8	608.1
塑料零件制造业		579.7	42.2	461.9	141.4	666.2
其他塑料制品业		291.3	60.8	95.3	24.4	281.1
非金属矿物制品业	52.5	45 203.1	10 479.4	19 514.4	3 855.5	37 863.8
水泥制造业		31 315.3	8 092.3	13 123.3	1 582.6	27 309.7
水泥制品和石棉水泥制品业		1 736.3	235.7	1 187.3	512.2	1 488.5
砖瓦、石灰和轻质建筑材料制造业		6 953.5	1 507.3	2 254.0	863.8	4 262.5
玻璃及玻璃制品业		1 832.6	253.4	1 210.7	178.2	2 666.8
陶瓷制品业		1252.6	75.0	590.2	226.6	1 020.4
耐火材料制品业		184.3	20.9	140.2	55.9	155.2
矿物纤维及其制品业		1 495.1	267.5	769.5	301.7	571.0
其他类未包括的非金属矿物制品业	52.5	433.4	27.3	239.2	134.5	389.7
黑色金属冶炼及压延加工业		132 387.8	8 380.8	59 556.5	9 680.5	79 110.1
炼钢业		101 250.5	7 387.8	57 042.6	9 410.8	75 309.5
钢压延加工业		31 056.4	958.1	2 487.6	249.5	3 708.4
铁合金冶炼业		80.9	34.9	26.3	20.2	92.2
有色金属冶炼及压延加工业		67 588.7	7 050.9	23 306.2	6 709.7	58 844.1
重有色金属冶炼业		67 510.4	7 048.3	23 286.1	6 709.7	58 746.0
轻有色金属冶炼业		72.1	0.9	15.6		96.1
有色金属合金业		6.2	1.7	4.5		2.0
金属制品业		12 630.4	1 099.2	6 732.0	2 265.1	8 733.3
金属结构制造业		1 693.1	244.4	537.7	370.7	1 774.0
铸铁管制造业		348.9	17.7	116.1	63.3	265.4
集装箱和金属包装物品制造业		219.7	35.6	177.1	56.2	267.0
金属丝绳及其制品业		2 305.0	181.0	1 874.3	301.1	1 254.8
建筑用金属制品业		1 959.9	151.2	835.0	552.6	1 873.1
金属表面处理及热处理业		714.4	120.9	183.0	7.7	535.3
日用金属制品业		5 131.6	317.5	2 921.0	856.9	2 640.9
其他金属制品业		257.8	30.9	87.8	56.6	122.8
普通机械制造业	71.0	172 752.8	10 482.4	90 351.4	23 458.1	138 428.1
锅炉及原动机制造业		39 316.8	2 706.0	23 507.8	6 379.5	25 461.4
金属加工机械制造业		14 635.5	273.3	7 248.0	1 142.7	15 975.6
通用设备制造业		105 609.5	6 299.3	52 858.6	14 049.5	84 892.3
其他通用零部件制造业		8 338.2	776.4	4 430.5	658.0	8 234.7
铸锻件制造业	71.0	4 434.0	290.0	2 196.8	1 212.9	3 578.7
普通机械修理业		228.7	2.7	74.4		132.2
其他普通机械制造业		190.1	134.7	35.3	15.5	153.2
专用设备制造业	119.1	43 111.8	2 910.4	19 758.8	6 290.6	36 731.3
机电工业专用设备制造业		411.0	26.5	160.4	82.0	411.0
石化及其他工业专用设备制造业	119.1	14 413.4	209.2	5 929.1	1 945.9	11 490.9
轻纺工业专用设备制造业		6 622.3	720.1	2 727.5	546.3	5 876.1

4—2 续表 19　　　　　　(1993 年)　　　　　　单位:万元

指　　标	资本金合计 外　　商	年末资产负债及所有者权益 流动资产 合　　计	货币资金	存　　货	产成品	流动资产 年平均余额
农、林、牧、渔、水利业机械制造业		8 136.3	167.8	3 081.6	796.5	6 395.5
医疗器械制造业		383.2	15.8	162.1	66.8	366.1
其他专用设备制造业		11 704.8	1 611.2	6 872.0	2 801.4	11 063.0
专用机械设备修理业		1 440.8	159.8	826.1	51.7	1 128.7
交通运输设备制造业		166 191.3	13 552.8	105 457.3	10 149.5	139 219.2
铁路运输设备制造业		829.8	221.7	243.1	164.9	424.6
汽车制造业		129 844.4	6 581.2	88 258.9	8 585.2	95 288.8
摩托车制造业		7 139.6	132.1	2 759.8	1 238.1	6 370.7
自行车制造业		4 632.2	74.6	1 244.4	80.7	4 873.4
船舶制造业		13 662.4	6 030.1	5 892.1	3.9	23 826.9
交通运输设备修理业		10 082.9	513.1	7 059.0	76.7	8 434.8
电气机械及器材制造业	159.0	79 042.5	3 502.0	40 928.8	12 723.5	67 284.4
电机制造业		15 907.6	279.6	7 730.3	2 411.6	13 180.5
输配电及控制设备制造业		28 199.9	1 626.7	14 069.0	5 088.2	25 730.5
电工器材制造业	159.0	8 902.8	527.3	2 852.5	1 034.1	8 643.1
日用电器制造业		22 904.6	858.6	14 775.9	3 901.9	16 994.5
照明器具制造业		3 127.6	209.8	1 501.1	287.7	2 735.8
电气机械修理业						
电子及通信设备制造业	488.2	10 244.6	350.3	3 324.2	894.0	8 910.9
通信设备制造业		1 288.4	19.9	483.1	164.7	725.4
电子器件制造业		178.6	15.0	24.9		98.2
电子元件制造业	488.2	7 587.0	247.9	2 437.8	628.5	6 907.0
日用电子器具制造业		1 149.0	62.9	351.4	100.8	1 136.8
电子设备及通信设备修理业		41.6	4.6	27.0		43.5
仪器仪表及文化、办公用机械制造业		9 187.4	404.6	4 390.1	1 369.2	7 861.4
通用仪器仪表制造业		6 323.0	255.9	3 155.4	1 024.1	5 534.4
电子测量仪器制造业		1 257.8	43.1	343.0	64.5	815.7
计量器具制造业		608.0	29.1	219.6	33.5	450.3
钟表制造业		940.6	68.3	652.4	247.1	1 033.8
其他仪器仪表制造业		58.0	8.2	19.7		27.2
其他制造业		1 054.3	110.3	493.1	227.3	841.5
工艺美术品制造业		307.8	23.2	205.6	97.6	309.4
日用杂品制造业		54.9	0.2	54.1	32.5	54.1
其他生产、生活用品制造业		691.6	86.9	233.4	97.2	478.0
电力、煤气及水的生产和供应业		18 757.6	4 854.7	1 338.4		16 599.0
电力、蒸汽、热水的生产和供应业		16 061.0	3 436.9	823.7		12 821.4
电力生产业		2 152.6	147.4	327.8		1 910.8
电力供应业		13 908.4	3 289.5	495.9		10 910.6
煤气生产和供应业		839.4	254.8	438.9		1 813.9
煤气供应业		839.4	254.8	438.9		1 813.9
自来水的生产和供应业		1 857.2	1 163.0	75.8		1 963.7

(1993 年)　　　　单位:万元

指标	年末资产负债及所有者权益					
	长期投资合计	固定资产合计	固定资产原价合计	生产经营用	本年折旧	固定资产净值合计
总计	49 251.8	724 279.8	752 441.5	619 035.1	37 573.3	562 454.8
市区	47 607.5	680 565.1	703 132.1	578 179.3	35 299.0	524 076.5
柳江	1 149.0	23 157.1	24 466.4	20 628.5	1 110.2	19 946.8
柳城	495.3	20 557.6	24 843.0	20 227.3	1164.1	18 431.5
在总计中:						
国有经济	39 654.6	571 238.2	598 726.5	500 956.8	29 702.4	444 520.1
中央企业	3 160.9	75 736.8	89 052.7	73 693.7	3 256.3	66 957.4
地方企业	36 493.7	495 501.4	509 673.8	427 263.1	26 446.1	377 562.7
#县属企业	252.3	18 250.4	20 061.4	16 987.5	790.4	16 506.7
集体经济	5 264.0	115 603.2	114 918.0	81 275.3	6 029.1	90 636.7
#县属企业	19.7	578.4	771.0	643.7	40.5	477.9
私营经济	398.0	961.0	977.3	973.5	36.2	910.9
联营经济	2.6	2 144.7	2 111.6	967.7	84.5	1 806.1
股份制经济	3 680.6	32 332.2	33 218.6	32 631.8	1 576.8	22 610.8
外商投资经济	20.0	629.1	604.8	463.5	3.7	600.2
中外合资经营企业	20.0	629.1	604.8	463.5	3.7	600.2
港、澳、台投资经济	232.0	1 090.0	1 343.4	1 228.7	84.4	1 096.7
与大陆合资经营企业		701.5	869.9	764.0	58.8	705.5
与大陆合作经营企业	232.0	388.5	473.5	464.7	25.6	391.2
其他经济		281.4	541.3	537.8	56.2	273.3
在总计中:						
乡属工业	1 305.2	39 529.4	38 016.0	17 024.3	1 386.5	32 892.7
在总计中:						
轻工业	21 994.1	228 012.1	230 529.7	181 307.4	10 113.8	176 600.4
以农产品为原料	15 277.3	172 183.8	173 976.0	137 559.6	7 207.9	134 078.5
以非农产品为原料	6 716.8	55 828.3	56 553.7	43 747.8	2 905.9	42 521.9
重工业	27 257.7	496 267.7	521 911.8	437 727.7	27 459.5	385 854.4
采掘工业	107.2	1 673.2	1 867.9	1 477.8	94.5	1 550.0
原料工业	10 067.4	265 114.3	277 374.7	238 026.1	14 073.3	207 506.1
加工工业	17 083.1	229 480.2	242 669.2	198 223.8	13 291.7	176 798.3
在总计中:						
大型企业	18 699.7	411 622.7	434 814.0	381 108.5	22 040.6	316 364.5
中型企业	23 630.6	183 763.6	190 819.0	153 834.3	9 703.0	145 956.4
小型企业	6 921.5	128 893.5	126 808.5	84 092.3	5 829.7	100 133.9
采掘业	143.8	1 690.2	1 885.2	1 529.5	87.9	1 573.4
煤炭采选业	1.8	166.8	179.3	167.8	1.6	175.7
煤炭开采业	1.8	56.8	69.3	57.8	1.6	65.7
煤炭洗选业		110.0	110.0	110.0		110.0
黑色金属矿采选业	57.9	572.0	690.9	606.5	29.9	570.8
铁矿采选业		22.7	23.3	21.1	3.0	17.1
其他黑色金属矿采选业	57.9	549.3	667.6	585.4	26.9	553.7
有色金属矿采选业	36.6	265.9	279.3	144.4	10.4	259.8

指标	年末资产负债及所有者权益					
	长期投资合计	固定资产合计	固定资产原价合计	生产经营用	本年折旧	固定资产净值合计
重有色金属矿采选业	36.6	239.4	249.3	114.4	6.9	233.3
贵金属矿采选业		26.5	30.0	30.0	3.5	26.5
非金属矿采选业	47.5	534.1	542.8	428.4	36.5	419.8
土沙石开采业	47.5	534.1	542.8	428.4	36.5	419.8
其他矿采选业		151.4	151.4	151.4	8.5	116.4
木材及竹材采运业			41.5	31.0	1.0	30.9
木材采运业			41.5	31.0	1.0	30.9
制造业	48 570.1	684 393.8	702 612.6	573 559.6	35 857.3	525 369.7
食品加工业	2 049.1	33 671.1	35 522.1	29 068.7	1 641.2	28 563.1
粮食及饲料加工业	1 417.1	9 985.8	8 964.0	7 177.5	466.7	7 664.0
植物油加工业	323.5	1 475.8	1 633.9	1 145.8	66.2	1 416.2
制糖业	107.5	18 531.6	20 836.6	17 123.0	981.3	16 939.0
屠宰及肉类蛋类加工业	201.0	3 677.9	4 087.6	3 622.4	127.0	2 543.9
食品制造业	2 741.1	11 668.6	11 593.3	9 462.3	465.9	8 383.0
糕点、糖果制造业	600.8	6 233.1	7 391.5	6 470.2	280.1	5 027.7
发酵制品业	2 126.2	3 297.8	1 746.0	1 517.3	77.4	1 505.0
调味品制造业	12.2	814.1	1 046.4	91.1	51.4	814.0
其他食品制造业	1.9	1 323.6	1 409.4	1 383.7	57.0	1 036.3
饮料制造业	16.5	3 375.1	4 109.0	3 653.1	199.0	3 029.4
酒精及饮料酒制造业	15.0	2 425.9	2 989.5	2 670.5	142.6	2 227.8
软饮料制造业	1.3	254.5	379.0	374.4	21.2	230.7
制茶业			69.2	67.4	3.1	16.8
其他饮料制造业	0.2	694.7	671.3	540.8	32.1	554.1
烟草加工业	84.4	13 135.5	14 887.9	9 601.0	326.5	12 158.9
卷烟制造业	84.4	13 135.5	14 887.9	9 601.0	326.5	12 158.9
纺织业	8 776.3	58 230.4	62 089.6	46 456.2	2 614.3	47 443.5
棉纺织业	5 951.9	37 085.4	39 089.0	31 771.8	1 567.5	30 691.5
毛纺织业			7.5			6.9
麻纺织业	384.5	2 384.9	3 025.2	2 344.0	49.8	2 381.3
丝绢纺织业		1 085.1	1 085.1	1 062.2	188.9	874.2
针织品业	2 439.9	17 675.0	18 882.8	11 278.2	808.1	13 489.6
服装及其他纤维制品制造业	74.3	1 986.4	2 055.7	1 692.2	107.1	1 453.7
服装制造业	73.8	1 687.4	1 665.9	1 337.8	89.4	1 219.6
制帽业	0.5	5.9	18.3	11.1	0.6	4.8
制鞋业		239.9	259.6	236.4	11.9	174.2
其他纤维制品制造业		53.2	111.9	106.9	5.2	55.1
皮革、毛皮、羽绒及其制品业	39.2	2 321.6	2 015.1	888.5	94.7	1 474.4
制革业	8.0	164.8	151.2	146.2	13.4	133.3
皮革制品制造业	31.2	2 028.0	1 735.4	629.4	81.3	1 225.8
羽毛(绒)及制品业		128.8	128.5	112.9		115.3
木材加工及竹、藤、棕、草制品业	339.5	5 820.0	7 493.4	5 506.8	335.9	5 253.4
锯材、木片加工业	54.0	1 169.5	1 652.8	1 286.7	60.9	1 167.4

4—2 续表22 (1993年) 单位:万元

指标	年末资产负债及所有者权益					
	长期投资合计	固定资产合计	固定资产原价合计	生产经营用	本年折旧	固定资产净值合计
人造板制造业	259.3	4 456.1	5 624.0	4 012.4	257.7	3 896.5
木制品业	26.2	183.4	203.7	194.8	17.0	178.5
竹、藤、棕、草制品业		11.0	12.9	12.9	0.3	11.0
家具制造业	22.1	1 415.0	1 863.5	1 501.3	87.5	1 268.3
木制家具制造业	21.2	1 272.2	1 667.7	1 318.3	80.9	1 125.7
竹、藤家具制造业		3.1	3.1	2.6	0.2	2.9
金属家具制造业	0.9	139.7	192.7	180.4	6.4	139.7
其他家具制造业						
造纸及纸制品业	490.8	30 727.4	23 409.4	22 192.3	932.6	16 458.0
造纸业	360.6	29 070.0	21 537.2	20 675.1	805.1	15 109.7
纸制品业	130.2	1 657.4	1 872.2	1 517.2	127.5	1 348.3
印刷业、记录媒介的复制	779.8	3 344.8	3 926.3	1 887.6	234.3	3 061.4
印刷业	779.8	3 344.8	3 926.3	1 887.6	234.3	3 061.4
文教体育用品制造业		619.6	587.4	465.7	4.0	581.9
体育用品制造业		619.6	587.4	465.7	4.0	581.9
石油加工及炼焦业		9.3	9.5		0.3	9.2
原油加工业		9.3	9.5		0.3	9.2
化学原料及化学制品制造业	5 443.6	47 653.6	53 769.0	42 667.8	2 986.1	39 096.4
基本化学原料制造业	2 836.0	10 415.8	14 668.5	11 434.8	791.9	9 144.5
化学肥料制造业	1 215.1	21 523.5	26 493.0	22 956.9	1 481.9	20 748.5
化学农药制造业		2.6	2.6			2.6
有机化学产品制造业	474.4	2 512.4	2 746.7	1 587.3	111.7	2 112.7
合成材料制造业		135.9	112.8	105.0	3.4	89.4
专用化学产品制造业	42.0	1 191.8	2 071.3	513.3	102.2	1 112.9
日用化学产品制造业	876.1	11 871.6	7 674.1	6 070.5	495.0	5 885.8
医药制造业	61.6	4 101.1	4 227.0	3 319.2	141.5	3 174.2
化学药品制剂制造业	38.3	1 499.5	1 554.6	1 302.4	71.9	1 144.7
中药材及中成药加工业	23.3	2 584.1	2 654.9	2 001.9	69.6	2 012.0
生物制品业		17.5	17.5	14.9		17.5
化学纤维制造业	0.3	7 970.5	7 970.5	7 557.2	345.5	7 026.4
人造纤维(纤维素纤维)制造业		4.1	4.1	4.0	0.4	3.3
橡胶制品业	24.0	2 745.0	2 846.1	2 599.4	123.8	2 004.8
橡胶板、管、带制造业	21.8	2 548.5	2 623.1	2 406.0	116.7	1 857.6
橡胶零件制品业		125.7	118.3	88.7	4.8	96.6
橡胶制品翻修业		34.4	34.4	34.4	2.0	21.1
其他橡胶制品业	2.2	36.4	70.3	70.3	0.3	29.5
塑料制品业	2 117.1	11 806.4	12 435.0	9585.6	741.7	8 964.5
塑料薄膜制造业	10.0	2 112.7	3 093.3	1 659.0	44.4	1 489.0
塑料板、管、棒材制造业	88.1	131.9	111.9		10.1	101.8
塑料丝、绳及编织品制造业	1 772.0	7 517.3	7 555.2	5 858.0	562.0	5 208.7
泡沫塑料及人造革、合成革制造业	2.0	473.2	553.4	405.4	19.1	440.0
塑料包装箱及容器制造业	7.4	860.7	1 366.4	1 093.9	44.1	1 101.0

指标	年末资产负债及所有者权益					
	长期投资合计	固定资产合计	固定资产原价合计	生产经营用	本年折旧	固定资产净值合计
日用塑料杂品制造业	1.1	322.3	349.5	296.4	7.0	308.0
塑料零件制造业	236.0	136.2	183.0	108.2	20.0	150.7
其他塑料制品业	0.5	252.1	222.3	164.7	35.0	165.3
非金属矿物制品业	1 479.7	83 931.7	85 068.4	78 517.7	2 979.2	73 348.5
水泥制造业	1 316.2	73 107.4	73 536.1	70 077.9	2 226.3	64 321.6
水泥制品和石棉水泥制品业	5.5	1 131.4	1 234.5	1 095.8	151.4	910.6
砖瓦、石灰和轻质建筑材料制造业	63.6	6 023.0	6 612.2	5 025.4	428.9	5 214.5
玻璃及玻璃制品业	63.4	2 302.9	1 933.5	1 065.2	82.6	1 686.7
陶瓷制品业	4.6	600.4	757.7	495.5	47.9	488.1
耐火材料制品业	16.5	265.5	284.5	169.8	11.2	227.8
矿物纤维及其制品业	4.0	134.3	177.8	135.4	9.8	132.4
其他类未包括的非金属矿物制品业	5.9	366.8	532.1	452.7	21.1	366.8
黑色金属冶炼及压延加工业	2 691.9	92 744.9	88 980.4	63 899.1	6 337.1	56 830.2
炼钢业	2 674.5	72 104.2	72 103.1	61 440.4	6 189.9	42 129.3
钢压延加工业	17.4	20 273.1	16 476.6	2 098.0	114.1	14 333.3
铁合金冶炼业		367.6	400.7	360.7	33.1	367.6
有色金属冶炼及压延加工业	1 373.4	48 379.4	49 495.6	47 312.3	2 999.9	39 925.0
重有色金属冶炼业	1 373.3	48 370.8	49 392.2	47 249.6	2 994.6	39 839.0
轻有色金属冶炼业	0.1		91.2	50.7	1.7	77.4
有色金属合金业		8.6	12.2	12.0	3.6	8.6
金属制品业	725.0	3 880.2	4 567.9	3 687.8	291.6	3 209.4
金属结构制造业	554.6	774.5	903.6	730.4	70.4	661.9
铸铁管制造业	0.4	76.6	132.1	127.1	7.5	76.6
集装箱和金属包装物品制造业		117.8	167.7	101.8	6.2	111.7
金属丝绳及其制品业	20.7	601.4	749.9	748.3	24.7	393.1
建筑用金属制品业	5.4	457.3	519.9	251.7	47.9	436.8
金属表面处理及热处理业	28.6	156.0	212.6	125.1	30.6	115.9
日用金属制品业	104.6	1 583.8	1 725.6	1 479.8	94.4	1 316.9
其他金属制品业	10.7	112.8	156.5	123.6	9.9	96.5
普通机械制造业	1 694.2	70 835.6	71 244.0	60 460.4	3 320.8	50 430.6
锅炉及原动机制造业	533.3	23 590.2	22 533.1	19 100.8	997.0	17 445.3
金属加工机械制造业	29.6	9 778.6	11 321.0	8 056.8	397.4	8 916.1
通用设备制造业	830.7	30 557.8	30 565.9	28 241.6	1 512.3	19 040.1
其他通用零部件制造业	60.1	4 653.4	4 321.8	3 122.2	269.6	3 133.5
铸锻件制造业	240.5	1 819.8	2 048.7	1 560.7	100.9	1 606.8
普通机械修理业		7.3	11.2		1.2	7.8
其他普通机械制造业		428.5	442.3	378.3	42.4	281.0
专用设备制造业	1 991.4	20 299.4	17 797.8	12 532.1	1 139.4	13 353.0
机电工业专用设备制造业	21.3	565.2	638.7	528.8	25.8	485.9
石化及其他工业专用设备制造业	448.9	5 154.0	4 933.8	3 209.0	231.5	3 643.5
轻纺工业专用设备制造业	377.9	4 279.7	4 614.0	3 767.1	201.4	3 604.4

指　　标	年末资产负债及所有者权益					
	长期投资合计	固定资产合计	固定资产原价合计	生产经营用	本年折旧	固定资产净值合计
农、林、牧、渔、水利业机械制造业	41.2	2 723.9	2 811.9	1 938.1	396.4	1 801.3
医疗器械制造业	1.1	351.4	112.1	111.7	5.3	70.7
其他专用设备制造业	1 090.3	5 224.3	3 807.1	2 936.8	275.3	3 101.1
专用机械设备修理业	10.7	2 000.9	880.2	40.6	3.7	646.1
交通运输设备制造业	7 207.7	83 976.9	88 890.2	75 190.4	5 374.9	65 299.0
铁路运输设备制造业	0.9	225.5	310.6	267.7	27.7	169.5
汽车制造业	5 669.0	53 213.9	54 790.1	48 968.4	4 137.4	38 478.3
摩托车制造业	57.6	4 499.7	5 126.3	5 014.4	197.1	4 342.7
自行车制造业	1.2	2 451.9	1 293.5	883.7	46.0	989.9
船舶制造业	1 326.8	4 677.5	5 806.9	4 755.2	263.4	3 606.2
交通运输设备修理业	152.2	18 908.4	21 562.8	15 301.0	703.3	17 712.4
电气机械及器材制造业	7 008.6	32 306.9	36 433.5	27 345.8	1 556.9	26 874.7
电机制造业	424.3	10 080.1	11 826.4	10 392.9	320.8	9 323.5
输配电及控制设备制造业	2 255.4	9 685.3	9 987.3	6 775.4	641.0	7 031.6
电工器材制造业	2 102.0	3 586.6	3 676.9	1 684.1	248.7	2 888.7
日用电器制造业	1 239.1	7 818.3	9 434.9	7 292.7	275.8	6 576.6
照明器具制造业	987.8	1 136.6	1 508.0	1 200.7	70.6	1 054.3
电气机械修理业						
电子及通信设备制造业	1 224.8	4 672.0	5 493.7	3 909.4	253.5	4 300.2
通信设备制造业	0.7	456.3	420.6	413.8	16.8	346.8
电子器件制造业		14.5	14.5	11.0	1.4	13.1
电子元件制造业	1 142.3	3 820.4	3 929.9	3 274.3	231.8	2 843.9
日用电子器具制造业	81.8	374.1	1 122.0	203.6	3.2	1 090.0
电子设备及通信设备修理业		6.7	6.7	6.7	0.3	6.4
仪器仪表及文化、办公用机械制造业	113.1	2 230.1	3 260.4	2 165.5	203.0	1 882.2
通用仪器仪表制造业	98.1	1 501.9	1 902.9	1 334.9	126.6	1 265.5
电子测量仪器制造业	4.2	304.2	548.9	267.3	19.7	256.9
计量器具制造业	1.7	72.2	175.2		9.6	74.8
钟表制造业	8.8	344.5	625.5	560.4	46.5	277.7
其他仪器仪表制造业	0.3	7.3	7.9	2.9	0.6	7.3
其他制造业	0.6	535.3	570.9	434.2	19.1	512.4
工艺美术品制造业		218.4	219.8	215.7	7.0	198.6
日用杂品制造业		1.5	1.7			1.7
其他生产、生活用品制造业	0.6	315.4	349.4	218.5	12.1	312.1
电力、煤气及水的生产和供应业	537.9	38 195.8	47 943.7	43 946.0	1 628.1	35 511.7
电力、蒸汽、热水的生产和供应业	454.1	27 351.0	35 724.1	33 147.6	1 172.0	25 249.4
电力生产业	3.1	1 320.4	1 602.9	1 290.2	51.3	1 293.6
电力供应业	451.0	26 030.6	34 121.2	31 857.4	1 120.7	23 955.8
煤气生产和供应业	2.4	4 930.4	5 270.2	5 121.3	126.8	4 929.8
煤气供应业	2.4	4 930.4	5 270.2	5 121.3	126.8	4 929.8
自来水的生产和供应业	81.4	5 914.4	6 949.4	5 677.1	329.3	5 332.5

4—2 续表 25 (1993 年) 单位:万元

指标	年末资产负债及所有者权益					
	固定资产净值年平均余额	流动负债合计	流动负债年平均余额	营运资金年平均余额	长期负债合计	所有者权益合计
总计	538 950.7	904 894.6	731 333.7	128 228.9	364 502.8	626 347.8
市区	505 386.4	862 064.6	697 605.9	118 020.3	348 515.3	599 916.9
柳江	18 361.1	21 003.7	16 173.9	4 794.6	7 522.6	13 440.0
柳城	15 203.2	21 826.3	17 553.9	5 414.0	8 464.9	12 990.9
在总计中:						
国有经济	440 884.1	655 345.1	573 097.5	71 590.6	301 580.1	485 195.9
中央企业	56 151.9	92 924.2	81 413.0	14 539.2	11 048.7	88 105.6
地方企业	384 732.2	562 420.9	491 684.5	57 051.4	290 531.4	397 090.3
#县属企业	12 904.8	18 104.9	12 833.0	1 315.5	7 639.8	10 177.1
集体经济	75 992.5	184 894.4	106 895.0	24 184.2	54 442.4	72 470.1
#县属企业	450.5	1 259.0	550.0	714.4	108.0	742.1
私营经济	830.7	924.1	628.4	394.8	439.0	940.4
联营经济	1 851.8	3 200.6	4 534.6	-548.2	169.3	1 034.4
股份制经济	17 695.3	57 612.5	44 544.8	31 177.0	7 752.0	65 212.5
外商投资经济	283.5	666.6	165.2	-15.5	20.0	598.9
中外合资经营企业	283.5	666.6	165.2	-15.5	20.0	598.9
港、澳、台投资经济	1 113.5	1 526.9	1 026.2	1 075.9	30.0	517.0
与大陆合资经营企业	710.7	797.4	550.6	636.9	30.0	517.0
与大陆合作经营企业	402.8	729.5	475.6	439.0		
其他经济	299.3	724.4	442.0	370.1	70.0	378.6
在总计中:						
乡属工业	21 047.3	54 482.4	15 646.4	8 321.9	15 767.2	18 465.5
在总计中:						
轻工业	162 151.1	310 852.5	260 216.2	6 521.2	127 870.0	153 389.4
以农产品为原料	122 266.5	214 844.3	180 534.8	3 503.1	104 108.6	110 506.9
以非农产品为原料	39 884.6	96 008.2	79 681.4	3 018.1	23 761.4	42 882.5
重工业	376 799.6	594 042.1	471 117.5	121 707.7	236 632.8	472 958.4
采掘工业	1 297.1	3 221.3	3 032.8	326.8	491.4	620.5
原料工业	206 876.2	226 089.3	156 877.5	46 642.1	128 797.2	219 576.2
加工工业	168 626.3	364 731.5	311 207.2	74 738.8	107 344.2	252 761.7
在总计中:						
大型企业	325 108.1	458 826.5	382 389.5	62 048.3	184 128.8	396 512.1
中型企业	125 081.4	258 367.4	226 900.5	36 703.8	121 961.5	142 570.0
小型企业	88 761.2	187 700.7	122 043.7	29 476.8	98 412.5	87 265.7
采掘业	1 279.2	3 496.9	3 279.7	-6.1	533.5	651.6
煤炭采选业	175.7	46.4	43.8	22.1		10.7
煤炭开采业	65.7	46.4	43.8	3.1		10.7
煤炭洗选业	110.0			19.0		
黑色金属矿采选业	346.0	2 657.1	2 532.1	123.9	434.0	282.7
铁矿采选业	17.3	4.7	5.0	5.5	11.5	2.6
其他黑色金属矿采选业	328.7	2 652.4	2 527.1	118.4	422.5	280.1
有色金属矿采选业	191.1	421.5	368.6	-268.4	42.1	119.1

指　　标	年末资产负债及所有者权益					
	固定资产净值年平均余额	流动负债合计	流动负债年平均余额	营运资金年平均余额	长期负债合计	所有者权益合计
重有色金属矿采选业	164.6	421.5	368.6	-272.4	42.1	119.1
贵金属矿采选业	26.5			4.0		
非金属矿采选业	398.9	311.4	281.7	101.3	57.4	193.7
土沙石开采业	398.9	311.4	281.7	101.3	57.4	193.7
其他矿采选业	136.4	51.5	46.6	0.4		1.9
木材及竹材采运业	31.1	9.0	6.9	14.6		43.5
木材采运业	31.1	9.0	6.9	14.6		43.5
制　造　业	508 348.0	886 227.8	716 209.6	123 480.4	358 810.0	593 036.0
食品加工业	23 658.3	29 624.8	21 643.3	4 881.0	10 548.4	21 163.2
粮食及饲料加工业	7 054.1	8 596.4	9 010.2	637.9	2 519.2	7 706.3
植物油加工业	1 055.2	2 812.7	1 451.7	708.1	3.0	743.7
制　糖　业	13 021.0	15 807.9	9 505.0	2 411.5	7 036.6	9 161.3
屠宰及肉类蛋类加工业	2 528.0	2 407.8	1 676.4	1 123.5	989.6	3 551.9
食品制造业	7 652.4	11 718.8	8 928.0	2 925.9	4 574.8	9 964.3
糕点、糖果制造业	4 720.1	7 228.7	7 196.2	436.2	2 329.5	5 713.5
发酵制品业	1 177.1	2 965.9	1 459.3	768.6	1 058.1	3 343.3
调味品制造业	787.9	657.6	23.8	468.6	803.4	164.7
其他食品制造业	967.3	866.6	248.7	1 252.5	383.8	742.8
饮料制造业	2 768.0	2 766.1	2 765.1	687.3	1 313.0	3 243.5
酒精及饮料酒制造业	2 244.8	1 560.7	1 891.3	329.9	1 030.1	2 373.2
软饮料制造业	209.7	240.2	71.5	219.3	122.9	261.8
制　茶　业	46.1	14.6	15.5	19.0	10.0	
其他饮料制造业	267.4	950.6	786.8	119.1	150.0	608.5
烟草加工业	9 097.9	28 181.8	28 572.9	-2 584.8	3 649.5	440.0
卷烟制造业	9 097.9	28 181.8	28 572.9	-2 584.8	3 649.5	440.0
纺　织　业	46 122.5	97 407.0	80 610.7	-6 200.9	42 098.8	24 595.0
棉纺织业	29 106.4	71 687.3	56 837.9	-6 690.2	24 854.2	15 190.4
毛纺织业	6.8	0.8	0.8	-0.8	0.8	
麻纺织业	2 399.2	3 252.6	2 931.1	-841.7	3 875.8	822.3
丝绢纺织业	843.2	825.1	781.0	38.5	402.5	780.8
针织品业	13 766.9	21 641.2	20 059.9	1 293.3	12 965.5	7 801.5
服装及其他纤维制品制造业	1 438.7	5 056.0	1 646.5	939.7	775.1	1 637.1
服装制造业	1 204.3	4 022.0	1 251.2	677.2	731.8	1 259.7
制　帽　业	4.8	16.9	16.1	41.1	43.3	4.2
制　鞋　业	176.0	496.8	235.8	173.1		197.3
其他纤维制品制造业	53.6	520.3	143.4	48.3		175.9
皮革、毛皮、羽绒及其制品业	1 430.5	3 704.0	3 787.8	-89.2	1 100.8	3 141.4
制　革　业	156.0	109.9	115.1	34.6	30.0	9.7
皮革制品制造业	1 159.2	3 584.9	3 672.7	-211.8	874.8	2 899.2
羽毛(绒)及制品业	115.3	9.2		88.0	196.0	232.5
木材加工及竹、藤、棕、草制品业	4 895.8	16 222.5	12 484.6	-2 401.4	1 924.1	2 328.7
锯材、木片加工业	1 129.2	6 500.2	3 356.3	1 264.8	668.4	2 277.0

指　　标	年末资产负债及所有者权益					
	固定资产净值年平均余额	流动负债合计	流动负债年平均余额	营运资金年平均余额	长期负债合计	所有者权益合计
人造板制造业	3 593.9	9 412.3	8 838.4	-3 846.2	1 174.6	-19.4
木制品业	161.5	299.6	279.6	177.1	81.1	54.9
竹、藤、棕、草制品业	11.2	10.4	10.3	2.9		16.2
家具制造业	624.5	3 847.3	3 185.0	-1 288.9	455.9	900.7
木制家具制造业	519.8	3 701.2	3 061.2	-1 472.1	188.3	796.5
竹、藤家具制造业	2.9	5.8	2.5	10.0		15.3
金属家具制造业	101.8	140.3	121.3	173.2	267.6	88.9
其他家具制造业						
造纸及纸制品业	16 511.2	20 730.6	17 836.0	3 398.0	18 763.0	25 011.7
造纸业	15 164.4	18 006.7	16 080.3	2 218.7	18 133.0	23 143.0
纸制品业	1 346.8	2 723.9	1 755.7	1 179.3	630.0	1 868.7
印刷业、记录媒介的复制	3 208.9	3 634.6	3 600.3	128.9	2 862.4	2 501.2
印刷业	3 208.9	3 634.6	3 600.3	128.9	2 862.4	2 501.2
文教体育用品制造业	298.1	554.3	67.2	93.5		714.7
体育用品制造业	298.1	554.3	67.2	93.5		714.7
石油加工及炼焦业	9.2	1.8				13.8
原油加工业	9.2	1.8				13.8
化学原料及化学制品制造业	39 898.5	42 777.7	35 970.8	6 458.8	20 438.0	39 936.1
基本化学原料制造业	9 686.8	13 284.7	10 048.8	2 538.5	7 554.9	10 932.3
化学肥料制造业	21 660.7	10 630.8	10 432.1	-2 220.7	10 725.0	10 098.7
化学农药制造业	2.6	4.6	4.3	36.7		41.4
有机化学产品制造业	1 795.5	3 523.9	2 938.6	1 356.7	934.6	1 744.9
合成材料制造业	8.0	213.9	200.0	- 179.0	26.1	105.1
专用化学产品制造业	1 066.3	595.4	770.4	1 450.5	185.8	2 477.3
日用化学产品制造业	5 678.6	14 524.4	11 576.6	3 476.1	1 011.6	14 536.4
医药制造业	3 174.1	9 537.4	7 910.2	1 014.4	3 378.7	2 112.6
化学药品制剂制造业	1 159.0	3 584.0	3 475.3	560.7	741.4	1 654.4
中药材及中成药加工业	1 997.6	5 220.5	4 400.0	442.8	2 637.3	391.4
生物制品业	17.5	732.9	34.9	10.9		66.8
化学纤维制造业	5 934.1	2 733.0	2 957.5	647.8	13 963.3	17 534.9
人造纤维(纤维素纤维)制造业	3.7	4.1	4.0	0.1		
橡胶制品业	1 775.3	3 024.3	742.4	2 327.7	1 328.1	1 833.2
橡胶板、管、带制造业	1 611.0	2 615.3	452.6	2 257.4	1 328.1	1 584.1
橡胶零件制品业	110.2	281.2	268.9	-33.2		164.0
橡胶制品翻修业	22.2	12.9	20.9	8.5		30.0
其他橡胶制品业	31.9	114.9		95.0		55.1
塑料制品业	8 951.6	17 335.1	9 479.8	2 736.0	6 284.3	7 186.8
塑料薄膜制造业	1 467.9	2 420.9	1 934.3	414.2	1 026.8	1 331.2
塑料板、管、棒材制造业	102.0	60.0		65.9		
塑料丝、绳及编织品制造业	5 245.8	8 314.3	4 058.8	1 496.4	3 005.2	5 266.5
泡沫塑料及人造革、合成革制造业	420.8	676.7	961.2	237.7	1 020.0	28.1
塑料包装箱及容器制造业	1 099.4	1 350.7	1 104.6	387.3	1 116.2	4.6

4—2 续表 28　　　　(1993 年)　　　　单位:万元

指　　标	年末资产负债及所有者权益					
	固定资产净值年平均余额	流动负债合计	流动负债年平均余额	营运资金年平均余额	长期负债合计	所有者权益合计
日用塑料杂品制造业	313.1	677.1	673.5	-65.4	55.9	-88.1
塑料零件制造业	139.7	3 656.9	589.8	76.4	38.0	455.3
其他塑料制品业	162.9	178.5	157.6	123.5	22.2	189.2
非金属矿物制品业	71 445.6	38 305.1	32 937.2	4 926.6	64 774.9	25 261.7
水泥制造业	63 641.4	27 926.2	25 984.4	1 325.3	57 782.5	19 037.4
水泥制品和石棉水泥制品业	1 017.9	1 190.6	1 216.9	271.6	196.6	1 298.9
砖瓦、石灰和轻质建筑材料制造业	4 086.7	4 395.9	2 214.9	2 047.6	4 126.9	2 711.6
玻璃及玻璃制品业	1 524.6	2 381.3	2 277.2	389.6	2 229.0	594.5
陶瓷制品业	503.2	888.4	885.3	135.1	249.4	667.2
耐火材料制品业	197.4	181.8	31.8	123.4	183.5	126.2
矿物纤维及其制品业	115.1	1 015.5	30.0	541.0		616.7
其他类未包括的非金属矿物制品业	359.3	325.4	296.7	93.0	7.0	209.2
黑色金属冶炼及压延加工业	73 147.8	95 141.1	59 226.5	19 883.6	18 807.2	132 497.4
炼　钢　业	70 399.3	62 801.3	57 383.9	17 925.6	7 032.3	121 696.3
钢压延加工业	2 380.9	32 265.7	1 768.6	1 939.8	11 774.9	10 802.2
铁合金冶炼业	367.6	74.1	74.0	18.2		-1.1
有色金属冶炼及压延加工业	30 215.0	57 199.0	38 437.6	20 406.5	32 990.2	26 785.9
重有色金属冶炼业	30 124.9	57 149.0	38 392.8	20 353.2	32 892.9	26 743.5
轻有色金属冶炼业	81.2	43.9	43.9	52.2	97.3	33.8
有色金属合金业	8.9	6.1	0.9	1.1		8.6
金属制品业	3 108.2	8 532.0	6 429.2	2 304.1	3 013.7	4 787.9
金属结构制造业	580.5	1 488.8	1 611.3	162.7	924.0	507.4
铸铁管制造业	69.4	123.8	101.8	163.6	87.6	169.5
集装箱和金属包装物品制造业	107.6	173.1	170.2	96.8	30.0	268.3
金属丝绳及其制品业	394.2	1 804.7	482.4	772.4	260.9	960.7
建筑用金属制品业	474.3	1 370.7	1 250.5	622.6	100.5	839.6
金属表面处理及热处理业	102.8	437.9	348.4	186.9	162.4	365.2
日用金属制品业	1 282.9	2 950.3	2 389.1	251.8	1 436.6	1 480.9
其他金属制品业	96.5	182.7	75.5	47.3	11.7	196.3
普通机械制造业	46 092.0	122 143.3	103 413.1	35 015.0	28 327.9	98 099.6
锅炉及原动机制造业	15 752.4	29 471.6	21 529.9	3 931.5	15 056.2	16 562.3
金属加工机械制造业	8 867.2	14 680.8	15 662.8	312.8	2 416.1	8 285.8
通用设备制造业	15 817.3	67 949.8	56 163.6	28 728.7	8 104.9	65 764.1
其他通用零部件制造业	3 722.9	5 895.8	6 632.4	1 602.3	2 147.6	5 520.3
铸锻件制造业	1 487.8	3 771.5	3 054.5	524.2	598.9	1 903.3
普通机械修理业	14.0	172.2	186.3	-54.1		63.8
其他普通机械制造业	430.4	201.6	183.6	-30.4	4.2	
专用设备制造业	11 542.5	32 326.3	23 841.6	12 889.7	14 971.4	17 023.4
机电工业专用设备制造业	443.9	540.8	546.8	-135.8		
石化及其他工业专用设备制造业	2 864.4	9 476.3	8 237.2	3 253.7	6 300.5	4 591.6
轻纺工业专用设备制造业	3 658.2	5 923.4	4 885.7	990.4	2 215.3	2 571.3

4—2 续表 29　　(1993 年)　　单位:万元

指标	年末资产负债及所有者权益					
	固定资产净值年平均余额	流动负债合计	流动负债年平均余额	营运资金年平均余额	长期负债合计	所有者权益合计
农、林、牧、渔、水利业机械制造业	1 628.6	6 395.4	5 062.3	1 333.2	1 644.9	2 695.7
医疗器械制造业	72.8	284.9	267.9	98.2	249.6	415.1
其他专用设备制造业	2 248.1	8 638.2	4 795.5	6 267.5	4 152.8	5 292.6
专用机械设备修理业	626.5	1 067.3	46.2	1 082.5	408.3	1 457.1
交通运输设备制造业	64 804.8	134 181.7	117 248.5	21 970.7	33 144.8	88 688.3
铁路运输设备制造业	144.0	448.4	372.8	51.8		604.1
汽车制造业	38 746.4	103 970.7	75 148.5	20 140.3	24 034.4	58 852.7
摩托车制造业	4 967.6	6 521.7	6 603.0	-232.3	4 741.8	987.3
自行车制造业	751.8	5 194.1	5 160.6	-287.2	2 689.2	-797.8
船舶制造业	3 270.7	10 895.7	23 728.4	98.5	115.4	8 624.7
交通运输设备修理业	16 924.3	7 151.1	6 235.2	2 199.6	1 564.0	20 417.3
电气机械及器材制造业	24 903.1	82 191.6	68 740.3	-1 455.9	20 618.1	31 496.1
电机制造业	7 919.9	18 395.0	14 515.6	-1 335.1	6 613.0	15 089.4
输配电及控制设备制造业	6 815.7	25 549.5	19 879.9	5 850.6	8 178.4	7 740.0
电工器材制造业	2 702.1	7 843.1	6 912.9	1 730.2	3 510.6	3 114.3
日用电器制造业	6 432.7	27 278.6	24 669.4	-7 674.9	1 145.4	4 566.0
照明器具制造业	1 032.7	3 125.4	2 762.5	-26.7	1 170.7	986.4
电气机械修理业						
电子及通信设备制造业	3 011.4	7 728.8	7 885.1	1 025.8	7 259.8	1 767.3
通信设备制造业	262.0	1 085.3	994.7	-269.3	5.6	505.8
电子器件制造业	13.0	101.0	105.0	-6.8		
电子元件制造业	2 721.7	5 243.9	5 510.3	1 396.7	6 732.0	1 403.7
日用电子器具制造业	8.4	1 261.1	1 242.1	-105.3	522.2	-142.2
电子设备及通信设备修理业	6.3	37.5	33.0	10.5		
仪器仪表及文化、办公用机械制造业	2 268.3	8 863.1	15 167.0	-7 305.6	1 406.4	2 070.1
通用仪器仪表制造业	1 341.1	5 435.1	5 363.5	170.9	1 210.5	1 223.9
电子测量仪器制造业	505.0	2 045.8	8 652.4	-7 836.7	95.7	77.6
计量器具制造业	80.1	646.6	386.6	63.7	40.4	53.7
钟表制造业	334.8	705.7	755.9	277.9	58.8	678.8
其他仪器仪表制造业	7.3	29.9	8.6	18.6	1.0	36.1
其他制造业	359.7	758.7	695.4	146.1	37.4	299.4
工艺美术品制造业	108.0	178.2	177.7	131.7		18.0
日用杂品制造业	1.5			54.1		
其他生产、生活用品制造业	250.2	580.5	517.7	-39.7	37.4	281.4
电力、煤气及水的生产和供应业	29 323.5	15 169.9	11 844.4	4 754.6	5 159.3	32 660.2
电力、蒸汽、热水的生产和供应业	19 987.7	13 154.5	10 942.6	1 878.8	3 997.8	26 570.1
电力生产业	1 246.1	1 671.7	1 502.8	408.0	225.9	1 603.1
电力供应业	18 741.6	11 482.8	9 439.8	1 470.8	3 771.9	24 967.0
煤气生产和供应业	4 494.1	1 513.2	478.0	1 335.9		43.1
煤气供应业	4 494.1	1 513.2	478.0	1 335.9		43.1
自来水的生产和供应业	4 841.7	502.2	423.8	1 539.9	1 161.5	6 047.0

指标	损益及分配					
	产品销售收入	产品销售成本	产品销售费用	产品销售税金及附加	产品销售利润	管理费用
总计	1 771 343.7	1 372 181.6	59 106.1	120 681.2	212 588.8	85 815.6
市区	1 665 515.1	1 292 240.5	55 450.3	110 776.4	200 300.2	81 548.4
柳江	52 384.0	39 800.9	1 784.7	4 320.2	6 447.5	1 897.9
柳城	53 444.6	40 140.2	1 871.1	5 584.6	5 841.1	2 369.3
在总计中:						
国有经济	1 340 874.8	1 040 944.0	48 426.4	99 217.1	146 750.3	65 074.5
中央企业	321 395.1	283 440.0	1 172.7	8 506.3	25 726.4	9 522.2
地方企业	1 019 479.7	757 504.0	47 253.7	90 710.8	121 023.9	55 552.3
#县属企业	36 552.1	24 820.3	1 789.1	4 527.0	5 414.0	1 740.3
集体经济	269 202.7	216 873.5	8 505.9	12 220.3	30 377.3	13 754.8
#县属企业	2 728.7	2 327.7	51.4	232.4	116.9	69.4
私营经济	2 643.5	2 159.0	122.3	66.5	287.3	106.7
联营经济	24 890.5	23 269.9	413.1	164.9	1 042.5	399.7
股份制经济	129 595.0	85 254.0	1 522.5	8 917.6	33 900.8	6 277.8
外商投资经济	506.1	447.4	23.6	9.4	25.7	19.1
中外合资经营企业	506.1	447.4	23.6	9.4	25.7	19.1
港、澳、台投资经济	2 754.0	2 497.9	76.9	57.2	121.9	106.0
与大陆合资经营企业	1 832.2	1 568.5	41.4	53.6	168.7	66.5
与大陆合作经营企业	921.8	929.4	35.5	3.6	-46.8	39.5
其他经济	877.1	735.9	15.4	28.2	83.0	77.0
在总计中:						
乡属工业	74 933.9	60 868.0	2 941.7	3 097.4	7 108.4	2 716.8
在总计中:						
轻工业	499 975.5	386 594.2	14 572.9	51 786.5	44 073.3	22 761.9
以农产品为原料	367 949.6	289 527.9	7 318.2	39 777.3	28 549.0	14 739.2
以非农产品为原料	132 025.9	97 066.3	7 254.7	12 009.2	15 524.3	8 022.7
重工业	1 271 368.2	985 587.4	44 533.2	68 894.7	168 515.5	63 053.7
采掘工业	6 904.6	5 918.4	286.0	195.8	454.8	278.5
原料工业	406 192.2	289 792.0	22 294.6	39 185.3	54 854.5	19 113.8
加工工业	858 271.4	689 877.0	21 952.6	29 513.6	113 206.2	43 661.4
在总计中:						
大型企业	980 720.5	738 706.3	34 180.5	85 358.2	118 241.4	40 599.6
中型企业	472 750.8	375 746.6	13 528.1	21 251.4	60 936.9	28 073.3
小型企业	317 872.4	257 728.7	11 397.5	14 071.6	33 410.5	17 142.7
采掘业	6 721.5	5 747.8	295.6	193.7	434.7	292.9
煤炭采选业	238.7	194.5	2.3	8.7	33.2	4.1
煤炭开采业	228.4	185.0	2.3	8.2	32.9	3.6
煤炭洗选业	10.3	9.5		0.5	0.3	0.5
黑色金属矿采选业	2 868.4	2 514.3	124.5	87.5	142.0	138.8
铁矿采选业	49.7	29.0	4.5	1.7	14.5	9.9
其他黑色金属矿采选业	2 818.7	2 485.3	120.0	85.8	127.5	128.9
有色金属矿采选业	652.6	588.5	16.4	9.9	-10.9	45.3

指　　标	损益及分配					
	产品销售收入	产品销售成本	产品销售费用	产品销售税金及附加	产品销售利润	管理费用
重有色金属矿采选业	542.6	509.5	10.9	3.9	-30.4	43.3
贵金属矿采选业	110.0	79.0	5.5	6.0	19.5	2.0
非金属矿采选业	2 316.4	1 983.9	67.3	81.8	182.6	67.8
土沙石开采业	2 316.4	1 983.9	67.3	81.8	182.6	67.8
其他矿采选业	614.0	438.2	85.0	4.4	86.4	31.1
木材及竹材采运业	31.4	28.4	0.1	1.4	1.4	5.8
木材采运业	31.4	28.4	0.1	1.4	1.4	5.8
制　造　业	1 744 761.7	1 353 238.0	58 275.8	116 776.3	209 735.4	85 068.7
食品加工业	92 084.6	76 267.6	1 907.7	6 288.5	7 615.2	3 240.1
粮食及饲料加工业	34 388.7	32 377.2	328.1	107.0	1 572.1	789.7
植物油加工业	6 796.9	6 325.2	140.2	19.8	311.7	246.3
制　糖　业	42 417.6	30 135.8	940.9	6 075.8	5 264.6	1 713.7
屠宰及肉类蛋类加工业	8 481.4	7 429.4	498.5	85.9	466.8	490.4
食品制造业	23 141.3	20 010.1	812.7	992.7	1 314.6	789.1
糕点、糖果制造业	15 314.6	13 403.5	447.3	483.0	970.0	403.7
发酵制品业	4 063.1	3 349.3	152.1	376.3	185.4	189.3
调味品制造业	1 054.5	835.8	82.0	66.2	70.4	60.2
其他食品制造业	2 709.1	2 421.5	131.3	67.2	88.8	135.9
饮料制造业	12 369.9	8 561.2	790.4	966.1	1 993.7	609.9
酒精及饮料酒制造业	7 469.7	5 332.9	473.6	704.2	958.8	362.9
软饮料制造业	759.6	656.6	14.4	33.9	54.7	42.0
制　茶　业	102.3	81.3	1.1	11.0	8.9	
其他饮料制造业	4 038.3	2 490.4	301.3	217.0	971.3	205.0
烟草加工业	54 718.0	26 142.1	235.7	24 399.5	3 256.6	929.8
卷烟制造业	54 718.0	26 142.1	235.7	24 399.5	3 256.6	929.8
纺　织　业	114 575.8	100 084.7	1 330.6	4 886.8	7 598.2	4 627.6
棉纺织业	83 756.0	73 308.1	816.4	3 552.5	5 465.0	3 014.2
毛纺织业	18.6	18.0		0.3	0.2	0.1
麻纺织业	1 705.5	1 538.7	67.0	167.9	-68.1	115.8
丝绢纺织业	1 454.5	1 361.0	29.0	18.0	46.4	97.9
针织品业	27 823.2	23 858.9	418.2	1 148.1	2 154.7	1 399.6
服装及其他纤维制品制造业	8 511.5	7 618.5	179.6	285.8	420.2	350.7
服装制造业	6 898.9	6 344.4	106.4	201.2	244.9	253.6
制　帽　业	51.9	58.1	4.8	2.2	-13.2	3.7
制　鞋　业	1 001.3	780.3	51.1	53.3	111.2	65.1
其他纤维制品制造业	559.4	435.7	17.3	29.1	77.3	28.3
皮革、毛皮、羽绒及其制品业	3 824.7	3 467.1	97.6	164.6	93.7	197.1
制　革　业	346.2	272.2	17.2	29.9	25.5	6.5
皮革制品制造业	3 446.1	3 160.1	75.9	134.1	75.7	184.8
羽毛(绒)及制品业	32.4	34.8	4.5	0.6	-7.5	5.8
木材加工及竹、藤、棕、草制品业	23 390.0	20 773.6	304.3	480.8	1 826.2	821.2
锯材、木片加工业	9 997.5	9 854.1	88.8	221.4	731.2	420.4

4—2 续表 32 (1993 年) 单位:万元

指标	损益及分配					
	产品销售收入	产品销售成本	产品销售费用	产品销售税金及附加	产品销售利润	管理费用
人造板制造业	11 929.8	10 623.1	131.9	202.3	969.9	370.6
木制品业	1 440.0	1 177.1	83.4	55.9	123.1	30.2
竹、藤、棕、草制品业	22.7	19.3	0.2	1.2	2.0	
家具制造业	3 160.2	2 702.3	127.1	124.7	205.7	266.4
木制家具制造业	2 882.6	2 490.3	115.8	115.8	160.3	227.2
竹、藤家具制造业	45.9	43.7	5.1	1.2	-4.1	1.6
金属家具制造业	231.7	168.3	6.2	7.7	49.5	37.6
其他家具制造业						
造纸及纸制品业	32 287.0	27 075.3	595.1	726.1	2 884.5	1 669.0
造纸业	27 639.9	23 310.1	190.0	564.1	2 575.9	1 474.7
纸制品业	4 647.1	3 765.2	405.1	162.0	308.6	194.3
印刷业、记录媒介的复制	5 857.9	4 865.6	88.5	175.8	720.2	482.0
印刷业	5 857.9	4 865.6	88.5	175.8	720.2	482.0
文教体育用品制造业	548.1	477.0	11.8	19.7	39.6	19.2
体育用品制造业	548.1	477.0	11.8	19.7	39.6	19.2
石油加工及炼焦业	34.1	30.7		1.5	1.9	
原油加工业	34.1	30.7		1.5	1.9	
化学原料及化学制品制造业	103 409.9	75 189.9	5 335.0	12 782.2	10 102.0	5 712.1
基本化学原料制造业	25 868.6	21 320.5	413.9	2 567.7	1 566.4	1 391.9
化学肥料制造业	24 753.6	21 246.8	216.5	2 098.9	1 191.3	1 557.0
化学农药制造业	49.2	38.5		15	9.2	0.1
有机化学产品制造业	9 256.5	7 468.2	144.7	1 040.4	602.9	385.5
合成材料制造业	475.2	372.1	2.2	2.2	98.7	70.0
专用化学产品制造业	5 504.0	3 836.0	438.1	593.7	636.1	430.9
日用化学产品制造业	37 502.8	20 907.8	4 119.6	6 477.8	5 997.4	1 876.7
医药制造业	11 924.5	8 621.7	1 127.6	730.2	1 310.8	1 346.7
化学药品制剂制造业	4 793.9	3 754.7	134.5	233.9	670.8	390.8
中药材及中成药加工业	6 336.0	4 197.1	993.1	453.0	558.6	896.4
生物制品业	794.6	669.9		43.3	81.4	59.5
化学纤维制造业	6 727.5	5 151.9	283.5	171.8	1 120.3	413.8
人造纤维(纤维素纤维)制造业	12.0	11.0	0.2	0.1	0.7	0.2
橡胶制品业	5 643.9	4 458.5	121.0	592.5	471.2	254.8
橡胶板、管、带制造业	5 004.0	3 943.1	94.3	553.3	413.2	212.1
橡胶零件制品业	267.6	207.1	21.5	18.9	20.1	17.1
橡胶制品翻修业	75.3	59.4	1.7	4.1	10.1	6.0
其他橡胶制品业	297.0	248.9	3.5	16.2	27.8	19.6
塑料制品业	17 941.1	15 331.5	479.0	629.2	1 464.0	1 038.7
塑料薄膜制造业	2 669.4	2 287.6	64.0	107.3	210.5	137.4
塑料板、管、棒材制造业	18.8	16.8	0.4	0.5	1.1	
塑料丝、绳及编织品制造业	10 567.9	9 061.4	221.7	346.9	937.5	693.0
泡沫塑料及人造革、合成革制造业	1 837.6	1 575.0	66.4	80.4	107.4	63.5
塑料包装箱及容器制造业	1 143.0	1 016.7	60.6	35.9	29.7	79.8

指标	损益及分配					
	产品销售收入	产品销售成本	产品销售费用	产品销售税金及附加	产品销售利润	管理费用
日用塑料杂品制造业	231.4	180.0	7.8	7.1	35.6	12.1
塑料零件制造业	550.9	417.3	51.3	14.9	40.2	24.6
其他塑料制品业	922.1	776.7	6.8	36.2	102.0	28.3
非金属矿物制品业	88 134.5	47 815.7	12 737.5	6 730.5	20 703.2	6 298.3
水泥制造业	61 214.5	27 443.0	11 596.1	5 134.3	17 041.1	4 714.6
水泥制品和石棉水泥制品业	4 215.1	3 503.7	76.5	115.7	496.6	152.8
砖瓦、石灰和轻质建筑材料制造业	12 338.5	8 519.2	692.7	835.9	2 166.8	855.1
玻璃及玻璃制品业	4 577.6	3 838.2	49.5	386.3	302.5	106.7
陶瓷制品业	1 810.7	1 246.9	201.1	81.8	280.9	170.3
耐火材料制品业	498.3	398.7	11.0	38.2	50.4	29.0
矿物纤维及其制品业	2 837.2	2 342.3	88.1	94.8	312.0	239.5
其他类未包括的非金属矿物制品业	642.6	523.7	22.5	43.5	52.9	30.3
黑色金属冶炼及压延加工业	184 751.2	134 900.0	7 543.0	22 777.8	19 530.4	7 880.5
炼钢业	172 230.7	124 145.4	7 275.0	22 254.4	18 555.9	7 310.1
钢压延加工业	12 036.8	10 329.4	264.7	505.4	937.3	567.2
铁合金冶炼业	483.7	425.2	3.3	18.0	37.2	3.2
有色金属冶炼及压延加工业	94 598.8	75 603.3	1 687.7	4 514.6	12 729.8	3 713.3
重有色金属冶炼业	94 334.9	75 435.4	1 683.5	4 507.6	12 705.0	3 682.3
轻有色金属冶炼业	182.4	150.6	1.8	5.8	24.2	31.0
有色金属合金业	81.5	17.3	2.4	1.2	0.6	
金属制品业	21 452.8	17 930.5	709.7	889.3	1 909.7	1 052.3
金属结构制造业	1 838.5	1 387.9	26.8	100.4	323.3	147.3
铸铁管制造业	298.1	287.9	0.7	9.8	-0.3	2.9
集装箱和金属包装物品制造业	458.7	379.3	9.8	17.4	52.1	11.6
金属丝绳及其制品业	4 403.9	3 918.2	159.4	115.1	211.2	148.4
建筑用金属制品业	2 689.8	2 083.7	234.6	134.9	226.7	65.9
金属表面处理及热处理业	3 775.4	3 380.0	114.7	56.6	222.2	71.4
日用金属制品业	7 313.2	5 940.7	144.4	419.0	808.8	567.6
其他金属制品业	675.2	552.8	19.3	36.1	65.7	37.2
普通机械制造业	235 335.8	161 636.5	7 213.3	11 819.9	54 629.8	16 904.7
锅炉及原动机制造业	50 447.4	34 021.9	2 578.4	1 973.8	11 873.3	5 153.7
金属加工机械制造业	13 512.5	10 437.4	558.3	383.6	2 133.2	1 196.1
通用设备制造业	140 437.4	92 567.2	2 593.4	8 279.0	36 996.4	8 777.0
其他通用零部件制造业	18 123.9	13 930.9	528.7	769.2	2 893.1	1 359.8
铸锻件制造业	11 747.6	9 871.7	836.3	375.2	631.9	372.0
普通机械修理业	277.0	212.7	59.8	7.1	-2.6	1.7
其他普通机械制造业	790.0	594.7	58.4	32.0	104.5	44.4
专用设备制造业	58 030.7	43 816.2	2 727.5	2 184.4	8 993.3	4 849.8
机电工业专用设备制造业	839.0	778.9	7.6	13.6	38.7	42.2
石化及其他工业专用设备制造业	10 326.1	7 699.2	327.1	341.1	1 958.6	749.6
轻纺工业专用设备制造业	9 397.5	7 518.5	367.0	330.9	1 179.4	735.9

指标	损益及分配					
	产品销售收入	产品销售成本	产品销售费用	产品销售税金及附加	产品销售利润	管理费用
农、林、牧、渔、水利业机械制造业	13 409.4	11 570.3	91.4	406.9	1 335.7	646.2
医疗器械制造业	259.9	201.5	14.7	12.2	31.3	18.3
其他专用设备制造业	20 101.7	13 411.4	1 677.6	890.5	3 950.5	2 363.1
专用机械设备修理业	3 697.1	2 636.4	242.1	189.2	499.1	294.5
交通运输设备制造业	439 299.9	384 552.2	6 704.5	8 253.3	36 937.8	14 934.9
铁路运输设备制造业	1 225.3	981.0	42.6	46.1	92.6	61.4
汽车制造业	386 287.8	339 572.9	6 066.7	7 128.8	30 737.3	11 404.2
摩托车制造业	1 879.4	1 237.3	129.0	120.0	393.1	359.4
自行车制造业	3 778.2	3 226.4	89.6	341.0	121.1	218.4
船舶制造业	32 581.1	26 973.4	196.0	245.4	5 160.7	1 090.5
交通运输设备修理业	13 548.1	12 561.2	180.6	372.0	433.0	1 801.0
电气机械及器材制造业	78 554.4	60 627.8	3 907.3	4 271.9	9 463.9	5 205.6
电机制造业	18 635.0	15 001.2	1 028.4	718.8	1 880.6	794.5
输配电及控制设备制造业	28 178.5	21 070.7	1 559.2	1 515.1	3 770.7	2 148.3
电工器材制造业	8 144.6	6 577.8	435.1	279.6	849.2	524.4
日用电器制造业	20 484.9	15 284.9	829.7	1 663.8	2 694.7	1 514.3
照明器具制造业	3 111.4	2 693.2	54.9	94.6	268.7	224.1
电气机械修理业						
电子及通信设备制造业	9 064.4	7 096.1	352.5	380.1	1 034.4	635.9
通信设备制造业	1 669.1	1 318.8	52.9	61.6	235.8	89.9
电子器件制造业	370.6	219.6	50.3	19.6	81.1	59.6
电子元件制造业	5 403.0	4 207.7	174.3	231.2	686.5	446.1
日用电子器具制造业	1 600.0	1 335.7	71.8	67.2	27.3	40.1
电子设备及通信设备修理业	21.7	14.3	3.2	0.5	3.7	0.2
仪器仪表及文化、办公用机械制造业	13 118.4	10 697.8	802.1	429.2	1 184.3	660.6
通用仪器仪表制造业	10 503.1	8 679.6	668.9	243.0	911.3	402.6
电子测量仪器制造业	282.2	269.8	6.8	7.9	-2.4	92.2
计量器具制造业	892.3	671.6	45.1	62.8	112.8	57.2
钟表制造业	1 342.8	1 044.2	32.8	112.8	153.0	108.1
其他仪器仪表制造业	98.0	32.6	48.5	2.7	9.6	0.5
其他制造业	2 088.8	1 732.6	63.5	106.8	180.2	164.6
工艺美术品制造业	325.0	252.8	13.6	37.4	21.2	9.6
日用杂品制造业	18.4	17.1		0.9	0.4	0.2
其他生产、生活用品制造业	1 745.4	1 462.7	49.9	68.5	158.6	154.8
电力、煤气及水的生产和供应业	19 860.5	13 195.8	534.7	3 711.2	2 418.7	454.0
电力、蒸汽、热水的生产和供应业	14 941.7	9 300.4	364.0	3 541.7	1 735.5	99.7
电力生产业	2 912.0	2 340.3	2.3	125.7	443.6	73.8
电力供应业	12 029.7	6 960.1	361.7	3 416.0	1 291.9	25.9
煤气生产和供应业	1 150.0	1 168.7	9.4	46.5	-74.6	75.5
煤气供应业	1 150.0	1 168.7	9.4	46.5	-74.6	75.5
自来水的生产和供应业	3 768.8	2 726.7	161.3	123.0	757.8	278.8

指标	损益及分配					
	财务费用	利息支出	营业利润	利润总额	亏损企业亏损总额	利税总额
总计	28 130.6	24 187.6	106 032.4	101 877.0	7 521.8	222 558.2
市区	26 391.9	22 739.6	99 278.9	95 522.8	6 636.6	206 299.2
柳江	867.6	654.9	3 817.7	3 843.7	140.5	8 163.9
柳城	871.1	793.1	2 935.8	2 510.5	744.7	8 095.1
在总计中:						
国有经济	21 716.4	18 450.2	65 851.7	63 012.0	5 513.8	162 229.1
中央企业	1 142.4	783.3	15 453.6	17 292.2		25 798.5
地方企业	20 574.0	17 666.9	50 398.1	45 719.8	5 513.8	136 430.6
#县属企业	521.9	508.6	3 225.4	3 181.8	27.1	7 708.8
集体经济	5 589.8	5 116.5	12 290.7	11 879.4	1 906.5	24 099.7
#县属企业	40.8	38.2	14.6	7.4	32.6	239.8
私营经济	78.2	43.0	103.2	100.6	25.9	167.1
联营经济	80.4	80.4	562.7	557.8		722.7
股份制经济	712.8	485.8	27 096.9	26 208.1	4.0	35 125.7
外商投资经济	-0.4	25.6	7.0	6.5	6.8	15.9
中外合资经营企业	-0.4	25.6	7.0	6.5	6.8	15.9
港、澳、台投资经济	-44.8	-16.3	86.7	88.7	59.5	145.9
与大陆合资经营企业	25.1	53.6	103.0	105.2	0.2	158.8
与大陆合作经营企业	-69.9	-69.9	-16.3	-16.5	59.3	-12.9
其他经济	-1.8	2.4	33.5	23.9	5.3	52.1
在总计中:						
乡属工业	1 696.4	1 199.8	2 874.8	2 931.5	749.7	6 028.9
在总计中:						
轻工业	11 256.7	10 541.8	12 292.4	11 224.4	4 863.4	63 010.9
以农产品为原料	7 531.8	6 847.3	7 192.2	6 174.7	3 468.3	45 952.0
以非农产品为原料	3 724.9	3 694.5	5 100.2	5 049.7	1 395.1	17 058.9
重工业	16 873.9	13 645.8	93 740.0	90 652.6	2 658.4	159 547.3
采掘工业	176.5	152.1	32.7	111.8	205.1	307.6
原料工业	6 628.4	4 212.3	31 780.4	29 535.1	587.9	68 720.4
加工工业	10 069.0	9 281.4	61 926.9	61 005.7	1 865.4	90 519.3
在总计中:						
大型企业	14 453.1	11 700.1	66 687.7	64 218.2	2 249.9	149 576.4
中型企业	8 214.4	8 025.2	26 996.3	25 611.5	1 874.3	46 862.9
小型企业	5 463.1	4 462.3	12 348.4	12 047.3	3 397.6	26 118.9
采掘业	181.0	156.2	7.5	92.3	205.1	286.0
煤炭采选业	5.0	2.8	24.1	24.1	0.2	32.8
煤炭开采业	5.0	2.8	24.3	24.3		32.5
煤炭洗选业			-0.2	-0.2	0.2	0.3
黑色金属矿采选业	97.6	95.1	-93.3	-34.8	90.7	52.7
铁矿采选业	2.6	0.8	2.0	2.0		3.7
其他黑色金属矿采选业	95.0	94.3	-95.3	-36.8	90.7	49.0
有色金属矿采选业	27.6	26.6	-70.0	-54.5	84.2	-44.6

指标	损益及分配					
	财务费用	利息支出	营业利润	利润总额	亏损企业亏损总额	利税总额
重有色金属矿采选业	26.6	26.6	-86.5	-71.0	84.2	-67.1
贵金属矿采选业	1.0		16.5	16.5		22.5
非金属矿采选业	15.2	6.7	131.4	142.9	24.9	224.7
土沙石开采业	15.2	6.7	131.4	142.9	24.9	224.7
其他矿采选业	35.6	25.0	19.7	19.7		24.1
木材及竹材采运业			-4.4	-5.1	5.1	-3.7
木材采运业			-4.4	-5.1	5.1	-3.7
制造业	28 002.1	24 078.8	103 975.2	99 626.7	7 245.3	216 403.0
食品加工业	788.2	783.8	3 943.0	4 151.1	96.6	10 439.6
粮食及饲料加工业	171.4	170.8	722.6	898.0	96.6	1 005.0
植物油加工业	105.8	105.8	64.6	58.4		78.2
制糖业	436.6	433.0	3 133.7	3 055.4		9 131.2
屠宰及肉类蛋类加工业	74.4	74.2	22.1	139.3		225.2
食品制造业	242.7	239.5	362.4	256.1	205.2	1 248.8
糕点、糖果制造业	118.4	117.7	470.7	362.2	26.3	845.2
发酵制品业	48.6	48.4	-9.1	-4.0	4.0	372.3
调味品制造业	38.6	38.6	-26.0	-15.4	25.9	50.8
其他食品制造业	37.1	34.8	-73.2	-86.7	149.0	-19.5
饮料制造业	152.5	148.7	1 263.9	1 108.4	8.9	2 074.5
酒精及饮料酒制造业	88.0	86.8	506.1	455.1	1.1	1 159.3
软饮料制造业	6.9	6.3	5.8	-6.0	7.8	27.9
制茶业	2.8	2.8	6.1	10.1		21.1
其他饮料制造业	54.8	52.8	745.9	649.2		866.2
烟草加工业	1 244.4	1 127.1	1 102.0	868.7		25 268.2
卷烟制造业	1 244.4	1 127.1	1 102.0	868.7		25 268.2
纺织业	3 403.9	3 299.2	-157.2	-704.6	1 332.8	4 182.2
棉纺织业	2 271.3	2 237.1	339.9	-180.1	643.5	3 372.4
毛纺织业			0.1	0.1		0.4
麻纺织业	72.6	71.9	-253.3	-279.6	279.6	-111.7
丝绢纺织业	28.0	19.9	-79.5	-26.7	35.4	-8.7
针织品业	1 032.0	970.3	-164.4	-218.3	374.3	929.8
服装及其他纤维制品制造业	149.9	133.1	-61.1	27.4	124.7	313.2
服装制造业	123.2	108.5	-115.1	6.8	100.1	208.0
制帽业	2.6	2.5	-19.5	-24.6	24.6	-22.4
制鞋业	14.7	12.7	31.4	11.1		64.4
其他纤维制品制造业	9.4	9.4	42.1	34.1		63.2
皮革、毛皮、羽绒及其制品业	149.5	98.0	-249.8	-112.7	203.1	51.9
制革业	5.3	0.3	13.8	13.9	1.4	43.8
皮革制品制造业	106.6	74.4	-212.7	-71.7	146.8	62.4
羽毛(绒)及制品业	37.6	23.3	-50.9	-54.9	54.9	-54.3
木材加工及竹、藤、棕、草制品业	487.8	505.8	704.7	495.1	5.1	975.9
锯材、木片加工业	80.9	78.0	243.7	209.0		430.4

4—2　续表 37　　　　　　　　(1993 年)　　　　　　　　单位:万元

指　　标	损益及分配					
	财务费用	利息支出	营业利润	利润总额	亏损企业亏损总额	利税总额
人造板制造业	406.7	405.9	366.4	192.2	5.1	394.5
木 制 品 业	0.2	21.9	92.6	91.9		147.8
竹、藤、棕、草制品业			2.0	2.0		3.2
家具制造业	-3.5	-34.7	-32.3	-3.8	46.4	120.9
木制家具制造业	-15.1	-46.3	-26.9	-1.6	40.7	114.2
竹、藤家具制造业			-5.7	-5.7	5.7	-4.5
金属家具制造业	11.6	11.6	0.3	3.5		11.2
其他家具制造业						
造纸及纸制品业	626.0	525.4	649.4	321.0	191.0	1 047.1
造　纸　业	579.0	482.1	562.3	255.0	88.6	819.1
纸 制 品 业	47.0	43.3	87.1	66.0	102.4	228.0
印刷业、记录媒介的复制	86.6	81.5	234.9	242.7	58.4	418.5
印　刷　业	86.6	81.5	234.9	242.7	58.4	418.5
文教体育用品制造业	3.2	2.8	17.7	15.7		35.4
体育用品制造业	3.2	2.8	17.7	15.7		35.4
石油加工及炼焦业			1.9	1.9		3.4
原油加工业			1.9	1.9		3.4
化学原料及化学制品制造业	1 997.0	1 894.0	3 588.9	2 898.3	1 902.2	15 680.5
基本化学原料制造业	380.8	355.5	191.3	-226.7	404.6	2 341.0
化学肥料制造业	915.4	914.8	-1 035.0	-1 179.0	1 237.4	919.9
化学农药制造业	0.1	0.1	9.0	9.0		10.5
有机化学产品制造业	359.4	310.0	-97.0	-106.7	199.3	933.7
合成材料制造业	22.0	21.0	6.7	6.7		8.9
专用化学产品制造业	11.4	11.4	236.3	144.8	35.6	738.5
日用化学产品制造业	307.9	281.2	4 277.6	4 250.2	25.3	10 728.0
医药制造业	752.4	485.0	-784.5	-907.0	1 200.8	-176.8
化学药品制剂制造业	175.2	172.7	105.6	64.9		298.8
中药材及中成药加工业	572.1	307.2	-906.9	-988.7	1 200.8	-535.7
生物制品业	5.1	5.1	16.8	16.8		60.1
化学纤维制造业	74.6	74.6	631.9	609.6		781.4
人造纤维(纤维素纤维)制造业			0.5	0.5		0.6
橡胶制品业	121.1	118.5	95.8	59.9	9.7	652.4
橡胶板、管、带制造业	115.0	112.4	86.1	54.9	2.9	608.2
橡胶零件制品业	5.5	5.5	-2.5	-4.0	6.8	14.9
橡胶制品翻修业	-0.2	-0.2	4.3	3.9		8.0
其他橡胶制品业	0.8	0.8	7.9	5.1		21.3
塑料制品业	556.8	447.3	112.6	329.4	184.8	958.6
塑料薄膜制造业	79.3	54.5	5.0	23.0		130.3
塑料板、管、棒材制造业			1.1	1.1		1.6
塑料丝、绳及编织品制造业	358.2	289.9	91.2	238.5	67.2	585.4
泡沫塑料及人造革、合成革制造业	17.4	15.8	34.1	24.5		104.9
塑料包装箱及容器制造业	31.5	30.6	-81.5	-12.5	68.8	23.4

4—2　续表 38　　　　(1993 年)　　　　单位:万元

指　　标	损益及分配					
	财务费用	利息支出	营业利润	利润总额	亏损企业亏损总额	利税总额
日用塑料杂品制造业	31.2	18.2	-7.3	-8.8	35.7	-1.7
塑料零件制造业	27.2	26.5	8.1	8.1	13.1	23.0
其他塑料制品业	12.0	11.8	61.9	55.5		91.7
非金属矿物制品业	2 796.2	625.0	11 909.7	11 880.4	30.2	18 610.9
水泥制造业	2 343.8	232.9	10 119.0	10 084.4		15 218.7
水泥制品和石棉水泥制品业	40.2	26.3	349.3	333.0		448.7
砖瓦、石灰和轻质建筑材料制造业	253.4	217.0	1 152.3	1 169.2	14.8	2 005.1
玻璃及玻璃制品业	84.5	74.8	101.0	137.3	14.8	523.6
陶瓷制品业	22.7	22.4	88.3	69.6		151.4
耐火材料制品业	12.4	12.4	10.8	6.8		45.0
矿物纤维及其制品业	15.4	15.4	84.2	79.2	0.4	174.0
其他类未包括的非金属矿物制品业	23.8	23.8	4.8	0.9	0.2	44.4
黑色金属冶炼及压延加工业	1 698.9	1 496.9	11 416.9	10 124.0	80.5	32 901.8
炼　钢　业	1 382.3	1 198.5	11 263.9	10 031.7	0.4	32 286.1
钢压延加工业	308.6	291.4	127.0	66.3	76.1	571.7
铁合金冶炼业	8.0	7.0	26.0	26.0	4.0	44.0
有色金属冶炼及压延加工业	1 573.6	1 507.5	7 833.9	7 386.9	11.4	11 901.5
重有色金属冶炼业	1 573.6	1 507.5	7 835.6	7 389.4	8.3	11 897.0
轻有色金属冶炼业			-2.3	-3.1	3.1	2.7
有色金属合金业			0.6	0.6		1.8
金属制品业	388.1	313.2	724.5	678.3	45.7	1 567.6
金属结构制造业	118.2	117.2	69.0	60.9		161.3
铸铁管制造业	7.3	7.0	-1.6	3.5		13.3
集装箱和金属包装物品制造业	2.5	1.7	38.3	43.5		60.9
金属丝绳及其制品业	30.2	24.4	40.0	31.3		146.4
建筑用金属制品业	14.0	12.8	150.8	149.9	2.7	284.8
金属表面处理及热处理业	27.3	10.7	176.0	179.3	14.7	235.9
日用金属制品业	183.9	134.7	225.3	177.9	28.3	596.9
其他金属制品业	4.7	4.7	26.7	32.0		68.1
普通机械制造业	3 085.3	2 771.7	35 320.9	33 743.0	23.0	45 562.9
锅炉及原动机制造业	1 269.6	1 136.1	5 686.4	5 256.0	4.2	7 229.8
金属加工机械制造业	400.0	372.2	573.5	373.0		756.6
通用设备制造业	1 262.0	1 004.2	27 092.7	26 324.5	16.0	34 603.5
其他通用零部件制造业	203.0	104.7	1 588.1	1 461.9	0.2	2 231.1
铸锻件制造业	-90.5	124.2	363.2	308.7		683.9
普通机械修理业	0.4	0.4	-4.7	-2.6	2.6	4.5
其他普通机械制造业	40.8	29.9	21.7	21.5		53.5
专用设备制造业	1 217.6	1 136.1	3 481.8	3 352.9	259.8	5 537.3
机电工业专用设备制造业	5.0	5.0	12.8	22.6		36.2
石化及其他工业专用设备制造业	431.8	409.6	822.9	849.2		1 190.3
轻纺工业专用设备制造业	227.5	187.5	290.0	220.6	249.9	551.5

4—2 续表 39　　(1993 年)　　单位:万元

指标	损益及分配					
	财务费用	利息支出	营业利润	利润总额	亏损企业亏损总额	利税总额
农、林、牧、渔、水利业机械制造业	209.2	204.7	780.7	712.8		1 119.7
医疗器械制造业	2.2		12.8	12.8	1.6	25.0
其他专用设备制造业	341.5	329.3	1 357.5	1 329.8	8.3	2 220.3
专用机械设备修理业	0.4		205.1	205.1		394.3
交通运输设备制造业	3 087.3	2 660.8	19 407.1	20 795.1	561.2	29 048.4
铁路运输设备制造业	1.3	-0.7	41.7	43.0		89.1
汽车制造业	2 877.1	2 461.5	16 737.9	16 310.3		23 439.1
摩托车制造业	342.9	342.9	-260.3	-317.5	317.5	-197.5
自行车制造业	165.6	165.6	-260.5	-243.5	243.6	97.5
船舶制造业	-513.0	-521.4	4 652.4	4 644.2		4 889.6
交通运输设备修理业	213.4	212.9	-1 504.1	358.6	0.1	730.6
电气机械及器材制造业	2 806.0	2 997.5	1 946.3	1 503.8	373.3	5 775.7
电机制造业	412.1	411.2	699.3	516.1		1 234.9
输配电及控制设备制造业	815.0	801.4	1 061.8	922.4	3.5	2 437.5
电工器材制造业	332.9	312.2	-1.5	-13.6	248.4	266.0
日用电器制造业	1 198.3	1 434.5	72.6	5.3	117.6	1 669.1
照明器具制造业	47.7	38.2	114.1	73.6	3.8	168.2
电气机械修理业						
电子及通信设备制造业	208.0	351.6	298.3	321.0	129.4	701.1
通信设备制造业	47.1	46.2	99.5	76.3		137.9
电子器件制造业	9.8	7.5	11.7	11.7		31.3
电子元件制造业	105.2	252.5	177.8	227.2	129.4	458.4
日用电子器具制造业	42.9	42.9	8.8	5.3		72.5
电子设备及通信设备修理业	3.0	2.5	0.5	0.5		1.0
仪器仪表及文化、办公用机械制造业	278.8	271.5	245.8	152.4	141.9	581.6
通用仪器仪表制造业	214.0	209.0	295.4	281.0		524.0
电子测量仪器制造业	12.5	12.5	-109.4	-127.1	127.1	-119.2
计量器具制造业	20.0	19.6	36.3	-10.3	14.8	52.5
钟表制造业	31.4	30.4	15.3	0.5		113.3
其他仪器仪表制造业	0.9		8.2	8.3		11.0
其他制造业	29.2	17.4	-34.2	31.7	19.2	138.5
工艺美术品制造业	16.6	7.8	-5.0	-6.0	17.0	31.4
日用杂品制造业			0.2	0.2		1.1
其他生产、生活用品制造业	12.6	9.6	-29.4	37.5	2.2	106.0
电力、煤气及水的生产和供应业	-52.5	-47.4	2 049.7	2 158.0	71.4	5 869.2
电力、蒸汽、热水的生产和供应业	-34.2	-41.7	1 692.3	1 751.8		5 293.5
电力生产业	9.3	7.3	361.5	338.4		464.1
电力供应业	-43.5	-49.0	1 330.8	1 413.4		4 829.4
煤气生产和供应业	-3.0	-5.2	-137.0	-65.9	71.4	-19.4
煤气供应业	-3.0	-5.2	-137.0	-65.9	71.4	-19.4
自来水的生产和供应业	-15.3	-0.5	494.4	472.1		595.1

4—3 全部独立核算国有工业企业主要经济指标

(1993 年)　　　　单位:万元

指　　　标	企业单位数(个)	亏损企业	工业总产值(当年价)	工业总产值(1990年不变价)	工业增加值(生产法)	成品产销存
						年初库存价值
总　计	**215**	**38**	**1 319 222.3**	**1 009 742.5**	**335 154.8**	**66 772.8**
市　区	167	30	1 250 696.8	940 857.5	306 236.0	57 307.6
柳　江	31	3	33 056.6	33 070.2	9 584.9	4 335.3
柳　城	17	5	35 468.9	35 814.8	19 333.9	5 129.9
在总计中:						
中央企业	17		316 530.1	197 841.9	41 736.9	4 813.6
地方企业	198	38	1 002 692.2	811 900.6	293 417.9	61 959.2
#县属企业	28	5	33 091.8	32 528.5	12 352.3	4 992.1
在总计中:						
轻工业	97	24	361 653.7	361 071.4	116 518.0	29 678.2
以农产品为原料	75	21	284 814.0	293 746.6	88 003.9	24 019.2
以非农产品为原料	22	3	76 839.7	67 324.8	28 514.1	5 659.0
重工业	118	14	957 568.6	648 671.1	218 636.7	37 094.5
采掘工业	7	2	2 391.9	1 963.3	1 050.1	732.5
原料工业	23	2	306 153.2	173 173.0	89 858.1	7 383.4
加工工业	88	10	649 023.5	473 534.8	127 728.5	28 978.6
在总计中:						
大型企业	25	5	819 385.4	577 529.4	232 186.5	29 521.3
中型企业	68	6	405 798.9	353 356.1	81 141.4	28 572.8
小型企业	122	27	94 038.0	78 857.0	21 826.8	8 678.5
在总计中:						
采掘业	6	2	2 213.4	1 977.3	891.5	733.4
黑色金属矿采选业	4	1	1 829.3	1 498.4	860.8	714.5
其他黑色金属矿采选业	4	1	1 829.3	1 498.4	860.8	714.5
有色金属矿采选业	1		364.5	465.8	14.1	0.9
重有色金属矿采选业	1		364.5	465.8	14.1	0.9
木材及竹材采运业	1	1	19.6	13.1	16.6	18.0
木材采运业	1	1	19.6	13.1	16.6	18.0
制造业	200	35	1 301 110.4	992 700.4	325 854.1	66 035.3
食品加工业	20	3	54 896.5	53 967.2	13 976.1	6 986.6
粮食及饲料加工业	10	3	11 252.8	7 600.1	747.1	194.5
植物油加工业	1		2 924.5	731.0	1 754.8	955.5
制糖业	6		36 227.7	41 579.5	11 677.0	5 751.1
屠宰及肉类蛋类加工业	3		4 491.5	4 056.6	-202.8	85.5
食品制造业	12	4	15 997.2	15 490.5	2 513.6	1 671.2
糕点、糖果制造业	7	1	14 374.3	14 086.4	2 632.5	1 581.2
调味品制造业	1	1	993.6	800.2	151.0	21.9
其他食品制造业	4	2	629.3	603.9	-269.8	68.1
饮料制造业	4	1	7 565.8	5 004.5	1 849.2	431.3
酒精及饮料酒制造业	2		6 853.1	4 462.2	1 842.5	409.5
软饮料制造业	1	1	603.3	516.7	-92.4	19.5
制茶业	1		109.4	25.6	99.1	2.3
烟草加工业	1		56 169.0	55 311.0	30 732.5	465.5
卷烟制造业	1		56 169.0	55 311.0	30 732.5	465.5

指标	企业单位数(个)	亏损企业	工业总产值(当年价)	工业总产值(1990年不变价)	工业增加值(生产法)	成品产销存 年初库存价值
纺织业	19	8	106 611.8	117 702.8	31 255.0	12 251.7
棉纺织业	8	2	81 410.8	90 547.1	26 449.4	7 994.9
麻纺织业	2	2	1 819.5	1 826.3	490.6	473.9
丝绢纺织业	1	1	1 271.0	1 501.0	-43.3	217.7
针织品业	8	3	22 110.5	23 828.4	4 358.3	3 565.2
服装及其他纤维制品制造业	1		77.6	76.4	26.6	15.1
服装制造业	1		77.6	76.4	26.6	15.1
皮革、毛皮、羽绒及其制品业	2	2	1 965.9	2 028.6	224.5	678.3
皮革制品制造业	1	1	1 965.9	2 028.6	224.5	619.8
羽毛(绒)及制品业	1	1				58.5
木材加工及竹、藤、棕、草制品业	3		20 524.4	12 778.0	1 557.3	2 208.5
锯材、木片加工业	1		9 281.9	6 006.8	-916.4	1 709.5
人造板制造业	2		11 242.5	6 771.2	2 473.7	499.0
家具制造业	1		380.0	380.0	99.4	182.7
木制家具制造业	1		380.0	380.0	99.4	182.7
造纸及纸制品业	2	1	20 444.9	20 794.4	6 921.6	592.3
造纸业	2	1	20 444.9	20 794.4	6 921.6	592.3
印刷业、记录媒介的复制	7	1	5 151.9	4 816.8	1 215.2	216.7
印刷业	7	1	5 151.9	4 816.8	1 215.2	216.7
化学原料及化学制品制造业	14	4	92 162.0	74 310.2	35 918.9	4 203.0
基本化学原料制造业	4	1	18 991.0	17 610.9	9 485.4	1 803.2
化学肥料制造业	2	2	23 185.4	17 103.0	5 187.4	1 231.9
有机化学产品制造业	3		6 145.5	6 357.9	1 653.8	108.7
专用化学产品制造业	2	1	6 047.4	4 125.8	1 296.0	66.9
日用化学产品制造业	3		37 792.7	29 112.6	18 296.3	992.3
医药制造业	5	1	11 386.0	12 553.6	3 726.9	1 104.7
化学药品制剂制造业	1		4 532.1	5 147.7	885.7	433.3
中药材及中成药加工业	4	1	6 853.9	7 405.9	2 841.2	671.4
化学纤维制造业	1		6 774.0	8 246.0	-4 184.8	16.5
橡胶制品业	2		5 194.3	6 156.3	1 458.4	557.8
橡胶板、管、带制造业	1		4 959.1	5 890.8	1 433.5	461.7
橡胶零件制品业	1		235.2	265.5	24.9	96.1
塑料制品业	1		2 867.9	3 031.9	1 160.7	579.0
塑料薄膜制造业	1		2 867.9	3 031.9	1 160.7	579.0
非金属矿物制品业	22	1	69 158.7	42 782.3	22 419.7	2 516.7
水泥制造业	6		56 155.6	33 286.6	19 459.8	1 916.7
水泥制品和石棉水泥制品业	1		1 450.2	600.2	466.3	87.0
砖瓦、石灰和轻质建筑材料制造业	12	1	7 346.8	5 114.3	1 962.0	177.4
玻璃及玻璃制品业	2		4 199.3	3 778.1	530.8	332.4
耐火材料制品业	1		6.8	3.1	0.8	3.2
黑色金属冶炼及压延加工业	1		173 404.7	75 482.2	58 418.5	777.4
炼钢业	1		173 404.7	75 482.2	58 418.5	777.4
有色金属冶炼及压延加工业	3		24 169.9	20 416.1	-4 854.8	400.9

4—3续表2　　　　　　　　　　(1993年)　　　　　　　　　　单位:万元

指标	企业单位数(个)	亏损企业	工业总产值(当年价)	工业总产值(1990年不变价)	工业增加值(生产法)	成品产销存 年初库存价值
重有色金属冶炼业	3		24 169.9	20 416.1	-4 854.8	400.9
金属制品业	2		6 269.8	5 976.6	2 147.8	517.0
日用金属制品业	2		6 269.8	5 976.6	2 147.8	517.0
普通机械制造业	17	2	113 966.9	89 893.4	36 369.1	8 221.0
锅炉及原动机制造业	6	1	52 348.9	40 243.1	19 332.2	2 983.5
金属加工机械制造业	3		11 637.7	9 685.1	4 988.5	1 611.2
通用设备制造业	5	1	37 613.7	32 164.2	10 578.0	2 911.2
其他通用零部件制造业	2		5 208.6	3 793.0	336.1	359.1
铸锻件制造业	1		7 158.0	4 008.0	1 134.3	356.0
专用设备制造业	13	2	44 941.9	39 868.1	11 833.9	3 730.9
机电工业专用设备制造业	1		600.0	451.0	164.6	
石化及其他工业专用设备制造业	4		9 504.1	8 625.7	1 936.9	2 100.6
轻纺工业专用设备制造业	3	1	7 069.7	7 825.9	1 980.1	667.5
农、林、牧、渔、水利业机械制造业	2		12 843.3	10 313.9	3 013.6	288.0
其他专用设备制造业	3	1	14 924.8	12 651.6	4 738.7	674.8
交通运输设备制造业	16	2	391 096.3	260 100.4	53 599.1	9 799.2
汽车制造业	7		345 962.4	221 920.6	56 968.3	7 157.8
摩托车制造业	1	1	1 739.0	1 500.0	539.1	2 065.2
自行车制造业	1	1	2 963.3	2 310.1	487.8	521.3
船舶制造业	1		27 596.0	26 685.0	-7 084.9	
交通运输设备修理业	6		12 835.6	7 684.7	2 688.8	54.9
电气机械及器材制造业	20	1	52 626.3	49 297.4	11 459.6	6 009.0
电机制造业	3		17 580.1	16 532.9	2 495.8	2 242.3
输配电及控制设备制造业	11		24 778.4	22 493.1	5 221.9	2 669.6
电工器材制造业	4	1	6 976.0	7 130.2	3 255.7	729.9
日用电器制造业	1		301.6	306.6	60.2	8.2
照明器具制造业	1		2 990.2	2 834.6	426.0	359.0
电子及通信设备制造业	7	1	8 686.8	8 539.9	3 030.9	1 599.4
通信设备制造业	2		1 450.3	437.4	1 105.1	92.1
电子元件制造业	4	1	5 622.5	6 582.5	1 535.8	1 367.4
日用电子器具制造业	1		1 614.0	1 520.0	390.0	139.9
仪器仪表及文化、办公用机械制造业	2	1	8 314.5	7 511.7	2 922.4	286.0
通用仪器仪表制造业	1		7 977.0	7 138.0	2 859.0	179.3
电子测量仪器制造业	1	1	337.5	373.7	63.4	106.7
其他制造业	2		305.4	184.1	56.5	16.6
其他生产、生活用品制造业	2		305.4	184.1	56.5	16.6
电力、煤气及水的生产和供应业	9	1	15 898.5	15 064.8	8 409.2	4.1
电力、蒸汽、热水的生产和供应业	5		11 765.2	11 472.7	6 924.2	
电力生产业	2		3 287.6	1 336.3	1 593.5	
电力供应业	3		8 477.6	10 136.4	5 330.7	
煤气生产和供应业	1	1	398.2	279.2	-398.0	4.1
煤气供应业	1	1	398.2	279.2	-398.0	4.1
自来水的生产和供应业	3		3 735.1	3 312.9	1 883.0	

指标	成品产销存			工业总产出	工业中间投入合计	本年应付工资
	生产价值	销售价值	年末库存价值			
总　计	**1 252 933.2**	**1 271 790.1**	**76 512.6**	**1 291 447.3**	**956 292.5**	**59 127.8**
市　区	1 185 436.5	1 197 467.7	72 084.7	1 223 848.9	917 612.9	54 747.5
柳　江	32 065.9	35 156.0	2 874.5	32 129.5	22 544.6	1 999.8
柳　城	35 430.8	39 166.4	1 553.4	35 468.9	16 135.0	2 380.5
在总计中:						
中央企业	290 914.9	292 482.9	6 999.4	304 760.9	263 024.0	8 265.7
地方企业	962 018.3	979 307.2	69 513.2	986 686.4	693 268.5	20 862.1
#县属企业	32 515.8	36 676.8	1 478.9	32 578.0	20 225.7	1 713.8
在总计中:						
轻工业	343 057.7	344 385.3	23 585.5	348 036.9	231 518.9	17 610.5
以农产品为原料	267 608.9	269 073.7	17 018.2	271 607.2	183 603.3	14 052.0
以非农产品为原料	75 448.8	75 311.5	6 567.2	76 429.7	47 915.6	3 558.5
重工业	909 875.4	927 404.8	52 927.1	943 410.3	724 773.6	41 517.3
采掘工业	2 368.7	2 633.6	548.3	2 368.7	1 318.6	138.4
原料工业	292 954.3	303 897.9	11 647.5	303 485.8	213 627.7	13 929.9
加工工业	614 552.4	620 873.2	40 731.2	637 555.8	509 827.3	27 449.0
在总计中:						
大型企业	803 212.2	806 158.1	38 443.7	832 466.9	600 280.4	31 598.4
中型企业	366 612.2	374 547.4	28 009.7	373 321.7	292 180.3	20 949.5
小型企业	83 108.7	91 084.5	10 059.1	85 658.6	63 831.8	6 579.9
在总计中:						
采掘业	2 180.7	2 459.6	535.3	2 180.7	1 289.2	110.5
黑色金属矿采选业	1 790.1	2 071.3	514.1	1 790.1	929.3	90.6
其他黑色金属矿采选业	1 790.1	2 071.3	514.1	1 790.1	929.3	90.6
有色金属矿采选业	355.0	355.0	0.9	355.0	340.9	15.8
重有色金属矿采选业	355.0	355.0	0.9	355.0	340.9	15.8
木材及竹材采运业	35.6	33.3	20.3	35.6	19.0	4.1
木材采运业	35.6	33.3	20.3	35.6	19.0	4.1
制造业	1 235 072.2	1 252 119.9	75 772.5	1 273 586.3	947 732.2	57 857.6
食品加工业	53 231.6	57 998.5	2 652.9	53 319.1	39 343.0	2 311.5
粮食及饲料加工业	11 153.2	11 554.7	95.4	11 186.7	10 439.6	280.2
植物油加工业	2 924.5	3 365.8	514.2	2 935.4	1 180.6	75.1
制糖业	35 601.4	39 793.4	1 682.3	35 644.5	23 967.5	1 687.9
屠宰及肉类蛋类加工业	3 552.5	3 284.6	361.0	3 552.5	3 755.3	268.3
食品制造业	14 615.2	14 976.4	1 275.5	14 641.7	12 128.1	919.5
糕点、糖果制造业	13 543.4	13 814.9	1 223.2	13 569.9	10 937.4	751.4
调味品制造业	832.3	816.1	39.5	832.3	681.3	116.5
其他食品制造业	239.5	345.4	12.8	239.5	509.4	51.6
饮料酒制造业	7 214.4	6 749.9	668.4	7 222.6	5 373.4	292.9
酒精及饮料酒制造业	6 780.3	6 357.4	604.9	6 788.6	4 946.0	280.0
软饮料制造业	327.6	290.1	57.0	327.6	420.0	4.4
制茶业	106.5	102.4	6.5	106.5	7.4	8.5
烟草加工业	56 169.0	54 718.0	445.6	56 169.0	25 436.5	441.7
卷烟制造业	56 169.0	54 718.0	445.6	56 169.0	25 436.5	441.7

4—3续表4　　　　　　　　　　（1993年）　　　　　　　　　　单位:万元

指　　标	成品产销存			工　业 总产出	工业中间 投入合计	本年应 付工资
	生产价值	销售价值	年末库 存价值			
纺　织　业	100 508.0	100 834.9	8 885.6	102 667.1	71 412.1	7 456.3
棉纺织业	79 111.9	79 081.4	5 004.6	80 309.0	53 859.6	4 698.5
麻纺织业	1 702.1	1 683.1	333.1	1 747.0	1 256.4	291.1
丝绢纺织业	1 032.0	1 124.1	125.6	1 053.7	10 97.0	219.2
针织品业	18 662.0	18 946.3	3 422.3	19 557.4	15 199.1	2 247.5
服装及其他纤维制品制造业	77.7	75.2	17.6	80.2	53.6	1.3
服装制造业	77.7	75.2	17.6	80.2	53.6	1.3
皮革、毛皮、羽绒及其制品业	1 965.9	2 096.8	558.4	2 128.8	1 904.3	265.4
皮革制品制造业	1 965.9	2 064.3	532.4	2 128.8	1 904.3	258.2
羽毛(绒)及制品业		32.5	26.0			7.2
木材加工及竹、藤、棕、草制品业	18 139.7	19 212.4	2 630.0	18 376.7	16 819.4	1 180.4
锯材、木片加工业	6 897.2	7 397.8	1 208.8	7 076.5	7 992.9	265.0
人造板制造业	11 242.5	11 814.6	1 421.2	11 300.2	8 826.5	915.4
家具制造业	380.0	339.0	223.7	380.0	280.6	41.9
木制家具制造业	380.0	339.0	223.7	380.0	280.6	41.9
造纸及纸制品业	19 726.5	18 132.2	1 027.1	20 418.1	13 496.5	1 381.8
造纸业	19 726.5	18 132.2	1 027.1	20 418.1	13 496.5	1 381.8
印刷业、记录媒介的复制	4 105.8	3 857.9	323.7	4 868.6	3 653.4	339.4
印刷业	4 105.8	3 857.9	323.7	4 868.6	3 653.4	339.4
化学原料及化学制品制造业	89 665.0	92 788.4	2 193.0	91 133.7	55 214.8	4 549.4
基本化学原料制造业	18 208.2	19 736.1	815.6	18 208.2	8 722.8	1 239.2
化学肥料制造业	22 160.3	23 139.1	253.2	22 987.0	17 799.6	1 441.9
有机化学产品制造业	5 581.7	6 072.5	47.9	5 924.3	4 270.5	229.1
专用化学产品制造业	6 025.5	5 984.9	107.5	6 025.5	4 729.5	592.0
日用化学产品制造业	37 689.3	37 855.8	968.8	37 988.7	19 692.4	1 047.2
医药制造业	11 180.5	10 436.1	1 705.8	11 370.7	7 643.8	587.3
化学药品制剂制造业	4 326.6	4 113.3	646.6	4 528.1	3 642.4	204.7
中药材及中成药加工业	6 853.9	6 322.8	1 059.2	6 842.6	4 001.4	382.6
化学纤维制造业	835.3	612.2	53.3	903.1	5 087.9	88.6
橡胶制品业	5 063.8	5 003.1	491.6	5 063.8	3 605.4	68.8
橡胶板、管、带制造业	4 868.9	4 802.6	401.1	4 868.9	3 435.4	47.3
橡胶零件制品业	194.9	200.5	90.5	194.9	170.0	21.5
塑料制品业	2 867.9	2 282.6	618.3	2 872.8	1 712.1	139.0
塑料薄膜制造业	2 867.9	2 828.6	618.3	2 872.8	1 712.1	139.0
非金属矿物制品业	67 192.0	67 462.7	3 041.1	67 298.7	44 879.0	5 293.9
水泥制造业	56 004.8	56 125.5	2 021.3	56 063.0	36 603.2	4 062.9
水泥制品和石棉水泥制品业	1 450.2	1 233.3	313.5	1 450.2	983.9	173.0
砖瓦、石灰和轻质建筑材料制造业	5 551.5	5 715.8	473.1	5 600.0	3 638.0	801.3
玻璃及玻璃制品业	4 178.7	4 378.1	233.2	4 178.7	3 647.9	254.9
耐火材料制品业	6.8	10.0		6.8	6.0	1.8
黑色金属冶炼及压延加工业	173 404.7	175 060.3	5 580.4	181 821.9	123 403.4	6 273.8
炼钢业	173 404.7	175 060.3	5 580.4	181 821.9	123 403.4	6 273.8
有色金属冶炼及压延加工业	16 096.0	21 416.1	224.8	17 819.2	22 674.0	595.5

4—3 续表 5 (1993年) 单位:万元

指标	成品产销存			工业总产出	工业中间投入合计	本年应付工资
	生产价值	销售价值	年末库存价值			
重有色金属冶炼业	16 096.0	21 416.1	244.8	17 819.2	22 674.0	595.5
金属制品业	6 220.0	5 915.9	1 043.9	6 354.4	4 206.6	145.3
日用金属制品业	6 220.0	5 915.9	1 043.9	6 354.4	4 206.6	145.3
普通机械制造业	110 112.4	108 707.7	14 320.7	113 798.3	77 429.2	8 768.1
锅炉及原动机制造业	50 427.0	51 174.1	5 159.0	51 480.9	32 148.7	3 673.4
金属加工机械制造业	10 511.6	6 529.7	2 319.2	12 123.0	7 134.5	1 700.5
通用设备制造业	37 585.9	38 927.4	5 708.9	38 072.7	27 494.7	2 589.2
其他通用零部件制造业	4 429.9	5 185.5	510.6	4 869.4	4 533.3	352.5
铸锻件制造业	7 158.0	6 891.0	623.0	7 252.3	6 118.0	452.5
专用设备制造业	40 746.1	39 848.6	4 642.6	41 994.9	30 161.0	2 893.3
机电工业专用设备制造业	600.0	600.0		600.0	435.4	70.2
石化及其他工业专用设备制造业	7 828.1	7 523.3	2 379.2	8 080.8	6 143.9	677.7
轻纺工业专用设备制造业	7 069.7	7 023.7	753.9	7 146.1	5 166.0	563.5
农、林、牧、渔、水利业机械制造业	11 467.1	11 497.0	258.1	11 473.3	8 459.7	791.0
其他专用设备制造业	13 781.2	13 204.6	1 251.4	14 694.7	9 956.0	790.9
交通运输设备制造业	368 171.1	377 650.9	10 880.3	383 286.4	329 687.3	10 409.0
汽车制造业	345 545.4	355 370.6	7 932.5	350 738.5	293 770.2	6 310.0
摩托车制造业	1 739.0	1 088.0	2 716.0	1 856.1	1 317.0	
自行车制造业	2 938.0	3 375.1	134.1	2 643.9	2 156.1	177.8
船舶制造业	15 050.0	14 802.4	97.7	15 274.8	22 359.7	1 113.5
交通运输设备修理业	2 898.7	3 014.8		12 773.1	10 084.3	2 807.7
电气机械及器材制造业	50 547.7	49 019.6	9 803.5	51 517.2	40 057.6	2 255.3
电机制造业	16 399.6	16 726.8	3 847.2	16 601.8	14 106.0	322.1
输配电及控制设备制造业	24 094.2	22 607.0	4 599.5	24 670.9	19 449.0	910.9
电工器材制造业	6 955.3	6 449.8	1 068.7	7 099.0	3 843.3	541.1
日用电器制造业	306.6	346.0	26.1	307.8	247.6	20.0
照明器具制造业	2 792.0	2 890.0	262.0	2 837.7	2 411.7	461.2
电子及通信设备制造业	8 409.0	8 470.9	1 571.3	8 641.6	5 610.7	561.7
通信设备制造业	1 450.3	1 196.6	313.8	1 450.3	345.2	96.9
电子元件制造业	5 554.0	5 793.7	1 127.7	5 681.3	4 145.5	397.9
日用电子器具制造业	1 404.7	1 480.6	129.8	1 510.0	1 120.0	66.9
仪器仪表及文化、办公用机械制造业	8 175.3	7 591.2	870.1	9 182.8	6 260.4	563.7
通用仪器仪表制造业	7 945.5	7 393.4	731.4	8 953.0	6 094.0	468.2
电子测量仪器制造业	229.8	197.8	138.7	229.8	166.4	95.5
其他制造业	251.3	316.3	3.1	254.6	198.1	32.8
其他生产、生活用品制造业	251.3	316.1	3.1	254.6	198.1	32.8
电力、煤气及水的生产和供应业	15 680.3	17 210.6	204.8	15 680.3	7 271.1	1 159.7
电力、蒸汽、热水的生产和供应业	11 945.2	12 625.1		11 945.2	5 021.0	472.8
电力生产业	3 467.6	3 274.0		3 467.6	1 874.1	281.1
电力供应业	8 477.6	9 351.1		8 477.6	3 146.9	191.7
煤气生产和供应业		850.4	204.8		398.0	128.9
煤气供应业		850.4	204.8		398.0	128.9
自来水的生产和供应业	3 735.1	3 735.1		3 735.1	1 852.1	558.0

4—3 续表 6　　　　(1993 年)　　　　单位:万元

指　　标	本年应付福利费	全部职工年平均人数(人)	资本金 合计	国家	法人	个人
总　计	**8 843.6**	**157 087.0**	**348 002.2**	**320 766.6**	**14 428.7**	**346.1**
市　区	7 939.9	147 250.0	322 229.7	295 277.2	14 145.6	346.1
柳　江	322.4	3 694.0	10 877.3	10 594.2	283.1	
柳　城	581.3	6 143.0	14 895.2	14 895.2		
在总计中:						
中央企业	1 135.0	15 890.0	63 955.5	60 629.5	2 901.7	
地方企业	7 708.6	141 197.0	284 046.7	260 137.1	11 527.0	346.1
#县属企业	510.3	4 652.0	12 170.5	11 887.4	283.1	
在总计中:						
轻工业	4 116.1	60 433.0	100 971.3	92 270.4	5 678.0	120.5
以农产品为原料	2 176.1	48 006.0	76 274.7	69 766.4	5 036.3	
以非农产品为原料	1 940.0	12 427.0	24 696.6	22 504.0	641.7	120.5
重工业	4 727.5	96 654.0	247 030.9	228 496.2	8 750.7	225.6
采掘工业	37.5	318.0	693.8	603.6	90.2	
原料工业	1 520.2	33 697.0	100 029.1	97 954.6	301.6	225.6
加工工业	3 169.8	62 639.0	146 308.0	129 938.0	8 358.9	
在总计中:						
大型企业	5 318.7	80 044.0	205 442.6	201 740.8	3 701.8	
中型企业	2 774.3	57 853.0	99 233.4	79 855.0	8 383.3	225.6
小型企业	750.6	19 190.0	43 326.2	39 170.8	2 343.6	120.5
在总计中:						
采掘业	35.7	357.0	651.6	651.6		
黑色金属矿采选业	34.4	305.0	558.6	558.6		
其他黑色金属矿采选业	34.4	305.0	558.6	558.6		
有色金属矿采选业	0.5	39.0	48.0	48.0		
重有色金属矿采选业	0.5	39.0	48.0	48.0		
木材及竹材采运业	0.8	13.0	45.0	45.0		
木材采运业	0.8	13.0	45.0	45.0		
制造业	8 636.3	154 102.0	319 102.5	291 872.7	14 422.9	346.1
食品加工业	587.9	5 375.0	14 387.7	13 718.1	591.2	
粮食及饲料加工业	30.3	1 208.0	3 316.5	2 937.3	300.8	
植物油加工业	29.2	195.0	554.6	554.6		
制糖业	463.6	3 255.0	8 719.1	8 441.8	277.3	
屠宰及肉类蛋类加工业	64.8	717.0	1 797.5	1 784.4	13.1	
食品制造业	150.6	2 961.0	5 757.9	4 886.9	672.8	
糕点、糖果制造业	139.3	2 476.0	5 047.8	4 320.0	529.6	
调味品制造业	3.7	444.0	215.1	215.1		
其他食品制造业	7.6	41.0	495.0	351.8	143.2	
饮料酒制造业	40.9	870.0	1 861.1	1 852.2	8.9	
酒精及饮料酒制造业	39.8	870.0	1 456.6	1 456.6		
软饮料制造业	-0.1		210.1	201.2	8.9	
制茶业	1.2		194.4	194.4		
烟草加工业	-13.7	2 224.0	6 458.7	6 322.0	136.7	
卷烟制造业	-13.7	2 224.0	6 458.7	6 322.0	136.7	

4—3 续表 7　　　　　　　　(1993 年)　　　　　　　　单位:万元

指标	本年应付福利费	全部职工年平均人数(人)	资本金合计	国家	法人	个人
纺织业	1 146.4	28 587.0	28 569.9	25 065.3	2 749.7	
棉纺织业	939.4	18 893.0	19 023.4	16 586.7	1 681.8	
麻纺织业	-40.0	1 626.0	1 475.4	1 475.4		
丝绢纺织业		873.0	113.0	113.0		
针织品业	247.0	7 195.0	7 958.1	6 890.2	1 067.9	
服装及其他纤维制品制造业	-7.3	44.0	23.1	23.1		
服装制造业	-7.3	44.0	23.1	23.1		
皮革、毛皮、羽绒及其制品业	-106.5	961.0	1 486.6	843.0	449.0	
皮革制品制造业	-107.1	961.0	1 037.6	843.0		
羽毛(绒)及制品业	0.6		449.0		449.0	
木材加工及竹、藤、棕、草制品业	110.2	2 006.0	4 531.4	4 531.4		
锯材、木片加工业	67.4	455.0	2 172.0	2 172.0		
人造板制造业	42.8	1 551.0	2 359.4	2 359.4		
家具制造业	7.5	117.0	140.7	140.7		
木制家具制造业	7.5	117.0	140.7	140.7		
造纸及纸制品业	253.0	3 236.0	12 287.7	12 287.7		
造纸业	253.0	3 236.0	12 287.7	12 287.7		
印刷业、记录媒介的复制	34.2	1 280.0	1 796.6	1 550.7		
印刷业	34.2	1 280.0	1 796.6	1 550.7		
化学原料及化学制品制造业	2 106.0	10 653.0	31 082.0	28 769.5	67.9	95.0
基本化学原料制造业	84.9	3 451.0	9 095.7	7 548.4		
化学肥料制造业	224.0	3 363.0	10 612.9	10 612.9		
有机化学产品制造业	12.2	757.0	1 684.4	1 082.1		
专用化学产品制造业	66.9	1 129.0	3 168.0	3 168.0		
日用化学产品制造业	1 718.0	1 953.0	6 521.0	6 358.1	67.9	95.0
医药制造业	27.9	1 934.0	3 134.0	3 134.0		
化学药品制剂制造业	-14.2	679.0	710.0	710.0		
中药材及中成药加工业	42.1	1 255.0	2 424.0	2 424.0		
化学纤维制造业	56.2	751.0	249.1	2.6	246.5	
橡胶制品业	-8.0	1 047.0	1 380.0	1 380.0		
橡胶板、管、带制造业	-10.6	920.0	1 289.8	1 289.8		
橡胶零件制品业	2.6	127.0	90.2	90.2		
塑料制品业	16.9	451.0	1 225.4	1 225.4		
塑料薄膜制造业	16.9	451.0	1 225.4	1 225.4		
非金属矿物制品业	551.7	7 387.0	15 338.9	14 656.4	681.8	
水泥制造业	388.4	5 273.0	12 733.9	12 733.9		
水泥制品和石棉水泥制品业	1.9		340.0	340.0		
砖瓦、石灰和轻质建筑材料制造业	85.7	1 268.0	1 575.4	1 159.0	416.4	
玻璃及玻璃制品业	75.3	836.0	646.6	380.5	265.4	
耐火材料制品业	0.4	10.0	43.0	43.0		
黑色金属冶炼及压延加工业	751.2	18 943.0	47 897.0	47 897.0		
炼钢业	751.2	18 943.0	47 897.0	47 897.0		
有色金属冶炼及压延加工业	61.4	1 217.0	2 984.6	2 457.4	301.6	225.6

指　　标	本年应付福利费	全部职工年平均人数(人)	资本金合计	国家	法人	个人
重有色金属冶炼业	61.4	1 217.0	2 984.6	2 457.4	301.6	225.6
金属制品业	-31.5	1 380.0	1 218.8	892.3		
日用金属制品业	-31.5	1 380.0	1 218.8	892.3		
普通机械制造业	988.7	17 425.0	37 406.9	26 082.2	4 476.1	
锅炉及原动机制造业	528.2	6 619.0	13 767.9		234.2	
金属加工机械制造业	149.6	3 463.0	8 933.1		3 561.6	
通用设备制造业	206.8	5 441.0	11 979.9		302.6	
其他通用零部件制造业	36.0	1 023.0	1 508.6		377.7	
铸锻件制造业	68.1	879.0	1 217.4			
专用设备制造业	270.6	7 494.0	16 298.1		678.3	
机电工业专用设备制造业	3.6		477.8			
石化及其他工业专用设备制造业	78.5	1 527.0	6 787.2		126.6	
轻纺工业专用设备制造业	94.1	1 882.0	5 099.5		377.8	
农、林、牧、渔、水利业机械制造业	50.6	1 871.0	1 782.7			
其他专用设备制造业	43.8	2 214.0	2 150.9		173.9	
交通运输设备制造业	1 116.9	21 993.0	64 896.8		1 632.0	
汽车制造业	839.5	11 442.0	37 976.5		1 632.0	
摩托车制造业	-56.3	1 665.0	1 925.0	1 925.0		
自行车制造业	-78.3	787.0	689.5	689.5		
船舶制造业	96.9	2 011.0	4 134.9	4 134.9		
交通运输设备修理业	315.1	6 088.0	20 170.9	20 170.9		
电气机械及器材制造业	377.9	12 241.0	14 210.0	13 752.0	273.5	25.5
电机制造业	19.8	3 230.0	2 086.4	2 086.4		
输配电及控制设备制造业	114.8	5 453.0	7 365.7	7 348.6	17.1	
电工器材制造业	197.5	1 878.0	3 533.9	3 374.9		
日用电器制造业		124.0	110.5	85.0		25.5
照明器具制造业	45.8	1 556.0	1 113.5	857.1	256.4	
电子及通信设备制造业	103.6	2 068.0	3 174.2	1 166.2	1 018.9	
通信设备制造业	26.4	208.0	251.3	161.4	89.9	
电子元件制造业	51.9	1 414.0	2 422.0	1 004.8	929.0	
日用电子器具制造业	25.3	446.0	500.9			
仪器仪表及文化、办公用机械制造业	36.7	1 413.0	1 151.7	759.9	391.8	
通用仪器仪表制造业	38.8	1 023.0	901.3	509.5	391.8	
电子测量仪器制造业	-2.1	390.0	250.4	250.4		
其他制造业	6.9	44.0	153.6	107.4	46.2	
其他生产、生活用品制造业	6.9	44.0	153.6	107.4	46.2	
电力、煤气及水的生产和供应业	171.6	2 628.0	28 248.1	28 242.3	5.8	
电力、蒸汽、热水的生产和供应业	110.6	1 562.0	17 443.4	17 443.4		
电力生产业	55.7	125.0	1 097.3	1 097.3		
电力供应业	54.9	1 437.0	16 346.1	16 346.1		
煤气生产和供应业	18.0	259.0	5 060.9	5 060.9		
煤气供应业	18.0	259.0	5 060.9	5 060.9		
自来水的生产和供应业	43.0	807.0	5 743.8	5 738.0	5.8	

指　　　　标	资本金合计	年末资产负债及所有者权益				
	外商	流动资产合计	货币资金	存　货	产成品	流动资产年平均余额
总　　计	**2 273.6**	**763 308.9**	**66 967.6**	**379 880.4**	**76 438.8**	**644 688.1**
市　　区	2 273.6	726 351.9	60 976.4	368 637.6	72 925.3	61 777.6
柳　　江		14 960.2	3 027.4	5 443.3	2 333.9	13 861.3
柳　　城		21 996.8	2 963.8	5 799.5	1 179.6	19 049.2
在总计中：						
中央企业		113 360.1	12 693.8	77 058.1	7 032.2	95 952.2
地方企业	2 273.6	649 948.8	54 273.8	302 822.3	69 406.6	548 735.9
#县属企业		16 644.7	3 671.9	3 604.0	1 212.3	14 148.5
在总计中：						
轻工业	1 555.4	221 026.3	19 728.7	84 781.7	20 319.7	200 952.8
以农产品为原料	953.1	170 478.0	15 012.8	64 172.2	15 258.3	155 287.5
以非农产品为原料	602.3	50 548.3	4 715.9	20 609.5	5 061.4	45 665.0
重工业	718.2	542 282.6	47 238.9	295 098.7	56 119.1	443 735.6
采掘工业		2 879.0	246.5	815.2	776.7	2 736.8
原料工业		189 884.5	22 414.9	90 424.1	16 083.6	150 513.8
加工工业	718.2	349 519.1	24 577.5	203 859.4	39 258.8	290 485.0
在总计中：						
大型企业		445 385.2	33 892.0	234 955.8	36 360.7	352 618.5
中型企业	1 671.3	248 380.8	27 112.4	115 728.0	31 965.4	231 529.7
小型企业	602.3	69 542.9	5 963.2	29 196.6	8 112.7	60 539.9
在总计中：						
采掘业		2 951.3	102.5	847.6	775.3	2 659.3
黑色金属矿采选业		2 697.6	82.3	808.2	770.9	2 614.5
其他黑色金属矿采选业		2 697.6	82.3	808.2	770.9	2 614.5
有色金属矿采选业		233.1	13.4	35.8	0.8	23.3
重有色金属矿采选业		233.1	13.4	35.8	0.8	23.3
木材及竹材采运业		20.6	6.8	3.6	3.6	21.5
木材采运业		20.6	6.8	3.6	3.6	21.5
制造业	2 273.6	741 914.3	62 054.4	377 818.4	75 663.5	625 664.1
食品加工业		23 998.3	5 279.2	6 432.5	2 393.1	21 596.7
粮食及饲料加工业		6 364.4	496.1	1 497.4	203.0	5 768.3
植物油加工业		1 231.3	131.6	890.5	546.1	1 160.6
制糖业		13 336.6	4 420.2	2 846.8	1 278.4	11 916.5
屠宰及肉类蛋类加工业		3 066.0	231.3	1 197.8	365.6	2 751.3
食品制造业	198.2	9 086.0	715.6	6 501.7	992.9	8 387.7
糕点、糖果制造业	198.2	8 133.8	603.3	6 015.2	950.0	7 465.9
调味品制造业		5 32.9	35.2	171.8	11.4	470.2
其他食品制造业		419.3	77.1	314.7	31.5	451.6
饮料酒制造业		2 509.7	317.0	1 287.2	123.7	2 472.6
酒精及饮料酒制造业		2 194.6	279.9	1 104.6	92.4	2 214.6
软饮料制造业		281.5	31.8	154.3	24.9	223.5
制茶业		33.6	5.3	28.3	6.4	34.5
烟草加工业		19 051.5	2 242.7	10 370.3	312.8	25 988.1
卷烟制造业		19 051.5	2 242.7	10 370.3	312.8	25 988.1

指标	资本金合计	年末资产负债及所有者权益				
	外商	流动资产合计	货币资金	存货	产成品	流动资产年平均余额
纺织业	754.9	83 633.5	3 736.8	24 673.2	8 634.8	69 558.6
棉纺织业	754.9	62 990.9	2 665.4	17 980.1	4 807.8	49 337.4
麻纺织业		1 976.3	76.9	631.6	285.9	2 089.4
丝绢纺织业		1 092.7	45.3	478.0	149.9	658.0
针织品业		17 573.6	949.2	8 583.5	3 391.2	17 473.8
服装及其他纤维制品制造业		56.6	3.1	26.5	17.6	58.0
服装制造业		56.6	3.1	26.5	17.6	58.0
皮革、毛皮、羽绒及其制品业		2 891.2	205.5	862.5	346.1	3 061.1
皮革制品制造业		2 802.3	192.0	787.1	320.6	2 973.1
羽毛(绒)及制品业		88.9	13.5	75.4	25.5	88.0
木材加工及竹、藤、棕、草制品业		13 507.1	1 033.9	9 169.2	3 3428.7	9 484.4
锯材、木片加工业		7 710.0	217.0	6 300.0	2 264.0	4 580.6
人造板制造业		5 797.1	816.9	2 869.2	1 164.7	4 903.8
家具制造业		443.1	7.5	316.0	223.7	323.5
木制家具制造业		443.1	7.5	316.0	223.7	323.5
造纸及纸制品业		14 628.5	1 312.1	6 760.9	663.6	11 185.1
造纸业		14 628.5	1 312.1	6 760.9	663.6	11 185.1
印刷业、记录媒介的复制		4 358.7	834.5	1 603.9	583.3	3 113.5
印刷业		4 358.7	834.5	1 603.9	583.3	3 113.5
化学原料及化学制品制造业	602.3	42 676.5	5 229.8	15 448.5	2 450.0	38 114.8
基本化学原料制造业		13 097.6	836.5	4 791.2	750.5	10 744.0
化学肥料制造业		8 250.9	1 558.0	2 851.9	238.3	7 789.8
有机化学产品制造业	602.3	2 216.3	170.0	1 011.5	113.3	2 582.1
专用化学产品制造业		2 051.2	421.4	805.3	563.0	2 213.5
日用化学产品制造业		17 060.5	2 243.9	5 988.6	784.9	14 785.4
医药制造业		9 072.3	214.1	5 190.1	1 665.1	8 256.1
化学药品制剂制造业		3 501.9	121.5	2 277.1	1 151.1	3 413.3
中药材及中成药加工业		5 570.4	92.6	2 913.0	514.0	4 842.8
化学纤维制造业		3 155.6	167.2	2 326.2	662.2	3 601.2
橡胶制品业		2 939.3	162.4	1 901.5	707.3	2 718.0
橡胶板、管、带制造业		2 736.0	153.2	1 788.3	613.8	2 528.5
橡胶零件制品业		203.3	9.2	113.2	93.5	189.5
塑料制品业		2 352.0	135.3	924.0	618.3	1 889.0
塑料薄膜制造业		2 352.0	135.3	924.0	618.3	1 889.0
非金属矿物制品业		37 745.5	9 223.5	15 929.1	2 627.2	32 210.4
水泥制造业		30 410.6	7 918.4	12 740.2	1 582.6	26 659.7
水泥制品和石棉水泥制品业		533.2	33.9	428.4	332.4	555.1
砖瓦、石灰和轻质建筑材料制造业		5 082.2	1 024.9	1 596.2	549.3	2 446.2
玻璃及玻璃制品业		1 7016.7	246.2	1 162.4	162.1	2 546.6
耐火材料制品业		2.8	0.1	1.9	0.8	2.8
黑色金属冶炼及压延加工业		100 690.1	7 314.7	56 711.4	9 319.7	74 830.6
炼钢业		100 690.1	7 314.7	56 711.4	9 319.7	74 830.6
有色金属冶炼及压延加工业		12 195.1	1 015.4	4 931.2	602.2	13 846.1

4—3 续表 11　　(1993 年)　　单位:万元

指　　标	资本金合计	年末资产负债及所有者权益				流动资产年平均余额
	外商	流动资产合计	货币资金	存　货	产成品	
重有色金属冶炼业		12 195.1	1 015.4	4 931.2	602.2	13 846.1
金属制品业		4 621.7	281.8	2 650.7	722.4	2 161.3
日用金属制品业		4 621.7	281.8	2 650.7	722.4	2 161.3
普通机械制造业	71.0	92 063.8	5 939.4	54 667.8	13 463.2	69 965.1
锅炉及原动机制造业		38 554.7	2 077.4	23 434.9	6 338.3	25 303.4
金属加工机械制造业		13 901.6	240.2	6 985.5	1 040.9	15 250.6
通用设备制造业		32 842.0	3 283.4	20 933.0	4 617.2	23 677.2
其他通用零部件制造业		3 685.4	198.3	1 764.7	452.5	3 323.4
铸锻件制造业	71.0	3 080.1	140.1	1 549.7	1 014.3	2 410.5
专用设备制造业		36 235.4	1 801.2	16 456.0	5 435.0	30 656.7
机电工业专用设备制造业		294.8	17.1	108.7	47.7	294.8
石化及其他工业专用设备制造业		12 981.8	146.9	4 712.3	1 537.1	10 457.9
轻纺工业专用设备制造业		5 282.7	217.7	2 181.2	358.8	4 415.7
农、林、牧、渔、水利业机械制造业		8 048.5	138.9	3 064.7	788.3	6 315.8
其他专用设备制造业		9 627.6	1 226.6	6 389.1	2 676.1	9 172.5
交通运输设备制造业		153 897.7	11 799.5	101 554.4	9 278.4	131 048.6
汽车制造业		119 087.9	5 172.4	84 782.6	7 912.0	88 058.2
摩托车制造业		7 109.0	130.6	2 730.7	1 219.2	6 335.0
自行车制造业		4 459.6	73.8	1 225.6	70.5	4 708.4
船舶制造业		13 225.4	5 937.2	5 782.5		23 541.3
交通运输设备修理业		10 015.8	485.5	7 033.0	76.7	8 405.7
电气机械及器材制造业	159.0	53 734.8	2 504.7	24 973.3	8 624.4	46 937.0
电机制造业		15 903.0	277.6	7 728.3	2 410.0	13 177.0
输配电及控制设备制造业		26 668.8	1 546.7	13 467.7	4 976.1	24 371.2
电工器材制造业	159.0	8 009.4	486.3	2 408.7	953.7	6 814.4
日用电器制造业		314.9	17.5	83.7	35.1	115.4
照明器具制造业		2 838.7	176.6	1 284.9	249.5	2 459.0
电子及通信设备制造业	488.2	9 579.1	323.6	3 039.8	825.7	8 552.3
通信设备制造业		850.3	13.6	256.8	96.4	539.2
电子元件制造业	488.2	7 579.8	247.1	2 431.6	628.5	6 876.3
日用电子器具制造业		1 149.0	62.9	351.4	100.8	1 136.8
仪器仪表及文化、办公用机械制造业		6 574.4	241.4	3 033.0	936.8	5 445.7
通用仪器仪表制造业		5 316.6	198.3	2 690.0	872.3	4 630.0
电子测量仪器制造业		1 257.8	43.1	343.0	64.5	815.7
其他制造业		216.8	12.5	7.5	5.3	201.9
其他生产、生活用品制造业		216.8	12.5	77.5	5.3	201.9
电力、煤气及水的生产和供应业		18 443.3	4 810.7	1 214.4		16 364.7
电力、蒸汽、热水的生产和供应业		16 056.4	3 432.6	823.7		12 819.0
电力生产业		2 150.4	145.2	327.8		1 910.8
电力供应业		13 906.0	3 287.4	495.9		10 908.2
煤气生产和供应业		536.4	220.5	315.9		1 590.6
煤气供应业		536.4	220.5	315.9		1 590.6
自来水的生产和供应业		1 850.5	1 157.6	74.8		1 955.1

4－3续表12　　　　　　　　　　　　（1993年）　　　　　　　　　　　　单位：万元

指　　标	年末资产负债及所有者权益					年末资产负债及所有者权益
	长期投资合计	固定资产合计	固定资产原价合计	生产经营用	本年折旧	固定资产净值合计
总　　计	**39 654.6**	**571 238.2**	**598 726.5**	**500 956.8**	**29 702.4**	**444 520.1**
市　　区	38 998.1	537 973.9	560 272.1	470 603.6	27 972.5	415 767.3
柳　　江	233.1	16 765.9	17 758.8	14 102.5	828.6	13 869.3
柳　　城	423.4	16 498.4	20 695.6	16 250.7	901.3	14 883.5
在总计中：						
中央企业	3 160.9	75 736.8	89 052.7	73 693.7	3 256.3	66 957.4
地方企业	36 493.7	495 501.4	509 673.8	427 263.1	26 446.1	377 562.7
#县属企业	252.3	18 250.4	20 061.4	16 987.5	790.4	16 506.7
在总计中：						
轻工业	15 524.3	181 759.7	181 822.1	142 317.8	7 597.7	140 088.0
以农产品为原料	12 638.7	148 716.7	150 867.7	118 480.4	6 053.4	115 750.8
以非农产品为原料	2 885.6	33 043.0	30 954.4	23 837.4	1 544.3	24 337.2
重工业	24 130.3	389 478.5	416 904.4	358 639.0	22 104.7	304 432.1
采掘工业	29.9	565.2	731.1	630.1	28.9	599.2
原料工业	7 877.9	202 618.8	214 068.0	191 831.7	10 923.1	156 018.5
加工工业	16 222.5	186 294.5	202 105.3	166 177.2	11 152.7	147 814.4
在总计中：						
大型企业	16 201.9	373 187.3	392 177.8	340 948.2	20 154.6	287 596.5
中型企业	20 592.7	149 220.5	157 744.5	124 191.0	7 186.1	119 037.3
小型企业	2 860.0	48 830.4	48 804.2	35 817.6	2 361.7	37 886.3
在总计中：						
采掘业	66.5	613.3	788.5	680.8	26.0	649.0
黑色金属矿采选业	29.9	498.3	616.6	535.4	22.6	509.2
其他黑色金属矿采选业	29.9	498.3	616.6	535.4	22.6	509.2
有色金属矿采选业	36.6	115.0	120.4	114.4	2.4	108.9
重有色金属矿采选业	36.6	115.0	120.4	114.4	2.4	108.9
木材及竹材采运业			41.5	31.0	1.0	30.9
木材采运业			41.5	31.0	1.0	30.9
制造业	39 055.0	532 638.5	550 226.9	456 370.3	28 061.0	408 558.9
食品加工业	1 787.0	31 678.9	33 475.4	27 438.8	1 500.0	26 885.6
粮食及饲料加工业	1 416.0	8 550.3	7 500.5	5 883.2	360.2	6 506.7
植物油加工业	62.5	928.3	1 085.1	813.8	31.6	928.3
制糖业	107.5	18 531.6	20 836.6	17 123.0	981.3	16 939.0
屠宰及肉类蛋类加工业	201.0	3 668.7	4 053.2	3 618.8	126.9	2 511.6
食品制造业	595.7	7 312.8	8 603.8	6 721.6	344.0	5 906.5
糕点、糖果制造业	583.5	6 033.1	7 156.7	6 251.3	274.6	4 824.6
调味品制造业	12.2	762.1	983.6	32.5	45.7	762.0
其他食品制造业		517.6	463.5	437.8	23.7	319.9
饮料制造业	16.1	2 589.2	3 307.7	2 990.1	159.2	2 404.9
酒精及饮料酒制造业	15.0	2 395.4	2 959.0	2 643.2	142.6	2 197.3
软饮料制造业	1.1	193.8	279.5	279.5	13.5	190.8
制茶业			69.2	67.4	3.1	16.8
烟草加工业	84.4	13 135.5	14 887.9	9 601.0	326.5	12 158.9
卷烟制造业	84.4	13 135.5	14 887.9	9 601.0	326.5	12 158.9

指标	年末资产负债及所有者权益 长期投资合计	固定资产合计	固定资产原价合计	生产经营用	本年折旧	年末资产负债及所有者权益 固定资产净值合计
纺织业	8 709.0	54 179.6	57 879.5	43 374.4	2 403.7	44 099.3
棉纺织业	5 944.8	35 282.1	37 099.8	30 168.7	1 482.6	29 061.1
麻纺织业	384.5	2 384.9	3 025.2	2 344.0	49.8	2 381.3
丝绢纺织业		812.9	812.9	800.0	166.9	646.0
针织品业	2 379.7	15 699.7	16 941.6	10 061.7	704.4	12 010.9
服装及其他纤维制品制造业		7.9	10.1	10.1	0.5	7.2
服装制造业		7.9	10.1	10.1	0.5	7.2
皮革、毛皮、羽绒及其制品业	28.3	1 590.6	1 370.5	590.7	45.9	1 040.0
皮革制品制造业	28.3	1 461.8	1 242.0	477.8	45.9	924.7
羽毛(绒)及制品业		128.8	128.5	112.9		15.31
木材加工及竹、藤、棕、草制品业	313.3	5 524.0	7 161.5	5 192.9	310.8	4 968.6
锯材、木片加工业	54.0	1 101.4	1 571.0	1 211.0	57.3	1 101.4
人造板制造业	259.3	4 422.6	5 590.5	3 981.9	253.5	3 867.2
家具制造业	21.0	91.9	148.7	148.7	7.9	92.0
木制家具制造业	21.0	91.9	148.7	148.7	7.9	92.0
造纸及纸制品业	323.3	23 530.0	15 918.1	15 618.8	576.0	10 456.0
造纸业	323.3	23 530.0	15 918.1	15 618.8	576.0	10 456.0
印刷业、记录媒介的复制	771.7	2 979.3	3 570.8	1 554.3	207.1	2 814.0
印刷业	771.7	2 979.3	3 570.8	1 554.3	207.1	2 814.0
化学原料及化学制品制造业	5 082.9	44 448.4	49 508.9	39 471.2	2 796.3	36 008.7
基本化学原料制造业	2 505.1	8 567.6	11 672.7	9 037.8	677.6	6 936.5
化学肥料制造业	1 213.6	21 263.9	26 169.8	22 774.6	1 460.9	20 560.4
有机化学产品制造业	469.4	1 630.0	2 002.6	1 140.4	65.9	1 571.9
专用化学产品制造业	19.8	1 191.2	2 064.7	506.8	101.2	1 110.7
日用化学产品制造业	875.0	11 795.7	7 599.1	6 011.6	490.7	5 829.2
医药制造业	61.6	3 845.6	3 922.9	3 093.8	131.1	2 916.4
化学药品制剂制造业	38.3	1 261.5	1 268.0	1 091.9	61.5	904.4
中药材及中成药加工业	23.3	2 584.1	2 654.9	2 001.9	69.6	2 012.0
化学纤维制造业	0.3	7 966.4	7 966.4	7 553.2	345.1	7 023.1
橡胶制品业	21.8	2 397.7	2 480.6	2 259.1	104.0	1 712.1
橡胶板、管、带制造业	21.8	2 323.6	2 416.1	2 199.0	100.2	1 667.1
橡胶零件制品业		74.1	64.5	60.1	3.8	45.0
塑料制品业	10.0	1 679.4	1 679.4	1 245.1	27.5	1 122.6
塑料薄膜制造业	10.0	1 679.4	1 679.4	1 245.1	27.5	1 122.6
非金属矿物制品业	1 342.1	78 705.9	78 975.6	74 070.5	2 460.5	68 618.2
水泥制造业	1 254.1	72 187.8	72 533.5	69 075.3	2 153.6	63 417.6
水泥制品和石棉水泥制品业	0.5	463.5	637.4	626.1	47.3	463.1
砖瓦、石灰和轻质建筑材料制造业	7.6	3 812.2	3 926.1	3 335.2	183.6	3 100.2
玻璃及玻璃制品业	63.4	2 214.4	1 850.6	1 031.8	75.5	1 611.4
耐火材料制品业	16.5	28.0	28.0	2.1	0.5	25.9
黑色金属冶炼及压延加工业	2 192.2	71 657.1	71 657.1	60 994.4	6 183.8	41 696.2
炼钢业	2 192.2	71 657.1	71 657.1	60 994.4	6 183.8	41 696.2
有色金属冶炼及压延加工业	67.5	10 374.0	8 224.2	7 619.5	212.3	7 281.9

4—3续表 14　　　　(1993年)　　　　单位:万元

指标	年末资产负债及所有者权益					年末资产负债及所有者权益
	长期投资合计	固定资产合计	固定资产原价合计	生产经营用	本年折旧	固定资产净值合计
重有色金属冶炼业	67.5	10 374.0	8 224.2	7 619.5	212.3	7 281.9
金属制品业	102.7	1 203.8	1 333.6	1 260.2	73.6	1 029.0
日用金属制品业	102.7	1 203.8	1 333.6	1 260.2	73.6	1 029.0
普通机械制造业	1 279.4	46 724.6	48 279.1	39 635.2	2 209.0	35 027.3
锅炉及原动机制造业	531.4	23 398.7	22 328.1	18 899.8	989.1	17 267.3
金属加工机械制造业	21.6	9 578.3	11 077.8	7 861.9	387.2	8 766.4
通用设备制造业	458.9	10 695.2	11 604.7	9 940.6	696.0	6 642.4
其他通用零部件制造业	37.0	2 134.6	2 176.1	1 996.3	100.5	1 534.0
铸锻件制造业	230.5	917.8	1 092.4	936.6	36.2	817.2
专用设备制造业	1 941.4	14 278.7	13 536.9	9 663.9	962.7	9 852.1
机电工业专用设备制造业	20.6	389.5	565.4	455.5	22.5	431.5
石化及其他工业专用设备制造业	435.6	4 730.4	4 483.9	2 847.1	199.6	3 254.2
轻纺工业专用设备制造业	355.3	2 286.5	2 620.8	2 214.6	121.8	1 870.1
农、林、牧、渔、水利业机械制造业	41.2	2 610.7	2 691.7	1 825.9	386.7	1 692.6
其他专用设备制造业	1 088.7	4 261.6	3 175.1	2 320.8	232.1	2 603.7
交通运输设备制造业	7 123.8	77 530.5	83 260.6	71 236.5	5 083.1	60 687.8
汽车制造业	5 631.2	47 315.9	49 852.6	45 585.8	3 902.6	34 352.5
摩托车制造业	57.6	4 499.7	5 121.0	5 010.9	196.4	4 338.1
自行车制造业		2 433.9	1 253.4	850.7	44.9	972.0
船舶制造业	1 282.8	4 398.4	5 488.8	4 497.6	236.9	3 326.0
交通运输设备修理业	152.2	18 882.6	21 544.8	15 291.5	702.3	17 699.2
电气机械及器材制造业	5 854.3	23 116.6	25 481.3	19 745.1	1 209.6	19 171.9
电机制造业	424.3	10 075.6	11 821.4	10 392.9	320.3	9 319.0
输配电及控制设备制造业	2 254.6	9 198.2	9 402.9	6 621.0	580.3	6 533.5
电工器材制造业	2 101.9	2 722.8	2 790.4	1 556.7	242.0	2 287.4
日用电器制造业	92.5	79.1	54.3	54.3	3.2	39.8
照明器具制造业	981.0	1 040.9	1 412.3	1 120.2	63.8	992.2
电子及通信设备制造业	1 224.1	4 513.9	5 356.1	3 784.3	246.4	4 197.8
通信设备制造业		338.1	325.2	321.6	12.7	283.2
电子元件制造业	1 142.3	3 801.7	3 908.9	3 259.1	230.5	2 824.6
日用电子器具制造业	81.8	374.1	1 122.0	203.6	3.2	1 090.0
仪器仪表及文化、办公用机械制造业	101.1	1 495.7	2 141.6	1 408.3	130.0	1 302.7
通用仪器仪表制造业	96.9	1 191.5	1 592.7	1 141.0	110.3	1 045.8
电子测量仪器制造业	4.2	304.2	548.9	267.3	19.7	256.9
其他制造业		80.5	88.6	88.6	4.4	78.1
其他生产、生活用品制造业		80.5	88.6	88.6	4.4	78.1
电力、煤气及水的生产和供应业	533.1	37 986.4	47 721.1	43 905.7	1 615.4	35 312.2
电力、蒸汽和热水的生产和供应业	454.1	27 309.1	35 682.2	33 137.0	1 168.1	25 211.4
电力生产业	3.1	1 281.0	1 563.5	1 281.2	47.4	1 258.1
电力供应业	451.0	26 028.1	34 118.7	31 855.8	1 120.7	23 953.3
煤气生产和供应业	2.4	4 793.5	5 121.3	5 121.3	121.3	4 793.1
煤气供应业	2.4	4 793.5	5 121.3	5 121.3	121.3	4 793.1
自来水的生产和供应业	76.6	5 883.8	6 917.6	5 647.4	326.0	5 307.7

4—3 续表 15　　　　　　　　　　(1993 年)　　　　　　　　　　单位:万元

指　　　标	年末资产负债及所有者权益					
	固定资产净值年平均余额	流动负债合计	流动负债年平均余额	营运资金年平均余额	长期负债合计	所有者权益合计
总　　计	**440 884.1**	**655 345.1**	**573 097.5**	**71 590.6**	**301 580.1**	**485 195.9**
市　　区	416 753.0	621 325.0	546 876.4	64 901.2	289 656.0	461 126.3
柳　　江	12 414.5	14 806.3	10 463.8	3 397.5	5 029.3	11 284.5
柳　　城	11 716.6	19 213.8	15 757.3	3 291.9	6 894.8	12 785.1
在总计中:						
中央企业	56 151.9	92 924.2	81 413.0	14 539.2	11 048.7	88 105.6
地方企业	384 732.2	562 420.9	491 684.5	57 051.4	290 531.4	397 090.3
#县属企业	12 904.8	18 104.9	12 833.0	1 315.5	7 639.8	10 177.1
在总计中:						
轻工业	127 975.8	224 250.5	196 269.2	4 683.3	113 502.7	121 725.7
以农产品为原料	105 573.7	178 742.2	155 499.4	-211.9	97 769.4	95 304.7
以非农产品为原料	22 402.1	45 508.3	40 769.8	4 895.2	15 733.3	26 421.0
重工业	312 908.3	431 094.6	376 828.3	66 907.3	188 077.4	363 470.2
采掘工业	371.4	2 624.4	2 506.3	230.5	394.5	281.4
原料工业	174 301.3	141 655.7	122 555.4	27 958.4	88 579.9	182 093.0
加工工业	138 235.6	286 814.5	251 766.6	38 718.4	99 103.0	181 095.8
在总计中:						
大型企业	301 170.6	375 204.8	313 640.6	38 977.9	175 936.1	329 151.0
中型企业	104 829.5	216 882.9	201 549.2	29 980.5	103 258.4	124 025.7
小型企业	34 884.0	63 257.4	57 907.7	2 632.2	22 385.6	32 019.2
在总计中:						
采掘业	352.5	2 900.0	2 763.3	-104.0	436.6	339.5
黑色金属矿采选业	281.2	2 611.4	2 497.1	117.4	394.5	231.1
其他黑色金属矿采选业	281.2	2 611.4	2 497.1	117.4	394.5	231.1
有色金属矿采选业	40.2	279.6	259.3	-236.0	42.1	64.9
重有色金属矿采选业	40.2	279.6	259.3	-236.0	42.1	64.9
木材及竹材采运业	31.1	9.0	6.9	14.6		43.5
木材采运业	31.1	9.0	6.9	14.6		43.5
制造业	411 409.9	637 779.7	558 972.9	66 691.2	295 994.5	452 283.6
食品加工业	21 964.9	25 217.2	17 224.6	4 372.1	10 268.6	19 934.7
粮食及饲料加工业	5 928.7	5 534.1	4 600.6	1 167.7	2 245.9	6 480.7
植物油加工业	519.6	1 477.5	1 446.7	-286.1	3.0	741.7
制糖业	13 021.0	15 807.9	9 505.0	2 411.5	7 036.6	9 161.3
屠宰及肉类蛋类加工业	2 495.6	2 397.7	1 672.3	1 079.0	983.1	3 551.0
食品制造业	5 646.2	8 198.0	7 436.1	951.6	3 190.0	6 049.6
糕点、糖果制造业	4 526.6	7 077.5	7 073.9	392.0	2 280.3	5 680.2
调味品制造业	735.1	630.1		470.2	803.4	111.9
其他食品制造业	384.5	490.4	362.2	89.4	106.3	257.5
饮料制造业	2 426.3	1 763.1	1 922.3	550.3	1 112.3	2 562.0
酒精及饮料酒制造业	2 214.3	1 560.6	1 891.1	323.5	1 025.3	2 345.1
软饮料制造业	165.9	187.9	15.7	207.8	77.0	216.9
制茶业	46.1	14.6	15.5	19.0	10.0	
烟草加工业	9 097.9	28 181.8	28 572.9	-2 584.8	3 649.5	440.0
卷烟制造业	9 097.9	28 181.8	28 572.9	-2 584.8	3 649.5	440.0

4—3续表16 (1993年) 单位:万元

指标	年末资产负债及所有者权益					
	固定资产净值年平均余额	流动负债合计	流动负债年平均余额	营运资金年平均余额	长期负债合计	所有者权益合计
纺织业	43 018.5	90 562.3	76 674.6	-7 116.0	41 505.4	22 941.5
棉纺织业	27 761.8	68 952.5	56 155.6	-6 818.2	24 789.5	14 648.5
麻纺织业	2 399.2	3 252.6	2 931.1	-841.7	3 875.8	822.3
丝绢纺织业	567.2	705.6	689.0	-31.0	402.5	780.8
针织品业	12 290.3	17 651.6	16 898.9	574.9	12 437.6	6 689.9
服装及其他纤维制品制造业	8.1	39.6	4.2	53.8	5.0	25.1
服装制造业	8.1	39.6	4.2	53.8	5.0	25.1
皮革、毛皮、羽绒及其制品业	1 019.2	2 804.2	2 944.9	116.2	959.7	1 053.9
皮革制品制造业	903.9	2 795.0	2 944.9	28.2	763.7	821.4
羽毛(绒)及制品业	115.3	9.2		88.0	196.0	232.5
木材加工及竹、藤、棕、草制品业	4 616.2	15 797.9	12 075.2	-2 590.8	1 841.0	2 216.7
锯材、木片加工业	1 051.0	6 474.0	3 329.5	1 251.1	666.4	2 236.1
人造板制造业	3 565.2	9 323.9	8 745.7	-3 841.9	1 174.6	-19.4
家具制造业	92.0	415.3		323.5		140.8
木制家具制造业	92.0	415.3		323.5		140.8
造纸及纸制品业	10 679.8	10 065.6	9 447.6	1 737.5	15 899.3	21 010.5
造纸业	10 679.8	10 065.6	9 447.6	1 737.5	15 899.3	21 010.5
印刷业、记录媒介的复制	2 884.5	3 169.2	3 174.7	-61.2	2 686.7	2 341.6
印刷业	2 884.5	3 169.2	3 174.7	-61.2	2 686.7	2 341.6
化学原料及化学制品制造业	36 336.2	38 136.0	33 883.8	4 231.0	16 815.3	37 418..7
基本化学原料制造业	6 930.1	10 092.7	8 946.3	1 797.7	4 679.8	9 442.7
化学肥料制造业	21 469.8	10 354.9	10 154.9	-2 365.1	10 602.3	9 741.1
有机化学产品制造业	1 261.0	2 794.8	2 626.5	-44.4	364.8	1 355.7
专用化学产品制造业	1 064.8	582.2	757.3	1 456.2	185.8	2 459.0
日用化学产品制造业	5 610.5	14 311.4	11 398.8	3 386.6	982.6	14 420.2
医药制造业	2 910.8	8 180.1	7 359.4	896.7	3 377.7	1 727.8
化学药品制剂制造业	913.2	2 959.6	2 959.4	453.9	740.4	1 336.4
中药材及中成药加工业	1 997.6	5 220.5	4 400.0	442.8	2 637.3	391.4
化学纤维制造业	5 930.4	5 728.9	2 953.5	647.7	13 963.3	17 534.9
橡胶制品业	1 498.6	2 533.7	388.2	2 329.8	1 328.1	1 496.9
橡胶板、管、带制造业	1 437.1	2 361.3	230.6	2 297.9	1 328.1	1 391.9
橡胶零件制品业	61.5	172.4	157.6	31.9		105.0
塑料制品业	1 072.6	2 197.8	1 724.5	164.5	578.2	1 297.02
塑料薄膜制造业	1 072.6	2 197.8	1 724.5	164.5	578.2	1 297.2
非金属矿物制品业	66 688.4	32 501.3	29 148.4	3 062.0	63 833.4	20 775.0
水泥制造业	62 737.4	27 189.3	25 254.4	1 405.3	57 472.5	18 019.2
水泥制品和石棉水泥制品业	460.9	310.6	416.4	138.7	193.9	604.1
砖瓦、石灰和轻质建筑材料制造业	2 008.6	2 709.6	1 261.6	1 184.6	3929.5	1 583.6
玻璃及玻璃制品业	1 449.1	2 282.4	2 206.6	340.0	2 229.0	534.7
耐火材料制品业	32.4	9.4	9.4	-6.6	8.5	33.4
黑色金属冶炼及压延加工业	70 035.9	62 393.3	56 977.7	17 852.9	6 890.4	121 216.4
炼钢业	70 035.9	62 393.3	56 977.7	17 852.9	6 890.4	121 216.4
有色金属冶炼及压延加工业	4 972.3	11 297.5	8 860.6	4 985.5	8 283.7	3 972.8
重有色金属冶炼业	4 972.3	11 297.5	8 860.6	4 985.5	8 283.7	3 972.8

4—3 续表 17　　　　　　　　　　　　(1993年)　　　　　　　　　　　　单位:万元

指标	年末资产负债及所有者权益					
	固定资产净值年平均余额	流动负债合计	流动负债年平均余额	营运资金年平均余额	长期负债合计	所有者权益合计
金属制品业	1 016.1	2 449.0	2 165.2	-3.9	1 245.0	1 385.9
日用金属制品业	1 016.1	2 449.0	2 165.2	-3.9	1 245.0	1 385.9
普通机械制造业	33 248.8	70 361.8	61 796.3	8 168.8	25 794.4	41 465.1
锅炉及原动机制造业	15 581.7	29 425.7	21 479.2	3 824.2	14 362.2	16 349.3
金属加工机械制造业	8 720.1	14 118.1	15 120.8	129.8	2 387.1	7 961.6
通用设备制造业	6 548.2	22 511.3	20 289.9	3 387.3	7 526.6	14 111.9
其他通用零部件制造业	1 585.4	1 817.5	2 772.4	551.0	1 136.9	1 667.0
铸锻件制造业	813.4	2 489.2	2 134.0	276.5	381.6	1 375.3
专用设备制造业	8 292.8	26 727.2	19 651.9	11 004.8	14 053.6	12 927.0
机电工业专用设备制造业	389.5	438.9	433.2	-138.4		
石化及其他工业专用设备制造业	2 542.0	8 295.6	7 181.9	3 276.0	6 148.8	4 471.3
轻纺工业专用设备制造业	1 901.5	4 568.6	4 202.1	213.6	2 122.9	2 002.2
农、林、牧、渔、水利业机械制造业	1 514.4	6 335.2	5 003.9	1 311.9	1 644.9	2 610.7
其他专用设备制造业	1 945.4	7 088.9	2 830.8	6 341.7	4 137.0	3 842.8
交通运输设备制造业	55 736.7	123 801.9	110 348.0	20 700.6	31 573.4	83 914.3
汽车制造业	30 130.0	94 659.9	69 177.2	18 881.0	22 564.3	54 836.7
摩托车制造业	4 963.0	6 489.5	6 576.0	-241.0	4 739.2	966.3
自行车制造业	733.8	5 087.9	5 065.3	-356.9	2 634.5	-828.8
船舶制造业	3 010.3	10 435.3	23 311.1	230.2	71.4	8 538.7
交通运输设备修理业	16 899.6	7 129.3	6 218.4	2 187.3	1 564.0	20 401.4
电气机械及器材制造业	17 618.8	53 933.0	43 179.7	3 757.3	18 801.4	25 846.8
电机制造业	7 915.4	18 390.7	14 511.6	-1 334.6	6 613.0	15 089.4
输配电及控制设备制造业	6 565.4	24 649.0	19 425.8	4 945.4	8 141.5	7 170.3
电工器材制造业	2 100.8	7 648.7	6 547.7	266.7	2 911.1	2 582.6
日用电器制造业	69.2	344.4	100.6	14.8		128.1
照明器具制造业	968.0	2 900.2	2 594.0	-135.0	1 135.8	876.4
电子及通信设备制造业	2 917.5	7 348.9	7 505.3	1 047.0	7 254.2	1 561.1
通信设备制造业	206.1	875.3	784.3	-245.1		313.1
电子元件制造业	2 703.0	5 212.5	5 478.9	1 397.4	6 732.0	1 390.2
日用电子器具制造业	8.4	1 261.1	1 242.1	-105.3	522.2	-142.2
仪器仪表及文化、办公用机械制造业	1 615.0	6 762.5	13 369.1	-7 923.4	1 082.7	978.9
通用仪器仪表制造业	1 110.0	4 716.7	4 716.7	-86.7	987.0	901.3
电子测量仪器制造业	505.0	2 045.8	8 652.4	-7 836.7	95.7	77.6
其他制造业	65.4	212.6	184.2	17.7	2.2	48.4
其他生产、生活用品制造业	65.4	212.6	184.2	17.7	2.2	48.4
电力、煤气及水的生产和供应业	29 121.7	14 665.4	11 361.3	5 003.4	5 149.0	32 572.8
电力、蒸气、热水的生产和供应业	19 951.0	13 152.6	10 940.7	1 878.3	3 992.3	26 530.6
电力生产业	1 211.9	1 671.7	1 502.8	408.0	220.4	1 566.6
电力供应业	18 739.1	11 480.9	9 437.9	1 470.3	3 771.9	24 964.0
煤气生产和供应业	4 354.8	1 017.6		1 590.6		
煤气供应业	4 354.8	1 017.6		1 590.6		
自来水的生产和供应业	4 815.9	495.2	420.6	1 534.5	1 156.7	6 042.2

4—3 续表 18　　　　(1993 年)　　　　单位:万元

指标	损益及分配					
	产品销售收入	产品销售成本	产品销售费用	产品销售税金及附加	产品销售利润	管理费用
总计	**1 340 874.8**	**1 040 944.0**	**48 426.4**	**99 217.1**	**146 750.3**	**65 074.5**
市区	1 262 785.8	983 794.3	45 554.1	90 662.4	137 239.8	61 501.5
柳江	37 300.6	27 530.9	1 370.5	3 773.5	4 624.4	1 551.1
柳城	40 788.4	29 618.8	1 501.8	4 781.2	4 886.1	2 021.9
在总计中:						
中央企业	321 395.1	283 440.0	1 172.7	8 506.3	25 726.4	9 522.2
地方企业	1 019 479.7	757 504.0	47 253.7	90 710.8	121 023.9	55 552.3
#县属企业	36 552.1	24 820.3	1 789.1	4 527.0	5 414.0	1 740.3
在总计中:						
轻工业	367 531.0	274 980.6	10 609.7	46 182.2	33 222.5	16 523.3
以农产品为原料	290 807.9	221 972.1	5 403.5	37 392.5	23 602.3	12 027.1
以非农产品为原料	76 723.1	53 008.5	5 206.2	8 789.7	9 620.2	4 496.2
重工业	973 343.8	765 963.4	37 816.7	53 034.9	113 527.8	48 551.2
采掘工业	3 042.4	2 709.7	111.0	84.4	137.1	126.9
原料工业	307 519.0	211 861.3	20 445.9	33 917.8	41 293.7	14 753.7
加工工业	662 782.4	551 392.4	17 259.8	19 032.7	72 097.0	33 670.6
在总计中:						
大型企业	833 437.4	640 444.1	31 988.0	74 993.9	81 777.5	32 967.2
中型企业	404 647.6	319 179.8	12 279.8	19 349.1	52 552.5	25 356.8
小型企业	102 789.8	81 320.1	4 158.6	4 874.1	12 420.3	6 750.5
在总计中:						
采掘业	2 849.5	2 532.8	121.1	82.7	112.6	142.1
黑色金属矿采选业	2 450.7	2 156.2	110.6	77.8	106.0	119.1
其他黑色金属矿采选业	2 450.7	2 156.2	110.6	77.8	106.0	119.1
有色金属矿采选业	367.4	348.8	10.4	3.5	5.2	17.2
重有色金属矿采选业	367.4	348.2	10.4	3.5	5.2	17.2
木材及竹材采运业	31.4	28.4	0.1	1.4	1.4	5.8
木材采运业	31.4	28.4	0.1	1.4	1.4	5.8
制造业	1 318 422.2	1 025 444.7	47 774.9	95 428.8	144 237.2	64 482.8
食品加工业	66 274.9	51 591.3	1 695.6	6 243.4	6 743.2	2 812.9
粮食及饲料加工业	11 913.5	10 964.5	130.9	96.7	721.3	366.6
植物油加工业	3 654.2	3 222.9	128.8		302.5	242.4
制糖业	42 417.6	30 135.8	940.9	6 075.8	5 264.6	1 713.7
屠宰及肉类蛋类加工业	8 289.6	7 268.1	495.0	70.9	454.8	490.2
食品制造业	16 530.8	14 462.0	496.9	548.9	1 014.8	490.0
糕点、糖果制造业	14 834.8	13 005.5	401.8	469.2	950.3	384.4
调味品制造业	964.1	762.3	82.0	61.1	58.6	59.4
其他食品制造业	731.9	694.2	13.1	18.6	5.9	46.2
饮料制造业	8 179.6	5 938.8	484.2	738.7	1 017.8	399.0
酒精及饮料酒制造业	7 466.1	5 330.4	473.4	703.5	958.7	362.7
软饮料制造业	611.2	527.1	9.7	24.2	50.2	36.3
制茶业	102.3	81.3	1.1	11.0	8.9	
烟草加工业	54 718.0	26 142.1	235.7	24 399.5	3 256.6	929.8
卷烟制造业	54 718.0	26 142.1	235.7	24 399.5	3 256.6	929.8

4－3 续表 19　　　　(1993 年)　　　　单位:万元

指　　标	损益及分配					
	产品销售收入	产品销售成本	产品销售费用	产品销售税金及附加	产品销售利润	管理费用
纺织业	103 372.6	90 331.0	1 059.8	4 506.4	6 865.8	4 189.9
棉纺织业	78 601.4	68 901.5	649.8	3 291.2	5 149.8	2 870.1
麻纺织业	1 705.5	1 538.7	67.0	167.9	-68.1	115.8
丝绢纺织业	1 106.5	1 092.1	5.5	4.4	4.4	93.2
针织品业	21 959.2	18 798.7	337.5	1 042.9	1 779.7	1 110.8
服装及其他纤维制品制造业	70.3	53.6	1.5	3.3	11.9	9.9
服装制造业	70.3	53.6	1.5	3.3	11.9	9.9
皮革、毛皮、羽绒及其制品业	2 144.6	2 122.8	27.4	58.4	-64.1	132.0
皮革制品制造业	2 112.2	2 088.0	22.9	57.8	-56.6	126.2
羽毛(绒)及制品业	32.4	34.8	4.5	0.6	-7.5	5.8
木材加工及竹、藤、棕、草制品业	19 027.3	16 894.0	179.2	360.8	1 590.7	742.1
锯材、木片加工业	7 206.3	6 336.9	68.3	164.4	636.7	392.5
人造板制造业	11 821.0	10 557.1	110.9	196.4	954.0	349.6
家具制造业	339.0	280.6	31.8	11.4	15.0	11.8
木制家具制造业	339.0	280.6	31.8	11.4	15.0	11.8
造纸及纸制品业	18 170.0	15 364.2	37.3	22.0	1 749.8	1 105.1
造纸业	18 170.0	15 364.2	37.3	22.0	1 749.8	1 105.1
印刷业、记录媒介的复制	4 897.3	3 997.4	59.2	123.5	716.7	436.1
印刷业	4 897.3	3 997.4	59.2	123.5	716.7	436.1
化学原料及化学制品制造业	93 288.8	66 761.2	5 182.5	11 864.5	9 480.3	5 168.2
基本化学原料制造业	20 264.7	16 692.8	309.4	2 020.1	1 242.4	1 102.2
化学肥料制造业	24 179.3	20 811.1	209.5	2 077.9	1 080.7	1 456.9
有机化学产品制造业	6 212.7	4 832.5	117.2	715.1	547.9	318.3
专用化学产品制造业	5 461.4	3 805.7	433.8	590.7	631.1	430.8
日用化学产品制造业	37 170.7	20 619.1	4 112.6	6 460.7	5 978.2	1 860.0
医药制造业	10 346.5	7 406.2	1 116.1	646.3	1 043.7	1 169.4
化学药品制剂制造业	4 010.5	3 209.1	123.0	193.3	485.1	273.0
中药材及中成药加工业	6 336.0	4 197.1	993.1	453.0	558.6	896.4
化学纤维制造业	6 715.5	5 140.9	283.3	171.7	1 119.6	413.6
橡胶制品业	5 038.7	3 974.4	105.9	565.8	392.5	205.9
橡胶板、管、带制造业	4 834.4	3 805.7	93.3	549.8	385.5	202.6
橡胶零件制品业	204.3	168.7	12.6	16.0	7.0	3.3
塑料制品业	2 129.5	1 838.7	56.4	87.9	146.5	83.2
塑料薄膜制造业	2 129.5	1 838.7	56.4	87.9	146.5	83.2
非金属矿物制品业	71 829.7	35 466.7	12 080.5	5 838.3	18 442.3	5 464.6
水泥制造业	59 649.4	26 519.9	11 593.0	5 041.4	16 495.1	4 697.7
水泥制品和石棉水泥制品业	1 226.0	982.2		28.7	215.1	61.3
砖瓦、石灰和轻质建筑材料制造业	6 598.1	4 321.5	443.5	407.5	1 423.7	599.9
玻璃及玻璃制品业	4 346.2	3 635.1	43.6	360.1	307.4	104.5
耐火材料制品业	10.0	8.0	0.4	0.6	1.0	1.2
黑色金属冶炼及压延加工业	171 694.7	123 676.6	7 257.2	22 246.2	18 514.7	7 302.5
炼钢业	171 694.7	123 676.6	7 257.2	22 246.2	18 514.7	7 302.5
有色金属冶炼及压延加工业	20 510.5	19 175.3	332.7	572.7	1 429.7	490.5

4—3 续表 20　　(1993年)　　单位:万元

指标	损益及分配					
	产品销售收入	产品销售成本	产品销售费用	产品销售税金及附加	产品销售利润	管理费用
重有色金属冶炼业	21 510.5	19 175.3	322.7	572.7	1 429.7	490.5
金属制品业	6 501.6	5 285.0	110.8	390.5	715.2	492.5
日用金属制品业	6 501.6	5 285.0	110.8	390.5	715.2	492.5
普通机械制造业	112 736.6	81 559.9	5 269.7	4 233.7	21 673.0	10 689.2
锅炉及原动机制造业	50 303.0	33 935.3	2 572.2	1 959.6	11 835.9	5 144.1
金属加工机械制造业	11 778.1	8 926.7	526.0	297.2	2 028.2	1 176.4
通用设备制造业	36 780.0	27 009.3	1 502.5	1 508.2	6 759.9	3 615.8
其他通用零部件制造业	6 942.0	5 497.6	335.5	265.9	842.8	500.9
铸锻件制造业	6 933.5	6 191.0	333.5	202.8	206.2	252.0
专用设备制造业	44 341.3	33 003.4	2 084.3	1 684.4	7 397.4	3 977.4
机电工业专用设备制造业	492.5	459.5			32.9	33.7
石化及其他工业专用设备制造业	8 512.5	6 216.4	296.0	276.2	1 723.8	667.4
轻纺工业专用设备制造业	7 290.1	5 881.3	241.2	286.1	881.5	639.6
农、林、牧、渔、水利业机械制造业	13 151.5	11 352.6	86.4	398.0	1 314.4	639.0
其他专用设备制造业	14 894.7	9 093.6	1 460.7	724.1	3 444.8	1 997.7
交通运输设备制造业	407 048.5	358 519.0	5 841.1	7 107.9	32 863.5	13 285.4
汽车制造业	359 682.5	318 128.5	5 440.4	6 162.8	27 234.0	9 985.3
摩托车制造业	1 856.5	1 216.5	125.3	119.5	395.2	354.7
自行车制造业	3 648.4	3 136.3	87.6	337.4	87.1	204.9
船舶制造业	28 533.8	23 663.8	21.5	121.3	4 727.1	943.5
交通运输设备修理业	13 327.3	12 373.9	166.3	366.9	420.1	1 797.0
电气机械及器材制造业	53 647.6	41 836.0	2 894.9	2 445.5	6 465.3	3 503.8
电机制造业	18 624.8	14 992.7	1 028.3	718.3	1 879.7	794.3
输配电及控制设备制造业	24 992.7	18 618.6	1 491.1	1 413.5	3 469.5	2 034.6
电工器材制造业	6 988.5	5 567.0	318.1	220.4	882.9	462.9
日用电器制造业	346.6	286.6	21.2	17.3	21.5	7.8
照明器具制造业	2 695.0	2 371.1	36.2	76.0	211.7	204.2
电子及通信设备制造业	8 352.6	6 630.9	284.4	345.0	891.0	551.2
通信设备制造业	1 384.8	1102.9	48.6	48.6	184.7	71.2
电子元件制造业	5 367.8	4 192.3	164.0	229.2	679.0	439.9
日用电子器具制造业	1 600.0	1 335.7	71.8	67.2	27.3	40.1
仪器仪表及文化、办公用机械制造业	9 067.7	7 641.6	557.7	198.9	669.4	388.6
通用仪器仪表制造业	8 785.5	7 371.8	550.9	191.0	671.8	296.4
电子测量仪器制造业	282.2	269.8	6.8	7.9	-2.4	92.2
其他制造业	448.0	351.1	8.8	13.2	74.9	38.2
其他生产、生活用品制造业	448.0	351.1	8.8	13.2	74.9	38.2
电力、煤气及水的生产和供应业	19 603.1	12 966.5	530.4	3 705.6	2 400.5	449.6
电力、蒸汽和热水的生产和供应业	14 896.0	9 262.1	362.2	3 539.7	1 731.9	99.1
电力生产业	2 893.2	2 326.6	1.1	124.5	440.9	73.6
电力供应业	12 002.8	6 935.5	361.1	3 415.2	1 291.0	25.5
煤气生产和供应业	971.5	1 001.1	9.4	44.6	-83.6	74.2
煤气供应业	971.5	1 001.1	9.4	44.6	-83.6	74.2
自来水的生产和供应业	3 735.6	2 703.3	158.8	121.3	752.2	276.3

指标	损益及分配					
	财务费用	利息支出	营业利润	利润总额	亏损企业亏损总额	利税总额
总　　计	**21 716.4**	**18 450.2**	**65 851.7**	**630 120.0**	**5 513.8**	**162 229.1**
市　　区	20 749.8	17 533.9	60 495.2	57 796.4	5 282.9	148 458.8
柳　　江	446.7	441.2	2 698.3	2 723.7	80.0	6 497.2
柳　　城	519.9	475.1	2 658.2	2 491.9	150.9	7 273.1
在总计中:						
中央企业	1 142.4	783.3	15 453.6	17 292.2		25 798.5
地方企业	20 574.0	17 666.9	50 398.1	45 719.8	5 513.8	136 430.6
#县属企业	521.9	508.6	3 225.4	3 181.8	27.1	7 708.8
在总计中:						
轻工业	8 001.1	7 349.3	10 286.4	9 104.6	3 725.0	55 286.8
以农产品为原料	6 508.3	5 987.8	5 718.4	4 737.7	2 923.6	42 130.2
以非农产品为原料	1 492.8	1 361.5	4 568.0	4 366.9	801.4	13 156.6
重工业	13 715.3	11 100.9	55 565.3	53 907.4	1 788.8	106 942.3
采掘工业	96.5	94.3	-85.7	-28.1	95.8	56.3
原料工业	4 990.5	2 599.2	24 013.5	22 413.0	107.0	56 330.8
加工工业	8 718.3	8 407.4	31 637.5	31 522.5	1 586.0	50 555.2
在总计中:						
大型企业	12 512.5	9 737.2	39 532.0	38 049.5	2 158.1	113 043.4
中型企业	7 162.5	6 992.2	22 143.2	20 617.1	1 870.3	39 966.2
小型企业	2 041.4	1 720.8	4 176.5	4 345.4	1 485.4	9 219.5
在总计中:						
采掘业	98.9	98.4	-114.0	-40.7	95.8	42.0
黑色金属矿采选业	94.8	94.3	-107.3	-48.8	90.7	29.0
其他黑色金属矿采选业	94.8	94.3	-107.3	-48.8	90.7	29.0
有色金属矿采选业	4.1	4.1	-2.3	13.2		16.7
重有色金属矿采选业	4.1	4.1	-2.3	13.2		16.7
木材及竹材采运业			-4.4	-5.1	5.1	-3.7
木材采运业			-4.4	-5.1	5.1	-3.7
制造业	21 673.2	18 399.9	63 926.7	60 905.5	5 346.6	156 334.3
食品加工业	702.0	697.6	3 573.7	3 791.7	84.5	10 035.1
粮食及饲料加工业	85.9	85.3	369.7	555.0	84.5	651.7
植物油加工业	105.6	105.6	59.5	53.3		53.3
制糖业	436.6	433.0	3 133.7	3 055.4		9 131.2
屠宰及肉类蛋类加工业	73.9	73.7	10.8	128.0		198.9
食品制造业	166.4	166.3	387.1	266.1	137.9	815.0
糕点、糖果制造业	111.3	111.2	471.2	374.9	2.4	844.1
调味品制造业	37.3	37.3	-35.7	-25.1	25.1	36.0
其他食品制造业	17.8	17.8	-48.4	—83.7	110.4	-65.1
饮料制造业	95.3	93.9	521.7	460.7	5.4	1 199.4
酒精及饮料酒制造业	87.2	86.0	507.0	456.0		1 159.5
软饮料制造业	5.3	5.1	8.6	-5.1	5.4	18.8
制茶业	2.8	2.8	6.1	10.1		21.1
烟草加工业	1 244.4	1 127.1	1 102.0	868.7		25 268.2
卷烟制造业	1 244.4	1 127.1	1 102.0	868.7		25 268.2

4—3 续表 22　　　　(1993年)　　　　单位:万元

指标	损益及分配					
	财务费用	利息支出	营业利润	利润总额	亏损企业亏损总额	利税总额
纺织业	3 197.9	3 105.5	-287.8	-803.5	1 203.0	3 702.9
棉纺织业	2 212.3	2 207.3	211.4	-266.2	610.0	3 025.0
麻纺织业	72.6	71.9	-253.3	-279.6	279.6	-111.7
丝绢纺织业	-0.6	-0.6	-88.2	-35.4	35.4	-31.0
针织品业	913.6	826.9	-157.7	-222.3	278.0	820.6
服装及其他纤维制品制造业	0.5	0.5	1.5	2.9		6.2
服装制造业	0.5	0.5	1.5	2.9		6.2
皮革、毛皮、羽绒及其制品业	126.8	90.6	-322.9	-199.9	199.9	-141.5
皮革制品制造业	89.2	67.3	-272.0	-145.0	145.0	-87.2
羽毛(绒)及制品业	37.6	23.3	-50.9	-54.9	54.9	-54.3
木材加工及竹、藤、棕、草制品业	481.6	480.6	554.6	345.7		706.5
锯材、木片加工业	74.9	74.7	183.1	148.4		312.8
人造板制造业	406.7	405.9	371.5	197.3		393.7
家具制造业	9.2		-0.5			11.4
木制家具制造业	9.2		-0.5			11.4
造纸及纸制品业	207.0	206.8	437.7	165.6	84.6	187.6
造纸业	207.0	206.8	437.7	165.6	84.6	187.6
印刷业、记录媒介的复制	79.1	76.7	222.8	223.6	7.5	347.1
印刷业	79.1	76.7	222.8	223.6	7.5	347.1
化学原料及化学制品制造业	1 652.6	1 565.1	3 807.5	3 356.4	1 266.1	15 220.9
基本化学原料制造业	250.2	235.7	276.3	104.0	20.0	2 124.1
化学肥料制造业	910.6	910.6	-1 062.0	-1 210.5	1 210.5	867.4
有机化学产品制造业	185.5	138.3	74.7	63.2		778.3
专用化学产品制造业	11.4	11.4	230.5	139.0	35.6	729.7
日用化学产品制造业	294.9	269.1	4 288.0	4 260.7		10 721.4
医药制造业	701.8	435.9	-824.5	-938.4	1 200.8	-292.1
化学药品制剂制造业	129.7	128.7	82.4	50.3		243.6
中药材及中成药加工业	572.1	307.2	-906.9	-988.7	1 200.8	-535.7
化学纤维制造业	74.6	74.6	631.4	609.1		780.8
橡胶制品业	93.9	93.9	92.7	60.0		625.8
橡胶板、管、带制造业	93.9	93.9	89.0	57.8		607.6
橡胶零件制品业			3.7	2.2		18.2
塑料制品业	71.6	47.1	-5.4	13.7		101.6
塑料薄膜制造业	71.6	47.1	-5.4	13.7		101.6
非金属矿物制品业	2 628.9	496.8	10 530.4	10 522.1	4.3	16 360.4
水泥制造业	2 341.6	230.7	9 564.0	9 529.4		14 570.8
水泥制品和石棉水泥制品业	14.8	14.6	181.1	177.0		205.7
砖瓦、石灰和轻质建筑材料制造业	190.4	176.7	674.7	667.4	4.3	1 074.9
玻璃及玻璃制品业	82.1	74.8	110.1	147.8		507.9
耐火材料制品业			0.5	0.5		1.1
黑色金属冶炼及压延加工业	1 364.7	1 196.5	11 247.7	10 015.5		32 261.7
炼钢业	1 364.7	1 196.5	11 247.7	10 015.5		32 261.7
有色金属冶炼及压延加工业	342.8	342.8	824.8	715.0		1 287.7

指标	损益及分配					
	财务费用	利息支出	营业利润	利润总额	亏损企业亏损总额	利税总额
重有色金属冶炼业	342.8	342.8	824.8	715.0		1 287.7
金属制品业	149.0	101.9	237.3	180.5		571.0
日用金属制品业	149.0	101.9	237.3	180.5		571.0
普通机械制造业	2 587.3	2 580.8	8 848.2	7 935.8	6.0	12 169.5
锅炉及原动机制造业	1 269.1	1 136.1	5 659.1	5 229.5	4.2	7 189.1
金属加工机械制造业	395.5	368.8	492.7	296.2		593.4
通用设备制造业	897.0	866.5	2 300.8	2 122.0	1.8	3 630.2
其他通用零部件制造业	148.4	111.3	318.7	257.5		523.4
铸锻件制造业	-122.7	98.1	76.9	30.6		233.4
专用设备制造业	1 044.8	1 023.1	2 902.4	2 764.1	258.2	4 448.5
机电工业专用设备制造业	-0.2	-0.2	20.7	22.3		22.3
石化及其他工业专用设备制造业	378.0	377.3	698.4	722.7		998.9
轻纺工业专用设备制造业	140.5	131.5	175.4	106.1	249.9	392.2
农、林、牧、渔、水利业机械制造业	202.4	201.6	773.4	700.5		1 098.5
其他专用设备制造业	324.1	312.9	1 234.5	1 212.5	8.3	1 936.6
交通运输设备制造业	2 763.9	2 405.4	17 226.4	18 687.8	551.5	25 795.7
汽车制造业	2 621.2	2 263.1	14 850.0	14 480.2		20 643.0
摩托车制造业	340.1	340.1	-250.7	-307.9	307.9	-188.4
自行车制造业	162.4	162.4	-277.8	-243.6	243.6	93.8
船舶制造业	-573.1	-573.1	4 421.3	4 413.1		4 534.4
交通运输设备修理业	213.3	212.9	-1 516.4	346.0		712.9
电气机械及器材制造业	1 502.9	1 461.0	1 860.8	1 490.7	80.4	3 936.2
电机制造业	412.1	411.2	698.4	515.2		1 233.5
输配电及控制设备制造业	800.8	788.4	887.8	749.2		2 162.7
电工器材制造业	262.0	241.8	164.6	151.9	80.4	372.3
日用电器制造业	2.8	2.8	10.9	10.9		28.2
照明器具制造业	25.2	16.8	99.1	63.5		139.5
电子及通信设备制造业	189.6	336.0	257.3	302.4	129.4	647.4
通信设备制造业	42.3	41.4	71.2	70.4		119.0
电子元件制造业	104.4	251.7	177.3	226.7	129.4	455.9
日用电子器具制造业	42.9	42.9	8.8	5.3		72.5
仪器仪表及文化、办公用机械制造业	188.7	187.5	89.8	52.9	127.1	251.8
通用仪器仪表制造业	176.2	175.0	199.2	180.0		371.0
电子测量仪器制造业	12.5	12.5	-109.4	-127.1	127.1	-119.2
其他制造业	5.9	5.9	10.0	16.3		29.5
其他生产、生活用品制造业	5.9	5.9	10.0	16.3		29.5
电力、煤气及水的生产和供应业	-55.7	-48.1	2 039.0	2 147.2	71.4	5 852.8
电力、蒸汽、热水的生产和供应业	-34.9	-42.4	1 690.0	1 749.5		5 289.2
电力生产业	8.6	6.6	359.7	336.6		461.1
电力供应业	-43.5	-49.0	1 330.3	1 412.9		4 828.1
煤气生产和供应业	-5.2	-5.2	-142.5	-71.4	71.4	-26.8
煤气供应业	-5.2	-5.2	-142.5	-71.4	71.4	-26.8
自来水的生产和供应业	-15.6	-0.5	491.5	469.1		590.4

4—4　全部独立核算集体工业企业主要经济指标

（1993年）　　　　单位：万元

指　　　标	企业单位数（个）	亏损企业	工业总产值（当年价）	工业总产值（1990年不变价）	工业增加值（生产法）	成品产销存 年初库存价值
总　计	**767**	**98**	**268 186.6**	**252 369.8**	**59 434.1**	**23 651.2**
市　区	556	76	240 660.4	223 772.7	50 778.8	22 637.0
柳　江	92	8	15 545.9	13 608.1	4 956.2	605.6
柳　城	119	14	11 980.3	14 989.0	3 699.1	408.6
在总计中：						
县属企业	17	8	2 614.0	2 693.1	569.9	540.1
乡办企业	426	41	81 135.2	71 764.1	18 417.2	1 650.6
在总计中：						
轻工业	352	68	104 575.9	109 485.5	30 181.4	15 144.3
以农产品为原料	199	38	52 021.5	54 659.8	16 383.6	4 004.3
以非农业产品为原料	153	30	52 554.4	57 825.7	13 797.7	11 139.9
重工业	415	30	163 610.7	142 884.3	29 252.7	8 506.8
采掘工业	45	3	3 966.0	3 448.6	1 063.4	63.2
原料工业	64	11	76 498.6	62 312.3	10 932.5	4 483.8
加工工业	306	16	83 146.1	77 123.4	17 256.7	3 959.8
在总计中：						
大型企业	3	1	20 503.8	22 555.0	3 270.8	7 401.7
中型企业	6		43 714.7	41 122.3	9 662.6	3 824.3
小型企业	758	97	203 968.1	188 692.5	46 500.7	12 425.2
在总计中：						
采掘业	45	3	3 953.5	3 480.1	1 044.6	56.5
煤炭采选业	4	1	231.7	251.5	90.1	12.2
煤炭开采业	3		222.7	243.5	73.7	12.2
煤炭洗选业	1	1	9.0	8.0	16.4	
黑色金属矿采选业	5		399.5	400.0	37.9	29.5
铁矿采选业	2		31.5	31.0	-3.8	29.5
其他黑色金属矿采选业	3		368.0	369.0	41.7	
有色金属矿采选业	2	1	266.0	270.0	39.0	9.0
重有色金属矿采选业	1	1	156.0	156.0	6.0	9.0
贵金属矿采选业	1		110.0	114.0	33.0	
非金属矿采选业	32	1	2 442.3	2 300.3	701.8	5.8
土沙石开采业	32	1	2 442.3	2 300.3	701.8	5.8
其他矿采选业	2		614.0	258.3	175.8	
制造业	712	95	264 121.7	248 803.1	58 337.6	23 594.7
食品加工业	13	3	5 496.1	3 455.2	1 105.2	214.2
粮食及饲料加工业	7	3	1 979.2	1 544.3	849.6	139.6
植物油加工业	3		3 325.1	1 745.4	224.3	74.6
屠宰及肉类蛋类加工业	3		191.8	165.5	31.3	
食品制造业	18	4	2 284.5	1 516.8	282.3	85.7
糕点、糖果制造业	10	2	393.4	360.9	34.8	4.7
调味品制造业	2	1	54.6	54.6	21.1	
其他食品制造业	6	1	1 836.5	1 101.3	226.4	81.0
饮料制造业	8	3	4 680.9	4 160.4	1 049.6	41.6
酒精及饮料酒制造业	2	1	4.3	4.3	2.3	
软饮料制造业	5	2	160.9	163.4	46.9	2.1

4—4续表1　　　　　　　　　　(1993年)　　　　　　　　　　单位:万元

指　　标	企业单位数(个)	亏损企业	工业总产值(当年价)	工业总产值(1990年不变价)	工业增加值(生产法)	成品产销存 年初库存价值
其他饮料制造业	1		4 515.7	3 992.7	1 000.4	39.5
纺织业	45	12	11 722.2	11 463.5	3 318.1	634.4
棉纺织业	16	4	5 007.4	4 388.1	801.5	150.0
毛纺织业	2		22.6	22.6	11.5	
丝绢纺织业	3		444.8	444.8	175.9	
针织品业	24	8	6 247.4	6 608.0	2 329.2	484.4
服装及其他纤维制品制造业	31	5	6 606.9	7 811.6	2 425.6	1 261.4
服装制造业	25	4	4 597.4	4 800.1	1 673.7	971.7
制帽业	1	1	53.4	50.5	15.1	30.5
制鞋业	3		1 445.0	1 771.5	629.0	180.4
其他纤维制品制造业	2		511.1	1 189.5	107.8	78.8
皮革、毛皮、羽绒及其制品业	10	2	2 375.4	2 988.9	1 825.7	261.6
制革业	5	1	352.5	325.0	75.7	19.9
皮革制品制造业	5	1	2 022.9	2 663.9	1 750.0	241.7
木材加工及竹、藤、棕、草制品业	28	1	4 247.0	4 337.8	-1 789.0	18.6
锯材、木片加工业	6		2 799.5	2 791.9	-2 187.7	2.1
木制品业	19		1 313.5	1 412.0	354.5	14.4
竹、藤、棕、草制品业	2		25.2	25.1	1.3	2.1
家具制造业	9	1	2 694.6	2 518.1	1 074.0	149.0
木制家具制造业	8	1	2 366.8	2 319.0	1 137.8	131.1
金属家具制造业	1		327.8	199.1	-63.8	17.9
造纸及纸制品业	37	7	13 622.3	15 915.3	4 413.0	1 441.5
造纸业	16	1	8 971.2	10 150.7	2 646.9	1 000.0
纸制品业	21	6	4 651.1	5 764.6	1 766.1	441.5
印刷业、记录媒介的复制	17	3	1 149.4	1 069.9	496.0	63.3
印刷业	17	3	1 149.4	1 069.9	496.0	63.3
文教体育用品制造业	1					
体育用品制造业	1					
石油加工及炼焦业	2		46.4	46.4	15.7	5.0
原油加工业	2		46.4	46.4	15.7	5.0
化学原料及化学制品制造业	41	11	10 077.3	10 635.1	2 091.2	1 081.7
基本化学原料制造业	14	3	6 098.9	5 988.3	1 354.4	521.7
化学肥料制造业	5	3	630.1	712.8	247.6	75.7
化学农药制造业	1		50.0	50.0	11.5	
有机化学产品制造业	11	2	2 299.1	2 611.6	449.8	353.1
合成材料制造业	1		594.4	613.9	-79.0	54.0
专用化学产品制造业	2		45.6	43.8	17.9	20.5
日用化学产品制造业	7	3	359.2	614.7	88.9	56.6
医药制造业	4		1 420.9	1 469.1	302.9	268.1
化学药品制剂制造业	3		620.9	669.1	214.8	268.1
生物制品业	1		800.0	800.0	88.1	
化学纤维制造业	1		12.0	12.0	1.0	
人造纤维(纤维素纤维)制造业	1		12.0	12.0	1.0	
橡胶制品业	5	1	580.5	625.6	156.2	74.7
橡胶板、管、带制造业	1	1	250.9	230.8	20.2	22.0

4－4续表2　　　　　　　　　　(1993年)　　　　　　　　　　单位:万元

指　　标	企业单位数(个)	亏损企业	工业总产值(当年价)	工业总产值(1990年不变价)	工业增加值(生产法)	成品产销存 年初库存价值
橡校零件制品业	2		22.7	22.7	15.2	
橡胶制品翻修业	1		65.0	67.0	29.7	15.6
其他橡胶制品业	1		241.9	305.1	91.1	37.1
塑料制品业	48	6	15 267.4	18 609.3	4 408.4	1 342.8
塑料薄膜制造业	7		761.0	720.5	257.9	69.1
塑料板、管、棒材制造业	1		20.5	20.5	3.7	23.6
塑料丝、绳及编织品制造业	11	2	9 063.1	12 615.7	1 933.4	756.3
泡沫塑料及人造革、合成革制造业	5		1 783.4	1 755.3	341.5	142.0
塑料包装箱及容器制造业	4	1	1 011.3	958.4	298.1	126.9
日用塑料杂品制造业	5	1	666.2	637.6	547.3	123.4
塑料零件制造业	5	2	792.5	792.5	400.3	94.9
其他塑料制品业	10		1 169.4	1 108.8	626.2	6.6
非金属矿物制品业	97	5	16 794.3	12 243.5	6 695.9	1 224.3
水泥制造业	1		2 000.0	832.0	905.0	25.0
水泥制品和石棉水泥制品业	7		3 024.3	2 485.7	1 926.6	265.4
砖瓦、石灰和轻质建筑材料制造业	76	3	6 415.6	4 436.1	2 378.8	196.4
玻璃及玻璃制品业	3	1	286.3	247.1	151.1	4.2
陶瓷制品业	4		1 657.2	1 450.3	767.6	383.2
耐火材料制品业	2		353.6	288.9	68.4	68.4
矿物纤维及其制品业	3	1	2 526.6	1 966.8	371.0	161.7
其他类未包括的非金属矿物制品业	1		530.7	536.6	127.4	120.0
黑色金属冶炼及压延加工业	15	5	13 808.3	6 776.7	3 561.0	161.1
炼钢业	3	1	478.5	235.1	80.7	
钢压延加工业	10	3	12 847.1	6 002.9	3 389.8	136.1
铁合金冶炼业	2	1	482.7	538.7	90.5	25.0
有色金属冶炼及压延加工业	18	2	49 378.0	44 080.7	6 869.4	3 383.9
重有色金属冶炼业	16	1	49 122.9	43 825.3	6 820.1	3 375.0
轻有色金属冶炼业	1	1	185.9	189.8	48.2	
有色金属合金业	1		69.2	65.6	1.1	8.9
金属制品业	52	7	17 119.8	15 753.1	5 303.6	1 200.9
金属结构制造业	9		3 784.0	4 761.8	2 608.5	251.0
铸铁管制造业	2		399.8	282.0	178.9	70.5
集装箱和金属包装物品制造业	2		478.5	477.3	194.8	49.3
金属丝绳及其制品业	4		4 332.7	2 451.2	78.1	136.6
建筑用金属制品业	9	3	2 780.1	2 768.6	983.5	472.7
金属表面处理及热处理业	10	3	3 980.2	3 792.6	698.2	13.3
日用金属制品业	6	1	764.6	673.1	371.3	146.6
其他金属制品业	10		599.9	546.5	190.3	60.9
普通机械制造业	71	3	18 348.4	16 169.6	1 299.4	1 300.5
锅炉及原动机制造业	2		180.0	187.5	77.6	42.2
金属加工机械制造业	4		477.6	431.1	133.5	114.1
通用设备制造业	7	1	3 234.2	2 744.0	764.6	315.3
其他通用零部件制造业	18	1	7 655.6	6 643.7	-1 185.1	659.6
铸锻件制造业	33		5 480.4	4 842.7	1 015.6	90.6

指　　标	企业单位数(个)	亏损企业	工业总产值(当年价)	工业总产值(1990年不变价)	工业增加值(生产法)	成品产销存 年初库存价值
普通机械修理业	2	1	313.7	313.7	46.0	76.7
其他普通机械制造业	5		1 006.9	1 006.9	447.3	2.0
专用设备制造业	23	1	12 228.5	10 819.0	3 781.5	541.4
机电工业专用设备制造业	1		381.6	201.6	41.5	3.8
石化及其他工业专用设备制造业	3		797.0	651.4	247.4	22.0
轻纺工业专用设备制造业	4		2 404.8	2 241.8	1 649.1	158.4
农、林、牧、渔、水利业机械制造业	4		195.2	198.9	67.3	2.4
医疗器械制造业	4	1	279.4	238.8	97.9	36.4
其他专用设备制造业	4		4 550.1	4 314.1	634.0	318.4
专用机械设备修理业	3		3 620.4	2 972.4	1 044.3	
交通运输设备制造业	47	1	24 743.5	26 847.6	4 318.8	375.6
铁路运输设备制造业	3		1 064.5	998.5	569.0	129.2
汽车制造业	27		18 861.1	18 826.2	2 462.3	241.7
自行车制造业	1		110.0	109.1	74.5	4.7
船舶制造业	9		4 559.1	6 762.0	1 269.8	
交通运输设备修理业	7	1	148.8	151.8	-56.9	
电气机械及器材制造业	35	5	22 521.2	23 842.1	3 611.7	7 752.1
电机制造业	1		13.3	13.3	5.8	
输配电及控制设备制造业	14	1	3 468.2	3 223.7	1 912.1	250.5
电工器材制造业	3	1	1 192.4	1 313.2	-777.7	21.1
日用电器制造业	13	2	17 432.7	18 911.7	2 391.7	7 423.9
照明器具制造业	3	1	414.6	380.2	79.8	56.6
电气机械修理业	1					
电子及通信设备制造业	6		879.0	879.0	545.6	23.1
通信设备制造业	2		444.1	444.1	357.7	23.1
电子器件制造业	1		370.6	370.6	151.0	
电子元件制造业	2		32.7	32.7	19.6	
电子设备及通信设备修理业	1		31.6	31.6	17.3	
仪器仪表及文化、办公用机械制造业	10	1	4 258.7	3 763.0	829.3	586.2
通用仪器仪表制造业	5		1 946.8	1 864.9	550.3	75.8
计量器具制造业	2	1	815.5	495.4	105.4	87.3
钟表制造业	1		1 393.1	1 301.9	160.0	423.1
其他仪器仪表制造业	2		103.3	100.8	13.6	
其他制造业	20	6	1 758.2	993.8	345.2	101.3
工艺美术品制造业	11	4	428.4	416.8	163.6	56.0
日用杂品制造业	1		28.0	28.0	15.0	
其他生产、生活用品制造业	8	2	1 301.8	549.0	166.6	45.3
电力、煤气及水的生产和供应业	10		111.4	86.6	52.0	
电力、蒸汽、热水的生产和供应业	2		45.7	27.5	15.2	
电力生产业	1		18.8	4.8	11.8	
电力供应业	1		26.9	22.7	3.4	
煤气生产和供应业	1		36.1	34.1	22.7	
煤气供应业	1		36.1	34.1	22.7	
自来水的生产和供应业	7		29.6	25.0	14.1	

4—4续表4　　(1993年)　　单位:万元

指标	成品产销存			工业总产出	工业中间投入合计	本年应付工资
	生产价值	销售价值	年末库存价值			
总计	**236 402.1**	**239 180.5**	**28 272.5**	**241 918.2**	**182 484.1**	**14 873.0**
市区	209 727.6	214 036.5	25 429.3	215 156.5	164 377.7	12 911.9
柳江	14 704.9	13 413.7	1 936.5	14 781.4	9 825.2	916.9
柳城	11 969.6	11 730.3	906.7	11 980.3	8 281.2	1 044.2
在总计中:						
县属企业	2 367.3	2 696.1	415.0	2 399.8	1 829.9	186.0
乡办企业	75 056.8	72 340.0	4 004.0	75 150.7	56 733.5	3 798.2
在总计中:						
轻工业	96 523.8	102 295.0	15 956.9	99 403.2	69 221.8	5 646.9
以农产品为原料	48 006.1	50 502.4	6 559.0	49 544.6	33 161.0	2 698.4
以非农业产品为原料	48 517.6	51 792.5	9 397.8	49 858.5	36 060.8	2 948.5
重工业	139 878.3	136 885.5	12 315.6	142 515.0	113 262.3	9 226.1
采掘工业	3 912.8	3 899.9	75.2	3 925.9	2 862.5	341.8
原料工业	64 758.0	63 305.8	6 621.7	65 362.9	54 430.4	3 640.9
加工工业	71 207.4	69 679.8	5 618.6	73 226.1	55 969.4	5 243.4
在总计中:						
大型企业	19 150.9	22 173.7	4 505.1	19 554.3	16 283.5	901.7
中型企业	39 527.5	39 496.7	5 163.6	39 752.0	30 089.4	2 130.1
小型企业	177 723.7	177 510.1	18 603.8	182 611.9	136 111.2	11 841.2
在总计中:						
采掘业	3 900.3	3 885.9	70.0	3 913.4	2 868.8	336.4
煤炭采选业	231.7	233.0	1.0	240.7	150.6	26.0
煤炭开采业	222.7	224.0	1.0	222.7	149.0	22.3
煤炭洗选业	9.0	9.0		18.0	1.6	3.7
黑色金属矿采选业	391.2	417.7	3.0	391.2	353.3	22.2
铁矿采选业	23.2	49.7	3.0	23.2	27.0	5.7
其他黑色金属矿采选业	368.0	368.0		368.0	326.3	16.5
有色金属矿采选业	266.0	275.0	9.0	266.0	227.0	29.1
重有色金属矿采选业	156.0	165.0	9.0	156.0	150.0	13.1
贵金属矿采选业	110.0	110.0		110.0	77.0	16.0
非金属矿采选业	2 397.4	2 346.2	57.0	2 401.5	1 699.7	237.6
土沙石开采业	2 397.4	2 346.2	57.0	2 401.5	1 699.7	237.6
其他矿采选业	614.0	614.0		614.0	438.2	21.5
制造业	232 389.2	235 182.0	28 202.5	237 892.2	179 554.6	14 512.9
食品加工业	5 354.7	5 364.8	241.4	5 354.7	4 249.5	80.5
粮食及饲料加工业	1 837.0	1 827.1	186.6	1 837.0	987.4	53.4
植物油加工业	3 325.9	3 345.9	54.6	3 325.9	3 101.6	25.2
屠宰及肉类蛋类加工业	191.8	191.8	0.2	191.8	160.5	1.9
食品制造业	2 136.9	2 174.9	64.9	2 136.9	1 854.6	220.1
糕点、糖果制造业	312.9	324.0	12.4	312.9	278.1	45.9
调味品制造业	54.6	54.6		54.6	33.5	11.6
其他食品制造业	1 769.4	1 796.3	52.5	1 769.4	1 543.0	162.6
饮料制造业	4 593.6	4 122.5	201.5	4 612.3	3 562.7	25.6
酒精及饮料酒制造业	4.4	4.3	0.1	4.4	2.1	1.5
软饮料制造业	159.2	157.9	3.3	164.2	117.3	23.7

4—4续表5　　(1993年)　　单位:万元

指标	成品产销存			工业总产出	工业中间投入合计	本年应付工资
	生产价值	销售价值	年末库存价值			
其他饮料制造业	4 430.0	3 960.3	198.1	4 443.7	3 443.3	0.4
纺织业	10 649.5	10 627.8	1 074.7	10 843.7	7 525.6	514.1
棉纺织业	4 138.4	4 195.9	220.2	4 138.5	3 337.0	234.1
毛纺织业	22.6	22.6		22.6	11.1	
丝绢纺织业	444.8	444.8		444.8	268.9	55.6
针织品业	6 043.7	5 964.5	854.5	6 237.8	3 908.6	224.4
服装及其他纤维制品制造业	4 692.2	7 742.9	3 279.1	5 864.8	3 439.2	513.7
服装制造业	4 169.2	6 489.7	3 022.0	4 230.2	2 556.5	437.7
制帽业	46.3	51.9	16.3	46.3	31.2	11.3
制鞋业	259.7	962.0	184.3	1 088.0	459.0	23.7
其他纤维制品制造业	217.0	239.3	56.5	500.3	392.5	41.0
皮革、毛皮、羽绒及其制品业	2 318.7	1 851.2	647.1	2 522.0	696.3	75.0
制革业	332.6	308.0	44.5	332.6	256.9	24.2
皮革制品制造业	1 986.1	1 543.2	602.6	2 189.4	439.4	50.8
木材加工及竹、藤、棕、草制品业	1 606.1	1 570.4	50.7	1 616.4	3 405.5	150.7
锯材、木片加工业	303.2	296.5	8.8	303.2	2 490.9	41.6
木制品业	1 171.1	1 142.4	39.5	1 181.4	826.9	101.6
竹、藤、棕、草制品业	23.0	22.7	2.4	23.0	21.7	3.6
家具制造业	1 972.8	1 881.9	295.3	2 011.3	937.3	313.2
木制家具制造业	1 806.4	1 705.5	286.6	1 808.3	670.5	284.0
金属家具制造业	166.4	176.4	8.7	203.0	266.8	29.2
造纸及纸制品业	13 660.5	14 232.5	839.5	13 765.6	9 352.6	856.0
造纸业	8 943.5	9 303.8	566.0	8 945.4	6 298.5	509.7
纸制品业	4 717.0	4 928.7	273.5	4 820.2	3 054.1	346.3
印刷业、记录媒介的复制	994.8	1 047.8	110.4	1 016.7	520.7	150.8
印刷业	994.8	1 047.8	110.4	1 016.7	520.7	150.8
文教体育用品制造业						13.5
体育用品制造业						13.5
石油加工及炼焦业	46.4	34.1	5.0	46.4	30.7	1.4
原油加工业	46.4	34.1	5.0	46.4	30.7	1.4
化学原料及化学制品制造业	8 866.9	8 543.6	975.3	8 874.2	6 783.0	542.2
基本化学原料制造业	5 164.0	4 902.5	310.9	5 168.4	3 814.0	286.8
化学肥料制造业	610.4	574.2	81.2	612.4	364.8	80.7
化学农药制造业	50.0	50.0		50.0	38.5	5.0
有机化学产品制造业	2 299.0	2 280.6	481.2	2 299.0	1 849.2	114.2
合成材料制造业	387.4	388.7	52.7	387.4	466.5	24.0
专用化学产品制造业	22.7	22.7	8.9	23.6	5.7	6.0
日用化学产品制造业	333.2	324.8	40.2	333.2	244.3	25.5
医药制造业	1 420.9	1 469.6	219.4	1 420.9	1 118.0	83.3
化学药品制剂制造业	620.9	669.6	219.4	620.9	406.1	61.3
生物制品业	800.0	800.0		800.0	711.9	22.0
化学纤维制造业	12.0	12.0		12.0	11.0	0.7
人造纤维(纤维素纤维)制造业	12.0	12.0		12.0	11.0	0.7
橡胶制品业	487.9	542.7	67.0	487.9	331.7	57.9
橡胶板、管、带制造业	157.6	169.6	23.0	157.6	137.4	12.1

4—4 续表 6　　(1993 年)　　单位:万元

指标	成品产销存 生产价值	销售价值	年末库存价值	工业总产出	工业中间投入合计	本年应付工资
橡校零件制品业	22.7	22.7		22.7	7.5	0.6
橡胶制品翻修业	65.7	75.3	11.8	65.7	36.0	12.3
其他橡胶制品业	241.9	275.1	32.2	241.9	150.8	32.9
塑料制品业	14 756.6	14 970.6	2 410.1	14 773.7	10 365.3	980.8
塑料薄膜制造业	729.1	671.1	153.6	738.7	480.8	34.0
塑料板、管、棒材制造业	20.5	20.5	23.6	20.5	16.8	6.1
塑料丝、绳及编织品制造业	8 864.1	9 662.3	1 234.9	8 871.6	6 938.2	565.6
泡沫塑料及人造革、合成革制造业	1 694.9	1 694.9	141.0	1 694.9	1 353.4	116.1
塑料包装箱及容器制造业	906.2	856.8	176.4	906.2	608.1	117.4
日用塑料杂品制造业	666.2	245.7	569.9	666.2	118.9	50.8
塑料零件制造业	792.2	817.2	98.4	792.2	391.9	22.4
其他塑料制品业	1 083.4	1 002.0	12.3	1 083.4	457.2	68.4
非金属矿物制品业	14 783.3	15 089.2	2 038.9	14 857.6	8 161.7	1 327.6
水泥制造业	1 627.7	1 565.1	87.6	1 627.7	722.7	121.5
水泥制品和石棉水泥制品业	2 890.4	2 644.1	586.1	2 915.0	988.4	171.3
砖瓦、石灰和轻质建筑材料制造业	5 863.3	5 483.5	504.7	5 863.3	3 484.5	752.1
玻璃及玻璃制品业	286.2	275.1	15.3	286.2	135.1	42.8
陶瓷制品业	1 643.8	1 809.5	220.1	1 659.8	892.2	113.0
耐火材料制品业	352.7	399.1	55.1	355.8	287.4	51.0
矿物纤维及其制品业	1 588.5	2 346.7	485.4	1 597.3	1 226.3	32.2
其他类未包括的非金属矿物制品业	530.7	566.1	84.6	552.5	425.1	43.7
黑色金属冶炼及压延加工业	13 458.0	12 484.4	953.0	13 510.6	9 949.6	653.3
炼钢业	482.5	458.5	24.0	482.5	401.8	9.1
钢压延加工业	12 492.8	11 543.2	903.9	12 545.4	9 155.6	613.2
铁合金冶炼业	482.7	482.7	25.1	482.7	392.2	31.0
有色金属冶炼及压延加工业	42 691.4	41 864.5	4 497.9	43 245.4	36 376.0	2 484.8
重有色金属冶炼业	42 440.2	41 604.4	4 497.9	42 994.2	36 174.1	2 475.1
轻有色金属冶炼业	182.0	182.0		182.0	133.8	4.9
有色金属合金业	69.2	78.1		69.2	68.1	4.8
金属制品业	15 443.8	15 216.1	1 749.4	16 506.6	11 203.0	813.9
金属结构制造业	2 684.3	2 682.3	441.5	3 541.0	932.5	112.9
铸铁管制造业	286.5	199.7	179.7	392.5	213.6	60.5
集装箱和金属包装物品制造业	328.8	318.3	25.5	348.0	153.2	38.6
金属丝绳及其制品业	4 094.1	4 249.2	284.1	4 112.4	4 034.3	186.5
建筑用金属制品业	2 776.4	2 455.6	597.6	2 734.3	1 750.8	175.4
金属表面处理及热处理业	3 954.3	3 946.4	67.5	4 046.0	3 347.8	103.0
日用金属制品业	764.5	809.7	92.6	777.5	406.2	59.5
其他金属制品业	554.9	554.9	60.9	554.9	364.6	77.5
普通机械制造业	13 293.4	12 860.9	1 167.1	13 737.3	12 437.9	1 498.7
锅炉及原动机制造业	146.8	144.1	44.9	146.8	69.2	8.3
金属加工机械制造业	434.2	476.6	71.7	442.7	309.2	50.2
通用设备制造业	3 173.3	2 934.7	283.4	3 228.8	2 464.2	320.1
其他通用零部件制造业	4 072.6	4 192.1	300.0	4 274.6	5 459.8	737.0
铸锻件制造业	4 153.1	4 009.9	384.2	4 331.0	3 315.4	323.9

4—4 续表 7　　(1993 年)　　单位:万元

指标	成品产销存			工业总产出	工业中间投入合计	本年应付工资
	生产价值	销售价值	年末库存价值			
普通机械修理业	307.9	304.2	80.4	307.9	261.9	12.0
其他普通机械制造业	1 005.5	799.3	2.5	1 005.5	558.2	47.2
专用设备制造业	12 181.4	12 111.5	647.7	12 328.1	8 546.6	321.7
机电工业专用设备制造业	381.6	357.0	28.4	383.1	341.6	19.6
石化及其他工业专用设备制造业	782.0	795.5	77.7	908.9	661.5	22.1
轻纺工业专用设备制造业	2 404.8	2 325.8	237.4	2 404.8	755.7	136.5
农、林、牧、渔、水利业机械制造业	195.2	189.6	8.0	195.2	127.9	34.3
医疗器械制造业	252.5	254.5	27.0	252.5	154.6	4.0
其他专用设备制造业	4 544.9	4 582.7	255.2	4 549.2	3 915.2	61.8
专用机械设备修理业	3 620.4	3 606.4	14.0	3 634.4	2 590.1	43.4
交通运输设备制造业	20 975.4	20 358.1	621.1	21 236.2	16 917.4	1 396.1
铁路运输设备制造业	935.8	989.6	75.4	952.2	383.2	233.2
汽车制造业	16 171.7	15 417.4	534.0	16 370.8	13 908.5	810.5
自行车制造业	110.0	103.0	11.7	110.0	35.5	
船舶制造业	3 706.0	3 796.5		3 751.3	2 481.5	315.0
交通运输设备修理业	51.8	51.6		51.8	108.7	37.4
电气机械及器材制造业	19 671.5	22 816.9	5 182.8	20 770.6	17 158.9	984.5
电机制造业	13.3	10.2	3.1	13.3	7.5	0.9
输配电及控制设备制造业	3 078.8	3 201.8	479.4	3 840.5	1 928.4	154.2
电工器材制造业	291.7	232.4	80.4	291.7	1 069.4	30.8
日用电器制造业	15 919.1	19 002.2	4 582.6	16 256.5	13 864.8	750.0
照明器具制造业	368.6	370.3	37.3	368.6	288.8	48.6
电气机械修理业						
电子及通信设备制造业	938.5	955.0	70.5	941.6	396.0	47.4
通信设备制造业	503.6	530.0	70.5	506.7	149.0	19.1
电子器件制造业	370.6	370.6		370.6	219.6	21.7
电子元件制造业	32.7	32.7		32.7	13.1	
电子设备及通信设备修理业	31.6	21.7		31.6	14.3	6.6
仪器仪表及文化、办公用机械制造业	3 641.0	3 675.5	520.2	3 652.7	2 823.4	254.2
通用仪器仪表制造业	1 938.0	1 717.6	151.8	1 941.3	1 391.0	108.5
计量器具制造业	776.9	855.0	122.1	778.9	673.5	14.1
钟表制造业	828.0	1 004.8	246.3	834.4	674.4	121.2
其他仪器仪表制造业	98.1	98.1		98.1	84.5	10.4
其他制造业	1 740.6	1 560.2	272.0	1 745.6	1 400.4	151.2
工艺美术品制造业	410.8	303.1	164.4	414.9	251.3	56.3
日用杂品制造业	28.0	17.9		28.0	13.0	2.2
其他生产、生活用品制造业	1 301.8	1 239.2	107.6	1 302.7	1 136.1	92.7
电力、煤气及水的生产和供应业	112.7	112.7		112.7	60.7	23.7
电力、蒸汽、热水的生产和供应业	45.7	45.7		45.7	30.5	3.7
电力生产业	18.8	18.8		18.8	7.0	2.7
电力供应业	26.9	26.9		26.9	23.5	1.0
煤气生产和供应业	36.1	36.1		36.1	13.4	14.9
煤气供应业	36.1	36.1		36.1	13.4	14.9
自来水的生产和供应业	30.9	30.9		30.9	16.8	5.1

4—4续表8　　(1993年)　　单位:万元

指标	本年应付福利费	全部职工年平均人数(人)	资本金合计	国家	法人	个人
总计	**2 213.0**	**65 370.0**	**81 687.6**	**33 074.3**	**37 381.5**	**2 256.5**
市区	2 124.1	58 066.0	74 092.0	29 637.7	34 182.3	1 318.3
柳江	35.8	3 148.0	3 800.0	598.2	2 612.9	588.9
柳城	53.1	4 156.0	3 795.6	2 838.4	586.3	349.3
在总计中:						
县属企业	25.5	757.0	663.7	126.6	516.4	16.5
乡办企业	208.4	27 112.0	28 140.8	14 822.6	9 264.1	1 528.2
在总计中:						
轻工业	627.3	24 901.0	31 189.4	11 673.2	14 077.6	944.7
以农产品为原料	249.0	13 955.0	13 039.1	2 824.8	6 643.1	448.8
以非农业产品为原料	378.3	10 946.0	18 150.3	8 848.4	7 434.5	495.9
重工业	1 585.7	40 469.0	50 498.2	21 401.1	23 303.9	1 311.8
采掘工业	12.6	1 532.0	976.5	244.7	539.5	140.5
原料工业	440.3	11 264.0	28 600.8	13 504.9	13 409.3	397.7
加工工业	1 132.8	27 673.0	20 920.9	7 651.5	9 355.1	773.6
在总计中:						
大型企业	72.0	2 710.0	8 466.2	6 764.4	1 678.5	23.3
中型企业	301.3	5 541.0	9 533.0	2 583.7	6 525.3	57.4
小型企业	1 839.7	57 119.0	63 688.4	23 726.2	29 177.7	2 175.8
在总计中:						
采掘业	12.6	1 482.0	953.3	217.5	543.5	140.5
煤炭采选业	4.6	134.0	85.4	56.0	29.4	
煤炭开采业	4.6	134.0	65.4	56.0	9.4	
煤炭洗选业			20.0		20.0	
黑色金属矿采选业		152.0	84.0	49.0	25.8	9.2
铁矿采选业		42.0	12.0		2.8	9.2
其他黑色金属矿采选业		110.0	72.0	49.0	23.0	
有色金属矿采选业		108.0	79.6	30.0		25.2
重有色金属矿采选业		38.0	49.6			25.2
贵金属矿采选业		70.0	30.0	30.0		
非金属矿采选业	8.0	871.0	697.4	82.5	484.8	106.1
土沙石开采业	8.0	871.0	697.4	82.5	484.8	106.1
其他矿采选业		217.0	6.9		3.5	
制造业	2 198.2	63 760.0	80 609.4	32 834.3	36 748.6	2 103.0
食品加工业	4.9	323.0	639.6	195.0	340.9	60.2
粮食及饲料加工业	4.6	193.0	324.5	168.9	95.4	60.2
植物油加工业		104.0	286.5	26.1	241.5	
屠宰及肉类蛋类加工业	0.3	26.0	28.6		4.0	
食品制造业	10.8	1 057.0	610.9	343.5	190.1	53.1
糕点、糖果制造业	3.3	299.0	208.9	60.5	95.3	53.1
调味品制造业	1.2	14.0	62.9		44.9	
其他食品制造业	6.3	744.0	339.1	283.0	49.9	
饮料制造业	9.9	431.0	219.9	177.2	34.3	7.4
酒精及饮料酒制造业	0.2	11.0	29.2		29.2	
软饮料制造业	1.5	114.0	49.0	35.5	5.1	7.4

4—4 续表 9　　　　(1993 年)　　　　单位:万元

指　　标	本年应付福利费	全部职工年平均人数(人)	资本金合计	国家	法人	个人
其他饮料制造业	8.2	306.0	141.7	141.7		
纺织业	58.2	3 163.0	2 590.2	414.9	1 664.9	192.8
棉纺织业	33.2	1 060.0	1 219.2	139.0	911.6	
毛纺织业		22.0	6.8			6.8
丝绢纺织业		200.0	70.0		70.0	
针织品业	25.0	1 881.0	1 294.2	275.9	683.3	186.0
服装及其他纤维制品制造业	46.0	2 734.0	3 090.6	497.6	572.2	22.0
服装制造业	34.1	2 127.0	2 782.5	311.0	476.5	22.0
制帽业	2.1	84.0	28.3	28.3		
制鞋业	2.5	330.0	183.1	158.3		
其他纤维制品制造业	7.3	193.0	96.7		95.7	
皮革、毛皮、羽绒及其制品业	-3.8	942.0	592.5	88.4	480.5	23.0
制革业	0.9	99.0	139.6	50.0	81.5	8.0
皮革制品制造业	-4.7	843.0	482.9	38.4	399.0	15.5
木材加工及竹、藤、棕、草制品业	9.6	493.0	377.8	90.8	202.4	81.4
锯材、木片加工业	2.2	60.0	83.1	2.5	67.6	13.0
木制品业	7.1	383.0	258.5	88.3	105.2	61.8
竹、藤、棕、草制品业	0.3	27.0	16.2		9.6	6.6
家具制造业	54.3	1 362.0	824.7	103.7	571.5	5.8
木制家具制造业	48.0	1 232.0	748.2	27.2	571.5	58
金属家具制造业	6.3	130.0	76.5	76.5		
造纸及纸制品业	69.6	3 482.0	4 087.0	964.3	2 472.3	39.8
造纸业	29.1	2 180.0	2 496.1	613.6	1 843.5	39.0
纸制品业	40.5	1 302.0	1 590.9	350.7	628.8	0.8
印刷业、记录媒介的复制	11.4	445.0	316.9	73.0	95.1	29.1
印刷业	11.4	445.0	316.9	73.0	95.1	29.1
文教体育用品制造业	1.5	336.0	40.7			
体育用品制造业	1.5	336.0	40.7			
石油加工及炼焦业		25.0	12.0			12.0
原油加工业		25.0	12.0			12.0
化学原料及化学制品制造业	61.5	2 474.0	3 477.8	678.3	1 599.3	138.9
基本化学原料制造业	2.1	1 325.0	2 369.6	72.8	1 164.4	108.6
化学肥料制造业	9.7	364.0	290.2	254.7	30.7	4.8
化学农药制造业	0.6	45.0	35.4		35.4	
有机化学产品制造业	17.5	445.0	479.9	300.0	136.2	6.2
合成材料制造业	1.1	114.0	95.3		95.3	
专用化学产品制造业	4.1	18.0	17.7	1.4		16.3
日用化学产品制造业	26.4	163.0	189.7	49.4	137.3	3.0
医药制造业	6.1	287.0	245.9		50.0	8.8
化学药品制剂制造业	4.0	177.0	195.9			8.8
生物制品业	2.1	110.0	50.0		50.0	
化学纤维制造业		7.0	9.0		9.0	
人造纤维(纤维素纤维)制造业		7.0	9.0		9.0	
橡胶制品业	5.0	212.0	318.4	66.9	251.5	
橡胶板、管、带制造业	2.1	31.0	192.2		192.2	

4—4 续表 10　　　　(1993 年)　　　　单位:万元

指　　标	本年应付福利费	全部职工年平均人数(人)	资本金合计	国家	法人	个人
橡校零件制品业	0.8	30.0	59.3		59.3	
橡胶制品翻修业	1.5		26.5	26.5		
其他橡胶制品业	0.6	151.0	40.4	40.4		
塑料制品业	123.9	3 418.0	4 621.5	267.2	3 180.8	367.2
塑料薄膜制造业	4.8	157.0	449.0	24.1	347.2	48.0
塑料板、管、棒材制造业		38.0	112.0	84.2	27.8	
塑料丝、绳及编织品制造业	56.8	1 865.0	2 346.3	36.3	1 857.5	7.6
泡沫塑料及人造革、合成革制造业	28.5	424.0	214.5		214.5	
塑料包装箱及容器制造业	21.0	510.0	433.7	3.8	429.9	
日用塑料杂品制造业	-0.2	159.0	353.4	34.1	61.0	258.3
塑料零件制造业	3.0	98.0	240.8	43.7	171.7	25.4
其他塑料制品业	10.0	167.0	471.8	41.0	71.2	27.9
非金属矿物制品业	217.1	5 785.0	5 234.2	969.2	3 319.3	307.5
水泥制造业		305.0	624.8		545.0	79.8
水泥制品和石棉水泥制品业	112.3	453.0	734.0	28.9	700.5	1.5
砖瓦、石灰和轻质建筑材料制造业	43.5	3 625.0	2 410.9	492.0	1 324.1	225.7
玻璃及玻璃制品业	0.8	188.0	73.9		73.0	
陶瓷制品业	16.9	642.0	535.5	0.5	534.5	20.5
耐火材料制品业	4.1	171.0	410.8	404.9	5.9	
矿物纤维及其制品业	22.3	249.0	310.5	42.9	2.5	
其他类未包括的非金属矿物制品业	17.2	152.0	133.8		133.8	
黑色金属冶炼及压延加工业	66.6	3 457.0	11 974.5	11 106.0	795.5	73.0
炼钢业	0.8	61.0	270.3	145.0	52.3	73.0
钢压延加工业	63.2	3 210.0	11 301.2	10 558.0	743.2	
铁合金冶炼业	2.6	186.0	403.0	403.0		
有色金属冶炼及压延加工业	339.3	5 720.0	13 139.4	2 318.3	10 669.4	111.0
重有色金属冶炼业	338.7	5 605.0	13 057.1	2 318.3	10 587.1	111.0
轻有色金属冶炼业	0.1	94.0	73.7		73.7	
有色金属合金业	0.5	21.0	8.6		8.6	
金属制品业	109.2	2 685.0	4 345.2	839.6	2 581.8	93.2
金属结构制造业	48.9	367.0	1 963.2	181.2	1 748.7	33.3
铸铁管制造业	6.2	25.0	298.5	0.4		20.3
集装箱和金属包装物品制造业	4.4	115.0	109.4	109.4		
金属丝绳及其制品业	28.3	681.0	642.0	41.9	65.4	
建筑用金属制品业	8.2	624.0	488.3	159.3	315.5	13.5
金属表面处理及热处理业	2.7	300.0	407.4	253.6	128.8	8.1
日用金属制品业	1.7	261.0	330.9	72.9	243.7	13.1
其他金属制品业	8.8	312.0	105.5	20.9	79.7	4.9
普通机械制造业	510.5	12 034.0	5 964.6	2 509.9	2 956.7	134.2
锅炉及原动机制造业	3.9	78.0	170.4	3.0	167.4	
金属加工机械制造业	4.2	218.0	183.7		177.6	6.1
通用设备制造业	27.7	9 461.0	1 718.0	847.9	855.6	5.0
其他通用零部件制造业	455.3	1 227.0	2 745.6	1 576.7	1 061.5	3.1
铸锻件制造业	18.3	883.0	878.7	79.3	442.4	107.0

4—4 续表 11　　　　　　　　(1993年)　　　　　　　　单位:万元

指标	本年应付福利费	全部职工年平均人数(人)	资本金			
			合计	国家	法人	个人
普通机械修理业	0.7	9.0	50.8		50.8	
其他普通机械制造业	0.4	158.0	217.4	3.0	201.4	13.0
专用设备制造业	27.8	2 049.0	3 290.1	1 343.6	1 767.0	79.3
机电工业专用设备制造业	1.3	53.0	39.4			
石化及其他工业专用设备制造业	10.0	130.0	79.7	79.7		
轻纺工业专用设备制造业	7.2	559.0	963.9	108.5	835.4	10.0
农、林、牧、渔、水利业机械制造业		114.0	99.1	5.8	20.0	63.3
医疗器械制造业	0.7	211.0	195.7	146.6	49.1	
其他专用设备制造业	3.6	581.0	1 102.7	990.8	111.9	
专用机械设备修理业	5.0	401.0	809.6	12.2	750.6	6.0
交通运输设备制造业	298.2	5 341.0	3 542.2	1 421.9	1 321.1	120.0
铁路运输设备制造业	75.0	729.0	267.2	78.0		
汽车制造业	218.7	3 910.0	2 613.0	1 174.0	1 021.1	43.3
自行车制造业	0.3	78.0	28.3	28.3		
船舶制造业	2.4	554.0	552.7	105.6	279.4	76.7
交通运输设备修理业	1.8	70.0	81.0	36.0	20.6	
电气机械及器材制造业	81.5	3 454.0	9 187.8	7 227.4	1 091.9	71.5
电机制造业	0.2	10.0	10.0		10.0	
输配电及控制设备制造业	2.2	427.0	837.0	408.8	220.5	41.6
电工器材制造业	1.4	219.0	596.5		66.8	
日用电器制造业	69.9	2 596.0	7 651.1	6 818.6	768.4	29.9
照明器具制造业	7.8	202.0	93.2		26.2	
电气机械修理业						
电子及通信设备制造业	4.1	147.0	219.9	129.9	90.0	
通信设备制造业	3.2	42.0	129.9	129.9		
电子器件制造业		63.0	50.0		50.0	
电子元件制造业	0.9	24.0	30.0		30.0	
电子设备及通信设备修理业		18.0	10.0		10.0	
仪器仪表及文化、办公用机械制造业	65.8	1 279.0	1 244.4	792.1	336.3	
通用仪器仪表制造业	5.9	365.0	449.2	137.2	196.0	
计量器具制造业	9.9	307.0	127.4		127.4	
钟表制造业	48.8	560.0	650.2	650.2		
其他仪器仪表制造业	1.2	47.0	17.6	4.7	12.9	
其他制造业	9.2	618.0	391.7	215.6	104.8	71.3
工艺美术品制造业	0.7	426.0	138.9	114.4	24.5	
日用杂品制造业	0.3	8.0	10.0	5.0	5.0	
其他生产、生活用品制造业	8.2	184.0	242.8	96.2	75.3	71.3
电力、煤气及水的生产和供应业	2.2	128.0	124.9	22.5	89.4	13.0
电力、蒸汽、热水的生产和供应业	0.4	17.0	31.9		31.9	
电力生产业		13.0	29.4		29.4	
电力供应业	0.4	4.0	2.5		2.5	
煤气生产和供应业	1.5	90.0	63.7		50.7	13.0
煤气供应业	1.5	90.0	63.7		50.7	13.0
自来水的生产和供应业	0.3	21.0	29.3	22.5	6.8	

4—4 续表 12　　　　　　　　(1993 年)　　　　　　　　单位:万元

指　　标	资本金合计	年末资产负债及所有者权益				流动资产年平均余额
	外商	流动资产合计	货币资金	存货	产成品	
总　计	**178.6**	**195 562.8**	**17 004.7**	**74 312.7**	**22 505.8**	**131 079.2**
市　区	178.6	185 200.6	15 221.0	69 308.1	21 111.1	120 707.9
柳　江		6 534.9	1 195.9	2 941.8	404.2	6 452.6
柳　城		3 827.3	587.8	2 062.8	990.5	3 918.7
在总计中:						
县属企业		1 658.5	55.8	832.4	404.3	1 264.4
乡办企业		57 124.9	6 307.0	12 003.7	2 349.7	23 968.3
在总计中:						
轻工业	178.6	76 358.4	5 169.1	36 445.3	11 851.9	57 377.7
以农产品为原料		30 461.9	2 310.5	12 174.6	3 886.8	21 744.8
以非农业产品为原料	178.6	45 896.5	2 858.6	24 270.7	7 965.1	35 632.9
重工业		119 204.4	11 835.6	37 867.4	10 653.9	73 701.5
采掘工业		657.1	195.2	115.0	40.5	622.8
原料工业		77 366.0	5 588.3	19 813.9	6 387.1	38 507.8
加工工业		41 181.3	6 052.1	17 938.5	4 226.3	34 570.9
在总计中:						
大型企业		24 543.9	861.5	14 141.7	3 789.3	18 725.6
中型企业	178.6	37 786.0	3 407.6	13 136.1	4 942.9	26 356.3
小型企业		133 232.9	12 735.6	47 034.9	13 773.6	85 997.3
在总计中:						
采掘业		646.9	185.2	113.0	38.5	614.3
煤炭采选业		41.3	33.1	8.2	8.2	65.9
煤炭开采业		21.3	13.1	8.2	8.2	46.9
煤炭洗选业		20.0	20.0			19.0
黑色金属矿采选业		49.9	25.1	18.6	3.6	41.5
铁矿采选业		9.4	5.6	3.6	3.6	10.5
其他黑色金属矿采选业		40.5	19.5	15.0		31.0
有色金属矿采选业		75.2	6.0	6.1		76.9
重有色金属矿采选业		71.2	4.0	4.1		72.9
贵金属矿采选业		4.0	2.0	2.0		4.0
非金属矿采选业		428.5	119.0	80.1	26.7	383.0
土沙石开采业		428.5	119.0	80.1	26.7	383.0
其他矿采选业		52.0	2.0			47.0
制造业	178.6	194 601.6	16 775.5	74 075.7	22 467.3	130 230.6
食品加工业		1 336.4	111.7	458.8	74.9	1 437.2
粮食及饲料加工业		484.6	54.2	175.6	18.8	389.4
植物油加工业		796.4	28.3	280.1	56.1	999.2
屠宰及肉类蛋类加工业		55.4	29.2	3.1		48.6
食品制造业		1 344.6	104.4	607.5	73.7	1 238.3
糕点、糖果制造业		237.4	45.6	140.2	2.8	166.5
调味品制造业		31.2	9.7	7.8	2.2	22.2
其他食品制造业		1 076.0	49.1	459.5	68.7	1 049.6
饮料制造业		1 057.3	94.5	328.3	187.6	979.8
酒精及饮料酒制造业		4.6	0.2	4.1		6.6
软饮料制造业		48.6	6.3	31.0	7.3	67.3

指　　标	资本金合计	年末资产负债及所有者权益				流动资产年平均余额
	外商	流动资产合计	货币资金	存　货	产成品	
其他饮料制造业		1 004.1	88.0	293.2	180.3	905.9
纺织业		7 202.3	512.3	3 845.6	1 282.1	4 082.7
棉纺织业		2 865.9	206.3	1 609.7	264.2	711.3
毛纺织业		5.5	0.3	2.5		
丝绸纺织业		177.0	92.0	11.0		161.5
针织品业		4 153.9	213.7	2 222.4	1 017.9	3 209.9
服装及其他纤维制品制造业		4 895.6	324.0	2 148.1	1 041.7	2 432.3
服装制造业		3 761.6	222.9	1 795.1	896.6	1 774.5
制帽业		57.9	0.6	29.0	16.3	57.2
制鞋业		438.5	13.2	200.9	72.3	408.9
其他纤维制品制造业		637.6	87.3	123.1	56.5	191.7
皮革、毛皮、羽绒及其制品业	2 318.7	1 851.2	647.1	2 522.0	696.3	75.0
制革业		153.5	13.1	48.0	30.0	149.7
皮革制品制造业		1 820.4	103.6	1 093.3	171.0	487.8
木材加工及竹、藤、棕、草制品业		1 405.6	105.8	512.4	209.2	473.8
锯材、木片加工业		844.8	21.3	174.7	170.2	40.5
木制品业		464.2	78.3	295.2	37.9	331.7
竹、藤、棕、草制品业		13.0	4.4	5.9	1.1	13.2
家具制造业		2 511.9	133.7	1 080.8	299.8	1 397.1
木制家具制造业		2 215.4	127.8	996.9	295.8	1 102.6
金属家具制造业		296.5	5.9	83.9	4.0	294.5
造纸及纸制品业		10 265.3	555.7	2 556.8	798.2	10 048.9
造纸业		7 047.9	342.0	1 743.2	515.5	7 113.9
纸制品业		3 217.4	213.7	813.6	282.7	2 935.0
印刷业、记录媒介的复制		496.3	119.8	221.6	101.5	493.3
印刷业		496.0	119.8	221.6	101.5	493.3
文教体育用品制造业		97.1	15.4	9.4	5.0	160.7
体育用品制造业		97.1	15.4	9.4	5.0	160.7
石油加工及炼焦业		17.0				
原油加工业		17.0				
化学原料及化学制品制造业		5 107.9	498.5	2 914.8	1 378.6	4 238.8
基本化学原料制造业		2 692.7	228.5	1 490.6	808.9	1 767.3
化学肥料制造业		435.1	45.7	207.2	104.3	421.6
化学农药制造业		43.3	1.2	9.5		41.0
有机化学产品制造业		1 413.4	185.0	962.0	385.7	1 713.2
合成材料制造业		209.2	14.5	15.5	12.9	21.0
专用化学产品制造业		24.1	17.0	7.1	7.1	7.4
日用化学产品制造业		290.1	6.6	222.9	59.7	267.3
医药制造业		1 461.9	38.9	228.2	118.9	668.5
化学药品制剂制造业		679.6	21.6	222.2	113.4	622.7
生物制品业		782.3	17.3	6.0	5.5	45.8
化学纤维制造业		5.0	2.0			4.1
人造纤维(纤维素纤维)制造业		5.0	2.0			4.1
橡胶制品业		387.6	19.2	175.9	54.7	327.4
橡胶板、管、带制造业		220.7	9.2	85.6	22.8	181.5

4—4 续表 14　　(1993 年)　　单位:万元

指　　标	资本金合计	年末资产负债及所有者权益				
	外商	流动资产合计	货币资金	存　货	产成品	流动资产年平均余额
橡胶零件制品业		14.4	1.8	11.5		21.5
橡胶制品翻修业		21.3	3.0	11.8	0.7	29.4
其他橡胶制品业		131.2	5.2	67.0	31.2	95.0
塑料制品业	178.6	13 335.8	1 118.5	4 850.7	2 039.1	9 237.1
塑料薄膜制造业		396.0	17.8	322.8	84.4	459.5
塑料板、管、棒材制造业		309.2	63.7	245.5	236.7	65.9
塑料丝、绳及编织品制造业	178.6	8 699.0	668.0	2 578.9	1 152.6	4 943.4
泡沫塑料及人造革、合成革制造业		1 132.9	97.9	416.3	88.3	1 198.9
塑料包装箱及容器制造业		1 330.7	40.9	435.0	286.5	1 014.0
日用塑料杂品制造业		597.0	127.2	295.0	24.8	608.1
塑料零件制造业		579.7	42.2	461.9	141.4	666.2
其他塑料制品业		291.3	60.8	95.3	24.4	281.1
非金属矿物制品业		7 287.0	1 221.7	3 503.6	1 180.6	5 541.6
水泥制造业		904.7	173.9	383.1		650.0
水泥制品和石棉水泥制品业		1 143.1	171.8	738.9	179.8	881.4
砖瓦、石灰和轻质建筑材料制造业		1 871.3	482.4	657.8	314.5	1 816.3
玻璃及玻璃制品业		115.9	7.2	48.3	16.1	120.2
陶瓷制品业		1 252.6	75.0	590.2	226.6	1 020.4
耐火材料制品业		181.5	20.8	138.3	55.1	152.4
矿物纤维及其制品业		1 495.1	267.5	769.5	301.7	571.0
其他类未包括的非金属矿物制品业		322.8	23.1	177.5	86.8	329.9
黑色金属冶炼及压延加工业		31 527.7	1 041.1	2 744.0	269.7	4 151.4
炼钢业		390.4	48.1	230.1		250.8
钢压延加工业		31 056.4	958.1	2 487.6	249.5	3 708.4
铁合金冶炼业		80.9	34.9	26.3	20.2	92.2
有色金属冶炼及压延加工业		39 130.6	3 819.6	13 790.5	4 643.4	30 704.1
重有色金属冶炼业		39 052.3	3 817.0	13 770.4	4 643.4	30 606.0
轻有色金属冶炼业		72.1	0.9	15.6		96.1
有色金属合金业		6.2	1.7	4.5		2.0
金属制品业		8 007.7	816.4	4 081.3	1 542.7	6 571.0
金属结构制造业		1 693.1	244.4	537.7	370.7	1 774.0
铸铁管制造业		348.9	17.7	116.1	63.3	265.4
集装箱和金属包装物品制造业		219.7	35.6	177.1	56.2	267.0
金属丝绳及其制品业		2 305.0	181.0	1 874.3	301.1	1 254.8
建筑用金属制品业		1 959.9	151.2	835.0	552.6	1 873.1
金属表面处理及热处理业		714.4	120.9	183.0	7.7	535.3
日用金属制品业		508.9	34.7	270.3	134.5	478.6
其他金属制品业		257.8	30.9	87.8	56.6	122.8
普通机械制造业		9 773.5	2 011.6	4 806.9	765.0	9 263.7
锅炉及原动机制造业		762.1	628.6	72.9	41.2	158.0
金属加工机械制造业		400.6	22.4	222.0	93.3	399.8
通用设备制造业		2 259.6	541.0	1 114.3	214.8	2 415.3
其他通用零部件制造业		4 578.5	532.3	2 640.9	201.6	4 837.0
铸锻件制造业		1 353.9	149.9	647.1	198.6	1 168.2

4—4 续表 15　　　　(1993 年)　　　　单位:万元

指标	资本金合计	年末资产负债及所有者权益				流动资产年平均余额
	外商	流动资产合计	货币资金	存货	产成品	
普通机械修理业		228.7	2.7	74.4		132.2
其他普通机械制造业		190.1	134.7	35.3	15.5	153.2
专用设备制造业		6 089.7	1 089.5	2 544.7	533.4	5 486.2
机电工业专用设备制造业		116.2	9.4	51.7	34.3	116.2
石化及其他工业专用设备制造业		670.7	53.1	465.1	86.6	470.4
轻纺工业专用设备制造业		1 339.6	448.4	546.3	160.5	1 460.4
农、林、牧、渔、水利业机械制造业		62.0	18.4	10.5	8.2	53.9
医疗器械制造业		383.2	15.8	162.1	66.8	366.1
其他专用设备制造业		2 077.2	384.6	482.9	125.3	1 890.5
专用机械设备修理业		1 440.8	159.8	826.1	51.7	1 128.7
交通运输设备制造业		10 482.6	1 623.1	3 525.2	852.2	7 169.0
铁路运输设备制造业		829.8	221.7	243.1	164.9	424.6
汽车制造业		8 976.1	1 280.1	3 127.7	673.2	6 264.7
自行车制造业		172.6	0.8	18.8	10.2	165.0
船舶制造业		437.0	92.9	109.6	3.9	285.6
交通运输设备修理业		67.1	27.6	26.0		29.1
电气机械及器材制造业		25 303.3	996.4	15 952.1	4 096.7	20 073.7
电机制造业		4.6	2.0	2.0	1.6	3.5
输配电及控制设备制造业		1 531.1	80.0	601.3	112.1	1 359.3
电工器材制造业		893.4	41.0	443.8	80.4	1 828.7
日用电器制造业		22 585.3	840.2	14 688.8	3 864.4	16 605.4
照明器具制造业		288.9	33.2	216.2	38.2	276.8
电气机械修理业						
电子及通信设备制造业		665.5	26.7	284.4	68.3	258.6
通信设备制造业		438.1	6.3	226.3	68.3	186.2
电子器件制造业		178.6	15.0	24.9		98.2
电子元件制造业		7.2	0.8	6.2		30.7
电子设备及通信设备修理业		41.6	4.6	27.0		43.5
仪器仪表及文化、办公用机械制造业		2 613.0	163.2	1 357.1	432.4	2 415.7
通用仪器仪表制造业		1 006.4	57.6	465.4	151.8	904.4
计量器具制造业		608.0	29.1	219.6	33.5	450.3
钟表制造业		940.6	68.3	652.4	247.1	1 033.8
其他仪器仪表制造业		58.0	8.2	19.7		27.2
其他制造业		819.8	95.1	405.7	216.9	638.1
工艺美术品制造业		290.1	20.5	195.7	92.5	307.9
日用杂品制造业		54.9	0.2	54.1	32.5	54.1
其他生产、生活用品制造业		474.8	74.4	155.9	91.9	276.1
电力、煤气及水的生产和供应业		314.3	44.0	124.0		234.3
电力、蒸汽、热水的生产和供应业		4.6	4.3			2.4
电力生产业		2.2	2.2			
电力供应业		2.4	2.1			2.4
煤气生产和供应业		303.0	34.3	123.0		223.3
煤气供应业		303.0	34.3	123.0		223.3
自来水的生产和供应业		6.7	5.4	1.0		8.6

4—4 续表 16　　　　(1993 年)　　　　单位:万元

指　　标	年末资产负债及所有者权益					年末资产负债及所有者权益
	长期投资合计	固定资产合计	固定资产原价合计	生产经营用	本年折旧	固定资产净值合计
总　计	**5 264.0**	**115 603.2**	**114 918.0**	**81 275.3**	**6 029.1**	**90 636.7**
市　区	4 903.2	105 804.3	104 716.3	71 419.9	5 504.3	81 644.9
柳　江	288.9	5 739.7	6 054.3	5 878.8	262.0	5 443.8
柳　城	71.9	4 059.2	4 147.4	3 976.6	262.8	3 548.0
在总计中:						
县属企业	19.7	578.4	771.0	643.7	40.5	477.9
乡办企业	1 305.2	39 529.4	38 016.0	17 024.3	1 386.5	32 892.7
在总计中:						
轻工业	4 091.6	40 091.3	43 668.8	34 417.2	2 224.5	32 454.1
以农产品为原料	492.4	18 589.5	19 669.9	15 977.7	948.5	15 518.7
以非农业产品为原料	3 599.2	21 501.8	23 998.8	18 439.5	1 276.0	16 935.4
重工业	1 172.4	75 511.9	71 249.2	46 858.1	3 804.6	58 182.6
采掘工业	77.3	1108.0	1 136.8	847.7	65.6	950.8
原料工业	599.9	51 478.2	48 859.8	31 894.2	2 420.8	41 078.8
加工工业	495.2	22 925.7	21 252.6	14 116.2	1 318.2	16 153.0
在总计中:						
大型企业	943.4	9 546.2	11 223.8	9 065.8	389.3	7 719.7
中型企业	911.7	30 241.7	30 304.6	27 184.5	2 357.6	24 619.9
小型企业	3 408.9	75 815.3	73 389.6	45 025.0	3 282.2	5 8 297.1
在总计中:						
采掘业	77.3	1 076.9	1 106.7	848.7	61.9	924.4
煤炭采选业	1.8	166.8	179.3	167.8	1.6	175.7
煤炭开采业	1.9	56.8	69.3	57.8	1.6	65.7
煤炭洗选业		110.0	110.0	110.0		110.0
黑色金属矿采选业	28.0	73.7	74.3	71.1	7.3	61.6
铁矿采选业		22.7	23.3	21.1	3.0	17.1
其他黑色金属矿采选业	28.0	51.0	51.0	50.0	4.3	44.5
有色金属矿采选业		150.9	158.9	30.0	8.0	150.9
重有色金属矿采选业		124.4	128.9		4.5	124.4
贵金属矿采选业		26.5	30.0	30.0	3.5	26.5
非金属矿采选业	47.5	534.1	542.8	428.4	36.5	419.8
土沙石开采业	47.5	534.1	542.8	428.4	36.5	419.8
其他矿采选业		151.4	151.4	151.4	8.5	116.4
制造业	5 181.9	114 316.9	113 588.7	80 386.3	5 954.5	89 512.8
食品加工业	262.1	988.6	1 022.8	688.4	59.3	883.3
粮食及饲料加工业	1.1	431.9	439.6	352.8	24.6	363.1
植物油加工业	261.0	547.5	548.8	332.0	34.6	487.9
屠宰及肉类蛋类加工业		9.2	34.4	3.6	0.1	32.3
食品制造业	19.2	1 058.0	1 239.0	1 218.9	43.2	968.3
糕点、糖果制造业	17.3	200.0	230.3	214.4	4.2	199.8
调味品制造业		52.0	62.8	58.6	5.7	52.0
其他食品制造业	1.9	806.0	945.9	945.9	33.3	716.4
饮料制造业	0.4	785.9	801.3	663.0	39.8	624.5
酒精及饮料酒制造业		30.5	30.5	27.3		30.5
软饮料制造业	0.2	60.7	99.5	94.9	7.7	39.9

4－4 续表 17　　　　　　(1993 年)　　　　　　单位:万元

指标	年末资产负债及所有者权益					年末资产负债及所有者权益
	长期投资合计	固定资产合计	固定资产原价合计	生产经营用	本年折旧	固定资产净值合计
其他饮料制造业	0.2	694.7	671.3	540.8	32.1	554.1
纺织业	67.3	3 779.6	3 771.7	2 666.0	175.2	3 029.9
棉纺织业	7.1	1 557.3	1 743.2	1 357.1	74.3	1 395.0
毛纺织业			7.5			6.9
丝绢纺织业		272.2	272.2	262.2	22.0	228.2
针织品业	60.2	1 950.1	1 748.8	1 046.7	78.9	1 399.8
服装及其他纤维制品制造业	74.3	1 796.7	1 863.8	1 500.3	100.2	1 286.7
服装制造业	73.8	1 497.7	1 474.0	1 145.9	82.5	1 052.6
制帽业	0.5	5.9	18.3	11.1	0.6	4.8
制鞋业		239.9	259.6	236.4	11.9	174.2
其他纤维制品制造业		53.2	111.9	106.9	5.2	55.1
皮革、毛皮、羽绒及其制品业	-3.8	942.0	592.5	88.4	480.5	23.5
制革业	8.0	164.8	151.2	146.2	13.4	133.3
皮革制品制造业	2.9	566.2	493.4	151.6	35.4	301.1
木材加工及竹、藤、棕、草制品业	6.2	288.5	324.4	306.4	23.5	279.6
锯材、木片加工业		68.1	81.8	75.7	3.6	66.0
木制品业	6.2	175.9	196.2	187.3	15.4	173.3
竹、藤、棕、草制品业		11.0	12.9	12.9	0.3	11.0
家具制造业	1.1	1 320.0	1 709.0	1 350.0	79.4	1 170.7
木制家具制造业	0.2	1 180.3	1 516.3	1 169.6	73.0	1 031.0
金属家具制造业	0.9	139.7	192.7	180.4	6.4	139.7
造纸及纸制品业	167.5	7 197.4	7 491.3	6 573.5	356.6	6 002.0
造纸业	37.3	5 540.0	5 619.1	5 056.3	229.1	4 653.7
纸制品业	130.2	1 657.4	1 872.2	1 517.2	127.5	1 348.3
印刷业、记录媒介的复制	8.1	252.9	325.0	302.8	25.4	225.7
印刷业	8.1	252.9	325.0	302.8	25.4	225.7
文教体育用品制造业		18.6	10.7	10.3	1.9	7.5
体育用品制造业		18.6	10.7	10.3	1.9	7.5
石油加工及炼焦业		9.3	9.5		0.3	9.2
原油加工业		9.3	9.5		0.3	9.2
化学原料及化学制品制造业	360.7	3 125.2	4 180.1	3 116.6	187.8	3 009.7
基本化学原料制造业	330.9	1 768.2	2 915.8	2 317.0	112.3	2 130.0
化学肥料制造业	1.5	259.6	323.2	182.3	21.0	188.1
化学农药制造业		2.6	2.6			2.6
有机化学产品制造业	5.0	882.4	744.1	446.9	45.8	540.8
合成材料制造业		135.9	112.8	105.0	3.4	89.4
专用化学产品制造业	22.2	0.6	6.6	6.5	1.0	2.2
日用化学产品制造业	1.1	75.9	75.0	58.9	4.3	56.6
医药制造业		255.5	304.1	225.4	10.4	257.8
化学药品制剂制造业		238.0	286.6	210.5	10.4	240.3
生物制品业		17.5	17.5	14.9		17.5
化学纤维制造业		4.1	4.1	4.0	0.4	3.3
人造纤维(纤维素纤维)制造业		4.1	4.1	4.0	0.4	3.3
橡胶制品业	2.2	326.7	344.9	339.7	19.8	272.1
橡胶板、管、带制造业		224.9	207.0	207.0	16.5	190.5

指标	年末资产负债及所有者权益					年末资产负债及所有者权益
	长期投资合计	固定资产合计	固定资产原价合计	生产经营用	本年折旧	固定资产净值合计
橡校零件制品业		31.0	33.2	28.0	1.0	31.0
橡胶制品翻修业		34.4	34.4	34.4	2.0	21.1
其他橡胶制品业	2.2	36.4	70.3	70.3	0.3	29.5
塑料制品业	2 107.1	9 487.2	9 782.8	7 367.7	636.5	7 210.2
塑料薄膜制造业		433.3	413.9	413.9	16.9	366.4
塑料板、管、棒材制造业	88.1	131.9	111.9		10.1	101.8
塑料丝、绳及编织品制造业	1 772.0	7 254.1	7 038.4	5 341.2	507.0	4 953.6
泡沫塑料及人造革、合成革制造业	2.0	473.2	553.4	405.4	19.1	440.0
塑料包装箱及容器制造业	7.4	484.1	910.4	637.9	21.4	724.4
日用塑料杂品制造业	1.1	322.3	349.5	296.4	7.0	308.0
塑料零件制造业	236.0	136.2	183.0	108.2	20.0	150.7
其他塑料制品业	0.5	252.1	222.3	164.7	35.0	165.3
非金属矿物制品业	134.6	4 931.4	5 792.1	4 146.5	509.2	4 439.1
水泥制造业	62.1	919.6	1 002.6	1 002.6	72.7	904.0
水泥制品和石棉水泥制品业	5.0	617.9	547.1	419.7	102.1	399.5
砖瓦、石灰和轻质建筑材料制造业	53.0	2 209.6	2 686.1	1 690.2	245.3	2 114.3
玻璃及玻璃制品业		88.5	82.9	33.4	7.1	75.3
陶瓷制品业	4.6	600.4	757.7	495.5	47.9	488.1
耐火材料制品业		237.5	256.5	167.7	10.7	201.9
矿物纤维及其制品业	4.0	134.3	177.8	135.4	9.8	132.4
其他类未包括的非金属矿物制品业	5.9	123.6	281.4	202.0	13.6	123.6
黑色金属冶炼及压延加工业	104.7	20 817.8	17 054.4	2 655.8	151.2	14 867.2
炼钢业	87.3	197.1	197.1	197.1	4.0	186.3
钢压延加工业	17.4	20 253.1	16 456.6	2 098.0	114.1	14 313.3
铁合金冶炼业		367.6	400.7	360.7	33.1	367.6
有色金属冶炼及压延加工业	111.3	27 338.1	27 173.4	25 721.5	2 062.3	22 579.1
重有色金属冶炼业	111.2	27 329.5	27 070.0	25 658.8	2 057.0	22 493.1
轻有色金属冶炼业	0.1		91.2	50.7	1.7	77.4
有色金属合金业		8.6	12.2	12.0	3.6	8.6
金属制品业	622.3	2 675.1	3 233.0	2 426.6	217.7	2 179.4
金属结构制造业	554.6	774.5	903.6	730.4	70.4	661.9
铸铁管制造业	0.4	76.6	132.1	127.1	7.5	76.6
集装箱和金属包装物品制造业		117.8	167.7	101.8	6.2	111.7
金属丝绳及其制品业	20.7	601.4	749.9	748.3	24.7	393.1
建筑用金属制品业	5.4	457.3	519.9	251.7	47.9	436.8
金属表面处理及热处理业	28.6	156.0	212.6	125.1	30.6	115.9
日用金属制品业	1.9	378.7	390.7	218.6	20.5	286.9
其他金属制品业	10.7	112.8	156.5	123.6	9.9	96.5
普通机械制造业	55.0	5 830.7	5 592.1	3 655.8	337.3	4 363.7
锅炉及原动机制造业	1.9	191.5	205.0	201.0	7.9	178.0
金属加工机械制造业	8.0	168.1	211.0	174.9	7.7	120.0
通用设备制造业	12.0	1 640.7	1 646.8	1 177.8	44.9	1 413.4
其他通用零部件制造业	23.1	2 492.6	2 119.5	1 099.7	168.5	1 573.9
铸锻件制造业	10.0	902.0	956.3	624.1	64.7	789.6

4—4续表 19　　　　(1993年)　　　　单位:万元

指　　标	年末资产负债及所有者权益					年末资产负债及所有者权益
	长期投资合计	固定资产合计	固定资产原价合计	生产经营用	本年折旧	固定资产净值合计
普通机械修理业		7.3	11.2		1.2	7.8
其他普通机械制造业		428.5	442.3	378.3	42.4	281.0
专用设备制造业	50.0	5 722.6	3 962.8	2 666.1	154.2	3 231.9
机电工业专用设备制造业	0.7	175.7	73.3	73.3	3.3	54.4
石化及其他工业专用设备制造业	13.3	147.1	173.4	173.4	9.6	141.7
轻纺工业专用设备制造业	22.6	1 993.2	1 993.2	1 552.5	79.6	1 734.3
农、林、牧、渔、水利业机械制造业		91.6	98.6	98.6	9.5	87.3
医疗器械制造业	1.1	351.4	112.1	111.7	5.3	70.7
其他专用设备制造业	1.6	962.7	632.0	616.0	43.2	497.4
专用机械设备修理业	10.7	2 000.9	880.2	40.6	3.7	646.1
交通运输设备制造业	81.3	5 079.8	4 305.2	3 692.8	276.8	3 396.1
铁路运输设备制造业	0.9	225.5	310.6	267.7	27.7	169.5
汽车制造业	35.2	4 531.4	3 618.4	3 125.0	220.5	2 915.3
自行车制造业	1.2	18.0	40.1	33.0	1.1	17.9
船舶制造业	44.0	279.1	318.1	257.6	26.5	280.2
交通运输设备修理业		25.8	18.0	9.5	1.0	13.2
电气机械及器材制造业	922.3	9 178.4	10 937.4	7 592.0	344.4	7 690.9
电机制造业		4.5	5.0		0.5	4.5
输配电及控制设备制造业	0.8	487.1	584.4	154.4	60.7	498.1
电工器材制造业	0.1	863.8	886.5	127.4	6.7	601.3
日用电器制造业	914.6	7 727.3	9 365.8	7 229.7	269.7	6 524.9
照明器具制造业	6.8	95.7	95.7	80.5	6.8	62.1
电气机械修理业						
电子及通信设备制造业	0.7	158.1	137.6	125.1	7.1	102.4
通信设备制造业	0.7	118.2	95.4	92.2	4.1	63.6
电子器件制造业		14.5	14.5	11.0	1.4	13.1
电子元件制造业		18.7	21.0	15.2	1.3	19.3
电子设备及通信设备修理业		6.7	6.7	6.7	0.3	6.4
仪器仪表及文化、办公用机械制造业	12.0	734.4	1 118.8	757.2	73.0	579.5
通用仪器仪表制造业	1.2	310.4	310.2	193.9	16.3	219.7
计量器具制造业	1.7	72.2	175.2		9.6	74.8
钟表制造业	8.8	344.5	625.5	560.4	46.5	277.7
其他仪器仪表制造业	0.3	7.3	7.9	2.9	0.6	7.3
其他制造业	0.6	425.3	452.8	316.1	12.8	408.6
工艺美术品制造业		188.9	190.3	186.2	5.1	172.9
日用杂品制造业		1.5	1.7			1.7
其他生产、生活用品制造业	0.6	234.9	260.8	129.9	7.7	234.0
电力、煤气及水的生产和供应业	4.8	209.4	222.6	40.3	12.7	199.5
电力、蒸汽、热水的生产和供应业		41.9	41.9	10.6	3.9	38.0
电力生产业		39.4	39.4	9.0	3.9	35.5
电力供应业		2.5	2.5	1.6		2.5
煤气生产和供应业		136.9	148.9		5.5	136.7
煤气供应业		136.9	148.9		5.5	136.7
自来水的生产和供应业	4.8	30.6	31.8	29.7	3.3	24.8

4—4 续表 20　　　　　　　　(1993 年)　　　　　　　　单位:万元

指　　标	年末资产负债及所有者权益					
	固定资产净值年平均余额	流动负债合计	流动负债年平均余额	营运资金年平均余额	长期负债合计	所有者权益合计
总　计	**75 992.5**	**184 894.4**	**106 895**	**24 184.2**	**54 442.4**	**72 470.1**
市　区	67 166.5	176 527.7	99 831.5	20 876.4	50 509.0	70 428.8
柳　江	5 339.4	5 754.2	5 266.9	1 185.7	2 363.3	1 835.5
柳　城	3 486.6	2 612.5	1 796.6	2 122.1	1 570.1	205.8
在总计中:						
县属企业	450.5	1 259.0	550.0	714.4	108.0	742.1
乡办企业	21 047.3	54 482.4	15 646.4	8 321.9	15 767.2	18 465.5
在总计中:						
轻工业	30 621.2	78 440.1	57 121.2	256.5	13 010.9	25 937.4
以农产品为原料	14 091.0	29 448.7	18 991.2	2 753.6	5 055.4	10 476.8
以非农业产品为原料	16 530.2	48 991.4	38 130.0	-2 497.1	7 955.5	15 460.6
重工业	45 371.3	106 454.3	49 773.8	23 927.7	41 431.5	46 532.7
采掘工业	925.7	596.9	526.5	96.3	96.9	339.1
原料工业	23 758.7	73 484.4	25 073.9	13 433.9	33 747.5	26 078.3
加工工业	20 686.9	32 373.0	24 173.4	10 397.5	7 587.1	20 115.3
在总计中:						
大型企业	7 561.7	29 277.9	25 952.9	-7 227.3	1498.8	5 641.1
中型企业	18 229.5	35 873.5	19 852.2	6 504.1	17 475.7	14 368.6
小型企业	50 201.3	119 743.0	61 089.9	24 907.4	35 467.9	52 460.4
在总计中:						
采掘业	926.7	596.9	516.4	97.9	96.9	312.1
煤炭采选业	175.7	46.4	43.8	22.1		10.7
煤炭开采业	65.7	46.4	43.8	3.1		10.7
煤炭洗选业	110.0			19.0		
黑色金属矿采选业	64.8	45.7	35.0	6.5	39.5	51.6
铁矿采选业	17.3	4.7	5.0	5.5	11.5	2.6
其他黑色金属矿采选业	47.5	41.0	30.0	1.0	28.0	49.0
有色金属矿采选业	150.9	141.9	109.3	-32.4		54.2
重有色金属矿采选业	124.4	141.9	109.3	-36.4		54.2
贵金属矿采选业	26.5			4.0		
非金属矿采选业	398.9	311.4	281.7	101.3	57.4	193.7
土沙石开采业	398.9	311.4	281.7	101.3	57.4	193.7
其他矿采选业	136.4	51.5	46.6	0.4		1.9
制造业	74 864.0	183 793.0	105 895.5	24 335.1	54 335.2	72 070.6
食品加工业	848.1	1 762.5	378.9	1 058.3	110.5	396.1
粮食及饲料加工业	280.1	417.2	369.8	19.6	104.0	393.2
植物油加工业	535.6	1 335.2	5.0	994.2		2.0
屠宰及肉类蛋类加工业	32.4	10.1	4.1	44.5	6.5	0.9
食品制造业	828.5	554.9	32.6	1 205.7	326.7	571.4
糕点、糖果制造业	192.9	151.2	122.3	44.2	49.2	33.3
调味品制造业	52.8	27.5	23.8	-1.6		52.8
其他食品制造业	582.8	376.2	-113.5	1 163.1	277.5	485.3
饮料制造业	341.7	1 003.0	842.8	137.0	200.7	681.5
酒精及饮料酒制造业	30.5	0.1	0.2	6.4	4.8	28.1
软饮料制造业	43.8	52.3	55.8	11.5	45.9	44.9

4—4 续表 21　　　　　　　　　　(1993 年)　　　　　　　　　　单位:万元

指　　标	年末资产负债及所有者权益					
	固定资产净值年平均余额	流动负债合计	流动负债年平均余额	营运资金年平均余额	长期负债合计	所有者权益合计
其他饮料制造业	267.4	950.6	786.8	119.1	150.0	608.5
纺织业	2 802.9	6 300.8	3 784.5	298.2	593.4	1 390.0
棉纺织业	1 123.6	2 608.8	556.3	155.0	64.7	541.9
毛纺织业	6.8	0.8	0.8	-0.8	0.8	
丝绸纺织业	276.0	119.5	92.0	69.5		
针织品业	1 396.5	3 571.7	3 135.4	74.5	527.9	848.1
服装及其他纤维制品制造业	1 267.6	4 953.2	1 579.1	853.2	740.1	1 360.9
服装制造业	1 033.2	3 919.2	1 183.8	590.7	696.8	983.5
制帽业	4.8	16.9	16.1	41.1	43.3	4.2
制鞋业	176.0	496.8	235.8	173.1		197.3
其他纤维制品制造业	53.6	520.3	143.4	48.3		175.9
皮革、毛皮、羽绒及其制品业		1 973.9	116.7	1 141.3	201.0	637.5
制革业	156.0	109.9	115.1	34.6	30.0	9.7
皮革制品制造业	255.3	789.9	727.8	-240.0	111.1	2 077.8
木材加工及竹、藤、棕、草制品业	274.5	298.8	294.4	179.4	63.1	112.0
锯材、木片加工业	78.2	26.2	26.8	13.7	2.0	40.9
木制品业	156.4	173.8	164.6	167.1	61.1	54.9
竹、藤、棕、草制品业	11.2	10.4	10.3	2.9		16.2
家具制造业	529.6	3 128.2	3 019.5	-1 622.4	455.9	744.6
木制家具制造业	427.8	2 987.9	2 898.2	-1 795.6	188.3	655.7
金属家具制造业	101.8	140.3	121.3	173.2	267.6	88.9
造纸及纸制品业	5 831.4	10 665.0	8 388.4	1 660.5	2 863.7	4 001.2
造纸业	4 484.6	7 941.1	6 632.7	481.2	2 233.7	2 132.5
纸制品业	1 346.8	2 723.9	1 755.7	1 179.3	630.0	1 868.7
印刷业、记录媒介的复制	217.7	459.7	375.8	117.5	169.3	139.8
印刷业	217.7	459.7	375.8	117.5	169.3	139.8
文教体育用品制造业	37.4	68.9	67.2	93.5		115.8
体育用品制造业	37.4	68.9	67.2	93.5		115.8
石油加工及炼焦业	9.2	1.8				13.8
原油加工业	9.2	1.8				13.8
化学原料及化学制品制造业	3 492.3	4 571.7	2 017.0	2 221.8	3 622.7	2 517.4
基本化学原料制造业	3 686.7	3 122.0	1 032.5	734.8	2 875.1	1 489.6
化学肥料制造业	190.9	275.9	277.2	144.4	122.7	357.6
化学农药制造业	2.6	4.6	4.3	36.7		41.4
有机化学产品制造业	534.5	729.1	312.1	1 401.1	569.8	389.2
合成材料制造业	8.0	213.9	200.0	-179.0	26.1	105.1
专用化学产品制造业	1.5	13.2	13.1	-5.7		18.3
日用化学产品制造业	68.1	213.0	177.8	89.5	29.0	116.2
医药制造业	263.3	1 357.3	550.8	117.7	1.0	384.8
化学药品制剂制造业	245.8	624.4	515.9	106.8	1.0	318.0
生物制品业	17.5	732.9	34.9	10.9		66.8
化学纤维制造业	3.7	4.1	4.0	0.1		
人造纤维(纤维素纤维)制造业	3.7	4.1	4.0	0.1		
橡胶制品业	259.0	435.2	304.0	23.4		336.3
橡胶板、管、带制造业	173.9	254.0	222.0	-40.5		192.2

指标	年末资产负债及所有者权益					
	固定资产净值年平均余额	流动负债合计	流动负债年平均余额	营运资金年平均余额	长期负债合计	所有者权益合计
橡校零件制品业	31.0	53.4	61.1	-39.6		59.0
橡胶制品翻修业	22.2	12.9	20.9	8.5		30.0
其他橡胶制品业	31.9	114.9		95.0		55.1
塑料制品业	7 207.8	14 146.4	7 000.7	2 236.4	5 636.1	5 508.6
塑料薄膜制造业	395.3	223.1	209.8	249.7	448.6	34.0
塑料板、管、棒材制造业	102.0	60.0		65.9		
塑料丝、绳及编织品制造业	4 964.7	7 754.9	3 616.8	1 326.6	2 935.2	4 885.5
泡沫塑料及人造革、合成革制造业	420.8	676.7	961.2	237.7	1 020.0	28.1
塑料包装箱及容器制造业	709.3	919.2	792.0	222.0	1 116.2	4.6
日用塑料杂品制造业	313.1	677.1	673.5	-65.4	55.9	-88.1
塑料零件制造业	139.7	3 656.9	589.8	76.4	38.0	455.3
其他塑料制品业	162.9	178.5	157.6	123.5	22.2	189.2
非金属矿物制品业	4 469.0	5 671.8	3 685.7	1 855.9	941.5	4 486.7
水泥制造业	904	736.9	730.0	-80.0	310.0	1 018.2
水泥制品和石棉水泥制品业	512.0	830.0	750.5	130.9	2.7	694.8
砖瓦、石灰和轻质建筑材料制造业	2 078.1	1 686.3	953.3	863.0	197.4	1 128.0
玻璃及玻璃制品业	75.5	98.9	70.6	49.6		59.8
陶瓷制品业	503.2	888.4	885.3	135.1	249.4	667.2
耐火材料制品业	165.0	172.4	22.4	130.0	175.0	92.8
矿物纤维及其制品业	115.1	1 015.5	30.0	541.0		616.7
其他类未包括的非金属矿物制品业	116.1	243.4	243.6	86.3	7.0	209.2
黑色金属冶炼及压延加工业	2 847.0	32 568.8	2 069.8	2 081.6	11 786.8	10 961.0
炼钢业	118.5	229.0	227.2	123.6	11.9	159.9
钢压延加工业	2 360.9	32 265.7	1 768.6	1 939.8	11 774.9	10 802.2
铁合金冶炼业	367.6	74.1	74.0	18.2		-1.1
有色金属冶炼及压延加工业	16 761.4	35 201.3	20 577.8	10 126.3	18 366.7	11 728.2
重有色金属冶炼业	16 671.3	35 151.3	20 533.0	10 073.0	18 269.4	11 685.8
轻有色金属冶炼业	81.2	43.9	43.9	52.2	97.3	33.8
有色金属合金业	8.9	6.1	0.9	1.1		8.6
金属制品业	2 091.1	6 083.0	4 264.0	2 307.0	1 768.7	3 402.0
金属结构制造业	580.5	1 488.8	1 611.3	162.7	924.0	507.4
铸铁管制造业	69.4	123.8	101.8	163.6	87.6	169.5
集装箱和金属包装物品制造业	107.6	173.1	170.2	96.8	30.0	268.3
金属丝绳及其制品业	394.2	1 804.7	482.4	772.4	260.9	960.7
建筑用金属制品业	474.3	1 370.7	1 250.5	622.6	100.5	839.6
金属表面处理及热处理业	102.8	437.9	348.4	186.9	162.4	365.2
日用金属制品业	265.8	501.3	223.9	254.7	191.6	95.0
其他金属制品业	96.5	182.7	75.5	47.3	11.7	196.3
普通机械制造业	4 898.8	7 792.1	7 488.0	1 775.7	2 179.4	5 881.5
锅炉及原动机制造业	170.7	45.9	50.7	107.3	694.0	213.0
金属加工机械制造业	117.5	263.9	257.0	142.8	29.0	260.0
通用设备制造业	1 374.6	1 794.9	2 076.9	338.4	224.2	1 017.1
其他通用零部件制造业	2 117.2	4 031.3	3 813.0	1 024.0	1 010.7	3 799.6
铸锻件制造业	674.4	1 282.3	920.5	247.7	217.3	528.0

指标	年末资产负债及所有者权益					
	固定资产净值年平均余额	流动负债合计	流动负债年平均余额	营运资金年平均余额	长期负债合计	所有者权益合计
普通机械修理业	14.0	172.2	186.3	-54.1		63.8
其他普通机械制造业	430.4	201.6	183.6	-30.4	4.2	
专用设备制造业	2 979.7	5 181.1	3 762.8	1 723.4	917.8	4 011.4
机电工业专用设备制造业	54.4	101.9	113.6	2.6		
石化及其他工业专用设备制造业	73.8	780.9	646.6	-176.2	151.7	120.3
轻纺工业专用设备制造业	1 756.7	1 354.8	683.6	776.8	92.4	569.1
农、林、牧、渔、水利业机械制造业	92.8	42.0	40.2	13.7		
医疗器械制造业	72.8	284.9	267.9	98.2	249.6	415.1
其他专用设备制造业	302.7	1 549.3	1 964.7	-74.2	15.8	1 449.8
专用机械设备修理业	626.5	1 067.3	46.2	1 082.5	408.3	1 457.1
交通运输设备制造业	7 880.0	9 398.4	6 315.3	853.7	1 268.8	4 040.4
铁路运输设备制造业	144.0	448.4	372.8	51.8		604.1
汽车制造业	7 432.9	8 361.6	5 413.1	851.6	1 170.1	3 303.4
自行车制造业	18.0	106.2	95.3	69.7	54.7	31.0
船舶制造业	260.4	460.4	417.3	-131.7	44.0	86.0
交通运输设备修理业	24.7	21.8	16.8	12.3		15.9
电气机械及器材制造业	7 271.6	28 258.6	25 560.6	-5 486.9	1 816.7	5 649.3
电机制造业	4.5	4.3	4.0	-0.5		
输配电及控制设备制造业	250.3	900.5	454.1	905.2	36.9	569.7
电工器材制造业	601.3	194.4	365.2	1 463.5	599.5	531.7
日用电器制造业	6 350.8	26 934.2	24 568.8	-7 963.4	1 145.4	4 437.9
照明器具制造业	64.7	225.2	168.5	108.3	34.9	110.0
电气机械修理业						
电子及通信设备制造业	93.9	379.9	379.8	-21.2	5.6	206.2
通信设备制造业	55.9	210.0	210.4	-24.2	5.6	192.7
电子器件制造业	13.0	101.0	105.0	-6.8		
电子元件制造业	18.7	31.4	31.4	-0.7		13.5
电子设备及通信设备修理业	6.3	37.5	33.0	10.5		
仪器仪表及文化、办公用机械制造业	653.3	2 100.6	1 797.9	617.8	323.7	1 091.2
通用仪器仪表制造业	231.1	718.4	646.8	257.6	223.5	322.6
计量器具制造业	80.1	646.6	386.6	63.7	40.4	53.7
钟表制造业	334.8	705.7	755.9	277.9	58.8	678.8
其他仪器仪表制造业	7.3	29.9	8.6	18.6	1.0	36.1
其他制造业	292.2	546.1	511.2	126.9	35.2	251.0
工艺美术品制造业	105.9	178.2	177.7	130.2		18.0
日用杂品制造业	1.5			54.1		
其他生产、生活用品制造业	184.8	367.9	333.5	-57.4	35.2	233.0
电力、煤气及水的生产和供应业	201.8	504.5	483.1	-248.8	10.3	87.4
电力、蒸汽、热水的生产和供应业	36.7	1.9	1.9	0.5	5.5	39.5
电力生产业	34.2				5.5	36.5
电力供应业	2.5	1.9	1.9	0.5		3.0
煤气生产和供应业	139.3	495.6	478.0	-254.7		43.1
煤气供应业	139.3	495.6	478.0	-254.7		43.1
自来水的生产和供应业	25.8	7.0	3.2	5.4	4.8	4.8

4—4续表24　　　　(1993年)　　　　单位:万元

指　　标	损益及分配					
	产品销售收入	产品销售成本	产品销售费用	产品销售税金及附加	产品销售利润	管理费用
总　计	**269 202.7**	**216 873.5**	**8 505.9**	**12 220.3**	**30 377.3**	**13 754.8**
市　区	243 140.5	195 564.1	7 801.1	10 875.6	27 709.5	13 112.4
柳　江	13 406.0	10 788.0	335.5	541.3	1 712.8	295.0
柳　城	12 656.2	10 521.4	369.3	803.4	955.0	347.4
在总计中:						
县属企业	2 728.7	2 327.7	51.4	232.4	116.9	69.4
乡办企业	74 993.9	30 868.0	2 941.7	3 097.4	7 108.4	2 716.8
在总计中:						
轻工业	103 487.8	84 725.3	3494.5	5 163.4	9 711.6	5 472.1
以农产品为原料	49 854.3	42 127.3	1 475.6	1 982.7	3 948.4	2 038.1
以非农业产品为原料	53 633.5	42 598.0	20 18.9	3 180.7	5 763.2	3 434.0
重工业	165 714.9	132 148.2	5 011.4	7 056.9	20 665.7	8 282.7
采掘工业	3 862.2	3 208.7	175.0	111.4	317.7	151.6
原料工业	74 462.7	59 915.8	1 449.7	3 428.4	9 603.3	3 040.3
加工工业	87 390.0	69 023.7	3 386.7	3 517.1	10 744.7	5 090.8
在总计中:						
大型企业	23 015.2	17 484.9	825.3	1 884.7	2 820.2	1 546.8
中型企业	43 268.8	33 435.3	943.7	1 526.0	7 362.4	2 127.6
小型企业	202 918.7	165 953.3	6 736.9	8 809.6	20 194.7	10 080.4
在总计中:						
采掘业	3 872.0	3 215.0	174.5	111.0	322.1	150.8
煤炭采选业	238.7	194.5	2.3	8.7	33.2	4.1
煤炭开采业	228.4	185.0	2.3	8.2	32.9	3.6
煤炭洗选业	10.3	9.5		0.5	0.3	0.5
黑色金属矿采选业	417.7	358.1	13.9	9.7	36.0	19.7
铁矿采选业	49.7	29.0	4.5	1.7	14.5	9.9
其他黑色金属矿采选业	368.0	329.1	9.4	8.0	21.5	9.8
有色金属矿采选业	285.2	240.3	6.0	6.4	-16.1	28.1
重有色金属矿采选业	175.2	161.3	0.5	0.4	-35.6	26.1
贵金属矿采选业	110.0	79.0	5.5	6.0	19.5	2.0
非金属矿采选业	2 316.4	1 983.9	67.3	81.8	182.6	67.8
土沙石开采业	2 316.4	1 983.9	67.3	81.8	182.6	67.8
其他矿采选业	614.0	438.2	85.0	4.4	86.4	31.1
制造业	265 073.3	213 429.2	8 327.1	12 103.7	30 037.0	13 599.6
食品加工业	5 038.4	4 894.1	59.6	45.1	35.4	27.6
粮食及饲料加工业	1 703.9	1 630.5	44.7	10.3	14.2	23.5
植物油加工业	3 142.7	3 102.3	11.4	19.8	9.2	3.9
屠宰及肉类蛋类加工业	191.8	161.3	3.5	15.0	12.0	0.2
食品制造业	2 473.1	2 156.8	138.6	64.1	113.4	109.8
糕点、糖果制造业	405.5	356.0	20.4	10.4	18.7	19.3
调味品制造业	90.4	73.5		5.1	11.8	0.8
其他食品制造业	1 977.2	1 727.3	118.2	48.6	82.9	89.7
饮料制造业	4 190.3	2 622.4	306.2	227.4	975.9	210.9
酒精及饮料酒制造业	3.6	2.5	0.2	0.7	0.1	0.2
软饮料制造业	148.4	129.5	4.7	9.7	4.5	5.7

指标	损益及分配					
	产品销售收入	产品销售成本	产品销售费用	产品销售税金及附加	产品销售利润	管理费用
其他饮料制造业	4 038.3	2 490.4	301.3	217.0	971.3	205.0
纺织业	9 630.0	8 124.8	214.5	370.6	687.6	414.1
棉纺织业	4 278.0	3 617.8	131.7	261.3	263.2	126.3
毛纺织业	18.6	18.0		0.3	0.2	0.1
丝绢纺织业	348.0	268.9	23.5	13.6	42.0	4.7
针织品业	4 985.4	4 220.1	59.3	95.4	382.2	283.0
服装及其他纤维制品制造业	8 307.6	7 465.0	172.6	275.3	387.3	320.7
服装制造业	6 695.0	6 190.9	99.4	190.7	212.0	223.6
制帽业	51.9	58.1	4.8	2.2	-13.2	3.7
制鞋业	1 001.3	780.3	51.1	53.3	111.2	65.1
其他纤维制品制造业	559.4	435.7	17.3	29.1	77.3	28.3
皮革、毛皮、羽绒及其制品业	10.9	731.0	644.6	297.8	48.8	434.4
制革业	346.2	272.2	17.2	29.9	25.5	6.5
皮革制品制造业	1 333.9	1 072.1	53.0	76.3	132.3	58.6
木材加工及竹、藤、棕、草制品业	4 193.6	3 730.0	110.1	119.7	231.3	73.7
锯材、木片加工业	2 791.2	2 617.2	20.5	57.0	94.5	27.9
木制品业	1 270.9	1 027.5	68.4	55.6	118.9	24.8
竹、藤、棕、草制品业	22.7	19.3	0.2	1.2	2.0	
家具制造业	2 545.8	2 087.9	62.8	112.1	282.8	221.8
木制家具制造业	2 314.1	1 919.6	56.6	104.4	233.3	184.2
金属家具制造业	231.7	168.3	6.2	7.7	49.5	37.6
造纸及纸制品业	14 117.0	11 711.1	557.8	704.1	1 134.7	563.9
造纸业	9 469.9	7 945.9	152.7	542.1	826.1	369.6
纸制品业	4 647.1	3 765.2	405.1	162.0	308.6	194.3
印刷业、记录媒介的复制	915.2	825.4	29.2	48.4	6.1	42.7
印刷业	915.2	825.4	29.2	48.4	6.1	42.7
文教体育用品制造业	255.1	210.0	7.1	12.9	25.1	14.3
体育用品制造业	255.1	210.0	7.1	12.9	25.1	14.3
石油加工及炼焦业	34.1	30.7		1.5	1.9	
原油加工业	34.1	30.7		1.5	1.9	
化学原料及化学制品制造业	9 958.7	8 308.0	136.7	915.3	598.2	531.5
基本化学原料制造业	5 441.5	4 507.0	88.7	545.2	300.5	277.3
化学肥料制造业	574.3	435.7	7.0	21.0	110.6	100.1
化学农药制造业	49.2	38.5		1.5	9.2	0.1
有机化学产品制造业	3 043.8	2 635.7	27.5	325.3	55.0	67.2
合成材料制造业	475.2	372.1	2.2	2.2	98.7	70.0
专用化学产品制造业	42.6	30.3	4.3	3.0	5.0	0.1
日用化学产品制造业	332.1	288.7	7.0	17.1	19.2	16.7
医药制造业	1 578.0	1 215.5	11.5	83.9	267.1	177.3
化学药品制剂制造业	783.4	545.6	11.5	40.6	185.7	117.8
生物制品业	794.6	669.9		43.3	81.4	59.5
化学纤维制造业	12.0	11.0	0.2	0.1	0.7	0.2
人造纤维(纤维素纤维)制造业	12.0	11.0	0.2	0.1	0.7	0.2
橡胶制品业	561.2	453.3	11.2	24.4	71.7	40.1
橡胶板、管、带制造业	169.6	137.4	1.0	3.5	27.7	9.5

指标	损益及分配					
	产品销售收入	产品销售成本	产品销售费用	产品销售税金及附加	产品销售利润	管理费用
橡校零件制品业	19.3	7.6	5.0	0.6	6.1	5.0
橡胶制品翻修业	75.3	59.4	1.7	4.1	10.1	6.0
其他橡胶制品业	297.0	248.9	3.5	16.2	27.8	19.6
塑料制品业	14 803.0	12 671.0	401.4	510.9	1 182.4	877.7
塑料薄膜制造业	539.9	448.9	7.6	19.4	64.0	54.2
塑料板、管、棒材制造业	18.8	16.8	0.4	0.5	1.1	
塑料丝、绳及编织品制造业	9 926.1	8 546.6	208.6	320.1	850.5	618.5
泡沫塑料及人造革、合成革制造业	1 837.6	1 575.0	66.4	80.4	107.4	63.5
塑料包装箱及容器制造业	776.2	709.7	52.5	32.3	-18.4	76.5
日用塑料杂品制造业	231.4	180.0	7.8	7.1	35.6	12.1
塑料零件制造业	550.9	417.3	51.3	14.9	40.2	24.6
其他塑料制品业	922.1	776.7	6.8	36.2	102.0	28.3
非金属矿物制品业	16 070.8	12 173.7	639.8	886.7	2 228.4	823.6
水泥制造业	1 565.1	923.1	3.1	92.9	546.0	16.9
水泥制品和石棉水泥制品业	2 809.7	2 384.0	59.3	84.3	259.5	82.6
砖瓦、石灰和轻质建筑材料制造业	5 740.1	4 197.7	249.2	428.4	746.3	255.2
玻璃及玻璃制品业	231.4	203.1	5.9	26.2	-4.9	2.2
陶瓷制品业	1 810.7	1 246.9	201.1	81.8	280.9	170.3
耐火材料制品业	488.3	390.7	10.6	37.6	49.4	27.8
矿物纤维及其制品业	2 837.2	2 342.3	88.1	94.8	312.0	239.5
其他类未包括的非金属矿物制品业	588.3	485.9	22.5	40.7	39.2	29.1
黑色金属冶炼及压延加工业	12 974.3	11 164.8	276.3	531.6	1 001.6	572.1
炼钢业	455.8	412.2	8.3	8.2	27.1	1.7
钢压延加工业	12 034.8	10 327.4	264.7	505.4	937.3	567.2
铁合金冶炼业	483.7	425.2	3.3	18.0	37.2	3.2
有色金属冶炼及压延加工业	49 122.4	38 592.4	981.3	2 105.2	7 380.2	1 921.3
重有色金属冶炼业	48 858.5	38 424.5	977.1	2 098.2	7 355.4	1 890.3
轻有色金属冶炼业	182.4	150.6	1.8	5.8	24.2	31.0
有色金属合金业	81.5	17.3	2.4	1.2	0.6	
金属制品业	14 950.0	12 644.6	598.9	498.7	1 194.3	559.8
金属结构制造业	1 838.5	1 387.9	26.8	100.4	323.3	147.3
铸铁管制造业	298.1	287.9	0.7	9.8	-.3	2.9
集装箱和金属包装物品制造业	458.7	379.3	9.8	17.4	52.1	11.6
金属丝绳及其制品业	4 403.9	3 918.2	159.4	115.1	211.2	148.4
建筑用金属制品业	2 689.8	2 083.7	234.6	134.9	226.7	65.9
金属表面处理及热处理业	3 775.4	3 380.0	114.7	56.6	222.2	71.4
日用金属制品业	810.4	654.8	33.6	28.4	93.4	75.1
其他金属制品业	675.2	552.8	19.3	36.1	65.7	37.2
普通机械制造业	21 042.3	16 017.7	946.9	882.1	3 159.7	1 429.3
锅炉及原动机制造业	144.4	86.6	6.2	14.2	37.4	9.6
金属加工机械制造业	493.8	403.3	29.1	25.2	36.2	17.7
通用设备制造业	3 355.4	2 616.2	97.4	127.9	512.7	377.1
其他通用零部件制造业	11 167.6	8 423.5	193.2	503.3	2 045.8	858.8
铸锻件制造业	4 814.1	3 680.7	502.8	172.4	425.7	120.0

4—4 续表 27　　(1993年)　　单位:万元

指　　标	损益及分配					
	产品销售收入	产品销售成本	产品销售费用	产品销售税金及附加	产品销售利润	管理费用
普通机械修理业	277.0	212.7	59.8	7.1	-2.6	1.7
其他普通机械制造业	790.0	594.7	58.4	32.0	104.5	44.4
专用设备制造业	12 595.1	9 923.5	620.6	463.0	1 450.5	827.7
机电工业专用设备制造业	346.5	319.4	7.6	13.6	5.8	8.5
石化及其他工业专用设备制造业	787.6	653.0	9.8	28.4	96.4	39.7
轻纺工业专用设备制造业	2 107.4	1 637.2	125.8	44.8	297.9	96.3
农、林、牧、渔、水利业机械制造业	189.6	158.2	3.7	8.4	14.3	5.0
医疗器械制造业	259.9	201.5	14.7	12.2	31.3	18.3
其他专用设备制造业	5 207.0	4 317.8	216.9	166.4	505.7	365.4
专用机械设备修理业	3 697.1	2 636.4	242.1	189.2	499.1	294.5
交通运输设备制造业	27 058.7	21 705.8	594.0	930.0	3 693.9	1 594.6
铁路运输设备制造业	1 225.3	981.0	42.6	46.1	92.6	61.4
汽车制造业	21 435.5	17 137.8	360.6	751.1	3 120.8	1 368.7
自行车制造业	129.8	90.1	2.0	3.6	34.0	13.5
船舶制造业	4 047.3	3 309.6	174.5	124.1	433.6	147.0
交通运输设备修理业	220.8	187.3	14.3	5.1	12.9	4.0
电气机械及器材制造业	24 581.3	18 459.5	1 012.4	1 826.4	3 005.5	1 696.8
电机制造业	10.2	8.5	0.1	0.5	0.9	0.2
输配电及控制设备制造业	3 185.8	2 452.1	68.1	101.6	301.2	113.7
电工器材制造业	1 156.1	1 010.8	117.0	59.2	-33.7	61.5
日用电器制造业	19 812.8	14 666.0	808.5	1 646.5	2 680.1	1 501.5
照明器具制造业	416.4	322.1	18.7	18.6	57.0	19.9
电气机械修理业						
电子及通信设备制造业	711.8	465.2	68.1	35.1	143.4	84.7
通信设备制造业	284.3	215.9	4.3	13.0	51.1	18.7
电子器件制造业	370.6	219.6	50.3	19.6	81.1	59.6
电子元件制造业	35.2	15.4	10.3	2.0	7.5	6.2
电子设备及通信设备修理业	21.7	14.3	3.2	0.5	3.7	0.2
仪器仪表及文化、办公用机械制造业	4 050.7	3 056.2	244.4	230.3	514.9	272.0
通用仪器仪表制造业	1 717.6	1 307.8	118.0	52.0	239.5	106.2
计量器具制造业	892.3	671.6	45.1	62.8	112.8	57.2
钟表制造业	1 342.8	1 044.2	32.8	112.8	153.0	108.1
其他仪器仪表制造业	98.0	32.6	48.5	2.7	9.6	0.5
其他制造业	1 622.7	1 364.5	54.7	92.6	105.2	126.3
工艺美术品制造业	306.9	235.8	13.6	36.4	21.1	9.5
日用杂品制造业	18.4	17.1		0.9	0.4	0.2
其他生产、生活用品制造业	1 297.4	1 111.6	41.1	55.3	83.7	116.6
电力、煤气及水的生产和供应业	257.4	229.3	4.3	5.6	18.2	4.4
电力、蒸汽、热水的生产和供应业	45.7	38.3	1.8	2.0	3.6	0.6
电力生产业	18.8	13.7	1.2	1.2	2.7	0.2
电力供应业	26.9	24.6	0.6	0.8	0.9	0.4
煤气生产和供应业	178.5	167.6		1.9	9.0	1.3
煤气供应业	178.5	167.6		1.9	9.0	1.3
自来水的生产和供应业	33.2	23.4	2.5	1.7	5.6	2.5

指标	损益及分配					
	财务费用	利息支出	营业利润	利润总额	亏损企业亏损总额	利税总额
总　计	**5 589.8**	**5 116.5**	**12 290.7**	**11 879.4**	**1 906.5**	**24 099.7**
市　区	4 867.8	4 600.3	10 902.9	10 749.9	1 277.6	21 625.5
柳　江	370.8	198.2	1 110.2	1 110.9	35.1	1 652.2
柳　城	351.2	318.0	277.6	18.6	593.8	822.0
在总计中:						
县属企业	40.8	38.2	14.6	7.4	32.6	239.8
乡办企业	1 696.4	1 199.8	2 874.8	2 931.5	749.7	6 028.9
在总计中:						
轻工业	3 195.9	3 067.4	1 622.8	1 744.5	1 047.1	6 907.9
以农产品为原料	984.2	754.6	1 144.6	1 103.8	488.4	3 086.5
以非农业产品为原料	2 211.7	2 312.8	478.5	640.7	558.7	3 821.4
重工业	2 393.9	2 049.1	10 667.9	10 134.9	859.4	17 191.8
采掘工业	80.0	57.8	118.4	139.9	109.3	251.3
原料工业	1 345.7	1 241.1	5 415.1	5 090.1	480.9	8 518.5
加工工业	968.2	750.2	5 134.4	4 904.9	269.2	8 422.0
在总计中:						
大型企业	1 276.6	1 525.5	118.3	31.5	91.8	1 916.2
中型企业	922.9	904.2	4 505.6	4 646.7		6 172.7
小型企业	3 390.3	2 686.8	7 666.8	7 201.2	1 814.7	16 010.8
在总计中:						
采掘业	82.1	57.8	121.5	133.0	109.3	244.0
煤炭采选业	5.0	2.8	24.1	24.1	0.2	32.8
煤炭开采业	5.0	2.8	24.3	24.3		32.5
煤炭洗选业			-0.2	-0.2	0.2	0.3
黑色金属矿采选业	2.8	0.8	14.0	14.0		23.7
铁矿采选业	2.6	0.8	2.0	2.0		3.7
其他黑色金属矿采选业	0.2		12.0	12.0		20.0
有色金属矿采选业	23.5	22.5	-67.7	-67.7	84.2	-61.3
重有色金属矿采选业	22.5	22.5	-84.2	-84.2	84.2	-83.8
贵金属矿采选业	1.0		16.5	16.5		22.5
非金属矿采选业	15.2	6.7	131.4	142.9	24.9	224.7
土沙石开采业	15.2	6.7	131.4	142.9	24.9	224.7
其他矿采选业	35.6	25.0	19.7	19.7		24.1
制造业	5 504.5	5 058.0	12 158.5	11 735.6	1 797.2	23 839.3
食品加工业	5.8	5.8	12.7	7.7	12.1	52.8
粮食及饲料加工业	5.1	5.1	-3.7	-8.7	12.1	1.6
植物油加工业	0.2	0.2	5.1	5.1		24.9
屠宰及肉类蛋类加工业	0.5	0.5	11.3	11.3		26.3
食品制造业	27.7	24.8	-16.6	-7.0	63.3	57.1
糕点、糖果制造业	7.1	6.5	-1.5	-13.7	23.9	-3.3
调味品制造业	1.3	1.3	9.7	9.7	0.8	14.8
其他食品制造业	19.3	17.0	-24.8	-3.0	38.6	45.6
饮料制造业	57.2	54.8	742.2	647.7	3.5	875.1
酒精及饮料酒制造业	0.8	0.8	-0.9	-0.9	1.1	-0.2
软饮料制造业	1.6	1.2	-2.8	-0.6	2.4	9.1

指标	损益及分配					
	财务费用	利息支出	营业利润	利润总额	亏损企业亏损总额	利税总额
其他饮料制造业	54.8	52.8	745.9	649.0		866.2
纺织业	203.3	150.7	111.0	75.8	124.5	446.4
棉纺织业	45.0	29.8	107.5	65.1	33.5	326.4
毛纺织业			0.1	0.1		0.4
丝绢纺织业	28.6	20.5	8.7	8.7		22.3
针织品业	129.7	100.4	-5.3	1.9	91.0	97.3
服装及其他纤维制品制造业	148.8	132.1	-62.9	24.2	124.7	299.5
服装制造业	122.1	107.5	-116.9	3.6	100.1	194.3
制帽业	2.6	2.5	-19.5	-24.6	24.6	-22.4
制鞋业	14.7	12.7	31.4	11.1		64.4
其他纤维制品制造业	9.4	9.4	42.1	34.1		63.2
皮革、毛皮、羽绒及其制品业	411.3	899.8	842.9	-205.4	141.1	2 087.5
制革业	5.3	0.3	13.8	13.9	1.4	43.8
皮革制品制造业	17.4	7.1	59.3	73.3	1.8	149.6
木材加工及竹、藤、棕、草制品业	14.5	7.3	143.0	142.3	5.1	262.0
锯材、木片加工业	6.0	3.3	60.6	60.6		117.6
木制品业	8.5	4.0	85.5	84.8		140.4
竹、藤、棕、草制品业			2.0	2.0		3.2
家具制造业	72.6	50.6	7.8	35.8	6.8	147.9
木制家具制造业	61.0	39.0	7.5	32.3	6.8	136.7
金属家具制造业	11.6	11.6	0.3	3.5		11.2
造纸及纸制品业	419.0	318.6	211.7	155.4	106.4	859.5
造纸业	372.0	275.3	124.6	89.4	4.0	631.5
纸制品业	47.0	43.3	87.1	66.0	102.4	228.0
印刷业、记录媒介的复制	6.9	4.8	18.5	25.5	43.5	73.9
印刷业	6.9	4.8	18.5	25.5	43.5	73.9
文教体育用品制造业	0.3	0.1	11.0	9.5		22.4
体育用品制造业	0.3	0.1	11.0	9.5		22.4
石油加工及炼焦业			1.9	1.9		3.4
原油加工业			1.9	1.9		3.4
化学原料及化学制品制造业	336.9	328.9	-222.2	-461.7	636.1	453.6
基本化学原料制造业	123.1	119.8	-88.6	-334.3	384.6	210.9
化学肥料制造业	4.8	4.2	27.0	31.5	26.9	52.5
化学农药制造业	0.1	0.1	9.0	9.0		10.5
有机化学产品制造业	173.9	171.7	-171.7	-169.9	199.3	155.4
合成材料制造业	22.0	21.0	6.7	6.7		8.9
专用化学产品制造业			5.8	5.8		8.8
日用化学产品制造业	13.0	12.1	-10.4	-10.5	25.3	6.6
医药制造业	50.6	48.1	40.0	31.4		115.3
化学药品制剂制造业	45.5	44.0	23.2	14.6		55.2
生物制品业	5.1	5.1	16.8	16.8		60.1
化学纤维制造业			0.5	0.5		0.6
人造纤维(纤维素纤维)制造业			0.5	0.5		0.6
橡胶制品业	22.2	19.6	9.9	6.7	2.9	31.1
橡胶板、管、带制造业	21.1	18.5	-2.9	-2.9	2.9	0.6

4—4续表30　　　　(1993年)　　　　单位:万元

指　　标	损益及分配					
	财务费用	利息支出	营业利润	利润总额	亏损企业亏损总额	利税总额
橡校零件制品业	0.5	0.5	0.6	0.6		1.2
橡胶制品翻修业	-0.2	-0.2	4.3	3.9		8.0
其他橡胶制品业	0.8	0.8	7.9	5.1		21.3
塑料制品业	484.0	399.0	36.2	245.0	184.8	755.9
塑料薄膜制造业	7.7	7.4	10.4	9.3		28.7
塑料板、管、棒材制造业	.		1.1	1.1		1.6
塑料丝、绳及编织品制造业	358.9	290.6	52.4	210.6	67.2	530.7
泡沫塑料及人造革、合成革制造业	17.4	15.8	34.1	24.5		104.9
塑料包装箱及容器制造业	29.6	28.7	-124.5	-55.3	68.8	-23.0
日用塑料杂品制造业	31.2	18.2	-7.3	-8.8	35.7	-1.7
塑料零件制造业	27.2	26.5	8.1	8.1	13.1	23.0
其他塑料制品业	12.0	11.8	61.9	55.5		91.7
非金属矿物制品业	147.0	115.5	1 377.2	1 356.3	22.5	2 243.0
水泥制造业	2.2	2.2	555.0	555.0		647.39
水泥制品和石棉水泥制品业	17.8	11.7	162.7	150.6		234.9
砖瓦、石灰和轻质建筑材料制造业	63.0	40.3	480.8	505.0	7.3	933.4
玻璃及玻璃制品业	2.4		-9.1	-10.5	14.8	15.7
陶瓷制品业	22.7	22.4	88.3	69.6		151.4
耐火材料制品业	12.4	12.4	10.3	6.3		43.9
矿物纤维及其制品业	15.4	15.4	84.2	79.2	0.4	174.0
其他类未包括的非金属矿物制品业	11.1	11.1	5.0	1.1		41.8
黑色金属冶炼及压延加工业	329.9	298.4	165.3	104.6	80.5	636.2
炼钢业	13.3		12.3	12.3	0.4	20.5
钢压延加工业	308.6	291.4	127.0	66.3	76.1	571.7
铁合金冶炼业	8.0	7.0	26.0	26.0	4.0	44.0
有色金属冶炼及压延加工业	860.4	794.7	4 664.8	4 647.4	11.4	6 752.6
重有色金属冶炼业	860.4	794.7	4 666.5	4 649.9	8.3	6 748.1
轻有色金属冶炼业			-2.3	-3.1	3.1	2.7
有色金属合金业			0.6	0.6		1.8
金属制品业	239.1	211.3	487.0	497.6	45.7	996.3
金属结构制造业	118.2	117.2	69.0	60.9		161.3
铸铁管制造业	7.3	7.0	-1.6	3.5		13.3
集装箱和金属包装物品制造业	2.5	1.7	38.3	43.5		60.9
金属丝绳及其制品业	30.2	24.4	40.0	31.3		146.4
建筑用金属制品业	14.0	12.8	150.8	149.9	2.7	284.8
金属表面处理及热处理业	27.3	10.7	176.0	179.3	14.7	235.9
日用金属制品业	34.9	32.8	-12.2	-2.8	28.3	25.6
其他金属制品业	4.7	4.7	26.7	32.0		68.1
普通机械制造业	204.4	123.5	1 708.1	1 621.7	17.0	2 503.8
锅炉及原动机制造业	0.5		27.3	26.5		40.7
金属加工机械制造业	4.5	3.4	14.0	8.7		33.9
通用设备制造业	71.4	70.3	98.8	89.8	14.2	217.7
其他通用零部件制造业	54.6	-6.6	1 264.7	1 199.7	0.2	1 703.0
铸锻件制造业	32.2	26.1	286.3	278.1		450.5

指　　标	损益及分配					
	财务费用	利息支出	营业利润	利润总额	亏损企业亏损总额	利税总额
普通机械修理业	0.4	0.4	-4.7	-2.6	2.6	4.5
其他普通机械制造业	40.8	29.9	21.7	21.5		53.5
专用设备制造业	147.4	112.5	478.4	482.8	1.6	945.8
机电工业专用设备制造业	5.2	5.2	-7.9	0.3		13.9
石化及其他工业专用设备制造业	31.8	31.8	24.9	26.9		55.3
轻纺工业专用设备制造业	87.0	56.0	114.6	114.5		159.3
农、林、牧、渔、水利业机械制造业	3.4	3.1	5.9	5.9		14.3
医疗器械制造业	2.2		12.8	12.8	1.6	25.0
其他专用设备制造业	17.4	16.4	123.0	117.3		283.7
专用机械设备修理业	0.4		205.1	205.1		394.3
交通运输设备制造业	282.4	214.4	1 896.2	1 825.3	0.1	2 755.3
铁路运输设备制造业	1.3	-0.7	41.7	43.0		89.1
汽车制造业	217.7	160.2	1 593.8	1 538.5		2 289.6
自行车制造业	3.2	3.2	17.3	0.1		3.7
船舶制造业	60.1	51.7	231.1	231.1		355.2
交通运输设备修理业	0.1		12.3	12.6	0.1	17.7
电气机械及器材制造业	1 289.6	1 523.0	110.9	38.5	267.5	1 864.9
电机制造业			0.9	0.9		1.4
输配电及控制设备制造业	14.2	13.0	174.0	173.2	3.5	274.8
电工器材制造业	70.9	70.4	-166.1	-165.5	168.0	-106.3
日用电器制造业	1 182.0	1 418.2	87.1	19.8	92.2	1 666.3
照明器具制造业	22.5	21.4	15.0	10.1	3.8	28.7
电气机械修理业						
电子及通信设备制造业	18.4	15.6	41.0	18.6		53.7
通信设备制造业	4.8	4.8	28.3	5.9		18.9
电子器件制造业	9.8	7.5	11.7	11.7		31.3
电子元件制造业	0.8	0.8	0.5	0.5		2.5
电子设备及通信设备修理业	3.0	2.5	0.5	0.5		1.0
仪器仪表及文化、办公用机械制造业	90.1	84.0	156.0	99.5	14.8	329.8
通用仪器仪表制造业	37.8	34.0	96.2	101.0		153.0
计量器具制造业	20.0	19.6	36.3	-10.3	14.8	52.5
钟表制造业	31.4	30.4	15.3	0.5		113.3
其他仪器仪表制造业	0.9		8.2	8.3		11.0
其他制造业	23.3	11.5	-44.2	15.4	19.2	108.0
工艺美术品制造业	16.6	7.8	-5.0	-6.0	17.0	30.4
日用杂品制造业			0.2	0.2		1.1
其他生产、生活用品制造业	6.7	3.7	-39.4	21.2	2.2	76.5
电力、煤气及水的生产和供应业	3.2	0.7	10.7	10.8		16.4
电力、蒸汽、热水的生产和供应业	0.7	0.7	2.3	2.3		4.3
电力生产业	0.7	0.7	1.8	1.8		3.0
电力供应业			0.5	0.5		1.3
煤气生产和供应业	2.2		5.5	5.5		7.4
煤气供应业	2.2		5.5	5.5		7.4
自来水的生产和供应业	0.3		2.9	3.0		4.7

4—5 全部独立核算乡办工业企业主要经济指标

(1993 年)

单位：万元

指标	企业单位数（个）	亏损企业	工业总产值（当年价）	工业总产值（1990 年不变价）	工业增加值（生产法）	成品产销存 年初库存价值
总计	426	41	81 135.2	71 764.1	18 417.2	1 650.6
市区	243	28	57 508.3	47 125.6	10 670.8	1 200.5
柳江	73	4	13 598.3	11 753.5	4 485.0	349.3
柳城	110	9	10 028.6	12 885.0	3 261.4	100.8
在总计中：						
轻工业	173	29	27 804.3	26 580.2	6 708.1	713.8
以农产品为原料	114	17	18 906.1	17 529.0	4 502.7	372.8
以非农产品为原料	59	12	8 898.2	9 051.2	2 205.4	341.0
重工业	253	12	53 330.9	45 183.9	11 709.1	936.8
采掘工业	42	1	3 821.4	3 340.4	1 017.6	49.3
原料工业	40	5	18 987.2	12 039.4	4 446.9	496.8
加工工业	171	6	30 522.3	29 804.1	6 244.6	390.7
在总计中：						
小型企业	426	41	81 135.2	71 764.1	18 417.2	1 650.6
在总计中：						
采掘业	42	1	3 808.9	3 371.9	998.8	42.6
煤炭采选业	2		167.0	187.8	43.5	
煤炭开采业	2		167.0	187.8	43.5	
黑色金属矿采选业	5		399.5	400.0	37.9	29.5
铁矿采选业	2		31.5	31.0	-3.8	29.5
其他黑色金属矿采选业	3		368.0	369.0	41.7	
有色金属矿采选业	2	1	266.0	270.0	39.0	9.0
重有色金属矿采选业	1	1	156.0	156.0	6.0	9.0
贵金属矿采选业	1		110.0	114.0	33.0	
非金属矿采选业	31		2 362.4	2 255.8	702.6	4.1
土沙石开采业	31		2 362.4	2 255.8	702.6	4.1
其他矿采选业	2		614.0	258.3	175.8	
制造业	375	40	77 251.0	68 339.7	17 389.1	1 608.0
食品加工业	8		3 558.4	1 952.4	261.1	74.6
粮食及饲料加工业	2		41.5	41.5	5.5	
植物油加工业	3		3 325.1	1 745.4	224.3	74.6
屠宰及肉类蛋类加工业	3		191.8	165.5	31.3	
食品制造业	5		385.3	407.1	123.3	2.0
糕点、糖果制造业	2		122.7	129.2	39.8	2.0
调味品制造业	1		54.6	54.6	21.1	
其他食品制造业	2		208.0	223.3	62.4	
饮料制造业	5	2	80.6	83.5	27.3	
酒精及饮料酒制造业	2	1	4.3	4.3	2.3	
软饮料制造业	3	1	76.3	79.2	25.0	
纺织业	28	4	7 303.9	6 804.6	1 815.5	107.7
棉纺织业	14	3	3 461.6	3 059.6	551.3	
毛纺织业	2		22.6	22.6	11.5	
丝绢纺织业	3		444.8	444.8	175.9	
针织品业	9	1	3 374.9	3 277.6	1 076.8	107.7
服装及其他纤维制品制造业	11		743.6	679.8	186.6	43.4
服装制造业	8		600.4	579.1	157.4	18.1
制鞋业	2		128.0	85.5	29.0	19.4

4—5 续表 1　　(1993 年)　　单位:万元

指标	企业单位数(个)	亏损企业	工业总产值(当年价)	工业总产值(1990 年不变价)	工业增加值(生产法)	成品产销存 年初库存价值
其他纤维制品制造业	1		15.2	15.2	0.2	5.9
皮革、毛皮、羽绒及其制品业	8	2	500.5	439.2	124.6	19.9
制革业	5	1	352.5	325.0	75.7	19.9
皮革制品制造业	3	1	148.0	114.2	48.9	
木材加工及竹、藤、棕、草制品业	24	1	1 502.0	1 600.2	527.8	9.1
锯材、木片加工业	5		305.1	297.5	112.3	2.1
人造板制造业	1	1	108.8	108.8	42.8	
木制品业	16		1 062.9	1 168.8	371.4	4.9
竹、藤、棕、草制品业	2		25.2	25.1	1.3	2.1
家具制造业	3		40.2	45.2	12.3	
木制家具制造业	3		40.2	45.2	12.3	
造纸及纸制品业	19	7	3 062.8	3 780.6	1 086.7	118.2
造纸业	11	1	2 415.2	3116.3	972.2	83.8
纸制品业	8	6	647.6	664.3	114.5	34.4
印刷业、记录媒介的复制	6	1	233.9	233.9	61.7	
印刷业	6	1	233.9	233.9	61.7	
石油加工及炼焦业	1		41.4	41.4	15.6	
原油加工业	1		41.4	41.4	15.6	
化学原料及化学制品制造业	20	3	5 688.5	6 037.0	1 245.0	467.7
基本化学原料制造业	8	1	3 778.4	3 853.4	823.4	385.8
化学肥料制造业	1		132.8	122.8	56.0	44.5
有机化学产品制造业	8	1	1 738.0	2 021.2	336.7	35.2
医药制造业	2		855.5	855.5	102.7	71.0
化学药品制剂制造业	1		55.5	55.5	14.6	71.0
生物制品业	1		800.0	800.0	88.1	
化学纤维制造业	1		12.0	12.0	1.0	
人造纤维(纤维素纤维)制造业	1		12.0	12.0	1.0	
橡胶制品业	1		2.5	2.5	0.8	
橡胶零件制品业	1		2.5	2.5	0.8	
塑料制品业	17	2	2 344.9	2 354.8	980.3	265.3
塑料薄膜制造业	2		91.0	91.0	36.2	
塑料板、管、棒材制造业	1		20.5	20.5	3.7	23.6
塑料丝、绳及编织品制造业	5	1	180.1	270.7	41.7	44.0
泡沫塑料及人造革、合成革制造业	3		733.3	676.0	118.5	
塑料包装箱及容器制造业	2		416.0	422.0	118.2	
日用塑料杂品制造业	1		515.2	485.8	489.9	106.3
塑料零件制造业	2	1	373.8	373.8	157.1	91.4
其他塑料制品业	1		15.0	15.0	15.0	
非金属矿物制品业	69	4	7 344.2	4 644.2	2 494.6	127.9
水泥制造业	1		2 000.0	832.0	905.0	25.0
水泥制品和石棉水泥制品业	3		149.0	129.3	-51.4	
砖瓦、石灰和轻质建筑材料制造业	60	2	5 030.8	3 518.4	1 574.7	96.9
玻璃及玻璃制品业	2	1	133.7	133.7	49.2	2.0
陶瓷制品业	1		1.9	2.0	1.1	
矿物纤维及其制品业	2	1	28.8	28.8	16.0	4.0
黑色金属冶炼及压延加工业	12	3	10 449.1	4 842.8	2 158.9	
炼钢业	3	1	478.5	235.1	80.7	

4—5 续表 2　　(1993 年)　　单位:万元

指　　标	企业单位数(个)	亏损企业	工业总产值(当年价)	工业总产值(1990 年不变价)	工业增加值(生产法)	成品产销存 年初库存价值
钢压延加工业	8	2	9 620.6	4 201.7	1 996.2	
铁合金冶炼业	1		350.0	406.0	82.0	
有色金属冶炼及压延加工业	7		2 710.0	2 480.5	426.1	8.9
重有色金属冶炼业	6		2 640.8	2 414.9	425.0	
有色金属合金业	1		69.2	65.6	1.1	8.9
金属制品业	23	4	4 800.5	4 598.9	1 131.4	38.6
金属结构制造业	7		557.4	551.4	472.2	32.5
建筑用金属制品业	4	2	363.1	363.1	59.1	
金属表面处理及热处理业	6	2	3 789.7	3 602.5	562.3	6.1
日用金属制品业	1		9.0	9.0	1.8	
其他金属制品业	5		81.3	72.9	36.0	
普通机械制造业	36		5 372.0	4 954.1	1 737.6	56.5
锅炉及原动机制造业	1		22.0	22.5	6.2	
金属加工机械制造业	3		128.8	128.8	37.6	
通用设备制造业	3		1 329.7	1 239.7	623.1	
其他通用零部件制造业	5		732.5	686.3	268.3	46.8
铸锻件制造业	20		2 309.6	1 937.4	358.8	7.7
其他普通机械制造业	4		939.4	939.4	443.6	2.0
专用设备制造业	11		5 206.2	4 618.5	1 730.3	91.4
石化及其他工业专用设备制造业	1		146.3	149.9	53.1	
轻纺工业专用设备制造业	3		1 329.8	1 329.8	574.1	89.0
农、林、牧、渔、水利业机械制造业	4		195.2	198.9	67.3	2.4
其他专用设备制造业	1		40.0	41.0	11.0	
专用机械设备修理业	2		3 494.9	2 898.9	1 024.8	
交通运输设备制造业	25		9 492.5	11 470.4	1 064.1	50.0
铁路运输设备制造业	1		42.5	42.5		
汽车制造业	11		5 023.3	4 795.3	-150.1	50.0
船舶制造业	8		4 367.1	6 570.0	1 202.8	
交通运输设备修理业	5		59.6	62.6	11.4	
电气机械及器材制造业	13	2	3 596.0	3 489.0	-511.9	
输配电及控制设备制造业	8	1	2 034.0	1 821.1	151.3	
电工器材制造业	2	1	1 008.2	1 114.1	-801.9	
日用电器制造业	2		349.5	349.5	67.3	
照明器具制造业	1		204.3	204.3	71.4	
电子及通信设备制造业	2		402.2	402.2	168.3	
电子器件制造业	1		370.6	370.6	151.0	
电子设备及通信设备修理业	1		31.6	31.6	17.3	
仪器仪表及文化、办公用机械制造业	4		1 067.2	1 067.2	234.6	
通用仪器仪表制造业	3		1 012.0	1 012.0	227.4	
其他仪器仪表制造业	1		55.2	55.2	7.2	
其他制造业	14	5	455.1	442.2	182.9	55.8
工艺美术品制造业	10	4	414.6	403.0	162.8	55.8
其他生产、生活用品制造业	4	1	40.5	39.2	20.1	
电力、煤气及水的生产和供应业	9		75.3	52.5	29.3	
电力、蒸汽、热水的生产和供应业	2		45.7	27.5	15.2	
电力生产业	1		18.8	4.8	11.8	
电力供应业	1		26.9	22.7	3.4	
自来水的生产和供应业	7		29.6	25.0	14.1	

指标	成品产销存 生产价值	销售价值	年末库存价值	工业总产出	工业中间投入合计	本年应付工资
总　　计	75 056.8	72 340.0	4 004.0	75 150.7	56 733.5	3 798.2
市　　区	52 067.9	50 823.1	1 988.4	52 107.1	41 436.3	2 154.0
柳　　江	12 960.3	11 673.5	1 636.1	13 015.0	8 530.0	729.8
柳　　城	10 028.6	9 843.4	379.5	10 028.6	6 767.2	914.4
在总计中:						
轻 工 业	27 010.1	26 211.4	1 592.6	27 031.1	20 323.0	1 188.5
以农产品为原料	18 193.6	18 039.5	509.9	18 209.6	13 706.9	759.3
以非农产品为原料	8 816.5	8 171.9	1 082.7	8 821.5	6 616.1	429.2
重 工 业	48 046.7	46 128.6	2 411.4	48 119.6	36 410.5	2 609.7
采掘工业	3 769.9	3 753.0	75.2	3 774.0	2 756.4	324.9
原料工业	18 426.9	17 398.1	1 171.8	18 431.3	13 984.4	543.0
加工工业	25 849.9	24 977.5	1 164.4	25 914.3	19 669.7	1 741.8
在总计中:						
小型企业	75 056.8	72 340.0	4 004.0	75 150.7	56 733.5	3 798.2
在总计中:						
采 掘 业	3 757.4	3 739.0	70.0	3 761.5	2 762.7	319.5
煤炭采选业	167.0	166.0	1.0	167.0	123.5	20.0
煤炭开采业	167.0	166.0	1.0	167.0	123.5	20.0
黑色金属矿采选业	391.2	417.7	3.0	391.2	353.3	22.2
铁矿采选业	23.2	49.7	3.0	23.2	27.0	5.7
其他黑色金属矿采选业	368.0	368.0		368.0	326.3	16.5
有色金属矿采选业	266.0	275.0	9.0	266.0	227.0	29.1
重有色金属矿采选业	156.0	165.0	9.0	156.0	150.0	13.1
贵金属矿采选业	110.0	110.0		110.0	77.0	16.0
非金属矿采选业	2 319.2	2 266.3	57.0	2 323.3	1 620.7	226.7
土沙石开采业	2 319.2	2 266.3	57.0	2 323.3	1 620.7	226.7
其他矿采选业	614.0	614.0		614.0	438.2	21.5
制 造 业	71 222.8	68 524.4	3 934.0	71 312.6	53 923.5	3 469.9
食品加工业	3 559.2	3 579.2	54.8	3 559.2	3 298.1	30.1
粮食及饲料加工业	41.5	41.5		41.5	36.0	3.0
植物油加工业	3 325.9	3 345.9	54.6	3 325.9	3 101.6	25.2
屠宰及肉类蛋类加工业	191.8	191.8	0.2	191.8	160.5	1.9
食品制造业	385.3	387.3		385.3	262.0	16.9
糕点、糖果制造业	122.7	124.7		122.7	82.9	7.6
调味品制造业	54.6	54.6		54.6	33.5	6.5
其他食品制造业	208.0	208.0		208.0	145.6	2.8
饮料制造业	80.9	80.2	0.7	82.8	55.5	12.4
酒精及饮料酒制造业	4.4	4.3	0.1	4.4	2.1	1.5
软饮料制造业	76.5	75.9	0.6	78.4	53.4	10.9
纺 织 业	6 583.5	6 584.6	103.3	6 582.3	4 766.8	222.6
棉 纺 织 业	2 811.2	2 806.0	2.9	2 811.2	2 259.9	127.5
毛 纺 织 业	22.6	22.6		22.6	11.1	
丝绢纺织业	444.8	444.8		444.8	268.9	55.6
针 织 品 业	3 304.9	3 311.2	100.4	3 303.7	2 226.9	39.5
服装及其他纤维制品制造业	743.6	725.1	61.9	743.6	557.0	52.5
服装制造业	600.4	577.9	40.6	600.4	443.0	36.8
制 鞋 业	128.0	132.0	15.4	128.0	99.0	11.7

4—5 续表 4　　　　(1993 年)　　　　单位:万元

指　　标	成品产销存			工　业	工业中间	本年应付
	生产价值	销售价值	年末库存价　值	总产出	投入合计	工　资
其他纤维制品制造业	15.2	15.2	5.9	15.2	15.0	4.0
皮革、毛皮、羽绒及其制品业	443.8	394.7	69.0	443.8	319.2	31.8
制　革　业	332.6	308.0	44.5	332.6	256.9	24.2
皮革制品制造业	111.2	86.7	24.5	111.2	62.3	7.6
木材加工及竹、藤、棕、草制品业	1 494.7	1 483.6	16.6	1 500.0	972.2	102.1
锯材、木片加工业	303.2	296.5	8.8	303.2	190.9	10.0
人造板制造业	108.8	108.8		108.8	66.0	3.9
木制品业	1 059.7	1 055.6	5.4	1 065.0	693.6	84.6
竹、藤、棕、草制品业	23.0	22.7	2.4	23.0	21.7	3.6
家具制造业	40.2	39.2	1.0	40.2	27.9	3.0
木制家具制造业	40.2	39.2	1.0	40.2	27.9	3.0
造纸及纸制品业	3 131.7	3 028.2	211.4	3 141.7	2 055.0	231.4
造　纸　业	2 499.4	2 391.7	181.1	2 499.4	1 527.2	158.0
纸制品业	632.3	636.5	30.3	642.3	527.8	73.4
印刷业、记录媒介的复制	233.9	233.9		233.9	172.2	9.5
印　刷　业	233.9	233.9		233.9	172.2	9.5
石油加工及炼焦业	41.4	29.1		41.4	25.8	1.4
原油加工业	41.4	29.1		41.4	25.8	1.4
化学原料及化学制品制造业	5 361.8	5 286.2	279.8	5 366.2	4 121.2	160.6
基本化学原料制造业	3 452.1	3 513.8	8.8	3 456.5	2 633.1	52.4
化学肥料制造业	132.5	115.1	22.1	132.5	76.5	24.3
有机化学产品制造业	1 738.0	1 619.0	245.7	1 738.0	1 401.3	77.7
医药制造业	855.5	855.5	71.0	855.5	752.8	26.3
化学药品制剂制造业	55.5	55.5	71.0	55.5	40.9	4.3
生物制品业	800.0	800.0		800.0	711.9	22.0
化学纤维制造业	12.0	12.0		12.0	11.0	0.7
人造纤维(纤维素纤维)制造业	12.0	12.0		12.0	11.0	0.7
橡胶制品业	2.5	2.5		2.5	1.7	0.6
橡胶零件制品业	2.5	2.5		2.5	1.7	0.6
塑料制品业	2 303.6	1 830.4	731.3	2 303.6	1 323.3	111.4
塑料薄膜制造业	91.0	81.6		91.0	54.8	13.9
塑料板、管、棒材制造业	20.5	20.5	23.6	20.5	16.8	6.1
塑料丝、绳及编织品制造业	180.1	209.7	16.6	180.1	138.4	15.2
泡沫塑料及人造革、合成革制造业	733.3	680.6	52.7	733.3	614.8	15.2
塑料包装箱及容器制造业	375.0	375.0		375.0	256.8	20.1
日用塑料杂品制造业	515.2	74.5	547.0	515.2	25.3	25.7
塑料零件制造业	373.5	373.5	91.4	373.5	216.4	15.2
其他塑料制品业	15.0	15.0		15.0		
非金属矿物制品业	6 252.2	5 989.4	439.6	6 252.2	3 757.6	738.8
水泥制造业	1 627.7	1 565.1	87.6	1 627.7	722.7	121.5
水泥制品和石棉水泥制品业	14.5	96.8	6.2	14.5	65.9	12.6
砖瓦、石灰和轻质建筑材料制造业	4 445.7	4 167.9	335.1	4 445.7	2 871.0	589.0
玻璃及玻璃制品业	133.6	129.6	6.0	133.6	84.4	9.7
陶瓷制品业	1.9	1.9		1.9	0.8	0.6
矿物纤维及其制品业	28.8	28.1	4.7	28.8	12.8	5.4
黑色金属冶炼及压延加工业	10 453.1	9 745.4	707.7	10 468.0	8 309.1	236.0
炼　钢　业	482.5	458.5	24.0	482.5	401.8	9.1

指标	成品产销存			工业总产出	工业中间投入合计	本年应付工资
	生产价值	销售价值	年末库存价值			
钢压延加工业	9 620.6	8 936.9	683.7	9 635.5	7 639.3	204.9
铁合金冶炼业	350.0	350.0		350.0	268.0	22.0
有色金属冶炼及压延加工业	2 808.1	2 538.8	278.2	2 808.1	2 382.0	124.1
重有色金属冶炼业	2 738.9	2 460.7	278.2	2 738.9	2 313.9	119.3
有色金属合金业	69.2	78.1		69.2	68.1	4.8
金属制品业	4 776.4	4 792.9	45.6	4 776.4	3 645.0	187.6
金属结构制造业	557.3	555.6	33.4	557.3	85.1	29.9
建筑用金属制品业	363.1	363.1		363.1	304.0	63.0
金属表面处理及热处理业	3 765.7	3 790.9	5.2	3 765.7	3 203.4	79.7
日用金属制品业	9.0	9.0		9.0	7.2	1.4
其他金属制品业	81.3	74.3	7.0	81.3	45.3	13.6
普通机械制造业	5 145.9	4 317.1	366.0	5 145.9	3 408.3	270.9
锅炉及原动机制造业	22.0	22.0		22.0	15.8	3.2
金属加工机械制造业	128.8	128.8		128.8	91.2	15.5
通用设备制造业	1 239.7	856.7		1 239.7	616.6	41.2
其他通用零部件制造业	732.4	658.4	120.8	732.4	464.1	33.6
铸锻件制造业	2 085.0	1 919.4	242.7	2 085.0	1 726.2	135.5
其他普通机械制造业	938.0	731.8	2.5	938.0	494.4	41.9
专用设备制造业	5 206.2	5 201.4	97.0	5 206.2	3 475.9	94.4
石化及其他工业专用设备制造业	146.3	147.1		146.3	93.2	
轻纺工业专用设备制造业	1 329.8	1 329.8	89.0	1 329.8	755.7	43.6
农、林、牧、渔、水利业机械制造业	195.2	189.6	8.0	195.2	127.9	34.3
其他专用设备制造业	40.0	40.0		40.0	29.0	8.7
专用机械设备修理业	3 494.9	3 494.9		3 494.9	2 470.1	7.8
交通运输设备制造业	7 090.0	7 133.9	96.6	7 139.5	6 075.5	513.6
铁路运输设备制造业	42.5	42.5		42.5	42.5	2.2
汽车制造业	3 483.4	3 436.8	96.6	3 487.6	3 637.8	187.1
船舶制造业	3 514.0	3 604.5		3 559.3	2 356.5	307.0
交通运输设备修理业	50.1	50.1		50.1	38.7	17.3
电气机械及器材制造业	2 310.4	2 474.7	129.9	2 310.4	2 822.3	151.2
输配电及控制设备制造业	1 649.1	1 833.3	129.9	1 649.1	1 497.8	118.5
电工器材制造业	107.5	107.5		107.5	909.4	3.8
日用电器制造业	349.5	347.2		349.5	282.2	19.1
照明器具制造业	204.3	186.7		204.3	132.9	9.8
电子及通信设备制造业	402.2	392.3		402.2	233.9	28.3
电子器件制造业	370.6	370.6		370.6	219.6	21.7
电子设备及通信设备修理业	31.6	21.7		31.6	14.3	6.6
仪器仪表及文化、办公用机械制造业	1 067.2	1 067.2		1 067.2	832.6	52.5
通用仪器仪表制造业	1 012.0	1 012.0		1 012.0	784.6	48.3
其他仪器仪表制造业	55.2	55.2		55.2	48.0	4.2
其他制造业	437.5	319.6	172.6	442.5	259.6	59.2
工艺美术品制造业	397.0	287.8	164.2	401.1	238.3	54.7
其他生产、生活用品制造业	40.5	31.8	8.4	41.4	21.3	4.5
电力、煤气及水的生产和供应业	76.6	76.6		76.6	47.3	8.8
电力、蒸汽、热水的生产和供应业	45.7	45.7		45.7	30.5	3.7
电力生产业	18.8	18.8		18.8	7.0	2.7
电力供应业	26.9	26.9		26.9	23.5	1.0
自来水的生产和供应业	30.9	30.9		30.9	16.8	5.1

4—5 续表6 (1993年) 单位:万元

指 标	本年应付福利费	全部职工年平均人数（人）	资本金合计	国 家	法 人	个 人
总 计	208.4	27 112.0	28 140.8	14 822.6	9 264.1	1 528.2
市 区	136.8	21 139.0	21 730.6	11 791.4	6 711.1	719.6
柳 江	12.7	2 510.0	3 165.9	370.4	2 319.7	475.8
柳 城	58.9	3 463.0	3 244.3	2 660.8	233.3	332.8
在总计中：						
轻 工 业	74.9	6 147.0	5 597.9	1 863.8	2 780.2	595.2
以农产品为原料	45.0	4 361.0	3 915.2	1 309.3	2 021.0	275.2
以非农产品为原料	29.9	1 786.0	1 682.7	554.5	759.2	320.0
重 工 业	133.5	20 965.0	22 542.9	12 958.8	6 483.9	933.0
采掘工业	5.5	1 378.0	642.6	244.7	205.6	140.5
原料工业	33.5	2 081.0	13 745.8	11 352.9	1 204.6	219.4
加工工业	94.5	17 506.0	8 154.5	1 361.2	5 073.7	573.1
在总计中：						
小型企业	208.4	27 112.0	28 140.8	14 822.6	9 264.1	1 528.2
在总计中：						
采 掘 业	5.5	1 328.0	619.4	217.5	209.6	140.5
煤炭采选业		89.0	60.5	56.0	4.5	
煤炭开采业		89.0	60.5	56.0	4.5	
黑色金属矿采选业		152.0	84.0	49.0	25.8	9.2
铁矿采选业		42.0	12.0		2.8	9.2
其他黑色金属矿采选业		110.0	72.0	49.0	23.0	
有色金属矿采选业		108.0	79.6	30.0		25.2
重有色金属矿采选业		38.0	49.6			25.2
贵金属矿采选业		70.0	30.0	30.0		
非金属矿采选业	5.5	762.0	388.4	82.5	175.8	106.1
土沙石开采业	5.5	762.0	388.4	82.5	175.8	106.1
其他矿采选业		217.0	6.9		3.5	
制 造 业	202.2	25 746.0	27 460.2	14 582.6	9 015.8	1 387.7
食品加工业	0.3	160.0	323.1	26.1	253.5	
粮食及饲料加工业		30.0	8.0		8.0	
植物油加工业		104.0	286.5	26.1	241.5	
屠宰及肉类蛋类加工业	0.3	26.0	28.6		4.0	
食品制造业	0.6	151.0	89.7	24.8	64.9	
糕点、糖果制造业		79.0	22.8	2.8	20.0	
调味品制造业	0.6	14.0	44.9		44.9	
其他食品制造业		58.0	22.0	22.0		
饮料制造业	0.2	65.0	34.3		34.3	
酒精及饮料酒制造业	0.2	11.0	29.2		29.2	
软饮料制造业		54.0	5.1		5.1	
纺 织 业	21.0	1 558.0	1 299.7	207.1	799.3	115.7
棉纺织业	18.5	668.0	921.8	116.0	637.2	
毛纺织业		22.0	6.8			6.8
丝绢纺织业		200.0	70.0		70.0	
针织品业	2.5	668.0	301.1	91.1	92.1	108.9
服装及其他纤维制品制造业	2.8	323.0	202.7	52.1	102.8	22.0
服装制造业	2.1	245.0	167.9	52.1	93.8	22.0
制 鞋 业	0.7	70.0	24.8			

指　　标	本年应付福利费	全部职工年平均人数（人）	资本金合计	国　家	法　人	个　人
其他纤维制品制造业		8.0	10.0		9.0	
皮革、毛皮、羽绒及其制品业	0.9	171.0	238.6	80.0	135.5	23.0
制　革　业	0.9	99.0	139.6	50.0	81.5	8.0
皮革制品制造业		72.0	99.0	30.0	54.0	15.0
木材加工及竹、藤、棕、草制品业	7.9	361.0	265.2	75.8	109.3	80.1
锯材、木片加工业	2.2	60.0	23.1	2.5	7.6	13.0
人造板制造业		23.0	20.0		20.0	
木 制 品 业	5.4	251.0	205.9	73.3	72.1	60.5
竹、藤、棕、草制品业	0.3	27.0	16.2		9.6	6.6
家具制造业		25.0	5.9	3.0	0.1	2.8
木制家具制造业		25.0	5.9	3.0	0.1	2.8
造纸及纸制品业	10.8	1 303.0	1 094.1	842.9	162.5	33.6
造　纸　业	6.9	1 057.0	720.2	557.5	129.9	32.8
纸 制 品 业	3.9	246.0	373.9	285.4	32.6	0.8
印刷业、记录媒介的复制	0.6	94.0	49.0		30.4	11.0
印　刷　业	0.6	94.0	49.0		30.4	11.0
石油加工及炼焦业		17.0	12.0			12.0
原油加工业		17.0	12.0			12.0
化学原料及化学制品制造业	38.3	988.0	1 497.1	343.1	148.2	34.0
基本化学原料制造业	7.9	593.0	1 037.0	32.8	15.6	24.8
化学肥料制造业	3.2	27.0	10.3	10.3		
有机化学产品制造业	8.4	328.0	420.4	299.0	107.2	6.2
医药制造业	2.7	120.0	58.8		50.0	8.8
化学药品制剂制造业	0.6	10.0	8.8			8.8
生物制品业	2.1	110.0	50.0		50.0	
化学纤维制造业		7.0	9.0		9.0	
人造纤维(纤维素纤维)制造业		7.0	9.0		9.0	
橡胶制品业		5.0	9.3		9.3	
橡胶零件制品业		5.0	9.3		9.3	
塑料制品业	3.5	539.0	768.5	153.0	257.8	298.9
塑料薄膜制造业	2.2	52.0	86.1		9.9	46.5
塑料板、管、棒材制造业		38.0	112.0	84.2	27.8	
塑料丝、绳及编织品制造业	1.3	129.0	145.8	21.3	95.4	
泡沫塑料及人造革、合成革制造业		102.0	90.0		90.0	
塑料包装箱及容器制造业		93.0	6.8	3.8	3.0	
日用塑料杂品制造业		20.0	250.0			250.0
塑料零件制造业		55.0	77.8	43.7	31.7	2.4
其他塑料制品业		50.0				
非金属矿物制品业	17.2	3 261.0	2 805.4	431.6	1 858.7	217.3
水泥制造业		305.0	624.8		545.0	79.8
水泥制品和石棉水泥制品业		87.0	236.0	6.3	228.2	1.5
砖瓦、石灰和轻质建筑材料制造业	17.2	2 760.0	1 864.1	396.8	1 040.0	135.5
玻璃及玻璃制品业		63.0	45.2		44.3	
陶瓷制品业		5.0	1.0	0.5		0.5
矿物纤维及其制品业		41.0	34.3	28.0	1.2	
黑色金属冶炼及压延加工业	20.8	656.0	11 335.5	11 103.0	159.5	73.0
炼　钢　业	0.8	61.0	270.3	145.0	52.3	73.0

4—5 续表 8 (1993年) 单位:万元

指标	本年应付福利费	全部职工年平均人数(人)	资本金合计	国家	法人	个人
钢压延加工业	17.5	437.0	10 665.2	10 558.0	107.2	
铁合金冶炼业	2.5	158.0	400.0	400.0		
有色金属冶炼及压延加工业	3.0	396.0	599.4	186.6	382.8	30.0
重有色金属冶炼业	2.5	375.0	590.8	186.6	374.2	30.0
有色金属合金业	0.5	21.0	8.6		8.6	
金属制品业	1.5	529.0	655.6	163.7	417.2	62.8
金属结构制造业	0.4	118.0	281.3	150.0	98.0	33.3
建筑用金属制品业		138.0	221.4		207.9	13.5
金属表面处理及热处理业	0.2	157.0	118.8		98.8	8.1
日用金属制品业		15.1	3.0			3.0
其他金属制品业	0.9	101.0	31.1	13.7	12.5	4.9
普通机械制造业	4.3	9 993.0	1800.3	87.0	1 383.5	118.1
锅炉及原动机制造业		10.0	3.0	3.0		
金属加工机械制造业	0.4	52.0	54.8		54.8	
通用设备制造业	0.3	8 999.0	759.5		750.0	
其他通用零部件制造业		230.0	180.3	31.5	85.4	
铸锻件制造业	3.6	544.0	589.7	52.5	293.3	105.1
其他普通机械制造业		158.0	213.0		200.0	13.0
专用设备制造业	3.0	755.0	1 358.1	135.5	1 123.3	79.3
石化及其他工业专用设备制造业	1.9	30.0				
轻纺工业专用设备制造业		167.0	481.2	108.5	352.7	10.0
农、林、牧、渔、水利业机械制造业		114.0	99.1	5.8	20.0	63.3
其他专用设备制造业		43.0	9.0	9.0		
专用机械设备修理业	1.1	401.0	768.8	12.2	750.6	6.0
交通运输设备制造业	61.9	2 886.0	1 363.8	129.6	1 023.0	110.8
铁路运输设备制造业		40.0	0.5			
汽车制造业	60.3	2 290.0	779.1	12.0	728.8	38.3
船舶制造业	1.3	499.0	522.7	85.6	273.6	72.5
交通运输设备修理业	0.3	57.0	61.5	32.0	20.6	
电气机械及器材制造业		632.0	1 107.4	375.0	225.2	15.2
输配电及控制设备制造业		298.0	483.4	375.0	71.2	15.2
电工器材制造业		219.0	536.8		66.8	
日用电器制造业		55.0	71.0		71.0	
照明器具制造业		60.0	16.2		16.2	
电子及通信设备制造业		81.0	60.0		60.0	
电子器件制造业		63.0	50.0		50.0	
电子设备及通信设备修理业		18.0	10.0		10.0	
仪器仪表及文化、办公用机械制造业		207.0	200.7	4.7	196.0	
通用仪器仪表制造业		195.0	196.0		196.0	
其他仪器仪表制造业		12.0	4.7	4.7		
其他制造业	0.9	463.0	217.0	158.0	19.7	39.3
工艺美术品制造业	0.5	426.0	133.4	114.4	19.0	
其他生产、生活用品制造业	0.4	37.0	83.6	43.6	0.7	39.3
电力、煤气及水的生产和供应业	0.7	38.0	61.2	22.5	38.7	
电力、蒸汽、热水的生产和供应业	0.4	17.0	31.9		31.9	
电力生产业		13.0	29.4		29.4	
电力供应业	0.4	4.0	2.5		2.5	
自来水的生产和供应业	0.3	21.0	29.3	22.5	6.8	

4—5 续表 9　　　　　　　　　　(1993 年)　　　　　　　　　　单位:万元

指标	资本金合计	年末资产负债及所有者权益				
	外商	流动资产合计	货币资金	存货	产成品	流动资产年平均余额
总　计		57 124.9	6 307.0	12 003.7	2 349.7	23 968.3
市　区		49 460.6	4 661.1	8 445.9	1 755.0	16 262.3
柳　江		5 563.7	1 101.7	2 389.6	178.9	5 203.9
柳　城		2 100.6	544.2	1 168.2	415.8	2 502.1
在总计中:						
轻工业		10 843.1	1 858.7	3 977.6	1 055.9	9 451.5
以农产品为原料		7 750.8	1 228.3	2 655.7	623.9	6 248.5
以非农产品为原料		3 092.3	630.4	1 321.9	432.0	3 203.6
重工业		46 281.8	4 448.3	8 026.1	1 293.8	14 516.8
采掘工业		495.5	158.4	91.3	19.1	444.2
原料工业		33 646.3	1 718.7	3 461.2	449.3	5 277.7
加工工业		12 140.0	2 571.2	4 473.6	825.4	8 794.9
在总计中:						
小型企业		57 124.9	6 307.0	12 003.7	2 349.7	23 968.3
在总计中:						
采掘业		485.3	148.4	89.3	17.1	435.7
煤炭采选业		12.5	11.0	1.5	1.5	11.5
煤炭开采业		12.5	11.0	1.5	1.5	11.5
黑色金属矿采选业		49.9	25.1	18.6	3.6	41.5
铁矿采选业		9.4	5.6	3.6	3.6	10.5
其他黑色金属矿采选业		40.5	19.5	15.0		31.0
有色金属矿采选业		75.2	6.0	6.1		76.9
重有色金属矿采选业		71.2	4.0	4.1		72.9
贵金属矿采选业		4.0	2.0	2.0		4.0
非金属矿采选业		295.7	104.3	63.1	12.0	258.8
土沙石开采业		295.7	104.3	63.1	12.0	258.8
其他矿采选业		52.0	2.0			47.0
制造业		56 628.3	6 148.9	11 913.4	2 332.6	23 521.6
食品加工业		866.8	63.0	283.2	56.1	1 061.3
粮食及饲料加工业		15.0	5.5			13.5
植物油加工业		796.4	28.3	280.1	56.1	999.2
屠宰及肉类蛋类加工业		55.4	29.2	3.1		48.6
食品制造业		121.9	43.3	48.4		156.2
糕点、糖果制造业		62.3	28.4	17.4		52.9
调味品制造业		23.6	7.9	2.0		21.3
其他食品制造业		36.0	7.0	29.0		82.0
饮料制造业		17.1	4.6	10.1	4.9	19.6
酒精及饮料酒制造业		4.6	0.2	4.1		6.6
软饮料制造业		12.5	4.4	6.0	4.9	13.0
纺织业		2 646.5	325.6	1 192.7	306.4	1 983.6
棉纺织业		831.1	159.7	228.6	37.2	695.1
毛纺织业		5.5	0.3	2.5		
丝绢纺织业		177.0	92.0	11.0		161.5
针织品业		1 632.9	73.6	950.6	269.2	1 127.0
服装及其他纤维制品制造业		265.8	63.7	93.2	51.2	221.9
服装制造业		188.7	56.5	55.3	29.9	162.6
制鞋业		68.4	4.8	32.0	15.4	52.8

4—5 续表 10　　　　(1993 年)　　　　单位:万元

指标	资本金合计	年末资产负债及所有者权益				
	外商	流动资产合计	货币资金	存货	产成品	流动资产年平均余额
其他纤维制品制造业		8.7	2.4	5.9	5.9	6.5
皮革、毛皮、羽绒及其制品业		383.5	71.9	153.9	30.0	349.6
制革业		153.5	13.1	48.0	30.0	149.7
皮革制品制造业		230.0	58.8	105.9		199.9
木材加工及竹、藤、棕、草制品业		477.1	89.8	282.6	29.1	372.5
锯材、木片加工业		50.8	21.3	10.0	5.5	40.5
人造板制造业		83.6	1.8	36.6		88.4
木制品业		329.7	62.3	230.1	22.5	230.4
竹、藤、棕、草制品业		13.0	4.4	5.9	1.1	13.2
家具制造业		4.4	3.5	0.8		4.4
木制家具制造业		4.4	3.5	0.8		4.4
造纸及纸制品业		1 637.1	151.6	578.8	145.9	1 592.6
造纸业		1 359.5	136.2	489.8	128.1	1 343.2
纸制品业		277.6	15.4	89.0	17.8	249.4
印刷业、记录媒介的复制		99.1	65.3	16.0	0.3	31.5
印刷业		99.1	65.3	16.0	0.3	31.5
石油加工及炼焦业		17.0				
原油加工业		17.0				
化学原料及化学制品制造业		2 104.8	251.7	1 352.5	572.7	1 405.6
基本化学原料制造业		1 334.5	112.2	800.0	437.5	31.7
化学肥料制造业		91.2	6.5	34.6	22.1	60.3
有机化学产品制造业		672.8	132.4	514.5	112.6	1 307.1
医药制造业		805.6	20.2	13.1	12.6	63.5
化学药品制剂制造业		23.3	2.9	7.1	7.1	17.7
生物制品业		782.3	17.3	6.0	5.5	45.8
化学纤维制造业		5.0	2.0			4.1
人造纤维(纤维素纤维)制造业		5.0	2.0			4.1
橡胶制品业		1.4	1.3			2.6
橡胶零件制品业		1.4	1.3			2.6
塑料制品业		1 487.7	261.9	825.8	455.5	1 144.5
塑料薄膜制造业		31.0	3.7	19.2	2.6	11.0
塑料板、管、棒材制造业		309.2	63.7	245.5	236.7	65.9
塑料丝、绳及编织品制造业		142.5	14.4	42.4	26.6	90.6
泡沫塑料及人造革、合成革制造业		129.7	41.5	73.0		124.3
塑料包装箱及容器制造业		193.3	4.6	101.2	98.2	94.0
日用塑料杂品制造业		451.3	123.8	198.9		451.3
塑料零件制造业		230.7	10.2	145.6	91.4	307.4
其他塑料制品业						
非金属矿物制品业		2 438.6	541.7	954.9	173.2	1 885.3
水泥制造业		904.7	173.9	383.1		650.0
水泥制品和石棉水泥制品业		134.0	18.3	103.3	0.7	135.0
砖瓦、石灰和轻质建筑材料制造业		1 341.3	343.8	432.5	158.9	1 034.8
玻璃及玻璃制品业		42.0	4.6	27.2	9.2	52.7
陶瓷制品业		3.1	0.2	0.8		3.1
矿物纤维及其制品业		13.5	0.9	8.0	4.4	9.7
黑色金属冶炼及压延加工业		29 705.7	752.8	1 798.8	0.2	2 805.7
炼钢业		390.4	48.1	230.1		350.8

指标	资本金合计 外商	年末资产负债及所有者权益 流动资产合计	货币资金	存货	产成品	流动资产年平均余额
钢压延加工业		29 293.3	682.7	1 568.7	0.2	2 421.9
铁合金冶炼业		22.0	22.0			33.0
有色金属冶炼及压延加工业		1 487.4	652.9	345.3		1 524.1
重有色金属冶炼业		1 481.2	651.2	340.8		1 522.1
有色金属合金业		6.2	1.7	4.5		2.0
金属制品业		1 062.3	335.3	205.2	23.7	740.9
金属结构制造业		353.4	161.2	42.0	19.2	210.5
建筑用金属制品业		258.8	66.2	89.9		253.1
金属表面处理及热处理业		433.3	105.3	68.2		261.6
日用金属制品业		1.0	0.4	0.6		1.0
其他金属制品业		15.8	2.2	4.5	4.5	14.7
普通机械制造业		2 532.4	867.8	732.9	128.4	2 195.8
锅炉及原动机制造业		2.0	2.0			2.0
金属加工机械制造业		44.0	19.1	2.8		39.7
通用设备制造业		777.3	411.1	1.1		738.2
其他通用零部件制造业		745.7	209.2	335.6	7.6	725.6
铸锻件制造业		778.3	91.8	362.9	105.3	537.3
其他普通机械制造业		185.1	134.6	30.5	15.5	153.0
专用设备制造业		2 379.9	591.5	955.6	149.8	1 885.3
石化及其他工业专用设备制造业		39.1	2.8	36.3	8.9	
轻纺工业专用设备制造业		917.3	415.5	156.9	125.0	778.0
农、林、牧、渔、水利业机械制造业		62.0	18.4	10.5	8.2	53.9
其他专用设备制造业		8.0	4.0	4.0	2.0	8.0
专用机械设备修理业		1 353.5	150.8	747.9	5.7	1 045.4
交通运输设备制造业		3 191.5	688.4	1 132.0	50.0	2 143.1
铁路运输设备制造业		3.3		3.3		
汽车制造业		2 729.7	579.7	1 020.5	50.0	1 854.6
船舶制造业		422.5	87.4	105.3		285.1
交通运输设备修理业		36.0	21.3	2.9		3.4
电气机械及器材制造业		1 756.7	177.1	650.0	49.0	981.3
输配电及控制设备制造业		865.9	62.1	298.6	49.0	784.3
电工器材制造业		690.8	35.6	326.5		95.0
日用电器制造业		154.1	53.5	15.0		102.0
照明器具制造业		45.9	25.9	9.9		
电子及通信设备制造业		220.2	19.6	51.9		141.7
电子器件制造业		178.6	15.0	24.9		98.2
电子设备及通信设备修理业		41.6	4.6	27.0		73.5
仪器仪表及文化、办公用机械制造业		536.5	55.4	11.9		423.3
通用仪器仪表制造业		505.4	48.5			420.7
其他仪器仪表制造业		31.1	6.9	11.9		2.6
其他制造业		376.3	47.0	223.8	93.6	381.6
工艺美术品制造业		284.1	19.3	193.4	92.3	302.1
其他生产、生活用品制造业		92.2	27.7	30.4	1.3	79.5
电力、煤气及水的生产和供应业		11.3	9.7	1.0		11.0
电力、蒸汽、热水的生产和供应业		4.6	4.3			2.4
电力生产业		2.2	2.2			
电力供应业		2.4	2.1			2.4
自来水的生产和供应业		6.7	5.4	1.0		8.6

4—5 续表 12 (1993 年) 单位：万元

指标	年末资产负债及所有者权益					年末资产负债及所有者权益
	长期投资合计	固定资产合计	固定资产原价合计	生产经营用	本年折旧	固定资产净值合计
总计	1 305.2	39 529.4	38 016.0	17 024.3	1 386.5	32 892.7
市区	964.9	31 392.0	29 702.8	8 839.2	921.2	25 405.4
柳江	269.3	5 056.9	5 216.8	5 149.6	236.7	4 824.0
柳城	71.0	3 080.5	3 096.4	3 035.5	228.6	2 663.3
在总计中：						
轻工业	555.3	9 109.7	9 462.6	7 374.0	473.1	8 443.6
以农产品为原料	309.5	7 300.2	7 701.1	6 215.7	356.3	6 966.5
以非农产品为原料	245.8	1 809.5	1 761.5	1 158.3	116.8	1 477.1
重工业	749.9	30 419.7	28 553.4	9 650.3	913.4	24 449.1
采掘工业	76.5	881.8	902.9	734.9	62.0	786.4
原料工业	496.0	20 231.4	19 274.1	4 674.4	283.4	16 889.5
加工工业	177.4	9 306.5	8 376.4	4 241.0	568.0	6 773.2
在总计中：						
小型企业	1 305.2	39 529.4	38 016.0	17 024.3	1 386.5	32 892.7
在总计中：						
采掘业	76.5	850.7	872.8	735.9	58.3	760.0
煤炭采选业	1.8	56.8	57.8	57.8	0.8	56.6
煤炭开采业	1.8	56.8	57.8	57.8	0.8	56.6
黑色金属矿采选业	28.0	73.7	74.3	71.1	7.3	61.6
铁矿采选业		22.7	23.3	21.1	3.0	17.1
其他黑色金属矿采选业	28.0	51.0	51.0	50.0	4.3	44.5
有色金属矿采选业		150.9	158.9	30.0	8.0	150.9
重有色金属矿采选业		124.4	128.9		4.5	124.4
贵金属矿采选业		26.5	30.0	30.0	3.5	26.5
非金属矿采选业	46.7	417.9	430.4	425.6	33.7	374.5
土沙石开采业	46.7	417.9	430.4	425.6	33.7	374.5
其他矿采选业		151.4	151.4	151.4	8.5	116.4
制造业	1 223.9	38 606.2	37 069.5	16 248.1	1 321.0	32 069.9
食品加工业	261.0	571.7	598.2	348.1	35.9	530.7
粮食及饲料加工业		15.0	15.0	12.5	1.2	10.5
植物油加工业	261.0	547.5	548.8	332.0	34.6	487.9
屠宰及肉类蛋类加工业		9.2	34.4	3.6	0.1	32.3
食品制造业		80.8	93.1	88.9	9.2	77.3
糕点、糖果制造业		16.4	16.8	16.8	1.8	12.9
调味品制造业		44.4	54.3	50.1	5.4	44.4
其他食品制造业		20.0	22.0	22.0	2.0	20.0
饮料制造业		45.4	84.0	76.2	6.3	42.9
酒精及饮料酒制造业		30.5	30.5	27.3		30.5
软饮料制造业		14.9	53.5	48.9	6.3	12.4
纺织业	3.5	2 297.3	2 423.2	1 629.4	85.6	2 100.5
棉纺织业	3.5	1 265.1	1 332.2	1 055.0	50.2	1 169.5
毛纺织业			7.5			6.9
丝绢纺织业		272.2	272.2	262.2	22.0	228.2
针织品业		760.0	811.3	312.2	13.4	695.9
服装及其他纤维制品制造业	28.8	153.0	260.0	140.5	16.5	225.5
服装制造业	28.8	148.0	223.8	119.5	13.4	204.8
制鞋业			31.2	21.0	3.1	15.7

指标	年末资产负债及所有者权益					年末资产负债及所有者权益
	长期投资合计	固定资产合计	固定资产原价合计	生产经营用	本年折旧	固定资产净值合计
其他纤维制品制造业		5.0	5.0			5.0
皮革、毛皮、羽绒及其制品业	8.0	232.8	225.6	220.6	13.4	207.7
制革业	8.0	164.8	151.2	146.2	13.4	133.3
皮革制品制造业		68.0	74.4	74.4		74.4
木材加工及竹、藤、棕、草制品业	6.2	204.8	226.8	210.5	23.2	199.6
锯材、木片加工业		23.4	25.4	19.3	3.6	21.3
人造板制造业		33.5	33.5	30.5	4.2	29.3
木制品业	6.2	136.9	155.0	147.8	15.1	138.0
竹、藤、棕、草制品业		11.0	12.9	12.9	0.3	11.0
家具制造业		4.7	4.8	4.5	0.5	4.2
木制家具制造业		4.7	4.8	4.5	0.5	4.2
造纸及纸制品业		2 487.0	2 551.0	2 464.5	115.8	2 398.5
造纸业		2 134.0	2 149.2	2 141.8	64.3	2 057.7
纸制品业		353.0	401.8	322.7	51.5	340.8
印刷业、记录媒介的复制	2.0	28.6	42.3	36.9	3.5	33.4
印刷业	2.0	28.6	42.3	36.9	3.5	33.4
石油加工及炼焦业		9.3	9.5		0.3	9.2
原油加工业		9.3	9.5		0.3	9.2
化学原料及化学制品制造业	319.5	729.6	1 641.2	1 285.9	87.3	1 125.4
基本化学原料制造业	314.5	81.7	1 131.1	854.9	43.4	779.3
化学肥料制造业			13.8	13.8	0.9	10.7
有机化学产品制造业	5.0	619.8	476.5	413.5	41.8	318.3
医药制造业		17.5	20.0	17.4	0.1	19.8
化学药品制剂制造业			2.5	2.5	0.1	2.3
生物制品业		17.5	17.5	14.9		17.5
化学纤维制造业		4.1	4.1	4.0	0.4	3.3
人造纤维(纤维素纤维)制造业		4.1	4.1	4.0	0.4	3.3
橡胶制品业		8.0	8.2	8.0		8.0
橡胶零件制品业		8.0	8.2	8.0		8.0
塑料制品业	324.1	803.8	781.6	393.1	27.8	722.0
塑料薄膜制造业		35.3	4.7	4.7	0.7	1.4
塑料板、管、棒材制造业	88.1	131.9	111.9		10.1	101.8
塑料丝、绳及编织品制造业		186.6	205.3	89.8	8.9	176.5
泡沫塑料及人造革、合成革制造业		73.7	80.5	61.8	4.3	71.5
塑料包装箱及容器制造业		121.3	121.8	43.8	3.0	118.8
日用塑料杂品制造业		185.0	185.0	185.0		185.0
塑料零件制造业	236.0	70.0	72.4	8.0	0.8	67.0
其他塑料制品业						
非金属矿物制品业	80.9	2 888.4	3 270.7	2 418.8	366.6	2 584.9
水泥制造业	62.1	919.6	1 002.6	1 002.6	72.7	904.0
水泥制品和石棉水泥制品业		143.3	143.3	113.4	79.9	63.4
砖瓦、石灰和轻质建筑材料制造业	17.9	1 722.6	2 018.3	1 246.5	211.3	1 515.1
玻璃及玻璃制品业		73.6	76.0	26.5	2.4	73.1
陶瓷制品业		1.6	1.6	1.6		0.8
矿物纤维及其制品业	0.9	27.7	28.9	28.2	0.3	28.5
黑色金属冶炼及压延加工业	87.3	18 197.4	16 099.0	1 962.5	94.8	14 295.1
炼钢业	87.3	197.1	197.1	197.1	4.0	186.3

指　　标	年末资产负债及所有者权益					年末资产负债及所有者权益
	长期投资合计	固定资产合计	固定资产原价合计	生产经营用	本年折旧	固定资产净值合计
钢压延加工业		17 638.3	15 506.9	1 410.4	57.8	13 746.8
铁合金冶炼业		362.0	395.0	355.0	33.0	362.0
有色金属冶炼及压延加工业	31.2	889.5	893.1	797.9	64.2	773.2
重有色金属冶炼业	31.2	880.9	880.9	785.9	60.6	764.6
有色金属合金业		8.6	12.2	12.0	3.6	8.6
金属制品业	6.2	450.7	430.6	106.6	48.9	359.3
金属结构制造业	4.7	145.9	44.1	32.1	3.3	33.4
建筑用金属制品业		209.5	264.5	11.8	19.9	243.1
金属表面处理及热处理业		66.4	89.5	32.7	24.3	57.0
日用金属制品业		1.5	1.5	1.5	0.1	1.4
其他金属制品业	1.5	27.4	31.0	28.5	1.3	24.4
普通机械制造业	9.5	1 990.2	1 978.5	1 318.6	97.8	1 735.9
锅炉及原动机制造业		0.7	3.0	3.0	0.3	1.7
金属加工机械制造业		28.4	30.0	26.1	2.1	26.8
通用设备制造业	9.5	866.9	875.6	640.0	2.5	867.0
其他通用零部件制造业		144.2	143.6	117.4	16.4	118.5
铸锻件制造业		525.0	488.8	158.6	34.5	444.4
其他普通机械制造业		425.0	437.5	373.5	42.0	277.5
专用设备制造业	10.7	3 629.0	2 509.2	1 342.1	67.3	2 211.5
石化及其他工业专用设备制造业		107.3	107.3	107.3	5.4	101.9
轻纺工业专用设备制造业		1 451.5	1 451.5	1 120.0	50.0	1 398.5
农、林、牧、渔、水利业机械制造业		91.6	98.6	98.6	9.5	87.3
其他专用设备制造业		8.0	9.0	9.0	1.0	8.0
专用机械设备修理业	10.7	1 970.6	842.8	7.2	1.4	615.8
交通运输设备制造业	45.0	1 284.1	1 255.9	877.9	82.6	1 118.5
铁路运输设备制造业		30.5	0.5		0.2	0.3
汽车制造业	1.0	965.7	941.8	618.3	56.7	841.8
船舶制造业	44.0	265.6	303.1	257.6	25.0	266.7
交通运输设备修理业		22.3	10.5	2.0	0.7	9.7
电气机械及器材制造业		1 215.7	1 274.4	133.3	54.7	951.5
输配电及控制设备制造业		383.7	442.4	61.0	44.8	393.6
电工器材制造业		774.1	774.1	15.0	1.5	511.6
日用电器制造业		35.6	35.6	35.0	6.1	29.5
照明器具制造业		22.3	22.3	22.3	2.3	16.8
电子及通信设备制造业		21.2	21.2	17.7	1.7	19.5
电子器件制造业		14.5	14.5	11.0	1.4	13.1
电子设备及通信设备修理业		6.7	6.7	6.7	0.3	6.4
仪器仪表及文化、办公用机械制造业		128.4	128.7	113.7	10.8	95.9
通用仪器仪表制造业		123.7	123.7	113.7	10.5	91.2
其他仪器仪表制造业		4.7	5.0		0.3	4.7
其他制造业		233.2	234.6	230.5	5.8	216.6
工艺美术品制造业		188.6	189.9	185.8	5.0	172.7
其他生产、生活用品制造业		44.6	44.7	44.7	0.8	43.9
电力、煤气及水的生产和供应业	4.8	72.5	73.7	40.3	7.2	62.8
电力、蒸汽、热水的生产和供应业		41.9	41.9	10.6	3.9	38.0
电力生产业		39.4	39.4	9.0	3.9	35.5
电力供应业		2.5	2.5	1.6		2.5
自来水的生产和供应业	4.8	30.6	31.8	29.7	3.3	24.8

4—5 续表15 (1993年) 单位:万元

指　　标	年末资产负债及所有者权益					
	固定资产净值年平均余额	流动负债合计	流动负债年平均余额	营运资金年平均余额	长期负债合计	所有者权益合计
总　计	21 047.3	54 482.4	15 646.4	8 321.9	15 767.2	18 465.5
市　区	13 664.7	48 566.4	9 836.0	6 426.3	13 140.9	16 852.3
柳　江	4 724.4	4 663.7	4 630.6	573.3	2 282.1	1 494.0
柳　城	2 658.2	1 252.3	1 179.8	1 322.3	344.2	119.2
在总计中:						
轻工业	8 547.1	9 679.4	6 659.8	2 791.7	2 322.5	1 826.0
以农产品为原料	7 132.1	7 577.3	4 829.5	1 419.0	2 013.5	922.7
以非农产品为原料	1 415.0	2 102.1	1 830.3	1 372.7	309.0	903.3
重工业	12 500.2	44 803.0	8 986.6	5 530.2	13 444.7	16 639.5
采掘工业	760.7	417.6	376.0	68.2	96.9	253.3
原料工业	5 064.6	34 612.2	1 919.7	3 358.0	11 744.5	12 429.2
加工工业	6 674.9	9 773.2	6 690.9	2 104.0	1 603.3	3 957.0
在总计中:						
小型企业	21 047.3	54 482.4	15 646.4	8 321.9	15 767.2	18 465.5
在总计中:						
采掘业	761.7	417.6	365.9	69.8	96.9	226.3
煤炭采选业	56.6	2.5	2.5	9.0		6.3
煤炭开采业	56.6	2.5	2.5	9.0		6.3
黑色金属矿采选业	64.8	45.7	35.0	6.5	39.5	51.6
铁矿采选业	17.3	4.7	5.0	5.5	11.5	2.6
其他黑色金属矿采选业	47.5	41.0	30.0	1.0	28.0	49.0
有色金属矿采选业	150.9	141.9	109.3	-32.4		54.2
重有色金属矿采选业	124.4	141.9	109.3	-36.4		54.2
贵金属矿采选业	26.5			4.0		
非金属矿采选业	353.0	176.0	172.5	86.3	57.4	112.3
土沙石开采业	353.0	176.0	172.5	86.3	57.4	112.3
其他矿采选业	136.4	51.5	46.6	0.4		1.9
制造业	20 223.1	54 055.9	15 275.4	8 246.2	15 660.0	18 194.9
食品加工业	582.5	1 357.8	22.6	1 038.7	6.5	2.9
粮食及饲料加工业	14.5	12.5	13.5			
植物油加工业	535.6	1 335.2	5.0	994.2		2.0
屠宰及肉类蛋类加工业	32.4	10.1	4.1	44.5	6.5	0.9
食品制造业	81.1	51.8	30.2	126.0		52.8
糕点、糖果制造业	14.6	36.7	17.1	35.8		
调味品制造业	46.5	15.1	13.1	8.2		52.8
其他食品制造业	20.0			82.0		
饮料制造业	45.8	14.0	13.7	5.9	16.8	30.2
酒精及饮料酒制造业	30.5	0.1	0.2	6.4	4.8	28.1
软饮料制造业	15.3	13.9	13.5	—0.5	12.0	2.1
纺织业	2 122.4	1 847.7	1 811.1	172.5	83.7	307.5
棉纺织业	1 089.0	717.6	540.5	154.6	34.7	184.8
毛纺织业	6.8	0.8	0.8	—0.8	0.8	
丝绢纺织业	276.0	119.5	92.0	69.5		
针织品业	750.6	1 009.8	1 177.8	-50.8	48.2	122.7
服装及其他纤维制品制造业	233.1	175.3	181.8	40.1	32.6	85.3
服装制造业	212.4	113.8	119.5	43.1	32.6	48.7
制鞋业	15.9	56.5	57.8	-5.0		27.6

4—5 续表16 (1993年) 单位:万元

指标	年末资产负债及所有者权益					
	固定资产净值年平均余额	流动负债合计	流动负债年平均余额	营运资金年平均余额	长期负债合计	所有者权益合计
其他纤维制品制造业	4.8	5.0	4.5	2.0		9.0
皮革、毛皮、羽绒及其制品业	224.0	320.4	297.6	52.0	30.0	10.8
制革业	156.0	109.9	115.1	34.6	30.0	9.7
皮革制品制造业	68.0	210.5	182.5	17.4		1.1
木材加工及竹、藤、棕、草制品业	182.8	234.1	225.0	147.5	19.0	74.4
锯材、木片加工业	21.8	26.2	26.8	13.7	2.0	40.9
人造板制造业	28.7	88.4	92.7	-4.3		
木制品业	121.1	109.1	95.2	135.2	17.0	17.3
竹、藤、棕、草制品业	11.2	10.4	10.3	2.9		16.2
家具制造业	4.2	2.1	2.1	2.3		3.0
木制家具制造业	4.2	2.1	2.1	2.3		3.0
造纸及纸制品业	2 438.4	2 289.7	2 209.0	-616.4	1 824.9	311.1
造纸业	2 090.7	1 954.6	1 931.2	-588.0	1 779.1	79.7
纸制品业	347.7	335.1	277.8	-28.4	45.8	231.4
印刷业、记录媒介的复制	22.1	77.7	28.3	3.2	2.0	18.8
印刷业	22.1	77.7	28.3	3.2	2.0	18.8
石油加工及炼焦业	9.2	1.8				13.8
原油加工业	9.2	1.8				13.8
化学原料及化学制品制造业	1 210.2	2 095.8	339.2	1 066.4	1 847.0	1 167.2
基本化学原料制造业	854.1	2 014.9	36.4	-4.7	1 629.0	1 015.7
化学肥料制造业	9.1	11.8	11.2	49.1	50.0	40.1
有机化学产品制造业	319.2	61.4	284.3	1 022.8	168.0	97.0
医药制造业	19.8	753.0	50.9	12.6		75.6
化学药品制剂制造业	2.3	20.1	16.0	1.7		8.8
生物制品业	17.5	732.9	34.9	10.9		6.8
化学纤维制造业	3.7	4.1	4.0	0.1		
人造纤维(纤维素纤维)制造业	3.7	4.1	4.0	0.1		
橡胶制品业	8.0	1.4	2.8	-0.2		8.0
橡胶零件制品业	8.0	1.4	2.8	-0.2		8.0
塑料制品业	744.1	1 182.6	1 046.4	98.1	58.0	292.8
塑料薄膜制造业	30.1	13.6	10.0	1.0		
塑料板、管、棒材制造业	102.0	60.0		65.9		
塑料丝、绳及编织品制造业	177.2	190.9	237.5	-146.9		
泡沫塑料及人造革、合成革制造业	71.5	38.0	68.3	56.0	20.0	
塑料包装箱及容器制造业	108.3	293.7	145.0	-51.0		
日用塑料杂品制造业	185.0	386.3	386.3	65.0		
塑料零件制造业	70.0	200.1	199.3	108.1	38.0	292.8
其他塑料制品业						
非金属矿物制品业	2 647.2	1 739.0	1 483.3	402.0	438.4	1 708.7
水泥制造业	904.0	736.9	730.0	-80.0	310.0	1 018.2
水泥制品和石棉水泥制品业	135.1	39.0	41.0	94.0		1.2
砖瓦、石灰和轻质建筑材料制造业	1 505.4	893.8	646.3	388.5	128.4	658.6
玻璃及玻璃制品业	73.1	39.2	35.9	16.8		30.7
陶瓷制品业	0.8	0.1	0.1	3.0		
矿物纤维及其制品业	28.8	30.0	30.0	-20.3		
黑色金属冶炼及压延加工业	2 351.3	30 803.1	621.1	2 184.6	9 795.0	10 265.1
炼钢业	118.5	229.0	227.2	123.6	11.9	159.9

4—5 续表 17　　　　　　　　　(1993年)　　　　　　　　　单位:万元

指　　标	年末资产负债及所有者权益					
	固定资产净值年平均余额	流动负债合计	流动负债年平均余额	营运资金年平均余额	长期负债合计	所有者权益合计
钢压延加工业	1 870.8	30 574.1	393.9	2 028.0	9 783.1	10 105.2
铁合金冶炼业	362.0			33.0		
有色金属冶炼及压延加工业	817.3	986.6	233.8	1 290.3		8.6
重有色金属冶炼业	808.4	980.5	232.9	1 289.2		
有色金属合金业	8.9	6.1	0.9	1.1		8.6
金属制品业	437.2	521.1	358.1	382.8	107.5	536.3
金属结构制造业	112.0	152.3	110.3	100.2	20.0	25.3
建筑用金属制品业	243.1	133.3	115.3	137.8		237.2
金属表面处理及热处理业	56.0	227.6	125.1	136.5	86.0	251.8
日用金属制品业	1.4	0.8	0.8	0.2		
其他金属制品业	24.7	7.1	6.6	8.1	1.5	22.0
普通机械制造业	1 830.2	2 186.6	2 020.5	175.3	236.6	360.3
锅炉及原动机制造业	0.7			2.0		
金属加工机械制造业	23.2	41.4	38.2	1.5		7.1
通用设备制造业	864.5	782.7	755.4	-17.2		9.5
其他通用零部件制造业	117.8	676.6	674.7	50.9	58.0	13.5
铸锻件制造业	393.7	510.9	369.7	167.6	178.6	330.2
其他普通机械制造业	430.3	175.0	182.5	-29.5		
专用设备制造业	2 167.3	2 125.5	448.7	1 436.6	550.5	1 439.3
石化及其他工业专用设备制造业	31.7	213.9	200.0	-200.0	150.5	
轻纺工业专用设备制造业	1 422.0	854.8	200.0	578.0		95.0
农、林、牧、渔、水利业机械制造业	92.8	42.0	40.2	13.7		
其他专用设备制造业	8.0			8.0		
专用机械设备修理业	612.8	1 014.8	8.5	1 036.9	400.0	1 344.3
交通运输设备制造业	1 043.8	3 615.7	2 462.2	-319.1	66.2	423.5
铁路运输设备制造业	0.3	27.8				3.1
汽车制造业	775.4	3 138.5	2 054.7	-200.1	22.2	332.4
船舶制造业	246.9	447.2	405.3	-120.2	44.0	86.0
交通运输设备修理业	21.2	2.2	2.2	1.2		2.0
电气机械及器材制造业	711.9	831.2	587.1	394.2	542.1	970.8
输配电及控制设备制造业	149.1	621.2	220.5	563.8		449.0
电工器材制造业	511.6	10.0	197.1	-102.1	542.1	521.8
日用电器制造业	34.4	154.1	127.5	-25.5		
照明器具制造业	16.8	45.9	42.0	-42.0		
电子及通信设备制造业	19.3	138.5	138.0	3.7		
电子器件制造业	13.0	101.0	105.0	-6.8		
电子设备及通信设备修理业	6.3	37.5	33.0	10.5		
仪器仪表及文化、办公用机械制造业	116.6	439.0	413.4	9.9		14.8
通用仪器仪表制造业	111.9	415.7	411.5	9.2		
其他仪器仪表制造业	4.7	23.3	1.9	0.7		14.8
其他制造业	149.6	260.3	244.5	137.1	3.2	13.3
工艺美术品制造业	105.7	177.7	177.3	124.8		12.2
其他生产、生活用品制造业	43.9	82.6	67.2	12.3	3.2	1.1
电力、煤气及水的生产和供应业	62.5	8.9	5.1	5.9	10.3	44.3
电力、蒸汽、热水的生产和供应业	36.7	1.9	1.9	0.5	5.5	39.5
电力生产业	34.2				5.5	36.5
电力供应业	2.5	1.9	1.9	0.5		3.0
自来水的生产和供应业	25.8	7.0	3.2	5.4	4.8	4.8

4—5 续表 18 (1993 年) 单位:万元

指标	损益及分配					
	产品销售收入	产品销售成本	产品销售费用	产品销售税金及附加	产品销售利润	管理费用
总计	74 993.9	60 868.0	2 941.7	3 097.4	7 108.4	2 716.8
市区	52 592.2	42 633.8	2 330.2	2 065.3	4 619.5	2 211.4
柳江	11 665.5	9 379.1	257.2	408.5	1 592.8	240.1
柳城	10 736.2	8 855.1	354.3	623.6	896.1	265.3
在总计中:						
轻工业	25 777.6	21 892.3	774.8	1 029.5	1 788.1	802.6
以农产品为原料	17 156.1	14 539.6	468.5	592.4	1 305.1	598.1
以非农产品为原料	8 621.5	7 352.7	306.3	437.1	483.0	204.5
重工业	49 216.3	38 975.7	2 166.9	2 067.9	5 320.3	1 914.2
采掘工业	3 644.2	2 989.9	173.7	101.8	329.4	114.4
原料工业	16 804.5	13 964.2	407.5	797.8	1 574.8	458.4
加工工业	28 767.6	22 021.6	1 585.7	1 168.3	3 416.1	1 341.4
在总计中:						
小型企业	74 993.9	60 868.0	2 941.7	3 097.4	7 108.4	2 716.8
在总计中:						
采掘业	3 654.0	2 996.2	173.2	101.4	333.8	113.6
煤炭采选业	170.0	135.0	2.3	6.5	26.2	1.7
煤炭开采业	170.0	135.0	2.3	6.5	26.2	1.7
黑色金属矿采选业	417.7	358.1	13.9	9.7	36.0	19.7
铁矿采选业	49.7	29.0	4.5	1.7	14.5	9.9
其他黑色金属矿采选业	368.0	329.1	9.4	8.0	21.5	9.8
有色金属矿采选业	285.2	240.3	6.0	6.4	-16.1	28.1
重有色金属矿采选业	175.2	161.3	0.5	0.4	-35.6	26.1
贵金属矿采选业	110.0	79.0	5.5	6.0	19.5	2.0
非金属矿采选业	2 167.1	1 824.6	66.0	74.4	201.3	33.0
土沙石开采业	2 167.1	1 824.6	66.0	74.4	201.3	33.0
其他矿采选业	614.0	438.2	85.0	4.4	86.4	31.1
制造业	71 261.0	57 810.1	2 764.2	2 992.3	6 765.4	2 600.1
食品加工业	3 376.0	3 301.1	16.9	34.8	23.2	5.6
粮食及饲料加工业	41.5	37.5	2.0		2.0	1.5
植物油加工业	3 142.7	3 102.3	11.4	19.8	9.2	3.9
屠宰及肉类蛋类加工业	191.8	161.3	3.5	15.0	12.0	0.2
食品制造业	365.8	289.2	7.7	15.7	53.2	12.2
糕点、糖果制造业	103.2	84.1	2.5	1.5	15.1	6.7
调味品制造业	54.6	40.0		3.7	10.9	0.4
其他食品制造业	208.0	165.1	5.2	10.5	27.2	5.1
饮料制造业	75.2	66.7	0.6	5.7	2.1	1.1
酒精及饮料酒制造业	3.6	2.5	0.2	0.7	0.1	0.2
软饮料制造业	71.6	64.2	0.4	5.0	2.0	0.9
纺织业	5 862.8	4 803.7	150.9	249.3	430.6	244.8
棉纺织业	2 944.0	2 478.7	95.7	207.6	158.0	64.9
毛纺织业	18.6	18.0		0.3	0.2	0.1
丝绢纺织业	348.0	268.9	23.5	13.6	42.0	4.7
针织品业	2 552.2	2 038.1	31.7	27.8	230.4	175.1
服装及其他纤维制品制造业	700.5	605.7	17.6	19.2	51.0	18.4
服装制造业	556.1	489.3	16.8	13.3	35.1	11.5
制鞋业	121.2	99.0		5.4	11.4	6.9

4—5 续表19　　(1993年)　　单位:万元

指标	损益及分配					
	产品销售收入	产品销售成本	产品销售费用	产品销售税金及附加	产品销售利润	管理费用
其他纤维制品制造业	23.2	17.4	0.8	0.5	4.5	
皮革、毛皮、羽绒及其制品业	434.3	337.9	29.0	33.3	32.7	8.2
制革业	346.2	272.2	17.2	29.9	25.5	6.5
皮革制品制造业	88.1	65.7	11.8	3.4	7.2	1.7
木材加工及竹、藤、棕、草制品业	1 519.8	1 184.1	105.6	64.4	165.2	64.0
锯材、木片加工业	296.8	213.0	20.5	9.2	54.1	25.0
人造板制造业	108.8	66.0	21.0	5.9	15.9	21.0
木制品业	1 091.5	885.8	63.9	48.1	93.2	18.0
竹、藤、棕、草制品业	22.7	19.3	0.2	1.2	2.0	
家具制造业	43.2	34.0	1.0	2.0	6.2	2.0
木制家具制造业	43.2	34.0	1.0	2.0	6.2	2.0
造纸及纸制品业	3 077.1	2 580.7	49.9	124.6	314.5	150.6
造纸业	2 425.7	1 931.4	24.8	100.2	367.8	116.5
纸制品业	651.4	649.3	25.1	24.4	-53.3	34.1
印刷业、记录媒介的复制	203.6	179.6	4.8	9.3	4.1	11.7
印刷业	203.6	179.6	4.8	9.3	4.1	11.7
石油加工及炼焦业	29.1	25.8		1.5	1.8	
原油加工业	29.1	25.8		1.5	1.8	
化学原料及化学制品制造业	5 653.2	4 828.2	71.4	565.2	188.0	141.8
基本化学原料制造业	3 105.8	2 645.6	57.1	299.5	103.6	80.1
化学肥料制造业	127.1	76.5		5.2	45.4	13.9
有机化学产品制造业	2 382.5	2 080.5	13.5	258.6	29.6	39.9
医药制造业	847.8	710.8	0.6	46.2	90.2	64.3
化学药品制剂制造业	53.2	40.9	0.6	2.9	8.8	4.8
生物制品业	794.6	669.9		43.3	81.4	59.5
化学纤维制造业	12.0	11.0	0.2	0.1	0.7	0.2
人造纤维(纤维素纤维)制造业	12.0	11.0	0.2	0.1	0.7	0.2
橡胶制品业	1.3	1.2		0.1		
橡胶零件制品业	1.3	1.2		0.1		
塑料制品业	1 564.4	1 348.3	34.1	61.2	93.1	27.6
塑料薄膜制造业	61.0	54.8	0.2	3.1	2.9	7.9
塑料板、管、棒材制造业	18.8	16.8	0.4	0.5	1.1	
塑料丝、绳及编织品制造业	205.2	183.3	3.2	7.8	10.9	7.1
泡沫塑料及人造革、合成革制造业	646.9	586.7	2.9	28.5	20.7	3.2
塑料包装箱及容器制造业	303.0	257.3	17.1	14.5	14.1	3.2
日用塑料杂品制造业	74.5	28.5	4.2	0.7	41.1	2.5
塑料零件制造业	250.5	216.4	6.1	6.1	2.3	3.7
其他塑料制品业	4.5	4.5				
非金属矿物制品业	6 156.6	4 339.2	228.9	386.4	1 084.4	224.8
水泥制造业	1 565.1	923.1	3.1	92.9	546.0	16.9
水泥制品和石棉水泥制品业	97.2	64.5	4.5	3.8	24.4	4.4
砖瓦、石灰和轻质建筑材料制造业	4 380.5	3 239.3	218.9	283.9	521.7	202.5
玻璃及玻璃制品业	92.6	98.0	1.4	4.7	-12.5	0.8
陶瓷制品业	1.9	1.5	0.1	0.1	0.2	0.1
矿物纤维及其制品业	19.3	12.8	0.9	1.0	4.6	0.1
黑色金属冶炼及压延加工业	9 481.7	8 176.3	258.7	356.4	690.3	314.1
炼钢业	455.8	412.2	8.3	8.2	27.1	1.7

4—5 续表 20　　(1993年)　　单位:万元

指　　标	损益及分配					
	产品销售收入	产品销售成本	产品销售费用	产品销售税金及附加	产品销售利润	管理费用
钢压延加工业	8 675.9	7 472.1	247.4	334.2	622.2	309.4
铁合金冶炼业	350.0	292.0	3.0	14.0	41.0	3.0
有色金属冶炼及压延加工业	2 627.4	2 270.6	66.5	37.0	193.3	27.3
重有色金属冶炼业	2 545.9	2 253.3	64.1	35.8	192.7	27.3
有色金属合金业	81.5	17.3	2.4	1.2	0.6	
金属制品业	4 368.6	3 881.3	131.1	79.3	266.3	57.7
金属结构制造业	328.2	258.1	1.7	21.8	46.5	2.9
建筑用金属制品业	383.3	341.3	27.0	5.2	0.8	2.0
金属表面处理及热处理业	3 573.8	3 216.1	101.0	48.6	207.7	50.6
日用金属制品业	9.0	8.0	0.1	0.4	0.5	0.1
其他金属制品业	74.3	57.8	1.3	3.3	10.8	2.1
普通机械制造业	4 878.0	3 520.0	584.7	162.1	589.2	182.4
锅炉及原动机制造业	22.0	13.0	5.0	2.0	2.0	0.3
金属加工机械制造业	128.9	96.0	15.5	6.2	11.2	2.3
通用设备制造业	834.6	678.3	39.2	16.5	100.6	53.6
其他通用零部件制造业	611.0	441.7	16.4	32.0	120.9	8.1
铸锻件制造业	2 559.1	1 760.1	450.2	74.9	252.3	74.9
其他普通机械制造业	722.4	530.9	58.4	30.5	102.2	43.2
专用设备制造业	4 914.8	3 520.3	363.6	195.3	733.6	314.2
石化及其他工业专用设备制造业	137.3	93.2	8.9	3.4	31.8	
轻纺工业专用设备制造业	1 095.0	755.7	110.8	2.5	226.0	47.0
农、林、牧、渔、水利业机械制造业	189.6	158.2	3.7	8.4	14.3	5.0
其他专用设备制造业	40.0	26.3	3.0	2.7	8.0	1.0
专用机械设备修理业	3 452.9	2 486.9	237.2	178.3	453.5	261.2
交通运输设备制造业	9 125.9	7 164.0	270.9	322.9	1 300.3	443.8
铁路运输设备制造业	84.5	42.5	37.9	1.5	2.6	0.4
汽车制造业	5 054.3	3 859.7	63.1	204.7	862.5	296.7
船舶制造业	3 855.3	3 144.7	169.0	114.5	423.6	146.5
交通运输设备修理业	131.8	117.1	0.9	2.2	11.6	0.2
电气机械及器材制造业	4 159.1	3 365.8	182.6	146.6	198.5	164.1
输配电及控制设备制造业	2 644.3	2 041.3	53.2	73.7	213.3	85.9
电工器材制造业	1 031.2	909.4	115.6	53.3	-49.9	59.1
日用电器制造业	316.7	282.2	7.3	13.0	14.2	9.0
照明器具制造业	166.9	132.9	6.5	6.6	20.9	10.1
电子及通信设备制造业	392.3	233.9	53.5	20.1	84.8	59.8
电子器件制造业	370.6	219.6	50.3	19.6	81.1	59.6
电子设备及通信设备修理业	21.7	14.3	3.2	0.5	3.7	0.2
仪器仪表及文化、办公用机械制造业	1 067.2	784.6	118.1	16.7	143.1	50.0
通用仪器仪表制造业	1 012.0	784.6	70.1	15.9	141.3	49.5
其他仪器仪表制造业	55.2		1 012.0	784.6	70.1	15.9
其他制造业	55.2		48.0	0.8	1.8	0.5
工艺美术品制造业	323.3	246.1	15.3	36.9	25.0	9.4
其他生产、生活用品制造业	291.5	221.7	13.4	35.8	20.6	9.1
电力、煤气及水的生产和供应业	31.8	24.4	1.9	1.1	4.4	0.3
电力、蒸汽、热水的生产和供应业	78.9	61.7	4.3	3.7	9.2	3.1
电力生产业	45.7	38.3	1.8	2.0	3.6	0.6
电力供应业	18.8	13.7	1.2	1.2	2.7	0.2
自来水的生产和供应业	26.9	24.6	0.6	0.8	0.9	0.4
	33.2	23.4	2.5	1.7	5.6	2.5

4—5　续表 21　　　　　　　　　　　(1993 年)　　　　　　　　　　　单位:万元

指标	损益及分配					
	财务费用	利息支出	营业利润	利润总额	亏损企业亏损总额	利税总额
总　计	1 696.4	1 199.8	2 874.8	2 931.5	749.7	6 028.9
市　区	1 077.7	773.3	1 455.2	1 510.4	522.5	3 575.7
柳　江	339.2	180.1	1 064.9	1 064.8	17.9	1 473.3
柳　城	279.5	246.4	354.7	356.3	209.3	979.9
在总计中:						
轻工业	693.9	464.4	357.5	345.3	392.7	1 374.8
以农产品为原料	424.6	244.8	322.2	306.9	168.4	899.3
以非农产品为原料	269.3	219.6	35.3	38.4	224.3	475.5
重工业	1 002.5	735.4	2 517.3	2 586.2	357.0	4 654.1
采掘工业	79.1	56.9	139.0	160.5	84.2	262.3
原料工业	438.2	375.2	721.3	750.2	70.8	1 548.0
加工工业	485.2	303.3	1 657.0	1 675.5	202.0	2 843.8
在总计中:						
小型企业	1 696.4	1 199.8	2 874.8	2 931.5	749.7	6 028.9
在总计中:						
采掘业	81.2	56.9	142.1	153.6	84.2	255.0
煤炭采选业	4.7	2.5	19.8	19.8		26.3
煤炭开采业	4.7	2.5	19.8	19.8		26.3
黑色金属矿采选业	2.8	0.8	14.0	14.0		23.7
铁矿采选业	2.6	0.8	2.0	2.0		3.7
其他黑色金属矿采选业	0.2		12.0	12.0		20.0
有色金属矿采选业	23.5	22.5	-67.7	-67.7	84.2	-61.3
重有色金属矿采选业	22.5	22.5	-84.2	-84.2	84.2	-83.8
贵金属矿采选业	1.0		16.5	16.5		22.5
非金属矿采选业	14.6	6.1	156.3	167.8		242.2
土沙石开采业	14.6	6.1	156.3	167.8		242.2
其他矿采选业	35.6	25.0	19.7	19.7		24.1
制造业	1 614.2	1 142.2	2 727.5	2 772.6	665.5	5 764.9
食品加工业	0.7	0.7	16.9	16.9		51.7
粮食及饲料加工业			0.5	0.5		0.5
植物油加工业	0.2	0.2	5.1	5.1		24.9
屠宰及肉类蛋类加工业	0.5	0.5	11.3	11.3		26.3
食品制造业	5.9	5.2	35.1	35.1		50.8
糕点、糖果制造业	5.3	4.8	3.1	3.1		4.6
调味品制造业			10.5	10.5		14.2
其他食品制造业	0.6	0.4	21.5	21.5		32.0
饮料制造业	1.6	1.2	-0.6	-0.5	2.5	5.2
酒精及饮料酒制造业	0.8	0.8	-0.9	-0.9	1.1	-0.2
软饮料制造业	0.8	0.4	0.3	0.4	1.4	5.4
纺织业	93.8	45.0	106.4	80.6	50.4	329.9
棉纺织业	31.5	16.3	76.0	49.8	31.2	257.4
毛纺织业			0.1	0.1		0.4
丝绢纺织业	28.6	20.5	8.7	8.7		22.3
针织品业	33.7	8.2	21.6	22.0	19.2	49.8
服装及其他纤维制品制造业	6.8	1.9	25.8	37.8		57.0
服装制造业	5.1	0.2	18.5	30.5		43.8
制鞋业	1.7	1.7	2.8	2.8		8.2

指　　标	损益及分配					
	财务费用	利息支出	营业利润	利润总额	亏损企业亏损总额	利税总额
其他纤维制品制造业			4.5	4.5		5.0
皮革、毛皮、羽绒及其制品业	11.5	1.0	15.4	15.5	3.2	48.8
制　革　业	5.3	0.3	13.8	13.9	1.4	43.8
皮革制品制造业	6.2	0.7	1.6	1.6	1.8	5.0
木材加工及竹、藤、棕、草制品业	9.5	5.9	91.7	91.5	5.1	155.9
锯材、木片加工业	6.0	3.3	23.1	23.1		32.3
人造板制造业			-5.1	-5.1	5.1	0.8
木 制 品 业	3.5	2.6	71.7	71.5		119.6
竹、藤、棕、草制品业			2.0	2.0		3.2
家具制造业	0.5		3.7	3.7		5.7
木制家具制造业	0.5		3.7	3.7		5.7
造纸及纸制品业	244.1	146.1	-68.8	-70.3	106.4	54.3
造　纸　业	229.2	133.0	23.8	23.9	4.0	124.1
纸 制 品 业	14.9	13.1	-92.6	-94.2	102.4	-69.8
印刷业、记录媒介的复制	1.1	1.0	2.9	2.9	0.8	12.2
印　刷　业	1.1	1.0	2.9	2.9	0.8	12.2
石油加工及炼焦业			1.8	1.8		3.3
原油加工业			1.8	1.8		3.3
化学原料及化学制品制造业	227.6	233.4	-163.6	-133.3	189.1	431.9
基本化学原料制造业	60.5	58.3	-22.0	5.8	4.4	305.3
化学肥料制造业	3.1	2.5	28.4	28.4		33.6
有机化学产品制造业	163.1	162.6	-170.6	-168.1	184.2	90.5
医药制造业	8.1	8.1	17.8	17.8		64.0
化学药品制剂制造业	3.0	3.0	1.0	1.0		3.9
生物制品业	5.1	5.1	16.8	16.8		60.1
化学纤维制造业			0.5	0.5		0.6
人造纤维(纤维素纤维)制造业			0.5	0.5		0.6
橡胶制品业						0.1
橡胶零件制品业						0.1
塑料制品业	59.6	43.6	33.5	33.4	20.7	94.6
塑料薄膜制造业			2.9	2.9		6.0
塑料板、管、棒材制造业			1.1	1.1		1.6
塑料丝、绳及编织品制造业	15.5	15.4	-11.7	-11.8	13.0	-4.0
泡沫塑料及人造革、合成革制造业	6.8	5.4	10.7	10.7		39.2
塑料包装箱及容器制造业	1.6	0.8	9.3	9.3		23.8
日用塑料杂品制造业	13.0		25.6	25.6		26.3
塑料零件制造业	22.7	22.0	-4.4	-4.4	7.7	1.7
其他塑料制品业						
非金属矿物制品业	66.7	41.6	867.9	887.2	22.3	1 273.6
水泥制造业	2.2	2.2	555.0	555.0		647.9
水泥制品和石棉水泥制品业	5.1		14.9	14.9		18.7
砖瓦、石灰和轻质建筑材料制造业	57.6	37.6	308.1	327.4	7.1	611.3
玻璃及玻璃制品业			-12.9	-12.9	14.8	-8.2
陶瓷制品业			0.1	0.1		0.2
矿物纤维及其制品业	1.8	1.8	2.7	2.7	0.4	3.7
黑色金属冶炼及压延加工业	298.8	267.3	77.6	77.7	66.0	434.1
炼　钢　业	13.3		12.3	12.3	0.4	20.5

4—5 续表 23

(1993年)

单位:万元

指标	损益及分配					
	财务费用	利息支出	营业利润	利润总额	亏损企业亏损总额	利税总额
钢压延加工业	277.5	260.3	35.3	35.4	65.6	369.6
铁合金冶炼业	8.0	7.0	30.0	30.0		44.0
有色金属冶炼及压延加工业	65.6	38.5	100.4	100.4		137.4
重有色金属冶炼业	65.6	38.5	99.8	99.8		135.6
有色金属合金业			0.6	0.6		1.8
金属制品业	22.6	6.2	192.7	195.4	10.2	274.7
金属结构制造业	4.2	3.4	39.4	39.5		61.3
建筑用金属制品业	0.1		0.8	2.0	0.9	7.2
金属表面处理及热处理业	18.0	2.5	143.7	145.1	9.3	193.7
日用金属制品业			0.4	0.4		0.8
其他金属制品业	0.3	0.3	8.4	8.4		11.7
普通机械制造业	121.0	41.9	289.0	285.6		447.7
锅炉及原动机制造业	0.5		1.2	1.2		3.2
金属加工机械制造业	0.8		8.1	8.1		14.3
通用设备制造业	5.5	4.5	41.5	41.7		58.2
其他通用零部件制造业	62.7	1.5	50.1	50.8		82.8
铸锻件制造业	11.3	6.6	166.9	162.6		237.5
其他普通机械制造业	40.2	29.3	21.2	21.2		51.7
专用设备制造业	102.6	69.9	317.7	317.7		513.0
石化及其他工业专用设备制造业	31.8	31.8				3.4
轻纺工业专用设备制造业	66.0	35.0	113.0	113.0		115.5
农、林、牧、渔、水利业机械制造业	3.4	3.1	5.9	5.9		14.3
其他专用设备制造业	1.0		6.0	6.0		8.7
专用机械设备修理业	0.4		192.8	192.8		371.1
交通运输设备制造业	136.8	85.8	724.7	737.2		1 060.1
铁路运输设备制造业			2.6	2.6		4.1
汽车制造业	79.7	37.1	486.1	498.6		703.3
船舶制造业	57.1	48.7	224.6	224.6		339.1
交通运输设备修理业			11.4	11.4		13.6
电气机械及器材制造业	71.5	68.1	-37.1	-37.1	171.5	109.5
输配电及控制设备制造业	8.3	7.1	119.1	119.1	3.5	192.8
电工器材制造业	56.7	56.2	-165.7	-165.7	168.0	-112.4
日用电器制造业	4.0	2.8	1.2	1.2		14.2
照明器具制造业	2.5	2.0	8.3	8.3		14.9
电子及通信设备制造业	12.8	10.0	12.2	12.2		32.3
电子器件制造业	9.8	7.5	11.7	11.7		31.3
电子设备及通信设备修理业	3.0	2.5	0.5	0.5		1.0
仪器仪表及文化、办公用机械制造业	26.5	21.9	66.6	66.6		83.3
通用仪器仪表制造业	25.6	21.9	66.2	66.2		82.1
其他仪器仪表制造业	0.9		0.4	0.4		1.2
其他制造业	18.5	7.9	-2.7	-3.7	17.3	33.2
工艺美术品制造业	16.6	7.8	-5.1	-6.1	17.0	29.7
其他生产、生活用品制造业	1.9	0.1	2.4	2.4	0.3	3.5
电力、煤气及水的生产和供应业	1.0	0.7	5.2	5.3		9.0
电力、蒸汽、热水的生产和供应业	0.7	0.7	2.3	2.3		4.3
电力生产业	0.7	0.7	1.8	1.8		3.0
电力供应业			0.5	0.5		1.3
自来水的生产和供应业	0.3		2.9	3.0		4.7

4—6 全部独立核算"三资"工业企业主要经济指标

（1993年） 单位：万元

指标	企业单位数（个）	亏损企业	工业总产值（当年价）	工业总产值（1990年不变价）	工业增加值（生产法）	成品产销存 年初库存价值
总计	10	4	5 810.2	5 846.1	3 048.2	768.1
市区	9	3	5 478.1	5 514.0	3 047.1	768.1
柳江	1	1	332.1	332.1	1.1	
在总计中：						
轻工业	7	2	2 405.3	2 426.2	731.5	527.9
以农产品为原料	4	1	1 128.0	1 139.0	358.4	334.4
以非农产品为原料	3	1	1 277.3	1 287.2	373.1	193.5
重工业	3	2	3 404.9	3 419.9	2 316.7	240.2
加工工业	3	2	3 404.9	3 419.9	2 316.7	240.2
在总计中：						
小型企业	10	4	5 810.2	5 846.1	3 048.2	768.1
在总计中：						
制造业	10	4	5 810.2	5 846.1	3 048.2	768.1
纺织业	1		532.0	557.0	25.3	109.4
服装及其他纤维制品制造业	1		259.3	259.3	259.3	166.2
木材加工及竹、藤、棕、草制品业	1		161.3	161.3	49.6	58.8
家具制造业	1	1	175.4	161.4	24.2	
文教体育用品制造业	1		590.0	590.0	318.3	102.7
橡胶制品业	1	1	50.1	38.0	2.9	2.2
塑料制品业	1		355.2	365.1	53.7	90.8
非金属矿物制品业	1	1	151.8	178.9	50.8	

指标	成品产销存 生产价值	销售价值	年末库存价值	工业总产出	工业中间投入合计	本年应付工资
总计	5 343.2	3 467.2	2 012.6	5 388.4	2 340.2	180.4
市区	5 011.1	3 141.9	2 005.9	5 056.3	2 009.2	166.3
柳江	332.1	325.3	6.7	332.1	331.0	14.1
在总计中：						
轻工业	2 378.9	2 088.0	487.4	2 421.3	1 689.8	127.2
以农产品为原料	1 128.0	1 102.9	282.5	1 170.4	812.0	56.4
以非农产品为原料	1 250.9	985.1	204.9	1250.9	877.8	70.8
重工业	2 964.3	1 379.2	1 525.2	2 967.1	650.4	53.2
加工工业	2 964.3	1 379.2	1 525.2	2 967.1	650.4	53.2
在总计中：						
小型企业	5 343.2	3 467.2	2 012.6	5 388.4	2 340.2	180.4
在总计中：						
制造业	5 343.2	3 467.2	2 012.6	5 388.4	2 340.2	180.4
纺织业	532.0	589.3	52.1	555.3	530.0	12.0
服装及其他纤维制品制造业	259.3	188.7	157.8	259.3		
木材加工及竹、藤、棕、草制品业	161.3	149.5	70.6	161.6	112.0	3.4
家具制造业	175.4	175.4	2.0	194.2	170.0	41.0
文教体育用品制造业	590.0	293.0	151.5	590.0	271.7	40.0
橡胶制品业	50.1	43.9	8.3	52.9	50.0	6.8
塑料制品业	328.8	366.8	46.7	328.8	275.1	16.7
非金属矿物制品业	129.2	54.3	74.9	129.2	78.4	10.0

4—6 续表 1　　(1993 年)　　单位:万元

指　　标	本年应付福利费	全部职工年平均人数(人)	资本金			
			合计	国家	法人	个人
总　计	8.3	197.0	2 261.0	12.8	1 637.1	
市　区	6.3	197.0	2 196.2	12.8	1 572.3	
柳　江	2.0		64.8		64.8	
在总计中:						
轻 工 业	2.9	98.0	1 694.5		1 267.6	
以农产品为原料		52.0	547.4		370.5	
以非农产品为原料	2.9	46.0	1 147.1		897.1	
重 工 业	5.4	99.0	566.5	12.8	369.5	
加工工业	5.4	99.0	566.5	12.8	369.5	
在总计中:						
小型企业	8.3	197.0	2 261.0	12.8	1 637.1	
在总计中:						
制 造 业	8.3	197.0	2 261.0	12.8	1 637.1	
纺 织 业		38.0	276.7		201.5	
服装及其他纤维制品制造业			250.7		159.0	
木材加工及竹、藤、棕、草制品业		14.0	20.0		10.0	
家具制造业						
文教体育用品制造业	0.9	20.0	582.3		582.3	
橡胶制品业	0.3		25.4	12.8		
塑料制品业		26.0	500.0		250.0	
非金属矿物制品业		30.0	210.0		157.5	

指　　标	资本金	年末资产负债及所有者权益				流动资产年平均余额
	合计	流动资产				
	外商	合计	货币资金	存货	产成品	
总　计	611.1	2 894.2	83.0	1 460.6	641.8	2 251.8
市　区	611.1	2 889.8	82.1	1 457.2	639.4	1 978.1
柳　江		4.4	0.9	3.4	2.4	273.7
在总计中:						
轻 工 业	426.9	1 987.0	68.8	627.2	265.6	1 604.7
以农产品为原料	176.9	936.9	41.3	344.1	104.2	853.1
以非农产品为原料	250.0	1 050.1	27.5	283.1	161.4	751.6
重 工 业	184.2	907.2	14.2	833.4	376.2	647.1
加工工业	184.2	907.2	14.2	833.4	376.2	647.1
在总计中:						
小型企业	611.1	2 894.2	83.0	1 460.6	641.8	2 251.8
在总计中:						
制 造 业	611.1	2 894.2	83.0	1 460.6	641.8	2 251.8
纺 织 业	75.2	463.4	25.7	60.9	16.1	469.2
服装及其他纤维制品制造业	91.7	113.0	0.5	54.1	15.7	95.9
木材加工及竹、藤、棕、草制品业	10.0	134.6	3.7	106.1	70.0	125.0
家具制造业		225.9	11.4	123.0	2.4	163.0
文教体育用品制造业		448.7	21.3	202.7	114.1	
橡胶制品业	12.6	35.7	0.8	20.0	6.3	24.7
塑料制品业	250.0	597.0	5.3	77.0	44.9	477.9
非金属矿物制品业	52.5	110.6	4.2	61.7	47.7	59.8

4—6 续表 2　　(1993 年)　　单位:万元

指标	年末资产负债及所有者权益					年末资产负债及所有者权益
	长期投资合计	固定资产合计	固定资产原价合计	生产经营用	本年折旧	固定资产净值合计
总　　计	252.0	1 719.1	1 948.2	1 692.2	88.1	1 696.9
市　　区	20.0	1 707.2	1 933.4	1 683.5	85.2	1 685.0
柳　　江	232.0	11.9	14.8	8.7	2.9	11.9
在总计中:						
轻工业	252.0	1 178.8	1 400.4	1 252.4	58.3	1 185.5
以农产品为原料	20.0	189.3	352.9	332.3	30.6	222.6
以非农产品为原料	232.0	989.5	1 047.5	920.1	27.7	962.9
重工业		540.3	547.8	439.8	29.8	511.4
加工工业		540.3	547.8	439.8	29.8	511.4
在总计中:						
小型企业	252.0	1 719.1	1 948.2	1 692.2	88.1	1 696.9
在总计中:						
制造业	252.0	1 719.1	1 948.2	1 692.2	88.1	1 696.9
纺织业			160.9	143.0	22.6	54.9
服装及其他纤维制品制造业		181.8	181.8	181.8	6.4	159.8
木材加工及竹、藤、棕、草制品业	20.0	7.5	7.5	7.5	1.6	5.2
家具制造业			2.7			2.7
文教体育用品制造业		601.0	576.7	455.4	2.1	574.4
橡胶制品业		20.6	20.6	0.6		20.6
塑料制品业		376.6	456.0	456.0	22.7	376.6
非金属矿物制品业		243.2	250.7	250.7	7.5	243.2

指标	年末资产负债及所有者权益					
	固定资产净值年平均余额	流动负债合计	流动负债年平均余额	营运资金年平均余额	长期负债合计	所有者权益合计
总　　计	1 397.0	2 193.5	1 191.4	1 060.4	50.0	1 115.9
市　　区	1 384.3	2 193.5	1 191.4	786.7	50.0	1 115.9
柳　　江	12.7			273.7		
在总计中:						
轻工业	887.5	1 656.3	679.4	925.3	50.0	1 115.9
以农产品为原料	224.0	739.4	366.8	486.3	50.0	517.0
以非农产品为原料	663.5	916.9	312.6	439.0		598.9
重工业	509.5	537.2	512.0	135.1		
加工工业	509.5	537.2	512.0	135.1		
在总计中:						
小型企业	1 397.0	2 193.5	1 191.4	1 060.4	50.0	1 115.9
在总计中:						
制造业	1 397.0	2 193.5	1 191.4	1 060.4	50.0	1 115.9
纺织业	55.9	252.4	25.6	443.6		265.9
服装及其他纤维制品制造业	163.0	63.2	63.2	32.7	30.0	251.1
木材加工及竹、藤、棕、草制品业	5.1	125.8	115.0	10.0	20.0	
家具制造业		298.0	163.0			
文教体育用品制造业	260.7	485.4				598.9
橡胶制品业	17.7	55.4	50.2	-25.5		
塑料制品业	390.1	431.5	312.6	165.3		
非金属矿物制品业	243.2	82.0	53.1	6.7		

4—6　续表 3　　(1993 年)　　单位:万元

指　　标	损益及分配					
	产品销售收入	产品销售成本	产品销售费用	产品销售税金及附加	产品销售利润	管理费用
总　计	3 260.1	2 945.3	100.5	66.6	147.6	125.1
市　区	2 934.6	2 613.0	100.5	66.6	154.5	120.1
柳　江	325.5	332.3			-6.9	5.0
在总计中:						
轻工业	2 135.8	2 046.9	75.3	25.0	-11.5	72.6
以农产品为原料	1 150.5	1 140.6	62.5	14.6	-67.2	59.4
以非农产品为原料	985.3	906.3	12.8	10.4	55.7	13.2
重工业	1 124.3	898.4	25.2	41.6	159.1	52.5
加工工业	1 124.3	898.4	25.2	41.6	159.1	52.5
在总计中:						
小型企业	3 260.1	2 945.3	100.5	66.6	147.6	125.1
在总计中:						
制造业	3 260.1	2 945.3	100.5	66.6	147.6	125.1
纺织业	618.3	601.0	14.6	7.1	-4.4	2.7
服装及其他纤维制品制造业	133.6	99.9	5.5	7.2	21.0	20.1
木材加工及竹、藤、棕、草制品业	169.1	149.6	15.0	0.3	4.2	5.4
家具制造业	229.5	290.1	27.4		-88.0	31.2
文教体育用品制造业	293.0	267.0	4.7	6.8	14.5	4.9
橡胶制品业	44.0	30.8	3.9	2.3	7.0	8.8
塑料制品业	366.8	307.0	8.1	3.6	48.1	3.3
非金属矿物制品业	54.3	37.8		2.8	13.7	1.2

指　　标	损益及分配					
	财务费用	利息支出	营业利润	利润总额	亏损企业亏损总额	利税总额
总　计	-45.2	9.3	93.7	95.2	66.3	161.8
市　区	-58.7	-4.2	119.1	120.6	40.9	187.2
柳　江	13.5	13.5	-25.4	-25.4	25.4	-25.4
在总计中:						
轻工业	-84.9	-8.9	1.1	2.6	59.3	27.6
以农产品为原料	-103.2	-27.0	-23.2	-21.0	33.9	-6.4
以非农产品为原料	18.3	18.1	24.3	23.6	25.4	34.0
重工业	39.7	18.2	92.6	92.6	7.0	134.2
加工工业	39.7	18.2	92.6	92.6	7.0	134.2
在总计中:						
小型企业	-45.2	9.3	93.7	95.2	66.3	161.8
在总计中:						
制造业	-45.2	9.3	93.7	95.2	66.3	161.8
纺织业	-10.2	39.9	3.3	5.5		12.6
服装及其他纤维制品制造业	0.6	0.5	0.3	0.3		7.5
木材加工及竹、藤、棕、草制品业	-8.3	17.9	7.1	7.1		7.4
家具制造业	-85.3	-85.3	-33.9	-33.9	33.9	-33.9
文教体育用品制造业	2.9	2.7	6.7	6.2		13.0
橡胶制品业	5.0	5.0	-6.8	-6.8	6.8	-4.5
塑料制品业	1.9	1.9	43.0	42.8		46.4
非金属矿物制品业	12.7	12.7	-0.2	-0.2	0.2	2.6

4—7 市区独立核算工业企业主要经济指标

(1993 年)　　　　单位:万元

指　　标	企业单位数(个)	亏损企业	工业总产值(当年价)	工业总产值(1990年不变价)	工业增加值(生产法)	成品产销存年初库存价值
总　计	760	115	1 665 657.5	1 285 017.3	411 993.8	85 067.3
在总计中:						
国有经济	167	30	1 250 696.8	940 857.5	306 236.0	57 307.6
中央企业	16		315 273.3	197 299.8	41 193.5	4 651.1
地方企业	151	30	935 423.5	743 557.7	265 042.5	52 656.5
集体经济	556	76	240 660.4	223 772.7	50 778.8	22 637.0
私营经济	15	4	2 053.9	2 160.3	1 204.9	67.2
联营经济	3		23 913.1	18 169.5	1 316.1	1 027.5
股份制经济	7	1	139 728.8	91 648.1	49 050.5	3 202.6
外商投资经济	3	1	801.4	789.3	370.8	163.7
中外合资经营企业	3	1	801.4	789.3	370.8	163.7
港、澳、台投资经济	6	2	4 676.7	4 724.7	2 676.3	604.4
与大陆合资经营企业	4	1	4 146.1	4 198.2	2 598.4	513.6
与大陆合作经营企业	2	1	530.6	526.5	77.9	90.8
其他经济	3	1	3 126.4	2 895.2	360.3	57.3
在总计中:						
乡属工业	243	28	57 508.3	47 125.6	10 670.8	1 200.5
在总计中:						
轻工业	356	77	443 083.7	436 746.2	132 457.5	38 824.4
以农产品为原料	211	53	312 841.1	310 967.5	90 125.9	22 126.4
以非农产品为原料	145	24	130 242.6	125 778.7	42 331.6	16 698.0
重工业	404	38	1 222 573.8	848 271.1	279 536.2	46 242.8
采掘工业	20	4	3 698.8	2 945.0	1 526.8	91.5
原料工业	57	10	382 051.0	240 061.1	93 244.7	10 608.4
加工工业	327	24	836 824.0	605 265.0	184 764.6	35 542.8
在总计中:						
大型企业	29	6	963 002.3	674 033.4	274 220.4	38 138.1
中型企业	71	7	438 816.6	374 038.4	81 712.8	27 401.1
小型企业	660	102	263 838.6	236 945.5	56 060.5	19 528.0
采掘业	18	4	3 143.3	2 524.7	1 335.3	84.8
煤炭采选业	2	1	64.7	63.7	46.6	12.2
煤炭开采业	1		55.7	55.7	30.2	12.2
煤炭洗选业	1	1	9.0	8.0	16.4	
黑色金属矿采选业	3	1	1 236.7	1 026.2	747.9	61.9
其他黑色金属矿采选业	3	1	1 236.7	1 026.2	747.9	61.9
有色金属矿采选业	1	1	156.0	156.0	6.0	9.0
重有色金属矿采选业	1	1	156.0	156.0	6.0	9.0
非金属矿采选业	10	1	1 071.9	1 020.5	359.0	1.7
土沙石开采业	10	1	1 071.9	1 020.5	359.0	1.7
其他矿采选业	2		614.0	258.3	175.8	

4—7 续表 1 (1993 年) 单位:万元

指标	企业单位数(个)	亏损企业	工业总产值(当年价)	工业总产值(1990年不变价)	工业增加值(生产法)	成品产销存 年初库存价值
制造业	737	110	1 648 475.5	1 268 219.0	403 080.1	84 978.4
食品加工业	22	4	43 745.6	29 843.3	4 605.9	1 553.8
粮食及饲料加工业	15	4	32 890.1	23 200.1	2 822.8	438.2
植物油加工业	2		6 216.0	2 438.6	1 966.1	1 030.1
屠宰及肉类蛋类加工业	5		4 639.5	4 204.6	-183.0	85.5
食品制造业	24	8	21 252.1	21 408.6	3 843.1	1 957.3
糕点、糖果制造业	13	2	14 171.4	14 070.9	2 718.9	1 554.7
发酵制品业	1	1	3 970.2	5 201.4	1 054.9	299.4
调味品制造业	3	2	1 048.2	854.8	172.1	21.9
其他食品制造业	7	3	2 062.3	1 281.5	-102.7	81.3
饮料制造业	7	3	11 876.3	8 946.2	2 751.5	440.3
酒精及饮料酒制造业	2	1	6 614.5	4 291.3	1 796.9	380.0
软饮料制造业	3	2	739.8	656.0	-52.1	20.8
制茶业	1		6.3	6.2	6.3	
其他饮料制造业	1		4 515.7	3 992.7	1 000.4	39.5
烟草加工业	1		56 169.0	55 311.0	30 732.5	465.5
卷烟制造业	1		56 169.0	55 311.0	30 732.5	465.5
纺织业	62	19	117 354.7	128 026.0	33 823.1	12 814.4
棉纺织业	21	5	85 877.8	94 363.6	27 158.8	8 144.9
毛纺织业	2		22.6	22.6	11.5	
麻纺织业	1	1	516.0	393.0	-56.5	241.0
丝绢纺织业	3	1	1 715.8	1 945.8	132.6	217.7
针织品业	35	12	29 222.5	31 301.0	6 576.7	4 210.8
服装及其他纤维制品制造业	27	5	6 394.9	7 638.7	2 582.9	1 418.8
服装制造业	22	4	4 385.4	4 627.2	1 831.0	1 129.1
制帽业	1	1	53.4	50.5	15.1	30.5
制鞋业	2		1 445.0	1 771.5	629.0	180.4
其他纤维制品制造业	2		511.1	1 189.5	107.8	78.8
皮革、毛皮、羽绒及其制品业	8	4	4 044.1	4 775.1	1 951.3	939.9
制革业	3	1	150.5	144.0	16.2	19.9
皮革制品制造业	4	2	3 893.6	4 631.1	1 935.1	861.5
羽毛(绒)及制品业	1	1				58.5
木材加工及竹、藤、棕、草制品业	12	1	23 648.8	15 902.4	-613.8	2 267.9
锯材、木片加工业	3		11 799.3	8 524.2	-3 195.0	1 710.1
人造板制造业	3	1	11 351.3	6 880.0	2 516.5	499.0
木制品业	6		498.2	498.2	64.6	58.8
家具制造业	11	2	3 271.0	3 085.2	1 278.0	323.0
木制家具制造业	8	1	2 839.8	2 782.7	1 236.5	305.1
竹、藤家具制造业	1	1	53.4	53.4	10.1	

指标	企业单位数(个)	亏损企业	工业总产值(当年价)	工业总产值(1990年不变价)	工业增加值(生产法)	成品产销存 年初库存价值
金属家具制造业	1		327.8	199.1	-63.8	17.9
其他家具制造业	1		50.0	50.0	95.2	
造纸及纸制品业	26	6	31 999.7	33 919.0	10 434.9	1 943.7
造纸业	10	1	27 654.2	28 482.1	8 770.3	1 509.1
纸制品业	16	5	4 345.5	5 436.9	1 664.6	434.6
印刷业、记录媒介的复制	24	3	6 201.8	5 768.8	1 678.3	254.7
印刷业	24	3	6 201.8	5 768.8	1 678.3	254.7
文教体育用品制造业	2		590.0	590.0	318.3	102.7
体育用品制造业	2		590.0	590.0	318.3	102.7
石油加工及炼焦业	2		46.4	46.4	15.7	5.0
原油加工业	2		46.4	46.4	15.7	5.0
化学原料及化学制品制造业	38	7	87 742.0	70 362.6	28 161.8	3 406.8
基本化学原料制造业	7		12 529.7	11 270.0	1 344.9	557.7
化学肥料制造业	3	2	23 255.9	17 238.6	5 373.7	1 220.1
化学农药制造业	1		50.0	50.0	11.5	
有机化学产品制造业	13	1	7 087.8	7 314.2	1 832.2	438.6
合成材料制造业	1		594.4	613.9	-79.0	54.0
专用化学产品制造业	4	1	6 093.0	4 169.6	1 313.9	87.4
日用化学产品制造业	9	3	38 131.2	29 706.3	18 364.5	1 048.9
医药制造业	6	1	7 236.7	8 272.7	1 181.0	966.1
化学药品制剂制造业	4		5 153.0	5 816.8	1 100.5	701.4
中药材及中成药加工业	1	1	1 283.7	1 655.9	-7.6	264.7
生物制品业	1		800.0	800.0	88.1	
化学纤维制造业	2		6 786.0	8 258.0	-4 183.8	16.5
人造纤维(纤维素纤维)制造业	1		12.0	12.0	1.0	
橡胶制品业	8	2	5 824.9	6 819.9	1 617.5	634.7
橡胶板、管、带制造业	2	1	5 210.0	6 121.6	1 453.7	483.7
橡胶零件制品业	4	1	308.0	326.2	43.0	98.3
橡胶制品翻修业	1		65.0	67.0	29.7	15.6
其他橡胶制品业	1		241.9	305.1	91.1	37.1
塑料制品业	44	5	20 084.9	23 388.7	5 514.8	1 851.7
塑料薄膜制造业	8		3 628.9	3 752.4	1 418.6	648.1
塑料板、管、棒材制造业	1		20.5	20.5	3.7	23.6
塑料丝、绳及编织品制造业	9	1	11 678.0	14 937.8	2 387.3	714.9
泡沫塑料及人造革、合成革制造业	4		1 324.4	1 349.0	286.3	142.0
塑料包装箱及容器制造业	4	1	1 351.5	1 302.5	347.3	217.7
日用塑料杂品制造业	3	1	119.7	125.2	45.1	3.9
塑料零件制造业	5	2	792.5	792.5	400.3	94.9
其他塑料制品业	10		1 169.4	1 108.8	626.2	6.6

4—7 续表3 (1993年) 单位:万元

指标	企业单位数(个)	亏损企业	工业总产值(当年价)	工业总产值(1990年不变价)	工业增加值(生产法)	成品产销存 年初库存价值
非金属矿物制品业	74	7	74 754.8	48 573.1	24 203.6	3 202.0
水泥制造业	2		50 921.1	30 960.3	16 867.4	1 607.6
水泥制品和石棉水泥制品业	6		4 466.5	3 077.6	2 389.9	352.4
砖瓦、石灰和轻质建筑材料制造业	54	5	10 350.7	6 744.3	3 111.2	294.3
玻璃及玻璃制品业	4	1	4 333.0	3 911.8	580.0	334.4
陶瓷制品业	3		1 655.3	1 448.3	766.5	383.2
耐火材料制品业	2		353.6	288.9	68.4	68.4
矿物纤维及其制品业	2		2 522.8	1 963.0	369.3	161.7
其他类未包括的非金属矿物制品业	1	1	151.8	178.9	50.8	
黑色金属冶炼及压延加工业	11	5	185 482.1	80 785.8	61 517.1	938.5
炼钢业	2	1	173 412.1	75 489.6	58 422.3	777.4
钢压延加工业	8	3	11 937.3	5 163.5	3 086.3	136.1
铁合金冶炼业	1	1	132.7	132.7	8.5	25.0
有色金属冶炼及压延加工业	18	2	96 051.0	86 654.2	8 566.3	4 541.6
重有色金属冶炼业	16	1	95 795.9	86 398.8	8 517.0	4 532.7
轻有色金属冶炼业	1	1	185.9	189.8	48.2	
有色金属合金业	1		69.2	65.6	1.1	8.9
金属制品业	47	7	22 866.8	21 402.5	7 384.2	1 717.9
金属结构制造业	9		3 784.0	4 761.8	2 608.5	251.0
铸铁管制造业	2		399.8	282.0	178.9	70.5
集装箱和金属包装物品制造业	2		478.5	477.3	194.8	49.3
金属丝绳及其制品业	4		4 332.7	2 451.2	78.1	136.6
建筑用金属制品业	8	3	2 776.1	2 764.6	981.8	472.7
金属表面处理及热处理业	9	3	3 543.7	3 543.3	660.2	13.3
日用金属制品业	8	1	7 026.6	6 641.9	2 517.6	663.6
其他金属制品业	5		525.4	480.4	164.3	60.9
普通机械制造业	86	4	242 111.0	166 933.8	78 365.8	11 354.1
锅炉及原动机制造业	7	1	52 506.9	40408.1	19 403.6	3 025.7
金属加工机械制造业	8		13 132.8	11 133.7	5 139.5	1 733.8
通用设备制造业	12	1	150 150.7	95 226.1	52 210.0	5 078.7
其他通用零部件制造业	20	1	12 458.1	10 072.9	-1 000.6	990.6
铸锻件制造业	32		12 541.9	8 772.4	2 120.1	446.6
普通机械修理业	2	1	313.7	313.7	46.0	76.7
其他普通机械制造业	5		1 006.9	1 006.9	447.3	2.0
专用设备制造业	33	3	59 695.0	53 416.8	17 668.7	4 480.5
机电工业专用设备制造业	2		981.6	652.6	206.1	3.8
石化及其他工业专用设备制造业	8		13 504.1	12 480.1	4 447.3	2 360.6
轻纺工业专用设备制造业	7	1	9 474.5	10 067.7	3 629.2	825.9
农、林、牧、渔、水利业机械制造业	4		12 446.0	10 128.4	2 910.0	260.6
医疗器械制造业	4	1	279.4	238.8	97.9	36.4

4—7 续表 4 (1993 年) 单位:万元

指 标	企业单位数(个)	亏损企业	工业总产值(当年价)	工业总产值(1990年不变价)	工业增加值(生产法)	成品产销存 年初库存价值
其他专用设备制造业	6	1	19 434.9	16 924.7	5 361.7	993.2
专用机械设备修理业	2		3 574.5	2 924.5	1 016.5	
交通运输设备制造业	53	3	414 048.8	283 196.1	56 646.1	11 104.6
铁路运输设备制造业	3		1 064.5	998.5	569.0	129.2
汽车制造业	33		367 415.0	243 558.1	59 382.5	8 384.2
摩托车制造业	2	2	1 780.8	1 541.8	561.4	2 065.2
自行车制造业	2	1	3 073.3	2 419.2	562.3	526.0
船舶制造业	5		28 387.0	27 368.0	-6 975.1	
交通运输设备修理业	8		12 328.2	7 310.5	2 545.9	
电气机械及器材制造业	54	6	75 016.6	73 028.6	15 070.6	13 721.1
电机制造业	5		17 629.2	16 582.0	2 537.4	2 242.3
输配电及控制设备制造业	23	1	28 079.9	25 570.1	7 097.4	2 880.0
电工器材制造业	7	2	8 168.4	8 443.4	2 478.0	751.0
日用电器制造业	14	2	17 734.3	19 218.3	2 451.9	7 432.1
照明器具制造业	4	1	3 404.8	3 214.8	505.8	415.6
电气机械修理业	1					
电子及通信设备制造业	13	1	9 565.8	9 418.9	3 576.5	1 622.5
通信设备制造业	4		1 894.4	881.5	1 462.8	115.2
电子器件制造业	1		370.6	370.6	151.0	
电子元件制造业	6	1	5 655.2	6 615.2	1 555.4	1 367.4
日用电子器具制造业	1		1 614.0	1 520.0	390.0	139.9
电子设备及通信设备修理业	1		31.6	31.6	17.3	
仪器仪表及文化、办公用机械制造业	12	2	12 573.2	11 274.7	3 751.7	872.2
通用仪器仪表制造业	6		9 923.8	9 002.9	3 409.3	255.1
电子测量仪器制造业	1	1	337.5	373.7	63.4	106.7
计量器具制造业	2	1	815.5	495.4	105.4	87.3
钟表制造业	1		1 393.1	1 301.9	160.0	423.1
其他仪器仪表制造业	2		103.3	100.8	13.6	
其他制造业	10		2 041.5	1 171.9	636.0	59.8
工艺美术品制造业	4		495.0	495.0	448.7	0.2
日用杂品制造业	1		28.0	28.0	15.0	
其他生产、生活用品制造业	5		1 518.5	648.9	172.3	59.6
电力、煤气及水的生产和供应业	5	1	14 038.7	14 273.6	7 578.4	4.1
电力、蒸汽、热水的生产和供应业	2		10 084.2	10 774.8	6 206.5	
电力生产业	1		2 730.7	959.0	1 118.6	
电力供应业	1		7 353.5	9 815.8	5 087.9	
煤气生产和供应业	2	1	434.3	313.3	-375.3	4.1
煤气供应业	2	1	434.3	313.3	-375.3	4.1
自来水的生产和供应业	1		3 520.2	3 185.5	1 747.2	

4—7 续表 5　　(1993年)　　单位:万元

指标	成品产销存			工业总产出	工业中间投入合计	本年应付工资
	生产价值	销售价值	年末库存价值			
总计	1 563 988.2	1 571 381.5	110 572.3	1 613 340.9	1 201 347.1	73 089.9
在总计中:						
国有经济	1 185 436.5	1 197 467.7	72 084.7	1 223 848.9	917 612.9	54 747.5
中央企业	289 658.1	291 100.9	6 858.5	303 504.1	262 310.6	8 177.5
地方企业	895 778.4	906 366.8	65 226.2	920 344.8	655 302.3	46 570.0
集体经济	209 727.6	214 036.5	25 429.3	215 156.5	164 377.7	12 911.9
私营经济	2 042.1	1 980.7	30.7	2 097.7	892.8	91.0
联营经济	23 903.0	24 837.1	93.5	23 903.0	22 586.9	116.4
股份制经济	137 349.2	129 477.2	10 792.5	142 474.0	93 423.5	4 909.7
外商投资经济	801.4	486.4	230.4	804.5	433.7	50.2
中外合资经营企业	801.4	486.4	230.4	804.5	433.7	50.2
港、澳、台投资经济	4 209.7	2 655.5	1 775.5	4 251.8	1 575.5	116.1
与大陆合资经营企业	3 705.5	2 113.3	1 726.8	3 728.8	1 130.4	58.4
与大陆合作经营企业	504.2	542.2	48.7	523.0	445.1	57.7
其他经济	518.6	440.3	135.6	804.4	444.1	147.1
在总计中:						
乡属工业	52 067.9	50 823.1	1 988.4	52 107.1	41 436.3	2 154.0
在总计中:						
轻工业	414 630.4	418 239.3	36 242.5	422 882.5	290 425.0	20 931.7
以农产品为原料	292 167.8	292 390.5	20 994.0	297 813.0	207 687.1	14 446.0
以非农产品为原料	122 462.6	125 848.7	15 248.5	125 069.5	82 737.9	6 485.7
重工业	1 149 357.7	1 153 142.2	74 329.7	1 190 458.3	910 922.1	52 158.2
采掘工业	3 658.6	3 749.7	54.8	3 667.6	2 140.8	219.2
原料工业	356 962.6	363 755.5	18 095.5	368 998.7	275 754.0	16 888.6
加工工业	788 736.4	785 636.9	56 179.3	817 791.9	633 027.3	35 050.4
在总计中:						
大型企业	943 306.3	939 981.3	53 102.8	977 975.4	703 755.0	36 066.1
中型企业	395 849.3	399 765.8	31 795.1	402 854.0	321 141.2	21 697.3
小型企业	224 832.5	231 634.3	25 674.3	232 511.4	176 450.9	15 326.5
采掘业	3 103.1	3 206.7	35.7	3 112.1	1 776.8	170.1
煤炭采选业	64.7	67.0		73.7	27.1	6.0
煤炭开采业	55.7	58.0		55.7	25.5	2.3
煤炭洗选业	9.0	9.0		18.0	1.6	3.7
黑色金属矿采选业	1 198.2	1 288.8	26.7	1 198.2	450.3	52.8
其他黑色金属矿采选业	1 198.2	1 288.8	26.7	1 198.2	450.3	52.8
有色金属矿采选业	156.0	165.0	9.0	156.0	150.0	13.1
重有色金属矿采选业	156.0	165.0	9.0	156.0	150.0	13.1
非金属矿采选业	1 070.2	1 071.9		1 070.2	711.2	76.7
土沙石开采业	1 070.2	1 071.9		1 070.2	711.2	76.7
其他矿采选业	614.0	614.0		614.0	438.2	21.5

4－7　续表6　　　　(1993年)　　　　单位:万元

指　标	成品产销存			工业总产出	工业中间投入合计	本年应付工资
	生产价值	销售价值	年末库存价值			
制　造　业	1 547 064.6	1 553 683.9	110 331.8	1 596 408.3	1 193 328.2	71 957.7
食品加工业	42 564.2	42 860.7	1 303.4	42 579.0	37 973.1	689.7
粮食及饲料加工业	32 647.7	32 750.8	373.4	32 651.6	29 828.8	322.3
植物油加工业	6 216.0	6 677.3	568.8	6 226.9	4 260.8	98.1
屠宰及肉类蛋类加工业	3 700.5	3 432.6	361.2	3 700.5	3 883.5	269.3
食品制造业	19 776.2	20 217.8	1 387.6	19 916.5	16 073.4	1 299.0
糕点、糖果制造业	13 471.0	13 684.1	1 213.1	13 497.5	10 778.6	767.5
发酵制品业	3 760.5	3 985.4	74.5	3 874.3	2 819.4	211.2
调味品制造业	886.9	870.7	39.5	886.9	714.8	128.1
其他食品制造业	1 657.8	1 677.6	60.5	1 657.8	1 760.6	192.2
饮料制造业	11 442.0	10 568.6	798.4	11 467.1	8 715.6	296.0
酒精及饮料酒制造业	6 541.7	6 176.5	541.0	6 549.9	4 753.0	272.1
软饮料制造业	464.0	425.5	59.3	467.2	519.3	23.5
制　茶　业	6.3	6.3		6.3		
其他饮料制造业	4 430.0	3 960.3	198.1	4 443.7	3 443.3	0.4
烟草加工业	56 169.0	54 718.0	445.6	56 169.0	25 436.5	441.7
卷烟制造业	56 169.0	54 718.0	445.6	56 169.0	25 436.5	441.7
纺　织　业	110 132.8	110 572.4	9 795.7	112 502.9	78 679.8	7 796.7
棉纺织业	82 928.5	82 955.5	5 224.8	84 125.7	56 966.9	4 921.7
毛纺织业	22.6	22.6		22.6	11.1	
麻纺织业	407.1	446.7	79.0	443.5	500.0	116.7
丝绢纺织业	1 476.8	1 568.9	125.6	1 498.5	1 365.9	274.8
针织品业	25 297.8	25 578.7	4 366.3	26 412.6	19 835.9	2 483.5
服装及其他纤维制品制造业	4 480.3	7 470.5	3 394.9	5 655.4	3 072.5	451.5
服装制造业	3 957.3	6 217.3	3 137.8	4 020.8	2 189.8	375.5
制　帽　业	46.3	51.9	16.3	46.3	31.2	11.3
制　鞋　业	259.7	962.0	184.3	1 088.0	459.0	23.7
其他纤维制品制造业	217.0	239.3	56.5	500.3	392.5	41.0
皮革、毛皮、羽绒及其制品业	3 987.9	3 701.3	1 155.5	4 354.1	2 402.8	323.4
制　革　业	131.1	132.0	19.0	131.1	114.9	13.4
皮革制品制造业	3 856.8	3 536.8	1 110.5	4 223.0	2 287.9	302.8
羽毛(绒)及制品业		32.5	26.0			7.2
木材加工及竹、藤、棕、草制品业	18 635.5	19 691.4	2 702.6	18 872.8	19 486.7	1 253.3
锯材、木片加工业	6 920.2	7 419.4	1 210.8	7 099.5	10 294.5	296.6
人造板制造业	11 351.3	11 923.4	1 421.2	11 409.0	8 892.5	919.3
木制品业	364.0	348.6	70.6	364.3	299.7	37.4
家具制造业	2 546.3	2 397.6	529.1	2 652.1	1 374.1	387.1
木制家具制造业	2 281.3	2 144.0	499.0	2 300.1	1 063.6	355.4
竹、藤家具制造业	53.4	53.4		53.8	43.7	2.5

指标	成品产销存 生产价值	销售价值	年末库存价值	工业总产出	工业中间投入合计	本年应付工资
金属家具制造业	166.4	176.4	8.7	203.0	266.8	29.2
其他家具制造业	45.2	23.8	21.4	95.2		
造纸及纸制品业	31 219.9	30 298.9	1 678.1	32 016.6	21 581.7	2 088.4
造纸业	26 805.2	25 669.1	1 412.0	27 498.7	18 728.4	1 769.4
纸制品业	4 414.7	4 629.8	266.1	4 517.9	2 853.3	319.0
印刷业、记录媒介的复制	5 002.2	4 787.6	428.5	5 781.9	4 103.6	469.4
印刷业	5 002.2	4 787.6	428.5	5 781.9	4 103.6	469.4
文教体育用品制造业	590.0	293.0	151.5	590.0	271.7	53.5
体育用品制造业	590.0	293.0	151.5	590.0	271.7	53.5
石油加工及炼焦业	46.4	34.1	5.0	46.4	30.7	1.4
原油加工业	46.4	34.1	5.0	46.4	30.7	1.4
化学原料及化学制品制造业	84 054.2	85 778.9	1 997.3	85 528.2	57 366.4	3 777.1
基本化学原料制造业	10 812.1	10 920.3	241.4	10 816.5	9 471.6	334.3
化学肥料制造业	22 230.6	23 142.6	276.7	23 057.3	17 683.6	1 460.5
化学农药制造业	50.0	50.0		50.0	38.5	5.0
有机化学产品制造业	6 523.9	7 106.5	304.1	6 866.5	5 034.3	285.3
合成材料制造业	387.4	388.7	52.7	387.4	466.5	24.0
专用化学产品制造业	6 048.2	6 007.6	116.4	6 049.1	4 735.2	598.0
日用化学产品制造业	38 001.8	38 163.1	1 005.8	38 301.2	19 936.7	1 070.0
医药制造业	7 031.2	6 768.4	1 228.9	7 221.4	6 040.4	391.8
化学药品制剂制造业	4 947.5	4 782.9	866.0	5 149.0	4 048.5	266.0
中药材及中成药加工业	1 283.7	1 185.5	362.9	1 272.4	1 280.0	103.8
生物制品业	800.0	800.0		800.0	711.9	22.0
化学纤维制造业	847.3	624.2	53.3	915.1	5 098.9	89.3
人造纤维(纤维素纤维)制造业	12.0	12.0		12.0	11.0	0.7
橡胶制品业	5 601.8	5 589.7	566.9	5 604.6	3 987.1	133.5
橡胶板、管、带制造业	5 026.5	4 972.2	424.1	5 026.5	3 572.8	59.4
橡胶零件制品业	267.7	267.1	98.8	270.5	227.5	28.9
橡胶制品翻修业	65.7	75.3	11.8	65.7	36.0	12.3
其他橡胶制品业	241.9	275.1	32.2	241.9	150.8	32.9
塑料制品业	17 205.4	17 772.0	2 539.0	17 511.2	11 996.4	1 226.0
塑料薄膜制造业	3 597.0	3 499.7	771.9	3 611.5	2 192.9	173.0
塑料板、管、棒材制造业	20.5	20.5	23.6	20.5	16.8	6.1
塑料丝、绳及编织品制造业	9 136.7	9 808.0	1 318.2	9 428.0	7 040.7	700.5
泡沫塑料及人造革、合成革制造业	1 235.9	1 288.6	88.3	1 235.9	949.6	104.3
塑料包装箱及容器制造业	1 220.0	1 208.6	223.1	1 220.0	872.7	131.4
日用塑料杂品制造业	119.7	127.3	3.2	119.7	74.6	19.9
塑料零件制造业	792.2	817.2	98.4	792.2	391.9	22.4
其他塑料制品业	1 083.4	1 002.0	12.3	1 083.4	457.2	68.4

4—7 续表 8　　(1993 年)　　单位:万元

指标	成品产销存 生产价值	销售价值	年末库存价值	工业总产出	工业中间投入合计	本年应付工资
非金属矿物制品业	71 099.9	71 616.4	4 376.0	71 259.6	47 056.0	5 623.0
水泥制造业	50 790.8	50 636.4	1 762.0	50 849.0	33 981.6	3 695.4
水泥制品和石棉水泥制品业	4 332.6	3 872.6	896.4	4 357.2	1 967.3	343.4
砖瓦、石灰和轻质建筑材料制造业	7 955.6	7 995.0	643.5	8 004.6	4 893.4	1 114.9
玻璃及玻璃制品业	4 312.3	4 507.7	239.2	4 312.3	3 732.3	264.6
陶瓷制品业	1 641.9	1 807.6	220.1	1 657.9	891.4	112.4
耐火材料制品业	352.7	399.1	55.1	355.8	287.4	51.0
矿物纤维及其制品业	1 584.7	2 343.6	484.7	1 593.5	1 224.2	31.3
其他类未包括的非金属矿物制品业	129.2	54.3	74.9	129.2	78.4	10.0
黑色金属冶炼及压延加工业	185 127.8	185 904.1	6 439.1	193 597.6	132 080.5	6 807.7
炼钢业	173 412.1	175 067.7	5 580.4	181 829.3	123 407.0	6 274.2
钢压延加工业	11 583.0	10 703.7	833.6	11 635.6	8 549.3	524.5
铁合金冶炼业	132.7	132.7	25.1	132.7	124.2	9.0
有色金属冶炼及压延加工业	80 752.7	84 454.2	5 835.7	83 929.6	75 363.3	4 343.1
重有色金属冶炼业	80 501.5	84 194.1	5 835.7	83 678.4	75 161.4	4 333.4
轻有色金属冶炼业	182.0	182.0		182.0	133.8	4.9
有色金属合金业	69.2	78.1		69.2	68.1	4.8
金属制品业	21 141.0	20 621.4	2 781.1	22 338.2	14 954.0	947.3
金属结构制造业	2 684.3	2 682.3	441.5	3 541.0	932.5	112.9
铸铁管制造业	286.5	199.7	179.7	392.5	213.6	60.5
集装箱和金属包装物品制造业	328.8	318.3	25.5	348.0	153.2	38.6
金属丝绳及其制品业	4 094.1	4 249.2	284.1	4 112.4	4 034.3	186.5
建筑用金属制品业	2 772.4	2 451.6	597.6	2 730.3	1 748.5	175.2
金属表面处理及热处理业	3 517.8	3 515.1	62.3	3 609.5	2 949.3	99.3
日用金属制品业	6 976.7	6 717.8	1 136.5	7 124.1	4 606.5	204.5
其他金属制品业	480.4	487.4	53.9	480.4	316.1	69.8
普通机械制造业	231 471.2	222 359.0	24 595.4	239 712.3	161 346.5	13 554.6
锅炉及原动机制造业	50 551.8	51 296.2	5 203.9	51 605.7	32 202.1	3 678.5
金属加工机械制造业	11 963.3	8 023.8	2 399.4	13 583.2	8 443.7	1 804.7
通用设备制造业	148 331.6	142 096.3	15 182.7	152 985.2	100 775.2	6 175.0
其他通用零部件制造业	8 096.5	9 034.8	719.3	8 738.0	9 738.7	1 070.6
铸锻件制造业	11 214.6	10 804.4	1 007.2	11 486.8	9 366.7	766.6
普通机械修理业	307.9	304.2	80.4	307.9	261.9	12.0
其他普通机械制造业	1 005.5	799.3	2.5	1 005.5	558.2	47.2
专用设备制造业	55 034.1	52 642.5	6 622.7	56 423.4	38 754.7	3 174.9
机电工业专用设备制造业	981.6	957.0	28.4	983.1	777.0	89.8
石化及其他工业专用设备制造业	11 395.1	9 599.8	3 898.9	11 774.7	7 327.4	736.2
轻纺工业专用设备制造业	9 474.5	9 349.5	991.3	9 550.9	5 921.7	700.0
农、林、牧、渔、水利业机械制造业	11 069.8	11 173.9	156.5	11 069.8	8 159.8	765.3
医疗器械制造业	252.5	254.5	27.0	252.5	154.6	4.0

指 标	成品产销存 生产价值	销售价值	年末库存价值	工业总产出	工业中间投入合计	本年应付工资
其他专用设备制造业	18 286.1	17 747.3	1 506.6	19 203.9	13 842.2	844.0
专用机械设备修理业	3 574.5	3 560.5	14.0	3 588.5	2 572.0	35.6
交通运输设备制造业	387 861.6	397 536.8	11 454.8	403 191.3	346 545.2	11 561.4
铁路运输设备制造业	935.8	989.6	75.4	952.2	383.2	233.2
汽车制造业	364 295.2	374 294.6	8 419.9	369 687.4	310 304.9	7 193.7
摩托车制造业	1 780.8	1 129.8	2 716.0	1 899.2	1 337.8	7.1
自行车制造业	3 048.0	3 478.1	145.8	2 753.9	2 191.6	177.8
船舶制造业	15 442.5	15 285.4	97.7	15 667.3	22 642.4	1 156.2
交通运输设备修理业	2 359.2	2 359.2		12 231.2	9 685.3	2 793.4
电气机械及器材制造业	70 091.9	71 702.5	14 952.8	72 157.0	57 086.4	3 216.1
电机制造业	16 448.7	16 772.8	3 850.3	16 650.9	14 113.5	323.0
输配电及控制设备制造业	27 009.8	25 639.0	5 045.4	28 344.7	21 247.3	1 041.4
电工器材制造业	7 247.0	6 682.2	1 149.1	7 390.7	4 912.7	571.9
日用电器制造业	16 225.7	19 348.2	4 608.7	16 564.3	14 112.4	770.0
照明器具制造业	3 160.6	3 260.3	299.3	3 206.3	2 700.5	509.8
电气机械修理业						
电子及通信设备制造业	9 347.5	9 425.9	1 641.8	9 583.2	6 006.7	609.1
通信设备制造业	1 953.9	1 726.6	384.3	1 957.0	494.2	116.0
电子器件制造业	370.6	370.6		370.6	219.6	21.7
电子元件制造业	5 586.7	5 826.4	1 127.7	5 714.0	4 158.6	397.9
日用电子器具制造业	1 404.7	1 480.6	129.8	1 510.0	1 120.0	66.9
电子设备及通信设备修理业	31.6	21.7		31.6	14.3	6.6
仪器仪表及文化、办公用机械制造业	11 816.3	11 266.7	1 390.3	12 835.5	9 083.8	817.9
通用仪器仪表制造业	9 883.5	9 111.0	883.2	10 894.3	7 485.0	576.7
电子测量仪器制造业	229.8	197.8	138.7	229.8	166.4	95.5
计量器具制造业	776.9	855.0	122.1	778.9	673.5	14.1
钟表制造业	828.0	1 004.8	246.3	834.4	674.4	121.2
其他仪器仪表制造业	98.1	98.1		98.1	84.5	10.4
其他制造业	1 987.4	2 008.9	80.2	1 995.7	1 359.7	133.8
工艺美术品制造业	495.0	495.5	0.3	499.1	50.4	12.1
日用杂品制造业	28.0	17.9		28.0	13.0	2.2
其他生产、生活用品制造业	1 464.4	1 495.4	79.9	1 468.6	1 296.3	119.5
电力、煤气及水的生产和供应业	13 820.5	14 490.9	204.8	13 820.5	6 242.1	962.1
电力、蒸汽、热水的生产和供应业	10 264.2	10 084.2		10 264.2	4 057.7	293.1
电力生产业	2 910.7	2 730.7		2 910.7	1 792.1	215.7
电力供应业	7 353.5	7 353.5		7 353.5	2 265.6	77.4
煤气生产和供应业	36.1	886.5	204.8	36.1	411.4	143.8
煤气供应业	36.1	886.5	204.8	36.1	411.4	143.8
自来水的生产和供应业	3 520.2	3 520.2		3 520.2	1 773.0	525.2

4—7 续表10 (1993年) 单位:万元

指标	本年应付福利费	全部职工年平均人数(人)	资本金合计	国家	法人	个人
总计	10 779.4	215 019.0	438 107.9	349 459.1	53 126.3	12 459.6
在总计中:						
国有经济	7 939.9	147 250.0	322 229.7	295 277.2	14 145.6	346.1
中央企业	1 088.9	15 890.0	63 501.1	60 175.1	2 901.7	
地方企业	6 851.0	131 360.0	258 728.6	235 102.1	11 243.9	346.1
集体经济	2 124.1	58 066.0	74 092.0	29 637.7	34 182.3	1 318.3
私营经济	8.2	415.0	522.8		36.9	485.9
联营经济	8.6	113.0	2 111.7	13.0	2 053.4	
股份制经济	670.3	7 947.0	36 551.5	24 512.0	1 119.2	10 309.3
外商投资经济	1.2	34.0	627.7	12.8	592.3	
中外合资经营企业	1.2	34.0	627.7	12.8	592.3	
港、澳、台投资经济	5.1	163.0	1 568.5		980.0	
与大陆合资经营企业	5.1	137.0	1 068.5		730.0	
与大陆合作经营企业		26.0	500.0		250.0	
其他经济	22.0	1 031.0	404.0	6.4	16.6	
在总计中:						
乡属工业	136.8	21 139.0	21 730.6	11 791.4	6 711.1	719.6
在总计中:						
轻工业	4 224.2	79 057.0	124 341.2	92 463.7	22 192.5	1 485.0
以农产品为原料	1 918.5	56 311.0	81 256.8	62 028.2	13 351.1	1 110.4
以非农产品为原料	2 305.7	22 746.0	43 084.4	30 435.5	8 841.4	374.6
重工业	6 555.2	135 962.0	313 766.7	256 995.4	30 933.8	10 974.6
采掘工业	26.4	889.0	781.8	209.3	487.2	37.5
原料工业	1 897.6	42 640.0	124 216.1	105 926.8	12 445.4	2 449.7
加工工业	4 631.2	92 433.0	188 768.8	150 859.3	18 001.2	8 487.4
在总计中:						
大型企业	5 892.8	87 941.0	240 510.9	225 049.3	5 380.3	9 523.3
中型企业	2 635.2	61 104.0	104 587.4	75 817.7	16 566.3	1 067.3
小型企业	2 251.4	65 974.0	93 009.6	48 592.1	31 179.7	1 869.0
采掘业	24.1	839.0	668.4	182.1	401.0	37.5
煤炭采选业	4.6	45.0	24.9		24.9	
煤炭开采业	4.6	45.0	4.9		4.9	
煤炭洗选业			20.0		20.0	
黑色金属矿采选业	15.5	253.0	205.1	182.1	23.0	
其他黑色金属矿采选业	15.5	253.0	205.1	182.1	23.0	
有色金属矿采选业		38.0	49.6			25.2
重有色金属矿采选业		38.0	49.6			25.2
非金属矿采选业	4.0	286.0	381.9		349.6	12.3
土沙石开采业	4.0	286.0	381.9		349.6	12.3
其他矿采选业		217.0	6.9		3.5	

指标	本年应付福利费	全部职工年平均人数(人)	资本金合计	国家	法人	个人
制造业	10 623.6	211 961.0	412 829.7	324 730.9	52 674.6	12 409.1
食品加工业	136.5	2 413.0	6 912.2	5 250.0	1 480.1	60.2
粮食及饲料加工业	42.5	1 387.0	4 255.5	2 889.9	1 227.0	60.2
植物油加工业	29.2	286.0	834.6	575.7	240.0	
屠宰及肉类蛋类加工业	64.8	740.0	1 822.1	1 784.4	13.1	
食品制造业	166.3	4 313.0	9 326.2	6 344.4	1 967.1	792.3
糕点、糖果制造业	138.0	2 527.0	4 972.8	4 141.7	624.9	8.0
发酵制品业	13.8	601.0	3 338.5	1 450.0	1 104.2	784.3
调味品制造业	4.9	458.0	278.0	215.1	44.9	
其他食品制造业	9.6	727.0	736.9	537.6	193.1	
饮料制造业	47.6	1 228.0	1 804.5	1 765.6	38.9	
酒精及饮料酒制造业	38.0	825.0	1 415.4	1 387.2	28.2	
软饮料制造业	1.4	91.0	247.4	236.7	10.7	
制茶业		6.0				
其他饮料制造业	8.2	306.0	141.7	141.7		
烟草加工业	-13.7	2 224.0	6 458.7	6 322.0	136.7	
卷烟制造业	-13.7	2 224.0	6 458.7	6 322.0	136.7	
纺织业	1 208.1	31 297.0	30 549.4	24 608.9	4 585.0	207.8
棉纺织业	971.8	19 806.0	20 123.6	16 652.4	2 547.7	
毛纺织业		22.0	6.8			6.8
麻纺织业	-36.7	681.0	678.4	678.4		
丝绢纺织业		1 073.0	183.0	113.0	70.0	
针织品业	273.0	9 715.0	9 557.6	7 165.1	1 967.3	201.0
服装及其他纤维制品制造业	38.7	2 693.0	3 210.2	471.7	636.0	12.0
服装制造业	26.8	2 086.0	2 902.1	285.1	540.3	12.0
制帽业	2.1	84.0	28.3	28.3		
制鞋业	2.5	330.0	183.1	158.3		
其他纤维制品制造业	7.3	193.0	96.7		95.7	
皮革、毛皮、羽绒及其制品业	-110.3	1 821.0	1 901.6	851.4	847.0	8.5
制革业	0.9	59.0	50.1		42.0	8.0
皮革制品制造业	-111.8	1 762.0	1 402.5	851.4	356.0	0.5
羽毛(绒)及制品业	0.6		449.0		449.0	
木材加工及竹、藤、棕、草制品业	113.5	2 213.0	4 706.0	4 531.4	164.6	
锯材、木片加工业	69.4	465.0	2 236.5	2 172.0	64.5	
人造板制造业	42.8	1 574.0	2 379.4	2 359.4	20.0	
木制品业	1.3	174.0	90.1		80.1	
家具制造业	60.5	1 430.0	950.5	217.2	586.8	2.8
木制家具制造业	54.2	1 265.0	858.7	140.7	571.5	2.8
竹、藤家具制造业		25.0	15.3		15.3	

4—7 续表 12　　　　　　　　(1993年)　　　　　　　　单位:万元

指　　标	本年应付福利费	全部职工年平均人数(人)	资本金合计	国　家	法　人	个　人
金属家具制造业	6.3	130.0	76.5	76.5		
其他家具制造业		10.0				
造纸及纸制品业	313.6	6 083.0	15 626.6	12 632.8	2 344.2	39.0
造　纸　业	275.2	4 913.0	14 110.4	12 343.8	1 727.6	39.0
纸制品业	38.4	1 170.0	1 516.2	289.0	616.6	
印刷业、记录媒介的复制	35.5	1 649.0	2 054.4	1 533.0	114.7	41.1
印　刷　业	35.5	1 649.0	2 054.4	1 533.0	114.7	41.1
文教体育用品制造业	2.4	356.0	623.0		582.3	
体育用品制造业	2.4	356.0	623.0		582.3	
石油加工及炼焦业		25.0	12.0			12.0
原油加工业		25.0	12.0			12.0
化学原料及化学制品制造业	1 991.2	10 148.0	26 987.7	22 088.8	1 498.7	189.3
基本化学原料制造业	-58.9	2 264.0	4 462.1	792.6	1 026.6	71.8
化学肥料制造业	230.2	3 505.0	10 637.2	10 637.2		
化学农药制造业	0.6	45.0	35.4		35.4	
有机化学产品制造业	21.6	972.0	1 865.3	1 083.1	136.2	6.2
合成材料制造业	1.1	114.0	95.3		95.3	
专用化学产品制造业	71.0	1 147.0	3 185.7	3 169.4		16.3
日用化学产品制造业	1 725.6	2 101.0	6 706.7	6 406.5	205.2	95.0
医药制造业	5.0	1 250.0	2 455.5	2 209.6	50.0	8.8
化学药品制剂制造业	-10.2	856.0	905.9	710.0		8.8
中药材及中成药加工业	13.1	284.0	1 499.6	1 499.6		
生物制品业	2.1	110.0	50.0		50.0	
化学纤维制造业	56.2	758.0	258.1	2.6	255.5	
人造纤维(纤维素纤维)制造业		7.0	9.0		9.0	
橡胶制品业	-2.7	1 259.0	1 723.8	1 459.7	251.5	
橡胶板、管、带制造业	-8.5	951.0	1 482.0	1 289.8	192.2	
橡胶零件制品业	3.7	157.0	174.9	103.0	59.3	
橡胶制品翻修业	1.5		26.5	26.5		
其他橡胶制品业	0.6	151.0	40.4	40.4		
塑料制品业	159.8	4 213.0	6 375.4	1 446.5	3 374.4	117.2
塑料薄膜制造业	21.7	608.0	1 674.4	1 249.5	347.2	48.0
塑料板、管、棒材制造业		38.0	112.0	84.2	27.8	
塑料丝、绳及编织品制造业	76.5	2 274.0	2 704.6	15.0	1 856.1	7.6
泡沫塑料及人造革、合成革制造业	28.5	396.0	159.5		159.5	
塑料包装箱及容器制造业	21.0	521.0	929.9		679.9	
日用塑料杂品制造业	-0.9	111.0	82.4	13.1	61.0	8.3
塑料零件制造业	3.0	98.0	240.8	43.7	171.7	25.4
其他塑料制品业	10.0	167.0	471.8	41.0	71.2	27.9

4—7 续表 13　　　　(1993 年)　　　　单位:万元

指标	本年应付福利费	全部职工年平均人数(人)	资本金合计	国家	法人	个人
非金属矿物制品业	584.6	10 496.0	16 193.6	12 194.7	3 091.8	218.1
水泥制造业	237.3	4 365.0	9 965.4	9 965.4		
水泥制品和石棉水泥制品业	114.2	446.0	1 065.4	362.6	699.7	
砖瓦、石灰和轻质建筑材料制造业	114.5	3 720.0	3 033.2	1 066.4	1 382.0	218.1
玻璃及玻璃制品业	75.3	899.0	691.8	380.5	309.7	
陶瓷制品业	16.9	637.0	534.5		534.5	
耐火材料制品业	4.1	171.0	410.8	404.9	5.9	
矿物纤维及其制品业	22.3	228.0	282.5	14.9	2.5	
其他类未包括的非金属矿物制品业		30.0	210.0		157.5	
黑色金属冶炼及压延加工业	805.5	22 082.0	58 986.2	58 243.0	690.2	53.0
炼　钢　业	751.2	18 957.0	47 982.0	47 897.0	32.0	53.0
钢压延加工业	54.2	3 097.0	11 001.2	10 343.0	658.2	
铁合金冶炼业	0.1	28.0	3.0	3.0		
有色金属冶炼及压延加工业	681.3	9 112.0	26 135.4	12 703.1	10 527.0	2 306.6
重有色金属冶炼业	680.7	8 997.0	26 053.1	12 703.1	10 444.7	2 306.6
轻有色金属冶炼业	0.1	94.0	73.7		73.7	
有色金属合金业	0.5	21.0	8.6		8.6	
金属制品业	77.6	3 931.0	5 507.5	1 718.2	2 548.4	83.8
金属结构制造业	48.9	367.0	1 963.2	181.2	1 748.7	33.3
铸铁管制造业	6.2	25.0	298.5	0.4		20.3
集装箱和金属包装物品制造业	4.4	115.0	109.4	109.4		
金属丝绳及其制品业	28.3	681.0	642.0	41.9	65.4	
建筑用金属制品业	8.2	609.0	486.8	159.3	315.5	12.0
金属表面处理及热处理业	2.7	275.0	396.5	253.6	117.9	8.1
日用金属制品业	-29.8	1 632.0	1 548.7	965.2	245.7	10.1
其他金属制品业	8.7	227.0	62.4	7.2	55.2	
普通机械制造业	1 869.5	34 097.0	65 795.8	43 503.8	7 348.4	7 634.2
锅炉及原动机制造业	532.1	6 687.0	13 935.3	13 533.7	401.6	
金属加工机械制造业	153.8	3 681.0	9 169.8	5 371.5	3 739.2	6.1
通用设备制造业	605.7	19 646.0	36 125.9	20 676.9	1 158.2	7 505.0
其他通用零部件制造业	491.4	2 180.0	4 232.1	2 720.6	1 358.8	3.1
铸锻件制造业	85.4	1 736.0	2 064.5	1 198.1	438.4	107.0
普通机械修理业	0.7	9.0	50.8		50.8	
其他普通机械制造业	0.4	158.0	217.4	3.0	201.4	13.0
专用设备制造业	300.9	9 323.0	19 759.9	16 449.0	2 657.3	20.0
机电工业专用设备制造业	4.9	53.0	517.2	53.5		
石化及其他工业专用设备制造业	93.6	1 726.0	7 198.0	6 740.3	338.6	
轻纺工业专用设备制造业	101.3	2 441.0	6 063.4	4 830.2	1 213.2	10.0
农、林、牧、渔、水利业机械制造业	49.1	1 764.0	1 749.6	1 719.6	20.0	10.0
医疗器械制造业	0.7	211.0	195.7	146.6	49.1	

4—7 续表 14 (1993年) 单位:万元

指标	本年应付福利费	全部职工年平均人数(人)	资本金合计	国家	法人	个人
其他专用设备制造业	47.4	2 752.0	3 244.6	2 958.8	285.8	
专用机械设备修理业	3.9	376.0	791.4		750.6	
交通运输设备制造业	1 415.9	26 825.0	69 145.3	64 343.8	3 560.1	470.9
铁路运输设备制造业	75.0	729.0	267.2	78.0		
汽车制造业	1 065.1	15 310.0	41 634.5	37 426.2	3 295.7	445.7
摩托车制造业	-55.5	1 683.0	1 946.0	1 925.0		21.0
自行车制造业	-78.0	865.0	717.8	717.8		
船舶制造业	98.0	2 184.0	4 492.9	4 154.9	243.8	4.2
交通运输设备修理业	311.3	6 054.0	20 086.9	20 041.9	20.6	
电气机械及器材制造业	454.2	15 648.0	23 245.0	20 826.6	1 365.4	97.0
电机制造业	20.0	3 304.0	2 096.4	2 086.4	10.0	
输配电及控制设备制造业	111.8	5 769.0	8 049.9	7 604.6	237.6	41.6
电工器材制造业	198.9	2 097.0	4 130.4	3 374.9	66.8	
日用电器制造业	69.9	2 720.0	7 761.6	6 903.6	768.4	55.4
照明器具制造业	53.6	1 758.0	1 206.7	857.1	282.6	
电气机械修理业						
电子及通信设备制造业	107.7	2 215.0	3 394.1	1 296.1	1 108.9	
通信设备制造业	29.6	250.0	381.2	291.3	89.9	
电子器件制造业		63.0	50.0		50.0	
电子元件制造业	52.8	1 438.0	2 452.0	1 004.8	959.0	
日用电子器具制造业	25.3	446.0	500.9			
电子设备及通信设备修理业		18.0	10.0		10.0	
仪器仪表及文化、办公用机械制造业	102.5	2 692.0	2 396.1	1 552.0	728.1	
通用仪器仪表制造业	44.7	1 388.0	1 350.5	646.7	587.8	
电子测量仪器制造业	-2.1	390.0	250.4	250.4		
计量器具制造业	9.9	307.0	127.4		127.4	
钟表制造业	48.8	560.0	650.2	650.2		
其他仪器仪表制造业	1.2	47.0	17.6	4.7	12.9	
其他制造业	15.7	167.0	335.0	165.0	135.5	34.5
工艺美术品制造业	0.7	18.0	45.1		10.6	34.5
日用杂品制造业	0.3	8.0	10.0	5.0	5.0	
其他生产、生活用品制造业	14.7	141.0	279.9	160.0	119.9	
电力、煤气及水的生产和供应业	131.7	2 219.0	24 609.8	24 546.1	50.7	13.0
电力、蒸汽、热水的生产和供应业	73.8	1 155.0	14 093.0	14 093.0		
电力生产业	46.6					
电力供应业	27.2	1 155.0	14 093.0	14 093.0		
煤气生产和供应业	19.5	349.0	5 124.6	5 060.9	50.7	13.0
煤气供应业	19.5	349.0	5 124.6	5 060.9	50.7	13.0
自来水的生产和供应业	38.4	715.0	5 392.2	5 392.2		

指标	资本金合计	年末资产负债及所有者权益				流动资产年平均余额
	外商	流动资产合计	货币资金	存货	产成品	
总　　计	3 063.3	1 009 010.8	81 806.8	478 980.2	105 803.7	815 626.2
在总计中:						
国有经济	2 273.6	726 351.9	60 976.4	368 637.6	72 925.3	611 777.6
中央企业		113 007.7	12 540.2	76 925.3	6 966.2	95 565.0
地方企业	2 273.6	613 344.2	48 436.2	291 712.3	65 959.1	516 212.6
集体经济	178.6	185 200.6	15 221.0	69 308.1	21 111.1	120 707.9
私营经济		1 149.4	123.1	303.4	55.8	642.3
联营经济		3 469.4	451.4	2 080.9	83.0	3 986.4
股份制经济		89 048.6	4 843.1	36 705.7	10 759.5	75 721.8
外商投资经济	22.6	619.0	25.8	328.8	190.4	149.7
中外合资经营企业	22.6	619.0	25.8	328.8	190.4	149.7
港、澳、台投资经济	588.5	2 270.8	56.3	1 128.4	449.0	1 828.4
与大陆合资经营企业	338.5	1 447.9	39.6	928.4	401.7	1 187.5
与大陆合作经营企业	250.0	822.9	16.7	200.0	47.3	640.9
其他经济		901.1	109.7	487.3	229.6	812.1
在总计中:						
乡属工业		49 460.6	4 661.1	8 445.9	1 755.0	16 262.3
在总计中:						
轻　工　业	2 160.9	281 179.5	20 288.8	117 927.7	30 356.7	244 636.4
以农产品为原料	1 130.0	184 697.9	12 960.8	73 293.6	17 285.0	164 573.8
以非农产品为原料	1 030.9	96 481.6	7 328.0	44 634.1	13 071.7	80 062.6
重　工　业	902.4	727 831.3	61 518.0	361 052.5	75 447.0	570 989.8
采掘工业		1 483.5	304.5	301.7	243.6	1 244.6
原料工业		266 917.3	28 686.5	109 257.6	22 707.1	188 512.4
加工工业	902.4	459 430.5	32 527.0	251 493.2	52 496.3	381 232.8
在总计中:						
大型企业		547 331.4	39 032.2	281 332.0	50 260.0	436 194.4
中型企业	1 849.9	277 699.5	26 670.7	129 429.3	35 961.9	251 986.1
小型企业	1 213.4	183 979.9	16 103.9	68 218.9	19 581.8	127 445.7
采　掘　业		1 312.5	137.1	296.3	239.4	1 135.3
煤炭采选业		28.8	22.1	6.7	6.7	54.4
煤炭开采业		8.8	2.1	6.7	6.7	35.4
煤炭洗选业		20.0	20.0			19.0
黑色金属矿采选业		919.2	46.6	253.4	218.0	705.2
其他黑色金属矿采选业		919.2	46.6	253.4	218.0	705.2
有色金属矿采选业		71.2	4.0	4.1		72.9
重有色金属矿采选业		71.2	4.0	4.1		72.9
非金属矿采选业		241.3	62.4	32.1	14.7	255.8
土沙石开采业		241.3	62.4	32.1	14.7	255.8
其他矿采选业		52.0	2.0			47.0

指标	资本金合计：外商	年末资产负债及所有者权益：流动资产合计	货币资金	存货	产成品	流动资产年平均余额
制造业	3 063.3	990 835.6	77 210.2	477 398.0	105 564.3	799 680.1
食品加工业		14 281.4	1 319.8	5 799.9	1 266.6	14 226.5
粮食及饲料加工业		9 140.5	904.5	3 429.9	300.3	9 275.8
植物油加工业		2 020.7	155.9	1 169.1	600.7	2 151.8
屠宰及肉类蛋类加工业		3 120.2	259.4	1 200.9	365.6	2 798.9
食品制造业	198.2	11 974.8	904.4	8 095.6	1 085.9	11 429.5
糕点、糖果制造业	198.2	8 182.7	614.0	6 051.8	932.2	7 432.8
发酵制品业		1 943.4	140.6	1 269.4	69.4	2 227.9
调味品制造业		564.1	44.9	179.6	13.6	492.4
其他食品制造业		1 284.6	104.9	594.8	70.7	1 276.4
饮料制造业		3 354.1	377.4	1 446.4	246.9	3 233.9
酒精及饮料酒制造业		2 033.9	254.1	969.6	35.1	2 051.1
软饮料制造业		316.1	35.3	183.6	31.5	276.9
制茶业						
其他饮料制造业		1 004.1	88.0	293.2	180.3	905.9
烟草加工业		19 051.5	2 242.7	10 370.3	312.8	25 988.1
卷烟制造业		19 051.5	2 242.7	10 370.3	312.8	25 988.1
纺织业	830.1	90 068.7	4 265.0	28 238.4	9 780.3	72 758.3
棉纺织业	754.9	65 818.7	2 867.7	16 555.7	5 072.0	50 013.0
毛纺织业		5.5	0.3	2.5		
麻纺织业		692.6	72.0	237.0	78.8	644.5
丝绢纺织业		1 269.7	137.3	489.0	149.9	819.5
针织品业	75.2	22 282.2	1 187.7	10 954.2	4 479.6	21 281.3
服装及其他纤维制品制造业	91.7	4 832.8	280.3	2 099.3	1 033.7	2 357.3
服装制造业	91.7	3 698.8	179.2	1 746.3	888.6	1 699.5
制帽业		57.9	0.6	29.0	16.3	57.2
制鞋业		438.5	13.2	200.9	72.3	408.9
其他纤维制品制造业		637.6	87.3	123.1	56.5	191.7
皮革、毛皮、羽绒及其制品业		4 594.7	260.3	1 905.1	536.1	3 427.4
制革业		80.5	7.1	25.5	19.0	75.7
皮革制品制造业		4 425.3	239.7	1 804.2	491.6	3 263.7
羽毛(绒)及制品业		88.9	13.5	75.4	25.5	88.0
木材加工及竹、藤、棕、草制品业	10.0	14 667.6	1 078.9	9 503.8	3 663.4	9 830.8
锯材、木片加工业		8 527.1	224.5	6 466.7	2 428.7	4 598.5
人造板制造业		5 880.7	818.7	2 905.8	1 164.7	4 992.2
木制品业	10.0	259.8	35.7	131.3	70.0	240.1
家具制造业		3 160.4	148.2	1 503.7	521.1	1 858.6
木制家具制造业		2 851.4	139.9	1 409.7	509.6	1 551.6
竹、藤家具制造业		12.5	2.4	10.1	7.5	12.5

指标	资本金合计 外商	年末资产负债及所有者权益 流动资产合计	货币资金	存货	产成品	流动资产年平均余额
金属家具制造业		296.5	5.9	83.9	4.0	294.5
其他家具制造业						
造纸及纸制品业		24 003.0	1 720.0	9 008.5	1 332.2	20 373.9
造　纸　业		20 900.6	1 522.9	8 245.8	1 051.0	17 535.3
纸 制 品 业		3 102.4	197.1	762.7	281.2	2 838.6
印刷业、记录媒介的复制		4 494.0	954.3	1 806.7	691.3	3 628.2
印　刷　业		4 494.0	954.3	1 806.7	691.3	3 628.2
文教体育用品制造业		545.8	36.7	212.1	119.1	160.7
体育用品制造业		545.8	36.7	212.1	119.1	160.7
石油加工及炼焦业		17.0				
原油加工业		17.0				
化学原料及化学制品制造业	602.3	36 693.5	5 215.4	14 145.6	2 728.0	31 738.1
基本化学原料制造业		5 505.2	618.2	2 630.2	633.3	3 333.2
化学肥料制造业		8 345.0	1 651.9	2 843.5	268.6	7 808.6
化学农药制造业		43.3	1.2	9.5		41.0
有机化学产品制造业	602.3	3 165.7	241.0	1 623.5	399.0	3 261.3
合成材料制造业		209.2	14.5	15.5	12.9	21.0
专用化学产品制造业		2 075.3	438.4	812.4	570.1	2 220.9
日用化学产品制造业		17349.8	2 250.2	6 211.0	844.1	15 052.1
医药制造业		6 434.6	191.9	3 484.5	1 438.1	5 781.2
化学药品制剂制造业		4 181.5	143.1	2 499.3	1 264.5	4 036.0
中药材及中成药加工业		1 470.8	31.5	979.2	168.1	1 699.4
生物制品业		782.3	17.3	6.0	5.5	45.8
化学纤维制造业		3 160.6	169.2	2 326.2	662.2	3 605.3
人造纤维(纤维素纤维)制造业		5.0	2.0			4.1
橡胶制品业	12.6	3 362.6	182.4	2 097.4	768.3	3 070.1
橡胶板、管、带制造业		2 956.7	162.4	1 873.9	636.6	2 710.0
橡胶零件制品业	12.6	253.4	11.8	144.7	99.8	235.7
橡胶制品翻修业		21.3	3.0	11.8	0.7	29.4
其他橡胶制品业		131.2	5.2	67.0	31.2	95.0
塑料制品业	428.6	16 316.9	1 204.9	5 883.6	2 794.3	11 554.7
塑料薄膜制造业		2 748.0	153.1	1 246.8	702.7	2 348.5
塑料板、管、棒材制造业		309.2	63.7	245.5	236.7	65.9
塑料丝、绳及编织品制造业	178.6	9 324.2	771.1	2 886.9	1 245.2	5 473.1
泡沫塑料及人造革、合成革制造业		1 019.9	67.9	348.3	88.3	1 097.9
塑料包装箱及容器制造业	250.0	1 923.9	45.4	509.0	331.4	1 487.4
日用塑料杂品制造业		120.7	0.7	89.9	24.2	134.6
塑料零件制造业		579.7	42.2	461.9	141.4	666.2
其他塑料制品业		291.3	60.8	95.3	24.4	281.1

指标	资本金合计 外商	年末资产负债及所有者权益 流动资产合计	货币资金	存货	产成品	流动资产年平均余额
非金属矿物制品业	52.5	41 002.8	9 638.6	17 739.0	3 355.2	33 751.5
水泥制造业		28 515.9	7 537.6	12 084.8	1 443.1	24 778.7
水泥制品和石棉水泥制品业		1 666.7	205.1	1 166.6	511.5	1 425.9
砖瓦、石灰和轻质建筑材料制造业		6 026.3	1 278.7	1 739.5	598.6	3 148.7
玻璃及玻璃制品业		1 758.7	250.8	1 189.6	171.3	2 599.3
陶瓷制品业		1 249.5	74.8	589.4	226.6	1 017.3
耐火材料制品业		181.5	20.8	138.3	55.1	152.4
矿物纤维及其制品业		1 493.6	266.6	769.1	301.3	569.4
其他类未包括的非金属矿物制品业	52.5	110.6	4.2	61.7	47.7	59.8
黑色金属冶炼及压延加工业		131 778.2	8 270.8	59 218.0	9 589.2	78 555.4
炼钢业		100 712.5	7 316.4	56 732.1	9 319.7	74 832.4
钢压延加工业		31 006.8	941.5	2 459.6	249.3	3 663.8
铁合金冶炼业		58.9	12.9	26.3	20.2	59.2
有色金属冶炼及压延加工业		66 097.4	6 919.7	22 628.5	6 503.9	57 656.4
重有色金属冶炼业		66 019.1	6 917.1	22 608.4	6 503.9	57 558.3
轻有色金属冶炼业		72.1	0.9	15.6		96.1
有色金属合金业		6.2	1.7	4.5		2.0
金属制品业		12 479.2	1 069.4	6 706.0	2 260.6	8 584.4
金属结构制造业		1 693.1	244.4	537.7	370.7	1 774.0
铸铁管制造业		348.9	17.7	116.1	63.3	265.4
集装箱和金属包装物品制造业		219.7	35.6	177.1	56.2	267.0
金属丝绳及其制品业		2 305.0	181.0	1 874.3	301.1	1 254.8
建筑用金属制品业		1 955.7	147.0	835.0	552.6	1 869.1
金属表面处理及热处理业		581.7	100.9	163.0	7.7	402.6
日用金属制品业		5 130.6	317.1	2 920.4	856.9	2 639.9
其他金属制品业		244.5	25.7	82.4	52.1	111.6
普通机械制造业	71.0	172 025.9	10 275.9	89 944.8	23 431.1	137 713.4
锅炉及原动机制造业		39 314.8	2 704.0	23 507.8	6 379.5	25 459.4
金属加工机械制造业		14 635.5	273.3	7 248.0	1 142.7	15 975.6
通用设备制造业		105 503.5	6 278.3	52 773.6	14 025.0	84 796.5
其他通用零部件制造业		7 761.7	595.2	4 121.0	658.0	7 658.2
铸锻件制造业	71.0	4 391.6	287.7	2 184.7	1 210.4	3 538.3
普通机械修理业		228.7	2.7	74.4		132.2
其他普通机械制造业		190.1	134.7	35.3	15.5	153.2
专用设备制造业	119.1	42 650.6	2 869.7	19 487.7	6 215.3	36 371.3
机电工业专用设备制造业		411.0	26.5	160.4	82.0	411.0
石化及其他工业专用设备制造业	119.1	14 413.4	209.2	5 929.1	1 945.9	11 490.9
轻纺工业专用设备制造业		6 622.3	720.1	2 727.5	546.3	5 876.1
农、林、牧、渔、水利业机械制造业		7 734.3	144.9	2 830.8	728.9	6 093.9
医疗器械制造业		383.2	15.8	162.1	66.8	366.1

指标	资本金 合计 外商	年末资产负债及所有者权益 流动资产合计	货币资金	存货	产成品	流动资产年平均余额
其他专用设备制造业		11 696.8	1 607.2	6 868.0	2 799.4	11 055.0
专用机械设备修理业		1 389.6	146.0	809.8	46.0	1 078.3
交通运输设备制造业		164 958.4	13 304.3	104 981.9	10 145.4	138 085.5
铁路运输设备制造业		829.8	221.7	243.1	164.9	424.6
汽车制造业		129 158.4	6 476.2	88 034.9	8 585.2	94 644.8
摩托车制造业		7 139.6	132.1	2 759.8	1 238.1	6 370.7
自行车制造业		4 632.2	74.6	1 244.4	80.7	4 873.4
船舶制造业		13 479.1	5 964.7	5 806.8	3.9	23 686.0
交通运输设备修理业		9 719.3	435.0	6 892.9	72.6	8 086.0
电气机械及器材制造业	159.0	78 756.8	3 495.4	40 806.2	12 700.2	66 746.8
电机制造业		15 907.6	279.6	7 730.3	2 411.6	13 180.5
输配电及控制设备制造业		27 918.6	1 621.0	13 949.8	5 067.3	25 466.6
电工器材制造业	159.0	8 902.8	527.3	2 852.5	1 034.1	8 643.1
日用电器制造业		22 900.2	857.7	14 772.5	3 899.5	16 720.8
照明器具制造业		3 127.6	209.8	1 501.1	287.7	2 735.8
电气机械修理业						
电子及通信设备制造业	488.2	10 244.6	350.3	3 324.2	894.0	8 910.9
通信设备制造业		1 288.4	19.9	483.1	164.7	725.4
电子器件制造业		178.6	15.0	24.9		98.2
电子元件制造业	488.2	7 587.0	247.9	2 437.8	628.5	6 907.0
日用电子器具制造业		1 149.0	62.9	351.4	100.8	1 136.8
电子设备及通信设备修理业		41.6	4.6	27.0		43.5
仪器仪表及文化、办公用机械制造业		9 187.4	404.6	4 390.1	1 369.2	7 861.4
通用仪器仪表制造业		6 323.0	255.9	3 155.4	1 024.1	5 534.4
电子测量仪器制造业		1 257.8	43.1	343.0	64.5	815.7
计量器具制造业		608.0	29.1	219.6	33.5	450.3
钟表制造业		940.6	68.3	652.4	247.1	1 033.8
其他仪器仪表制造业		58.0	8.2	19.7		27.2
其他制造业		640.3	59.7	244.5	119.9	420.5
工艺美术品制造业		32.8	6.8	13.7	5.3	15.5
日用杂品制造业		54.9	0.2	54.1	32.5	54.1
其他生产、生活用品制造业		552.6	52.7	176.7	82.1	350.9
电力、煤气及水的生产和供应业		16 862.7	4 459.5	1 285.9		14 810.8
电力、蒸汽、热水的生产和供应业		14 271.3	3 110.2	781.7		11 165.8
电力生产业		1 258.9	132.6	285.8		1 246.5
电力供应业		13 012.4	2 977.6	495.9		9 919.3
煤气生产和供应业		839.4	254.8	438.9		1 813.9
煤气供应业		839.4	254.8	438.9		1 813.9
自来水的生产和供应业		1 752.0	1 094.5	65.3		1 831.1

4—7 续表 20 (1993年) 单位:万元

指标	年末资产负债及所有者权益					年末资产负债及所有者权益
	长期投资合计	固定资产合计	固定资产原价合计	生产经营用	本年折旧	固定资产净值合计
总计	47 607.5	680 565.1	703 132.1	578 179.3	35 299.0	524 076.5
在总计中:						
国有经济	38 998.1	537 973.9	560 272.1	470 603.6	27 972.5	415 767.3
中央企业	3 158.9	74 959.2	88 275.1	73 099.8	3 241.2	66 304.4
地方企业	35 839.2	463 014.7	471 997.0	397 503.8	24 731.3	349 462.9
集体经济	4 903.2	105 804.3	104 716.3	71 419.9	5 504.3	81 644.9
私营经济	3.0	321.4	338.8	335.0	19.5	289.1
联营经济	2.6	2 144.7	2 111.6	967.7	84.5	1 806.1
股份制经济	3 680.6	32 332.2	33 218.6	32 631.8	1 576.8	22 610.8
外商投资经济	20.0	629.1	604.8	463.5	3.7	600.2
中外合资经营企业	20.0	629.1	604.8	463.5	3.7	600.2
港、澳、台投资经济		1 078.1	1 328.6	1 220.0	81.5	1 084.8
与大陆合资经营企业		701.5	869.9	764.0	58.8	705.5
与大陆合作经营企业		376.6	458.7	456.0	22.7	379.3
其他经济		281.4	541.3	537.8	56.2	273.3
在总计中:						
乡属工业	964.9	31 392.0	29 702.8	8 839.2	921.2	25 405.4
在总计中:						
轻工业	21 597.3	202 731.0	202 207.6	157 434.4	8 831.0	153 809.2
以农产品为原料	15 133.1	148 423.0	147 051.1	114 959.6	6 008.6	112 390.4
以非农产品为原料	6 464.2	54 308.0	55 156.5	42 474.8	2 822.4	41 418.8
重工业	26 010.2	477 834.1	500 924.5	420 744.9	26 468.0	370 267.3
采掘工业	6.1	1 077.8	1 031.5	658.1	48.6	837.2
原料工业	9 044.6	251 281.3	261 525.8	225 450.9	13 349.1	196 029.4
加工工业	16 959.5	225 475.0	238 367.2	194 635.9	13 070.3	173 400.7
在总计中:						
大型企业	18 360.4	407 563.5	428 296.1	376 808.5	21 655.8	312 797.5
中型企业	23 525.0	165 845.9	170 596.3	137 236.7	8 732.4	129 321.0
小型企业	5 722.1	107 155.7	104 239.7	64 134.1	4 910.8	81 958.0
采掘业	6.1	979.8	928.4	595.4	39.6	751.7
煤炭采选业		110.0	121.5	110.0	0.8	119.1
煤炭开采业			11.5		0.8	9.1
煤炭洗选业		110.0	110.0	110.0		110.0
黑色金属矿采选业	4.5	395.2	324.2	245.9	15.9	263.6
其他黑色金属矿采选业	4.5	395.2	324.2	245.9	15.9	263.6
有色金属矿采选业		124.4	128.9		4.5	124.4
重有色金属矿采选业		124.4	128.9		4.5	124.4
非金属矿采选业	1.6	198.8	202.4	88.1	9.9	128.2
土沙石开采业	1.6	198.8	202.4	88.1	9.9	128.2
其他矿采选业		151.4	151.4	151.4	8.5	116.4

4—7 续表21　　　　　　　　　　(1993年)　　　　　　　　　　单位:万元

指　　　标	年末资产负债及所有者权益					年末资产负债及所有者权益
	长期投资合　计	固定资产合　计	固定资产原价合计	生产经营用	本年折旧	固定资产净值合计
制　造　业	47 157.5	644 483.4	657 586.9	536 504.4	33 751.7	490 572.8
食品加工业	1 938.4	14 892.3	14 408.2	11 679.1	645.1	11 452.7
粮食及饲料加工业	1 413.9	9 748.5	8 697.7	6 921.5	452.5	7 502.5
植物油加工业	323.5	1 469.9	1 626.9	1 138.8	65.6	1 410.3
屠宰及肉类蛋类加工业	201.0	3 673.9	4 083.6	3 618.8	127.0	2 539.9
食品制造业	2 739.7	11 292.8	11 179.0	9 089.5	436.7	8 070.5
糕点、糖果制造业	599.4	5 968.7	7 090.6	6 196.4	256.9	4 771.7
发酵制品业	2 126.2	3 297.8	1 746.0	1 517.3	77.4	1 505.0
调味品制造业	12.2	814.1	1 046.4	91.1	51.4	814.0
其他食品制造业	1.9	1 212.2	1 296.0	1 284.7	51.0	979.8
饮料制造业	16.1	3 322.5	3 953.7	3 515.8	191.7	2 960.4
酒精及饮料酒制造业	14.6	2 378.4	2 908.7	2 605.9	139.0	2 180.3
软饮料制造业	1.3	249.4	373.7	369.1	20.6	226.0
制　茶　业						
其他饮料制造业	0.2	694.7	671.3	540.8	32.1	554.1
烟草加工业	84.4	13 135.5	14 887.9	9 601.0	326.5	12 158.9
卷烟制造业	84.4	13 135.5	14 887.9	9 601.0	326.5	12 158.9
纺　织　业	8 766.8	57 346.7	60 686.4	45 304.8	2 583.0	46 574.0
棉纺织业	5 951.9	36 738.6	38 727.4	31 410.2	1 552.0	30 355.3
毛纺织业			7.5			6.9
麻纺织业	375.0	1 854.0	1 993.4	1 564.0	34.9	1 854.0
丝绢纺织业		1 085.1	1 085.1	1 062.2	188.9	874.2
针织品业	2 439.9	17 669.0	18 873.0	11 268.4	807.2	13 483.6
服装及其他纤维制品制造业	74.3	1 861.0	1 930.3	1 577.9	101.2	1 340.6
服装制造业	73.8	1 562.0	1 540.5	1 223.5	83.5	1 106.5
制　帽　业	0.5	5.9	18.3	11.1	0.6	4.8
制　鞋　业		239.9	259.6	236.4	11.9	174.2
其他纤维制品制造业		53.2	111.9	106.9	5.2	55.1
皮革、毛皮、羽绒及其制品业	39.2	2 158.6	1 852.1	730.5	88.2	1 317.9
制　革　业	8.0	69.8	56.2	56.2	6.9	44.8
皮革制品制造业	31.2	1 960.0	1 667.4	561.4	81.3	1 157.8
羽毛(绒)及制品业		128.8	128.5	112.9		115.3
木材加工及竹、藤、棕、草制品业	333.3	5 646.4	7 301.6	5 317.3	320.7	5 082.7
锯材、木片加工业	54.0	1 152.0	1 633.3	1 267.4	57.9	1 151.2
人造板制造业	259.3	4 456.1	5 624.0	4 012.4	257.7	3 896.5
木制品业	20.0	38.3	44.3	37.5	5.1	35.0
家具制造业	22.0	1 396.9	1 816.6	1 463.3	84.4	1 252.9
木制家具制造业	21.1	1 254.1	1 620.8	1 280.3	77.8	1 110.3
竹、藤家具制造业		3.1	3.1	2.6	0.2	2.9

4—7　续表 22　　　　(1993 年)　　　　单位:万元

指　　标	年末资产负债及所有者权益					年末资产负债及所有者权益
	长期投资合　计	固定资产合　计	固定资产原价合计	生产经营用	本年折旧	固定资产净值合计
金属家具制造业	0.9	139.7	192.7	180.4	6.4	139.7
其他家具制造业						
造纸及纸制品业	490.8	28 566.1	21 188.1	19 978.4	862.9	14 346.0
造　纸　业	360.6	26 988.4	19 402.8	18 548.1	742.4	13 063.8
纸 制 品 业	130.2	1 577.7	1 785.3	1 430.3	120.5	1 282.2
印刷业、记录媒介的复制	778.4	3 268.9	3 829.8	1 817.3	230.6	3 003.0
印　刷　业	778.4	3 268.9	3 829.8	1 817.3	230.6	3 003.0
文教体育用品制造业		619.6	587.4	465.7	4.0	581.9
体育用品制造业		619.6	587.4	465.7	4.0	581.9
石油加工及炼焦业		9.3	9.5		0.3	9.2
原油加工业		9.3	9.5		0.3	9.2
化学原料及化学制品制造业	5 068.9	41 567.5	45 301.6	36 670.8	2 520.0	33 892.7
基本化学原料制造业	2 461.3	5 059.8	6 839.5	6 008.9	380.7	4 351.8
化学肥料制造业	1 215.1	21 316.2	26 232.3	22 763.5	1 461.1	20 567.5
化学农药制造业		2.6	2.6			2.6
有机化学产品制造业	474.4	1 991.6	2 372.7	1 213.3	77.9	1 884.7
合成材料制造业		135.9	112.8	105.0	3.4	89.4
专用化学产品制造业	42.0	1 191.8	2 071.3	513.3	102.2	1 112.9
日用化学产品制造业	876.1	11 869.6	7 670.4	6 066.8	494.7	5 883.8
医药制造业	47.1	3 131.0	3 214.2	2 535.0	107.2	2 457.4
化学药品制剂制造业	38.3	1 499.5	1 554.6	1 302.4	71.9	1 144.7
中药材及中成药加工业	8.8	1 614.0	1 642.1	1 217.7	35.3	1 295.2
生物制品业		17.5	17.5	14.9		17.5
化学纤维制造业	0.3	7 970.5	7 970.5	7 557.2	345.5	7 026.4
人造纤维(纤维素纤维)制造业		4.1	4.1	4.0	0.4	3.3
橡胶制品业	24.0	2 745.0	2 846.1	2 599.4	123.8	2 004.8
橡胶板、管、带制造业	21.8	2 548.5	2 623.1	2 406.0	116.7	1 857.6
橡胶零件制品业		125.7	118.3	88.7	4.8	96.6
橡胶制品翻修业		34.4	34.4	34.4	2.0	21.1
其他橡胶制品业	2.2	36.4	70.3	70.3	0.3	29.5
塑料制品业	2 116.5	11 470.8	12 080.2	9 236.0	727.5	8 657.3
塑料薄膜制造业	10.0	2 112.7	2 093.3	1 659.0	44.4	1 489.0
塑料板、管、棒材制造业	88.1	131.9	111.9		10.1	101.8
塑料丝、绳及编织品制造业	1 772.0	7 450.2	7 469.4	5 772.2	553.5	5 150.2
泡沫塑料及人造革、合成革制造业	2.0	418.2	498.4	350.4	15.6	390.5
塑料包装箱及容器制造业	7.4	857.4	1 362.6	1 090.1	43.6	1 097.7
日用塑料杂品制造业	0.5	112.1	139.3	91.4	5.3	112.1
塑料零件制造业	236.0	136.2	183.0	108.2	20.0	150.7
其他塑料制品业	0.5	252.1	222.3	164.7	35.0	165.3

指标	年末资产负债及所有者权益					年末资产负债及所有者权益
	长期投资合计	固定资产合计	固定资产原价合计	生产经营用	本年折旧	固定资产净值合计
非金属矿物制品业	1 366.3	77 821.5	79 364.6	73 692.8	2 709.9	68 864.0
水泥制造业	1 243.7	68 486.3	69 629.6	66 780.4	2 074.0	61 154.2
水泥制品和石棉水泥制品业	5.5	1 077.4	1 180.5	1 042.4	149.2	858.8
砖瓦、石灰和轻质建筑材料制造业	45.1	4 783.7	5 214.8	3 792.0	333.2	4 129.4
玻璃及玻璃制品业	63.4	2 288.0	1 926.6	1 058.3	77.9	1 684.5
陶瓷制品业	4.6	598.8	756.1	493.9	47.9	487.3
耐火材料制品业		237.5	256.5	167.7	10.7	201.9
矿物纤维及其制品业	4.0	106.6	149.8	107.4	9.5	104.7
其他类未包括的非金属矿物制品业		243.2	250.7	250.7	7.5	243.2
黑色金属冶炼及压延加工业	2 221.5	91 830.4	88 032.5	62 991.2	6 286.5	55 939.7
炼钢业	2 204.1	71 731.7	71 731.7	61 069.0	6 183.8	41 770.8
钢压延加工业	17.4	20 093.1	16 295.1	1 916.5	102.6	14 163.3
铁合金冶炼业		5.6	5.7	5.7	0.1	5.6
有色金属冶炼及压延加工业	1 342.2	47 635.4	48 751.6	46 568.3	2 982.3	39 243.1
重有色金属冶炼业	1 342.1	47 626.8	48 648.2	46 505.6	2 977.0	39 157.1
轻有色金属冶炼业	0.1		91.2	50.7	1.7	77.4
有色金属合金业		8.6	12.2	12.0	3.6	8.6
金属制品业	723.5	3 817.5	4 498.3	3 626.7	289.7	3 150.9
金属结构制造业	554.6	774.5	903.6	730.4	70.4	661.9
铸铁管制造业	0.4	76.6	132.1	127.1	7.5	76.6
集装箱和金属包装物品制造业		117.8	167.7	101.8	6.2	111.7
金属丝绳及其制品业	20.7	601.4	749.9	748.3	24.7	393.1
建筑用金属制品业	5.4	455.8	518.4	250.2	47.9	435.3
金属表面处理及热处理业	28.6	145.1	201.7	114.2	29.5	106.1
日用金属制品业	104.6	1 582.3	1 724.1	1 478.3	94.3	1 315.5
其他金属制品业	9.2	64.0	100.8	76.4	9.2	50.7
普通机械制造业	1 694.2	70 634.5	71 040.6	60 309.1	3 299.2	50 286.9
锅炉及原动机制造业	533.3	23 589.5	22 530.1	19 097.8	996.7	17 443.6
金属加工机械制造业	29.6	9 778.6	11 321.0	8 056.8	397.4	8 916.1
通用设备制造业	830.7	30 465.4	30 473.5	28 201.3	1 508.2	18 987.9
其他通用零部件制造业	60.1	4 573.0	4 241.4	3 041.8	255.5	3 067.2
铸锻件制造业	240.5	1 792.2	2 021.1	1 533.1	97.8	1 583.3
普通机械修理业		7.3	11.2		1.2	7.8
其他普通机械制造业		428.5	442.3	378.3	42.4	281.0
专用设备制造业	1 991.4	20 043.4	17 594.9	12 347.6	1 130.0	13 208.6
机电工业专用设备制造业	21.3	565.2	638.7	528.8	25.8	485.9
石化及其他工业专用设备制造业	448.9	5 154.0	4 933.8	3 209.0	231.5	3 643.5
轻纺工业专用设备制造业	377.9	4 279.7	4 614.0	3 767.1	201.4	3 604.4
农、林、牧、渔、水利业机械制造业	41.2	2 486.4	2 628.5	1 769.8	389.4	1 669.6
医疗器械制造业	1.1	351.4	112.1	111.7	5.3	70.7

指标	年末资产负债及所有者权益					年末资产负债及所有者权益
	长期投资合计	固定资产合计	固定资产原价合计	生产经营用	本年折旧	固定资产净值合计
其他专用设备制造业	1 090.3	5 216.3	3 798.1	2 927.8	274.3	3 093.1
专用机械设备修理业	10.7	1 990.4	869.7	33.4	2.3	641.4
交通运输设备制造业	7 163.1	83 048.7	88 004.2	74 364.9	5 336.0	64 553.3
铁路运输设备制造业	0.9	225.5	310.6	267.7	27.7	169.5
汽车制造业	5 669.0	52 633.9	54 210.1	48 388.4	4 118.8	37 939.3
摩托车制造业	57.6	4 499.7	5 126.3	5 014.4	197.1	4 342.7
自行车制造业	1.2	2 451.9	1 293.5	883.7	46.0	989.9
船舶制造业	1 282.8	4 580.2	5 697.3	4 645.6	252.4	3 511.9
交通运输设备修理业	151.6	18 657.5	21 366.4	15 165.1	694.0	17 600.0
电气机械及器材制造业	6 776.6	32 072.9	36 196.6	27 211.2	1 548.8	26 685.3
电机制造业	424.3	10 080.1	11 826.4	10 392.9	320.8	9 323.5
输配电及控制设备制造业	2 255.4	9 463.2	9 765.2	6 649.5	635.8	6 854.1
电工器材制造业	2 102.0	3 586.6	3 676.9	1 684.1	248.7	2 888.7
日用电器制造业	1 007.1	7 806.4	9 420.1	7 284.0	272.9	6 564.7
照明器具制造业	987.8	1 136.6	1 508.0	1 200.7	70.6	1 054.3
电气机械修理业						
电子及通信设备制造业	1 224.8	4 672.0	5 493.7	3 909.4	253.5	4 300.2
通信设备制造业	0.7	456.3	420.6	413.8	16.8	346.8
电子器件制造业		14.5	14.5	11.0	1.4	13.1
电子元件制造业	1 142.3	3 820.4	3 929.9	3 274.3	231.8	2 843.9
日用电子器具制造业	81.8	374.1	1 122.0	203.6	3.2	1 090.0
电子设备及通信设备修理业		6.7	6.7	6.7	0.3	6.4
仪器仪表及文化、办公用机械制造业	113.1	2 230.1	3 260.4	2 165.5	203.0	1 882.2
通用仪器仪表制造业	98.1	1 501.9	1 902.9	1 334.9	126.6	1 265.5
电子测量仪器制造业	4.2	304.2	548.9	267.3	19.7	256.9
计量器具制造业	1.7	72.2	175.2		9.6	74.8
钟表制造业	8.8	344.5	625.5	560.4	46.5	277.7
其他仪器仪表制造业	0.3	7.3	7.9	2.9	0.6	7.3
其他制造业	0.6	275.6	306.3	178.7	13.5	269.3
工艺美术品制造业		31.6	31.9	31.9	2.2	27.7
日用杂品制造业		1.5	1.7			1.7
其他生产、生活用品制造业	0.6	242.5	272.7	146.8	11.3	239.9
电力、煤气及水的生产和供应业	443.9	35 101.9	44 616.8	41 079.5	1 507.7	32 752.0
电力、蒸汽、热水的生产和供应业	367.0	24 683.7	32 825.0	30 605.1	1 075.3	22 847.5
电力生产业		1.2	1.2	1.2		1.2
电力供应业	367.0	24 682.5	32 823.8	30 603.9	1 075.3	22 846.3
煤气生产和供应业	2.4	4 930.4	5 270.2	5 121.3	126.8	4 929.8
煤气供应业	2.4	4 930.4	5 270.2	5 121.3	126.8	4 929.8
自来水的生产和供应业	74.5	5 487.8	6 521.6	5 353.1	305.6	4 974.7

4—7 续表25 (1993年) 单位:万元

指标	年末资产负债及所有者权益					
	固定资产净值年平均余额	流动负债合计	流动负债年平均余额	营运资金年平均余额	长期负债合计	所有者权益合计
总计	505 386.4	862 064.6	697 605.9	118 020.3	348 515.3	599 916.9
在总计中:						
国有经济	416 753.0	621 325.0	546 876.4	64 901.2	289 656.0	461 126.3
中央企业	55 760.0	92 543.5	81 149.4	14 415.6	11 048.7	88 105.6
地方企业	360 993.0	528 781.5	465 727.0	50 485.6	278 607.3	373 020.7
集体经济	67 166.5	176 527.7	99 831.5	20 876.4	50 509.0	70 428.8
私营经济	236.2	480.9	185.2	457.1	309.0	620.4
联营经济	1 851.8	3 200.6	4 534.6	-548.2	169.3	1 034.4
股份制经济	17 695.3	57 612.5	44 544.8	31 177.0	7 752.0	65 212.5
外商投资经济	283.5	666.6	165.2	-15.5	20.0	598.9
中外合资经营企业	283.5	666.6	165.2	-15.5	20.0	598.9
港、澳、台投资经济	1 100.8	1 526.9	1 026.2	802.2	30.0	517.0
与大陆合资经营企业	710.7	797.4	550.6	636.9	30.0	517.0
与大陆合作经营企业	390.1	729.5	475.6	165.3		
其他经济	299.3	724.4	442.0	370.1	70.0	378.6
在总计中:						
乡属工业	13 664.7	48 566.4	9 836.0	6 426.3	13 140.9	16 852.3
在总计中:						
轻工业	143 291.7	286 725.3	243 392.5	1 243.9	116 576.0	140 494.8
以农产品为原料	104 428.4	191 773.0	164 734.6	-160.8	93 084.4	98 067.9
以非农产品为原料	38 863.3	94 952.3	78 657.9	1 404.7	23 491.6	42 426.9
重工业	362 094.7	575 339.3	454 213.4	116 776.4	231 939.3	459 422.1
采掘工业	817.9	1 422.2	1 228.0	16.6	408.9	224.2
原料工业	195 774.5	213 527.3	145 702.2	42 810.2	124 684.0	207 949.8
加工工业	165 502.3	360 389.8	307 283.2	73 949.6	106 846.4	251 248.1
在总计中:						
大型企业	321 457.8	452 227.1	376 016.9	60 177.5	183 033.2	390 440.1
中型企业	112 348.7	242 875.5	217 727.8	34 258.3	114 927.6	133 433.8
小型企业	71 579.9	166 962.0	103 861.2	23 584.5	50 554.5	76 043.0
采掘业	759.8	1 418.2	1 215.6	-80.3	408.9	190.4
煤炭采选业	119.1	43.9	41.3	13.1		4.4
煤炭开采业	9.1	43.9	41.3	-5.9		4.4
煤炭洗选业	110.0			19.0		
黑色金属矿采选业	256.5	961.5	830.2	-125.0	394.5	-25.3
其他黑色金属矿采选业	256.5	961.5	830.2	-125.0	394.5	-25.3
有色金属矿采选业	124.4	141.9	109.3	-36.4		54.2
重有色金属矿采选业	124.4	141.9	109.3	-36.4		54.2
非金属矿采选业	123.4	219.4	188.2	67.6	14.4	155.2
土沙石开采业	123.4	219.4	188.2	67.6	14.4	155.2
其他矿采选业	136.4	51.5	46.6	0.4		1.9

4—7 续表 26　　　　(1993年)　　　　单位:万元

指标	年末资产负债及所有者权益					
	固定资产净值年平均余额	流动负债合计	流动负债年平均余额	营运资金年平均余额	长期负债合计	所有者权益合计
制造业	477 941.2	846 759.0	685 767.8	113 912.3	343 213.3	570 348.8
食品加工业	10 396.6	13 471.5	11 793.1	2 433.4	3 496.8	11 794.5
粮食及饲料加工业	6 823.3	8 256.3	8 670.3	605.5	2 504.2	7 501.8
植物油加工业	1 049.3	2 807.7	1 446.7	705.1	3.0	741.7
屠宰及肉类蛋类加工业	2 524.0	2 407.5	1 676.1	1 122.8	989.6	3 551.0
食品制造业	7 341.8	11 465.1	8 613.8	2 815.7	4 568.8	9 679.7
糕点、糖果制造业	4 465.6	7 078.4	7 045.4	387.4	2 323.5	5 466.6
发酵制品业	1 177.1	2 965.9	1 459.3	768.6	1 058.1	3 343.3
调味品制造业	787.9	657.6	23.8	468.6	803.4	164.7
其他食品制造业	911.2	763.2	85.3	1 191.1	383.8	705.1
饮料制造业	2 671.6	2 520.4	2 560.0	673.9	1 282.1	2 936.6
酒精及饮料酒制造业	2 199.2	1 336.4	1 707.5	343.6	1 011.7	2 076.7
软饮料制造业	205.0	233.4	65.7	211.2	120.4	251.4
制茶业						
其他饮料制造业	267.4	950.6	786.8	119.1	150.0	608.5
烟草加工业	9 097.9	28 181.8	28 572.9	-2 584.8	3 649.5	440.0
卷烟制造业	9 097.9	28 181.8	28 572.9	-2 584.8	3 649.5	440.0
纺织业	45 265.7	96 304.3	79 725.6	-6 967.3	41 241.5	23 780.6
棉纺织业	28 784.6	71 548.1	56 698.9	-6 685.9	24 842.0	15 190.4
毛纺织业	6.8	0.8	0.8	-0.8	0.8	
麻纺织业	1 870.2	2 349.0	2 249.0	-1 604.5	3 030.7	17.9
丝绢纺织业	843.2	825.1	781.0	38.5	402.5	780.8
针织品业	13 760.9	21 581.3	19 995.9	1 285.4	12 965.5	7 791.5
服装及其他纤维制品制造业	1 329.6	4 939.4	1 538.4	818.9	775.1	1 569.8
服装制造业	1 095.2	3 905.4	1 143.1	556.4	731.8	1 192.4
制帽业	4.8	16.9	16.1	41.1	43.3	4.2
制鞋业	176.0	496.8	235.8	173.1		197.3
其他纤维制品制造业	53.6	520.3	143.4	48.3		175.9
皮革、毛皮、羽绒及其制品业	1 274.0	3 469.0	3 552.8	-125.4	1 100.8	3 141.4
制革业	67.5	54.9	60.1	15.6	30.0	9.7
皮革制品制造业	1 091.2	3 404.9	3 492.7	-229.0	874.8	2 899.2
羽毛(绒)及制品业	115.3	9.2		88.0	196.0	232.5
木材加工及竹、藤、棕、草制品业	4 723.8	16 092.3	12 354.8	-2 524.0	1 861.0	2 263.3
锯材、木片加工业	1 112.5	6 488.6	3 341.4	1 257.1	666.4	2 249.6
人造板制造业	3 593.9	9 412.3	8 838.4	-3 846.2	1 174.6	-19.4
木制品业	17.4	191.4	175.0	65.1	20.0	33.1
家具制造业	607.9	3 822.3	3 155.6	-1 297.0	452.3	881.3
木制家具制造业	503.2	3 676.2	3 031.8	-1 480.2	184.7	777.1
竹、藤家具制造业	2.9	5.8	2.5	10.0		15.3

指　　标	年末资产负债及所有者权益					
	固定资产净值年平均余额	流动负债合计	流动负债年平均余额	营运资金年平均余额	长期负债合计	所有者权益合计
金属家具制造业	101.8	140.3	121.3	173.2	267.6	88.9
其他家具制造业						
造纸及纸制品业	14 389.2	19 246.6	16 382.0	3 991.9	16 993.7	24 930.0
造　纸　业	13 113.9	16 651.3	14 724.7	2 810.6	16 374.5	23 082.9
纸 制 品 业	1 275.3	2 595.3	1 657.3	1 181.3	619.2	1 847.1
印刷业、记录媒介的复制	3 149.7	3 550.1	3 508.6	119.6	2 548.3	2 016.4
印　刷　业	3 149.7	3 550.1	3 508.6	119.6	2 548.3	2 016.4
文教体育用品制造业	298.1	554.3	67.2	93.5		714.7
体育用品制造业	298.1	554.3	67.2	93.5		714.7
石油加工及炼焦业	9.2	1.8				13.8
原油加工业	9.2	1.8				13.8
化学原料及化学制品制造业	34 795.5	34 901.7	28 458.5	3 279.6	17 931.6	33 895.2
基本化学原料制造业	4 984.7	5 649.9	2 804.1	529.1	5 279.2	5 145.6
化学肥料制造业	21 489.8	10 390.1	10 165.0	-2 356.4	10 652.3	9 844.5
化学农药制造业	2.6	4.6	4.3	36.7		41.4
有机化学产品制造业	1 567.5	3 523.9	2 938.6	322.7	776.6	1 744.9
合成材料制造业	8.0	213.9	200.0	-179.0	26.1	105.1
专用化学产品制造业	1 066.3	595.4	770.4	1 450.5	185.8	2 477.3
日用化学产品制造业	5 676.6	14 523.9	11 576.1	3 476.0	1 011.6	14 536.4
医药制造业	2 480.2	6 285.2	5 397.7	383.5	2 448.4	1 139.4
化学药品制剂制造业	1 159.0	3 584.0	3 475.3	560.7	741.4	1 654.4
中药材及中成药加工业	1 303.7	1 968.3	1 887.5	-188.1	1 707.0	-581.8
生物制品业	17.5	732.9	34.9	10.9		66.8
化学纤维制造业	5 934.1	2 733.0	2 957.5	647.8	13 963.3	17 534.9
人造纤维(纤维素纤维)制造业	3.7	4.1	4.0	0.1		
橡胶制品业	1 775.3	3 024.3	742.4	2 327.7	1 328.1	1 833.2
橡胶板、管、带制造业	1 611.0	2 615.3	452.6	2 257.4	1 328.1	1 584.1
橡胶零件制品业	110.2	281.2	268.9	-33.2		164.0
橡胶制品翻修业	22.2	12.9	20.9	8.5		30.0
其他橡胶制品业	31.9	114.9		95.0		55.1
塑料制品业	8 643.2	16 710.1	8 857.7	2 697.0	6 284.3	7 186.8
塑料薄膜制造业	1 467.9	2 420.9	1 934.3	414.2	1 026.8	1 331.2
塑料板、管、棒材制造业	102.0	60.0		65.9		
塑料丝、绳及编织品制造业	5 187.6	8 132.2	3 878.8	1 594.3	3 005.2	5 266.5
泡沫塑料及人造革、合成革制造业	371.3	638.7	923.2	174.7	1 020.0	28.1
塑料包装箱及容器制造业	1 096.1	1 350.7	1 104.6	382.8	1 116.2	4.6
日用塑料杂品制造业	115.7	272.2	269.4	-134.8	55.9	-88.1
塑料零件制造业	139.7	3 656.9	589.8	76.4	38.0	455.3
其他塑料制品业	162.9	178.5	157.6	123.5	22.2	189.2

指标	年末资产负债及所有者权益					
	固定资产净值年平均余额	流动负债合计	流动负债年平均余额	营运资金年平均余额	长期负债合计	所有者权益合计
非金属矿物制品业	67 266.7	34 372.0	29 876.3	3 875.2	63 186.7	22 362.4
水泥制造业	60 776.8	25 321.4	23 722.3	1 056.4	56 322.8	16 601.7
水泥制品和石棉水泥制品业	969.1	1 135.6	1 161.9	264.0	196.6	1 297.7
砖瓦、石灰和轻质建筑材料制造业	3 000.6	3 465.2	1 788.9	1 359.8	4 013.9	2 520.9
玻璃及玻璃制品业	1 522.2	2 321.6	2 242.5	356.8	2 229.0	565.4
陶瓷制品业	502.4	888.3	885.2	132.1	249.4	667.2
耐火材料制品业	165.0	172.4	22.4	130.0	175.0	92.8
矿物纤维及其制品业	87.4	985.5		569.7		616.7
其他类未包括的非金属矿物制品业	243.2	82.0	53.1	6.7		
黑色金属冶炼及压延加工业	72 259.4	94 637.1	58 722.5	19 832.9	18 657.2	132 102.0
炼钢业	70 035.9	62 395.3	56 977.9	17 854.5	6 902.3	121 300.9
钢压延加工业	2 217.9	32 167.7	1 670.6	1 993.2	11 754.9	10 802.2
铁合金冶炼业	5.6	74.1	74.0	-14.8		-1.1
有色金属冶炼及压延加工业	29 536.7	56 324.3	38 230.7	19 425.7	32 990.2	26 480.5
重有色金属冶炼业	29 446.6	56 274.3	38 185.9	19 372.4	32 892.9	26 438.1
轻有色金属冶炼业	81.2	43.9	43.9	52.2	97.3	33.8
有色金属合金业	8.9	6.1	0.9	1.1		8.6
金属制品业	3 049.7	8 461.7	6 358.9	2 225.5	2 922.0	4 753.2
金属结构制造业	580.5	1 488.8	1 611.3	162.7	924.0	507.4
铸铁管制造业	69.4	123.8	101.8	163.6	87.6	169.5
集装箱和金属包装物品制造业	107.6	173.1	170.2	96.8	30.0	268.3
金属丝绳及其制品业	394.2	1 804.7	482.4	772.4	260.9	960.7
建筑用金属制品业	472.8	1 368.5	1 248.2	620.9	100.5	839.6
金属表面处理及热处理业	93.0	391.8	302.3	100.3	82.4	348.8
日用金属制品业	1 281.5	2 949.5	2 388.3	251.6	1 436.6	1 480.9
其他金属制品业	50.7	161.5	54.4	57.2		178.0
普通机械制造业	45 949.8	121 503.0	102 775.3	34 938.1	28 311.4	98 028.2
锅炉及原动机制造业	15 751.7	29 471.6	21 529.9	3 929.5	15 056.2	16 562.3
金属加工机械制造业	8 867.2	14 680.8	15 662.8	312.8	2 416.1	8 285.8
通用设备制造业	15 765.3	67 875.8	56 107.9	28 688.6	8 088.4	65 692.7
其他通用零部件制造业	3 656.6	5 335.1	6 055.9	1 602.3	2 147.6	5 520.3
铸锻件制造业	1 464.6	3 765.9	3 048.9	489.4	598.9	1 903.3
普通机械修理业	14.0	172.2	186.3	-54.1		63.8
其他普通机械制造业	430.4	201.6	183.6	-30.4	4.2	
专用设备制造业	11 397.0	31 917.9	23 452.0	12 919.3	14 899.7	16 958.8
机电工业专用设备制造业	443.9	540.8	546.8	-135.8		
石化及其他工业专用设备制造业	2 864.4	9 476.3	8 237.2	3 253.7	6 300.5	4 591.6
轻纺工业专用设备制造业	3 658.2	5 923.4	4 885.7	990.4	2 215.3	2 571.3
农、林、牧、渔、水利业机械制造业	1 492.8	5 998.5	4 681.2	1 412.7	1 573.2	2 631.1
医疗器械制造业	72.8	284.9	267.9	98.2	249.6	415.1

4—7 续表 29　　(1993 年)　　单位:万元

指　　标	年末资产负债及所有者权益					
	固定资产净值年平均余额	流动负债合计	流动负债年平均余额	营运资金年平均余额	长期负债合计	所有者权益合计
其他专用设备制造业	2 240.1	8 638.2	4 795.5	6 259.5	4 152.8	5 292.6
专用机械设备修理业	624.8	1 055.8	37.7	1 040.6	408.3	1 457.1
交通运输设备制造业	64 130.0	133 064.2	116 230.7	21 854.8	33 000.8	88 422.1
铁路运输设备制造业	144.0	448.4	372.8	51.8		604.1
汽车制造业	38 263.4	103 319.7	74 505.5	20 139.3	24 034.4	58 852.7
摩托车制造业	4 967.6	6 521.7	6 603.0	-232.3	4 741.8	987.3
自行车制造业	751.8	5 194.1	5 160.6	-287.2	2 689.2	-797.8
船舶制造业	3 177.1	10 670.5	23 530.6	155.4	71.4	8 556.7
交通运输设备修理业	16 826.1	6 909.8	6 058.2	2 027.8	1 464.0	20 219.1
电气机械及器材制造业	24 705.0	82 159.8	68 424.6	-1 677.8	20 618.1	31 358.3
电机制造业	7 919.9	18 395.0	14 515.6	-1 335.1	6 613.0	15 089.4
输配电及控制设备制造业	6 630.3	25 517.7	19 564.2	5 902.4	8 178.4	7 602.2
电工器材制造业	2 702.1	7 843.1	6 912.9	1 730.2	3 510.6	3 114.3
日用电器制造业	6 420.0	27 278.6	24 669.4	-7 948.6	1 145.4	4 566.0
照明器具制造业	1 032.7	3 125.4	2 762.5	-26.7	1 170.7	986.4
电气机械修理业						
电子及通信设备制造业	3 011.4	7 728.8	7 885.1	1 025.8	7 259.8	1 767.3
通信设备制造业	262.0	1 085.3	994.7	-269.3	5.6	505.8
电子器件制造业	13.0	101.0	105.0	-6.8		
电子元件制造业	2 721.7	5 243.9	5 510.3	1 396.7	6 732.0	1 403.7
日用电子器具制造业	8.4	1 261.1	1 242.1	-105.3	522.2	-142.2
电子设备及通信设备修理业	6.3	37.5	33.0	10.5		
仪器仪表及文化、办公用机械制造业	2 268.3	8 863.1	15 167.0	-7 305.6	1 406.4	2 070.1
通用仪器仪表制造业	1 341.1	5 435.1	5 363.5	170.9	1 210.5	1 223.9
电子测量仪器制造业	505.0	2 045.8	8 652.4	-7 836.7	95.7	77.6
计量器具制造业	80.1	646.6	386.6	63.7	40.4	53.7
钟表制造业	334.8	705.7	755.9	277.9	58.8	678.8
其他仪器仪表制造业	7.3	29.9	8.6	18.6	1.0	36.1
其他制造业	183.8	453.9	406.1	14.4	35.4	294.3
工艺美术品制造业	4.2	4.2	3.4	12.1		12.9
日用杂品制造业	1.5			54.1		
其他生产、生活用品制造业	178.1	449.7	402.7	-51.8	35.4	281.4
电力、煤气及水的生产和供应业	26 685.4	13 887.4	10 622.5	4 188.3	4 893.1	29 377.7
电力、蒸汽、热水的生产和供应业	17 690.6	11 894.3	9 753.9	1 411.9	3 761.4	23 690.5
电力生产业	1.2	1 249.1	1 266.5	-20.0	8.4	26.8
电力供应业	17 689.4	10 645.2	8 487.4	1 431.9	3 753.0	23 663.7
煤气生产和供应业	4 494.1	1 513.2	478.0	1 335.9		43.1
煤气供应业	4 494.1	1 513.2	478.0	1 335.9		43.1
自来水的生产和供应业	4 500.7	479.9	390.6	1 440.5	1 131.7	5 644.1

指　　标	损益及分配					
	产品销售收入	产品销售成本	产品销售费用	产品销售税金及附加	产品销售利润	管理费用
总　计	1 665 515.1	1 292 240.5	55 450.3	110 776.4	200 300.2	81 548.4
在总计中:						
国有经济	1 262 785.8	983 794.3	45 554.1	90 662.4	137 239.8	61 501.5
中央企业	320 167.8	282 527.8	1 172.7	8 506.3	25 411.3	9 459.0
地方企业	942 618.0	701 266.5	44 381.4	82 156.1	111 828.5	52 042.5
集体经济	243 140.5	195 564.1	7 801.1	10 875.6	27 709.5	13 112.4
私营经济	1 291.6	1 009.3	43.6	61.1	170.1	59.9
联营经济	24 890.5	23 269.9	413.1	164.9	1 042.5	399.7
股份制经济	129 595.0	85 254.0	1 522.5	8 917.6	33 900.8	6 277.8
外商投资经济	506.1	447.4	23.6	9.4	25.7	19.1
中外合资经营企业	506.1	447.4	23.6	9.4	25.7	19.1
港、澳、台投资经济	2 428.5	2 165.6	76.9	57.2	128.8	101.0
与大陆合资经营企业	1 832.2	1 568.5	41.4	53.6	168.7	66.5
与大陆合作经营企业	596.3	597.1	35.5	3.6	-39.9	34.5
其他经济	877.1	735.9	15.4	28.2	83.0	77.0
在总计中:						
乡属工业	52 592.2	42 633.8	2 330.2	2 065.3	4 619.5	2 211.4
在总计中:						
轻工业	438 650.4	341 397.4	12 341.0	44 588.9	37 377.2	20 385.3
以农产品为原料	310 523.6	247 700.9	5 123.4	32 913.3	22 011.1	12 458.8
以非农产品为原料	128 126.8	93 696.5	7 217.6	11 675.6	15 366.1	7 926.5
重工业	1 226 864.7	950 843.1	43 109.3	66 187.5	162 923.0	61 163.1
采掘工业	3 926.6	3 534.2	137.9	105.5	100.2	157.4
原料工业	377 809.3	268 122.4	21 443.9	37 144.9	51 032.4	17 803.7
加工工业	845 128.8	679 186.5	21 527.5	28 937.1	111 790.4	43 202.0
在总计中:						
大型企业	967 246.8	727 339.8	33 953.3	84 131.4	117 588.2	39 935.3
中型企业	431 082.5	346 184.8	12 595.9	15 273.0	55 741.1	26 381.4
小型企业	267 185.8	218 715.9	8 901.1	11 372.0	26 970.9	15 231.7
采掘业	3 376.1	3 015.4	137.1	99.9	74.9	154.6
煤炭采选业	68.7	59.5		2.2	7.0	2.4
煤炭开采业	58.4	50.0		1.7	6.7	1.9
煤炭洗选业	10.3	9.5		0.5	0.3	0.5
黑色金属矿采选业	1 608.4	1 538.9	36.7	60.0	-27.2	53.1
其他黑色金属矿采选业	1 608.4	1 538.9	36.7	60.0	-27.2	53.1
有色金属矿采选业	175.2	161.3	0.5	0.4	-35.6	26.1
重有色金属矿采选业	175.2	161.3	0.5	0.4	-35.6	26.1
非金属矿采选业	909.8	817.5	14.9	32.9	44.3	41.9
土沙石开采业	909.8	817.5	14.9	32.9	44.3	41.9
其他矿采选业	614.0	438.2	85.0	4.4	86.4	31.1

4—7 续表 31 (1993年) 单位:万元

指标	损益及分配					
	产品销售收入	产品销售成本	产品销售费用	产品销售税金及附加	产品销售利润	管理费用
制造业	1 645 113.6	1 277 642.5	55 145.0	107 068.0	198 559.2	81 069.8
食品加工业	47 829.8	44 382.3	938.1	203.4	2 301.0	1 482.0
粮食及饲料加工业	32 627.6	30 682.9	305.4	104.6	1 530.5	749.4
植物油加工业	6 764.6	6 303.1	137.7	18.5	305.3	242.4
屠宰及肉类蛋类加工业	8 437.6	7 396.3	495.0	80.3	465.2	490.2
食品制造业	22 123.2	19 126.6	796.5	959.4	1 229.7	759.6
糕点、糖果制造业	14 760.6	12 923.3	436.8	463.3	926.6	386.7
发酵制品业	4 063.1	3 349.3	152.1	376.3	185.4	189.3
调味品制造业	1 054.5	835.8	82.0	66.2	70.4	60.2
其他食品制造业	2 245.0	2 018.2	125.6	53.6	47.3	123.4
饮料制造业	12 012.4	8 286.8	785.2	925.6	1 956.5	595.0
酒精及饮料酒制造业	7 237.0	5 159.9	469.9	675.7	931.5	349.4
软饮料制造业	737.1	636.5	14.0	32.9	53.7	40.6
制茶业						
其他饮料制造业	4 038.3	2 490.4	301.3	217.0	971.3	205.0
烟草加工业	54 718.0	26 142.1	235.7	24 399.5	3 256.6	929.8
卷烟制造业	54 718.0	26 142.1	235.7	24 399.5	3 256.6	929.8
纺织业	112 303.7	97 933.8	1 215.4	4 779.6	7 518.3	4 522.9
棉纺织业	82 557.7	72 233.6	762.9	3 544.0	5 404.1	2 991.5
毛纺织业	18.6	18.0		0.3	0.2	0.1
麻纺织业	501.7	505.4	8.3	71.2	-83.2	34.3
丝绢纺织业	1 454.5	1 361.0	29.0	18.0	46.4	97.9
针织品业	27 771.2	23 815.8	415.2	1 146.1	2 150.8	1 399.1
服装及其他纤维制品制造业	7 975.1	7 157.8	157.7	269.0	383.2	341.0
服装制造业	6 362.5	5 883.7	84.5	184.4	207.9	243.9
制帽业	51.9	58.1	4.8	2.2	-13.2	3.7
制鞋业	1 001.3	780.3	51.1	53.3	111.2	65.1
其他纤维制品制造业	559.4	435.7	17.3	29.1	77.3	28.3
皮革、毛皮、羽绒及其制品业	3 566.9	3 271.5	86.4	140.6	66.7	195.1
制革业	169.4	135.9	15.5	9.1	7.5	5.2
皮革制品制造业	3 365.1	3 100.8	66.4	130.9	66.7	184.1
羽毛(绒)及制品业	32.4	34.8	4.5	0.6	-7.5	5.8
木材加工及竹、藤、棕、草制品业	22 146.7	19 780.4	243.7	428.8	1 688.9	778.6
锯材、木片加工业	9 722.3	8 754.7	68.3	213.1	684.2	395.6
人造板制造业	11 929.8	10 623.1	131.9	202.3	969.9	370.6
木制品业	494.6	402.6	43.5	13.4	34.8	12.4
家具制造业	3 084.1	2 639.4	125.2	120.8	198.3	259.5
木制家具制造业	2 806.5	2 427.4	113.9	111.9	152.9	220.3
竹、藤家具制造业	45.9	43.7	5.1	1.2	-4.1	1.6

4—7 续表 32　　　　　　　　　（1993 年）　　　　　　　　　单位:万元

指标	损益及分配					
	产品销售收入	产品销售成本	产品销售费用	产品销售税金及附加	产品销售利润	管理费用
金属家具制造业	231.7	168.3	6.2	7.7	49.5	37.6
其他家具制造业						
造纸及纸制品业	30 208.4	25 370.8	561.6	631.6	2 638.4	1 601.2
造纸业	25 867.0	21 863.9	166.5	478.1	2 358.7	1 419.4
纸制品业	4 341.4	3 506.9	395.1	153.5	279.7	181.8
印刷业、记录媒介的复制	5 679.0	4 713.8	86.8	167.3	703.5	466.6
印刷业	5 679.0	4 713.8	86.8	167.3	703.5	466.6
文教体育用品制造业	548.1	477.0	11.8	19.7	39.6	19.2
体育用品制造业	548.1	477.0	11.8	19.7	39.6	19.2
石油加工及炼焦业	34.1	30.7		1.5	1.9	
原油加工业	34.1	30.7		1.5	1.9	
化学原料及化学制品制造业	86 395.8	60 672.6	5 066.4	11 226.5	9 429.6	4 929.7
基本化学原料制造业	11 457.8	9 153.1	154.0	1 269.8	880.9	675.6
化学肥料制造业	24 208.3	20 703.2	211.1	2 091.1	1 202.8	1 522.2
化学农药制造业	49.2	38.5		1.5	9.2	0.1
有机化学产品制造业	7 216.5	5 677.2	141.7	791.4	605.9	354.5
合成材料制造业	475.2	372.1	2.2	2.2	98.7	70.0
专用化学产品制造业	5 504.0	3 836.0	438.1	593.7	636.1	430.9
日用化学产品制造业	37 484.8	20 892.5	4 119.3	6 476.8	5 996.0	1 876.4
医药制造业	6 678.9	5 358.1	149.3	323.7	713.6	1093.1
化学药品制剂制造业	4 793.9	3 754.7	134.5	233.9	670.8	390.8
中药材及中成药加工业	1 090.4	933.5	14.8	46.5	-38.6	642.8
生物制品业	794.6	669.9		43.3	81.4	59.5
化学纤维制造业	6 727.5	5 151.9	283.5	171.8	1 120.3	413.8
人造纤维(纤维素纤维)制造业	12.0	11.0	0.2	0.1	0.7	0.2
橡胶制品业	5 643.9	4 458.5	121.0	592.5	471.2	254.8
橡胶板、管、带制造业	5 004.0	3 943.1	94.3	553.3	413.2	212.1
橡胶零件制品业	267.6	207.1	21.5	18.9	20.1	17.1
橡胶制品翻修业	75.3	59.4	1.7	4.1	10.1	6.0
其他橡胶制品业	297.0	248.9	3.5	16.2	27.8	19.6
塑料制品业	17 212.3	14 709.2	470.6	603.6	1 391.6	1 025.3
塑料薄膜制造业	2 669.4	2 287.6	64.0	107.3	210.5	137.4
塑料板、管、棒材制造业	18.8	16.8	0.4	0.5	1.1	
塑料丝、绳及编织品制造业	10 378.8	8 891.9	219.2	339.8	927.5	686.6
泡沫塑料及人造革、合成革制造业	1 431.3	1 199.3	66.4	65.1	92.1	62.2
塑料包装箱及容器制造业	1 128.0	1 005.7	59.6	35.4	27.2	79.2
日用塑料杂品制造业	113.0	113.9	2.9	4.4	-9.0	7.0
塑料零件制造业	550.9	417.3	51.3	14.9	40.2	24.6
其他塑料制品业	922.1	776.7	6.8	36.2	102.0	28.3

指标	损益及分配					
	产品销售收入	产品销售成本	产品销售费用	产品销售税金及附加	产品销售利润	管理费用
非金属矿物制品业	76 982.0	40 449.6	12 406.5	5 965.8	18 038.5	5 739.0
水泥制造业	54 311.0	23 306.2	11 436.5	4 659.6	14 908.7	4 273.9
水泥制品和石棉水泥制品业	4 030.9	3 362.6	59.1	112.8	473.8	143.8
砖瓦、石灰和轻质建筑材料制造业	9 015.8	6 033.6	566.3	611.9	1 706.0	777.4
玻璃及玻璃制品业	4 438.8	3 733.1	45.0	364.8	294.9	105.3
陶瓷制品业	1 808.8	1 245.4	201.0	81.7	280.7	170.2
耐火材料制品业	488.3	390.7	10.6	37.6	49.4	27.8
矿物纤维及其制品业	2 834.1	2 340.2	88.0	94.6	311.3	239.4
其他类未包括的非金属矿物制品业	54.3	37.8		2.8	13.7	1.2
黑色金属冶炼及压延加工业	183 043.4	133 458.5	7 495.9	22 734.0	19 355.0	7 853.8
炼钢业	171 699.4	123 681.1	7 257.6	22 246.4	18 514.3	7 302.7
钢压延加工业	11 210.3	9 644.2	238.0	483.6	844.5	550.9
铁合金冶炼业	133.7	133.2	0.3	4.0	-3.8	0.2
有色金属冶炼及压延加工业	91 594.6	72 909.7	1 670.9	4 353.3	12 597.3	3 698.5
重有色金属冶炼业	91 330.7	72 741.8	1 666.7	4 346.3	12 572.5	3 667.5
轻有色金属冶炼业	182.4	150.6	1.8	5.8	24.2	31.0
有色金属合金业	81.5	17.3	2.4	1.2	0.6	
金属制品业	20 905.2	17 421.5	706.8	879.7	1 884.7	1 042.3
金属结构制造业	1 838.5	1 387.9	26.8	100.4	323.3	147.3
铸铁管制造业	298.1	287.9	0.7	9.8	-0.3	2.9
集装箱和金属包装物品制造业	458.7	379.3	9.8	17.4	52.1	11.6
金属丝绳及其制品业	4 403.9	3 918.2	159.4	115.1	211.2	148.4
建筑用金属制品业	2 649.8	2 044.1	234.6	134.7	226.5	65.9
金属表面处理及热处理业	3 344.1	2 976.7	113.7	50.6	201.2	65.4
日用金属制品业	7 304.2	5 932.7	144.3	418.6	808.3	567.5
其他金属制品业	607.9	494.7	17.5	33.1	62.4	33.3
普通机械制造业	234 790.6	161 261.3	7 189.5	11 792.8	54 510.7	16 884.2
锅炉及原动机制造业	50 425.4	34 008.9	2 573.4	1 971.8	11 871.3	5 153.4
金属加工机械制造业	13 512.5	10 437.4	558.3	383.6	2 133.2	1 196.1
通用设备制造业	140 369.6	92 514.8	2 593.4	8 275.6	36 984.4	8 764.2
其他通用零部件制造业	17 765.0	13 696.8	518.0	751.3	2 796.9	1 354.5
铸锻件制造业	11 651.1	9 796.0	828.2	371.4	623.0	369.9
普通机械修理业	277.0	212.7	59.8	7.1	-2.6	1.7
其他普通机械制造业	790.0	594.7	58.4	32.0	104.5	44.4
专用设备制造业	57 365.3	43 288.2	2 716.8	2 164.1	8 892.0	4 800.0
机电工业专用设备制造业	839.0	778.9	7.6	13.6	38.7	42.2
石化及其他工业专用设备制造业	10 326.1	7 699.2	327.1	341.1	1 958.6	749.6
轻纺工业专用设备制造业	9 397.5	7 518.5	367.0	330.9	1 179.4	735.9
农、林、牧、渔、水利业机械制造业	12 829.9	11 103.5	86.9	391.6	1 247.9	599.6
医疗器械制造业	259.9	201.5	14.7	12.2	31.3	18.3

4—7　续表 34　　　　　　　　　　(1993 年)　　　　　　　　　　单位:万元

指　标	损益及分配					
	产品销售收入	产品销售成本	产品销售费用	产品销售税金及附加	产品销售利润	管理费用
其他专用设备制造业	20 061.7	13 385.1	1 674.6	887.8	3 942.5	2 362.1
专用机械设备修理业	3 651.2	2 601.5	238.9	186.9	493.6	292.3
交通运输设备制造业	433 542.0	379 733.7	6 523.0	8 072.5	36 363.2	14 753.7
铁路运输设备制造业	1 225.3	981.0	42.6	46.1	92.6	61.4
汽车制造业	384 684.2	338 256.1	6 029.0	7 073.9	30 543.1	11 351.2
摩托车制造业	1 879.4	1 237.3	129.0	120.0	393.1	359.4
自行车制造业	3 778.2	3 226.4	89.6	341.0	121.1	218.4
船舶制造业	29 267.6	24 219.0	57.2	145.7	4 842.5	973.3
交通运输设备修理业	12 707.3	11 813.9	175.6	345.8	370.8	1 790.0
电气机械及器材制造业	78 053.2	60 168.5	3 902.0	4 262.2	9 437.1	5 180.1
电机制造业	18 635.0	15 001.2	1 028.4	718.8	1 880.6	794.5
输配电及控制设备制造业	28 002.8	20 943.7	1 553.9	1 505.4	3 737.0	2 127.8
电工器材制造业	8 144.6	6 577.8	435.1	279.6	849.2	524.4
日用电器制造业	20 159.4	14 952.6	829.7	1 663.8	2 701.6	1 509.3
照明器具制造业	3 111.4	2 693.2	54.9	94.6	268.7	224.1
电气机械修理业						
电子及通信设备制造业	9 064.4	7 096.1	352.5	380.1	1 034.4	635.9
通信设备制造业	1 669.1	1 318.8	52.9	61.6	235.8	89.9
电子器件制造业	370.6	219.6	50.3	19.6	81.1	59.6
电子元件制造业	5 403.0	4 207.7	174.3	231.2	686.5	446.1
日用电子器具制造业	1 600.0	1 335.7	71.8	67.2	27.3	40.1
电子设备及通信设备修理业	21.7	14.3	3.2	0.5	3.7	0.2
仪器仪表及文化、办公用机械制造业	13 118.4	10 697.8	802.1	429.2	1 184.3	660.6
通用仪器仪表制造业	10 503.1	8 679.6	668.9	243.0	911.3	402.6
电子测量仪器制造业	282.2	269.8	6.8	7.9	-2.4	92.2
计量器具制造业	892.3	671.6	45.1	62.8	112.8	57.2
钟表制造业	1 342.8	1 044.2	32.8	112.8	153.0	108.1
其他仪器仪表制造业	98.0	32.6	48.5	2.7	9.6	0.5
其他制造业	1 766.6	1 494.3	44.1	69.4	153.1	154.5
工艺美术品制造业	62.7	55.6	0.2	2.8	4.1	0.8
日用杂品制造业	18.4	17.1		0.9	0.4	0.2
其他生产、生活用品制造业	1 685.5	1 421.6	43.9	65.7	148.6	153.5
电力、煤气及水的生产和供应业	17 025.4	11 582.6	168.2	3 608.5	1 666.1	324.0
电力、蒸汽、热水的生产和供应业	12 355.1	7 858.9		3 447.9	1 048.3	
电力生产业	2 349.9	2 179.7		98.5	71.7	
电力供应业	10 005.2	5 679.2		3 349.4	976.6	
煤气生产和供应业	1 150.0	1 168.7	9.4	46.5	-74.6	75.5
煤气供应业	1 150.0	1 168.7	9.4	46.5	-74.6	75.5
自来水的生产和供应业	3 520.3	2 555.0	158.8	114.1	692.4	248.5

指标	损益及分配					
	财务费用	利息支出	营业利润	利润总额	亏损企业亏损总额	利税总额
总计	26 391.9	22 739.6	99 278.9	95 522.8	6 636.6	206 299.2
在总计中:						
国有经济	20 749.8	17 533.9	60 495.2	57 796.4	5 282.9	148 458.8
中央企业	1 143.4	784.3	15 200.7	16 977.1		25 483.4
地方企业	19 606.4	16 749.6	45 294.5	40 819.3	5 282.9	122 975.4
集体经济	4 867.8	4 600.3	10 902.9	10 749.9	1 277.6	21 625.5
私营经济	41.6	41.0	68.6	66.1	25.9	127.2
联营经济	80.4	80.4	562.7	557.8		722.7
股份制经济	712.8	485.8	27 096.9	26 208.1	4.0	35 125.7
外商投资经济	-0.4	25.6	7.0	6.5	6.8	15.9
中外合资经营企业	-0.4	25.6	7.0	6.5	6.8	15.9
港、澳、台投资经济	-58.3	-29.8	112.1	114.1	34.1	171.3
与大陆合资经营企业	25.1	53.6	103.0	105.2	0.2	158.8
与大陆合作经营企业	-83.4	-83.4	9.1	8.9	33.9	12.5
其他经济	-1.8	2.4	33.5	23.9	5.3	52.1
在总计中:						
乡属工业	1 077.7	773.3	1 455.2	1 510.4	522.5	3 575.7
在总计中:						
轻工业	10 192.9	9 577.4	8 988.7	8 033.7	4 443.8	52 622.6
以农产品为原料	6 690.1	6 078.5	3 731.3	2 819.6	3 301.7	35 732.9
以非农产品为原料	3 502.8	3 498.9	5 257.4	5 214.1	1 142.1	16 889.7
重工业	16 199.0	13 162.2	90 290.2	87 489.1	2 192.8	153 676.6
采掘工业	99.2	85.6	-124.7	-69.7	200.0	35.8
原料工业	6 298.8	3 963.3	29 258.3	27 322.0	214.0	64 466.9
加工工业	9 801.0	9 113.3	61 156.6	60 236.8	1 778.8	89 173.9
在总计中:						
大型企业	14 318.4	11 579.9	66 541.8	64 174.5	2 249.9	148 305.9
中型企业	7 780.7	7 594.9	23 906.7	22 580.8	1 874.3	37 853.8
小型企业	4 292.8	3 564.8	8 830.4	8 767.5	2 512.4	20 139.5
采掘业	99.6	85.6	-147.6	-102.4	200.0	-2.5
煤炭采选业	0.3	0.3	4.3	4.3	0.2	6.5
煤炭开采业	0.3	0.3	4.5	4.5		6.2
煤炭洗选业			-0.2	-0.2	0.2	0.3
黑色金属矿采选业	36.2	36.0	-116.0	-80.7	90.7	-20.7
其他黑色金属矿采选业	36.2	36.0	-116.0	-80.7	90.7	-20.7
有色金属矿采选业	22.5	22.5	-84.2	-84.2	84.2	-83.8
重有色金属矿采选业	22.5	22.5	-84.2	-84.2	84.2	-83.8
非金属矿采选业	5.0	1.8	28.6	38.5	24.9	71.4
土沙石开采业	5.0	1.8	28.6	38.5	24.9	71.4
其他矿采选业	35.6	25.0	19.7	19.7		24.1

4-7 续表 36 (1993 年) 单位:万元

指标	损益及分配					
	财务费用	利息支出	营业利润	利润总额	亏损企业亏损总额	利税总额
制造业	26 353.1	22 701.9	98 011.3	94 084.3	6 365.2	201 152.3
食品加工业	336.4	335.9	809.0	1 098.3	85.8	1 301.7
粮食及饲料加工业	156.9	156.6	725.5	903.8	85.8	1 008.4
植物油加工业	105.6	105.6	62.3	56.1		74.6
屠宰及肉类蛋类加工业	73.9	73.7	21.2	138.4		218.7
食品制造业	235.1	232.2	305.2	203.4	202.8	1 162.8
糕点、糖果制造业	111.7	111.1	450.3	347.6	23.9	810.9
发酵制品业	48.6	48.4	-9.1	-4.0	4.0	372.3
调味品制造业	38.6	38.6	-26.0	-15.4	25.9	50.8
其他食品制造业	36.2	34.1	-110.0	-124.8	149.0	-71.2
饮料制造业	145.8	143.6	1 250.3	1 091.1	7.5	2 016.7
酒精及饮料酒制造业	84.5	84.5	497.8	447.2	1.1	1 122.9
软饮料制造业	6.5	6.3	6.6	-5.3	6.4	27.6
制茶业						
其他饮料制造业	54.8	52.8	745.9	649.2		866.2
烟草加工业	1 244.4	1 127.1	1 102.0	868.7		25 268.2
卷烟制造业	1 244.4	1 127.1	1 102.0	868.7		25 268.2
纺织业	3 333.2	3 243.3	-62.5	-601.1	1 201.6	4 178.5
棉纺织业	2 257.3	2 237.1	314.9	-205.1	641.2	3 338.9
毛纺织业			0.1	0.1		0.4
麻纺织业	18.9	18.9	-133.2	-150.7	150.7	-79.5
丝绢纺织业	28.0	19.9	-79.5	-26.7	35.4	-8.7
针织品业	1 029.0	967.4	-164.8	-218.7	374.3	927.4
服装及其他纤维制品制造业	140.8	132.9	-79.3	9.2	124.7	278.2
服装制造业	114.1	108.3	-133.3	-11.4	100.1	173.0
制帽业	2.6	2.5	-19.5	-24.6	24.6	-22.4
制鞋业	14.7	12.7	31.4	11.1		64.4
其他纤维制品制造业	9.4	9.4	42.1	34.1		63.2
皮革、毛皮、羽绒及其制品业	139.3	97.0	-264.6	-127.5	203.1	13.1
制革业			2.4	2.5	1.4	11.6
皮革制品制造业	101.7	73.7	-216.1	-75.1	146.8	55.8
羽毛(绒)及制品业	37.6	23.3	-50.9	-54.9	54.9	-54.3
木材加工及竹、藤、棕、草制品业	474.1	499.2	623.5	414.0	5.1	842.8
锯材、木片加工业	75.7	75.5	226.7	192.0		405.1
人造板制造业	406.7	405.9	366.4	192.2	5.1	394.5
木制品业	-8.3	17.8	30.4	29.8		43.2
家具制造业	-5.1	-35.8	-31.2	-0.7	39.6	120.1
木制家具制造业	-16.7	-47.4	-25.8	1.5	33.9	113.4
竹、藤家具制造业			-5.7	-5.7	5.7	-4.5

指标	损益及分配					
	财务费用	利息支出	营业利润	利润总额	亏损企业亏损总额	利税总额
金属家具制造业	11.6	11.6	0.3	3.5		11.2
其他家具制造业						
造纸及纸制品业	482.6	389.7	614.5	285.8	185.3	917.4
造纸业	438.4	349.1	541.0	233.6	84.6	711.7
纸制品业	44.2	40.6	73.5	52.2	100.7	205.7
印刷业、记录媒介的复制	80.3	75.4	238.5	248.2	50.1	415.5
印刷业	80.3	75.4	238.5	248.2	50.1	415.5
文教体育用品制造业	3.2	2.8	17.7	15.7		35.4
体育用品制造业	3.2	2.8	17.7	15.7		35.4
石油加工及炼焦业			1.9	1.9		3.4
原油加工业			1.9	1.9		3.4
化学原料及化学制品制造业	1 605.8	1 525.1	3 771.8	3 447.9	1 248.6	14 674.4
基本化学原料制造业	150.0	147.0	158.7	105.0		1 374.8
化学肥料制造业	908.0	907.4	-1 002.6	-1 144.2	1 172.6	946.9
化学农药制造业	0.1	0.1	9.0	9.0		10.5
有机化学产品制造业	206.4	157.0	87.2	77.5	15.1	868.9
合成材料制造业	22.0	21.0	6.7	6.7		8.9
专用化学产品制造业	11.4	11.4	236.3	144.8	35.6	738.5
日用化学产品制造业	307.9	281.2	4 276.5	4 249.1	25.3	10 725.9
医药制造业	626.6	380.6	-1 007.9	-1 119.1	1 200.8	-795.4
化学药品制剂制造业	175.2	172.7	105.6	64.9		298.8
中药材及中成药加工业	446.3	202.8	-1 130.3	-1 200.8	1 200.8	-1 154.3
生物制品业	5.1	5.1	16.8	16.8		60.1
化学纤维制造业	74.6	74.6	631.9	609.6		781.4
人造纤维(纤维素纤维)制造业			0.5	0.5		0.6
橡胶制品业	121.1	118.5	95.8	59.9	9.7	652.4
橡胶板、管、带制造业	115.0	112.4	86.1	54.9	2.9	608.2
橡胶零件制品业	5.5	5.5	-2.5	-4.0	6.8	14.9
橡胶制品翻修业	-0.2	-0.2	4.3	3.9		8.0
其他橡胶制品业	0.8	0.8	7.9	5.1		21.3
塑料制品业	520.6	424.8	89.8	305.7	171.8	909.3
塑料薄膜制造业	79.3	54.5	5.0	23.0		130.3
塑料板、管、棒材制造业			1.1	1.1		1.6
塑料丝、绳及编织品制造业	342.8	274.5	103.0	250.4	54.2	590.2
泡沫塑料及人造革、合成革制造业	11.4	10.4	26.1	16.5		81.6
塑料包装箱及容器制造业	30.6	29.8	-82.5	-13.5	68.8	21.9
日用塑料杂品制造业	17.3	17.3	-32.9	-35.4	35.7	-31.0
塑料零件制造业	27.2	26.5	8.1	8.1	13.1	23.0
其他塑料制品业	12.0	11.8	61.9	55.5		91.7

指标	损益及分配					
	财务费用	利息支出	营业利润	利润总额	亏损企业亏损总额	利税总额
非金属矿物制品业	2 703.1	548.6	9 830.4	9 741.7	29.8	15 707.5
水泥制造业	2 301.9	191.1	8 437.6	8 339.8		12 999.4
水泥制品和石棉水泥制品业	32.5	26.3	343.2	327.0		439.8
砖瓦、石灰和轻质建筑材料制造业	224.4	194.5	769.5	784.8	14.8	1 396.7
玻璃及玻璃制品业	82.1	74.8	97.2	134.9	14.8	499.7
陶瓷制品业	22.7	22.4	88.2	69.5		151.2
耐火材料制品业	12.4	12.4	10.3	6.3		43.9
矿物纤维及其制品业	14.4	14.4	84.6	79.6		174.2
其他类未包括的非金属矿物制品业	12.7	12.7	-0.2	-0.2	0.2	2.6
黑色金属冶炼及压延加工业	1 660.9	1 482.9	11 306.2	10 013.3	80.5	32 747.3
炼钢业	1 364.7	1 196.5	11 247.3	10 015.1	0.4	32 261.5
钢压延加工业	296.2	286.4	62.9	2.2	76.1	485.8
铁合金冶炼业			-4.0	-4.0	4.0	
有色金属冶炼及压延加工业	1 533.1	1 491.6	7 756.7	7 309.6	11.4	11 662.9
重有色金属冶炼业	1 533.1	1 491.6	7 758.4	7 312.1	8.3	11 658.4
轻有色金属冶炼业			-2.3	-3.1	3.1	2.7
有色金属合金业			0.6	0.6		1.8
金属制品业	387.8	312.9	709.1	659.8	45.7	1 539.5
金属结构制造业	118.2	117.2	69.0	60.9		161.3
铸铁管制造业	7.3	7.0	-1.6	3.5		13.3
集装箱和金属包装物品制造业	2.5	1.7	38.3	43.5		60.9
金属丝绳及其制品业	30.2	24.4	40.0	31.3		146.4
建筑用金属制品业	14.0	12.8	150.6	149.7	2.7	284.4
金属表面处理及热处理业	27.3	10.7	161.0	162.9	14.7	213.5
日用金属制品业	183.9	134.7	224.9	177.5	28.3	596.1
其他金属制品业	4.4	4.4	26.9	30.5		63.6
普通机械制造业	3 021.8	2 768.8	35 284.0	33 706.2	21.2	45 499.0
锅炉及原动机制造业	1 269.1	1 136.1	5 685.2	5 254.8	4.2	7 226.6
金属加工机械制造业	400.0	372.2	573.5	373.0		756.6
通用设备制造业	1 259.2	1 001.4	27 094.5	26 326.3	14.2	34 601.9
其他通用零部件制造业	143.0	104.7	1 557.2	1 431.1	0.2	2 182.4
铸锻件制造业	-90.7	124.1	356.6	302.1		673.5
普通机械修理业	0.4	0.4	-4.7	-2.6	2.6	4.5
其他普通机械制造业	40.8	29.9	21.7	21.5		53.5
专用设备制造业	1 191.2	1 114.6	3 456.7	3 333.8	259.8	5 497.9
机电工业专用设备制造业	5.0	5.0	12.8	22.6		36.2
石化及其他工业专用设备制造业	431.8	409.6	822.9	849.2		1 190.3
轻纺工业专用设备制造业	227.5	187.5	290.0	220.6	249.9	551.5
农、林、牧、渔、水利业机械制造业	184.3	183.3	764.4	702.5		1 094.1
医疗器械制造业	2.2		12.8	12.8	1.6	25.0

4—7 续表 39　　　　(1993 年)　　　　单位:万元

指标	损益及分配					
	财务费用	利息支出	营业利润	利润总额	亏损企业亏损总额	利税总额
其他专用设备制造业	340.5	329.3	1 351.5	1 323.8	8.3	2 211.6
专用机械设备修理业	-0.1	-0.1	202.3	202.3		389.2
交通运输设备制造业	3 017.0	2 607.9	19 081.3	20 472.2	561.1	28 544.7
铁路运输设备制造业	1.3	-0.7	41.7	43.0		89.1
汽车制造业	2 851.4	2 447.6	16 622.4	16 194.8		23 268.7
摩托车制造业	342.9	342.9	-260.3	-317.5	317.5	-197.5
自行车制造业	165.6	165.6	-260.5	-243.5	243.6	97.5
船舶制造业	-548.9	-552.0	4 487.3	4 479.1		4 624.8
交通运输设备修理业	204.7	204.5	-1 549.3	316.3		662.1
电气机械及器材制造业	2 784.5	2 976.5	1 966.5	1 526.5	347.9	5 788.7
电机制造业	412.1	411.2	699.3	516.1		1 234.9
输配电及控制设备制造业	807.0	793.9	1 056.6	919.7	3.5	2 425.1
电工器材制造业	332.9	312.2	-1.5	-13.6	248.4	266.0
日用电器制造业	1 184.8	1 421.0	98.0	30.7	92.2	1 694.5
照明器具制造业	47.7	38.2	114.1	73.6	3.8	168.2
电气机械修理业						
电子及通信设备制造业	208.0	351.6	298.3	321.0	129.4	701.1
通信设备制造业	47.1	46.2	99.5	76.3		137.9
电子器件制造业	9.8	7.5	11.7	11.7		31.3
电子元件制造业	105.2	252.5	177.8	227.2	129.4	458.4
日用电子器具制造业	42.9	42.9	8.8	5.3		72.5
电子设备及通信设备修理业	3.0	2.5	0.5	0.5		1.0
仪器仪表及文化、办公用机械制造业	278.8	271.5	245.8	152.4	141.9	581.6
通用仪器仪表制造业	214.0	209.0	295.4	281.0		524.0
电子测量仪器制造业	12.5	12.5	-109.4	-127.1	127.1	-119.2
计量器具制造业	20.0	19.6	36.3	-10.3	14.8	52.5
钟表制造业	31.4	30.4	15.3	0.5		113.3
其他仪器仪表制造业	0.9		8.2	8.3		11.0
其他制造业	8.1	8.1	-30.1	36.8		106.2
工艺美术品制造业			3.3	3.3		6.1
日用杂品制造业			0.2	0.2		1.1
其他生产、生活用品制造业	8.1	8.1	-33.6	33.3		99.0
电力、煤气及水的生产和供应业	-60.8	-47.9	1 415.2	1 540.9	71.4	5 149.4
电力、蒸汽、热水的生产和供应业	-42.7	-42.7	1 093.2	1 164.2		4 612.1
电力生产业	3.4	3.4	68.3	58.4		156.9
电力供应业	-46.1	-46.1	1 024.9	1 105.8		4 455.2
煤气生产和供应业	-3.0	-5.2	-137.0	-65.9	71.4	-19.4
煤气供应业	-3.0	-5.2	-137.0	-65.9	71.4	-19.4
自来水的生产和供应业	-15.1		459.0	442.6		556.7

4—8 市区独立核算国有工业企业主要经济指标

(1993年)

单位:万元

指标	企业单位数(个)	亏损企业	工业总产值(当年价)	工业总产值(1990年不变价)	工业增加值(生产法)	成品产销存 年初库存价值
总计	167	30	1 250 696.8	940 857.5	306 236.0	57 307.6
在总计中:						
中央企业	16		315 273.3	197 299.8	41 193.5	4 651.1
地方企业	151	30	935 423.5	743 557.7	265 042.5	52 656.5
在总计中:						
轻工业	75	20	315 942.1	310 159.8	101 065.7	23 134.2
以农产品为原料	55	17	239 317.3	242 962.4	72 687.4	17 475.2
以非农产品为原料	20	3	76 624.8	67 197.4	28 378.3	5 659.0
重工业	92	10	934 754.7	630 697.7	205 170.2	34 173.3
采掘工业	3	1	1 429.7	1 128.0	886.1	61.9
原料工业	15	2	287 637.0	158 695.9	77 340.9	5 394.7
加工工业	74	7	645 688.0	470 873.8	126 943.2	28 716.7
在总计中:						
大型企业	24	5	807 784.7	566 076.5	222 979.4	27 841.7
中型企业	63	6	370 361.5	312 563.1	69 712.2	23 176.7
小型企业	80	19	72 550.6	62 217.9	13 544.3	6 289.0
在总计中:						
采掘业	1	1	886.7	676.2	713.4	61.9
黑色金属矿采选业	1	1	886.7	676.2	713.4	61.9
其他黑色金属矿采选业	1	1	886.7	676.2	713.4	61.9
制造业	162	28	1 235 807.5	925 941.8	297 966.9	57 241.6
食品加工业	11	2	17 551.5	11 282.3	2 230.0	1 235.5
粮食及饲料加工业	7	2	10 135.5	6 494.7	678.0	194.5
植物油加工业	1		2 924.5	731.0	1 754.8	955.5
屠宰及肉类蛋类加工业	3		4 491.5	4 056.6	-202.8	85.5
食品制造业	9	3	15 228.5	14 940.4	2 556.7	1 575.0
糕点、糖果制造业	5		13 801.1	13 736.7	2 672.5	1 552.8
调味品制造业	1	1	993.6	800.2	151.0	21.9
其他食品制造业	3	2	433.8	403.5	-266.7	0.3
饮料制造业	2	1	7 215.8	4 806.0	1 703.6	399.5
酒精及饮料酒制造业	1		6 612.5	4 289.3	1 796.0	380.0
软饮料制造业	1	1	603.3	516.7	-92.4	19.5
烟草加工业	1		56 169.0	55 311.0	30 732.5	465.5
卷烟制造业	1		56 169.0	55 311.0	30 732.5	465.5
纺织业	18	7	105 308.3	116 269.5	30 707.9	12 018.8
棉纺织业	8	2	81 410.8	90 547.1	26 449.4	7 994.9
麻纺织业	1	1	516.0	393.0	-56.5	241.0
丝绢纺织业	1	1	1 271.0	1 501.0	-43.3	217.7
针织品业	8	3	22 110.5	23 828.4	4 358.3	3 565.2
服装及其他纤维制品制造业	1		77.6	76.4	26.6	15.1

4—8 续表1 (1993年) 单位:万元

指标	企业单位数(个)	亏损企业	工业总产值(当年价)	工业总产值(1990年不变价)	工业增加值(生产法)	成品产销存 年初库存价值
服装制造业	1		77.6	76.4	26.6	15.1
皮革、毛皮、羽绒及其制品业	2	2	1 965.9	2 028.6	224.5	678.3
皮革制品制造业	1	1	1 965.9	2 028.6	224.5	619.8
羽毛(绒)及制品业	1	1				58.5
木材加工及竹、藤、棕、草制品业	3		20 524.4	12 778.0	1 557.3	2 208.5
锯材、木片加工业	1		9 281.9	6 006.8	-916.4	1 709.5
人造板制造业	2		11 242.5	6 771.2	2 473.7	499.0
家具制造业	1		380.0	380.0	99.4	182.7
木制家具制造业	1		380.0	380.0	99.4	182.7
造纸及纸制品业	2	1	20 444.9	20 794.4	6 921.6	592.3
造纸业	2	1	20 444.9	20 794.4	6 921.6	592.3
印刷业、记录媒介的复制	5		4 992.6	4 649.4	1 143.2	191.4
印刷业	5		4 992.6	4 649.4	1 143.2	191.4
化学原料及化学制品制造业	10	2	79 931.6	62 238.1	26 564.1	2 424.2
基本化学原料制造业	1		7 054.0	5 853.0	130.9	86.4
化学肥料制造业	1	1	22 892.0	16 788.8	5 187.1	1 169.9
有机化学产品制造业	3		6 145.5	6 357.9	1 653.8	108.7
专用化学产品制造业	2	1	6 047.4	4 125.8	1 296.0	66.9
日用化学产品制造业	3		37 792.7	29 112.6	18 296.3	992.3
医药制造业	2	1	5 815.8	6 803.6	878.1	698.0
化学药品制剂制造业	1		4 532.1	5 147.7	885.7	433.3
中药材及中成药加工业	1	1	1 283.7	1 655.9	-7.6	264.7
化学纤维制造业	1		6 774.0	8 246.0	-4 184.8	16.5
橡胶制品业	2		5 194.3	6 156.3	1 458.4	557.8
橡胶板、管、带制造业	1		4 959.1	5 890.8	1 433.5	461.7
橡胶零件制品业	1		235.2	265.5	24.9	96.1
塑料制品业	1		2 867.9	3 031.9	1 160.7	579.0
塑料薄膜制造业	1		2 867.9	3 031.9	1 160.7	579.0
非金属矿物制品业	14	1	62 960.9	39 876.6	19 509.5	2 172.7
水泥制造业	2		50 921.1	30 960.3	16 867.4	1 607.6
水泥制品和石棉水泥制品业	1		1 450.2	600.2	466.3	87.0
砖瓦、石灰和轻质建筑材料制造业	9	1	6 390.3	4 538.0	1 645.0	145.7
玻璃及玻璃制品业	2		4 199.3	3 778.1	530.8	332.4
黑色金属冶炼及压延加工业	1		173 404.7	75 482.2	58 418.5	777.4
炼钢业	1		173 404.7	75 482.2	58 418.5	777.4
有色金属冶炼及压延加工业	3		24 169.9	20 416.1	-4 854.8	400.9
重有色金属冶炼业	3		24 169.9	20 416.1	-4 854.8	400.9
金属制品业	2		6 269.8	5 976.6	2 147.8	517.0
日用金属制品业	2		6 269.8	5 976.6	2 147.8	517.0
普通机械制造业	16	1	113 876.5	89 820.0	36 287.5	8 216.5

4—8 续表 2 (1993 年) 单位:万元

指标	企业单位数(个)	亏损企业	工业总产值(当年价)	工业总产值(1990年不变价)	工业增加值(生产法)	成品产销存 年初库存价值
锅炉及原动机制造业	6	1	52 348.9	40 243.1	19 332.2	2 983.5
金属加工机械制造业	3		11 637.7	9 685.1	4 988.5	1 611.2
通用设备制造业	4		37 523.3	32 090.8	10 496.4	2 906.7
其他通用零部件制造业	2		5 208.6	3 793.0	336.1	359.1
铸锻件制造业	1		7 158.0	4 008.0	1 134.3	356.0
专用设备制造业	12	2	44 433.1	39 571.1	11 717.7	3 703.5
机电工业专用设备制造业	1		600.0	451.0	164.6	
石化及其他工业专用设备制造业	4		9 504.1	8 625.7	1 936.9	2 100.6
轻纺工业专用设备制造业	3	1	7 069.7	7 825.9	1 980.1	667.5
农、林、牧、渔、水利业机械制造业	1		12 334.5	10 016.9	2 897.4	260.6
其他专用设备制造业	3	1	14 924.8	12 651.6	4 738.7	674.8
交通运输设备制造业	13	2	390 458.8	259 596.1	53 518.9	9 744.3
汽车制造业	7		345 962.4	221 920.6	56 968.3	7 157.8
摩托车制造业	1	1	1 739.0	1 500.0	539.1	2 065.2
自行车制造业	1	1	2 963.3	2 310.1	487.8	521.3
船舶制造业	1		27 596.0	26 685.0	-7 084.9	
交通运输设备修理业	3		12 198.1	7 180.4	2 608.6	
电气机械及器材制造业	19	1	52 485.0	49 175.5	11 431.9	5 968.9
电机制造业	3		17 580.1	16 532.9	2 495.8	2 242.3
输配电及控制设备制造业	10		24 637.1	22 371.2	5 194.2	2 629.5
电工器材制造业	4	1	6 976.0	7 130.2	3 255.7	729.9
日用电器制造业	1		301.6	306.6	60.2	8.2
照明器具制造业	1		2 990.2	2 834.6	426.0	359.0
电子及通信设备制造业	7	1	8 686.8	8 539.9	3 030.9	1 599.4
通信设备制造业	2		1 450.3	437.4	1 105.1	92.1
电子元件制造业	4	1	5 622.5	6 582.5	1 535.8	1 367.4
日用电子器具制造业	1		1 614.0	1 520.0	390.0	139.9
仪器仪表及文化、办公用机械制造业	2	1	8 314.5	7 511.7	2 922.4	286.0
通用仪器仪表制造业	1		7 977.0	7 138.0	2 859.0	179.3
电子测量仪器制造业	1	1	337.5	373.7	63.4	106.7
其他制造业	2		305.4	184.1	56.5	16.6
其他生产、生活用品制造业	2		305.4	184.1	56.5	16.6
电力、煤气及水的生产和供应业	4	1	14 002.6	14 239.5	7 555.7	4.1
电力、蒸汽、热水的生产和供应业	2		10 084.2	10 774.8	6 206.5	
电力生产业	1		2 730.7	959.0	1 118.6	
电力供应业	1		7 353.5	9 815.8	5 087.9	
煤气生产和供应业	1	1	398.2	279.2	-398.0	4.1
煤气供应业	1	1	398.2	279.2	-398.0	4.1
自来水的生产和供应业	1		3 520.2	3 185.5	1 747.2	

指标	成品产销存 生产价值	销售价值	年末库存价值	工业总产出	工业中间投入合计	本年应付工资
总计	1 185 436.5	1 197 467.7	72 084.7	1 223 848.9	917 612.9	54 747.5
在总计中:						
中央企业	289 658.1	291 100.9	6 858.5	303 504.1	262 310.6	8 177.5
地方企业	895 778.4	906 366.8	65 226.2	920 344.8	655 302.3	46 570.0
在总计中:						
轻工业	298 257.6	295 437.9	20 848.0	303 146.7	202 081.0	15 294.4
以农产品为原料	223 023.7	220 341.2	14 280.7	226 931.9	154 244.5	11 768.7
以非农产品为原料	75 233.9	75 096.6	6 567.2	76 214.8	47 836.5	3 525.7
重工业	887 178.8	902 029.8	51 236.7	920 702.1	715 531.9	39 453.1
采掘工业	1 391.2	1 467.8	40.6	1 391.2	505.1	84.5
原料工业	274 458.6	283 070.4	10 832.7	284 990.1	207 649.2	12 310.1
加工工业	611 329.0	617 491.5	40 363.3	634 320.8	507 377.6	27 058.5
在总计中:						
大型企业	791 611.5	793 360.6	37 888.2	820 866.2	597 886.8	30 525.8
中型企业	331 801.1	335 512.4	26 467.4	338 467.5	268 755.3	19 323.1
小型企业	62 023.8	68 594.6	7 729.0	64 515.1	50 970.8	4 898.6
在总计中:						
采掘业	848.2	938.8	26.7	848.2	134.8	40.8
黑色金属矿采选业	848.2	938.8	26.7	848.2	134.8	40.8
其他黑色金属矿采选业	848.2	938.8	26.7	848.2	134.8	40.8
制造业	1 170 803.9	1 182 074.1	71 853.2	1 209 216.3	911 249.4	53 759.5
食品加工业	16 522.3	16 789.8	967.4	16 533.2	14 303.2	583.5
粮食及饲料加工业	10 045.3	10 139.4	92.2	10 045.3	9 367.3	240.1
植物油加工业	2 924.5	3 365.8	514.2	2 935.4	1 180.6	75.1
屠宰及肉类蛋类加工业	3 552.5	3 284.6	361.0	3 552.5	3 755.3	268.3
食品制造业	14 109.8	14 289.5	1 249.9	14 136.3	11 579.6	864.9
糕点、糖果制造业	13 181.1	13 384.1	1 202.5	13 207.6	10 535.1	716.0
调味品制造业	832.3	816.1	39.5	832.3	681.3	116.5
其他食品制造业	96.4	89.3	7.9	96.4	363.2	32.4
饮料制造业	6 867.3	6 464.6	598.0	6 875.5	5171.9	275.5
酒精及饮料酒制造业	6 539.7	6 174.5	541.0	6 547.9	4 751.9	271.1
软饮料制造业	327.6	290.1	57.0	327.6	420.0	4.4
烟草加工业	56 169.0	54 718.0	445.6	56 169.0	25 436.5	441.7
卷烟制造业	56 169.0	54 718.0	445.6	56 169.0	25 436.5	441.7
纺织业	99 213.0	99 598.5	8 631.5	101 363.6	70 655.7	7 281.9
棉纺织业	79 111.9	79 081.4	5 004.6	80 309.0	53 859.6	4 698.5
麻纺织业	407.1	446.7	79.0	443.5	500.0	116.7
丝绢纺织业	1 032.0	1 124.1	125.6	1 053.7	1 097.0	219.2
针织品业	18 662.0	18 946.3	3 422.3	19 557.4	15 199.1	2 247.5
服装及其他纤维制品制造业	77.7	75.2	17.6	80.2	53.6	1.3

4—8 续表 4　　(1993年)　　单位:万元

指标	成品产销存 生产价值	销售价值	年末库存价值	工业总产出	工业中间投入合计	本年应付工资
服装制造业	77.7	75.2	17.6	80.2	53.6	1.3
皮革、毛皮、羽绒及其制品业	1 965.9	2 096.8	558.4	2 128.8	1 904.3	265.4
皮革制品制造业	1 965.9	2 064.3	532.4	2 128.8	1 904.3	258.2
羽毛(绒)及制品业		32.5	26.0			7.2
木材加工及竹、藤、棕、草制品业	18 139.7	19 212.4	2 630.0	18 376.7	16 819.4	1 180.4
锯材、木片加工业	6 897.2	7 397.8	1 208.8	7 076.5	7 992.9	265.0
人造板制造业	11 242.5	11 814.6	1 421.2	11 300.2	8 826.5	915.4
家具制造业	380.0	339.0	223.7	380.0	280.6	41.9
木制家具制造业	380.0	339.0	223.7	380.0	280.6	41.9
造纸及纸制品业	19 726.5	18 132.2	1 027.1	20 418.1	13 496.5	1 381.8
造纸业	19 726.5	18 132.5	1 027.1	20 418.1	13 496.5	1 381.8
印刷业、记录媒介的复制	3 947.6	3 680.0	318.1	4 705.4	3 562.2	309.3
印刷业	3 947.6	3 680.0	318.1	4 705.4	3 562.2	309.3
化学原料及化学制品制造业	77 434.7	79 117.4	1 579.1	78 903.4	52 339.3	3 396.6
基本化学原料制造业	6 271.2	6 414.0	208.2	6 271.2	6 140.3	123.5
化学肥料制造业	21 867.0	22 790.2	246.7	22 693.7	17 506.6	1 404.8
有机化学产品制造业	5 581.7	6 072.5	47.9	5 924.3	4 270.5	229.1
专用化学产品制造业	6 025.5	5 984.9	107.5	6 025.5	4 729.5	592.0
日用化学产品制造业	37 689.3	37 855.8	968.8	37 988.7	19 692.4	1 047.2
医药制造业	5 610.3	5 298.8	1 009.5	5 800.5	4 922.4	308.5
化学药品制剂制造业	4 326.6	4 113.3	646.6	4 528.1	3 642.4	204.7
中药材及中成药加工业	1 283.7	1 185.5	362.9	1 272.4	1 280.0	103.8
化学纤维制造业	835.3	612.2	53.3	903.1	5 087.9	88.6
橡胶制品业	5 063.8	5 003.1	491.6	5 063.8	3 605.4	68.8
橡胶板、管、带制造业	4 868.9	4 802.6	401.1	4 868.9	3 435.4	47.3
橡胶零件制品业	194.9	200.5	90.5	194.9	170.0	21.5
塑料制品业	2 867.9	2 828.6	618.3	2 872.8	1 712.1	139.0
塑料薄膜制造业	2 867.9	2 828.6	618.3	2 872.8	1 712.1	139.0
非金属矿物制品业	61 048.8	61 161.8	2 629.5	61 156.0	41 646.5	4 756.3
水泥制造业	50 790.8	50 636.4	1 762.0	50 849.0	33 981.6	3 695.4
水泥制品和石棉水泥制品业	1 450.2	1 233.3	313.5	1 450.2	983.9	173.0
砖瓦、石灰和轻质建筑材料制造业	4 629.1	4 914.0	320.8	4 678.1	3 033.1	633.0
玻璃及玻璃制品业	4 178.7	4 378.1	233.2	4 178.7	3 647.9	254.9
黑色金属冶炼及压延加工业	173 404.7	175 060.3	5 580.4	181 821.9	123 403.4	6 273.8
炼钢业	173 404.7	175 060.3	5 580.4	181 821.9	123 403.4	6 273.8
有色金属冶炼及压延加工业	16 096.0	21 416.1	244.8	17 819.2	22 674.0	595.5
重有色金属冶炼业	16 096.0	21 416.1	244.8	17 819.2	22 674.0	595.5
金属制品业	6 220.0	5 915.9	1 043.9	6 354.4	4 206.6	145.3
日用金属制品业	6 220.0	5 915.9	1 043.9	6 354.4	4 206.6	145.3
普通机械制造业	110 022.0	108 639.9	14 293.6	113 707.9	77 420.4	8 756.4

指标	成品产销存			工业总产出	工业中间投入合计	本年应付工资
	生产价值	销售价值	年末库存价值			
锅炉及原动机制造业	50 427.0	51 174.1	5 159.0	51 480.9	32 148.7	3 673.4
金属加工机械制造业	10 511.6	6 529.7	2 319.2	12 123.0	7 134.5	1 700.5
通用设备制造业	37 495.5	38 859.6	5 681.8	37 982.3	27 485.9	2 577.5
其他通用零部件制造业	4 429.9	5 185.5	510.6	4 869.4	4 533.3	352.5
铸锻件制造业	7 158.0	6 891.0	623.0	7 252.3	6 118.0	452.5
专用设备制造业	40 237.3	39 414.0	4 541.0	41 479.9	29 762.2	2 846.7
机电工业专用设备制造业	600.0	600.0		600.0	435.4	70.2
石化及其他工业专用设备制造业	7 828.1	7 523.3	2 379.2	8 080.8	6 143.9	677.7
轻纺工业专用设备制造业	7 069.7	7 023.7	753.9	7 146.1	5 166.0	563.5
农、林、牧、渔、水利业机械制造业	10 958.3	11 062.4	156.5	10 958.3	8 060.9	744.4
其他专用设备制造业	13 781.2	13 204.6	1 251.4	14 694.7	9 956.0	790.9
交通运输设备制造业	367 598.5	376 962.2	10 880.3	382 711.4	329 192.5	10 361.8
汽车制造业	345 545.4	355 370.6	7 932.5	350 738.5	293 770.2	6 310.0
摩托车制造业	1 739.0	1 088.0	2 716.0	1 856.1	1 317.0	
自行车制造业	2 938.0	3 375.1	134.1	2 643.9	2 156.1	177.8
船舶制造业	15 050.0	14 802.4	97.7	15 274.8	22 359.7	1 113.5
交通运输设备修理业	2 326.1	2 326.1		12 198.1	9 589.5	2 760.5
电气机械及器材制造业	50 409.9	48 869.3	9 775.9	51 375.9	39 944.0	2 236.4
电机制造业	16 399.6	16 726.8	3 847.2	16 601.8	14 106.0	322.1
输配电及控制设备制造业	23 956.4	22 456.7	4 571.9	24 529.6	19 335.4	892.0
电工器材制造业	6 955.3	6 449.8	1 068.7	7 099.0	3 843.3	541.1
日用电器制造业	306.6	346.0	26.1	307.8	247.6	20.0
照明器具制造业	2 792.0	2 890.0	262.0	2 837.7	2 411.7	461.2
电子及通信设备制造业	8 409.0	8 470.9	1 571.3	8 641.6	5 610.7	561.7
通信设备制造业	1 450.3	1 196.6	313.8	1 450.3	345.2	96.9
电子元件制造业	5 554.0	5 793.7	1 127.7	5 681.3	4 145.5	397.9
日用电子器具制造业	1 404.7	1 480.6	129.8	1 510.0	1 120.0	66.9
仪器仪表及文化、办公用机械制造业	8 175.3	7 591.2	870.1	9 182.8	6 260.4	563.7
通用仪器仪表制造业	7 945.5	7 393.4	731.4	8 953.0	6 094.0	468.2
电子测量仪器制造业	229.8	197.8	138.7	229.8	166.4	95.5
其他制造业	251.3	316.1	3.1	254.6	198.1	32.8
其他生产、生活用品制造业	251.3	316.1	3.1	254.6	198.1	32.8
电力、煤气及水的生产和供应业	13 784.4	14 454.8	204.8	13 784.4	6228.7	947.2
电力、蒸汽、热水的生产和供应业	10 264.2	10 084.2		10 264.2	4 057.7	293.1
电力生产业	2 910.7	2 730.7		2 910.7	1 792.1	215.7
电力供应业	7 353.5	7 353.5		7 353.5	2 265.6	77.4
煤气生产和供应业		850.4	204.8		398.0	128.9
煤气供应业		850.4	204.8		398.0	128.9
自来水的生产和供应业	3 520.2	3 520.2		3 520.2	1 773.0	525.2

4—8 续表6 （1993年） 单位：万元

指标	本年应付福利费	全部职工年平均人数（人）	资本金合计	国家	法人	个人
总计	7 939.9	147 250.0	322 229.7	295 277.2	14 145.6	346.1
在总计中：						
中央企业	1 088.9	15 890.0	63 501.1	60 175.1	2 901.7	
地方企业	6 851.0	131 360.0	258 728.6	235 102.1	11 243.9	346.1
在总计中：						
轻工业	3 599.1	54 693.0	89 349.4	80 931.6	5 394.9	120.5
以农产品为原料	1 663.7	42 358.0	65 004.4	58 773.4	4 759.0	
以非农产品为原料	1 935.4	12 335.0	24 345.0	22 158.2	635.9	120.5
重工业	4 340.8	92 557.0	232 880.3	214 345.6	8 750.7	225.6
采掘工业	17.8	173.0	272.3	182.1	90.2	
原料工业	1 177.9	30 223.0	87 392.3	85 317.8	301.6	225.6
加工工业	3 145.1	62 161.0	145 215.7	128 845.7	8 358.9	
在总计中：						
大型企业	5 164.3	77 885.0	198 924.7	195 222.9	3 701.8	
中型企业	2 311.6	54 849.0	90 885.1	71 784.0	8 106.0	225.6
小型企业	464.0	14 516.0	32 419.9	28 270.3	2 337.8	120.5
在总计中：						
采掘业	15.5	173.0	182.1	182.1		
黑色金属矿采选业	15.5	173.0	182.1	182.1		
其他黑色金属矿采选业	15.5	173.0	182.1	182.1		
制造业	7 794.2	144 948.0	297 501.5	270 549.0	14 145.6	346.1
食品加工业	123.7	1 994.0	5 456.5	5 064.2	313.9	
粮食及饲料加工业	29.7	1 082.0	3 104.4	2 725.2	300.8	
植物油加工业	29.2	195.0	554.6	554.6		
屠宰及肉类蛋类加工业	64.8	717.0	1 797.5	1 784.4	13.1	
食品制造业	141.3	2 780.0	5 494.7	4 623.7	672.8	
糕点、糖果制造业	134.3	2 295.0	4 859.8	4 132.0	529.6	
调味品制造业	3.7	444.0	215.1	215.1		
其他食品制造业	3.3	41.0	419.8	276.6	143.2	
饮料制造业	37.9	817.0	1 597.3	1 588.4	8.9	
酒精及饮料酒制造业	38.0	817.0	1 387.2	1 387.2		
软饮料制造业	-0.1		210.1	201.2	8.9	
烟草加工业	-13.7	2 224.0	6 458.7	6 322.0	136.7	
卷烟制造业	-13.7	2 224.0	6 458.7	6 322.0	136.7	
纺织业	1 149.7	27 642.0	27 772.9	24 268.3	2 749.7	
棉纺织业	939.4	18 893.0	19 023.4	16 586.7	1 681.8	
麻纺织业	-36.7	681.0	678.4	678.4		
丝绢纺织业		873.0	113.0	113.0		
针织品业	247.0	7 195.0	7 958.1	6 890.2	1 067.9	
服装及其他纤维制品制造业	-7.3	44.0	23.1	23.1		

指标	本年应付福利费	全部职工年平均人数(人)	资本金合计	国家	法人	个人
服装制造业	-7.3	44.0	23.1	23.1		
皮革、毛皮、羽绒及其制品业	-106.5	961.0	1 486.6	843.0	449.0	
皮革制品制造业	-107.1	961.0	1 037.6	843.0		
羽毛(绒)及制品业	0.6		449.0		449.0	
木材加工及竹、藤、棕、草制品业	110.2	2 006.0	4 531.4	4 531.4		
锯材、木片加工业	67.4	455.0	2 172.0	2 172.0		
人造板制造业	42.8	1 551.0	2 359.4	2 359.4		
家具制造业	7.5	117.0	140.7	140.7		
木制家具制造业	7.5	117.0	140.7	140.7		
造纸及纸制品业	253.0	3 236.0	12 287.7	12 287.7		
造纸业	253.0	3 236.0	12 287.7	12 287.7		
印刷业、记录媒介的复制	24.0	1 163.0	1 705.9	1 460.0		
印刷业	24.0	1 163.0	1 705.9	1 460.0		
化学原料及化学制品制造业	1 947.2	8 494.0	24 241.0	21 928.5	67.9	95.0
基本化学原料制造业	-72.5	1 292.0	2 339.9	792.6		
化学肥料制造业	222.6	3 363.0	10 527.7	10 527.7		
有机化学产品制造业	12.2	757.0	1 684.4	1 082.1		
专用化学产品制造业	66.9	1 129.0	3 168.0	3 168.0		
日用化学产品制造业	1 718.0	1 953.0	6 521.0	6 358.1	67.9	95.0
医药制造业	-1.1	963.0	2 209.6	2 209.6		
化学药品制剂制造业	-14.2	679.0	710.0	710.0		
中药材及中成药加工业	13.1	284.0	1 499.6	1 499.6		
化学纤维制造业	56.2	751.0	249.1	2.6	246.5	
橡胶制品业	-8.0	1 047.0	1 380.0	1 380.0		
橡胶板、管、带制造业	-10.6	920.0	1 289.8	1 289.8		
橡胶零件制品业	2.6	127.0	90.2	90.2		
塑料制品业	16.9	451.0	1 225.4	1 225.4		
塑料薄膜制造业	16.9	451.0	1 225.4	1 225.4		
非金属矿物制品业	393.0	6 469.0	12 281.1	11 598.6	681.8	
水泥制造业	237.3	4 365.0	9 965.4	9 965.4		
水泥制品和石棉水泥制品业	1.9		340.0	340.0		
砖瓦、石灰和轻质建筑材料制造业	78.5	1 268.0	1 329.1	912.7	416.4	
玻璃及玻璃制品业	75.3	836.0	646.6	380.5	265.4	
黑色金属冶炼及压延加工业	751.2	18 943.0	47 897.0	47 897.0		
炼钢业	751.2	18 943.0	47 897.0	47 897.0		
有色金属冶炼及压延加工业	61.4	1 217.0	2 984.6	2 457.4	301.6	225.6
重有色金属冶炼业	61.4	1 217.0	2 984.6	2 457.4	301.6	225.6
金属制品业	-31.5	1 380.0	1 218.8	892.3		
日用金属制品业	-31.5	1 380.0	1 218.8	892.3		
普通机械制造业	988.7	17 353.0	37 334.9	26 011.5	4 476.1	

4—8 续表 8　　(1993 年)　　单位:万元

指标	本年应付福利费	全部职工年平均人数(人)	资本金合计	国家	法人	个人
锅炉及原动机制造业	528.2	6 619.0	13 767.9	13 533.7	234.2	
金属加工机械制造业	149.6	3 463.0	8 933.1	5 371.5	3 561.6	
通用设备制造业	206.8	5 369.0	11 907.9	4 829.0	302.6	
其他通用零部件制造业	36.0	1 023.0	1 508.6	1 130.9	377.7	
铸锻件制造业	68.1	879.0	1 217.4	1 146.4		
专用设备制造业	269.1	7 307.0	16 235.0	15 132.4	678.3	
机电工业专用设备制造业	3.6		477.8	53.5		
石化及其他工业专用设备制造业	78.5	1 527.0	6 787.2	6 660.6	126.6	
轻纺工业专用设备制造业	94.1	1 882.0	5 099.5	4 721.7	377.8	
农、林、牧、渔、水利业机械制造业	49.1	1 684.0	1 719.6	1 719.6		
其他专用设备制造业	43.8	2 214.0	2 150.9	1 977.0	173.9	
交通运输设备制造业	1 111.4	21 922.0	64 737.8	63 013.5	1 632.0	
汽车制造业	839.5	11 442.0	37 976.5	36 252.2	1 632.0	
摩托车制造业	-56.3	1 665.0	1 925.0	1 925.0		
自行车制造业	-78.3	787.0	689.5	689.5		
船舶制造业	96.9	2 011.0	4 134.9	4 134.9		
交通运输设备修理业	309.6	6 017.0	20 011.9	20 011.9		
电气机械及器材制造业	372.7	12 142.0	14 072.2	13 614.2	273.5	25.5
电机制造业	19.8	3 230.0	2 086.4	2 086.4		
输配电及控制设备制造业	109.6	5 354.0	7 227.9	7 210.8	17.1	
电工器材制造业	197.5	1 878.0	3 533.9	3 374.9		
日用电器制造业		124.0	110.5	85.0		25.5
照明器具制造业	45.8	1 556.0	1 113.5	857.1	256.4	
电子及通信设备制造业	103.6	2 068.0	3 174.2	1 166.2	1 018.9	
通信设备制造业	26.4	208.0	251.3	161.4	89.9	
电子元件制造业	51.9	1 414.0	2 422.0	1 004.8	929.0	
日用电子器具制造业	25.3	446.0	500.9			
仪器仪表及文化、办公用机械制造业	36.7	1 413.0	1 151.7	759.9	391.8	
通用仪器仪表制造业	38.8	1 023.0	901.3	509.5	391.8	
电子测量仪器制造业	-2.1	390.0	250.4	250.4		
其他制造业	6.9	44.0	153.6	107.4	46.2	
其他生产、生活用品制造业	6.9	44.0	153.6	107.4	46.2	
电力、煤气及水的生产和供应业	130.2	2 129.0	24 546.1	24 546.1		
电力、蒸汽、热水的生产和供应业	73.8	1 155.0	14 093.0	14 093.0		
电力生产业	46.6					
电力供应业	27.2	1 155.0	14 093.0	14 093.0		
煤气生产和供应业	18.0	259.0	5 060.9	5 060.9		
煤气供应业	18.0	259.0	5 060.9	5 060.9		
自来水的生产和供应业	38.4	715.0	5 392.2	5 392.2		

4—8 续表 9 (1993 年) 单位:万元

指标	资本金合计 外商	年末资产负债及所有者权益 流动资产合计	货币资金	存货	产成品	流动资产年平均余额
总计	2 273.6	726 351.9	60 976.4	368 637.6	72 925.3	611 777.6
在总计中:						
中央企业		113 007.7	12 540.2	76 925.3	6 966.2	95 565.0
地方企业	2 273.6	613 344.2	48 436.2	291 712.3	65 959.1	516 212.6
在总计中:						
轻工业	1 555.4	200 930.5	15 073.6	78 985.8	18 359.6	183 350.9
以农产品为原料	953.1	150 480.7	10 420.8	58 385.8	13 298.2	137 809.9
以非农产品为原料	602.3	50 449.8	4 652.8	20 600.0	5 061.4	45 541.0
重工业	718.2	525 421.4	45 902.8	289 651.8	54 565.7	428 426.7
采掘工业		1 060.5	190.5	256.8	220.2	786.0
原料工业		176 836.1	21 299.6	86 565.4	15 372.5	138 736.2
加工工业	718.2	347 524.8	24 412.7	202 829.6	38 973.0	288 904.5
在总计中:						
大型企业		436 016.6	33 479.9	231 794.5	35 789.1	344 375.1
中型企业	1 671.3	235 326.9	22 738.2	113 105.1	30 870.5	219 911.5
小型企业	602.3	55 008.4	4 758.3	23 738.0	6 265.7	47 491.0
在总计中:						
采掘业		899.7	33.1	253.4	218.0	685.2
黑色金属矿采选业		899.7	33.1	253.4	218.0	685.2
其他黑色金属矿采选业		899.7	33.1	253.4	218.0	685.2
制造业	2 273.6	708 892.5	56 518.1	367 221.3	72 707.3	596 504.9
食品加工业		10 312.0	830.5	3 423.9	1 114.1	9 309.9
粮食及饲料加工业		6 014.7	467.6	1 335.6	202.4	5 398.0
植物油加工业		1 231.3	131.6	890.5	546.1	1 160.6
屠宰及肉类蛋类加工业		3 066.0	231.3	1 197.8	365.6	2 751.3
食品制造业	198.2	8 759.2	675.6	6 274.1	942.8	8 087.9
糕点、糖果制造业	198.2	7 981.7	577.6	5 938.0	929.4	7 308.9
调味品制造业		5 32.9	35.2	171.8	11.4	470.2
其他食品制造业		244.6	62.8	164.3	2.0	308.8
饮料制造业		2 311.1	285.7	1 119.9	60.0	2 268.4
酒精及饮料酒制造业		2 029.6	253.9	965.6	35.0	2 044.9
软饮料制造业		281.5	31.8	154.3	24.9	223.5
烟草加工业		19 051.5	2 242.7	10 370.3	312.8	25 988.1
卷烟制造业		19 051.5	2 242.7	10 370.3	312.8	25 988.1
纺织业	754.9	82 349.8	3 731.9	24 278.6	8 427.7	68 113.7
棉纺织业	754.9	62 990.9	2 665.4	14 980.1	4 807.8	49 337.4
麻纺织业		692.6	72.0	237.0	78.8	644.5
丝绢纺织业		1 092.7	45.3	478.0	149.9	658.0
针织品业		17 573.6	949.2	8 583.5	3 391.2	17 473.8
服装及其他纤维制品制造业		56.6	3.1	26.5	17.6	580

指标	资本金合计	年末资产负债及所有者权益				流动资产年平均余额
	外商	流动资产合计	货币资金	存货	产成品	
服装制造业		56.6	3.1	26.5	17.6	58.0
皮革、毛皮、羽绒及其制品业		2 891.2	205.5	862.5	346.1	3 061.1
皮革制品制造业		2 802.3	192.0	787.1	320.6	2 973.1
羽毛(绒)及制品业		88.9	13.5	75.4	25.5	88.0
木材加工及竹、藤、棕、草制品业		13 507.1	1 033.9	9 169.2	3 428.7	9 484.4
锯材、木片加工业		7 710.0	217.0	6 300.0	2 264.0	4 580.6
人造板制造业		5 797.1	816.9	2 869.2	1 164.7	4 903.8
家具制造业		443.1	7.5	316.0	223.7	323.5
木制家具制造业		443.1	7.5	316.0	223.7	323.5
造纸及纸制品业		14 628.5	1 312.1	6 760.9	663.6	11 185.1
造纸业		14 628.5	1 312.1	6 760.9	663.6	11 185.1
印刷业、记录媒介的复制		3 956.4	828.5	1 549.4	569.0	3 015.0
印刷业		3 956.4	828.5	1 549.4	569.0	3 015.0
化学原料及化学制品制造业	602.3	33 017.1	4 874.1	12 128.1	1 825.5	29 564.9
基本化学原料制造业		3 526.1	399.9	1 565.9	149.6	2 334.9
化学肥料制造业		8 163.0	1 638.9	2 756.8	214.7	7 649.0
有机化学产品制造业	602.3	2 216.3	170.0	1 011.5	113.3	2 582.1
专用化学产品制造业		2 051.2	421.4	805.3	563.0	2 213.5
日用化学产品制造业		17 060.5	2 243.9	5 988.6	784.9	14 785.4
医药制造业		4 972.7	153.0	3 256.3	1 319.2	5 112.7
化学药品制剂制造业		3 501.9	121.5	2 277.1	1 151.1	3 413.3
中药材及中成药加工业		1 470.8	31.5	979.2	168.1	1 699.4
化学纤维制造业		3 155.6	167.2	2 326.2	662.2	3 601.2
橡胶制品业		2 939.3	162.4	1 901.5	707.3	2 718.0
橡胶板、管、带制造业		2 736.0	153.2	1 788.3	613.8	2 528.5
橡胶零件制品业		203.3	9.2	113.2	93.5	189.5
塑料制品业		2 352.0	135.3	924.0	618.3	1 889.0
塑料薄膜制造业		2 352.0	135.3	924.0	618.3	1 889.0
非金属矿物制品业		35 471.3	8 739.0	15 043.7	2 364.5	30 035.2
水泥制造业		28 515.9	7 537.6	12 084.8	1 443.1	24 778.7
水泥制品和石棉水泥制品业		533.2	33.9	428.4	332.4	555.1
砖瓦、石灰和轻质建筑材料制造业		4 705.5	921.3	1 368.1	426.9	2 154.8
玻璃及玻璃制品业		1 716.7	246.2	1 162.4	162.1	2 546.6
黑色金属冶炼及压延加工业		100 690.1	7 314.7	56 711.4	9 319.7	74 830.6
炼钢业		100 690.1	7 314.7	56 711.4	9 319.7	74 830.6
有色金属冶炼及压延加工业		12 195.1	1 015.4	4 931.2	602.2	13 846.1
重有色金属冶炼业		12 195.1	1 015.4	4 931.2	602.2	13 846.1
金属制品业		4 621.7	281.8	2 650.7	722.4	2 161.3
日用金属制品业		4 621.7	281.8	2 650.7	722.4	2 161.3
普通机械制造业	71.0	91 957.8	5 918.4	54 582.8	13 438.7	69 869.3

(1993年) 单位:万元

指标	资本金合计	年末资产负债及所有者权益				
	外商	流动资产合计	货币资金	存货	产成品	流动资产年平均余额
锅炉及原动机制造业		38 554.7	2 077.4	23 434.9	6 338.3	25 303.4
金属加工机械制造业		13 901.6	240.2	6 985.5	1 040.9	15 250.6
通用设备制造业		32 736.0	3 262.4	20 848.0	4 592.7	23 581.4
其他通用零部件制造业		3 685.4	198.3	1 764.7	452.5	3 323.4
铸锻件制造业	71.0	3 080.1	140.1	1 549.7	1 014.3	2 410.5
专用设备制造业		35 889.4	1 798.9	16 220.1	5 375.6	30 403.5
机电工业专用设备制造业		294.8	17.1	108.7	47.7	294.8
石化及其他工业专用设备制造业		12 981.8	146.9	4 712.3	1 537.1	10 457.9
轻纺工业专用设备制造业		5 282.7	271.7	2 181.2	385.8	4 415.7
农、林、牧、渔、水利业机械制造业		7 702.5	136.6	2 828.8	728.9	6 062.6
其他专用设备制造业		9 627.6	1 226.6	6 389.1	2 676.1	9 172.5
交通运输设备制造业		153 538.1	11 723.2	101 388.8	9 274.3	130 703.0
汽车制造业		119 087.9	5 172.4	84 782.6	7 912.0	88 058.2
摩托车制造业		7 109.0	130.6	2 730.7	1 219.2	6 335.0
自行车制造业		4 459.6	73.8	1 225.6	70.5	4 708.4
船舶制造业		13 225.4	5 937.2	5 782.5		23 541.3
交通运输设备修理业		9 656.2	409.2	6 867.4	72.6	8 060.1
电气机械及器材制造业	159.0	53 455.5	2 500.2	24 854.9	8 603.5	46 675.1
电机制造业		15 903.0	277.6	7 728.3	2 410.0	13 177.0
输配电及控制设备制造业		26 389.5	1 542.2	13 349.3	4 955.2	24 109.3
电工器材制造业	159.0	8 009.4	486.3	2 408.7	953.7	6 814.4
日用电器制造业		314.9	17.5	83.7	35.1	115.4
照明器具制造业		2 838.7	176.6	1 284.9	249.5	2 459.0
电子及通信设备制造业	488.2	9 579.1	323.6	3 039.8	825.7	8 552.3
通信设备制造业		850.3	13.6	256.8	96.4	539.2
电子元件制造业	488.2	7 579.8	247.1	2 431.6	628.5	6 876.3
日用电子器具制造业		1 149.0	62.9	351.4	100.8	1 136.8
仪器仪表及文化、办公用机械制造业		6 574.4	241.4	3 033.0	936.8	5 445.7
通用仪器仪表制造业		5 316.6	198.3	2 690.0	872.3	4 630.0
电子测量仪器制造业		1 257.8	43.1	343.0	64.5	815.7
其他制造业		216.8	12.5	77.5	5.3	201.9
其他生产、生活用品制造业		216.8	12.5	77.5	5.3	201.9
电力、煤气及水的生产和供应业		16 559.7	4 425.2	1 162.9		14 587.5
电力、蒸汽、热水的生产和供应业		14 271.3	3 110.2	781.7		11 165.8
电力生产业		1 258.9	132.6	285.8		1 246.5
电力供应业		13 012.4	2 977.6	495.9		9 919.3
煤气生产和供应业		536.4	220.5	315.9		1 590.6
煤气供应业		536.4	220.5	315.9		1 590.6
自来水的生产和供应业		1 752.0	1 094.5	65.3		1 831.1

4—8　续表 12　　(1993 年)　　单位:万元

指　　标	年末资产负债及所有者权益					年末资产负债及所有者权益
	长期投资合　计	固定资产合　计	固定资产原价合计	生产经营用	本年折旧	固定资产净值合计
总　　计	38 998.1	537 973.9	560 272.1	470 603.6	27 972.5	415 767.3
在总计中:						
中央企业	3 158.9	74 959.2	88 275.1	73 099.8	3 241.2	66 304.4
地方企业	35 839.2	463 014.7	471 997.0	397 503.8	24 731.3	349 462.9
在总计中:						
轻工业	15 384.3	160 759.2	157 787.3	122 671.5	6 495.6	121 139.8
以农产品为原料	12 500.8	128 112.2	127 228.9	99 128.4	4 971.7	97 135.6
以非农产品为原料	2 883.5	32 647.0	30 558.4	23 543.1	1 523.9	24 004.2
重工业	23 613.8	377 214.7	402 484.8	347 932.1	21 476.9	294 627.5
采掘工业	4.5	439.1	374.2	287.6	18.9	304.2
原料工业	7 441.1	192 232.7	201 789.0	182 704.9	10 365.9	147 824.2
加工工业	16 168.2	184 542.9	200 321.6	164 939.6	11 092.1	146 499.1
在总计中:						
大型企业	15 862.6	369 128.1	385 659.9	336 648.2	19 769.8	284 029.5
中型企业	20 487.1	131 302.8	137 521.8	107 593.4	6 215.5	102 401.9
小型企业	2 648.4	37 543.0	37 090.4	26 362.0	1 987.2	29 335.9
在总计中:						
采掘业	4.5	372.2	301.2	223.9	13.6	245.1
黑色金属矿采选业	4.5	372.2	301.2	223.9	13.6	245.1
其他黑色金属矿采选业	4.5	372.2	301.2	223.9	13.6	245.1
制造业	38 549.7	502 636.7	515 503.0	429 300.2	26 456.7	382 906.9
食品加工业	1 676.3	12 913.2	12 378.2	10 062.8	504.6	9 788.4
粮食及饲料加工业	1 412.8	8 316.2	7 239.9	5 630.2	346.1	6 348.5
植物油加工业	62.5	928.3	1 085.1	813.8	31.6	928.3
屠宰及肉类蛋类加工业	201.0	3 668.7	4 053.2	3 618.8	126.9	2 511.6
食品制造业	594.3	7 094.1	8 349.0	6 508.3	317.2	5 751.1
糕点、糖果制造业	582.1	5 905.8	6 993.3	6 115.0	251.8	4 705.7
调味品制造业	12.2	762.1	983.6	32.5	45.7	762.0
其他食品制造业		426.2	372.1	360.8	19.7	283.4
饮料制造业	15.7	2 542.7	3158.7	2 858.9	152.5	2 341.6
酒精及饮料酒制造业	14.6	2 348.9	2 879.2	2 579.4	139.0	2 150.8
软饮料制造业	1.1	193.8	279.5	279.5	13.5	190.8
烟草加工业	84.4	13 135.5	14 887.9	9 601.0	326.5	12 158.9
卷烟制造业	84.4	13 135.5	14 887.9	9 601.0	326.5	12 158.9
纺织业	8 699.5	53 648.7	56 847.7	42 594.4	2 388.8	43 572.0
棉纺织业	5 944.8	35 282.1	37 099.8	30 168.7	1 482.6	29 061.1
麻纺织业	375.0	1 854.0	1 993.4	1 564.0	34.9	1 854.0
丝绢纺织业		812.9	812.9	800.0	166.9	646.0
针织品业	2 379.7	15 699.7	16 941.6	10 061.7	704.4	12 010.9
服装及其他纤维制品制造业		7.9	10.1	10.1	0.5	7.2

指　　标	年末资产负债及所有者权益					年末资产负债及所有者权益
	长期投资合计	固定资产合计	固定资产原价合计	生产经营用	本年折旧	固定资产净值合计
服装制造业		7.9	10.1	10.1	0.5	7.2
皮革、毛皮、羽绒及其制品业	28.3	1 590.6	1 370.5	590.7	45.9	1 040.0
皮革制品制造业	28.3	1 461.8	1 242.0	477.8	45.9	924.7
羽毛(绒)及制品业		128.8	128.5	112.9		115.3
木材加工及竹、藤、棕、草制品业	313.0	5 524.0	7 161.5	5 192.9	310.8	4 968.6
锯材、木片加工业	54.0	1 101.4	1 571.0	1 211.0	57.3	1 101.4
人造板制造业	259.3	4 422.6	5 590.5	3 981.9	253.5	3 867.2
家具制造业	21.0	91.9	148.7	148.7	7.9	92.0
木制家具制造业	21.0	91.9	148.7	148.7	7.9	92.0
造纸及纸制品业	323.3	23 530.0	15 918.1	15 618.8	576.0	10 456.0
造　纸　业	323.3	23 530.0	15 918.1	15 618.8	576.0	10 456.0
印刷业、记录媒介的复制	770.3	2 906.7	3 477.6	1 487.0	203.5	2 758.8
印　刷　业	770.3	2 906.7	3 477.6	1 487.0	203.5	2 758.8
化学原料及化学制品制造业	4 743.6	39 817.8	42 380.4	34 714.4	2 392.6	31 881.8
基本化学原料制造业	2 165.8	4 011.4	4 647.8	4 366.0	286.4	2 884.1
化学肥料制造业	1 213.6	21 189.5	26 066.2	22 689.6	1 448.4	20 485.9
有机化学产品制造业	469.4	1 630.0	2 002.6	1 140.4	65.9	1 571.9
专用化学产品制造业	19.8	1 191.2	2 064.7	506.8	101.2	1 110.7
日用化学产品制造业	875.0	11 795.7	7 599.1	6 011.6	490.7	5 829.2
医药制造业	47.1	2 875.5	2 910.1	2 309.6	96.8	2 199.6
化学药品制剂制造业	38.3	1 261.5	1 268.0	1 091.9	61.5	904.4
中药材及中成药加工业	8.8	1 614.0	1 642.1	1 217.7	35.3	1 295.2
化学纤维制造业	0.3	7 966.4	7 966.4	7 553.2	345.1	7 023.1
橡胶制品业	21.8	2 397.7	2 480.6	2 259.1	104.0	1 712.1
橡胶板、管、带制造业	21.8	2 323.6	2 416.1	2 199.0	100.2	1 667.1
橡胶零件制品业		74.1	64.5	60.1	3.8	45.0
塑料制品业	10.0	1 679.4	1 679.4	1 245.1	27.5	1 122.6
塑料薄膜制造业	10.0	1 679.4	1 679.4	1 245.1	27.5	1 122.6
非金属矿物制品业	1 314.6	74 647.3	75 609.6	71 475.9	2 359.1	66 090.1
水泥制造业	1 243.7	68 486.3	69 629.6	66 780.4	2 074.0	61 154.2
水泥制品和石棉水泥制品业	0.5	463.5	637.4	626.1	47.3	463.1
砖瓦、石灰和轻质建筑材料制造业	7.0	3 483.1	3 492.0	3 037.6	162.3	2 861.4
玻璃及玻璃制品业	63.4	2 214.4	1 850.6	1 031.8	75.5	1 611.4
黑色金属冶炼及压延加工业	2 192.2	71 657.1	71 657.1	60 994.4	6 183.8	41 696.2
炼　钢　业	2 192.2	71 657.1	71 657.1	60 994.4	6 183.8	41 696.2
有色金属冶炼及压延加工业	67.5	10 374.0	8 224.2	7 619.5	212.3	7 281.9
重有色金属冶炼业	67.5	10 374.0	8 224.2	7 619.5	212.3	7 281.9
金属制品业	102.7	1 203.8	1 333.6	1 260.2	73.6	1 029.0
日用金属制品业	102.7	1 203.8	1 333.6	1 260.2	73.6	1 029.0
普通机械制造业	1 279.4	46 632.2	48 186.7	39 594.9	2 204.9	34 975.1

指标	年末资产负债及所有者权益					年末资产负债及所有者权益
	长期投资合计	固定资产合计	固定资产原价合计	生产经营用	本年折旧	固定资产净值合计
锅炉及原动机制造业	531.4	23 398.7	22 328.1	18 899.8	989.1	17 267.3
金属加工机械制造业	21.6	9 578.3	11 077.8	7 861.9	387.2	8 766.4
通用设备制造业	458.9	10 602.8	11 512.3	9 900.3	691.9	6 590.2
其他通用零部件制造业	37.0	2 134.6	2 176.1	1 996.3	100.5	1 534.0
铸锻件制造业	230.5	917.8	1 092.4	936.6	36.2	817.2
专用设备制造业	1 941.4	14 119.4	13 438.7	9 580.8	962.7	9 797.8
机电工业专用设备制造业	20.6	389.5	565.4	455.8	22.5	431.5
石化及其他工业专用设备制造业	435.6	4 730.4	4 483.9	2 847.1	199.6	3 254.2
轻纺工业专用设备制造业	355.3	2 286.5	2 620.8	2 214.6	121.8	1 870.1
农、林、牧、渔、水利业机械制造业	41.2	2 451.4	2 593.5	1 742.8	386.7	1 638.3
其他专用设备制造业	1 088.7	4 261.6	3 175.1	2 320.8	232.1	2 603.7
交通运输设备制造业	7 123.2	77 281.2	83 067.7	71 104.1	5 073.9	60 577.0
汽车制造业	5 631.2	47 315.9	49 852.6	45 585.8	3 902.6	34 352.5
摩托车制造业	57.6	4 499.7	5 121.0	5 010.9	196.4	4 338.1
自行车制造业		2 433.9	1 253.4	850.7	44.9	972.0
船舶制造业	1 282.8	4 398.4	5 488.8	4 497.6	236.9	3 326.0
交通运输设备修理业	151.6	18 633.3	21 351.9	15 159.1	693.1	17 588.4
电气机械及器材制造业	5 854.3	22 909.5	25 274.2	19 634.2	1 205.4	19 007.4
电机制造业	424.3	10 075.6	11 821.4	10 392.9	320.3	9 319.0
输配电及控制设备制造业	2 254.6	8 991.1	9 195.8	6 510.1	576.1	6 369.0
电工器材制造业	2 101.9	2 722.8	2 790.4	1 556.7	242.0	2 287.4
日用电器制造业	92.5	79.1	54.3	54.3	3.2	39.8
照明器具制造业	981.0	1 040.9	1 412.3	1 120.2	63.8	992.2
电子及通信设备制造业	1 224.1	4 513.9	5 356.1	3 784.3	246.4	4 197.8
通信设备制造业		338.1	325.2	321.6	12.7	283.2
电子元件制造业	1 142.3	3 801.7	3 908.9	3 259.1	230.5	2 824.6
日用电子器具制造业	81.8	374.1	1 122.0	203.6	3.2	1 090.0
仪器仪表及文化、办公用机械制造业	101.1	1 495.7	2 141.6	1 408.3	130.0	1 302.7
通用仪器仪表制造业	96.9	1 191.5	1 592.7	1 141.0	110.3	1 045.8
电子测量仪器制造业	4.2	304.2	548.9	267.3	19.7	256.9
其他制造业		80.5	88.6	88.6	4.4	78.1
其他生产、生活用品制造业		80.5	88.6	88.6	4.4	78.1
电力、煤气及水的生产和供应业	443.9	34 965.0	44 467.9	41 079.5	1 502.2	32 615.3
电力、蒸汽、热水的生产和供应业	367.0	24 683.7	32 825.0	30 605.1	1 075.3	22 847.5
电力生产业		1.2	1.2	1.2		1.2
电力供应业	367.0	24 682.5	32 823.8	30 603.9	1 075.3	22 846.3
煤气生产和供应业	2.4	4 793.5	5 121.3	5 121.3	121.3	4 793.1
煤气供应业	2.4	4 793.5	5 121.3	5 121.3	121.3	4 793.1
自来水的生产和供应业	74.5	5 487.8	6 521.6	5 353.1	305.6	4 974.7

4—8 续表 15 (1993 年) 单位:万元

指标	年末资产负债及所有者权益					
	固定资产净值年平均余额	流动负债合计	流动负债年平均余额	营运资金年平均余额	长期负债合计	所有者权益合计
总计	416 753.0	621 325.0	546 876.4	64 901.2	289 656.0	461 126.3
在总计中:						
中央企业	55 760.0	92 543.5	81 149.4	14 415.6	11 048.7	88 105.6
地方企业	360 993.0	528 781.5	465 727.0	50 485.6	278 607.3	373 020.7
在总计中:						
轻工业	112 888.9	203 377.1	182 617.2	733.7	104 302.2	109 124.4
以农产品为原料	90 802.0	157 884.1	141 877.4	-4 067.5	88 593.9	83 101.5
以非农产品为原料	22 086.9	45 493.0	40 739.8	4 801.2	15 708.3	26 022.9
重工业	303 864.1	417 947.9	364 259.2	64 167.5	185 353.8	352 001.9
采掘工业	294.1	945.5	813.5	-27.5	394.5	-18.5
原料工业	166 430.0	131 930.1	113 463.9	25 272.3	86 103.7	170 763.4
加工工业	137 140.0	285 072.3	249 981.8	38 922.7	98 855.6	180 257.0
在总计中:						
大型企业	297 520.3	368 605.4	307 268.0	37 107.1	174 840.5	323 079.0
中型企业	92 096.8	201 391.0	192 376.5	27 535.0	96 224.5	114 889.5
小型企业	27 135.9	51 328.6	47 231.9	259.1	18 591.0	23 157.8
在总计中:						
采掘业	235.0	941.5	811.2	-126.0	394.5	-25.3
黑色金属矿采选业	235.0	941.5	811.2	-126.0	394.5	-25.3
其他黑色金属矿采选业	235.0	941.5	811.2	-126.0	394.5	-25.3
制造业	389 971.9	606 991.7	535 920.7	60 584.2	284 368.4	431 817.0
食品加工业	8 716.3	9 069.4	7 379.7	1 930.2	3 217.0	10 573.9
粮食及饲料加工业	5 701.0	5 194.2	4 260.7	1 137.3	2 230.9	6 281.2
植物油加工业	519.6	1 477.5	1 446.7	-286.1	3.0	741.7
屠宰及肉类蛋类加工业	2 495.6	2 397.7	1 672.3	1 079.0	983.1	3 551.0
食品制造业	5 492.7	7 966.8	7 144.4	943.5	3 184.0	5 765.0
糕点、糖果制造业	4 409.2	6 949.7	6 945.6	363.3	2 274.3	5 433.3
调味品制造业	735.1	630.1		470.2	803.4	111.9
其他食品制造业	348.4	387.0	198.8	110.0	106.3	219.8
饮料制造业	2 335.6	1 524.3	1 723.2	545.2	1 083.9	2 266.6
酒精及饮料酒制造业	2 169.7	1 336.4	1 707.5	337.4	1 006.9	2 049.7
软饮料制造业	165.9	187.9	15.7	207.8	77.0	216.9
烟草加工业	9 097.9	28 181.8	28 572.9	-2 584.8	3 649.5	440.0
卷烟制造业	9 097.9	28 181.8	28 572.9	-2 584.8	3 649.5	440.0
纺织业	42 489.5	89 658.7	75 992.5	-7 878.8	40 660.3	22 137.1
棉纺织业	27 761.8	68 952.5	56 155.6	-6 818.2	24 789.5	14 648.5
麻纺织业	1 870.2	2 349.0	2 249.0	-1 604.5	3 030.7	17.9
丝绢纺织业	567.2	705.6	689.0	-31.0	402.5	780.8
针织品业	12 290.3	17 651.6	16 898.9	574.9	12 437.6	6 689.9
服装及其他纤维制品制造业	8.1	39.6	4.2	53.8	5.0	25.1

4—8 续表 16 (1993年) 单位:万元

指标	年末资产负债及所有者权益					
	固定资产净值年平均余额	流动负债合计	流动负债年平均余额	营运资金年平均余额	长期负债合计	所有者权益合计
服装制造业	8.1	39.6	4.2	53.8	5.0	25.1
皮革、毛皮、羽绒及其制品业	1 019.2	2 804.2	2 944.9	116.2	959.7	1 053.9
皮革制品制造业	903.9	2 795.0	2 944.9	28.2	763.7	821.4
羽毛(绒)及制品业	115.3	9.2		88.0	196.0	232.5
木材加工及竹、藤、棕、草制品业	4 616.2	15 797.9	12 075.2	-2 590.8	1 841.0	2 216.7
锯材、木片加工业	1 051.0	6 474.0	3 329.5	1 251.1	666.4	2 236.1
人造板制造业	3 565.2	9 323.9	8 745.7	-3 841.9	1 174.6	-19.4
家具制造业	92.0	415.3		323.5		140.8
木制家具制造业	92.0	415.3		323.5		140.8
造纸及纸制品业	10 679.8	10 065.6	9 447.6	1 737.5	15 899.3	21 010.5
造纸业	10 679.8	10 065.6	9 447.6	1 737.5	15 899.3	21 010.5
印刷业、记录媒介的复制	2 828.5	3 084.7	3 083.0	-68.0	2 372.6	1 856.8
印刷业	2 828.5	3 084.7	3 083.0	-68.0	2 372.6	1 856.8
化学原料及化学制品制造业	32 272.1	31 097.6	27 125.7	2 439.2	15 711.1	31 152.5
基本化学原料制造业	2 923.3	3 186.5	2 349.4	-14.5	3 575.6	3 176.5
化学肥料制造业	21 412.5	10 222.7	9 993.7	-2 344.7	10 602.3	9 741.1
有机化学产品制造业	1 261.0	2 794.8	2 626.5	-44.4	364.8	1 355.7
专用化学产品制造业	1 064.8	582.2	757.3	1 456.2	185.8	2 459.0
日用化学产品制造业	5 610.5	14 311.4	11 398.8	3 386.6	982.6	14 420.2
医药制造业	2 216.9	4 927.9	4 846.9	265.8	2 447.4	754.6
化学药品制剂制造业	913.2	2 959.6	2 959.4	453.9	740.4	1 336.4
中药材及中成药加工业	1 303.7	1 968.3	1 887.5	-188.1	1 707.0	-581.8
化学纤维制造业	5 930.4	2 728.9	2 953.5	647.7	13 963.3	17 534.9
橡胶制品业	1 498.6	2 533.7	388.2	2 329.8	1 328.1	1 496.9
橡胶板、管、带制造业	1 437.1	2 361.3	230.6	2 297.9	1 328.1	1 391.9
橡胶零件制品业	61.5	172.4	157.6	31.9		105.0
塑料制品业	1 072.6	2 197.8	1 724.5	164.5	578.2	1 297.2
塑料薄膜制造业	1 072.6	2 197.8	1 724.5	164.5	578.2	1 297.2
非金属矿物制品业	64 465.6	30 323.8	27 376.8	2 658.4	62 675.2	19 247.7
水泥制造业	60 776.8	25 321.4	23 722.3	1 056.4	56 322.8	16 601.7
水泥制品和石棉水泥制品业	460.9	310.6	416.4	138.7	193.9	604.1
砖瓦、石灰和轻质建筑材料制造业	1 778.8	2 409.4	1 031.5	1 123.3	3 929.5	1 507.2
玻璃及玻璃制品业	1 449.1	2 282.4	2 206.6	340.0	2 229.0	534.7
黑色金属冶炼及压延加工业	70 035.9	62 393.3	56 977.7	17 852.9	6 890.4	121 216.4
炼钢业	70 035.9	62 393.3	56 977.7	17 852.9	6 890.4	121 216.4
有色金属冶炼及压延加工业	4 972.3	11 297.5	8 860.6	4 985.5	8 283.7	3 972.8
重有色金属冶炼业	4 972.3	11 297.5	8 860.6	4 985.5	8 283.7	3 972.8
金属制品业	1 016.1	2 449.0	2 165.2	-3.9	1 245.0	1 385.9
日用金属制品业	1 016.1	2 449.0	2 165.2	-3.9	1 245.0	1 385.9
普通机械制造业	33 196.8	70 287.8	61 740.6	8 128.7	25 777.9	41 393.7

指 标	年末资产负债及所有者权益					
	固定资产净值年平均余额	流动负债合计	流动负债年平均余额	营运资金年平均余额	长期负债合计	所有者权益合计
锅炉及原动机制造业	15 581.7	29 425.7	21 479.2	3 824.2	14 362.2	16 349.3
金属加工机械制造业	8 720.1	14 118.1	15 120.8	129.8	2 387.1	7 961.6
通用设备制造业	6 496.2	22 437.3	20 234.2	3 347.2	7 510.1	14 040.5
其他通用零部件制造业	1 585.4	1 817.5	2 772.4	551.0	1 136.9	1 667.0
铸锻件制造业	813.4	2 489.2	2 134.0	276.5	381.6	1 375.3
专用设备制造业	8 234.4	26 358.2	19 297.9	11 105.6	13 981.9	12 862.4
机电工业专用设备制造业	389.5	438.9	433.2	-138.4		
石化及其他工业专用设备制造业	2 542.0	8 295.6	7 181.9	3 276.0	6 148.8	4 471.3
轻纺工业专用设备制造业	1 901.5	4 568.6	4 202.1	213.6	2 122.9	2 002.2
农、林、牧、渔、水利业机械制造业	1 456.0	5 966.2	4 649.9	1 412.7	1 573.2	2 546.1
其他专用设备制造业	1 945.4	7 088.9	2 830.8	6 341.7	4 137.0	3 842.8
交通运输设备制造业	55 640.1	123 562.7	110 172.9	20 530.1	31 473.4	83 718.2
汽车制造业	30 130.0	94 659.9	69 177.2	18 881.0	22 564.3	54 836.7
摩托车制造业	4 963.0	6 489.5	6 576.0	-241.0	4 739.2	966.3
自行车制造业	733.8	5 087.9	5 065.3	-356.9	2 634.5	-828.8
船舶制造业	3 010.3	10 435.3	23 311.1	230.2	71.4	8 538.7
交通运输设备修理业	16 803.0	6 890.1	6 043.3	2 016.8	1 464.0	20 205.3
电气机械及器材制造业	17 446.4	53 901.2	42 864.0	3 811.1	18 801.4	25 709.0
电机制造业	7 915.4	18 390.7	14 511.6	-1 334.6	6 613.0	15 089.4
输配电及控制设备制造业	6 393.0	24 617.2	19 110.1	4 999.2	8 141.5	7 032.5
电工器材制造业	2 100.8	7 648.7	6 547.7	266.7	2 911.1	2 582.6
日用电器制造业	69.2	344.4	100.6	14.8		128.1
照明器具制造业	968.0	2 900.2	2 594.0	-135.0	1 135.8	876.4
电子及通信设备制造业	2 917.5	7 348.9	7 505.3	1 047.0	7 254.2	1 561.1
通信设备制造业	206.1	875.3	784.3	-245.1		313.1
电子元件制造业	2 703.0	5 212.5	5 478.9	1 397.4	6 732.0	1 390.2
日用电子器具制造业	8.4	1 261.1	1 242.1	-105.3	522.2	-142.2
仪器仪表及文化、办公用机械制造业	1 615.0	6 762.5	13 369.1	-7 923.4	1 082.7	978.9
通用仪器仪表制造业	1 110.0	4 716.7	4 716.7	-86.7	987.0	901.3
电子测量仪器制造业	505.0	2 045.8	8 652.4	-7 836.7	95.7	77.6
其他制造业	65.4	212.6	184.2	17.7	2.2	48.4
其他生产、生活用品制造业	65.4	212.6	184.2	17.7	2.2	48.4
电力、煤气及水的生产和供应业	26 546.1	13 391.8	10 144.5	4 443.0	4 899.1	29 334.6
电力、蒸汽、热水的生产和供应业	17 690.6	11 894.3	9 753.9	1 411.9	3 761.4	23 690.5
电力生产业	1.2	1 249.1	1 266.5	-20.0	8.4	26.8
电力供应业	17 689.4	10 645.2	8 487.4	1 431.9	3 753.0	23 663.7
煤气生产和供应业	4 354.8	1 017.6		1 590.6		
煤气供应业	4 354.8	1 017.6		1 590.6		
自来水的生产和供应业	1 500.7	479.9	390.6	1 440.5	1 131.7	5 644.1

4—8 续表18 (1993年) 单位:万元

指标	损益及分配					
	产品销售收入	产品销售成本	产品销售费用	产品销售税金及附加	产品销售利润	管理费用
总计	1 262 785.8	983 794.3	45 554.1	90 662.4	137 239.8	61 501.5
在总计中:						
中央企业	320 167.8	282 527.8	1 172.7	8 506.3	25 411.3	9 459.0
地方企业	942 618.0	701 266.5	44 381.4	82 156.1	111 828.5	52 042.5
在总计中:						
轻工业	315 470.1	237 668.8	8 598.2	39 525.3	27 142.9	14 357.1
以农产品为原料	238 962.3	184 808.6	3 392.0	30 742.8	17 582.5	9 888.7
以非农产品为原料	76 507.8	52 860.2	5 206.2	8 782.5	9 560.4	4 468.4
重工业	947 315.7	746 125.5	36 955.9	51 137.1	110 096.9	47 144.4
采掘工业	1 818.7	1 748.5	28.5	58.2	-16.5	45.6
原料工业	286 166.0	195 877.9	19 700.0	32 217.4	38 370.5	13 566.5
加工工业	659 331.0	548 499.1	17 227.4	18 861.5	71 742.9	33 532.3
在总计中:						
大型企业	819 963.7	629 077.6	31 760.8	73 767.1	81 124.3	32 302.9
中型企业	362 979.3	289 618.0	11 347.6	13 370.7	47 356.7	23 664.9
小型企业	79 842.8	65 098.7	2 445.7	3 524.6	8 758.8	5 533.7
在总计中:						
采掘业	1 258.4	1 223.4	28.2	53.0	-46.2	43.6
黑色金属矿采选业	1 258.4	1 223.4	28.2	53.0	-46.2	43.6
其他黑色金属矿采选业	1 258.4	1 223.4	28.2	53.0	-46.2	43.6
制造业	1 244 680.5	971 155.9	45 357.7	87 002.8	135 628.9	61 135.2
食品加工业	22 101.1	19 764.1	733.8	165.3	1 437.1	1 059.0
粮食及饲料加工业	10 157.3	9 273.1	110.0	94.4	679.8	326.4
植物油加工业	3 654.2	3 222.9	128.8		302.5	242.4
屠宰及肉类蛋类加工业	8 289.6	7 268.1	495.0	70.9	454.8	490.2
食品制造业	15 819.2	13 825.9	490.6	528.2	966.5	469.2
糕点、糖果制造业	14 379.3	12 607.6	396.0	451.6	916.3	371.0
调味品制造业	964.1	762.3	82.0	61.1	58.6	59.4
其他食品制造业	475.8	456.0	12.6	15.5	-8.4	38.8
饮料制造业	7 846.9	5 686.0	479.4	699.5	982.0	385.7
酒精及饮料酒制造业	7 235.7	5 158.9	469.7	675.3	931.8	349.4
软饮料制造业	611.2	527.1	9.7	24.2	50.2	36.3
烟草加工业	54 718.0	26 142.1	235.7	24 399.5	3 256.6	929.8
卷烟制造业	54 718.0	26 142.1	235.7	24 399.5	3 256.6	929.8
纺织业	102 168.8	89 297.7	1 001.1	4 409.7	6 850.7	4 108.4
棉纺织业	78 601.4	68 901.5	649.8	3 291.2	5 149.8	2 870.1
麻纺织业	501.7	505.4	8.3	71.2	-83.2	34.3
丝绢纺织业	1 106.5	1 092.1	5.5	4.4	4.4	93.2
针织品业	21 959.2	18 798.7	337.5	1 042.9	1 779.7	1 110.8
服装及其他纤维制品制造业	70.3	53.6	1.5	3.3	11.9	9.9

4—8 续表 19 (1993 年) 单位:万元

指标	损益及分配					
	产品销售收入	产品销售成本	产品销售费用	产品销售税金及附加	产品销售利润	管理费用
服装制造业	70.3	53.6	1.5	3.3	11.9	9.9
皮革、毛皮、羽绒及其制品业	2 144.6	2 122.8	27.4	58.4	-64.1	132.0
皮革制品制造业	2 112.2	2 088.0	22.9	57.8	-56.6	126.2
羽毛(绒)及制品业	32.4	34.8	4.5	0.6	-7.5	5.8
木材加工及竹、藤、棕、草制品业	19 027.3	16 894.0	179.2	360.8	1 590.7	742.1
锯材、木片加工业	7 206.3	6 336.9	68.3	164.4	636.7	392.5
人造板制造业	11 821.0	10 557.1	110.9	196.4	954.0	349.6
家具制造业	339.0	280.6	31.8	11.4	15.0	11.8
木制家具制造业	339.0	280.6	31.8	11.4	15.0	11.8
造纸及纸制品业	18 170.0	15 364.2	37.3	22.0	1 749.8	1 105.1
造 纸 业	18 170.0	15 364.2	37.3	22.0	1 749.8	1 105.1
印刷业、记录媒介的复制	4 719.2	3 846.9	57.6	115.0	699.4	420.8
印 刷 业	4 719.2	3 846.9	57.6	115.0	699.4	420.8
化学原料及化学制品制造业	79 092.2	54 702.7	4 945.9	10 600.0	8 843.3	4 500.2
基本化学原料制造业	6 414.0	5 022.3	72.8	757.2	561.7	437.9
化学肥料制造业	23 833.4	20 423.1	209.5	2 076.3	1 124.4	1 453.2
有机化学产品制造业	6 212.7	4 832.5	117.2	715.1	547.9	318.3
专用化学产品制造业	5 461.4	3 805.7	433.8	590.7	631.1	430.8
日用化学产品制造业	37 170.7	20 619.1	4 112.6	6 460.7	5 978.2	1 860.0
医药制造业	5 100.9	4 142.6	137.8	239.8	446.5	915.8
化学药品制剂制造业	4 010.5	3 209.1	123.0	193.3	485.1	273.0
中药材及中成药加工业	1 090.4	933.5	14.8	46.5	-38.6	642.8
化学纤维制造业	6 715.5	5 140.9	283.3	171.7	1 119.6	413.6
橡胶制品业	5 038.7	3 974.4	105.9	565.8	392.5	205.9
橡胶板、管、带制造业	4 834.4	3 805.7	93.3	549.8	385.5	202.6
橡胶零件制品业	204.3	168.7	12.6	16.0	7.0	3.3
塑料制品业	2 129.5	1 838.7	56.4	87.9	146.5	83.2
塑料薄膜制造业	2 129.5	1 838.7	56.4	87.9	146.5	83.2
非金属矿物制品业	65 605.2	31 638.6	11 922.7	5 373.7	16 668.4	5 011.4
水泥制造业	54 311.0	23 306.2	11 436.5	4 659.6	14 908.7	4 273.9
水泥制品和石棉水泥制品业	1 226.0	982.2		28.7	215.1	61.3
砖瓦、石灰和轻质建筑材料制造业	5 722.0	3 715.1	442.6	325.3	1 237.2	571.7
玻璃及玻璃制品业	4 346.2	3 635.1	43.6	360.1	307.4	104.5
黑色金属冶炼及压延加工业	171 694.7	123 676.6	7 257.2	22 246.2	18 514.7	7 302.5
炼 钢 业	171 694.7	123 676.6	7 257.2	22 246.2	18 514.7	7 302.5
有色金属冶炼及压延加工业	21 510.5	19 175.3	332.7	572.7	1 429.7	490.5
重有色金属冶炼业	21 510.5	19 175.3	332.7	572.7	1 429.7	490.5
金属制品业	6 501.6	5 285.0	110.8	390.5	715.2	492.5
日用金属制品业	6 501.6	5 285.0	110.8	390.5	715.2	492.5
普通机械制造业	112 668.8	81 507.5	5 269.7	4 230.3	21 661.0	10 676.4

4—8 续表 20 (1993 年) 单位:万元

指标	损益及分配 产品销售收入	产品销售成本	产品销售费用	产品销售税金及附加	产品销售利润	管理费用
锅炉及原动机制造业	50 303.0	33 935.3	2 572.2	1 959.6	11 835.9	5 144.1
金属加工机械制造业	11 778.1	8 926.7	526.0	297.2	2 028.2	1 176.4
通用设备制造业	36 712.2	26 956.9	1 502.5	1 504.8	6 747.9	3 603.0
其他通用零部件制造业	6 942.0	5 497.6	335.5	265.9	842.8	500.9
铸锻件制造业	6 933.5	6 191.0	333.5	202.8	206.2	252.0
专用设备制造业	43 906.7	32 655.4	2 081.8	1 673.5	7 324.3	3 933.3
机电工业专用设备制造业	492.5	459.5			32.9	33.7
石化及其他工业专用设备制造业	8 512.5	6 216.4	296.0	276.2	1 723.8	667.4
轻纺工业专用设备制造业	7 290.1	5 881.3	241.2	286.1	881.5	639.6
农、林、牧、渔、水利业机械制造业	12 716.9	11 004.6	83.9	387.1	1 241.3	594.9
其他专用设备制造业	14 894.7	9 093.6	1 460.7	724.1	3 444.8	1 997.7
交通运输设备制造业	406 226.2	357 787.8	5 836.8	7 082.5	32 802.2	13 274.8
汽车制造业	359 682.5	318 128.5	5 440.4	6 162.8	27 234.0	9 985.3
摩托车制造业	1 856.5	1 216.5	125.3	119.5	395.2	354.7
自行车制造业	3 648.4	3 136.3	87.6	337.4	87.1	204.9
船舶制造业	28 533.8	23 663.8	21.5	121.3	4 727.1	943.5
交通运输设备修理业	12 505.0	11 642.7	162.0	341.5	358.8	1 786.4
电气机械及器材制造业	53 497.3	41 728.9	2 890.4	2 438.0	6 434.1	3 483.3
电机制造业	18 624.8	14 992.7	1 028.3	718.3	1 879.7	794.3
输配电及控制设备制造业	24 842.4	18 511.5	1 486.6	1 406.0	3 438.3	2 014.1
电工器材制造业	6 988.5	5 567.0	318.1	220.4	882.9	462.9
日用电器制造业	346.6	286.6	21.2	17.3	21.5	7.8
照明器具制造业	2 695.0	2 371.1	36.2	76.0	211.7	204.2
电子及通信设备制造业	8 352.6	6 630.9	284.4	345.0	891.0	551.2
通信设备制造业	1 384.8	1 102.9	48.6	48.6	184.7	71.2
电子元件制造业	5 367.8	4 192.3	164.0	229.2	679.0	439.9
日用电子器具制造业	1 600.0	1 335.7	71.8	67.2	27.3	40.1
仪器仪表及文化、办公用机械制造业	9 067.7	7 641.6	557.7	198.9	669.4	388.6
通用仪器仪表制造业	8 785.5	7 371.8	550.9	191.0	671.8	296.4
电子测量仪器制造业	282.2	269.8	6.8	7.9	-2.4	92.2
其他制造业	448.0	351.1	8.8	13.2	74.9	38.2
其他生产、生活用品制造业	448.0	351.1	8.8	13.2	74.9	38.2
电力、煤气及水的生产和供应业	16 846.9	11 415.0	168.2	3 606.6	1 657.1	322.7
电力、蒸汽、热水的生产和供应业	12 355.1	7 858.9		3 447.9	1 048.3	
电力生产业	2 349.9	2 179.7		98.5	71.7	
电力供应业	10 005.2	5 679.2		3 349.4	976.6	
煤气生产和供应业	971.5	1 001.1	9.4	44.6	-83.6	74.2
煤气供应业	971.5	1 001.1	9.4	44.6	-83.6	74.2
自来水的生产和供应业	3 520.3	2 555.0	158.8	114.1	692.4	248.5

4—8 续表21　　(1993年)　　单位:万元

指标	损益及分配					
	财务费用	利息支出	营业利润	利润总额	亏损企业亏损总额	利税总额
总　计	20 749.8	17 533.9	60 495.2	57 796.4	5 282.9	148 458.8
在总计中:						
中央企业	1 143.4	784.3	15 200.7	16 977.1	·	25 483.4
地方企业	19 606.4	16 749.6	45 294.5	40 819.3	5 282.9	122 975.4
在总计中:						
轻工业	7 353.7	6 729.2	6 976.3	5 904.1	3 575.9	45 429.4
以农产品为原料	5 860.4	5 367.2	2 440.8	1 563.7	2 774.5	32 306.5
以非农产品为原料	1 493.3	1 362.0	4 535.5	4 340.4	801.4	13 122.9
重工业	13 396.1	10 804.7	53 518.9	51 892.3	1 707.0	103 029.4
采掘工业	37.9	36.0	-100.0	-64.9	90.7	-6.7
原料工业	4 718.3	2 439.1	22 144.4	20 594.4	107.0	52 811.8
加工工业	8 639.9	8 329.6	31 474.5	31 362.8	1 509.3	50 224.3
在总计中:						
大型企业	12 377.8	9 617.0	39 386.1	38 005.8	2 158.1	111 772.9
中型企业	6 728.8	6 561.9	19 053.6	17 586.4	1 870.3	30 957.1
小型企业	1 643.2	1 355.0	2 055.5	2 204.2	1 254.5	5 728.8
在总计中:						
采掘业	36.2	36.0	-126.0	-90.7	90.7	-37.7
黑色金属矿采选业	36.2	36.0	-126.0	-90.7	90.7	-37.7
其他黑色金属矿采选业	36.2	36.0	-126.0	-90.7	90.7	-37.7
制造业	20 776.6	17 545.8	59 211.5	56 351.7	5 120.8	143 354.5
食品加工业	250.9	250.4	442.9	741.6	74.2	906.9
粮食及饲料加工业	71.4	71.1	372.6	560.3	74.2	654.7
植物油加工业	105.6	105.6	59.5	53.0		53.3
屠宰及肉类蛋类加工业	73.9	73.7	10.8	128.0		198.9
食品制造业	161.6	161.5	355.0	238.5	135.5	766.7
糕点、糖果制造业	106.8	106.7	454.4	363.9		815.5
调味品制造业	37.3	37.3	-35.7	-25.1	25.1	36.0
其他食品制造业	17.5	17.5	-63.7	-100.3	110.4	-84.8
饮料制造业	89.0	88.8	507.5	442.9	5.4	1 142.4
酒精及饮料酒制造业	83.7	83.7	498.9	448.3		1 123.6
软饮料制造业	5.3	5.1	8.6	-5.4	5.4	18.8
烟草加工业	1 244.4	1 127.1	1 102.0	868.7		25 268.2
卷烟制造业	1 244.4	1 127.1	1 102.0	868.7		25 268.2
纺织业	3 144.2	3 052.5	-167.7	-674.6	1 074.1	3 735.1
棉纺织业	2 212.3	2 207.3	211.4	-266.2	610.0	3 025.0
麻纺织业	18.9	18.9	-133.2	-150.7	150.7	-79.5
丝绢纺织业	-0.6	-0.6	-88.2	-35.4	35.4	-31.0
针织品业	913.6	826.9	-157.7	-222.3	278.0	820.6
服装及其他纤维制品制造业	0.5	0.5	1.5	2.9		6.2

指标	损益及分配					
	财务费用	利息支出	营业利润	利润总额	亏损企业亏损总额	利税总额
服装制造业	0.5	0.5	1.5	2.9		6.2
皮革、毛皮、羽绒及其制品业	126.8	90.6	-322.9	-199.9	199.9	-141.5
皮革制品制造业	89.2	67.3	-272.0	-145.0	145.0	-87.2
羽毛(绒)及制品业	37.6	23.3	-50.9	-54.9	54.9	-54.3
木材加工及竹、藤、棕、草制品业	481.6	480.6	554.6	345.7		706.5
锯材、木片加工业	74.9	74.7	183.1	148.4		312.8
人造板制造业	406.7	405.9	371.5	197.3		393.7
家具制造业	9.2		-0.5			11.4
木制家具制造业	9.2		-0.5			11.4
造纸及纸制品业	207.0	206.8	437.7	165.6	84.6	187.6
造纸业	207.0	206.8	437.7	165.6	84.6	187.6
印刷业、记录媒介的复制	72.9	70.6	225.6	228.3		343.3
印刷业	72.9	70.6	225.6	228.3		343.3
化学原料及化学制品制造业	1 480.7	1 407.7	3 712.5	3 367.6	1 191.2	13 967.6
基本化学原料制造业	84.0	84.0	128.2	60.3		817.5
化学肥料制造业	904.9	904.9	-1 008.9	-1 155.6	1 155.6	920.7
有机化学产品制造业	185.5	138.3	74.7	63.2		778.3
专用化学产品制造业	11.4	11.4	230.5	139.0	35.6	729.7
日用化学产品制造业	294.9	269.1	4 288.0	4 260.7		10 721.4
医药制造业	576.0	331.5	-1 047.9	-1 150.5	1 200.8	-910.7
化学药品制剂制造业	129.7	128.7	82.4	50.3		243.6
中药材及中成药加工业	446.3	202.8	-1 130.3	-1 200.8	1 200.8	-1 154.3
化学纤维制造业	74.6	74.6	631.4	609.1		780.8
橡胶制品业	93.9	93.9	92.7	60.0		625.8
橡胶板、管、带制造业	93.9	93.9	89.0	57.8		607.6
橡胶零件制品业			3.7	2.2		18.2
塑料制品业	71.6	47.1	-5.4	13.7		101.6
塑料薄膜制造业	71.6	47.1	-5.4	13.7		101.6
非金属矿物制品业	2 589.7	457.7	9 244.3	9 176.1	4.3	14 549.8
水泥制造业	2 301.9	191.1	8 437.6	8 339.8		12 999.4
水泥制品和石棉水泥制品业	14.8	14.6	181.1	177.0		205.7
砖瓦、石灰和轻质建筑材料制造业	190.9	177.2	515.5	511.5	4.3	836.8
玻璃及玻璃制品业	82.1	74.8	110.1	147.8		507.9
黑色金属冶炼及压延加工业	1 364.7	1 196.5	11 247.7	10 015.5		32 261.7
炼钢业	1 364.7	1 196.5	11 247.7	10 015.5		32 261.7
有色金属冶炼及压延加工业	342.8	342.8	824.8	715.0		1 287.7
重有色金属冶炼业	342.8	342.8	824.8	715.0		1 287.7
金属制品业	149.0	101.9	237.3	180.5		571.0
日用金属制品业	149.0	101.9	237.3	180.5		571.0
普通机械制造业	2 584.5	2 578.0	8 850.0	7 937.6	4.2	12 167.9

4—8 续表 23 (1993年) 单位:万元

指标	损益及分配					
	财务费用	利息支出	营业利润	利润总额	亏损企业亏损总额	利税总额
锅炉及原动机制造业	1 269.1	1 136.1	5 659.1	5 229.5	4.2	7 189.1
金属加工机械制造业	395.5	368.8	492.7	296.2		593.4
通用设备制造业	894.2	863.7	2 302.6	2 123.8		3 628.6
其他通用零部件制造业	148.4	111.3	318.7	257.5		523.4
铸锻件制造业	-122.7	98.1	76.9	30.6		233.4
专用设备制造业	1 026.5	1 004.8	2 891.7	2 759.4	258.2	4 432.9
机电工业专用设备制造业	-0.2	-0.2	20.7	22.3		22.3
石化及其他工业专用设备制造业	378.0	377.3	698.4	722.7		998.9
轻纺工业专用设备制造业	140.5	131.5	175.4	106.1	249.9	392.2
农、林、牧、渔、水利业机械制造业	184.1	183.3	762.7	695.8		1 082.9
其他专用设备制造业	324.1	312.9	1 234.5	1 212.5	8.3	1 936.6
交通运输设备制造业	2 755.2	2 397.0	17 181.7	18 646.1	551.5	25 728.6
汽车制造业	2 621.2	2 263.1	14 850.0	14 480.2		20 643.0
摩托车制造业	340.1	340.1	-250.7	-307.9	307.9	-188.4
自行车制造业	162.4	162.4	-277.8	-243.6	243.6	93.8
船舶制造业	-573.1	-573.1	4 421.3	4 413.1		4 534.4
交通运输设备修理业	204.6	204.5	-1 561.1	304.3		645.8
电气机械及器材制造业	1 495.1	1 453.5	1 857.9	1 490.3	80.4	3 928.3
电机制造业	412.1	411.2	698.4	515.2		1 233.5
输配电及控制设备制造业	793.0	780.9	884.9	748.8		2 154.8
电工器材制造业	262.0	241.8	164.6	151.9	80.4	372.3
日用电器制造业	2.8	2.8	10.9	10.9		28.2
照明器具制造业	25.2	16.8	99.1	63.5		139.5
电子及通信设备制造业	189.6	336.0	257.3	302.4	129.4	647.4
通信设备制造业	42.3	41.4	71.2	70.4		119.0
电子元件制造业	104.4	251.7	177.3	226.7	129.4	455.9
日用电子器具制造业	42.9	42.9	8.8	5.3		72.5
仪器仪表及文化、办公用机械制造业	188.7	187.5	89.8	52.9	127.1	251.8
通用仪器仪表制造业	176.2	175.0	199.2	180.0		371.0
电子测量仪器制造业	12.5	12.5	-109.4	-127.1	127.1	-119.2
其他制造业	5.9	5.9	10.0	16.3		29.5
其他生产、生活用品制造业	5.9	5.9	10.0	16.3		29.5
电力、煤气及水的生产和供应业	-63.0	-47.9	1 409.7	1 535.4	71.4	5 142.0
电力、蒸汽、热水的生产和供应业	-42.7	-42.7	1 093.2	1 164.2		4 612.1
电力生产业	3.4	3.4	68.3	58.4		156.9
电力供应业	-46.1	-46.1	1 024.9	1 105.8		4 455.2
煤气生产和供应业	-5.2	-5.2	-142.5	-71.4	71.4	-26.8
煤气供应业	-5.2	-5.2	-142.5	-71.4	71.4	-26.8
自来水的生产和供应业	-15.1		459.0	442.6		556.7

4—9 市区独立核算集体工业企业主要经济指标

(1993 年)　　　　单位：万元

指　　标	企业单位数（个）	亏损企业	工业总产值（当年价）	工业总产值（1990 年不变价）	工业增加值（生产法）	成品产销存 年初库存价值
总　　计	556	76	240 660.4	223 772.7	50 778.8	22 637.0
在总计中：						
乡办企业	243	28	57 508.3	47 125.6	10 670.8	1 200.5
在总计中：						
轻工业	258	51	96 415.8	100 468.7	27 297.0	14 699.5
以农产品为原料	139	31	47 011.6	45 908.7	14 661.1	3 856.5
以非农产品为原料	119	20	49 404.2	54 560.0	12 635.8	10 842.9
重工业	298	25	144 244.6	123 304.0	23 481.8	7 937.4
采掘工业	16	3	2 133.3	1 681.2	504.9	29.6
原料工业	40	8	69 086.4	56 347.6	8 877.6	4 175.7
加工工业	242	14	73 024.9	65 275.2	14 099.2	3 732.1
在总计中：						
大型企业	3	1	20 503.8	22 555.0	3 270.8	7 401.7
中型企业	6		43 714.7	41 122.3	9 662.6	3 824.3
小型企业	547	75	176 441.9	160 095.4	37 845.4	
在总计中：						
采掘业	16	3	2 120.8	1 712.7	486.1	11 411.0
煤炭采选业	2	1	64.7	63.7	46.6	22.9
煤炭开采业	1		55.7	55.7	30.2	12.2
煤炭洗选业	1	1	9.0	8.0	16.4	12.2
黑色金属矿采选业	2		350.0	350.0	34.5	
其他黑色金属矿采选业	2		350.0	350.0	34.5	
有色金属矿采选业	1	1	156.0	156.0	6.0	9.0
重有色金属矿采选业	1	1	156.0	156.0	6.0	9.0
非金属矿采选业	9	1	936.1	884.7	223.2	1.7
土沙石开采业	9	1	936.1	884.7	223.2	1.7
其他矿采选业	2		614.0	258.3	175.8	
制造业	539	73	238 503.5	222 025.9	50 270.0	22 614.1
食品加工业	9	2	5 405.3	3 390.8	1 070.3	214.2
粮食及饲料加工业	6	2	1 965.8	1 535.2	839.2	139.6
植物油加工业	1		3 291.5	1 707.6	211.3	74.6
屠宰及肉类蛋类加工业	2		148.0	148.0	19.8	
食品制造业	13	4	1 979.1	1 192.5	199.2	82.9
糕点、糖果制造业	7	2	296.0	259.9	14.1	1.9
调味品制造业	2	1	54.6	54.6	21.1	
其他食品制造业	4	1	1 628.5	878.0	164.0	81.0
饮料制造业	4	2	4 654.2	4 134.0	1 041.6	40.8
酒精及饮料酒制造业	1	1	2.0	2.0	0.9	
软饮料制造业	2	1	136.5	139.3	40.3	1.3
其他饮料制造业	1		4 515.7	3 992.7	1 000.4	39.5
纺织业	40	11	11 133.8	10 847.9	3 214.8	629.4
棉纺织业	13	3	4 467.0	3 816.5	709.4	150.0

4—9　续表 1　　(1993 年)　　单位:万元

指　标	企业单位数(个)	亏损企业	工业总产值(当年价)	工业总产值(1990年不变价)	工业增加值(生产法)	成品产销存 年初库存价值
毛纺织业	2		22.6	22.6	11.5	
丝绢纺织业	2		444.8	444.8	175.9	
针织品业	23	8	6 199.4	6 564.0	2 318.0	479.4
服装及其他纤维制品制造业	25	5	6 058.0	7 303.0	2 297.0	1 237.5
服装制造业	20	4	4 048.5	4 291.5	1 545.1	947.8
制帽业	1	1	53.4	50.5	15.1	30.5
制鞋业	2		1 445.0	1 771.5	629.0	180.4
其他纤维制品制造业	2		511.1	1 189.5	107.8	78.8
皮革、毛皮、羽绒及其制品业	6	2	2 078.2	2 746.5	1 726.8	261.6
制革业	3	1	150.5	144.0	16.2	19.9
皮革制品制造业	3	1	1 927.7	2 602.5	1 710.6	241.7
木材加工及竹、藤、棕、草制品业	8	1	2 963.1	2 963.1	-2 220.7	0.6
锯材、木片加工业	2		2 517.4	2 517.4	-2 278.6	0.6
木制品业	5		336.9	336.9	15.0	
家具制造业	7		2 612.2	2 440.4	1 049.1	140.3
木制家具制造业	6		2 284.4	2 241.3	1 112.9	122.4
金属家具制造业	1		327.8	199.1	-63.8	17.9
造纸及纸制品业	24	5	11 554.8	13 124.6	3 513.3	1 351.4
造纸业	8		7 209.3	7 687.7	1 848.7	916.8
纸制品业	16	5	4 345.5	5 436.9	1 664.6	434.6
印刷业、记录媒介的复制	16	2	1 148.6	1 069.1	495.7	63.3
印刷业	16	2	1 148.6	1 069.1	495.7	63.3
文教体育用品制造业	1					
体育用品制造业	1					
石油加工及炼焦业	2		46.4	46.4	15.7	5.0
原油加工业	2		46.4	46.4	15.7	5.0
化学原料及化学制品制造业	28	5	7 810.4	8 124.5	1 597.7	982.6
基本化学原料制造业	6		5 475.7	5 417.0	1 214.0	471.3
化学肥料制造业	2	1	363.9	449.8	186.6	50.2
化学农药制造业	1		50.0	50.0	11.5	
有机化学产品制造业	10	1	942.3	956.3	178.4	329.9
合成材料制造业	1		594.4	613.9	-79.0	54.0
专用化学产品制造业	2		45.6	43.8	17.9	20.5
日用化学产品制造业	6	3	338.5	593.7	68.2	56.6
医药制造业	4		1 420.9	1 469.1	302.9	268.1
化学药品制剂制造业	3		620.9	669.1	214.8	268.1
生物制品业	1		800.0	800.0	88.1	
化学纤维制造业	1		12.0	12.0	1.0	
人造纤维(纤维素纤维)制造业	1		12.0	12.0	1.0	
橡胶制品业	5	1	580.5	625.6	156.2	74.7
橡胶板、管、带制造业	1	1	250.9	230.8	20.2	22.0
橡胶零件制品业	2		22.7	22.7	15.2	

4—9 续表 2 (1993年) 单位:万元

指 标	企业单位数(个)	亏损企业	工业总产值(当年价)	工业总产值(1990年不变价)	工业增加值(生产法)	成品产销存 年初库存价值
橡胶制品翻修业	1		65.0	67.0	29.7	15.6
其他橡胶制品业	1		241.9	305.1	91.1	37.1
塑料制品业	41	5	14 087.4	17 419.5	3 811.6	1 179.3
塑料薄膜制造业	7		761.0	720.5	257.9	69.1
塑料板、管、棒材制造业	1		20.5	20.5	3.7	23.6
塑料丝、绳及编织品制造业	8	1	8 903.6	12 365.6	1 898.5	712.3
泡沫塑料及人造革、合成革制造业	4		1 324.4	1 349.0	286.3	142.0
塑料包装箱及容器制造业	3	1	996.3	937.4	293.6	126.9
日用塑料杂品制造业	3	1	119.7	125.2	45.1	3.9
塑料零件制造业	5	2	792.5	792.5	400.3	94.9
其他塑料制品业	10		1 169.4	1 108.8	626.2	6.6
非金属矿物制品业	58	4	11 640.3	8 515.8	4 643.1	1 029.3
水泥制品和石棉水泥制品业	5		3 016.3	2 477.4	1 923.6	265.4
砖瓦、石灰和轻质建筑材料制造业	44	3	3 958.6	2 204.5	1 466.1	148.6
玻璃及玻璃制品业	2	1	133.7	133.7	49.2	2.0
陶瓷制品业	3		1 655.3	1 448.3	766.5	383.2
耐火材料制品业	2		353.6	288.9	68.4	68.4
矿物纤维及其制品业	2		2 522.8	1 963.0	369.3	161.7
其他类未包括的非金属矿物制品业						
黑色金属冶炼及压延加工业	9	5	12 070.4	5 296.6	3 093.6	161.1
炼 钢 业	1	1	7.4	7.4	3.8	
钢压延加工业	7	3	11 930.3	5 156.5	3 081.3	136.1
铁合金冶炼业	1	1	132.7	132.7	8.5	25.0
有色金属冶炼及压延加工业	14	2	46 560.5	41 227.5	6 399.9	3 102.7
重有色金属冶炼业	12	1	46 305.4	40 972.1	6 350.6	3 093.8
轻有色金属冶炼业	1	1	185.9	189.8	48.2	
有色金属合金业	1		69.2	65.6	1.1	8.9
金属制品业	44	7	16 595.8	15 424.7	5 236.1	1 200.9
金属结构制造业	9		3 784.0	4 761.8	2 608.5	251.0
铸铁管制造业	2		399.8	282.0	178.9	70.5
集装箱和金属包装制品制造业	2		478.5	477.3	194.8	49.3
金属丝绳及其制品业	4		4 332.7	2 451.2	78.1	136.6
建筑用金属制品业	8	3	2 776.1	2 764.6	981.8	472.7
金属表面处理及热处理业	9	3	3 543.7	3 543.3	660.2	13.3
日用金属制品业	5	1	755.6	664.1	369.5	146.6
其他金属制品业	5		525.4	480.4	164.3	60.9
普通机械制造业	67	3	17 807.8	15 689.0	1 105.6	1 268.5
锅炉及原动机制造业	1		158.0	165.0	71.4	42.2
金属加工机械制造业	4		477.6	431.1	133.5	114.1
通用设备制造业	7	1	3 234.2	2 744.0	764.6	315.3
其他通用零部件制造业	17	1	7 233.5	6 263.9	-1 342.9	627.6
铸锻件制造业	31		5 383.9	4 764.4	985.8	90.6

指标	企业单位数(个)	亏损企业	工业总产值(当年价)	工业总产值(1990年不变价)	工业增加值(生产法)	成品产销存 年初库存价值
普通机械修理业	2	1	313.7	313.7	46.0	76.7
其他普通机械制造业	5		1 006.9	1 006.9	447.3	2.0
专用设备制造业	19	1	12 045.4	10 629.2	3 687.9	539.0
机电工业专用设备制造业	1		381.6	201.6	41.5	3.8
石化及其他工业专用设备制造业	3		797.0	651.4	247.4	22.0
轻纺工业专用设备制造业	4		2 404.8	2 241.8	1 649.1	158.4
农、林、牧、渔、水利业机械制造业	2		98.0	98.0	12.5	
医疗器械制造业	4	1	279.4	238.8	97.9	36.4
其他专用设备制造业	3		4 510.1	4 273.1	623.0	318.4
专用机械设备修理业	2		3 574.5	2 924.5	1 016.5	
交通运输设备制造业	37		19 319.8	19 338.0	2 708.1	375.6
铁路运输设备制造业	3		1 064.5	998.5	569.0	129.2
汽车制造业	24		17 224.2	17 417.3	2 017.4	241.7
自行车制造业	1		110.0	109.1	74.5	4.7
船舶制造业	4		791.0	683.0	109.8	
交通运输设备修理业	5		130.1	130.1	-62.7	
电气机械及器材制造业	34	5	22 495.8	23 817.3	3 602.8	7 752.1
电机制造业	1		13.3	13.3	5.8	
输配电及控制设备制造业	13	1	3 442.8	3 198.9	1 903.2	250.5
电工器材制造业	3	1	1 192.4	1 313.2	-777.7	21.1
日用电器制造业	13	2	17 432.7	18 911.7	2 391.7	7 423.9
照明器具制造业	3	1	414.6	380.2	79.8	56.6
电气机械修理业	1					
电子及通信设备制造业	6		879.0	879.0	545.6	23.1
通信设备制造业	2		444.1	444.1	357.7	23.1
电子器件制造业	1		370.6	370.6	151.0	
电子元件制造业	2		32.7	32.7	19.6	
电子设备及通信设备修理业	1		31.6	31.6	17.3	
仪器仪表及文化、办公用机械制造业	10	1	4 258.7	3 763.0	829.3	586.2
通用仪器仪表制造业	5		1 946.8	1 864.9	550.3	75.8
计量器具制造业	2	1	815.5	495.4	105.4	87.3
钟表制造业	1		1 393.1	1 301.9	160.0	423.1
其他仪器仪表制造业	2		103.3	100.8	13.6	
其他制造业	7		1 285.1	536.8	145.5	43.2
工艺美术品制造业	3		44.0	44.0	14.7	0.2
日用杂品制造业	1		28.0	28.0	15.0	
其他生产、生活用品制造业	3		1 213.1	464.8	115.8	43.0
电力、煤气及水的生产和供应业	1		36.1	34.1	22.7	
电力、蒸汽、热水的生产和供应业						
煤气生产和供应业	1		36.1	34.1	22.7	
煤气供应业	1		36.1	34.1	22.7	

4—9 续表 4　　(1993 年)　　单位:万元

指　　标	成品产销存			工业总产出	工业中间投入合计	本年应付工资
	生产价值	销售价值	年末库存价值			
总　　计	209 727.6	214 036.5	25 429.3	215 156.5	164 377.7	12 911.9
在总计中:						
乡办企业	52 067.9	50 823.1	1 988.4	52 107.1	41 436.3	2 154.0
在总计中:						
轻工业	88 512.6	95 086.4	14 585.0	91 378.0	64 081.0	5 093.6
以农产品为原料	43 128.8	45 822.9	6 201.8	44 653.3	29 992.2	2 345.6
以非农产品为原料	45 383.7	49 263.4	8 383.1	46 724.6	34 088.8	2 748.0
重工业	121 215.0	118 950.1	10 844.3	123 778.5	100 296.7	7 818.3
采掘工业	2 131.6	2 146.1	14.2	2 140.6	1 635.7	134.7
原料工业	57 615.9	56 533.1	5 770.8	58 220.8	49 343.2	3 216.2
加工工业	61 467.4	60 270.9	5 059.2	63 417.0	49 317.8	4 467.4
在总计中:						
大型企业	19 150.9	22 173.7	4 505.1	19 554.3	16 283.5	901.7
中型企业	39 527.5	39 496.7	5 163.6	39 752.0	30 089.4	2 130.1
小型企业	151 049.2	152 366.1	15 760.6	155 850.2	118 004.8	9 880.1
在总计中:						
采掘业	2 119.1	2 132.1	9.0	2 128.1	1 642.0	129.3
煤炭采选业	64.7	67.0		73.7	27.1	6.0
煤炭开采业	55.7	58.0		55.7	25.5	2.3
煤炭洗选业	9.0	9.0		18.0	1.6	3.7
黑色金属矿采选业	350.0	350.0		350.0	315.5	12.0
其他黑色金属矿采选业	350.0	350.0		350.0	315.5	12.0
有色金属矿采选业	156.0	165.0	9.0	156.0	150.0	13.1
重有色金属矿采选业	156.0	165.0	9.0	156.0	150.0	13.1
非金属矿采选业	934.4	936.1		934.4	711.2	76.7
土沙石开采业	934.4	936.1		934.4	711.2	76.7
其他矿采选业	614.0	614.0		614.0	438.2	21.5
制造业	207 572.4	211 868.3	25 420.3	212 992.3	162 722.3	12 767.7
食品加工业	5 263.1	5 281.7	241.4	5 263.1	4 192.8	73.3
粮食及饲料加工业	1 823.6	1 822.2	186.6	1 823.6	984.4	49.3
植物油加工业	3 291.5	3 311.5	54.6	3 291.5	3 080.2	23.0
屠宰及肉类蛋类加工业	148.0	148.0	0.2	148.0	128.2	1.0
食品制造业	1 831.6	1 868.6	63.1	1 831.6	1 632.4	211.1
糕点、糖果制造业	215.6	225.7	10.6	215.6	201.5	39.7
调味品制造业	54.6	54.6		54.6	33.5	11.6
其他食品制造业	1 561.4	1 588.3	52.5	1 561.4	1 397.4	159.8
饮料制造业	4 568.4	4 097.7	200.4	4 585.3	3 543.7	20.5
酒精及饮料酒制造业	2.0	2.0		2.0	1.1	1.0
软饮料制造业	136.4	135.4	2.3	139.6	99.3	19.1
其他饮料制造业	4 430.0	3 960.3	198.1	4 443.7	3 443.3	0.4
纺织业	10 279.7	10 254.0	1 073.7	10 473.9	7 259.1	495.4
棉纺织业	3 816.6	3 874.1	220.2	3 816.7	3 107.3	223.2

指标	成品产销存 生产价值	销售价值	年末库存价值	工业总产出	工业中间投入合计	本年应付工资
毛纺织业	22.6	22.6		22.6	11.1	
丝绢纺织业	444.8	444.8		444.8	268.9	55.6
针织品业	5 995.7	5 912.5	853.5	6 189.8	3 871.8	216.6
服装及其他纤维制品制造业	4 143.3	7 206.6	3 219.5	5 315.9	3 018.9	450.2
服装制造业	3 620.3	5 953.4	2 962.4	3 681.3	2 136.2	374.2
制帽业	46.3	51.9	16.3	46.3	31.2	11.3
制鞋业	259.7	962.0	184.3	1 088.0	459.0	23.7
其他纤维制品制造业	217.0	239.3	56.5	500.3	392.5	41.0
皮革、毛皮、羽绒及其制品业	2 022.0	1 604.5	597.1	2 225.3	498.5	58.0
制革业	131.1	132.0	19.0	131.1	114.9	13.4
皮革制品制造业	1 890.9	1 472.5	578.1	2 094.2	383.6	44.6
木材加工及竹、藤、棕、草制品业	334.5	329.5	2.0	334.5	2 555.3	69.5
锯材、木片加工业	23.0	21.6	2.0	23.0	2 301.6	31.6
木制品业	202.7	199.1		202.7	187.7	34.0
家具制造业	1 892.3	1 806.0	282.0	1 928.9	879.8	301.7
木制家具制造业	1 725.9	1 629.6	273.3	1 725.9	613.0	272.5
金属家具制造业	166.4	176.4	8.7	203.0	266.8	29.2
造纸及纸制品业	11 493.4	12 166.7	651.0	11 598.5	8 085.2	706.6
造纸业	7 078.7	7 536.9	384.9	7 080.6	5 231.9	387.6
纸制品业	4 414.7	4 629.8	266.1	4 517.9	2 853.3	319.0
印刷业、记录媒介的复制	994.0	1 047.0	110.4	1 015.9	520.2	150.6
印刷业	994.0	1 047.0	110.4	1 015.9	520.2	150.6
文教体育用品制造业						13.5
体育用品制造业						13.5
石油加工及炼焦业	46.4	34.1	5.0	46.4	30.7	1.4
原油加工业	46.4	34.1	5.0	46.4	30.7	1.4
化学原料及化学制品制造业	6 619.5	6 661.5	418.2	6 624.8	5 027.1	380.5
基本化学原料制造业	4 540.9	4 506.3	33.2	4 545.3	3 331.3	210.8
化学肥料制造业	363.6	352.4	30.0	363.6	177.0	55.7
化学农药制造业	50.0	50.0		50.0	38.5	5.0
有机化学产品制造业	942.2	1 034.0	256.2	942.2	763.8	56.2
合成材料制造业	387.4	388.7	52.7	387.4	466.5	24.0
专用化学产品制造业	22.7	22.7	8.9	23.6	5.7	6.0
日用化学产品制造业	312.5	307.3	37.0	312.5	244.3	22.8
医药制造业	1 420.9	1 469.6	219.4	1 420.9	1 118.0	83.3
化学药品制剂制造业	620.9	669.6	219.4	620.9	406.1	61.3
生物制品业	800.0	800.0		800.0	711.9	22.0
化学纤维制造业	12.0	12.0		12.0	11.0	0.7
人造纤维(纤维素纤维)制造业	12.0	12.0		12.0	11.0	0.7
橡胶制品业	487.9	542.7	67.0	487.9	331.7	57.9
橡胶板、管、带制造业	157.6	169.6	23.0	157.6	137.4	12.1
橡胶零件制品业	22.7	22.7		22.7	7.5	0.6

指 标	成品产销存			工业总产出	工业中间投入合计	本年应付工资
	生产价值	销售价值	年末库存价值			
橡胶制品翻修业	65.7	75.3	11.8	65.7	36.0	12.3
其他橡胶制品业	241.9	275.1	32.2	241.9	150.8	32.9
塑料制品业	13 576.6	14 241.8	1 774.1	13 593.7	9 782.1	927.0
塑料薄膜制造业	729.1	671.1	153.6	738.7	480.8	34.0
塑料板、管、棒材制造业	20.5	20.5	23.6	20.5	16.8	6.1
塑料丝、绳及编织品制造业	8 704.6	9 473.2	1 218.3	8 712.1	6 813.6	557.2
泡沫塑料及人造革、合成革制造业	1 235.9	1 288.6	88.3	1 235.9	949.6	104.3
塑料包装箱及容器制造业	891.2	841.8	176.4	891.2	597.6	114.7
日用塑料杂品制造业	119.7	127.3	3.2	119.7	74.6	19.9
塑料零件制造业	792.2	817.2	98.4	792.2	391.9	22.4
其他塑料制品业	1 083.4	1 002.0	12.3	1 083.4	457.2	68.4
非金属矿物制品业	9 920.0	10 400.0	1 669.9	9 972.5	5 329.4	855.8
水泥制品和石棉水泥制品业	2 882.4	2 639.3	582.9	2 907.0	983.4	170.4
砖瓦、石灰和轻质建筑材料制造业	3 324.7	3 080.8	321.1	3 324.7	1 858.6	481.0
玻璃及玻璃制品业	133.6	129.6	6.0	133.6	84.4	9.7
陶瓷制品业	1 641.9	1 807.6	220.1	1 657.9	891.4	112.4
耐火材料制品业	352.7	399.1	55.1	355.8	287.4	51.0
矿物纤维及其制品业	1 584.7	2 343.6	484.7	1 593.5	1 224.2	31.3
其他类未包括的非金属矿物制品业						
黑色金属冶炼及压延加工业	11 716.1	10 836.8	858.7	11 768.7	8 675.1	532.8
炼 钢 业	7.4	7.4		7.4	3.6	0.4
钢压延加工业	11 576.0	10 696.7	833.6	11 628.6	8 547.3	523.4
铁合金冶炼业	132.7	132.7	25.1	132.7	124.2	9.0
有色金属冶炼及压延加工业	39 775.6	38 893.1	4 098.9	10 329.6	33 929.7	2 386.4
重有色金属冶炼业	39 524.4	38 633.0	4 098.9	40 078.4	33 727.8	2 376.7
轻有色金属冶炼业	182.0	182.0		182.0	133.8	4.9
有色金属合金业	69.2	78.1		69.2	68.1	4.8
金属制品业	14 919.8	14 704.3	1 737.2	15 982.6	10 746.5	800.9
金属结构制造业	2 684.3	2 682.3	441.5	3 541.0	932.5	112.9
铸铁管制造业	286.5	199.7	179.7	392.5	213.6	60.5
集装箱和金属包装制品制造业	328.8	318.3	25.5	348.0	153.2	38.6
金属丝绳及其制品业	4 094.1	4 249.2	284.1	4 112.4	4 034.3	186.5
建筑用金属制品业	2 772.4	2 451.6	597.6	2 730.3	1 748.5	175.2
金属表面处理及热处理业	3 517.8	3 515.1	62.3	3 609.5	2 949.3	99.3
日用金属制品业	755.5	800.7	92.6	768.5	399.0	58.1
其他金属制品业	480.4	487.4	53.9	480.4	316.1	69.8
普通机械制造业	12 752.9	12 383.6	1 071.9	13 196.8	12 091.2	1 464.6
锅炉及原动机制造业	124.8	122.1	44.9	124.8	53.4	5.1
金属加工机械制造业	434.2	476.6	71.7	442.7	309.2	50.2
通用设备制造业	3 173.3	2 934.7	283.4	3 228.8	2 464.2	320.1
其他通用零部件制造业	3 650.6	3 833.3	204.8	3 852.6	5 195.6	715.9
铸锻件制造业	4 056.6	3 913.4	384.2	4 234.5	3 248.7	314.1

4—9 续表7 (1993年) 单位:万元

指标	成品产销存 生产价值	销售价值	年末库存价值	工业总产出	工业中间投入合计	本年应付工资
普通机械修理业	307.9	304.2	80.4	307.9	261.9	12.0
其他普通机械制造业	1 005.5	799.3	2.5	1 005.5	558.2	47.2
专用设备制造业	11 998.3	11 934.0	639.7	12 145.0	8 457.1	289.1
机电工业专用设备制造业	381.6	357.0	28.4	383.1	341.6	19.6
石化及其他工业专用设备制造业	782.0	795.5	77.7	908.9	661.5	22.1
轻纺工业专用设备制造业	2 404.8	2 325.8	237.4	2 404.8	755.7	136.5
农、林、牧、渔、水利业机械制造业	98.0	98.0		98.0	85.5	18.2
医疗器械制造业	252.5	254.5	27.0	252.5	154.6	4.0
其他专用设备制造业	4 504.9	4 542.7	255.2	4 509.2	3 886.2	53.1
专用机械设备修理业	3 574.5	3 560.5	14.0	3 588.5	2 572.0	35.6
交通运输设备制造业	15 993.0	15 422.6	574.5	16 208.5	13 500.4	1 058.4
铁路运输设备制造业	935.8	989.6	75.4	952.2	383.2	233.2
汽车制造业	14 521.5	13 813.8	487.4	14 720.6	12 703.2	749.6
自行车制造业	110.0	103.0	11.7	110.0	35.5	
船舶制造业	392.5	483.0		392.5	282.7	42.7
交通运输设备修理业	33.1	33.1		33.1	95.8	32.9
电气机械及器材制造业	19 646.1	22 797.4	5 176.9	20 745.2	17 142.4	979.7
电机制造业	13.3	10.2	3.1	13.3	7.5	0.9
输配电及控制设备制造业	3 053.4	3 182.3	473.5	3 815.1	1 911.9	149.4
电工器材制造业	291.7	232.4	80.4	291.7	1 069.4	30.8
日用电器制造业	15 919.1	19 002.2	4 582.6	16 256.5	13 864.8	750.0
照明器具制造业	368.6	370.3	37.3	368.6	288.8	48.6
电气机械修理业						
电子及通信设备制造业	938.5	955.0	70.5	941.6	396.0	47.4
通信设备制造业	503.6	530.0	70.5	506.7	149.0	19.1
电子器件制造业	370.6	370.6		370.6	219.6	21.7
电子元件制造业	32.7	32.7		32.7	13.1	
电子设备及通信设备修理业	31.6	21.7		31.6	14.3	6.6
仪器仪表及文化、办公用机械制造业	3 641.0	3 675.5	520.2	3 652.7	2 823.4	254.2
通用仪器仪表制造业	1 938.0	1 717.6	151.8	1 941.3	1 391.0	108.5
计量器具制造业	776.9	855.0	122.1	778.9	673.5	14.1
钟表制造业	828.0	1 004.8	246.3	834.4	674.4	121.2
其他仪器仪表制造业	98.1	98.1		98.1	84.5	10.4
其他制造业	1 285.1	1 241.7	77.1	1 290.1	1 144.6	97.2
工艺美术品制造业	44.0	44.5	0.3	48.1	33.4	8.3
日用杂品制造业	28.0	17.9		28.0	13.0	2.2
其他生产、生活用品制造业	1 213.1	1 179.3	76.8	1 214.0	1 098.2	86.7
电力、煤气及水的生产和供应业	36.1	36.1		36.1	13.4	14.9
电力、蒸汽、热水的生产和供应业						
煤气生产和供应业	36.1	36.1		36.1	13.4	14.9
煤气供应业	36.1	36.1		36.1	13.4	14.9

4—9 续表 8　　　　(1993 年)　　　　单位:万元

指　　标	本年应付福利费	全部职工年平均人数(人)	资本金 合计	国家	法人	个人
总　计	2 124.1	58 066.0	74 092.0	29 637.7	34 182.3	1 318.3
在总计中:						
乡办企业	136.8	21 139.0	21 730.6	11 791.4	6 711.1	719.6
在总计中:						
轻工业	578.6	22 283.0	28 656.4	10 075.7	13 606.3	484.7
以农产品为原料	231.0	12 409.0	11 437.8	1 798.4	6 235.1	286.1
以非农产品为原料	347.6	9 874.0	17 218.6	8 277.3	7 371.2	198.6
重工业	1 545.5	35 783.0	45 435.6	19 562.0	20 576.0	833.6
采掘工业	8.6	716.0	509.5	27.2	397.0	37.5
原料工业	434.4	9 887.0	26 188.8	12 547.0	12 128.8	224.1
加工工业	1 102.5	25 180.0	18 737.3	6 987.8	8 050.2	572.0
在总计中:						
大型企业	72.0	2 710.0	8 466.2	6 764.4	1 678.5	23.3
中型企业	301.3	5 541.0	9 533.0	2 583.7	6 525.3	57.4
小型企业	1 750.8	49 815.0	56 092.8	20 289.6	25 978.5	1 237.6
在总计中:						
采掘业	8.6	666.0	486.3		401.0	37.5
煤炭采选业	4.6	45.0	24.9		24.9	
煤炭开采业	4.6	45.0	4.9		4.9	
煤炭洗选业			20.0		20.0	
黑色金属矿采选业		80.0	23.0		23.0	
其他黑色金属矿采选业		80.0	23.0		23.0	
有色金属矿采选业		38.0	49.6			25.2
重有色金属矿采选业		38.0	49.6			25.2
非金属矿采选业	4.0	286.0	381.9		349.6	12.3
土沙石开采业	4.0	286.0	381.9		349.6	12.3
其他矿采选业		217.0	6.9		3.5	
制造业	2 114.0	57 310.	73 542.0	29 637.7	33 730.6	1 267.8
食品加工业	4.3	297.0	624.9	185.8	335.4	60.2
粮食及饲料加工业	4.3	183.0	320.3	164.7	95.4	60.2
植物油加工业		91.0	280.0	21.1	240.0	
屠宰及肉类蛋类加工业		23.0	24.6			
食品制造业	10.8	918.0	485.0	270.7	190.1	
糕点、糖果制造业	3.3	218.0	105.0	9.7	95.3	
调味品制造业	1.2	14.0	62.9		44.9	
其他食品制造业	6.3	686.0	317.1	261.0	49.9	
饮料制造业	9.7	405.0	207.2	177.2	30.0	
酒精及饮料酒制造业		8.0	28.2		28.2	
软饮料制造业	1.5	91.0	37.3	35.5	1.8	
其他饮料制造业	8.2	306.0	141.7	141.7		
纺织业	57.4	2 948.0	2 461.8	334.2	1 617.2	192.8
棉纺织业	32.4	913.0	1 100.2	65.7	865.9	

4—9 续表 9　　　　　　　　(1993 年)　　　　　　　　单位:万元

指　　　标	本年应付福利费	全部职工年平均人数(人)	资本金合计	国　家	法　人	个　人
毛纺织业		22.0	6.8			6.8
丝绢纺织业		200.0	70.0		70.0	
针织品业	25.0	1 813.0	1 284.8	268.5	681.3	186.0
服装及其他纤维制品制造业	46.0	2 649.0	2 936.4	448.6	477.0	12.0
服装制造业	34.1	2 042.0	2 628.3	262.0	381.3	12.0
制　帽　业	2.1	84.0	28.3	28.3		
制　鞋　业	2.5	330.0	183.1	158.3		
其他纤维制品制造业	7.3	193.0	96.7		95.7	
皮革、毛皮、羽绒及其制品业	-3.8	860.0	415.0	8.4	398.0	8.5
制　革　业	0.9	59.0	50.1		42.0	8.0
皮革制品制造业	-4.7	801.0	364.9	8.4	356.0	0.5
木材加工及竹、藤、棕、草制品业	3.3	193.0	154.6		154.6	
锯材、木片加工业	2.0	10.0	64.5		64.5	
木制品业	1.3	160.0	70.1		70.1	
家具制造业	53.0	1 278.0	794.5	76.5	571.5	2.8
木制家具制造业	46.7	1 148.0	718.0		571.5	2.8
金属家具制造业	6.3	130.0	76.5	76.5		
造纸及纸制品业	60.6	2 847.0	3 338.9	345.1	2 344.2	39.0
造　纸　业	22.2	1 677.0	1 822.7	56.1	1 727.6	39.0
纸制品业	38.4	1 170.0	1 516.2	289.0	616.6	
印刷业、记录媒介的复制	11.4	441.0	311.9	73.0	95.1	24.1
印　刷　业	11.4	441.0	311.9	73.0	95.1	24.1
文教体育用品制造业	1.5	336.0	40.7			
体育用品制造业	1.5	336.0	40.7			
石油加工及炼焦业		25.0	12.0			12.0
原油加工业		25.0	12.0			12.0
化学原料及化学制品制造业	44.0	1 654.0	2 746.7	160.3	1 430.8	94.3
基本化学原料制造业	13.6	972.0	2 122.2		1 026.6	71.8
化学肥料制造业	7.6	142.0	109.5	109.5		
化学农药制造业	0.6	45.0	35.4		35.4	
有机化学产品制造业	9.4	215.0	180.9	1.0	136.2	6.2
合成材料制造业	1.1	114.0	95.3		95.3	
专用化学产品制造业	4.1	18.0	17.7	1.4		16.3
日用化学产品制造业	7.6	148.0	185.7	48.4	137.3	
医药制造业	6.1	287.0	245.9		50.0	8.8
化学药品制剂制造业	4.0	177.0	195.9			8.8
生物制品业	2.1	110.0	50.0		50.0	
化学纤维制造业		7.0	9.0		9.0	
人造纤维(纤维素纤维)制造业		7.0	9.0		9.0	
橡胶制品业	5.0	212.0	318.4	66.9	251.5	
橡胶板、管、带制造业	2.1	31.0	192.2		192.2	
橡胶零件制品业	0.8	30.0	59.3		59.3	

4—9　续表 10　　　　　　(1993 年)　　　　　　单位:万元

指　　标	本年应付福利费	全部职工年平均人数(人)	资本金合计	国家	法人	个人
橡胶制品翻修业	1.5		26.5	26.5		
其他橡胶制品业	0.6	151.0	40.4	40.4		
塑料制品业	121.9	3 269.0	4 269.0	221.1	3 124.4	117.2
塑料薄膜制造业	4.8	157.0	449.0	24.1	347.2	48.0
塑料板、管、棒材制造业		38.0	112.0	84.2	27.8	
塑料丝、绳及编织品制造业	55.5	1 807.0	2 323.6	15.0	1 856.1	7.6
泡沫塑料及人造革、合成革制造业	28.5	396.0	159.5		159.5	
塑料包装箱及容器制造业	21.0	495.0	429.9		429.9	
日用塑料杂品制造业	-0.9	111.0	82.4	13.1	61.0	8.3
塑料零件制造业	3.0	98.0	240.8	43.7	171.7	25.4
其他塑料制品业	10.0	167.0	471.8	41.0	71.2	27.9
非金属矿物制品业	191.6	3 987.0	3 699.5	596.1	2 252.5	215.1
水泥制品和石棉水泥制品业	112.3	446.0	725.4	22.6	699.7	
砖瓦、石灰和轻质建筑材料制造业	36.0	2 442.0	1 701.1	153.7	965.6	215.1
玻璃及玻璃制品业		63.0	45.2		44.3	
陶瓷制品业	16.9	637.0	534.5		534.5	
耐火材料制品业	4.1	171.0	410.8	404.9	5.9	
矿物纤维及其制品业	22.3	228.0	282.5	14.9	2.5	
其他类未包括的非金属矿物制品业						
黑色金属冶炼及压延加工业	54.3	3 139.0	11 074.2	10 346.0	675.2	53.0
炼　钢　业		14.0	85.0		32.0	53.0
钢压延加工业	54.2	3 097.0	10 986.2	10 343.0	643.2	
铁合金冶炼业	0.1	28.0	3.0	3.0		
有色金属冶炼及压延加工业	334.6	5 365.0	12 530.8	2 183.7	10 225.4	81.0
重有色金属冶炼业	334.0	5 250.0	12 448.5	2 183.7	10 143.1	81.0
轻有色金属冶炼业	0.1	94.0	73.7		73.7	
有色金属合金业	0.5	21.0	8.6		8.6	
金属制品业	109.1	2 545.0	4 286.7	825.9	2 546.4	83.8
金属结构制造业	48.9	367.0	1 693.2	181.2	1 748.7	33.3
铸铁管制造业	6.2	25.0	298.5	0.4		20.3
集装箱和金属包装制品制造业	4.4	115.0	109.4	109.4		
金属丝绳及其制品业	28.3	681.0	642.0	41.9	65.4	
建筑用金属制品业	8.2	609.0	486.8	159.3	315.5	12.0
金属表面处理及热处理业	2.7	275.0	396.5	253.6	117.9	8.1
日用金属制品业	1.7	246.0	327.9	72.9	243.7	10.1
其他金属制品业	8.7	227.0	62.4	7.2	55.2	
普通机械制造业	509.5	11 928.0	5 849.6	2 479.3	2 872.3	134.2
锅炉及原动机制造业	3.9	68.0	167.4		167.4	
金属加工机械制造业	4.2	218.0	183.7		177.6	6.1
通用设备制造业	27.7	9 461.0	1 718.0	847.9	855.6	5.0
其他通用零部件制造业	455.3	1 157.0	2 665.2	1 576.7	981.1	3.1
铸锻件制造业	17.3	857.0	847.1	51.7	438.4	107.0

指标	本年应付福利费	全部职工年平均人数(人)	资本金合计	国家	法人	个人
普通机械修理业	0.7	9.0	50.8		50.8	
其他普通机械制造业	0.4	158.0	217.4	3.0	201.4	13.0
专用设备制造业	26.7	1 947.0	3 183.8	1 316.6	1 767.0	10.0
机电工业专用设备制造业	1.3	53.0	39.4			
石化及其他工业专用设备制造业	10.0	130.0	79.7	79.7		
轻纺工业专用设备制造业	7.2	559.0	963.9	108.5	835.4	10.0
农、林、牧、渔、水利业机械制造业		80.0	20.0		20.0	
医疗器械制造业	0.7	211.0	195.7	146.6	49.1	
其他专用设备制造业	3.6	538.0	1093.7	981.8	111.9	
专用机械设备修理业	3.9	376.0	791.4		750.6	
交通运输设备制造业	296.8	4 782.0	2 761.5	1 330.3	705.5	47.5
铁路运输设备制造业	75.0	729.0	267.2	78.0		
汽车制造业	218.7	3 765.0	2 033.0	1 174.0	441.1	43.3
自行车制造业	0.3	78.0	28.3	28.3		
船舶制造业	1.1	173.0	358.0	20.0	243.8	4.2
交通运输设备修理业	1.7	37.0	75.0	30.0	20.6	
电气机械及器材制造业	81.5	3 442.0	9 172.8	7 212.4	1 091.9	71.5
电机制造业	0.2	10.0	10.0		10.0	
输配电及控制设备制造业	2.2	415.0	822.0	393.8	220.5	41.6
电工器材制造业	1.4	219.0	596.5		66.8	
日用电器制造业	69.9	2 596.0	7 651.1	6 818.6	768.4	29.9
照明器具制造业	7.8	202.0	93.2		26.2	
电气机械修理业						
电子及通信设备制造业	4.1	147.0	219.9	129.9	90.0	
通信设备制造业	3.2	42.0	129.9	129.9		
电子器件制造业		63.0	50.0		50.0	
电子元件制造业	0.9	24.0	30.0		30.0	
电子设备及通信设备修理业		18.0	10.0		10.0	
仪器仪表及文化、办公用机械制造业	65.8	1 279.0	1 244.4	792.1	336.3	
通用仪器仪表制造业	5.9	365.0	449.2	137.2	196.0	
计量器具制造业	9.9	307.0	127.4		127.4	
钟表制造业	48.8	560.0	650.2	650.2		
其他仪器仪表制造业	1.2	47.0	17.6	4.7	12.9	
其他制造业	8.8	123.0	146.9	57.6	89.3	
工艺美术品制造业	0.7	18.0	10.6		10.6	
日用杂品制造业	0.3	8.0	10.0	5.0	5.0	
其他生产、生活用品制造业	7.8	97.0	126.3	52.6	73.7	
电力、煤气及水的生产和供应业	1.5	90.0	63.7		50.7	13.0
电力、蒸汽、热水的生产和供应业						
煤气生产和供应业	1.5	90.0	63.7		50.7	13.0
煤气供应业	1.5	90.0	63.7		50.7	13.0

指标	资本金合计	年末资产负债及所有者权益				
	外商	流动资产合计	货币资金	存货	产成品	流动资产年平均余额
总计	178.6	185 200.6	15 221.0	69 308.1	21 111.1	120 707.9
在总计中:						
乡办企业		49 460.6	4 661.1	8 445.9	1 755.0	16 262.3
在总计中:						
轻工业	178.6	72 656.8	4 496.0	34 550.6	11 300.0	53 251.0
以农产品为原料		28 465.9	1 962.1	11 181.6	3 591.9	19 857.3
以非农产品为原料	178.6	44 190.9	2 533.9	23 369.0	7 708.1	33 393.7
重工业		112 543.8	10 725.0	34 757.5	9 811.1	67 456.9
采掘工业		423.0	114.0	44.9	23.4	458.6
原料工业		73 818.2	5 171.0	18 107.7	5 870.5	35 482.3
加工工业		38 302.6	5 440.0	16 604.9	3 917.2	31 516.0
在总计中:						
大型企业		24 543.9	861.5	14 141.7	3 789.3	18 725.6
中型企业	178.6	37 786.0	3 407.6	13 136.1	4 942.9	26 356.3
小型企业		122 870.7	10 951.9	42 030.3	12 378.9	75 626.0
在总计中:						
采掘业		412.8	104.0	42.9	21.4	450.1
煤炭采选业		28.8	22.1	6.7	6.7	54.4
煤炭开采业		8.8	2.1	6.7	6.7	35.4
煤炭洗选业		20.0	20.0			19.0
黑色金属矿采选业		19.5	13.5			20.0
其他黑色金属矿采选业		19.5	13.5			20.0
有色金属矿采选业		71.2	4.0	4.1		72.9
重有色金属矿采选业		71.2	4.0	4.1		72.9
非金属矿采选业		241.3	62.4	32.1	14.7	255.8
土沙石开采业		241.3	62.4	32.1	14.7	255.8
其他矿采选业		52.0	2.0			47.0
制造业	178.6	184 484.8	15 082.7	69 142.2	21 089.7	120 034.5
食品加工业		1 326.2	105.0	457.3	73.4	1 426.2
粮食及饲料加工业		482.6	52.6	175.6	18.8	387.4
植物油加工业		789.4	24.3	278.6	54.6	991.2
屠宰及肉类蛋类加工业		54.2	28.1	3.1		47.6
食品制造业		1 264.2	88.2	552.1	73.7	1 113.7
糕点、糖果制造业		193.0	36.4	113.8	2.8	123.9
调味品制造业		31.2	9.7	7.8	2.2	22.2
其他食品制造业		1 040.1	42.1	430.5	68.7	967.6
饮料制造业		1043.0	91.7	326.5	186.9	965.5
酒精及饮料酒制造业		4.3	0.2	4.0		6.2
软饮料制造业		34.6	3.5	29.3	6.6	53.4
其他饮料制造业		1 004.1	88.0	293.2	180.3	905.9
纺织业		7 092.3	504.9	3 752.3	1 222.9	3 975.1
棉纺织业		2 827.8	202.3	1 575.6	264.2	675.6

指标	资本金合计 外商	年末资产负债及所有者权益 流动资产合计	货币资金	存货	产成品	流动资产年平均余额
毛纺织业		5.5	0.3	2.5		
丝绢纺织业		177.0	92.0	11.0		161.5
针织品业		4 082.0	210.3	2 163.2	958.7	3 138.0
服装及其他纤维制品制造业		4 663.2	276.7	2 018.7	1 000.4	2 203.4
服装制造业		3 529.2	175.6	1 665.7	855.3	1 545.6
制帽业		57.9	0.6	29.0	16.3	57.2
制鞋业		438.5	13.2	200.9	72.3	408.9
其他纤维制品制造业		637.6	87.3	123.1	56.5	191.7
皮革、毛皮、羽绒及其制品业		1 703.5	54.8	1 042.6	190.0	366.3
制革业		80.5	7.1	25.5	19.0	75.7
皮革制品制造业		1 623.0	47.7	1 017.1	171.0	290.6
木材加工及竹、藤、棕、草制品业		1 025.9	41.3	228.5	164.7	221.4
锯材、木片加工业		817.1	7.5	166.7	164.7	17.9
木制品业		125.2	32.0	25.2		115.1
家具制造业		2 478.9	126.9	1 054.6	287.5	1 359.6
木制家具制造业		2 182.4	121.0	970.7	283.5	1 065.1
金属家具制造业		296.5	5.9	83.9	4.0	294.5
造纸及纸制品业		9 374.5	407.9	2 247.6	668.6	9 188.8
造纸业		6 272.1	210.8	1 484.9	387.4	6 350.2
纸制品业		3 102.4	197.1	762.7	281.2	2 838.6
印刷业、记录媒介的复制		493.5	119.0	220.0	101.2	490.8
印刷业		493.5	119.0	220.0	101.2	490.8
文教体育用品制造业		97.1	15.4	9.4	5.0	160.7
体育用品制造业		97.1	15.4	9.4	5.0	160.7
石油加工及炼焦业		17.0				
原油加工业		17.0				
化学原料及化学制品制造业		3 676.4	341.3	2 017.5	902.5	2 173.2
基本化学原料制造业		1 979.1	218.3	1 064.3	483.7	998.3
化学肥料制造业		182.0	13.0	86.7	53.9	159.6
化学农药制造业		43.3	1.2	9.5		41.0
有机化学产品制造业		949.4	71.0	612.0	285.7	679.2
合成材料制造业		209.2	14.5	15.5	12.9	21.0
专用化学产品制造业		24.1	17.0	7.1	7.1	7.4
日用化学产品制造业		289.3	6.3	222.4	59.2	266.7
医药制造业		1 461.9	38.9	228.2	118.9	668.5
化学药品制剂制造业		679.6	21.6	222.2	113.4	622.7
生物制品业		782.3	17.3	6.0	5.5	45.8
化学纤维制造业		5.0	2.0			4.1
人造纤维(纤维素纤维)制造业		5.0	2.0			4.1
橡胶制品业		387.6	19.2	175.9	54.7	327.4
橡胶板、管、带制造业		220.7	9.2	85.6	22.8	181.5
橡胶零件制品业		14.4	1.8	11.5		21.5

4—9 续表 14　　　　　　　　(1993 年)　　　　　　　　单位:万元

指　　标	资本金合计	年末资产负债及所有者权益				
	外　商	流动资产合计	货币资金	存　货	产成品	流动资产年平均余额
橡胶制品翻修业		21.3	3.0	11.8	0.7	29.4
其他橡胶制品业		131.2	5.2	67.0	31.2	95.0
塑料制品业	178.6	12 622.0	954.8	4 536.2	2 011.9	8 576.0
塑料薄膜制造业		396.0	17.8	322.8	84.4	459.5
塑料板、管、棒材制造业		309.2	63.7	245.5	236.7	65.9
塑料丝、绳及编织品制造业	178.6	8 578.3	661.6	2 540.5	1 126.0	4 861.3
泡沫塑料及人造革、合成革制造业		1 019.9	67.9	348.3	88.3	1 097.9
塑料包装箱及容器制造业		1 326.9	40.1	432.0	286.5	1 009.5
日用塑料杂品制造业		120.7	0.7	89.9	24.2	134.6
塑料零件制造业		579.7	42.2	461.9	141.4	666.2
其他塑料制品业		291.3	60.8	95.3	24.4	281.1
非金属矿物制品业		5 420.9	895.4	2 633.6	943.0	3 656.5
水泥制品和石棉水泥制品业		1 133.5	171.2	738.2	179.1	870.8
砖瓦、石灰和轻质建筑材料制造业		1 320.8	357.4	371.4	171.7	993.9
玻璃及玻璃制品业		42.0	4.6	27.2	9.2	52.7
陶瓷制品业		1 249.5	74.8	589.4	226.6	1 017.3
耐火材料制品业		181.5	20.8	138.3	55.1	152.4
矿物纤维及其制品业		1 493.6	266.6	769.1	301.3	569.4
其他类未包括的非金属矿物制品业						
黑色金属冶炼及压延加工业		31 088.1	956.1	2 506.6	269.5	3 724.8
炼　钢　业		22.4	1.7	20.7		1.8
钢压延加工业		31 006.8	941.5	2 459.6	249.3	3 663.8
铁合金冶炼业		58.9	12.9	26.3	20.2	59.2
有色金属冶炼及压延加工业		37 639.3	3 688.4	13 112.8	4 437.6	29 516.4
重有色金属冶炼业		37 561.0	3 685.8	13 092.7	4 437.6	29 418.3
轻有色金属冶炼业		72.1	0.9	15.6		96.1
有色金属合金业		6.2	1.7	4.5		2.0
金属制品业		7 856.5	786.6	4 055.3	1 538.2	6 422.1
金属结构制造业		1 693.1	244.4	537.7	370.7	1 774.0
铸铁管制造业		348.9	17.7	116.1	63.3	265.4
集装箱和金属包装制品制造业		219.7	35.6	177.1	56.2	267.0
金属丝绳及其制品业		2 305.0	181.0	1 874.3	301.1	1 254.8
建筑用金属制品业		1 955.7	147.0	835.0	552.6	1 869.1
金属表面处理及热处理业		581.7	100.9	163.0	7.7	402.6
日用金属制品业		507.9	34.3	269.7	134.5	477.6
其他金属制品业		244.5	25.7	82.4	52.1	111.6
普通机械制造业		9 152.6	1 826.1	4 485.3	762.5	8 644.8
锅炉及原动机制造业		760.1	626.6	72.9	41.2	156.0
金属加工机械制造业		400.6	22.4	222.0	93.3	399.8
通用设备制造业		2 259.6	541.0	1 114.3	214.8	2 415.3
其他通用零部件制造业		4 002.0	351.1	2 331.4	201.6	4 260.5
铸锻件制造业		1 311.5	147.6	635.0	196.1	1 127.8

4—9 续表 15 (1993年) 单位:万元

指标	资本金合计	年末资产负债及所有者权益				流动资产年平均余额
	外商	流动资产合计	货币资金	存货	产成品	
普通机械修理业		228.7	2.7	74.4		132.2
其他普通机械制造业		190.1	134.7	35.3	15.5	153.2
专用设备制造业		6 000.3	1 061.6	2 515.9	517.5	5 405.2
机电工业专用设备制造业		116.2	9.4	51.7	34.3	116.2
石化及其他工业专用设备制造业		670.7	53.1	465.1	86.6	470.4
轻纺工业专用设备制造业		1 339.6	448.4	546.3	160.5	1 460.4
农、林、牧、渔、水利业机械制造业		31.8	8.3	2.0		31.3
医疗器械制造业		383.2	15.8	162.1	66.8	366.1
其他专用设备制造业		2 069.2	380.6	478.9	123.3	1 882.5
专用机械设备修理业		1 389.6	146.0	809.8	46.0	1 078.3
交通运输设备制造业		9 609.3	1 450.9	3 215.4	852.2	6 380.9
铁路运输设备制造业		829.8	221.7	243.1	164.9	424.6
汽车制造业		8 290.1	1 175.1	2 903.7	673.2	5 620.7
自行车制造业		172.6	0.8	18.8	10.2	165.0
船舶制造业		253.7	27.5	24.3	3.9	144.7
交通运输设备修理业		63.1	25.8	25.5		25.9
电气机械及器材制造业		25 301.3	995.2	15 951.3	4 096.7	20 071.7
电机制造业		4.6	2.0	2.0	1.6	3.5
输配电及控制设备制造业		1 529.1	78.8	600.5	112.1	1 357.3
电工器材制造业		893.4	41.0	443.8	80.4	1 828.7
日用电器制造业		22 585.3	840.2	14 688.8	3 864.4	16 605.4
照明器具制造业		288.9	33.2	216.2	38.2	276.8
电气机械修理业						
电子及通信设备制造业		665.5	26.7	284.4	68.3	358.6
通信设备制造业		438.1	6.3	226.3	68.3	186.2
电子器件制造业		178.6	15.0	24.9		98.2
电子元件制造业		7.2	0.8	6.2		30.7
电子设备及通信设备修理业		41.6	4.6	27.0		43.5
仪器仪表及文化、办公用机械制造业		2 613.0	163.2	1 357.1	432.4	2 415.7
通用仪器仪表制造业		1 006.4	57.6	465.4	151.8	904.4
计量器具制造业		608.0	29.1	219.6	33.5	450.3
钟表制造业		940.6	68.3	652.4	247.1	1 033.8
其他仪器仪表制造业		58.0	8.2	19.7		27.2
其他制造业		405.8	44.5	157.1	109.5	217.1
工艺美术品制造业		15.1	4.1	3.8	0.2	14.0
日用杂品制造业		54.9	0.2	54.1	32.5	54.1
其他生产、生活用品制造业		335.8	40.2	99.2	76.8	149.0
电力、煤气及水的生产和供应业		303.0	34.3	123.0		223.3
电力、蒸汽、热水的生产和供应业						
煤气生产和供应业		303.0	34.3	123.0		223.3
煤气供应业		303.0	34.3	123.0		223.3

4—9 续表 16　　　　(1993 年)　　　　单位:万元

指　　标	年末资产负债及所有者权益					年末资产负债及所有者权益
	长期投资合计	固定资产合计	固定资产原价合计	生产经营用	本年折旧	固定资产净值合计
总　　计	4 903.2	105 804.3	104 716.3	71 419.9	5 504.3	81 644.9
在总计中:						
乡办企业	964.9	31 392.0	29 702.8	8 839.2	921.2	25 405.4
在总计中:						
轻工业	4 066.8	36 068.6	39 642.3	30 445.2	2 057.3	28 858.4
以农产品为原料	486.1	15 679.2	16 629.8	12 975.7	841.5	12 681.2
以非农产品为原料	3 580.7	20 389.4	23 012.5	17 469.5	1 215.8	16 177.2
重工业	836.4	69 735.7	65 074.0	40 974.7	3 447.0	52 786.5
采掘工业	1.6	638.7	657.3	370.5	29.7	533.0
原料工业	408.9	48 361.3	45 618.8	28 774.7	2 257.9	38 121.2
加工工业	425.9	20 735.7	18 797.9	11 829.5	1 159.4	14 132.3
在总计中:						
大型企业	943.4	9 546.2	11 223.8	9 065.8	389.3	7 719.7
中型企业	911.7	30 241.7	30 304.6	27 184.5	2 357.6	24 619.9
小型企业	3 048.1	66 016.4	63 187.9	35 169.6	2 757.4	49 305.3
在总计中:						
采掘业	1.6	607.6	627.2	371.5	26.0	506.6
煤炭采选业		110.0	121.5	110.0	0.8	119.1
煤炭开采业			11.5		0.8	9.1
煤炭洗选业		110.0	110.0	110.0		110.0
黑色金属矿采选业		23.0	23.0	22.0	2.3	18.5
其他黑色金属矿采选业		23.0	23.0	22.0	2.3	18.5
有色金属矿采选业		124.4	128.9		4.5	124.4
重有色金属矿采选业		124.4	128.9		4.5	124.4
非金属矿采选业	1.6	198.8	202.4	88.1	9.9	128.2
土沙石开采业	1.6	198.8	202.4	88.1	9.9	128.2
其他矿采选业		151.4	151.4	151.4	8.5	116.4
制造业	4 901.6	105 059.8	103 940.2	71 048.4	5 472.8	81 001.6
食品加工业	262.1	975.5	1 006.1	674.8	58.6	870.1
粮食及饲料加工业	1.1	428.7	433.9	349.8	24.5	359.8
植物油加工业	261.0	541.6	541.8	325.0	34.0	482.0
屠宰及肉类蛋类加工业		5.2	30.4		0.1	28.3
食品制造业	19.2	900.9	1 079.5	1 059.4	40.8	811.2
糕点、糖果制造业	17.3	62.9	92.8	76.9	3.8	62.8
调味品制造业		52.0	62.8	58.6	5.7	52.0
其他食品制造业	1.9	786.0	923.9	923.9	31.3	696.4
饮料制造业	0.4	779.8	795.0	656.9	39.2	618.8
酒精及饮料酒制造业		29.5	29.5	26.5		29.5
软饮料制造业	0.2	55.6	94.2	89.6	7.1	35.2
其他饮料制造业	0.2	694.7	671.3	540.8	32.1	554.1
纺织业	67.3	3 672.8	3 646.3	2 540.6	169.4	2 923.1
棉纺织业	7.1	1 456.5	1 627.6	1 241.5	69.4	1 294.2

4—9 续表 17 (1993年) 单位:万元

指标	年末资产负债及所有者权益					年末资产负债及所有者权益
	长期投资合计	固定资产合计	固定资产原价合计	生产经营用	本年折旧	固定资产净值合计
毛纺织业			7.5			6.9
丝绢纺织业		272.2	272.2	262.2	22.0	228.2
针织品业	60.2	1 944.1	1 739.0	1 036.9	78.0	1 393.8
服装及其他纤维制品制造业	74.3	1 671.3	1 738.4	1 386.0	94.3	1 173.6
服装制造业	73.8	1 372.3	1 348.6	1 031.6	76.6	939.5
制帽业	0.5	5.9	18.3	11.1	0.6	4.8
制鞋业		239.9	259.6	236.4	11.9	174.2
其他纤维制品制造业		53.2	111.9	106.9	5.2	55.1
皮革、毛皮、羽绒及其制品业	10.9	568.0	481.6	139.8	42.3	277.9
制革业	8.0	69.8	56.2	56.2	6.9	44.8
皮革制品制造业	2.9	498.2	425.4	83.6	35.4	233.1
木材加工及竹、藤、棕、草制品业		114.9	132.6	116.9	8.3	108.9
锯材、木片加工业		50.6	62.3	56.4	0.6	49.8
木制品业		30.8	36.8	30.0	3.5	29.8
家具制造业	1.0	1 301.9	1 662.1	1 312.0	76.3	1 155.3
木制家具制造业	0.1	1 162.2	1 469.4	1 131.6	69.9	1 015.6
金属家具制造业	0.9	139.7	192.7	180.4	6.4	139.7
造纸及纸制品业	167.5	5 036.1	5 270.0	4 359.6	286.9	3 890.0
造纸业	37.3	3 458.4	3 484.7	2 929.3	166.4	2 607.8
纸制品业	130.2	1 577.7	1 785.3	1 430.3	120.5	1 282.2
印刷业、记录媒介的复制	8.1	249.6	321.7	299.8	25.3	222.5
印刷业	8.1	249.6	321.7	299.8	25.3	222.5
文教体育用品制造业		18.6	10.7	10.3	1.9	7.5
体育用品制造业		18.6	10.7	10.3	1.9	7.5
石油加工及炼焦业		9.3	9.5		0.3	9.2
原油加工业		9.3	9.5		0.3	9.2
化学原料及化学制品制造业	325.3	1 749.7	2 921.2	1 956.4	127.4	2 010.9
基本化学原料制造业	295.5	1 048.4	2 191.7	1 642.9	94.3	1 467.7
化学肥料制造业	1.5	126.7	166.1	73.9	12.7	81.6
化学农药制造业		2.6	2.6			2.6
有机化学产品制造业	5.0	361.6	370.1	72.9	12.0	312.8
合成材料制造业		135.9	112.8	105.0	3.4	89.4
专用化学产品制造业	22.2	0.6	6.6	6.5	1.0	2.2
日用化学产品制造业	1.1	73.9	71.3	55.2	4.0	54.6
医药制造业		255.5	304.1	225.4	10.4	257.8
化学药品制剂制造业		238.0	286.6	210.5	10.4	240.3
生物制品业		17.5	17.5	14.9		17.5
化学纤维制造业		4.1	4.1	4.0	0.4	3.3
人造纤维(纤维素纤维)制造业		4.1	4.1	4.0	0.4	3.3
橡胶制品业	2.2	326.7	344.9	339.7	19.8	272.1
橡胶板、管、带制造业		224.9	207.0	207.0	16.5	190.5
橡胶零件制品业		31.0	33.2	28.0	1.0	31.0

指标	年末资产负债及所有者权益					年末资产负债及所有者权益
	长期投资合计	固定资产合计	固定资产原价合计	生产经营用	本年折旧	固定资产净值合计
橡胶制品翻修业		34.4	34.4	34.4	2.0	21.1
其他橡胶制品业	2.2	36.4	70.3	70.3	0.3	29.5
塑料制品业	2 106.5	9 151.6	9 428.0	7 018.1	622.3	6 903.0
塑料薄膜制造业		433.3	413.9	413.9	16.9	366.4
塑料板、管、棒材制造业	88.1	131.9	111.9		10.1	101.8
塑料丝、绳及编织品制造业	1 772.0	7 187.0	6 952.6	5 255.4	498.5	4 895.1
泡沫塑料及人造革、合成革制造业	2.0	418.2	498.4	350.4	15.6	390.5
塑料包装箱及容器制造业	7.4	480.8	906.6	634.1	20.9	721.1
日用塑料杂品制造业	0.5	112.1	139.3	91.4	5.3	112.1
塑料零件制造业	236.0	136.2	183.0	108.2	20.0	150.7
其他塑料制品业	0.5	252.1	222.3	164.7	35.0	165.3
非金属矿物制品业	48.7	2 929.8	3 504.3	1 966.2	343.3	2 530.7
水泥制品和石棉水泥制品业	5.0	613.9	543.1	416.3	101.9	395.7
砖瓦、石灰和轻质建筑材料制造业	35.1	1 299.4	1 722.8	754.4	170.9	1 268.0
玻璃及玻璃制品业		73.6	76.0	26.5	2.4	73.1
陶瓷制品业	4.6	598.8	756.1	493.9	47.9	487.3
耐火材料制品业		237.5	256.5	167.7	10.7	201.9
矿物纤维及其制品业	4.0	106.6	149.8	107.4	9.5	104.7
其他类未包括的非金属矿物制品业						
黑色金属冶炼及压延加工业	29.3	20 153.3	16 355.4	1 996.8	102.7	14 223.5
炼钢业	11.9	74.6	74.6	74.6		74.6
钢压延加工业	17.4	20 073.1	16 275.1	1 916.5	102.6	14 143.3
铁合金冶炼业		5.6	5.7	5.7	0.1	5.6
有色金属冶炼及压延加工业	80.1	26 594.1	26 429.4	24 977.5	2 044.7	21 897.2
重有色金属冶炼业	80.0	26 585.5	26 326.0	24 914.8	2 039.4	21 811.2
轻有色金属冶炼业	0.1		91.2	50.7	1.7	77.4
有色金属合金业		8.6	12.2	12.0	3.6	8.6
金属制品业	620.8	2 612.4	3 163.4	2 365.5	215.8	2 120.9
金属结构制造业	554.6	774.5	903.6	730.4	70.4	661.9
铸铁管制造业	0.4	76.6	132.1	127.1	7.5	76.6
集装箱和金属包装制品制造业		117.8	167.7	101.8	6.2	111.7
金属丝绳及其制品业	20.7	601.4	749.9	748.3	24.7	393.1
建筑用金属制品业	5.4	455.8	518.4	250.2	47.9	435.3
金属表面处理及热处理业	28.6	145.1	201.7	114.2	29.5	106.1
日用金属制品业	1.9	377.2	389.2	217.1	20.4	285.5
其他金属制品业	9.2	64.0	100.8	76.4	9.2	50.7
普通机械制造业	55.0	5 722.0	5 481.1	3 544.8	319.8	4 272.2
锅炉及原动机制造业	1.9	190.8	202.0	198.0	7.6	176.3
金属加工机械制造业	8.0	168.1	211.0	174.9	7.7	120.0
通用设备制造业	12.0	1640.7	1 646.8	1 177.8	44.9	1 413.4
其他通用零部件制造业	23.1	2 412.2	2 039.1	1 019.3	154.4	1 507.6
铸锻件制造业	10.0	874.4	928.7	596.5	61.6	766.1

指标	年末资产负债及所有者权益					年末资产负债及所有者权益
	长期投资合计	固定资产合计	固定资产原价合计	生产经营用	本年折旧	固定资产净值合计
普通机械修理业		7.3	11.2		1.2	7.8
其他普通机械制造业		428.5	442.3	378.3	42.4	281.0
专用设备制造业	50.0	5 639.5	3 871.7	2 578.3	144.8	3 155.4
机电工业专用设备制造业	0.7	175.7	73.3	73.3	3.3	54.4
石化及其他工业专用设备制造业	13.3	147.1	173.4	173.4	9.6	141.7
轻纺工业专用设备制造业	22.6	1 993.2	1 993.2	1 552.5	79.6	1 734.3
农、林、牧、渔、水利业机械制造业		27.0	27.0	27.0	2.5	23.5
医疗器械制造业	1.1	351.4	112.1	111.7	5.3	70.7
其他专用设备制造业	1.6	954.7	623.0	607.0	42.2	489.4
专用机械设备修理业	10.7	1 990.4	869.7	33.4	2.3	641.4
交通运输设备制造业	37.3	4 400.9	3 612.1	2 999.7	247.1	2 761.2
铁路运输设备制造业	0.9	225.5	310.6	267.7	27.7	169.5
汽车制造业	35.2	3 951.4	3 038.4	2 545.0	201.9	2 376.3
自行车制造业	1.2	18.0	40.1	33.0	1.1	17.9
船舶制造业		181.8	208.5	148.0	15.5	185.9
交通运输设备修理业		24.2	14.5	6.0	0.9	11.6
电气机械及器材制造业	922.3	9 163.4	10 922.4	7 577.0	343.4	7 677.9
电机制造业		4.5	5.0		0.5	4.5
输配电及控制设备制造业	0.8	472.1	569.4	139.4	59.7	485.1
电工器材制造业	0.1	863.8	886.5	127.4	6.7	601.3
日用电器制造业	914.6	7 727.3	9 365.8	7 229.7	269.7	6 524.9
照明器具制造业	6.8	95.7	95.7	80.5	6.8	62.1
电气机械修理业						
电子及通信设备制造业	0.7	158.1	137.6	125.1	7.1	102.4
通信设备制造业	0.7	118.2	95.4	92.2	4.1	63.6
电子器件制造业		14.5	14.5	11.0	1.4	13.1
电子元件制造业		18.7	21.0	15.2	1.3	19.3
电子设备及通信设备修理业		6.7	6.7	6.7	0.3	6.4
仪器仪表及文化、办公用机械制造业	12.0	734.4	1 118.8	757.2	73.0	579.5
通用仪器仪表制造业	1.2	310.4	310.2	193.9	16.3	219.7
计量器具制造业	1.7	72.2	175.2		9.6	74.8
钟表制造业	8.8	344.5	625.5	560.4	46.5	277.7
其他仪器仪表制造业	0.3	7.3	7.9	2.9	0.6	7.3
其他制造业	0.6	165.6	188.2	60.6	7.2	165.5
工艺美术品制造业		2.1	2.4	2.4	0.3	2.0
日用杂品制造业		1.5	1.7			1.7
其他生产、生活用品制造业	0.6	162.0	184.1	58.2	6.9	161.8
电力、煤气及水的生产和供应业		136.9	148.9		5.5	136.7
电力、蒸汽、热水的生产和供应业						
煤气生产和供应业		136.9	148.9		5.5	136.7
煤气供应业		136.9	148.9		5.5	136.7

4—9 续表20　　　　(1993年)　　　　单位:万元

指标	年末资产负债及所有者权益					
	固定资产净值年平均余额	流动负债合计	流动负债年平均余额	营运资金年平均余额	长期负债合计	所有者权益合计
总计	67 166.5	176 527.7	99 831.5	20 876.4	50 509.9	70 428.8
在总计中:						
乡办企业	13 664.7	48 566.4	9 836.0	6 426.3	13 140.9	16 852.3
在总计中:						
轻工业	27 082.4	75 312.3	54 075.5	-824.5	10 917.4	25 644.1
以农产品为原料	11 245.6	27 361.5	16 939.0	2 918.3	3 206.7	10 241.0
以非农产品为原料	15 836.8	47 950.8	37 136.5	-3 742.8	7 710.7	15 403.1
重工业	40 084.1	101 215.4	45 756.0	21 700.9	39 591.6	44 784.7
采掘工业	523.8	476.7	414.5	44.1	14.4	242.7
原料工业	20 843.2	70 897.0	23 239.1	12 243.2	32240.5	25 101.5
加工工业	18 717.1	29 841.7	22 102.4	9 413.6	7 336.7	19 440.5
在总计中:						
大型企业	7 561.7	29 277.9	25 952.9	-7 227.3	1 498.8	5 641.1
中型企业	18 229.5	35 873.5	19 852.2	6 504.1	17 475.7	14 368.6
小型企业	41 375.3	111 376.3	54 026.4	21 599.6	31 534.5	50 419.1
在总计中:						
采掘业	524.8	476.7	404.4	45.7	14.4	215.7
煤炭采选业	119.1	43.9	41.3	13.1		4.4
煤炭开采业	9.1	43.9	41.3	-5.9		4.4
煤炭洗选业	110.0			19.0		
黑色金属矿采选业	21.5	20.0	19.0	1.0		
其他黑色金属矿采选业	21.5	20.0	19.0	1.0		
有色金属矿采选业	124.4	141.9	109.3	-36.4		54.2
重有色金属矿采选业	124.4	141.9	109.3	-36.4		54.2
非金属矿采选业	123.4	219.4	188.2	67.6	14.4	155.2
土沙石开采业	123.4	219.4	188.2	67.6	14.4	155.2
其他矿采选业	136.4	51.5	46.6	0.4		1.9
制造业	66 502.4	175 555.4	98 949.1	21 085.4	50 494.6	70 170.0
食品加工业	835.0	1 757.0	373.6	1 052.6	110.5	388.2
粮食及饲料加工业	276.9	417.0	369.8	17.6	104.0	388.2
植物油加工业	529.7	1 330.2		991.2		
屠宰及肉类蛋类加工业	28.4	9.8	3.8	43.8	6.5	
食品制造业	671.4	532.4	10.1	1 103.6	326.7	571.4
糕点、糖果制造业	55.8	128.7	99.8	24.1	49.2	33.3
调味品制造业	52.8	27.5	23.8	-1.6		52.8
其他食品制造业	562.8	376.2	-113.5	1 081.1	277.5	485.3
饮料制造业	336.0	996.1	836.8	128.7	198.2	670.0
酒精及饮料酒制造业	29.5			6.2	4.8	27.0
软饮料制造业	39.1	45.5	50.0	3.4	43.4	34.5
其他饮料制造业	267.4	950.6	786.8	119.1	150.0	608.5
纺织业	2 696.1	6 227.7	3 707.5	267.6	581.2	1 380.0
棉纺织业	1 022.8	2 595.6	543.3	132.3	52.5	541.9

指　　标	年末资产负债及所有者权益 固定资产净值年平均余额	流动负债合计	流动负债年平均余额	营运资金年平均余额	长期负债合计	所有者权益合计
毛纺织业	6.8	0.8	0.8	-0.8	0.8	
丝绸纺织业	276.0	119.5	92.0	69.5		
针织品业	1 390.5	3 511.8	3 071.4	66.6	527.9	838.1
服装及其他纤维制品制造业	1 158.5	4 836.6	1 471.0	732.4	740.1	1 293.6
服装制造业	924.1	3 802.6	1 075.7	469.9	696.8	916.2
制帽业	4.8	16.9	16.1	41.1	43.3	4.2
制鞋业	176.0	496.8	235.8	173.1		197.3
其他纤维制品制造业	53.6	520.3	143.4	48.3		175.9
皮革、毛皮、羽绒及其制品业	254.8	664.8	607.9	—241.6	141.1	2 087.5
制革业	67.5	54.9	60.1	15.6	30.0	9.7
皮革制品制造业	187.3	609.9	547.8	—257.2	111.1	2 077.8
木材加工及竹、藤、棕、草制品业	102.5	168.6	164.6	56.8		46.6
锯材、木片加工业	61.5	14.6	11.9	6.0		13.5
木制品业	12.3	65.6	60.0	55.1		33.1
家具制造业	513.0	3 103.2	2 990.1	—1 630.5	452.3	725.2
木制家具制造业	411.2	2 962.9	2 868.8	—1 803.7	184.7	636.3
金属家具制造业	101.8	140.3	121.3	173.2	267.6	88.9
造纸及纸制品业	3 709.4	9 181.0	6 934.4	2 254.4	1 094.4	3 919.5
造纸业	2 434.1	6 585.7	5 277.1	1 073.1	475.2	2 072.4
纸制品业	1 275.3	2 595.3	1 657.3	1 181.3	619.2	1 847.1
印刷业、记录媒介的复制	214.5	459.7	375.8	115.0	169.3	139.8
印刷业	214.5	459.7	375.8	115.0	169.3	139.8
文教体育用品制造业	37.4	68.9	67.2	93.5		115.8
体育用品制造业	37.4	68.9	67.2	93.5		115.8
石油加工及炼焦业	9.2	1.8				13.8
原油加工业	9.2	1.8				13.8
化学原料及化学制品制造业	2 523.4	3 804.1	1 332.8	840.4	2 220.5	2 742.7
基本化学原料制造业	2 061.4	2 463.4	454.7	543.6	1 703.6	1 969.1
化学肥料制造业	77.3	167.4	171.3	—11.7	50.0	103.4
化学农药制造业	2.6	4.6	4.3	36.7		41.4
有机化学产品制造业	306.5	729.1	312.1	367.1	411.8	389.2
合成材料制造业	8.0	213.9	200.0	—179.0	26.1	105.1
专用化学产品制造业	1.5	13.2	13.1	—5.7		18.3
日用化学产品制造业	66.1	212.5	177.3	89.4	29.0	116.2
医药制造业	263.3	1 357.3	550.8	117.7	1.0	384.8
化学药品制剂制造业	245.8	624.4	515.9	106.8	1.0	318.0
生物制品业	17.5	732.9	34.9	10.9		66.8
化学纤维制造业	3.7	4.1	4.0	0.1		
人造纤维(纤维素纤维)制造业	3.7	4.1	4.0	0.1		
橡胶制品业	259.0	435.2	304.0	23.4		336.3
橡胶板、管、带制造业	173.9	254.0	222.0	—40.5		192.2
橡胶零件制品业	31.0	53.4	61.1	—39.6		59.0

4—9 续表 22 (1993 年) 单位：万元

指标	年末资产负债及所有者权益					
	固定资产净值年平均余额	流动负债合计	流动负债年平均余额	营运资金年平均余额	长期负债合计	所有者权益合计
橡胶制品翻修业	22.2	12.9	20.9	8.5		30.0
其他橡胶制品业	31.9	114.9		95.0		55.1
塑料制品业	6 899.4	13 521.4	6 378.6	2 197.4	5 636.1	5 508.6
塑料薄膜制造业	395.3	223.1	209.8	249.7	448.6	34.0
塑料板、管、棒材制造业	102.0	60.0		65.9		
塑料丝、绳及编织品制造业	4 906.5	7 572.8	3 436.8	1 424.5	2 935.2	4 885.5
泡沫塑料及人造革、合成革制造业	371.3	638.7	923.2	174.7	1 020.0	28.1
塑料包装箱及容器制造业	706.0	919.2	792.0	217.5	1 116.2	4.6
日用塑料杂品制造业	115.7	272.2	269.4	—134.8	55.9	—88.1
塑料零件制造业	139.7	3 656.9	589.8	76.4	38.0	455.3
其他塑料制品业	162.9	178.5	157.6	123.5	22.2	189.2
非金属矿物制品业	2 557.9	3 966.2	2 446.4	1 210.1	511.5	3 114.7
水泥制品和石棉水泥制品业	508.2	825.0	745.5	125.3	2.7	693.6
砖瓦、石灰和轻质建筑材料制造业	1 221.8	1 055.8	757.4	236.5	84.4	1 013.7
玻璃及玻璃制品业	73.1	39.2	35.9	16.8		30.7
陶瓷制品业	502.4	888.3	885.2	132.1	249.4	667.2
耐火材料制品业	165.0	172.4	22.4	130.0	175.0	92.8
矿物纤维及其制品业	87.4	985.5		569.4		616.7
其他类未包括的非金属矿物制品业						
黑色金属冶炼及压延加工业	2 203.5	32 243.8	1 744.8	1 980.0	11 766.8	10 885.6
炼　钢　业		2.0	0.2	1.6	11.9	84.5
钢压延加工业	2 197.9	32 167.7	1 670.6	1 993.2	11 754.9	10 802.2
铁合金冶炼业	5.6	74.1	74.0	—14.8		—1.1
有色金属冶炼及压延加工业	16 083.1	34 326.6	20 370.9	9 145.5	18 366.7	11 422.8
重有色金属冶炼业	15 993.0	34 276.6	20 326.1	9 092.2	18 269.4	11 380.4
轻有色金属冶炼业	81.2	43.9	43.9	52.2	97.3	33.8
有色金属合金业	8.9	6.1	0.9	1.1		8.6
金属制品业	2 032.6	6 012.7	4 193.7	2 228.4	1 677.0	3 367.3
金属结构制造业	580.5	1 488.8	1 611.3	162.7	924.0	507.4
铸铁管制造业	69.4	123.8	101.8	163.6	87.6	169.5
集装箱和金属包装制品制造业	107.6	173.1	170.2	96.8	30.0	268.3
金属丝绳及其制品业	394.2	1 804.7	482.4	772.4	260.9	960.7
建筑用金属制品业	472.8	1 368.5	1 248.2	620.9	100.5	839.6
金属表面处理及热处理业	93.0	391.8	302.3	100.3	82.4	348.8
日用金属制品业	264.4	500.5	223.1	254.5	191.6	95.0
其他金属制品业	50.7	161.5	54.4	57.2		178.0
普通机械制造业	4 808.6	7 225.8	6 905.9	1 738.9	2 179.4	5 881.5
锅炉及原动机制造业	170.0	45.9	50.7	105.3	694.0	213.0
金属加工机械制造业	117.5	263.9	257.0	142.8	29.0	260.0
通用设备制造业	1 374.6	1 794.9	2 076.9	338.4	224.2	1 017.1
其他通用零部件制造业	2 050.9	3 470.6	3 236.5	1 024.0	1 010.7	3 799.6
铸锻件制造业	651.2	1 276.7	914.9	212.9	217.3	528.0

4—9　续表 23　　　　　　　　　　(1993 年)　　　　　　　　　　单位：万元

指　　　标	年末资产负债及所有者权益 固定资产净值年平均余额	流动负债合计	流动负债年平均余额	营运资金年平均余额	长期负债合计	所有者权益合计
普通机械修理业	14.0	172.2	186.3	−54.1		63.8
其他普通机械制造业	430.4	201.6	183.6	−30.4	4.2	
专用设备制造业	2 906.2	5 159.9	3 745.4	1 659.8	917.8	4 011.4
机电工业专用设备制造业	54.4	101.9	113.6	2.6		
石化及其他工业专用设备制造业	73.8	780.9	646.6	−176.2	151.7	120.3
轻纺工业专用设备制造业	1 756.7	1 354.8	683.6	776.8	92.4	569.1
农、林、牧、渔、水利业机械制造业	29.0	32.3	31.3			
医疗器械制造业	72.8	284.9	267.9	98.2	249.6	415.1
其他专用设备制造业	294.7	1 549.3	1 964.7	−82.2	15.8	1 449.8
专用机械设备修理业	624.8	1 055.8	37.7	1 040.8	408	1 457.1
交通运输设备制造业	7 301.8	8 520.1	5 472.6	908.3	1 224.8	3 970.3
铁路运输设备制造业	144.0	448.4	372.9	52.4		604.1
汽车制造业	6 949.9	7 710.6	4 770.1	850.0	1 170.1	3 303.4
自行车制造业	18.0	106.2	95.2	69.7	54.7	31.0
船舶制造业	166.8	235.2	219.5	−74.8		18.0
交通运输设备修理业	23.1	19.7	14.9	11.0		13.8
电气机械及器材制造业	7 258.6	28 258.6	25 560.6	−5 488.9	1 816.7	5 649.3
电机制造业	4.5	4.3	4.0	−0.5		
输配电及控制设备制造业	237.3	900.5	454.1	903.2	36.9	569.7
电工器材制造业	601.3	194.4	365.2	1 463.5	599.5	531.7
日用电器制造业	6 350.8	26 934.2	24 568.8	−7 963.4	1 145.4	4 437.9
照明器具制造业	64.7	225.2	168.5	108.3	34.9	110.0
电气机械修理业						
电子及通信设备制造业	93.9	379.9	379.8	−21.2	5.6	206.2
通信设备制造业	55.9	210.0	210.4	−24.2	5.6	192.7
电子器件制造业	13.0	101.0	105.0	−6.8		
电子元件制造业	18.7	31.4	31.4	−0.7		13.5
电子设备及通信设备修理业	6.3	37.5	33.0	10.5		
仪器仪表及文化、办公用机械制造业	653.3	2 100.6	1 797.9	617.8	323.7	1 091.2
通用仪器仪表制造业	231.1	718.4	646.8	257.6	223.5	322.6
计量器具制造业	80.1	646.6	386.6	63.7	40.4	53.7
钟表制造业	334.8	705.7	755.9	277.9	58.8	678.8
其他仪器仪表制造业	7.3	29.9	8.6	18.6	1.0	36.1
其他制造业	116.3	241.3	221.9	−4.8	33.2	245.9
工艺美术品制造业	2.1	4.2	3.4	10.6		12.9
日用杂品制造业	1.5			54.1		
其他生产、生活用品制造业	112.7	237.1	218.5	−69.5	33.2	233.0
电力、煤气及水的生产和供应业	139.3	495.6	478.0	−254.7		43.1
电力、蒸汽、热水的生产和供应业						
煤气生产和供应业	139.3	495.6	478.0	−254.7		43.1
煤气供应业	139.3	495.6	478.0	−254.7		43.1

指标	损益及分配					
	产品销售收入	产品销售成本	产品销售费用	产品销售税金及附加	产品销售利润	管理费用
总计	243 140.5	195 564.1	7 801.1	10 875.6	27 709.5	13 112.4
在总计中:						
乡办企业	52 592.2	42 633.8	2 330.2	2 065.3	4 619.5	2 211.4
在总计中:						
轻工业	95 425.7	77 961.4	3 309.0	4 622.7	9 140.2	5 284.5
以农产品为原料	45 150.5	38 252.6	1 327.2	1 768.4	3 482.3	1 913.9
以非农产品为原料	50 275.2	39 708.8	1 981.8	2 854.3	5 657.9	3 370.6
重工业	147 714.8	117 602.7	4 492.1	6 252.9	18 569.3	7 827.9
采掘工业	2 107.9	1 785.7	109.4	47.3	116.7	111.8
原料工业	67 675.4	54 406.9	1 370.2	3 090.8	8 742.0	2 935.7
加工工业	77 931.5	61 410.1	3 012.5	3 114.8	9 710.6	4 780.4
在总计中:						
大型企业	23 015.2	17 484.9	825.3	1 884.7	2 820.2	1 546.8
中型企业	43 268.8	33 435.3	943.7	1 526.0	7 362.4	2 127.6
小型企业	176 856.5	144 643.9	6 032.1	7 464.9	17 526.9	9 438.0
在总计中:						
采掘业	2 117.7	1 792.0	108.9	46.9	121.1	111.0
煤炭采选业	68.7	59.5		2.2	7.0	2.4
煤炭开采业	58.4	50.0		1.7	6.7	1.9
煤炭洗选业	10.3	9.5		0.5	0.3	0.5
黑色金属矿采选业	350.0	315.5	8.5	7.0	19.0	9.5
其他黑色金属矿采选业	350.0	315.5	8.5	7.0	19.0	9.5
有色金属矿采选业	175.2	161.3	0.5	0.4	—35.6	26.1
重有色金属矿采选业	175.2	161.3	0.5	0.4	—35.6	26.1
非金属矿采选业	909.8	817.5	14.9	32.9	44.3	41.9
土沙石开采业	909.8	817.5	14.9	32.9	44.3	41.9
其他矿采选业	614.0	438.2	85.0	4.4	86.4	31.1
制造业	240 844.3	193 604.5	7 692.2	10 826.8	27 579.4	13 000.1
食品加工业	4 957.4	4 836.0	51.8	38.1	27.3	23.4
粮食及饲料加工业	1 699.0	1 627.6	42.9	10.2	14.1	23.4
植物油加工业	3 110.4	3 080.2	8.9	18.5	2.8	
屠宰及肉类蛋类加工业	148.0	128.2		9.4	10.4	
食品制造业	2 166.6	1 909.4	128.7	51.5	76.8	101.1
糕点、糖果制造业	307.0	273.7	15.7	8.3	9.3	15.7
调味品制造业	90.4	73.5		5.1	11.8	0.8
其他食品制造业	1 769.2	1 562.2	113.0	38.1	55.7	84.6
饮料制造业	4 165.5	2 600.8	305.8	226.1	974.5	209.3
酒精及饮料酒制造业	1.3	1.0	0.2	0.4	—0.3	
软饮料制造业	125.9	109.4	4.3	8.7	3.5	4.3
其他饮料制造业	4 038.3	2 490.4	301.3	217.0	971.3	205.0
纺织业	9 256.3	7 796.0	192.9	360.1	674.8	408.7
棉纺织业	3 956.3	3 332.1	113.1	252.8	254.3	121.4

4—9 续表 25 (1993 年) 单位:万元

指标	产品销售收入	产品销售成本	产品销售费用	产品销售税金及附加	产品销售利润	管理费用
	损益及分配					
毛纺织业	18.6	18.0		0.3	0.2	0.1
丝绢纺织业	348.0	268.9	23.5	13.6	42.0	4.7
针织品业	4 933.4	4 177.0	56.3	93.4	378.3	282.5
服装及其他纤维制品制造业	7 771.2	7 004.3	150.7	258.5	350.3	311.0
服装制造业	6 158.6	5 730.2	77.5	173.9	175.0	213.9
制帽业	51.9	58.1	4.8	2.2	−13.2	3.7
制鞋业	1 001.3	780.3	51.1	53.3	111.2	65.1
其他纤维制品制造业	559.4	435.7	17.3	29.1	77.3	28.3
皮革、毛皮、羽绒及其制品业	1 422.3	1 148.7	59.0	82.2	130.8	63.1
制革业	169.4	135.9	15.5	9.1	7.5	5.2
皮革制品制造业	1 252.9	1 012.8	43.5	73.1	123.3	57.9
木材加工及竹、藤、棕、草制品业	2 950.3	2 736.8	49.5	67.7	94.0	31.1
锯材、木片加工业	2 516.0	2 417.8		48.7	47.5	3.1
木制品业	325.5	253.0	28.5	13.1	30.6	7.0
家具制造业	2 469.7	2 025.0	60.9	108.2	275.4	214.9
木制家具制造业	2 238.0	1 856.7	54.7	100.5	225.9	177.3
金属家具制造业	231.7	168.3	6.2	7.7	49.5	37.6
造纸及纸制品业	12 038.4	10 006.6	524.3	609.6	888.6	496.1
造纸业	7 697.0	6 499.7	129.2	456.1	608.9	314.3
纸制品业	4 341.4	3 506.9	395.1	153.5	279.7	181.8
印刷业、记录媒介的复制	914.4	824.1	29.1	48.4	6.7	42.6
印刷业	914.4	824.1	29.1	48.4	6.7	42.6
文教体育用品制造业	255.1	210.0	7.1	12.9	25.1	14.3
体育用品制造业	255.1	210.0	7.1	12.9	25.1	14.3
石油加工及炼焦业	34.1	30.7		1.5	1.9	
原油加工业	34.1	30.7		1.5	1.9	
化学原料及化学制品制造业	7 303.6	5 969.9	120.5	626.5	586.3	429.5
基本化学原料制造业	5 043.8	4 130.8	81.2	512.6	319.2	237.7
化学肥料制造业	374.9	280.1	1.6	14.8	78.4	69.0
化学农药制造业	49.2	38.5		1.5	9.2	0.1
有机化学产品制造业	1 003.8	844.7	24.5	76.3	58.0	36.2
合成材料制造业	475.2	372.1	2.2	2.2	98.7	70.0
专用化学产品制造业	42.6	30.3	4.3	3.0	5.0	0.1
日用化学产品制造业	314.1	273.4	6.7	16.1	17.8	16.4
医药制造业	1 578.0	1 215.5	11.5	83.9	267.1	177.3
化学药品制剂制造业	783.4	545.6	11.5	40.6	185.7	117.8
生物制品业	794.6	669.9		43.3	81.4	59.5
化学纤维制造业	12.0	11.0	0.2	0.1	0.7	0.2
人造纤维(纤维素纤维)制造业	12.0	11.0	0.2	0.1	0.7	0.2
橡胶制品业	561.2	453.3	11.2	24.4	71.7	40.1
橡胶板、管、带制造业	169.6	137.4	1.0	3.5	27.7	9.5
橡胶零件制品业	19.3	7.6	5.0	0.6	6.1	5.0

指　　标	损益及分配					
	产品销售收入	产品销售成本	产品销售费用	产品销售税金及附加	产品销售利润	管理费用
橡胶制品翻修业	75.3	59.4	1.7	4.1	10.1	6.0
其他橡胶制品业	297.0	248.9	3.5	16.2	27.8	19.6
塑料制品业	14 074.2	12 048.7	393.0	485.3	1 110.0	864.3
塑料薄膜制造业	539.9	448.9	7.6	19.4	64.0	54.2
塑料板、管、棒材制造业	18.8	16.8	0.4	0.5	1.1	
塑料丝、绳及编织品制造业	9 737.0	8 377.1	206.1	313.0	840.5	612.1
泡沫塑料及人造革、合成革制造业	1 431.3	1 199.3	66.4	65.1	92.1	62.2
塑料包装箱及容器制造业	761.2	698.7	51.5	31.8	—20.9	75.9
日用塑料杂品制造业	113.0	113.9	2.9	4.4	—9.0	7.0
塑料零件制造业	550.9	417.3	51.3	14.9	40.2	24.6
其他塑料制品业	922.1	776.7	6.8	36.2	102.0	28.3
非金属矿物制品业	11 322.2	8 773.2	483.8	589.3	1 359.6	726.4
水泥制品和石棉水泥制品业	2 804.9	2 380.4	59.1	84.1	258.7	82.5
砖瓦、石灰和轻质建筑材料制造业	3 293.5	2 318.5	123.7	286.6	472.0	205.7
玻璃及玻璃制品业	92.6	98.0	1.4	4.7	—12.5	0.8
陶瓷制品业	1 808.8	1 245.4	201.0	81.7	280.7	170.2
耐火材料制品业	488.3	390.7	10.6	37.6	49.4	27.8
矿物纤维及其制品业	2 834.1	2 340.2	88.0	94.6	311.3	239.4
其他类未包括的非金属矿物制品业						
黑色金属冶炼及压延加工业	11 346.7	9 779.9	238.7	487.8	840.3	551.3
炼　钢　业	4.7	4.5	0.4	0.2	—0.4	0.2
钢压延加工业	11 208.3	9 642.2	238.0	483.6	844.5	550.9
铁合金冶炼业	133.7	133.2	0.3	4.0	—3.8	0.2
有色金属冶炼及压延加工业	46 118.2	35 898.8	964.5	1 943.9	7 247.7	1 906.5
重有色金属冶炼业	45 854.3	35 730.9	960.3	1 936.9	7 222.9	1 875.5
轻有色金属冶炼业	182.4	150.6	1.8	5.8	24.2	31.0
有色金属合金业	81.5	17.3	2.4	1.2	0.6	
金属制品业	14 402.4	12 135.6	596.0	489.1	1 169.3	549.8
金属结构制造业	1 838.5	1 387.9	26.8	100.4	323.3	147.3
铸铁管制造业	298.1	2 87.9	0.7	9.8	—0.3	2.9
集装箱和金属包装制品制造业	458.7	379.3	9.8	17.4	52.1	11.6
金属丝绳及其制品业	4 403.9	3 918.2	159.4	115.1	211.2	148.4
建筑用金属制品业	2 649.8	2 044.1	234.6	134.7	226.5	65.9
金属表面处理及热处理业	3 344.1	2 976.7	113.7	50.6	201.2	65.4
日用金属制品业	801.4	646.8	33.5	28.0	92.9	75.0
其他金属制品业	607.9	494.7	17.5	33.1	62.4	33.3
普通机械制造业	20 564.9	15 694.9	923.1	858.4	3 052.6	1 421.6
锅炉及原动机制造业	122.4	73.6	1.2	12.2	35.4	9.3
金属加工机械制造业	493.8	403.3	29.1	25.2	36.2	17.7
通用设备制造业	3 355.4	2 616.2	97.4	127.9	512.7	377.1
其他通用零部件制造业	10 808.7	8 189.4	182.5	485.4	1 949.6	853.5
铸锻件制造业	4 717.6	3 605.0	494.7	168.6	416.8	117.9

4—9 续表 27 (1993年) 单位:万元

指标	损益及分配					
	产品销售收入	产品销售成本	产品销售费用	产品销售税金及附加	产品销售利润	管理费用
普通机械修理业	277.0	212.7	59.8	7.1	—2.6	1.7
其他普通机械制造业	790.0	594.7	58.4	32.0	104.5	44.4
专用设备制造业	12 417.6	9 789.6	613.7	453.9	1 427.9	823.8
机电工业专用设备制造业	346.5	319.4	7.6	13.6	5.8	8.5
石化及其他工业专用设备制造业	787.6	653.0	9.8	28.4	96.4	39.7
轻纺工业专用设备制造业	2 107.4	1 637.2	125.8	44.8	297.9	96.3
农、林、牧、渔、水利业机械制造业	98.0	85.5	3.0	4.3	5.2	4.3
医疗器械制造业	259.9	201.5	14.7	12.2	31.3	18.3
其他专用设备制造业	5 167.0	4 291.5	213.9	163.7	497.7	364.4
专用机械设备修理业	3 651.2	2 601.5	238.9	186.9	493.6	292.3
交通运输设备制造业	22 123.1	17 618.5	416.8	774.6	3 180.6	1 424.0
铁路运输设备制造业	1 225.3	981.0	42.6	46.1	92.6	61.4
汽车制造业	19 831.9	15 821.0	322.9	696.2	2 926.6	1 315.7
自行车制造业	129.8	90.1	2.0	3.6	34.0	13.5
船舶制造业	733.8	555.2	35.7	24.4	115.4	29.8
交通运输设备修理业	202.3	171.2	13.6	4.3	12.0	3.6
电气机械及器材制造业	24 555.9	18 439.6	1 011.6	1 824.2	3 003.0	1 696.8
电机制造业	10.2	8.5	0.1	0.5	0.9	0.2
输配电及控制设备制造业	3 160.4	2 432.2	67.3	99.4	298.7	113.7
电工器材制造业	1 156.1	1 010.8	117.0	59.2	—33.7	61.5
日用电器制造业	19 812.8	14 666.0	808.5	1 646.5	2 680.1	1 501.5
照明器具制造业	416.4	322.1	18.7	18.6	57.0	19.9
电气机械修理业						
电子及通信设备制造业	711.8	465.2	68.1	35.1	143.4	84.7
通信设备制造业	284.3	215.9	4.3	13.0	51.1	18.7
电子器件制造业	370.6	219.6	50.3	19.6	81.1	59.6
电子元件制造业	35.2	15.4	10.3	2.0	7.5	6.2
电子设备及通信设备修理业	21.7	14.3	3.2	0.5	3.7	0.2
仪器仪表及文化、办公用机械制造业	4 050.7	3 056.2	244.4	230.3	514.9	272.0
通用仪器仪表制造业	1 717.6	1 307.8	118.0	52.0	239.5	106.2
计量器具制造业	892.3	671.6	45.1	62.8	112.8	57.2
钟表制造业	1 342.8	1 044.2	32.8	112.8	153.0	108.1
其他仪器仪表制造业	98.0	32.6	48.5	2.7	9.6	0.5
其他制造业	1 300.5	1 126.2	35.3	55.2	78.1	116.2
工艺美术品制造业	44.6	38.6	0.2	1.8	4.0	0.7
日用杂品制造业	18.4	17.1		0.9	0.4	0.2
其他生产、生活用品制造业	1 237.5	1 070.5	35.1	52.5	73.7	115.3
电力、煤气及水的生产和供应业	178.5	167.6		1.9	9.0	1.3
电力、蒸汽、热水的生产和供应业						
煤气生产和供应业	178.5	167.6		1.9	9.0	1.3
煤气供应业	178.5	167.6		1.9	9.0	1.3

4—9 续表 28 (1993年) 单位:万元

指标	损益及分配					
	财务费用	利息支出	营业利润	利润总额	亏损企业亏损总额	利税总额
总计	4 867.8	4 600.3	10 902.9	10 749.9	1 277.6	21 625.5
在总计中:						
乡办企业	1 077.7	773.3	1 455.2	1 510.4	522.5	3 575.7
在总计中:						
轻工业	2 807.0	2 736.6	1 624.8	1 749.9	802.0	6 372.6
以农产品为原料	804.4	606.4	982.0	943.7	470.9	2 712.1
以非农产品为原料	2 002.6	2 130.2	642.8	806.2	331.1	3 660.5
重工业	2 060.8	1 863.7	9 278.1	9 000.0	475.6	15 252.9
采掘工业	61.3	49.6	—24.7	—4.8	109.3	42.5
原料工业	1 210.1	1 154.2	4 769.6	4 703.1	107.0	7 793.9
加工工业	789.4	659.9	4 533.2	4 301.7	259.3	7 416.5
在总计中:						
大型企业	1 276.6	1 525.5	118.3	31.5	91.8	1 916.2
中型企业	922.9	904.2	4 505.6	4 646.7		6 172.7
小型企业	2 668.3	2 170.6	6 279.0	6 071.7	1 185.8	13 536.6
在总计中:						
采掘业	63.4	49.6	—21.6	—11.7	109.3	35.2
煤炭采选业	0.3	0.3	4.3	4.3	0.2	6.5
煤炭开采业	0.3	0.3	4.5	4.5		6.2
煤炭洗选业			—0.2	—0.2	0.2	0.3
黑色金属矿采选业			10.0	10.0		17.0
其他黑色金属矿采选业			10.0	10.0		17.0
有色金属矿采选业	22.5	22.5	—84.2	—84.2	84.2	—83.8
重有色金属矿采选业	22.5	22.5	—84.2	—84.2	84.2	—83.8
非金属矿采选业	5.0	1.8	28.6	38.5	24.9	71.4
土沙石开采业	5.0	1.8	28.6	38.5	24.9	71.4
其他矿采选业	35.6	25.0	19.7	19.7		24.1
制造业	4 802.2	4 550.7	10 919.0	10 756.1	1 168.3	21 582.9
食品加工业	5.1	5.1	9.5	5.0	11.6	43.1
粮食及饲料加工业	5.1	5.1	—3.7	—8.2	11.6	2.0
植物油加工业			2.8	2.8		21.3
屠宰及肉类蛋类加工业			10.4	10.4		19.8
食品制造业	24.9	22.3	—41.7	—32.1	63.3	19.4
糕点、糖果制造业	4.9	4.4	—5.1	—17.3	23.9	—9.0
调味品制造业	1.3	1.3	9.7	9.7	0.8	14.8
其他食品制造业	18.7	16.6	—46.3	—24.5	38.6	13.6
饮料制造业	56.8	54.8	742.8	648.2	2.1	874.3
酒精及饮料酒制造业	0.8	0.8	—1.1	—1.1	1.1	—0.7
软饮料制造业	1.2	1.2	—2.0	0.1	1.0	8.8
其他饮料制造业	54.8	52.8	745.9	649.2		866.2
纺织业	200.3	147.8	106.6	71.4	122.2	431.5
棉纺织业	45.0	29.8	103.5	61.1	31.2	313.9

4—9 续表 29 (1993年) 单位:万元

指标	损益及分配					
	财务费用	利息支出	营业利润	利润总额	亏损企业亏损总额	利税总额
毛纺织业			0.1	0.1		0.4
丝绢纺织业	28.6	20.5	8.7	8.7		22.3
针织品业	126.7	97.5	−5.7	1.5	91.0	94.9
服装及其他纤维制品制造业	139.7	131.9	−81.1	6.0	124.7	264.5
服装制造业	113.0	107.3	−135.1	−14.6	100.1	159.3
制帽业	2.6	2.5	−19.5	−24.6	24.6	−22.4
制鞋业	14.7	12.7	31.4	11.1		64.4
其他纤维制品制造业	9.4	9.4	42.1	34.1		63.2
皮革、毛皮、羽绒及其制品业	12.5	6.4	58.3	72.4	3.2	154.6
制革业			2.4	2.5	1.4	11.6
皮革制品制造业	12.5	6.4	55.9	69.9	1.8	143.0
木材加工及竹、藤、棕、草制品业	0.8	0.7	61.8	61.2	5.1	128.9
锯材、木片加工业	0.8	0.8	43.6	43.6		92.3
木制品业		−0.1	23.3	22.7		35.8
家具制造业	71.0	49.5	8.9	38.9		147.1
木制家具制造业	59.4	37.9	8.6	35.4		135.9
金属家具制造业	11.6	11.6	0.3	3.5		11.2
造纸及纸制品业	275.6	182.9	176.8	120.2	100.7	729.8
造纸业	231.4	142.3	103.3	68.0		524.1
纸制品业	44.2	40.6	73.5	52.2	100.7	205.7
印刷业、记录媒介的复制	6.8	4.8	19.3	26.3	42.7	74.7
印刷业	6.8	4.8	19.3	26.3	42.7	74.7
文教体育用品制造业	0.3	0.1	11.0	9.5		22.4
体育用品制造业	0.3	0.1	11.0	9.5		22.4
石油加工及炼焦业			1.9	1.9		3.4
原油加工业			1.9	1.9		3.4
化学原料及化学制品制造业	125.1	117.4	59.3	80.3	57.4	706.8
基本化学原料制造业	66.0	63.0	30.5	44.7		557.3
化学肥料制造业	3.1	2.5	6.3	11.4	17.0	26.2
化学农药制造业	0.1	0.1	9.0	9.0		10.5
有机化学产品制造业	20.9	18.7	12.5	14.3	15.1	90.6
合成材料制造业	22.0	21.0	6.7	6.7		8.9
专用化学产品制造业			5.8	5.8		8.8
日用化学产品制造业	13.0	12.1	−11.5	−11.6	25.3	4.5
医药制造业	50.6	49.1	40.0	31.4		115.3
化学药品制剂制造业	45.5	44.0	23.2	14.6		55.2
生物制品业	5.1	5.1	16.8	16.8		60.1
化学纤维制造业			0.5	0.5		0.6
人造纤维(纤维素纤维)制造业			0.5	0.5		0.6
橡胶制品业	22.2	19.6	9.9	6.7	2.9	31.1
橡胶板、管、带制造业	21.1	18.5	−2.9	−2.9	2.9	0.6
橡胶零件制品业	0.5	0.5	0.6	0.6		1.2

4—9 续表 30　　　　(1993年)　　　　单位:万元

指标	损益及分配					
	财务费用	利息支出	营业利润	利润总额	亏损企业亏损总额	利税总额
橡胶制品翻修业	−0.2	−0.2	4.3	3.9		8.0
其他橡胶制品业	0.8	0.8	7.9	5.1		21.3
塑料制品业	447.8	376.5	13.4	221.3	171.8	706.6
塑料薄膜制造业	7.7	7.4	10.4	9.3		28.7
塑料板、管、棒材制造业			1.1	1.1		1.6
塑料丝、绳及编织品制造业	343.5	275.2	64.2	222.5	54.2	535.5
泡沫塑料及人造革、合成革制造业	11.4	10.4	26.1	16.5		81.6
塑料包装箱及容器制造业	28.7	27.9	−125.5	−56.3	68.8	−24.5
日用塑料杂品制造业	17.3	17.3	−32.9	−35.4	35.7	−31.0
塑料零件制造业	27.2	26.5	8.1	8.1	13.1	23.0
其他塑料制品业	12.0	11.8	61.9	55.5		91.7
非金属矿物制品业	100.7	78.2	589.5	569.0	22.1	1 158.3
水泥制品和石棉水泥制品业	17.7	11.7	162.1	150.0		234.1
砖瓦、石灰和轻质建筑材料制造业	33.5	17.3	257.2	276.5	7.3	563.1
玻璃及玻璃制品业			−12.9	−12.9	14.8	−8.2
陶瓷制品业	22.7	22.4	88.2	69.5		151.2
耐火材料制品业	12.4	12.4	10.3	6.3		43.9
矿物纤维及其制品业	14.4	14.4	84.6	79.6		174.2
其他类未包括的非金属矿物制品业						
黑色金属冶炼及压延加工业	296.2	286.4	58.5	−2.2	80.5	485.6
炼钢业			−0.4	−0.4	0.4	−0.2
钢压延加工业	296.2	286.4	62.9	2.2	76.1	485.8
铁合金冶炼业			−4.0	−4.0	4.0	
有色金属冶炼及压延加工业	819.9	778.8	4 587.6	4 570.1	11.4	6 514.0
重有色金属冶炼业	819.9	778.8	4 589.3	4 572.6	8.3	6 509.5
轻有色金属冶炼业			−2.3	−3.1	3.1	2.7
有色金属合金业			0.6	0.6		1.8
金属制品业	238.8	211.0	471.6	479.1	45.7	968.2
金属结构制造业	118.2	117.2	69.0	60.9		161.3
铸铁管制造业	7.3	7.0	−1.6	3.5		13.3
集装箱和金属包装制品制造业	2.5	1.7	38.3	43.5		60.9
金属丝绳及其制品业	30.2	24.4	40.0	31.3		146.4
建筑用金属制品业	14.0	12.8	150.6	149.7	2.7	284.4
金属表面处理及热处理业	27.3	10.7	161.0	162.9	14.7	213.5
日用金属制品业	34.9	32.8	−12.6	−3.2	28.3	24.8
其他金属制品业	4.4	4.4	26.9	30.5		63.6
普通机械制造业	143.7	123.4	1 669.4	1 583.1	17.0	2 441.5
锅炉及原动机制造业			26.1	25.3		37.5
金属加工机械制造业	4.5	3.4	14.0	8.7		33.9
通用设备制造业	71.4	70.3	98.8	89.8	14.2	217.7
其他通用零部件制造业	−5.4	−6.6	1 233.8	1 168.9	0.2	1654.3
铸锻件制造业	32.0	26.0	279.7	271.5		440.1

指标	损益及分配					
	财务费用	利息支出	营业利润	利润总额	亏损企业亏损总额	利税总额
普通机械修理业	0.4	0.4	—4.7	—2.6	2.6	4.5
其他普通机械制造业	40.8	29.9	21.7	21.5		53.5
专用设备制造业	142.5	109.3	464.6	469.0	1.6	922.9
机电工业专用设备制造业	5.2	5.2	—7.9	0.3		13.9
石化及其他工业专用设备制造业	31.8	31.8	24.9	26.9		55.3
轻纺工业专用设备制造业	87.0	56.0	114.6	114.5		159.3
农、林、牧、渔、水利业机械制造业			0.9	0.9		5.2
医疗器械制造业	2.2		12.8	12.8	1.6	25.0
其他专用设备制造业	16.4	16.4	117.0	111.3		275.0
专用机械设备修理业	—0.1	—0.1	202.3	202.3		389.2
交通运输设备制造业	220.8	169.9	1 615.1	1 544.1		2 318.7
铁路运输设备制造业	1.3	—0.7	41.7	43.0		89.1
汽车制造业	192.0	146.3	1 478.3	1 423.0		2 119.2
自行车制造业	3.2	3.2	17.3	0.1		3.7
船舶制造业	24.2	21.1	66.0	66.0		90.4
交通运输设备修理业	0.1		11.8	12.0		16.3
电气机械及器材制造业	1 289.4	1 523.0	108.6	36.2	267.5	1 860.4
电机制造业			0.9	0.9		1.4
输配电及控制设备制造业	14.0	13.0	171.7	170.9	3.5	270.3
电工器材制造业	70.9	70.4	—166.1	—165.5	168.0	—106.3
日用电器制造业	1 182.0	1 418.2	87.1	19.8	92.2	1 666.3
照明器具制造业	22.5	21.4	15.0	10.1	3.8	28.7
电气机械修理业						
电子及通信设备制造业	18.4	15.6	41.0	18.6		53.7
通信设备制造业	4.8	4.8	28.3	5.9		18.9
电子器件制造业	9.8	7.5	11.7	11.7		31.3
电子元件制造业	0.8	0.8	0.5	0.5		2.5
电子设备及通信设备修理业	3.0	2.5	0.5	0.5		1.0
仪器仪表及文化、办公用机械制造业	90.1	84.0	156.0	99.5	14.8	329.8
通用仪器仪表制造业	37.8	34.0	96.2	101.0		153.0
计量器具制造业	20.0	19.6	36.3	—10.3	14.8	52.5
钟表制造业	31.4	30.4	15.3	0.5		113.3
其他仪器仪表制造业	0.9		8.2	8.3		11.0
其他制造业	2.2	2.2	—40.1	20.5		75.7
工艺美术品制造业			3.3	3.3		5.1
日用杂品制造业			0.2	0.2		1.1
其他生产、生活用品制造业	2.2	2.2	—43.6	17.0		69.5
电力、煤气及水的生产和供应业	2.2		5.5	5.5		7.4
电力、蒸汽、热水的生产和供应业						
煤气生产和供应业	2.2		5.5	5.5		7.4
煤气供应业	2.2		5.5	5.5		7.4

4—10 市区独立核算乡办工业企业主要经济指标

(1993 年)　　单位:万元

指标	企业单位数(个)	亏损企业	工业总产值(当年价)	工业总产值(1990年不变价)	工业增加值(生产法)	成品产销存 年初库存价值
总计	243	28	57 508.3	47 125.6	10 670.8	1 200.5
在总计中:						
轻工业	97	18	20 731.9	18 533.1	4 118.2	386.3
以农产品为原料	67	13	14 792.0	12 601.6	2 955.5	274.6
以非农产品为原料	30	5	5 939.9	5 931.5	1 162.7	111.7
重工业	146	10	36 776.4	28 592.5	6 552.6	814.2
采掘工业	13	1	1 988.7	1 573.0	459.1	15.7
原料工业	19	3	13 196.2	7 852.7	2 717.3	470.3
加工工业	114	6	21 591.5	19 166.8	3 376.2	328.2
在总计中:						
小型企业	243	28	57 508.3	47 125.6	10 670.8	1 200.5
在总计中:						
采掘业	13	1	1 976.2	1 604.5	440.3	9.0
黑色金属矿采选业	2		350.0	350.0	34.5	
其他黑色金属矿采选业	2		350.0	350.0	34.5	
有色金属矿采选业	1	1	156.0	156.0	6.0	9.0
重有色金属矿采选业	1	1	156.0	156.0	6.0	9.0
非金属矿采选业	8		856.2	840.2	224.0	
土沙石开采业	8		856.2	840.2	224.0	
其他矿采选业	2		614.0	258.3	175.8	
制造业	230	27	55 532.1	45 521.1	10 230.5	1 191.5
食品加工业	5		3 481.0	1 897.1	236.6	74.6
粮食及饲料加工业	2		41.5	41.5	5.5	
植物油加工业	1		3 291.5	1 707.6	211.3	74.6
屠宰及肉类蛋类加工业	2		148.0	148.0	19.8	
食品制造业	2		138.3	138.3	50.6	
糕点、糖果制造业	1		83.7	83.7	29.5	
调味品制造业	1		54.6	54.6	21.1	
饮料制造业	2	1	70.6	73.5	23.6	
酒精及饮料酒制造业	1	1	2.0	2.0	0.9	
软饮料制造业	1		68.6	71.5	22.7	
纺织业	24	4	6 958.4	6 414.8	1 715.1	102.7
棉纺织业	12	3	3 164.1	2 713.8	462.1	
毛纺织业	2		22.6	22.6	11.5	
丝绢纺织业	2		444.8	444.8	175.9	
针织品业	8	1	3 326.9	3 233.6	1 065.6	102.7
服装及其他纤维制品制造业	8		479.1	436.7	105.7	43.4
服装制造业	6		335.9	336.0	76.5	18.1
制鞋业	1		128.0	85.5	29.0	19.4
其他纤维制品制造业	1		15.2	15.2	0.2	5.9

4—10 续表 1 (1993 年) 单位:万元

指　　标	企业单位数(个)	亏损企业	工业总产值(当年价)	工业总产值(1990年不变价)	工业增加值(生产法)	成品产销存 年初库存价值
皮革、毛皮、羽绒及其制品业	4	2	203.3	196.8	25.7	19.9
制　革　业	3	1	150.5	144.0	16.2	19.9
皮革制品制造业	1	1	52.8	52.8	9.5	
木材加工及竹、藤、棕、草制品业	6	1	324.5	324.5	128.6	0.6
锯材、木片加工业	1		23.0	23.0	21.4	0.6
人造板制造业	1	1	108.8	108.8	42.8	
木 制 品 业	4		192.7	192.7	64.4	
家具制造业	2		2.2	2.2	1.3	
木制家具制造业	2		2.2	2.2	1.3	
造纸及纸制品业	8	5	1 124.5	1 107.6	240.2	34.0
造　纸　业	3		653.3	653.3	174.0	0.6
纸 制 品 业	5	5	471.2	454.3	66.2	33.4
印刷业、记录媒介的复制	5		233.1	233.1	61.4	
印　刷　业	5		233.1	233.1	61.4	
石油加工及炼焦业	1		41.4	41.4	15.6	
原油加工业	1		41.4	41.4	15.6	
化学原料及化学制品制造业	13	1	4 248.4	4 310.4	929.9	444.5
基本化学原料制造业	3		3 715.8	3 803.1	800.4	385.8
化学肥料制造业	1		132.8	122.8	56.0	44.5
有机化学产品制造业	7		381.2	365.9	65.3	12.0
医药制造业	2		855.5	855.5	102.7	71.0
化学药品制剂制造业	1		55.5	55.5	14.6	71.0
生物制品业	1		800.0	800.0	88.1	
化学纤维制造业	1		12.0	12.0	1.0	
人造纤维(纤维素纤维)制造业	1		12.0	12.0	1.0	
橡胶制品业	1		2.5	2.5	0.8	
橡胶零件制品业	1		2.5	2.5	0.8	
塑料制品业	11	1	1 196.2	1 191.6	395.8	115.0
塑料薄膜制造业	2		91.0	91.0	36.2	
塑料板、管、棒材制造业	1		20.5	20.5	3.7	23.6
塑料丝、绳及编织品制造业	2		20.6	20.6	6.8	
泡沫塑料及人造革、合成革制造业	2		274.3	269.7	63.3	
塑料包装箱及容器制造业	1		401.0	401.0	113.7	
塑料零件制造业	2	1	373.8	373.8	157.1	91.4
其他塑料制品业	1		15.0	15.0	15.0	
非金属矿物制品业	33	3	3 184.5	1 898.5	731.7	74.8
水泥制品和石棉水泥制品业	1		141.0	121.0	—54.4	
砖瓦、石灰和轻质建筑材料制造业	29	2	2 884.8	1 618.8	722.6	68.8
玻璃及玻璃制品业	2	1	133.7	133.7	49.2	2.0
矿物纤维及其制品业	1		25.0	25.0	14.3	4.0
黑色金属冶炼及压延加工业	6	3	8 711.2	3 362.7	1691.5	

4—10 续表 2　　(1993 年)　　单位:万元

指标	企业单位数(个)	亏损企业	工业总产值(当年价)	工业总产值(1990 年不变价)	工业增加值(生产法)	成品产销存 年初库存价值
炼钢业	1	1	7.4	7.4	3.8	
钢压延加工业	5	2	8 703.8	3 355.3	1 687.7	
有色金属冶炼及压延加工业	4		959.4	888.6	168.8	8.9
重有色金属冶炼业	3		890.2	823.0	167.7	
有色金属合金业	1		69.2	65.6	1.1	8.9
金属制品业	16	4	4 296.0	4 290.0	1 068.9	38.6
金属结构制造业	7		557.4	551.4	472.2	32.5
建筑用金属制品业	3	2	359.1	359.1	57.4	
金属表面处理及热处理业	5	2	3 353.2	3 353.2	524.3	6.1
其他金属制品业	1		26.3	26.3	15.0	
普通机械制造业	32		4 831.4	4 473.5	1 543.8	24.5
金属加工机械制造业	3		128.8	128.8	37.6	
通用设备制造业	3		1 239.7	1 239.7	623.1	
其他通用零部件制造业	4		310.4	306.5	110.5	14.8
铸锻件制造业	18		2 213.1	1 859.1	329.0	7.7
其他普通机械制造业	4		939.4	939.4	443.6	2.0
专用设备制造业	7		5 023.1	4 428.7	1 636.7	89.0
石化及其他工业专用设备制造业	1		146.3	149.9	53.1	
轻纺工业专用设备制造业	3		1 329.8	1 329.8	574.1	89.0
农、林、牧、渔、水利业机械制造业	2		98.0	98.0	12.5	
专用机械设备修理业	1		3 449.0	2 851.0	997.0	
交通运输设备制造业	16		4 070.5	3 962.5	—545.8	50.0
铁路运输设备制造业	1		42.5	42.5		
汽车制造业	8		3 386.4	3 386.4	—594.9	50.0
船舶制造业	3		599.0	491.0	42.8	
交通运输设备修理业	4		42.6	42.6	6.3	
电气机械及器材制造业	12	2	3 570.6	3 464.2	—520.8	
输配电及控制设备制造业	7	1	2 008.6	1 796.3	142.4	
电工器材制造业	2	1	1 008.2	1 114.1	—801.9	
日用电器制造业	2		349.5	349.5	67.3	
照明器具制造业	1		204.3	204.3	71.4	
电子及通信设备制造业	2		402.2	402.2	168.3	
电子器件制造业	1		370.6	370.6	151.0	
电子设备及通信设备修理业	1		31.6	31.6	17.3	
仪器仪表及文化、办公用机械制造业	4		1 067.2	1 067.2	234.6	
通用仪器仪表制造业	3		1 012.0	1 012.0	227.4	
其他仪器仪表制造业	1		55.2	55.2	7.2	
其他制造业	3		45.0	45.0	18.3	
工艺美术品制造业	2		30.2	30.2	13.9	
其他生产、生活用品制造业	1		14.8	14.8	4.4	
电力、蒸汽、热水的生产和供应业						

4—10 续表3 (1993年) 单位:万元

指标	成品产销存			工业总产出	工业中间投入合计	本年应付工资
	生产价值	销售价值	年末库存价值			
总计	52 067.9	50 823.1	1 988.4	52 107.1	41 436.3	2 154.0
在总计中:						
轻工业	19 859.2	19 874.8	357.2	19 874.9	15 756.7	758.3
以农产品为原料	13 984.7	13 998.3	244.0	13 995.4	11 039.9	487.8
以非农产品为原料	5 874.5	5 876.5	113.2	5 879.5	4 716.8	270.5
重工业	32 208.7	30 948.3	1 631.2	32 232.2	25 679.6	1 395.7
采掘工业	1 988.7	1 999.2	14.2	1 988.7	1 529.6	117.8
原料工业	12 905.9	12 236.5	785.9	12 910.3	10 193.0	205.6
加工工业	17 314.1	16 712.6	831.1	17 333.2	13 957.0	1 072.3
在总计中:						
小型企业	52 067.9	50 823.1	1 988.4	52 107.1	41 436.3	2 154.0
在总计中:						
采掘业	1 976.2	1 985.2	9.0	1 976.2	1 535.9	112.4
黑色金属矿采选业	350.0	350.0		350.0	315.5	12.0
其他黑色金属矿采选业	350.0	350.0		350.0	315.5	12.0
有色金属矿采选业	156.0	165.0	9.0	156.0	150.0	13.1
重有色金属矿采选业	156.0	165.0	9.0	156.0	150.0	13.1
非金属矿采选业	856.2	856.2		856.2	632.2	65.8
土沙石开采业	856.2	856.2		856.2	632.2	65.8
其他矿采选业	614.0	614.0		614.0	438.2	21.5
制造业	50 091.7	48 837.9	1 979.4	50 130.9	39 900.4	2 041.6
食品加工业	3 481.0	3 501.0	54.8	3 481.0	3 244.4	27.0
粮食及饲料加工业	41.5	41.5		41.5	36.0	3.0
植物油加工业	3 291.5	3 311.5	54.6	3 291.5	3 080.2	23.0
屠宰及肉类蛋类加工业	148.0	148.0	0.2	148.0	128.2	1.0
食品制造业	138.3	138.3		138.3	87.7	10.8
糕点、糖果制造业	83.7	83.7		83.7	54.2	4.3
调味品制造业	54.6	54.6		54.6	33.5	6.5
饮料制造业	70.6	70.0	0.6	72.5	48.9	10.3
酒精及饮料酒制造业	2.0	2.0	0	2.0	1.1	1.0
软饮料制造业	68.6	68.0	0.6	70.5	47.8	9.3
纺织业	6 238.0	6 235.1	102.3	6 236.8	4 521.7	208.2
棉纺织业	2 513.7	2 508.5	2.9	2 513.7	2 051.6	120.9
毛纺织业	22.6	22.6		22.6	11.1	
丝绢纺织业	444.8	444.8		444.8	268.9	55.6
针织品业	3 256.9	3 259.2	99.4	3 255.7	2 190.1	31.7
服装及其他纤维制品制造业	479.1	483.5	39.0	479.1	373.4	29.9
服装制造业	335.9	336.3	17.7	335.9	259.4	14.2
制鞋业	128.0	132.0	15.4	128.0	99.0	11.7
其他纤维制品制造业	15.2	15.2	5.9	15.2	15.0	4.0

4—10 续表 4　　(1993 年)　　单位:万元

指标	成品产销存			工业总产出	工业中间投入合计	本年应付工资
	生产价值	销售价值	年末库存价值			
皮革、毛皮、羽绒及其制品业	147.1	148.0	19.0	147.1	121.4	14.8
制革业	131.1	132.0	19.0	131.1	114.9	13.4
皮革制品制造业	16.0	16.0		16.0	6.5	1.4
木材加工及竹、藤、棕、草制品业	324.5	319.5	2.0	324.5	195.9	28.3
锯材、木片加工业	23.0	21.6	2.0	23.0	1.6	
人造板制造业	108.8	108.8		108.8	66.0	3.9
木制品业	192.7	189.1		192.7	128.3	24.4
家具制造业	2.2	2.2		2.2	0.9	0.2
木制家具制造业	2.2	2.2		2.2	0.9	0.2
造纸及纸制品业	1 093.8	1 089.2	28.3	1 103.8	863.6	92.0
造纸	634.6	624.8		634.6	460.6	35.9
纸制品业	459.2	464.4	28.3	469.2	403.0	56.1
印刷业、记录媒介的复制	233.1	233.1		233.1	171.7	9.3
印刷业	233.1	233.1		233.1	171.7	9.3
石油加工及炼焦业	41.4	29.1		41.4	25.8	1.4
原油加工业	41.4	29.1		41.4	25.8	1.4
化学原料及化学制品制造业	3 921.7	3 962.8	48.3	3 926.1	2 996.2	93.4
基本化学原料制造业	3 389.5	3 454.5	5.5	3 393.9	2 593.5	45.9
化学肥料制造业	132.5	115.1	22.1	132.5	76.5	24.3
有机化学产品制造业	381.2	372.4	20.7	381.2	315.9	19.7
医药制造业	855.5	855.5	71.0	855.5	752.8	26.3
化学药品制剂制造业	55.5	55.5	71.0	55.5	40.9	4.3
生物制品业	800.0	800.0		800.0	711.9	22.0
化学纤维制造业	12.0	12.0		12.0	11.0	0.7
人造纤维(纤维素纤维)制造业	12.0	12.0		12.0	11.0	0.7
橡胶制品业	2.5	2.5		2.5	1.7	0.6
橡胶零件制品业	2.5	2.5		2.5	1.7	0.6
塑料制品业	1 154.9	1 145.5	115.0	1 154.9	759.1	62.8
塑料薄膜制造业	91.0	81.6		91.0	54.8	13.9
塑料板、管、棒材制造业	20.5	20.5	23.6	20.5	16.8	6.1
塑料丝、绳及编织品制造业	20.6	20.6		20.6	13.8	6.8
泡沫塑料及人造革、合成革制造业	274.3	274.3		274.3	211.0	3.4
塑料包装箱及容器制造业	360.0	360.0		360.0	246.3	17.4
塑料零件制造业	373.5	373.5	91.4	373.5	216.4	15.2
其他塑料制品业	15.0	15.0		15.0		
非金属矿物制品业	2 416.4	2 306.8	233.4	2 416.4	1 684.7	376.8
水泥制品和石棉水泥制品业	6.5	92.0	3.0	6.5	60.9	11.7
砖瓦、石灰和轻质建筑材料制造业	2 251.3	2 060.2	220.4	2 251.3	1 528.7	350.9
玻璃及玻璃制品业	133.6	129.6	6.0	133.6	84.4	9.7
矿物纤维及其制品业	25.0	25.0	4.0	25.0	10.7	4.5
黑色金属冶炼及压延加工业	8 711.2	8 097.8	613.4	8 726.1	7 034.6	115.5

4—10　续表 5　　(1993 年)　　单位:万元

指标	成品产销存 生产价值	销售价值	年末库存价值	工业总产出	工业中间投入合计	本年应付工资
炼钢业	7.4	7.4		7.4	3.6	0.4
钢压延加工业	8 703.8	8 090.4	613.4	8 718.7	7 031.0	115.1
有色金属冶炼及压延加工业	959.2	883.1	85.0	959.2	790.4	45.3
重有色金属冶炼业	890.0	805.0	85.0	890.0	722.3	40.5
有色金属合金业	69.2	78.1		69.2	68.1	4.8
金属制品业	4 271.9	4 300.6	33.4	4 271.9	3 203.0	176.2
金属结构制造业	557.3	555.6	33.4	557.3	85.1	29.9
建筑用金属制品业	359.1	359.1		359.1	301.7	62.8
金属表面处理及热处理业	3 329.2	3 359.6		3 329.2	2 804.9	76.0
其他金属制品业	26.3	26.3		26.3	11.3	7.5
普通机械制造业	4 605.4	3 839.8	270.8	4 605.4	3 061.6	236.8
金属加工机械制造业	128.8	128.8		128.8	91.2	15.5
通用设备制造业	1 239.7	856.7		1 239.7	616.6	41.2
其他通用零部件制造业	310.4	299.6	25.6	310.4	199.9	12.5
铸锻件制造业	1 988.5	1 822.9	242.7	1 988.5	1 659.5	125.7
其他普通机械制造业	938.0	731.8	2.5	938.0	494.4	41.9
专用设备制造业	5 023.1	5 023.9	89.0	5 023.1	3 386.4	61.8
石化及其他工业专用设备制造业	146.3	147.1		146.3	93.2	
轻纺工业专用设备制造业	1 329.8	1 329.8	89.0	1 329.8	755.7	43.6
农、林、牧、渔、水利业机械制造业	98.0	98.0		98.0	85.5	18.2
专用机械设备修理业	3 449.0	3 449.0		3 449.0	2 452.0	
交通运输设备制造业	2 109.4	2 199.9	50.0	2 113.6	2 659.5	177.0
铁路运输设备制造业	42.5	42.5		42.5	42.5	2.2
汽车制造业	1 833.3	1 833.3	50.0	1 837.5	2 432.5	126.2
船舶制造业	200.5	291.0		200.5	157.7	34.7
交通运输设备修理业	33.1	33.1		33.1	26.8	13.9
电气机械及器材制造业	2 285.0	2 455.2	124.0	2 285.0	2 805.8	146.4
输配电及控制设备制造业	1 623.7	1 813.8	124.0	1 623.7	1 481.3	113.7
电工器材制造业	107.5	107.5		107.5	909.4	3.8
日用电器制造业	349.5	347.2		349.5	282.2	19.1
照明器具制造业	204.3	186.7		204.3	132.9	9.8
电子及通信设备制造业	402.2	392.3		402.2	233.9	28.3
电子器件制造业	370.6	370.6		370.6	219.6	21.7
电子设备及通信设备修理业	31.6	21.7		31.6	14.3	6.6
仪器仪表及文化、办公用机械制造业	1 067.2	1 067.2		1 067.2	832.6	52.5
通用仪器仪表制造业	1 012.0	1 012.0		1 012.0	784.6	48.3
其他仪器仪表制造业	55.2	55.2		55.2	48.0	4.2
其他制造业	45.0	44.0	0.1	50.0	31.7	9.0
工艺美术品制造业	30.2	29.2	0.1	34.3	20.4	6.7
其他生产、生活用品制造业	14.8	14.8		15.7	11.3	2.3
电力、蒸汽、热水的生产和供应业						

4—10 续表 6 (1993 年) 单位:万元

指标	本年应付福利费	全部职工年平均人数(人)	资本金合计	国家	法人	个人
总计	136.8	21 139.0	21 730.6	11 791.4	6 711.1	719.6
在总计中:						
轻工业	31.7	4 000.0	3 455.3	476.5	2 420.1	200.0
以农产品为原料	30.5	3 070.0	2 609.0	428.1	1 693.9	177.3
以非农产品为原料	1.2	930.0	846.3	48.4	726.2	22.7
重工业	105.1	17 139.0	18 275.3	11 314.9	4 291.0	519.6
采掘工业	1.5	562.0	175.6	27.2	63.1	37.5
原料工业	18.1	1 101.0	11 714.8	10 395.0	277.1	73.8
加工工业	85.5	15 476.0	6 384.9	892.7	3 950.8	408.3
在总计中:						
小型企业	136.8	21 139.0	21 730.6	11 791.4	6 711.1	719.6
在总计中:						
采掘业	1.5	512.0	152.4		67.1	37.5
黑色金属矿采选业		80.0	23.0		23.0	
其他黑色金属矿采选业		80.0	23.0		23.0	
有色金属矿采选业		38.0	49.6			25.2
重有色金属矿采选业		38.0	49.6			25.2
非金属矿采选业	1.5	177.0	72.9		40.6	12.3
土沙石开采业	1.5	177.0	72.9		40.6	12.3
其他矿采选业		217.0	6.9		3.5	
制造业	135.3	20 627.0	21 578.2	11 791.4	6 644.0	682.1
食品加工业		144.0	312.6	21.1	248.0	
粮食及饲料加工业		30.0	8.0		8.0	
植物油加工业		91.0	280.0	21.1	240.0	
屠宰及肉类蛋类加工业		23.0	24.6			
食品制造业	0.6	53.0	64.9		64.9	
糕点、糖果制造业		39.0	20.0		20.0	
调味品制造业	0.6	14.0	44.9		44.9	
饮料制造业		51.0	30.0		30.0	
酒精及饮料酒制造业		8.0	28.2		28.2	
软饮料制造业		43.0	1.8		1.8	
纺织业	20.3	1 360.0	1 217.0	126.4	797.3	115.7
棉纺织业	17.8	538.0	848.5	42.7	637.2	
毛纺织业		22.0	6.8			6.8
丝绢纺织业		200.0	70.0		70.0	
针织品业	2.5	600.0	291.7	83.7	90.1	108.9
服装及其他纤维制品制造业	2.8	258.0	114.5	33.9	42.8	12.0
服装制造业	2.1	180.0	79.7	33.9	33.8	12.0
制鞋业	0.7	70.0	24.8			
其他纤维制品制造业		8.0	10.0		9.0	

指标	本年应付福利费	全部职工年平均人数(人)	资本金合计	国家	法人	个人
皮革、毛皮、羽绒及其制品业	0.9	89.0	61.1		53.0	8.0
制革业	0.9	59.0	50.1		42.0	8.0
皮革制品制造业		30.0	11.0		11.0	
木材加工及竹、藤、棕、草制品业	2.0	102.0	61.5		61.5	
锯材、木片加工业	2.0	10.0	4.5		4.5	
人造板制造业		23.0	20.0		20.0	
木制品业		69.0	37.0		37.0	
家具制造业		11.0	2.9		0.1	2.8
木制家具制造业		11.0	2.9		0.1	2.8
造纸及纸制品业	3.2	712.0	369.0	246.7	34.4	32.8
造纸业		554.0	46.8		14.0	32.8
纸制品业	3.2	158.0	322.2	246.7	20.4	
印刷业、记录媒介的复制	0.6	90.0	44.0		30.4	6.0
印刷业	0.6	90.0	44.0		30.4	6.0
石油加工及炼焦业		17.0	12.0			12.0
原油加工业		17.0	12.0			12.0
化学原料及化学制品制造业	11.4	677.0	1 144.5	10.3	140.2	22.2
基本化学原料制造业	7.9	527.0	987.4		7.6	16.0
化学肥料制造业	3.2	27.0	10.3	10.3		
有机化学产品制造业	0.3	98.0	121.4		107.2	6.2
医药制造业	2.7	120	58.8		50.0	8.8
化学药品制剂制造业	0.6	10.0	8.8			8.8
生物制品业	2.1	110.0	50.0		50.0	
化学纤维制造业		7.0	9.0		9.0	
人造纤维(纤维素纤维)制造业		7.0	9.0		9.0	
橡胶制品业		5.0	9.3		9.3	
橡胶零件制品业		5.0	9.3		9.3	
塑料制品业	2.2	418.0	437.0	127.9	201.4	48.9
塑料薄膜制造业	2.2	52.0	86.1		9.9	46.5
塑料板、管、棒材制造业		38.0	112.0	84.2	27.8	
塑料丝、绳及编织品制造业		71.0	123.1		94.0	
泡沫塑料及人造革、合成革制造业		74.0	35.0		35.0	
塑料包装箱及容器制造业		78.0	3.0		3.0	
塑料零件制造业		55.0	77.8	43.7	31.7	2.4
其他塑料制品业		50.0				
非金属矿物制品业	11.6	1 774.0	1 483.2	108.5	954.4	124.9
水泥制品和石棉水泥制品业		80.0	227.4		227.4	
砖瓦、石灰和轻质建筑材料制造业	11.6	1 611.0	1 204.3	108.5	681.5	124.9
玻璃及玻璃制品业		63.0	45.2		44.3	
矿物纤维及其制品业		20.0	6.3		1.2	
黑色金属冶炼及压延加工业	8.5	338.0	10 435.2	10 343.0	39.2	53.0

4—10 续表 8　　(1993年)　　单位:万元

指　　标	本年应付福利费	全部职工年平均人数(人)	资本金			
			合计	国家	法人	个人
炼钢业		14.0	85.0		32.6	53.0
钢压延加工业	8.5	324.0	10 350.2	10 343.0	7.2	
有色金属冶炼及压延加工业	0.5	161.0	214.0	52.0	162.0	
重有色金属冶炼业		140.0	205.4	52.0	153.4	
有色金属合金业	0.5	21.0	8.6		8.6	
金属制品业	1.5	426.0	614.6	150.0	399.3	53.4
金属结构制造业	0.4	118.0	281.3	150.0	98.0	33.3
建筑用金属制品业		123.0	219.9		207.9	12.0
金属表面处理及热处理业	0.2	132.0	107.9		87.9	8.1
其他金属制品业	0.9	53.0	5.5		5.5	
普通机械制造业	3.3	9 887.0	1 685.3	56.4	1 299.1	118.1
金属加工机械制造业	0.4	52.0	54.8		54.8	
通用设备制造业	0.3	8 999.0	759.5		750.0	
其他通用零部件制造业		160.0	99.9	31.5	5.0	
铸锻件制造业	2.6	518.0	558.1	24.9	289.3	105.1
其他普通机械制造业		158.0	213.0		200.0	13.0
专用设备制造业	1.9	653.0	1 251.8	108.5	1 123.3	10.0
石化及其他工业专用设备制造业	1.9	30.0				
轻纺工业专用设备制造业		167.0	481.2	108.5	352.7	10.0
农、林、牧、渔、水利业机械制造业		80.0	20.0		20.0	
专用机械设备修理业		376.0	750.6		750.6	
交通运输设备制造业	60.6	2 340.0	587.1	42.0	407.4	38.3
铁路运输设备制造业		40.0	0.5			
汽车制造业	60.3	2 145.0	199.1	12.0	148.8	38.3
船舶制造业		118.0	328.0		238.0	
交通运输设备修理业	0.3	37.0	59.5	30.0	20.6	
电气机械及器材制造业		620.0	1 092.4	360.0	225.2	15.2
输配电及控制设备制造业		286.0	468.4	360.0	71.2	15.2
电工器材制造业		219.0	536.8		66.8	
日用电器制造业		55.0	71.0		71.0	
照明器具制造业		60.0	16.2		16.2	
电子及通信设备制造业		81.0	60.0		60.0	
电子器件制造业		63.0	50.0		50.0	
电子设备及通信设备修理业		18.0	10.0		10.0	
仪器仪表及文化、办公用机械制造业		207.0	200.7	4.7	196.0	
通用仪器仪表制造业		195.0	196.0		196.0	
其他仪器仪表制造业		12.0	4.7	4.7		
其他制造业	0.7	26.0	5.8		5.8	
工艺美术品制造业	0.5	18.0	5.1		5.1	
其他生产、生活用品制造业	0.2	8.0	0.7		0.7	
电力、蒸汽、热水的生产和供应业						

4—10 续表 9 (1993年) 单位:万元

指标	资本金合计 外商	年末资产负债及所有者权益 流动资产合计	货币资金	存货	产成品	流动资产年平均余额
总计		49 460.6	4 661.1	8 445.9	1 755.0	16 262.3
在总计中:						
轻工业		7 670.2	1 239.2	2 394.2	599.0	5 794.4
以农产品为原料		6 129.5	927.1	1 905.7	387.7	4 683.5
以非农产品为原料		1 540.7	312.1	488.5	211.3	1 110.9
重工业		41 790.4	3 421.9	6 051.7	1 156.0	10 467.9
采掘工业		261.4	77.2	21.2	2.0	280.0
原料工业		31 561.6	1 310.0	2 490.4	442.1	3 421.8
加工工业		9 967.4	2 034.7	3 540.1	711.9	6 766.1
在总计中:						
小型企业		49 460.6	4 661.1	8 445.9	1 755.0	16 262.3
在总计中:						
采掘业		251.2	67.2	19.2		271.5
黑色金属矿采选业		19.5	13.5			20.0
其他黑色金属矿采选业		19.5	13.5			20.0
有色金属矿采选业		71.2	4.0	4.1		72.9
重有色金属矿采选业		71.2	4.0	4.1		72.9
非金属矿采选业		108.5	47.7	15.1		131.6
土沙石开采业		108.5	47.7	15.1		131.6
其他矿采选业		52.0	2.0			47.0
制造业		49 209.4	4 593.9	8 426.7	1 755.0	15 990.8
食品加工业		858.6	57.9	281.7	54.6	1 052.3
粮食及饲料加工业		15.0	5.5			13.5
植物油加工业		789.4	24.3	278.6	54.6	991.2
屠宰及肉类蛋类加工业		54.2	28.1	3.1		47.6
食品制造业		60.1	35.9	2.0		50.2
糕点、糖果制造业		36.5	28.0			28.9
调味品制造业		23.6	7.9	2.0		21.3
饮料制造业		13.9	3.0	9.0	4.9	16.3
酒精及饮料酒制造业		4.3	0.2	4.0		6.2
软饮料制造业		9.6	2.8	5.0	4.9	10.1
纺织业		2 557.3	319.0	1 119.4	247.2	1 876.0
棉纺织业		813.8	156.5	214.5	37.2	659.4
毛纺织业		5.5	0.3	2.5		
丝绢纺织业		177.0	92.0	11.0		161.5
针织品业		1 561.0	70.2	891.4	210.0	1 055.1
服装及其他纤维制品制造业		176.1	31.3	64.1	39.0	134.3
服装制造业		99.0	24.1	26.2	17.7	75.0
制鞋业		68.4	4.8	32.0	15.4	52.8
其他纤维制品制造业		8.7	2.4	5.9	5.9	6.5

4—10 续表 10 (1993 年) 单位:万元

指 标	资本金合计 外商	年末资产负债及所有者权益 流动资产合计	货币资金	存货	产成品	流动资产年平均余额
皮革、毛皮、羽绒及其制品业		113.1	10.0	55.2	19.0	78.4
制 革 业		80.5	7.1	25.5	19.0	75.7
皮革制品制造业		32.6	2.9	29.7		2.7
木材加工及竹、藤、棕、草制品业		176.4	34.3	56.1		173.3
锯材、木片加工业		23.1	7.5	2.0		17.9
人造板制造业		83.6	1.8	36.6		88.4
木 制 品 业		69.7	25.0	17.5		67.0
家具制造业		1.4	0.5	0.8		1.4
木制家具制造业		1.4	0.5	0.8		1.4
造纸及纸制品业		816.8	10.9	299.0	17.5	794.4
造 纸 业		583.7	5.0	231.5		579.5
纸 制 品 业		233.1	5.9	67.5	17.5	214.9
印刷业、记录媒介的复制		96.6	64.5	14.4		29.0
印 刷 业		96.6	64.5	14.4		29.0
石油加工及炼焦业		17.0				
原油加工业		17.0				
化学原料及化学制品制造业		1 622.4	134.3	995.4	465.6	351.4
基本化学原料制造业		1 316.9	109.1	793.4	430.9	12.1
化学肥料制造业		91.2	6.5	34.6	22.1	60.3
有机化学产品制造业		208.8	18.4	164.5	12.6	273.1
医药制造业		805.6	20.2	13.1	12.6	63.5
化学药品制剂制造业		23.3	2.9	7.1	7.1	17.7
生物制品业		782.3	17.3	6.0	5.5	45.8
化学纤维制造业		5.0	2.0			4.1
人造纤维(纤维素纤维)制造业		5.0	2.0			4.1
橡胶制品业		1.4	1.3			2.6
橡胶零件制品业		1.4	1.3			2.6
塑料制品业		798.9	100.9	517.5	428.9	505.6
塑料薄膜制造业		31.0	3.7	19.2	2.6	11.0
塑料板、管、棒材制造业		309.2	63.7	245.5	236.7	65.9
塑料丝、绳及编织品制造业		21.8	8.0	4.0		8.5
泡沫塑料及人造革、合成革制造业		16.7	11.5	5.0		23.3
塑料包装箱及容器制造业		189.5	3.8	98.2	98.2	89.5
塑料零件制造业		230.7	10.2	145.6	91.4	307.4
其他塑料制品业						
非金属矿物制品业		1 070.4	249.3	376.1	87.7	804.6
水泥制品和石棉水泥制品业		124.4	17.7	102.6		124.4
砖瓦、石灰和轻质建筑材料制造业		892.0	227.0	238.7	74.5	619.4
玻璃及玻璃制品业		42.0	4.6	27.2	9.2	52.7
矿物纤维及其制品业		12.0		7.6	4.0	8.1
黑色金属冶炼及压延加工业		29 266.1	667.8	1 561.4		2 379.1

4—10 续表 11 (1993年) 单位:万元

指标	资本金合计 外商	年末资产负债及所有者权益 流动资产合计	货币资金	存货	产成品	流动资产年平均余额
炼钢业		22.4	1.7	20.7		1.8
钢压延加工业		29 243.7	666.1	1 540.7		2 377.3
有色金属冶炼及压延加工业		789.4	523.7	4.5		785.5
重有色金属冶炼业		783.2	522.0			783.5
有色金属合金业		6.2	1.7	4.5		2.0
金属制品业		916.3	309.6	180.1	19.2	595.4
金属结构制造业		353.4	161.2	42.0	19.2	210.5
建筑用金属制品业		254.6	62.0	89.9		249.1
金属表面处理及热处理业		300.6	85.3	48.2		128.9
其他金属制品业		7.7	1.1			6.9
普通机械制造业		1 911.5	682.3	411.3	125.9	1 576.9
金属加工机械制造业		44.0	19.1	2.8		39.7
通用设备制造业		777.3	411.1	1.1		738.2
其他通用零部件制造业		169.2	28.0	26.1	7.6	149.1
铸锻件制造业		735.9	89.5	350.8	102.8	496.9
其他普通机械制造业		185.1	134.6	30.5	15.5	153.0
专用设备制造业		2 290.5	563.6	926.8	133.9	1 804.3
石化及其他工业专用设备制造业		39.1	2.8	36.3	8.9	
轻纺工业专用设备制造业		917.3	415.5	156.9	125.0	778.0
农、林、牧、渔、水利业机械制造业		31.8	8.3	2.0		31.3
专用机械设备修理业		1 302.3	137.0	731.6		995.0
交通运输设备制造业		2 320.2	516.5	822.2	50.0	1 356.5
铁路运输设备制造业		3.3		3.3		
汽车制造业		2 043.7	474.7	796.5	50.0	1 210.6
船舶制造业		239.2	22.0	20.0		144.2
交通运输设备修理业		34.0	19.8	2.4		1.7
电气机械及器材制造业		1 754.7	175.9	649.2	49.0	979.3
输配电及控制设备制造业		863.9	60.9	297.8	49.0	782.3
电工器材制造业		690.8	35.6	326.5		95.0
日用电器制造业		154.1	53.5	15.0		102.0
照明器具制造业		45.9	25.9	9.9		
电子及通信设备制造业		220.2	19.6	51.9		141.7
电子器件制造业		178.6	15.0	24.9		98.2
电子设备及通信设备修理业		41.6	4.6	27.0		43.5
仪器仪表及文化、办公用机械制造业		536.5	55.4	11.9		423.3
通用仪器仪表制造业		505.4	48.5			420.7
其他仪器仪表制造业		31.1	6.9	11.9		2.6
其他制造业		13.0	4.2	3.6		11.4
工艺美术品制造业		9.1	2.9	1.5		8.2
其他生产、生活用品制造业		3.9	1.3	2.1		3.2
电力、蒸汽、热水的生产和供应业						

4—10 续表12　　(1993年)　　单位:万元

指标	年末资产负债及所有者权益					年末资产负债及所有者权益
	长期投资合计	固定资产合计	固定资产原价合计	生产经营用	本年折旧	固定资产净值合计
总计	964.9	31 392.0	29 702.8	8 839.2	921.2	25 405.4
在总计中:						
轻工业	544.3	5 452.4	5 842.5	3 774.3	319.9	5 166.0
以农产品为原料	303.3	4 697.5	5 012.0	3 540.8	256.2	4 417.7
以非农产品为原料	241.0	754.9	830.5	233.5	63.7	748.3
重工业	420.6	25 939.6	23 860.3	5 064.9	601.3	20 239.4
采掘工业	0.8	412.5	423.4	257.7	26.1	368.6
原料工业	305.8	17 982.6	16 901.2	2 373.0	144.0	14 716.7
加工工业	114.0	7 544.5	6 535.7	2 434.2	431.2	5 154.1
在总计中:						
小型企业	964.9	31 392.0	29 702.8	8 839.2	921.2	25 405.4
在总计中:						
采掘业	0.8	381.4	393.3	258.7	22.4	342.2
黑色金属矿采选业		23.0	23.0	22.0	2.3	18.5
其他黑色金属矿采选业		23.0	23.0	22.0	2.3	18.5
有色金属矿采选业		124.4	128.9		4.5	124.4
重有色金属矿采选业		124.4	128.9		4.5	124.4
非金属矿采选业	0.8	82.6	90.0	85.3	7.1	82.9
土沙石开采业	0.8	82.6	90.0	85.3	7.1	82.9
其他矿采选业		151.4	151.4	151.4	8.5	116.4
制造业	964.1	31 010.6	29 309.5	8 580.5	898.8	25 063.2
食品加工业	261.0	561.8	587.2	337.5	35.3	520.8
粮食及饲料加工业		15.0	15.0	12.5	1.2	10.5
植物油加工业	261.0	541.6	541.8	325.0	34.0	482.0
屠宰及肉类蛋类加工业		5.2	30.4		0.1	28.3
食品制造业		58.4	68.3	64.1	6.8	54.9
糕点、糖果制造业		14.0	14.0	14.0	1.4	10.5
调味品制造业		44.4	54.3	50.1	5.4	44.4
饮料制造业		41.1	79.7	72.1	5.9	39.0
酒精及饮料酒制造业		29.5	29.5	26.5		29.5
软饮料制造业		11.6	50.2	45.6	5.9	9.5
纺织业	3.5	2 223.1	2 340.1	1 546.3	79.8	2 026.3
棉纺织业	3.5	1 196.9	1 258.9	981.7	45.3	1 101.3
毛纺织业			7.5			6.9
丝绢纺织业		272.2	272.2	262.2	22.0	228.2
针织品业		754.0	801.5	302.4	12.5	689.9
服装及其他纤维制品制造业	28.8	86.5	193.5	74.5	13.2	164.1
服装制造业	28.8	81.5	157.3	53.5	10.1	143.4
制鞋业			31.2	21.0	3.1	15.7
其他纤维制品制造业		5.0	5.0			5.0

4—10 续表 13 (1993年) 单位:万元

指标	年末资产负债及所有者权益					年末资产负债及所有者权益
	长期投资合计	固定资产合计	固定资产原价合计	生产经营用	本年折旧	固定资产净值合计
皮革、毛皮、羽绒及其制品业	8.0	69.8	62.6	62.6	6.9	51.2
制革业	8.0	69.8	56.2	56.2	6.9	44.8
皮革制品制造业			6.4	6.4		6.4
木材加工及竹、藤、棕、草制品业		65.9	71.9	56.2	8.0	63.6
锯材、木片加工业		5.9	5.9		0.6	5.1
人造板制造业		33.5	33.5	30.5	4.2	29.3
木制品业		26.5	32.5	25.7	3.2	29.2
家具制造业		1.7	1.8	1.5		1.7
木制家具制造业		1.7	1.8	1.5		1.7
造纸及纸制品业		352.3	356.3	277.2	47.5	303.5
造纸业		52.4	14.8	14.8	1.6	11.8
纸制品业		299.9	341.5	262.4	45.9	291.7
印刷业、记录媒介的复制	2.0	25.3	39.0	33.9	3.4	30.2
印刷业	2.0	25.3	39.0	33.9	3.4	30.2
石油加工及炼焦业		9.3	9.5		0.3	9.2
原油加工业		9.3	9.5		0.3	9.2
化学原料及化学制品制造业	298.0	150.1	1 202.5	847.2	49.3	838.3
基本化学原料制造业	293.0	25.0	1 070.1	793.9	39.5	722.2
化学肥料制造业			13.8	13.8	0.9	10.7
有机化学产品制造业	5.0	99.0	102.5	39.5	8.0	90.3
医药制造业		17.5	20.0	17.4	0.1	19.8
化学药品制剂制造业			2.5	2.5	0.1	2.3
生物制品业		17.5	17.5	14.9		17.5
化学纤维制造业		4.1	4.1	4.0	0.4	3.3
人造纤维(纤维素纤维)制造业		4.1	4.1	4.0	0.4	3.3
橡胶制品业		8.0	8.2	8.0		8.0
橡胶零件制品业		8.0	8.2	8.0		8.0
塑料制品业	324.1	493.4	452.0	63.5	15.3	425.7
塑料薄膜制造业		35.3	4.7	4.7	0.7	1.4
塑料板、管、棒材制造业	88.1	131.9	111.9		10.1	101.8
塑料丝、绳及编织品制造业		119.5	119.5	4.0	0.4	118.0
泡沫塑料及人造革、合成革制造业		18.7	25.5	6.8	0.8	22.0
塑料包装箱及容器制造业		118.0	118.0	40.0	2.5	115.5
塑料零件制造业	236.0	70.0	72.4	8.0	0.8	67.0
其他塑料制品业						
非金属矿物制品业	0.9	1 145.3	1 391.2	567.4	219.0	922.3
水泥制品和石棉水泥制品业		139.3	139.3	110.0	79.7	59.6
砖瓦、石灰和轻质建筑材料制造业		932.4	1 175.0	430.7	136.9	788.8
玻璃及玻璃制品业		73.6	76.0	26.5	2.4	73.1
矿物纤维及其制品业	0.9		0.9	0.2		0.8
黑色金属冶炼及压延加工业	11.9	17 532.9	15 400.0	1 303.5	46.3	13 651.4

4—10 续表 14 (1993 年) 单位:万元

指标	年末资产负债及所有者权益					年末资产负债及所有者权益
	长期投资合计	固定资产合计	固定资产原价合计	生产经营用	本年折旧	固定资产净值合计
炼钢业	11.9	74.6	74.6	74.6		74.6
钢压延加工业		17 458.3	15 325.4	1 228.9	46.3	13 576.8
有色金属冶炼及压延加工业		363.6	367.2	272.0	56.6	282.6
重有色金属冶炼业		355.0	355.0	260.0	53.0	274.0
有色金属合金业		8.6	12.2	12.0	3.6	8.6
金属制品业	4.7	414.5	391.5	70.0	47.1	327.3
金属结构制造业	4.7	145.9	44.1	32.1	3.3	33.4
建筑用金属制品业		208.0	263.0	10.3	19.9	241.6
金属表面处理及热处理业		55.5	78.6	21.8	23.2	47.2
其他金属制品业		5.1	5.8	5.8	0.7	5.1
普通机械制造业	9.5	1 881.5	1 867.5	1 207.6	80.3	1 644.4
金属加工机械制造业		28.4	30.0	26.1	2.1	26.8
通用设备制造业	9.5	866.9	875.6	640.0	2.5	867.0
其他通用零部件制造业		63.8	63.2	37.0	2.3	52.2
铸锻件制造业		497.4	461.2	131.0	31.4	420.9
其他普通机械制造业		425.0	437.5	373.5	42.0	277.5
专用设备制造业	10.7	3 545.9	2 418.1	1 254.3	57.9	2 135.0
石化及其他工业专用设备制造业		107.3	107.3	107.3	5.4	101.9
轻纺工业专用设备制造业		1 451.5	1 451.5	1 120.0	50.0	1 398.5
农、林、牧、渔、水利业机械制造业		27.0	27.0	27.0	2.5	23.5
专用机械设备修理业	10.7	1 960.1	832.3			611.1
交通运输设备制造业	1.0	605.4	564.8	186.8	52.9	483.8
铁路运输设备制造业		30.5	0.5		0.2	0.3
汽车制造业	1.0	385.7	361.8	38.3	38.1	302.8
船舶制造业		168.3	19.5	148.0	14.0	172.4
交通运输设备修理业		20.9	9.0	0.5	0.6	8.3
电气机械及器材制造业		1 200.7	1 259.4	118.3	53.7	938.5
输配电及控制设备制造业		368.7	427.4	46.0	43.8	380.6
电工器材制造业		774.1	774.1	15.0	1.5	511.6
日用电器制造业		35.6	35.6	35.0	6.1	29.5
照明器具制造业		22.3	22.3	22.3	2.3	16.8
电子及通信设备制造业		21.2	21.2	17.7	1.7	19.5
电子器件制造业		14.5	14.5	11.0	1.4	13.1
电子设备及通信设备修理业		6.7	6.7	6.7	0.3	6.4
仪器仪表及文化、办公用机械制造业		128.4	128.7	113.7	10.8	95.9
通用仪器仪表制造业		123.7	123.7	113.7	10.5	91.2
其他仪器仪表制造业		4.7	5.0		0.3	4.7
其他制造业		2.9	3.2	3.2	0.3	2.9
工艺美术品制造业		1.8	2.0	2.0	0.2	1.8
其他生产、生活用品制造业		1.1	1.2	1.2	0.1	1.1
电力、蒸汽、热水的生产和供应业						

4—10 续表15 (1993年) 单位:万元

指标	年末资产负债及所有者权益					
	固定资产净值年平均余额	流动负债合计	流动负债年平均余额	营运资金年平均余额	长期负债合计	所有者权益合计
总计	13 664.7	48 566.4	9 836.0	6 426.3	13 140.9	16 852.3
在总计中:						
轻工业	5 329.1	6 940.3	3 962.7	1 831.7	278.7	1 668.9
以农产品为原料	4 576.5	5 718.1	2 991.6	1 691.9	212.5	791.9
以非农产品为原料	752.6	1 222.2	971.1	139.8	66.2	877.0
重工业	8 335.6	41 626.1	5 873.3	4 594.6	12 862.2	15 183.4
采掘工业	358.8	297.4	264.0	16.0	14.4	156.9
原料工业	2 870.5	33 292.6	605.5	2 816.3	11 405.0	11 275.7
加工工业	5 106.3	8 036.1	5 003.8	1 762.3	1 442.8	3 750.8
在总计中:						
小型企业	13 664.7	48 566.4	9 836.0	6 426.3	13 140.9	16 852.3
在总计中:						
采掘业	359.8	297.4	253.9	17.6	14.4	129.9
黑色金属矿采选业	21.5	20.0	19.0	1.0		
其他黑色金属矿采选业	21.5	20.0	19.0	1.0		
有色金属矿采选业	124.4	141.9	109.3	—36.4		54.2
重有色金属矿采选业	124.4	141.9	109.3	—36.4		54.2
非金属矿采选业	77.5	84.0	79.0	52.6	14.4	73.8
土沙石开采业	77.5	84.0	79.0	52.6	14.4	73.8
其他矿采选业	136.4	51.5	46.6	0.4		1.9
制造业	13 304.9	48 269.0	9 582.1	6 408.7	13 126.5	16 722.4
食品加工业	572.6	1 352.5	17.3	1 035.0	6.5	
粮食及饲料加工业	14.5	12.5	13.5			
植物油加工业	529.7	1 330.2		991.2		
屠宰及肉类蛋类加工业	28.4	9.8	3.8	43.8	6.5	
食品制造业	58.7	51.6	30.0	20.2		52.8
糕点、糖果制造业	12.2	36.5	16.9	12.0		
调味品制造业	46.5	15.1	13.1	8.2		52.8
饮料制造业	41.9	11.1	10.7	5.6	14.3	27.5
酒精及饮料酒制造业	29.5			6.2	4.8	27.0
软饮料制造业	12.4	11.1	10.7	—0.6	9.5	0.5
纺织业	2 048.2	1 775.6	1 734.9	141.1	71.5	297.5
棉纺织业	1 020.8	705.4	528.3	131.1	22.5	184.8
毛纺织业	6.8	0.8	0.8	—0.8	0.8	
丝绢纺织业	276.0	119.5	92.0	69.5		
针织品业	744.6	949.9	1 113.8	—58.7	48.2	112.7
服装及其他纤维制品制造业	175.7	119.8	134.8	—0.5	32.6	85.3
服装制造业	155.0	58.3	72.5	2.5	32.6	48.7
制鞋业	15.9	56.5	57.8	—5.0		27.6
其他纤维制品制造业	4.8	5.0	4.5	2.0		9.0

4—10 续表 16　　(1993年)　　单位:万元

指标	年末资产负债及所有者权益					
	固定资产净值年平均余额	流动负债合计	流动负债年平均余额	营运资金年平均余额	长期负债合计	所有者权益合计
皮革、毛皮、羽绒及其制品业	67.5	85.4	62.6	15.8	30.0	10.8
制革业	67.5	54.9	60.1	15.6	30.0	9.7
皮革制品制造业		30.5	2.5	0.2		1.1
木材加工及竹、藤、棕、草制品业	45.5	145.6	136.2	37.1		13.5
锯材、木片加工业	5.1	14.6	11.9	6.0		13.5
人造板制造业	28.7	88.4	92.7	—4.3		
木制品业	11.7	42.6	31.6	35.4		
家具制造业	1.7	0.1	0.1	1.3		3.0
木制家具制造业	1.7	0.1	0.1	1.3		3.0
造纸及纸制品业	333.4	880.4	813.7	—19.3	55.6	229.4
造纸业	40.2	599.2	575.6	3.9	20.6	19.6
纸制品业	293.2	281.2	238.1	—23.2	35.0	209.8
印刷业、记录媒介的复制	18.9	77.7	28.3	0.7	2.0	18.8
印刷业	18.9	77.7	28.3	0.7	2.0	18.8
石油加工及炼焦业	9.2	1.8				13.8
原油加工业	9.2	1.8				13.8
化学原料及化学制品制造业	923.1	2 074.0	317.7	33.7	1 685.0	1 164.6
基本化学原料制造业	797.0	1 993.6	15.4	—3.3	1 625.0	1 013.1
化学肥料制造业	9.1	11.8	11.2	49.1	50.0	40.1
有机化学产品制造业	91.2	61.4	284.3	—11.2	10.0	97.0
医药制造业	19.8	753.0	50.9	12.6		75.6
化学药品制剂制造业	2.3	20.1	16.0	1.7		8.8
生物制品业	17.5	732.9	34.9	10.9		66.8
化学纤维制造业	3.7	4.1	4.0	0.1		
人造纤维(纤维素纤维)制造业	3.7	4.1	4.0	0.1		
橡胶制品业	8.0	1.4	2.8	—0.2		8.0
橡胶零件制品业	8.0	1.4	2.8	—0.2		8.0
塑料制品业	448.1	576.2	442.1	63.5	58.0	292.8
塑料薄膜制造业	30.1	13.6	10.0	1.0		
塑料板、管、棒材制造业	102.0	60.0		65.9		
塑料丝、绳及编织品制造业	119.0	8.8	57.5	—49.0		
泡沫塑料及人造革、合成革制造业	22.0		30.3	—7.0	20.0	
塑料包装箱及容器制造业	105.0	293.7	145.0	—55.5		
塑料零件制造业	70.0	200.1	199.3	108.1	38.0	292.8
其他塑料制品业						
非金属矿物制品业	974.6	744.4	522.3	282.3	15.4	575.0
水泥制品和石棉水泥制品业	131.3	34.0	36.0	88.4		
砖瓦、石灰和轻质建筑材料制造业	769.1	671.2	450.4	169.0	15.4	544.3
玻璃及玻璃制品业	73.1	39.2	35.9	16.8		30.7
矿物纤维及其制品业	1.1			8.1		
黑色金属冶炼及压延加工业	1 707.8	30 478.1	296.1	2 083.0	9 775.0	10 189.7

(1993 年) 单位:万元

指标	年末资产负债及所有者权益					
	固定资产净值年平均余额	流动负债合计	流动负债年平均余额	营运资金年平均余额	长期负债合计	所有者权益合计
炼钢业		2.0	0.2	1.6	11.9	84.5
钢压延加工业	1 707.8	30 476.1	295.9	2 081.4	9 763.1	10 105.2
有色金属冶炼及压延加工业	303.9	791.1	39.4	746.1		8.6
重有色金属冶炼业	295.0	785.0	38.5	745.0		
有色金属合金业	8.9	6.1	0.9	1.1		8.6
金属制品业	405.2	468.8	305.8	289.6	26.0	506.8
金属结构制造业	112.0	152.3	110.3	100.2	20.0	25.3
建筑用金属制品业	241.6	131.1	113.0	136.1		237.2
金属表面处理及热处理业	46.2	181.5	79.0	49.9	6.0	235.4
其他金属制品业	5.4	3.9	3.5	3.4		8.9
普通机械制造业	1 740.0	1 620.3	1 438.4	138.5	236.6	360.3
金属加工机械制造业	23.2	41.4	38.2	1.5		7.1
通用设备制造业	864.5	782.7	755.4	-17.2		9.5
其他通用零部件制造业	51.5	115.9	98.2	50.9	58.0	13.5
铸锻件制造业	370.5	505.3	364.1	132.8	178.6	330.2
其他普通机械制造业	430.3	175.0	182.5	-29.5		
专用设备制造业	2 093.8	2 104.3	431.3	1 373.0	550.5	1 439.3
石化及其他工业专用设备制造业	31.7	213.9	200.0	-200.0	150.5	
轻纺工业专用设备制造业	1 422.0	854.8	200.0	578.0		95.0
农、林、牧、渔、水利业机械制造业	29.0	32.3	31.3			
专用机械设备修理业	611.1	1 003.3		995.0	400.0	1 344.3
交通运输设备制造业	465.8	2 737.5	1 619.6	-263.1	22.2	355.5
铁路运输设备制造业	0.3	27.8				3.1
汽车制造业	292.4	2 487.5	1 411.7	-201.1	22.2	332.4
船舶制造业	153.3	222.0	207.5	-63.3		18.0
交通运输设备修理业	19.8	0.2	0.4	1.3		2.0
电气机械及器材制造业	698.9	831.2	587.1	392.2	542.1	970.8
输配电及控制设备制造业	136.1	621.2	220.5	561.8		449.0
电工器材制造业	511.6	10.0	197.1	-102.1	542.1	521.8
日用电器制造业	34.4	154.1	127.5	-25.5		
照明器具制造业	16.8	45.9	42.0	-42.0		
电子及通信设备制造业	19.3	138.5	138.0	3.7		
电子器件制造业	13.0	101.0	105.0	-6.8		
电子设备及通信设备修理业	6.3	37.5	33.0	10.5		
仪器仪表及文化、办公用机械制造业	116.6	439.0	413.4	9.9		14.8
通用仪器仪表制造业	111.9	415.7	411.5	9.2		
其他仪器仪表制造业	4.7	23.3	1.9	0.7		14.8
其他制造业	3.0	5.5	4.6	6.8	3.2	8.2
工艺美术品制造业	1.9	3.7	3.0	5.2		7.1
其他生产、生活用品制造业	1.1	1.8	1.6	1.6	3.2	1.1
电力、蒸汽、热水的生产和供应业						

指　　标	损　益　及　分　配					
	产品销售收　入	产品销售成　本	产品销售费　用	产品销售税金及附加	产品销售利　润	管理费用
总　计	52 592.2	42 633.8	2 330.2	2 065.3	4 619.5	2 211.4
在总计中:						
轻工业	18 588.0	15 871.2	620.4	537.3	1 266.5	639.2
以农产品为原料	13 097.8	11 217.6	344.0	402.1	883.9	493.1
以非农产品为原料	5 490.2	4 653.6	276.4	135.2	382.6	146.1
重工业	34 004.2	26 762.6	1 709.8	1 528.0	3 353.0	1 572.2
采掘工业	1 889.9	1 566.9	108.1	37.7	128.4	74.6
原料工业	11 661.2	9 899.1	334.6	631.7	735.6	398.1
加工工业	20 453.1	15 296.6	1 267.1	858.6	2 489.0	1 099.5
在总计中:						
小型企业	52 592.2	42 633.8	2 330.2	2 065.3	4 619.5	2 211.4
在总计中:						
采掘业	1 899.7	1 57.2	107.6	37.3	132.8	73.8
黑色金属矿采选业	350.0	315.5	8.5	7.0	19.0	9.5
其他黑色金属矿采选业	350.0	315.5	8.5	7.0	19.0	9.5
有色金属矿采选业	175.2	161.3	0.5	0.4	—35.6	26.1
重有色金属矿采选业	175.2	161.3	0.5	0.4	—35.6	26.1
非金属矿采选业	760.5	658.2	13.6	25.5	63.0	7.1
土沙石开采业	760.5	658.2	13.6	25.5	63.0	7.1
其他矿采选业	614.0	438.2	85.0	4.4	86.4	31.1
制造业	50 692.5	41 060.6	2 222.6	2 028.0	4 486.7	2 137.6
食品加工业	3 299.9	3 245.9	10.9	27.9	15.2	1.5
粮食及饲料加工业	41.5	37.5	2.0		2.0	1.5
植物油加工业	3 110.4	3 080.2	8.9	18.5	2.8	
屠宰及肉类蛋类加工业	148.0	128.2		9.4	10.4	
食品制造业	116.8	94.2	0.5	4.2	17.9	4.1
糕点、糖果制造业	62.2	54.2	0.5	0.5	7.0	3.7
调味品制造业	54.6	40.0		3.7	10.9	0.4
饮料制造业	65.0	57.8	0.2	5.2	1.8	0.6
酒精及饮料酒制造业	1.3	1.0	0.2	0.4	—0.3	
软饮料制造业	63.7	56.8		4.8	2.1	0.6
纺织业	5 513.3	4 497.7	129.3	240.2	417.8	241.7
棉纺织业	2 646.5	2 215.8	77.1	200.5	149.1	62.3
毛纺织业	18.6	18.0		0.3	0.2	0.1
丝绢纺织业	348.0	268.9	23.5	13.6	42.0	4.7
针织品业	2 500.2	1 995.0	28.7	25.8	226.5	174.6
服装及其他纤维制品制造业	458.9	395.6	6.3	17.8	32.2	9.7
服装制造业	314.5	279.2	5.5	11.9	16.3	2.8
制鞋业	121.2	99.0		5.4	11.4	6.9
其他纤维制品制造业	23.2	17.4	0.8	0.5	4.5	

4—10 续表19　　　　(1993年)　　　　单位:万元

指　　标	损益及分配					
	产品销售收入	产品销售成本	产品销售费用	产品销售税金及附加	产品销售利润	管理费用
皮革、毛皮、羽绒及其制品业	176.5	142.3	17.8	9.3	5.7	6.2
制革业	169.4	135.9	15.5	9.1	7.5	5.2
皮革制品制造业	7.1	6.4	2.3	0.2	−1.8	1.0
木材加工及竹、藤、棕、草制品业	353.3	254.2	48.5	13.9	36.4	24.9
锯材、木片加工业	21.6	13.6		0.9	7.1	0.2
人造板制造业	108.8	66.0	21.0	5.9	15.9	21.0
木制品业	222.9	174.6	27.5	7.1	13.4	3.7
家具制造业	6.2	6.1		0.1		
木制家具制造业	6.2	6.1		0.1		
造纸及纸制品业	1 132.1	989.2	20.8	31.8	82.9	
造纸业	652.8	485.2	1.3	14.2	150.6	88.5
纸制品业	479.3	504.0	19.5	17.6	−67.7	61.2
印刷业、记录媒介的复制	202.8	178.3	4.7	9.3	4.7	27.3
印刷业	202.8	178.3	4.7	9.3	4.7	11.6
石油加工及炼焦业	29.1	25.8		1.5	1.8	11.6
原油加工业	29.1	25.8		1.5	1.8	
化学原料及化学制品制造业	3 534.5	2 971.7	65.6	312.0	184.8	
基本化学原料制造业	3 045.1	2 595.4	54.6	296.3	98.8	108.6
化学肥料制造业	127.1	76.5		5.2	45.4	78.2
有机化学产品制造业	342.5	289.5	10.5	9.6	32.6	13.9
医药制造业	847.8	710.8	0.6	46.2	90.2	8.9
化学药品制剂制造业	53.2	40.9	0.6	2.9	8.8	64.3
生物制品业	794.6	669.9		43.3	81.4	4.8
化学纤维制造业	12.0	11.0	0.2	0.1	0.7	59.5
人造纤维(纤维素纤维)制造业	12.0	11.0	0.2	0.1	0.7	0.2
橡胶制品业	1.3	1.2		0.1		0.2
橡胶零件制品业	1.3	1.2		0.1		
塑料制品业	879.5	763.6	26.4	37.6	24.2	
塑料薄膜制造业	61.0	54.8	0.2	3.1	2.9	16.8
塑料板、管、棒材制造业	18.8	16.8	0.4	0.5	1.1	7.9
塑料丝、绳及编织品制造业	16.1	13.8	0.7	0.7	0.9	
泡沫塑料及人造革、合成革制造业	240.6	211.0	2.9	13.2	5.4	0.7
塑料包装箱及容器制造业	288.0	246.3	16.1	14.0	11.6	1.9
塑料零件制造业	250.5	216.4	6.1	6.1	2.3	2.6
其他塑料制品业	4.5	4.5				3.7
非金属矿物制品业	2 430.5	1 730.5	123.0	193.3	291.6	163.1
水泥制品和石棉水泥制品业	92.4	60.9	4.3	3.6	23.6	4.3
砖瓦、石灰和轻质建筑材料制造业	2 229.3	1 560.9	116.5	184.2	276.6	158.0
玻璃及玻璃制品业	92.6	98.0	1.4	4.7	−12.5	0.8
矿物纤维及其制品业	16.2	10.7	0.8	0.8	3.9	
黑色金属冶炼及压延加工业	7 854.1	6 791.4	221.1	312.6	529.0	293.3

4—10 续表 20　　　　(1993 年)　　　　单位:万元

指　　标	损益及分配					
	产品销售收入	产品销售成本	产品销售费用	产品销售税金及附加	产品销售利润	管理费用
炼钢业	4.7	4.5	0.4	0.2	−0.4	0.2
钢压延加工业	7 849.4	6 786.9	220.7	312.4	529.4	293.1
有色金属冶炼及压延加工业	971.7	739.6	53.2	18.7	100.2	19.4
重有色金属冶炼业	890.2	722.3	50.8	17.5	99.6	19.4
有色金属合金业	81.5	17.3	2.4	1.2	0.6	
金属制品业	3 840.3	3 389.7	128.7	71.1	241.3	50.1
金属结构制造业	328.2	258.1	1.7	21.8	46.5	2.9
建筑用金属制品业	343.3	301.7	27.0	5.0	0.6	2.0
金属表面处理及热处理业	3 142.5	2 812.8	100.0	42.6	186.7	44.6
其他金属制品业	26.3	17.1		1.7	7.5	0.6
普通机械制造业	4 400.6	3 197.2	560.9	138.4	482.1	174.7
金属加工机械制造业	128.9	96.0	15.5	6.2	11.2	2.3
通用设备制造业	834.6	678.3	39.2	16.5	100.6	53.6
其他通用零部件制造业	252.1	207.6	5.7	14.1	24.7	2.8
铸锻件制造业	2 462.6	1684.4	442.1	71.1	243.4	72.8
其他普通机械制造业	722.4	530.9	58.4	30.5	102.2	43.2
专用设备制造业	4 737.3	3 386.4	356.7	186.2	711.0	310.3
石化及其他工业专用设备制造业	137.3	93.2	8.9	3.4	31.8	
轻纺工业专用设备制造业	1 095.0	755.7	110.8	2.5	226.0	47.0
农、林、牧、渔、水利业机械制造业	98.0	85.5	3.0	4.3	5.2	4.3
专用机械设备修理业	3 407.0	2 452.0	234.0	176.0	448.0	259.0
交通运输设备制造业	4 191.8	3 077.9	93.7	167.6	787.2	273.6
铁路运输设备制造业	84.5	42.5	37.9	1.5	2.6	0.4
汽车制造业	3 450.7	2 542.9	25.4	149.8	668.3	243.7
船舶制造业	541.8	390.3	30.2	14.8	105.4	29.3
交通运输设备修理业	114.8	102.2	0.2	1.5	10.9	0.2
电气机械及器材制造业	4 133.7	3 345.9	181.8	144.4	196.0	164.1
输配电及控制设备制造业	2 618.9	2 021.4	52.4	71.5	210.8	85.9
电工器材制造业	1 031.2	909.4	115.6	53.3	−49.9	59.1
日用电器制造业	316.7	282.2	7.3	13.0	14.2	9.0
照明器具制造业	166.9	132.9	6.5	6.6	20.9	10.1
电子及通信设备制造业	392.3	233.9	53.5	20.1	84.8	59.8
电子器件制造业	370.6	219.6	50.3	19.6	81.1	59.6
电子设备及通信设备修理业	21.7	14.3	3.2	0.5	3.7	0.2
仪器仪表及文化、办公用机械制造业	1 067.2	784.6	118.1	16.7	143.1	50.0
通用仪器仪表制造业	1 012.0	784.6	70.1	15.9	141.3	49.5
其他仪器仪表制造业	55.2		48.0	0.8	1.8	0.5
其他制造业	44.0	38.1	0.1	1.7	4.1	0.5
工艺美术品制造业	29.2	24.5		1.2	3.5	0.3
其他生产、生活用品制造业	14.8	13.6	0.1	0.5	0.6	0.2
电力、蒸汽、热水的生产和供应业						

4—10 续表 21 (1993 年) 单位:万元

指标	损益及分配					
	财务费用	利息支出	营业利润	利润总额	亏损企业亏损总额	利税总额
总计	1 077.7	773.3	1 455.2	1 510.4	522.5	3 575.7
在总计中:						
轻工业	325.1	143.1	365.2	352.4	170.3	889.7
以农产品为原料	256.9	100.6	173.7	158.2	160.5	560.3
以非农产品为原料	68.2	42.5	191.5	194.2	9.8	329.4
重工业	752.6	630.2	1 090.0	1 158.0	352.2	2 686.0
采掘工业	60.4	48.7	—4.1	15.8	84.2	53.5
原料工业	370.2	355.7	—17.7	11.2	66.0	642.9
加工工业	322.0	225.8	1 111.8	1 131.0	202.0	1 989.6
在总计中:						
小型企业	1 077.7	773.3	1 455.2	1 510.4	522.5	3 575.7
在总计中:						
采掘业	62.5	48.7	—1.0	8.9	84.2	46.2
黑色金属矿采选业			10.0	10.0		17.0
其他黑色金属矿采选业			10.0	10.0		17.0
有色金属矿采选业	22.5	22.5	—84.2	—84.2	84.2	—83.8
重有色金属矿采选业	22.5	22.5	—84.2	—84.2	84.2	—83.8
非金属矿采选业	4.4	1.2	53.5	63.4		88.9
土沙石开采业	4.4	1.2	53.5	63.4		88.9
其他矿采选业	35.6	25.0	19.7	19.7		24.1
制造业	1 015.2	724.6	1 456.2	1 501.5	438.3	3 529.5
食品加工业			13.7	13.7		41.6
粮食及饲料加工业			0.5	0.5		0.5
植物油加工业			2.8	2.8		21.3
屠宰及肉类蛋类加工业			10.4	10.4		19.8
食品制造业	3.2	2.7	10.6	10.6		14.8
糕点、糖果制造业	3.2	2.7	0.1	0.1		0.6
调味品制造业			10.5	10.5		14.2
饮料制造业	1.2	1.2			1.1	5.2
酒精及饮料酒制造业	0.8	0.8	—1.1	—1.1	1.1	—0.7
软饮料制造业	0.4	0.4	1.1	1.1		5.9
纺织业	90.8	42.1	99.7	73.9	50.4	314.1
棉纺织业	31.5	16.3	69.7	43.5	31.2	244.0
毛纺织业			0.1	0.1		0.4
丝绢纺织业	28.6	20.5	8.7	8.7		22.3
针织品业	30.7	5.3	21.2	21.6	19.2	47.4
服装及其他纤维制品制造业	2.0	1.7	20.5	32.5		50.3
服装制造业	0.3		13.2	25.2		37.1
制鞋业	1.7	1.7	2.8	2.8		8.2
其他纤维制品制造业			4.5	4.5		5.0

4—10　续表 22　　　　（1993 年）　　　　单位：万元

指　　　标	损	益	及	分	配	
	财务费用	利息支出	营业利润	利润总额	亏损企业亏损总额	利税总额
皮革、毛皮、羽绒及其制品业	1.3		0.6	0.7	3.2	10.0
制　革　业			2.4	2.5	1.4	11.6
皮革制品制造业	1.3		−1.8	−1.8	1.8	−1.6
木材加工及竹、藤、棕、草制品业	0.9	0.8	10.6	10.6	5.1	24.5
锯材、木片加工业	0.8	0.8	6.1	6.1		7.0
人造板制造业			−5.1	−5.1	5.1	0.8
木 制 品 业	0.1		9.6	9.6		16.7
家具制造业						0.1
木制家具制造业						0.1
造纸及纸制品业	102.2	11.8	−96.4	−98.2	100.7	−66.4
造　纸　业	88.6		2.5	2.5		16.7
纸 制 品 业	13.6	11.8	−98.9	−100.7	100.7	−83.1
印刷业、记录媒介的复制	1.0	1.0	3.7	3.7		13.0
印　刷　业	1.0	1.0	3.7	3.7		13.0
石油加工及炼焦业			1.8	1.8		3.3
原油加工业			1.8	1.8		3.3
化学原料及化学制品制造业	72.5	68.3	18.7	49.0	0.5	361.0
基本化学原料制造业	58.4	56.2	−22.8	5.0		301.3
化学肥料制造业	3.1	2.5	28.4	28.4		33.6
有机化学产品制造业	10.1	9.6	13.6	16.1		25.7
医药制造业	8.1	8.1	17.8	17.8		64.0
化学药品制剂制造业	3.0	3.0	1.0	1.0		3.9
生物制品业	5.1	5.1	16.8	16.8		60.1
化学纤维制造业			0.5	0.5		0.6
人造纤维（纤维素纤维）制造业			0.5	0.5		0.6
橡胶制品业						0.1
橡胶零件制品业						0.1
塑料制品业	24.3	22.0	10.7	10.7	7.7	48.3
塑料薄膜制造业			2.9	2.9		6.0
塑料板、管、棒材制造业			1.1	1.1		1.6
塑料丝、绳及编织品制造业	0.1		0.1	0.1		0.8
泡沫塑料及人造革、合成革制造业	0.8		2.7	2.7		15.9
塑料包装箱及容器制造业	0.7		8.3	8.3		22.3
塑料零件制造业	22.7	22.0	−4.4	−4.4	7.7	1.7
其他塑料制品业						
非金属矿物制品业	35.5	15.4	116.7	136.6	21.9	329.9
水泥制品和石棉水泥制品业	5.0		14.3	14.3		17.9
砖瓦、石灰和轻质建筑材料制造业	29.7	14.6	112.2	132.1	7.1	316.3
玻璃及玻璃制品业			−12.9	−12.9	14.8	−8.2
矿物纤维及其制品业	0.8	0.8	3.1	3.1		3.9
黑色金属冶炼及压延加工业	265.1	255.3	−29.2	−29.1	66.0	283.5

4—10 续表 23　　(1993年)　　单位:万元

指标	损益及分配					
	财务费用	利息支出	营业利润	利润总额	亏损企业亏损总额	利税总额
炼　钢　业			−0.4	−0.4	0.4	−0.2
钢压延加工业	265.1	255.3	−28.8	−28.7	65.6	283.7
有色金属冶炼及压延加工业	41.0	38.5	39.8	39.8		58.5
重有色金属冶炼业	41.0	38.5	39.2	39.2		56.7
有色金属合金业			0.6	0.6		1.8
金属制品业	22.3	5.9	175.6	176.9	10.2	248.0
金属结构制造业	4.2	3.4	39.4	39.5		61.3
建筑用金属制品业	0.1		0.6	1.8	0.9	6.8
金属表面处理及热处理业	18.0	2.5	128.7	128.7	9.3	171.3
其他金属制品业			6.9	6.9		8.6
普通机械制造业	60.3	41.8	250.3	247.0		385.4
金属加工机械制造业	0.8		8.1	8.1		14.3
通用设备制造业	5.5	4.5	41.5	41.7		58.2
其他通用零部件制造业	2.7	1.5	19.2	20.0		34.1
铸锻件制造业	11.1	6.5	160.3	156.0		227.1
其他普通机械制造业	40.2	29.3	21.2	21.2		51.7
专用设备制造业	97.7	66.7	303.9	303.9		490.1
石化及其他工业专用设备制造业	31.8	31.8				3.4
轻纺工业专用设备制造业	66.0	35.0	113.0	113.0		115.5
农、林、牧、渔、水利业机械制造业			0.9	0.9		5.2
专用机械设备修理业	−0.1	−0.1	190.0	190.0		366.0
交通运输设备制造业	75.2	41.3	443.4	455.9		623.5
铁路运输设备制造业			2.6	2.6		4.1
汽车制造业	54.0	23.2	370.6	383.1		532.9
船舶制造业	21.2	18.1	59.5	59.5		74.3
交通运输设备修理业			10.7	10.7		12.2
电气机械及器材制造业	71.3	68.1	−39.4	−39.4	171.5	105.0
输配电及控制设备制造业	8.1	7.1	116.8	116.8	3.5	188.3
电工器材制造业	56.7	56.2	−165.7	−165.7	168.0	−112.4
日用电器制造业	4.0	2.8	1.2	1.2		14.2
照明器具制造业	2.5	2.0	8.3	8.3		14.9
电子及通信设备制造业	12.8	10.0	12.2	12.2		32.3
电子器件制造业	9.8	7.5	11.7	11.7		31.3
电子设备及通信设备修理业	3.0	2.5	0.5	0.5		1.0
仪器仪表及文化、办公用机械制造业	26.5	21.9	66.6	66.6		83.3
通用仪器仪表制造业	25.6	21.9	66.2	66.2		82.1
其他仪器仪表制造业	0.9		0.4	0.4		1.2
其他制造业			3.8	3.8		5.5
工艺美术品制造业			3.2	3.2		4.4
其他生产、生活用品制造业			0.6	0.6		1.1
电力、蒸汽、热水的生产和供应业						

4—11 市区独立核算"三资"工业企业主要经济指标

(1993年) 单位:万元

指标	企业单位数(个)	亏损企业	工业总产值(当年价)	工业总产值(1990年不变价)	工业增加值(生产法)	成品产销存 年初库存价值
总计	9	3	5 478.1	5 514.0	3 047.1	768.1
在总计中:						
轻工业	6	1	2 073.2	2 094.1	730.4	527.9
以农产品为原料	4	1	1 128.0	1 139.0	358.4	334.4
以非农产品为原料	2		945.2	955.1	372.0	193.5
重工业	3	2	3 404.9	3 419.9	2 316.7	240.2
加工工业	3	2	3 404.9	3 419.9	2 316.7	240.2
在总计中:						
小型企业	9	3	5 478.1	5 514.0	3 047.1	768.1
在总计中:						
制造业	9	3	5 478.1	5 514.0	3 047.1	768.1
纺织业	1		532.0	557.0	25.3	109.4
服装及其他纤维制品制造业	1		259.3	259.3	259.3	166.2
木材加工及竹、藤、棕、草制品业	1		161.3	161.3	49.6	58.8
家具制造业	1	1	175.4	161.4	24.2	
文教体育用品制造业	1		590.0	590.0	318.3	102.7
橡胶制品业	1	1	50.1	38.0	2.9	2.2
塑料制品业	1		355.2	365.1	53.7	90.8
非金属矿物制品业	1	1	151.8	178.9	50.8	
专用设备制造业	1		3 203.0	3 203.0	2 263.0	238.0

指标	成品产销存 生产价值	销售价值	年末库存价值	工业总产出	工业中间投入合计	本年应付工资
总计	5 011.1	3 141.9	2 005.9	5 056.3	2 009.2	166.3
在总计中:						
轻工业	2 046.8	1 762.7	480.7	2 089.2	1 358.8	113.1
以农产品为原料	1 128.0	1 102.9	282.5	1 170.4	812.0	56.4
以非农产品为原料	918.8	659.8	198.2	918.8	546.8	56.7
重工业	2 964.3	1 379.2	1 525.2	2 967.1	650.4	53.2
加工工业	2 964.3	1 379.2	1 525.2	2 967.1	650.4	53.2
在总计中:						
小型企业	5 011.1	3 141.9	2 005.9	5 056.3	2 009.2	166.3
在总计中:						
制造业	5 011.1	3 141.9	2 005.9	5 056.3	2 009.2	166.3
纺织业	532.0	589.3	52.1	555.3	530.0	12.0
服装及其他纤维制品制造业	259.3	188.7	157.8	259.3		
木材加工及竹、藤、棕、草制品业	161.3	149.5	70.6	161.6	112.0	3.4
家具制造业	175.4	175.4	2.0	194.2	170.0	41.0
文教体育用品制造业	590.0	293.0	151.5	590.0	271.7	40.0
橡胶制品业	50.1	43.9	8.3	52.9	50.0	6.8
塑料制品业	328.8	366.8	46.7	328.8	275.1	16.7
非金属矿物制品业	129.2	54.3	74.9	129.2	78.4	10.0
专用设备制造业	2 785.0	1 281.0	1 442.0	2 785.0	522.0	36.4

4—11 续表1 (1993年) 单位:万元

指标	本年应付福利费	全部职工年平均人数(人)	资本金合计	国家	法人	个人
总计	6.3	197.0	2 196.2	12.8	1 572.3	
在总计中:						
轻工业	0.9	98.0	1 629.7		1 202.8	
以农产品为原料		52.0	547.4		370.5	
以非农产品为原料	0.9	46.0	1 082.3		832.3	
重工业	5.4	99.0	566.5	12.8	369.5	
加工工业	5.4	99.0	566.5	12.8	369.5	
在总计中:						
小型企业	6.3	197.0	2 196.2	12.8	1 572.3	
在总计中:						
制造业	6.3	197.0	2 196.2	12.8	1 572.3	
纺织业		38.0	276.7		201.5	
服装及其他纤维制品制造业			250.7		159.0	
木材加工及竹、藤、棕、草制品业		14.0	20.0		10.0	
家具制造业						
文教体育用品制造业	0.9	20.0	582.3		582.3	
橡胶制品业	0.3		25.4	12.8		
塑料制品业		26.0	500.0		250.0	
非金属矿物制品业		30.0	210.0		157.5	
专用设备制造业	5.1	69.0	331.1		212.0	

指标	资本金合计	年末资产负债及所有者权益				
	外商	流动资产合计	货币资金	存货	产成品	流动资产年平均余额
总计	611.1	2 889.8	82.1	1 457.2	639.4	1 978.1
在总计中:						
轻工业	426.9	1 982.6	67.9	623.8	263.2	1 331.0
以农产品为原料	176.9	936.9	41.3	344.1	104.2	853.1
以非农产品为原料	250.0	1 045.7	26.6	279.7	159.0	477.9
重工业	184.2	907.2	14.2	833.4	376.2	647.1
加工工业	184.2	907.2	14.2	833.4	376.2	647.1
在总计中:						
小型企业	611.1	2 889.8	82.1	1 457.2	639.4	1 978.1
在总计中:						
制造业	611.1	2 889.8	82.1	1 457.2	639.4	1 978.1
纺织业	75.2	463.4	25.7	60.9	16.1	469.2
服装及其他纤维制品制造业	91.7	113.0	0.5	54.1	15.7	95.9
木材加工及竹、藤、棕、草制品业	10.0	134.6	3.7	106.1	70.0	125.0
家具制造业		225.9	11.4	123.0	2.4	163.0
文教体育用品制造业		448.7	21.3	202.7	114.1	
橡胶制品业	12.6	35.7	0.8	20.0	6.3	24.7
塑料制品业	250.0	597.0	5.3	77.0	44.9	477.9
非金属矿物制品业	52.5	110.6	4.2	61.7	47.7	59.8
专用设备制造业	119.1	760.9	9.2	751.7	322.2	562.6

4—11 续表 2　　　　(1993 年)　　　　单位:万元

指　　标	年末资产负债及所有者权益					年末资产负债及所有者权益
	长期投资合计	固定资产合计	固定资产原价合计	生产经营用	本年折旧	固定资产净值合计
总　计	20.0	1 707.2	1 933.4	1 683.5	85.2	1 685.0
在总计中:						
轻　工　业	20.0	1 166.9	1 385.6	1 243.7	55.4	1 173.6
以农产品为原料	20.0	189.3	352.9	332.3	30.6	222.6
以非农产品为原料		977.6	1 032.7	911.4	24.8	951.0
重　工　业		540.3	547.8	439.8	29.8	511.4
加工工业		540.3	547.8	439.8	29.8	511.4
在总计中:						
小型企业	20.0	1 707.2	1 933.4	1 683.5	85.2	1 685.0
在总计中:						
制　造　业	20.0	1 707.2	1 933.4	1 683.5	85.2	1 685.0
纺　织　业			160.9	143.0	22.6	54.9
服装及其他纤维制品制造业		181.8	181.8	181.8	6.4	159.8
木材加工及竹、藤、棕、草制品业	20.0	7.5	7.5	7.5	1.6	5.2
家具制造业			2.7			2.7
文教体育用品制造业		601.0	576.7	455.4	2.1	574.4
橡胶制品业		20.6	20.6	0.6		20.6
塑料制品业		376.6	456.0	456.0	22.7	376.6
非金属矿物制品业		243.2	250.7	250.7	7.5	243.2
专用设备制造业		276.5	276.5	188.5	22.3	247.6

指　　标	年末资产负债及所有者权益					
	固定资产净值年平均余额	流动负债合计	流动负债年平均余额	营运资金年平均余额	长期负债合计	所有者权益合计
总　计	1 384.3	2 193.5	1 191.4	786.7	50.0	1 115.9
在总计中:						
轻　工　业	874.8	1 656.3	679.4	651.6	50.0	1 115.9
以农产品为原料	224.0	739.4	366.8	486.3	50.0	517.0
以非农产品为原料	650.8	916.9	312.6	165.3		598.9
重　工　业	509.5	537.2	512.0	135.1		
加工工业	509.5	537.2	512.0	135.1		
在总计中:						
小型企业	1 384.3	2 193.5	1 191.4	786.7	50.0	1 115.9
在总计中:						
制　造　业	1 384.3	2 193.5	1 191.4	786.7	50.0	1 115.9
纺　织　业	55.9	252.4	25.6	443.6		265.9
服装及其他纤维制品制造业	163.0	63.2	63.2	32.7	30.0	251.1
木材加工及竹、藤、棕、草制品业	5.1	125.8	115.0	10.0	20.0	
家具制造业		298.0	163.0			
文教体育用品制造业	260.7	485.4				598.9
橡胶制品业	17.7	55.4	50.2	−25.5		
塑料制品业	390.1	431.5	312.6	165.3		
非金属矿物制品业	243.2	82.0	53.1	6.7		
专用设备制造业	248.6	399.8	408.7	153.9		

4—11 续表3 (1993年) 单位:万元

指标	损益及分配					
	产品销售收入	产品销售成本	产品销售费用	产品销售税金及附加	产品销售利润	管理费用
总计	2 934.6	2 613.0	100.5	66.6	154.5	120.1
在总计中:						
轻工业	1 810.3	1 714.6	75.3	25.0	−4.6	67.6
以农产品为原料	1 150.5	1 140.6	62.5	14.6	−67.2	59.4
以非农产品为原料	659.8	574.0	12.8	10.4	62.6	8.2
重工业	1 124.3	898.4	25.2	41.6	159.1	52.5
加工工业	1 124.3	898.4	25.2	41.6	159.1	52.5
在总计中:						
小型企业	2 934.6	2 613.0	100.5	66.6	154.5	120.1
在总计中:						
制造业	2 934.6	2 613.0	100.5	66.6	154.5	120.1
纺织业	618.3	601.0	14.6	7.1	−4.4	2.7
服装及其他纤维制品制造业	133.6	99.9	5.5	7.2	21.0	20.1
木材加工及竹、藤、棕、草制品业	169.1	149.6	15.0	0.3	4.2	5.4
家具制造业	229.5	290.1	27.4		−88.0	31.2
文教体育用品制造业	293.0	267.0	4.7	6.8	14.5	4.9
橡胶制品业	44.0	30.8	3.9	2.3	7.0	8.8
塑料制品业	366.8	307.0	8.1	3.6	48.1	3.3
非金属矿物制品业	54.3	37.8		2.8	13.7	1.2
专用设备制造业	1 026.0	829.8	21.3	36.5	138.4	42.5

指标	损益及分配					
	财务费用	利息支出	营业利润	利润总额	亏损企业亏损总额	利税总额
总计	−58.7	−4.2	119.1	120.6	40.9	187.2
在总计中:						
轻工业	−98.4	−22.4	26.5	28.0	33.9	53.0
以农产品为原料	−103.2	−27.0	−23.2	−21.0	33.9	−6.4
以非农产品为原料	4.8	4.6	49.7	49.0		59.4
重工业	39.7	18.2	92.6	92.6	7.0	134.2
加工工业	39.7	18.2	92.6	92.6	7.0	134.2
在总计中:						
小型企业	−58.7	−4.2	119.1	120.6	40.9	187.2
在总计中:						
制造业	−58.7	−4.2	119.1	120.6	40.9	187.2
纺织业	−10.2	39.9	3.3	5.5		12.6
服装及其他纤维制品制造业	0.6	0.5	0.3	0.3		7.5
木材加工及竹、藤、棕、草制品业	−8.3	17.9	7.1	7.1		7.4
家具制造业	−85.3	−85.3	−33.9	−33.9	33.9	−33.9
文教体育用品制造业	2.9	2.7	6.7	6.2		13.0
橡胶制品业	5.0	5.0	−6.8	−6.8	6.8	−4.5
塑料制品业	1.9	1.9	43.0	42.8		46.4
非金属矿物制品业	12.7	12.7	−0.2	−0.2	0.2	2.6
专用设备制造业	22.0	0.5	99.6	99.6		136.1

4—12 全市主要工业产品生产、销售、库存总量

（1993年）

主要工业产品名称	单位	年初库存量	本年生产量	本年销售量	年末库存量
成品价值合计	万元	97 292.26	1 703 629.77		120 671.00
原煤	万吨	0.03	3.25	3.28	
铁矿石原矿量	万吨	0.36	8.76	1.94	0.02
铁矿石成品矿	万吨		6.52		
锰矿石原矿量	万吨	2.94	3.12	4.49	1.66
锰矿石成品矿	万吨	0.08	0.13	0.18	0.03
锌精矿含锌量	吨	217.00	5 328.00	5 010.00	535.00
木材(全社会木材产量)	万立方米	0.14	5.36	4.92	0.58
工业木材	万立方米	0.08	0.47	0.45	0.10
大米	万吨	0.03	2.12	2.13	0.02
小麦粉	万吨		7.03	7.03	
配合饲料	万吨	0.09	14.17	13.93	0.09
混合饲料	万吨		2.34	2.35	
食用植物油	万吨	0.25	0.71	0.82	0.10
人造黄油	吨	45.00	259.00	295.00	9.00
糖	万吨	2.68	14.81	16.89	0.61
禽肉制品	万吨		0.28	0.26	0.02
糖果	万吨	0.27	1.95	2.06	0.15
乳制品	吨	1.14	1 383.55	1 381.88	1.81
麦乳精	吨	19.00	134.00	146.00	7.00
罐头	万吨	0.03	0.03	0.04	0.02
味精	吨	288.00	3 727.00	3 975.00	40.00
酱油	万吨	0.02	0.50	0.48	0.03
食醋	吨	22.00	857.00	841.00	38.00
豆制品	吨	82.50	1 371.50	1 369.00	85.00
淀粉	吨	1 029.00	4 935.00	5 492.00	473.00
冷冻饮品	吨	269.55	3 983.48	3 688.03	565.00
饮料酒	万吨	0.20	2.89	2.80	0.28
啤酒	万吨	0.19	2.80	2.71	0.26
发酵酒精	吨	1 464.07	10 244.00	11 210.00	498.00
软饮料	吨	265.00	10 034.00	9 873.00	389.00
精制茶	吨	10.00	2 215.00	2 196.00	29.00
卷烟	万箱	0.42	28.70	28.66	0.43
甲级卷烟	万箱		11.44	11.43	
乙级卷烟	万箱	0.42	11.77	11.75	0.43
纱总计	吨	1 153.73	21 484.58	21 725.65	1 115.67
总计中:棉纱	吨	666.65	8 140.88	8 434.68	263.88
棉混纺纱	吨	315.28	12 354.10	12 146.57	771.85
纯化纤纱	吨	171.80	989.60	1 144.40	79.94
织布折用棉纱线量	万吨		0.30		
布总计	万米	1 045.88	6 735.27	5 675.00	473.65
总计中:棉布	万米	481.95	2 465.57	2 414.10	300.48
棉混纺交织布	万米	527.22	4 237.21	3 238.90	131.81
纯化纤布	万米	36.71	32.49	22.00	41.36
印染布总计	万米	698.70	7 389.48	8 100.06	394.17
总计中:漂白布	万米	1.75	178.93	177.81	2.87
染色布	万米	42.23	256.04	260.84	37.40
印花布	万米	654.72	6 954.51	7 661.41	353.90

4—12 续表 1 (1993 年)

主要工业产品名称	单位	年初库存量	本年生产量	本年销售量	年末库存量
毛巾被	万条	7.00	50.00	41.00	16.00
袜子	万双	628.52	2 106.36	2 158.97	601.53
毛线	吨	67.97	759.87	703.29	23.55
呢绒	万米	0.76	0.95	0.31	1.40
毛毯	万条	1.12	2.77	2.55	1.31
纯麻麻袋折通用袋	万条	80.00	385.00	460.00	84.00
棉毛类衫裤	万件	134.32	519.96	490.16	165.52
单面布类衫裤	万件	237.92	1 492.59	1 490.33	240.18
针棉织品折用纱线量	万吨	0.10	0.57	0.24	0.20
针织品折用化纤长丝量	吨	0.32	1.03	0.02	0.53
服装	万件	1 016.30	1 485.98	2 192.90	307.60
缝制帽	万顶	4.02	7.21	8.33	2.90
布鞋	万双	295.00	215.00	201.00	309.00
鞣制皮革	万张	7.30	10.33	16.41	1.22
轻革	万平方米	12.98	36.97	46.95	3.00
重革	吨		14.23	14.23	3.00
皮鞋	万双	14.20	18.77	24.02	8.95
革皮箱	万只	5.34	29.98	30.10	6.42
锯材	万立方米	0.02	0.38	0.46	0.05
人造板	万立方米	0.31	3.54	3.46	0.34
家具	万件	0.72	10.02	9.76	0.98
机制纸及纸板	万吨	0.35	8.11	8.21	0.23
书刊印刷品	万令	0.45	66.45	66.39	0.71
本册	万本	45.00	140.00	175.00	10.00
焦炭	万吨	2.80	41.88	0.74	1.20
硫酸(折 100%)	万吨	0.34	10.30	8.94	1.73
磷酸(含量 85%以上)	万吨		0.35	0.34	0.01
氢氧化钠(烧碱)	万吨	0.02	1.15	1.12	0.04
无水碳酸钠(纯碱)	万吨		1.08	0.99	0.09
硝酸钠	万吨		0.06	0.06	
亚硝酸钠	万吨	0.02	0.06	0.07	0.01
硫化碱	万吨		0.01	0.01	
黄磷	吨	318.00	6 688.00	57.00	14.00
电石(碳化钙,折 300 升/公斤)	万吨	0.06	0.49	0.55	
合成氨	万吨		10.80	0.19	
氮肥(折含 N100%)	万吨	0.44	7.70	8.11	0.03
其中:尿素	万吨	0.35	3.04	3.38	0.01
磷肥(折含 P2O5100%)	万吨	0.14	0.47	0.44	0.14
精甲醇	吨	703.00	8 389.00	9 048.00	252.00
油漆	吨	521.53	5 090.90	5 337.44	275.03
颜料	吨	4 245.00	37 065.00	39 182.00	2 041.50
塑料树脂及共聚物(塑料)	吨	35.00	4 167.00	3 999.00	202.00
肥皂	吨	894.00	4 142.00	4 261.00	776.00
合成洗涤剂	吨		25.00	19.00	6.00
牙膏(自然支)	万支	663.00	37 347.00	37 642.00	361.00
化学原料药	吨	0.17	18.25	9.63	0.06
化学药制剂	吨	155.63	1 454.60	1 400.18	210.04
中成药	吨	1 146.69	3 289.28	3 913.16	538.81

4—12 续表2　　　　(1993年)

主要工业产品名称	单位	年初库存量	本年生产量	本年销售量	年末库存量
化学纤维	万吨	0.01	0.64	0.48	0.04
运输带(折合量)	万平方米	1.77	54.44	53.40	2.81
传动带(折合量)	万平方米	10.93	56.54	59.52	7.95
塑料制品总计	吨	8 381.67	17 699.90	16 376.73	4 944.96
其中:农用薄膜	吨	310.09	919.59	960.60	263.70
水泥熟料	万吨	4.80	165.04		4.89
水泥	万吨	7.38	212.39	212.42	7.13
水泥排水管	公里	1.34	34.48	29.89	5.93
水泥压力管	公里	2.58	41.18	34.47	9.29
水泥预制构件	万立方米	0.43	15.60	13.36	2.40
石棉水泥瓦	万张	19.00	192.58	166.87	48.09
砖	亿块	0.11	4.08	3.57	0.59
瓦	亿片		0.01	0.01	
油毡	万卷	0.88	1.36	2.02	0.04
日用玻璃制品	万吨	0.34	3.70	3.81	0.18
卫生陶瓷	万件	3.00	3.00	4.00	2.00
墙地砖	万平方米	3.50	45.10	44.90	3.80
日用陶瓷	万件	231.00	611.55	691.25	152.30
耐火材料制品	万吨	0.06	1.09	0.31	0.40
玻璃钢制品	吨		2.80	2.10	0.70
生铁	万吨	0.19	56.84	0.30	0.17
钢	万吨	3.86	61.76	0.40	5.29
总计中:普通钢	万吨	3.51	50.80	0.40	4.76
优质钢	万吨	0.35	10.96		0.53
成品钢材总计	万吨	0.42	56.29	51.47	1.62
总计中:普通钢材	万吨	0.42	50.77	46.45	1.46
优质钢材	万吨		5.52	5.02	0.16
普通中型钢材	万吨	0.18	13.32	12.70	0.53
普通小型钢材	万吨	0.16	10.96	9.40	0.35
线材	万吨	0.04	4.63	4.16	
中厚钢板	万吨		24.78	22.87	0.54
薄钢板	万吨	0.02	1.35	1.29	
硅钢片	万吨		0.13	0.13	
无缝钢管	万吨	0.02	1.10	0.91	0.19
改制钢材	万吨		0.53	0.50	
十种有色金属总计	吨	5 062.28	101 269.98	96 697.90	43 607.36
铅	吨		105.90	105.90	
锌	吨	5 058.28	98 956.23	94 400.15	43 587.36
锡	吨	4.00	2 207.85	2 191.85	20.00
铝材	吨	317.00	6 268.00	5 981.00	605.00
铸铁管	万吨	0.09	1.80	1.73	0.16
金属门窗	万吨	3.02	251.16	251.26	2.92
日用搪瓷制品	吨	284.00	4 479.00	4 054.00	276.00
日用精铝制品	吨	26.91	80.89	93.51	14.29
铸铁锅	万口	4.06	15.22	17.35	2.04
工业锅炉	台	23.00	191.00	183.00	31.00
	蒸发量吨	97.00	427.00	474.20	49.80
内燃机(生产量)	万千瓦	2.12	165.85	160.54	7.34

4—12 续表 3 (1993年)

主要工业产品名称	单位	年初库存量	本年生产量	本年销售量	年末库存量
其中:内燃机商品量	万千瓦	2.12	165.85	160.54	7.34
农用内燃机	万千瓦		2.95	2.55	0.40
柴油机	万千瓦	0.69	129.10	128.00	1.70
汽油机	万千瓦		2.95	2.55	0.40
金属切削机床总计	台	25.00	722.00	697.00	50.00
其中:大型机床	台		5.00	5.00	
车床	台	25.00	717.00	692.00	50.00
起重机械	吨	204.00	1 575.00	1 241.00	101.00
输送机械	吨		78.00	66.00	12.00
风机	万台	0.67	0.23	0.51	0.39
气体压缩机	台	119.00	3 494.00	3 472.00	205.00
其中:大型气体压缩机	台	36.00	105.00	122.00	24.00
标准紧固件	万吨	0.09	1.20	1.05	0.22
铸钢件	吨	80.00	4 117.00	926.00	113.00
铸铁件	吨	924.00	21 119.20	9 931.20	1 323.00
矿山设备	吨	3.00	5.00	2.00	6.00
工矿配件	吨	860.00	2 364.72	2 181.72	1 732.00
橡胶加工机械	吨		2.40	2.40	
塑料加工机械	吨	1 048.00	6 260.58	5 381.58	1 927.00
水泥设备	吨		2 468.00	2 468.00	
食品机械	台	498.08	371.00	444.00	425.00
包装机械	吨	90.10	695.60	585.30	200.40
纺织机械	吨		799.00	765.00	
纺织专用金属器材	吨		708.00	708.00	
缝纫机	万架	0.80	25.24	25.08	0.97
造纸机械	吨	384.00	1 037.00	1 029.00	392.00
中小农具	万件	0.10	13.10	11.87	1.33
挖掘机	台		8.00	2.00	
装载机	台	117.00	3 500.00	3 239.00	378.00
环境污染防治设备	吨	73.00	810.00	661.00	78.00
电除尘设备	吨		36.00	36.00	
汽车	辆	1 618.00	52 023.00	51 703.00	1 939.00
载货汽车	辆	1 078.00	40 584.00	40 544.00	1 119.00
微型载货汽车	辆	922.00	22 790.00	22 741.00	972.00
汽车底盘	辆	250.00	1 772.00	1 553.00	469.00
自卸汽车	辆	38.00	7 357.00	7 338.00	57.00
客车	辆	97.00	1 904.00	1 854.00	147.00
其中:微型客车	辆	97.00	1 333.00	1 421.00	9.00
轿车	辆	155.00	406.00	414.00	147.00
其中:微型轿车	辆	155.00	406.00	414.00	147.00
改装汽车	辆	18.00	1 233.00	1 228.00	23.00
载货改装货汽车	辆	1.00	67.00	64.00	4.00
牵引改装汽车	辆		2.00		2.00
自卸改装汽车	辆	17.00	1 146.00	1 153.00	10.00
专用改装汽车	辆		18.00	11.00	7.00
挂车	台		651.00	595.00	56.00
农用运输车	辆	27.00	5 048.00	3 042.00	33.00
自行车	万辆	1.55	10.22	11.47	0.41

4—12 续表 4 (1993 年)

主要工业产品名称	单位	年初库存量	本年生产量	本年销售量	年末库存量
民用钢质船舶	艘		191.17	191.17	
民用钢质船舶	综合万吨		1.60	1.60	
发电设备	台(组)	188.00	708.00	619.00	278.00
	万千瓦	3.70	12.90	12.27	4.22
一般交流发电机	台	93.00	610.00	443.00	260.00
	万千瓦	0.89	9.00	7.53	2.68
交流电动机	台	711.00	18 857.00	6 803.00	1 215.00
	万千瓦	3.21	27.00	24.36	5.28
分马力电机	万台	0.73	6.80	6.13	1.41
微电机	万台	0.96	3.32	2.44	1.84
电力变压器	万千伏安	7.42	137.40	122.89	22.31
电力整流器	万千瓦	1.04	1.88	1.88	1.03
电力电容器	万千瓦	2.00	18.00	17.00	3.00
高压隔离开关	万组	0.04	0.09	0.12	0.01
高压断路器	万台	0.04	0.62	0.55	0.11
互感器	万台	1.50	4.29	3.51	1.45
高压开关板	万面	0.01	0.12	0.11	0.02
低压开关板	万面	0.02	0.10	0.11	0.03
电力电缆	公里	1 855.00	2 488.00	3 181.00	1 162.00
通讯电缆	公里	147.00	1 260.00	1 149.00	258.00
蓄电池	万千伏安时		0.20	0.01	0.01
原电池(折干电池)	亿只	0.01	0.14	0.23	0.01
家用洗衣机	万台		0.09	0.10	0.01
家用电冰箱	万台	0.31	0.23	0.45	0.19
家用冷冻箱	万台	1.24	4.08	5.21	1.39
电风扇	万台	14.86	32.62	39.17	8.31
房间空气调节器	万台	0.16	0.26	0.22	0.20
排油烟机	万台	0.63	1.57	2.10	0.42
电饭锅	万个	1.11	1.87	2.04	0.41
电热毯	万条	1.71	7.68	9.39	
灯泡	万只	473.00	3 740.00	3 955.00	260.00
灯具	万只		0.27		0.27
电子管(商品量)	万只	10.00	8.00	11.00	7.00
电子元件	万只	652.00	2 148.10	2 264.00	536.00
录音机	万台	0.40	3.28	3.24	0.44
收音机	万台		0.10	0.10	
工业自动化仪表	万台(件)	1.10	0.70	1.10	0.70
电工仪器仪表	万台(只)	4.56	229.68	220.81	19.38
大型及专用衡器	台	22.00	111.00	123.00	10.00
台秤和案秤	万台	0.19	1.28	1.31	0.15
钟	万只	10.40	16.34	21.61	5.12
发电量总计	亿千瓦小时		2.93	1.96	
总计中:火电	亿千瓦小时		2.42	1.46	
水电	亿千瓦小时		0.51	0.50	
煤气生产量	万立方米		144 014.09	1 653.18	
其中:煤气商品量	万立方米		1 561.16	1 653.18	
其中:焦炉煤气	万立方米		15 911.00	1 561.16	
自来水供应量	万吨		12 904.25	12 831.07	

4—13 市区主要工业产品生产、销售、库存总量

(1993年)

主要工业产品名称	单位	年初库存量	本年生产量	本年销售量	年末库存量
成品价值合计	万元	86 684.36	1 602 094.59		112 914.20
原煤	万吨	0.03	1.32	1.35	
铁矿石原矿量	万吨		7.15		
铁矿石成品矿	万吨		6.52		
锌精矿含锌量	吨	217.00	2 390.00	2 202.00	405.00
木材(全社会木材产量)	万立方米		4.00	3.81	0.19
大米	万吨	0.03	0.57	0.59	0.01
小麦粉	万吨		6.50	6.50	
配合饲料	万吨	0.09	14.17	13.93	0.09
混合饲料	万吨		1.73	1.74	
食用植物油	万吨	0.25	0.69	0.80	0.10
人造黄油	吨	45.00	259.00	295.00	9.00
禽肉制品	万吨		0.28	0.26	0.02
糖果	万吨	0.25	1.83	1.92	0.15
乳制品	吨	1.14	1 383.55	1 381.88	1.81
麦乳精	吨	19.00	134.00	146.00	7.00
罐头	万吨	0.03	0.03	0.04	0.02
味精	吨	288.00	3 727.00	3 975.00	40.00
酱油	万吨	0.02	0.50	0.48	0.03
食醋	吨	22.00	857.00	841.00	38.00
豆制品	吨		713.00	713.00	
淀粉	吨	606.00	1 654.00	1 823.00	438.00
冷冻饮品	吨	269.55	3 983.48	3 688.03	565.00
饮料酒	万吨	0.20	2.87	2.79	0.27
啤酒	万吨	0.19	2.80	2.71	0.26
软饮料	吨	257.00	8 202.00	8 040.00	382.00
卷烟	万箱	0.42	28.70	28.66	0.43
甲级卷烟	万箱		11.44	11.43	
乙级卷烟	万箱	0.42	11.77	11.75	0.43
纱总计	吨	1 153.73	21 484.58	21 725.65	1 115.67
总计中:棉纱	吨	666.65	8 140.88	8 434.68	263.88
棉混纺纱	吨	315.28	12 354.10	12 146.57	771.85
纯化纤纱	吨	171.80	989.60	1 144.40	79.94
织布折用棉纱线量	万吨		0.30		
布总计	万米	1 045.88	6 482.27	5 431.00	464.65
总计中:棉布	万米	481.95	2 412.57	2 361.10	300.48
棉混纺交织布	万米	527.22	4 037.21	3 047.90	122.81
纯化纤布	万米	36.71	32.49	22.00	41.36
印染布总计	万米	698.70	7 261.48	7 981.06	385.17
总计中:漂白布	万米	1.75	178.93	177.81	2.87
染色布	万米	42.23	128.04	141.84	28.40
印花布	万米	654.72	6 954.51	7 661.41	353.90
毛巾被	万条	7.00	50.00	41.00	16.00
袜子	万双	628.52	2 106.36	2 158.97	601.53
毛线	吨	67.97	759.87	703.29	23.55

主要工业产品名称	单位	年初库存量	本年生产量	本年销售量	年末库存量
呢绒	万米	0.76	0.95	0.31	1.40
毛毯	万条	1.12	2.77	2.55	1.31
棉毛类衫裤	万件	134.32	519.96	490.16	165.52
单面布类衫裤	万件	237.92	1 492.59	1 490.33	240.18
针棉织品折用纱线量	万吨	0.10	0.57	0.24	0.20
针织品折用化纤长丝量	吨	0.32	1.03	0.02	0.53
服装	万件	1 015.30	1 447.72	2 160.90	300.34
缝制帽	万顶	4.02	7.21	8.33	2.90
布鞋	万双	295.00	215.00	201.00	309.00
鞣制皮革	万张	7.30	10.33	16.41	1.22
轻革	万平方米	12.98	34.94	45.27	2.65
重革	吨		14.23	14.23	3.00
皮鞋	万双	14.20	18.77	24.02	8.95
革皮箱	万只	5.34	28.75	29.44	5.85
锯材	万立方米	0.02	0.24	0.33	0.04
人造板	万立方米	0.31	3.54	3.46	0.34
家具	万件	0.61	8.86	8.64	0.83
机制纸及纸板	万吨	0.29	6.99	7.14	0.12
书刊印刷品	万令	0.25	64.87	64.87	0.45
焦炭	万吨	2.80	41.88	0.74	1.20
硫酸(折100%)	万吨	0.34	10.30	8.94	1.73
氢氧化钠(烧碱)	万吨	0.02	1.15	1.12	0.04
无水碳酸钠(纯碱)	万吨		1.08	0.99	0.09
硝酸钠	万吨		0.06	0.06	
亚硝酸钠	万吨	0.02	0.06	0.07	0.01
电石(碳化钙,折300升/公斤)	万吨	0.06	0.49	0.55	
合成氨	万吨		10.80	0.19	
氮肥(折含N100%)	万吨	0.44	7.70	8.11	0.03
其中:尿素	万吨	0.35	3.04	3.38	0.01
磷肥(折含P2O5100%)	万吨	0.01	0.15	0.12	0.01
精甲醇	吨	703.00	8 389.00	9 048.00	252.00
油漆	吨	521.53	5 090.90	5 337.44	275.03
颜料	吨	4 120.00	29 743.00	32 949.00	827.50
塑料树脂及共聚物(塑料)	吨	35.00	4 167.00	3 999.00	202.00
肥皂	吨	894.00	4 142.00	4 261.00	776.00
牙膏(自然支)	万支	663.00	37 347.00	37 642.00	361.00
化学原料药	吨	0.17	18.25	9.63	0.06
化学药制剂	吨	155.63	1 454.60	1 400.18	210.04
中成药	吨	908.69	1 305.28	1 887.16	326.81
化学纤维	万吨	0.01	0.64	0.48	0.04
运输带(折合量)	万平方米	1.77	54.44	53.40	2.81
传动带(折合量)	万平方米	10.93	56.54	59.52	7.95
塑料制品总计	吨	8 115.67	16 715.90	15 405.73	4 665.96
其中:农用薄膜	吨	310.09	919.59	960.60	263.70
水泥熟料	万吨	4.77	155.88		4.86

主要工业产品名称	单位	年初库存量	本年生产量	本年销售量	年末库存量
水　泥	万吨	6.22	185.17	185.03	6.14
水泥排水管	公里	1.34	34.48	29.89	5.93
水泥压力管	公里	2.58	41.18	34.47	9.29
水泥预制构件	万立方米	0.43	7.38	7.15	0.39
石棉水泥瓦	万张	17.00	157.58	136.87	41.09
砖	亿块	0.09	2.77	2.41	0.42
瓦	亿片		0.01	0.01	
油　毡	万卷	0.88	1.36	2.02	0.04
日用玻璃制品	万吨	0.34	3.54	3.67	0.18
卫生陶瓷	万件	3.00	3.00	4.00	2.00
墙地砖	万平方米	3.50	45.10	44.90	3.80
日用陶瓷	万件	231.00	611.55	691.25	152.30
耐火材料制品	万吨	0.06	1.09	0.31	0.40
玻璃钢制品	吨		2.80	2.10	0.70
生　铁	万吨	0.15	56.56		0.15
钢	万吨	3.86	61.34	0.05	5.22
总计中:普通钢	万吨	3.51	50.38	0.05	4.69
优质钢	万吨	0.35	10.96		0.53
成品钢材总计	万吨	0.42	56.27	51.46	1.61
总计中:普通钢材	万吨	0.42	50.75	46.44	1.45
优质钢材	万吨		5.52	5.02	0.16
普通中型钢材	万吨	0.18	13.32	12.70	0.53
普通小型钢材	万吨	0.16	10.96	9.40	0.35
线材	万吨	0.04	4.63	4.16	
中厚钢板	万吨		24.78	22.87	0.54
薄钢板	万吨	0.02	1.35	1.29	
硅钢片	万吨		0.13	0.13	
无缝钢管	万吨	0.02	1.10	0.91	0.19
改制钢材	万吨		0.37	0.34	
十种有色金属总计	吨	4 543.28	99 198.98	94663.90	43 083.36
铅	吨		105.90	105.90	
锌	吨	4 539.28	97 010.23	92 472.15	43 082.36
锡	吨	4.00	2 082.85	2 085.85	1.00
铝　材	吨	317.00	6 268.00	5 981.00	605.00
铸铁管	万吨	0.09	1.80	1.73	0.16
金属门窗	万吨	3.02	251.16	251.26	2.92
日用搪瓷制品	吨	284.00	4 479.00	4 054.00	276.00
日用精铝制品	吨	26.91	80.89	93.51	14.29
铸铁锅	万口	4.06	15.22	17.35	2.04
工业锅炉	台	23.00	191.00	183.00	31.00
	蒸发量吨	97.00	427.00	474.20	49.80
内燃机(生产量)	万千瓦	2.12	165.85	160.54	7.34
其中:内燃机商品量	万千瓦	2.12	165.85	160.54	7.34
农用内燃机	万千瓦		2.95	2.55	0.40
柴油机	万千瓦	0.69	129.10	128.00	1.70

主要工业产品名称	单位	年初库存量	本年生产量	本年销售量	年末库存量
汽油机	万千瓦		2.95	2.55	0.40
金属切削机床总计	台	25.00	722.00	697.00	50.00
其中:大型机床	台		5.00	5.00	
车床	台	25.00	717.00	692.00	50.00
起重机械	吨	204.00	1 575.00	1 241.00	101.00
输送机械	吨		78.00	66.00	12.00
风机	万台	0.67	0.23	0.51	0.39
气体压缩机	台	119.00	3 494.00	3 472.00	205.00
其中:大型气体压缩机	台	36.00	105.00	122.00	24.00
标准紧固件	万吨	0.09	1.20	1.05	0.22
铸钢件	吨	80.00	4 117.00	926.00	113.00
铸铁件	吨	899.00	20 545.20	9 342.20	1 313.00
矿山设备	吨	3.00	5.00	2.00	6.00
工矿配件	吨	860.00	2 364.72	2 181.72	1 732.00
橡胶加工机械	吨		2.40	2.40	
塑料加工机械	吨	1 048.00	6 260.58	5 381.58	1 927.00
水泥设备	吨		2 468.00	2 468.00	
食品机械	台	498.00	371.00	444.00	425.00
包装机械	吨	90.10	695.60	585.30	200.40
纺织机械	吨		799.00	765.00	
纺织专用金属器材	吨		708.00	708.00	
缝纫机	万架	0.80	25.24	25.08	0.97
造纸机械	吨	384.00	1 037.00	1 029.00	392.00
挖掘机	台		8.00	2.00	
装载机	台	117.00	3 500.00	3 239.00	378.00
环境污染防治设备	吨	73.00	810.00	661.00	78.00
电除尘设备	吨		36.00	36.00	
汽车	辆	1 618.00	52 023.00	51 703.00	1 939.00
载货汽车	辆	1 078.00	40 584.00	40 544.00	1 119.00
微型载货汽车	辆	922.00	22 790.00	22 741.00	972.00
汽车底盘	辆	250.00	1 772.00	1 553.00	469.00
自卸汽车	辆	38.00	7 357.00	7 338.00	57.00
客车	辆	97.00	1 904.00	1 854.00	147.00
其中:微型客车	辆	97.00	1 333.00	1 421.00	9.00
轿车	辆	155.00	406.00	414.00	147.00
其中:微型轿车	辆	155.00	406.00	414.00	147.00
改装汽车	辆	18.00	1 233.00	1 228.00	23.00
载货改装货汽车	辆	1.00	67.00	64.00	4.00
牵引改装汽车	辆		2.00		2.00
自卸改装汽车	辆	17.00	1 146.00	1 153.00	10.00
专用改装汽车	辆		18.00	11.00	7.00
挂车	台		151.00	144.00	7.00
农用运输车	辆	27.00	5 048.00	3 042.00	33.00
自行车	万辆	1.55	10.22	11.47	0.41
民用钢质船舶	艘		22.00	22.00	

主要工业产品名称	单位	年初库存量	本年生产量	本年销售量	年末库存量
民用钢质船舶	综合万吨		0.44	0.44	
发电设备	台(组)	188.00	708.00	619.00	278.00
	万千瓦	3.70	12.90	12.27	4.22
一般交流发电机	台	93.00	610.00	433.00	260.00
	万千瓦	0.89	9.00	7.53	2.68
交流电动机	台	711.00	18 857.00	6 803.00	1 215.00
	万千瓦	3.21	27.00	24.36	5.28
分马力电机	万台	0.73	6.80	6.13	1.41
微电机	万台	0.96	3.32	2.44	1.84
电力变压器	万千伏安	7.42	137.40	122.89	22.31
电力整流器	万千瓦	1.04	1.88	1.88	1.03
电力电容器	万千瓦	2.00	18.00	17.00	3.00
高压隔离开关	万组	0.04	0.09	0.12	0.01
高压断路器	万台	0.04	0.62	0.55	0.11
互感器	万台	1.50	4.29	3.51	1.45
高压开关板	万面	0.01	0.12	0.11	0.02
低压开关板	万面	0.02	0.10	0.11	0.03
电力电缆	公里	1 855.00	2 488.00	3 181.00	1 162.00
通讯电缆	公里	147.00	1 260.00	1 149.00	258.00
蓄电池	万千伏安时		0.20	0.01	0.01
原电池(折干电池)	亿只	0.01	0.14	0.23	0.01
家用洗衣机	万台		0.09	0.10	0.01
家用电冰箱	万台	0.31	0.23	0.45	0.19
家用冷冻箱	万台	1.24	4.08	5.21	1.39
电风扇	万台	14.86	32.62	39.17	8.31
房间空气调节器	万台	0.16	0.26	0.22	0.20
排油烟机	万台	0.63	1.57	2.10	0.42
电饭锅	万个	1.11	1.87	2.04	0.41
电热毯	万条	1.71	7.68	9.39	
灯泡	万只	473.00	3 740.00	3 955.00	260.00
灯具	万只		0.27		0.27
电子管(商品量)	万只	10.00	8.00	11.00	7.00
电子元件	万只	652.00	2 148.10	2 264.00	536.00
录音机	万台	0.40	3.28	3.24	0.44
收音机	万台		0.10	0.10	
工业自动化仪表	万台(件)	1.10	0.70	1.10	0.70
电工仪器仪表	万台(只)	4.56	229.68	220.81	19.38
大型及专用衡器	台	22.00	111.00	123.00	10.00
台秤和案秤	万台	0.19	1.28	1.31	0.15
钟	万只	10.40	16.34	21.61	5.12
发电量总计	亿千瓦小时		2.23	1.46	
总计中:火电	亿千瓦小时		2.23	1.46	
煤气生产量	万立方米		144 014.09	1 653.18	
其中:煤气商品量	万立方米		1 561.16	1 653.18	
其中:焦炉煤气	万立方米		15 911.00	1 561.16	
自来水供应量	万吨		12 376.00	12 302.82	

4—14 部分工业企业主要经济指标

(1993年) 单位:万元

指标	工业总产值(现行价格)	工业总产值(90年不变价)	工业总产出	工业增加值	利税总额	资本金合计
柳州市铝型材厂	2 886.7	3 975.4	2 886.1	2 071.1	64.5	
东风汽车工业联营公司柳州汽车厂	234 572.0	132 086.8	237 107.3	33 887.0	14 557.4	
柳州微型汽车厂	76 115.9	65 262.7	81 622.2	20 096.7	3 526.0	
柳工机械股份有限公司	109 393.2	60 391.3	111 774.1	40 949.0	30 755.6	
柳州市开关厂	11 481.0	10 008.0	11 792.3	2 008.0	701.6	
柳州市标准件总厂	1 611.4	904.9	1 575.3	163.6	107.8	
柳州市建筑机械总厂	11 758.00	10 555.0	12 603.2	4 549.0	1 599.6	
柳州市动力机械总厂	27 130.0	16 573.0	27 168.4	10 180.1	5 231.7	2 270.8
柳州市拉闸厂	1 573.0	1 573.0	1 521.5	467.4	242.7	77.5
柳州市床单厂	9 309.0	10 088.0	9 517.7	8 607.6	489.6	2 134.2
柳州市针织总厂	11 089.0	11 086.0	11 187.5	2 543.5	491.5	2 647.4
柳州市华侨化纤纺织厂	9 972.7	10 015.1	9 988.2	2 001.7	290.6	2 024.6
柳州市毛巾厂	3 369.0	3 506.0	3 287.0	2 318.2	141.0	850.0
柳州市经编针织厂	2 589.0	2 788.0	2 640.8	1 323.8	137.0	775.7
柳州市第二棉纺织厂	14 213.0	13 509.0	12 471.3	2 965.0	349.4	3 831.8
柳州市牙膏厂	34 229.2	25 828.0	34 480.6	17 433.0	10 370.4	5 078.7
柳州市啤酒总厂	6 612.5	4 289.3	6 547.9	1 796.0	1 123.6	1 387.2
柳州市糖果一厂	5 856.0	6 388.0	5 846.0	1 129.1	390.4	1 731.5
柳州市糖果二厂	5 591.0	5 802.0	5 317.0	1 049.4	157.7	2 316.8
柳州市儿童食品总厂	423.6	356.5	356.5	-62.7	16.1	175.7
柳州卷烟厂	56 169.0	55 311.0	56 169.0	30 732.5	25 268.2	6 458.7
柳州市塑料制品总厂	2 867.9	3 031.9	2 872.8	1 160.7	101.6	1 225.4
柳州市东风化工厂	7 054.0	5 853.0	6 271.2	130.9	817.5	2 339.9
柳州市跃进化工厂	2 414.8	2 545.4	2 652.0	1 442.3	345.5	918.1
柳州市橡胶厂	4 959.1	5 890.8	4 868.9	1 433.5	607.6	1 289.8
柳州市雅乐饼干总厂	1 403.6	1 002.1	1 403.6	148.6	120.0	87.1
柳州面粉实业总公司	7 260.6	4 457.7	7 170.1	441.1	458.3	1 653.6
柳州市柳新饲料厂	20 270.2	15 151.6	20 760.2	1 283.1	351.7	830.8
柳州市汽车改制厂	8 019.5	5 088.9	8 015.2	1 466.7	711.5	619.0
柳州市华力实业总公司	5 848.3	6 073.8	5 517.6	628.7	727.0	1 035.2
柳州市乳品厂	213.0	192.0	21.3	-154.4	17.1	202.1
柳州市龙潭饮料总厂	4 515.7	3 992.7	4 443.7	1 000.4	866.2	141.7
柳州市龙城化工总厂	21 375.4	18 247.2	18 784.2	4 100.5	4 173.0	5 160.0
铁道部柳州木材防腐厂	9 281.9	6 006.8	7 076.5	-916.4	312.8	2 172.0
柳州长虹机器制造公司	5 542.2	5 755.1	5 542.2	2 473.0		[illegible]
铁道部柳州机车车辆工厂	9 872.0	5 512.9	9 872.0	2 028.0		16 853.0
柳州特种汽车厂	12 556.2	6 440.1	12 201.6	2 198.0		951.2
柳州地质探矿机械厂	2 700.2	1 650.5	1 658.6	-77.2		659.7
柳江县拉堡糖厂	4 508.3	4 831.9	4 185.9	1 178.2		1 155.7
柳江制药厂	2 688.0	2 607.6	2 688.0	1 428.0		314.2
柳城县凤山糖厂	9 564.2	10 321.7	9 564.2	3 325.2		2 544.3

4—14 续表 1 (1993 年) 单位:万元

指标	流动资产合计	固定资产原价合计	固定资产生产经营用	固定资产净值年平均余额	产品销售收入	利润总额
柳州市铝型材厂	1 207.8	826.5	669.5	439.7	1 138.7	3.3
东风汽车工业联营公司柳州汽车厂	55 492.5	15 522.7	13 134.0	8 414.5	238 100.1	10 365.5
柳州微型汽车厂	45 281.0	28 438.7	27 471.9	18 000.5	81 327.0	2 230.4
柳工机械股份有限公司	70 507.9	17 314.4	17 123.2	7 894.5	100 302.0	24 112.7
柳州市开关厂	14 021.9	5 004.6	3 137.8	3 629.3	10 281.1	81.2
柳州市标准件总厂	1 411.5	1 075.0	1 011.1	611.8	2 076.1	51.0
柳州市建筑机械总厂	6 367.6	1 706.4	1 256.0	947.5	11 534.8	1 020.0
柳州市动力机械总厂	12 448.1	4 706.3	4 256.3	2 638.6	25 887.5	4 267.1
柳州市拉闸厂	1 131.5	56.2	56.2	38.4	1 484.7	140.3
柳州市床单厂	4 115.6	3 074.1	2 362.6	2 034.6	9 932.3	162.8
柳州市针织总厂	7 132.8	5 992.6	5 022.8	3 896.2	10 840.3	40.5
柳州市华侨化纤纺织厂	5 022.4	4 360.6	3 179.8	3 226.3	8 588.1	36.6
柳州市毛巾厂	2 432.4	1 127.8	852.0	856.6	3 336.7	29.4
柳州市经编针织厂	1 830.8	4 062.1	1 355.0	3 145.9	1 981.8	6.9
柳州市第二棉纺织厂	13 139.9	6 968.5	6 105.1	5 267.8	13 910.7	42.2
柳州市牙膏厂	15 126.4	6 527.1	5 119.2	4 755.6	33 753.4	4 110.7
柳州市啤酒总厂	2 029.6	2 879.2	2 579.4	2 169.7	7 235.7	448.3
柳州市糖果一厂	3 619.9	2 424.5	2 310.3	962.8	5 793.6	158.8
柳州市糖果二厂	3 443.2	3 425.7	2 906.9	2 808.9	6 167.9	7.8
柳州市儿童食品总厂	682.8	506.8	506.8	392.6	565.0	0.2
柳州卷烟厂	19 051.5	14 887.9	9 601.0	9 097.9	54 718.0	868.7
柳州市塑料制品总厂	2 352.0	1 679.4	1 245.1	1 072.6	2 129.5	13.7
柳州市东风化工厂	3 526.1	4 647.8	4 366.0	2 923.3	6 414.0	60.3
柳州市跃进化工厂	199.7	956.4	513.0	538.0	2 217.0	47.3
柳州市橡胶厂	2 736.0	2 416.1	2 199.0	1 437.1	4 834.4	57.8
柳州市雅乐饼干总厂	776.2	2 543.9	1 653.1	2 231.7	1 410.7	43.3
柳州面粉实业总公司	3 729.0	4 045.3	3 479.5	2 997.0	7 178.9	458.3
柳州市柳新饲料厂	2 643.2	1 023.9	941.5	845.3	20 771.3	351.7
柳州市汽车改制厂	2 015.5	759.9	747.6	411.8	8 751.5	548.9
柳州市华力实业总公司	5 039.5	1 436.7	1 149.4	1 049.8	5 683.5	414.9
柳州市乳品厂	88.3	210.8	210.8	176.6	213.7	10.1
柳州市龙潭饮料总厂	1 004.1	671.3	540.8	267.4	4 038.3	649.2
柳州市龙城化工总厂	22 087.5	17 644.7	16 644.7	10 573.0	20 725.3	3 992.3
铁道部柳州木材防腐厂	7 710.0	1 571.0	1 211.0	1 051.0	7 206.3	148.4
柳州长虹机器制造公司	7 623.8	8 321.7	5 947.5	6 641.4	4 886.7	88.1
铁道部柳州机车车辆工厂	8 191.0	18 114.0	13 926.0	13 742.0	10 154.0	181.0
柳州特种汽车厂	3 506.6	1 351.6	965.5	790.7	12 611.3	280.9
柳州地质探矿机械厂	2 087.1	722.4	318.5	535.3	2 854.9	200.8
柳江县拉堡糖厂	1 049.2	3 862.3	2 922.3	3 226.3	4 940.6	337.9
柳江制药厂	1 535.5	330.0	273.93	275.0	1 802.7	85.5
柳城县凤山糖厂	2 603.2	5 929.2	5 194.5	3 642.9	10 430.7	872.3

五、农业

5—1 农林牧渔业总产值

(1993年)　　　　单位:万元

	柳州市		市区	
	按1990年不变价格计算	按1993年现行价格计算	按1990年不变价格计算	按1993年现行价格计算
农林牧渔业总产值	103 774.0	135 347.0	19 486.0	27 493.0
一、农业产值	73 409.0	97 311.0	9 975.0	14 701.0
(一)种植业	69 399.0	92 587.0	9 747.0	14 387.0
1.主产品产值	64 770.0	88 163.0	9 444.0	14 000.0
谷物	20 258.0	27 985.0	1 480.0	2 138.0
豆类	2 026.0	3 849.0	125.0	228.0
油料	2 963.0	4 380.0	496.0	812.0
棉花	8.0	8.0		
麻类	3.0	3.0		
糖类	21 327.0	19 750.0	1 659.0	1 557.0
烟叶	967.0	883.0	1.0	2.0
药材类	39.0	39.0	9.0	9.0
薯类	728.0	1 073.0	23.0	84.0
蔬菜、瓜类	8 932.0	17 955.0	3 684.0	7 067.0
茶、桑、果	6 126.0	10 375.0	1 840.0	1 903.0
其他种植业	1 393.0	18 63.0	127.0	200.0
其中:饲料作物	323.0	3 57.0	16.0	50.0
2.副产品产值	4 629.0	4 424.0	303.0	387.0
谷物副产品	1 366.0	1 704.0	96.0	178.0
其他副产品	3 263.0	2 720.0	207.0	209.0
(二)其他农业	4 010.0	4 724.0	228.0	314.0
1.采集野生植物	3 009.0	3 696.0	128.0	187.0
2.农民家庭兼营商品性工业	1 001.0	1 028.0	100.0	127.0
二、林业产值	3 341.0	3 170.0	738.0	768.0
营林	1 578.0	1 631.0	375.0	424.0
林产品	347.0	335.0	158.0	171.0
村及村以下竹木采伐	1 416.0	1 204.0	205.0	173.0
三、牧业产值	24 409.0	31 204.0	7 721.0	10 238.0
(一)大小牲畜	16 053.0	21 203.0	3 404.0	4 872.0
1.大牲畜的繁殖、增长、增重	2 951.0	2 951.0	320.0	332.0
牛	2 911.0	2 905.0	320.0	332.0
马	40.0	46.0		
驴				
骡				
2.猪	13 023.0	18 131.0	3 077.0	4 525.0
3.羊	79.0	121.0	7.0	15.0
(二)家禽的饲养	6 669.0	7 728.0	3 441.0	4 227.0
(三)活的畜禽产品	1 504.0	2 075.0	875.0	1 138.0
(四)捕猎				
(五)其他动物饲养	183.0	198.0	1.0	1.0
四、渔业产值	2 615.0	3 662.0	1 052.0	1 786.0
(一)海水产品				
#养殖				
(二)淡水产品	2 615.0	3 662.0	1 052.0	1 786.0
#养殖	2 585.0	3 627.0	1 052.0	1 786.0

5—1 续表 1　　　　　　　　　　(1993 年)　　　　　　　　　　单位:万元

	柳江县		柳城县	
	按 1990 年不变价格计算	按 1993 年现行价格计算	按 1990 年不变价格计算	按 1993 年现行价格计算
农林牧渔业总产值	40 433.0	51 022.0	43 855.0	56 832.0
一、农业产值	31 018.0	38 970.0	32 416.0	43 640.0
(一)种植业	29 362.0	37 242.0	30 290.0	40 958.0
1. 主产品产值	27 102.0	34 749.0	28 224.0	39 414.0
谷物	10 158.0	12 746.0	8 620.0	13 101.0
豆类	1 451.0	2 633.0	450.0	988.0
油料	1 328.0	1 625.0	1 139.0	1 943.0
棉花			8.0	8.0
麻类			3.0	3.0
糖类	7 808.0	7 059.0	11 860.0	11 134.0
烟叶	127.0	130.0	839.0	751.0
药材类	25.0	25.0	5.0	5.0
薯类	567.0	851.0	138.0	138.0
蔬菜、瓜类	4 024.0	7 649.0	1 224.0	3 239.0
茶、桑、果	913.0	1 065.0	3 373.0	7 407.0
其他种植业	701.0	966.0	565.0	697.0
其中:饲料作物	191.0	191.0	116.0	116.0
2. 副产品产值	2 260.0	2 493.0	2 066.0	1 544.0
谷物副产品	702.0	958.0	568.0	568.0
其他副产品	1 558.0	1 535.0	1 498.0	976.0
(二)其他农业	1 656.0	1 728.0	2 126.0	2 682.0
1. 采集野生植物	1 046.0	1 118.0	1 835.0	2 391.0
2. 农民家庭兼营商品性工业	610.0	610.0	291.0	291.0
二、林业产值	1 036.0	1 041.0	1 567.0	1 361.0
营林	549.0	549.0	654.0	658.0
林产品	92.0	97.0	97.0	67.0
村及村以下竹木采伐	395.0	395.0	816.0	636.0
三、牧业产值	7 659.0	10 137.0	9 029.0	10 829.0
(一)大小牲畜	5 754.0	8 058.0	6 895.0	8 273.0
1. 大牲畜的繁殖、地长、增重	1 359.0	1 347.0	1 272.0	1 272.0
牛	1 329.0	1 311.0	1 262.0	1 262.0
马	30.0	36.0	10.0	10.0
驴				
骡				
2. 猪	4 370.0	6 684.0	5 576.0	6 922.0
3. 羊	25.0	27.0	47.0	79.0
(二)家禽的饲养	1 818.0	1 958.0	1 410.0	1 543.0
(三)活的畜禽产品	82.0	103.0	547.0	834.0
(四)捕猎				
(五)其他动物饲养	5.0	18.0	177.0	179.0
四、渔业产值	720.0	874.0	843.0	1 002.0
(一)海水产品				
#养殖				
(二)淡水产品	720.0	874.0	843.0	1 002.0
#养殖	708.0	859.0	825.0	982.0

5—2 农林牧渔业商品产值、农村非农行业总产值

(1993年)　　单位:万元

	柳州市	市区	柳江县	柳城县
农林牧渔业商品产值	81 096.0	19 752.0	27 677.0	33 667.0
一、农业商品产值	53 393.0	10 026.0	19 557.0	23 810.0
(一)种植业	51 821.0	9 890.0	18 929.0	23 002.0
1.主产品商品产值	51 346.0	9 857.0	18 888.0	22 601.0
#谷物	8 195.0	384.0	3 109.0	4 702.0
豆类	2 655.0	194.0	2 106.0	355.0
油料	2 414.0	301.0	515.0	1 598.0
糖类	15 811.0	1 574.0	7 059.0	7 178.0
烟叶	808.0	1.0	106.0	701.0
药材	39.0	9.0	25.0	5.0
薯类	448.0	67.0	267.0	114.0
蔬菜、瓜类	11 002.0	5 516.0	4 302.0	1 184.0
茶、桑、果	9 119.0	1 713.0	898.0	6 508.0
其他种植业	844.0	98.0	501.0	245.0
2.副产品商品产值	475.0	33.0	41.0	401.0
(二)其他农业	1 572.0	136.0	628.0	808.0
1.采集野生植物	544.0	9.0	18.0	517.0
2.农民家庭兼营商品性工业	1 028.0	127.0	610.0	291.0
二、林业商品产值	999.0	321.0	174.0	504.0
(一)林产品	282.0	165.0	56.0	61.0
(二)林木采伐	717.0	156.0	118.0	443.0
三、牧业商品产值	23 364.0	7 691.0	7 203.0	8 470.0
(一)牲畜的商品产值	18 265.0	4 408.0	6 776.0	7 081.0
1.大牲畜	1 646.0	201.0	403.0	1 042.0
#牛	1 646.0	201.0	403.0	1 042.0
2.猪	16 562.0	4 200.0	6 350.0	6 012.0
3.羊	57.0	7.0	23.0	27.0
(二)家禽	3 567.0	2 257.0	392.0	918.0
(三)活的畜禽产品	1 355.0	1 025.0	21.0	309.0
(四)其他动物产品	177.0	1.0	14.0	162.0
四、渔业商品产值	3 340.0	1 714.0	743.0	883.0
农村非农行业总产值				
一、农村工业总产值	125 092.0	73 101.0	31 593.0	20 398.0
1.乡办工业产值	89 725.0	66 299.0	13 373.0	10 053.0
2.村办工业产值	4 516.0	3 002.0	1 136.0	378.0
3.村以下工业产值	30 851.0	3 800.0	17 084.0	9 967.0
二、建筑业总产值	10 538.0	6 402.0	2 873.0	1 263.0
1.建筑安装工程产值	10 023.0	6 402.0	2 817.0	804.0
2.其他基本建设产值	515.0		56.0	459.0
三、运输业总产值	17 871.0	13 175.0	2 258.0	2 438.0
1.乡办运输企业货运产值	236.0	191.0	18.0	27.0
2.村办运输企业货运产值	332.0	329.0		3.0
3.村以下运输企业货运产值	17 303.0	12 655.0	2 240.0	2 408.0
四、商业、饮食业总产值	26 772.0	21 217.0	4 154.0	1 401.0
1.商业产值	18 732.0	14 580.0	3 293.0	859.0
2.饮食业产值	8 040.0	6 637.0	861.0	542.0
补充资料:				
农民在城里办工业产值	1 540.0		1 540.0	
农民在城里办建筑业产值	6 881.0	5 667.0	952.0	262.0
农民在城里办运输业产值	284.0		284.0	
农民在城里办商业产值	455.0		455.0	
农民在城里办饮食业产值	242.0		242.0	

5—3 农村经济收益分配和效益

(1993年)　　　　单位:万元

	柳州市	市区	柳江县	柳城县
一、农村经济总收入	263 981	68 950	105 296	89 735
#出售产品收入	156 192	44 127	58 469	53 596
#乡办企业	59 477	3 3683	14 895	10 899
村办企业	4 988	3 119	1 265	604
集体统一经营	348	348		
合作企业	2 118		474	1 644
农民家庭经营	197 050	31 800	88 662	76 588
1.农林牧渔业收入	117 530	19 832	44 916	52 782
#出售产品收入	75 305	15 639	25 948	33 718
农业	85 067	11 543	33 510	40 014
林业	1 459	348	504	607
牧业	27 497	6 358	10 068	11 071
渔业	3 507	1 583	834	1 090
2.工业	83 388	30 868	32 642	19 878
#出售产品收入	80 887	28 488	32 521	1 9878
3.建筑业	6 589	2 409	2 933	1 247
4.交通运输业	21 882	5 665	10 986	5 231
5.批发、零售贸易,餐饮业	26 490	9 059	9 492	7 939
6.服务业	2 703	455	1 602	646
7.其他	5 399	662	2 725	2 012
二、农村经济总费用	165 139	51 537	58 473	55 129
#乡办企业	50 438	29 939	11 738	8 761
村办企业	4 179	2 737	958	484
集体统一经营	91	91		
合作企业	1 392		308	1 084
农民家庭经营	109 039	18 770	45 469	44 800
1.农业总费用	50 234	7 963	19 570	22 701
#固定资产折旧	3 085	519	510	2 056
2.非农业总费用	114 905	43 574	38 903	32 428
#固定资产折旧	2 536	1 186	581	769
三、农村经济纯收入总额	98 842	17 413	46 823	34 606
#乡办企业	9 039	3 744	3 157	2 138
村办企业	809	382	307	120
集体统一经营	257	257		
合作企业	726		166	560
农民家庭经营	88 011	13 030	43 193	31 788
1.国家税收	6 553	1 902	2 303	2 348
2.集体提留	9 179	1 640	3 710	3 829
3.农村居民纯收入	83 110	13 871	40 810	28 429
四、农村经济增加值	104 463	19 118	47 914	37 431
#乡办企业	10 370	4 529	3 436	2 405
村办企业	989	512	320	157
集体统一经营	276	276		
合作企业	751		170	581
农民家庭经营	92 077	13 801	43 988	34 288

5—4 农村基层组织及劳动力

1993年

	单位	柳州市	市区	柳江县	柳城县
乡镇政府个数	个	37	10	13	14
1.乡 政 府	个	29	7	12	10
2.镇 政 府	个	8	3	1	4
村 公 所	个	320	67	124	129
村民委员会	个	2 193	67	1 137	989
村 民 小 组	万个	0.52	0.06	0.29	0.17
乡镇干部数	人	1 650	494	600	556
1.乡 干 部 数	人	1 345	382	569	394
2.镇 干 部 数	人	305	112	31	162
农业企业个数	个	16	12	2	2
农村社会基础设施					
1.自来水受益村数	个	153	67	45	41
2.通汽车村数	个	293	57	111	125
3.通电话村数	个	53	18	22	13
乡(镇)村户数	万户	20.05	2.49	9.72	7.84
乡(镇)村人口数	万人	93.19	10.85	46.43	35.91
乡(镇)村劳动力资源总数	万人	46.86	5.86	23.80	17.20
劳动年龄内人口数	万人	44.26	5.38	22.91	15.97
乡(镇)村实有劳动力合计	万人	42.76	5.32	20.91	16.53
#女 劳 动 力	万人	20.21	2.83	9.71	7.67
1.农林牧渔业劳动力	万人	36.00	3.96	17.23	14.81
(1)种 植 业	万人	33.13	3.68	14.88	14.57
(2)林 业	万人	0.30	0.02	0.26	0.02
(3)牧 业	万人	1.78	0.12	1.55	0.11
(4)渔 业	万人	0.79	0.14	0.54	0.11
2.工业劳动力	万人	1.18	0.30	0.81	0.07
3.建筑业劳动力	万人	0.67	0.04	0.51	0.12
4.交通和邮电业及仓储业劳动力	万人	0.95	0.14	0.64	0.17
5.批发、零售贸易业、餐饮业劳动力	万人	1.16	0.17	0.76	0.23
6.房地产、公共事业等服务业劳动力	万人	0.32	0.04	0.05	0.23
7.卫生、体育、福利事业劳动力	万人	0.09	0.01	0.04	0.04
8.文教、艺术、广播电视事业劳动力	万人	0.35	0.01	0.18	0.16
9.科研和技术服务事业劳动力	万人	0.18		0.02	0.16
10.金融、保险业劳动力	万人	0.04	0.01	0.02	0.01
11.乡经济组织管理劳动力	万人	0.07	0.01	0.03	0.03
12.其他劳动力	万人	1.75	0.63	0.62	0.50
#外出合同工、临时工	万人	1.26	0.34	0.54	0.38

5—5 耕地面积及灌溉面积

(1993年)

	单位	柳州市	市区	柳江县	柳城县
上年末耕地面积	公顷	100 296	10 554	51 268	38 474
当年新增加的耕地面积	公顷	568	154	177	237
1.新开荒	公顷	346	27	165	154
2.基建还耕地	公顷	6			6
3.其他	公顷	216	127	12	77
当年减少的耕地面积	公顷	776	376	190	210
1.国家基建占地	公顷	235	135	97	3
2.退耕造林	公顷	78			78
3.改渔塘	公顷	64	13		51
4.改果园	公顷	77	28		49
5.乡(镇)村集体基建占地	公顷	118	117		1
6.农民个人建房占地	公顷	12		11	1
7.因灾废弃	公顷	4			4
8.撩荒	公顷	91	9	75	7
9.其他	公顷	97	74	7	16
年末实有耕地面积	公顷	100 088	10 332	51 255	38 501
1.水田	公顷	45 434	2 921	22 534	19 979
#保水田	公顷	31 462	2 044	15 595	13 823
2.旱地	公顷	54 654	7 411	28 721	18 522
#水浇地	公顷	2 050	1 486	90	474
在当年耕地面积中:					
1.粮食实际占用耕地面积	公顷	59 089	3 277	33 829	21 983
2.种蔗占用水田面积	公顷	1 839	61	325	1 453
有效灌溉(农田)面积	公顷	42 680	4 920	18 950	18 810
#当年实灌	公顷	35 770	4 250	17 530	13 990
果园灌溉	公顷	130	130		
牧草灌溉	公顷	10	10		
#饲草基地	公顷	10	10		
旱涝保收面积	公顷	34 650	4 050	14 780	15 820
机电灌溉面积	公顷	11 570	2 710	4 650	4 210
机电井	公顷	40	40		
固定站	公顷	9 760	2 230	4 330	3 200
流动机	公顷	1 320	10	300	1 010
喷滴灌	公顷	450	430	20	
水轮泵灌溉面积	公顷	1 140	210	470	460

5—6 农村电气化、化学化及机械化情况

（1993年）

	单 位	柳州市	市 区	柳江县	柳城县
农业机械总动力合计	千瓦	323 628	92 568	144 029	87 031
1.柴油发动机动力	千瓦	249 369	65 564	111 396	72 409
2.汽油发动机动力	千瓦	14 767	6 763	6 068	1 936
3.电动机动力	千瓦	59 091	19 869	26 536	12 686
4.其他机械动力	千瓦	401	372	29	
耕作机械	千瓦	76 322	20 722	28 458	27 142
大中型拖拉机	台	655	189	280	186
	千瓦	20 720	5 648	9 396	5 676
小型拖拉机	台	5 968	1 524	2 109	2 335
	千瓦	54 420	14 675	18 762	20 983
大中型机引农具	部	756	293	255	208
小型拖拉机机引农具	部	4 879	923	2 470	1 486
农用排灌机械	千瓦	42 322	11 523	21 424	9 375
#柴 油 机	台	3 175	784	1 473	918
	千瓦	19 149	4 182	9 425	5 542
电 动 机	台	1 548	751	475	322
	千瓦	23 125	7 304	11 988	3 833
农用水泵	台	4 087	1 232	1 718	1 137
喷灌机械	套	373	134	190	49
收获机械	千瓦	61	11		50
机动喷雾(喷粉)机	部	87	43		44
	千瓦	336	93		243
牧草收割机	台	1	1		
渔用机动船	艘	50		50	
农副产品加工机械动力	千瓦	59 961	10 714	31 141	18 106
农用载重汽车	辆	1 040	358	490	192
农用运输车	辆	360	121	117	122
推 土 机	台	103	68	31	4
	千瓦	5 572	3 518	1 775	279
当年机耕地面积	万公顷	3.25	0.84	1.34	1.07
农村电气化情况					
水电建设					
1.乡(镇)办水电站个数	个	1		1	
装机容量	千瓦	600		600	
发电量	千瓦小时	695 000		695 000	
农村用电量(不含县办工业)	万千瓦小时	6 962.11	2 528.70	2 239.41	2 194.00
沼气池个数	个	1 808	39	683	1 086
#当年新建成的	个	248	2	76	170
农用化肥施用量					
1.按实物量计算	吨	130 760	13 859	61 937	54 964
氮 肥	吨	55 817	5 873	32 086	17 858
磷 肥	吨	39 976	4 693	17 267	18 016
钾 肥	吨	20 969	1 948	9 075	9 946
复 合 肥	吨	13 998	1 345	3 509	9 144
2.按折纯法计算	吨	40 196	4 037	19 633	16 526
氮 肥	吨	17 884	1 793	11 270	4 821
磷 肥	吨	4 879	646	2 072	2 161
钾 肥	吨	10 518	1 008	4 538	4 972
复 合 肥	吨	6 915	590	1 753	4 572
农用塑料薄膜使用量	吨	177	22	16	139
#地膜使用量	吨	156	11	9	136
地膜覆盖面积	公顷	3 052	290	415	2 347
农 用 柴 油	吨	4 890	869	2 668	1 353
农药使用量(按实物量计算)	吨	1 820	159	497	1 164

5—7 农业主要产品生产情况

(1993年)

	柳州市			市区		
	播种面积(公顷)	公顷产量(公斤)	总产量(吨)	播种面积(公顷)	公顷产量(公斤)	总产量(吨)
全年合计						
农作物总播种面积	181 401.0			17 353.0		
一、粮食合计	98 234.0	4 010.0	393 900.0	6 450.0	4 406.0	28 419.0
(一)谷物	76 729.0	4 786.0	367 232.0	5 174.0	5 165.0	26 726.0
1.稻谷	66 997.0	5 150.0	345 009.0	4 648.0	5 496.0	25 547.0
#杂交稻	57 180.0	5 412.0	309 471.0	3 892.0	5 750.0	22 379.0
早稻	36 231.0	5 831.0	211 268.0	2 432.0	5 962.0	14 499.0
中稻	519.0	5 008.0	2 599.0	35.0	5 629.0	197.0
晚稻	30 247.0	4 336.0	131 142.0	2 181.0	4 975.0	10 851.0
2.小麦	198.0	833.0	165.0			
3.玉米	9 390.0	2 341.0	21 984.0	526.0	2 241.0	1 179.0
#杂交玉米	6 332.0	2 648.0	16 770.0	124.0	3 476.0	431.0
4.粟						
5.高粱	25.0	520.0	13.0			
6.其他谷物	119.0	513.0	61.0			
#荞麦	37.0	351.0	13.0			
(二)豆类合计	13 798.0	1 332.0	18 380.0	802.0	1 411.0	1 132.0
大豆	13 765.0	1 334.0	18 360.0	791.0	1 417.0	1 121.0
绿豆	29.0	586.0	17.0	11.0	1 000.0	11.0
其他豆类	4.0	750.0	3.0			
(三)红薯	7 707.0	1 075.0	8 288.0	474.0	1 184.0	561.0
二、油料作物	13 967.0	1 422.0	19 860.0	1 652.0	2 024.0	3 343.0
#花生	11 186.0	1 636.0	18 305.0	1 538.0	2 151.0	3 308.0
油菜籽	1 596.0	632.0	1 009.0			
芝麻	1 185.0	461.0	546.0	114.0	307.0	35.0
三、棉花	12.0	1 083.0	13.0			
四、麻类合计	42.0	548.0	23.0			
黄红麻小计	42.0	548.0	23.0			
#熟麻	2.0	1 500.0	3.0			
刮皮麻	40.0	825.0	33.0			
五、甘蔗	25 349.0	58 508.0	1 483 126.0	2 341.0	49 280.0	115 364.0
(1)糖蔗	25 117.0	58 440.0	1 467 839.0	2 319.0	49 251.0	114 214.0
(2)果蔗	232.0	65 892.0	15 287.0	22.0	52 273.0	1 150.0
六、烟叶	1 952.0	1 642.0	3 205.0	8.0	625.0	5.0
(1)晒烟	138.0	862.0	119.0	8.0	625.0	5.0
(2)烤烟	1 814.0	1 701.0	3 086.0			
七、药材(面积、产值)	38.0		39.0	5.0		9.0
八、马铃薯	161.0	6 217.0	1 001.0	76.0	5 816.0	442.0
九、木薯	4 590.0	2 866.0	13 156.0	352.0	4 179.0	1 471.0
十、蔬菜、果用瓜类	17 005			5 815		
1.蔬菜	16 689			5 755		
2.果用瓜(西瓜、香瓜)	316			60		
#西瓜	239			19		
十一、其他作物	20 051			654		
#青饲料	6 585			333		
绿肥	10 317			34		
马蹄	115					
席草	13					
其他	5 118			287		

5—7 续表1 (1993年)

	柳州市			市区		
	播种面积（公顷）	公顷产量（公斤）	总产量（吨）	播种面积（公顷）	公顷产量（公斤）	总产量（吨）
春收						
农作物总播种面积						
一、粮食合计	203.0	833.0	169.0			
(一)谷物	203.0	833.0	169.0			
1.稻谷						
2.小麦	198.0	833.0	165.0			
3.玉米						
4.粟						
5.高粱						
6.其他谷物	5.0	800.0	4.0			
(二)豆类合计						
(三)红薯						
夏收						
农作物总播种面积						
一、粮食合计	55 943.0	4 438.0	248 270.0	3 709.0	4 513.0	16 738.0
(一)谷物	44 917.0	5 178.0	232 562.0	2 932.0	5 333.0	15 637.0
1.稻谷	36 231.0	5 831.0	211 268.0	2 432.0	5 962.0	14 499.0
#杂交稻	30 235.0	6 102.0	184 504.0	1 960.0	6 038.0	11 834.0
早稻	36 231.0	5 831.0	211 268.0	2 432.0	5 962.0	14 499.0
2.小麦						
3.玉米	8 643.0	2 461.0	21 269.0	500.0	2 276.0	1 138.0
#杂交玉米	5 789.0	2 804.0	16 232.0	124.0	3 476.0	431.0
4.粟						
5.高粱						
6.其他谷物	43.0	581.0	25.0			
(二)豆类合计	11 026.0	1 425.0	15 708.0	777.0	1 417.0	1 101.0
大豆	11 005.0	1 426.0	15 694.0	766.0	1 423.0	1 090.0
绿豆	21.0	667.0	14.0	11.0	1 000.0	11.0
(三)红薯						
秋收						
农作物总播种面积						
一、粮食合计	42 088.0	3 456.0	145 461.0	2 741.0	4 262.0	11 681.0
(一)谷物	31 609.0	4 255.0	134 501.0	2 242.0	4 946.0	11 089.0
1.稻谷	30 766.0	4 347.0	133 741.0	2 216.0	4 986.0	11 048.0
#杂交稻	26 945.0	4 638.0	124 967.0	1 932.0	5 458.0	10 545.0
中稻	519.0	5 008.0	2 599.0	35.0	5 629.0	197.0
晚稻	30 247.0	4 336.0	131 142.0	2 181.0	4 975.0	10 851.0
2.小麦						
3.玉米	747.0	957.0	715.0	26.0	1 577.0	41.0
#杂交玉米	543.0	991.0	538.0			
4.粟						
5.高粱	25.0	520.0	13.0			
6.其他谷物	71.0	451.0	32.0			
#荞麦	37.0	351.0	13.0			
(二)豆类合计	2 772.0	964.0	2 672.0	25.0	1 240.0	31.0
大豆	2 760.0	966.0	2 666.0	25.0	1 240.0	31.0
绿豆	8.0	375.0	3.0			
其他豆类	4.0	750.0	3.0			
(三)红薯	7 707.0	1 075.0	8 288.0	474.0	1 184.0	561.0

5—7 续表 2 (1993 年)

	柳江县			柳城县		
	播种面积（公顷）	公顷产量（公斤）	总产量（吨）	播种面积（公顷）	公顷产量（公斤）	总产量（吨）
全年合计						
农作物总播种面积	90 304.0			73 744.0		
一、粮食合计	51 775.0	3 904.0	202 112.0	40 009.0	4 083.0	163 369.0
(一)谷物	38 290.0	4 820.0	184 563.0	33 265.0	4 688.0	155 943.0
1.稻谷	32 466.0	5 283.0	171 525.0	29 883.0	4 951.0	147 937.0
#杂交稻	26 644.0	5 475.0	145 878.0	26 644.0	5 300.0	141 214.0
早稻	16 881.0	5 625.0	94 959.0	16 918.0	6 018.0	101 810.0
中稻	484.0	4 963.0	2 402.0			
晚稻	15 101.0	4 911.0	74 164.0	12 965.0	3 558.0	46 127.0
2.小麦	176.0	756.0	133.0	22.0	1 455.0	32.0
3.玉米	5 611.0	2 298.0	12 892.0	3 253.0	2 433.0	7 913.0
#杂交玉米	3 813.0	2 459.0	9 378.0	2 395.0	2 906.0	6 961.0
4.粟						
5.高粱				25.0	520.0	13.0
6.其他谷物	37.0	3 51.0	13.0	82.0	585.0	48.0
#荞麦	37.0	351.0	13.0			
(二)豆类合计	9 578.0	1 374.0	13 158.0	3 418.0	1 197.0	4 090.0
大豆	9 556.0	1 376.0	13 149.0	3 418.0	1 197.0	4 090.0
绿豆	18.0	333.0	6.0			
其他豆类	4.0	750.0	3.0			
(三)红薯	3 907.0	1 124.0	4 391.0	3 326.0	1 003.0	3 336.0
二、油料作物	6 159.0	1 446.0	8 906.0	6 156.0	1 236.0	7 611.0
#花生	5 730.0	1 522.0	8 723.0	3 918.0	1 601.0	6 274.0
油菜籽				1 596.0	632.0	1 009.0
芝麻	429.0	427.0	183.0	642.0	511.0	328.0
三、棉花				12.0	1 083.0	13.0
四、麻类合计				42.0	548.0	23.0
黄红麻小计				42.0	548.0	23.0
#熟麻				2.0	1 500.0	3.0
刮皮麻				40.0	825.0	33.0
五、甘蔗	9 091.0	59 729.0	542 997.0	13 917.0	59 263.0	824 765.0
(1)糖蔗	9 033.0	59 682.0	539 106.0	13 765.0	59 173.0	814 519.0
(2)果蔗	58.0	67 086.0	3 891.0	152.0	67 408.0	10 246.0
六、烟叶	301.0	1 435.0	432.0	1 643.0	1 685.0	2 768.0
(1)晒烟	74.0	838.0	62.0	56.0	929.0	52.0
(2)烤烟	227.0	1 630.0	370.0	1 587.0	1 711.0	2 716.0
七、药材(面积、产值)	12.0		25.0	21.0		5.0
八、马铃薯	78.0	6 910.0	539.0	7.0	2 857.0	20.0
九、木薯	2 678.0	3 076.0	8 237.0	1 560.0	2 210.0	3 448.0
十、蔬菜、果用瓜类	7 619			3 571		
1.蔬菜	7 540			3 394		
2.果用瓜(西瓜、香瓜)	79			177		
#西瓜	61			159		
十一、其他作物	12 591			6 806		
#青饲料	3 889			2 363		
绿肥	6 854			3 429		
马蹄	22			93		
席草	13					
其他	3 910			921		

	柳江县			柳城县		
	播种面积(公顷)	公顷产量(公斤)	总产量(吨)	播种面积(公顷)	公顷产量(公斤)	总产量(吨)
春　收						
农作物总播种面积						
一、粮食合计	176.0	756.0	133.0	27.0	1 333.0	36.0
(一)谷物	176.0	756.0	133.0	27.0	1 333.0	36.0
1. 稻谷						
2. 小麦	176.0	756.0	133.0	22.0	1 455.0	32.0
3. 玉米						
4. 粟						
5. 高粱						
6. 其他谷物				5.0	800.0	4.0
(二)豆类合计						
(三)红薯						
夏　收						
农作物总播种面积						
一、粮食合计	28 963.0	4 075.0	118 016.0	23 271.0	4 878.0	113 516.0
(一)谷物	21 958.0	4 890.0	107 371.0	20 027.0	5 470.0	109 554.0
1. 稻谷	16 881.0	5 625.0	94 959.0	16 918.0	6 018.0	101 810.0
#杂交稻	12 780.0	5 818.0	74 354.0	15 495.0	6 345.0	98 316.0
早稻	16 881.0	5 625.0	94 959.0	16 918.0	6 018.0	101 810.0
2. 小麦						
3. 玉米	5 077.0	2 445.0	12 412.0	3 066.0	2 518.0	7 719.0
#杂交玉米	3 427.0	2 631.0	9 016.0	2 238.0	3 032.0	6 785.0
4. 粟						
5. 高粱						
6. 其他谷物				43.0	5 81.0	25.0
(二)豆类合计	7 005.0	1 520.0	10 645.0	3 244.0	1 221.0	3 962.0
大豆	6 995.0	1 521.0	10 642.0	3 244.0	1 221.0	3 962.0
绿豆	10.0	300.0	3.0			
(三)红薯						
秋　收						
农作物总播种面积						
一、粮食合计	22 636.0	3 709.0	83 963.0	16 711.0	2 981.0	49 817.0
(一)谷物	16 156.0	4 770.0	77 059.0	13 211.0	3 509.0	46 353.0
1. 稻谷	15 585.0	4 913.0	76 566.0	12 965.0	3 558.0	46 127.0
#杂交稻	13 864.0	5 159.0	71 524.0	11 149.0	3 848.0	42 898.0
中稻	484.0	4 963.0	2 402.0			
晚稻	15 101.0	4 911.0	74 164.0	12 965.0	3 558.0	46 127.0
2. 小麦						
3. 玉米	534.0	899.0	480.0	187.0	1 037.0	194.0
#杂交玉米	386.0	938.0	362.0	157.0	1 121.0	176.0
4. 粟						
5. 高粱				25.0	520.0	13.0
6. 其他谷物	37.0	351.0	13.0	34.0	559.0	19.0
#荞麦	37.0	351.0	13.0			
(二)豆类合计	2 573.0	977.0	2 513.0	174.0	736.0	128.0
大豆	2 561.0	979.0	2 507.0	174.0	736.0	128.0
绿豆	8.0	375.0	3.0			
其他豆类	4.0	750.0	3.0			
(三)红薯	3 907.0	1 124.0	4 391.0	3 326.0	1 003.0	3 336.0

5—8 林业、茶叶和水果生产情况

（1993 年）

	单位	柳州市	市　区	柳江县	柳城县
一、营林情况					
造林面积	公顷	11 173	929	4 298	5 946
人工造林(年末成活率 85%以上)	公顷	11 173	929	4 298	5 946
按主要林种用途分：					
1.用材林	公顷	10 079	871	3 889	5 319
2.竹林	公顷	157	7	16	134
3.经济林	公顷	889	5	391	493
4.防护林	公顷	48	46	2	
在当年造林面积中当年工程造林面积	公顷	4 119	577	1 188	2 354
当年迹地更新面积	公顷	501	344	115	42
#人工更新面积	公顷	501	344	115	42
采伐迹地更新面积	公顷	355	313		42
现有封山育林面积	公顷	49 540		24 540	25 000
#当年新封面积	公顷	23 400		14 400	9 000
当年四旁零星植树(按实际成活株数)	万株	154.5	88.3	66.2	
育苗面积	公顷	205	111	69	25
#本年新育苗面积	公顷	121	30	69	22
当年幼林抚育实际面积	公顷	3 500	2 617	425	458
当年幼林抚育作业面积	公顷	6 179	4 767	701	711
成林抚育实际面积(包括间伐)	公顷	1 651	1 303	149	199
#幼龄林抚育面积	公顷	1 244	928	117	199
在成林抚育实际面积中经济林面积	公顷	350	313	16	21
低产林改造面积	公顷	146	132	14	
抚育改造出材量	立方米	10 679	8 098	931	1 650
年末实有母树林面积	公顷	10	10		
年末实有种子园面积	公顷	31	31		
二、林产品产量(包括农户自用)					
1.油桐籽(籽：油＝4：1)	吨	116	5	104	7
2.油茶籽(籽：油＝5：1)	吨	1 806	745	586	475
3.松脂	吨	140			140
4.竹笋干(鲜笋按 1/3 折干)	吨	125	125		
5.板栗	吨	56	9		47
三、村及村以下竹木采伐量					
1.木材采伐量	立方米	5 964	1 760	2 708	1 496
2.竹材采伐量	万根	649.6	54	124	471.5
四、茶叶产量	吨	1 790		109	1 681
1.红毛茶	吨	326			326
2.绿毛茶	吨	1 464		109	1 355
五、水果产量	吨	41 343	14 997	7 558	18 788
1.蕉类	吨	819	351	392	76
2.柚子	吨	536	220	218	98
3.柑桔	吨	27 644	12 216	996	14 432
4.橙	吨	2 911	832	206	1 873
5.梨	吨	733	101	431	201
6.龙眼	吨	77	19	58	
7.枣子(按鲜枣计算)	吨	77	40	36	1
8.柿子(按鲜柿计算)	吨	5 524	556	3 473	1 495
9.其他水果	吨	22	662	1 748	612
六、茶园面积	吨	1 231		122	1 109
七、果园面积	公顷	3 142	1 441	881	820
#柑桔橙园	公顷	2 073	900	365	808
梨园	公顷	52	12	28	12

5—9 畜牧、渔业生产情况

(1993年)

	单　位	柳州市	市　区	柳江县	柳城县
一、当年牲畜总出栏数					
牛出栏数	头	25 637.0	3 562.0	13 709.0	8 366.0
猪出栏数	头	388 388.0	96 928.0	127 460.0	164 000.0
羊出栏数	只	10 452.0	1 456.0	5 300.0	3 696.0
家禽出栏数	万只	654.0	333.4	172.6	148.0
#鸡	万只	444.6	223.6	116.0	105.0
鸭	万只	206.2	109.8	55.4	41.0
鹅	万只	3.2		1.2	2.0
兔出栏数	万只	2.1		0.8	1.2
二、当年肉类总产量					
牛肉产量	吨	2 361.0	332.0	1 360.0	669.0
猪肉产量	吨	28 825.0	6 775.0	9 751.0	12 299.0
羊肉产量	吨	130.0	14.0	79.0	37.0
家禽肉产量	吨	9 464.0	4 667.0	2 423.0	2 374.0
#鸡	吨	6 265.0	3 130.0	1 554.0	1 581.0
鸭	吨	3 068.0	1 537.0	804.0	727.0
鹅	吨	131.0		65.0	66.0
兔肉产量	吨	45.0		26.0	19.0
四、牛奶产量	吨	1 463.0	1 463.0		
五、蜂蜜产量	吨	7.0	2.0		5.0
六、禽蛋产量	吨	3 079.0	1 688.0	180.0	1 211.0
七、蚕茧产量	吨	167.0			167.0
八、年末大牲畜总头数	头	247 832.0	20 535.0	123 353.0	103 944.0
#从事农事劳役的	头	170 454.0	15 581.0	88 892.0	65 981.0
1.牛	头	243 845.0	20 466.0	120 209.0	103 170.0
黄　牛	头	100 517.0	4 581.0	72 059.0	23 877.0
水　牛	头	142 401.0	14 958.0	48 150.0	79 293.0
良种及改良种奶牛	头	927.0	927.0		
2.马	匹	3 987.0	69.0	3 144.0	774.0
九、猪年末存栏数	头	418 140.0	64 995.0	178 360.0	174 785.0
十、羊年末存栏数	只	34 999.0	1 368.0	16 634.0	16 997.0
十一、年末家禽存栏	万只	325.8	76.7	120.1	129.0
#鸡	万只	231.9	55.9	86.0	90.0
鸭	万只	91.8	20.8	33.0	38.0
鹅	万只	2.0		1.0	1.0
十二、年末兔存栏	万只	1.9		0.8	1.1
十三、年末养蜂箱数	箱	243.0	59.0		184.0
十四、淡水产品产量	吨	6 344.0	2 551.0	1 748.0	2 045.0
1.淡水捕捞	吨	72.0		30.0	42.0
#鱼　类	吨	72.0		30.0	42.0
2.淡水养殖	吨	6 272.0	2 551.0	1 718.0	2 003.0
#鱼　类	吨	6 272.0	2 551.0	1 718.0	2 003.0
十五、淡水养殖	公顷	5 000.0	790.0	1 550.0	2 660.0
1.池塘养殖	公顷	1 729.0	489.0	430.0	810.0
2.河沟养殖	公顷	4.0		4.0	
3.山塘水库养殖	公顷	3 265.0	300.0	1 116.0	1 849.0
4.其他养殖	公顷	2.0	1.0		1.0

5—10 柳州市区气象情况

	单位	1992年		1993年	
		实绩		实绩	
日照时数	小时	1 575.9		1 405.5	
降水量	毫米	1 281.3		1 681.7	
下雨天数(≥0.1毫米)	日	144		173	
一小时最大降水量	毫米	55.2	5月30日零时33分开始	69.5	6月14日5时44分开始
一天最大降水量	毫米	91.3	5月18日	138.7	6月14日
平均气温	℃	20.9		20.5	
极端最高气温	℃	38.5	9月5日	36.7	6月27日
极端最低气温	℃	2.2	1月15日	1.5	1月16日
平均风速	米/秒	1.3		1.2	
蒸发量	毫米	1 733		1 514	
平均相对湿度	%	72		76	
平均水气压	毫巴	18.8		19.9	

5—11 柳州市区水文(柳江河)基本情况

	单位	1992年		1993年	
		实绩		实绩	
最高水位	米	83.73	7月6日14时	85.99	7月10日1时
最低水位	米	68.50	12月12日20时	68.65	2月10日20时
年平均水位	米	70.06		70.82	
最大流量	立方米/秒	18 100		21 200	
最小流量	立方米/秒	70.0		107	
年平均流量	立方米/秒	1 130.0		1 840	
年径流量	立方亿米	357.7		580.7	
最大断面平均含沙量	公斤/立方米	2.77	7月5日	1.22	7月9日
最小断面平均含沙量	公斤/立方米	0.002	1月6日	0.002	3月9日
年平均含沙量	公斤/立方米	0.19		0.20	

六、固定资产投资和建筑业

6—1 全市固定资产投资完成情况

（1993年）

	单位个数（个）	本年施工项目（个）	本年新开工	本年投产项目（个）	累计完成投资（万元）	累计新增固定资产（万元）
总计	737	918	465	394	480 615	225 686
市区	568	757	373	291	454 457	211 380
柳江	77	66	41	45	13 513	8 895
柳城	92	95	51	58	12 645	5 411
在总计中：						
国有经济	652	777	381	346	399 950	197 258
集体经济	62	90	51	37	25 411	9 002
股份制经济	10	38	21	10	28 764	17 068
中外合资经营	9	9	8		23 942	2 024
中外合作经营	1	1	1		1 014	
外资	2	2	2		1 209	9
与大陆合资经营	1	1	1	1	325	325
在总计中：						
中央	53	101	44	40	104 192	36 872
自治区	95	105	61	66	37 802	18 557
地区、市	432	557	264	198	296 373	158 728
县	95	87	52	57	7 823	5 487
其他	62	68	44	33	34 425	6 042
在总计中：						
基本建设	516	510	253	253	174 047	59 509
更新改造	102	247	115	91	204 169	125 699
其他投资	81	120	65	46	52 551	27 283
房地产开发	38	41	32	4	49 848	13 195
在总计中：						
基建大中型	5	5	1	1	78 524	21 972
基建小型	511	505	252	252	95 523	37 537
更改限上项目	2	2			60 266	44 411
其他	219	406	212	141	246 302	121 766
在总计中：						
农、林、牧、渔业	35	35	20	25	1 468	1 133
采掘业	1	1	1	1	97	97
制造业	238	392	188	147	279 767	171 998
电力、煤气及水的水生产和供应业	14	34	19	20	48 084	9 270
建筑业	41	48	30	20	14 982	8 239
地质勘查业、水利管理业	11	10	2	4	1 634	767
交通运输、仓储及邮电通信业	29	28	11	12	34 993	2 395
批发和零售贸易、餐饮业	32	33	13	13	4 570	1 647
金融、保险业	19	22	9	10	6 256	1 435
房地产业	41	44	34	4	50 358	13 195
社会服务业	45	47	25	23	12 203	5 796
卫生、体育和社会福利业	30	28	13	14	5 564	1 037
教育、文化艺术及广播电影电视业	84	80	38	45	10 969	3 370
科学研究和综合技术服务业	10	9	7	2	433	194
国家机关、政党机关和社会团体	107	107	55	54	9 237	5 113

6—1　续表1　　　　(1993年)　　　　单位:万元

	本年计划投资	本年完成投资	按构成分:建筑工程投资	安装工程投资	设备工器具购置	其他费用
总计	326 681	290 553	140 443	16 055	95 818	38 237
市区	298 774	269 909	127 955	15 050	90 668	36 236
柳江	14 858	9 930	5 168	685	3 530	547
柳城	13 049	10 714	7 320	320	1 620	1 454
在总计中:						
国有经济	270 203	224 643	114 981	11 222	76 946	21 494
集体经济	16 567	20 435	9 330	1 883	6 517	2 705
股份制经济	15 830	18 985	7 117	2 343	6 385	3 140
中外合资经营	23 256	23 942	8 392	550	5 533	9 467
中外合作经营		1 014	302			712
外资	500	1 209	300	20	189	700
与大陆合资经营	325	325	21	37	248	19
在总计中:						
中央	76 126	56 820	22 147	5 110	24 535	5 028
自治区	26 509	28 491	9 806	1 015	16 282	1 388
地区、市	184 677	165 145	91 827	8 724	46 796	17 798
县	8 998	6 748	4 540	179	1 565	464
其他	30 371	33 349	12 123	1 027	6 640	13 559
在总计中:						
基本建设	128 437	105 529	74 278	6 474	13 953	10 824
更新改造	118 934	101 720	30 200	4 338	62 120	5 062
其他投资	30 948	38 250	12 713	4 069	19 188	2 280
房地产开发	48 362	45 054	23 252	1 174	557	20 071
在总计中:						
基建大中型	63 144	47 628	25 793	4 273	10 941	6 621
基建小型	65 293	57 901	48 485	2 201	3 012	4 203
更改限上项目	11 591	16 185	3 334	943	10 727	1 181
其他	186 653	168 839	62 831	8 638	71 138	26 232
在总计中:						
农、林、牧、渔业	1 308	1 334	838	31	408	57
采掘业	97	97		97		
制造业	149 131	145 120	51 405	8 483	77 567	7 665
电力、煤气及水的水生产和供应业	40 413	34 610	14 786	4 750	9 138	5 936
建筑业	9 977	9 012	6 195	98	2 609	110
地质勘查业、水利管理业	748	724	584		80	60
交通运输、仓储及邮电通信业	37 355	17 571	12 588	355	2 820	1 808
批发和零售贸易、餐饮业	2 549	2 696	2 359	58	27	252
金融、保险业	5 307	4 278	3 251	447	525	55
房地产业	48 772	45 514	23 690	1 174	579	20 071
社会服务业	8 508	8 245	6 679	149	1 158	259
卫生、体育和社会福利业	4 880	4 551	3 596	12	36	907
教育、文化艺术及广播电影电视业	11 116	9 620	8 517	199	419	485
科学研究和综合技术服务业	269	319	200	10	40	69
国家机关、政党机关和社会团体	6 251	6 862	5 755	192	412	503

6—1 续表 2　　　　(1993 年)　　　　单位:万元

	本年完成投资					更改设备购置中更新的设备
	按工程用途分:					
	第一产业投资	第二产业投资	第三产业投资	商业运输邮电业	住宅	
总　计	2 591	163 318	68 529	30 718	56 115	30 148
市　区	2 233	151 041	63 886	28 796	52 749	28 759
柳　江	358	6 446	1 952	273	1 174	376
柳　城		5 831	2 691	1 649	2 192	1 013
在总计中:						
国有经济	2 591	129 900	57 379	22 376	34 773	30 148
集体经济		14 054	1 307	370	5 074	
股份制经济		12 487	2 320	1 172	4 178	
中外合资经营		6 552	7 023	6 300	10 367	
中外合作经营					1 014	
外　资			500	500	709	
与大陆合资经营		325				
在总计中:						
中　央		46 205	7 971	2 786	2 644	12 677
自治区	386	22 080	2 915	282	3 110	3 619
地区、市	2 198	84 924	44 665	18 026	33 358	12 723
县	7	2 546	2 967	1 222	1 228	1 129
其　他		7 563	10 011	8 402	15 775	
在总计中:						
基本建设	229	40 135	46 037	18 423	19 128	
更新改造	2 249	89 443	8 667	3 229	1 361	30 148
其他投资	113	33 632	1 999	315	2 506	
房地产开发		108	11 826	8 751	33 120	
在总计中:						
基建大中型		34 876	11 132	10 549	1 620	
基建小型	229	5 259	34 905	7 874	17 508	
更改限上项目		15 639	193		353	
其　他	2 362	107 544	22 299	12 295	36 634	30 148
在总计中:						
农、林、牧、渔业	393	97	442	246	402	
采掘业		20			77	
制造业	1 210	127 017	6 918	767	9 975	27 192
电力、煤气及水的水生产和供应业	988	32 157	415		1 050	
建筑业		3 580	3 179	1 054	2 253	281
地质勘查业、水利管理业			308		416	
交通运输、仓储及邮电通信业		86	16 599	16 251	886	2 458
批发和零售贸易、餐饮业			2 225	1 830	471	
金融、保险业			3 550		728	
房地产业		348	12 046	8 971	33 120	
社会服务业			6 957	201	1 288	217
卫生、体育和社会福利业			4 006		545	
教育、文化艺术及广播电影电视业			8 015	180	1 605	
科学研究和综合技术服务业		13	101		205	
国家机关、政党机关和社会团体			3 768	1 218	3 094	

6—1 续表3 (1993年) 单位:万元

	更改本年完成投资用途					
	增产	节约能源	其他节约	增加品种	提高产品质量	三废治理
总计	56 670	1 479	99	16 272	5 241	951
市区	54 500	1 453		16 174	5 241	951
柳江	502	26	99	98		
柳城	1 668					
在总计中:						
国有经济	56 670	1 479	99	16 272	5 241	951
集体经济						
股份制经济						
中外合资经营						
中外合作经营						
外资						
与大陆合资经营						
在总计中:						
中央	13 851	34		521	1 533	25
自治区	12 861	36	99	2 660	59	
地区、市	28 313	1 409		12 993	3 649	926
县	1 645			98		
其他						
在总计中:						
基本建设						
更新改造	56 670	1 479	99	16 272	5 241	951
其他投资						
房地产开发						
在总计中:						
基建大中型						
基建小型						
更改限上项目	14 747	882				10
其他	41 923	597	99	16 272	5 241	941
在总计中:						
农、林、牧、渔业	114		92			
采掘业						
制造业	54 863	1 479	7	16 001	4 988	951
电力、煤气及水的水生产和供应业	1 560				253	
建筑业				271		
地质勘查业、水利管理业						
交通运输、仓储及邮电通信业	65					
批发和零售贸易、餐饮业	68					
金融、保险业						
房地产业						
社会服务业						
卫生、体育和社会福利业						
教育、文化艺术及广播电影电视业						
科学研究和综合技术服务业						
国家机关、政党机关和社会团体						

	更改本年完成投资用途	本年新增	房屋建筑面积(平方米)			
			本年施工		本年竣工	
	其他	固定资产	房屋面积	住宅	房屋面积	住宅
总计	21 008	119 241	3 395 134	1 532 312	993 440	541 456
市区	20 360	107 526	3 119 652	1 403 305	851 403	472 087
柳江	534	6 394	124 436	56 548	67 946	33 807
柳城	114	5 321	151 046	72 459	74 091	35 562
在总计中:						
国有经济	21 008	97 647	2 559 729	1 170 291	846 555	487 247
集体经济		8 034	254 393	150 608	80 347	24 805
股份制经济		11 211	166 610	71 001	66 538	29 404
中外合资经营		2 024	401 969	134 479		
中外合作经营			5 933	5 933		
外资			6 500			
与大陆合资经营		325				
在总计中:						
中央	3 670	12 442	422 790	101 585	140 757	53 040
自治区	1 483	14 098	232 433	122 622	121 377	63 848
地区、市	15 741	81 637	2 100 991	1 058 519	611 244	371 497
县		5 121	120 323	53 215	66 012	29 036
其他	114	5 943	518 597	196 371	54 050	24 035
在总计中:						
基本建设		34 418	1 417 506	678 967	499 533	309 059
更新改造	21 008	54 911	576 939	67 397	172 417	16 404
其他投资		20 374	280 712	90 922	123 781	42 199
房地产开发		9 538	1 119 977	695 026	197 709	173 794
在总计中:						
基建大中型		6 874	189 268	39 817	31 615	20 043
基建小型		27 544	1 228 238	639 150	467 918	289 016
更改限上项目	546	3 672	52 227	19 987	7 029	
其他	20 462	81 151	1 925 401	833 358	486 878	232 397
在总计中:						
农、林、牧、渔业	40	1 108	24 856	16 034	15 675	10 692
采掘业	97	97	2 359	2 000	2 359	2 000
制造业	13 655	79 908	1 162 039	393 937	445 114	164 974
电力、煤气及水的水生产和供应业	171	3 799	126 167	28 428	20 473	14 306
建筑业	2 318	4 396	151 171	106 779	44 805	34 804
地质勘查业、水利管理业		767	30 280	20 334	13 104	9 934
交通运输、仓储及邮电通信业	2 458	1 858	135 198	24 997	21 558	2 911
批发和零售贸易、餐饮业		1 647	67 646	23 755	22 698	7 909
金融、保险业	591	871	73 186	22 294	19 945	10 658
房地产业		9 538	1 140 477	695 026	197 709	173 794
社会服务业	1 581	5 680	48 007	28 884	25 863	13 279
卫生、体育和社会福利业		1 037	58 857	18 137	21 626	14 025
教育、文化艺术及广播电影电视业		3 298	167 411	54 471	58 980	35 529
科学研究和综合技术服务业		127	10 159	6 080	1 633	
国家机关、政党机关和社会团体	97	5 110	197 321	91 156	81 898	46 641

6—1 续表5 (1993年) 单位:万元

	本年竣工房屋价值	其中:住宅	本年资金来源	国内贷款	自筹资金	企事业单位自筹
总计	47 796	23 244	310 440	107 488	153 511	108 114
市区	42 249	20 817	290 474	97 659	144 709	102 921
柳江	2 773	1 088	9 256	3 986	4 635	3 302
柳城	2 774	1 339	10 710	5 843	4 167	1 891
在总计中:						
国有经济	41 465	21 225	237 190	92 023	119 288	74 041
集体经济	3 003	1 121	23 932	10 551	10 131	9 981
股份制经济	3 328	898	20 433	2 494	8 369	8 369
中外合资经营			25 439	2 420	14 408	14 408
中外合作经营			1 721		1 051	1 051
外资			1 400			
与大陆合资经营			325		264	264
在总计中:						
中央	6 523	2 236	60 479	22 447	33 307	12 205
自治区	5 359	2 417	27 261	12 365	8 897	7 579
地区、市	30 562	16 702	179 124	65 620	90 573	68 805
县	2 805	1 156	7 111	2 721	3 546	2 583
其他	2 547	733	36 465	4 335	17 188	16 942
在总计中:						
基本建设	25 315	13 455	106 881	30 144	63 467	21 549
更新改造	8 390	664	108 481	50 466	45 880	43 701
其他投资	4 678	1 639	42 251	13 252	18 362	18 342
房地产开发	9 413	7 486	52 827	13 626	25 802	24 522
在总计中:						
基建大中型	1 736	745	47 023	16 271	27 646	330
基建小型	23 579	12 710	59 858	13 873	35 821	21 219
更改限上项目	445		16 048	7 741	5 097	5 097
其他	22 036	9 789	187 511	69 603	84 947	81 468
在总计中:						
农、林、牧、渔业	663	329	1 298	176	970	970
采掘业	97	77	97		78	78
制造业	19 726	6 579	157 719	65 962	65 820	64 636
电力、煤气及水的水生产和供应业	983	557	34 326	11 575	21 734	1 350
建筑业	1 780	1 325	9 217	350	7 799	5 942
地质勘查业、水利管理业	687	502	851	75	365	348
交通运输、仓储及邮电通信业	1 469	107	15 433	5 980	9 180	951
批发和零售贸易、餐饮业	1 370	351	2 565	898	1 446	1 294
金融、保险业	1 046	817	4 974	1 700	3 249	1 595
房地产业	9 413	7 486	53 287	13 646	26 242	24 522
社会服务业	2 035	712	7 952	2 519	3 953	1 225
卫生、体育和社会福利业	947	602	4 402		4 146	79
教育、文化艺术及广播电影电视业	3 222	1 596	10 812	3 380	3 514	1 429
科学研究和综合技术服务业	87		356		317	290
国家机关、政党机关和社会团体	4 271	2 204	7 151	1 227	4 698	2 705

6—2 全市固定资产投资完成情况

(1993年)

指标名称	总计	基本建设	大中型项目	更新改造	其他投资	房地产业开发
一、个数(个)						
单位个数	737	516	5	102	81	38
全部项目个数	718	516	5	98	66	38
本年施工项目个数	918	510	5	247	120	41
#本年新开工	465	253	1	115	65	32
本年投产项目个数	394	253	1	91	46	4
二、投资额和新增固定资产(万元)						
计划总投资	966 437	310 883	183 826	325 394	54 394	275 766
实际需要的投资	1 018 056	330 717	183 840	337 873	70 827	278 639
累计完成投资	480 615	174 047	78 524	204 169	52 551	49 848
累计新增固定资产	225 686	59 509	21 972	125 699	27 283	13 195
本年底未完工程累计投资	243 417	107 266	56 083	76 565	24 367	35 219
本年计划投资	326 681	128 437	63 144	118 934	30 948	48 362
本年完成投资	290 553	105 529	47 628	101 720	38 250	45 054
按构成分:						
1.建筑工程	140 443	74 278	25 793	30 200	12 713	23 252
2.安装工程	16 055	6 474	4 273	4 338	4 069	1 174
3.设备、工具器具购置	95 818	13 953	10 941	62 120	19 188	557
#购置旧设备	1 110	18		1 018	74	
4.其他费用	38 237	10 824	6 621	5 062	2 280	20 071
#土地购置费	20 049	3 712	1 978	1 291	456	14 590
旧建筑物购置费	1 696	490			3	1 203
按工程用途分:						
1.第一产业	2 591	229		2 249	113	
2.第二产业	163 318	40 135	34 876	89 443	33 632	108
3.第三产业	68 529	46 037	11 132	8 667	1 999	11 826
#商业、运输邮电业	30 718	18 423	10 549	3 229	315	8 751
4.住宅	56 115	19 128	1 620	1 361	2 506	33 120
更改设备工具器具购置中更新的设备	30 148			30 148		
更新改造本年完成投资用途:						
增产	56 670			56 670		
节约能源	1 479			1 479		
其他节约	99			99		
增加品种	16 272			16 272		
提高产品质量	5 241			5 241		
三废治理	951			951		

6—2 续表1 (1993年)

指标名称	总计	基本建设	大中型项目	更新改造	其他投资	房地产业开发
其他	21 008			21 008		
本年新增固定产	119 241	34 418	6 874	54 911	20 374	9 538
三、房屋建筑面积(平方米)						
本年施工房屋面积	3 395 134	1 417 506	189 268	576 939	280 712	1 119 977
#住宅	1 532 312	678 967	39 817	67 397	90 922	695 026
本年竣工房屋面积	993 440	499 533	31 615	172 417	123 781	197 709
#住宅	541 456	309 059	20 043	16 404	42 199	173 794
本年竣工房屋价值(万元)	47 796	25 315	1 736	8 390	4 678	9 413
#住宅	23 244	13 455	745	664	1 639	7 486
四、投资资金来源(万元)						
(一)本年资金总额	334 626	113 624	50 338	122 149	44 151	54 702
1. 上年末结余资金	24 186	6 743	3 315	13 668	1 900	1 875
2. 本年资金来源小计	310 440	106 881	47 023	108 481	42 251	52 827
①国家预算内资金	9 621	8 384	1 809	1 137	100	
②国内贷款	107 488	30 144	16 271	50 466	13 252	13 626
③股票	5 683				1 883	3 800
④债券	10 833	1 000	1 000	5 500	4 333	
⑤利用外资	13 270			4 879	3 093	5 298
⑥自筹资金	153 511	63 467	27 646	45 880	18 362	25 802
(1)中央各部门自筹	2 108	2 108				
(2)省自筹	20 633	20 377	19 254	256		
(3)地(市)自筹	20 098	16 895	6 852	1 923		1 280
(4)县自筹	2 558	2 538	1 210		20	
(5)企、事业单位自筹	108 114	21 549	330	43 701	18 342	24 522
⑦其他资金来源	10 034	3 886	297	619	1 228	4 301
(二)本年各项应付款合计	11 144	3 078	616	3 548	1 100	3 418
#工程款	6 411	2 716	599	1 037	400	2 258
设备、器材款	3 473	362	17	2 511	600	
五、补充资料						
土地开发投资额	12 402					12 402
不计入投资额的费用	9 817					9 817
购置商品房实际支出额	1 500					1 500
土地开发面积	915 115					915 115
商品房销售额	13 076					13 076
商品房销售建筑面积	156 723					156 723
本年末库存设备价值	272			263		9

6—3 市区固定资产投资完成情况

（1993年）

指标名称	总计	基本建设	大中型项目	更新改造	其他投资	房地产业开发
一、个数（个）						
单位个数	568	382	3	93	58	35
全部项目个数	559	382	3	90	52	35
本年施工项目个数	757	380	3	234	105	38
#本年新开工	373	174		110	57	32
本年投产项目个数	291	172	1	81	34	4
二、投资额和新增固定资产（万元）						
计划总投资	894 503	247 700	132 322	321 151	52 706	272 946
实际需要的投资	942 346	264 946	132 336	332 576	69 080	275 744
累计完成投资	454 457	155 392	67 509	198 921	50 875	49 269
累计新增固定资产	211 380	52 129	19 106	120 568	25 653	13 030
本年底未完工程累计投资	231 855	96 231	47 934	76 498	24 321	34 805
本年计划投资	298 774	105 176	48 809	116 302	29 604	47 692
本年完成投资	269 909	89 784	38 376	98 679	36 832	44 614
按构成分：						
1.建筑工程	127 955	63 788	20 920	29 022	12 261	22 884
2.安装工程	15 050	5 645	3 654	4 243	3 988	1 174
3.设备、工具器具购置	90 668	11 340	8 637	60 433	18 338	557
#购置旧设备	1 089	18		1 018	53	
4.其他费用	36 236	9 011	5 165	4 981	2 245	19 999
#土地购置费	19 411	3 180	1 732	1 269	429	14 533
旧建筑物购置费	1 686	480			3	1 203
按工程用途分：						
1.第一产业	2 233	54		2 144	35	
2.第二产业	151 041	31 028	26 568	87 200	32 705	108
3.第三产业	63 886	42 300	10 897	8 093	1 799	11 694
#商业、运输邮电业	28 796	16 732	10 549	3 037	276	8 751
4.住宅	52 749	16 402	911	1 242	2 293	32 812
更改设备工具器具购置中更新的设备	28 759			28 759		
更新改造本年完成投资用途：						
增产	54 500			54 500		
节约能源	1 453			1 453		
增加品种	16 174			16 174		
提高产品质量	5 241			5 241		
三废治理	951			951		
其他	20 360			20 360		
本年新增固定资产	107 526	27 146	4 113	52 011	18 831	9 538
三、房屋建筑面积（平方米）						
本年施工房屋面积	3 119 652	1 202 304	143 959	563 113	263 741	1 090 494
#住宅	1 403 305	586 452	22 088	64 071	83 429	669 353
本年竣工房屋面积	851 403	390 165	16 883	159 974	108 847	192 417
#住宅	472 087	254 364	10 648	13 078	36 143	168 502
本年竣工房屋价值（万元）	42 249	20 969	1 195	7 753	4 279	9 248
#住宅	20 817	11 510	411	545	1 441	7 321
四、投资资金来源（万元）						
（一）本年资金总额	313 237	97 480	40 733	119 134	42 760	53 863

6—3 续表1 (1993年)

指标名称	总计	基本建设	大中型项目	更新改造	其他投资	房地产业开发
1.上年末结余资金	22 763	5 443	2 068	13 630	1 896	1 794
2.本年资金来源小计	290 474	92 037	38 665	105 504	40 864	52 069
①国家预算内资金	9 380	8 143	1 809	1 137	100	
②国内贷款	97 659	23 301	10 500	48 441	12 671	13 246
③股票	5 683				1 883	3 800
④债券	10 833	1 000	1 000	5 500	4 333	
⑤利用外资	13 270			4 879	3 093	5 298
⑥自筹资金	144 709	56 596	25 356	44 940	17 581	25 592
(1)中央各部门自筹	1 788	1 788				
(2)省自筹	19 603	19 347	18 504	256		
(3)地(市)自筹	20 032	16 829	6 852	1 923		1 280
(4)县自筹	365	365				
(5)企、事业单位自筹	102 921	18 267		42 761	17 581	24 312
⑦其他资金来源	8 940	2 997		607	1 203	4 133
(二)本年各项应付款合计	10 311	2 310	292	3 483	1 100	3 418
#工程款	5 595	1 965	292	972	400	2 258
设备、器材款	3 456	345		2 511	600	
五、补充资料						
土地开发投资额	12 282					12 282
不计入投资额的费用	9 817					9 817
购置商品房实际支出额	1 500					1 500
土地开发面积	908 775					908 775
商品房销售额	12 676					12 676
商品房销售建筑面积	145 268					145 268
本年末库存设备价值	9					9

6—4 新增生产能力(或效益)情况

(1993年)

生产能力(或效益)名称	单位	总计	生产能力(或效益)名称	单位	总计
铜冶炼	吨/年	3 000	其他汽车购置	辆	1
#电解铜	吨/年	3 000	中等学校:学生席位/建筑面积	个/平方米	2 350/5 205
锌冶炼	吨/年	12 380	小学:学生席位	个	3 920
#电解锌	吨/年	7 000	建筑面积	平方米	7 261
铝加工	吨/年	1 000	其他学校:学生席位	个	1 050
柴油机制造	台/年	5 000	建筑面积	平方米	2 916
	万千瓦/年	17	影剧院:座席	个	360
机制甘蔗糖	处理原料:吨	500	建筑面积	平方米	250
	年生产糖:吨	9 000	宾馆、旅馆、招待所客房数	间	130
鞣制皮革(折合牛皮)	万张/年	60	城市自来水供水能力	万吨/日	3
服装	万件/年	1	城市自来水管道长度	公里	2
载货汽车购置	辆	21	城市道路扩建面积	万平方米	2
载客汽车购置	辆	70	城市排水管道铺设长度	公里	1
小汽车购置	辆	14	改建公路	公里	1

6—5 全市建筑业企业生产情况

(1993年)

指标名称	单位	总计	经济类型			行业类别
			国有经济	大中型	城镇集体经济	土木工程建筑业
企业个数	个	33.00	15.00	9.00	18.00	28.00
#亏损企业个数	个	5.00	1.00	1.00	4.00	3.00
建筑业总产值	万元	146 683.80	129 041.40	115 642.40	17642.40	133 489.60
1.建筑工程	万元	123 381.90	106 615.50	93 723.90	16 766.40	123 331.00
2.安装工程	万元	17 928.80	17 641.00	17 373.00	287.80	6 228.70
3.房屋构筑物修理	万元	1 600.70	1 139.70	923.70	461.00	1 600.70
4.非标准设备制造	万元	3 772.40	3 645.20	3 621.80	127.20	2 329.20
建筑业增加值	万元	40 033.60	36 265.10	32 880.20	3 768.50	36 055.10
竣工产值	万元	57 318.70	50 693.40	41 699.70	6 625.30	55 910.70
单位工程施工个数	个	2 111.00	1 719.00	1 526.00	392.00	1 898.00
单位工程竣工个数	个	844.00	666.00	581.00	178.00	768.00
房屋建筑施工面积	万平方米	316.32	256.98	240.66	59.34	316.32
房屋建筑竣工面积	万平方米	99.13	77.79	72.70	21.34	99.13
#住宅面积	万平方米	40.94	26.91	24.29	14.02	40.94
自有机械设备年末总台数	台	8 433.00	6 734.00	5 237.00	1 699.00	7 385.00
自有机械设备年末总功率	万千瓦	20.20	18.50	14.05	1.70	18.23
自有机械设备净值	万元	14 843.20	13 820.90	11 641.30	1 022.30	12 705.40
计算建筑业劳动生产率的平均人数	万人	5.30	4.47	3.80	0.84	4.90

指标名称	单位	行业类别				
		土木工程建筑业			设备安装业	建筑物装修装饰业
		房屋建筑业	铁路公路隧道桥梁建筑业	堤坝电站码头建筑业		
企业个数	个	22.00	1.00	2.00	3.00	1.00
#亏损企业个数	个	3.00			1.00	1.00
建筑业总产值	万元	118 876.10	4 975.00	6 679.40	6 768.20	6.80
1.建筑工程	万元	109 088.90	4 975.00	6 656.70		
2.安装工程	万元	5 960.70		22.70	6 620.20	6.80
3.房屋构筑物修理	万元	1 520.70				
4.非标准设备制造	万元	2 305.80			148.00	
建筑业增加值	万元	31 496.00	1 142.00	2 242.20	3 191.00	4.10
竣工产值	万元	49 406.60	2 649.00	500.70	422.20	3.80
单位工程施工个数	个	1 772.00	25.00	58.00	123.00	3.00
单位工程竣工个数	个	724.00	11.00	7.00	50.00	2.00
房屋建筑施工面积	万平方米	311.85		3.42		
房屋建筑竣工面积	万平方米	98.30		0.15		
#住宅面积	万平方米	40.83		0.10		
自有机械设备年末总台数	台	5 667.00	283.00	558.00	469.00	2.00
自有机械设备年末总功率	万千瓦	11.31	1.08	3.10	0.96	
自有机械设备净值	万元	9 298.60	659.00	1 563.40	1 710.40	0.40
计算建筑业劳动生产率的平均人数	万人	4.21	0.17	0.28	0.19	

6—6 市区建筑业企业生产情况

(1993年)

指标名称	单位	总计	经济类型			行业类别
			国有经济		城镇集体经济	土木工程建筑业
				大中型		
企业个数	个	31.00	15.00	9.00	16.00	26.00
#亏损企业个数	个	5.00	1.00	1.00	4.00	3.00
建筑业总产值	万元	145 486.60	129 041.40	115 642.40	16 445.20	132 292.40
1.建筑工程	万元	122 231.60	106 615.50	93 723.90	15 616.10	122 180.70
2.安装工程	万元	17 928.80	17 641.00	17 373.00	287.80	6 228.70
3.房屋构筑物修理	万元	1 553.80	1 139.70	923.70	414.10	1 553.80
4.非标准设备制造	万元	3 772.40	3 645.20	3 621.80	127.20	2 329.20
建筑业增加值	万元	39 877.80	36 265.10	32 880.20	3 612.70	35 899.30
竣工产值	万元	56 722.40	50 693.40	41 699.70	6 029.00	55 314.40
单位工程施工个数	个	2 048.00	1 719.00	1 526.00	329.00	1 835.00
单位工程竣工个数	个	812.00	666.00	581.00	146.00	736.00
房屋建筑施工面积	万平方米	310.49	256.98	240.66	53.51	310.49
房屋建筑竣工面积	万平方米	96.32	77.79	72.70	18.53	96.32
#住宅面积	万平方米	39.85	26.91	24.29	12.93	39.85
自有机械设备年末总台数	台	8 088.00	6 734.00	5 237.00	1 354.00	7 040.00
自有机械设备年末总功率	万千瓦	20.01	18.50	14.05	1.51	18.04
自有机械设备净值	万元	14 768.20	13 820.90	11 641.30	947.30	12 630.40
计算建筑业劳动生产率的平均人数	万人	5.25	4.47	3.80	0.79	4.85

指标名称	单位	行业类别				
		土木工程建筑业			设备安装业	建筑物装修装饰业
		房屋建筑业	铁路公路隧道桥梁建筑业	堤坝电站码头建筑业		
企业个数	个	20.00	1.00	2.00	3.00	1.00
#亏损企业个数	个	3.00			1.00	1.00
建筑业总产值	万元	117 678.90	4 975.00	6 679.40	6 768.20	6.80
1.建筑工程	万元	107 938.60	4 975.00	6 656.70		
2.安装工程	万元	5 960.70		22.70	6 620.20	6.80
3.房屋构筑物修理	万元	1 473.80				
4.非标准设备制造	万元	2 305.80			148.00	
建筑业增加值	万元	31 340.20	1 142.00	2 242.20	3 191.00	4.10
竣工产值	万元	48 810.30	2 649.00	500.70	422.20	3.80
单位工程施工个数	个	1 709.00	25.00	58.00	123.00	3.00
单位工程竣工个数	个	692.00	11.00	7.00	50.00	2.00
房屋建筑施工面积	万平方米	306.02		3.42		
房屋建筑竣工面积	万平方米	95.49		0.15		
#住宅面积	万平方米	39.74		0.10		
自有机械设备年末总台数	台	5 322.00	283.00	558.00	469.00	2.00
自有机械设备年末总功率	万千瓦	11.12	1.08	3.10	0.96	
自有机械设备净值	万元	9 223.60	659.00	1 563.40	1 710.40	0.40
计算建筑业劳动生产率的平均人数	万人	4.16	0.17	0.28	0.19	

6—7　全市建筑业企业财务状况

（1993年）

单位：万元

指　标　名　称	总　计	经　济　类　型			行业类别	
		国有经济	大中型	城镇集体经济	土木工程建筑业	房屋建筑业
资本金合计	28 308.3	25 469.0	21 526.1	2 839.3	23 406.1	17 680.1
1.国家资本金	24 034.8	23 781.4	21 083.5	253.4	19 322.8	14 971.2
2.法人资本金	4 273.5	1 687.6	442.6	2 585.9	4 083.3	2 708.9
流动资产年末合计	222 789.4	209 160.4	197 383.0	13 629.0	180 637.1	170 842.2
#货币资金	15 137.3	13 407.6	12 419.7	1 729.7	11 620.0	10 241.5
存　货	112 323.7	104 890.9	99 228.3	7 432.8	98 683.1	95 500.3
#在建工程	88 774.1	81 964.3	77 863.6	6 809.8	81 291.7	79 745.0
长期投资年末合计	5 434.4	5 407.9	4 981.2	26.5	4 815.7	4 199.6
固定资产年末合计	28 765.0	25 999.7	22 809.0	2 765.3	24 349.6	19 282.6
固定资产原价年末合计	40 252.2	37 194.0	32 358.6	3 058.2	33 644.4	25 899.4
#生产经营用	30 148.8	27 786.9	24 448.7	2 361.9	24 942.5	19 403.0
累计折旧	12 013.6	11 297.2	9 558.2	716.4	9 821.2	7 048.9
#本年提取折旧	2 158.9	2 046.5	1 815.1	112.4	1 717.5	1 290.5
专项工程年末合计	4 724.9	4 081.4	3 642.8	643.5	3 563.0	3 130.8
其他资产年末合计	1 404.0	1 176.3	1 162.8	227.7	1 289.7	1 260.6
资产年末总计	264 240.7	246 944.5	230 998.8	17 296.2	215 757.5	199 727.1
流动负债年末合计	215 442.8	202 985.4	194 397.0	12 457.4	174 735.4	168 476.8
长期负债年末合计	14 017.9	13 639.6	10 665.9	378.3	13 101.3	9 683.6
所有者权益年末合计	34 780.0	30 319.5	25 935.9	4 460.5	27 920.8	21 566.7
#股　本	2 219.4	2 217.0	2 217.0	2.4	2 219.4	2.4
企业总收入	134 133.1	121 830.7	110 450.8	12 302.4	120 983.7	109 282.3
工程结算收入	100 284.4	88 560.6	78 684.7	11 723.8	89 721.8	79 221.4
工程结算成本	88 064.6	77 480.1	68 585.8	10 584.5	79 246.0	70 092.9
工程结算税金及附加	3 031.0	2 631.2	2 391.0	399.8	2 739.8	2 464.6
工程结算利润	9 188.8	8 449.3	7 707.9	739.5	7 736.0	6 663.9
其他业务收入	33 848.7	33 270.1	31 766.1	578.6	31 261.9	30 060.9
其他业务利润	4 092.4	3 951.5	3 626.2	140.9	3 768.1	3 495.2
管理费用	6 610.0	5 890.0	5 525.6	720.0	5 682.2	5 241.8
#税　金	174.7	133.0	125.1	41.7	152.9	135.9
劳动、待业保险费	1 227.6	1 157.9	1 109.4	69.7	1 081.7	1 013.0
财务费用	682.5	600.5	533.3	82.0	706.8	640.6
#利息支出	459.3	441.3	395.7	18.0	505.1	462.6
营业利润	5 988.7	5 910.3	5 275.2	78.4	5 115.1	4 276.7
投资收益	34.4	34.1	18.3	0.3	34.4	29.6
营业外收入	573.0	565.4	448.1	7.6	552.7	463.3
营业外支出	1 569.8	1 518.2	1 416.5	51.6	1 393.1	1 302.1
利润总额	3 052.3	3 017.5	2 645.6	34.8	2 462.0	1 986.5
应交所得税	423.5	409.6	350.4	13.9	294.8	219.3
应交特种基金	212.3	209.4	180.0	2.9	166.4	133.8
转作奖金利润	51.3	50.1		1.2	51.3	1.3
应付利润	42.8	40.8		2.0	40.8	
利税总额	6 258.0	5 781.7	5 161.7	476.3	5 354.7	4 587.0
本年应付工资	25 523.9	23 208.6	20 971.4	2 315.3	23 147.3	20 355.7
本年应付福利费	2 701.6	2 595.1	2 411.0	106.5	2 463.3	2 289.5

6—7 续表1 (1993年) 单位:万元

指标名称	行业类别					
	铁路公路隧道桥梁建筑业	堤坝电站码头建筑业	线路管道设备安装业	线路管道安装业	设备安装业	建筑物装修装饰业
资本金合计	1 245.0	2 562.8	4 897.2	1 214.0	3 683.2	5.0
1.国家资本金		2 463.9	4 712.0	1 031.8	3 680.2	
2.法人资本金	1 245.0	98.9	185.2	182.2	3.0	5.0
流动资产年末合计	4 474.0	2 501.1	42 142.3	18 718.9	23 423.4	10.0
#货币资金	552.5	681.0	3 515.7	1 018.5	2 497.2	1.6
存货	1 580.0	839.3	13 634.9	7 412.6	6 222.3	5.7
#在建工程	1 393.9	127.4	7 476.8	5 688.3	1 788.5	5.6
长期投资年末合计	238.0	193.1	618.7	238.8	379.9	
固定资产年末合计	1 196.0	2 578.7	4 415.0	823.0	3 592.0	0.4
固定资产原价年末合计	1 609.0	3 782.8	6 607.3	1 725.2	4 882.1	0.5
#生产经营用	1 086.0	2 739.5	5 205.8	1 255.7	3 950.1	0.5
累计折旧	413.0	1 298.4	2 192.3	902.2	1 290.1	0.1
#本年提取折旧	128.6	206.7	441.3	97.9	343.4	0.1
专项工程年末合计	226.1	8.0	1 161.9	392.9	769.0	
其他资产年末合计	1.7	20.0	114.1	83.1	31.0	0.2
资产年末总计	6 135.8	5 300.9	48 468.4	20 273.1	28 195.3	14.8
流动负债年末合计	2 099.1	1 989.6	40 697.1	18 386.1	22 311.0	10.3
长期负债年末合计	2 587.6	457.9	916.6	303.1	613.5	
所有者权益年末合计	1 449.1	2 853.4	6 854.7	1 583.9	5 270.8	4.5
#股本		2 217.0				
企业总收入	2 506.8	4 787.1	13 142.4	6 012.2	7 130.2	7.0
工程结算收入	2 131.6	4 677.9	10 555.6	3 903.9	6 651.7	7.0
工程结算成本	1 798.1	4 022.3	8 812.6	3 371.2	5 441.4	6.0
工程结算税金及附加	35.1	147.1	291.0	90.4	200.6	0.2
工程结算利润	298.4	508.5	1 452.0	442.3	1 009.7	0.8
其他业务收入	375.2	109.2	2 586.8	2 108.3	478.5	
其他业务利润	142.1	10.7	324.3	206.6	117.7	
管理费用	124.3	136.2	926.6	460.9	465.7	1.2
#税金	3.2	9.3	21.8	2.4	19.4	
劳动、待业保险费	0.5	57.5	145.8	11.9	133.9	0.1
财务费用	20.8	22.9	-24.4	-56.4	32.0	0.1
#利息支出		20.5	-45.8	-56.5	10.7	
营业利润	295.4	360.1	874.1	244.4	629.7	-0.5
投资收益						
营业外收入		4.2	20.3	11.7	8.6	
营业外支出	27.7	45.4	176.7	87.3	89.4	
利润总额	217.8	170.5	590.8	168.8	422.0	-0.5
应交所得税	33.1	21.2	128.7	43.9	84.8	
应交特种基金	18.5	8.5	45.9	11.8	34.1	
转作奖金利润	50.0					
应付利润		40.8	2.0		2.0	
利税总额	256.1	326.9	903.6	261.6	642.0	-0.3
本年应付工资	649.0	1 294.7	2 374.1	1 041.4	1 332.7	2.5
本年应付福利费	77.2	18.4	237.9	48.9	189.0	0.4

6—8 市区建筑业企业财务状况

(1993 年)　　　　单位:万元

指 标 名 称	总 计	经 济 类 型			行业类别	
		国有经济	大中型	城镇集体经济	土木工程建筑业	房屋建筑业
资本金合计	28 123.1	25 469.0	21 526.1	2 654.1	23 220.9	17 494.9
1.国家资本金	24 034.8	23 781.4	21 083.5	253.4	19 322.8	14 971.2
2.法人资本金	4 088.3	1 687.6	442.6	2 400.7	3 898.1	2 523.7
流动资产年末合计	222 177.2	209 160.4	197 383.0	13 016.8	180 024.9	170 230.0
#货币资金	15 085.2	13 407.6	12 419.7	1 677.6	11 567.9	10 189.4
存 货	111 970.4	104 890.9	99 228.3	7 079.5	98 329.8	95 147.0
#在建工程	88 421.4	81 964.3	77 863.6	6 457.1	80 939.0	79 392.3
长期投资年末合计	5 433.2	5 407.9	4 981.2	25.3	4 814.5	4 198.4
固定资产年末合计	28 623.0	25 999.7	22 809.0	2 623.3	24 207.6	19 140.6
固定资产原价年末合计	40 053.6	37 194.0	32 358.6	2 859.6	33 445.8	25 700.8
#生产经营用	30 046.8	27 786.9	24 448.7	2 259.9	24 840.5	19 301.0
累计折旧	11 957.0	11 297.2	9 558.2	659.8	9 764.6	6 992.3
#本年提取折旧	2 153.2	2 046.5	1 815.1	106.7	1 711.8	1 284.8
专项工程年末合计	4 724.9	4 081.4	3 642.8	643.5	3 563.0	3 130.8
其他资产年末合计	1 404.0	1 176.3	1 162.8	227.7	1 289.7	1 260.6
资产年末总计	263 485.3	246 944.5	230 998.8	16 540.8	215 002.1	198 971.7
流动负债年末合计	215 312.2	202 985.4	194 397.0	12 326.8	174 604.8	168 346.2
长期负债年末合计	14 017.9	13 639.6	10 665.9	378.3	13 101.3	9 683.6
所有者权益年末合计	34 155.2	30 319.5	25 935.9	3 835.7	27 296.0	20 941.9
#股 本	2 219.4	2 217.0	2 217.0	2.4	2 219.4	2.4
企业总收入	133 508.3	121 830.7	110 450.8	11 677.6	120 358.9	108 657.5
工程结算收入	99 693.0	88 560.6	78 684.7	11 132.4	89 130.4	78 630.0
工程结算成本	87 524.1	77 480.1	68 585.8	10 044.0	78 705.5	69 552.4
工程结算税金及附加	3 006.7	2 631.2	2 391.0	375.5	2 715.5	2 440.3
工程结算利润	9 162.2	8 449.3	7 707.9	712.9	7 709.4	6 637.3
其他业务收入	33 815.3	33 270.1	31 766.1	545.2	31 228.5	30 027.5
其他业务利润	4 084.9	3 951.5	3 626.2	133.4	3 760.6	3 487.7
管理费用	6 583.6	5 890.0	5 525.6	693.6	5 655.8	5 215.4
#税 金	174.0	133.0	125.1	41.0	152.2	135.2
劳动、待业保险费	1 226.3	1 157.9	1 109.4	68.4	1 080.4	1 011.7
财务费用	682.5	600.5	533.3	82.0	706.8	640.6
#利息支出	459.3	441.3	395.7	18.0	505.1	462.6
营业利润	5 981.0	5 910.3	5 275.2	70.7	5 107.4	4 269.0
投资收益	34.2	34.1	18.3	0.1	34.2	29.4
营业外收入	570.0	565.4	448.1	4.6	549.7	460.3
营业外支出	1 566.8	1 518.2	1 416.5	48.6	1 390.1	1 299.1
利润总额	3 044.4	3 017.5	2 645.6	26.9	2 454.1	1 978.6
应交所得税	422.5	409.6	350.4	12.9	293.8	218.3
应交特种基金	212.3	209.4	180.0	2.9	166.4	133.8
转作奖金利润	51.3	50.1		1.2	51.3	1.3
应付利润	42.8	40.8		2.0	40.8	
利税总额	6 225.1	5 781.7	5 161.7	443.4	5 321.8	4 554.1
本年应付工资	25 429.2	23 208.6	20 971.4	2 220.6	23 052.6	20 261.0
本年应付福利费	2 697.4	2 595.1	2 411.0	102.3	2 459.1	2 285.3

指标名称	行业类别					
	铁路公路隧道桥梁建筑业	堤坝电站码头建筑业	线路管道设备安装业	线路管道安装业	设备安装业	建筑物装修装饰业
资本金合计	1 245.0	2 562.8	4 897.2	1 214.0	3 683.2	5.0
1. 国家资本金		2 463.9	4 712.0	1 031.8	3 680.2	
2. 法人资本金	1 245.0	98.9	185.2	182.2	3.0	5.0
流动资产年末合计	4 474.0	2 501.1	42 142.3	18 718.9	23 423.4	10.0
#货币资金	552.5	681.0	3 515.7	1 018.5	2 497.2	1.6
存货	1 580.0	839.3	13 634.9	7 412.6	6 222.3	5.7
#在建工程	1 393.9	127.4	7 476.8	5 688.3	1 788.5	5.6
长期投资年末合计	238.0	193.1	618.7	238.8	379.9	
固定资产年末合计	1 196.0	2 578.7	4 415.0	823.0	3 592.0	0.4
固定资产原价年末合计	1 609.0	3 782.8	6 607.3	1 725.2	4 882.1	0.5
#生产经营用	1 086.0	2 739.5	5 205.8	1 255.7	3 950.1	0.5
累计折旧	413.0	1 298.4	2 192.3	902.2	1 290.1	0.1
#本年提取折旧	128.6	206.7	441.3	97.9	343.4	0.1
专项工程年末合计	226.1	8.0	1 161.9	392.9	769.0	
其他资产年末合计	1.7	20.0	114.1	83.1	31.0	0.2
资产年末总计	6 135.8	5 300.9	48 468.4	20 273.1	28 195.3	14.8
流动负债年末合计	2 099.1	1 989.6	40 697.1	18 386.1	22 311.0	10.3
长期负债年末合计	2 587.6	457.9	916.6	303.1	613.5	
所有者权益年末合计	1 449.1	2 853.4	6 854.7	1 583.9	5 270.8	4.5
#股本		2 217.0				
企业总收入	2 506.8	4 787.1	13 142.4	6 012.2	7 130.2	7.0
工程结算收入	2 131.6	4 677.9	10 555.6	3 903.9	6 651.7	7.0
工程结算成本	1 798.1	4 022.3	8 812.6	3 371.2	5 441.4	6.0
工程结算税金及附加	35.1	147.1	291.0	90.4	200.6	0.2
工程结算利润	298.4	508.5	1 452.0	442.3	1 009.7	0.8
其他业务收入	375.2	109.2	2 586.8	2 108.3	478.5	
其他业务利润	142.1	10.7	324.3	206.6	117.7	
管理费用	124.3	136.2	926.6	460.9	465.7	1.2
#税金	3.2	9.3	21.8	2.4	19.4	
劳动、待业保险费	0.5	57.5	145.8	11.9	133.9	0.1
财务费用	20.8	22.9	-24.4	-56.4	32.0	0.1
#利息支出		20.5	-45.8	-56.5	10.7	
营业利润	295.4	360.1	874.1	244.4	629.7	-0.5
投资收益						
营业外收入		4.2	20.3	11.7	8.6	
营业外支出	27.7	45.4	176.7	87.3	89.4	
利润总额	217.8	170.5	590.8	168.8	422.0	-0.5
应交所得税	33.1	21.2	128.7	43.9	84.8	
应交特种基金	18.5	8.5	45.9	11.8	34.1	
转作奖金利润	50.0					
应付利润		40.8	2.0		2.0	
利税总额	256.1	326.9	903.6	261.6	642.0	-0.3
本年应付工资	649.0	1 294.7	2 374.1	1 041.4	1 332.7	2.5
本年应付福利费	77.2	18.4	237.9	48.9	189.0	0.4

6—9 附营建筑业施工单位生产情况

(1993年)

指标名称	单位	总计	经济类型		行业类别		
			国有经济	城镇集体经济	土木工程建筑业	线路管道设备安装业	建筑物装修装饰业
全市							
企业个数	个	9.00	3.00	6.00	5.00	1.00	3.00
建筑业总产值	万元	3 793.90	2 805.40	988.50	3 268.40	41.60	483.90
1.建筑工程	万元	2 544.90	1 818.10	726.80	2 091.70		453.20
2.安装工程	万元	1 103.40	987.30	116.10	1 031.10	41.60	30.70
3.房屋构筑物修理	万元	145.60		145.60	145.60		
建筑业增加值	万元	1 061.80	834.42	238.34	977.10	8.20	66.80
竣工产值	万元	2 983.90	2 411.30	572.60	2 846.30	41.60	96.00
单位工程施工个数	个	447.00	59.00	388.00	129.00	1.00	317.00
#本年新开工个数	个	116.00	49.00	67.00	106.00	1.00	9.00
单位工程竣工个数	个	96.00	21.00	75.00	87.00	1.00	8.00
#优良工程个数	个	5.00		5.00	1.00		4.00
房屋建筑施工面积	万平方米	5.24	4.18	1.06	4.85		0.39
#本年新开工面积	万平方米	3.77	2.89	0.88	3.43		0.34
房屋建筑竣工面积	万平方米	2.44	1.58	0.86	2.14		0.30
#优良工程面积	万平方米	0.06		0.06	0.02		0.05
#住宅面积	万平方米	0.76	0.73	0.04	0.76		
自有机械设备年末总台数	台	276.00	234.00	42.00	264.00	1.00	11.00
自有机械设备年末总功率	万千瓦	0.77	0.72	0.06	0.77		0.01
#施工机械功率	万千瓦	0.55	0.52	0.03	0.54		0.01
计算建筑业劳动生产率的平均人数	万人	0.16	0.12	0.04	0.14		0.02
市区							
企业个数	个	8.00	3.00	5.00	5.00		3.00
建筑业总产值	万元	3 752.30	2 805.40	946.90	3 268.40		483.90
1.建筑工程	万元	2 544.90	1 818.10	726.80	2 091.70		453.20
2.安装工程	万元	1 061.80	987.30	74.50	1 031.10		30.70
3.房屋构筑物修理	万元	145.60		145.60	145.60		
建筑业增加值	万元	1 053.49	834.42	230.03	977.10		66.80
竣工产值	万元	2 942.30	2 411.30	531.00	2 846.30		96.00
单位工程施工个数	个	446.00	59.00	387.00	129.00		317.00
#本年新开工个数	个	115.00	49.00	66.00	106.00		9.00
单位工程竣工个数	个	95.00	21.00	74.00	87.00		8.00
#优良工程个数	个	5.00		5.00	1.00		4.00
房屋建筑施工面积	万平方米	5.24	4.18	1.06	4.85		0.39
#本年新开工面积	万平方米	3.77	2.89	0.88	3.43		0.34
房屋建筑竣工面积	万平方米	2.44	1.58	0.86	2.14		0.30
#优良工程面积	万平方米	0.06		0.06	0.02		0.05
#住宅面积	万平方米	0.76	0.73	0.04	0.76		
自有机械设备年末总台数	台	275.00	234.00	41.00	264.00		11.00
自有机械设备年末总功率	万千瓦	0.77	0.72	0.06	0.77		0.01
#施工机械功率	万千瓦	0.55	0.52	0.03	0.54		0.01
计算建筑业劳动生产率的平均人数	万人	0.16	0.12	0.04	0.14		0.02

6—10 附营建筑业施工单位财务指标

(1993年)　　　　单位:万元

指标名称	总计	经济类型		行业类别		
		国有经济	城镇集体经济	土木工程建筑业	线路管道设备安装业	建筑物装修装饰业
全市						
固定资产原价年末数	3 341.4	2 683.4	658.0	3 283.7	16.8	40.9
固定资产累计折旧	1 427.2	1 377.3	49.9	1 410.9	1.5	14.8
#本年提取折旧	80.0	42.5	37.5	74.1	1.5	4.4
固定资产净值年末数	1 914.2	1 306.1	608.1	1 872.8	15.3	26.1
工程结算收入	2 984.6	2 233.0	751.6	2 694.0	41.6	249.0
工程结算成本	2 832.0	2 185.3	646.7	2 588.0	37.0	207.0
工程结算税金及附加	60.0	14.3	45.7	42.8	1.5	15.7
工程结算利润	92.6	33.4	59.2	63.2	3.1	26.3
本年应付福利费	149.8	156.0	4.8	139.6	0.7	
市区						
固定资产原价年末数	3 324.6	2 683.4	641.2	3 283.7		40.9
固定资产累计折旧	1 425.7	1 377.3	48.4	1 410.9		14.8
#本年提取折旧	78.5	42.5	36.0	74.1		4.4
固定资产净值年末数	1 898.9	1 306.1	592.8	1 872.8		26.1
工程结算收入	2 943.0	2 233.0	710.0	2 694.0		249.0
工程结算成本	2 795.0	2 185.3	609.7	2 588.0		207.0
工程结算税金及附加	58.5	14.3	44.2	42.8		15.7
工程结算利润	89.5	33.4	56.1	63.2		26.3
本年应付福利费	149.1	156.0	4.1	139.6		

6—11 部分建筑业企业主要经济指标

(1993年)

	施工产值(千元)	竣工产值(千元)	固定资产原价(千元)	利税总额(千元)	工资总额(千元)	平均人数(人)
第十一冶金建设公司	157 139	53 102	55 512	4 850	27 378	5 752
广西区火电安装公司	65 880	2 670	48 549	4 158	13 208	1 818
广西区火电建筑公司	57 942	35 260	1 062		12 058	2 280
区建五公司	209 334	11 152	46 602	-184	49 702	8 269
区建三公司	229 030	120 910	25 685	2 885	39 257	6 744
区第二安装公司	64 192	9 820	17 252	1 688	10 414	2 110
区冶金建设公司	161 920	78 133	42 287	875	17 522	4 544
广西矿业建设公司	21 691	23 834	12 720	17	5 115	1 630
广西林业基建工程公司	7 000	8 890	10 737	806	1 614	519
市建筑总公司	164 920	101 110	33 718	11 009	31 933	4 798
市住宅建筑公司	46 065	40 099	18 721	113	8 242	1 644
市政工程总公司	49 750	26 490	16 090	2 178	6 490	1 729
地区建筑总公司	45 991	25 130	5 909	56	8 194	2 339
桂龙建筑公司	8 852	5 007	2 568	643	889	470
市第二建筑公司	44 020	18 000	8 605	254	7 665	1 360
市第三建筑公司	40 180	17 230	9 977	39	3 818	1 441

七、交通运输、邮电

7—1 全社会客货运输(吞吐)量(不含铁路)

(1993年)

指标名称	客运量(万人)	旅客周转量(万人公里)	货运量(万吨)	货物周转量(万吨公里)	旅客离港量(万人)	货物吞吐量(万吨)
全　　市:						
地区合计	2 027	115 786	2 417	110 774	5	24
公路运输合计	1 899	104 319	2 312	67 632		
独立核算运输企业	1 124	75 184	194	5 353		
交通部系统	1 119	72 594	169	4 007		
10辆车以上			893	16 597		
抽　　样	775	29 135	1 225	45 682		
水上运输合计	128	11 467	105	43 142		
独立核算运输企业	18	10 267	35	26 342		
交通部系统	18	10 267	34	25 632		
个体及联户	110	1 200	70	16 800		
港口合计					5	24
市　　区:						
地区合计	1 513	98 045	1 631	52 362	5	24
公路运输合计	1 495	87 778	1 597	26 260		
独立核算运输企业	1 051	72 246	194	5 353		
交通部系统	1 081	71 126	169	4 007		
10辆车以上			804	7 153		
抽　　样	459	16 137	700	16 373		
水上运输合计	18	10 267	34	26 102		
独立核算运输企业	18	10 267	34	26 102		
交通部系统	18	10 267	34	25 632		
港口合计					5	24
柳 江 县:						
地区合计	210	5 786	285	34 904		
公路运输合计	164	5 098	280	33 704		
独立核算运输企业	35	1 470				
10辆车以上			78	9 335		
抽　　样	125	3 448	202	24 369		
水上运输合计	46	688	5	1 200		
独立核算运输企业			1	240		
个体及联户	46	688	4	960		
柳 城 县:						
地区合计	304	11 955	501	23 508		
公路运输合计	240	11 443	435	7 668		
独立核算运输企业	38	1 468				
交通部系统	38	1 468				
10辆车以上			11	109		
抽　　样	191	9 550	323	4 940		
水上运输合计	64	512	66	15 840		
个体及联户	64	512	66	15 840		

7—2 铁路运输情况

(1993年)

	货运量(吨)		客运量(人)
	发送量	到达量	
一、国家铁路	4 214 281	7 062 131	5 401 615
市区	4 085 190	6 793 189	4 817 451
柳州站	574 272	890 518	4 510 782
柳州东站	1 039 981	1 355 595	
柳州北站	568 432	1 717 737	172 072
鹧鸪江站	589 957	2 158 245	54 579
洛埠站	24 072	127 354	45 316
太阳村站	1 282 853	531 066	23 966
新圩站	5 623	12 674	10 736
柳江县	102 312	219 440	416 390
柳江站	62 439	88 457	74 496
进德站	12 618	67 360	16 776
百朋站	11 577	40 727	21 457
大石站	188	2 973	15 670
流山站		2 138	55 408
洛满站	15 490	13 752	122 667
更村站		1 411	49 213
成团站		2 622	20 742
福塘站			39 961
柳城县	26 779	49 502	167 774
大岭站	12 029	24 136	32 554
查岩站			
东泉站	8 840	6 254	78 073
寨隆站	5 910	19 112	57 147
二、地方铁路	113 465	184 172	3 792
柳城县	113 465	184 172	3 792

7—3 全市民用车辆、运输船舶拥有量

(1993 年)

指 标 名 称	单位	总 计	独立核算运输企业	交通部系统	附营运输	个体及联户
(一)民用车辆拥有量:						
一、民用汽车	辆	21 149	839	710	16 961	2 349
载客量	客位	87 594	8 804	8 252	67 473	11 317
载重量	吨位	47 094	2 788	2 230	38 592	5 714
1. 载客汽车	辆	8 256	244	2 240	6 407	1 605
载客量	客位	87 594	8 804	8 252	67 473	11 317
#大型	辆	766	191	175	554	21
载客量	客位	34 470	8 411	7 875	25 114	945
2. 普通载货汽车	辆	11 930	582	486	9 622	1 726
载重量	吨位	46 189	2 779	2 230	37 786	5 624
#大型	辆	8 084	525	429	6 692	867
载重量	吨位	40 420	2 690	2 145	33 389	4 337
3. 专用载货汽车	辆	181	2		161	18
载重量	吨位	905	9		806	90
4. 其他专用汽车	辆	174	11		163	
5. 特种汽车	辆	608			608	
二、轮胎式拖拉机	辆	6 761	52	52	441	6 268
#手扶拖拉机	辆	5 672	30	30	197	5 445
二、摩托车	辆	25 140	32	29	4 503	20 605
#两轮摩托车	辆	21 246	7	5	2 379	18 860
#轻便摩托车	辆	373	1		135	237
三、其他机动车	辆	195	21	17	52	122
四、载货挂车	辆	422	148	139	245	29
(二)民用运输船舶拥有量:						
一、机动船艘数	艘	861	51	45	71	739
载客量	客位	12 696	1 674	1 674	115	10 907
净载重量	吨位	27 955	4 935	3 365	5 000	18 020
总功率	千瓦	6 770	4 498	4 498	2 272	
1. 客货船艘数	艘	383	9	9	3	371
载客量	客位	12 696	1 674	1 674	115	10 907
净载重吨	吨位	65	65	65		
2. 货船艘数	艘	438	22	16	48	368
净载重量	吨位	27 890	4 870	3 300	5 000	18 020
3. 拖船艘数	艘	40	20	20	20	
功率	千瓦	6 770	4 498	4 498	2 272	
二、驳船艘数	艘	92	90	90	2	
净载重量	吨位	12 684	12 620	12 620	64	

7—4 市区民用车辆、运输船舶拥有量

(1993年)

指标名称	单位	总计	独立核算运输企业	交通部系统	附营运输
(一)民用车辆拥有量:					
一、民用汽车	辆	21 044	811	687	16 884
载客量	客位	86 542	7 802	7 250	67 423
载重量	吨位	46 738	2 763	2 230	38 261
1.载客汽车	辆	8 223	221	2 217	6 397
载客量	客位	86 542	7 802	7 250	67 423
#大型	辆	756	181	165	554
载客量	客位	34 028	7 969	7 433	25 114
2.普通载货汽车	辆	11 859	577	486	9 556
载重量	吨位	45 838	2 754	2 230	37 460
#大型	辆	8 079	520	429	6 692
载重量	吨位	40 395	2 665	2 145	33 389
3.专用载货汽车	辆	180	2		160
载重量	吨位	900	9		801
4.其他专用汽车	辆	174	11		163
5.特种汽车	辆	608			608
二、轮胎式拖拉机	辆	6 761	52	52	441
#手扶拖拉机	辆	5 672	30	30	197
二、摩托车	辆	25 140	32	29	4 503
#两轮摩托车	辆	21 246	7	5	2 379
#轻便摩托车	辆	373	1		135
三、其他机动车	辆	185	21	17	42
四、载货挂车	辆	422	148	139	245
(二)民用运输船舶拥有量:					
一、机动船艘数	艘	861	51	45	71
载客量	客位	12 696	1 674	1 674	115
净载重量	吨位	27 955	4 935	3 365	5 000
总功率	千瓦	6 770	4 498	4 498	2 272
1.客货船艘数	艘	383	9	9	3
载客量	客位	12 696	1 674	1 674	115
净载重吨	吨位	65	65	65	
2.货船艘数	艘	438	22	16	48
净载重量	吨位	27 890	4 870	3 300	5 000
3.拖船艘数	艘	40	20	20	20
功率	千瓦	6 770	4 498	4 498	2 272
二、驳船艘数	艘	92	90	90	2
净载重量	吨位	12 684	12 620	12 620	64

7—5 全市独立核算交通运输企业财务状况

（1993年） 单位：万元

甲	总　计	一、按经济类型分		二、按专业类型分	
		1.国有经济	2.集体经济	1.公路运输	2.水上运输
企业个数（个）	22	18	4	15	2
#亏损企业（个）	4	4		2	
资本金合计	13 494	9 170	4 324	8 426	4 003
#国家资本金	7 331	7 331		4 248	2 017
法人资本金	211	211		43	168
流动资产合计	14 880	13 508	1 372	10 139	3 684
#货币资金	3 029	2 343	686	2 043	621
存　　货	2 224	1 909	315	1 683	384
长期投资年末合计	2 421	183	2 238	2 388	34
固定资产年末合计	16 895	12 472	4 422	12 008	3 457
固定资产原价	20 374	16 039	4 335	14 758	4 044
#生产经营用	11 607	8 613	2 994	6 567	3 676
累计折旧	7 746	5 676	2 070	5 685	1 707
#本年提取折旧	1 220	1 026	193	877	183
无形及递延资产年末合计	89	13	76	84	5
其他资产年末合计	1 730	1 065	664	1 730	
流动负债年末合计	12 330	9 790	2 540	8 380	3 412
长期负债合计	5 826	3 893	1 933	4 465	1 234
所有者权益年末合计	15 140	10 838	4 302	10 827	2 523
主营业务收入	17 443	13 404	4 039	11 574	4 771
营业成本	14 774	11 726	3 049	9 524	4 391
营业税金及附加	574	402	171	387	151
主营业务利润	1 930	1 180	750	1 530	195
其他业务利润	987	913	74	780	205
管理费用	1 964	1 457	507	1 452	346
#税　　金	19	16	3	16	
劳动、待业保险金	231	230	1	108	103
财务费用	195	156	39	236	-40
#利息支出	154	154		194	-40
营业利润	757	480	277	623	94
补贴收入	7	7		7	
投资收益	11	8	3	11	
营业外收入	172	142	30	153	17
营业外支出	450	333	117	334	93
利润总额	497	304	193	461	18
亏损企业亏损总额	288	288		38	
应交所得税	93	35	59	93	
应交特种基金	17	4	13	17	
转作奖金利润	1	1		1	
应付利润	13	7	6		13
本年应付工资	2 863	2 592	271	1 833	848
本年应付福利费	390	348	41	240	128

7—6 市区独立核算交通运输企业财务状况

(1993年)　　单位:万元

甲	总计	一、按经济类型分		二、按专业类型分	
		1.国有经济	2.集体经济	1.公路运输	2.水上运输
企业个数(个)	15	11	4	12	2
资本金合计	12 818	8 494	4 324	8 295	4 003
#国家资本金	6 655	6 655		4 117	2 017
法人资本金	211	211		43	168
流动资产合计	14 620	13 248	1 372	10 074	3 684
#货币资金	2 965	2 279	686	2 007	621
存货	2 087	1 772	315	1 674	384
长期投资年末合计	2 421	183	2 238	2 388	34
固定资产年末合计	16 193	11 770	4 422	11 868	3 457
固定资产原价	19 476	15 141	4 335	14 561	4 044
#生产经营用	10 834	7 840	2 994	6 393	3 676
累计折旧	7 467	5 397	2 070	5 573	1 707
#本年提取折旧	1 123	929	193	859	183
无形及递延资产年末合计	89	13	76	84	5
其他资产年末合计	1 730	1 065	664	1 730	
流动负债年末合计	12 156	9 616	2 540	8 365	3 412
长期负债合计	5 826	3 893	1 933	4 465	1 234
所有者权益年末合计	14 513	10 211	4 302	10 807	2 523
主营业务收入	16 893	12 854	4 039	11 435	4 771
营业成本	14 107	11 059	3 049	9 378	4 391
营业税金及附加	557	385	171	384	151
主营业务利润	2 063	1 313	750	1 542	195
其他业务利润	983	909	74	778	205
管理费用	1 831	1 324	507	1 430	346
#税金	18	15	3	15	
劳动、待业保险金	227	226	1	104	103
财务费用	195	156	39	236	-40
#利息支出	154	154		194	-40
营业利润	1 020	743	277	654	94
补贴收入	7	7		7	
投资收益	11	8	3	11	
营业外收入	165	135	30	148	17
营业外支出	421	304	117	324	93
利润总额	782	589	193	496	18
应交所得税	93	35	59	93	
应交特种基金	17	4	13	17	
转作奖金利润	1	1		1	
应付利润	13	7	6		13
本年应付工资	2 722	2 451	271	1 797	848
本年应付福利费	378	336	41	240	128

7—7 邮电业务情况

（1993 年）

	单位	全市	市区	柳江县	柳城县
一、邮电业务总量	万元	7 285	6 733	285	267
#计费	万元	7 132	6 605	277	250
#中央国营业务总量	万元	7 170	6 733	235	202
邮电业务总量	万元	1 557	1 336	123	98
电信业务总量	万元	5 613	5 397	112	104
二、国内业务总量	万元	6 773	6 224	284	265
函件	件	13 684 916	11 539 297	1 187 148	958 471
包件	件	190 491	174 533	8 549	7 409
汇票	张	589 234	507 667	43 195	38 372
订销报纸期发份数	份	494 709	441 285	31 567	21 857
订销报纸累计份数	份	43 267 779	37 452 648	3 101 844	2 713 287
订销杂志期发份数	份	494 622	436 366	36 314	21 942
订销杂志累计份数	份	5 463 121	4 705 197	436 219	321 705
报刊流转额	万元	1 623	1 432	100	91
邮政快件	件	1 562 384	1 373 432	91 168	97 784
特快专递	件	62 423	62 423		
机要文件	件	21 570	20 708	192	670
邮政储蓄年末收储余额	万元	7 752	5 054	1 830	868
集邮业务	枚	3 375 469	3 059 518	80 875	235 076
公众电报	份	1 026 835	942 363	42 047	42 425
长途电话	张	7 768 573	7 413 975	191 893	162 705
市话期末到达户数	户	29 065	26 319	1 534	1 212
#公用电话	户	933	899	32	2
住宅电话	户	6 887	5 251	936	700
长途直拨有权用户期末数	户	12 578	11 630	628	320
#直拨国际港澳	户	5 035	4 087	628	320
无线寻呼用户期末户数	户	27 002	26 663	229	110
移动电话用户期末户数	户	2 038	2 038		
三、国际及港澳业务总量	万元	512	509	14 819	19 654
函件	件	104 958	94 274	3 490	7 194
包件	件	656	641	4	11
特快专递	件	1 723	1 723		
电报	份	849	849		
用户电报	次	1 660	1 660		
传真	份	1 003	1 003		
国际电话	张	20 797	20 758	12	27
港澳电话	张	80 779	80 488	196	95
四、邮电局、所总计	处	66	32	15	19
邮电局	处	3	1	1	1
邮电支局	处	18	11	3	4
邮电所	处	32	11	10	11
#农村	处	24	3	10	11
代办所	处	13	9	1	3
五、邮电主要设备					
市话交换机总容量	门	44 926	40 806	2 000	2 120
市话电话机总数	部	53 277	50 097	1 827	1 353
农话交换机总容量	门	2 038		1 170	868
农村电话机总数	部	1 563		465	1 098

八、城市建设、环境保护

8—1 城市设施水平(全社会)

	单 位	1992年	1993年
城市人口密度	人/平方公里	1 194	1 223
人均住宅使用面积	平方米	10.9	11.2
人均住宅居住面积	平方米	6.1	6.3
人均日生活用水量	升	346.6	348.9
用水普及率	%	100	100
每万人拥有公共交通车辆	标台	4.3	4.7
气 化 率	%	56.4	61.1
人均拥有道路面积	平方米	5.1	5.0
排水管道密度	公里/平方公里	6.2	6.2
污水处理率	%	43.6	48.3
人均公共绿地面积	平方米	5.3	5.7
建成区绿化覆盖率	%	31.5	31.6
垃圾粪便无害化处理率	%	0	97.9

8—2 城市燃气供销情况

	单 位	1992年	1993年
一、煤气(全社会)			
供气总量	万立方米	55 511	56 376
#家庭用量	万立方米	1 390	1 614
用气人口	万人	11	12
二、液化石油气(全社会)			
供气总量	吨	11 140	15 473
#家庭用量	吨	11 010	13 511
用气人口	万人	25.9	29.3
三、系统内煤气供销情况			
储气能力	万立方米/日	5.4	5.4
外购气量	万立方米	612	767
供气总量	万立方米	544	731
#家庭用量	万立方米	544	731
用气户数	户	17 329	19 076
#家庭用户	户	17 329	19 076
用气人口	万人	6.4	6.9
管道长度	公里	96	125

8—3 城市房屋面积及住房情况

	单 位	1992年	1993年
年末实有房屋建筑面积	万平方米	2 095	2 197
#房管部门直管房	万平方米	83	84
私人直管房	万平方米	172	246
年末实有住宅建筑面积	万平方米	977	1 040
#房管部门直管房	万平方米	70	71
私人直管房	万平方米	169	243
年末实用住宅使用面积	万平方米	683.2	727.7
年末实有住宅居住面积	万平方米	381.9	407.6
居住人口	万人	62.5	64.9
年末缺房户数	户	31 534	27 338
#人均居住面积在2平方米以下	户	1 165	965
本年解决缺房户数	户	5 439	11 053

8—4 城市供水情况

	单 位	1992年	1993年
一、供水(全社会)			
综合生产能力	万吨/日	136.4	144.2
#地下水	万吨/日	7.2	11.7
供水总量	万吨	40 140	39 157
#生产用量	万吨	28 307	28 150
生活用量	万吨	8 654	8 977
用水人口	万人	68.4	70.5
#非农业用水人口	万人	65.4	67.6
一、节约用水(全社会)			
计划用水量	万吨	9 844	29 875
取水量	万吨	9 132	39 157
生产用水重复利用量	万吨	15 123	18 128
节约用水量	万吨	712	799
三、自来水情况(系统内)			
年末实有水厂	个	5	5
综合生产能力	万吨/日	34	37
供水管道长度	公里	303	316
供水总量	万吨	12 421	13 262
售水总量	万吨	11 465	12 252
#生产用量	万吨	5 416	5 806
生活用量	万吨	5 055	5 426
用水人口	万人	52.5	53.8
#非农业用水人口	万人	51.4	53.1

8—5 市政设施、园林绿化情况(全社会)

	单 位	1992年	1993年
一、市 政 设 施			
道 路 长 度	公里	358	417
#高级、次高级	公里	297	372
道 路 面 积	万平方米	336	337
#高级、次高级	万平方米	285	314
路 灯 盏 数	盏	8 797	9 418
排水管道长度	公里	507	512
桥梁数	座	25	27
污水年排放量	万吨	32 112	31 326
污水日处理能力	万吨	18	18
污水年处理量	万吨	14 008	15 115
二、园 林 绿 化			
绿化覆盖面积	公顷	6 509	7 751
#建 成 区	公顷	2 579	2 620
园林绿地面积	公顷	6 401	7 145
公共绿地面积	公顷	345	384
公 园 个 数	个	8	8
公 园 面 积	公顷	312	358

8—6 公 共 交 通 情 况

	单 位	1992年	1993年
一、公共交通(全社会)			
运 营 车 辆	辆	229	271
标准运营车辆	标台	278	315
运营线路长度	公里	361	360
客 运 总 量	万人次	9 282	10 208
出 租 汽 车	辆	712	709
二、公共交通(系统内)			
运 营 车 辆	辆	214	255
标准运营车辆	标台	263	300
运营线路长度	公里	206	205
运营线路网长度	公里	152	154
行 驶 里 程	万车公里	1 004	1 174
客 运 总 量	万人次	9 042	10 058

8—7 环境卫生（全社会）

	单　　位	1992年	1993年
实际清扫面积	万平方米	262	282
生活垃圾清运量	万吨	20	22
粪便清运量	万吨	2	2
垃圾粪便年处理量	万吨		23.5
#无害化处理量	万吨		23.5
环卫机械	辆	112	106
环卫机械总功率	千瓦	8 452	7 765
公厕数量	座	250	250
民办保洁队伍人数	人	296	310
年末职工人数	人	1 566	1 531

8—8 城市建设用地

	单　　位	1992年	1993年
城市面积	平方公里	651	651
建城区面积	平方公里	82	82.9
规划区面积	平方公里	90.9	90.9
城市建设用地面积	平方公里	82	82.9
#居住用地	平方公里	17.4	17.5
公共设施用地	平方公里	8.9	9.1
工业用地	平方公里	28.2	28.7
市政公用设施用地	平方公里	2.7	2.7
绿　　地	平方公里	5.0	5.0
特殊用地	平方公里	9.3	9.3
征用土地面积	平方公里	0.80	0.90

8—9 企、事业单位污染治理情况

	单　位	1992年	1993年
汇总单位数	个	55	67
污染治理资金使用	万元	2 446.6	1 939.8
1.治理废水	万元	633.8	300.5
2.治理废气	万元	1 588.1	927.0
3.治理固体废物	万元	146.0	466.6
4.治理噪声	万元	35.4	118.6
5.其　它	万元	43.3	127.1
当年安排治理项目	个	97	124
1.治理废水	个	25	29
2.治理废气	个	41	72
3.治理固体废物	个	13	6
4.治理噪声	个	14	11
5.其　它	个	4	6
当年竣工项目	个	72	101
1.治理废水	个	21	24
2.治理废气	个	28	56
3.治理固体废物	个	12	6
4.治理噪声	个	7	8
5.其　它	个	4	7
当年竣工项目累计完成投资额	万元	1 442.4	1 314.6
当年竣工项目设计处理利用"三废"能力			
1.废　水	吨/日	58 144	54 826
2.废　气	万标立米/时	54	89
3.固体废物	吨/年	171 183	43 190

8—10 企、事业单位废水处理设施运行情况

	单　位	1992年	1993年
汇总单位数	个	50	60
废水处理设施总投资	万元	2 516	5 598
废水处理设施数	套	137	195
#当年新增的	套	12	12
正常运行的废水处理设施数	套	125	181
实际处理情况			
1.废水处理量	万吨	15 028	15 546
2.废水处理回用量	万吨	8 899	9 146
3.废水处理排放达标量	万吨	4 291	5 466
运行费用	万元	312	379.1
废水中污染物去除量			
镉	千克	9 596	2 815
六价铬	千克	1 941	20 607
铅	千克	256 865	432 419
砷	千克	2 558	10
挥发酚	千克	64 831	81 229
石油类	吨	30	35
化学需氧量	吨	4 144	4 108
悬浮物	吨	179 462	174 688
硫化物	吨	83	16

8—11 工业"三废"排放及处理利用情况

	单　位	1992年	1993年
汇总工业企业数	个	94	99
工业废水排放总量	万吨	19 633	19 681
#直接排入江河湖库的	万吨	18 631	18 589
工业废水排放达标量	万吨	14 089	14 743
外排工业废水中的污染物			
汞	千克	12	151
镉	千克	21 728	20 911
六价铬	千克	825	388
铅	千克	34 020	56 236
砷	千克	5 480	6 740
挥发酚	千克	4 572	3 104
氰化物	千克	16 578	15 129
石油类	吨	320	318
化学需氧量	吨	33 011	33 703
悬浮物	吨	48 324	61 156
硫化物	吨	49	33
工业废气排放总量	万标立方米	2 665 194	3 032 164
燃料燃烧过程中废气排放量	万标立方米	1 139 340	1 159 794
#经过消烟除尘的	万标立方米	1 075 364	1 032 804
生产工艺过程中废气排放量	万标立方米	1 525 845	1 872 370
#经过净化处理的	万标立方米	1 374 389	1 728 535
工业二氧化硫排放量	吨	68 702	69 159
#生产工艺过程中排放的	吨	14 769	12 050
工业二氧化硫去除量	吨	60 760	86 590
#生产工艺过程中去除的	吨	52 495	76 853
工业烟尘排放量	吨	37 098	32 176
工业烟尘去除量	吨	313 951	263 246
工业粉尘排放量	吨	15 829	18 478
工业粉尘回收量	吨	495 098	522 494
工业固体废物产生量	万吨	147	152
#冶炼废渣	万吨	60	62
炉　渣	万吨	28	34
工业固体废物综合利用量	万吨	111	126
#冶炼废渣	万吨	41	44
炉　渣	万吨	25	28
在综合利用量中综合利用往年堆存量	万吨		6
工业固体废物贮存量	万吨	23	16
工业固体废物处置量	万吨	7	10
工业固体废物排放量	万吨	6	6
#排入江河湖海总量	万吨	4	6
#粉煤灰	万吨	1	4
历年累计堆存量	万吨	405	413
占地面积	万平方米	34	33
汇总工业企业工业总产值(90价)	万元	926 712	999 731
汇总工业企业环保人员数	人	495	476
#监测人员	人	145	141
三废综合利用产品产值	万元	11 304	9 538
三废综合利用产品利润	万元	1 337	1 213
污染赔款	万元	12	27
工业锅炉	台	163	169

九、批发零售贸易和餐饮业

9—1 社会消费品零售总额

(1993年) 单位:万元

项目	全市	市区	柳江县	柳城县
社会消费品零售总额	326 733.4	281 473.2	22 623.4	22 636.8
(一)按销售地区分:				
(1)市的零售额	281 473.2	281 473.2		
(2)县的零售额	23 691.7		9 509.2	14 182.5
(3)县以下的零售额	21 568.5		13 114.2	8 454.3
(二)按经济类型分:				
国有经济	154 465.7	140 979.1	4 826.5	8 660.1
集体经济	35 777.2	31 783.6	2 173.9	1 819.7
私营经济	252.4	252.4		
个体经济	70 064.0	54 223.0	8 914.0	6 927.0
股份制经济	43 204.9	43 204.9		
其他经济	22 969.2	11 030.2	6 709.0	5 230.0
(三)按行业分:				
批发和零售贸易业	201 374.6	177 952.1	11 708.8	11 713.7
餐饮业	15 969.5	13 776.0	1 277.0	916.5
制造业	24 941.4	20 991.2	2 116.6	1 833.6
其它	61 607.9	57 852.9	812.0	2 943.0
农民对非农业居民零售	22 840.0	10 901.0	6 709.0	5 230.0

9—2 全市国内商业商品销售、库存总额

(1993 年)　　　　单位:万元

项　　目	商品购进 总　额	从生产者 购　进	农副产品 购　进	从批发零售贸易业购进	其　他	商品销售 总　额
总　　额	478 083.3	265 233.6	12 528.9	209 274.1	3 549.6	514 722.3
市　　区	442 815.1	251 231.2	7 904.0	188 377.8	3 180.1	476 425.2
柳　　江	22 147.7	8 446.5	2 027.7	13 403.9	297.3	22 899.7
柳　　城	13 120.5	5 555.9	2 597.2	7 492.4	72.2	15 397.4
一、按经济类型分:						
国有经济	302 341.6	167 237.0	8 993.6	133 736.6	1 361.0	325 413.6
集体经济	80 218.1	32 549.9	3 535.3	45 479.6	2 188.6	85 869.3
私营经济	108.6	100.7		7.9		108.4
股份制经济	95 415.0	65 346.0		30 050.0		103 331.0
二、按国民经济行业分:						
食品、饮料、烟草和家庭用品批发商业	246 596.3	137 754.1	8 575.0	108 465.9	369.3	266 085.2
食品、饮料、烟草批发业	140 637.3	64 874.3	6 900.5	75 405.0	355.0	148 317.0
棉、麻、土畜产品批发业	4 820.8	2 706.4	1 457.5	2 114.1	0.3	6 057.3
纺织品、服装和鞋帽批发业	12 467.2	10 817.6		1 635.6	14.0	14 355.3
日用百货批发业	24 040.7	19 188.2		4 852.5		25 317.1
日用杂品批发业	3 386.7	2 901.8	209.9	484.9		3 873.8
五金、交电、化工批发业	45 507.1	26 601.8		18 905.3		50 630.2
药品及医疗器械批发业	15 736.5	10 664.0	7.1	5 068.5		17 534.5
能源、材料和机械电子设备批发业	31 849.9	17 407.9	130.7	11 601.9	2 840.1	33 555.4
能源批发业	20 903.7	10 878.4		10 025.3		21 744.2
化工材料批发业	3.4			3.4		5.1
木材批发业	243.7	233.3		10.4		275.4
建筑材料批发业	30.4			30.4		30.9
金属材料批发业	17.2	17.2				19.2
机械、电子设备批发业	3.5	3.5				2.5
汽车、摩托车及零配件批发业	5 654.7	4 825.7		829.0		6 087.7
再生物资回收批发业	4 993.3	1 449.8	130.7	703.4	2 840.1	5 390.4
其他批发业	56 187.0	33 105.8	916.2	22 814.2	267.0	57 394.6
农业生产资料批发业	55 515.9	32 506.6	916.2	22 742.3	267.0	56 619.9
其他类未包括的批发业	671.1	599.2		71.9		774.7
零　售　业	143 450.1	76 965.8	2 907.0	66 392.1	73.2	157 687.1
食品、饮料和烟草零售业	50 756.6	30 367.3	1 924.0	20 370.3		55 170.6
日用百货零售业	31 360.3	11 720.1	193.3	19 568.4	71.8	33 886.2
纺织品、服装和鞋帽零售业	20 937.9	13 670.0		7 267.9		24 578.9
日用杂品零售业	1 063.9	745.3	192.8	318.6		1 303.9
五金、交电、化工零售业	20 098.7	11 123.6		8 975.1		23 448.4
农业生产资料零售业	3 982.5	636.8	422.2	3 344.3	1.4	4 357.0
药品及医疗器械零售业	7 536.7	5 021.8	174.7	2 514.9		7 886.5
图书报刊零售业	3 654.9	383.7		3 271.2		2 961.1
其他零售业	4 058.6	3 297.2		761.4		4 094.5
三、按企业规模分:						
大型企业	216 046.0	124 276.4		91 691.6	59.0	233 609.4
中型企业	203 563.0	117 745.2	7 880.2	85 171.1	639.7	217 522.6
小型企业	58 474.3	23 212.0	4648.7	32 411.4	2850.9	63 590.3
四、附注:附营单位	30 098.6	12 892.9	119.1	17 076.6	129.1	36 309.7

9—2 续表1　　　　(1993年)　　　　单位:万元

项　　目	商品销售总额					年末库存额
	批　发	对生产经营者的批发	对农民农业生产资料销售	对批发零售贸易业批发	对居民和社会集团商品零售额	
总　额	389 835.4	81 789.3	11 869.1	308 046.1	124 886.9	80 852.3
市　区	360 618.9	70 016.2	4 359.3	290 602.7	115 806.3	72 928.0
柳　江	18 927.7	7 164.9	5 428.4	11 762.8	3 972.0	4 255.1
柳　城	10 288.8	4 608.2	2 081.4	5 680.6	5 108.6	3 669.2
一、按经济类型分:						
国有经济	265 268.2	49 642.6	3 768.3	215 625.6	60 145.4	44 207.1
集体经济	63 022.5	29 829.5	8 100.8	33 193.0	22 846.8	14 762.0
私营经济	20.7	19.2		1.5	87.7	19.2
股份制经济	61 524.0	2 298.0		59 226.0	41 807.0	21 864.0
二、按国民经济行业分:						
食品、饮料、烟草和家庭用品批发商业	224 049.7	20 978.9	8.7	203 070.8	42 035.5	34 567.3
食品、饮料、烟草批发业	124 966.8	4 459.7	2.7	120 507.1	23 350.2	6 832.4
棉、麻、土畜产品批发业	5 683.5	3 458.1		2 225.4	373.8	1 445.5
纺织品、服装和鞋帽批发业	13 655.9	2 957.5		10 698.4	699.4	3 831.2
日用百货批发业	22 188.6	1 206.5		20 982.1	3 128.5	6 254.6
日用杂品批发业	2 305.0	302.8	0.4	2 002.2	1 568.8	1 109.0
五金、交电、化工批发业	44 272.8	7 637.5		36 635.3	6 357.4	8 537.0
药品及医疗器械批发业	10 977.1	956.8	5.6	10 020.3	6 557.4	6 557.6
能源、材料和机械电子设备批发业	31 504.7	21 903.0	82.6	9 601.7	2 050.7	6 309.7
能源批发业	21 310.0	13 925.8	50.6	7 384.2	434.2	4 275.8
化工材料批发业	5.1	5.1				
木材批发业	177.4	177.4			98.0	30.7
建筑材料批发业	26.7			26.7	4.2	2.9
金属材料批发业	19.2	19.2				
机械、电子设备批发业	1.5			1.5	1.0	1.5
汽车、摩托车及零配件批发业	4 768.1	4 239.7		528.4	1 319.6	968.0
再生物资回收批发业	5 196.7	3 535.8	32.0	1 660.9	193.7	1 030.8
其他批发业	55 378.1	21 651.6	9 215.0	33 726.5	2 016.5	8 330.6
农业生产资料批发业	55 299.1	21 572.6	9 215.0	33 726.5	1 320.8	8 049.8
其他类未包括的批发业	79.0	79.0			695.7	280.8
零　售　业	78 902.9	17 255.8	2 562.8	61 647.1	78 784.2	31 644.7
食品、饮料和烟草零售业	39 317.2	2 489.6	31.0	36 827.6	15 853.4	7 993.9
日用百货零售业	9 455.4	5 189.8	298.5	4 265.6	24 430.8	10 040.2
纺织品、服装和鞋帽零售业	7 893.4	1 596.4		6 297.0	16 685.5	4 353.6
日用杂品零售业	759.9			759.9	544.0	297.0
五金、交电、化工零售业	13 618.4	5 263.5	1.0	8 354.9	9 830.0	3 131.8
农业生产资料零售业	3 107.1	2 450.3	2 218.3	656.8	1 249.9	1 263.4
药品及医疗器械零售业	3 161.2	142.3	1.3	3 018.9	4 725.3	2 574.8
图书报刊零售业	489.0			489.0	2 472.1	1 439.4
其他零售业	1 101.3	123.9	12.7	977.4	2 993.2	550.6
三、按企业规模分:						
大型企业	168 684.6	10 730.7	1.0	157 953.9	64 924.8	27 556.8
中型企业	170 754.1	46 943.5	4 128.8	123 810.6	46 768.5	40 900.0
小型企业	50 396.7	24 115.1	7 739.3	26 281.6	13 193.6	12 395.5
四、附注:附营单位	23 452.6	4 796.4		18 656.2	12 857.1	4 462.2

9—3 市区国内商业商品销售、库存总额

(1993年)　　单位:万元

项目	商品购进总额	从生产者购进	农副产品购进	从批发零售贸易业购进	其他	商品销售总额
总额	442 815.1	251 231.2	7 904.0	188 377.8	3 180.1	476 425.2
一、按经济类型分:						
国有经济	281 553.5	158 121.9	5 946.0	122 359.6	1 065.0	302 681.1
集体经济	65 738.0	27 662.6	1 958.0	35 960.3	2 115.1	70 304.7
私营经济	108.6	100.7		7.9		108.4
股份制经济	95 415.0	65 346.0		30 050.0		103 331.0
二、按国民经济行业分:						
食品、饮料、烟草和家庭用品批发商业	236 481.2	132 993.0	6 931.1	103 408.2	73.0	255 053.2
食品、饮料、烟草批发业	131 445.7	60 549.3	5 520.7	70 834.4	59.0	138 570.9
棉、麻、土畜产品批发业	4 769.6	2 656.3	1 407.4	2 113.3		5 982.5
纺织品、服装和鞋帽批发业	12 467.2	10 817.6		1 635.6	14.0	14 355.3
日用百货批发业	24 040.7	19 188.2		4 852.5		25 317.1
日用杂品批发业	2 910.0	2 604.0		306.0		3 098.0
五金、交电、化工批发业	45 507.1	26 601.8		18 905.3		50 630.2
药品及医疗器械批发业	15 340.9	10 575.8	3.0	4 761.1		17 099.2
能源、材料和机械电子设备批发业	29 404.6	17 301.9	130.7	9 262.6	2 840.1	30 552.4
能源批发业	18 458.4	10 772.4		7 686.0		18 741.2
化工材料批发业	3.4			3.4		5.1
木材批发业	243.7	233.3		10.4		275.4
建筑材料批发业	30.4			30.4		30.9
金属材料批发业	17.2	17.2				19.2
机械、电子设备批发业	3.5	3.5				2.5
汽车、摩托车及零配件批发业	5 654.7	4 825.7		829.0		6 087.7
再生物资回收批发业	4 993.3	1 449.8	130.7	703.4	2 840.1	5 390.4
其他批发业	46 370.3	28 555.1	478.2	17 548.2	267.0	47 603.5
农业生产资料批发业	45 699.2	27 955.9	478.2	17 476.3	267.0	46 828.8
其他类未包括的批发业	671.1	599.2		71.9		774.7
零售业	130 559.0	72 381.2	364.0	58 158.8		143 216.1
食品、饮料和烟草零售业	48 684.0	28 619.3	178.0	20 045.7		52 963.0
日用百货零售业	27 983.8	10 624.8		17 359.0		29 879.9
纺织品、服装和鞋帽零售业	20 809.1	13 670.0		7 139.1		24 449.8
日用杂品零售业	865.0	583.0	33.0	282.0		1 063.0
五金、交电、化工零售业	18 573.0	10 686.7		7 886.3		21 665.9
药品及医疗器械零售业	7 103.2	4 932.0	153.0	2 171.2		7 373.9
图书报刊零售业	3 029.2	45.4		2 983.8		2 373.0
其他零售业	3 511.7	3 220.0		291.7		3 447.6
三、按企业规模分:						
大型企业	216 046.0	124 276.4		91 691.6	59.0	233 609.4
中型企业	198 191.7	115 974.4	7 282.5	81 570.6	639.7	211 117.9
小型企业	28 577.4	10 980.4	621.5	15 115.6	2 481.4	31 697.9
四、附注:附营单位	27 747.6	11 301.6	76.2	16 316.9	129.1	34 075.4

9—3 续表1 (1993年) 单位:万元

项目	商品销售总额					年末库存额
	批发	对生产经营者的批发	对农民农业生产资料销售	对批发零售贸易业批发	对居民和社会集团商品零售额	
总额	360 618.9	70 016.2	4 359.3	290 602.7	115 806.3	72 928.0
一、按经济类型分:						
国有经济	248 807.2	45 255.7	2 441.4	203 551.5	53 873.9	39 509.7
集体经济	50 267.0	22 443.3	1 917.9	27 823.7	20 037.7	11 535.1
私营经济	20.7	19.2		1.5	87.7	19.2
股份制经济	61 524.0	2 298.0		59 226.0	41 807.0	21 864.0
二、按国民经济行业分:						
食品、饮料、烟草和家庭用品批发商业	214 170.2	19 707.1	6.5	194 463.1	40 883.0	33 288.9
食品、饮料、烟草批发业	115 985.1	3 388.8	2.5	112 596.3	22 585.8	5 810.5
棉、麻、土畜产品批发业	5 608.7	3 385.0		2 223.7	373.8	1 430.3
纺织品、服装和鞋帽批发业	13 655.9	2 957.5		10 698.4	699.4	3 831.2
日用百货批发业	22 188.6	1 206.5		20 982.1	3 128.5	6 254.6
日用杂品批发业	1 592.0	180.0		1 412.0	1 506.0	945.0
五金、交电、化工批发业	44 272.8	7 637.5		36 635.3	6 357.4	8 537.0
药品及医疗器械批发业	10 867.1	951.8	4.0	9 915.3	6 232.1	6 480.3
能源、材料和机械电子设备批发业	28 727.2	20 243.7	32.0	8 483.5	1 825.2	6 227.0
能源批发业	18 532.5	12 266.5		6 266.0	208.7	4 193.1
化工材料批发业	5.1	5.1				
木材批发业	177.4	177.4			98.0	30.7
建筑材料批发业	26.7			26.7	4.2	2.9
金属材料批发业	19.2	19.2				
机械、电子设备批发业	1.5			1.5	1.0	1.5
汽车、摩托车及零配件批发业	4 768.1	4 239.7		528.4	1 319.6	968.0
再生物资回收批发业	5 196.7	3 535.8	32.0	1 660.9	193.7	1 030.8
其他批发业	46 042.1	16 010.9	4 300.8	30 031.2	1 561.4	6 724.7
农业生产资料批发业	45 963.1	15 931.9	4 300.8	30 031.2	865.7	6 443.9
其他类未包括的批发业	79.0	79.0			695.7	280.8
零售业	71 679.4	14 054.5	20.0	57 624.9	71 536.7	26 687.4
食品、饮料和烟草零售业	38 679.1	2 426.2	19.0	36 252.9	14 283.9	6 344.1
日用百货零售业	7 556.7	4 890.3		2 666.4	22 323.2	8 772.8
纺织品、服装和鞋帽零售业	7 893.4	1 596.4		6 297.0	16 556.4	4 323.2
日用杂品零售业	561.0			561.0	502.0	225.0
五金、交电、化工零售业	12 643.1	5 001.5	1.0	7 641.6	9 022.8	2 728.8
药品及医疗器械零售业	3 084.4	133.0		2 951.4	4 289.5	2 450.2
图书报刊零售业	277.2			277.2	2 095.8	1 348.9
其他零售业	984.5	7.1		977.4	2 463.1	494.4
三、按企业规模分:						
大型企业	168 684.6	10 730.7	1.0	157 953.9	64 924.8	27 556.8
中型企业	166 550.8	45 745.2	4 127.5	120 805.6	44 567.1	39 517.6
小型企业	25 383.5	13 540.3	230.8	11 843.2	6 314.4	5 853.6
四、附注:附营单位	21 921.4	3 394.2		18 527.2	12 154.0	4 128.2

9—4 全市国内商业商品销售、库存数量

(1993年)

项　　目	单位	大中型企业			小型企业		
		批发额	零售额	年末库存额	批发额	零售额	年末库存额
粮　　食	吨	72 465.0	166 438.0	26 286.0	226 627.0	15 484.0	31 725.0
食用植物油	吨	6 839.0	9 053.0	2 057.0	343.0	680.0	254.0
猪和猪肉	吨	6 264.0	7 765.9	379.9	699.1	59.3	6.1
牛和牛肉	吨	0.9	87.3		8.2		
羊和羊肉	吨	13.8	4.3	15.6			
鲜　　蛋	吨		80.8	1.6			
水 产 品	吨	1 493.1	157.7	321.2	135.0		60.0
盐	吨	140.1	640.1	26.4	31 043.9	2 677.4	15 279.5
食　　糖	吨	231 246.3	7 343.2	16 700.1	13 821.0	2 356.6	727.4
卷　　烟	箱	246 959.0	1 991.0	524.0	15 379.0	5 504.0	1 411.0
酒	吨	5 870.0	1 952.4	1 036.0	360.0	493.1	134.9
茶　　叶	吨	41.1	69.0	41.5	0.8	55.8	5.0
棉　　花	吨	38.7			31.2	2.3	17.8
布	百米	87 911.7	26 932.9	22 599.1	32 777.7	4 447.9	2 969.7
#棉　　布	百米	34 671.2	14 038.2	8 784.5	114.0	2 327.3	1 088.4
呢　　绒	百米	929.9	1 550.1	751.0	56.9	27.2	105.3
绸　　缎	百米	1 802.0	1 968.0	1 865.5	60.7	271.4	23.0
服　　装	百件	4 192.0	6 548.0	5 112.0	531.0	1 681.0	881.0
针织内衣裤	百件	36 357.0	5 983.0	18 259.0	1 723.0	2 024.0	1 868.0
鞋	百双	148 434.0	16 205.0	18 905.0	2 587.0	4 115.0	2 361.0
#皮　　鞋	百双	12 778.0	3 952.0	2 430.0	27.0	582.0	393.0
合成洗衣粉	吨	8 267.0	809.3	7 204.3	53.8	213.4	52.9
黄金饰品	千元		47 568.0	38 030.0			
自 行 车	辆	311 414.0	65 542.0	36 876.0	4 125.0	5 168.0	1 859.0
摩 托 车	辆	3 769.0	3 659.0	368.0	462.0	164.0	120.0
电 视 机	台	103 596.0	40 189.0	11 523.0	1 377.0	2 617.0	2 075.0
#彩色电视机	台	30 126.0	25 747.0	7 504.0	927.0	1 054.0	808.0
录 音 机	台	10 289.0	12 248.0	10 851.0	189.0	118.0	832.0
录 像 机	台	536.0	3 101.0	674.0	12.0	10.0	22.0
照 相 机	架	1 492.0	3 938.0	3 388.0			
家用电风扇	台	167 951.0	50 851.0	19 270.0	2 191.0	3 896.0	1 451.0
家用洗衣机	台	27 111.0	21 494.0	3 867.0	314.0	157.0	24.0
家用电冰箱	台	17 770.0	12 571.0	2 316.0	550.0	209.0	54.0
房间空调器	台	688.0	456.0	886.0	809.0	161.0	504.0
抽油烟机	台	5 276.0	5 845.0	2 261.0	76.0	72.0	15.0
化学肥料	吨	140 310.0	22 998.0	32 985.0	108 781.0	12 816.0	24 237.0
化学农药	吨	2 490.0	65.0	1 058.0	37 146.0	350.0	499.0
农用塑料薄膜	吨	426.0	2.0	34.0	6.0	6.0	13.0
农用动力机械	台	4 589.0	1 042.0	1 732.0	829.0		228.0
汽　　车	辆	384.0	5.0	6.0		3.0	3.0
#载货汽车	辆	250.0					
生　　铁	吨					12.0	
钢　　材	吨	6 805.0		2 698.0	7 167.0	11.0	223.0
#普通大型钢材	吨				540.0		
普通中型钢材	吨	986.0		750.0	107.0		
普通小型钢材	吨	648.0		378.0	1 865.0		172.0

9—4 续表1

(1993年)

项目	单位	大中型企业			小型企业		
		批发额	零售额	年末库存额	批发额	零售额	年末库存额
线材	吨	542.0		123.0	411.0	10.0	9.0
中厚钢板	吨	5.0			1 792.0		38.0
薄钢板	吨	2 188.0		1 180.0	134.0		
硅钢片	吨	500.0			455.0		3.0
优质钢型材	吨	437.0		220.0			
无缝钢管	吨	1 009.0		47.0	300.0		
焊接钢管	吨	490.0			173.0		
铜	吨				731.0		17.0
铝	吨				154.0		
铅	吨				1.0		
纯碱	吨	1 310.0	5.0	25.0			
水泥	吨	151.0			4 232.0	96.0	404.0
平板玻璃	重量箱					1.0	2.0
润滑油	吨	3 080.0	13.0	756.0	522.0	50.0	39.0
煤炭	吨					2 499.0	776.0
汽油	吨	26 123.0	500.0	6 778.0	2 779.0	841.0	67.0
柴油	吨	47 198.0	1 129.0	9 533.0	7 673.0	2 249.0	349.0
煤油	吨	4 081.0	2.0	1 195.0	1 149.0	409.0	113.0

9—5 市区国内商业商品销售、库存数量

(1993年)

项目	单位	大中型企业			小型企业		
		批发额	零售额	年末库存额	批发额	零售额	年末库存额
粮食	吨	72 465.0	166 438.0	26 286.0	120 023.0	749.0	231.0
食用植物油	吨	6 839.0	9 053.0	2 057.0	6.0	156.0	178.0
猪和猪肉	吨	6 264.0	7 765.9	379.9			
牛和牛肉	吨	0.9	87.3				
羊和羊肉	吨	13.8	4.3	15.6			
鲜蛋	吨		80.8	1.6			
水产品	吨	1 493.1	157.7	321.2	135.0		60.0
盐	吨	140.1	640.1	26.4	29 470.0	529.4	15 096.2
食糖	吨	231 246.3	7 343.2	16 700.1	1 204.1	233.4	4.9
卷烟	箱	241 037.0	1 988.0	241.0	30.0	1 344.0	125.0
酒	吨	5 870.0	1 952.4	1 036.0	5.5	143.2	33.9
茶叶	吨	41.1	69.0	41.5		55.4	4.8
棉花	吨	38.7			1.0		
布	百米	84 612.0	26 001.5	20 438.1	32 763.7	2 644.6	1 547.2
#棉布	百米	31 759.0	13 472.6	7 510.2	102.4	1 277.2	298.0
呢绒	百米	909.0	1 549.0	735.0	56.9	24.2	102.9
绸缎	百米	1 750.0	1 947.3	1 775.0	60.7	239.3	8.8
服装	百件	4 062.0	6 200.0	4 917.0	531.0	806.0	230.0
针织内衣裤	百件	36 000.0	5 655.0	17 954.0	1 709.0	1 348.0	1 455.0
鞋	百双	147 074.0	15 258.0	17 935.0	43.0	1 036.0	492.0
#皮鞋	百双	12 635.0	3 724.0	2 253.0		462.0	290.0

9—5 续表1 (1993年)

项目	单位	大中型企业			小型企业		
		批发额	零售额	年末库存额	批发额	零售额	年末库存额
合成洗衣粉	吨	8 245.8	801.3	7 192.1	3.7	24.8	3.3
黄金饰品	千元		47 568.0	38 030.0			
自行车	辆	306 790.0	59 582.0	35 352.0	4 111.0	1 270.0	1 047.0
摩托车	辆	3 769.0	3 608.0	347.0	462.0	164.0	120.0
电视机	台	98 906.0	37 121.0	10 503.0	1 364.0	1 479.0	1 836.0
#彩色电视机	台	29 945.0	25 420.0	7 431.0	919.0	1 050.0	803.0
录音机	台	10 272.0	11 836.0	10 660.0	189.0	32.0	744.0
录像机	台	536.0	3 099.0	672.0	12.0	10.0	22.0
照相机	架	1 492.0	3 938.0	3 388.0			
家用电风扇	台	164 423.0	48 667.0	17 869.0	2 174.0	960.0	603.0
家用洗衣机	台	26 898.0	20 803.0	3 688.0	314.0	153.0	20.0
家用电冰箱	台	17 672.0	12 214.0	2 285.0	550.0	209.0	54.0
房间空调器	台	688.0	451.0	885.0	809.0	161.0	504.0
抽油烟机	台	5 251.0	5 782.0	2 216.0	76.0	72.0	15.0
化学肥料	吨	140 310.0	22 998.0	32 985.0	2 160.0		104.0
化学农药	吨	2 490.0	65.0	1 058.0			
农用塑料薄膜	吨	426.0	2.0	34.0			
农用动力机械	台	4 589.0	1 042.0	1 732.0			
汽车	辆	384.0	5.0	6.0		3.0	3.0
#载货汽车	辆	250.0					
钢材	吨	6 805.0		2 698.0	7 167.0		219.0
#普通大型钢材	吨				540.0		
普通中型钢材	吨	986.0		750.0	107.0		
普通小型钢材	吨	648.0		378.0	1 865.0		172.0
线材	吨	542.0		123.0	411.0		6.0
中厚钢板	吨	5.0			1 792.0		38.0
薄钢板	吨	2 188.0		1 180.0	134.0		
硅钢片	吨	500.0			455.0		3.0
优质钢型材	吨	437.0		220.0			
无缝钢管	吨	1 009.0		47.0	300.0		
焊接钢管	吨	490.0			173.0		
铜	吨				731.0		17.0
铝	吨				154.0		
铅	吨				1.0		
纯碱	吨	1 310.0	5.0	25.0			
水泥	吨	151.0			3 582.0		400.0
润滑油	吨	3 080.0	13.0	756.0			
汽油	吨	26 123.0	500.0	6 778.0			
柴油	吨	47 198.0	1 129.0	9 533.0			
煤油	吨	4 081.0	2.0	1 195.0			

9—6 国内商业商品分类销售、库存

（1993年）　　　　单位：万元

项目	大中型企业					
	批发额	对生产经营单位批发	对批发零售贸易业批发	出口	零售额	年末库存额
全市						
食品类	71 061.8	2 355.3	68 706.5		31 513.7	8 987.6
饮料、烟酒类	86 072.0	926.0	85 146.0		2 626.6	2 212.6
服装、鞋帽类	14 124.2	972.2	13 152.0		7 514.6	7 154.4
纺织品类	3 462.4	606.6	2 855.8		1 889.2	1 306.0
中西药品类	11 735.8	785.3	10 950.5		10 563.1	8 292.8
化妆品类	4 568.4	8.0	4 560.4		1 521.8	1 409.5
书报、杂志类	260.7		260.7		1 777.0	1 256.2
文化体育用品类	2 782.9	119.0	2 663.9		2 384.8	1 738.4
日用品类	40 415.4	6 527.8	33 887.6		17 871.9	11 950.5
家用电器类	25 706.1	1 995.3	23 710.8		21 618.0	6 499.6
首饰类					5 996.2	1 592.0
石油及制品类	18 532.5	18 532.5			208.7	4 193.1
煤炭及制品类						
黑色金属材料类	3 888.2	3 888.2				174.9
有色金属材料类						
建筑材料类	543.7	177.0	366.7		53.0	184.6
化工材料及制品类	9 207.9	2 732.2	6 475.7		991.5	2 374.9
木材类						
机电设备类	3 801.0	3 800.0	1.0		1 374.6	367.7
市区						
食品类	71 061.8	2 355.3	68 706.5		31 472.7	8 979.6
饮料、烟酒类	84 064.0		84 064.0		2 623.1	2 135.2
服装、鞋帽类	13 916.7	972.2	12 944.5		7 134.2	6 891.7
纺织品类	3 367.0	606.6	2 760.4		1 830.4	1 220.6
中西药品类	11 659.0	776.0	10 883.0		10 127.3	8 168.2
化妆品类	4 485.2	8.0	4 477.2		1 478.4	1 354.8
书报、杂志类	260.7		260.7		1 777.0	1 256.2
文化体育用品类	2 654.0	119.0	2 535.0		2 354.0	1 692.2
日用品类	39 967.4	6 527.8	33 439.6		17 577.7	11 692.6
家用电器类	25 414.9	1 995.3	23 419.6		21 066.1	6 343.8
首饰类					5 996.2	1 592.0
石油及制品类	18 532.5	18 532.5			208.7	4 193.1
煤炭及制品类						
黑色金属材料类	3 888.2	3 888.2				174.9
有色金属材料类						
建筑材料类	543.7	177.0	366.7		53.0	184.6
化工材料及制品类	9 099.7	2 732.2	6 367.5		924.4	2 351.0
木材类						
机电设备类	3 800.0	3 800.0			1 348.6	354.7

9—6 续表1　　(1993年)　　单位:万元

项目	小型企业			附营单位		
	批发额	零售额	年末库存额	批发额	零售额	年末库存额
全市						
食品类	9 214.4	2 825.6	3 385.7	3 855.4	3 317.1	696.8
饮料、烟酒类	2 759.9	860.1	338.2	2 195.7	941.9	515.1
服装、鞋帽类	724.3	860.1	661.7	46.8	392.8	174.7
纺织品类	4 230.3	530.1	348.1	1 172.5	136.6	89.2
中西药品类	2 288.0	612.9	859.3		82.8	28.4
化妆品类	13.5	187.7	53.5	284.8	156.1	158.1
书报、杂志类	228.3	803.8	194.5		1 557.7	1.8
文化体育用品类	561.9	252.1	71.6	1 509.1	422.4	185.7
日用品类	1 008.2	1 275.3	682.4	121.9	784.6	286.4
家用电器类	2 123.2	1 182.7	969.4	87.2	348.0	196.3
首饰类					3.9	0.3
石油及制品类	2 817.8	766.4	132.1	204.8	393.6	72.7
煤炭及制品类	176.0	95.0	31.6	6.1		
黑色金属材料类	2 285.5	11.0	226.9	1 654.1	85.6	214.1
有色金属材料类	715.2		1.7	32.3	4.8	21.5
建筑材料类	1 630.4	35.9	93.3	1 795.5	325.4	377.4
化工材料及制品类	106.3	61.5	59.8	212.3	1.1	43.5
木材类	177.4		27.8	337.0	89.6	47.0
机电设备类	1 040.8	1 014.5	734.8	1 334.9	1 248.7	665.2
市区						
食品类	4 245.9	536.0	951.6	3 701.4	3 231.1	675.7
饮料、烟酒类	414.2	421.9	103.4	860.4	874.5	275.0
服装、鞋帽类	499.2	582.8	509.7	46.8	357.6	163.5
纺织品类	4 151.3	228.7	195.1	1 172.5	113.8	81.3
中西药品类	2 181.8	260.0	763.0		82.8	28.4
化妆品类	4.8	121.5	30.4	284.8	155.2	155.0
书报、杂志类	16.5	321.7	92.9		1 457.5	1.7
文化体育用品类	552.9	148.7	49.3	1 509.1	420.5	184.2
日用品类	635.1	652.8	322.3	121.3	713.8	260.4
家用电器类	2 098.3	898.2	864.1	87.2	299.8	185.9
首饰类					3.9	0.3
石油及制品类				163.5	198.1	69.3
煤炭及制品类	176.0		20.0	6.1		
黑色金属材料类	2 285.5		223.1	1 654.1	85.1	214.0
有色金属材料类	715.2		1.7	32.3	4.8	21.5
建筑材料类	1 630.4		91.7	1 795.5	325.1	377.4
化工材料及制品类	106.3	22.0	48.3	212.3	0.8	43.5
木材类	177.4		27.8	337.0	89.6	47.0
机电设备类	577.8	1 004.4	639.2	1 334.9	1 248.7	665.2

9—7 全市国内商业财务状况

（1993年）　　　　单位：万元

项　　目	资本金	国　家	法　人	个　人	年末资产负债	
					流动资产	货币资金
总　计	69 210.7	56 186.7	10 245.2	2 561.5	163 037.3	16 623.5
市　区	58 881.2	46 765.8	9 400.9	2 504.5	145 743.7	15 174.7
柳　江	7 570.0	7 424.0	103.9	42.1	9 154.3	785.7
柳　城	2 759.5	1 996.9	740.4	14.9	8 139.3	663.1
(一)按经济类型分:						
国有经济	38 962.3	35 394.1	3 541.5	14.9	96 409.0	10 484.3
集体经济	14 582.0	9 527.4	4 896.3	152.8	33 569.7	2 982.0
私营经济	49.9			49.9	66.8	17.9
股份制经济	15 616.5	11 265.2	1 807.4	2 343.9	32 991.8	3 139.3
(二)按国民经济行业分						
食品、饮料、烟草和家庭用品批发商业	37 914.1	32 201.8	5 701.7	0.6	80 781.7	7 597.9
食品、饮料、烟草批发业	16 857.0	14 084.3	2 762.6	0.1	32 130.8	4 955.3
棉、麻、土畜产品批发业	2 362.1	1 975.0	387.1		3 803.8	313.4
纺织品、服装和鞋帽批发业	1 310.0	764.5	545.0	0.5	8 179.7	414.4
日用百货批发业	5 491.4	3 779.7	1 711.7		10 884.5	331.7
日用杂品批发业	431.6	431.6			2 308.6	130.4
五金、交电、化工批发业	394.6	138.6	256.0		13 269.6	904.6
药品及医疗器械批发业	11 067.4	11 028.1	39.3		10 204.7	548.1
能源、材料和机械电子设备批发业	3 372.4	2 258.8	1 044.5	69.1	9 578.5	1 272.3
能源批发业	2 063.5	1 986.5	71.0	6.0	5 881.2	985.5
化工材料批发业	50.0		50.0		50.0	1.0
木材批发业	84.5		84.5		123.8	13.3
建筑材料批发业	7.5		7.5		12.1	9.2
金属材料批发业	2.5			2.5	4.5	4.5
机械、电子设备批发业	3.0			3.0	2.6	1.4
汽车、摩托车及零配件批发业	384.3	272.3	54.4	57.6	1 472.8	72.2
再生物资回收批发业	777.1		777.1		2 031.5	185.2
其他批发业	6 514.4	6 322.4	171.9	20.1	19 540.1	1 821.1
农业生产资料批发业	6 502.7	6 322.4	160.2	20.1	19 315.9	1 819.9
其他类未包括的批发业	11.7		11.7		224.2	1.2
零售业	21 409.8	15 403.7	3 327.1	2 471.7	53 137.0	5 932.2
食品、饮料和烟草零售业	7 770.1	6 256.8	808.9	504.4	18 242.1	1 980.5
日用百货零售业	3 762.1	1 624.8	1 589.1	540.9	13 248.4	1 854.2
纺织品、服装和鞋帽零售业	5 800.3	4 298.7	187.0	1 314.6	6 835.6	197.0
日用杂品零售业	251.9	58.9	193.0		436.9	41.0
五金、交电、化工零售业	1 146.1	792.3	299.4	54.4	5 677.5	991.4
农业生产资料零售业	1 198.1	1 058.4	139.2	0.5	1 958.6	144.5
药品及医疗器械零售业	785.2	770.5	14.7		3 994.5	320.1
图书报刊零售业	309.0	309.0			1 439.4	156.1
其他零售业	387.0	234.3	95.8	56.9	1 304.0	247.4
(三)按企业规模分:						
大型企业	16 013.5	11 805.3	1 664.3	2 343.9	47 660.6	6 416.5
中型企业	36 554.0	31 732.3	4 769.8	50.1	85 832.2	7 271.7
小型企业	16 643.2	12 649.1	3 811.1	167.5	29 544.5	2 935.3

9—7 续表1 (1993年) 单位:万元

项目	年末资产负债					
	流动资产 存货	长期投资	固定资产 合计	固定资产原价	生产经营用	累计折旧
总计	82 313.3	3 617.6	51 970.2	55 062.4	44 940.0	10 737.8
市区	73 449.2	3 420.6	46 694.5	48 539.3	40 220.9	9 314.1
柳江	4 609.9	64.5	3 333.9	3 926.1	2 999.0	620.4
柳城	4 254.2	132.5	1 941.8	2 597.0	1 720.1	803.3
(一)按经济类型分:						
国有经济	46 628.3	3 282.6	21 380.2	24 102.4	18 771.8	6 172.2
集体经济	14 842.1	176.3	7 591.8	7 418.3	5 320.6	1 540.3
私营经济	37.4		7.5	7.4	3.4	0.2
股份制经济	20 805.5	158.7	22 990.7	23 534.3	20 844.2	3 025.1
(二)按国民经济行业分						
食品、饮料、烟草和家庭用品批发商业	37 152.3	2 333.9	20 695.6	22 096.4	19 264.8	4 823.8
食品、饮料、烟草批发业	9 889.5	1 754.0	10 297.3	11 036.3	9 599.2	2 225.4
棉、麻、土畜产品批发业	414.9	99.7	522.7	517.9	414.3	254.3
纺织品、服装和鞋帽批发业	4 203.3	167.0	1 233.9	1 303.4	679.5	439.3
日用百货批发业	6 258.6	62.5	4 727.2	5 395.6	5 011.4	963.8
日用杂品批发业	1 221.1	6.5	375.4	364.7	205.0	119.7
五金、交电、化工批发业	8 625.4	82.5	2 444.9	1 884.4	1 884.4	470.5
药品及医疗器械批发业	6 539.5	161.7	1 094.2	1 594.1	1 471.0	350.8
能源、材料和机械电子设备批发业	6 264.2	84.9	2 502.9	3 042.8	2 497.5	1 131.8
能源批发业	3 999.2	24.4	1 506.5	1 902.1	1 603.0	846.1
化工材料批发业			151.0	151.0	151.0	
木材批发业	34.4		21.8	37.4		28.0
建筑材料批发业	2.9		1.0	1.0	1.0	
金属材料批发业						
机械、电子设备批发业	1.2					
汽车、摩托车及零配件批发业	1 054.9	49.8	142.8	178.7	178.7	36.1
再生物资回收批发业	1 171.6	10.7	679.8	772.6	563.8	221.6
其他批发业	7 666.6	271.8	2 917.1	3 397.2	2 312.1	728.8
农业生产资料批发业	7 483.8	265.8	2 913.5	3 390.9	2 305.8	726.1
其他类未包括的批发业	182.8	6.0	3.6	6.3	6.3	2.7
零售业	31 230.2	927.0	25 854.6	26 526.0	20 865.6	4 053.4
食品、饮料和烟草零售业	7 966.8	220.7	6 083.4	7 254.0	4 196.6	1 490.2
日用百货零售业	9 229.5	130.3	3 958.2	3 801.7	2 720.3	681.5
纺织品、服装和鞋帽零售业	5 238.4		12 025.2	11 509.1	11 432.5	1 130.5
日用杂品零售业	342.3	0.5	145.8	175.9	175.9	30.1
五金、交电、化工零售业	2 717.4	12.5	1 554.0	1 115.4	723.5	251.5
农业生产资料零售业	1 388.9	13.4	1 192.6	1 350.0	964.1	195.1
药品及医疗器械零售业	2 577.8	16.1	377.5	696.2	369.8	142.3
图书报刊零售业	1 131.5	500.5	296.1	357.6	167.7	103.4
其他零售业	637.6	33.0	221.8	266.1	115.2	28.8
(三)按企业规模分:						
大型企业	24 809.3	1 033.4	27 107.7	24 050.2	21 490.9	3 343.5
中型企业	43 594.0	2 125.5	16 345.6	21 029.4	15 789.9	5 373.7
小型企业	13 910.0	458.7	8 516.9	9 982.8	7 659.2	2 020.6

 (1993 年) 单位:万元

项目	年末资产负债				损益及分配	
	固定资产合计 本年提取折旧	流动负债合计	长期负债合计	所有者权益合计	商品销售收入(营业收入)	商品销售收入净额
总计	2 007.4	144 662.5	15 877.1	57 971.1	514 413.3	509 046.2
市区	1 853.1	131 328.0	13 793.4	50 802.9	476 054.1	470 949.6
柳江	62.6	7 244.4	802.8	4 104.1	24 034.3	23 813.9
柳城	91.7	6 090.1	1 280.9	3 064.1	14 324.9	14 282.7
(一)按经济类型分:						
国有经济	1 151.1	79 880.4	7 399.3	32 827.8	308 713.1	304 738.8
集体经济	250.1	25 621.7	2 342.5	9 355.1	91 800.2	90 435.3
私营经济	0.2	26.1	1.3	45.0	106.7	106.7
股份制经济	606.0	39 134.3	6 134.0	15 743.2	113 793.3	113 765.4
(二)按国民经济行业分						
食品、饮料、烟草和家庭用品批发商业	849.1	69 307.0	4 306.0	28 947.9	242 787.7	241 780.8
食品、饮料、烟草批发业	427.1	26 323.2	2 840.6	16 571.8	118 095.9	118 011.8
棉、麻、土畜产品批发业	31.5	1 365.6	166.7	418.5	6 699.8	6 699.2
纺织品、服装和鞋帽批发业	64.2	8 930.6	-2.9	201.7	15 661.4	15 629.9
日用百货批发业	138.7	8 866.6	331.3	6 778.3	27 461.8	26 671.0
日用杂品批发业	17.1	2 243.7	88.0	370.3	4 327.6	4 327.2
五金、交电、化工批发业	79.8	12 474.4	684.2	2 604.1	50 716.5	50 715.9
药品及医疗器械批发业	90.7	9 102.9	198.1	2 003.2	19 824.7	19 725.8
能源、材料和机械电子设备批发业	175.2	7 496.2	341.6	4 404.6	33 370.8	32 901.2
能源批发业	123.8	4 025.8	185.7	3 292.4	21 701.0	21 701.0
化工材料批发业			69.0		5.1	5.1
木材批发业	8.5	80.7		66.4	290.7	52.1
建筑材料批发业					30.9	30.9
金属材料批发业					19.2	19.2
机械、电子设备批发业				2.9	1.0	1.0
汽车、摩托车及零配件批发业	4.7	1 179.0		321.1	5 869.2	5 638.2
再生物资回收批发业	38.2	2 210.7	86.9	721.8	5 453.7	5 453.7
其他批发业	142.1	14 910.6	1 715.0	4 725.9	60 937.2	57 560.4
农业生产资料批发业	140.9	14 702.0	1 715.0	4 700.7	60 107.2	56 730.4
其他类未包括的批发业	1.2	208.6		25.2	830.0	830.0
零售业	841.0	52 948.7	9 514.5	19 892.7	177 317.6	176 803.8
食品、饮料和烟草零售业	297.0	19 112.8	1 521.0	7 667.7	63 153.7	63 135.5
日用百货零售业	120.7	14 597.9	1 964.4	1 300.6	37 005.6	36 792.8
纺织品、服装和鞋帽零售业	297.8	8 372.3	4 669.9	6 441.9	24 554.6	24 538.2
日用杂品零售业	4.5	164.9	6.0	68.7	1 386.0	1 386.0
五金、交电、化工零售业	64.2	3 659.7	904.0	1 290.7	29 586.0	29 564.7
农业生产资料零售业	7.4	1 473.7	316.7	1 195.7	4 185.8	4 179.3
药品及医疗器械零售业	20.3	3 528.0	5.5	1 074.5	10 159.8	10 110.1
图书报刊零售业	19.3	1 161.2	3.8	464.7	2 961.3	2 774.4
其他零售业	9.8	878.2	123.2	388.2	4 324.8	4 322.8
(三)按企业规模分:						
大型企业	761.4	54 910.9	7 155.6	17 326.7	208 459.1	208 432.2
中型企业	940.7	67 349.2	6 371.5	27 312.8	240 592.7	236 109.0
小型企业	305.3	22 402.4	2 350.0	13 331.6	65 361.5	64 505.0

项目	损益及分配					
	商品销售成本(营业成本)	经营费用(营业费用)	运杂及装卸费	商品销售税金及附加费	商品销售利润	管理费用
总计	460 524.9	23 781.9	5 310.0	6 985.7	21 397.2	12 670.0
市区	425 820.5	21 572.7	4 926.9	6 604.3	20 517.5	11 679.0
柳江	22 109.2	1 231.6	221.2	179.1	482.3	574.8
柳城	12 595.2	977.6	161.9	202.3	397.4	416.2
(一)按经济类型分:						
国有经济	277 346.2	13 561.3	3 345.0	3 369.4	13 562.5	7 950.3
集体经济	82 967.5	4 930.2	835.2	1 298.0	2 514.1	2 021.1
私营经济	90.9	8.1	0.4	2.5	5.2	4.4
股份制经济	100 120.3	5 282.3	1 129.4	2 315.8	5 315.4	2 694.2
(二)按国民经济行业分						
食品、饮料、烟草和家庭用品批发商业	219 009.2	10 073.6	2 426.3	2 618.0	10 803.7	5 862.2
食品、饮料、烟草批发业	108 126.5	3 684.3	1 025.6	871.7	5 407.3	2 869.4
棉、麻、土畜产品批发业	6 023.3	320.9	72.1	83.0	269.3	294.6
纺织品、服装和鞋帽批发业	14 512.1	626.9	124.6	129.8	361.9	375.7
日用百货批发业	24 280.6	1 280.3	311.2	387.1	1 488.3	733.7
日用杂品批发业	3 783.4	227.6	48.5	91.8	224.8	192.7
五金、交电、化工批发业	45 238.9	2 748.4	657.5	710.6	1 890.9	919.4
药品及医疗器械批发业	17 044.4	1 185.2	186.8	344.0	1 161.2	476.7
能源、材料和机械电子设备批发业	29 590.6	1 430.6	402.3	472.6	1 810.9	1 131.2
能源批发业	19 038.2	877.5	317.1	336.5	1 447.8	885.7
化工材料批发业	3.4	0.1		0.2	1.4	9.9
木材批发业	238.6	33.4	2.8	8.1	10.6	10.0
建筑材料批发业	26.0	0.1		0.8	4.0	1.2
金属材料批发业	15.7	0.6		0.4	2.5	0.4
机械、电子设备批发业	0.7	0.1			0.2	0.1
汽车、摩托车及零配件批发业	5 427.8	226.9	53.0	77.0	72.4	43.5
再生物资回收批发业	4 840.2	291.9	29.4	49.6	272.0	180.4
其他批发业	56 252.4	2 472.3	904.9	233.5	1 814.0	1 036.4
农业生产资料批发业	55 584.9	2 357.5	899.6	215.2	1 784.8	1 019.3
其他类未包括的批发业	667.5	114.8	5.3	18.3	29.2	17.1
零售业	155 672.7	9 805.4	1 576.5	3 661.6	6 968.6	4 640.2
食品、饮料和烟草零售业	58 205.0	3 088.8	639.7	676.7	1 074.3	1 414.7
日用百货零售业	31 220.4	2 097.6	163.6	1 153.2	1 792.5	1 051.1
纺织品、服装和鞋帽零售业	20 858.6	1 570.2	251.1	666.3	1 387.8	620.1
日用杂品零售业	1 202.5	103.0	19.0	21.9	58.6	50.1
五金、交电、化工零售业	26 020.7	1 575.1	333.8	687.0	1 276.0	694.9
农业生产资料零售业	3 721.1	321.6	46.8	46.8	92.7	124.9
药品及医疗器械零售业	8 467.7	628.9	60.8	209.0	791.2	456.5
图书报刊零售业	2 207.2	259.8	21.4	110.4	197.0	98.1
其他零售业	3 769.5	160.4	40.3	90.3	298.5	129.8
(三)按企业规模分:						
大型企业	185 924.7	8 240.8	1 877.0	3 359.9	10 074.3	4 332.1
中型企业	216 314.7	11 495.5	2 737.2	2 886.4	9 294.7	6 425.9
小型企业	58 285.5	4 045.6	695.8	739.4	2 028.2	1 912.0

9—7 续表 4 (1993年) 单位:万元

项目	损益及分配				其他	
	财务费用	利息	营业利润	利润总额	本年应付工资	本年应付福利费
总计	4 070.2	3 786.3	6 117.9	8 131.4	8 083.9	1 338.4
市区	3 283.7	3 135.5	6 958.1	8 564.3	7 291.2	1 230.3
柳江	386.9	262.5	-447.4	-409.8	446.2	59.8
柳城	399.6	388.3	-392.8	-23.1	346.5	48.3
(一)按经济类型分:						
国有经济	2 455.6	2 276.2	3 960.8	6 353.2	3 651.6	750.2
集体经济	1 056.6	841.6	-356.9	-266.3	1 632.7	298.7
私营经济	0.3		0.6	0.6	5.4	0.9
股份制经济	557.7	668.5	2 513.4	2 043.9	2 794.2	288.6
(二)按国民经济行业分						
食品、饮料、烟草和家庭用品批发商业	2 074.6	1 960.6	3 592.5	5 344.9	2 881.4	517.2
食品、饮料、烟草批发业	877.8	838.3	2 137.3	3 793.5	1 141.3	220.2
棉、麻、土畜产品批发业	118.2	117.8	-19.7	18.3	119.0	38.2
纺织品、服装和鞋帽批发业	121.5	96.8	-116.1	62.3	213.8	29.3
日用百货批发业	285.4	286.8	508.7	509.8	598.0	60.7
日用杂品批发业	72.4	72.2	-23.6	-27.7	108.2	14.9
五金、交电、化工批发业	380.4	371.8	603.7	526.1	448.7	61.5
药品及医疗器械批发业	218.9	176.9	502.2	462.6	252.4	92.4
能源、材料和机械电子设备批发业	236.0	232.6	439.9	497.3	501.4	73.9
能源批发业	113.6	119.7	455.7	484.9	297.3	35.8
化工材料批发业	7.4		-15.9	-16.1	4.4	0.4
木材批发业	2.8	0.8	-2.2	9.4	8.3	18.4
建筑材料批发业			2.8	2.8	2.0	0.3
金属材料批发业			2.1	2.1	0.6	0.1
机械、电子设备批发业			0.1	0.1	0.1	
汽车、摩托车及零配件批发业	27.8	27.7	4.8	27.2	53.1	7.1
再生物资回收批发业	84.4	84.4	-7.5	-13.1	135.6	11.8
其他批发业	436.5	425.9	442.5	425.9	471.0	226.0
农业生产资料批发业	432.7	422.2	434.1	424.5	458.4	224.8
其他类未包括的批发业	3.8	3.7	8.4	1.4	12.6	1.2
零售业	1 323.1	1 167.2	1 643.0	1 863.3	4 230.1	521.3
食品、饮料和烟草零售业	252.6	181.7	-409.0	234.0	1 141.1	124.7
日用百货零售业	317.8	250.2	519.4	247.3	1 168.2	229.2
纺织品、服装和鞋帽零售业	337.1	367.5	759.7	853.2	1 208.9	41.8
日用杂品零售业	18.2	5.4	1.3	-0.2	41.9	5.5
五金、交电、化工零售业	198.3	179.7	387.4	271.1	156.7	68.3
农业生产资料零售业	128.0	122.9	-159.8	-154.6	145.1	13.8
药品及医疗器械零售业	49.2	47.9	289.6	184.5	237.8	19.7
图书报刊零售业	5.6	5.5	101.5	75.6	91.8	15.4
其他零售业	16.3	6.4	152.9	152.4	38.6	2.9
(三)按企业规模分:						
大型企业	1 147.1	1 247.3	5 203.1	4 721.9	2 962.6	403.1
中型企业	1 819.4	1 726.8	1 723.6	3 586.0	3 418.7	660.8
小型企业	1 103.7	812.2	-808.8	-176.5	1 702.6	274.5

9—8 市区国内商业财务状况

(1993年)　　　　单位:万元

项　　目	资本金	国　家	法　人	个　人	年末资产负债 流动资产	货币资金
总　计	58 881.2	46 765.8	9 400.9	2 504.5	145 743.7	15 174.7
(一)按经济类型分:						
国有经济	32 438.7	29 425.2	3 003.0	0.5	84 379.8	9 477.3
集体经济	10 776.1	6 075.4	4 590.5	110.2	28 305.3	2 540.2
私营经济	49.9			49.9	66.8	17.9
股份制经济	15 616.5	11 265.2	1 807.4	2 343.9	32 991.8	3 139.3
(二)按国民经济行业分						
食品、饮料、烟草和家庭用品批发商业	34 610.0	29 278.5	5 321.0	0.5	76 752.6	7 211.8
食品、饮料、烟草批发业	13 844.3	11 452.4	2 381.9		28 531.7	4 595.3
棉、麻、土畜产品批发业	2 346.0	1 958.9	387.1		3 738.8	300.7
纺织品、服装和鞋帽批发业	1 310.0	764.5	545.0	0.5	8 179.7	414.4
日用百货批发业	5 491.4	3 779.7	1 711.7		10 884.5	331.7
日用杂品批发业	316.6	316.6			2 087.6	124.8
五金、交电、化工批发业	394.6	138.6	256.0		13 269.6	904.6
药品及医疗器械批发业	10 907.1	10 867.8	39.3		10 060.7	540.3
能源、材料和机械电子设备批发业	3 068.2	1 960.6	1 044.5	63.1	9 265.7	1 195.1
能源批发业	1 759.3	1 688.3	71.0		5 568.4	908.3
化工材料批发业	50.0		50.0		50.0	1.0
木材批发业	84.5		84.5		123.8	13.3
建筑材料批发业	7.5		7.5		12.1	9.2
金属材料批发业	2.5			2.5	4.5	4.5
机械、电子设备批发业	3.0			3.0	2.6	1.4
汽车、摩托车及零配件批发业	384.3	272.3	54.4	57.6	1 472.8	72.2
再生物资回收批发业	777.1		777.1		2 031.5	185.2
其他批发业	4 417.3	4 245.4	171.9		17 015.2	1 616.5
农业生产资料批发业	4 405.6	4 245.4	160.2		16 791.0	1 615.3
其他类未包括的批发业	11.7		11.7		224.2	1.2
零　售　业	16 785.7	11 281.3	2 863.5	2 440.9	42 710.2	5 151.3
食品、饮料和烟草零售业	5 185.0	3 686.8	793.8	504.4	12 620.9	1 641.3
日用百货零售业	3 350.4	1 437.5	1 388.0	524.9	11 589.3	1 673.3
纺织品、服装和鞋帽零售业	5 796.8	4 295.2	187.0	1 314.6	6 805.2	197.0
日用杂品零售业	193.0		193.0		243.6	21.7
五金、交电、化工零售业	1 081.5	745.9	281.2	54.4	5 180.9	979.7
药品及医疗器械零售业	740.7	726.0	14.7		3 856.5	301.3
图书报刊零售业	287.3	287.3			1 328.1	119.3
其他零售业	151.0	102.6	5.8	42.6	1 085.7	217.7
(三)按企业规模分:						
大型企业	16 013.5	11 805.3	1 664.3	2 343.9	47 660.6	6 416.5
中型企业	36 233.6	31 599.3	4 584.3	50.0	83 656.4	7 068.3
小型企业	6 634.1	3 361.2	3 152.3	110.6	14 426.7	1 689.9

9—8 续表1 (1993年) 单位:万元

项目	年末资产负债					
	流动资产	长期投资	固定资产			累计折旧
	存货		合计	固定资产原价	生产经营用	
总计	73 449.2	3 420.6	46 694.5	48 539.3	40 220.9	9 314.1
(一)按经济类型分:						
国有经济	41 285.1	3 106.5	18 540.3	20 427.6	16 093.0	5 199.3
集体经济	11 321.2	155.4	5 156.0	4 570.0	3 280.3	1 089.5
私营经济	37.4		7.5	7.4	3.4	0.2
股份制经济	20 805.5	158.7	22 990.7	23 534.3	20 844.2	3 025.1
(二)按国民经济行业分						
食品、饮料、烟草和家庭用品批发商业	35 677.1	2 302.6	19 356.0	20 480.1	18 095.9	4 461.1
食品、饮料、烟草批发业	8 697.7	1 725.8	9 085.3	9 585.1	8 559.3	1 901.8
棉、麻、土畜产品批发业	396.9	99.5	489.9	482.0	384.3	249.6
纺织品、服装和鞋帽批发业	4 203.3	167.0	1 233.9	1 303.4	679.5	439.3
日用百货批发业	6 258.6	62.5	4 727.2	5 395.6	5 011.4	963.8
日用杂品批发业	1 024.2	4.8	295.7	265.1	125.0	99.8
五金、交电、化工批发业	8 625.4	82.5	2 444.9	1 884.4	1 884.4	470.5
药品及医疗器械批发业	6 471.0	160.5	1 079.1	1 564.5	1 452.0	336.3
能源、材料和机械电子设备批发业	6 184.1	82.8	2 216.6	2 731.1	2 202.6	1 048.2
能源批发业	3 919.1	22.3	1 220.2	1 590.4	1 308.1	762.5
化工材料批发业			151.0	151.0	151.0	
木材批发业	34.4		21.8	37.4		28.0
建筑材料批发业	2.9		1.0	1.0	1.0	
金属材料批发业						
机械、电子设备批发业	1.2					
汽车、摩托车及零配件批发业	1 054.9	49.8	142.8	178.7	178.7	36.1
再生物资回收批发业	1 171.6	10.7	679.8	772.6	563.8	221.6
其他批发业	5 834.3	250.8	2 171.1	2 484.7	1 719.1	580.1
农业生产资料批发业	5 651.5	244.8	2 167.5	2 478.4	1 712.8	577.4
其他类未包括的批发业	182.8	6.0	3.6	6.3	6.3	2.7
零售业	25 753.7	784.4	22 950.8	22 843.4	18 203.3	3 224.7
食品、饮料和烟草零售业	5 711.2	101.8	5 407.0	6 294.9	3 558.2	1 171.1
日用百货零售业	8 165.1	121.4	3 341.9	3 011.5	2 023.9	502.3
纺织品、服装和鞋帽零售业	5 208.0		12 019.1	11 500.3	11 423.7	1 127.8
日用杂品零售业	221.9		126.9	128.6	128.6	1.7
五金、交电、化工零售业	2 372.2	11.6	1 410.2	919.2	542.8	199.1
药品及医疗器械零售业	2 493.4	16.1	303.7	622.4	339.0	125.3
图书报刊零售业	1 061.0	500.5	296.1	320.2	145.1	86.9
其他零售业	520.9	33.0	45.9	46.3	42.0	10.5
(三)按企业规模分:						
大型企业	24 809.3	1 033.4	27 107.7	24 050.2	21 490.9	3 343.5
中型企业	42 360.6	2 115.6	15 858.3	20 380.8	15 318.2	5 214.0
小型企业	6 279.3	271.6	3 728.5	4 108.3	3 411.8	756.6

9—8 续表2　　　　　　　　　　(1993年)　　　　　　　　　　单位:万元

项　　　目	年末资产负债				损益及分配	
	固定资产合计 本年提取折旧	流动负债 合　计	长期负债 合　计	所有者 权益合计	商品销售 收入(营业收入)	商品销售 收入净额
总　计	1 853.1	131 328.0	13 793.4	50 802.9	476 054.1	470 949.6
(一)按经济类型分:						
国有经济	1 023.3	70 837.0	6 200.2	28 211.6	285 344.9	281 605.7
集体经济	223.6	21 330.6	1 457.9	6 803.1	76 809.2	75 471.8
私营经济	0.2	26.1	1.3	45.0	106.7	106.7
股份制经济	606.0	39 134.3	6 134.0	15 743.2	113 793.3	113 765.4
(二)按国民经济行业分						
食品、饮料、烟草和家庭用品批发商业	810.3	65 856.3	4 010.1	26 968.3	232 027.0	231 022.6
食品、饮料、烟草批发业	390.7	23 393.5	2 561.1	14 621.0	108 626.9	108 543.1
棉、麻、土畜产品批发业	30.6	1 212.4	160.7	479.6	6 625.0	6 624.4
纺织品、服装和鞋帽批发业	64.2	8 930.6	-2.9	201.7	15 661.4	15 629.9
日用百货批发业	138.7	8 866.6	331.3	6 778.3	27 461.8	26 671.0
日用杂品批发业	17.1	1 996.9	84.0	313.3	3 547.3	3 547.2
五金、交电、化工批发业	79.8	12 474.4	684.2	2 604.1	50 716.5	50 715.9
药品及医疗器械批发业	89.2	8 981.9	191.7	1 970.3	19 388.1	19 291.1
能源、材料和机械电子设备批发业	153.3	7 234.7	225.9	4 088.8	30 411.2	29 941.6
能源批发业	101.9	3 764.3	70.0	2 976.6	18 741.4	18 741.4
化工材料批发业			69.0		5.1	5.1
木材批发业	8.5	80.7		66.4	290.7	52.1
建筑材料批发业					30.9	30.9
金属材料批发业					19.2	19.2
机械、电子设备批发业				2.9	1.0	1.0
汽车、摩托车及零配件批发业	4.7	1 179.0		321.1	5 869.2	5 638.2
再生物资回收批发业	38.2	2 210.7	86.9	721.8	5 453.7	5 453.7
其他批发业	129.6	12 874.5	1 713.4	3 652.8	50 841.5	47 469.1
农业生产资料批发业	128.4	12 665.9	1 713.4	3 627.6	50 011.5	46 639.1
其他类未包括的批发业	1.2	208.6		25.2	830.0	830.0
零售业	759.9	45 362.5	7 844.0	16 093.0	162 774.4	162 516.3
食品、饮料和烟草零售业	266.2	15 619.6	1 115.0	5 570.4	60 793.5	60 781.6
日用百货零售业	96.2	13 024.5	1 164.8	1 116.9	33 152.5	33 150.6
纺织品、服装和鞋帽零售业	297.8	8 368.8	4 669.9	6 441.9	24 425.4	24 409.0
日用杂品零售业	1.7	1.6	6.0	19.3	1 110.7	1 110.7
五金、交电、化工零售业	55.0	3 185.0	879.0	1 290.2	27 663.8	27 642.5
药品及医疗器械零售业	19.1	3 368.9	5.5	1 074.5	9 647.2	9 605.1
图书报刊零售业	17.5	1 111.7	3.8	404.1	2 373.0	2 208.5
其他零售业	6.4	682.4		175.7	3 608.3	3 608.3
(三)按企业规模分:						
大型企业	761.4	54 910.9	7 155.6	17 326.7	208 459.1	208 432.2
中型企业	915.7	65 224.9	6 135.8	27 098.8	234 007.3	229 531.6
小型企业	176.0	11 192.2	502.0	6 377.4	33 587.7	32 985.8

9—8 续表 3　　(1993 年)　　单位:万元

项　　目	损益及分配					
	商品销售成本(营业成本)	经营费用(营业费用)	运杂及装卸费	商品销售税金及附加费	商品销售利润	管理费用
总　　计	425 820.5	21 572.7	4 926.9	6 604.3	20 517.5	11 679.0
(一)按经济类型分:						
国有经济	256 405.6	12 191.4	3 188.6	3 093.5	12 959.5	7 321.8
集体经济	69 203.7	4 090.9	608.5	1 192.5	2 237.4	1 658.6
私营经济	90.9	8.1	0.4	2.5	5.2	4.4
股份制经济	100 120.3	5 282.3	1 129.4	2 315.8	5 315.4	2 694.2
(二)按国民经济行业分						
食品、饮料、烟草和家庭用品批发商业	208 942.7	9 650.1	2 371.5	2 548.8	10 608.8	5 637.2
食品、饮料、烟草批发业	99 227.5	3 324.1	980.0	817.9	5 251.4	2 675.7
棉、麻、土畜产品批发业	5 951.9	310.1	72.1	82.5	277.3	292.0
纺织品、服装和鞋帽批发业	14 512.1	626.9	124.6	129.8	361.9	375.7
日用百货批发业	24 280.6	1 280.3	311.2	387.1	1 488.3	733.7
日用杂品批发业	3 046.4	208.1	40.7	85.6	207.2	175.5
五金、交电、化工批发业	45 238.9	2 748.4	657.5	710.6	1 890.9	919.4
药品及医疗器械批发业	16 685.3	1 152.2	185.4	335.3	1 131.8	465.2
能源、材料和机械电子设备批发业	26 965.5	1 240.9	349.0	416.9	1 722.8	1 069.6
能源批发业	16 413.1	687.8	263.8	280.8	1 359.7	824.1
化工材料批发业	3.4	0.1		0.2	1.4	9.9
木材批发业	238.6	33.4	2.8	8.1	10.6	10.0
建筑材料批发业	26.0	0.1		0.8	4.0	1.2
金属材料批发业	15.7	0.6		0.4	2.5	0.4
机械、电子设备批发业	0.7	0.1			0.2	0.1
汽车、摩托车及零配件批发业	5 427.8	226.9	53.0	77.0	72.4	43.5
再生物资回收批发业	4 840.2	291.9	29.4	49.6	272.0	180.4
其他批发业	46 912.8	2 072.7	747.3	212.1	1 480.4	804.6
农业生产资料批发业	46 245.3	1 957.9	742.0	193.8	1 451.2	787.5
其他类未包括的批发业	667.5	114.8	5.3	18.3	29.2	17.1
零　售　业	142 999.5	8 609.0	1 459.1	3 426.5	6 705.5	4 167.6
食品、饮料和烟草零售业	56 099.0	2 789.3	636.1	661.1	1 206.7	1 296.6
日用百货零售业	27 919.4	1 826.2	140.5	1 083.1	1 643.1	949.1
纺织品、服装和鞋帽零售业	20 753.4	1 550.7	251.1	662.5	1 387.1	620.1
日用杂品零售业	963.1	80.1	15.2	17.1	50.4	41.6
五金、交电、化工零售业	24 327.5	1 484.5	322.0	642.1	1 184.6	636.9
药品及医疗器械零售业	8 062.3	572.2	46.6	193.4	765.0	442.0
图书报刊零售业	1 753.6	211.4	20.0	91.4	152.0	70.4
其他零售业	3 121.2	94.6	27.6	75.8	316.6	110.9
(三)按企业规模分:						
大型企业	185 924.7	8 240.8	1 877.0	3 359.9	10 074.3	4 332.1
中型企业	210 486.6	11 223.4	2 696.8	2 764.5	8 998.7	6 267.0
小型企业	29 409.2	2 108.5	353.1	479.9	1 444.5	1 079.9

9—8 续表 4 (1993年) 单位:万元

项目	损益及分配				其他	
	财务费用	利息	营业利润	利润总额	本年应付工资	本年应付福利费
总计	3 283.7	3 135.5	6 958.1	8 564.3	7 291.2	1 230.3
(一)按经济类型分:						
国有经济	1 947.7	1 887.4	4 445.2	6 467.6	3 184.2	688.0
集体经济	778.0	579.6	-1.1	52.2	1 307.4	252.8
私营经济	0.3		0.6	0.6	5.4	0.9
股份制经济	557.7	668.5	2 513.4	2 043.9	2 794.2	288.6
(二)按国民经济行业分						
食品、饮料、烟草和家庭用品批发商业	1 931.2	1 851.5	3 753.4	5 357.2	2 733.5	498.9
食品、饮料、烟草批发业	776.6	765.8	2 263.7	3 764.3	1 028.4	207.6
棉、麻、土畜产品批发业	108.4	108.0	0.7	39.1	116.5	37.7
纺织品、服装和鞋帽批发业	121.5	96.8	-116.1	62.3	23.8	29.3
日用百货批发业	285.4	286.8	508.7	509.8	598.0	60.7
日用杂品批发业	45.6	45.4	2.8	2.9	97.1	13.6
五金、交电、化工批发业	380.4	371.8	603.7	526.1	448.7	61.5
药品及医疗器械批发业	213.3	176.9	489.9	452.7	231.0	88.5
能源、材料和机械电子设备批发业	206.2	196.5	440.1	495.6	450.2	66.9
能源批发业	83.8	83.6	455.9	483.2	246.1	28.8
化工材料批发业	7.4		-15.9	-16.1	4.4	0.4
木材批发业	2.8	0.8	-2.2	9.4	8.3	18.4
建筑材料批发业			2.8	2.8	2.0	0.3
金属材料批发业			2.1	2.1	0.6	0.1
机械、电子设备批发业			0.1	0.1	0.1	
汽车、摩托车及零配件批发业	27.8	27.7	4.8	27.2	53.1	7.1
再生物资回收批发业	84.4	84.4	-7.5	-13.1	135.6	11.8
其他批发业	350.2	349.8	421.7	401.3	355.8	197.2
农业生产资料批发业	346.4	346.1	413.3	399.9	343.2	196.0
其他类未包括的批发业	3.8	3.7	8.4	1.4	12.6	1.2
零售业	796.1	737.7	2 342.9	2 310.2	3 751.7	467.3
食品、饮料和烟草零售业	15.6	15.7	40.2	414.8	1 037.3	107.8
日用百货零售业	208.1	142.3	584.8	328.7	1 051.9	215.3
纺织品、服装和鞋帽零售业	337.1	367.5	759.0	852.8	1 197.6	41.0
日用杂品零售业	12.8	8.5	6.9	27.9	3.5	
五金、交电、化工零售业	169.3	161.2	388.5	277.1	116.5	66.1
药品及医疗器械零售业	42.9	41.6	276.6	171.3	222.4	16.9
图书报刊零售业	3.3	3.2	86.5	59.3	78.4	13.6
其他零售业	7.0	6.2	198.8	199.3	19.7	3.1
(三)按企业规模分:						
大型企业	1 147.1	1 247.3	5 203.1	4 721.9	2 962.6	403.1
中型企业	1 722.2	1 640.5	1 685.0	3 559.6	3 313.3	648.9
小型企业	414.4	247.7	70.0	282.8	1 015.3	178.3

9—9 批发贸易业机构、网点、人员

（1993 年）

项目	全市			市区		
	机构（个）	网点（个）	人员（人）	机构（个）	网点（个）	人员（人）
总计	2 330	1 114	16 479	2 292	962	15 258
市	2 292	962	15 258	2 292	962	15 258
县	33	110	1 009			
县及县以下	5	42	212			
一、独立核算国内批发商业	111	590	8 610	81	461	7 551
（一）、按经济类型分：						
国有经济	62	367	5 489	42	299	4 757
集体经济	46	214	2 604	36	153	2 277
私营经济	2	2	10	2	2	10
股份制经济	1	7	507	1	7	507
（二）、按国民经济行业分：						
食品、饮料、烟草和家庭用品批发商业	74	373	6 083	57	322	5 476
食品、饮料、烟草批发业	39	203	2 791	25	165	2 285
棉、麻、土畜产品批发业	3	15	315	2	13	299
纺织品、服装和鞋帽批发业	9	17	416	9	17	416
日用百货批发业	6	37	845	6	37	845
日用杂品批发业	2	20	299	1	12	268
五金、交电、化工批发业	9	41	852	9	41	852
药品及医疗器械批发业	6	40	565	5	37	511
能源、材料和机械电子设备批发业	18	74	1 199	14	64	1 075
能源批发业	6	23	622	2	13	498
化工材料批发业	1	1	15	1	1	15
木材批发业	1	5	42	1	5	42
建筑材料批发业	1	1	7	1	1	7
金属材料批发业	1	1	2	1	1	2
机械、电子设备批发业	1	1	8	1	1	8
汽车、摩托车及零配件批发业	4	7	137	4	7	137
再生物资回收批发业	3	35	366	3	35	366
其他批发业	19	143	1 328	10	75	1 000
农业生产资料批发业	18	142	1 302	9	74	974
其他类未包括的批发业	1	1	26	1	1	26
（三）、按企业规模分：						
大型国内批发商业	4	43	741	4	43	741
中型国内批发商业	31	256	5 510	30	255	5 496
小型国内批发商业	76	291	2 359	47	163	1 314
二、独立核算对外贸易批发业	23	24	652	21	22	620
（一）、按经济类型分：						
国有经济	21	22	626	19	20	594
股份制经济	1	1	17	1	1	17
港、澳、台与大陆合资经营企业	1	1	9	1	1	9
（二）、按国民经济行业分：						
食品、饮料、烟草和家庭用品批发商业	12	13	394	10	11	362
食品、饮料、烟草批发业	4	5	107	3	4	99
棉、麻、土畜产品批发业	3	3	99	2	2	75
纺织品、服装和鞋帽批发业	2	2	86	2	2	86
日用百货批发业	1	1	22	1	1	22

9—9　续表1　　　　(1993年)

项　　目	全市			市区		
	机构（个）	网点（个）	人员（人）	机构（个）	网点（个）	人员（人）
五金、交电、化工批发业	1	1	70	1	1	70
药品及医疗器械批发业	1	1	10	1	1	10
能源、材料和机械电子设备批发业	10	10	243	10	10	243
化工材料批发业	1	1	24	1	1	24
建筑材料批发业	1	1	23	1	1	23
矿产品批发业	1	1	22	1	1	22
金属材料批发业	2	2	39	2	2	39
机械、电子设备批发业	5	5	135	5	5	135
其他批发业	1	1	15	1	1	15
工艺美术品批发业	1	1	15	1	1	15
（三）、按企业规模分：						
中型对外贸易商业	2	2	32	2	2	32
小型对外贸易商业	21	22	620	19	20	588
三、独立核算物资供销批发业	69	233	2 793	63	213	2 672
（一）、按经济类型分：						
国有经济	45	191	2 355	42	175	2 250
集体经济	24	42	438	21	38	422
（二）、按国民经济行业分：						
能源、材料和机械电子设备批发业	67	229	2 771	62	210	2 654
能源批发业	1	23	822	1	23	822
化工材料批发业	4	22	125	4	22	125
木材批发业	3	17	149	2	16	135
建筑材料批发业	3	12	92	2	10	84
矿产品批发业	2	4	29	2	4	29
金属材料批发业	41	91	959	38	75	864
机械、电子设备批发业	5	23	184	5	23	184
汽车、摩托车及零配件批发业	6	29	193	6	29	193
再生物资回收批发业	2	8	218	2	8	218
其他批发业	2	4	22	1	3	18
其他类未包括的批发业	2	4	22	1	3	18
（三）、按企业规模分：						
中型物资供销批发商业	31	164	2 214	30	157	2 168
小型物资供销批发商业	38	69	579	33	56	504
四、附营批发贸易单位		243	1 595		242	1 586
（一）、按经济类型分：						
国有经济		57	363		56	354
集体经济		185	1 229		185	1 229
其他经济		1	3		1	3
（二）、按国民经济行业分：						
食品、饮料、烟草和家庭用品批发商业		69	417		68	408
食品、饮料、烟草批发业		19	156		18	147
棉、麻、土畜产品批发业		15	81		15	81
纺织品、服装和鞋帽批发业		19	72		19	72
日用百货批发业		3	47		3	47
五金、交电、化工批发业		13	61		13	61
能源、材料和机械电子设备批发业		149	1 053		149	1 053

9—9　续表 2　　　　　　　　(1993年)

项　　目	全		市	市		区
	机构(个)	网点(个)	人员(人)	机构(个)	网点(个)	人员(人)
能源批发业		3	24		3	24
化工材料批发业		1	3		1	3
木材批发业		5	45		5	45
建筑材料批发业		19	104		19	104
金属材料批发业		4	18		4	18
机械、电子设备批发业		27	168		27	168
汽车、摩托车及零配件批发业		4	11		4	11
再生物资回收批发业		86	680		86	680
其他批发业		25	125		25	125
其他类未包括的批发业		25	125		25	125
(三)、按原所属行业分：						
国内商业		196	1 299		195	1 290
物资供销业		47	296		47	296
五、乡镇企业管理的批发贸易业	24	24	238	24	24	238
六、个体批发商业	2 103		2 591	2 103		2 591

9—10　餐饮业机构、网点、人员

(1993年)

项　　目	全		市	市		区
	机构(个)	网点(个)	人员(人)	机构(个)	网点(个)	人员(人)
总　计	5 679	514	11 922	3 031	503	8 400
市	3 031	503	8 400	3 031	503	8 400
县	631	11	1 058			
县及县以下	2 017		2 464			
一、独立核算餐饮业	12	64	636	9	55	517
(一)按经济类型分：						
国有经济	4	20	320	2	14	218
集体经济	6	42	300	5	39	283
私营经济	2	2	16	2	2	16
(二)按国民经济行业分：						
餐饮业	12	64	636	9	55	517
正　餐	9	49	569	7	43	467
其他餐饮业	3	15	67	2	12	50
小　吃	3	15	67	2	12	50
(三)按原所属行业分：						
大型餐饮业	1	13	178	1	13	178
中型餐饮业	1	7	32	1	7	32
小型餐饮业	10	44	426	7	35	307
二、附营餐饮业		438	1 954		436	1 940
三、乡镇企业局管理的餐饮业	12	12	591	12	12	591
四、个体餐饮业	5 655		8 741	3 010		5 352

9—11 零售贸易业机构、网点、人员

(1993年)

项目	全市 机构（个）	全市 网点（个）	全市 人员（人）	市区 机构（个）	市区 网点（个）	市区 人员（人）
总计	19 365	4 251	53 441	9 601	3 695	36 738
市	9 601	3 695	36 738	9 601	3 695	36 738
县	2 164	144	4 157			
县及县下	7 600	412	12 546			
一、独立核算零售贸易企业	1 164	3 506	24 502	1 092	3 017	22 329
（一）、按经济类型分：						
国有经济	268	971	10 733	228	851	9 627
集体经济	891	2 469	10 168	859	2 100	9 101
私营经济	2	3	19	2	3	19
股份制经济	3	63	3 582	3	63	3 582
（二）、按国民经济行业分：						
零售业	1 164	3 506	24 502	1 092	3 017	22 329
食品、饮料和烟草零售业	168	923	8 104	143	866	7 536
日用百货零售业	174	693	5 729	158	557	5 009
纺织品、服装和鞋帽零售业	11	67	1 278	10	66	1 248
日用杂品零售业	89	208	1 077	88	204	1 061
五金、交电、化工零售业	472	764	4 476	470	754	4 359
农业生产资料零售业	19	241	590			
药品及医疗器械零售业	15	73	766	14	63	710
图书报刊零售业	16	61	437	14	55	420
其他零售业	200	476	2 045	195	452	1 986
（三）、按企业规模分：						
大型国内零售企业	4	83	4 100	4	83	4 100
中型国内零售企业	17	267	3 288	12	236	2 896
小型国内零售企业	1 143	3 156	17 114	1 076	2 698	15 333
二、附营零售贸易业单位		619	3 259		583	3 094
（一）、按经济类型分：						
国有经济		241	1 001		209	884
集体经济		376	2 243		372	2 195
其他经济		2	15		2	15
（二）、按国民经济行业分：						
零售业		619	3 259		583	3 094
食品、饮料和烟草零售业		161	1 010		158	989
日用百货零售业		85	445		68	353
纺织品、服装和鞋帽零售业		16	67		16	67
日用杂品零售业		21	108		21	108
五金、交电、化工零售业		90	466		90	466
农业生产资料零售业		1	4		1	4
药品及医疗器械零售业		8	69		8	69
图书报刊零售业		61	125		47	80
其他零售业		176	965		174	958
（三）、按原所属行业分：						
国内商业		601	3 131		565	2 966
物资供销业		18	128		18	128
四、乡镇企业局管理的零售贸易业	126	126	1 140	95	95	953
五、个体零售商业	18 075		24 540	8 414		10 362

9—12 餐饮业财务状况

(1993年)　　单位:万元

项目	资本金	国家	法人	个人
全市总计	1 231.1	947.0	278.6	5.5
(一)、按经济类型分:				
国有经济	986.0	944.0	42.0	
集体经济	239.6	3.0	236.6	
私营经济	5.5			5.5
(二)、按国民经济行业分:				
餐饮业	1 231.1	947.0	278.6	5.5
(三)、按企业规模分:				
大型企业	842.9	842.9		
小型企业	388.2	104.1	278.6	5.5
市区总计	1 127.0	842.9	278.6	5.5
(一)、按经济类型分:				
国有经济	884.9	842.9	42.0	
集体经济	236.6		236.6	
私营经济	5.5			5.5
(二)、按国民经济行业分:				
餐饮业	1 127.0	842.9	278.6	5.5
(三)、按企业规模分:				
大型企业	842.9	842.9		
小型企业	284.1		278.6	5.5

项目	年末资产负债			
	流动资产	货币资金	存货	长期投资
全市总计	2 537.5	359.7	1 079.7	73.4
(一)、按经济类型分:				
国有经济	2 216.6	254.3	1 036.8	8.9
集体经济	315.9	100.4	42.9	64.5
私营经济	5.0	5.0		
(二)、按国民经济行业分:				
餐饮业	2 537.5	359.7	1 079.7	73.4
(三)、按企业规模分:				
大型企业	2 127.1	240.0	1 024.2	8.6
小型企业	410.4	119.7	55.5	64.8
市区总计	2 454.3	350.4	1 067.4	73.1
(一)、按经济类型分:				
国有经济	2 133.4	245.0	1 024.5	8.6
集体经济	315.9	100.4	42.9	64.5
私营经济	5.0	5.0		
(二)、按国民经济行业分:				
餐饮业	2 454.3	350.4	1 067.4	73.1
(三)、按企业规模分:				
大型企业	2 127.1	240.0	1 024.2	8.6
小型企业	327.2	110.4	43.2	64.5

9—12 续表1 (1993年) 单位:万元

项目	年末资产负债				
	固定资产合计	固定资产原价	生产经营用	累计折旧	固定资产合计 本年提取折旧
全市总计	1 352.9	1 409.2	1 088.4	419.0	59.0
(一)、按经济类型分:					
国有经济	1 153.3	1 184.8	975.0	372.3	17.4
集体经济	196.6	221.4	110.4	46.7	41.6
私营经济	3.0	3.0	3.0		
(二)、按国民经济行业分:					
餐饮业	1 352.9	1 409.2	1 088.4	419.0	59.0
(三)、按企业规模分:					
大型企业	1 038.3	1 038.3	885.6	311.0	10.6
小型企业	314.6	370.9	202.8	108.0	48.6
市区总计	1 237.6	1 302.0	1 002.2	359.7	53.2
(一)、按经济类型分:					
国有经济	1 038.3	1 077.9	889.1	313.0	11.6
集体经济	196.3	221.1	110.1	46.7	41.6
私营经济	3.0	3.0	3.0		
(二)、按国民经济行业分:					
餐饮业	1 237.6	1 302.0	1 002.2	359.7	53.2
(三)、按企业规模分:					
大型企业	1 038.3	1 038.3	885.6	311.0	10.6
小型企业	199.3	263.7	116.6	48.7	42.6

项目	年末资产负债			损益及分配	
	流动负债合计	长期负债合计	所有者权益合计	商品销售收入(营业收入)	商品销售收入净额
全市总计	2 150.9	387.6	1 388.7	4 406.5	4 406.4
(一)、按经济类型分:					
国有经济	1 924.3	276.4	1 107.1	3 475.0	3 474.9
集体经济	226.6	111.2	281.6	920.5	920.5
私营经济				11.0	11.0
(二)、按国民经济行业分:					
餐饮业	2 150.9	387.6	1 388.7	4 406.5	4 406.4
(三)、按企业规模分:					
大型企业	1 858.5	256.4	965.7	3 084.2	3 084.2
小型企业	292.4	131.2	423.0	1 322.3	1 322.2
市区总计	2 085.1	367.6	1 285.3	4 056.9	4 056.9
(一)、按经济类型分:					
国有经济	1 858.5	256.4	1 003.7	3 130.5	3 130.5
集体经济	226.6	111.2	281.6	915.4	915.4
私营经济				11.0	11.0
(二)、按国民经济行业分:					
餐饮业	2 085.1	367.6	1 285.3	4 056.9	4 056.9
(三)、按企业规模分:					
大型企业	1 858.5	256.4	965.7	3 084.2	3 084.2
小型企业	226.6	111.2	319.6	972.7	972.7

9—12 续表 2 (1993 年) 单位:万元

项目	损益及分配					
	商品销售成本(营业成本)	经营费用(营业费用)	运杂及装卸费	商品销售税金及附加费	商品销售利润	管理费用
全市总计	2 941.0	887.2	24.5	184.0	379.6	249.0
(一)、按经济类型分:						
国有经济	2 349.9	647.3	24.5	152.2	325.6	226.3
集体经济	583.9	239.9		31.2	50.8	22.4
私营经济	7.2			0.6	3.2	0.3
(二)、按国民经济行业分:						
餐饮业	2 941.0	887.2	24.5	184.0	379.6	249.0
(三)、按企业规模分:						
大型企业	2 117.2	545.5	24.0	134.3	287.2	203.9
小型企业	823.8	341.7	0.5	49.7	92.4	45.1
市区总计	2 733.4	798.7	24.2	168.2	341.9	226.6
(一)、按经济类型分:						
国有经济	2 143.3	561.8	24.2	136.7	288.7	203.9
集体经济	582.9	236.9		30.9	50.0	22.4
私营经济	7.2			0.6	3.2	0.3
(二)、按国民经济行业分:						
餐饮业	2 733.4	798.7	24.2	168.2	341.9	226.6
(三)、按企业规模分:						
大型企业	2 117.2	545.5	24.0	134.3	287.2	203.9
小型企业	616.2	253.2	0.2	33.9	54.7	22.7

项目	损益及分配				其他	
	财务费用	利息	营业利润	利润总额	本年应付工资	本年应付福利费
全市总计	31.0	30.7	154.1	178.8	200.6	29.2
(一)、按经济类型分:						
国有经济	30.2	30.2	123.7	143.5	116.4	21.3
集体经济	0.8	0.5	27.5	32.4	81.8	7.8
私营经济			2.9	2.9	2.4	0.1
(二)、按国民经济行业分:						
餐饮业	31.0	30.7	154.1	178.8	200.6	29.2
(三)、按企业规模分:						
大型企业	26.0	26.0	110.7	133.8	89.8	18.2
小型企业	5.0	4.7	43.4	45.0	110.8	11.0
市区总计	26.8	26.5	141.8	169.8	175.8	26.6
(一)、按经济类型分:						
国有经济	26.0	26.0	112.2	135.3	94.6	18.7
集体经济	0.8	0.5	26.7	31.6	78.8	7.8
私营经济			2.9	2.9	2.4	0.1
(二)、按国民经济行业分:						
餐饮业	26.8	26.5	141.8	169.8	175.8	26.6
(三)、按企业规模分:						
大型企业	26.0	26.0	110.7	133.8	89.8	18.2
小型企业	0.8	0.5	31.1	36.0	86.0	8.4

9—13 全市物资供销业商品销售、库存总额

（1993年）

单位：万元

项目	商品购进总额	从生产者购进	从批发零售贸易业购进	进口	其他	商品销售总额
总额	296 245.8	163 291.5	124 089.3	6 640.0	2 225.0	293 204.9
市区	291 042.1	162 566.8	121 835.3	6 640.0		287 759.5
柳江	4 374.0	431.0	1 718.0		2 225.0	4 461.5
柳城	829.7	293.7	536.0			983.9
一、按经济类型分：						
国有经济	264 513.5	147 105.2	108 551.3	6 640.0	2 217.0	265 932.6
集体经济	31 732.3	16 186.3	15 538.0		8.0	27 272.3
二、按国民经济行业分：						
能源、材料和机械电子设备批发业	291 283.5	163 009.2	119 417.3	6 640.0	2 217.0	288 329.7
能源批发业	5 410.0	4 095.0	1 315.0			6 134.0
化工材料批发业	25 611.0	15 170.0	10 441.0			25 636.5
木材批发业	27 944.0	8 242.0	19 702.0			28 999.0
建筑材料批发业	36 406.1	22 785.7	13 620.4			38 008.6
矿产品批发业	160.4	160.4				104.0
金属材料批发业	100 928.0	46 489.7	45 581.3	6 640.0	2 217.0	91 406.2
机械、电子设备批发业	34 317.9	24 859.9	9 458.0			34 171.1
汽车、摩托车及零配件批发业	52 827.1	35 107.5	17 719.6			55 265.3
再生物资回收批发业	7 679.0	6 099.0	1 580.0			8 605.0
其他批发业	4 962.3	282.3	4 672.0		8.0	4 875.2
三、按企业规模分：						
中型企业	268 896.5	152 506.2	107 533.3	6 640.0	2 217.0	266 449.9
小型企业	27 349.3	10 785.3	16 556.0		8.0	26 755.0
四、附注：附营单位	6 034.8	2 508.9	3 363.3		162.6	7 064.7

项目	商品销售总额					年末库存额
	批发	对生产经营者的批发	对农民农业生产资料销售	对批发零售贸易业批发	对居民和社会集团商品零售额	
总额	290 379.4	177 541.1	65.6	112 838.3	2 825.5	28 596.5
市区	285 707.8	173 897.5	50.0	111 810.3	2 051.7	28 134.9
柳江	3 901.1	2 873.1	8.6	1 028.0	560.4	315.8
柳城	770.5	770.5	7.0		213.4	145.8
一、按经济类型分：						
国有经济	263 698.6	160 466.3	15.6	103 232.3	2 234.0	27 328.8
集体经济	26 680.8	17 074.8	50.0	9 606.0	591.5	1 267.7
二、按国民经济行业分：						
能源、材料和机械电子设备批发业	285 661.4	175 575.9	65.6	110 085.5	2 668.3	28 242.3
能源批发业	5 543.0	4 754.3		788.7	591.0	1 628.0
化工材料批发业	25 636.5	5 901.5		19 735.0		1 601.0
木材批发业	28 992.6	11 326.6		17 666.0	6.4	952.0
建筑材料批发业	38 007.4	33 343.6		4 663.8	1.2	1 202.9
矿产品批发业	104.0	104.0				44.4
金属材料批发业	90 460.5	58 130.4	15.6	32 330.1	945.7	15 162.4
机械、电子设备批发业	33 918.1	26 546.1	50.0	7 372.0	253.0	2 945.0
汽车、摩托车及零配件批发业	54 430.3	28 521.4		25 908.9	835.0	3 610.6
再生物资回收批发业	8 569.0	6 948.0		1 621.0	36.0	1 096.0
其他批发业	4 718.0	1 965.2		2 752.8	157.2	354.2
三、按企业规模分：						
中型企业	264 445.7	158 044.8	8.6	106 400.9	2 004.2	25 502.0
小型企业	25 933.7	19 496.3	57.0	6 437.4	821.3	3 094.5
四、附注：附营单位	5 888.1	3 300.1		2 588.0	1 176.6	1 665.8

9—14 市区物资供销业商品销售、库存总额

(1993年)　　单位:万元

项目	商品购进总额	从生产者购进	从批发零售贸易业购进	进口	其他	商品销售总额
总额	291 042.1	162 566.8	121 835.3	6 640.0		287 759.5
一、按经济类型分:						
国有经济	259 975.5	146 538.2	106 797.3	6 640.0		261 171.6
集体经济	31 066.6	16 028.6	15 038.0			26 587.9
二、按国民经济行业分:						
能源、材料和机械电子设备批发业	286 297.8	162 384.5	117 273.3	6 640.0		283 127.3
能源批发业	5 410.0	4 095.0	1 315.0			6 134.0
化工材料批发业	25 611.0	15 170.0	10 441.0			25 636.5
木材批发业	27 922.0	8 225.0	19 697.0			28 951.0
建筑材料批发业	36 348.4	22 728.0	13 620.4			37 939.7
矿产品批发业	160.4	160.4				104.0
金属材料批发业	96 022.0	45 939.7	43 442.3	6 640.0		86 320.7
机械、电子设备批发业	34 317.9	24 859.9	9 458.0			34 171.1
汽车、摩托车及零配件批发业	52 827.1	35 107.5	17 719.6			55 265.3
再生物资回收批发业	7 679.0	6 099.0	1 580.0			8 605.0
其他批发业	4 744.3	182.3	4 562.0			4 632.2
三、按企业规模分:						
中型企业	265 130.5	152 175.2	106 315.3	6 640.0		262 603.9
小型企业	25 911.6	10 391.6	15 520.0			25 155.6
四、附注:附营单位	6 034.8	2 508.9	3 363.3		162.6	7 064.7

项目	商品销售总额					年末库存额
	批发	对生产经营者的批发	对农民农业生产资料销售	对批发零售贸易业批发	对居民和社会集团商品零售额	
总额	285 707.8	173 897.5	50.0	111 810.3	2 051.7	28 134.9
一、按经济类型分:						
国有经济	259 181.7	156 977.4		102 204.3	1 989.9	26 977.8
集体经济	26 526.1	16 920.1	50.0	9 606.0	61.8	1 157.1
二、按国民经济行业分:						
能源、材料和机械电子设备批发业	281 075.6	172 018.1	50.0	109 057.5	2 051.7	27 836.0
能源批发业	5 543.0	4 754.3		788.7	591.0	1 628.0
化工材料批发业	25 636.5	5 901.5		19 735.0		1 601.0
木材批发业	28 951.0	11 285.0		17 666.0		931.0
建筑材料批发业	37 938.5	33 274.7		4 663.8	1.2	1 185.1
矿产品批发业	104.0	104.0				44.4
金属材料批发业	85 985.2	54 683.1		31 302.1	335.5	14 794.9
机械、电子设备批发业	33 918.1	26 546.1	50.0	7 372.0	253.0	2 945.0
汽车、摩托车及零配件批发业	54 430.3	28 521.4		25 908.9	835.0	3 610.6
再生物资回收批发业	8 569.0	6 948.0		1 621.0	36.0	1 096.0
其他批发业	4 632.2	1 879.4		2 752.8		298.9
三、按企业规模分:						
中型企业	260 630.4	155 257.5		105 372.9	1 973.5	25 279.0
小型企业	25 077.4	18 640.0	50.0	6 437.4	78.2	2 855.9
四、附注:附营单位	5 888.1	3 300.1		2 588.0	1 176.6	1 665.8

9—15 全市物资供销业商品销售、库存数量

（1993年）

项目	单位	大中型企业			小型企业		
		批发额	零售额	年末库存额	批发额	零售额	年末库存额
食糖	吨				500.0		
服装	百件		37.0	9.0		22.0	7.0
鞋	百双					11.0	2.0
自行车	辆		1 120.0				
摩托车	辆	1 056.0	118.0	200.0			
农用动力机械	台				4.0		
汽车	辆	12 644.0	235.0	794.0	91.0		
#载货汽车	辆	7 063.0	15.0	271.0	80.0		
生铁	吨	5 718.0			1 256.0		6.0
钢材	吨	263 694.0	183.0	32 507.0	40 771.0	1 456.0	8 546.0
#铁道用钢材	吨	200.0		30.0	188.0		
#普通大型钢材	吨	3 109.0		298.0	355.0		
普通中型钢材	吨	30 874.0		8 742.0	4 975.0	8.0	481.0
普通小型钢材	吨	76 777.0	77.0	6 966.0	6 843.0	714.0	4 468.0
钢带	吨	263.0			278.0		94.0
线材	吨	45 197.0	26.0	2 019.0	3 504.0	241.0	65.0
特厚钢板	吨	274.0		74.0	40.0		
中厚钢板	吨	49 283.0		6 742.0	8 075.0		634.0
薄钢板	吨	22 443.0	65.0	3 638.0	10 736.0	36.0	1 026.0
硅钢片	吨	476.0		18.0	229.0		17.0
优质钢型材	吨	10 553.0		2 171.0	1 226.0		437.0
无缝钢管	吨	6 786.0		959.0	581.0		42.0
焊接钢管	吨	6 443.0	15.0	468.0	1 108.0	25.0	209.0
铜	吨	1 104.0		81.0	160.0		
铝	吨	3 068.0		414.0	69.0		20.0
铅	吨	68.0		32.0	36.0		5.0
锌	吨	1 512.0		51.0	210.0		1.0
锡	吨	19.0		14.0	80.0		3.0
铜材	吨	311.0		130.0	67.0		29.0
铝材	吨	55.0		40.0	58.0		3.0
硫酸	吨				18.0		
烧碱	吨	620.0		27.0			
纯碱	吨	12 897.0		2 053.0	92.0		
天然橡胶	吨	1 203.0		54.0			
合成橡胶	吨	3 692.0		1.0			
水泥	吨	171 423.0		1 720.0	4 453.0	1 000.0	15.0
平板玻璃	重量箱	126 870.0	18.0	15 666.0	22.0		27.0
原木	立方米	5 334.0		167.0	1 153.0	1 120.0	521.0
煤炭	吨	207 970.0	25 550.0	91 434.0	32 586.0		310.0
焦炭	吨	227.0			886.0		
柴油	吨				50.0		

9—16 市区物资供销业商品销售、库存数量

(1993年)

项目	单位	大中型企业			小型企业		
		批发额	零售额	年末库存额	批发额	零售额	年末库存额
食糖	吨				500.0		
服装	百件		37.0	9.0		22.0	7.0
鞋	百双					11.0	2.0
自行车	辆		1 120.0				
摩托车	辆	1 056.0	118.0	200.0			
农用动力机械	台				4.0		
汽车	辆	12 644.0	218.0	793.0	83.0		
#载货汽车	辆	7 063.0	1.0	271.0	80.0		
生铁	吨	2 982.0			1 240.0		
钢材	吨	257 208.0	95.0	32 085.0	39 521.0	38.0	8 241.0
#铁道用钢材	吨	200.0		30.0	188.0		
#普通大型钢材	吨	3 105.0		298.0	355.0		
普通中型钢材	吨	30 094.0		8 742.0	4 975.0		478.0
普通小型钢材	吨	74 489.0	40.0	6 731.0	6 282.0		4 266.0
钢带	吨	263.0			278.0		94.0
线材	吨	44 803.0		2 012.0	3 254.0	2.0	
特厚钢板	吨	263.0		74.0	40.0		
中厚钢板	吨	48 646.0		6 742.0	7 963.0		634.0
薄钢板	吨	20 748.0	55.0	3 510.0	10 519.0	36.0	1 026.0
硅钢片	吨	476.0		18.0	229.0		17.0
优质钢型材	吨	10 132.0		2 126.0	1 226.0		437.0
无缝钢管	吨	6 677.0		959.0	581.0		42.0
焊接钢管	吨	6 298.0		461.0	1 098.0		206.0
铜	吨	1 104.0		81.0	160.0		
铝	吨	3 068.0		414.0	9.0		
铅	吨	68.0		32.0	36.0		5.0
锌	吨	1 512.0		51.0	210.0		1.0
锡	吨	19.0		14.0	80.0		3.0
铜材	吨	311.0		130.0	67.0		29.0
铝材	吨	55.0		40.0	58.0		3.0
硫酸	吨				18.0		
烧碱	吨	620.0		27.0			
纯碱	吨	12 897.0		2 053.0	92.0		
天然橡胶	吨	1 203.0		54.0			
合成橡胶	吨	3 692.0		1.0			
水泥	吨	171 273.0		1 720.0	3 612.0		15.0
平板玻璃	重量箱	126 870.0		15 666.0	22.0		27.0
原木	立方米	5 334.0		167.0	423.0	960.0	122.0
煤炭	吨	207 970.0	25 550.0	91 434.0	32 233.0		310.0
焦炭	吨	227.0			886.0		
柴油	吨				50.0		

9—17 物资供销业商品分类销售、库存

(1993年) 单位:万元

项目	大中型企业			小型企业		
	批发额	零售额	年末库存额	批发额	零售额	年末库存额
全市						
食品类				4.0		
饮料、烟酒类					19.5	4.6
服装、鞋帽类		11.2	2.8		16.1	5.0
文化体育用品类				4.0		
日用品类		33.3		33.0	4.9	2.0
家用电器类				21.0		12.0
石油及制品类				10.0		
煤炭及制品类	2 601.0	591.0	857.0	159.0		0.4
黑色金属材料类	102 022.9	47.1	12 868.9	18 741.0	548.9	2 446.9
有色金属材料类	14 973.2	4.0	1 308.9	970.2		119.7
建筑材料类	12 766.5	6.0	719.0	574.8	42.1	38.9
化工材料及制品类	20 407.2	5.0	1 976.5	171.1	2.1	5.7
木材类	474.0		16.0	557.9	18.8	56.0
机电设备类	105 051.4	1 119.6	6 791.5	3 762.0	167.8	344.8
市区						
食品类				4.0		
饮料、烟酒类					19.5	4.6
服装、鞋帽类		11.2	2.8		16.1	5.0
文化体育用品类				4.0		
日用品类		33.3		33.0	4.9	2.0
家用电器类				21.0		12.0
石油及制品类				10.0		
煤炭及制品类	2 601.0	591.0	857.0	151.0		0.4
黑色金属材料类	98 792.0	36.0	12 663.9	18 148.3	16.2	2 317.6
有色金属材料类	14 869.2		1 301.9	889.2		92.7
建筑材料类	12 766.5		719.0	544.8	0.1	38.9
化工材料及制品类	20 394.2		1 976.5	163.1	0.1	3.7
木材类	474.0		16.0	516.3	12.4	35.0
机电设备类	104 628.0	1 115.0	6 780.5	3 667.0	7.8	285.5

9—18 全市物资供销业财务状况

(1993年)　　　　单位:万元

项　　　目	资本金	国　家	法　人	个　人
一、总　计	13 020.8	9 814.4	3 052.9	67.5
市　区	12 715.2	9 644.0	3 003.7	67.5
柳　江	230.9	95.7	49.2	
柳　城	74.7	74.7		
(一)按经济类型分:				
国有经济	11 329.9	9 466.7	1 831.2	32.0
集体经济	1 690.9	347.7	1 221.7	35.5
(二)按国民经济行业分:				
能源、材料和机械电子设备批发业	12 858.2	9 737.8	3 052.9	67.5
能源批发业	1 586.1	1 561.7	24.4	
化工材料批发业	574.1	545.1	29.0	
木材批发业	101.3	49.8	51.5	
建筑材料批发业	1 117.0	16.8	1 100.2	
金属材料批发业	6 520.1	5 066.5	1 418.1	35.5
机械、电子设备批发业	665.7	401.0	264.7	
汽车、摩托车及零配件批发业	1 513.9	1 398.9	115.0	
再生物资回收批发业	698.0	698.0		
其他批发业	162.6	76.6		
其他类未包括的批发业	162.6	76.6		
(三)按企业规模分:				
中型企业	10 107.1	8 298.6	1 808.5	
小型企业	2 913.7	1 515.8	1 244.4	67.5

项　　　目	年末资产负债			
	流动资产	货币资金	存　货	长期投资
一、总　计	68 055.8	5 820.1	23 626.7	286.0
市　区	66 787.5	5 746.4	23 177.1	273.5
柳　江	953.4	41.8	293.9	1.0
柳　城	314.9	31.9	155.7	11.5
(一)按经济类型分:				
国有经济	62 400.5	5 408.9	21 736.5	176.1
集体经济	5 655.3	411.2	1 890.2	109.9
(二)按国民经济行业分:				
能源、材料和机械电子设备批发业	67 539.8	5 742.3	23 298.1	285.4
能源批发业	4 404.4	382.6	1 516.0	15.6
化工材料批发业	8 543.8	154.7	499.1	10.1
木材批发业	4 396.6	398.0	1 456.8	5.7
建筑材料批发业	5 223.8	494.4	1 234.4	60.0
金属材料批发业	31 034.4	2 246.4	12 163.3	129.4
机械、电子设备批发业	4 737.2	856.5	2 683.0	22.9
汽车、摩托车及零配件批发业	6 805.4	842.1	3 375.9	10.2
再生物资回收批发业	2 120.3	359.5	303.1	25.6
其他批发业	516.0	77.8	328.6	0.6
其他类未包括的批发业	516.0	77.8	328.6	0.6
(三)按企业规模分:				
中型企业	59 989.0	5 463.1	20 182.1	164.9
小型企业	8 066.8	357.0	3 444.6	121.1

项目	年末资产负债				
	固定资产合计	固定资产原价	生产经营用	累计折旧	固定资产合计 本年提取折旧
一、总计	6 658.7	7 676.6	6 027.9	1 704.8	326.8
市区	6 492.4	7 530.4	6 012.8	1 664.7	320.9
柳江	116.7	93.3	9.8	16.8	3.1
柳城	49.6	52.9	5.3	23.3	2.8
(一)按经济类型分:					
国有经济	6 169.5	6 961.8	5 400.5	1 554.0	294.1
集体经济	489.2	714.8	627.4	150.8	32.7
(二)按国民经济行业分:					
能源、材料和机械电子设备批发业	6 577.6	7 586.2	5 948.7	1 694.8	322.6
能源批发业	1 985.4	1 846.7	899.0	365.0	86.0
化工材料批发业	116.5	428.6	428.6	115.8	45.0
木材批发业	118.0	157.7	150.5	43.0	14.5
建筑材料批发业	537.0	648.4	427.4	110.4	50.4
金属材料批发业	2 052.5	2 384.7	1 972.8	614.8	88.0
机械、电子设备批发业	352.9	378.2	353.2	106.8	25.7
汽车、摩托车及零配件批发业	466.1	724.9	724.9	157.6	5.3
再生物资回收批发业	931.4	987.6	987.3	164.9	5.9
其他批发业	81.1	90.4	79.2	10.0	4.2
其他类未包括的批发业	81.1	90.4	79.2	10.0	4.2
(三)按企业规模分:					
中型企业	5 899.5	6 602.1	5 257.0	1 447.6	290.6
小型企业	759.2	1 074.5	770.9	257.2	36.2

项目	年末资产负债			损益及分配	
	流动负债合计	长期负债合计	所有者权益合计	商品销售收入(营业收入)	商品销售收入净额
一、总计	52 283.1	4 266.4	11 926.7	312 761.5	307 498.4
市区	50 990.8	4 256.4	11 882.9	307 110.8	302 163.6
柳江	981.3		42.0	4 463.3	4 247.9
柳城	311.0	10.0	1.8	1 187.4	1 086.9
(一)按经济类型分:					
国有经济	46 516.5	4 254.1	10 929.6	285 074.5	282 129.9
集体经济	5 766.6	12.3	997.1	27 687.0	25 368.5
(二)按国民经济行业分					
能源、材料和机械电子设备批发业	51 781.3	4 116.4	11 898.5	307 886.7	302 835.9
能源批发业	3 920.1	234.1	1 662.8	8 111.7	8 103.0
化工材料批发业	2 994.7		154.1	26 518.0	26 518.0
木材批发业	3 831.9	217.2	438.0	29 203.0	29 162.0
建筑材料批发业	3 189.2	1 875.7	1 038.7	38 018.0	37 926.2
金属材料批发业	27 371.1	827.4	5 154.6	103 367.7	98 460.6
机械、电子设备批发业	3 606.8	330.5	1 089.1	37 067.3	37 067.3
汽车、摩托车及零配件批发业	5 618.8	323.9	1 624.3	55 942.2	55 940.0
再生物资回收批发业	978.7	307.6	694.9	9 544.8	9 544.8
其他批发业	501.8	150.0	28.2	4 874.8	4 662.5
其他类未包括的批发业	501.8	150.0	28.2	4 874.8	4 662.5
(三)按企业规模分:					
中型企业	45 138.7	3 839.1	10 844.9	284 018.6	284 001.5
小型企业	7 144.4	427.3	1 081.8	28 742.9	23 496.9

9—18 续表 2　　(1993 年)　　单位:万元

项目	损益及分配					
	商品销售成本(营业成本)	经营费用(营业费用)	运杂及装卸费	商品销售税金及附加费	商品销售利润	管理费用
一、总计	297 630.2	4 502.2	1 600.7	1 297.8	8 084.9	5 388.4
市区	292 319.8	4 335.7	1 579.2	1 263.2	7 951.9	5 265.0
柳江	4 215.0	123.0	4.6	20.6	101.6	80.5
柳城	1 095.4	43.5	16.9	14.0	31.4	42.9
(一)按经济类型分:						
国有经济	271 238.0	3 902.0	1 499.1	1 145.6	7 566.0	4 984.3
集体经济	26 392.2	600.2	101.6	152.2	518.9	404.1
(二)按国民经济行业分:						
能源、材料和机械电子设备批发业	292 909.8	4 450.9	1 558.2	1 281.1	7 998.5	5 326.0
能源批发业	6 729.1	715.1	172.6	66.9	591.8	528.6
化工材料批发业	25 099.6	489.9	307.8	136.3	442.8	358.0
木材批发业	28 119.3	151.9	145.2	99.5	826.7	438.0
建筑材料批发业	37 310.7	25.1	12.8	44.4	637.3	526.1
金属材料批发业	98 213.0	1 796.4	300.3	426.8	2 916.4	1 492.1
机械、电子设备批发业	34 955.2	386.5	231.0	239.0	622.3	887.7
汽车、摩托车及零配件批发业	53 854.9	580.7	224.0	204.1	1 299.9	668.4
再生物资回收批发业	8 528.6	288.0	164.5	62.4	665.8	415.5
其他批发业	4 720.4	51.3	42.5	16.7	86.4	62.4
其他类未包括的批发业	4 720.4	51.3	42.5	16.7	86.4	62.4
(三)按企业规模分:						
中型企业	270 535.7	3 911.2	1 418.4	1 126.2	7 226.5	4 784.6
小型企业	27 094.5	591.0	182.3	171.6	858.4	603.8

项目	损益及分配				其他	
	财务费用	利息	营业利润	利润总额	本年应付工资	本年应付福利费
一、总计	3 811.2	3 564.3	117.1	701.9	1 090.3	239.8
市区	3 681.0	3 434.2	233.7	824.7	1 067.3	237.2
柳江	89.2	89.1	-69.6	-73.6	9.0	1.6
柳城	41.0	41.0	-47.0	-49.2	14.0	1.0
(一)按经济类型分:						
国有经济	3 513.9	3 317.1	330.5	877.5	958.6	210.2
集体经济	297.3	247.2	-213.4	-175.6	131.7	29.6
(二)按国民经济行业分:						
能源、材料和机械电子设备批发业	3 736.1	3 489.3	167.8	747.7	1 078.7	236.6
能源批发业	239.8	239.8	-169.6	-42.9	142.2	23.6
化工材料批发业	316.7	142.7	96.5	220.5	56.8	19.4
木材批发业	241.2	241.2	158.3	182.7	59.3	7.6
建筑材料批发业	463.7	463.7	-352.4	-368.6	119.3	57.2
金属材料批发业	1 641.4	1 579.7	-204.2	95.9	364.8	72.2
机械、电子设备批发业	275.9	274.5	304.1	314.6	120.6	14.5
汽车、摩托车及零配件批发业	395.9	387.5	244.2	235.5	120.3	14.7
再生物资回收批发业	149.6	149.6	119.0	135.4	88.3	26.9
其他批发业	75.1	75.0	-50.7	-45.8	11.6	3.2
其他类未包括的批发业	75.1	75.0	-50.7	-45.8	11.6	3.2
(三)按企业规模分:						
中型企业	3 277.0	3 087.4	415.7	954.7	924.4	210.3
小型企业	534.2	476.9	-298.6	-252.8	165.9	29.5

9—19 市区物资供销业财务状况

(1993年)

单位:万元

项目	资本金	国家	法人	个人
一、总计	12 715.2	9 644.0	3 003.7	67.5
(一)按经济类型分:				
国有经济	11 169.7	9 306.5	1 831.2	32.0
集体经济	1 545.5	337.5	1 172.5	35.5
(二)按国民经济行业分:				
能源、材料和机械电子设备批发业	12 638.6	9 567.4	3 003.7	67.5
能源批发业	1 586.1	1 561.7	24.4	
化工材料批发业	574.1	545.1	29.0	
木材批发业	71.3	19.8	51.5	
建筑材料批发业	1 106.8	6.6	1 100.2	
金属材料批发业	6 340.7	4 936.3	1 368.9	35.5
机械、电子设备批发业	665.7	401.0	264.7	
汽车、摩托车及零配件批发业	1 513.9	1 398.9	115.0	
再生物资回收批发业	698.0	698.0		
其他批发业	76.6	76.6		
其他类未包括的批发业	76.6	76.6		
(三)按企业规模分:				
中型企业	10 011.4	8 202.9	1 808.5	
小型企业	2 703.8	1 441.1	1 195.2	67.5

项目	年末资产负债			
	流动资产	货币资金	存货	长期投资
一、总计	66 787.5	5 746.4	23 177.1	273.5
(一)按经济类型分:				
国有经济	61 354.3	5 347.0	21 360.8	173.6
集体经济	5 433.2	399.4	1 816.3	99.9
(二)按国民经济行业分:				
能源、材料和机械电子设备批发业	66 336.5	5 678.3	22 903.8	272.9
能源批发业	4 404.4	382.6	1 516.0	15.6
化工材料批发业	8 543.8	154.7	499.1	10.1
木材批发业	4 371.3	393.7	1 435.8	4.2
建筑材料批发业	5 196.7	492.3	1 215.8	50.0
金属材料批发业	29 883.5	2 188.8	11 808.6	128.4
机械、电子设备批发业	4 737.2	856.5	2 683.0	22.9
汽车、摩托车及零配件批发业	6 805.4	842.1	3 375.9	10.2
再生物资回收批发业	2 120.3	359.5	303.1	25.6
其他批发业	451.0	68.1	273.3	0.6
其他类未包括的批发业	451.0	68.1	273.3	0.6
(三)按企业规模分:				
中型企业	59 230.6	5 431.0	19 943.5	163.9
小型企业	7 556.9	315.4	3 233.6	109.6

9—19 续表1 (1993年) 单位:万元

项目	年末资产负债 固定资产合计	固定资产原价	生产经营用	累计折旧	固定资产合计 本年提取折旧
一、总计	6 492.4	7 530.4	6 012.8	1 664.7	320.9
(一)按经济类型分:					
国有经济	6 024.2	6 856.1	5 400.5	1 519.0	288.9
集体经济	468.2	674.3	612.3	145.7	32.0
(二)按国民经济行业分:					
能源、材料和机械电子设备批发业	6 432.3	7 461.0	5 943.4	1 655.4	317.4
能源批发业	1 985.4	1 846.7	899.0	365.0	86.0
化工材料批发业	116.5	428.6	428.6	115.8	45.0
木材批发业	108.8	150.5	150.5	40.8	14.2
建筑材料批发业	537.0	643.1	422.1	106.0	50.4
金属材料批发业	1 916.4	2 272.0	1 972.8	582.0	83.1
机械、电子设备批发业	352.9	378.2	353.2	106.8	25.7
汽车、摩托车及零配件批发业	466.1	724.9	724.9	157.6	5.3
再生物资回收批发业	931.4	987.6	987.3	164.9	5.9
其他批发业	60.1	69.4	69.4	9.3	3.5
其他类未包括的批发业	60.1	69.4	69.4	9.3	3.5
(三)按企业规模分:					
中型企业	5 803.8	6 544.0	5 257.0	1 431.5	288.2
小型企业	688.6	986.4	755.8	233.2	32.7

项目	年末资产负债 流动负债合计	长期负债合计	所有者权益合计	损益及分配 商品销售收入(营业收入)	商品销售收入净额
一、总计	50 990.8	4 256.4	11 882.9	307 110.8	302 163.6
(一)按经济类型分:					
国有经济	45 392.5	4 254.1	10 885.8	280 117.9	277 214.4
集体经济	5 598.3	2.3	997.1	26 992.9	24 949.2
(二)按国民经济行业分:					
能源、材料和机械电子设备批发业	50 657.3	4 106.4	11 854.7	302 479.4	297 532.2
能源批发业	3 920.1	234.1	1 662.8	8 111.7	8 103.0
化工材料批发业	2 994.7		154.1	26 518.0	26 518.0
木材批发业	3 821.9	217.2	436.2	29 155.0	29 152.0
建筑材料批发业	3 189.2	1 865.7	1 038.7	37 949.0	37 919.7
金属材料批发业	26 257.1	827.4	5 112.6	98 077.4	93 173.4
机械、电子设备批发业	3 606.8	330.5	1 089.1	37 067.3	37 067.3
汽车、摩托车及零配件批发业	5 618.8	323.9	1 624.3	55 942.2	55 940.0
再生物资回收批发业	978.7	307.6	694.9	9 544.8	9 544.8
其他批发业	333.5	150.0	28.2	4 631.4	4 631.4
其他类未包括的批发业	333.5	150.0	28.2	4 631.4	4 631.4
(三)按企业规模分:					
中型企业	44 325.7	3 839.1	10 802.9	280 180.4	280 166.4
小型企业	6 665.1	417.3	1 080.0	26 930.4	21 997.2

9—19 续表 2 (1993年) 单位:万元

项目	损益及分配 商品销售成本(营业成本)	经营费用(营业费用)	运杂及装卸费	商品销售税金及附加费	商品销售利润	管理费用
一、总计	292 319.8	4 335.7	1 579.2	1 263.2	7 951.9	5 265.0
(一)按经济类型分:						
国有经济	266 561.3	3 769.6	1 482.8	1 120.5	7 449.3	4 881.5
集体经济	25 758.5	566.1	96.4	142.7	502.6	383.5
(二)按国民经济行业分:						
能源、材料和机械电子设备批发业	287 811.7	4 294.2	1 538.1	1 252.7	7 880.6	5 211.2
能源批发业	6 729.1	715.1	172.6	66.9	591.8	528.6
化工材料批发业	25 099.6	489.9	307.8	136.3	442.8	358.0
木材批发业	28 081.3	147.6	142.7	96.2	826.9	427.0
建筑材料批发业	37 248.2	20.7	12.2	42.9	637.2	526.1
金属材料批发业	93 215.4	1 648.4	283.3	403.2	2 798.4	1 388.3
机械、电子设备批发业	34 955.2	386.5	231.0	239.0	622.3	887.7
汽车、摩托车及零配件批发业	53 854.9	580.7	224.0	204.1	1 299.9	668.4
再生物资回收批发业	8 528.6	288.0	164.5	62.4	665.8	415.5
其他批发业	4 508.1	41.5	41.1	10.5	71.3	53.8
其他类未包括的批发业	4 508.1	41.5	41.1	10.5	71.3	53.8
(三)按企业规模分:						
中型企业	266 891.9	3 817.9	1 418.4	1 113.6	7 141.1	4 724.7
小型企业	25 427.9	517.8	160.8	149.6	810.8	540.3

项目	损益及分配 财务费用	利息	营业利润	利润总额	其他 本年应付工资	本年应付福利费
一、总计	3 681.0	3 434.2	233.7	824.7	1 067.3	237.2
(一)按经济类型分:						
国有经济	3 400.5	3 203.7	425.3	978.9	945.4	209.4
集体经济	280.5	230.5	-191.6	-154.2	121.9	27.8
(二)按国民经济行业分:						
能源、材料和机械电子设备批发业	3 610.6	3 363.8	286.2	872.6	1 061.6	234.0
能源批发业	239.8	239.8	-169.6	-42.9	142.2	23.6
化工材料批发业	316.7	142.7	96.5	220.5	56.8	19.4
木材批发业	241.0	241.0	169.7	193.5	54.5	7.3
建筑材料批发业	462.4	462.4	-351.2	-367.5	117.7	57.0
金属材料批发业	1 517.4	1 455.7	-98.4	208.9	354.1	70.1
机械、电子设备批发业	275.9	274.5	304.1	314.6	120.6	14.5
汽车、摩托车及零配件批发业	395.9	387.5	244.2	235.5	120.3	14.7
再生物资回收批发业	149.6	149.6	119.0	135.4	88.3	26.9
其他批发业	70.4	70.4	-52.5	-47.9	5.7	3.2
其他类未包括的批发业	70.4	70.4	-52.5	-47.9	5.7	3.2
(三)按企业规模分:						
中型企业	3 203.3	3 013.7	464.7	1 008.0	923.6	210.3
小型企业	477.7	420.5	-231.0	-183.3	143.7	26.9

9—20　部分批发零售贸易企业主要经济指标

（1993年）　　单位：千元

指　　标	资本金	流动资产年末合计	固定资产合计：固定资产原价	固定资产合计：生产经营用	固定资产合计：累计折旧	商品销售收入（营业收入）
柳州市对外经济贸易公司	2 152	13 298	2 165		874	69 175
柳州市对外经济贸易公司纸张工业品支公司	649	12 009	263	1	55	84 892
柳州中百股份有限公司	48 713	94 788	50 134	46 292	9 143	205 979
柳州五金站	15 190	107 227	15 062	15 062	4 246	406 955
柳州市食品总公司	20 672	27 216	18 103	15 279	2 636	132 137
柳州市中糖股份有限公司	30 560	84 221	46 103	32 127	6 469	473 449
柳州地区糖烟酒公司	6 167	28 265	4 426	1 456	854	114 406
柳州市第二百货公司	2 224	5 627	1 015	1 015	165	22 207
柳州市果品食杂公司	3 716	7 088	1 483	1 483	719	39 567
柳州市烟草公司	21 627	44 638	8 750	8 750	1 476	294 632
广西柳州市医药总公司	6 645	35 031	6 164	3 330	1 248	93 400
柳州市化工建材公司	1 186	20 232	797	797	416	112 442
柳州市机电公司	3 987	29 728	2 377	2 127	820	250 847
柳州市燃料公司	8 288	33 175	11 444	1 967	2 861	42 849
柳州桂新供销公司	1 293	277	1 443		577	3 173
柳州纺织品批发站	7 495	60 503	10 807	5 820	3 692	123 577

指　　标	商品销售成本（营业成本）	经营费用（营业费用）	商品销售税金及附加费	商品销售利润	营业利润	利润总额
柳州市对外经济贸易公司	65 603	952	876	1 744	4 461	4 449
柳州市对外经济贸易公司纸张工业品支公司	84 282	4 259		-4 507	41	106
柳州中百股份有限公司	182 110	9 235	2 688	11 692	4 543	4 479
柳州五金站	363 423	22 010	5 297	15 205	4 067	3 393
柳州市食品总公司	123 148	5 621	475	2 888	-1 281	51
柳州市中糖股份有限公司	438 114	16 405	5 430	13 146	6 540	3 414
柳州地区糖烟酒公司	103 578	3 313	1 203	6 294	3 723	3 739
柳州市第二百货公司	18 475	1 882	756	1 094	132	155
柳州市果品食杂公司	36 562	1 238	509	1 258	111	135
柳州市烟草公司	264 240	3 222	3 238	23 930	20 431	20 341
广西柳州市医药总公司	78 227	5 458	1 824	7 348	2 604	1 577
柳州市化工建材公司	107 940	1 768	380	2 353	244	393
柳州市机电公司	236 864	2 695	1 456	1 200	1 284	1 286
柳州市燃料公司	32 558	5 463	288	4 453	-2 068	-768
柳州桂新供销公司	2 060	702	84	327	-208	-58
柳州纺织品批发站	113 526	5 348	1 100	3 338	3	941

十、对外经济贸易和游游业

10—1 全市对外贸易业商品销售、库存总额

(1993 年)　　　　单位:万元

项目	商品购进 总额	从生产者购进	农副产品购进	从批发零售贸易业购进	其他	商品销售 总额
总额	91 357.8	82 399.1	1 262.2	6 890.7	16.4	86 542.3
市区	90 664.0	81 705.3	1 215.4	6 890.7	16.4	85 964.9
柳江	647.0	647.0				526.8
柳城	46.8	46.8	46.8			50.6
一、按经济类型分:						
国有经济	89 441.7	80 483.0	1 262.2	6 890.7	16.4	84 626.2
股份制经济	1 594.9	1 594.9				1 594.9
港、澳、台与大陆合资经营企业	321.2	321.2				321.2
二、按国民经济行业分:						
食品、饮料、烟草和家庭用品批发商业	36 739.8	34 816.5	1 262.2	30.4	16.4	35 871.7
食品、饮料、烟草批发业	7 307.6	7 292.9	617.8	14.7		7 306.6
棉、麻、土畜产品批发业	3 098.6	3 075.5	644.4	6.7	16.4	2 859.2
纺织品、服装和鞋帽批发业	13 647.9	11 771.4				13 009.2
日用百货批发业	2 496.4	2 496.4				2 496.4
五金、交电、化工批发业	5 975.7	5 975.7				5 975.7
药品及医疗器械批发业	4 213.6	4 204.6		9.0		4 224.6
能源、材料和机械电子设备批发业	54 369.9	47 334.5		6 860.3		50 422.5
化工材料批发业	4 242.5	4 242.5				4 242.5
建筑材料批发业	24 429.6	24 258.5				24 258.5
矿产品批发业	5 131.2	5 131.2				5 131.2
金属材料批发业	7 181.5	321.2		6 860.3		3 409.2
机械、电子设备批发业	13 385.1	13 381.1				13 381.1
其他批发业	248.1	248.1				248.1
三、按企业规模分:中型企业	24 750.8	24 579.7				24 579.7
小型企业	66 607.0	57 819.4	1 262.2	6 890.7	16.4	61 962.6

项目	商品销售总额 批发	对生产经营者的批发	对批发零售贸易业批发	出口	对居民和社会集团商品零售额	年末库存额
总额	86 506.8	1 247.7	27 729.1	57 530.3	35.5	7 732.0
市区	85 929.4	1 247.7	27 678.5	57 003.2	35.5	7 732.0
柳江	526.8			526.8		
柳城	50.6		50.6			
一、按经济类型分:						
国有经济	84 590.7	1 247.7	27 729.1	55 613.9	35.5	7 732.0
股份制经济	1 594.9			1 594.9		
港、澳、台与大陆合资经营企业	321.2	321.2				
二、按国民经济行业分:						
食品、饮料、烟草和家庭用品批发商业	35 836.2	1 247.7	14 476.7	20 111.8	35.5	1 106.3
食品、饮料、烟草批发业	7 306.6		5 555.3	1 751.3		342.3
棉、麻、土畜产品批发业	2 823.7		2 144.2	679.5	35.5	273.8
纺织品、服装和鞋帽批发业	13 009.2	1 237.8	2 030.6	9 740.8		62.0
日用百货批发业	2 496.4		915.2	1 581.2		
五金、交电、化工批发业	5 975.7		597.6	5 378.1		
药品及医疗器械批发业	4 224.6	9.9	3 223.8	980.9		428.2
能源、材料和机械电子设备批发业	50 422.5		13 252.4	37 170.1		6 625.7
化工材料批发业	4 242.5		3 070.8	1 171.7		
建筑材料批发业	24 258.5			24 258.5		6 096.1
矿产品批发业	5 131.2		1 897.8	3 233.4		
金属材料批发业	3 409.2		2 128.0	1 281.2		529.6
机械、电子设备批发业	13 381.1		6 155.8	7 225.3		
其他批发业	248.1			248.1		
三、按企业规模分:中型企业	24 579.7			24 579.7		6 096.1
小型企业	61 927.1	1 247.7	27 729.1	32 950.3	35.5	1 635.9

10—2 市区对外贸易业商品销售、库存总额

（1993年） 单位：万元

项目	商品购进 总额	从生产者购进	农副产品购进	从批发零售贸易业购进	其他	商品销售 总额
总额	90 664.0	81 705.3	1 215.4	6 890.7	16.4	85 964.9
一、按经济类型分：						
国有经济	88 747.9	79 789.2	1 215.4	6 890.7	16.4	84 048.8
股份制经济	1 594.9	1 594.9				1 594.9
港、澳、台与大陆合资经营企业	321.2	321.2				321.2
二、按国民经济行业分：						
食品、饮料、烟草和家庭用品批发商业	36 046.0	34 122.7	1 215.4	30.4	16.4	35 294.3
食品、饮料、烟草批发业	7 260.8	7 246.1	571.0	14.7		7 256.0
棉、麻、土畜产品批发业	2 451.6	2 428.5	644.4	6.7	16.4	2 332.4
纺织品、服装和鞋帽批发业	13 647.9	11 771.4				13 009.2
日用百货批发业	2 496.4	2 496.4				2 496.4
五金、交电、化工批发业	5 975.7	5 975.7				5 975.7
药品及医疗器械批发业	4 213.6	4 204.6		9.0		4 224.6
能源、材料和机械电子设备批发业	54 369.9	47 334.5		6 860.3		50 422.5
化工材料批发业	4 242.5	4 242.5				4 242.5
建筑材料批发业	24 429.6	24 258.5				24 258.5
矿产品批发业	5 131.2	5 131.2				5 131.2
金属材料批发业	7 181.5	321.2		6 860.3		3 409.2
机械、电子设备批发业	13 385.1	13 381.1				13 381.1
其他批发业	248.1	248.1				248.1
三、按企业规模分：						
中型企业	24 750.8	24 579.7				24 579.7
小型企业	65 913.2	57 125.6	1 215.4	6 890.7	16.4	61 385.2

项目	商品销售总额 批发	对生产经营者的批发	对批发零售贸易业批发	出口	对居民和社会集团商品零售额	年末库存额
总额	85 929.4	1 247.7	27 678.5	57 003.2	35.5	7 732.0
一、按经济类型分：						
国有经济	84 013.3	1 247.7	27 678.5	55 087.1	35.5	7 732.0
股份制经济	1 594.9			1 594.9		
港、澳、台与大陆合资经营企业	321.2			321.2		
二、按国民经济行业分：						
食品、饮料、烟草和家庭用品批发商业	35 258.8	1 247.7	14 426.1	19 585.0	35.5	1 106.3
食品、饮料、烟草批发业	7 256.0		5 504.7	1 751.3		342.3
棉、麻、土畜产品批发业	2 296.9		2 144.2	152.7	35.5	273.8
纺织品、服装和鞋帽批发业	13 009.2	1 237.8	2 030.6	9 740.8		62.0
日用百货批发业	2 496.4		915.2	1 581.2		
五金、交电、化工批发业	5 975.7		597.6	5 378.1		
药品及医疗器械批发业	4 224.6	9.9	3 233.8	980.9		428.2
能源、材料和机械电子设备批发业	50 422.5		13 252.4	37 170.1		6 625.7
化工材料批发业	4 242.5		3 070.8	1 171.7		
建筑材料批发业	24 258.5			24 258.5		6 096.1
矿产品批发业	5 131.2		1 897.8	3 233.4		
金属材料批发业	3 409.2		2 128.0	1 281.2		529.6
机械、电子设备批发业	13 381.1		6 155.8	7 225.3		
其他批发业	248.1			248.1		
三、按企业规模分：						
中型企业	24 579.7			24 579.7		6 096.1
小型企业	61 349.7	1 247.7	27 678.5	32 423.5	35.5	1 635.9

10—3 对外贸易业商品分类销售、库存

(1993年)　　　　单位：万元

项目	大中型企业			小型企业		
	批发额	出口	年末库存额	批发额	零售额	年末库存额
全市						
食品类				5 118.4		342.3
服装、鞋帽类				3 373.9		
纺织品类				5 746.1		62.0
中西药品类				93.3		
文化体育用品类				1 136.4		
日用品类				6 081.0	35.5	128.8
家用电器类				499.0		
黑色金属材料类	321.2	321.2				
有色金属材料类				23 599.7		428.2
建筑材料类	24 258.5	24 258.5	6 096.1	609.5		
化工材料及制品类				5 448.5		
木材类				13.8		0.9
机电设备类				5 086.3		
市区						
食品类				4 809.6		342.3
服装、鞋帽类				3 373.9		
纺织品类				5 746.1		62.0
中西药品类				93.3		
文化体育用品类				1 136.4		
日用品类				6 081.0	35.5	128.8
家用电器类				499.0		
黑色金属材料类	321.2	321.2				
有色金属材料类				23 350.0		428.2
建筑材料类	24 258.5	24 258.5	6 096.1	590.6		
化工材料及制品类				5 448.5		
木材类				13.8		0.9
机电设备类				5 086.3		

10—4 对外贸易业商品销售数量

(1993年)

项目	单位	全市	市区	项目	单位	全市	市区
粮食	吨	239		自行车	辆	11 043	11 043
猪和猪肉	吨	1 673	1 119	家用电风扇	台	9 010	9 010
牛和牛肉	吨	180	180	钢材	吨	1 642	1 642
羊和羊肉	吨	42	30	线材	吨	631	631
食糖	吨	21 300	21 300	中厚钢板	吨	1 009	1 009
布	百米	44 488	44 488	薄钢板	吨	2	2
#棉布	百米	288	288	锌	吨	20 266	19 869
服装	百件	7 192	7 192	锡	吨	9 621	9 601
针织内衣裤	百件	36 065	36 065	水泥	吨	503 486	503 486
鞋	百双	147	147	原木	立方米		
#皮鞋	百双	147	147				

10—5 全市对外贸易业财务状况

(1993年)　　　　单位:万元

项　　目	资本金	国家	法人	个人
总　　额	2 422.1	2 198.9	223.2	
市　　区	2 327.5	2 118.0	209.5	
柳　　江	61.6	47.9	13.7	
柳　　城	33.0	33.0		
一、按经济类型分:				
国有经济	2 323.1	2 099.9	223.2	
股份制经济	99.0	99.0		
二、按国民经济行业分:				
食品、饮料、烟草和家庭用品批发商业	1 310.1	1 111.4	198.6	
食品、饮料、烟草批发业	500.4	500.4		
棉、麻、土畜产品批发业	392.2	258.5	133.7	
纺织品、服装和鞋帽批发业	266.7	266.7		
日用百货批发业	83.4	83.4		
五金、交电、化工批发业	64.9		64.9	
药品及医疗器械批发业	2.4	2.4		
能源、材料和机械电子设备批发业	1 059.7	1 035.1	24.6	
化工材料批发业	122.4	122.4		
建筑材料批发业	100.0	100.0		
矿产品批发业	65.5	40.9	24.6	
金属材料批发业	366.1	366.1		
机械、电子设备批发业	405.7	405.7		
其他批发业	52.4	52.4		
三、按企业规模分:				
中型企业	100.0	100.0		
小型企业	2 322.1	2 098.9	223.2	

项　　目	年末资产负债			
	流动资产	货币资金	存货	长期投资
总　　额	22 921.6	5 490.5	4 757.0	1 066.7
市　　区	22 386.5	5 453.2	4 743.4	766.5
柳　　江	474.3	17.4	12.6	300.2
柳　　城	60.8	19.9	1.0	
一、按经济类型分:				
国有经济	16 765.9	3 747.7	4 757.0	1 066.7
股份制经济	6 155.7	1 742.8		
二、按国民经济行业分:				
食品、饮料、烟草和家庭用品批发商业	13 481.1	2 889.6	2 024.3	1 042.8
食品、饮料、烟草批发业	7 299.9	2 154.8	372.9	2.1
棉、麻、土畜产品批发业	2 318.9	84.7	288.3	300.2
纺织品、服装和鞋帽批发业	2 051.7	261.5	339.1	739.5
日用百货批发业	80.6	60.1	20.5	
五金、交电、化工批发业	1 200.9	326.3	874.6	1.0
药品及医疗器械批发业	529.1	2.2	128.9	
能源、材料和机械电子设备批发业	9 206.8	2 511.9	2 732.7	23.9
化工材料批发业	378.6	22.4	14.2	
建筑材料批发业	2 132.1	1 523.0	609.1	
矿产品批发业	329.0	35.3	45.8	
金属材料批发业	2 353.5	10.5	1 636.3	3.5
机械、电子设备批发业	4 013.6	920.7	427.3	20.4
其他批发业	233.7	89.0		
三、按企业规模分:				
中型企业	2 132.1	1 523.0	609.1	
小型企业	20 789.5	3 967.5	4 147.9	1 066.7

10—5 续表1　　(1993年)　　单位:万元

项目	年末资产负债				
	固定资产合计	固定资产原价	生产经营用	累计折旧	固定资产合计 本年提取折旧
总额	1 249.4	2 872.7	2 060.8	432.9	100.2
市区	1 176.3	2 787.0	1 982.3	412.0	95.8
柳江	43.5	52.2	45.0	8.7	2.9
柳城	29.6	33.5	33.5	12.2	1.5
一、按经济类型分:					
国有经济	1 249.4	2 872.7	2 060.8	432.9	100.2
股份制经济					
二、按国民经济行业分:					
食品、饮料、烟草和家庭用品批发商业	491.0	796.7	549.5	170.1	36.8
食品、饮料、烟草批发业	69.1	308.0	159.8	55.5	6.4
棉、麻、土畜产品批发业	235.6	268.3	259.8	80.7	11.6
纺织品、服装和鞋帽批发业	125.7	147.0	87.3	21.2	10.4
日用百货批发业	35.7	42.5	42.5	6.8	2.5
五金、交电、化工批发业	20.7	26.3	0.1	5.5	5.5
药品及医疗器械批发业	4.2	4.6		0.4	0.4
能源、材料和机械电子设备批发业	755.7	2 071.8	1 511.3	258.0	59.8
化工材料批发业	63.3	77.8	35.3	14.4	5.5
建筑材料批发业		1 246.0	1 246.0	45.0	15.0
矿产品批发业	32.5	77.5	42.0	15.0	5.9
金属材料批发业	265.2	335.7	173.0	87.8	16.3
机械、电子设备批发业	394.7	334.8	15.0	95.8	17.1
其他批发业	2.7	4.2		4.8	3.6
三、按企业规模分:					
中型企业		1 246.0	1 246.0	45.0	15.0
小型企业	1 249.4	1 626.7	814.8	387.9	85.2

项目	年末资产负债			损益及分配	
	流动负债合计	长期负债合计	所有者权益合计	商品销售收入(营业收入)	商品销售收入净额
总额	20 902.5	1 904.2	2 771.5	59 524.9	59 426.8
市区	20 103.7	1 884.2	2 686.0	58 405.1	58 307.0
柳江	738.2		75.6	1 069.2	1 069.2
柳城	60.6	20.0	9.9	50.6	50.6
一、按经济类型分:					
国有经济	14 845.8	1 904.2	2 672.5	51 360.8	51 262.7
股份制经济	6 056.7		99.0	8 164.1	8 164.1
二、按国民经济行业分:					
食品、饮料、烟草和家庭用品批发商业	12 466.2	1 669.5	1 327.7	25 786.0	25 786.0
食品、饮料、烟草批发业	7 223.9	21.7	303.6	11 287.3	11 287.3
棉、麻、土畜产品批发业	2 400.2	1 619.8	425.2	3 616.8	3 616.8
纺织品、服装和鞋帽批发业	2 225.1	30.0	351.8	6 006.9	6 006.9
日用百货批发业	117.9	-2.0	144.6	641.8	641.8
五金、交电、化工批发业	3.0		68.8	8.5	8.5
药品及医疗器械批发业	496.1		33.7	4 224.7	4 224.7
能源、材料和机械电子设备批发业	8 303.1	234.7	1 345.1	33 585.9	33 487.8
化工材料批发业	297.7		144.3	1 171.7	1 171.7
建筑材料批发业	2 032.1			13 194.9	13 194.9
矿产品批发业	204.2	14.4	172.9	4 890.5	4 890.5
金属材料批发业	2 086.9	160.0	375.3	2 803.3	2 803.3
机械、电子设备批发业	3 682.2	60.3	652.6	11 525.5	11 427.4
其他批发业	133.2		98.7	153.0	153.0
三、按企业规模分:					
中型企业	2 032.1			13 194.9	13 194.9
小型企业	18 870.4	1 904.2	2 771.5	46 330.0	46 231.9

10—5 续表 2 (1993 年) 单位:万元

项目	损益及分配					
	商品销售成本(营业成本)	经营费用(营业费用)	运杂及装卸费	商品销售税金及附加费	商品销售利润	管理费用
总额	51 985.9	6 531.4	2 155.0	981.8	-1 066.9	1 047.5
市区	50 869.1	6 496.8	2 155.0	954.8	-1 008.2	1 025.9
柳江	1 069.8	32.4		26.0	-59.0	8.4
柳城	47.0	2.2		1.0	0.3	13.2
一、按经济类型分:						
国有经济	43 429.4	6 397.3	2 112.0	956.7	-515.3	1 033.2
股份制经济	8 556.5	134.1	43.0	25.1	-551.6	14.3
二、按国民经济行业分:						
食品、饮料、烟草和家庭用品批发商业	25 670.2	569.8	92.8	61.8	-966.4	393.5
食品、饮料、烟草批发业	11 368.2	312.6	46.0	29.0	-422.6	90.8
棉、麻、土畜产品批发业	3 595.0	124.1	30.0	27.0	-129.3	59.3
纺织品、服装和鞋帽批发业	5 796.3	68.7	16.8	4.8	137.0	176.3
日用百货批发业	688.6	48.3		0.9	-96.0	50.3
五金、交电、化工批发业	8.4	0.4			-450.7	0.1
药品及医疗器械批发业	4 213.7	15.7		0.1	-4.8	16.7
能源、材料和机械电子设备批发业	26 315.6	5 949.6	2 062.2	919.5	-97.3	624.1
化工材料批发业	1 145.4	17.2	17.2	0.5	8.3	55.7
建筑材料批发业	7 787.9	5 151.5	1 545.5	801.0	-545.5	
矿产品批发业	4 158.7	101.0	75.0		230.8	83.9
金属材料批发业	2 309.7	385.2	283.9	5.6	102.7	56.4
机械、电子设备批发业	10 913.9	294.7	140.6	112.4	106.4	428.1
其他批发业	0.1	12.0		0.5	-3.2	29.9
三、按企业规模分:						
中型企业	7 787.9	5 151.5	1 545.5	801.0	-545.5	
小型企业	44 198.0	1 379.9	609.5	180.8	-521.4	1 047.5

项目	损益及分配				其他	
	财务费用	利息	营业利润	利润总额	本年应付工资	本年应付福利费
总额	736.2	670.1	370.5	1 200.5	234.4	63.6
市区	729.3	663.3	455.5	1 172.3	215.5	61.8
柳江	5.1	5.0	-70.3	31.7	14.9	1.3
柳城	1.8	1.8	-14.7	-3.5	4.0	0.5
一、按经济类型分:						
国有经济	653.1	642.1	308.0	1 138.0	233.8	63.6
股份制经济	83.1	28.0	62.5	62.5	0.6	
二、按国民经济行业分:						
食品、饮料、烟草和家庭用品批发商业	597.4	534.0	146.9	515.4	125.9	39.4
食品、饮料、烟草批发业	112.7	57.6	106.8	112.5	31.1	6.4
棉、麻、土畜产品批发业	39.2	37.0	-224.1	83.6	60.6	14.5
纺织品、服装和鞋帽批发业	282.6	280.6	191.4	223.0	28.3	12.5
日用百货批发业	-1.2	-1.2	17.5	30.5	2.7	9.3
五金、交电、化工批发业	162.5	160.0	4.1	10.6	1.1	-3.6
药品及医疗器械批发业	1.6		51.2	55.2	2.1	0.3
能源、材料和机械电子设备批发业	136.5	133.9	159.8	617.0	103.5	23.5
化工材料批发业	-8.4	-8.4	18.6	23.5	7.8	-1.4
建筑材料批发业	-115.4		-430.1		9.2	1.3
矿产品批发业	48.7	48.7	98.2	108.0	11.5	1.9
金属材料批发业	60.9	60.9	-14.6	1.1	11.9	3.4
机械、电子设备批发业	150.7	32.7	487.7	484.4	63.1	18.3
其他批发业	2.3	2.2	63.8	68.1	5.0	0.7
三、按企业规模分:						
中型企业	-115.4		-430.1		9.2	1.3
小型企业	851.6	670.1	800.6	1 200.5	225.2	62.3

10—6　市区对外贸易业财务状况

(1993年)　　　　单位:万元

项　　目	资本金	国　家	法　人	个　人
总　额	2 327.5	2 118.0	209.5	
一、按经济类型分:国有经济	2 228.5	2 019.0	209.5	
股份制经济	99.0	99.0		
二、按国民经济行业分:				
食品、饮料、烟草和家庭用品批发商业	1 215.4	1 030.5	184.9	
食品、饮料、烟草批发业	467.4	467.4		
棉、麻、土畜产品批发业	330.6	210.6	120.0	
纺织品、服装和鞋帽批发业	266.7	266.7		
日用百货批发业	83.4	83.4		
五金、交电、化工批发业	64.9		64.9	
药品及医疗器械批发业	2.4	2.4		
能源、材料和机械电子设备批发业	1 059.7	1 035.1	24.6	
化工材料批发业	122.4	122.4		
建筑材料批发业	100.0	100.0		
矿产品批发业	65.5	40.9	24.6	
金属材料批发业	366.1	366.1		
机械、电子设备批发业	405.7	405.7		
其他批发业	52.4	52.4		
三、按企业规模分:中型企业	100.0	100.0		
小型企业	2 227.5	2 018.0	209.5	

项　　目	年末资产负债			
	流动资产	货币资金	存　货	长期投资
总　额	22 386.5	5 453.2	4 743.4	766.5
一、按经济类型分:国有经济	16 230.8	3 710.4	4 743.4	766.5
股份制经济	6 155.7	1 742.8		
二、按国民经济行业分:				
食品、饮料、烟草和家庭用品批发商业	12 946.0	2 852.3	2 010.7	742.6
食品、饮料、烟草批发业	7 239.1	2 134.9	371.9	2.1
棉、麻、土畜产品批发业	1 844.6	67.3	275.7	
纺织品、服装和鞋帽批发业	2 051.7	261.5	339.1	739.5
日用百货批发业	80.6	60.1	20.5	
五金、交电、化工批发业	1 200.9	326.3	874.6	1.0
药品及医疗器械批发业	529.1	2.2	128.9	
能源、材料和机械电子设备批发业	9 206.8	2 511.9	2 732.7	23.9
化工材料批发业	378.6	22.4	14.2	
建筑材料批发业	2 132.1	1 523.0	609.1	
矿产品批发业	329.0	35.3	45.8	
金属材料批发业	2 353.5	10.5	1 636.3	3.5
机械、电子设备批发业	4 013.6	920.7	427.3	20.4
其他批发业	233.7	89.0		
三、按企业规模分:中型企业	2 132.1	1 523.0	609.1	
小型企业	20 254.4	3 930.2	4 134.3	766.5

10—6 续表 1 (1993 年) 单位:万元

项目	年末资产负债				
	固定资产合计	固定资产原价	生产经营用	累计折旧	固定资产合计 本年提取折旧
总额	1 176.3	2 787.0	1 982.3	412.0	95.8
一、按经济类型分:国有经济	1 176.3	2 787.0	1 982.3	412.0	95.8
股份制经济					
二、按国民经济行业分:					
食品、饮料、烟草和家庭用品批发商业	417.9	711.0	471.0	149.2	32.4
食品、饮料、烟草批发业	39.5	274.5	126.3	43.3	4.9
棉、麻、土畜产品批发业	192.1	216.1	214.8	72.0	8.7
纺织品、服装和鞋帽批发业	125.7	147.0	87.3	21.2	10.4
日用百货批发业	35.7	42.5	42.5	6.8	2.5
五金、交电、化工批发业	20.7	26.3	0.1	5.5	5.5
药品及医疗器械批发业	4.2	4.6		0.4	0.4
能源、材料和机械电子设备批发业	755.7	2 071.8	1 511.3	258.0	59.8
化工材料批发业	63.3	77.8	35.3	14.4	5.5
建筑材料批发业		1 246.0	1 246.0	45.0	15.0
矿产品批发业	32.5	77.5	42.0	15.0	5.9
金属材料批发业	265.2	335.7	173.0	87.8	16.3
机械、电子设备批发业	394.7	334.8	15.0	95.8	17.1
其他批发业	2.7	4.2		4.8	3.6
三、按企业规模分:中型企业		1 246.0	1 246.0	45.0	15.0
小型企业	1 176.3	1 541.0	736.3	367.0	80.8

项目	年末资产负债			损益及分配	
	流动负债合计	长期负债合计	所有者权益合计	商品销售收入(营业收入)	商品销售收入净额
总额	20 103.7	1 884.2	2 686.0	58 405.1	58 307.0
一、按经济类型分:国有经济	14 047.0	1 884.2	2 587.0	50 241.0	50 142.9
股份制经济	6 056.7		99.0	8 164.1	8 164.1
二、按国民经济行业分:					
食品、饮料、烟草和家庭用品批发商业	11 667.4	1 649.5	1 242.2	24 666.2	24 666.2
食品、饮料、烟草批发业	7 163.3	1.7	293.7	11 236.7	11 236.7
棉、麻、土畜产品批发业	1 662.0	1 619.8	349.6	2 547.6	2 547.6
纺织品、服装和鞋帽批发业	2 225.1	30.0	351.8	6 006.9	6 006.9
日用百货批发业	117.9	-2.0	144.6	641.8	641.8
五金、交电、化工批发业	3.0		68.8	8.5	8.5
药品及医疗器械批发业	496.1		33.7	4 224.7	4 224.7
能源、材料和机械电子设备批发业	8 303.1	234.7	1 345.1	33 585.9	33 487.8
化工材料批发业	297.7		144.3	1 171.7	1 171.7
建筑材料批发业	2 032.1			13 194.9	13 194.9
矿产品批发业	204.2	14.4	172.9	4 890.5	4 890.5
金属材料批发业	2 086.9	160.0	375.3	2 803.3	2 803.3
机械、电子设备批发业	3 682.2	60.3	652.6	11 525.5	11 427.4
其他批发业	133.2		98.7	153.0	153.0
三、按企业规模分:中型企业	2 032.1			13 194.9	13 194.9
小型企业	18 071.6	1 884.2	2 686.0	45 210.2	45 112.1

10—6 续表2 (1993年) 单位:万元

项目	损益及分配					
	商品销售成本(营业成本)	经营费用(营业费用)	运杂及装卸费	商品销售税金及附加费	商品销售利润	管理费用
总额	50 869.1	6 496.8	2 155.0	954.8	-1 008.2	1 025.9
一、按经济类型分:国有经济	42 312.6	6 362.7	2 112.0	929.7	-456.6	1 011.6
股份制经济	8 556.5	134.1	43.0	25.1	-551.6	14.3
二、按国民经济行业分:						
食品、饮料、烟草和家庭用品批发商业	24 553.4	535.2	92.8	34.8	-907.7	371.9
食品、饮料、烟草批发业	11 321.2	310.4	46.0	28.0	-422.9	77.6
棉、麻、土畜产品批发业	2 525.2	91.7	30.0	1.0	-70.3	50.9
纺织品、服装和鞋帽批发业	5 796.3	68.7	16.8	4.8	137.0	176.3
日用百货批发业	688.6	48.3		0.9	-96.0	50.3
五金、交电、化工批发业	8.4	0.4			-450.7	0.1
药品及医疗器械批发业	4 213.7	15.7		0.1	-4.8	16.7
能源、材料和机械电子设备批发业	26 315.6	5 949.6	2 062.2	919.5	-97.3	624.1
化工材料批发业	1 145.4	17.2	17.2	0.5	8.3	55.7
建筑材料批发业	7 787.9	5 151.5	1 545.5	801.0	-545.5	
矿产品批发业	4 158.7	101.0	75.0		230.8	83.9
金属材料批发业	2 309.7	385.2	283.9	5.6	102.7	56.4
机械、电子设备批发业	10 913.9	294.7	140.6	112.4	106.4	428.1
其他批发业	0.1	12.0		0.5	-3.2	29.9
三、按企业规模分:中型企业	7 787.9	5 151.5	1 545.5	801.0	-545.5	
小型企业	43 081.2	1 345.3	609.5	153.8	-462.7	1 025.9

项目	损益及分配				其他	
	财务费用	利息	营业利润	利润总额	本年应付工资	本年应付福利费
总额	729.3	663.3	455.5	1 172.3	215.5	61.8
一、按经济类型分:国有经济	646.2	635.3	393.0	1 109.8	214.9	61.8
股份制经济	83.1	28.0	62.5	62.5	0.6	
二、按国民经济行业分:						
食品、饮料、烟草和家庭用品批发商业	590.5	527.2	231.9	487.2	107.0	37.6
食品、饮料、烟草批发业	110.9	55.8	121.5	116.0	27.1	5.9
棉、麻、土畜产品批发业	34.1	32.0	-153.8	51.9	45.7	13.2
纺织品、服装和鞋帽批发业	282.6	280.6	191.4	223.0	28.3	12.5
日用百货批发业	-1.2	-1.2	17.5	30.5	2.7	9.3
五金、交电、化工批发业	162.5	160.0	4.1	10.6	1.1	-3.6
药品及医疗器械批发业	1.6		51.2	55.2	2.1	0.3
能源、材料和机械电子设备批发业	136.5	133.9	159.8	617.0	103.5	23.5
化工材料批发业	-8.4	-8.4	18.6	23.5	7.8	-1.4
建筑材料批发业	-115.4		-430.1		9.2	1.3
矿产品批发业	48.7	48.7	98.2	108.0	11.5	1.9
金属材料批发业	60.9	60.9	-14.6	1.1	11.9	3.4
机械、电子设备批发业	150.7	32.7	487.7	484.4	63.1	18.3
其他批发业	2.3	2.2	63.8	68.1	5.0	0.7
三、按企业规模分:中型企业	-115.4		-430.1		9.2	1.3
小型企业	844.7	663.3	885.6	1 172.3	206.3	60.5

10—7 创 汇 情 况

单位:万美元

	1993年	1992年	1993年比1992年±%
总 值	12 948.03	9 806.67	32.03
柳州市对外贸易公司	342.03	1 129.47	-69.72
粮油食品支公司	115.05	136.25	-15.56
纺织品支公司	779.38	525.61	48.28
服装针绵支公司	711.56	590.15	20.57
土畜支公司	72.22	213.10	-66.09
轻工支公司	475.42	361.84	31.39
工艺品支公司	32.74	174.87	-81.28
五矿支公司	740.77	721.54	2.67
化工支公司	662.14	416.19	59.10
医保支公司	563.47	74.77	653.60
机械支公司	386.94	228.69	69.20
综合支公司	95.81	123.52	-22.43
机械设备公司	873.22	280.00	211.86
纸张支公司	681.50	584.00	16.70
泰丰支公司	308.70		
柳州水泥厂	2 911.93	2 532.79	14.97
#补偿贸易	2 228.15	1 714.12	29.99
三资企业	1 301.58	590.20	120.53
来料加工	1 022.85	90.17	1 034.36
机械技术合作公司	51.53		
其他(包括边贸)	819.19	872.63	-6.12

10—8 旅 游 情 况

	单 位	1993年	1992年	1993年比1992年±%
一、国际旅游人数合计	人	20 465	34 913	-41.38
1.港澳和台湾同胞	人	16 693	32 574	-48.75
2.华 侨	人	90	371	-75.74
3.外 国 人	人	3 682	1 968	87.09
#日 本	人	333	236	41.10
新 加 坡	人	1 335	312	327.88
美 国	人	231	207	11.59
马来西亚	人	165	170	-2.94
德 国	人	158	89	77.53
英 国	人	157	138	13.77
二、旅游收入合计(外汇券)	万元	349	472	-26.06
1.商品性收入	万元		9	
2.劳务性收入	万元	349	463	-24.62
#旅行社旅游业务费收入	万元	135	182	-25.82
住 宅 费	万元	153	151	1.32
长途交通费	万元	58	106	-45.28
市内交通费	万元	1	15	-93.33
邮政电讯费	万元	2	9	-77.78

十一、物价、居民生活

11—1 城市(不含县)居民生活情况

	单位	1993年
调查户数	户	100
平均每户家庭人口	人	3.36
平均每户就业人口	人	1.97
每一就业者负担人口	人	1.71
平均每户就业面	%	58.63
期末主要消费品拥有量		
摩托车	辆	3
自行车	辆	254
缝纫机	台	93
洗衣机	台	94
电风扇	台	295
电冰箱	台	82
彩色电视机	台	85
黑白电视机	台	44
录放像机	台	12
游戏机	台	18
组合音响	套	10
钢琴	架	2
其他中高档乐器	件	10
现金收支情况(每人年平均)		
一、期初手存现金	元	106
二、现金收入	元	4 972
实际收入	元	3 546
#生活费收入	元	3 267
三、现金支出	元	4 813
实际支出	元	3 873
#消费性支出	元	2 916
非消费性支出	元	957
四、期末手存现金	元	265
在消费性支出中:(每人年平均)		
(一)食品	元	1 407
粮食	元	124
油脂	元	54
肉禽及制品	元	461
水产品	元	67
菜类	元	138
(二)衣着	元	349
(三)设备用品及服务	元	261
(四)医疗保健	元	56
(五)交通和通讯	元	88
(六)娱乐文教服务	元	441
(七)居住	元	203
(八)杂项商品和服务	元	110

	单位	1993年
消费性支出构成(每人年平均)		
(一)食品	%	48.25
粮食	%	4.25
油脂	%	1.85
肉禽及制品	%	15.81
水产品	%	2.30
菜类	%	4.73
(二)衣着	%	11.97
(三)设备用品及服务	%	8.95
(四)医疗保健	%	1.92
(五)交通和通讯	%	3.02
(六)娱乐文教服务	%	15.12
(七)住宅	%	6.96
(八)杂项商品和服务	%	3.77
主要食品人均年消费量		
粮食	公斤	163
油脂	公斤	16
猪肉	公斤	37
牛肉	公斤	6
鸡鸭肉	公斤	17
蛋类	公斤	13
鱼及鱼制品	公斤	15
菜类	公斤	206
#鲜菜	公斤	195
食糖	公斤	3
糖果	公斤	2
卷烟	盒	22
白酒	公斤	6
啤酒	公斤	5
茶叶	公斤	0.15
干鲜瓜果类	公斤	85
鲜乳品	公斤	5
主要工业品消费(购买)量(每人年平均)		
服装	件	7.76
化纤布	米	1.53
鞋类	双	3.12
#皮鞋	双	0.63
肥皂	块	4.15
洗衣粉	公斤	1.34
煤炭	公斤	29.94
液化石油气	公斤	17
管道煤气	立方米	26.93

11—2 物价分类指数

(1993年、以上年为100)

类别	全社会	国营	类别	全社会	国营
生活费用价格指数	124.6	122.3	(4)呢绒	109.2	109.2
零售物价总指数	123.8	120.3	(5)绸缎	120.4	120.4
一、消费品价格指数	123.8	120.3	(6)针纺织品	112.6	112.6
1.食品类	127.2	126.5	(7)服装	122.3	122.3
(1)粮食	163.3	164.7	(8)鞋	107.4	107.4
#细粮	164.6	164.8	(9)其他衣着	107.9	107.9
粗粮	137.7	153.6	3.日用品类	115.0	115.0
(2)副食品	126.5	120.6	(1)一般日用品	115.5	115.5
#食用植物油	125.2	126.0	(2)日用机电消费品	119.0	119.0
鲜菜	144.4	140.3	(3)家具	103.2	103.2
干菜	126.7	139.7	(4)日用杂品	109.8	109.8
肉禽蛋	120.6	116.9	4.文化娱乐用品类	101.1	101.1
水产品	135.9	116.6	(1)纸张文具	110.5	110.5
调味品	141.9	141.9	(2)文娱用机电消费品	98.3	98.3
食糖	122.4	122.4	(3)其他文娱用品	106.4	106.4
(3)烟酒茶	108.1	108.1	5.书报杂志类	103.0	103.0
#烟	104.8	104.8	6.药及医疗用品类	118.6	118.6
酒	113.1	113.1	(1)中药	121.0	121.0
茶	115.8	115.8	(2)西药及医疗用品	114.8	114.8
(4)其它食品	119.4	118.1	7.建筑装璜材料类	153.4	153.4
#鲜果	124.1	127.5	8.燃料类	171.7	171.7
干果	119.3	117.4	二、服务项目价格指数	131.0	131.0
糖果	103.6	103.6	1.房租	168.6	168.6
糕点	121.6	121.6	2.水电费	139.2	139.2
奶及奶制品	107.6	107.6	3.交通费	156.9	156.9
罐头	111.6	111.6	4.邮电费	100.0	100.0
饮料	124.0	124.0	5.医疗保健费	114.2	114.2
2.衣着类	116.1	116.1	6.学杂保育费	105.9	105.9
(1)棉布	103.6	103.6	7.文娱费	174.9	174.9
(2)棉花化纤混纺布	104.0	104.0	8.修理及其他服务费	136.8	136.8
(3)化纤布	117.4	117.4			

11—3 集市贸易价格指数

(以上年为100)

类别	1993年	类别	1993年
消费品价格指数	123.6	水产品	137.7
粮食	117.3	鲜果	118.5
食用植物油	125.1	干果	112.7
鲜菜	142.3	日用杂品	122.7
干菜	126.4	柴草	110.5
肉禽蛋	121.4	其他	99.9

十二、财政、金融、保险

12—1 地方财政收支情况

单位:万元

指标	1992年	#市区	1993年	#市区
地方财政收入	**69 215.4**	**62 065.9**	**110 374.3**	**97 543.0**
1、工商税收	64 057.7	58 079.1	97 530.5	86 447.0
#产品税	13 511.6	11 644.4	17 061.6	14 821.5
增值税	24 715.3	22 704.6	50 840.5	44 630.9
营业税	12 433.7	10 860.1	16 059.5	14 161.4
工商统一税	316.6	316.6	702.3	702.3
集体企业所得税	1 162.0	1 098.3	880.5	587.4
城乡个体工商户所得税	18.7	13.0	85.8	65.9
城市维护建设税	6 770.6	6 648.7	7 687.6	7 586.0
城镇土地使用税	462.7	441.8	338.6	312.2
2、农牧业税和耕地占用税	1 012.4	208.9	1 320.9	435.6
3、国营企业所得税	9 653.8	9 480.9	11 489.8	11 406.3
4、国营企业调节税	382.7	365.0	193.0	193.0
5、国营企业上缴利润	573.9	484.2	797.2	789.4
6、国营企业计划亏损补贴	-2 605.2	-2 318.2	-1 466.8	-1 379.8
7、国家能源交通重点建设基金收入				
8、基本建设贷款归还收入类				
9、其他收入	787.0	378.0	818.3	325.9
10、国有企业承包收入退库	-5 742.0	-5 502.2	-1 952.3	-1 952.3
11、股份制企业所得税				
12、专款收入	1 095.1	890.2	1 643.6	1 277.9
附:社会保险基金收入	7 145.6	6 652.9	11 786.1	11 064.7
地方财政支出	**39 047.8**	**30 117.0**	**69 012.1**	**55 501.1**
1、基本建设支出	1 620.0	1 600.0	2 031.8	2 000.0
2、企业挖潜改造资金	450.9	407.4	16 616.9	15 748.8
3、简易建筑费				
4、地质勘探费				
5、科技三项费用	688.1	684.1	766.0	764.0
6、流动资金				
7、支援农村生产支出	2 964.8	2 096.8	3 587.4	2 421.7
8、农林水利气象部门的事业费	802.6	404.5	871.8	419.1
9、工业交通等部门的事业费	392.9	376.1	453.8	439.1
10、商业部门的事业费	3.9	3.0	14.0	12.9
11、城市维护费	6 496.3	6 362.4	6 539.6	6 432.7
12、城镇青年就业经费	43.5	37.0	5.4	5.4
13、文教卫生事业费	9 167.3	5 988.8	10 820.9	6 966.1
14、科学事业费	212.5	200.5	241.1	225.0
15、其他部门的事业费	1 024.5	756.1	810.7	437.9
16、抚恤和社会福利救济费	581.9	338.0	599.2	392.8
17、国防支出	52.0	50.0	76.5	72.5
18、行政管理费	3 296.5	1 742.7	6 367.5	4 545.4
19、公检法支出	1 987.4	1 498.1	2 656.2	2 018.4
20、价格补贴支出	3 471.2	2 881.7	3 159.0	2813.0
21、支援不发达地区支出	16.8	10.0	20.0	10.0
22、其他支出	4 675.3	3 789.6	12 217.0	8 856.3
23、专款支出	1 099.3	890.2	1 157.3	920.0
附:社会保险基金支出	9 495.5	8 877.2	15 769.7	14 919.4

12—2 银行系统信贷、现金收支情况

单位:万元

指　　标	1992年	#市　区	1993年	#市　区
各项存款余额合计	475 575	434 412	622 568	565 683
1、企业存款	173 089	164 572	204 726	191 874
#工业存款	49 864	47 583	67 298	62 557
商业存款	23 768	22 003	34 969	31 561
建筑企业存款	30 811	29 794	25 121	23 962
2、财政存款	2 618	2 303	2 611	2 068
3、机关团体存款	8 812	7 074	8 798	7 274
4、城镇居民储蓄存款	253 519	230 044	342 539	309 297
5、农村存款	14 894	10 492	22 145	15 927
6、信托存款	-2 287	-2 296	25	21
7、其他存款	24 930	22 224	41 723	39 223
各项贷款余额合计	473 836	436 583	572 247	526 950
1、流动资金贷款	351 753	322 847	416 321	383 682
#工业贷款	243 421	228 116	276 346	260 857
商业贷款	87 797	76 143	113 384	99 533
#外贸贷款	15 589	15 569	25 891	25 636
2、农业贷款	15 732	10 805	19 307	13 962
3、固定资产贷款	93 839	91 329	121 157	114 821
#基本建设贷款	17 602	17 202	29 135	26 235
技术改造贷款	62 467	60 525	76 271	72 971
4、信托贷款	2 560	2 559	2 544	2 542
5、其他贷款	9 951	9 043	12 919	11 943
现金收入合计	926 293	828 801	1 741 924	1 581 176
#1、商品销售收入	283 030	254 087	501 411	460 231
2、服务事业收入	50 538	44 106	77 212	68 999
3、税款收入	4 752	3 011	6 485	3 945
4、农村信用社收入	14 552	6 878	16 521	8 849
5、乡镇企事业收入	3 047	1 595	6 776	3 948
6、城乡个体收入	4 290	3 378	7 135	5 047
7、储蓄存款收入	483 288	443 145	932 394	855 601
8、城市信用社收入	24 182	23 438	52 368	51 386
9、汇兑收入	7 037	5 965	10 802	8 954
10、其他收入	40 393	32 158	112 715	96 245
11、债券收入	11 184	11 040	18 104	17 971
现金支出合计	850 298	742 986	1 586 718	1 411 160
#1、工资性支出	180 776	163 453	265 222	240 064
2、农副产品采购	33 213	18 459	44 516	29 159
3、工矿产品收购	17 078	12 404	37 118	30 839
4、行政企业管理费	66 501	57 518	130 104	115 072
5、农村信用社	18 944	7 977	28 272	16 177
6、乡镇企事业	2 883	1 047	7 365	3 998
7、储蓄存款支出	440 380	403 277	867 396	791 466
8、城市信用社支出	29 896	29 838	73 597	73 125
9、其他支出	32 894	25 234	91 383	76 066

12—3 保险业务情况

（国内业务）

指　　标	单位	1992年	市　区	柳江县	柳城县
承保额	万元	1 002 424	878 071	72 204	52 149
#财产险	万元	817 724	763 457	33 230	21 037
人身险	万元	184 700	114 614	38 974	31 112
保　　费(不含储金)	万元	4 030	3 484	351	195
#财产险	万元	3 333	2 926	254	153
人身险	万元	697	558	97	42
已决赔款	万元	1 960	1 622	171	167
#财产险	万元	1 591	1 302	139	150
人身险	万元	369	320	32	17
赔案件数	件	68 558	63 852	2 360	2 346
#财产险	件	4 002	3 246	559	197
人身险	件	64 556	60 606	1 801	2 149
保险储金	万元	3 029	2 468	244	317
#财产险	万元	1 134	968	127	39
人身险	万元	1 895	1 500	117	278

指　　标	单位	1993年	市　区	柳江县	柳城县
承保额	万元	1 596 023	1 422 675	122 886	50 462
#财产险	万元	1 162 248	1 085 388	50 023	26 887
人身险	万元	433 775	337 287	72 863	23 625
保　　费(不含储金)	万元	7 151	6 274	499	378
#财产险	万元	6 189	5 521	388	280
人身险	万元	962	753	111	98
已决赔款	万元	4 039	3 400	459	180
#财产险	万元	3 146	2 739	283	124
人身险	万元	893	661	176	56
赔案件数	件	17 189	9 177	2 577	5 435
#财产险	件	5 550	4 347	944	259
人身险	件	11 639	4 830	1 633	5 176
保险储金	万元	4 829	4 099	375	355
#财产险	万元	1 777	1 590	131	56
人身险	万元	3 052	2 509	244	299

12—4 人民保险公司、太平洋保险公司情况

	单位	1992年		1993年	
		人民保险公司	太平洋保险公司	人民保险公司	太平洋保卫公司
承保额	万元	682 474	319 950	1 186 350	409 673
#财产险	万元	526 948	290 776	785 965	376 283
人身险	万元	155 526	29 174	400 385	33 390
保　费(不含储金)	万元	3 234	796	5 733	1 418
#财产险	万元	2 639	694	4 918	1 271
人身险	万元	595	102	815	147
已决赔款	万元	1 736	224	3 429	610
#财产险	万元	1 374	217	2 635	511
人身险	万元	362	8	794	99
赔案件数	件	68 078	480	15 041	2 148
#财产险	件	3 682	320	4 844	706
人身险	件	64 396	160	10 197	1 442
保险储金	万元	2 791	238	3 898	931
#财产险	万元	943	191	1 456	321
人身险	万元	1 848	47	2 442	610

十三、教育、文化、体育、卫生、科技

13—1 各类学校基本情况

(1993 年)　　　　单位:人

	本年招生数	本年毕业生数	期末在校学生数	年末教职工人数	#专任教师
一、普通高等学校					
广西工学院	1 031	296	2 262	531	221
柳州师范专科学校	487	301	1 159	327	168
二、成人高等学校					
柳州地区党校	133		263	79	24
广播电视大学柳州地区分校	189	32	263	12	5
柳州市委党校	349	207	789	90	26
广播电视大学柳铁分校			40	24	10
柳州市教育学院	571	221	2 077	256	164
柳州市开关厂职工大学	199	25	279	48	41
柳州地区经济干校	150		314	26	17
柳州钢铁厂职工大学	158	70	442	108	63
柳州市工业职工大学	187	257	356	42	30
广播电视大学柳州市分校	735	5 262	2 170	58	45
柳州市职工大学	252	26	429	49	29
二、普通中等专业学校					
柳州市纺织中等专业学校	170	80	516	62	40
柳州铁路运输学校	494	500	1 536	287	137
柳州市艺术学校				19	6
广西柳州财经学校	463	304	814	76	38
柳州市卫生学校	198	156	520	134	59
广西柳州卫生学校	486	255	1 217	191	105
柳州地区卫生学校	161	135	496	83	48
柳州市交通学校	191	88	493	85	34
广西商业学校	684	285	1 363	150	78
广西区龙潭医院附设卫校				12	8
广西工艺美术学校	122	99	279	81	37
广西林业学校	285	284	1 100	312	96
广西柳州畜牧兽医学校	282	201	726	152	50
柳州地区农业机械化学校			213	54	28
柳州师范学校	390	237	977	134	78
柳州地区民族师范学校	403	487	1 277	169	101
柳州市机械工业学校	100	92	368	107	47
三、技工学校					
柳州机械工人技术学校	469	339	811	419	116
广西柳州化工技工学校	154	117	436	48	34
柳州地区技工学校	395	288	808	60	34
柳州工程机械厂技工学校	67		160	81	50
广西柳州供销技工学校	629	248	1 467	98	44
柳江造纸厂技工学校	39		82	9	6
广西船舶技工学校			42	20	12
柳州长虹机器制造公司技工学校	76	65	253	42	30
柳州机车车辆工厂技工学校	154		454	79	32
柳州市开关厂技工学校	161	38	270	28	19
柳州钢铁厂技工学校	198	162	494	116	76
柳州市汽车运输技工学校	104		40	19	15
柳州水泥厂技工学校	68	65	122	19	17
广西峻岭机器厂技工学校	20	79	135	18	12

13—1(续) (1993年) 单位:人

	本年招生数	本年毕业生数	期末在校学生数	年末教职工人数	#专任教师
广西建筑安装技工学校第二分校	219	204	581	93	29
柳州铁路司机学校	439	292	1 061	196	90
广西柳州商业技工学校	319	103	485		
柳州市机械工业技工学校	200	143	543		
第十一建设公司技工学校	37	17	117	27	22
四、普通中学(市教育局系统)	26 852	20 648	77 791	6 123	4 443
市　区	13 690	11 979	42 267	3 844	2 783
柳江县	7 322	4 597	19 560	1 215	882
柳城县	5 480	4 072	15 964	1 064	778
#高　中	3 492	3 098	9 840		683
初　中	23 360	17 550	67 951		3 760
五、职业中学(市教育局系统)	4 794	2 773	10 496	1 086	732
六、普通小学(市教育局系统)	40 650	28 461	214 799	8 626	7 301
市　区	12 694	12 001	73 342	4 232	3 726
柳江县	17 508	8 980	82 331	2 344	1 939
柳城县	10 448	7 480	59 126	2 050	1 636

13—2 基础教育普及情况

(1993年,市教育局系统) 单位:人

	全　市	市　区	柳江县	柳城县
一、小　学				
学龄人口	198 095	69 246	74 477	54 372
在校学生	214 799	73 342	82 331	59 126
毛入学率(%)	108.43	105.92	110.54	108.74
学龄儿童入学率(%)		99.85	98.37	97.98
十四岁毕业率(%)		70.61	42.11	56.76
小学升初中升学率(%)		94.07	74.23	75.33
二、初　中				
学龄人口	99 605	48 465	26 492	24 648
在校学生	68 425	36 014	17 557	14 854
毛入学率(%)	68.70	74.31	66.27	59.86
十七岁毕业率(%)		86.63	59.60	55.26
初中升学率(%)		84.68	37.41	30.64

13—3 特殊教育学校(小学)基本情况

(1993年,市教育局系统) 单位:人

	学校数(所)	班数(个)	毕业生数	招生数	在校学生数	教职工数	#专任教师
总　计	1	15	8	15	222	23	8
聋哑学校	1	3		7	33	21	6
总计中:教育部门办	1	3		7	33	21	3
普校设班		12	8	8	134	2	2
随班就读					55		

13—4 初中分年龄人口入学情况

(1993 年,市教育局系统)　　　　单位:人

	合计	城市	县镇	农村	合计中女学生
校内外 10 岁到 20 岁学龄人数	99 605	48 465	5 050	46 090	48 806
在校学龄人数	55 060	29 383	2 927	22 750	26 854
在校学生数	68 425	36 014	3 536	28 875	33 036
#10 岁及以下					
11 岁	503	113	1	389	197
12 岁	4 354	2 203	142	2 009	2 025
13 岁	15 617	8 717	800	6 100	7 636
14 岁	22 186	10 824	1 176	10 186	10 116
15 岁	17 257	9 842	951	6 464	9 102
16 岁	6 931	3 476	405	3 050	3 293
17 岁	1 414	721	59	634	607
18 岁	145	103	2	40	54
19 岁	13	13			4
20 岁及以上	5	2		3	2

13—5 普通小学分年龄人口入学情况

(1993 年,市教育局系统)　　　　单位:人

	合计	城市	县镇	农村	合计中女学生
校内外 5 岁到 18 岁学龄人口数	198 095	69 240	5 772	123 083	93 883
在校学龄人口数	195 546	69 011	5 366	121 169	92 465
在校学生数	214 799	73 342	5 625	135 832	100 065
#5 岁及以下	5	5			
6 岁	2 383	1 378	19	986	1 040
7 岁	35 726	11 700	1 153	22 873	16 472
8 岁	36 279	12 055	773	23 451	17 617
9 岁	34 907	12 023	977	21 907	16 552
10 岁	31 953	11 297	802	19 854	15 094
11 岁	30 320	12 049	874	17 397	14 389
12 岁	26 361	9 887	787	15 687	12 341
13 岁	10 888	2 099	198	8 591	4 115
14 岁	4 442	689	41	3 712	1 973
15 岁	1 273	138		1 135	394
16 岁	249	22	1	226	76
17 岁	13			13	2
18 岁及以上					

13—6 柳州市图书馆藏书情况

	单位	1993 年
总藏量	千册、件	600.6
#古籍	册	48 923
图书	千册	502.8
#外文图书	册	26 273

13—7 电影事业基本情况

（1993年）

	放映单位在册数（个）	放映单位活动数（个）	放映场数（场）	观众人数（万人次）	放映收入（万元）	发行收入（万元）
全　　市	154	86	43 050	543.3	515.67	277.13
市　区	86	54	36 524	433.8	459.51	250.75
柳江县	41	10	3 620	42.1	23.46	13.20
柳城县	27	22	2 906	67.4	32.70	13.18
35 MM 放映单位	100	63	40 056	478.4	508.40	270.64
电影院	27	16	21 798	241.6	218.37	96.50
影剧院	5	3	8 288	66.8	97.26	54.35
开放礼堂俱乐部	27	20	7 631	117.2	163.60	98.30
放映队	11	4	564	9.6	3.60	1.83
对内俱乐部	30	20	1 775	43.2	25.57	19.66
16 MM 放映单位	54	23	2 994	64.9	7.27	6.49
#放映队	43	20	2 470	58.1	5.86	5.25
对内俱乐部	10	3	408	4.6	0.93	0.93

13—8 报刊发行情况

报刊名称	发行期表（期）	发行份数（万份）
合　　计	1 041	5 565.96
经济时报	211	888.31
柳州日报	365	2 823.52
桂中日报	155	541.65
柳州铁道报	154	169.40
流通报	104	208
柳州广播电视报	52	935.08

13—9 体育事业情况

（市　　区）

	单位	1993年		单位	1993年
体委系统职工人数	人	211	参加运动会人数	人	5 924
各级体育机关	个	1	达到国家体育锻炼达标人数	人	82 820
各级体委直属单位	个	7	全年输送运动员	人	27
等级运动员	人	127	全年获省以上奖牌数总计	枚	291
等级裁判员	人	47	#金　牌	枚	122
少年儿童业余体校在校学生数	人	654	银　牌	枚	88
少年儿童业余体校专职教练员	人	50	铜　牌	枚	81
各级体委举办运动会	次	48	年末拥有体育馆	个	8

13—10 卫生机构和卫生工作人员

（1993年，市卫生局系统）

	机构数（人）	床位数（张）	卫生人员数（人）	#卫生技术人员	中医师	西医师	护师
合计	476	7 711	13 012	10 426	577	3 554	2 260
#市区	387	6 618	11 285	8 997	506	3 197	2 048
一、医院	78	7 492	9 480	7 363	405	2 141	1 887
1、县及县以上医院	51	7 086	9 028	6 985	382	2 046	1 852
#综合医院	42	4 899	7 042	5 492	181	1 741	1 456
2、区、乡（镇）卫生院	27	406	452	378	23	95	35
二、疗养院、所	1	100	51	27	1	11	4
三、门诊部、所	367	82	1 889	1 826	79	877	304
四、专科防治所、站	6		116	91	3	46	17
五、卫生防疫机构	12		413	320		201	11
六、妇幼保健机构	3	37	75	61		32	15
七、药品检验机构	3		22	17		1	
八、医学科学研究机构	1		3	3	1	1	1
十、中等医药卫生学校	2		326	142	4	95	7
十一、其他卫生事业机构	5		132	71	2	8	16
十二、个体开业人员			511	511	83	144	
在合计中：							
卫生部门	69	4 589	6 441	4 769	279	1 449	1 181
工业及其他部门	386	2 835	5 745	4 859	187	1 884	1 041
集体经济单位	21	287	315	287	28	77	38
在市区中：							
医院	49	6 429	8 274	6 414	350	1 911	1 691
1、县及县以上医院	41	6 290	8 137	6 288	340	1 870	1 669
#综合医院	34	4 203	6 267	4 885	160	1 576	1 295
2、区、乡（镇）卫生院	8	139	137	126	10	41	22
在市区中：							
卫生部门	29	3 808	5 331	3 896	231	1 188	1 007
工业及其它部门	345	2 516	5 347	4 528	175	1 798	993
集体经济单位	12	284	274	250	26	77	38
个体开业人员			304	304	73	133	
柳州市人民医院	1	725	1 010	726	11	238	212
柳州市工人医院	1	533	863	667	17	199	195
柳州市红会医院	1	151	235	175	4	65	48
柳州市卫生学校附属医院	1	180	259	207	7	66	59
广西柳州卫生学校附属医院	1	152	183	143	2	35	48
柳州市第二人民医院	1	92	119	86	2	27	11
柳州市第四人民医院	1	73	102	86	3	31	28
柳州市中医院	1	400	431	333	115	11	83
柳州市民族中医院	1	105	229	195	50	22	32
广西区龙泉山医院（精神病院）	1	800	531	386	3	109	130
广西区龙潭医院（结核病院）	1	550	450	324	7	89	89
柳州市妇幼保健院	1	32	156	117		51	31
柳州铁路局柳州中心医院	1	510	884	677	22	217	176
柳州铁路局工程处工程医院	1	100	210	152	5	44	24
广西钢铁（集团）公司职工医院	1	309	491	401	10	129	131
广西建工职工医院	1	150	192	138	5	38	42
广西区地质职工医院	1	210	135	83	1	26	19
广西冶金建设公司职工医院	1	80	120	100	4	31	32

13—10续表1　　　　(1993年,市卫生局系统)

	在卫生技术人员中						
	中药师	西药师	检验师	中医士	西医士	护　士	西药剂士
合　　计	171	376	296	124	485	1 559	124
#市　　区	156	353	275	96	297	1 355	107
一、医　院	157	289	206	20	242	1 336	95
1、县及县以上医院	152	281	205	14	184	1 239	90
#综合医院	88	250	160	10	169	907	77
2、区、乡(镇)卫生院	5	8	1	6	58	97	5
二、疗养院、所		1				8	
三、门诊部、所	11	58	17	22	155	199	14
四、专科防治所、站		2	3		1	5	7
五、卫生防疫机构			52		21	2	
六、妇幼保健机构			1		2	4	
七、药品检验机构	3	12					1
八、医学科学研究机构							
十、中等医药卫生学校		6	10		3	2	
十一、其他卫生事业机构		8	7			3	7
十二、个体开业人员				82	61		
在合计中:							
卫生部门	107	168	176	6	123	905	54
工业及其他部门	57	192	114	27	281	623	68
集体经济单位	7	16	6	9	20	31	2
在市区中:							
医　　院	144	264	189	11	138	1 166	79
1、县及县以上医院	141	259	189	5	127	1 156	77
#综合医院	79	229	145	4	116	834	67
2、区、乡(镇)卫生院	3	5		6	11	10	2
在市区中:							
卫生部门	95	148	160	2	36	749	41
工业及其它部门	54	187	108	19	221	575	64
集体经济单位	7	16	6	5	13	29	2
个体开业人员				70	28		
柳州市人民医院	11	29	24		4	156	6
柳州市工人医院	6	21	26		5	149	9
柳州市红会医院	3	17	4		1	27	1
柳州市卫生学校附属医院	5	10	8		3	36	
广西柳州卫生学校附属医院	4	5	4		5	30	2
柳州市第二人民医院	1	4	1		2	29	1
柳州市第四人民医院	2	6	1			7	
柳州市中医院	33	1	11		1	63	
柳州市民族中医院	22	3	6		2	34	
广西区龙泉山医院(精神病院)	2	7	11		2	109	3
广西区龙潭医院(结核病院)	5	9	10		3	92	5
柳州市妇幼保健院		8	6		3	9	1
柳州铁路局柳州中心医院	4	18	19		20	114	19
柳州铁路局工程处工程医院		3	2		15	31	6
广西钢铁(集团)公司职工医院	9	17	13		6	35	3
广西建工职工医院	4	6	3	1	5	21	2
广西区地质职工医院	1	8	4		2	16	1
广西冶金建设公司职工医院	2	11	3		1	14	

13—11 各类科研、开发服务机构、科技企业基本情况

(1993 年)

	合 计	独立科研机构	技术监督开发服务机构	厂办科技开发机构	科技企业（含民办科技机构）
一、机构数(个)	282	20	3	97	162
#国有经济	77	17	3		57
集体经济	108	3			105
二、当年经费投入(万元)	14 180	842	72	9 336	3 930
#上级拨款	1 988	312	17	1 045	614
贷 款	2 351	44		1 741	566
自 筹	9 780	445	55	6 530	2 750
三、机构职工人数(人)	5 041	701	127	1 671	2 542
#高级职务	435	75	13	163	184
中级职务	1 053	195	40	499	319
初级职务	1 479	283	46	788	362
四、机构固定资产(原值万元)					
累计值	8 855	1 706	406	5 718	1 055
当年新增值	2 011	610	34	1 117	250

13—12 独立科研机构基本情况一览表

(1993 年)

	经费来源(万元)	固定职工人数(人)	#高级职务	中级职务	初级职务	累计固定资产原值(万元)
柳州市自动化研究所	101	68	6	24	38	201
柳州市农机研究所	8	15	1	4	5	10
柳州市农科所	51	39	2	13	15	98
柳州市科技情报研究所	25	20	4	7	7	43
柳州市医药情报所	3	6		5		14
柳州市建筑设计科学研究所	248	230	32	67	109	588
柳州市市政科研设计所	105	49	6	16	22	314
柳州市园林科学研究所	47	43	2	3	11	59
柳州市环境保护科学研究所	27	19	2	2	13	
柳州市测试应用技术研究所	10	8	3	4	1	
柳州市化学工业研究所	44	39	3	5	11	27
柳州市塑料研究所	64	17	1	4	9	34
柳州服装研究所	20	37			15	11
柳州市工艺美术研究所	12	18	2	2	4	
柳州市纺织研究所						
广西水力机械研究所	31	30	4	12	7	66
广西汽车拖拉机研究所	32	40	6	22	9	220
柳城县甘蔗研究所	8	9	1		1	32
柳城县农机研究所(推广站)	4	8		2	3	8
柳江县科技情报所	1	3		1	2	
柳江县工业技术开发研究所	1	3		2	1	1

十四、劳动工资

14—1 全市全部职工人数和工资

(1993年)

	职工年末人数(人)	女性	合同制职工	职工年平均人数(人)	职工工资总额(万元)	奖金和计件超额工资	津贴和补贴
总计	401 023	163 560	62 190	389 131	145 611.0	36 537.7	38 849.4
市区	354 504	145 224	56 096	344 698	131 968.8	33 625.7	34 455.0
柳江	22 939	9 183	2 477	21 563	7 060.6	1 510.2	2 590.7
柳城	23 580	9 153	3 617	22 870	6 581.6	1 401.8	1 803.7
Ⅰ、国有经济单位合计	307 096	122 627	53 938	299 078	115 449.5	30 398.9	33 038.5
一、按隶属关系分组							
1.中央	42 770	13 195	7 600	42 146	19 040.1	4 750.5	5 298.1
2.省、自治区、直辖市	33 120	12 221	2 552	32 008	11 165.5	2 102.1	4 054.2
3.地区	203 216	86 053	39 998	198 081	77 453.3	21 877.3	21 293.8
4.县及县以下	27 852	11 141	3 782	26 706	7 749.8	1 665.1	2 390.2
5.其他	138	17	6	137	40.7	3.8	2.2
二、按企业、事业、机关分组							
1.企业	240 833	95 399	48 887	233 718	92 585.4	25 984.3	23 965.0
#地方	199 973	82 538	41 383	193 479	74 322.1	21 382.4	19 013.9
2.事业	51 163	23 234	4 185	50 370	17 316.4	3 293.2	6 891.4
#地方	49 305	22 913	4 091	48 515	16 559.2	3 149.1	6 550.6
3.机关	15 100	3 994	866	14 990	5 547.7	1 121.4	2 182.1
#地方	15 048	3 981	864	14 938	5 528.1	1 116.9	2 175.9
三、按国民经济行业分组							
(一)农、林、牧、渔业	18 453	7 430	1 133	18 121	5 130.7	619.4	1 733.6
1.农业	14 626	6 504	934	14 344	4 030.6	432.5	1 352.7
2.林业	2 420	440	60	2 389	698.9	107.4	234.7
3.畜牧业	385	189	37	369	93.7	12.3	34.3
4.渔业	64	28	1	56	15.7	8.4	3.6
5.农、林、牧、渔服务业	958	269	101	963	291.8	58.8	108.3
(二)采掘业	382	129	74	357	102.6	17.5	33.7
(三)制造业	159 437	67 021	38 228	155 581	64 333.5	20 164.1	15 950.7
(四)电力、煤气及水的生产和供应业	3 319	939	544	3 118	1 727.5	541.4	460.5
(五)建筑业	29 172	5 468	2 455	27 001	10 179.3	1 894.4	2 424.1
1.土木工程建筑业	26 411	5 124	2 265	24 404	9 259.6	1 760.8	2 202.8
2.线路、管道和设备安装业	2 626	337	185	2 537	892.9	131.8	218.7
3.建筑物的装修装饰业	135	7	5	60	26.8	1.8	2.6
(六)地质勘查业、水利管理业	4 871	972	480	4 869	1 864.3	348.1	775.0
1.地质勘查业	4 226	847	258	4 246	1 693.7	315.1	709.6
2.水利管理业	645	125	222	623	170.6	33.0	65.4
(七)交通运输、仓储及邮电通信业	13 627	3 612	1 819	13 696	4 827.1	1 072.3	1 567.6
2.公路运输业	5 091	1 591	466	5 173	1 633.1	233.0	594.5
4.水上运输业	2 504	414	76	2 537	817.7	111.7	282.4
5.航空运输业	100	22	21	103	40.3	8.1	13.5
6.交通运输辅助业	3 386	821	660	3 373	1 099.0	199.8	480.7

14—1 续表 1　　　　(1993 年)

	职工年末人数(人)	女　性	合同制职　工	职工年平均人数(人)	职工工资总　额(万元)	奖金和计件超额工资	津　贴和补贴
7. 其他交通运输业	127	30	57	127	39.3	0.3	15.3
8. 仓储业	682	237	80	671	201.7	34.2	53.6
9. 邮电通信业	1 737	497	459	1 712	996.0	485.2	127.6
(八)批发和零售贸易、餐饮业	15 651	7 847	2 905	15 450	5 465.5	1 399.1	1 585.0
1. 食品、饮料、烟草和家庭用品批发商业	5 344	2 701	950	5 271	2 057.8	582.6	563.1
2. 能源、材料和机械电子设备批发业	4 194	1 789	526	4 130	1 509.9	374.5	483.2
3. 其他批发业	618	252	87	600	254.6	71.3	77.5
4. 零售业	4 364	2 371	1 054	4 362	1 297.3	287.8	372.5
6. 餐饮业	1 131	734	288	1 087	345.9	82.9	88.7
(九)金融、保险业	4 423	2 185	491	4 181	1 628.6	210.9	747.3
1. 金融业	4 137	2 080	462	3 905	1 505.5	198.9	677.3
2. 保险业	286	105	29	276	123.1	12.0	70.0
(十)房地产业	835	323	67	807	303.1	69.7	82.9
1. 房地产开发与经营业	391	127	36	365	170.8	42.0	28.0
2. 房地产管理业	400	182	30	398	109.2	18.6	46.8
3. 房地产代理与经纪业	44	14	1	44	22.9	9.1	8.1
(十一)社会服务业	9 494	5 488	2 960	9 259	3 471.7	977.6	1 169.2
1. 公共服务业	6 098	3440	1 443	5 904	2 316.6	658.5	804.9
2. 居民服务业	66	17	20	64	28.9	12.7	9.2
3. 旅馆业	2 655	1 793	1 387	2 647	911.8	261.6	281.4
5. 旅行社	231	114	75	210	58.8	6.3	18.8
7. 信息、咨询服务业	215	74	26	211	75.0	11.3	32.7
8. 计算机应用服务业	22	11	6	24	9.2	1.0	5.2
9. 其他社会服务业	207	39	3	199	71.4	26.2	17.0
(十二)卫生、体育和社会福利业	7 895	5 466	487	7 891	3 064.9	577.0	1 323.1
1. 卫生	7 597	5 291	417	7 594	2 960.4	556.8	1 284.8
2. 体育	27	11	2	29	12.8	3.4	5.0
3. 社会福利保障业	271	164	68	268	91.7	16.8	33.3
(十三)教育、文化艺术及广播电影电视业	21 691	10 781	1 149	20 997	6 903.2	1 243.7	2 633.0
1. 教　育	19 709	9 998	849	19 048	6 212.4	1 129.8	2 344.7
#(1)普通高等教育	968	436	26	925	327.3	60.7	141.9
(2)普通中学	5 121	2 306	170	4 941	1 727.7	314.4	660.4
(3)小学校	8 455	4 542	343	8 160	2 180.7	379.8	745.4
2. 文化艺术业	1 082	460	115	1 077	395.2	77.9	162.2
3. 广播电影电视业	900	323	185	872	295.6	36.0	126.1
(十四)科学研究和综合技术服务业	1 516	509	142	1 530	527.4	75.1	216.3
1. 科学研究业	273	111	18	276	105.5	16.1	39.0
(1)自然科学研究	156	71	13	156	55.8	10.9	21.6
(2)社会科学研究	63	28	3	63	23.5	3.6	11.3
(3)综合科学研究	54	12	2	57	26.2	1.6	6.1

	职工年末人数(人)	女性	合同制职工	职工年平均人数(人)	职工工资总额(万元)	奖金和计件超额工资	津贴和补贴
2.综合技术服务业	1 243	398	124	1 254	421.9	59.0	177.2
(1)气象	112	32	1	113	40.4	8.2	15.3
(4)技术监督	161	57	4	162	67.3	15.3	27.1
(6)环境保护	134	53	2	134	50.8	10.2	23.0
(7)技术推广和科技交流服务业	779	243	113	788	244.7	23.8	103.1
(8)其他综合技术服务业	57	13	4	57	18.7	1.5	8.7
(十五)国家机关、政党机关和社会团体	16 330	4 457	1 004	16 220	5 920.1	1 188.6	2 336.5
#国家机关	14 525	3 847	908	14 447	5 219.9	1 028.0	2 077.7
政党机关	1 301	342	19	1 299	525.6	122.8	188.8
Ⅰ、城镇及集体经济单位合计	78 830	33 259	2 928	74 982	22 768.4	3 188.0	4 292.0
一、按企业、事业、机关分组							
1.企业	77 715	32 738	2 910	73 860	22 448.2	3 146.1	4 205.4
2.事业	1 031	506	13	1 038	284.3	31.4	73.6
3.机关	84	15	5	84	35.9	10.5	13.0
三、按国民经济行业分组							
(二)采掘业	129	55		109	12.4		4.6
(三)制造业	52 810	25 269	884	51 176	15 187.7	2 372.9	2 915.9
(四)电力、煤气及水的生产和供应业	855	283	85	838	304.7	60.2	81.0
(五)建筑业	13 621	1 872	492	11 534	3 834.0	298.8	335.5
1.土木工程建筑业	11 968	1 623	454	9 914	3 154.4	133.7	231.0
2.线路、管道和设备安装业	1 640	245	38	1 607	675.0	163.0	104.5
3.建筑物的装修装饰业	13	4		13	4.6	2.1	
(六)地质勘查业、水利管理业	48	23		49	20.1	8.3	6.4
1.地质勘查业	48	23		49	20.1	8.3	6.4
(七)交通运输、仓储及邮电通信业	1 972	641	22	1 977	484.4	27.4	102.7
2.公路运输业	1 247	423	2	1 249	275.5	21.3	69.7
4.水上运输业	225	77		225	84.0		20.5
6.交通运输辅助业	432	115	1	443	107.3	3.8	8.6
8.仓储业	68	26	19	60	17.6	2.3	3.9
(八)批发和零售贸易、餐饮业	7 083	3 851	1 220	7 042	2 213.0	272.5	620.9
1.食品、饮料、烟草和家庭用品批发商业	3 401	1 712	719	3 348	1 014.8	177.6	329.6
2.能源、材料和机械电子设备批发业	741	308	28	714	208.7	19.9	71.1
3.其他批发业	140	52	19	144	374.3	8.5	20.1
4.零售业	2 574	1 578	454	2 572	561.5	66.5	170.5
6.餐饮业	227	201		264	53.7		29.6
(九)金融、保险业	634	324	138	629	199.5	36.3	87.6
1.金融业	634	324	138	629	199.5	36.3	87.6
(十)房地产业	141	35	5	106	43.0	2.4	8.1
1.房地产开发与经营业	141	35	5	106	43.0	2.4	8.1
(十一)社会服务业	655	496	52	659	189.2	57.6	33.6

14—1 续表 3 (1993 年)

	职工年末人数(人)	女性	合同制职工	职工年平均人数(人)	职工工资总额(万元)	奖金和计件超额工资	津贴和补贴
2. 居民服务业	141	102		137	37.7	1.8	10.8
3. 旅馆业	480	372	45	493	139.1	54.7	16.9
6. 娱乐服务业	5	5		5	1.2	0.2	0.3
8. 计算机应用服务业	28	17	7	23	11.0	0.9	5.6
9. 其他社会服务业	1			1	0.2		
(十二)卫生、体育和社会福利业	174	114	1	174	56.5	9.8	19.0
1. 卫　生	170	112	1	170	55.1	9.5	18.6
3. 社会福利保障业	4	2		4	1.4	0.3	0.4
(十三)教育、文化艺术及广播电影电视业	119	69	5	104	27.8	3.1	10.5
1. 教育	55	45		55	17.0	2.6	6.7
2. 文化艺术业	56	21	3	41	9.6	0.3	3.4
3. 广播电影电视业	8	3	2	8	1.2	0.2	0.4
(十四)科学研究和综合技术服务业	430	157	18	424	133.9	23.3	40.9
1. 科学研究业	156	79	2	146	22.9	0.9	9.1
(1)自然科学研究业	110	50		100	15.1		6.8
(2)社会科学研究	46	29	2	46	7.8	0.9	2.3
2. 综合技术服务业	274	78	16	278	111.0	22.4	31.8
(4)技术监督	6	2		6	1.3		0.5
(7)技术推广和科技交流服务业	21	6		21	11.5	0.2	1.9
(8)其他综合技术服务业	247	70	16	251	98.2	22.2	29.4
(十五)国家机关、政党机关和社会团体	138	64	5	138	53.9	13.8	22.3
#国家机关	105	34	5	105	43.3	11.9	16.9
(十六)其他行业	21	6	1	23	8.3	1.6	3.0
Ⅲ、其他各种经济类型单位合计	15 097	7 674	5 324	15 071	7 392.7	2 950.5	1 518.3
一、按经济类型分组							
1、联营经济	109	29	30	113	32.9	4.3	11.8
2、股份制经济	12 734	6 209	4 786	12 736	6 723.1	2 851.2	1 320.5
3. 外商投资经济	1 053	599	421	1 028	303.9	38.0	95.0
4. 港澳台投资经济	206	59	29	163	56.8	7.5	10.8
5. 其他经济	995	778	58	1 031	276.0	49.5	80.2
二、按企业、事业分组							
1. 企　业	15 097	7 674	5 324	15 071	7 392.7	2 950.5	1 518.3
三、按国民经济行业分组							
(三)制造业	10 243	4 306	3 769	10 187	5 416.9	2 207.6	1 078.2
(八)批发和零售贸易、餐饮业	4 674	3 309	1 514	4 735	1 902.7	731.7	425.1
1. 食品、饮料、烟草和家庭用品批发商业	525	224	94	525	313.6	183.3	31.7
4. 零售业	4 149	3 085	1 420	4 210	1 589.1	548.4	393.4
(十)房地产业	160	56	33	129	72.0	11.2	15.0
1. 房地产开发与经营业	160	56	33	129	72.0	11.2	15.0
(十一)社会服务业	20	3	8	20	1.1		
7. 信息、咨询服务业	20	3	8	20	1.1		

14—2 市区全部职工人数和工资

(1993年)

	职工年末人数(人)	女性	合同制职工	职工年平均人数(人)	职工工资总额(万元)	奖金和计件超额工资	津贴和补贴
总计	354 504	145 224	56 096	344 698	131 968.4	33 625.6	34 454.8
Ⅰ、国有经济单位合计	264 613	105 850	48 361	258 537	102 690.3	27 574.7	28 879.7
一、按隶属关系分组							
1.中央	40 847	12 727	7 409	40 222	18 307.5	4 640.8	4 964.3
2.省、自治区、直辖市	21 817	7 254	1 543	21 335	7 483.3	1 410.1	2 601.8
3.地区	198 946	84 332	39 130	194 016	75 857.1	21 368.0	20 918.6
4.县及县以下	2 865	1 520	273	2 827	1 001.7	152.0	392.8
5.其他	138	17	6	137	40.7	3.8	2.2
二、按企业、事业、机关分组							
1.企业	217 890	85 609	44 977	212 322	85 223.7	24 317.9	21 629.3
#地方	177 960	73 066	37 611	172 994	67 283.4	19 778.9	16 784.0
2.事业	36 387	17 283	3 134	35 995	13 428.0	2 533.6	5 519.3
#地方	35 522	17 112	3 093	35 153	13 080.4	2 436.3	5 406.5
3.机关	10 336	2 958	250	10 220	4 038.6	723.2	1 731.1
#地方	10 284	2 945	248	10 168	4 019.0	718.7	1 724.9
三、按国民经济行业分组							
(一)农、林、牧、渔业	7 710	2 756	93	7 712	1 876.9	197.6	405.9
1.农业	5 127	2 278	23	5 177	1 135.8	88.3	144.5
2.林业	1 709	138	3	1 684	480.4	58.1	160.3
3.畜牧业	358	175	34	342	86.3	11.5	33.0
4.渔业	64	28	1	56	15.7	8.4	3.6
5.农、林、牧、渔服务业	452	137	32	453	158.7	31.3	64.5
(二)采掘业	191	69	32	173	41.5	4.0	12.5
(三)制造业	149 128	62 637	36 252	146 427	60 860.2	19 035.7	15 097.3
(四)电力、煤气及水的生产和供应业	2 813	808	421	2 619	1 507.8	472.0	405.2
(五)建筑业	29 172	5 468	2 265	27 001	10 179.3	1 894.4	2 424.1
1.土木工程建筑业	26 411	5 124	2 265	24 404	9 259.6	1 760.8	2 202.8
2.线路、管道和设备安装业	2 626	337	185	2 537	892.9	131.8	218.7
3.建筑物的装修装饰业	135	7	5	60	26.8	1.8	2.6
(六)地质勘查业、水利管理业	3 401	729	213	3 397	1 324.3	271.9	499.5
1.地质勘查业	3 207	688	202	3 207	1 277.2	264.7	481.1
2.水利管理业	194	41	11	190	47.1	7.2	18.4
(七)交通运输、仓储及邮电通信业	12 870	3 333	1 582	12 958	4 543.6	999.1	1 499.5
2.公路运输业	4 930	1 544	446	5 000	1 567.7	230.8	579.8
4.水上运输业	2 497	411	76	2 530	815.8	111.1	281.8
5.航空运输业	100	22	21	103	40.3	8.1	13.5
6.交通运输辅助业	3 143	688	555	3 152	1 031.4	176.7	457.8
7.其他交通运输业	127	30	57	127	39.3	0.3	15.3
8.仓储业	682	237	80	671	201.7	34.2	53.6
9.邮电通信业	1 391	401	347	1 375	847.4	437.9	97.7

14—2 续表 1 (1993 年)

	职工年末人数(人)	女 性	合同制职 工	职工年平均人数(人)	职工工资总 额(万元)	奖金和计件超额工资	津 贴和补贴
(八)批发和零售贸易、餐饮业	13 361	6 829	2 231	13 199	4 857.7	1 312.9	1 372.3
1. 食品、饮料、烟草和家庭用品批发商业	5 107	2 609	903	5 043	1 985.4	569.1	539.9
2. 能源、材料和机械电子设备批发业	3 986	1 711	487	3 926	1 434.9	357.8	454.4
3. 其他批发业	574	228	65	556	244.5	70.2	74.7
4. 零售业	2 655	1 601	527	2 674	874.9	236.6	223.1
6. 餐饮业	1 039	680	249	1 000	318.0	79.2	80.2
(九)金融、保险业	3 753	1 952	437	3 520	1 411.4	179.7	662.2
1. 金融业	3 502	1 854	408	3 281	1 301.6	169.1	598.6
2. 保险业	251	98	29	239	109.8	10.6	63.6
(十)房地产业	792	307	58	766	276.0	54.7	75.8
1. 房地产开发与经营业	371	120	32	346	157.8	34.9	24.4
2. 房地产管理业	387	178	26	386	105.7	17.8	45.5
3. 房地产代理与经纪业	34	9		34	12.3	2.0	5.9
(十一)社会服务业	9 197	5 356	2 911	8 959	3 376.1	946.2	1 141.2
1. 公共服务业	5 956	3 361	1 414	5 762	2 276.7	650.1	790.0
2. 居民服务业	54	15	17	52	25.6	12.0	8.1
3. 旅馆业	2 619	1 763	1 376	2 611	902.1	259.9	278.1
5. 旅行社	231	114	75	210	58.8	6.3	18.8
7. 信息、咨询服务业	204	72	21	200	71.5	10.6	31.2
8. 计算机应用服务业	22	11	6	24	9.2	1.0	5.2
9. 其他社会服务业	111	20	2	100	32.2	6.3	9.8
(十二)卫生、体育和社会福利业	6 695	4 667	387	6 709	2 672.8	488.1	1 167.6
1. 卫生	6 421	4 506	321	6 437	2 577.6	471.2	1 132.2
2. 体育	27	11	2	29	12.8	3.4	5.0
3. 社会福利保障业	247	150	64	243	82.4	13.5	30.4
(十三)教育、文化艺术及广播电影电视业	12 802	7 121	819	12 471	4 923.3	872.6	2 046.4
1. 教 育	11 101	6 417	590	10 803	4 310.8	775.7	1 785.6
#(1)普通高等教育	968	436	26	925	327.3	60.7	141.9
(2)普通中学	2 665	1 437	60	2 598	1 103.1	191.7	481.4
(3)小学校	2 670	1 993	218	2 618	1 013.3	174.9	399.1
2. 文化艺术业	979	424	79	973	363.6	70.5	151.6
3. 广播电影电视业	722	280	150	695	248.9	26.4	109.2
(十四)科学研究和综合技术服务业	1 287	438	121	1 299	461.3	63.2	195.2
1. 科学研究业	207	88	16	210	85.1	12.8	32.6
(1)自然科学研究	90	48	11	90	35.4	7.6	15.2
(2)社会科学研究	63	28	3	63	23.5	3.6	11.3
(3)综合科学研究	54	12	2	57	26.2	1.6	6.1
2. 综合技术服务业	1 080	350	105	1 089	376.2	50.4	162.5
(1)气 象	95	31	1	96	34.0	6.9	12.7

14—2 续表 2　　(1993 年)

	职工年末人数(人)	女　性	合同制职工	职工年平均人数(人)	职工工资总额(万元)	奖金和计件超额工资	津　贴和补贴
(4)技术监督	144	54	2	145	61.4	13.7	24.9
(6)环境保护	124	49	2	124	47.9	9.2	22.4
(7)技术推广和科技交流服务业	660	203	96	667	214.2	19.1	93.8
(8)其他综合技术服务业	57	13	4	57	18.7	1.5	8.7
(十五)国家机关、政党机关和社会团体	11 441	3 380	349	11 327	4 378.1	782.6	1 875.0
#国家机关	10 001	2 868	281	9 919	3 809.1	653.7	1 651.4
政党机关	987	274	11	985	411.4	95.0	160.1
Ⅱ、城镇及集体经济单位合计	74 794	31 700	2 411	71 090	21 885.4	3 100.4	4 056.8
一、按企业、事业、机关分组							
1.企　业	73 735	31 191	2 396	70 026	21 589.8	3 065.7	3 978.2
2.事　业	1 010	500	12	1 015	276.0	29.9	70.6
3.机　关	49	9	3	49	19.6	4.8	8.0
三、按国民经济行业分组							
(二)采掘业	129	55		109	12.4		4.6
(三)制造业	51 569	24 735	829	49 968	14 890.4	2 346.5	2 869.0
(四)电力、煤气及水的生产和供应业	855	283	85	838	304.7	60.2	81.0
(五)建筑业	12 954	1 711	439	11 022	3 736.4	293.2	332.9
1.土木工程建筑业	11 301	1 462	401	9 402	3 056.8	128.1	228.4
2.线路、管道和设备安装业	1 640	245	38	1 607	675.0	163.0	104.5
3.建筑物的装修装饰业	13	4		13	4.6	2.1	
(六)地质勘查业、水利管理业	48	23		49	20.1	8.3	6.4
1.地质勘查业	48	23		49	20.1	8.3	6.4
(七)交通运输、仓储及邮电通信业	1 972	641	22	1 977	484.4	27.4	102.7
2.公路运输业	1 247	423	2	1 249	275.5	21.3	69.7
4.水上运输业	225	77		225	84.0		20.5
6.交通运输辅助业	432	115	1	443	107.3	3.8	8.6
8.仓储业	68	26	19	60	17.6	2.3	3.9
(八)批发和零售贸易、餐饮业	5 350	3 106	911	5 277	1 852.3	241.7	491.3
1.食品、饮料、烟草和家庭用品批发商业	2 706	1 417	531	2 651	819.9	151.2	259.7
2.能源、材料和机械电子设备批发业	729	302	28	702	205.1	19.9	69.4
3.其他批发业	128	44	14	133	369.6	7.3	18.4
4.零售业	1 577	1 153	338	1 545	407.0	63.3	114.2
6.餐饮业	210	190		246	50.7		29.6
(九)金融、保险业	295	217	41	280	96.7	18.9	39.6
1.金融业	295	217	41	280	96.7	18.9	39.6
(十)房地产业	141	35	5	106	43.0	2.4	8.1
1.房地产开发与经营业	141	35	5	106	43.0	2.4	8.1
(十一)社会服务业	655	496	52	659	189.2	57.6	33.6
2.居民服务业	141	102		137	37.7	1.8	10.8

14—2 续表 3

(1993 年)

	职工年末人数(人)	女　性	合同制职　工	职工年平均人数(人)	职工工资总　额(万元)	奖金和计件超额工资	津　贴和补贴
3.旅馆业	480	372	45	493	139.1	54.7	16.9
6.娱乐服务业	5	5		5	1.2	0.2	0.3
8.计算机应用服务业	28	17	7	23	11.0	0.9	5.6
9.其他社会服务业	1			1	0.2		
(十二)卫生、体育和社会福利业	174	114	1	174	56.5	9.8	19.0
1.卫　生	170	112	1	170	55.1	9.5	18.6
3.社会福利保障业	4	2		4	1.4	0.3	0.4
(十三)教育、文化艺术及广播电影电视业	119	69	5	104	27.8	3.1	10.5
1.教育	55	45		55	17.0	2.6	6.7
2.文化艺术业	56	21	3	41	9.6	0.3	3.4
3.广播电影电视业	8	3	2	8	1.2	0.2	0.4
(十四)科学研究和综合技术服务业	430	157	18	424	133.9	23.3	40.9
1.科学研究业	156	79	2	146	22.9	0.9	9.1
(1)科学研究业	110	50		100	15.1		6.8
(2)社会科学研究	46	29	2	46	7.8	0.9	2.3
2.综合技术服务业	274	78	16	278	111.0	22.4	31.8
(4)技术监督	6	2		6	1.3		0.5
(7)技术推广和科技交流服务业	21	6		21	11.5	0.2	1.9
(8)其他综合技术服务业	247	70	16	251	98.2	22.2	29.4
(十五)国家机关、政党机关和社会团体	103	58	3	103	37.6	8.0	17.2
#国家机关	70	28	3	70	27.0	6.1	11.8
Ⅲ、其他各种经济类型单位合计	15 097	7 674	5 324	15 071	7 392.7	2 950.5	1 518.3
一、按经济类型分组							
1、联营经济	109	29	30	113	32.9	4.3	11.8
2、股份制经济	12 734	6 209	4 786	12 736	6 723.1	2 851.2	1 320.5
3.外商投资经济	1 053	599	421	1 028	303.9	38.0	95.0
4.港澳台投资经济	206	59	29	163	56.8	7.5	10.8
5.其他经济	995	778	58	1 031	276.0	49.5	80.2
二、按企业、事业分组							
1.企　业	15 097	7 674	5 324	15 071	7 392.7	2 950.5	1 518.3
三、按国民经济行业分组							
(三)制造业	10 243	4 306	3 769	10 187	5 416.9	2 207.6	1 078.2
(八)批发和零售贸易、餐饮业	4 674	3 309	1 514	4 735	1 902.7	731.7	425.1
1.食品、饮料、烟草和家庭用品批发商业	525	224	94	525	313.6	183.3	31.7
4.零售业	4 149	3 085	1 420	4 210	1 589.1	548.4	393.4
(十)房地产业	160	56	33	129	72.0	11.2	15.0
1.房地产开发与经营业	160	56	33	129	72.0	11.2	15.0
(十一)社会服务业	20	3	8	20	1.1		
7.信息、咨询服务业	20	3	8	20	1.1		

14—3 全市工业、建筑业企业职工人数和工资

(1993年)

	年末人数(人)	工人和学徒	工程技术人员	管理人员	服务人员	平均人数(人)	工资总额(万元)
总计	269 968	193 341	17 601	29 913	21 981	259 901	101 098.8
市区	257 054	183 766	16 988	28 452	20 872	248 344	96 949.8
柳江	5 213	3 789	283	735	317	4 385	1 739.1
柳城	7 701	5 786	330	726	792	7 172	2 409.9
一、采掘业	511	316	44	108	37	466	115.0
(一)按经济类型分组							
1.国有经济单位	382	220	44	78	34	357	102.6
2.城镇集体经济单位	129	96		30	3	109	12.4
(二)按隶属关系分组							
2.地方	511	316	44	108	37	466	115.0
(三)按轻、重工业分组							
2.重工业	511	316	44	108	37	466	115.0
(四)按行业分组							
(3)黑色金属矿采选业	323	191	39	66	27	305	87.3
(4)有色金属矿采选业	47	28	2	10	7	39	11.7
(5)非金属矿采选业	129	96		30	3	109	12.4
(7)木材及竹材采运业	12	1	3	2		13	3.6
二、制造业	222 490	157 342	14 463	25 749	18 993	216 944	84 938.3
(一)按经济类型分组							
1.国有经济单位	159 437	108 827	11 728	19 064	15 141	155 581	64 333.7
2.城镇集体经济单位	52 810	41 840	1 844	5 616	2 800	51 176	15 187.7
3.其他各种经济类型单位	10 243	6 675	891	1 069	1 052	10 187	5 416.9
(二)按隶属关系分组							
1.中央	19 268	13 261	2 180	1 833	1 395	18 728	8 201.6
2.地方	203 222	144 081	12 283	23 916	17 598	198 216	76 736.7
(三)按轻、重工业分组							
1.轻工业	94 152	71 155	3 954	9 943	6 930	92 490	28 197.4
2.重工业	128 338	86 187	10 509	15 806	12 063	124 454	56 740.9
(四)按行业分组							
(1)食品加工业	6 499	4 701	404	784	561	5 615	2 179.3
(2)食品制造业	5 087	3 857	218	639	298	4 850	1 417.2
(3)饮料制造业	1 541	1 165	103	131	96	1 270	519.1
(4)烟草加工业	2 258	1 763	53	265	99	2 250	999.2
(5)纺织业	31 054	24 101	1 002	2 888	2 370	31 532	8 817.7
(6)服装及其他纤维制品制造业	2 419	1 906	36	346	95	2 427	512.4
(7)皮革、毛皮、羽绒及其制品业	1 981	1 661	47	220	46	1 898	428.4
(8)木材加工及竹、藤、棕、草制品业	3 203	2 222	133	424	318	3 046	1 565.1

14—3 续表 1 (1993 年)

	年末人数 (人)	工人和学徒	工程技术人员	管理人员	服务人员	平均人数 (人)	工资总额 (万元)
(9)家具制造业	1 434	985	48	256	115	1 454	339.1
(10)造纸及纸制品业	6 250	4 230	418	773	624	6 156	2 162.8
(11)印刷业、记录媒介的复制	1 732	1 337	51	262	56	1 685	532.0
(12)文教体育用品制造业	386	259	29	97		358	185.6
(13)化学原料及化学制品制造业	12 756	8 850	823	1 365	1 556	12 441	5 223.7
(14)医药制造业	2 880	1 981	252	385	140	2 829	760.3
(15)化学纤维制造业	759	494	61	108	82	751	398.0
(16)橡胶制品业	1 340	849	189	176	69	1 309	425.6
(17)塑料制品业	3 974	3 060	201	448	212	4 027	1 101.4
(18)非金属矿物制品业	9 545	6 274	906	1 300	939	9 124	4 428.8
(19)黑色金属冶炼及压延加工业	23 358	16 741	889	2 767	2 731	22 521	13 571.6
(20)有色金属冶炼及压延加工业	10 187	7 399	504	1 183	593	9 590	4 231.1
(21)金属制品业	4 265	2 990	183	726	147	4 025	1 124.3
(22)普通机械制造业	25 398	16 242	2 214	3 285	2 785	24 782	11 290.8
(23)专用设备制造业	9 358	6 084	832	1 215	575	9 072	3 476.7
(24)交通运输设备制造业	26 736	18 345	2 754	2 635	2 231	25 808	10 619.4
(26)电气机械及器材制造业	15 303	9 730	1 603	2 305	1 098	15 378	4 982.3
(27)电子及通信设备制造业	2 578	1 414	234	308	461	2 569	668.2
(28)仪器仪表及文化、办公用机械制造业	2 772	2 046	245	353	80	2 748	727.1
(29)其他制造业	7 437	6 656	31	132	616	7 429	2 251.1
三、电力、煤气及水的生产和供应业	4 174	2 455	449	436	382	3 956	2 032.2
(一)按经济类型分组							
1.国有经济单位	3 319	1 876	398	355	284	3 118	1 727.5
2.城镇集体经济单位	855	579	51	81	98	838	304.7
(二)按隶属关系分组							
1.中　央	1 733	842	277	124	138	1 597	1 030.3
2.地　方	2 441	1 613	172	312	244	2 359	1 001.9
(三)按轻、重工业分组							
1.轻工业	1 438	801	109	211	215	1 367	610.3
2.重工业	2 736	1 654	340	215	167	2 589	1 421.9
(四)按行业分组							
(1)电力、蒸汽、热水的生产和供应业	3 050	1 706	390	289	259	2 890	1 549.1
(2)煤气生产和供应业	263	263				259	88.4
(3)自来水的生产和供应业	861	486	59	147	123	807	394.7
四、建筑业	42 793	33 228	2 645	3 620	2 569	38 535	14 013.3
按经济类型分组							
1.国有经济单位	29 172	21 608	2 034	2 816	2 155	27 001	10 179.3
2.城镇集体经济单位	13 621	11 620	611	804	414	11 534	3 834.0

14—4 市区工业、建筑业企业职工人数和工资

(1993年)

	年末人数(人)	工人和学徒	工程技术人员	管理人员	服务人员	平均人数(人)	工资总额(万元)
总计	257 054	183 766	16 988	28 452	20 872	248 344	96 949.8
一、采掘业	320	209	28	73	10	282	53.9
(一)按经济类型分组							
1. 国有经济单位	191	113	28	43	7	173	41.5
2. 城镇集体经济单位	129	96		30	3	109	12.4
(二)按隶属关系分组							
2. 地方	320	209	28	73	10	282	53.9
(三)按轻、重工业分组							
2. 重工业	320	209	28	73	10	282	53.9
(四)按行业分组							
(3)黑色金属矿采选业	191	113	28	43	7	173	41.5
(5)非金属矿采选业	129	96		30	3	109	12.4
二、制造业	210 940	148 743	13 958	24 421	17 955	206 582	81 167.7
(一)按经济类型分组							
1. 国有经济单位	149 128	101 240	11 249	17 891	14 151	146 427	60 860.4
2. 城镇集体经济单位	51 569	40 828	1 818	5 461	2 752	49 968	14 890.4
3. 其他各种经济类型单位	10 243	6 675	891	1 069	1 052	10 187	5 416.9
(二)按隶属关系分组							
1. 中央	19 268	13 261	2 180	1 833	1 395	18 728	8 201.6
2. 地方	191 672	135 482	11 778	22 588	16 560	187 854	72 966.1
(三)按轻、重工业分组							
1. 轻工业	87 202	65 954	3 666	9 114	6 353	86 456	26 173.9
2. 重工业	123 738	82 789	10 292	15 307	11 602	120 126	54 993.8
(四)按行业分组							
(1)食品加工业	2 241	1 550	248	305	108	2 224	768.5
(2)食品制造业	4 908	3 708	207	627	291	4 669	1 381.7
(3)饮料制造业	1 463	1 118	90	116	93	1 205	500.6
(4)烟草加工业	2 258	1 763	53	265	99	2 250	999.2
(5)纺织业	30 092	23 386	980	2 791	2 278	30 570	8 651.0
(6)服装及其他纤维制品制造业	2 419	1 906	36	346	95	2 427	512.4
(7)皮革、毛皮、羽绒及其制品业	1 981	1 661	47	220	46	1 898	428.4
(8)木材加工及竹、藤、棕、草制品业	3 180	2 204	133	419	318	3 023	1 560.8
(9)家具制造业	1 363	924	48	247	114	1 384	329.1
(10)造纸及纸制品业	6 211	4 200	418	764	624	6 118	2 152.9
(11)印刷业、记录媒介的复制	1 601	1 236	48	235	56	1 568	501.0

14—4 续表 1　　(1993 年)

	年末人数 (人)	工人和学徒	工程技术人员	管理人员	服务人员	平均人数 (人)	工资总额 (万元)
(12)文教体育用品制造业	386	259	29	97		358	185.6
(13)化学原料及化学制品制造业	10 073	6 952	686	1 093	1 199	9 793	4 001.8
(14)医药制造业	1 889	1 235	178	235	119	1 858	475.9
(15)化学纤维制造业	759	494	61	108	82	751	398.0
(16)橡胶制品业	1 340	849	189	176	69	1 309	425.6
(17)塑料制品业	3 946	3 037	200	444	212	3 999	1 096.2
(18)非金属矿物制品业	8 088	5 134	850	1 109	869	7 895	4 001.1
(19)黑色金属冶炼及压延加工业	23 358	16 741	889	2 767	2 731	22 521	13 571.6
(20)有色金属冶炼及压延加工业	10 067	7 297	498	1 181	583	9 470	4 202.5
(21)金属制品业	4 225	2 955	182	722	147	3 988	1 114.2
(22)普通机械制造业	25 320	16 177	2 211	3 248	2 785	24 710	11 276.7
(23)专用设备制造业	9 168	5 927	821	1 193	575	8 885	3 430.0
(24)交通运输设备制造业	26 652	18 267	2 749	2 634	2 231	25 724	10 604.2
(26)电气机械及器材制造业	15 205	9 680	1 597	2 293	1 074	15 279	4 963.4
(27)电子及通信设备制造业	2 578	1 414	234	308	461	2 569	668.2
(28)仪器仪表及文化、办公用机械制造业	2 772	2 046	245	353	80	2 748	727.1
(29)其他制造业	7 397	6 623	31	125	616	7 389	2 240.0
三、电力、煤气及水的生产和供应业	3 668	2 101	396	366	359	3 457	1 812.5
(一)按经济类型分组							
1.国有经济单位	2 813	1 522	345	285	261	2 619	1 507.8
2.城镇集体经济单位	855	579	51	81	98	838	304.7
(二)按隶属关系分组							
1.中　央	1 733	842	277	124	138	1 597	1 030.3
2.地　方	1 935	1 259	119	242	221	1 860	782.2
(三)按轻、重工业分组							
1.轻工业	1 346	731	102	206	215	1 275	578.8
2.重工业	2 322	1 370	294	160	144	2 182	1 233.7
(四)按行业分组							
(1)电力、蒸汽、热水的生产和供应业	2 636	1 422	344	234	236	2 483	1 360.9
(2)煤气生产和供应业	263	263				259	88.4
(3)自来水的生产和供应业	769	416	52	132	123	715	363.2
四、建筑业	42 126	32 713	2 606	3 592	2 548	38 023	13 915.7
按经济类型分组							
1.国有经济单位	29 172	21 608	2 034	2 816	2 155	27 001	10 179.3
2.城镇集体经济单位	12 954	11 105	572	776	393	11 022	3 736.4

14—5 职工人数变动情况

（1993年）　　　　单位：人

	总　计	一、国有经济单位	按企业、事业、机关分组			二、城镇集体经济单位	三、其他各种经济类型
			1.企　业	2.事　业	3.机　关		
全　市							
本年增加人数	32 589	23 140	18 801	3 264	1 075	8 142	1 307
从农村招收	5 237	2 169	1 801	243	125	3 000	68
从城镇招收	7 958	6 031	5 687	270	74	1 565	362
录用复员转业军人	362	313	187	76	50	42	7
录用大中专技校毕业生	5 126	4 628	3 515	881	232	268	230
调　入	10 502	7 696	5 615	1 631	450	2 464	342
由外省.区.直辖市调入	690	572	430	130	12	110	8
其　他	3 404	2 303	1 996	163	144	803	298
本年减少人数	26 812	20 209	16 793	2 541	875	5 529	1 074
离休退休退职	6 332	5 204	3 835	1 019	350	899	229
开除除名辞退	3 448	2 304	2 226	63	15	993	151
终止解除合同	1 022	782	735	39	8	217	23
调　出	11 460	8 660	7 265	1 010	358	2 366	434
调到外省.区.直辖市	726	589	510	62	17	125	12
其　他	4 550	3 259	2 732	410	117	1 054	237
市　区							
本年增加人数	29 199	19 971	16 773	2 535	663	7 921	1 307
从农村招收	4 461	1 413	1 295	91	27	2 980	68
从城镇招收	7 360	5 465	5 162	247	56	1 533	362
录用复员转业军人	316	267	154	66	47	42	7
录用大中专技校毕业生	4 598	4 122	3 306	689	127	246	230
调　入	9 420	6 687	5 026	1 340	321	2 391	342
由外省.区.直辖市调入	631	516	389	119	8	107	8
其　他	3 044	2 017	1 830	102	85	729	298
本年减少人数	23 615	17 397	15 061	1 791	545	5 144	1 074
离休退休退职	5 565	4 507	3 474	814	219	829	229
开除除名辞退	2 915	1 780	1 720	51	9	984	151
终止解除合同	1 000	762	720	38	4	215	23
调　出	10 140	7 496	6 522	747	227	2 210	434
调到外省.区.直辖市	636	500	445	48	7	124	12
其　他	3 995	2 852	2 625	141	86	906	237

14—6 其他从业人员人数和劳动报酬

(1993年)

	全市				市区			
	年末人数(人)	女性	平均人数(人)	劳动报酬(万元)	年末人数(人)	女性	平均人数(人)	劳动报酬(万元)
总计	3 496	873	3 599	745.1	1 691	312	1 712	454.8
一、按经济类型分组								
1. 国有经济单位	2 526	728	2 677	488.8	793	226	862	206.0
2. 城镇集体经济单位	957	141	909	250.1	885	82	837	242.6
4. 股份制经济单位	9	4	9	4.4	9	4	9	4.4
5. 外商投资经济单位	3		3	1.7	3		3	1.7
6. 港、澳、台投资经济单位	1		1	0.1	1		1	0.1
二、按国民经济行业分组								
1. 农、林、牧、渔业	109	13	111	18.4	44		44	6.9
2. 采掘业	6		6	1.9				
3. 制造业	994	350	938	227.3	752	272	741	193.5
4. 电力、煤气及水的生产和供应业	115	10	113	32.3	115	10	113	32.3
5. 建筑业	389	5	350	108.3	389	5	350	108.3
6. 地质勘查业、水利管理业	92	23	92	38.9	45		43	19.9
7. 交通运输、仓储及邮电通讯业	64	4	77	10.3	14	4	14	2.1
8. 批发和零售贸易、餐饮业	59	7	63	15.2	55	7	59	14.6
9. 金融、保险业	73	2	81	12.5	65		73	10.2
10. 房地产业	22	8	22	9.9	22	8	22	9.9
11. 社会服务业	26	1	27	6.7	22		23	6.0
12. 卫生、体育和社会福利业	55	6	121	26.3	43		115	25.3
13. 教育、文化艺术和广播电影电视业	1 440	442	1 554	227.3	89	5	86	19.0
14. 科学研究和综合技术服务业	5		5	0.8	5		5	0.8
15. 国家机关、政党机关和社会团体	47	2	39	9.0	31	1	24	6.0

14—7 全市附营活动从业人员及报酬

(1993年)

	单位	合计	工业	建筑业	交通运输业	批发零售贸易业	餐饮业
1.农林牧渔业企业							
单位数	个	75	16		1	14	6
年末从业人数	人	1 288	670		31	92	34
从业人员报酬	万元	346.7	178.3		0.7	24.7	9.3
收　入	万元	436.3	212.0		1.5	43.5	12.3
2.工业企业							
单位数	个	345		8	63	121	60
年末从业人数	人	4 149		1 408	468	904	280
从业人员报酬	万元	1 349.2		478.4	153.7	288.2	78.4
收　入	万元	1 633.5		493.0	238.1	410.5	90.0
3.建筑企业							
单位数	个	80	12		7	22	4
年末从业人数	人	834	245		63	214	15
从业人员报酬	万元	266.9	78.9		19.5	68.5	4.6
收　入	万元	412.0	122.0		26.0	120.0	9.0
4.交通运输业企业							
单位数	个	58	9			18	7
年末从业人数	人	1 004	400			348	35
从业人员报酬	万元	314.3	128.0			105.4	10.9
收　入	万元	389.7	145.0			131.1	20.0
5.批发零售贸易业企业							
单位数	个	83	4	1	17		3
年末从业人数	人	667	64	25	159		46
从业人员报酬	万元	218.8	22.4	7.5	57.2		13.9
收　入	万元	404.9	35.0	9.5	90.0		19.0
6.服务业企业							
单位数	个	53				23	5
年末从业人数	人	418				262	20
从业人员报酬	万元	131.2				82.6	6.4
收　入	万元	207.1				128.3	13.0
7.行政事业企业							
单位数	个	120	5			22	10
年末从业人数	人	813	28			135	44
从业人员报酬	万元	248.9	8.1			42.7	12.4
收　入	万元	371.5	16.0			72.9	23.4

14—7 续表 1　　(1993 年)

	单位	居民服务业	娱乐服务业	信息咨询服务业	卫生事业	教育事业	科学研究业
1. 农林牧渔业企业							
单位数	个	6	4		11	17	
年末从业人数	人	51	26		96	288	
从业人员报酬	万元	14.2	6.8		26.5	86.2	
收　入	万元	18.3	10.5		35.5	102.7	
2. 工业企业							
单位数	个	38	7		25	21	2
年末从业人数	人	258	30		387	390	24
从业人员报酬	万元	74.9	8.7		131.4	128.5	7.0
收　入	万元	93.9	12.0		147.9	140.2	7.9
3. 建筑企业							
单位数	个	4	4		19	8	
年末从业人数	人	15	22		100	160	
从业人员报酬	万元	4.6	6.4		33.0	51.4	
收　入	万元	13.0	12.0		50.0	60.0	
4. 交通运输业企业							
单位数	个	2	3	2	13	4	
年末从业人数	人	45	21	10	85	60	
从业人员报酬	万元	13.0	6.1	3.2	27.9	19.8	
收　入	万元	17.0	11.0	3.9	37.7	24.0	
5. 批发零售贸易业企业							
单位数	个	9	7		35	7	
年末从业人数	人	66	32		170	105	
从业人员报酬	万元	18.2	9.4		55.5	34.7	
收　入	万元	28.4	85.0		94.0	44.0	
6. 服务业企业							
单位数	个	7	6	2	8	2	
年末从业人数	人	28	52	10	34	12	
从业人员报酬	万元	9.0	15.6	3.0	10.8	3.8	
收　入	万元	17.0	25.0	4.0	15.7	4.1	
7. 行政事业企业							
单位数	个	23	12	7	27	12	2
年末从业人数	人	150	85	54	173	133	11
从业人员报酬	万元	44.5	26.2	15.2	56.5	39.6	3.7
收　入	万元	62.0	41.9	19.9	80.7	50.5	4.2

14—8 市区附营活动从业人员及报酬

（1993年）

	单位	合计	工业	建筑业	交通运输业	批发零售贸易业	餐饮业
1.农林牧渔业企业							
单位数	个	34	7			9	2
年末从业人数	人	413	250			42	14
从业人员报酬	万元	110.7	67.5			10.9	3.7
收　入	万元	157.2	85.0			20.5	6.0
2.工业企业							
单位数	个	292		7	40	112	60
年末从业人数	人	3 615		1 400	360	811	280
从业人员报酬	万元	1 194.6		476.0	122.4	259.6	78.4
收　入	万元	1 446.0		490.0	200.0	372.0	90.0
3.建筑企业							
单位数	个	78	10		7	22	4
年末从业人数	人	809	220		63	214	15
从业人员报酬	万元	260.0	72.0		19.5	68.5	4.6
收　入	万元	400.0	110.0		26.0	120.0	9.0
4.交通运输业企业							
单位数	个	51	9			12	7
年末从业人数	人	901	400			250	35
从业人员报酬	万元	287.4	128.0			80.0	10.9
收　入	万元	351.9	145.0			95.0	20.0
5.批发零售贸易业企业							
单位数	个	72	4	1	17		2
年末从业人数	人	608	64	25	159		40
从业人员报酬	万元	203.0	22.4	7.5	57.2		12.4
收　入	万元	379.5	35.0	9.5	90.0		17.0
6.服务业企业							
单位数	个	37				11	5
年末从业人数	人	344				202	20
从业人员报酬	万元	109.0				64.6	6.4
收　入	万元	167.4				94.3	13.0
7.行政事业企业							
单位数	个	92				21	9
年末从业人数	人	559				126	36
从业人员报酬	万元	179.2				40.3	10.4
收　入	万元	287.2				70.0	21.0

14—8 续表1　　(1993年)

	单位	居民服务业	娱乐服务业	信息咨询服务业	卫生事业	教育事业	科学研究业
1.农林牧渔业企业							
单位数	个	3	3		3	7	
年末从业人数	人	40	20		17	30	
从业人员报酬	万元	11.2	5.0		4.6	7.8	
收　入	万元	15.0	8.0		7.5	15.2	
2.工业企业							
单位数	个	30	7		20	15	1
年末从业人数	人	210	30		300	220	4
从业人员报酬	万元	60.9	8.7		108.0	79.2	1.4
收　入	万元	75.0	12.0		120.0	85.0	2.0
3.建筑企业							
单位数	个	4	4		19	8	
年末从业人数	人	15	22		100	160	
从业人员报酬	万元	4.6	6.4		33.0	51.4	
收　入	万元	13.0	12.0		50.0	60.0	
4.交通运输业企业							
单位数	个	2	3	2	12	4	
年末从业人数	人	45	21	10	80	60	
从业人员报酬	万元	13.0	6.1	3.2	26.4	19.8	
收　入	万元	17.0	11.0	3.9	36.0	24.0	
5.批发零售贸易业企业							
单位数	个	6	5		30	7	
年末从业人数	人	42	23		150	105	
从业人员报酬	万元	12.2	7.1		49.5	34.7	
收　入	万元	19.0	80.0		85.0	44.0	
6.服务业企业							
单位数	个	7	6	2	4	2	
年末从业人数	人	28	52	10	20	12	
从业人员报酬	万元	9.0	15.6	3.0	6.6	3.8	
收　入	万元	17.0	25.0	4.0	10.0	4.1	
7.行政事业企业							
单位数	个	15	10	4	22	9	2
年末从业人数	人	110	70	17	110	79	11
从业人员报酬	万元	34.1	22.4	5.6	37.4	25.3	3.7
收　入	万元	50.0	37.0	10.0	60.0	35.0	4.2

十五、物资原材料、能源消费与库存

15—1　全市原材料消费与库存总值

（1993年）

单位:万元

项　　目	企业单位数（个）	年初库存总值	本年消费总值	本年乡镇建筑企业施工消费总值	年末库存总值
总　计	2 027	137 083	813 371	1 598	176 817
一、按类值分					
黑色金属材料类	315	28 311	167 642	497	46 302
有色金属材料类	154	7 119	59 970	26	7 036
化工类	224	15 925	97 046	29	17 085
建材类	201	1 869	32 693	898	19 915
木材类	171	28 420	35 135	112	7 384
一次转移价值的机电产品类	129	24 306	234 932		42 370
其他类	308	31 135	185 953	36	36 723
一、按隶属关系分					
中央	57	14 167	163 744	69	30 955
省、自治区、直辖市	116	6 257	66 450	332	8 359
地　　区	1 126	106 421	478 104	517	117 847
县	544	609	14 501	455	1 370
街　　道	48	617	5 959	19	775
其　　他	136	9 011	84 614	207	17 511
二、按经济类型分					
国有经济	1 465	85 451	602 095	1 345	126 171
集体经济	498	42 908	132 790	46	33 406
私营经济	28				
联营经济	3	2 375	18 601		1 781
股份制经济	14	6 255	58 954	207	15 387
中外合资经营企业	7	12	140		9
外资企业	1				
港、澳、台与大陆合资经营企业	5	64	546		40
港、澳、台与大陆合作经营企业	3	19	245		24
其他经济	3				
四、按国民经济行业大类分					
农、林、牧、渔业	70	485	2 273	165	552
农业	15	241	1 618	162	258
林业	13	78	57	3	179
畜牧业	6	158	541		111
渔业	1	7	57		4
农、林、牧、渔服务业	35				
采掘业	9	166	968		70
煤炭采选业	1		1		
黑色金属矿采选业	4	140	580		38
有色金属矿采选业	1	26	387		32
非金属矿采选业	2				
木材及竹材采运业	1				
制造业	508	128 594	733 960	500	165 469
食品加工业	25	3 830	45 502	183	4 312
食品制造业	24	1 027	8 487		4 913

15—1 续表 1　　(1993年)　　单位:万元

项　　目	企　业 单位数 (个)	年初库 存总值	本年消 费总值	本年乡镇建 筑企业施工 消费总值	年末库 存总值
饮料制造业	8	432	4 638		1 292
烟草加工业	1	128	610		107
纺织业	42	7 900	31 101		5 984
服装及其他纤维制品制造业	19	190	1 197		220
皮革、毛皮、羽绒及其制品业	4	191	1 707		174
木材加工及竹、藤、棕、草制品业	7	488	8 070		6 646
家具制造业	10	33 540	41 910		22 174
造纸及纸制品业	13	2 776	12 738	6	2 360
印刷业,记录媒介的复制	21	1 187	3 353	41	1 113
文教体育用品制造业	2				
化学原料及化学制品制造业	31	3 980	34 591		5 953
医药制造业	7	9 72	4 607	33	1 301
化学纤维制造业	1	525	12 266		682
橡胶制品业	6	768	3 582		1 065
塑料制品业	25	1 391	7 139		1 370
非金属矿物制品业	39	8 236	21 710	12	7 680
黑色金属冶炼及压延加工业	6	8 382	54 228		14 145
有色金属冶炼及压延加工业	13	7 045	54 575	207	6 258
金属制品业	30	685	12 425		1 223
普通机械制造业	44	15 194	91 839		27 163
专用设备制造业	28	3 309	21 170		4 571
交通运输设备制造业	39	20 163	214 699	19	38 539
电气机械及器材制造业	39	4 576	34 732		4 392
电子及通信设备制造业	9	1 265	2 490		1 038
仪器仪表及文化、办公用机械制造业	8	371	4 299		484
其他制造业	7	45	294		44
电力、煤气及水的生产和供应业	9	401	600		521
电力、蒸汽、热水的生产和供应业	5	351	391		446
煤气生产和供应业	1	4	21		37
自来水的生产和供应业	3	46	188		38
建筑业	33	6 168	69 784		8 821
土木工程建筑业	28	5 152	63 394		5 846
线路、管道和设备安装业	4	1 016	6 389		2 975
建筑物的装修装饰业	1		1		
地质勘查业、水利管理业	32	59	140	29	51
地质勘查业	21	44	114		40
水利管理业	11	15	26	29	11
交通运输、仓储及邮电通信业	63	562	2 736	41	484
公路运输业	16	335	1 543		255
水上运输业	2		8		1
交通运输辅助业	29	216	1 074		223
其他交通运输业	1				